紀　念

顧野王 1500 年誕辰

珍本玉篇音義集成

[南朝梁]顧野王◎編著

呂　浩◎校點整理

上海人民出版社

國家古籍整理出版專項經費

資助項目

項目資助:

國家社科基金項目
“東亞漢字傳播史研究（日本卷）”
（18BYY224）

上海市浦江人才計劃資助
（18PJC076）

出版説明

一、清代以前《玉篇》流傳簡史

1400多年前，南朝梁顧野王“總會衆篇，校讎群籍”，编成了影響整個東亞文化的《玉篇》。《玉篇》上承許慎《説文解字》與吕忱《字林》，更加凸顯了小學之要，却由於卷帙浩繁而不便傳抄通行。至唐上元元年，處士孫强增字減注而成“上元本”。宋真宗大中祥符六年，陳彭年等在上元本基礎上增刪校訂而重修成《大廣益會玉篇》。明代朱祐檳增加3772字編成《新刊大廣益會玉篇》（益藩本）。《玉篇》系列字書繁衍滋生，流布海内外，形成了蔚爲大觀的“玉篇書系”，在漢語史、辭書史、漢字傳播史、漢文化傳播史上發揮了突出作用。

《玉篇》版本衆多，今存版本六十餘種，其尤其可寶者有原本《玉篇》殘卷、敦煌《玉篇》殘卷、宋本《玉篇》及元本《玉篇》。

原本《玉篇》殘卷是指日藏《玉篇》寫本殘卷，其近現代刊印本無慮十餘種，國内較爲通行者爲中華書局影印本和上海古籍出版社《續修四庫全書》本。中華書局本把羅振玉影印本（含卷九、卷二十四和卷二十七）和黎庶昌刊本（含卷九、卷十八、卷十九、卷二十二和卷二十七）合爲一編，又補入東方文化研究院卷八心部殘卷，但黎本卷二十七只收後半段。上海古籍出版社《續修四庫全書》本後出轉精，是原本《玉篇》殘卷搜集最全的版本，只是魚部存在錯簡。另外，《續修四庫全書》本還有幾處殘片遺漏，本次集成補入了車部及魚部三個片段的若干字條。

敦煌《玉篇》殘卷分藏於俄羅斯和英國。俄羅斯科學院東方學研究所聖彼德堡（今彼得格勒）分所藏彡部六字、須部五字、髟部一字，文獻編號Дх-13996（陳祚龍：《敦煌古抄文獻會最》，臺灣新文豐出版公司1982年版），英國倫敦大英博物館藏髟部二字，文獻位於編號爲S.6311的《佛説善惡因果經》紙背（中國社會科學院歷史研究所等編：《英藏敦煌文獻》，四川人民出版社

1995 年版)。敦煌殘卷雖然殘存字條較少，卻是考察《玉篇》系文獻演進與傳承，尤其是考察原本《玉篇》和《篆隸萬象名義》不可多得的寶貴資料，對解決《玉篇》研究領域的若干重大問題也能起到積極作用。

宋本《玉篇》，學界直以澤存堂本當之，實際上澤存堂本在字形、注音、義訓上都有較多改動，尤其不可取的是以《類篇》義訓補宋本《玉篇》中有音無義的字條，因而澤存堂本已失宋本《玉篇》之舊貌。今傳世宋本《玉篇》有兩個版本：一是日本宫内廳書陵部藏《宋版玉篇》(宋十行本)，二是中國國家圖書館藏宋本《玉篇》殘本（宋十一行本，存卷首和正文卷一大部分）和日本内閣文庫藏宋本《玉篇》殘本（宋十一行本，存卷六至卷三十大部分)。日本宫内廳書陵部藏《宋版玉篇》的形制與澤存堂本相似，字條首尾相接，横向無序；中國國家圖書館藏本和日本内閣文庫藏本屬於同一版本系列，爲十一行本，形制與《宋版玉篇》不同，表現爲横向也成行，字序與字條内容多寡都有所調整。宋十一行本雖形制與元代《玉篇》形制相似，但字條説解内容絶不像元代《玉篇》那樣簡潔，而是與《宋版玉篇》大體一致。宋本《玉篇》流布甚廣，版本衆多，對東亞漢文辭書的影響最大，因而其研究價值也毋庸置疑。上述兩種作爲宋本《玉篇》的兩種樣式，代表宋末《大廣益會玉篇》刊本的基本面貌。

現存最早的元代《玉篇》版本是圓沙書院延祐本，此本中國國家圖書館有藏，“中華再造善本”中也有收録。元代《玉篇》版本還有圓沙書院泰定本、至正丙午本、至正丙申本、建安鄭氏本、建安蔡氏本、詹氏進德書堂本等。明代《玉篇》版本有明初刊本、永樂甲午廣勤書堂本、建安朱氏與耕書堂本、宣德辛亥清江書堂本、宣德十年本、詹氏進德書堂本、弘治辛酉文明書堂本、黄氏集義書堂本、正德己卯本等。元代及明代《玉篇》大多爲圓沙書院延祐本的苗裔。元明《玉篇》版本詳情可參見拙著《〈玉篇〉文獻考述》(上海人民出版社 2018 年版)。

《玉篇》佚文是《玉篇》音義資料的重要補充，既可以在一定程度上彌補原本《玉篇》、上元本《玉篇》亡佚之缺憾，又可以存傳世《玉篇》音義資料之異文，也是十分珍貴的資料。本次所輯録佚文源自中外古文獻，取其時代較古，删其重複者，校其訛舛脱衍，辨其源流先後。輯佚所據文獻参見書後附録。

二、清揚州詩局本《玉篇》

清代《玉篇》最爲通行的是澤存堂本，新安汪氏本、新化鄧氏本、咸豐年間刻本、小學彙函本、上海蜚英館石印本、喻義堂本等都祖述澤存堂本。但澤存堂本已如前所述，難以代表宋本《玉篇》，這在一定程度上凸顯了清代《玉篇》另一個版本——揚州詩局本（清曹寅楝亭五種本）的珍貴價值。

今見曹氏楝亭五種本《大廣益會玉篇》有四册本、五册本、六册本。南京圖書館藏有四册本和六册本，兩種版本内框皆爲 16.2 cm×10.8 cm，版本相同，稱“揚州詩局本”。左右雙邊，每半葉八行，行十六字，小字雙行，行小字二十字，白口。各卷末有木記曰“楝亭藏本丙戌九月重刻于揚州使院”。本次整理以四册本爲底本。

從數量上看，揚州詩局本國内外館藏數量少。從版本學及文獻學等方面來考量，揚州詩局本在清代《玉篇》諸版本中可謂獨樹一幟，更顯珍貴異常。作爲《四庫全書》的底本，揚州詩局本自然有其獨特的文獻價值。雖然此版本在版式上與傳世宋本有諸多不同，如每半葉八行（宋本及澤存堂本皆十行），版心無魚尾，也無刻工、字數等信息，敕牒則更完整，三十卷總目皆集中於正文前；但是這些版式及附件上的差異掩蓋不住其文獻價值，因爲這個版本在收字、字形、音義等方面基本保留了宋本《玉篇》原貌，只是做了適當的訂訛。這個結論可以在與日本宫内廳書陵部藏《宋版玉篇》的對比後得到印證。《宋版玉篇》“鮝”字下“本作養”誤，揚州詩局本正作“本作眷”。《宋版玉篇》“墥”字下“太陰”誤，揚州詩局本正作“天陰”。現略舉數例如下：

字頭	《宋版玉篇》	揚州詩局本
祕	蜜也	密也
璇	琁，同上。又徐宣切。璇，似宣切。美石次玉。亦作琁	璇，似宣切。美石次玉。亦作琁。琁，同上。又徐宣切
坎	或作竷	或作竷

續表

字頭	《宋版玉篇》	揚州詩局本
垎	上乾也	土乾也
埒	埒，盧拙切。《淮南》：道有形埒。《説文》云：庳桓也。亦封道曰埒	埒，盧拙切。《淮南》：道有形埒。《説文》云：卑垣也。亦封道曰埒
堨	遏塵也	遏遮也
壇	太陰塵起也	天陰塵起也
壥	切壥也	圻壥也
墓	孝子所思墓之處	孝子所思慕之處
墳	木防也	大防也
壏	疆壏	彊壏
塎	時塎也	埇塎也
塷	作塷	作滷
埖	豁谷狀崩也	豁谷埖崩也
揷	揷㙞	插㙞

揚州詩局本此類訂訛有七百餘處，不一一列舉。可以説，在《玉篇》音義資料的準確性方面，揚州詩局本甚至勝過書陵部本，因而本書以揚州詩局本爲字條基本資料，纂集珍本《玉篇》音義。

《珍本玉篇音義集成》以揚州詩局本爲統領，每一字條下配以圓沙書院延祐本（元代最早刊本）、原本《玉篇》殘卷、敦煌《玉篇》殘卷和《玉篇》佚文（原本《玉篇》殘卷及《玉篇》佚文内容又見於拙著《〈玉篇〉文獻考述》附録）。此次音義集成爲讀者對比之便利而保留殘卷及佚文資料。此外，日藏殘卷内容增補了車部、魚部三個片段），是爲“總會衆篇”；校以日本宫内廳書陵部藏《宋版玉篇》、中國國家圖書館藏和日本内閣文庫藏宋本《玉篇》、張氏澤存堂本、圓沙書院泰定本、至正丙申本、至正丙午本、建安鄭氏本、建安蔡氏本、詹氏進德書堂本、四部叢刊本、明經廠本等；參校文獻有《説文解字》《篆隸萬象名義》《廣韻》《類篇》《玉篇校釋》，其他還有《莊子》《山海經》《左傳》《國語》《漢書》等，是爲“校讎群籍”，以期有功于小學焉。

三、凡例與字形整理原則

（一）凡例

字條順序以揚州詩局本爲據，圓沙本、殘卷及佚文等内容編入揚州詩局本相應字條之下。字頭加【 】以求醒目。圓沙本内容前以◎標識，日藏原本《玉篇》殘卷内容前以◑標識，敦煌殘卷内容前以◓標識，佚文内容前以○標識。圓沙書院延祐本中殘缺的部分以圓沙書院泰定本補，不出校記。

揚州詩局本中没有而圓沙本、殘卷或佚文中有的字條，依次收列在各部之末。佚文來源文獻參見附録。

揚州詩局本、圓沙本、佚文若有訛舛，則出具校記，以●標識。原本《玉篇》殘卷訛舛較爲嚴重，不便逐條出校記，因而原本《玉篇》殘卷部分採用符號隨釋文標注形式，即内容訛舛及倒文以［ ］訂正，脱文以（ ）補出，衍文以雙删除綫標注。

校記中“宋十行本”是指日本宮内廳書陵部藏《宋版玉篇》，“宋十一行本”是指中國國家圖書館藏和日本内閣文庫藏宋本《玉篇》殘本，和刻本是指日本慶長九年本。

（二）字形整理遵循以下原則：

(1) 字形涉及新舊字形者，一般用新字形。如亏/亐、匀/勻、廷/廷、叵/叵、吴/吳、肙/㕣、員/貟、每/毎、奂/奐、兑/兊兌、青/靑、卑/卑、既/旣、高/髙、莧/莧、爽/爽、睘/瞏、寧/寍等。但某些字頭改變形體後影響歸部，或引起混淆，則字頭不改，如真/眞。

(2) 缺筆避諱字徑改回，不出校記。

(3) 叉/又、旦/且、目/月/耳、日/曰、王/玉、干/于/千、人/太/犬、卜/十、几/凡/儿、土/士、古/占、文/丈、力/刀、今/令、革/車、佳/隹、忄/扌/礻/衤/木/才/犭、支/攵/又、朿/束、艹/⺮等字或構件在古籍中常混同，本书徑改，不出校記。

(4) 字條末所收古文、籀文、異體、俗字等字形不改，確爲訛舛除外。

(5) 字條音義部分的異體字處理。①儘量用規範字，如達/逹、閏/閠、齊/斉、篤/蔦、額/頟、寶/寳、奇/竒、鄉/鄕、遲/遅、鑒/鑑、歲/嵗、衛/衞等選用前者規範字形。②在音義集成中有的異體字使用頻繁，視具體情形可以兩存。如帀/匝、荅/答、恥/耻、笑/笑、候/候、盜/盗、豬/猪、皃/貌、況/况、萬/万、詠/咏、減/减、賔/賓、慙/慚、貓/猫、禮/礼等。③圓沙本繁簡字形並用，今存真不改。

（6）總論部分的通假字不改，異體字改爲規範字，如夣改爲夢。

（7）佚文中所輯得字頭有時異於底本字頭，可能反映了不同時代的用字習慣，今仍其舊；佚文中異體字也一般不改。

大廣益會玉篇一部并序　凡三十卷

准大中祥符六年九月二十八日，勅都大提舉《玉篇》所狀，先奉勅命指揮，差官校勘《玉篇》一部三十卷，近方了畢，遂裝寫淨本進呈。其進呈本，今欲雕印頒行，伏乞特降指揮。事并據翰林學士、右諫議大夫、知制誥兼龍圖閣學士、祕書監同修國史、集賢殿修撰陳彭年等狀，昨據屯田郎中、史館校勘吴銳，主客員外郎、直集賢院丘雍校勘《玉篇》一部三十卷，再看詳，别無差誤，並得允當者。竊以篇訓之文歲月滋久，雖據經而垂範，終練字之未精。肅奉詔條，俾從詳閲，訛繆者悉加刊定，敷淺者仍事討論。式就編聯，頗爲愜當。儻頒行於普率，庶上助於欽明。事牒奉勅，宜依牒至准勅，故牒。

梁大同九年三月二十八日，黄門侍郎兼太學博士顧野王撰本。唐上元元年甲戌歲四月十三日，南國處士富春孫强增加字。三十卷，凡五百四十二部。舊一十五萬八千六百四十一言，新五萬一千一百二十九言，新舊揔二十萬九千七百七十言。注四十萬七千五百有三十字。

昔在庖犧，始成八卦；曁乎蒼頡，肇創六爻。政罷結繩，教興書契，天粟晝零，市妖夜哭，由來尚矣。爰至玄龜龍馬負河洛之圖，赤雀素鱗摽受終之命，鳳羽爲字，掌理成書。豈但人功，亦猶天授。故能傳流奥典，鉤探至賾，揚顯聖謨，耀光洪範。

文遺百代，則禮樂可知；驛宣萬里，則心言可述。授民執物，則縣方象魏；興功命衆，則誓威師旅。律存三尺，政仰八成。聽稱責於附别，執士師於兩造。勒功名於鍾鼎，頌美德於神祇。故百官以治，萬民以察。雕金鏤玉，升崧岱而告平；汗竹裁縑，寫憲章而授政。莫不以版牘施於經緯，文字表於無窮者矣。所以垂帷閉户而覿遐年之世，藏形晦跡而識遠方之風。遵覽篆素以測九垓，則靡差膚寸；詳觀記録以游八裔，則不謬毫氂。鑒水鏡於往謨，遺元龜於今體。仰瞻景行，式備昔文；戒慎荒邪，用存古典。故設教施法，無以尚兹；經世治俗，豈先乎此？但微言既絶，大旨亦乖。故五典三墳，競開異義；六書八體，今古殊形。或字各而訓同，或文均而釋異。百家所談，差互不少；字書卷軸，舛錯尤多。難用尋求，易生疑惑。猥承明命，預纘過庭，總會衆篇，校讎群籍，以成一家之製，文字之訓備矣。而學慙精博，聞見尤寡；才非通敏，理辭彌躓。既謬先蹤，且乖聖旨。謹當端笏擁篲，以俟嘉猷。

啟

竊聞兩儀俶啟，九皇始君。情性初動，有巢肇制，三聖代立，十紀遞興。龍牒浮河，龜書起洛。八卦既陳，六爻攸敘。篆素之流，是焉而出。至於精課源妙，求其本始；末學敷淺，誠所未詳。雖復研考六經，校讎百氏，殊非庸菲所能與奪。謹依條例同異，具以上呈。

伏惟聖皇馭寓，膺籙受圖，德尚昊軒，功超嬀姒，通妙廣運，乃聖乃神。經天曰文，止戈爲武。百工維理，庶績咸熙。勸以九歌，撝之八柄。脩文德以來要服，舞干戚以格有苗。是故仁風所扇，九服蒙靈。正朔可班，四荒懷德。取衣雒樹，則肅慎識受命之興；夷波海水，則越裳知聖人之德。豈但中和樂職，近播岷峨；德廣所覃，旁流江漢。殿下天縱岳峙，叡哲淵凝。三善自然，匪須勤學；六行前哲，寧以勞喻。是以聲覃八表，譽泱九垓，規範百司，陶鈞萬品，猶復留心圖籍，俛情篆素，糾先民之積謬，振往古之重疑。簡册所傳，莫令比盛。

野王沾濡聖道，沐浴康衢，不揆愚淺，妄陳狂狷，徒夢收腸，終當覆瓿，空思朱墨，懼必無傳，悚悸交心，罔知攸錯。謹啟。

目　　録

大廣益會玉篇　總目

凡三十卷　總五百四十二部

卷第四凡二十部

卷第五凡一十部

卷第六凡一十部

卷第七凡一十一部

卷第八凡三部

卷第九凡二十九部

卷第十凡一十九部

卷第十一凡十九部

卷第十二凡五部

卷第十三凡一部

卷第十四凡二十九部

卷第十五凡三十九部

卷第十六凡二十四部

卷第十七凡十四部

卷第十八凡十六部

卷第十九凡一部

卷第二十凡二十七部

卷第二十一凡三十部

卷第二十二凡十四部

卷第二十三凡二十九部

卷第二十四凡十三部

卷第二十五凡十部

卷第二十六凡十六部

卷第二十七凡七部

卷第二十八凡十二部

卷第二十九凡五十二部

卷第三十凡四十七部

大廣益會玉篇
卷第一

凡八部

一部第一

凡九字

【一】於逸切。《説文》曰：惟初太始，道立於一，造分天地，化成萬物。《道德經》云：昔之得一者：天得一以清，地得一以寧，神得一以靈，谷得一以盈，萬物得一以生，侯王得一以爲天下正。王弼曰：一者，數之始也，物之極也。又同也，少也，初也。或作壹。弌，古文。

◎一，於逸切。《説文》曰：惟初太始，道立於一，造分天地，化成萬物。《道德經》云：昔之得一者：天得一以清，地得一以寧，神得一以靈，谷得一以盈，萬物得一以生，侯王得一以爲天下正。王弼曰：一者，數之始也，物之極也。又同也，少也，初也。或作壹。弌，古文。

〇一，一切猶皆同也。(《法華釋文》上)

〇 ，《玉篇》云：同也，數之始也，物之極也，初也，少也。(《一切經音義》卷二十七)

【天】他前切。《説文》曰：天，顛也。至高無上，从一、大。《爾雅》曰：春爲蒼天，夏爲昊天，秋爲旻天，冬爲上天。《詩傳》云：尊而君之則稱皇天，元氣廣大則稱昊天，仁覆閔下則稱旻天，自上降監則稱上天，據遠視之蒼蒼然則稱蒼天。《吕氏春秋》云：天有九野：東方蒼，東南方陽，南方炎，西南方朱，西方顥，西北方幽，北方玄，東北方變，中央鈞。《太玄經》曰：九天：一爲中，二爲羡，三爲從，四爲更，五爲晬，六爲廓，七爲減，八爲沈，九爲成。《釋名》曰：天，豫、司、兖、冀以舌腹言之：天，顯也，在上高顯也；青、徐以舌頭言之：天，坦也，坦然高而遠也。兲、兺，並古文。

◎天，他前切。《説文》曰：天，顛也。至高無上，从一、大。《爾雅》曰：春爲蒼天，夏爲昊天，秋爲旻天，冬爲上天。《詩傳》云：尊而君之則稱皇天，元氣廣大則稱昊天，仁覆閔下則稱旻天，自上降監則稱上天，據遠視之蒼蒼然則稱蒼天。《吕氏春秋》云：天有九野：東方蒼，東南方陽，南方炎，西南方朱，西方顥，西北方幽，北方玄，東北方變，中央鈞。《太玄經》曰：九天：一爲中，二爲羡，三爲從，四爲更，五爲晬，六爲廓，七爲減，八爲沈，九爲成。《釋名》曰：天，豫、司、兖、冀以舌腹言之：天，顯也，在上高顯也；青、徐以舌頭言之：天，坦也，坦然高而遠也。兲、兺，並古文。

◎萸，古文天字。

【元】五袁切。《説文》曰：元，始也。《易》曰：元者，善之長也。《春秋傳》曰：狄人歸其元。元，首也。《韓詩》曰：元，長也。《公羊傳》曰：元年春者何？君之始年也。何休云：變一言元，元者，氣也。《左氏傳》注曰：凡人君即位，欲其體元以居正，故不言一年一月也。《漢書》曰：勸元元。師古曰：元元，善意。

◎元，五袁切。《説文》曰：元，始也。《易》曰：元者，善之長也。《春秋傳》曰：狄人歸其元。元，首也。《韓詩》曰：元，長也。《公羊傳》曰：元年春者何？君之始年也。何休云：變一言元，元者，氣也。《左氏傳》注曰：凡人君即位，欲其體元以居正，故不言一年一月也。《漢書》曰：勸元元。師古曰：元元，善意。

〇元，顧野王云：元元猶喁喁，可憐愛貌。(《史記》卷十)

【丕】普邳切。《虞書》曰：嘉乃丕績。孔安國曰：丕，大也。或作平。

◎丕，普邳切。《書》：嘉乃丕績。孔安國曰：丕，大也。或作平。

【吏】力致切。《説文》曰：治人者也。《夏書》曰：天吏逸德，烈于猛火。《周禮》八則，三曰廢置以馭其吏。《左氏傳》曰：王使委於三吏。杜預曰：三吏，三公也。《禮記》曰：五官之長曰伯，其擯於天子也，曰天子之吏。

◎吏，力致切。《説文》曰：治人者也。《夏書》曰：天吏逸德，烈于猛火。《周禮》八則，三曰廢置以馭其吏。《左傳》曰：王使委於三吏。杜預曰：三吏，三公也。《禮記》曰：五官之長曰伯，其擯於天子也，曰天子之吏。

〇吏，君之所使也。(《法華釋文》下)

【丆】竹瓦切。

◎丆，竹瓦切。

上部第二

凡九字

【上】市讓切。《説文》云：高也。又居也。《易》曰：本乎天者，親上。《虞書》曰：正月上日。孔安國曰：上日，朔日也。《老子》曰：太上，下知有之。王弼曰：太上，大人也。《漢書》云：望於太上。如淳曰：太上猶天子也。又市掌切，登也，升也。丄，古文。

◎上，市讓切。《説文》云：高也。又居也。《易》曰：本乎天者，親上。《虞書》曰：正月上日。孔安國曰：上日，朔日也。《老子》曰：太上，下知有之。王弼曰：太上，大人也。《漢書》云：望於太上。如淳曰：太上猶天子也。又市掌切，登也，升也。丄，古文。

【帝】丁計切。《説文》云：諦也。王天下之號也。《爾雅》曰：君也。《白虎通》曰：德合天者稱帝。《商書》云：惟皇上帝。孔安國曰：上帝，天帝也。《周禮》曰：兆五帝於四郊。鄭玄曰：五帝：蒼曰靈威仰，太昊食焉；赤曰赤熛怒，炎帝食焉；黄曰含樞紐，黄帝食焉；白曰白招拒，少昊食焉；黑曰叶光紀，顓頊食焉。帝，古文。

◎帝，丁計切。《説文》云：諦也。王天下之號也。《爾雅》：君也。《白虎通》：德合天者稱帝。《商書》：惟皇上帝。孔曰：上帝，天帝也。《周禮》：兆五帝於四郊。鄭玄曰：五帝：蒼曰靈威仰，太昊食焉；赤曰赤熛怒，炎帝食焉；黄曰含樞紐，黄帝食焉；白曰白招拒，少昊食焉；黑曰叶光紀，顓頊食焉。帝，古文。

〇帝，天子之稱也。(《法華釋文》上)

●"叶光紀"，宋本作"汁光紀"。

【旁】步郎切。旁猶側也，邊也，非一方也。《説文》作㫄，溥也。雱，籀文。㝑、㫄，並古文。

◎旁，步郎切。旁猶側也，邊也，非一方也。《説文》作㫄，溥也。雱，籀文。㝑，古文。㫄，古文。

●底本"㫄"，宋十一行本作"㫄"。

【下】何雅切。《易》曰：化成天下。下者，對上之稱也。《説文》曰：底也。《詩》云：下武維周。箋云：下猶後也。《禮記》曰：揖讓而升，下而飲。鄭玄曰：下，降也。杜預注《左傳》云：下猶賤也。《爾雅》曰：下，落也。又何稼切，行下也。《易》曰以貴下賤是也。

◎下，何雅切。《易》曰：化成天下。下者，對上之稱也。《説文》曰：底也。《詩》云：下武維周。箋云：下猶後也。《禮記》曰：揖讓而升，下而飲。鄭玄曰：下，降也。杜預注《左傳》云：下猶賤也。《爾雅》曰：下，落也。又何稼切，行下也。《易》曰以貴下賤是也。

〇下，對上之稱也。(《法華釋文》上147下)

示部第三

凡一百四十五字

【示】時至切。《説文》云：天垂象，見吉凶，所以示人也。《易》曰：夫乾，確然示人，易矣；夫坤，隤然示人，簡矣。示者，語也。以事告人曰示也。𣎵，古文。

◎示，時至切。《説文》：天垂象，見吉凶，所以示人。《易》：夫乾，確然示人，易矣；夫坤，隤然示人，簡矣。示者，語也。以事告人曰示。𣎵，古文。

【神】市人切。神祇。《説文》曰：天神，引出萬物者也。《夏書》曰：乃聖乃神。孔安國云：聖，無所不通；神，妙無方。《易》曰：陰陽不測之謂神。王弼云：神也者，變化之極。《大戴禮》云：陽之精氣曰神，陰之精氣曰靈。《爾雅》云：神，重也，治也，慎也。《廣雅》云：神，弘也。

◎神，市人切。神祇。《説文》：天神，引出萬物者也。《夏書》：乃聖乃神。孔安國云：聖，無所不通；神，妙無方。《易》：陰陽不測之謂神。王弼云：神也者，變化之極。《大戴禮》云：陽之精氣曰神，陰之精氣曰靈。《爾雅》云：神，重也，治也，慎也。《廣雅》云：神，弘也。

【祇】巨支切。地之神也。《易》曰：無祇悔。韓康伯云：祇，大也。《周禮》亦作示。

◎祇，巨支切。地之神也。《易》曰：無祇悔。注云：祇，大也。《周禮》作示。

【齋】側皆切。《易》曰：聖人以此齋戒。韓康伯曰：洗心曰齋，防患曰戒。又敬也。艡，籀文。

◎齋，側皆切。《易》：聖人以此齋戒。注：洗心曰齋。又敬也。艡，籀文。

【祕】悲冀切。《説文》云：神也。《廣雅》曰：勞也，蜜也，藏也。

◎祕，悲冀切。《説文》：神也。《廣雅》曰：勞也，密也，藏也。

●底本“蜜也”，宋十一行本、圓沙本皆作“密也”，疑是。

【祗】諸時切。敬也。俗作祬。

◎祗，諸時切。敬也。俗作祬。

●底本“祬”，原訛作“袨”，據宋十一行本正。

【祭】子滯切。薦也，祭祀也。又側界切，周大夫邑名。

◎祭，子滯切。薦也，祭祀。又側界切，周大夫邑名。

〇祭，《玉篇》：祀也。《爾雅》云：禘，大祭也。郭注云：五年一大祭。（《續一切經音義》卷八）

【祉】必利切。《説文》云：以豚祠司命也。

◎祉，必利切。《説文》：以豚祠司命。

【祀】徐里切。《周書》八政，三曰祀。《爾雅》云：祭也。又年也。禩，同上。

◎祀，徐里切。《周書》八政，三曰祀。《爾雅》云：祭也。又年也。禩，同上。

〇祀，顧野王云：百神之廟可祭曰祀也。（《一切經音義》卷五十七）

【祏】殊亦切。廟主石室也。

◎祏，殊亦切。廟主石室也。

●《篆隸萬象名義》作“宗廟以石爲主也”，《説文》作“宗廟主也”，疑此有誤。

【禋】於神切。敬也。《説文》：絜祀也。一曰精意以亨爲禋。䨣，同上。

◎禋，於神切。敬也。《説文》：絜祀也。一曰精意以亨爲禋。䨣，同上。

【祡】仕佳切。《説文》云：燒祡樊燎以祭天神。亦作柴。《爾雅》曰：祭天曰燔柴。禬，古文。

◎祡，仕佳切。燒祡樊燎以祭天神。亦作柴。又祭天燔柴。禬，古文。

【祖】子古切。父之父也，道祭也，始也。

◎祖，子古切。父之父也，始也，道祭也。

〇祖，顧野王云：父始爲祖也。（《一切經音義》卷八十）

〇祖，顧野王云：祖上也。（《一切經音義》卷九十三）

【鬃】布庚切。祭。《説文》曰：門內祭先祖，所以徬徨也。亦作禜。祊，同上。

◎鬃，布庚切。祭。《説文》：門內祭先祖，所以徬徨。亦作禜。祊，同上。

【祠】似司切。《公羊傳》云：春祭曰祠。祠猶食也。

◎祠，似司切。《公羊傳》：春祭曰祠。祠者，食也。

〇祠，顧野王云：百神廟皆曰祠。又祠亦祭也。（《一切經音義》卷四十五）

〇祠，顧野王云：祠亦祭之總名也。（《一切經音義》卷六十九）

【礿】餘灼切。《公羊傳》云：夏祭曰礿。禴，同上。

◎礿，餘灼切。夏祭曰礿。禴，同上。

【祫】何夾切。合祭也。

◎祫，何夾切。合祭也。

【禘】徒計切。大祭也，諦也。
◎禘，徒計切。大祭也，諦也。
【祜】胡古切。《詩》云：受天之祜。箋云：祜，福也。
◎祜，胡古切。《詩》云：受天之祜。箋云：祜，福也。
【福】方伏切。禄命也。《説文》：祐也。
◎福，方伏切。禄命命也，祐也。
●圓沙本疑衍一“命”字。
【禧】許其切。福也。
◎禧，許其切。福也。
【祐】于救切。助也。《易》曰：自天祐之，吉無不利。或作佑。
◎祐，于救切。助也。《易》曰：自天祐之，吉無不利。或作佑。
【祺】巨基切。吉也。又徵祥也。禥，籀文。
◎祺，巨基切。吉也。又徵祥也。禥，籀文。
【禄】音鹿。賞賜也。又福禄也。
◎禄，音鹿。賞賜也，福禄也。
○禄，《玉篇》曰：王者制禄爵五等，謂公侯伯子男。又曰：禄，賞賜也。（《一切經音義》卷二十五）
【禛】之仁切。以真受福也。
◎禛，之仁切。以真受福也。
【祉】丑理切。福也。
◎祉，丑里切。福也。
【禔】之移切。福也，安也。又音匙。
◎禔，之移切。福也，安也。又音匙。
【祥】似羊切。妖怪也。又福也，善也。
◎祥，似羊切。妖怪也，福也，善也。
○祥，顧野王云：祥，善也，吉凶之先見也。（《史記》卷一百三十）
【禎】音貞。吉祥也。
◎禎，音貞。吉祥也。
【褫】息離切。福也。
◎褫，息離切。福也。
【禨】居衣切。祥也。
◎禨，居衣切。祥也。
○禨，顧野王云：禨祥，吉凶之先見也。（《史記》卷二十七）

【祪】居毁切。毁廟之祖也。
◎祪，居毁切。毁廟之祖也。
【禰】年禮切。父廟也。祢，同上。
◎禰，年禮切。父廟也。祢，同上。
【祰】口老、公篤二切。禱也，告祭也。
◎祰，口老、公篤二切。禱也，告祭。
【祼】古换切。祼鬯，告神也。
◎祼，古换切。祼鬯，告神也。
【袖】恥雷切。古文禬。
◎袖，恥雷切。古文禬。
【祝】之六切。祭詞也。
◎祝，之六切。祭詞也。
○祝，顧野王云：盟祝主於要誓，事鬼神以祈福祐也。（《一切經音義》卷十五）
【祈】巨衣切。禱也，報也，告也。
◎祈，巨衣切。禱也，報也，告也。
【禷】力季切。祭也。《爾雅》曰：是禷是禡，師祭也。或作膟。
◎禷，力季切。祭也。《爾雅》曰：是禷是禡，師祭也。或作膟。
【禱】丁老切。請也，謝也，求福也。䄔，籀文。䄖，古文。
◎禱，丁老切。請也，謝也，求福也。䄔，籀文。禂，古文。
【爨】昌芮切。數祭也，重祭也。又此芮切。
◎爨，昌芮切。數祭也，重祭也。又此芮切。
【禮】力底切。體也，理也。礼，古文。
◎禮，力底切。體也，理也。礼，古文。
【祔】扶付切。祖也，合葬也。
◎祔，扶付切。視也，合葬也。
●底本“祖也”，原作“視也”，據宋十一行本改。圓沙本亦誤。
【禬】除雷切。祝禬也。又力救切。
◎禬，除雷切。祝禬。又力救切。
【社】市者切。土地神主也。𥘺，古文。
◎社，市者切。土地神主也。𥘺，古文。
【禖】莫回切。求子祭。
◎禖，莫回切。求子祭。
【禪】市戰切。祭名。又市然切，静也。
◎禪，市戰切。祭名。市然切，静也。

【禜】音詠。風雨不時祭名。
◎禜，音詠。風雨不時祭名。
【祜】胡括切。《説文》云：祀也。又法也。
◎祜，胡括切。祀也。又法也。
【禳】而羊切。卻變異也。
◎禳，而羊切。卻變異也。
【禬】胡外、古外二切。除災害也，會福祭也。
◎禬，胡外、古外二切。除災害也，會福祭也。
【禕】於宜切。美皃。又歎辭。
◎禕，於宜切。美皃。又歎辭。
【禦】魚舉切。禁也。又當也。
◎禦，魚舉切。禁也。又當也。
【祴】古來切。祴，夏樂章名。
◎祴，古來切。祴，夏樂章名。
【禶】昨坦切。祭也。
◎禶，昨坦切。祭也。
●“昨坦切”，宋十一行本作“昨旦切”。
【禰】古典切。祇也。
◎禰，古典切。祇也。
【禡】莫駕切。師祭也。又馬上祭也。
◎禡，莫駕切。師祭。又馬上祭。
【祳】時忍切。祭社生肉也，俎實也。
◎祳，時忍切。祭社生肉，又俎實。
【祾】力矜、力登二切。祭名，神靈之威福也。
◎祾，力矜、力登二切。祭名，神靈之威福也。
【祚】才故切。禄也，保也。
◎祚，才故切。禄也，保也。
○祚，《玉篇》曰：祚，位也。（《一切經音義》卷二十三）
【祱】始鋭切。《博雅》云：祭也。
◎祱，始鋭切。《博雅》云：祭也。
【䘹】子内切。祭名。
◎䘹，子内切。祭名。
【褸】力侯切。飲食祭也，冀州八月，楚俗二月。亦作膢。從簍亦同。
◎褸，力侯切。飲食祭也，冀州八月，楚俗二月。亦作膢。
●底本“簍”，原作“婁”，據澤存堂本改。

【禚】仕駕切。報祭也。古之臘曰禚。亦作蜡。
◎禚，仕駕切。報祭也。古之臘曰禚。亦作蜡。
【禂】丁道切。馬祭也。
◎禂，丁道切。馬祭也。
【祧】他幺切。遠廟也。濯，古文。
◎祧，他幺切。遠廟也。濯，古文。
【禓】與章、書羊二切。强鬼也，道上祭也。
◎禓，與章、書羊二切。道祭强鬼。
【祲】子鴆切。《周禮》有眡祲。鄭玄曰：祲，陰陽氣相侵，漸成祥者。《左氏傳》曰：吾見赤黑之祲。杜預曰：妖氣也。
◎祲，子鴆切。《周禮》：眡祲。注：祲，陰陽氣相侵。《左傳》：見赤黑之祲。杜預曰：妖氣也。
●底本“眡祲”，原作“眂祲”，據宋十一行本改。
【禊】胡契切。《史記》云：漢武帝禊霸上。徐廣曰：三月上巳臨水祓除，謂之禊也。
◎禊，胡契切。《史記》：漢武禊霸上。注：三月上巳臨水祓除也。
●“胡契切”，宋十一行本作“胡計切”。
【禍】胡果切。害也，神不福也。䄆，同上。
◎禍，胡果切。害也，神不福也。䄆，同上。
【稰】私吕切。祭具也。
◎稰，私吕切。祭具也。
【祟】思遂切。神禍也。𥜇，籀文。
◎祟，思遂切。神禍也。𥜇，籀文。
【禮】側慮切。祝也。亦作詛。
◎禮，側慮切。祝也。亦作詛。
【袜】音媚。即鬼魅也。
◎袜，音媚。即鬼魅也。
【禁】記鴆切。止也，錮也。又記林切。
◎禁，記鴆切。止也，錮也。又記林切。
【禲】音厲。無後鬼也。鬼有所歸，乃不爲禲。
◎禲，音厲。無後鬼也。鬼有所歸，乃不爲禲。
○禲，顧野王云：鬼有所歸，則不爲禲。（《一切經音義》卷六十一）
【祅】於驕切。天反時爲災，地反物爲祅。

《説文》作祦。

◎祅，於驕切。天反時爲災，地反物爲祅。《説文》作祦。

【禫】徒感切。祭名也。《説文》曰：除服祭也。

◎禫，徒感切。除服祭名也。

【袾】之俞切。咒詛也。又音注。

◎袾，之俞切。咒詛。又音注。

【禲】力大切。隨壞也。

◎禲，力大切。隨壞也。

○禲，《玉篇》《廣韻》並作禲，從示，云：壞也。（《方言疏證》卷十三）

●底本原作"力人切"，據宋十行本改。

【祤】于矩切。祋祤，縣名，在馮翊。又音詡。

◎祤，于矩切。祋祤，縣名。又音詡。

【祀】丘倦切。祀也。

◎祀，丘倦切。祀也。

【禝】竹芮切。祭名。亦作醊。

◎禝，竹芮切。祭名。亦作醊。

【禒】思淺切。秋田祭也。与獮同。

◎禒，息淺切。秋田祭也。与獮同。

【袂】於畺切。禍也。古文殃。

◎袂，於畺切。禍也。古文殃。

【礽】而淩切。福也。又就也。亦作仍。

◎礽，而陵切。福也，就也。亦作仍。

【樵】子誚切。祭名。或作醮。

◎樵，子誚切。祭名。或作醮。

【祶】力弔切。与竂同。

◎祶，力弔切。与竂同。

【䄉】音俄。盛皃。或作娥。

◎䄉，音俄。盛皃。或作娥。

【襗】音亦。祭之明日又祭，殷曰肜，周曰襗。亦作繹。

◎襗，音亦。祭之明日又祭，殷曰肜，周曰襗。亦作繹。

【䄅】市救切。久年也。

◎䄅，市救切。久年也。

【禗】息兹切。不安也，欲去意也。

◎禗，息兹切。不安也，欲去意也。

【祘】蘇换切。明視也。

◎祘，蘇换切。明視也。

【䄟】以久、以州二切。燎也，柴祭天也。

◎䄟，以久、以州二切。燎柴祭天。

●"以久、以州二切"，宋十一行本作"以久切，又以州切"。

【祪】乞喜切。好貌。

◎祪，乞喜切。好貌。

【䖒】欣居切。秏鬼也。與魖同。

◎䖒，欣居切。秏鬼。與魖同。

【䙁】於柳切。福也。

◎䙁，於柳切。福也。

【祣】力煑切。祭名。《論語》作旅。

◎祣，力煑切。祭名。《論語》作旅。

【禋】音因。成就也。

◎禋，音因。成就也。

【禷】於琰切。禷禳也。

◎禷，於琰切。禷禳也。

【祬】質夷切。福也。

◎祬，質夷切。福也。

【桊】居倦切。祭名也。本作眷。

◎桊，居倦切。祭名。本作眷。

【褹】翌制切。祭也。

◎褹，翌制切。祭也。

【禬】古穴切。不祥也。

◎禬，古穴切。不祥也。

【禘】丑歷切。福也。

◎禘，丑歷切。福也。

【䘑】莫伯切。神也。

◎䘑，莫伯切。神也。

【祓】方無切。祭蹢也。

◎祓，方無切。祭蹢也。

【禓】户光切。禓禓，祭也。

◎禓，户光切。禓禓，祭也。

【禠】力之切。福祥也。

◎禠，力之切。福祥也。

【禵】所宜切。祭名。

◎禵，所宜切。祭名。

【禯】尼龍切。厚祭也。

◎禯，尼龍切。厚祭也。

【禎】所交切。祜也。
◎禎，所交切。祐也。
【裪】徒勞切。福也。
◎裪，徒勞切。福也。
【禑】音吴。福也。
◎禑，音吴。福也。
○禑，音吴。福也。（《醫心方》二四 19）
【褣】丑江切。祭壇不毁也。
◎褣，丑江切。祭壇不毁也。
【禟】徒郎切。祐也。
◎禟，徒郎切。祐也。
【禴】去言切。祭也。
◎禴，去言切。祭也。
【神】音仲。神也。
◎神，音仲。神也。
【禭】詞類切。祭名。
◎禭，詞類切。祭名。
【禮】符容切。神名。
◎禮，符容切。神名。
【禮】才刀切。豕祭也。
◎禮，才刀切。豕祭也。
【祆】阿憐切。胡神也。
◎祆，阿憐切。胡神也。
●"阿憐切"，宋十一行本作"呵憐切"。
【禂】音固。祭也。
◎禂，音固。祭也。
●"祭也"，宋十一行本作"祭名"。
【祓】音弗。除殃祭也。
◎祓，音弗。除殃祭也。
【禚】之若切。齊地名。
◎禚，之若切。齊地名。
【祦】音吴。福也。
◎祦，音吴。福也。
【禠】匹角切。久視。
◎禠，匹角切。久視也。
○禠，《玉篇》云：久視。（《重修廣韻》卷五）
【禪】音畢。竈上祭也。
◎禪，音畢。竈上祭也。
【祓】孚物切。除災求福也。又方吠切，福也。
◎祓，孚物切。除災求福也。又方吠切，福也。

補

○禩，《玉篇》：直輒反。禩蟄也。（《龍龕手鏡》卷一）

二部第四

凡一十四字

【二】而至切。《説文》曰：地之數也。《易》曰：天一地二。弍，古文。
◎二，而至切。《説文》曰：地之數也。《易》曰：天一地二。弍，古文。三，古文四。
【恒】何登切。常也。《易》曰：恒，久也。恆，同上。亙，古文。
◎恒，何登切。常也。《易》曰：恒，久也。恆，同上。亙，古文。
【亘】思緣切。求亘也。今宣從亘，同。
◎亘，思緣切。求亘也。今宣从亘。
【亟】居力切。急也，疾也。又丘致切，數也。
◎亟，居力切。疾也。丘致切，數也。
【亝】徂兮切。古文齊。
◎亝，徂兮切。古文齊。
【竺】丁沃切。厚也。又音竹。
◎竺，丁沃切。厚也。又音竹。
【凡】扶嚴切。凡，計數也。又非一也。《説文》云：最括也。《廣雅》云：輕也，皆也。
◎凡，扶嚴切。凡，計數也。又非一也。《説文》：最括也。《廣雅》：輕也，皆也。
【亖】弋之切。陽氣也。
◎亖，弋之切。陽氣也。
【亹】音圍。
◎亹，音圍。
【亙】力擣切。古文老。
◎亙，力擣切。古文老。

補

○互，顧野王云：互謂更遞也。（《一切經音義》卷三十二）

三部第五

凡二字

【三】思甘切。《説文》云：天地人之道也。《老子》曰：道生一，一生二，二生三，三生萬物。弎，古文。

◎三，思甘切。《説文》：天地人道。《老子》：道生一，一生二，二生三，三生萬物。弎，古文。

王部第六

凡五字

【王】禹方切。《説文》云：天下所歸往也。董仲舒曰：古之造文者，三畫而連其中謂之王。三者；天地人也，而参通之者，王也。孔子曰：一貫三爲王。蔡邕《獨斷》云：皇子爲王。𤣪，古文。

◎王，禹方切。《説文》云：天下所歸往。董仲舒曰：古之造文，三畫而運［連］其中謂之王。三者；天地人，而参通之者，王也。孔子曰：一貫三爲王。𤣪，古文。

〇王，天子也。（《法華釋文》上）

【皇】胡光切。大也，匡也。《爾雅》云：君也。《論語》曰：皇皇后帝。注謂：大，天帝也。《儀禮》：賓入門，皇自莊盛也。𦤎，古文。

◎皇，胡光切。大也，匡也，君也。《論語》曰：皇皇后帝。注謂：大，天帝也。《儀禮》：賔入門，皇自莊盛也。𦤎，古文。

【閏】如舜切。閏，餘也。《説文》云：餘分之月，五歲再閏，告朔之禮，天子居宗廟，閏月居門中。《周禮》云：閏月，詔王居門，終月。

◎閏，如舜切。閏，餘也。餘分之月，三年一閏，五歲再閏，十九年七閏，爲一章。

玉部第七

凡二百六十七字

●宋十一行本作“凡二百七十七字”。

【玉】魚録切。《禮記》曰：君子比德於玉焉。温潤而澤，仁也；縝密以栗，知也；廉而不劌，義也；垂之如隊，禮也；叩之其聲清越而長，其終詘然，樂也；瑕不揜瑜，瑜不揜瑕，忠也；孚筠旁達，信也；氣如白虹，天也；精神見于山川，地也；圭璋特達，德也。故君子貴之也。𤣩，古文。

◎玉，魚録切。《記》曰：君子比德於玉焉。温潤而澤，仁也；縝密以粟［栗］，知也；廉而不劌，義也；垂之如隊，禮也；叩之其聲清越而長，其終詘然，樂也；瑕不揜瑜，瑜不揜瑕，忠也；孚筠旁達，信也；氣如白虹，天也；精神見于山川，地也；圭璋特達，德也。𤣩，古文。

〇玉，《玉（篇）》云：尊卑以輕重爲差，玉多則重，石多則輕。公侯四玉一石，伯子男三玉一石也。（《三教指歸注》二一）

【玊】欣救、思六二切。玉工也。亦姓也。

◎玊，欣救、思六二切。玉工。亦姓。

〇玊，琢玉工也。（《類》158）

【璙】力弔、力小二切。玉名。

◎璙，力弔、力小二切。玉名。

【瓘】古唤切。玉名。

◎瓘，古唤切。玉名。

【璥】居影切。玉名。

◎璥，居影切。玉名。

【琠】他典切。玉名。㻛，古文。

◎琠，他典切。玉名。㻛，古文。

【玘】去里切。玉名。

◎玘，去里切。玉名。

【瓕】弭規切。玉名。

◎瓕，弭規切。玉名。

【瓇】奴刀切。玉名。

◎瓇，奴刀切。玉名。

【瓑】郎敵切。玉名。

◎瓑，郎敵切。玉名。

【瑾】奇鎮切。瑾瑜，美玉也。

◎瑾，奇鎮切。瑾瑜，美玉也。

【瑜】弋朱切。瑜玉不揜瑕，玉中美也。《禮記》：世子佩瑜玉也。

◎瑜，弋朱切。瑜玉不揜瑕，玉中美也。《記》：

世子佩瑜玉。

【璵】弋居切。璵璠，美玉皃。

◎璵，弋居切。璵璠，美玉皃。

【璠】方袁、房袁二切。美玉皃。

◎璠，方袁、房袁三切。美玉。

●圓沙本“三”當作“二”。

【玒】古邦、古紅二切。玉名。

◎玒，古邦、古紅二切。玉名。

【璐】力故切。美玉也。

◎璐，力故切。美玉也。

【瓊】渠營切。《說文》云：赤玉也。《莊子》云：積石爲樹名曰瓊枝，其高一百二十仞，大三十圍，以琅玕爲之寶。璚，同上。瓗，同上。又音畦。又羊水切，美皃。

◎瓊，渠營切。赤玉也。璚，同上。瓗，同上。又音畦。又羊水切，美玉皃。

【璇】似宣切。美石，次玉。亦作琁。琁，同上。又徐宣切。

◎璇，似宣切。美石，次玉。亦作琁。

【瑬】力才切。玉屬也。

◎瑬，力才切。玉屬也。

【珦】虛亮切。玉名。

◎珦，虛亮切。玉名。

【瑓】力達切。玉名。

◎瑓，力達切。玉名。

【瓄】徒木切。《史記》云：崑山出瓄玉也。

◎瓄，徒木切。《史》：崑山出瓄玉。

【珵】除荆切。美玉也。埋六寸，光自輝。

◎珵，除荆切。美玉也。埋六寸，光自輝。

●“埋”，宋十一行本作“理”，疑皆當作“珵”。

【琳】力金切。玉名。

◎琳，力金切。玉名。

【璿】似緣切。《山海經》云：有沃之國，沃民是處，爰璿瑰瑙碧。《虞書》曰：璿璣玉衡。《孔傳》云：璿，美玉。《穆天子傳》：春山之寶，有璿珠也。叡，籀文。璿，古文。

◎璿，似緣切。《書》：璿璣。美玉。叡，籀文。璿，古文。

〇璿，顧野王云：即蚌所含珠也。（《一切經音義》卷八十七）

●宋十一行本“爰”後有“有”字，是。“春山”，宋十一行本作“卷山”。

【球】巨周切。《虞書》曰：戛擊鳴球。《孔傳》云：球，玉磬也。

◎球，巨周切。玉磬也。

【璆】奇樛切。美玉也。

◎璆，奇樛切。美玉也。

【琍】奇殞切。齊玉也。

◎琍，奇殞切。齊玉也。

【瑅】大兮切。玉名。

◎瑅，大兮切。玉名。

【瑭】徒郎切。玉也。

◎瑭，徒郎切。玉也。

【珙】居容、居勇二切。大璧也。

◎珙，居容、居勇二切。大璧也。

【瓗】似睡切。玉名。

◎瓗，似睡切。玉名。

【琛】敇今切。琛，寶也。

◎琛，敇今切。琛，寶也。

【環】下關切。繞也。又玉環。《爾雅》曰：肉好若一謂之環。

◎環，下關切。繞也。又玉環。《爾雅》：肉好若一謂之環。

【璧】俾亦切。瑞玉，圜以象天也。

◎璧，俾亦切。瑞玉，圜以象天也。

〇璧，瑞玉，四方，一尺也。（《類》161）

【瑗】爲眷切。玉名。

◎瑗，爲眷切。玉名。

【琮】才宗切。琮玉八角，象地。《說文》云：瑞玉，大八寸，似車釭。

◎琮，才宗切。琮玉八角，象地。《說文》：瑞玉，八寸，似車釭。

〇琮，祚宗反。琮之言聚也。（《類》168）

【瓏】力恭切。禱旱之玉爲龍文也。又音聾，玲瓏，玉聲。

◎瓏，力恭切。禱旱龍文玉。又音籠，玲瓏，謂玉聲也。

【璜】胡光切。半璧也。

◎璜，胡光切。半璧也。

【瓃】力追切。玉器。又力回切。
◎瓃，力追切。玉器也。又力回切。
【琥】呼古切。瑞玉也。《説文》云：發兵瑞玉，爲虎文。
◎琥，呼古切。瑞玉。發兵，爲虎文。
【珪】古攜切。古文圭。
◎珪，古攜切。古圭字。
【琰】弋冉切。璧上起美色也。
◎琰，弋冉切。璧上起美色。
【璋】之陽切。半珪也。又明也。
◎璋，之陽切。半珪也，明也。
【玠】音界。珪長尺二寸也。
◎玠，音界。珪長尺二寸也。
【琬】於遠切。琬珪也。
◎琬，於遠切。琬珪也。
〇琬，《玉篇》云：琬，玉圭也。(《一切經音義》卷九十三)
【瑒】雉杏切。珪尺二寸，有瓚，以祀宗廟。又音暢。
◎瑒，雉杏切。珪尺二寸，有瓚，瓚以祀天地。又音暢。
●"雉杏切"，宋十一行本作"雉香切"。
【瓛】胡官切。《周禮》：公執瓛珪也。
◎瓛，胡官切。公執瓛珪。
【珽】他鼎切。《説文》云：大圭，長三尺，抒上，終葵首。《禮》：天子搢珽方正於天下也。
◎珽，他鼎切。大圭，長三尺。
【瑁】莫到切。珪長四寸，天子執之。又莫對切，瑇瑁也。玥，古文。
◎瑁，莫到切。珪長四寸，天子執之。又莫對切，瑇瑁也。玥，古文。
●圓沙本"玥"當作"玥"。
【瑇】徒戴切。瑇瑁。或作蝳蝐。
◎瑇，徒戴切。瑇瑁。或作蚮。
【琡】齒育切。《爾雅》云：璋大八寸謂之琡也。
◎琡，齒育切。璋大八寸曰琡。
【瑞】市惴切。信節也，諸侯之珪也。
◎瑞，市惴切。信節，諸侯之珪。
〇瑞，顧野王曰：王者盛德，感乎乾坤，故天地應之以信瑞也。(《一切經音義》卷六)
〇瑞，《玉篇》云：節信也。(《一切經音義》卷二十七)
【瑱】他見切。以玉充耳也。
◎瑱，它見切。以玉充石。
●圓沙本"石"當作"耳"。
【珥】仁志切。珠在耳。
◎珥，仁志切。珠在耳。
【琫】布孔切。佩刀下飾也。
◎琫，布孔切。佩刀下飾也。
●明經廠本作"佩刀上飾也"，《説文》作"佩刀上飾"。
【珌】卑密切。佩刀上飾。理，古文。
◎珌，卑密切。佩刀上飾。理，古文。
●《説文》作"佩刀下飾"。
【璏】雉例切。劍鼻也。又音衛。
◎璏，雉例切。劍鼻。又音衛。
【狃】女久切。印鼻。本作鈕。
◎狃，女久切。印鼻。本作鈕。
【璫】多郎切。穿耳施珠也。
◎璫，多郎切。穿耳施珠也。
【瑑】持轉切。珪有折鄂也。
◎瑑，持轉切。珪有折鄂也。
【瓚】才但、才旦二切。珪頭也，爲器可以挹鬯灌祭。鄭玄注《禮記》云：瓚形如槃，容五升，以大圭爲柄也。
◎瓚，才但、才旦二切。珪頭，爲器可挹鬯灌。《礼記》云：瓚形如槃，容五升。
●圓沙本"《禮記》云"當作"《禮記》注云"。
【玦】居穴切。玉佩也，如環而缺不連。
◎玦，居穴切。玉佩，如環，缺不連。
【璂】巨基切。飾弁也。璂，同上。見《説文》。
◎璂，巨基切。飾弁也。璂，同上。見《説文》。
【琪】巨基切。玉屬。
◎琪，巨基切。玉屬。
【珩】下庚切。《説文》云：佩玉，所以節行步也。
◎珩，下庚切。佩玉，以節行步也。
○珩，顧野王云：珩，珮上衡也。（《一切經音義卷》八十五）
○珩，顧野王云：珩謂玉珮上衡也。（《一切經音義》卷九十八）
【璬】公了切。玉佩也。
◎璬，公了切。玉佩也。
【珮】步輩切。玉珮也。本作佩。或从玉。
◎珮，步輩切。玉珮。本作佩。或从玉。
○珮，蒲背反。《周禮》：玉苻［府］掌王之玉佩珠玉。鄭玄曰：佩玉，所帶玉也。《大戴禮》：珮上有雙衡，下有雙磺，衝牙璸珠，以納其間。《禮記》：佩瑜瓊玟。孔子：佩象環五寸。野王案，凡帶物於身皆謂之。天子佩白玉，公侯佩山玄玉，大夫佩水倉玉，世子佩瑜玉。（左）佩㭒帨、刀、礪、小錐、金燧，右佩决、扞、管、人［大］雙［觿］、木燧，婦人佩箴、管、線、纊。《楚辭》紉秋蘭以爲佩並是也。《説文》爲佩字，在人部也。（《新撰字鏡》六 32）
○珮，顧野王云：凡帶物於身謂之珮。（《一切經音義》卷三十二）
○珮，顧野王：凡帶物在身皆謂珮。（《一切經音義》卷九十六）
【玩】五貫切。玩，戲也，弄也。或作貦也。
◎玩，五貫切。玩，戲也，弄也。或作貦。
○玩，《玉篇》：戲弄也。（《一切經音義》卷二十七）
【瑬】力牛切。《説文》云：垂玉也，冕飾。又美金也。亦作鏐。
◎瑬，力牛切。垂玉也，冕飾。亦作鏐，善金。
●圓沙本作“善金”，四部叢刊本、明經廠本等皆作“美金”，疑作“美金”是。
【璹】市六切。《説文》云：玉器也。璹，同上。
◎璹，市六切。玉器也。璹，同上。
【琉】補抱切。《聲類》云：古文寶字。
◎琉，古文寶字。
【珍】張陳切。寶也，貴也，美也。又重也。
珎，同上，俗。
◎珍，張陳切。宝也，貴也，重也。珎，同上，俗。
【琚】紀余切。玉名。
◎琚，紀余切。玉名。
【琖】側簡切。《説文》曰：玉爵也。夏曰琖，殷曰斝，周曰爵。亦作盞、醆。
◎琖，仄簡切。玉爵。亦作盞、醆。
【珈】古遐切。《詩》云：副笄六珈。《傳》曰：珈，笄飾之最盛者，所以別尊卑。
◎珈，古遐切。笄飾之最盛者。
【璲】徐醉切。玉璲，以玉爲佩也。
◎璲，徐醉切。玉璲，以玉爲佩。
【瑵】壯巧切。《説文》云：車蓋玉瑵也。
◎瑵，壯巧切。車蓋玉瑵也。
【璪】作道切。《説文》云：玉飾如水藻也。
◎璪，作道切。玉飾如水藻。
【瑚】何孤切。《論語注》云：瑚璉，黍稷之器。夏曰瑚，殷曰璉。或作鍸。
◎瑚，何孤切。瑚璉。或作鍸。
○瑚，夏曰瑚。（《類》159）
【璉】力展切。瑚璉也。或作槤也。
◎璉，力展切。瑚璉。或作槤。
【琩】尺羊切。琩玩，蠻夷充耳也。
◎琩，尺羊切。琩玩，蠻夷充耳。
【瑋】禹鬼、以貴二切。《埤蒼》曰：瑰瑋珍琦。或作偉。
◎瑋，禹鬼切，以貴切。《埤蒼》云：瑰瑋珍琦。或作偉。
【璩】其於切。玉名。
◎璩，具於切。玉名。
【琦】渠羈切。《埤蒼》云：琦，瑋也。
◎琦，渠箕切。瑰瑋珍琦。
【璺】亡奮切。《方言》云：秦、晉器破而未離谓之璺。《廣雅》云：裂也。
◎璺，亡奮切。器破而未離。
○璺，《玉篇》《廣韻》並引《方言》：秦、晉器破而未離謂之璺。（《方言疏證》卷六）
【玬】莫骨切。《穆天子傳》云：采石之山有玬瑤。郭璞曰：玉名。

◎玫，莫骨切。玉名。

【玷】丁簟切。《詩傳》云：玷，缺也。或作刮、鉆也。

◎玷，于古切。缺也。或作刮、鉆。

【琄】胡犬切。玉皃。

◎琄，胡犬切。玉皃。

【璽】思此切。天子諸侯印也。籀文作壐也。

◎璽，思比切。天子諸侯印。

【璈】力高切。玉名。

◎璈，力高切。玉名。

【瑹】式餘切。《廣雅》云：瑹、珽，並笏也。又美玉。

◎瑹，式余切。美玉瑹、珽，並笏也。

【璞】普角切。玉未治者。《老子》曰：璞散則爲器。王弼曰：璞，真也。

◎璞，普角切。玉未治者。

○璞，野王案：璞，玉未理也。（《倭名抄》三 85）

【琢】陟角切。治玉也。《禮記》曰：玉不琢，不成器也。

◎琢，陟角切。治玉也。

【琱】多幺切。治玉也。一曰石似玉者。

◎琱，多幺切。治玉也。又石似玉。

【玼】且禮切。玉色鮮也。

◎玼，且禮切。玉色鮮。

○玼，《玉篇》：且礼反。云：鮮明貌。（《毛詩注疏》卷三）

○玼，《玉篇》：且禮反。云：鮮明貌。（《經典釋文》卷五）

【理】力紀切。治玉也，正也，事也，道也，從也，治獄官也。

◎理，力紀切。治玉也，正也，事也，道也，從也，治獄官也。

○理，《玉篇》曰：理，治也。（《一切經音義》卷二十一）

【瑳】且我切。玉色鮮白也。《詩傳》曰：瑳，巧笑貌。又七河切。

◎瑳，且我切。玉鮮白。又七河切。

【瑟】所乙切。清净鮮絜也。《説文》云：玉英華相帶如瑟弦也。琗，《廣蒼》同上。

◎瑟，所一切。玉華相帶如瑟弦。琗，《廣蒼》同上。

【琯】古滿切。舜以天德嗣堯，西王母献其白琯。

◎琯，古滿切。西王母献舜白琯。

【瑮】力質切。《説文》云：玉英華羅列秩秩。又《逸論語》曰：玉粲之瑟兮，其瑮猛也。瑮，同上。

◎瑮，力質切。玉英華羅列秩秩。瑮，同上。

【珇】作土切。《方言》曰：珇，好也，美也。《説文》云：琮玉之瑑。

◎珇，作土切。美也。琮玉之瑑也。

○珇，《玉篇》引《方言》曰：珇，好也，美也。（《方言疏證》卷十三）

【瑩】烏定、爲明二切。玉色也。《詩》云：充耳琇瑩。《傳》曰：石之次玉。又於坰切。

◎瑩，烏定、爲明二切。玉色。《詩》：充耳琇瑩。《傳》曰：石之次玉。又於坰切。

○瑩，聿瓊、爲明反。美石也，玉道［色］也。又才［于］坰反，广［磨］也，謂广［磨］拭珠玉，使發光明也。（《類》164）

○瑩，顧野王云：瑩謂摩飾玉使明也。（《一切經音義》卷五十三）

○瑩，顧野王云：瑩，飾也。《考聲》：瑩，光也，亦明也。（《續一切經音義》卷四）

【璊】莫昆切。《説文》曰：玉䵷色也。禾之赤苗謂之虋。言璊玉色如之。玧，同上。又以蠢切，蠻夷充耳。

◎璊，莫昆切。玉䵷色也。玧，同上。又以蠢切。

【瑛】於京切。美石似玉。《尸子》：龍淵玉光也，水精謂之玉瑛也。

◎瑛，於京切。水精謂之玉瑛。

○瑛，《玉篇·玉部》瑛字注云：美石似玉。（《尸子》卷下）

【琤】楚耕切。《説文》云：玉聲。或作錚。

◎琤，楚耕切。玉声。或作鉾。

【瑕】胡加切。《詩傳》云：瑕，過也。《廣雅》云：瑕，裂穢也。鄭玄云：瑕，玉之病也。

◎瑕，胡加切。過也，玉病也。

○瑕，裂也，穢也，咎也。（《類》164）

〇瑕，《玉篇》：穢也。（《一切經音義》卷一）
〇瑕，《玉篇》云：玉之病也。（《一切經音義》卷十一）
〇瑕，《玉篇》：裂也。顧野王云：僭過也。（《一切經音義》卷十二）
〇瑕，疵，《玉篇》云：玉内有病曰瑕，玉外有病曰疵。（《一切經音義》卷二十七）
〇瑕，顧野王云：瑕亦隙也。（《一切經音義》卷六十）
【瑲】且楊切。《説文》云：玉聲也。《詩》曰：鞗革有瑲。
◎瑲，且楊切。《説文》：玉声。
【玎】都廷切。《説文》云：玉聲也。齊太子謚曰玎。《謚法》：義不克曰玎。又竹耕切。
◎玎，都廷切，竹耕切。玉声。
【瑀】于矩切。《大戴禮》：佩玉琚瑀以雜之。《説文》云：石之似玉者。
◎瑀，于矩切。石之似玉者。
【瑝】胡光切。玉聲也。
◎瑝，胡光切。玉聲。
【瑣】思果切。玉聲也。
◎瑣，思果切。玉聲。
〇瑣，小皃。平［才］器細陋皃。瑣尾，少好皃。（《類》165）
【玤】布孔、步講二切。《説文》云：石之次玉，以爲系璧。一曰若蛤蚌。
◎玤，布孔、步講二切。石之次玉。
【珁】異之切。石之次玉者。《蒼頡》曰：五色之石也。
◎珁，異之切。石次玉。又五色石。
【珢】居恨、魚巾二切。石次玉也。
◎珢，居恨、魚巾二切。石次玉也。
●宋十一行本作“居恨切，又魚巾切”。
【玴】余制切。《説文》云：石之似玉者也。
◎玴，余制切。石之似玉者。
【璅】子道切。石次玉。
◎璅，子道切。石次玉。
【璡】子鄰切。石似玉也。
◎璡，子鄰切。石似玉。
【璔】仄金、才心二切。石似玉也。
◎璔，側金、才心二切。石似玉。
【璁】倉公切。石似玉。
◎璁，倉公切。石似玉。
【瓛】胡到切。石似玉。
◎瓛，胡到切。石似玉。
【璿】胡戛切。石似玉。
◎璿，胡戛切。石似玉。
【堅】烏灌切。石似玉。
◎堅，烏灌切。石似玉。
【瓔】思協切。石似玉。
◎瓔，思協切。石似玉。
【玽】音狗。石似玉也。
◎玽，音狗。石似玉也。
【琂】語韃切。石似玉也。
◎琂，語韃切。石似玉。
【璶】疾刃切。石似玉。
◎璶，疾刃切。石似玉。
【琟】弋隹切。石似玉。
◎琟，弋隹切。石似玉。
【瑦】於古切。石似玉。又於都切。
◎瑦，於古、於都二切。石似玉。
【玜】息咨切。石似玉。
◎玜，息咨切。石似玉。
【瑂】明丕切。石似玉。
◎瑂，明丕切。石似玉。
【璒】得滕切。石似玉。
◎璒，得滕切。石似玉。
【瑶】余招切。《诗》云：報之以瓊瑶。《説文》云：玉之美者也。
◎瑶，余招切。玉之美者。
【玗】有俱切。玉屬。《爾雅》云：東方之美者，有醫無閭之珣玗琪焉。
◎玗，有俱切。玉屬。
【珣】思旬切。玉屬也。
◎珣，思旬切。玉屬也。
【瑎】户皆切。黑玉也。
◎瑎，户皆切。黑玉。
【琨】古魂切。《書》曰：揚州貢瑶、琨、篠簜。琨，石之美者也。瑻，《説文》同上。
◎琨，古魂切。石之美者。瑻，《説文》同上。

●宋十一行本“書”前有“夏”字。

【碧】彼戟切。《山海經》云：商山下多青碧。郭璞云：亦玉類。今越嶲會無縣東山出碧。《莊子》曰：長弘死於蜀，其血化爲碧。《説文》云：石之青美者。

◎碧，彼戟切。《山海經》：商山下多青碧。郭璞云：赤玉類。《説文》：石青美者。

●圓沙本“赤玉類”當作“亦玉類”。

【瓐】力胡切。《博雅》云：碧玉也。

◎瓐，力胡切。碧玉也。

【珉】靡豳切。《山海經》云：岐山，其陰多白珉。《禮記》云：君子貴玉而賤珉。鄭玄曰：石似玉。本亦作碈。或作玟也。瑉，同上。

◎珉，靡豳切。石似玉。本亦作碈。或作玟。瑉，同上。《禮記》：君子貴玉而賤瑉。

●底本“玟”，宋十一行本作“敃”。

【瑸】五胡切。琨瑸，劍名。又石次玉。與珸同。

◎瑸，五胡切。琨瑸，劍名。又石次玉。与珸同。

【珸】五胡切。《廣雅》云：石次玉者。亦山名，出利金。《尸子》云：琨珸之金也。

◎珸，同上。石次玉。亦山名，出利金。

【瑦】武俱切。三采玉也。

◎瑦，武俱切。三采玉。

【瓔】於盈切。《埤蒼》云：瓔琅，石似玉也。

◎瓔，於盈切。瓔琅，石似玉。

●底本“瓔琅”，宋十一行本作“瓔琅”。

【玞】甫紆切。《山海經》云：會稽之山下多玞石。郭璞曰：武玞，石似玉。今長沙臨湖縣出之，青地白文，色葱籠不分了也。

◎玞，甫紆切。珷玞，石似玉。

〇玞，顧野王云：即瑌石，或琰也。（《一切經音義》卷九十九）

【琈】吐胡切。《山海經》云：小華山，其陽多琈琈。

◎琈，吐胡切。琈琈。

【琈】扶留切。琈筍，玉采色。《禮記》云：孚尹旁達。鄭玄曰：讀如浮筠也。

◎琈，扶留切。琈筍，玉采色。

【瑌】如兖切。《山海經》云：狀睹之山，其上多瑌石。郭璞曰：白者如冰，半有赤色者。

◎瑌，如兖切。美石，白者如冰，半有赤色。

【瑊】古咸切。瑊玏，美石次玉也。玪，同上。米石山上有玪、瑏、琪。

◎瑊，古咸切。瑊玏，美石次玉也。玪，同上。

●“古咸切”，宋十一行本作“舌咸切”。

【玏】力德切。玉名。玏，同上。

◎玏，力德切。玉名。玏，同上。

【琇】思救、餘受二切。《詩》云：充耳琇瑩。《傳》曰：琇瑩，美石也。璓，《説文》琇。

◎琇，思救、餘受二切。琇瑩，美石。璓，《説文》琇。

【玖】居柳切。石次玉，黑色者。

◎玖，居柳切。石次玉，黑色者。

【璘】力神切。璘瑞，文皃。又玉色光彩。

◎璘，力神切。璘瑞，文皃。又玉色。

【瑞】鄙鄰切。璘瑞。

◎瑞，鄙鄰切。上同。

【琭】力木切。《老子》云：琭琭如玉，硌硌如石。

◎琭，力木切。《老子》云：琭琭如玉。

【璄】於景切。玉光彩。璟，同上。又俱永切。

◎璄，於景切。玉光彩。璟，同上。又俱永切。

【壅】於龍切。玉器也。

◎壅，於龍切。玉器。

【珠】之俞切。《説文》云：蚌之陰精。《春秋國語》曰珠足以禦火災是也。蜀郡平津縣出青珠。

◎珠，之俞切。蚌之陰精。

●“之俞切”，宋十一行本作“之瑜切”。

【珧】余招切。《山海經》曰：激汝之水，其中多蜃珧。郭璞曰：珧，亦蚌屬也。

◎珧，於招切。蜃珧，蚌屬。

【珕】力智、力計二切。佩刀飾，蜃屬也。

◎瑚，力智、力許二切。佩刀飾，蜃屬。
●圓沙本“力許”當作“力計”。
【玓】典歷切。玓瓅，明珠色也。
◎玓，典歷切。玓瓅，明珠色。
【瓅】力的切。玓瓅。
◎瓅，力的切。玓瓅。
【璣】渠氣、居沂二切。《説文》云：珠不圜者也。
◎璣，渠氣、居沂二切。《説文》：珠不圜者也。
○璣，顧野王云：南海蚌所産珠，月盈則多，月虧則少。(《一切經音義》卷五十四)
○璣，《玉篇》：渠依、居沂二反。(《尚書注疏》卷六)
○璣，《玉篇》：渠依、居沂二反。(《經典釋文》卷三)
【玟】莫杯切。火齊珠。一曰石之美者。
◎玟，莫杯切。火齊珠。又石之美者。
【瑰】古回切。《説文》云：玟瑰。一曰珠圜好。《子虚賦》云：赤玉玟瑰。《蒼頡》曰：火齊珠也。又音回。瓌，同上。
◎瑰，古回切。玟瑰。一曰珠圜好。又音回。瓌，同上。
【玭】蒲蠲、蒲賔二切。珠也。《夏書》作蠙。琕，同上。
◎玭，蒲蠲、蒲賔一切。珠也。《書》作蠙。琕，同上。
○玭，新色鮮也。(《類》164)
●圓沙本“一”字當作“二”。
【琅】力當切。琅玕，石似玉。《説文》云：琅玕，似珠者。
◎琅，力當切。琅耳，石似玉，似珠。
●圓沙本“琅耳”當作“琅玕”，下文“玕”訓“琅玕”。
【玕】古寒切。琅玕也。玵，古文。
◎玕，古寒切。琅玕也。玵，古文。
【瓌】古回切。《説文》云：與傀同，大也。
◎瓌，古回切。與傀同，大也。
【珋】音留。《説文》云：石之有光，璧珋也。出西湖中。亦作卯。瑠，同上。
◎珋，音留。璧也，石之有光。亦作卯。瑠，同上。
【璃】力支切。瑠璃也。
◎璃，力支切。瑠璃。
○琉璃，野王案：琉璃，青色而如玉者也。(《倭名抄》三86)
【琭】初六切。寸也，齊也。
◎琭，初六切。寸也，齊也。
【琲】蒲溉、蒲愷二切。珠五百枚也。亦作蜚。
◎琲，蒲溉、蒲愷二切。珠五百枚也。亦作蜚。
○琲，顧野王云：琲謂貫珠之名也，百珠爲貫，五貫爲排。或作蜚也。(《一切經音義》卷九十九)
【珊】思安切。《説文》云：珊瑚，色赤，生於海，亦生於山。
◎珊，思安切。珊瑚，色赤，生於海，亦生於山。
【珂】丘何切。石次玉也。亦碼碯絜白如雪者。一云螺屬也，生海中。
◎珂，丘何切。石次玉。亦碼碯白如雪者。一云螺屬。
○珂，顧野王曰：珂螺属，出於海，絜白如雪色。(《杜工部草堂詩箋》卷十二)
○珂，《玉篇》曰：珂謂螺屬，所出於海，其白若雪，所以嬰馬膺者也。(《一切經音義》卷二十一)
○珂，《玉篇》云：貝螺屬也，出海中，色白如雪，所以纓馬膺。(《一切經音義》卷二十五)
○珂，顧野工云：出於海中，潔白如雪，所以嬰馬膺也。(《一切經音義》卷七十八)
○珂，《玉篇》：珂螺屬也，出於海者，其白如雪，所以纓馬膺也。(《續一切經音義》卷三)
【珬】思律切。珂珬也。劉逵曰：老雕入海所化，出日南。
◎珬，思律切。珂珬，老鵰入海所化。
●劉逵，宋十行本作“劉達”。
【玲】力經切。《太玄經》云：亡彼瓏玲。注謂：瓏玲，金玉之聲。

◎玲，力經切。瓏玲，金玉聲。
〇玲玲，玉聲也。(《三教指歸注》三 15)
【瑴】古岳切。杜預曰：雙玉曰瑴。亦作珏。
◎瑴，古岳切。杜預曰：雙玉曰瑴。亦作珏。
【琀】胡紺切。送終口中玉也。
◎琀，胡紺切。送終口中玉。
【璗】餘周、餘九二切。《説文》云：遺玉也。
◎璗，餘周、餘九二切。《説文》：遺玉也。
【璗】徒黨切。《爾雅》云：黄金謂之璗。郭璞曰：金之别名。
◎璗，徒黨切。《爾雅》：黄金謂之璗。郭璞云：金别名。
【琙】于洫切。《東觀漢記》：玄菟太守公孫琙。
◎琙，于洫切。《漢記》：玄菟太守公孫琙。
【靈】力經切。《説文》云：以玉事神也。與靈同。《大戴禮》：陽氣爲精，陰氣爲靈。靈，祐也。
◎靈，力經切。以玉事神。與靈同。《大戴禮》：陰氣爲靈。靈，祐也。
【珝】吁羽切。《吴志》有薛琮，字珝。
◎珝，吁羽切。《吴志》：薛琮，字珝。
【璯】苦話切。《晉陽秋》有吴興錢璯亂。
◎璯，苦話切。《晉陽秋》有吴興錢璯乱。
【玹】胡涓切。玉色。
◎玹，胡涓切。玉色。
【琉】鹵融切。琉耳也。
◎琉，鹵融切。琉耳也。
【瑑】絶緣切。
◎瑑，絶緣切。貝名。
●“絶緣切”，宋十一行本作“絶線切”。
【璔】則僧切。玉皃。
◎璔，則僧切。玉皃。
【玢】方貧切。玉名。
◎玢，方貧切。玉名。
【瑹】他胡切。美玉也。
◎瑹，他胡切。美玉。
【玞】封古切。玉器也。
◎玞，封古切。玉器。
【瓌】古回切。玉也。
◎瓌，古回切。玉也。
【珻】莫杯切。玉名。
◎珻，莫杯切。玉名。
【琟】子新切。玉名。瑧，古文。
◎琟，子新切。玉名。瑧，古文琟。
【瑯】魯當切。瑯琊，郡名。正作琅。
◎瑯，魯當切。瑯琊，郡名。正作琅。
【琊】以遮切。瑯琊郡。正作邪。
◎琊，以遮切。瑯琊。正作琊。
【瑄】音宣。《爾雅》云：璧大六寸謂之宣。郭璞曰：《漢書》云瑄玉是也。
◎瑄，宿緣切。璧大六寸。
【珹】時盈切。玉名。
◎珹，時盈切。玉名。
【琁】億魚切。玉名。
◎琁，億魚切。玉名。
【玔】踈逸切。玉器也。又巨幼切。
◎玔，踈逸切。玉器也。又巨幼切。
【珷】亡甫切。石似玉也。與碔同。
◎珷，亡甫切。石似玉。與碔同。
【瑽】七恭切。瑽瑢，佩玉行皃。
◎瑽，七恭切。瑽瑢，佩玉皃。
【瑢】余恭切。瑽瑢。
◎瑢，余恭切。瑽瑢也。
【琿】户昆切。玉名。
◎琿，户昆切。玉名。
【瑫】他牢切。玉名。
◎瑫，它牢切。玉名。
【瓓】盧談切。玉名。
◎瓓，盧談切。玉名。
【珖】古方切。珖琯也。
◎珖，古方切。珖琯也。
【玸】縛無切。玉名。
◎玸，縛無切。玉名。
【珆】土來切。玉名。
◎珆，土來切。玉名。
【玻】普波切。玻瓈，玉也。
◎玻，普波切。玻瓈，玉。
【瓈】力堤切。玻瓈。

◎瓈，力堤切。上同。
【瑷】亡凡切。玉也。
◎瑷，亡凡切。玉也。
【玵】五甘切。美玉也。
◎玵，五甘切。美玉也。
【瑺】時羊切。玉也。
◎瑺，時羊切。玉也。
【瑘】阻由切。玉名。
◎瑘，阻由切。玉名。
【璧】古銜切。玉也。
◎璧，古銜切。玉也。
●“玉也”，宋十一行本作“玉名”。
【瑡】色緇切。玉名。
◎瑡，色緇切。玉名。
【瑛】昱朱切。美石次玉。
◎瑛，昱朱切。石次玉。
【璾】節而切。
◎璾，節而切。石似玉。
【玶】皮明切。玉名。
◎玶，皮明切。玉名。
【玗】借里切。玉名。
◎玗，借里切。玉名。
【瓖】息將切。馬上飾。《東京賦》云：鉤膺玉瓖。
◎瓖，息將切。馬上飾。
【珛】之由切。玉也。
◎珛，之由切。玉也。
【璮】他但切。玉也。
◎璮，它但切。玉也。
【琎】毗名切。玉也。
◎琎，毗名切。玉也。
【璟】仕患切。玉也。
◎璟，仕患切。玉也。
【瑙】奴倒切。俗以碼碯作瑙。
◎瑙，奴倒切。俗以碼碯作瑙。
●“奴倒切”，宋十一行本作“奴到切”。
【瑚】胡古切。玉也。
◎瑚，胡古切。玉也。
【瑭】得魯切。玉名。
◎瑭，得魯切。玉名。

【玳】音袋。俗以瑇瑁作玳。
◎玳，音袋。俗以瑇瑁作玳。
【玐】息進切。玉名。
◎玐，息進切。玉名。
【琇】扁位切。玉也。
◎琇，扁位切。玉也。
【玔】初卷切。玉玔也。
◎玔，初卷切。玉玔也。
○玔，《玉篇》：音釧，玉玔也。（《龍龕手鏡》卷四）
【璨】七旦切。玉光也。
◎璨，七旦切。玉光也。
【瑷】烏代切。美玉。
◎瑷，烏代切。美玉也。
○瑷，《玉篇》云：美玉也。（《重修廣韻》卷四）
【珨】胡甲切。玉珨。一云匳器。
◎珨，胡甲切。玉珨。亦匳器。
【璥】居逆切。《埤蒼》云：垂璥，地名，出美玉。《春秋傳》作棘。
◎璥，居逸切。《埤蒼》云：垂璥，地名，出美玉。《春秋》作棘。
【玐】匹角切。玉未成器也。
◎玐，匹角切。玉未成器。
【球】思聿切。玉名。一云珂球。與珬同。
◎球，思聿切。玉名。珂球。與珬同。
【璋】彬律切。青白玉琯也。
◎璋，彬律切。青白玉琯也。
【玥】五厥切。珠名。
◎玥，五厥切。珠名。
【琛】徒骨切。玉瑱也。
◎琛，徒骨切。玉瑱也。
【玐】班戛切。玉聲也。
◎玐，班戛切。玉聲。
【玞】補戛切。左神名。
◎玞，補戛切。左神名。
【璛】思六切。人姓。
◎璛，思六切。姓也。
【珞】郎各切。瓔珞，頸飾也。
◎珞，郎各切。瓔珞，頸飾。

【琇】許救切。《説文》云：朽玉也。
◎琇，許救切。朽玉也。
【珀】普百切。琥珀也。
◎珀，普百切。琥珀也。
【璹】徒到切。玉也。
◎璹，徒到切。玉名。
【璀】七罪切。璀璨，玉光。
◎璀，七罪切。璀璨，玉光。

珏部第八

凡四字

【珏】古岳切。《説文》云：二玉爲一珏。或作瑴。
◎珏，古岳切。二玉爲一珏。或作瑴。
【琥】扶福切。《説文》云：車笭間皮篋，古者使奉玉所以盛之。《東京賦》琥弩重旃是也。
◎琥，扶福切。《説文》云：車笭間皮篋，古者使奉玉所以盛之。
【斑】補間切。布文。《禮記》曰：斑白者，不提挈。
◎斑，補間切。布文。斑白者。
【班】布還切。《説文》云：分瑞也。又班次也，班賦也。
◎班，布還切。《説文》：分瑞玉也。又班次也，班賦也。
○班制，謂尊卑之差。（《類》169）
○班，《玉篇》亦爲頒字。（《一切經音義》卷二十五）

大廣益會玉篇
卷第二

凡一十四部

土部第九

凡三百五十五字

●圓沙本較底本多收“墱、壞”二字，少收“垕”一字。

【土】他户、達户二切。《説文》曰：地之吐生物者也。二象地之下、地之中，物出形也。《白虎通》曰：土主吐含萬物，土之爲言吐也。

◎土，他户、達户二切。《説文》：地之吐生物也。

【墺】於報、於六二切。四方之土可居。《夏書》曰：四墺既宅。本亦作隩。垪、垽，並古文。

◎墺，於報、於六二切。四方之土可居。《書》：四墺既宅。亦作隩。垪，古文。垽，古文。

【地】題利切。《説文》曰：元氣初分，輕清陽爲天，重濁陰爲地，萬物所陳列也。《周禮》：司徒掌土會之灋，辨五地之物生。一曰山林動物宜毛，植物宜皁；二曰川澤動物宜鱗，植物宜膏；三曰丘陵動物宜羽，植物宜覈；四曰墳衍動物宜介，植物宜莢；五曰原隰動物宜贏，植物宜叢。墬，籀文。

◎地，題利切。《説文》：元氣初分，重濁陰爲地，萬物所陳列也。墬，籀文。

【坤】苦魂切。《説文》曰：从土申，土位在申。

◎坤，苦魂切。從土申，土位在申。

【垓】古苔切。《國語》曰：天子之田九垓，以食兆民。《風俗通》曰：十千曰萬，十萬曰億，十億曰兆，十兆曰經，十經曰垓。

◎垓，古苔切。《國語》：天子之田九垓。《風俗通》云：十經曰垓。

○垓，顧野王云：九垓是也。(《一切經音義》卷四十五)

【壤】如掌切。地之緩肥曰壤。

◎壤，如掌切。地之緩肥曰壤。

【堣】遇俱切。堣夷，日所出。《虞書》曰：分命羲仲，宅堣夷。本亦作嵎。

◎堣，遇俱切。堣夷，日所出。《書》作嵎。

【坡】匹波切。坡，坂也。

◎坡，匹波切。坂也。

【塙】口角切。土堅不可拔。又口交切。

◎塙，口交切。土堅不可拔。又口角切。

【坶】莫六切。《説文》曰：朝歌南七十里地。《周書》曰：武王伐紂，至于坶野。古文《尚書》作■。■，同上。

◎坶，莫六切。坶野，地名。《書》作牧。■，同上。

○坶，《玉篇》：坶野，地名。(《龍龕手鏡》卷二)

【墽】口教、口交二切。《説文》云：磽也。

◎墽，口教、口交二切。磽也。

【壚】力都切。《夏書》曰：下土墳壚。壚，疏也。

◎壚，力都切。《書》：下土墳壚。踈也。

【墝】口交切。《公羊傳》曰：鍚之不毛之地。何休云：墝埆，不生五穀曰不毛。

◎墝，口交切。墝埆，瘠地也。

【埴】時力切。《夏書》曰：厥土赤埴墳。《孔傳》云：土黏曰埴。

◎埴，時力切。《書》曰：厥土埴墳。上黏。

●圓沙本“上黏”當作“土黏”。

【垶】息營切。赤堅土也。垟，同上，出《説文》。

◎垶，息營切。赤堅土。垟，同上，出《説文》。

【墣】普角切。塊也。圤，上同。《淮南子》

曰：土勝水者，非一圤塞江。
◎墣，普角切。塊也。圤，上同。
○圤，《玉篇》又滂博反。亦同墣，土坏也。（《龍龕手鏡》卷二）
【塊】口潰、口迴二切。塩也。《莊子》云：大塊。凷，同上。
◎塊，口潰、口回二切。塩也。《莊子》：大塊。凷，同上。
○塊，口潰、口迴二反。土塊也。（《大乘掌珍論》卷上）
【壼】胡昆切。洛陽有大壼里也。堚，同上。
◎壼，胡昆切。洛陽有大壼車。堚，同上。
●圓沙本"車"當作"里"。
【堵】都魯切。垣也。五版爲堵。又十六尺曰堵。
◎堵，都魯切。垣也。五版爲堵。
【塩】普逼切。土塊也。
◎塩，普逼切。土塊也。
【壁】補歷切。垣也。
◎壁，補歷切。垣也。
○壁，南方宿名。（《類》218）
○壁，壘也。（《法華釋文》中）
○壁，野王案：壁，室之屏蔽也。（《倭名抄》三 38）
○壁，《玉篇》云：室中垣壁也。（《一切經音義》卷十）
○壁，顧野王云：壁壘，室中垣壁也。（《一切經音義》卷二十八）
【堞】徒頰切。城上女牆也。《左氏傳》曰：環城傳於堞。堞，同上。
◎堞，徒頰切。城上女牆也。堞，同上。
【城】視盈切。《世本》云：鮌作城。《公羊傳》：五版而堵，五堵而雉，百雉而城。何休曰：二萬尺，凡周十一里三十三步二尺，公侯之制。《禮》：天子千雉，受百雉之城十，伯七十雉，子男五十雉。
◎城，視盈切。《世本》：鮌作城。《公羊》：百雉而城。
○城，通十［都］曰城。（《類》217）
【垣】禹煩切。垣牆。
◎垣，禹煩切。牆也。
【墉】余鍾切。牆也。
◎墉，余鍾切。牆也。
【圪】語訖切。《説文》云：牆高皃。《詩》曰：崇墉圪圪。本亦作仡。
◎圪，語訖切。牆高皃。亦作仡。
○圪，猶言言也。言言，高大皃。（《類》218）
【塹】七豔切。《左氏傳》注：溝塹也。《字書》云：城隍也。壍，同上。
◎塹，七豔切。溝塹。《字書》云：城隍。壍，同上。
○壍，《玉篇》云：城池爲壍。或作漸。（《一切經音義》卷四）
○壍，顧野王云：今城外壕坑也。（《一切經音義》卷十）
○塹，《玉篇》云：城池爲塹。或作壍。（《一切經音義》卷十一）
○塹，《玉篇》：謂城池也。《周書》曰：無渠塹而守是也。亦謂之城隍也。（《一切經音義》卷十八）
○塹，顧野王云：塹，今謂城池也。（《一切經音義》卷三十二）
○塹，顧野王云：城池爲塹。（《續一切經音義》卷二）
【墩】力彫切。周垣也。又力召切。
◎墩，力彫切。周垣也。又力召切。
【堄】魚禮、魚計二切。《蒼頡篇》云：城上小垣。《廣雅》曰：女牆也。
◎堄，魚礼、魚計二切。城上小垣。《廣雅》：女牆。
【壘】力癸切。《周禮》曰：營軍之壘舍。注云：軍壁曰壘。
◎壘，力癸切。軍壁也。
○壘，居揆反。軍壁也。（《三教指歸注》六 13）
【塒】視之切。《爾雅》云：鑿垣而栖爲塒。郭璞云：今寒鄉穿牆棲雞。
◎塒，視之切。鑿垣而栖也。
○塒，《玉篇》：時理反。鑿牆以栖雞。（《毛詩注疏》卷四）
○塒，《玉篇》：持理反。鑿牆以棲雞。（《經

典釋文》卷五）
〇塒，《玉篇》：持理反。（《毛詩》卷四）
【塈】虚既切。仰塗也。《書》曰：塗塈茨。又音洎。
◎塈，虚既切。仰塗。又音洎。
【堂】徒當切。土爲屋基也。《禮》云：天子之堂高九尺，諸侯七尺，大夫五尺，士三尺。《説文》云：殿也。又容也。坣、臺，並古文。
◎堂，徒當切。土爲屋基。又容也。坣、臺，並古文。
【坫】都念切。反爵之坫。《説文》云：屏也。
◎坫，都念切。反爵之坫。又屏也。
【垝】居毁切。毁垣也。亦作陒。
◎垝，居毁切。毁垣。亦作陒。
【塾】殊鞠切。門側之堂。《周書》曰：先輅在左塾之前，次輅在右塾之前。《禮》曰：古之教者，黨有庠，家有塾。
◎塾，殊鞠切。門側之堂。《記》：黨有庠，家有塾。
【堊】烏洛切。《説文》云：白塗。一曰白土也。《爾雅》曰：牆謂之堊。郭璞云：白飾牆也。
◎堊，烏洛切。白飾牆。
【墀】除飢切。《漢書注》曰：丹墀，赤地也。謂以丹漆地。《説文》云：塗地也。墀，同上。
◎墀，除飢切。以丹漆地也。墀，同上。
【墐】奇鎮切。塗也。《國語》曰：陵陸墐井。墐，溝上之道也。
◎墐，奇鎮切。塗也。又溝上之道。
【埲】力奉切。塗也。《説文》木貢切。
◎埲，力奉切。塗也。又木貢切。
【坌】甫問切。《説文》云：除埽也。墳，古文。
◎坌，甫問切。除埽也。墳，古文。
【埽】蘇道、蘇悼二切。《周禮》：隷僕掌五寝之埽除糞埽灑之事。注謂：氾埽曰埽。
◎埽，蘇道、蘇悼二切。埽灑。
【壎】呼園切。樂器也。燒土爲之，形如鴈卵，上有六孔。塤，同上。坃、壦，並古文。
◎壎，呼園切。樂器。燒土爲之，上有六孔。塤，同上。坃，古文。壦，古文。
【墼】居的切。《説文》云：瓴適也。一曰未燒者。
◎墼，居的切。《説文》：瓴適也。一曰未燒者。
〇墼，顧野王云：尅土方而不燒爲墼也。（《一切經音義》卷二十八）
〇墼，顧野王云：今刻土方如甓而不燒爲墼也，所以用築爲城壘。（《一切經音義》卷四十七）
〇墼，顧野王云：甎未燒曰墼。（《一切經音義》卷六十）
【墊】都念切。《虞書》曰：下民昬墊。言天下民昬瞀墊溺，皆困水災。或作蓺。
◎墊，都念切。《書》：下民昬墊。溺困水災。或作蓺。
〇墊，下也，昬墊，昬瞀，墊溺也。（《類》219）
〇墊，《玉篇》云：墊，下也。（《續一切經音義》卷七）
【埝】乃頰、都念二切。下也，陷也。
◎埝，乃頰、都念二切。下也，陷也。
【圣】口骨切。汝、潁之間致力於地也。
◎圣，口骨切。汝、潁間致力於地。
【均】居迊切。平也，等也，徧也。《周禮》曰：均其稍食。注云：均猶調度也。董仲舒曰：五帝之學曰成均。又燕、齊之北賦斂平曰均。
◎均，居迊切。平也，等也，編也。董仲舒曰：五帝學曰成均。
〇均，猶調度也，同也。（《類》219）
●圓沙本“編也”當作“徧也”。
【坄】唯壁切。陶竈窻也。《儀禮》：甸人爲坄於西牆下。鄭玄曰：塊竈。本亦作垼，又作炈。垼，同上。
◎坄，唯壁切。塊竈。亦作垼、炈。垼，同上。
【坪】蒲京切。《説文》曰：地平也。亦作坪。又音病。
◎坪，蒲京切。地平也。亦作坪。又音病。

【塍】視陵切。隄也，埒也，畔也。《説文》曰：稻田畦也。亦作塖。堘，水埒。亦同上。
◎塍，視陵切。隄也，埒也，畔也。《説文》云：稻田畦也。亦作塖。堘，水埒。亦同上。
【基】居期切。始也。《詩》曰：基命宥密。又謀也。
◎基，居期切。始也，謀也。
○基，趾也，誤［謀］也。(《類》219)
【址】諸耳切。基也。
◎址，諸耳切。基也。
【坻】直飢切。水中可居曰坻。《方言》云：坻，場也。梁、宋之間蚍蜉、犂鼠之場謂之坻。又音底。《埤蒼》云：坂也。俗作坘。垁，同上。
◎坻，直飢切。水中可居。《方言》：坻，場也。又音底，坂也。俗作坘。垁，同上。
【填】徒堅切。賈逵曰：塞也。又滿也。又作寘。
◎填，徒堅切。塞也，滿也。又作寘。
【坴】力竹切。《説文》云：土塊坴也。一曰坴梁。
◎坴，力竹切。土塊坴也。又坴梁。
【封】甫龍切。大也，厚也。鄭玄曰：起土界也。《大戴禮》：五十里爲封。《白虎通》曰：王者易姓而起，天下太平功成，封禪以告太平。封者金泥銀繩，或曰石泥金繩，封之以印璽。孔子升太山，觀易姓而王，可得而數者，七十餘封是也。𡉚，古文封。或作堼。
◎封，甫龍切。大也，厚也。鄭玄：起土界。《大戴礼》：五十里爲封。𡉚，古文封。或作堼。
○葑，甫龍反。聚土爲葑也。(《成實論天長點》)
【坎】苦感切。《易》曰：坎，陷也。《爾雅》曰：小罍謂之坎。郭璞曰：罍形似壺，大者受一斛。《詩》云：坎坎伐檀。斫木聲也。或作竷。
◎坎，苦感切。《易》曰：坎，陷也。《尒雅》：小罍謂之坎。《詩》：坎坎伐檀。斫木声也。或作竷。
○坎，苦感反。(《三教指歸注》五 9)
○坎，銓量也。(《類》222)
○坎，《玉篇》：小罍也。(《一切經音義》卷二十七)
●宋十行本“竷”訛作“贛”。
【埳】苦感切。陷也。亦與坎同。《楚辭》云：埳軻而留滯。王逸曰：埳軻，不遇也。
◎埳，苦感切。陷也。亦與坎同。《楚辭》云：埳軻。不遇。
○埳，坑也。又口紺反。(《類》222)
【壐】昔紫切。《説文》云：王者之印也，以主土。籀文作璽。
◎壐，昔紫切。《説文》：王者之印，以主土。籀文從玉。
【坦】他嬾切。寬皃。又平也，明也。《説文》：安也。
◎坦，他嬾切。寬皃。又平也。
【埻】之允、之閏二切。《山海經》云：䰩山，是埻于四海。郭璞曰：埻猶隄也。墫，同上。
◎埻，之允、之閏二切。猶隄也。墫，同上。
●“四海”，今本《山海經》作“西海”。
【埤】避移切。附也，助也，補也，增也。《詩》云：政事一埤益我。埤，厚也。
◎埤，避移切。附也，補也，增也。《詩》：政事一埤益我。埤，厚也。
○埤，《玉篇》云：下也。又符支反，埤附也。(《龍龕手鏡》卷二)
【型】户經切。鑄器之法模也。
◎型，户經切。鑄器之法模。
【圮】皮美切。《書》曰：方命圮族。孔安國云：圮，毁也。
◎圮，皮美切。毁也。《書》：方命圮族。
【垸】後官、胡翫二切。《説文》云：以桼和灰而髼也。一曰補垸。《考工記》云：殺矢，重三垸。鄭衆曰：量名。亦作烷。
◎垸，後官、胡翫二切。《説文》：以桼和灰而髼。一曰補垸。《考工記》注：量名。亦作烷。
【增】作登切。加也，重也。《爾雅》云：益也。

◎增，作登切。加也，益也。

【垐】才資、才即二切。《説文》云：以土增大道也。

◎垐，才資、才即二切。土增大道。

【堲】在力切。疾也。《虞書》曰：龍，朕堲讒説殄行。又音唧，火塾曰堲。《檀弓》曰：夏后氏堲周。又古文垐字。

◎堲，在力切。疾也。《書》：龍，朕堲讒説殄行。又音唧，火塾曰堲。《檀弓》曰：夏后氏堲周。又古文垐字。

【塏】口亥切。《説文》云：高燥也。《左氏傳》曰：更諸爽塏。

◎塏，口亥切。高燥也。《左傳》云：更諸爽塏。

【垎】胡格切。土乾也。《説文》曰：水乾也。一曰堅也。《廣雅》曰：垎索，狂也。

◎垎，胡格切。土乾也，堅也。《廣雅》曰：咯索，枉也。

●圓沙本"咯索，枉也"疑有誤。

【墨】莫北切。《説文》云：書墨也。又古罪墨刑。

◎墨，莫北切。書墨也。又墨刑。

【坿】復俱、扶付二切。《漢書音義》云：坿，白石英。

◎坿，復俱、扶付二切。白石英也。

【垍】期致切。堅土也。

◎垍，期致切。堅土也。

【壙】苦謗切。空也，塹穴也。

◎壙，苦謗切。空也，塹穴也。

【埂】古杏切。《説文》云：秦謂坑爲埂。《蒼頡篇》云：埂，小坑也。

◎埂，古杏切。小坑也。

【毁】麾詭切。壞也，缺也，破也，虧也。毁，古文。

◎毁，麾詭切。壞也，虧也，破也。毁，古文。

〇毁，顧野王曰：毁猶損也。内損曰毁，外損曰傷。(《一切經音義》卷五)

【壓】於甲切。《説文》云：壞也。一曰塞補。又降也，鎮也。

◎壓，於甲切。塞補。又鎮也。

〇壓，顧野王：壓猶降也。(《一切經音義》卷七十六)

●底本"一"原脱，徑補。

【㙤】呼嫁切。坼也。《爾雅》曰：蠚醜㙤。郭璞云：剖母背而生。本亦作罅。

◎㙤，呼嫁切。存也。本亦作罅。

●罅同罅。圓沙本"存"當作"坼"。

【壞】胡怪切。毁也。籀文作𣀔。𡊅，古文。

◎壞，胡怪切。毁也。籀文作𣀔。𡊅，古文。

〇壞，枉亂皃。(《類》215)

【坱】烏朗、烏堂二切。《楚辭》曰：坱兮軋兮。王逸云：坱，霧昧皃。《説文》云：塵埃也。

◎坱，烏朗、烏堂二切。《楚辭》云：坱兮軋兮。王逸云：坱，霧昧皃。《説文》：塵埃也。

【坼】恥格切。裂也。㙐，《説文》坼。

◎坼，恥格切。裂也。㙐，同上，出《説文》。

〇㙐，有微明也。(《類》221)

〇㙐，《廣雅》及《玉篇》：分也。(《一切經音義》卷二十七)

【坲】武回、莫賀二切。《楚辭》曰：愈氛霧其如坲。王逸曰：坲，塵也。

◎坲，武回、莫賀二切。《楚辭》：愈氛霧其如坲。王逸曰：塵也。

【埠】甫尾切。坲也。又房味切。

◎埠，甫尾切。坲也。又房味切。

【埃】烏來切。塵也。

◎埃，烏來切。塵也。

【坅】丘錦切。《既夕禮》曰：甸人築坅坎。注云：穿坎之名一曰坅。《埤蒼》曰：坎也，坑也。

◎坅，丘錦切。坎也，坑也。

【堀】求物切。突也。

◎堀，求物切。突也。

〇堀，臿搰地爲掘字。(《類》223)

〇堀，顧野王云：堀，掘地爲室也。(《一切經音義》卷六十六)

〇堀，《玉篇》：直勿反。穽也。又求勿反，《詩》云：蜉蝣堀突也。(《龍龕手鏡》卷二)

【在】存改切。《爾雅》云：存也，終也，察也，居也。
◎在，存改切。存也，祭也，居也。
●圓沙本“祭也”當作“察也”。
【垷】古典切。塗也。《蒼頡》云：大阪在壂西山。又胡典切。
◎垷，古典切。塗也。《蒼頡》云：大阪在壂西山。又胡典切。
【塞】蘇代切。《說文》云：隔也。又蘇得切，實也，滿也，蔽也。
◎塞，蘇代切。隔也。蘇得切，實也，滿也，蔽也。
〇塞，野王案：塞，險要之處，所以隔内外也。(《倭名抄》一81)
【壂】於奚切。塵壂也。又於計切。
◎壂，於奚切。塵壂也。又於計切。
【塗】達乎切。道也，路也，經也。
◎塗，達乎切。路也，經也。
【培】薄回切。益也。《禮記》曰：墳墓不培。培猶治也。又音部。《方言》云：冢或謂之培。
◎培，薄回切。益也。《記》：墳墓不培。猶治也。又音部。《方言》：冢或謂培。
【垔】於仁切。《書》曰：鯀垔洪水。孔安國曰：垔，塞也。何休曰：上城具。杜預曰：土山也。亦作陻。堙，同上。㙐，古文垔。
◎垔，於仁切。《書》：鯀垔洪水。塞也。杜預曰：土山。亦作陻。堙，同上。㙐，古文垔。
●“於仁切”，宋十行本作“於兵切”。
【坺】扶厥切。《說文》曰：治也。一曰臿土謂之坺。《詩》曰：武王載坺。一曰塵皃。又音跋。墢，與坺同。亦耕土也。
◎坺，扶厥切。一曰臿土。《詩》曰：武王載岅。一曰塵皃。又音跋。墢，與坺同。亦耕土。
●“岅”字四部叢刊本作“坺”。
【壅】於恭、於勇二切。塞也，障也，隔也。《周禮》雍氏掌溝瀆、澮、池之禁。鄭玄曰：雍謂堤防止水者。今從土。壅，同上。
◎壅，於恭、於勇二切。塞也，障也，隔也。《周礼》：雍氏。注：雍謂堤防止水者。今從土。壅，同上。
〇壅，猶塞也。字在土部。（《令集解》一九18）
〇壅，顧野王云：塞也。(《一切經音義》卷五十七)
【堩】古鐙切。鄭玄注《禮記》云：堩，道也。
◎堩，古鐙切。道也。
【坒】毗利、毗栗二切。地相次坒也。
◎坒，毗利、毗栗二切。相次坒也。
【埵】丁果切。埆也。《說文》云：堅土也。
◎埵，丁果切。埆也，堅土也。
〇埵，丁戈反。小塊累也，堅土，地堁也。(《類》221)
【堫】子公、楚雙二切。《說文》云：種也。
◎堫，子公切，楚双切。種也。
【堨】於割切。《說文》云：壁間隙也。又擁堨也。
◎堨，於割切。壁間隙。又擁堨也。
【堤】常支、多禮二切。滯也。劉兆曰：緣邊也。又音低。與隄同。
◎堤，常支、多礼二切。又音低。与隄同。
〇堤，《玉篇》云：堤謂之梁。又防也，障也。韋昭曰：積土爲封限也。(《一切經音義》卷二十五)
【堪】苦含切。《爾雅》曰：堪，勝也。郭璞云：《書》曰：西伯堪黎。又堪，任也。
◎堪，苦含切。勝也。《書》：西伯堪黎。又堪，任也。
【埐】才心、子心二切。《說文》云：地也。
◎埐，才心、子心二切。地也。
【埱】充叔切。《說文》曰：氣出土也。一曰始也。或作俶。
◎埱，充叔切。氣出土也。或作俶。
【埒】盧拙切。《淮南》：道有形埒。《說文》云：卑垣也。亦封道曰埒。
◎埒，盧拙切。封道曰埒。
【堁】苦卧切。塵也。又地名。
◎堁，苦卧切。塵也。又地名。
【㙁】摩鉢切。塵壤也。
◎㙁，摩鉢切。塵壤也。

【坏】普梅切。《説文》云：丘再成者也。一曰瓦未燒。又作坯。《爾雅》曰：山一成坯。
◎坏，普梅切。《説文》云：丘再成者也。一曰瓦未燒。又作坯。
【埾】秦喻切。土積也。
◎埾，秦喻切。土積也。
○埾，積土之聚爲埾。（《法華釋文》中）
【墇】正讓、止楊二切。隔塞也，壅也，防也。《國語》曰：鮌墇洪水。亦作障。
◎墇，止讓、止楊二切。隔塞也。亦作障。
【垑】充是切。治土。地名。
◎垑，充是切。治土。地名。
【堲】初力切。遏遮也。
◎堲，初力切。遏塵也。
●圓沙本當作“遏遮”。
【圻】魚斤切。圻，堮也。又巨衣切。《左氏傳》曰：天子之地一圻。杜預曰：方千里。
◎圻，魚巾切。堮也。又巨衣切。《左傳》：天子之地一圻。杜預曰：方千里。
【垠】五根、五巾二切。垠，厓也。《説文》曰：地垠也。一曰岸也。與圻同。壄，古文。
◎垠，五根、五巾二切。垠，厓也，岸也。壄，古文。与圻同。
【垢】古偶切。不絜也，塵也。坸，與垢同。
◎垢，古偶切。不絜也，塵也。坸，同上。
○垢，顧野王云：不清潔也。（《一切經音義》卷三）
○坸，《玉篇》：音垢。（《龍龕手鏡》卷二）
【墠】常演切。《周書》曰：爲三壇同墠。墠，除地也。《説文》云：野土也。
◎墠，常演切。《書》：壇。墠，除地也。《説文》：野土。
【壇】徒蘭切。封土祭處。壇猶坦也，明坦皃也。
◎壇，徒蘭切。封土祭祀，壇猶坦也，明坦皃。
【垽】五靳切。《爾雅》曰：澱謂之垽。郭璞曰：滓澱也，今江東呼垽。
◎垽，五靳切。滓澱，今江東呼垽。
【圿】古八切。垢圿也。
◎圿，古八切。垢圿也。
【坷】口賀切。坎坷不平。梁國寧陵有坷亭。
◎坷，口賀切。坎坷不平。梁國寧陵有坷亭。
【壹】於計切。《説文》曰：天陰塵起也。
◎壹，於計切。天陰塵起也。
【垤】徒結切。螘冢也。
◎垤，徒結切。螘冢也。
【場】除良切。《國語》曰：屏攝之位曰場，壇之所除地曰場。《説文》云：祭神道也。一曰田不耕。一曰治穀處。
◎場，除良切。《國語》：屏攝之位曰場，壇之所除曰場。《説文》：祭神道。一曰田不耕。一曰治穀處。
【坥】且餘、且絮二切。《説文》云：益部謂螾場曰坥。螾，曲蟺也。
◎坥，且余、且絮二切。螾場曰坥。
●“益部”，今本《説文》作“益州部”。
【壝】欲癸、欲追二切。壝猶壇也。
◎壝，欲癸切，欲追切。壇也。
【埸】以尺切。畔也，疆埸也。亦道之別名。
◎埸，亦尺切。疆埸。亦道之別名。
【塓】莫歷切。《左氏傳》：圬人塓館。杜預曰：塓，塗也。
◎塓，莫歷切。《左》：圬人塓館。塗也。杜預曰：塓，塗也。
【圭】古畦切。應劭曰：圭，自然之形，陰陽之始也。四圭曰撮。孟康曰：六十四黍爲圭。亦瑞玉也。
◎圭，古畦切。六十四黍爲圭。亦瑞玉也。
【墾】苦很切。耕也，治也。《國語》云：土不備墾。墾，發也。又耕用力也。
◎墾，苦很切。耕也，治也。《國語》：土不備懇。發也。又耕用力也。
○墾，牧司也。（《類》218）
○墾，枯狠反。（《令抄》924）
○墾，《玉篇》：治田也。《考聲》云：耕也。（《續一切經音義》卷八）
●圓沙本“懇”字四部叢刊本作“墾”。
【圯】弋之切。《史記》曰：張良步游下邳圯上。東楚謂橋曰圯。
◎圯，弋之切。橋也。《史》：圯上。老人。
【境】羈影切。界也。

◎境，羈影切。界也。

【疆】居良切。境也，邊陲也，界也。又作畺。壃，同上。

◎疆，居良切。境也，界也，邊陲也。又作畺。壃，同上。

【坊】扶方切。障也。秦漢九二坊。又甫良切，坊，巷也。亦州名。

◎坊，扶方切。障也。甫良切，坊，巷也。亦州名。

〇坊，野王案：秦漢宫闕各有九子坊，晉宫闕各有顯昌等坊。坊乖，省［巷］名也。（《令集解》六199）

【堕】扶方切。《説文》與防同。

◎堕，扶方切。与防同。

【堢】補道切。隄也。

◎堢，補道切。隄也。

【壔】丁老切。高土。《説文》云：堡也。

◎壔，丁老切。高土也，堡也。

【埩】仕耕切。耕治也。

◎埩，仕耕切。耕治也。

【塰】口忽切。塰地爲室也。

◎塰，口忽切。塰地爲室也。

【域】爲逼切。居也，封也。

◎域，爲逼切。居也，封也。

【坌】蒲頓切。塵也。相如曰：坌入曾宫之嵯峩。

◎坌，蒲頓切。塵也。

【坋】扶粉切。《夏書》曰：厥土黑墳。孔安國曰：色黑而墳起。坋與墳同。《説文》云：塵也。一曰坋，大防也。

◎坋，扶粉切。《書》：厥土黑墳。注：色黑如墳起。坋與墳同。《説文》：塵也。一曰大防也。

●圓沙本“如”當作“而”。

【坐】疾果、疾卧二切。《公羊傳》曰：食必坐二子於其側，幸曰坐。《説文》作㘴，止也。㘴，同上。

◎坐，疾卧、疾果二切。《説文》作㘴，止也。㘴，同上。

●底本“幸曰坐”未詳，疑當作“𡴘曰坐”。

【坑】苦庚切。塹也，丘墟也，壑也。《莊子》云：在谷滿谷，在坑滿坑。作阬同。

◎坑，苦庚切。塹也，壑也。亦作阬。

〇坑，壑也。或爲阬字。（《類》222）

〇坑，《玉篇》：虚也，塹也。（《一切經音義》卷二十七）

〇坑，顧野王云：坑，壑也。亦池漸也。（《一切經音義》卷九十三）

〇坑，顧野王云：坑，陷也，壑也，漸也。（《一切經音義》卷九十五）

【埯】於坎切。泥坑也。

◎埯，於坎切。泥坑也。

【埁】除兖切。耕合也。

◎埁，除兖切。耕合也。

【堜】力陳切。隴也。

◎堜，力陳切。隴也。

【壄】亦者切。古文野。

◎壄，亦者切。古文野。

【埦】力救切。堜也，畂也。

◎埦，力救切。堜也，畋也。

●圓沙本“畋也”當作“畂也”。

【埱】居六切。涯也，水外爲埱。

◎埱，居六切。涯也，水外爲埱。

【埻】蒲忽切。塵皃。

◎埻，蒲忽切。塵也。

【坲】扶物切。塵起皃。

◎坲，扶物切。塵起皃。

【墆】徒計、徒結二切。墆翳，隱蔽皃。

◎墆，徒計、徒結二切。隱蔽皃。

【垕】胡苟切。古文厚。

◎垕，胡苟切。古厚字。

【埒】力哲切。塍也。

◎埒，力哲切。塍也。

【堥】亡勞、莫柔二切。前高後平丘名。

◎堥，亡勞、莫柔二切。前高後平丘也。

【圢】他頂、他顯二切。平也，鹿跡也。亦作町。壿，古文。

◎圢，他頂、他顯二切。鹿跡也。亦作町。壿，古文。

【壿】五各切。圻壿也。堮，同上。

◎壿，五各切。圻壿也。堮，同上。

【墊】卑哲切。《蒼頡篇》：大阜，在左馮翊池陽縣北。

◎墊，卑哲切。大阜名。

【坳】烏交切。不平也。《莊子》云：覆杯水於坳堂之上。

◎坳，烏交切。不平也。《莊》：覆杯水於坳堂之上。

〇坳，顧野王：坳，不平也。（《一切經音義》卷八十三）

【壇】敕管切。鹿踐地。亦作疃。

◎壇，敕管切。鹿踐地。亦作疃。

【墢】徒古切。填也，塞也。或作斁。

◎墢，徒古切。填也，塞也。或作斁。

【壂】徒見切。堂也。

◎壂，徒見切。堂也。

【壛】與瞻切。巷也。

◎壛，與瞻切。巷也。

【堬】庾俱切。《方言》云：秦晉之間冢或謂之堬。

◎堬，庾俱切。秦晉間冢或謂之堬。

【堭】胡光切。《爾雅》云：無室曰榭。即今堂堭也。

◎堭，胡光切。《爾雅》：无室曰榭。即今堂堭也。

【埰】且載切。《方言》曰：冢或謂之埰。郭璞曰：古者卿大夫有采地，死葬之，因名也。

◎埰，且載切。有采地者葬，因名。

【埏】以旃切。地之八際也。司馬相如《封禪書》云：上暢九垓，下泝八埏。又隰也，地也。

◎埏，以旃切。地之八際也。《封禪書》：下泝八埏。隰也，又池也。

【壟】力竦切。《方言》曰：冢，秦晉之間或謂之壟。郭璞曰：有界埒似耕壟，因名也。亦作壠。

◎壟，力竦切。冢也。亦作壠。

【塿】力狗切。《方言》云：自關而東，小冢謂之塿。又培塿，小阜也。

◎塿，力狗切。小冢。又培塿，小阜。

【埌】力盎切。《方言》曰：秦晉或謂冢曰埌。

◎埌，力盎切。冢也。

【墦】扶員、普安二切。冢也。劉盟曰：壁之方大也。

◎墦，扶員、普安二切。冢也。劉盟曰：壁之方大也。

【墲】莫胡切。《方言》注云：規度墓地也。

◎墲，莫胡切。規度墓地也。

【塋】余瓊切。《説文》云：墓地。《廣雅》云：塋域，葬地也。

◎塋，余瓊切。塋域，葬地也。

【墓】莫故切。鄭玄曰：墓，冢塋之地，孝子所思慕之處。

◎墓，莫故切。鄭玄曰：墓，冢塋之地，孝子所思慕之處。

【墳】扶云切。《爾雅》云：墳，大防也。《方言》曰：冢，秦晉之間謂之墳。

◎墳，扶云切。《尔雅》云：天防。《方言》曰：冢。

●圓沙本“天防”當作“大防”。

【瘞】猗厲切。幽也，藏也，薶也。《爾雅》曰：祭地曰瘞薶。陸，同上。

◎瘞，倚厲切。幽也，藏也，薶也。《尔雅》：祭地曰瘞薶。陸，同上。

〇玊，《玉篇》同瘞，埋也。（《龍龕手鏡》卷二）

〇瘞，《玉篇》又於計反。（《龍龕手鏡》卷四）

【圦】音軋。山曲。

◎圦，音軋。山曲也。

【埍】胡犬切。《説文》云：徒隸所居。一曰女牢。一曰亭部。

◎埍，胡犬切。徒隸所居。又女牢。一曰亭部。

【堋】補鄧切。下棺也。或作窮。亦陂遏。

◎堋，補部切。下棺也。或作窮。亦破遏。

●圓沙本“補部切”當作“補鄧切”，“破遏”當作“陂遏”。

【垗】雉矯切。葬地。《周禮》曰：垗五帝於四郊。鄭玄曰：垗，壇之塋域。亦作兆。

◎垗，雉矯切。葬地。《周禮》：垗五帝於四郊。鄭玄曰：垗，壇之塋域。亦作兆。

【𡓀】才山切。《埤蒼》曰：𡓀門聚，在睢陽。

◎𡓀，才山切。《埤蒼》曰：𡓀門聚，在睢陽。

【壙】徒闔切。墮也。塌，古文。

◎壙，徒闔切。墮也。塌，古文。

【𡋯】胡八、口没二切。因突出也。

◎𡋯，胡八、口没二切。因突出也。

【墟】去餘切。居也，大丘也。

◎墟，許于切。居也，大丘也。

〇墟，《玉篇》：大丘名墟。墟，山基也。（《一切經音義》卷五十三）

【垂】時規切。《説文》云：遠邊也。垂，《説文》垂。

◎垂，時規切。遠邊也。垂，《説文》同上。

〇垂，從上示下之言也。（《法華釋文》上）

〇垂，猶幾也。（《法華釋文》中）

【墋】楚錦切。土也。陸機《漢高祖功臣贊》曰：茫茫宇宙，上墋下黷。

◎墋，楚錦切。土也。

【堆】都回切。聚土也。《楚辭》云：陵魁堆以蔽視。塠，同上。又塠，落也。垍，亦同上。

◎堆，都回切。聚土也。塠，同上。又塠，落也。垍，亦同上。

〇堆，《玉篇》作塠，小塊。（《類》230）

〇堆，《玉篇》作垍，小塊也。（《一切經音義》卷二十七）

【𡒄】余庶切。高平也。

◎𡒄，余庶切。高平也。

【堧】奴過、而緣二切。服虔曰：宫外垣也。韋昭曰：河邊地也。張晏云：城旁地也。俗作壖。

◎堧，奴過、而緣二切。服虔曰：宫外垣。韋昭曰：河邊地。張晏云：城旁地。俗作壖。

〇壖，顧野王云：牆外行馬内田。（《史記》卷五十九）

【坹】呼決切。深也，空也。亦作窩。

◎坹，呼決切。深也，空也。亦作窩。

【塲】治陽切。道也。

◎塲，治陽切。道也。

【墎】古獲切。墎端，國名。

◎墎，古獲切。國名，墎端。

【堜】力見切。堜墟，在博平。

◎堜，力見切。堜墟，在博平。

●"博平"疑當作"博平"。

【圲】且田切。《蒼頡篇》：三里曰圲。

◎圲，且田切。三里曰圲。

【壐】壯交、仕交二切。地名。壐陽，在聊城。

◎壐，壯交、仕交二切。地名。壐陽。

【𡎺】齒志切。赤土也。

◎𡎺，齒志切。赤土也。

【埿】蒲鑒、奴兮二切。埿，塗也。

◎埿，蒲鑒、奴兮二切。泥塗也。

〇埿，濕也，地泉濕也，塗也。（《類》39）

〇埿，《玉篇》又女鑒、符鑒二反，亦泥埿也。（《龍龕手鏡》卷二）

【塲】始羊切。封塲也。又耕塲。

◎塲，始羊切。封塲。又耕塲。

【埋】莫階切。塵也，藏也，瘞也。與薶同。

◎埋，莫階切。藏，瘞。与薶同。

【壏】音檻。彊壏，堅大。

◎壏，音檻。彊壏，堅大。

●"堅大"當作"堅土"。

【塔】他盍切。《字書》：塔，物聲。《説文》云：西域浮屠也。

◎塔，他盍切。《字書》：塔，物聲。《説文》云：西域浮屠也。

【壂】胡道切。土釜也。《説文》作𧆨，土𨍭也。

◎壂，胡道切。土釜。《説文》作𧆨，土𨍭也。

【墿】餘石切。《博雅》云：墿，街陌道也。

◎墿，于石切。街陌道。

【坾】除與切。《字林》曰：塵也。

◎坾，除與切。塵也。

〇坾，《玉篇》：直吕反。器也。（《龍龕手鏡》卷二）

【埢】羈篆切。曲也。《字書》亦作𡒋、埢。

◎埢，羈篆切。曲也。亦作𡒋、埢。

【埫】丑冢切。《埤蒼》云：埫㙲，不安也。
◎埫，丑冢切。埫㙲，不安也。
【㙲】餘冢切。埫㙲也。
◎㙲，餘冢切。埫㙲。
【埘】乃篋切。埘莫也。
◎埘，乃篋切。埘莫也。
【坰】乙棘切。邑名。
◎坰，乙棘切。邑名。
【塷】音魯。作滷。
◎塷，音魯。濕地也。
【埆】口角切。墝埆，不平。
◎埆，口角切。墝埆，不平也。
【坂】甫晚、蒲板二切。坡坂也。
◎坂，甫晚、蒲板二切。坡也。
【圬】於姑切。泥墁也。杇同。
◎圬，於姑切。泥墁。一作杇。
○圬，《玉（篇）》云：《史記·列傳》云糞土之墻不可圬。（《類》14）
【墁】莫旦、莫干二切。杇也，所以塗飾墻也。亦作鏝。
◎墁，莫旦、莫干二切。杇也，所以塗飾墻也。亦作鏝。
【壑】呼各切。深也，阬也，塹也。《爾雅》云：壑，虚也。謂溪壑也。
◎壑，呼各切。深也，阬也，塹也。《尔雅》：虚也。溪壑也。
○壑，《玉篇》：壑，谷也，深也，虚也，窟也，室也。（《一切經音義》卷二十七）
○壑，顧野王云：壑，谿谷也。（《一切經音義》卷三十）
○壑，顧野王云：壑，坑也，虚也。（《一切經音義》卷五十三）
【壡】餘贅切。智也，明也，聖也。古睿字。
◎壡，于贅切。智也，明也。聖字。古睿字。
●圓沙本“聖字”當作“聖也”。
【坉】徒混切。坉，水不通，不可别流。
◎坉，徒混切。水不通，不可别流。
【垥】扶福切。地窟也。亦音覆。又作寝。
◎垥，扶福切。地窟也。亦音覆。又作寝。
○垥，《玉篇》：垥，地室也。（《龍龕手鏡》卷二）
【㩻】虚奇切。毁也。 《字書》：險㩻，顛危也。
◎㩻，虚奇切。毁也。
【埈】思俊切。陗高也。與陖同。
◎埈，思俊切。陗高也。與陖同。
【羸】力果切。古文裸。或爲羸、倮。
◎羸，力果切。古文裸。或爲羸、倮。
●此字從土，非。當作“羸”。
【墤】徒雷切。落也，壞也。與隤同。
◎墤，徒雷切。落也，壞也。与隤同。
●圓沙本“壤也”當作“壞也”。
【堗】徒忽切。竈堗。魯仲連子竈而五堗也。
◎堗，徒忽切。竈堗。
【垺】撫俱切。郭也。正作郛。
◎垺，撫俱切。郭也。正作郛。
【埕】奴結切。塞也。
◎埕，奴結切。塞也。
【粪】甫問切。粪，草土蔵也。本作糞。
◎粪，甫問切。草土蔵。本作糞。
【坱】扶目切。《漢書》：川塞谿坱。孟康云：谿谷坱崩也。如淳曰：填塞不通也。
◎坱，扶目切。《漢書》：川塞谿坱。孟康云：坱崩也。如淳曰：填塞不通。
【埭】徒賚切。以土堨水。《晉中興書》：求以牛車牽埭，取其海税。
◎埭，徒賚切。以土竭也。
●圓沙本“竭”當作“堨”。
【墱】都倰切。小坎也。
◎墱，都倰切。小坎也。
【垅】烏弄切。垅，牆也。
◎垅，烏弄切。垅，牆也。
【坘】時夜切。坘器也。
◎坘，時夜切。坘器也。
【埽】都果切。垂皃。
◎埽，都果切。垂皃。
【埨】力尹切。壟土也。
◎埨，力尹切。壟土也。
【塯】力又切。瓦飯器也。
◎塯，力又切。瓦飯器。

○塯，《玉篇》：力又切。瓦飯器也。（《方言箋疏》卷五）
【墒】丁歷切。入射也。
◎墒，丁歷切。又射也。
●底本“入射”疑誤。
【垾】胡肝切。小隄也。
◎垾，胡肝切。小隄。
【堈】古昂切。器也。亦作甌。
◎堈，古昂切。器也。亦作甌。
【圾】渠劫切。土圾也。
◎圾，渠劫切。土圾。
【垛】徒果切。射垛。《説文》云：堂塾也。亦作垜。
◎垛，徒果切。射垛。《説文》：堂塾也。亦作垜。
【塛】力日切。塞也。
◎塛，力日切。塞也。
【堄】魚佶切。小山也。
◎堄，魚結切。小山。
【埊】迪利切。古地字。
◎埊，迪利切。古地字。
【垙】古皇切。垙，陌也。
◎垙，古皇切。垙，陌也。
【㱿】苦谷切。土墼也。
◎㱿，苦谷切。土墼也。
【壒】虚劫切。隄水也。
◎壒，虚劫切。隄水。
【圻】渠銀切。圻，土壁。
◎圻，渠銀切。圻，土壁。
【坩】口甘切。土器也。
◎坩，口甘切。土器。
【埱】初戢切。埱塌，累土也。
◎埱，初戢切。埱塌，累土也。
【垻】必駕切。蜀人謂平川曰垻。
◎垻，必駕切。蜀人云平川。
【墽】薄賣切。小堤也。
◎墽，薄賣切。小堤。
【堠】胡遘切。牌堠，五里一堠。
◎堠，胡遘切。牌堠，五里一堠。
【堦】古崖切。土堦。
◎堦，古崖切。土堦。
【堝】古和切。甘堝，所以烹煉金銀。
◎堝，古和切。甘堝，以烹煉金銀。
【垌】他孔切。缶垌也。
◎垌，它孔切。缶垌也。
【坰】圭營切。郊外曰坰。古作冂。
◎坰，圭營切。郊外曰坰。古作冂。
【埪】苦公切。土埪，龕也。
◎埪，苦公切。土埪，龕也。
【垡】扶滑切。耕也。亦作垡。
◎垡，扶滑切。耕也。亦作垡。
【埇】而勇切。地名。
◎埇，而勇切。地名。
【埳】口感切。埳坷。又苦紺切。
◎埳，口感、苦紺二切。埳坷。
【塌】直輒切。墊也。
◎塌，直輒切。墊也。
【墜】辭類切。墓道也。正作隧。
◎墜，辭類切。墓道。正作隧。
【壜】徒含切。瓶屬。
◎壜，徒含切。瓶屬。
【墅】余者切。田也。又食與切，村也，田廬也。
◎墅，余者切。田也。又食與切，村也，田廬也。
【擔】之豔切。蔽也。
◎擔，之豔切。蔽也。
【壛】時闡切。白堊名，白壛也。
◎壛，時闡切。白堊名，白壛。
【壈】力感切。壈坎也。
◎壈，力感切。壈坎也。
○壈，力感反。身困極也。（《三教指歸注》五 9）
【埥】七盈切。青精土也。
◎埥，七盈切。青精土。
【堶】徒禾切。飛塼也。
◎堶，徒果切。飛塼也。
【墽】計堯切。伏土爲卵也。
◎墽，計堯切。伏土爲卵也。
【垟】余章切。土精也。

◎垟，余章切。土精也。
【垺】火烏切。垺垺也。
◎垺，火烏切。垺垺也。
【埦】於阮切。又烏管切。
◎埦，於阮切，烏管切。
【蟹】户買切。地名。
◎蟹，户買切。地名。
【塘】徒郎切。隄塘也。
◎塘，徒郎切。隄塘也。
【墻】疾羊切。垣墻。正作牆。
◎墻，疾羊切。垣墻。正作牆。
【壆】降角切。土堅也。
◎壆，降角切。土堅也。
【墽】口交切。墽土也。
◎墽，口交切。墽土也。
【坍】他藍切。水衝岸壞也。
◎坍，它藍切。水衝岸壞也。
【埇】余隴切。地名，在淮泗。
◎埇，於隴切。淮泗地名。
【圤】之深切。圤鄩，古國名。
◎圤，之深切。圤鄩，古國名。
【圵】徒朗切。高田也。
◎圵，徒朗切。高田。
【堷】烏孔切，又烏公切。塵也。
◎堷，烏孔、烏公二切。塵也。
【壕】胡高切。城壕也。
◎壕，胡高切。城壕。
【墛】於歸切。墛，決塘也。
◎墛，於歸切。決塘。
【墭】食政切。墭，鹽器也。
◎墭，食正切。鹽器。
【埥】情迪切。薄土也。
◎埥，情迪切。薄土。
【坬】古罵切。土埵也。
◎坬，古罵切。土埵也。
【塵】除仁切。塵埃。
◎塵，除仁切。塵埃。
【摭】之亦切。基址也。
◎摭，之亦切。基址。
【坨】羊之切。地名也。
◎坨，羊之切。地名。
【埗】博龙切。土精也。
◎埗，博庞切。土精也。
【墘】咨容切。土菌也。
◎墘，咨容切。土菌也。
【坈】而勇切。地名。
◎坈，而勇切。地名。
【壧】鉏減切。壧，兆名。
◎壧，鉏減切。壧，兆名。
【埾】側六切。塞也。
◎埾，側六切。塞也。
【垩】丈井切。通也。
◎垩，文并切。通也。
●圓沙本“文并切”疑當作“丈井切”。
【堰】烏侯切。墓也。
◎堰，烏侯切。墓也。
【塛】去竭切。塛，界也。
◎塛，去竭切。界也。
【墤】祛葦切。小逭，墤也。
◎墤，祛葦切。小逭，墤也。
【塚】知隴切。塚，墓也。正作冢。
◎塚，知隴切。墓也。正作冢。
【塜】丑玉切。牛馬所蹈之處。
◎塜，五玉切。牛馬所蹈之處。
●圓沙本“五”當作“丑”。
【塢】烏古切。村塢也。垭，同上。
◎塢，烏古切。村塢。垭，同上。
【墼】次養切。墼基。
◎墼，次養切。墼基也。
【壥】遲連切。居也。與廛同。
◎壥，遲連切。居也。與廛同。
〇壥，《玉篇》云：城市内畝半空地謂之壥。（《一切經音義》卷四）
〇壥，《玉篇》云：市中空地也。（《一切經音義》卷十四）
〇壥，《玉篇》云：城市内畝半空地謂之壥。（《續一切經音義》卷二）
【垕】乎狗切。古文厚。
【塼】煮緣切。甎甎，亦作塼。
◎塼，煮緣切。甎甎，亦作塼。

【堰】於憾切。壅水也。又於建切。
◎堰，於憾切。壅水。又於建切。
〇堰，野王案：堰，畜水而流也。音於建反。……顧野王案：堰，所以畜水也。(《令集解》三十 252)
【壒】於蓋切。塵也。
◎壒，於蓋切。塵也。
【墜】直類切。落也。
◎墜，直類切。落也。
【垦】與埕同。
◎垦，與埕字同。
●底本埕同埕，此條當側上文“埕”字條下。
【堉】音育。地土肥也。
◎堉，音育。地土肥也。
【壜】徒含切。
◎壜，徒含切。地名。
【埁】才心切。
◎埁，才心切。山形也。

補

◎埮，烏弄切。牆也。
◎壤，奴朗切。决壤，塵也。
●圓沙本“决壤”當作“块壤”。
〇垢，《玉篇》云：小渚也。(《龍龕手鏡》卷二)
〇堺，出《玉篇》。(《龍龕手鏡》卷二)
〇墮，隋字。《玉篇》加土者，待過反。(《輔行記》第一之一)

垚部第十

凡三字

【垚】五幺切。《說文》云：土高也。
◎垚，五幺切。土高也。
【堯】五彫切。善行德義曰堯。《白虎通》曰：堯猶嶢。嶢，至高之貌。《廣雅》云：堯，曉也。兟，古文。
◎堯，五彫切。善行德義曰堯。兟，古文。

補

〇壵，《玉篇》：土也。(《龍龕手鏡》卷二)

堇部第十一

凡九字

【堇】居隱切。《禮》：堇塗。塗有穰草也。又草也。《說文》又巨巾切，黏土也。堇，同上。蓳、菫，並古文。
◎堇，居隱切。草也。《說文》又巨巾切，黏土也。堇，同上。蓳、菫，古文。
【艱】奴安切。不易之稱也。又乃旦切。《易》曰：蹇，難也。又畏憚也。難，同上。
◎艱，奴安切。不易之稱。又乃旦切，《易》曰：蹇，難也。又畏憚也。難，同上。
【艱】居顏切。《爾雅》曰：阻、艱，難也。郭璞云：皆險難也。艱，同上。囏，籀文。
◎艱，居顏切。阻、艱，難。艱，同上。囏，籀文。

里部第十二

凡三字

【里】力擬切。邑里也。《周禮》曰：五鄰爲里。《國語》曰：管仲制國，五家爲軌，十軌爲里。
◎里，力擬切。邑里也。《周禮》：五鄰爲里。《國語》：五家爲軌，十軌爲里。
【野】餘者切。郊外也。又常渚切。
◎野，余者切。郊外也。又常渚切。
【釐】力之切。《書傳》云：釐，理也。《方言》云：貪也。《蒼頡》曰：賜也。亦祭餘肉也。又音禧。
◎釐，力之切。《書傳》云：理也。《方言》云：貪也。《蒼頡》云：賜也。亦祭餘肉也。又音禧。
〇釐，《玉篇》引《方言》：釐，貪也。(《方言疏證》卷十三)

田部第十三

凡八十一字

【田】徒堅切。土也，地也。《說文》云：陳也。樹穀曰田，象四口。十，阡陌之制也。《易》曰：見龍在田。王弼《易通》曰：龍處於地，故曰田也。

◎田，徒堅切。土也，地也。《説文》：陳也。樹穀田田。

●圓沙本“樹穀田田”當作“樹穀曰田”。

【甾】側飢切。與菑同。《爾雅》曰：田一歲曰菑。郭璞云：今江東呼初耕地反草爲菑。

◎甾，側飢切。与菑同。《爾雅》：田一歲曰菑。又郭璞云：今江東呼初耕地反草爲菑。

【畬】與居切。田三歲曰畬。亦作畭。畂，古文。

◎畬，與居切。田三歲曰畬。亦作畭。畂，古文畬。

【疇】直流切。《周書》云：天乃錫禹九疇。孔安國曰：九類也。杜預曰：並畔爲疇。《説文》作𤰪，云耕治之田也。𤰪，《説文》疇。

◎疇，直流切。《書》：九疇。孔安國曰：九類也。杜預曰：並畔爲疇。𤰪，《説文》疇。耕治之田也。

○𤰪，顧野王曰：並畔田也。(《六書故》卷五)

【畡】仁緣、奴過二切。《説文》云：城下田。一曰畡，郤也。又城外隍内地也。𤱶，同上，俗。

◎畡，仁緣切，奴過切。城下田。一曰畡，郤也。又城外隍内地也。𤱶，同上，俗。

【畱】如由切。和田也。

◎畱，如由切。和田也。

【㽌】力周切。田不耕燒種也。

◎㽌，力周切。田不耕燒種也。

【畔】蒲半切。《説文》云：田界也。《左氏傳》曰：如農之有畔。

◎畔，蒲半切。田界也。

○畔，蒲館反。田界也。(《成實論天長點》)

【䣛】在何切。《説文》云：殘田也。《詩》云：天方薦䣛。

◎䣛，在河切。殘田也。

【畦】胡圭切。《説文》云：田五十畮曰畦。《史記》曰：千畦薑韭。韋昭云：畦猶隴也。

◎畦，胡圭切。田五十畝。又隴也。

【畮】莫走切。《司馬法》：步百爲畮。畝，同上。畞，《説文》與畮同。

◎畮，莫走切。《司馬法》：步百爲畮。畝，同上，畎畝也。畞，《説文》与畮同。

【町】徒頂、他頂二切。田踐處。又他典切，町疃，鹿迹。

◎町，徒頂、他頂、他典三切。田處。

●圓沙本“田處”當作“田踐處”。

【畽】他典切。餉田皃。亦鹿跡。

◎畽，他典切。餉田皃。亦鹿跡。

○畽，顧野王《玉篇》：畽，餉田貌。(《吴下方言考》卷八)

【疃】吐管切。鹿跡也。畽，同上。又他本切。

◎疃，吐管切。鹿跡也。畽，同上。又他本切。

【畹】於遠、於萬二切。王逸曰：田十二畝爲畹。秦孝公二百三十步爲畝，三十步爲畹。畱，同上。

◎畹，於遠、於萬二切。王逸曰：田十二畝。秦孝公三十步爲畹。畱，同上，田三十步也。

【甿】古莽切。境也，趙魏陌名也。

◎甿，古莽切。境也，趙魏陌名。

【畷】豬衛切。《詩》云：下國畷流。畷，表也。本亦作綴。《禮記》云：郵表畷。《説文》云：兩陌間道也，廣六尺。又陟劣切。

◎畷，猪衛切。《説文》：兩陌間道，廣六君。又陟劣切。

●圓沙本“六君”當作“六尺”。

【界】耕薤切。《爾雅》云：疆、界，垂也。畍，同上。

◎界，耕薤切。疆、界，垂也。畍，同上。

【畛】諸引、諸鄰二切。十夫之道也。《説文》云：井田間陌也。眕，古文。

◎畛，諸引、諸鄰二切。十夫之道。《説文》：井田間陌。眕，古文。

【甽】古泫切。隴中曰甽。《夏書》曰：濬甽澮距川。《孔傳》曰：廣尺深尺謂之甽。《説文》又作𤰝。𤰝，古文。

◎甽，古泫切。隴中曰甽。《孔傳》曰：深尺廣尺曰甽。𤰝，古文。

【甸】徒見切。《夏書》曰：五百里甸服。《孔傳》云：規方千里之内謂之甸服。《周禮》云：九夫爲井，四井爲邑，四邑爲丘，四丘爲甸，四甸爲縣。
◎甸，徒見切。畿甸也。
【畿】渠依切。《説文》云：天子千里地，以遠近言之，則言畿也。
◎畿，渠依切。天子千里地。
【畸】居羲切。數畸。亦作奇。《説文》云：殘田也。
◎畸，居羲切。數畸。亦作奇。《説文》云：殘田。
【疄】力振切。轢田也。或爲躪。
◎疄，力振切。轢田也。本或作躪。
【暵】呼旦切。《埤蒼》云：耕麥地。又作䅬。
◎暵，呼旦切。耕麥地。又作䅬。
○暵，耕麥地也。（《倭名抄》一75）
【畯】普皮切。耕外地。又作秛。
◎畯，普皮切。耕外地。又作秛。
【甿】莫繃、亡鄧二切。《説文》云：田民也。與氓同。
◎甿，莫繃、莫鄧二切。与氓同。
【畻】力才切。田畻。今爲萊。
◎畻，力才切。田畻。今爲萊。
【畛】千紺切。十疄也。
◎畛，千紺切。十疄也。
【䣐】除了切。畱，田中穴也。
◎䣐，除子切。田中穴也。
●圓沙本“除子切”當作“除了切”。
【畮】九陸切。韭畦也。
◎畮，九陸切。韭畦也。
【畊】居容切。畮也。
◎畊，居容切。畮也。
【畇】蘇均、徐均、羊倫三切。《詩》云：畇畇原隰。注云：畇畇，墾辟貌。畃，同上。
◎畇，蘇均、徐均、羊倫三切。《詩》：畇畇原隰。注：墾辟。畃，同上。
【畯】祖峻切。田畯，古之先教田者也。《爾雅》曰：農夫也。《詩傳》云：田大夫也。
◎畯，祖峻切。田畯，田大夫也。
【畟】楚力切。《説文》云：治稼畟畟進也。《詩》云：畟畟良耜。又音即。
◎畟，楚力切。治稼畟畟進也。
○畟，顧野王云：正方也。（《一切經音義》卷七十二）
【留】略周切。止也，久也。
◎留，略周切。止也，久也。
【畤】諸以、時止二切。《漢書》云：秦襄公攻戎救周，列爲諸侯而居西，自以主少昊之神，作西畤，祠白帝。獻公自以得金瑞，故作畦畤、櫟陽而祭白帝。文公作鄜畤，宣公作密畤，靈公於吴陽作上畤祭黄帝，下畤祭炎帝也。
◎畤，諸以、時止二切。祭天帝所。
【略】力灼切。用功少曰略。又强取也，要也，法也，利也，求也。
◎略，力灼切。用功少曰略。又强取也，要也，法也，利也，求也。
【畊】古文耕字。
◎畊，古文耕字。
【畓】詳遵切。均也。
◎畓，詳遵切。均也。
【當】都郎切。任也，直也，敵也。又都浪切，主當也，底也。
◎當，都郎切。任也，敵也，直也。又都浪切，主當也，底也。
【畜】許六切。養也，容也。《説文》曰：田畜也。《淮南子》曰：玄田爲畜。又許又、丑六二切。蓄，《説文》云同上，《魯郊禮》畜从兹，兹，益也。
◎畜，許六切。養也，容也。《説文》曰：畜也。又許又、丑六二切。蓄，《説文》同上。益也。
○畜，音丑六反。（《令集解》八8）
○畜，野王案：六畜，牛馬羊犬雞豕也。（《倭名抄》七51）
○畜，六畜者，牛馬羊犬雞豕也。養之曰畜，用之曰牲。今作畜，同。救又反，又許六二反。（《三部經音義集》二）
○畜，許又反。（《毛詩》卷四）
●佚文衍“二”字。
【暘】敕向切。不生也。
◎暘，敕向切。不生也。
【畺】九良切。界也。俗疆字。

◎疅，九良切。界也。俗疆字。

【畡】于逼切。古文域。邦也。

◎畡，于逼切。古文域。邦也。

【䲲】時升切。古文塍。

◎䲲，時升切。古文塍。

【畤】直里切。偫儲也。或爲庤。

◎畤，直里切。偫儲。或作庤。

【畂】力救切。古文㽞。

◎畂，力救切。古文㽞。

【頃】去潁切。百畝爲頃。今作頃。

◎頃，去潁切。百畝爲頃。今作頃。

【邦】祕江切。《説文》云：古文邦。

◎邦，秘江切。古文邦。

【畘】奴甘切。

◎畘，奴甘切。田多。

●宋十行本作“如甘切”。

【畉】防無切。

◎畉，防無切。耕田。

【睥】音碑。睥，田也。

◎睥，音碑。睥，田也。

○睥，《玉篇》又田也。（《龍龕手鏡》卷一）

【畦】亦溪字。

◎畦，亦溪字。

【雝】於容切。雞頭也。

◎雝，於容切。雞頭也。

【畿】音兹。地名。

◎畿，音兹。地名。

【畽】都籠切。地名。

◎畽，都籠切。地名。

【畇】力尹切。壟土也。

◎畇，力尹切。壟土也。

【旷】火朗切。鹵地名。

◎旷，火朗切。魯地名。

●圓沙本“魯地名”當作“鹵地名”。

【贈】子等切。水田名。

◎贈，子等切。水田名。

【畢】恥力切。田器也。

◎畢，恥力切。田器。

【畇】古侯切。畦也。

◎畇，古侯切。畦也。

【呦】於糾切。里田也。

◎呦，於糾切。里田也。

●宋十行本作“以糾切”。“里田”疑當作“黑田”。

【曆】於葉切。地名。

◎曆，於葉切。地名。

【咀】音祖。田也。

◎咀，音祖。田也。

【習】音例。陷也。

◎習，音列。陷也。

【晉】二典切。高也。

◎晉，五典切。高也。

●圓沙本“五典切”疑當作“二典切”。

【畑畑】上丁淡切，下許儉切。蔭也。

◎畑，丁淡切。蔭也。

◎畑，許儉切。蔭也。

畕部第十四

凡四字

【畕】記良切。比田也。

◎畕，記良切。《説文》云：比田也。

【畺】居良切。《説文》曰：界也。从畕，三，其界畫也。亦作疆。

◎畺，居良切。界也。亦作疆。

【畾】音雷。田間也。

◎畾，音雷。田間也。

【疊】徒協切。重也，累也。《詩》云：莫不振疊。疊，懼也。《説文》作疊。

◎疊，徒協切。重也，累也。《詩》云：莫不振疊。懼也。《説文》作疊。

○疊，顧野王曰：疊，明也。（《一切經音義》卷八）

○疊，顧野王曰：疊猶累也。（《一切經音義》卷十六）

黄部第十五

凡二十二字

【黄】胡光切。中央色也，馬病色也。炗，

古文。
◎黄，胡光切。中央色也，馬病色也。衮，古文。
【㽲】喜兼切。赤黄色。一曰輕易人㽲姁也。
◎㽲，喜兼切。赤黄色。一曰輕易人㽲姁也。
【黇】他官切。黄黑色。或作煓。
◎黇，他官切。黄黑色。或作煓。
【黊】胡悔、于鄙二切。黄色也。
◎黊，胡悔、于鄙二切。黄色。
【䵍】齒隆切。黄色。《大戴禮》：䵍纊，塞耳掩聽也。又音統。
◎䵍，齒隆切。黄色。《大戴礼》：䵍纊，塞耳。又音統。
【黊】胡卦、户圭二切。鮮明黄色。
◎黊，胡卦、户圭二切。鮮黄色。
【䵎】吐丸、吐門二切。黄色。又魯哀公少子名䵎。
◎䵎，吐丸切，吐門切。黄色。魯克公少子名。
●圓沙本“魯克公”當作“魯哀公”。
【黈】他口切。黄色。或作紏。黈，同上。
◎黈，他口切。黄色。或作紏。黈，同上。
○黈，顧野王曰：黄色也。(《六書故》卷五)
【黇】他兼切。黄色也。
◎黇，他兼切。黄色。
【䵐】齒善切。黄色也。
◎䵐，齒善切。黄色。
【䵚】口浪切。黄色也。
◎䵚，口浪切。黄色。
【黅】居吟切。黄色也。
◎黅，居吟切。黄色。
○黅，顧野王曰：黄色也。(《六書故》卷五)
【䵋】胡觥切。《字書》：藤屬，以織也。
◎䵋，胡觥切。藤屬，以織也。
【䵒】音證。黄色。
◎䵒，音證。黄色。
【䪵】云粉切。《説文》曰：面急䪵䪵也。䪴，同上。又黄皃。
◎䪵，云粉切。面急䪵䪵也。䪴，同上。又黄皃。
【䵗】音霑。黄色。
◎䵗，音霑。黄色。
【䵏】力道切。黄色。
◎䵏，力道切。黄色。
【䵑】直占切。黄色。
◎䵑，直古切。黄色。
●圓沙本“直古切”當作“直占切”。
【䵕】古對切。病皃。
◎䵕，古對切。病皃。

北部第十六

凡五字

【北】去留切。虚也，聚也，冢也。《夏書》曰：是降丘宅土。孔安國云：土高曰丘。《周禮》曰：四邑爲丘，四丘爲甸。《漢書》云：高祖過其丘，嫂食。丘，空也。《廣雅》云：小陵曰丘。丘，居也。北、丘，並同上。
◎北，去鳩切。虚也，聚也，冢也。土高曰丘。又丘，居。北，同上。丘，同上。
○丘，《玉篇》：地高曰丘，大塚曰丘。(《一切經音義》卷二十七)
【虚】丘居切。大丘也。今作墟。《爾雅》曰：河出崐崘虚。郭璞云：《山海經》曰，河出崐崘西北隅。虚，山下基也。又許魚切，空也。
◎虚，丘居切。大丘也。今作墟。又許魚切，空也。
【泥】奴兮切。《爾雅》曰：水潦所止泥丘。本亦作泥。
◎泥，奴兮切。《尔雅》：水潦所止泥丘。亦作泥。

京部第十七

凡四字

【京】居英切。《爾雅·釋丘》云：絶高爲之京。郭璞云：人力所作。《公羊傳》曰：京者何？大也。
◎京，居英切。《尔雅》：絶高爲京。郭璞云：非人力所作。《公羊傳》云：京者，大也。
●圓沙本“非人力所作”衍“非”字。

【就】才救切。從也，成也，即也，久也。郭璞云：成就亦終也。就，籒文。
◎就，才救切。成也，即也，久也。郭璞云：成就以終也。就，籒文。
●圓沙本“以”當作“亦”。
【𠅘】音涼。薄也。
◎𠅘，音涼。薄也。

冂部第十八

凡八字

【冂】古螢切。《說文》云：邑外謂之郊，郊外謂之野，野外謂之林，林外謂之冂。象遠界也。坰，《說文》同上。同，《說文》曰：古文冂从口，象國邑。
◎冂，古螢切。林外曰冂，象遠界。坰，同上，《說文》。同，古文冂，从口，象國邑。
○冂，《玉篇》音苦瑩反。(《龍龕手鏡》卷一)
【冊】音琮。冊孔也。
◎冊，音琮。冊孔也。
○冊，《玉篇》：孔也。(《龍龕手鏡》卷一)
【市】時止切。《周禮》曰：五十里有市。《世本》云：祝融作市。
◎市，時止切。《世本》云：祝融作市。
○市，多也，恃也，買也。(《類》279)
【央】於良切。中央也。一曰久也。《詩傳》云：央，旦也。亦位内爲四方之主也。
◎央，於良切。中央。一曰久也。《詩傳》央，且也。
【隺】乎沃切。《說文》云：高至也。从隹上欲出冂。
◎隺，乎沃切。高至也。
【冘】余針切。《說文》云：淫淫，行皃。从人出冂。
◎冘，余針切。行皃。从人出冂。

𩫏部第十九

凡八字

【𩫏】古穫切。《說文》云：度也。民度所居也。《白虎通》云：郭之爲言廓也，大也。今作郭。
◎𩫏，古穫切。今作郭。大也，度也。
【𩫑】苦穴切。《說文》云：缺也。古者城闕其南方謂之𩫑。
◎𩫑，苦穴切。缺也。
【䵷】于元切。籒文垣。
◎䵷，于元切。籒文垣。
【𩫨】都果切。廣也。又垂下皃。今作𩫨。
◎𩫨，都可切。廣也。又垂下皃。今作𩫨。
●宋十行本作“都可反”。
【𩫖】時征切。籒文城。
◎𩫖，時征切。籒文城。
【𩫌】都户切。籒文堵。
◎𩫌，都户切。籒文堵。
【𩫛】毗離切。籒文陴。女垣也。
◎𩫛，毗離切。女垣也。籒文陴。
【𩫡】餘恭切。古文墉。亦作𩫏。
◎𩫡，于恭切。古文墉。亦作𩫏。

邑部第二十

凡二百七十八字

【邑】於急切。《說文》云：國也。《周禮》曰：四井爲邑。
◎邑，於急切。國也。四井爲邑。
【邦】補江切。《周禮》：太宰六典以佐王治邦國。鄭玄云：大曰邦，小曰國。亦界也。
◎邦，補江切。大曰邦，小曰國。亦界也。
○邦，界也。(《秘竇抄》中12)
【鄢】於巘切。鄢陵縣名。又於乾切。
◎鄢，於巘切。鄢陵縣名。又於乾切。
【酇】子管切。《說文》云：百家爲酇。酇，聚也。又子旦切，南陽有酇縣。又在丸切。
◎酇，子管切。百家爲酇。酇，衆也。又子旦切，南陽有酇縣。又在丸切。
【鄰】力臣切。《周禮》：五家爲鄰。
◎鄰，力臣切。五家爲鄰。
○鄰，五家爲鄰，近也，鄗也。(《類》180)
【鄙】丁莽切。《說文》云：地名。《廣雅》

云：居也。一曰五百家爲鄬。今作黨。
◎鄬，丁莽切。居也。曰五百家爲鄬。今作黨。
●圓沙本“曰”前疑脱“一”字。
【郊】古爻切。《周禮》曰：五百里爲遠郊。《爾雅》曰：邑外謂之郊。
◎郊，古爻切。邑外曰郊。
【鄙】補美切。《周禮》云：五酇爲鄙。鄙，小國，去都遠。鄙陋。又不慧也。
◎鄙，補美切。小國。又陋也，不慧也。
【都】當五切。《周禮》曰：四甸爲縣，四縣爲都。都，采地也。
◎都，當烏切。都，采地也。
○都，四懸［縣］爲都。（《類》179）
●宋十行本作“當烏切”。
【鄭】直政切。在滎陽宛陵縣。
◎鄭，直政切。國名。
【郡】求愠切。《説文》云：周制，天子地方千里，分爲百縣，縣有四郡。故《春秋傳》曰：上大夫受縣，下大夫受郡。《史記》云：秦始皇二十六年分天下爲三十六郡。裴駰曰：三十六郡者，三川、河東、南陽、南郡、九江、鄣郡、會稽、潁川、碭郡、泗水、薛郡、東郡、琅邪、齊郡、上谷、漁陽、右北平、遼西、遼東、代郡、鉅鹿、邯鄲、上黨、太原、雲中、九原、鴈門、上郡、隴西、北地、漢中、巴郡、蜀郡、黔中、長沙、内史也。
◎郡，求愠切。郡縣。秦三十六郡。
【郵】音尤。《説文》云：境上行書舍也。
◎郵，音尤。境土行書舍也。
○郵，顧野王云：境上行書舍也。（《一切經音義》卷八十七）
●圓沙本“境土”當作“境上”。
【郛】芳俱切。《左氏傳》曰：鄭人入其郛。杜預曰：郛，郭也。
◎郛，方俱切。《左》：鄭人入其郛。杜預：郛，郭也。
【鄁】所教切。大夫食邑。
◎鄁，所教切。大夫食邑。
【竆】渠雄切。《説文》云：夏后時諸侯夷羿國也。《書》曰：有竆后羿。
◎竆，渠雄切。《書》：有竆后羿。
【郪】姑戾切。周武王封黄帝後於郪。今作薊。
◎郪，姑戾切。地名。今作薊。
【邰】土臺切。姜嫄邑，帝嚳元妃，邰氏女也。
◎邰，土臺切。姜嫄邑，帝嚳元妃，邰氏女也。
【郊】渠離切。右扶風美陽縣西有郊山。亦作岐。古作歧山。
◎郊，渠離切。縣名。亦作岐。古作歧山。
【郁】於六切。右扶風郁夷縣。
◎郁，於六切。有扶風郁夷縣。
●圓沙本“有”當作“右”。
【鄜】杜胡切。左馮翊有鄜陽亭。
◎鄜，杜胡切。馮翊有鄜陽亭。
【郿】莫悲切。右扶風縣名。郃陽有郿鄉。又音媚。
◎郿，莫悲切。縣名。又音媚。
【邠】補珉切。周太王國，在右扶風郇邑。亦作豳。豳，古文邠字。
◎邠，補珉切。國名。亦作豳。
◎豳，古文邠字。
【鄠】呼古切。地名。
◎鄠，呼古切。地名。
【鄠】胡古切。右扶風縣名。
◎鄠，胡古切。右扶風縣名。
○鄠，《玉篇》：鄠，胡古反。（《書傳輯録纂注》卷二）
【扈】胡古切。夏后同姓所封之國，在鄠，有扈谷、甘亭。
◎扈，胡古切。國名，在鄠。
【郰】此諸切。右扶風鄠鄉。
◎郰，此諸切。右扶風鄉名。
【郝】呼各、舒石二切。右扶風盩厔鄉。
◎郝，呼各、舒石二切。鄉名。
【酆】孚弓切。酆在始平鄠縣東。
◎酆，孚弓切。地名。
【鄍】徒透切。《説文》云：弘農縣庾地。又音兜。
◎鄍，徒透切。弘農庾地。又音兜。

【郉】奴經、奴顛二切。左馮翊谷口鄉。
◎郉，奴經、奴顛二切。鄉名。
【鄱】扶園切。京兆杜陵有鄱鄉。
◎鄱，扶園切。京兆鄉名。
【鄜】芳珠切。左馮翊有鄜縣。鄜，同上。
◎鄜，方未切。縣在馮翊。鄜，同上。
●圓沙本“方未切”當作“方朱切”。
【叩】音口。京兆藍田鄉也。
◎叩，音口切。京兆藍田鄉。
●圓沙本“音口切”當作“音口”。
【邮】與鳩切。左馮翊高陵縣有邮亭。又音笛。
◎邮，與鳩切。長安邮亭。又音笛。
【鄏】如蜀切。成王定鼎於郟鄏。
◎鄏，如蜀切。成王定鼎於郟鄏。
【鄻】力衍切。《説文》云：周邑也。
◎鄻，力衍切。周邑。
【鄆】爲愠切。魯地名。
◎鄆，爲愠切。魯地名。
【鄒】側界切。周邑名。
◎鄒，側界切。周邑名。
【邙】莫旁切。河南洛陽北土山上邑也。
◎邙，莫旁切。河南洛陽北土山上邑。
【郗】敕梨切。周邑，在河内野王縣西南。
◎郗，刺黎切。周邑，在河内。
【鄐】許六切。晉邑也。
◎鄐，許六切。晉邑也。
【鄩】似林切。河南鞏縣西有鄩中。
◎鄩，似林切。河南地名。
【邶】蒲内切。紂城東曰衛，南曰鄘，北曰邶也。鄁，同上。
◎邶，蒲内切。紂城北曰邶。鄁，同上。
【邘】禹俱切。河内野王縣西有邘城。
◎邘，禹俱切。河内有邘城。
【鬙】力奚切。《説文》曰：商諸侯國，在上黨東北。《書》曰：西伯戡鬙。
◎鬙，力奚切。《書》：西伯戡鬙。
【邵】是照切。晉邑也。
◎邵，是照也。晉邑。
●圓沙本“是照也”當作“是照切”。
【鄇】胡豆切。晉地名。又音侯。
◎鄇，胡豆切。晉地。又音侯。
【鄍】莫丁切。晉邑也。
◎鄍，莫丁切。晉邑也。
【邲】蒲必切。晉邑也。《春秋》曰：晉楚戰于邲。
◎邲，蒲必切。晉邑。
○邲，美皃。(《類》182)
【郤】去戟切。晉大夫叔虎邑也。
◎郤，去戟切。晉大夫叔虎邑也。
【鄢】巨焉切。聚名，在河東聞喜。
◎鄢，巨焉切。聚名，在河東。
【鄘】巨諸切。聚名。
◎鄘，巨諸切。聚名。
【郯】渠惟切。河東臨汾地，即漢之所祭后土處。
◎郯，渠惟切。汾上地，漢祭后土。
【邢】胡丁切。《左氏傳》：狄伐邢。杜預曰：邢國在廣平襄國縣。又輕干切，周公所封地，近河内。邢，同上。
◎邢，胡丁切。國名。輕干切，地名。邢，同上。
【郱】蒲經切。地名，在東莞臨朐縣東南。
◎郱，蒲經切。地名。
【郇】須倫切。郇伯，文王子也。今河東有郇城。
◎郇，相倫切。郇伯，文王子。今河東有郇城。
●澤存堂本作“相倫切”。
【鄔】於古切。晉大夫司馬彌牟邑。又音烏。
◎鄔，於古切。晉邑。又音烏。
【鄴】魚怯切。魏郡有鄴縣。
◎鄴，魚怯切。魏郡有鄴縣。
【祁】渠夷切。太原縣。《左氏傳》云：晉賈辛爲祁大夫。又多也。
◎祁，渠夷切。太原縣。又多也。
○祁，衆多也。(《類》183)
【邯】何安、胡甘二切。趙國有邯鄲縣。
◎邯，何安、胡甘二切。趙邯鄲縣。
【鄲】都蘭切。邯鄲縣。

◎鄆，都鬫切。同上。
【鄃】庾娱切。清河郡鄃縣。又音輸。
◎鄃，庾娱切。清河縣名。又音輸。
【鄗】許各切。常山縣，光武即位改爲高邑。
◎鄗，許各切。常山縣，光武即位改爲鄗邑。
【鄡】輕彫切。鉅鹿郡有鄡縣。
◎鄡，輕彫切。縣名，在鉅鹿。
【鄡】苦幺切。豫章郡有鄡陽縣。
◎鄡，苦幺切。豫章鄡陽縣。
【郅】諸逸切。北地郡有郁郅縣。
◎郅，諸逸切。郁郅，縣名。
【鄚】亡各切。涿郡有鄚縣。
◎鄚，亡各切。涿郡鄚縣。
【郯】所留切。狄國名，在夏爲防風氏。鄋，同上。
◎郯，所留切。狄國，夏爲防風氏。鄋，同上。
【邟】口盎、古衡二切。《説文》曰：潁川縣。
◎邟，口盎、口行二切。縣名。
【鄦】欣吕切。甫侯所封，在潁川。
◎鄦，欣吕切。國名，在潁川。
【郾】於獻切。颍川縣。又於幰切。
◎郾，於獻切。颍川縣。又於幰切。
【郟】古洽切。洛陽北地。又潁川縣名。
◎郟，古洽切。洛地。又縣名。
【郪】七兮、千私二切。新郪，汝南縣。又廣漢有郪縣。
◎郪，七兮、千私二切。縣名。
【郙】苦怪切。《説文》云：汝南安陽鄉。
◎郙，苦怪切。汝南鄉名。
【郙】方禹、芳殊二切。汝南上蔡亭。
◎郙，方禹、方殊二切。亭名。
【郎】胡雞切。汝南邵陵里。
◎郎，胡雞切。汝南地名。
【鄝】負弓切。國名。
◎鄝，員弓切。國名。
●圓沙本“員弓切”當作“負弓切”。
【鄧】徒亘切。南陽有鄧縣。
◎鄧，徒亘切。縣，在南陽。
【郱】蒲當切。汝南鲖陽亭。
◎郱，蒲當切。汝南亭名。
【郋】思力切。汝南新郋亭。
◎郋，思力切。汝南新郋縣。
【郹】古闃切。蔡邑也。
◎郹，古闃切。蔡邑。
【鄾】於牛切。鄧國地也。《春秋傳》曰：鄧南鄙鄾人攻之。
◎鄾，於牛切。鄧國地名。
【鄂】胡高切。南陽鄉名。
◎鄂，胡高切。南陽鄉名。
【酈】郎的切。又音蹢，南陽縣。
◎酈，郎的切。縣名。又音蹢。
【鄛】助交切。南陽棘陽鄉名。
◎鄛，助交切。南陽鄉名。
【穰】如羊切。南陽縣。
◎穰，如羊切。南陽縣。
【鄤】力兜切。南陽鄤縣鄉。
◎鄤，力兜切。鄉名，在南陽。
【鄡】公達切。《説文》云：南陽陰鄉。
◎鄡，公達切。縣，在南陽。
【鄅】于矩切。南陽舞陰亭。
◎鄅，于矩切。南陽舞陰亭。
【郢】力止切。南陽西鄂縣亭。
◎郢，力止切。南陽亭名。
【郢】以井切。故楚都，在南郡江陵北十里。邛，同上。
◎郢，以井切。故楚都，南郡江陵。邛，同上。
○郢，又以政反。次于郊郢。(《類》183)
【邔】丘紀、渠記二切。南郡有邔縣。
◎邔，丘紀、渠記二切。縣名。
【鄂】五各切。南陽有西鄂縣，叔虞封也。
◎鄂，五各切。西鄂，在南陽。
○鄂，顧野王云：今南陽西有鄂縣也。(《一切經音義》卷八十四)
【鄳】亡庚切。江夏郡有鄳縣。
◎鄳，亡庚切。縣，在江夏。
【鄖】有軍切。江夏雲社縣東地。
◎鄖，有軍切。地名。
【鄘】與恭切。《説文》曰：南夷國。
◎鄘，與恭切。南夷國。

【郥】有軍切。國名。
◎郥，有軍切。國名。
【郫】薄糜切。蜀郡有郫縣。又音脾。
◎郫，薄糜切。蜀郡。又音脾。
【鄯】上留、除留二切。蜀郡江原縣。鄯水首受江。
◎鄯，上留、除留二切。蜀縣名。
【鄸】亡願切。廣漢鄉名。
◎鄸，亡願切。廣漢鄉名。
【那】奴多切。安定有朝那縣。又何也，多也。
◎那，奴多切。縣名。又何也，多也。
【鄙】力塠切。地名。
◎鄙，力追切。地名。
【邡】音方。《説文》云：邡，廣漢縣。
◎邡，音方。廣漢縣名。
【鄱】薄波切。豫章鄱陽縣。
◎鄱，薄波切。鄱陽縣也。
【郇】百交、百勞二切。地名。
◎郇，百交、百勞二切。地名。
【鄨】俾逝切。牂牁郡有鄨縣，鄨水所出。
◎鄨，俾逝切。縣名。
【酃】郎丁切。長沙縣名。
◎酃，郎丁切。長沙縣名。
【郘】力語切。鄨縣亭名。
◎郘，力語切。鄨縣亭名。
【郲】力對切。桂陽郲陽縣也。亦作耒。
◎郲，力對切。郲陽縣。亦作耒。
【鄮】莫候切。會稽縣。
◎鄮，莫候切。會稽縣名。
○鄮，《玉篇》又音牟。(《龍龕手鏡》卷四)
【鄞】五斤切。會稽縣。
◎鄞，五斤切。會稽縣名。
【邴】彼景、彼命二切。宋下邑也。
◎邴，彼景、彼命二切。宋下邑。
【邿】補大切。郡名。亦作沛。
◎邿，補大切。郡名。亦音沛。
【鄌】祚柯切。沛郡縣也。亦作酇。
◎鄌，祚柯切。沛縣。亦作酇。
【邩】詩沼切。魯地名。
◎邩，詩沼切。魯地名。
【郜】子斯切。北海都昌縣西有郜城。
◎郜，子斯切。縣，在北海。
【郜】故到切。濟陰成武縣東南城名。
◎郜，故到切。濟陰城名。
【鄄】故縣切。東郡鄄城名。
◎鄄，故縣切。東郡鄄城名。
【郕】時真、之刃二切。地名。
◎郕，時真、之刃二切。地名。
【鄶】光會切。祝融之後。國名，在鄭地。
◎鄶，光會切。祝融之後。國名。
○鄶，顧野王云：鄶爲鄭武公所滅，復爲鄭地。(《一切經音義》卷八十四)
【鄬】仕咸切。宋地名。
◎鄬，仕咸切。宋地名。
【邛】渠恭切。山陽邛成縣。又蜀郡有臨邛縣。
◎邛，渠恭切。蜀臨邛縣。
【邧】牛遠切。邧，新城。《説文》云：鄭邑也。
◎邧，牛遠切。邧，新城。《説文》云：鄭邑。
【郰】與旃切。鄭北地。
◎郰，與旃切。鄭北地。
【郠】古杏切。《説文》云：琅邪莒邑。《春秋傳》曰：取郠。
◎郠，古杏切。琅邪邑名。
【鄹】仄牛切。魯縣也，古扶風附庸國，顓頊之後所封。俗作郰。鄹，同上。又音聚。亭名，在新豐。郰，同上，俗。
◎鄹，仄牛切。魯縣。俗作郰。鄹，同上，又音聚，亭名。郰，俗。
【郰】仄牛切。《説文》云：魯下邑，孔子之鄉。《論語》作鄹。
◎郰，俱牛切。魯邑。《語》作鄹。
【鄅】記甫、有甫二切。鄅國，今琅邪開陽縣。《左氏傳》云：邾人入鄅。
◎鄅，記甫、有甫二切。國名。
【郐】似諸、達胡二切。《説文》云：邾下邑地，魯東有郐城。

◎郐，似諸、達胡二切。魯城名。

【邿】式時切。任城亢父縣有邿亭。

◎邿，式時切。任城有邿亭。

【郕】時盈切。東平亢父縣有郕鄉。

◎郕，時盈切。東平郕鄉。

【郁】烏斂切。周公所誅叛國商奄是也。

◎郁，烏斂切。周銭商奄也。

●四部叢刊本作“周伐商奄也”。

【鄻】虎官切。魯下邑，濟北蛇丘縣也。

◎鄻，虎官切。魯下邑，蛇丘縣也。

【邳】蒲悲切。奚仲之後所封，在魯薛縣。

◎邳，蒲悲切。地名。

【郎】力當切。魯邑。《左氏傳》曰：費伯帥師城郎。又漢官尚書郎。

◎郎，力當切。魯邑。又官名。

【鄬】魚奇切。臨淮徐地也。

◎鄬，魚奇切。徐地名。

【鄣】之羊切。《左氏傳》：紀子奔於紀鄣。鄣，莒邑也。

◎鄣，之羊切。莒邑名。

【邗】古寒、户安二切。《左氏傳》云：吴城邗。今廣陵韓江是。

◎邗，古寒、古安二切。吴城名。

○邗，《玉篇》：邗，古寒、户安二反。（《書傳輯録纂注》卷二）

【郈】胡走切。東平无鹽鄉。

◎郈，胡走切。東平无鹽鄉。

【鄗】古穫切。大也。今作郭。《白虎通》云：所以必立城郭者，示有固守也。郭，同上。

◎鄗，古穫切。大也。城郭，音郭。郭，同上。

○鄗，城郭即郛也。（《類》184）

○郭，《玉篇》引《白虎通義》云：郭之言廓也，大也。（《方言箋疏》卷一）

【郳】五奚切。東海昌慮縣有郳城。

◎郳，五奚切。東海郳城。

【郚】午姑切。朱虚縣東南魯下邑也。

◎郚，午姑切。魯下邑。

【郣】蒲突切。《説文》云：郣海郡。一曰地之起者曰郣。

◎郣，蒲突切。郣海郡。曰地起曰者郣。

●圓沙本“曰地起曰者郣”文辭錯亂，四部叢刊本作“一曰地起曰者郣”，亦錯亂。疑當作“一曰地起者曰郣”。

【鄆】徒耽切。地在濟南平陵縣南。

◎鄆，徒耽切。地名，在濟陽。

【郯】徒甘切。東海縣也。

◎郯，徒甘切。東海地名。

○郯，東海郯縣。（《類》183）

【邪】以遮切。琅邪郡。又音斜。《論語》曰：思無邪。

◎邪，以遮切。郡名。又音斜，《語》曰：思無邪。

○邪，僻也。（《法華釋文》上）

【郲】里該切。滎陽縣東郲城，齊滅之。

◎郲，里該切。城名。

●宋十行本作“熒陽”。

【鄬】胡圭切。紀邑，在安平縣。

◎鄬，胡圭切。紀邑名。

【鄫】在陵切。《春秋》曰：鄫子來朝。今琅邪縣也。

◎鄫，在陵切。今琅邪縣。

【郙】方無切。琅邪縣也。

◎郙，方無切。琅邪縣。

【郇】巨俱、居住二切。地名。

◎郇，巨俱、居住二切。地名。

【截】子代切。故國，在陳留外黄縣。

◎截，子代切。故國，在陳留。

【郊】家哀切。陳留鄉。

◎郊，古哀切。陳留鄉名。

【邽】公攜切。京兆有下邽縣，隴西有上邽縣。

◎邽，公攜切。縣名。

【鄏】之由切。故國，黄帝後所封也。

◎鄏，之由切。國名，黄帝後所封。

【鄺】胡光切。古國名。

◎鄺，胡光切。古國名。

【郙】彼冀切。魯季氏邑。《論語》作費。或作鄪。鄪，同上。

◎郙，彼冀切。邑名。《語》作費。或作鄪。鄪，同上。

【鄉】許良切。五黨名。亦作鄉。

◎鄉，許良切。五黨名。亦作鄉。
【鄢】於田切。地名。
◎鄢，於田切。地名。
【邶】去牛切。地名。邱，同上。
◎邶，去年切。地名。邱，同上。
●圓沙本“去年切”當作“去牛切”。
【郍】汝諸切。地名。
◎郍，汝諸切。地名。
【鄝】來鳥切。地名。
◎鄝，求鳥切。地名。
●圓沙本“求鳥切”當作“來鳥切”。
【郉】女九切。地名。
◎郉，女九切。地名。
【郘】居里切。地名。
◎郘，居里切。地名。
【郤】希及切。地名。
◎郤，希及切。地名。
【郲】渠留切。鄉，在陳留。
◎郲，渠留切。鄉名，在陳留。
【郹】於盈、於井二切。地名。
◎郹，於盈、於井二切。地名。
【郘】始居切。《春秋》曰：徐人取郘。杜預曰：今廬江郘縣。
◎郘，始居切。縣名。
【鄌】呼土切。魯地名。
◎鄌，呼土切。魯地名。
【邩】呼果切。地名。
◎邩，呼果切。地名。
○邩，《玉篇》云：地名。(《重修廣韻》卷三)
【鄬】爲彼切。地名。《春秋》曰：會于鄬。杜預云：鄭地。亦作隝。
◎鄬，爲彼切。鄭地也。亦作隝。
【郿】所間切。地名。
◎郿，所間切。地名。
【鄌】徒郎切。《續漢書》云：廣陵鄌邑也。鄌，同上。出《説文》。
◎鄌，徒郎切。邑，在廣陵。鄌，同上。
【邨】且孫切。地名。亦作村。又音豚。
◎邨，且孫切。地名。亦作村，音豚。
【鄐】胡蠟切。地名。

◎鄐，胡蠟切。地名。
【鄯】居大切。地名。
◎鄯，居大切。地名。
【鄿】公安切。地名。
◎鄿，公安切。地名。
【鄧】與金切。地名。
◎鄧，與金切。地名。
【鄍】欣陵切。地名。
◎鄍，欣陵切。地名。
【郈】渠詭切。《山海經》云：綸山東陸郈山。又居委切。
◎郈，渠詭切。山名。又音跪。
【郅】胡經切。鄉名，在高密。《左氏傳》曰：戰於井郅。
◎郅，胡經切。高密鄉名。
●宋十行本作“升郅”。
【鄀】如灼切。《左氏傳》曰：秦晉伐鄀。秦楚界小國也。
◎鄀，如灼切。國名。
【郕】舒甚切。《左氏傳》曰：敗戎於郕垂。杜預云：周地。河南新城縣北有垂亭。
◎郕，舒甚切。地名。
【邤】許斤切。地名。
◎邤，許斤切。地名。
【鄟】諸緣、徒桓二切。邾婁之邑。
◎鄟，諸緣、徒桓二切。邾婁之邑。
【鄵】七到切。鄭地。《左氏傳》曰：鄭伯卒於鄵。
◎鄵，七到切。鄭地。
【鄸】莫中切。《左氏傳》曰：曹公孫會自鄸出奔宋。鄸，曹邑也。
◎鄸，莫中切。曹邑。
【郊】於干切。當陽里。
◎郊，於干切。當陽里名。
【郼】於饑切。殷國名。《吕氏春秋》曰：湯立爲天子，商不變肆，親郼如夏。高誘曰：郼讀如衣，今兖州人謂殷氏皆曰衣。
◎郼，於饑切。殷都，讀如衣。
【鄍】胥果切。河南亭。
◎鄍，胥果切。河南亭。

【郶】莫郎切。《廣蒼》云：鄉，在藍田。
◎郶，莫郎切。鄉，在藍田。
【鄯】時戰切。鄯善，西域國。《漢書》云：本名樓蘭城，去長安六千一百里，元鳳四年傅介子誅其王，更名其國爲鄯善。又時演切。
◎鄯，時戰切。鄯善，西域國。又時演切。
【鄑】莊釐切。鄉名。
◎鄑，莊釐切。鄉名。
【鄿】才含切。貝丘亭。
◎鄿，才含切。貝丘亭。
【郊】胡灰切。睢陽鄉名。
◎郊，胡灰切。鄉名。
【部】傍口切。分判也。《史記》：置大農部丞數十人，分部主郡國。《漢書》：行無部曲。注云：將軍領軍皆有部曲，大將軍營五部，部校尉一人，部下有曲，曲有軍候一人。
◎部，傍口切。分判也。部曲也。
【郮】子移切。谷口。
◎郮，子移切。谷口。
【鄿】苦縛、具縛二切。聞喜縣鄉名。
◎鄿，苦縛、具縛二切。鄉名。
【蓜】步回切。聞喜鄉。
◎蓜，步回切。聞喜鄉名。
【邻】渠今切。亭名，在重安。
◎邻，渠今切。亭名，在重安。
【郷】胡絳切。門外道也。與巷同。
◎郷，胡絳切。門外道。與巷同。
【郒】户光切。古縣名。
◎郒，户光切。古縣名。
【郻】時真切。姓也。
◎郻，時真切。姓也。
【鄙】烏昆切。鄉名，在蜀。
◎鄙，烏昆切。蜀鄉名。
【郚】口孤切。秦地，在河東當郚首也。
◎郚，口孤切。秦地，在河南。
【郰】蒲故切。亭名。
◎郰，蒲故切。亭名。
【郔】人丘切。鄉名。
◎郔，人丘切。鄉名。
【郈】徒紅切。鄉名。
◎郈，徒紅切。鄉名。
【郿】徒郎切。國名。
◎郿，徒郎切。國名。
【邾】無沸切。地名。
◎邾，無沸切。地名。
【郿】寄魚切。國名。
◎郿，寄魚切。國名。
【郃】侯閤切。左馮翊郃陽縣。
◎郃，侯各切。縣名。
【郩】胡交切。地名。
◎郩，胡交切。地名。
【鄻】九縛切。地名。
◎鄻，九縛切。地名。
【郜】徒冬切。古國名。
◎郜，徒東切。古國名。
【郜】居一切。地名。一云郜成山。
◎郜，居一切。地名。又郜成山。
【郝】如舟切。
◎郝，如舟切。邑名。
【郪】此栗切。《說文》云：齊地也。
◎郪，此栗切。齊地。
【郲】七課切。山名。
◎郲，七課切。山名。
【郱】阻生切。國名。
◎郱，阻生切。國名。
【鄏】丁玉切。縣名。
◎鄏，丁玉切。縣名。
【郿】唐盧切。地名。
◎郿，唐盧切。地名。
【郻】古熬切。鄉名。
◎郻，古熬切。鄉名。
【鄠】毗聊切。地名。
◎鄠，毗聊切。地名。
【鄌】苦昂切。地名。
◎鄌，苦昂切。地名。
【鄡】胡遺切。縣名。
◎鄡，胡遺切。縣名。
【鄽】直連切。市鄽。俗作鄽。
◎鄽，直連切。市也。俗作鄽。
【郑】於京切。地名。

◎郱，於京切。地名。
【鄺】音荒。姓，出廬江縣。
◎鄺，音荒。姓，出廬江縣。
【鄑】子思切。谷名。
◎鄑，子思切。谷名。
【郒】呼光切。縣名。
◎郒，呼光切。縣名。
【郉】扶巖切。地名。
◎郉，扶巖切。地名。
【郬】七海切。地名。
◎郬，七海切。地名。
【邸】都禮切。邑名。又邸，舍也。
◎邸，都禮切。邸，舍。又邑名。
【鄂】胡老切。邑名。
◎鄂，胡老切。邑名。
【郁】才孫切。郁鄢縣，在犍爲。
◎郁，才孫切。縣名。
【鄢】莫霸切。又音馬。
◎鄢，莫霸切。又音馬。
【鄧】知升切。國名。
◎鄧，知升切。國名。
【郞】知盈切。地名。又直盈切。
◎郞，知盈、直盈二切。地名。
【郮】余舟切。鄉名。
◎郮，余舟切。鄉名。
【郡】所間切。地名。
◎郡，所間切。地名。
【鄻】古喚切。亭名。
◎鄻，古喚切。亭名。
【郲】蒲梅切。鄉名。
◎郲，蒲梅切。鄉名。
【郕】食盈切。縣名。
◎郕，食盈切。縣名。
【鄐】於亦切。地名。
◎鄐，於亦切。地名。
【郂】語其切。
◎郂，語其切。鄉名。
【鄵】昨焦切。地名。
◎鄵，昨焦切。地名。
【郌】去王切。邑名。
◎郌，去王切。邑名。
【郴】丑吟切。縣名，在桂陽。
◎郴，丑吟切。桂陽縣名。
【鄿】去虐切。地名。
◎鄿，去虐切。地名。
【邒】徒苓切。鄉名。
◎邒，徒苓切。鄉名。
【邤】且孫切。鄉名。
◎邤，具孫切。鄉名。
【鄜】力之切。鄉名。
◎鄜，力之切。鄉名。
【鄢】五俱切。地名。
◎鄢，五俱切。地名。
【郫】祖浩切。邑名，在筑陽。
◎郫，祖浩切。築陽邑名。
【鄡】九小切。國名。
◎鄡，九小切。國名。
【郇】息俊切。地名。
◎郇，息俊切。地名。
【郋】息典切。國名。
◎郋，息典切。國名。
【郃】皮變切。邑名。
◎郃，皮變切。邑名。
【郱】子省切。地名。
◎郱，子省切。地名。
【郹】居顚切。邑名。亦亭名。
◎郹，居顚切。邑名。又亭名。
【郿】余之切。地名。
◎郿，余之切。地名。
【鄑】慈夕切。《説文》云：蜀地也。
◎鄑，慈夕切。蜀地名。
【邾】中廚切。江夏縣名。魯附庸國。
◎邾，中廚切。國名。
【鄻】音遷。《説文》云：地名也。
◎鄻，音遷。地名。
【鄌】徒紅切。地名。又姓。
◎鄌，徒紅切。地名。又姓也。
【鄹】力脂切。國名。
◎鄹，力脂切。國名。

司部第二十一

凡四字

【司】胥茲切。司者，主也。《説文》云：臣司事於外者也。

◎司，胥茲切。司者，主也。《説文》：臣司事於外者也。

【伺】胥咨、司志二切。候也，察也。《廣雅》《埤蒼》並作覗。

◎伺，胥咨、司志二切。候也，察也。又作覗。

○伺，顧野王云：候也。(《一切經音義》卷一)

○伺，顧野王：伺猶候也。(《一切經音義》卷二十)

○伺，《玉篇》曰：伺，候也。《方言》曰：伺，視也。自關而北凡竊相視謂之伺也。(《一切經音義》卷二十三)

○伺，《玉篇》：察也。《釋名》：伺，思也。(《續一切經音義》卷六)

【詞】似茲切。《説文》云：意内而言外也。䛐，籒文。

◎詞，似茲切。意内而言外也。䛐，籒文。

士部第二十二

凡四字

【士】事几切。事也。《傳》曰：通古今、辯不然謂之士。數始於一，終於十。孔子曰：推一合十爲士。

◎士，事凡切。事也。《傳》曰：通古今、辯不然謂之仕。數始於一，終於十。孔子曰：推一合十曰士。

○士，通古今，辯不然謂之士。事几反。《老子》曰：古之善爲士者，微妙玄通。《尚書》曰：囚奴正士。孔安國曰：正士，箕子惟正諫紂惡士也。(《三部經音義集》一)

○士，事也。事几反。(《三部經音義集》三)

●圓沙本“事凡切”當作“事几切”，“仕”當作“士”。

【壻】思計切。《爾雅》云：女子之夫爲壻。或作婿。

◎壻，思計切。女子之夫。或作婿。

【壿】切旬切。《詩》云：壿壿舞我。《爾雅》云：蹲蹲，喜也。或作竴。亦作蹲。

◎壿，七旬切。《詩》云：壿壿舞我。《爾雅》：喜也。或作竴。亦作蹲。

●宋十行本作“七旬切”。

【壯】阻亮切。健也，大也。《詩》云：克壯其猷。

◎壯，阻亮切。健也，大也。

○壯，健。阻亮反。(《三部經音義集》三)

大廣益會玉篇
卷第三

凡一十三部

人部第二十三

凡五百二十一字

【人】而真切。《周書》云：惟人萬物之靈。孔安國曰：天地所生，惟人爲貴。《易》曰：大人者，與天地合其德，與日月合其明，與四時合其序，與鬼神合其吉凶。《禮記》云：人者，五行之端。《太玄經》云：有九人，一爲下人，二爲平人，三爲進人，四爲下禄，五爲中禄，六爲上禄，七爲失志，八爲疾瘀，九爲極。《説文》云：天地之性最貴者也。象臂脛之形。

◎人，而真切。《書》云：惟人萬物之靈。孔曰：天地所生，惟人所貴。

〇人，象臂脛之形，萬物之靈也。而真反。（《三部經音義集》四）

【僮】徒東切。僮幼迷荒者，《詩》云：狂僮之狂也。且《傳》曰：狂行僮昏所化也。《廣雅》云：僮，癡也。今爲童。

◎僮，徒東切。幼迷荒者，《詩》：狂僮之狂也。《廣雅》云：癡也。今爲童。

〇僮，《玉篇》：徒東反。獨也。（《一切經音義》卷二十七）

【仁】而真切。《周禮》曰六德，仁。鄭玄曰：愛人以及物。《左傳》云：不背本，仁也。又曰：參和爲仁。《論語》曰：殺身以成仁。又曰：克己復禮爲仁。孔子曰：人者仁也。鄭玄曰：仁謂施以恩義也。又曰：郊社之義，所以爲仁鬼神也。鄭玄曰：仁猶存也。《白虎通》曰：仁者好生。《説文》云：仁，親也。古文作忎也。

◎仁，而真切。鄭玄曰：愛人以及物。《説文》：仁，親也。古文作忢。

●圓沙本“忢”疑當作“忎”。

【傂】息移切。傂祁，地名。亦作虒。又池爾、直離二切，仳傂，參差也。

◎傂，息移切。傂祁，地名。亦作虒。又池爾切，直離切，仳傂，參差也。

【伓】匹眉切。有力也。《廣雅》云：伓，衆也。

◎伓，匹眉切。有力。又衆也。

【弔】丁叫切。弔生曰唁，弔死曰弔。又音的，至也。

◎弔，丁叫切。弔死。又音的，至也。

【佣】丁叫切。佣儻，不常也。

◎佣，丁叫切。佣儻，不常也。

〇佣儻，顧野王《玉篇》：佣儻，不常也。（《吴下方言考》卷七）

●宋十行本作“不當也”。

【儻】丁盎切。佣儻。又丁堂切。

◎儻，丁盎切。佣儻。又丁堂切。

【候】胡遘切。《説文》曰：伺望也。《周禮》有候人。

◎候，胡遘切。伺望。《周礼》有候人。

【偂】則前切。又音翦。

◎偂，則前切。又音翦。

〇偂，《玉篇》：煎、剪二音。（《龍龕手鏡》卷一）

【仳】芳止切。《説文》云：別也。《詩》曰：有女仳離。又防脂切。

◎仳，芳止切。別也。又防脂切。

【儂】奴冬切。吴人稱我是也。

◎儂，奴冬切。吴人自稱我。

●圓沙本“吴人自稱我”疑有誤。

【侲】式神切。妊身也。

◎侲，式神切。妊身也。

【傑】奇哲切。英傑。《詩》曰：邦之傑兮。傑，特立也。

◎傑，奇哲切。英俊。又特立。

【倕】是推切。重也。黄帝時巧人名也。𠋻，同上。

◎倕，是推切。重也。黄帝時巧。又人名。𠋻，同上。

【保】補道切。《書》曰：明徵定保。保，安也。《説文》：養也。係，《説文》保字。㷛，古文保，亦作呆。

◎保，補道切。安也，養也。係，《説文》保字。㷛，古文保，亦作呆。

【伭】胡田切。佷也。伨，同上。

◎伭，胡田切。佷也。伨，同上。

【企】去智切。《説文》云：舉踵也。《詩》云：如企斯翼。𠆸，古文。

◎企，去智切。舉踵也。𠆸，古文企。

【俊】子峻切。《説文》云：才過于人也。《書》曰：克明俊德。儁，同上。俗作儶。

◎俊，子峻切。才過千人也。儁，同上。俗作雋。

●"才過于人"疑誤。

【仞】如震切。《周書》曰：爲山九仞。孔安國曰：八尺曰仞。鄭玄曰：七尺曰仞。

◎仞，如震切。孔安國曰：八尺曰仞。鄭玄曰：七尺爲仞。

○仞，七尺，或八尺。(《三教指歸注》三 12)

【仕】助理切。《説文》云：學也。《論語》曰：學而優則仕，仕而優則學。

◎仕，助理切。《説文》：學也。《語》曰：學而優則仕。

【俅】渠鳩切。《詩》云：載弁俅俅。《箋》云：恭慎也。

◎俅，渠鳩切。《詩》：載弁俅俅。恭慎皃。

【儒】如俱切。《説文》云：柔也。

◎儒，如俱切。柔也。

【仲】直衆切。《詩》曰：仲氏任只。仲，中也。

◎仲，直衆切。《詩》：仲氏任只。中也。

【伯】博陌切。《説文》云：長也。《曲禮》：五官之長曰伯。謂爲三公者。《周禮》：九命作伯。

◎伯，博陌切。長也。

【佰】莫白切。《説文》云：相十佰也。《漢書·食貨志》云：而有仟佰之得。注云：仟謂千錢，佰謂百錢。

◎佰，莫白切。相于佰也。

●圓沙本"相于佰也"疑當作"相什佰也"。

【偰】相裂切。高辛氏之子爲堯司徒，殷之先也。亦作契。

◎偰，相裂切。人名。亦作契。

【倩】此見切。《詩》云：巧笑倩兮。倩，好口輔也。又七性切，假倩也。

◎倩，此見切。巧倩。七性切，假倩。

○倩，顧野王曰：倩亦假也。(《一切經音義》卷三十三)

【伊】於脂切。《爾雅》曰：伊，維也。注謂：發語辭也。𠌶，古文。

◎伊，於脂切。《尔雅》：伊，維也。注：發語辭。𠌶，古文。

【伀】職容切。《方言》曰：㵎沭或謂之征伀也。

◎伀，職容切。征伀，懼也。

○征伀，《玉篇》云：《方言》㵎沭或謂之征伀也。(《方言疏證》卷十)

【征】之成切。《廣雅》云：征伀，懼也。

◎征，之成切。上同。

【儇】呼緣切。《詩》云：揖我謂我儇兮。儇，利也。又慧也。

◎儇，呼緣切。利也。又慧也。

【侅】胡改、姑來二切。奇侅，非常也。

◎侅，胡改、姑來二切。奇侅，非常。

【倓】徒甘切。靜也，恬也。《説文》：安也。㑣，《説文》同上。

◎倓，徒甘切。静也，恬也。《説文》：安也。㑣，同上。

【偞】與攝切。《楚辭》云：衣攝偞以儲與兮。攝偞，不舒展皃。偞，《字書》偞字。

◎偞，與攝切。攝偞，不舒展皃。偞，《字書》偞字。

【份】彼陳切。《説文》云：文質備也。《論語》云：文質份份。亦作彬。

◎份，彼陳切。文質備也。亦作彬。

【僚】旅條切。《書》曰：百僚師師。僚，官也。又同官曰僚也。
◎僚，旅條切。官也。同官曰僚。
○僚，《玉篇》云：第九品人也。(《一切經音義》卷二)
○僚，顧野王：第九品人也。(《一切經音義》卷七十七)
【佖】皮筆、頻必二切。佖，威儀也。
◎佖，皮筆切，頻必切。威儀也。
【仜】胡東切。大腹也。
◎仜，胡東切。大腹也。
【僝】士簡切。《虞書》曰：共工方鳩僝功。僝，見也。又具也。
◎僝，士簡切。見也。又具也。
【儠】理攝切。《説文》云：長壯儠儠也。
◎儠，理攝切。長壯皃。
【儦】彼鶉切。《詩》云：朱幩儦儦。盛貌也。
◎儦，彼鶉切。《詩》：朱幩儦儦。盛皃。
【儺】奴何切。《説文》云：行有節也。《詩》云：佩玉之儺。又奴可切。
◎儺，奴何、奴可二切。行有節也。
【僓】他罪切。長好皃。又嫺也。又胡對切。
◎僓，他罪切。長好皃。又胡對切。
【佶】其吉切。正也。《詩》云：既佶且閑。
◎佶，其吉切。正也。《詩》：既佶且閑。
【倭】於爲切。《説文》云：順皃。《詩》云：周道倭遲。又烏禾切，國名。
◎倭，於爲切。順皃。烏禾切，國名。
○倭，於爲反。(《釋日本紀》一8)
【俁】牛矩切。大也。《詩》云：碩人俁俁。容皃大也。
◎俁，牛矩切。太也。《詩》：碩人俁俁。容皃大也。
●圓沙本“太也”當作“大也”。
【健】渠建切。《易》曰：乾，健也。天行健，君子以自强不息。
◎健，渠建切。自强不息。
○健，自强不息也。渠建反。(《三部經音義集》二)
【俟】牀史切。《詩》云：儦儦俟俟。獸趨行貌。又候也。又音祈，虜複姓，万俟氏。
◎俟，牀史切。《詩》：儦儦俟俟。獸趨行貌。又候也。又音祈，虜複姓，万俟氏。
【倞】渠向、渠命二切。强也。傹，同上。
◎倞，渠向、渠命二切。强也。傹，同上。
○傹，渠命反。《毛傳》：傹，强也。(《醫心方》寫本)
○倞，《玉篇》又音亮，信也。(《龍龕手鏡》卷一)
●傹同倞。
【傲】五到切。《書》云：瞽子，父頑，母嚚，象傲。傲慢，不友也。
◎傲，五到切。《書》：母嚚，象傲。慢，不友也。
【仡】語訖切。《説文》曰：勇壯也。《書》云：仡仡勇夫。
◎仡，語訖切。勇壯皃。《書》：仡仡勇夫。
【儼】宜檢切。《詩》云：碩大且儼。儼，矜莊皃。
◎儼，宜檢切。矜莊皃。《詩》：碩大且儼。
【俚】良子切。賴也。《説文》云：聊也。
◎俚，良子切。賴也。聊也。
【俺】於劒切。《説文》云：大也。
◎俺，於劒切。大也。
【侚】詞俊切。疾也。㑑，《字書》侚字。
◎侚，詞俊切。疾也。㑑，《字書》侚字。
【伴】蒲滿切。侣也。又蒲旦切。《詩》云：無然伴換。伴換猶跋扈也。
◎伴，蒲滿切。侣也。又蒲旦切。《詩》：無然伴換。猶跋扈也。
【佳】革崖切。《説文》云：善也。《楚辭》云：妬佳冶之芬芳兮。
◎佳，革崖切。善也。
【僴】下板切。武皃。《詩》云：瑟兮僴兮。僴，寬大也。又音簡。
◎僴，下板切。寬大。又音簡。
【倬】知角切。明也，大也。
◎倬，知角切。明也，大也。
【偲】士才切。《詩》云：其人美且偲。偲，才也。
◎偲，七才切。《詩》：其人美且偲。才。
●宋十行本作“七才切”。

【侹】他頂切。正直皃。《説文》云：長皃。一曰箸地。一曰代也。
◎侹，他頂切。正直皃。《説文》：長皃。一曰著地。一曰代也。
【僗】力告切。伴僗也。
◎僗，力告切。伴僗也。
【傓】舒繕切。《詩》云：豔妻傓方處。傓，熾也。
◎傓，舒繕切。熾也。《詩》：豔妻傓方處。
【儆】羈影切。戒也。《虞書》云：降水儆予。
◎儆，羈影切。戒也。《書》：降水儆予。
【俶】尺竹切。厚也，始也。《詩》云：令終有俶。
◎俶，尺竹切。厚也，始也。《書》：令終有俶。
●"令終有俶"出《詩·大雅·既醉》。圓沙本誤。
【傭】恥恭切。均也，直也。《詩》曰：昊天不傭。又音庸，傭賃也。
◎傭，恥恭切。均也，直也。《詩》：昊天不傭。又音庸，賃也。
○傭，役力受直也，傭賃也。(《三教指歸注》二9)
○傭，《玉篇》曰：傭謂役力受直也。《穀梁傳》曰：作爲也。(《一切經音義》卷二十三)
○傭，顧野王云：役力受直者傭。(《一切經音義》卷八十九)
【僾】乙賚切。《詩》云：亦孔之僾。僾，唈也。
◎僾，乙賚切。唈也。《詩》：亦孔之僾。
○僾，隱也。(《吉光韻書》)
【仿】芳往切。仿佛，相似也。俩，籀文。
◎仿，方往切。仿佛，相似也。俩，籀文。
【佛】孚勿切。仿佛也。又符弗切。又音弼。
◎佛，孚勿切。仿佛。又音勿，音弼。
【偲】桑截切。小聲也。偭，《字書》同上。
◎偲，桑截切。小声也。偭，《字書》同上。
【僟】居希切。精詳也。《月令》云：數將僟終也。
◎僟，居希切。精詳也。

【供】居庸切。祭也，設也，具也。又居用切。
◎供，居庸切。祭也，設也，具也。又居用切。
【偫】直理切。待也。亦與庤同。儲也，具也。
◎偫，直理切。待也。亦與庤同。儲也，具也。
【儲】直於切。偫也。又儲副。
◎儲，直於切。偫也。又儲副也。
【備】皮祕切。預也。俻，同上，俗。㑗，古文。
◎備，皮祕切。預也。俻，同上，俗。㑗，古文。
○備，顧野王云：備，防也。(《一切經音義》卷六)
○備，顧野王曰：備謂預早爲之也。(《一切經音義》卷二十三)
【偓】於岳切。偓促，拘之見。
◎偓，於岳切。偓促，拘之皃。
●底本"見"疑當作"皃"。
【佺】且泉切。偓佺，仙人食松子而眼方。
◎佺，且泉切。偓佺，仙人。
【儐】卑刃切。出接賓曰儐。《説文》云：導也。
◎儐，卑刃切。出接賔曰儐。《説文》云：導也。
○儐，導也，出接賓曰儐，入贊禮曰相。又儐，進也，陳也。前導爲儐，後隨爲從。亦作擯字，同也。(《法華釋文》中)
○儐，《玉篇》：遵也，出接賓入贊禮曰相。又儐進之陳也。(《一切經音義》卷二十七)
【偒】尺涉切。心服也，畏也。
◎偒，尺涉切。心服也，畏也。
【仢】扶握切。《爾雅》曰：奔星爲仢約。即流星也。《説文》音狄，約也。
◎仢，扶握切。流星。亦音狄。
【儕】仕皆切。類也。
◎儕，仕皆切。類也。
【侔】莫侯切。齊等也。
◎侔，莫侯切。齊等也。

【倫】力遵切。《説文》云：輩也。一曰道也。《書》曰：無相奪倫。
◎倫，力遵切。輩也。一曰道也。《書》：無相奪倫。
〇倫，《玉篇》曰：倫，類也。（《一切經音義》卷二十一）
【偕】居骸切。《詩》云：與子偕老。偕，俱也。
◎偕，居骸切。俱也。《詩》：與子偕老。
【侙】恥力切。《國語》曰：於其心侙然。侙猶惕也。
◎侙，恥力切。惕也。《國語》：於其心侙然。
【併】補郢、必姓二切。羅列也。《説文》云：竝也。
◎併，補郢、必性二切。羅列也。
【俱】矩俞切。皆也。
◎俱，矩俞切。皆也。
【儹】子管切。最也。
◎儹，子管切。最也。
【傅】方務切。太傅、太保，相天子也。
◎傅，方務切。太傅，相天子也。
〇傅，顧野王云：傅，附也，相附近也。（《一切經音義》卷十三）
〇傅，《玉篇》曰：傅猶於附，如以脂粉塗附於面，益乎姿質也。（《一切經音義》卷二十三）
【俌】芳輔切。輔也。
◎俌，方輔切。輔也。
【佮】公荅切。合取也。
◎佮，公荅切。合取也。
【依】於祈切。怙也，助也。《説文》云：倚也。
◎依，於祈切。助也，倚也。
〇依，《玉篇》云：倚也。（《續一切經音義》卷一）
【佽】且利切。《詩》云：决拾既佽。佽，利也。
◎佽，且利切。利也。《詩》：决拾既佽。
【倚】於擬切。依倚也。
◎倚，於擬切。依倚也。
【佴】如志切。貳也，佽也。
◎佴，如志切。貳也，佽也。
【仍】如陵切。就也。
◎仍，如淩切。就也。
【侍】時至切。《説文》云：承也。
◎侍，時至切。承也。
【倢】才獵切。《詩》云：征夫倢倢。倢倢，樂事也。本亦作捷。又音接，倢伃也。
◎倢，才獵切。樂事。又音接。
〇倢，顧野王云：謂口舌聲利往來貌也。（《一切經音義》卷四十四）
【伃】與居切。武帝制倢伃，婦官也。亦作婕妤也。
◎伃，與居切。倢伃，婦官。
【傾】口營切。《説文》云：仄也。
◎傾，口營切。側也。
〇傾，顧野王云：伭邪也。（《一切經音義》卷六十）
【側】莊色切。傍也。
◎側，莊色切。傍也。
【侒】烏蘭切。《説文》云：宴也。
◎侒，烏蘭切。宴也。
【侐】許域切。《詩》云：閟宫有侐。侐，清淨也。或作閾。
◎侐，許或切。清淨也。《詩》：閟宫有侐。或作閾。
●圓沙本“許或切”當作“許域切”。
【俜】普丁切。使也。
◎俜，普丁切。使也。
【俠】胡頰切。《漢書》云：季布爲任俠有名。注云：同事非爲俠。又謂任使其氣力，俠之言挾也，以權力俠輔人也。
◎俠，胡頰切。仕俠，以權力俠輔人也。
【侁】所臻切。往來侁侁，行聲。《詩》云侁侁征夫也。
◎侁，所臻切。行聲。又征夫也。
【儃】達安、達亶、達案三切。疾也，何也。
◎儃，達安、達亶二切。疾也，何也。
【仰】魚掌切。《易》曰：仰則觀乎天文。反首望也。
◎仰，魚掌切。向上也。

【侳】子過切。《説文》云：安也。
◎侳，子過切。安也。
【儽】力罪切。《説文》云：垂皃。一曰嬾懈。又力追切。《家語》云：儽儽若喪家之狗。羸病皃。傫，同上。
◎儽，力罪切。垂皃。力追切，病也。傫，同上。
【侸】時注切。《説文》作佰，立也。今作樹。
◎侸，時注切。《説文》作佰，立也。今作樹。
【偁】齒繩切。《左氏傳》云：禹偁善人。與稱同。
◎偁，齒繩切。与稱同。
【付】方務切。《書》云：皇天既付。付，與也。
◎付，方務切。《書》：皇天既付。与也。
【佸】古闊切。《詩》曰：曷其有佸。佸，會也。
◎佸，古闊切。《詩》：曷其有佸。會也。
【傆】牛萬切。黠也。
◎傆，牛萬切。黠也。
【微】武非切。《書》云：虞舜側微。微，賤也。
◎微，武非切。賤也。
【作】子各切。《説文》云：起也。《周禮》曰：作六軍之士執披。作謂使之也。
◎作，子各切。起也。造也。
【假】居馬切。《書》曰：假手于我有命。假，借也。又非真也，至也。又音格。
◎假，居馬切。借也。又非真也。又音格，至也。
【侵】千金切。漸進也。《穀梁傳》曰：五穀不升謂之大侵。侵，傷也。
◎侵，千金切。漸進也。傷也。
【償】市亮切。《左氏傳》曰：西鄰責言，不可償也。償，報也。
◎償，市亮切。報也。
【儥】餘祝切。《周禮》：司市以量度成賈而徵儥。儥，買也。
◎儥，餘祝切。買也。
【儀】語奇切。《説文》云：度也。《易》曰：太極生兩儀。
◎儀，語奇切。度也。
○儀，顧野王云：二儀謂天地也，法象也。（《一切經音義》卷一）
【代】達賚切。《説文》云：更也。《書》曰：天工人其代之。
◎代，達賚切。更也。《書》：天工人其代之。
【傍】蒲當切。近也。
◎傍，蒲當切。近也。
【侯】瞿龜切。左右視也。
◎侯，瞿龜切。左右視也。
【偈】近烈切。武皃。《詩》曰：伯兮偈兮。又其例切，偈句也。
◎偈，近烈切。武皃。《詩》：伯兮偈兮。又其例切，偈句。
【俔】苦見切。《詩》曰：俔天之妹。俔，磬也。
◎俔，苦見切。磬也。《詩》：俔天之妹。
【侶】力莒切。《聲類》云：伴侶也。
◎侶，力莒切。伴侶也。
【便】婢仙切。《爾雅》曰：便便，辯也。《書傳》曰：便辟，足恭也。又毗線切。
◎便，婢仙切。《尔雅》：便便，辯也。《書傳》：便辟，足恭也。又毗線切。
○便，大小便也。（《法華釋文》中）
【偆】尺尹切。《説文》云：富也。
◎偆，尺尹切。富也。
【任】耳斟切。《説文》云：保也。《爾雅》曰：佞也。又汝鴆切，委任也。
◎任，耳斟切。《説文》：保也。《尔雅》：佞也。又汝鴆切，委任也。
【什】時立切。什物也。又篇什也。
◎什，時立切。什物。又篇什。
【優】郁牛切。《説文》云：饒也。一曰倡也。《左氏傳》云：鮑氏之圉人爲優。優，俳也。
◎優，郁牛切。倡也，俳也。
○優，顧野王曰：樂人所爲戲笑以自悦也。（《一切經音義》卷四）

〇優，顧野王云：優者樂人所爲戲笑以自怡悦也。(《一切經音義》卷四十一)

〇優，顧野王云：優，樂人所爲戲笑。杜注《左傳》云：調戲也。《蒼頡篇》云：優亦樂也。(《續一切經音義》卷一)

【僖】虛其切。樂也。

◎僖，虛其切。樂也。

【儉】渠儼切。《説文》云：約也。

◎儉，渠儼切。約也。

〇儉，渠儼反。《尚書》：恭儉惟德。野王案：儉，約也，不奢之稱也。《論語》曰禮與其奢也甯儉是也。《國語》曰：器无彫鏤，儉也。《廣雅》：儉，小也。(《帝範》下)

〇儉，野王案：儉，約也，不奢之稱也。《論語》曰：禮，與其奢也，寧儉也。(《帝範注》下1)

〇儉，顧野王曰：儉，約也。(《一切經音義》卷三)

【价】居薤切。《詩》曰：价人維藩。价，善也。僃，同上。

◎价，居薤切。善也。《詩》：价人維藩。僃，同上。

【俗】似足切。習安也。《周禮》十有二教，六曰以俗教則民不偷也。

◎俗，似足切。習安也。風俗也。

【仔】則之切。《詩》曰：佛時仔肩。仔肩，克也。

◎仔，則之切。《詩》：佛時仔肩。克也。

【偭】綿徧切。《漢書》：偭㲋獺以隱處。偭，面背也。

◎偭，綿徧切。面背也。

【億】於力切。安也。

◎億，於力切。安也。

【俆】詞余切。緩也。

◎俆，詞余切。緩也。

【倂】餘證切。送也。吕不韋曰：有侁氏以伊尹倂女。與媵同。

◎倂，余證切。送也。与媵同。

【使】所里切。令也。《書》曰：后非民罔使。又踈事切。

◎使，所里切。令也。又去聲。

【伶】來丁切。使也。《説文》云：弄也。益州有建伶縣。

◎伶，來丁切。使也，弄也。

【俾】必弭切。《書》曰：有能俾乂。俾，使也。

◎俾，必弭切。使也。《書》：有能俾乂。

【傳】儲攣、儲戀二切。《周禮·訓方氏》誦四方之傳道。傳道，世世傳説往古之事也。

◎傳，儲攣、儲戀二切。授也。

【偋】步定切。僻也。

◎偋，步定切。僻也。

【倌】古宦、古丸二切。《説文》云：小臣也。《詩》曰：命彼倌人。

◎倌，古宦、古丸二切。小臣也。《詩》：命彼倌人。

【伸】舒鄰切。舒也。《易》曰：尺蠖之屈，以求伸也。

◎伸，舒鄰切。舒也。《易》：尺蠖之屈，以求伸也。

〇伸，顧野王云：伸者，不屈之稱也。(《一切經音義》卷九十八)

【僭】子念切。《説文》云：儗也。《書》曰：天命不僭。

◎僭，子念切。儗也。《書》：天命不僭。

【伹】七閭、祥閭二切。拙也。《廣雅》云：鈍也。

◎伹，七閭、祥閭二切。拙也。

【僑】式善、如善二切。《説文》云：意膬也。一曰意急而懼也。一曰戇也。

◎僑，式善、如善二切。意急懼也。

【偄】而巒、乃亂二切。弱也。

◎偄，而巒、乃乱二切。弱也。

【傿】於建切。引爲價也。

◎傿，於建切。引爲價也。

〇傿，《玉篇》又於靳反，依也。(《龍龕手鏡》卷一)

【儔】直流切。侶也。又大到切，翳隱蔽也。

◎儔，直流切。侣也。大到切，蔽也。

〇儔，《玉篇》曰：儔，類也。(《一切經音義》卷二十二)

【倍】步乃切。《易》曰：近市利三倍。倍謂一两之也。
◎倍，步乃切。《易》：近市利三倍。謂一而两之也。
○倍，以一生兩也。（《法華釋文》上）
○倍，顧野王曰：倍謂一生二也。（《一切經音義》卷三十三）
●底本疑脱“而”字。
【俴】才見切。《詩》云：小戎俴収。俴，淺也。
◎俴，才見切。淺也。《詩》：小戎俴収。
【儚】呼肱切。恨也，迷惛也。
◎儚，呼肱切。恨也，迷惛也。
【侊】公黄、公横二切。《國語》云：侊飯不及壺飧。注云：侊，大也，大飯謂盛饌。
◎侊，公黄、公横二切。大也。
【倀】敕良切。失道皃。又狂也。《禮記》曰：治國而無禮，譬猶瞽之無相與，倀倀乎其何之。
◎倀，敕良切。失道皃。又狂也。
【偏】匹研切。鄙也。《書》曰：無偏無頗。偏，不平也。
◎偏，匹研切。鄙也，不平也。《書》：無偏無黨。
【佃】同年、同見二切。作田也。《説文》曰：中也。《左氏傳》曰：乘中佃一轅車。
◎佃，同年、同見二切。作田也。
【儗】御理切。僭也。
◎儗，御理切。僭也。
【侜】張牛切。《詩》曰：誰侜予美。《爾雅》曰：侜張，誑也。
◎侜，張牛切。張，狂也。
【倜】他激切。倜儻也。司馬相如《封禪書》云：倜儻，窮變也。
◎倜，他激切。倜儻，窮變也。
○倜儻，顧野王云：倜儻猶出群也。（《一切經音義》卷八十九）
【僻】匹亦切。《詩》云：民之多僻。僻，邪也。
◎僻，匹亦切。邪也。《詩》：民之多僻。
○僻，顧野王：僻者，謂邪枉不中理也。（《一切經音義》卷四十七）
○僻，顧野王云：僻謂爲事枉不中理也。（《一切經音義》卷八十九）
【佌】息紫切。《説文》云：小皃。《詩》曰：佌佌彼有屋。本亦作仳。音此。
◎佌，息紫切。小皃。《詩》：佌佌彼有屋。本亦作仳。音此。
【侈】昌是、式是二切。《書》曰：禄弗期侈。侈，泰也。
◎侈，昌是、式是二切。泰也。
【伎】之豉切。《説文》云：與也。《詩》云：鞠人伎忒。又渠紀切。
◎伎，之豉切。與也。《詩》：鞠人伎忒。又渠紀切。
【傲】丈吏切。會物也。《方言》云：傲，會也。
◎傲，丈吏切。會物也。
○傲，《玉篇》引《方言》：傲，會也。（《方言疏證》卷一）
【佁】丑利、夷在二切。癡皃。
◎佁，丑利、夷在二切。癡皃。
【伿】弋豉切。《説文》云：惰也。
◎伿，弋豉切。惰也。
【傜】蘇刀切。驕也。
◎傜，蘇刀切。驕也。
【僞】魚貴切。詐也。
◎僞，魚貴切。詐也。
【倪】魚雞、吾禮二切。《莊子》云：和之以天倪。倪，自然之分也。
◎倪，魚雞、吾礼二切。自然之分也。《莊子》：和之以天倪。
【伍】吴魯切。行伍。《説文》曰：相參伍也。
◎伍，吴魯切。行伍。《説文》：相參伍。
【仵】吴古切。偶敵也。
◎仵，奚古切。偶敵也。
【佝】公豆切。《楚辭》云：直佝愗以自苦。亦作怐。
◎佝，公豆切。《楚辭》：直佝愗以自苦。亦作怐。
【倡】齒羊切。《説文》云：樂也。又音唱。

《禮》曰：一倡而三歎。
◎倡，齒年切。樂也。又音唱。《禮》：一倡而三歎。
○倡，婬也。音齒揚反。（《遊仙窟抄》二10）
○倡，《玉篇》云：俳優戲笑也。（《一切經音義》卷二十五）
●圓沙本“齒年切”當作“齒羊切”。
【俳】皮皆切。《漢書》曰：詼笑類俳倡。俳，雜戲也。
◎俳，皮皆切。雜戲也。《漢書》：談笑類俳倡。
●圓沙本“談笑”當作“詼笑”。
【倔】其虐切。傲倔，受屈也。
◎倔，其虐切。傲倔，受屈也。
【佻】敕聊切。《詩》云：視民不佻。佻，偷也。
◎佻，敕聊切。偷也。《詩》：視民不佻。
【儳】仕咸切。《説文》云：儳互，不齊也。又仕鑒切。
◎儳，仕咸切。《説文》：儳互，不齊也。又仕鑒切。
【僐】時演切。作姿也。
◎僐，時演切。作姿也。
【傜】余招切。傜，役也。傜，同上。
◎傜，余招切。役也。傜，同上。
【俄】我多切。俄傾，須臾也。
◎俄，我多切。俄傾，須臾也。
【僛】丘其切。醉舞皃。《詩》云：屢舞僛僛。
◎僛，丘其切。醉舞皃。《詩》：屢舞僛僛。
【侮】亡甫切。侮，慢也。㑄，古文。
◎侮，亡甫切。慢也。㑄，古文侮。
【傷】舒揚切。《説文》云：創也。《爾雅》曰：傷，憂思也。
◎傷，舒揚切。創也。《爾雅》：憂思也。
【㑆】呼皆切。解也，訟也。
◎㑆，呼皆切。解也，訟也。
【㑊】秦栗切。《廣雅》云：賊也。
◎㑊，秦栗切。賊也。
【傷】以豉切。輕也。
◎傷，以豉切。輕也。
【僄】匹妙切。《説文》云：輕也。又僄狡，輕迅也。
◎僄，匹妙切。輕也。又僄狡，輕迅也。
【傞】思何、古何二切。舞不止皃。《詩》云：屢舞傞傞也。
◎傞，思何、七何二切。舞不止皃。《詩》：屢舞傞傞。
【僨】甫運切。僵也。
◎僨，甫運切。僵也。
【僵】舉良切。《莊子》：推而僵之。説僵也。
◎僵，舉良切。僨也。《莊子》：推而僵之。
●底本“説僵”疑有誤。
【偃】乙蹇切。《論語》云：草上之風必偃。偃，仆也。
◎偃，乙蹇切。仆也。《語》：草上之風必偃。
【仆】芳遇切。傾倒皃。
◎仆，方遇切。傾倒皃。
【侑】下交切。刺也。一曰痛聲。
◎侑，下交切。刺也。又痛声。
【俑】餘種切。《禮記》曰：孔子謂爲俑者不仁。俑，偶人也。《説文》又他紅切，痛也。
◎俑，于種切。偶人。他紅切，痛也。
【係】何計切。《爾雅》曰：繼也。又音計。
◎係，何計切。継也。又音計。
【伏】扶腹切。匿也。《易》曰：坎爲隱伏。
◎伏，扶腹切。匿也。《易》：坎爲隱伏。
【促】且足切。速也，迫也。
◎促，且足切。速也，迫也。
○促，速也，迫也。音足。（《三部經音義集》二）
【催】且回切。迫也，相擣也。
◎催，且回切。迫也，相擣也。
【伐】扶厥切。征伐。又自矜曰伐。《書》曰：汝惟弗伐。
◎伐，扶厥切。征伐。又矜伐。《書》曰：汝惟弗伐。
【仇】渠牛切。《書》曰：萬姓仇予。仇，怨也。
◎仇，渠牛切。怨也。《書》：萬姓仇予。

【俘】芳符切。《説文》云：軍所獲也。《左氏傳》曰：以爲俘馘。
◎俘，方符切。軍所獲也。《左傳》：以爲俘馘。
○俘，顧野王云：俘虜，所謂取人馘也。（《一切經音義》卷六十）
【傴】郁禹切。《説文》云：僂也。《左氏傳》曰：再命而傴。
◎傴，郁禹切。僂也。《左傳》：再命而傴。
○傴，顧野王云：傴身愈曲，恭益加也。（《一切經音義》卷二十四）
○傴，《玉篇》：身曲恭也。（《一切經音義》卷六十一）
○傴，《玉篇》：尩也。（《續一切經音義》卷六）
【伕】乙小切。《字書》曰：尪也。
◎伕，乙小切。尪也。
【儡】力回切。相敗也。
◎儡，力回切。相敗也。
【僇】力救、居幼二切。《説文》云：癡行僇僇。一曰且也。
◎僇，力救、居幼二切。癡行皃。
【偺】公勞、渠久二切。毁也。
◎偺，公勞、渠久二切。毁也。
【倠】許維切。《淮南》曰：嫫母仳倠。《説文》：仳倠，醜面也。
◎倠，許維切。《淮南子》：嫫母仳倠。醜面也。
【傛】與恭切。《漢書》：傛華，婦官名。又音勇，不安也。
◎傛，與蚕切。《左傳》：再命而傴。又音勇，不安也。
●宋十行本作“與蚕切”。
【僔】子損切。《説文》云：聚也。《詩》云：僔沓背憎。
◎僔，子損切。聚也。《詩》：僔沓背憎。
【侂】恥各切。侂，寄也。《論語》云：可以侂六尺之孤。
◎侂，恥各切。寄也。亦作託。
【倦】渠眷切。猒也。《説文》云：罷也。《書》曰：耄期倦于勤。
◎倦，渠眷切。猒也。《説文》：罷也。
○倦，《玉篇》：倦，止也。（《一切經音義》卷四）
○倦，《玉篇》：懈也，絢也，極也，止也。（《一切經音義》卷二十七）
○倦，顧野王云：亦疲也。（《一切經音義》卷四十四）
○倦，《玉篇》：懈也。（《續一切經音義》卷九）
【僂】力矩切。《説文》云：尪也。周公韈僂，或言背僂也。
◎僂，力矩切。尪也。
○僂，力主反。尪也，僂傴疾也。（《三部經音義集》二）
○僂，《玉篇》：曲行也。（《續一切經音義》卷九）
【僧】子牢切，又祀牢切。終也。
◎僧，子牢、祀牛二切。終也。
●圓沙本“祀牛”疑誤。
【像】似兩切。《説文》云：象也。
◎像，似兩切。象也。
【偶】吾苟切。《爾雅》曰：合也。《説文》云：桐人也。
◎偶，吾苟切。合也，桐人也。
○偶，耦對之耦從耒，偶尒之偶從立人也。（《八十卷音義私記》下）
○偶，野王案：凡刻削物爲人像皆曰偶人。（《倭名抄》五 16）
○偶，《玉篇》曰：偶謂不奇隻也。賈注《國語》曰：偶，對也。（《一切經音義》卷二十三）
○偶，《玉篇》又雙生也。引《文字音義》云：江東呼畜雙産謂之健。（《方言箋疏》卷二）
【僊】司連切。《説文》曰：長生僊去也。《莊子》曰：千歲猒世，去而上僊。僲，《説文》僊。仙，《聲類》云：今僊字。
◎僊，司連切。長生僊去也。僲，《説文》僊字。仙，《聲類》云：今僊。
【佋】時昭切。《説文》云：廟佋穆。父爲佋，南面；子爲穆，北面。

◎佋，時昭切。佋穆也。

【傲】丁退切。市也。

◎傲，丁退切。市也。

【伋】居及切。孔鯉子名伋，字子思。

◎伋，居及切。子思名。

【佼】古爻切。交也。又音絞。

◎佼，古爻切。交也。又音絞。

【佩】蒲對切。大帶佩也。

◎佩，蒲對切。大帶佩也。

○佩，蒲賚反。《説文》：玉佩也。所以象德也。《字書》或爲佩［珮］字在《玉部》。（《新撰字鏡》六 33）

【傪】七感切。《説文》云：好皃。又倉含切。

◎傪，七感切。好皃。又倉含切。

【倱】五昆切。姓也。

◎倱，五昆切。姓也。

【侗】吐公、敕動二切。《論語》曰：侗而不愿。侗謂未成器之人。

◎侗，吐公、敕動二切。《語》曰：侗而不愿。謂未成器之人。

○侗，音通。又敕動反。《玉篇》音同。（《經典釋文》卷二十四）

【伉】去浪切。《左氏傳》云：已不能庇其伉儷。伉，敵也。

◎伉，去浪切。敵也。

○伉，顧野王云：伉，敵偶也。（《一切經音義》卷六十六）

○伉儷，顧野王云：不能庇其伉儷是也。（《續一切經音義》卷九）

【儷】吕詣切。偶也。㒧，《字書》上同。

◎儷，吕詣切。偶也。㒧，《字書》同上。

○儷，《玉篇》云：《字書》㒧與儷同。（《方言箋疏》卷三）

【僑】渠消切。高也。

◎僑，渠消切。高也。

【僎】士卷切。具也。又將倫切。

◎僎，士卷切。具也。又音遵。

【傀】古回切。《周禮》曰：大傀烖。注云：傀猶怪也。傀，《聲類》傀字。

◎傀，古回切。《周礼》：大傀烖。注：猶怪也。傀，《聲類》傀字。

○傀，《玉篇》云：傀，《聲類》傀字。（《方言疏證》卷二）

【儋】丁談切。任也，何也。

◎儋，丁談切。任也，何也。

【僤】大旦切。《説文》云：疾也。《周禮》曰：句兵欲無僤。

◎僤，大旦切。疾也。

【何】胡可切。克負也。又乎哥切，辭也。

◎何，胡可切。克負。乎哥切，辭也。

【佗】達何切。《説文》云：負何也。凡以驢馬載物謂之負佗。

◎佗，達何切。負何也。

【他】吐何切。誰也。本亦作佗。

◎他，吐何切。誰也。亦作佗。

【侲侵】二同。符歷切。古文辟。

◎侲，符歷切。古文辟字。侵，同上。

【佚】余一切。《書》曰：無教佚欲有邦。佚，豫也。

◎佚，余一切。豫也。《書》：無教佚欲有邦。

【值】除利切。《詩》云：值其鷺羽。值，持也。

◎值，除利切。持也。《詩》：值其鷺羽。

○值，顧野王云：當值之值也。（《一切經音義》卷四十）

【侹】渠往切。《楚辭》曰：魂侹侹而南征兮。侹侹，遑遽皃。

◎侹，渠往切。遑遽皃。《楚辭》：利侹侹而南征兮。

○侹，《玉篇》又渠徃反，枉也。（《龍龕手鏡》卷一）

●圓沙本“利”當作“魂”。

【僆】里翦、力見二切。雞鴨成僆。《文字音義》云：江東呼畜雙産謂之僆。

◎僆，里翦、力見二切。畜雙産也。

○僆，《玉篇》：僆，雞鴨成僆。又引《文字音義》云：江東呼畜雙産謂之僆。（《方言箋疏》卷三）

【佾】餘質切。《論語》曰：八佾舞於庭。佾，列也。

◎佾，余質切。列也。《語》：八佾舞於庭。

【莅】力致切。《詩》云：方叔莅止。莅，臨也。

◎莅，力致切。臨也。《詩》：方叔莅止。

【佇】除吕切。《詩》云：佇立以泣。佇，久也。

◎佇，除吕切。久也。《詩》：佇立以泣。

【侑】禹救切。《周禮》曰：王以樂侑食。侑，勸也。

◎侑，禹救切。勸也。《周禮》曰：王以樂侑食。

【儴】爾羊、先羊二切。因也。

◎儴，尔羊、先羊二切。因也。

【偪】鄙力切。迫也。與逼同。

◎偪，鄙力切。迫也。與逼同。

【佪】胡雷切。佪佪，惽也。

◎佪，胡雷切。佪佪，昏皃。

○佪，《玉篇》云：佪佪，惽也。（《重修廣韻》卷一）

【傖】仕衡切。《晉陽秋》云：吴人謂中國人爲傖。

◎傖，仕衡切。吴謂中國人爲傖。

【僇】力庖切。盛也。

◎僇，力庖切。盛也。

【儓】達該切。輿儓也。《左氏傳》云：僕臣儓。

◎儓，達該切。《左傳》：僕臣儓。

○儓，《玉篇》：儓，輿儓也。（《方言箋疏》卷三）

【能】他代切。意恣從也。《説文》云：意也。與態同。

◎能，他代切。意恣。与態同。

【佩】扶形、孚劍二切。《方言》云：佩，輕也。

◎佩，扶形、孚劍二切。輕也。

○佩，《玉篇》引《方言》：佩，輕也。（《方言疏證》卷十）

【倸】渠凶切。《方言》云：倸倯，罵也。燕之北郊曰倸倯。謂形小可憎之皃。

◎倸，渠凶切。倸倯，罵也。

○倸倯，罵也。燕之北郊曰倸倯。《玉篇》全引《方言》此條文，竝同。又云：謂形小可憎之貌。（《方言疏證》卷七）

【倯】蘇容切。《方言》云：庸謂之倯，轉語也。

◎倯，蘇容切。庸謂之倯，轉語也。

○倯，庸謂之倯，轉語也。《玉篇》引《方言》此條文竝同。（《方言疏證》卷三）

【伆】武粉、武弗二切。離也。《博雅》云：斷也。

◎伆，武粉、武弗二切。離也。

【倢】他達切。《方言》云：逃也，叛也。

◎倢，他達切。逃也，叛也。

○倢，《玉篇》引《方言》：倢，逃也。（《方言疏證》卷十三）

【侼】蒲没切。侼，强也。一曰佷也。

◎侼，蒲没切。侼，强也，佷也。

【傃】桑故切。向也。孔子曰：傃隱行怪。

◎傃，桑故切。向也。孔子曰：傃隱行怪。

【偩】扶九切。像也。

◎偩，扶九切。像也。

【侀】音刑。《禮記》曰：刑者，侀也；侀者，成也。一成而不可變。

◎侀，音刑。《記》：侀者，成也。成不可變。

【偎】烏回切。愛也。又北海之隈有國曰偎人。

◎偎，烏回切。愛也。

【倅】倉憒切。《周禮》：戎僕掌王倅車之政，正其服。倅，副也。

◎倅，倉憒切。副也。

【價】古訝切。價，數也。

◎價，古訝切。價，數也。

○價，買物所堪之數也。（《法華釋文》上）

【俛】無辯切。俯，俛也。《説文》音俯，低頭也。亦作頫。

◎俛，無辯切。低頭。亦作頫。

●俛同俯。

【俯】弗武切。《易》曰：俯以察於地理。俯謂下首也。

◎俯，弗武切。下首也。

○俯，顧野王曰：俯謂下首也。（《一切經音義》卷八）

【仂】六翼切。勤也。又音勒。

◎仂，六翼切。勤也。又音勒。

【傁】思口切。老也。與叟同。俊，《説文》傁。

◎傁，思口切。老也。與叟同。俊，《説文》傁。

【倇】於阮切。勸也。

◎倇，於阮切。勸也。

【借】子亦切。假借也。又子夜切。

◎借，子夜切。假也。又子亦切。

【倰】力曾切。長也。

◎倰，力僧切。長也。

【傺】敕厲、子例二切。《楚辭》云：侘鬱邑余侘傺兮。侘傺，失志皃。

◎傺，敕厲、子例二切。侘傺，失志皃。《楚辭》云：侘鬱邑余侘傺兮。

【侘】都嫁、丑家二切。侘傺。

◎侘，都稼切，丑家切。侘傺。

【佐】子賀切。助也。《周禮》曰：以助王均邦國。

◎佐，子賀切。助也。

●宋十行本作“佐王”。

【僥】渠營切。特也。古煢字。

◎僥，渠營切。特也。古煢字。

●此字頭《篆隸萬象名義》作“傑”。

【倮】力果切。赤體也。

◎倮，力果切。赤體也。

〇倮，顧野王曰：脱衣露袒也。(《一切經音義》卷十四)

〇倮，《玉篇》曰：倮，但［袒］也。字又作躶、裸。(《一切經音義》卷二十二)

【偟】胡光切。《爾雅》曰：暇也。

◎偟，胡光切。暇也。

【侎】五婢切。《周禮》：小祝掌侎裁兵。侎，安也。本作彌。注作敉。

◎侎，武俾切。《禮》：小祝掌侎裁兵。安也。本作彌。注作敉。

●“五”，宋十行本作“武”。

【偷】吐侯切。盜也。《爾雅》曰：佻，偷也。謂苟且也。

◎偷，吐侯切。盜也，苟且也。

【僞】奇龜切。使也。

◎僞，奇龜切。使也。

〇僞，《玉篇》云：僞，使也。(《方言疏證》卷十三)

【僢】尺兖切。《淮南》：分流僢馳。僢，相背也。與舛同。

◎僢，尺兖切。相背也。与舛同。

【住】雉具、徵具二切。立也。

◎住，雉具、徵具二切。立也。

【侻】他活切。《博雅》曰：可也。一曰輕也。

◎侻，他活切。可也，輕也。

【傴】力莒切。傴拒，心不欲爲也。

◎傴，力莒切。傴拒，心不欲爲也。

〇傴，《玉篇》云：心不力也。(《輔行記》第七之二)

【假】古載切。假主也。

◎假，古載切。假主也。

●宋十行本作“佀主也”。《篆隸萬象名義》作“主也”。

【傑】牛錦切。《文字音義》云：仰頭皃。

◎傑，牛錦切。仰頭皃。

〇傑，《玉篇》：動頭皃。又居蔭反，樂名。(《龍龕手鏡》卷一)

【儻】他朗切。倜儻不羈。又他浪切，倖也。

◎儻，他朗切。惆儻不羈。又他浪切，倖也。

●圓沙本“惆”疑當作“倜”。

【僁】下介切。俠也。又《楚辭》云：何文肆而質僁。

◎僁，下介切。俠也。《楚辭》云：何文肆而質僁。

●此處引《楚辭》爲揚雄《反離騷》文。

【佯】余章、似羊二切。詐也。《博雅》云：弱也。

◎佯，余章、似羊二切。詳也。

【傎】都田切。殞也，仆也，倒也。傎，同上。

◎傎，都田切。殞也，仆也，倒也。傎，同上。

【倒】丁老切。《書》云：前徒倒戈。《説文》云：仆也。

◎倒，丁老切。仆也。《書》：前徒倒戈。

【侹】他井切。侱也。

◎侱，他井切。侄也。

【僬】子曜切。《曲禮》云：庶人僬僬。鄭玄曰：行容止之皃也。又昨焦切。

◎僬，子曜切。《曲礼》：庶人僬僬。鄭玄曰：行容止皃。又昨焦切。

●宋十行本作“子矅切”。

【侶】力莒切。伴也。陸機《草木䟽》云：麟不侶行。

◎侶，力莒切。伴侶也。

○侶，《玉篇》：侶，伴也。（《一切經音義》卷七）

【佟】大冬切。《廣蒼》云：人姓。

◎佟，大冬切。姓也。

【㑌】古唐切。古岡字。

◎㑌，古唐切。古岡字。

●《玉篇校釋》改“岡”爲“剛”。

【侄】之栗切。牢也，堅也。

◎侄，之栗切。牢也，堅也。

【㐽】魚音切。急也。

◎㐽，魚盲切。急也。

●圓沙本“魚盲切”當作“魚音切”。

【㹙】牛耕、牛燕二切。急也。

◎㹙，牛耕、牛燕二切。急也。

【仟】七堅切。《文字音義》云：千人之長曰仟。

◎仟，七堅切。千人之長曰仟。

【傒】口禮切。《聲類》云：開衣領也。

◎傒，口礼切。開衣領也。

【偤佤】思育切。並古文夙字。

◎偤，思育切。古文夙。佤，同上。

【侲】之仁、之刃二切。《説文》云：僮子也。《方言》云：燕齊之間謂養馬者曰侲。

◎侲，之仁、之仞二切。僮子也。《方言》云：燕齊間謂養馬曰侲。

○侲，《玉篇》引《方言》：燕齊之間謂養馬者曰侲。（《方言疏證》卷三）

●圓沙本疑脱“者”字。

【仉】之養切。梁四公子姓也。

◎仉，之養切。梁四公子姓。

【僪】渠出切。《甘泉宫賦》曰：捎夔魖而扶僪狂。本亦作獝。

◎僪，渠出切。狂也。亦作獝。

【倥】口貢切。倥傯，窮困也。

◎倥，口貢切。倥傯，窮困也。

【傯】子貢切。倥傯。

◎傯，子貢切。倥傯。

【倱】户本切。帝鴻氏有不才子，天下之民謂之倱伅。

◎倱，户本切。倱伅，四凶名。

【伅】徒損切。倱伅。

◎伅，徒損切。倱伅。

●底本此字條原脱，據宋十行本補。

【倯】先鞏切。倯倯，走皃。

◎倯，先鞏切。走皃。

【偡】丈減切。偡偡，齊整也。

◎偡，丈減切。齊整皃。

【㒓】丑減切。癡也。

◎㒓，丑咸切。癡也。

【仗】直亮切。器仗也。莊子以劍見問曰：夫子所御仗。

◎仗，直亮切。器仗也。

【伈】悉枕切。伈伈，恐皃。

◎伈，悉枕切。恐皃。

【偛】楚洽切。《字書》云：偛㑘小人。一曰偛㥍，鬼黠也。

◎偛，楚洽切。偛㑘小人。一曰偛㥍，鬼黠也。

○偛㥍，《玉篇》云：偛㥍，鬼黠也。（《方言疏證》卷十）

【傛】莫刮切。傛㑆，健也。

◎傛，莫刮切。傛㑆，健也。

【㑆】呼八切。傛㑆。

◎㑆，呼八切。傛㑆。

【佅】摩葛切。佅㨗事濟。

◎佅，摩葛切。佅㨗事濟。

【偓】烏訝切。偓，倚也。

◎偓，烏訝切。偓，倚也。

【低】丁泥切。垂也。仾，同上，俗。

◎低，丁泥切。垂也。仾，同上，俗。

【儸】力柯切。僬儸，健而不德也。

◎儸，力柯切。偯儸，健而不德也。
○儸，偯儸，出《玉篇》。（《重修廣韻》卷二）
【偯】之車切。偯儸。
◎偯，之車切。偯儸。
【俸】補孔切。屏俸，小皃。又房用切，俸禄也。
◎俸，補孔切。小皃。房用切，俸禄。
○俸，《玉篇》云：與也，所以奉官也。（《一切經音義》卷二十五）
【僦】子祐切。僦，賃也。
◎僦，子祐切。賃也。
【俰】和臥切。和也。
◎俰，和臥切。和也。
【僞】于詭切。僞謂之仡仡，不安也。
◎僞，于詭切。僞仡，不安也。
○僞，《玉篇》於僞字云：僞謂之仡仡，不安也。（《方言疏證》卷九）
【僋】公項切。僋傯，不媚也。
◎僋，公項切。僋傯，不媚也。
【傯】母項切。僋傯。
◎傯，母項切。僋傯。
【佔】丁兼切。《字書》云：佔佢，輕薄也。
◎佔，丁兼切。佔佢，輕薄也。
【佢】丁侯切。佔佢。
◎佢，丁侯切。佔佢。
【偠】於了切。偠㐲，細腰也。
◎偠，於了切。偠㐲，細腰也。
【㐲】乃了切。偠㐲，舞者㐲身若環也。
◎㐲，乃了切。偠㐲，舞皃。
【佊】陂髲切。邪也。
◎佊，陂髲切。邪也。
●圓沙本"陂髲切"當作"陂髪切"。
【㑥】莫亞切。齊大夫名。
◎㑥，莫亞切。齊大夫名。
【佫】下各切。人姓。
◎佫，下各切。姓也。
【僙】渠往切。載器也。
◎僙，渠往切。載器也。
【儭】千刃切。至也。又初吝切，裹也。或作䞋。
◎儭，千刃切。至也。初吝切，裹也。或作䞋。
【佑】于究切。《書》云：皇天眷佑。佑，助也。
◎佑，于究切。助也。
【儋】他紺切。儋侎，老無宜適也。
◎儋，他紺切。貪侎，老無宜適也。
【侎】先紺切。儋侎。
◎侎，先紺切。儋侎。
【佄】胡甘切。佄酒。與酣同。
◎佄，胡甘切。佄酒。與酣同。
【仠】何旦切。衛也。
◎仠，何旦切。衛也。
【偕】夷世切。亦作笹。所以合版際也。
◎偕，夷世切。亦作笹。合版際。
【倖】胡耿切。徼倖。亦作幸。
◎倖，胡耿切。徼倖。亦作幸。
○倖，胡耿反。僥倖，亦（作）幸。求也。（《三教指歸注》三 20）
【僤】卑吉切。止行也。本作趩、蹕。
◎僤，畢吉切。止行也。本作趩、蹕。
○僤，《玉篇》又止也。（《龍龕手鏡》卷一）
【僯】力軫切。慙恥也。
◎僯，力軫切。慙恥也。
【俈】苦篤切。或嚳字。俈焉，暴也。
◎俈，苦篤切。暴也。
【傍】壯救、休救二切。任身也。
◎傍，壯救、休救二切。任身也。
【儫】博堅、步堅二切。或蹁字。足不正也。
◎儫，博堅、步堅二切。足不正。
【㒋】息移切。賤也，役也。與廝同。
◎㒋，息移切。賤役也。与廝同。
●《玉篇校釋》改"賤也，役也"爲"賤役也"，《篆隸萬象名義》作"賤役"。
【佱】甫劫切。古文法。
◎佱，甫劫切。古文法。
【偵】恥慶切。候也。《東觀》：使先登偵之。
◎偵，恥慶切。候也。
●底本"東觀"後疑脱"漢記"二字。

【僉】遐雅切。古文夏。
◎僉，遐雅切。古文夏。
【㚇】女孝切。與鬧同。
◎㚇，女孝切。与鬧同。
【偙】都計切。偙儶也。
◎偙，都計切。偙儶。
【儶】下桂切。偙儶。
◎儶，下桂切。偙儶。
【㑥】他盍切。㑥㒆，惡也。一曰不謹皃。
◎㑥，他盍切。㑥㒆，惡也。
【㒆】先盍切。㑥㒆也。
◎㒆，先盍切。㑥㒆，不謹皃。
【但】達亶切。語辭也。
◎但，達亶切。語辭。
【僒】求敏、口窘二切。賈誼《鵩鳥賦》云：僒若囚拘。謂肩傴僒也。
◎僒，求敏、口窘二切。肩傴皃。
【偯】於豈切。哭餘聲。《禮記》曰：大功之哭，三曲而偯。
◎偯，於豈切。哭餘声。
【侇】與脂切。夷也。
◎侇，與脂切。夷也。
○侇，《玉篇》：人名也。(《龍龕手鏡》卷一)
【傰】音朋，又音倍。《漢書》：南山群盜傰宗等數百人。亦作蒯。傰，同上。又都柯切。
◎傰，音朋，音倍。姓也。亦作蒯。傰，同上，又都何切。
【伶】渠廉切。古樂名。
◎伶，渠廉切。古樂名。
【僥】魚彫切。《山海經》云：僬僥國在三首國東。郭璞曰：僬僥氏，長三尺，人短之至也。
◎僥，魚彫切。僬僥，國名。
【侏】諸儒切。侏儒，短人。《國語》曰：侏儒不可使援。
◎侏，諸儒切。侏儒，短人也。
【㑦】力計切。怒也。
◎㑦，力計切。怒也。
【儈】古會切。合市也。
◎儈，古會切。合市也。

【僰】平勒切。屛之遠方曰僰，僰之言偪也。《說文》云：犍爲蠻夷也。
◎僰，平勒切。屛之遠方曰僰。
【佒】於郎、於良二切。體不伸也。
◎佒，於良、於郎二切。體不伸。
【伜】力刀切。伜，大也。
◎伜，力刀切。伜，犬也。
○伜，《玉篇》：伜，大也。（《方言箋疏》卷二）
●圓沙本“犬也”當作“大也”。
【儫】許驕切。傲也。
◎儫，許驕切。傲也。
【伻】普萌切。使人也。又急也。
◎伻，普萌切。使人也。急也。
【佉】去茄切。神名也。
◎佉，去茄切。神名。
【㒣】力却切。神名也。
◎㒣，力却切。神名。
【倧】祖冬切。仙人也。
◎倧，祖宗切。仙人。
【偳】都官、他官二切。人名。
◎偳，都官、他官二切。人名。
【佬】力彫切。㤲佬也，大皃也。
◎佬，力彫切。㤲佬也，大皃。
【㤲】火交切。大皃。
◎㤲，天交切。大皃。
●圓沙本“天交切”疑誤。
【伽】求迦切。伽藍也。又《後漢書》云：伽倍國在莎車西。
◎伽，求迦切。伽藍也。又《後漢書》云：伽倍國在莎車西。
【倲】都聾切。儱倲，儜劣皃。亦姓。
◎倲，都聾切。劣皃。亦姓。
【儽】奴回切。偃也。
◎儽，奴回切。偃也。
●底本字頭原作“優”，據宋十行本改。
【倠】息維切。偏也。
◎倠，息維切。偏也。
【僼】孚公切。偓僼，仙人也。
◎僼，孚公切。偓僼，仙人也。

【傋】烏江切。傋降，不伏也。
◎傋，烏江切。傋降，不伏也。
【僧】悉層切。師僧也。
◎僧，悉層切。師僧也。
【仯】彌小切。仯，小皃。又初教切。
◎仯，彌小切。仯，小皃。又初教切。
【侉】苦瓜切。奢也。《書》云：驕淫矜侉。又安賀切，痛呼也。
◎侉，苦瓜切。奢也。又安賀切，痛呼。
【傇】而勇切。衆也。
◎傇，而勇切。衆也。
【优】徒感切。《詩》云：髧彼两髦。或作优。
◎优，徒感切。止也。《詩》：髧彼两髦。或作优。
【僿】居偃切。偃僿，不伏也。
◎僿，居偃切。偃僿，不伏也。
【傯】初講切。衆齊也。
◎傯，初講切。衆齊也。
【儈】於項切。戾也。
◎儈，於項切。戾也。
【僠】筆委切。停也。
◎僠，筆委切。停也。
【傗】奴擣切。姓也。
◎傗，奴擣切。姓也。
【傊】于藴切。優也。
◎傊，于藴切。優也。
【佲㑭】二同。彌頂切。
◎佲，彌頂切。佲，好也。㑭，同上。
【傒㣝】二同。户禮切。待也。本作徯。
◎傒，户礼切。待也。㣝，同上。本亦作徯。
【僝】仕山切。僝僽，惡罵也。
◎僝，仕山切。僝僽，惡罵也。
【僽】仕救切。僝僽。
◎僽，仕救切。僝僽。
【佘】乃里切。尒也。
◎佘，乃里切。尒也。
〇佘，《玉篇》云：尒也。(《重修廣韻》卷三)
【傴】羊煮切。謹也。
◎傴，羊煮切。謹也。
【僬】亡甫切。慢也。
◎僬，亡甫切。慢也。
【伾】匹亥切。不肯，誑妄也。
◎伾，匹亥切。不肯，誑妄也。
【倘】他朗切。倘然。出《南華真經》。
◎倘，他朗切。倘然。出《莊子》。
【伫】魚俺切。掩伫，癡也。
◎伫，魚俺切。掩伫，癡也。
【仳】七紙切。小舞皃。
◎仳，七紙切。小舞皃。
【佷】户懇切。戾也。本作很。
◎佷，户懇切。戾也。本作很。
〇佷，不正貌也。野王云：佷戾猶跋扈也。(《三教指歸注》一15)
【僻】密彼切。無僻也。
◎僻，密彼切。無麻也。
【偵】思主切。姓也。
◎偵，思主切。姓也。
【佀似】二同。祥里切。像也。
◎佀，祥里切。像也。似，同上。
【估】居午切。估價也。
◎估，居午切。估價也。
【倗】匹肯切。不也。《説文》步崩切，輔也。
◎倗，匹肯切。不也。又步崩切，輔也。
【倣】甫罔切。倣，學也。
◎倣，甫罔切。倣，學也。
【儌】居曉切。儌，行也。
◎儌，居曉切。儌，行也。
【侃】口旱、口汗二切。樂也。又强直也。偘，同上。
◎侃，口旱、口汗二切。樂也，强直也。偘，同上。
【倂】蒲倖切。倂，直也。又俱也。
◎倂，蒲倖切。倂，直也，俱也。
【例】力世切。類例也。
◎例，力世切。類例也。
【佃】去仲切。小皃。
◎佃，去仲切。小皃。
【僜】都鄧切，又徒亘切。倰僜，不著事。

◎僜，都鄧、徒亘二切。倰僜，不著事也。
【僱】力用切。僱偅，行不正也。
◎僱，力用切。僱偅，行不止也。
●底本“行不正也”疑當作“行不止也”。
【偅】章用切。僱偅。
◎偅，章用切。上同。
【㐰】私進切。古文信。
◎㐰，私進切。古文信。
【倳】側吏切。置也。
◎倳，側吏切。置也。
〇倳，《玉篇》又置也。（《龍龕手鏡》卷一）
【傂】許氣切。怒傂也。
◎傂，許氣切。怒傂也。
【伷】直宥切。伷系也。
◎伷，直宥切。伷系也。
【儉】許鑑切。逞皃。又嚵儉，高危皃。
◎儉，許鑑切。逞皃。又嚵儉，高危皃。
【僅】巨鎮切。《説文》云：材能也。
◎僅，巨鎮切。纔能也。
〇僅，顧野王云：僅，纔也。（《續一切經音義》卷三）
【倰】余證切。鈍也。
◎倰，余證切。鈍也。
【儾】奴浪切。寬儾也。
◎儾，奴浪切。寬儾也。
【僙】呼旰切。姓也。
◎僙，呼肝切。姓也。
●圓沙本“呼肝切”疑當作“呼旰切”。
【倌】胡慣切。倌臣也。
◎倌，胡慣切。倌臣也。
【僉】去戰切。僉，開也。
◎僉，去戰切。閧也。
●圓沙本“閧也”疑當作“開也”。
【侂】丑訝切。嬌逸。又湯洛切。
◎侂，丑訝切。嬌逸。又湯洛切。
〇侂，《玉篇》：丑訝反。嬌逸也。又音託。（《龍龕手鏡》卷一）
【㑃】乙孝切。很㑃也。
◎㑃，乙孝切。很㑃也。
【傔】去念切。侍從也。
◎傔，去念切。侍從也。
【偌】人夜切。姓也。
◎偌，人夜切。姓也。
【㑏】子句切。㑏促也。
◎㑏，子何切。促也。
●圓沙本“子何切”當作“子句切”。
【倈】力對切。亞也。
◎倈，力對切。亞也。
【僤】徒混切。仙僤也。
◎僤，徒混切。仙僤也。
【偞】私列切。偞侈也。
◎偞，私列切。偞侈也。
【倛】欺忌切。倛儗，不行。
◎倛，欺忌切。倛儗，不行。
〇倛，《玉篇》：欺既反。倛儗，不行也。（《龍龕手鏡》卷一）
【惛】火困切。老忘也。
◎惛，火困切。老忘也。
【㑾】莫教切。好皃。
◎㑾，莫教切。好皃。
【傚】胡教切。學傚也。
◎傚，胡教切。學傚也。
【儥】常裕切。儥，神也。
◎儥，常裕切。儥，神也。
【僕】薄沃切。僮僕。《説文》云：給事者也。
◎僕，薄沃切。僮僕，給事者。
〇僕，顧野王云：御車者也。（《一切經音義》卷六）
〇僕，《玉篇》：仕於家曰僕，給也，使役也。（《一切經音義》卷二十七）
〇僕，顧野王云：馭車人也。（《一切經音義》卷二十九）
【傈】力質切。廟主也。本作栗。
◎傈，力質切。廟主。本作栗。
【傕】苦角切。姓也。
◎傕，苦角切。姓也。
【佸】五活切。地名。
◎佸，五活切。地名。
【㑌】渠戟切。倦也。

◎俗，渠戟切。倦也。

【偖】張略切。姓也。

◎偖，張略切。姓也。

【僦】宗禄切。邑名。亦姓。

◎僦，宗禄切。邑名。亦姓。

【僑】時束切。僑倲，動頭皃。

◎僑，時束切。僑倲，動頭皃。

【倲】舒緑切。僑倲也。

◎倲，舒緑切。僑倲也。

【復】風木切。

◎復，風木切。未復也。

【僓】知力切。古文陟。

◎僓，知力切。古文陟。

【儸】師立切。不及也。

◎儸，師立切。不及也。

【佹】九委切。戾也。《春秋》云：晋侯佹諸。

◎佹，九委切。戾也。《春秋》云：晋侯佹諸。

【偉】于鬼切。大也。《説文》云：奇也。

◎偉，于鬼切。大也，奇也。

【俉】五顧切。《史記·天官書》曰：鬼哭若呼，其人逢俉。注云：俉，迎也。

◎俉，五顧切。迎也。

【伃】五兮切。伃俾，佯不知皃。

◎伃，五兮切。伃俾，佯不知皃。

【倇】胡困切。《説文》云：完也。《逸周書》曰：朕實不明，以倇伯父。

◎倇，胡昆切。完也。

【仚】許延切。輕舉皃。《説文》云：人在山上也。

◎仚，許延切。輕舉皃。

【儣】胡光切。作力皃。與趪同。

◎儣，胡光切。作力皃。與趪同。

【儜】女耕切。困也，弱也。

◎儜，女耕切。困也，弱也。

【儯】徒登切。陵儯，長皃。

◎儯，徒登切。陵儯，長皃。

【偤】以周切。侍也。出《文字辨疑》。

◎偤，以周切。侍也。

【件】其輦切。《説文》云：分也。从牛，牛大物，故可分。

◎件，其輦切。分也。

【以】余止切。用也，與也，爲也。古作目。

◎以，余止切。用也。又爲也。古作目。

【僋】五甘切。不慧也。

◎僋，五甘切。不慧也。

【俵】波廟切。俵散也。

◎俵，彼廟切。散也。

【倈】叉丈切。惡也。

◎倈，叉丈切。惡也。

【儚】莫登切。《爾雅》曰：儚儚、洄洄，惛也。郭璞云：皆迷惛。

◎儚，莫登切。迷昏皃。

○儚，《玉篇》：亡同反。醉行也。（《龍龕手鏡》卷一）

【個】加賀切。偏也。鄭玄注《儀禮》云：俗呼个爲個。

◎個，加賀切。偏也。俗呼爲个。

【僀】丁計切。俊也。或與偙同。

◎僀，丁計切。俊也。與偙同。

【僿】蘇代、式志二切。《史記》云：小人以僿。

◎僿，蘇代、式志二切。《史記》：小人以僿。

【佩】音夙。慉夙，不伸。

◎佩，音夙。慉佩，不伸。

●“慉夙”，字亦作“傗佩”。

【傉】奴篤切。虜三字姓有庫傉官。

◎傉，奴篤切。虜三字姓有庫傉官氏。

【倔】巨物切。倔强。

◎倔，巨物切。倔强。

●宋十行本作“巨勿切”。

【咎】其久切。《説文》云：災也。从人从各，各有相違也。

◎咎，其久切。災也。

○咎，《玉篇》曰：咎，罪也。孔安注《書》曰：咎，惡也。（《一切經音義》卷二十二）

【位】于僞切。《説文》云：列中庭之左右曰位。

◎位，于僞切。列中庭左右。

【傷】他莽切。直也。
◎傷，他莽切。直也。
【仍】俗攀字。
◎仍，俗攀字。

補

○傴，《玉篇》云：傴，漉米籅也。（《方言疏證》卷五）

儿部第二十四

凡十字

【儿】而真切。仁人也。孔子曰：人在下，故詰屈。《説文》曰：古文奇字人也。象形。
◎儿，而真切。仁人也。孔子曰：人在下，故詰屈。《説文》：古文奇字人也，象形。
【兀】五忽切。《説文》曰：高而上平也。从一在人上。
◎兀，五忽切。高而上平也。
【兒】如支切。《説文》云：孺子也。从儿，象小兒頭囟未合。
◎兒，如支切。孺子也。
○兒，子即兒也。（《法華釋文》中）
【允】惟蠢切。《易》曰：允升大吉。允，當也。又信也。
◎允，惟蠢切。當也。又信也。
【兊】徒外切。説也。兑，《説文》兊。
◎兊，徒外切。説也。又卦名。兑，《説文》兊。
【充】齒戎切。行也，滿也。
◎充，齒戎切。行也，滿也。
【亮】力尚切。朗也。又信也。
◎亮，力尚切。朗也，信也。
【兖】俞轉切。《書》曰：濟河惟兖州。
◎兖，俞轉切。州名。
【免】靡蹇切。去也，止也，脱也。
◎免，靡蹇切。去也，止也，脱也。
○免，《玉篇》：免，靡蹇反。赦也，脱也，解也，去也，自止也。（《一切經音義》卷二十七）

父部第二十五

凡五字

【父】扶甫切。《易》曰：有夫婦然後有父子。《説文》云：父，矩也。家長率教者也。
◎父，扶甫切。《説文》：父，雉也。家長率教者也。
●圓沙本“雉也”當作“矩也”。
【爹】屠可切。父也。又陟斜切。
◎爹，屠可切。父也。又陟斜也。
●圓沙本“陟斜也”當作“陟斜切”。
【爸】蒲可切。父也。
◎爸，蒲可切。父也。
【奢】之邪切。父也。
◎奢，之邪切。父称。
【爺】以遮切。俗爲父爺字。
◎爺，以遮切。俗爲父爺也。

臣部第二十六

凡四字

【臣】時人切。《易》曰：有父子然後有君臣。《白虎通》曰：臣者，繵也，屬志自堅固也。《説文》云：臣，牽也，事君也。象屈服之形。《廣雅》云：臣，堅也。孔子曰：仕於公曰臣，仕於家曰僕。
◎臣，時人切。《白虎通》：臣者，繵也，屬志自堅固也。《説文》曰：牽也，事君也。《廣雅》：堅也。孔子曰：仕於公曰臣。
【䛐】居况切。《説文》曰：乖也。从二臣相違。
◎䛐，居况切。乖也。
【臧】則郎切。《説文》云：善也。𦣞，籀文。
◎臧，則郎切。善也。𦣞，籀文臧。
○臧，顧野王云：納受財貨曰臧。（《一切經音義》卷十三）

男部第二十七

凡四字

【男】奴含切。《易》曰：有萬物然後有男女。《白虎通》曰：男者，任也。《説文》云：丈夫也。字从田、力，言男用力於田也。《夏書》曰：二百里男邦。孔子曰：男，任也。任王者事。《周禮》曰：方千里曰王畿，其外五百里曰侯服，又其外五百里曰甸服，又其外五百里曰男服。《禮記》曰：王者之制禄爵，公、侯田方百里，伯七十里，子、男五十里。

◎男，奴含切。《説文》云：丈夫也。字从田、力，言男力於田也。《夏書》：二百里男邦。孔子曰：男，任也。任王者事。《周禮》：五百里男服。《禮記》曰：王者制，禄爵，子男五十里。

【舅】巨九切。《爾雅》云：母之舅弟爲舅。作舅同。

◎舅，巨九切。母之兄弟也。一作舅。

【甥】所庚切。《左氏傳》注：姊妹之子曰甥。

◎甥，所庚切。姊妹之子也。

○甥，《左傳》注云：姊妹之子曰甥。（《三教指歸注》一15）

【嬲】奴曉切。戲相擾也。

◎嬲，奴曉切。戲相擾。

補

○嬲，《玉篇》又丁列反。撲也。（《龍龕手鏡》卷一）

民部第二十八

凡二字

【民】彌申切。《説文》云：衆氓也。《書》曰：民非主罔事，主非民罔使。

◎民，彌申切。《説文》：衆氓也。《書》：后非民罔使。

○民，眠也。（《法華釋文》中）

【氓】莫耕切。《説文》云：民也。《詩》云：氓之蚩蚩。

◎氓，莫耕切。民之。《詩》：氓之蚩蚩。

●圓沙本“民之”當作“民也”。

夫部第二十九

凡四字

【夫】甫俱切。《説文》云：丈夫。从一、大，一以象簪。周制八寸爲尺，十尺爲丈。人長八尺，故曰丈夫。又夫三爲屋，一家田爲一夫也。又音扶，語助也。

◎夫，甫俱切。《説文》：丈夫。又夫三爲屋，一家田爲一夫也。又音扶，語助。

○夫，《玉篇》曰：呼婦人爲夫人者，亦所以崇敬之稱也。又夫者，男子美稱。婦因天［夫］以成人，故名夫人也。（《一切經音義》卷二十二）

○夫，《玉篇》云：夫者，男之美稱。婦因夫德成人，故云夫人。（《一切經音義》卷二十五）

【扶】蒲滿切。竝行也。

◎扶，蒲旱切。並行也。

【替】吐麗切。《書》曰：弗敢替上帝命。替，廢也。

◎替，吐麗切。廢也。《書》：弗敢替上帝命。

【規】癸支切。《世本》：倕作規矩。準繩也。規，正圜之器也。

◎規，居支切。正圜之器。《世本》：倕作規矩。準繩。

○規，野王案：規，圓也。《孟子》：（無）規矩不能爲方圓是也（《令集解》三61）

○規，顧野王云：規圓而矩方也。（《一切經音義》卷六）

○規，顧野王：規猶圓也。（《一切經音義》卷一百）

○規，《玉篇》：圓也。《考聲》：視也。（《續一切經音義》卷十）

予部第三十

凡三字

【予】以諸切。予者，我也。又音與。《説

文》云：推予前人也。
◎予，以諸切。我也。又音與。《説文》：推予前人也。
【舒】式諸切。舒，叙也。《説文》云：伸也。一曰舒緩也。
◎舒，式諸切。敘也，伸也，舒緩也。
【𠄔】胡慢切。相詐惑也。从倒予。今作幻。
◎𠄔，胡慢切。相詐惑也。今作幻。
○𠄔，《玉篇》云：今作幻。（《重修廣韻》卷三）
○幻，顧野王曰：幻謂相欺眩以亂人目也。（《一切經音義》卷一）

我部第三十一

凡四字

【我】五可切。《説文》云：施身自謂也。《易》曰：我有好爵。戚，古文我。
◎我，五可切。施身自謂也。戚，古文戍。
●圓沙本“古文戍”當作“古文我”。
【義】魚奇切。己之威儀也。又宜寄切，仁義也。䔈，墨翟書義字從弗。
◎義，魚奇切。己之威儀也。又宜寄切，仁義也。䔈，墨翟書義字從弗。

身部第三十二

凡二十八字

●底本“二十八”，當作“二十七”。

【身】式神切。《説文》云：躳也。象人之身。《易》曰：近取諸身。
◎身，式神切。軀也。
●圓沙本“軀也”，四部叢刊本作“躳也”。
【軀】去迂切。《説文》云：體也。躯，同上，俗。
◎軀，去迂切。體也。躯，同上，俗。
【躰】止移切。四躰體也。亦作肢、胑。
◎躰，止移切。四體。亦作肢、胑。
【躳】只兒切。亦用爲四躳字。
◎躳，只兒切。上同。
【躴】力當切。躴躿，身長皃。
◎躴，力當切。躴躿，身長皃。
【躿】口岡切。躴躿。
◎躿，口岡切。上同。
【躭】丁含切。俗耽字。
◎躭，丁含切。俗耽也。
○躭，《玉篇》《字林》等嗜酒爲躭。（《一切經音義》卷二十二）
【軁】力句切。屈己也。
◎軁，力句切。屈己也。
【躬】匹政切。俗聘字。
◎躬，匹政切。俗聘字。
【躾】五拜切。人名。
◎躾，五拜切。人名。
【躱】丁果切。躱身也。
◎躱，丁果切。躱身也。
【軆】下哀切。《字書》云：躴軆，體長皃。
◎軆，下哀切。躴軆，體長皃。
【躨】丘華切。躨躭，以體柔人也。《爾雅》作夸毗。
◎躨，丘華切。躨躭，以體柔人也。
【躭】薄彌切。躨躭。
◎躭，薄彌切。上同。
【軀】於建切。軀體，怒腹也。
◎軀，於建切。怒腹也。
【躳】居雄切。《説文》曰：身也。躬，同上。
◎躳，居戎切。身也。躬，同上。
【軇】之善切。裸形也。
◎軇，之善切。裸形也。
【軄】之力切。俗職字。
◎軄，之力切。俗職字。
【躶】力果切。赤體也。亦作裸。
◎躶，力果切。赤体。亦作裸。
【躰軆】他禮切。並俗體字。
◎躰，他礼切。俗體字。軆，同上。
【躭】他甘切。俗聃字。
◎躭，他甘切。俗聃字。
【躰】力登切。躰身也。
◎躰，力登切。躰身也。
【䠳】蒲末切。

◎躾，蒲末切。行急也。
【軀】居宜切。躸，身單皃。
◎躸，居宜切。身單皃。

兄部第三十三

凡三字

【兄】詡榮切。昆也。《爾雅》曰：男子先生爲兄。
◎兄，詡榮切。昆也。《爾雅》：男子先生者。
【兢】冀徵切。兢兢，戒慎也。《説文》云：競也。兢，同上，見《説文》。
◎兢，冀徵切。兢兢，戒慎也。兢，同上，見《説文》。

弟部第三十四

凡五字

【弟】大禮切。《爾雅》曰：男子後生爲弟。又大例切。《説文》云：韋束之次弟也。𢎨，古文。
◎弟，大禮切。《爾雅》：男子後生爲弟。又大例切。《説文》：韋束之次弟。𢎨，古文。
【第】大例切。今爲第幾也。
◎第，大例切。今爲第幾也。次第。
【罤】古昏切。《説文》云：周人謂兄曰罤也。今作昆，同。𦊆，同上。
◎罤，古昏切。《説文》：周人謂兄自罤。今作昆，同。𦊆，同上。
●圓沙本“周人謂兄自罤”疑當作“周人謂兄曰罤”。

女部第三十五

凡四百一十八字

【女】尼與切。《説文》云：婦人也。象形。《易》曰：有萬物然後有男女。又女者，如也，如男子之教。又女，從也，女子有三從之義。又尼慮切，以女妻人曰女。
◎女，尼與切。男女也。《説文》：婦人也。又尼慮切，以女妻人曰女。
【姓】思政切。姓氏。《書》曰：平章百姓。
◎姓，思正切。姓氏。
【姜】居羊切。炎帝居姜水，以爲姓。
◎姜，居羊切。炎帝居於姜水，以爲姓也。
【姞】渠乙切。姞氏爲后稷元妃，南燕姓也。
◎姞，渠乙切。后稷元后姞氏。
【姚】俞招切。舜姓也。
◎姚，俞招切。舜姓也。
○姚，顧野王云：舜後支庶所封之地。舜姚姓，故云餘姚。（《史記》卷一）
【嬀】矩爲切。水名。《書》云：釐降二女于嬀汭。亦姓。
◎嬀，矩爲切。水名。《書》云：釐降二女于嬀汭。亦姓。
【嬴】余征切。姓也。
◎嬴，余征切。姓也。
【好】呼道切。《説文》云：美也。又呼導切，愛好也。
◎好，呼道切。美也。呼導切，愛也。
○好，善也，宜也，美也。（《法華釋文》中）
○好，《玉篇》：愛也。又呼老反。《玉篇》：宜也，善也，美也。（《一切經音義》卷二十七）
【妞】呼道切。姓也。亦作㺃。
◎妞，呼道切。姓也。亦作㺃。
【娸】去疑切。姓也。一曰醜也。
◎娸，去疑切。姓也。一曰醜也。
【娧】他外切。好皃。
◎娧，它外切。好皃。
○娧，《玉篇》云：娧，好貌。（《方言疏證》卷十三）
【嬿】於典、於見二切。《説文》云：女字也。《詩》曰：嬿婉之求。本或作燕。
◎嬿，於典、於見二切。女字。《詩》：嬿婉之求。或作燕。
【娙】胡丁、五耕二切。身長好皃。武帝所幸邢夫人号娙娥。
◎娙，胡丁、五耕二切。身長好皃。
【嬻】作旦切。好容皃。

◎嬇，作旦切。好容皃。
【婉】於遠切。婉媚。《説文》云：順也。嫍，同上。
◎婉，於遠切。婉媚也，順也。嫍，同上。
【娲】徒孔切。項直皃。
◎娲，徒孔切。項直皃。
【嫣】許乾切，又於建切。長美皃。
◎嫣，許乾、於建二切。長美皃。
【姌】如斂切。長皃。
◎姌，如斂切。姌嫋，長皃。
【嫋】奴了、如酌二切。姌嫋，長也。
◎嫋，奴了、如酌二切。上同。
【孅】思廉切。細也。
◎孅，思廉切。細也。
【嫇】亡丁切。《説文》曰：嬰嫇也。一曰嫇嫇，小人皃。又亡鼎切，嫇奵，自持也。
◎嫇，亡丁切。小人皃。又亡鼎切，嫇奵，自持也。
【奵】丁冷切。嫇奵。
◎奵，丁冷切。嫇奵。
【婬】余針切。喜也。《説文》云：私逸也。
◎婬，余針切。喜也，私逸也。
○婬，喜也。余針反。(《三部經音義集》二)
○婬，《玉篇》云：婬，遊戲也。或作婬。(《一切經音義》卷二十五)
○婬，《玉篇》云：不以禮交曰婬。(《一切經音義》卷二十六)
【嬛】巨營切。《詩》云：嬛嬛在疚，家道未成。嬛嬛然，亦孤特也。娉，同上。
◎嬛，巨營切。《詩》：嬛嬛在疚，家道未成也。亦孤特。娉，同上。
○嬛，顧野王曰：家道未成，嬛嬛然孤特也。(《詩經廣詁》)
○嬛，《玉篇》音巨營切。(《方言箋疏》卷一)
【姽】牛委切。《説文》云：閑體，行姽姽也。
◎姽，牛委切。閑體，行皃。
【姑】尺涉切。輕薄。一曰多技藝也。
◎姑，尺涉切。輕薄。又多技藝。
【婐】烏果切。婐妮也。
◎婐，烏果切。婐妮。
【妮】乃果、五果二切。委皃也。
◎妮，乃果、五果二切。委皃也。
【委】於詭切。委，屬也，棄也，曲也。
◎委，於詭切。屬也。又委曲。
【婆】丑廉切。婆妗也。
◎婆，丑廉切。婆妗。
【妗】許兼切。婆妗，美笑皃也。
◎妗，許兼切。婆妗，美笑皃。
【嬒】居夭、居黝二切。竦身皃。
◎嬒，居矣、居幼二切。竦身。
●圓沙本“居矣”未詳。
【婧】財姓、疾井、子盈三切。竦立皃。
◎婧，才性、疾井、子盈三切。竦立皃。
【姘】音靜。靜也。
◎姘，音静。静也。
【妑】房法切。《説文》曰：婦人皃。
◎妑，房法切。婦人皃。
【嫙】徐緣切。好皃。
◎嫙，徐緣切。好皃。
【婄】胡括、户刮二切。多詐也。《爾雅》曰：覭，婄也。
◎婄，胡括、户刮二切。多詐也。
【齋】阻皆切。有齋季女。《説文》子奚切，材也。
◎齋，阻皆切，子奚切。材也。
【嬥】徒了、徒聊二切。嬥嬥，往來也。
◎嬥，徒了、徒聊二切。往來皃。
【嫢】衢癸、娶惟二切。盛皃。《説文》云：媞也。秦晉謂細腰曰嫢。
◎嫢，瞿癸、娶惟二切。盛也，細腰。
○嫢，《玉篇》云：嫢，盛貌。(《方言疏證》卷七)
【媞】徒奚切。安詳也。《説文》承旨切，諦也。一曰妍黠也，江淮之間謂母曰媞。
◎媞，徒奚切。安詳也。《説文》承旨切，諦也。一曰妍黠，江淮之間謂母曰媞。
【婺】亡句切。婦人皃。
◎婺，亡遇切。婦人皃。
【娛】魚俱切。樂也。

◎娛，魚俱切。樂也。

【嫺】胡間切。嫺，雅也。

◎嫺，胡間切。嫺，雅也。

【娶】吁基切。善也。

◎娶，呼基切。善也。

【娭】虚基切。戲也。又婦人賤稱。

◎娭，虚基切。戲也。又婦人賤稱。

【娓】亡利、眉鄙二切。美也。又音尾。

◎娓，亡利、眉鄙二切。美。又音尾。

【媅】都含切。樂也。妉，同上。

◎媅，都含切。樂也。妉，同上。

○媅，《玉篇》《字林》等嗜色爲媅。(《一切經音義》卷二十二)

【嫡】丁歷切。孎也。又正也。

◎嫡，丁歷切。女謹。又正也。

【孎】知玉切。女謹皃。

◎孎，知玉切。女謹皃。

【嬐】烏斂切。女有心嬐嬐。又音諳。

◎嬐，烏斂切。女有心皃。又音諳。

【㛅】而閃切。媞也。㜝，同上，見《説文》。

◎㛅，而閃切。媞也。㜝，同上，見《説文》。

【嫥】之緣切。專一也。又可愛之皃。

◎嫥，之緣切。專一也，可愛之皃。

【如】仁舒切。而也，往也，若也。

◎如，仁舒切。而也，往也，若也。

○如，等也，均也。(《成實論天長點》一三)

【嫧】初革、側革二切。婩嫧，鮮好皃。

◎嫧，初革、仄革二切。婩嫧，鮮好。

【娕】楚角切。謹也。又音賴，好皃。嬾，同上。

◎娕，楚角切。謹也。又音賴，好皃。嬾，同上。

【娖】側角切。辯也。

◎娖，側角切。辯也。

【嬐】桑廉、牛檢二切。敏疾也。

◎嬐，桑廉、牛檢二切。敏疾也。

【摯】之利、之立二切。《説文》云：至也。

◎摯，之利、之立二切。至也。

【嬪】毗民切。妃嬪也。娦，古文。

◎嬪，毗民切。妃嬪也。娦，古文。

【媘】他合切。俛伏也。

◎媘，他合切。俛伏也。

【妟】烏澗切。

◎妟，烏澗切。女言也。

【嬗】時戰切。緩也。

◎嬗，時戰切。緩也。

【婞】公奴切。苟且也。《説文》曰：保任也。

◎婞，公奴切。苟且也，保任也。

【媻】蒲寒切。媻媻，往來也。《説文》薄波切，奢也。

◎媻，蒲寒切。媻也，往來也。《説文》薄波切，奢也。

●圓沙本“媻也”當作“媻媻”。

【娑】桑多切。婆娑，舞者之容。

◎娑，桑多切。婆娑，舞皃。

【婆】蒲河切。婆娑。又婆母也。

◎婆，蒲河切。婆娑。又婆母。

【姰】息匀切。狂也。又音縣。

◎姰，息匀切。狂也。又音縣。

【婟】于救切。偶也。

◎婟，于救切。偶也。

【姕】且貲、子兒二切。《説文》曰：婦人小物也。《詩》曰：屢舞姕姕。

◎姕，且貲、子皃二切。婦人小物。《詩》：屢舞姕姕。

●圓沙本“皃”當作“兒”。

【妓】其綺切。婦人小物也。

◎妓，其綺切。婦人小物也。

【嬰】一盈切。《蒼頡篇》云：男曰兒，女曰嬰。《説文》云：頸飾也。

◎嬰，一盈切。頸飾，女曰嬰。

【㚣】青旦切。三女爲㚣。又美好皃。妫，同上。見《説文》。

◎㚣，青旦切。三女爲㚣。又美好皃。妫，同上。見《説文》。

【媛】爲眷切。美女也。

◎媛，爲眷切。美女也。

【娉】匹逕切。娶也。

◎娉，匹逕切。娶也。
〇娉，顧野王云：娶妻，禮賢達納徵，束帛相存問曰娉。（《一切經音義》卷四十三）
〇娉，顧野王云：娉問也。娶妻及禮賢遠［達］納徵，束帛相問曰娉。（《一切經音義》卷七十七）
【娽】力谷切。顓項妻。《説文》云：隨從也。
◎娽，力谷切。顓項妻。又隨從也。
【妝】阻良切。女字。又飾也。
◎妝，阻良切。女字。又飾也。
【嫡】力沇切。《説文》曰：順也。
◎嫡，力沇切。《説文》曰：順也。
【孌】力轉切。慕也。亦同上。
◎孌，力轉切。慕也。亦同上。
【媟】思列切。慢也，嬻也。媿，同上。
◎媟，思列切。慢也，嬻也。媿，同上。
【嬻】徒卜切。易也，媟也。
◎嬻，徒卜切。媟也。
【妎】胡計切。《説文》云：妒也。又音害。媎，與妎同。
◎妎，胡計切。如也。又音害。媎，同上。
●圓沙本“如也”當作“妒也”。
【嫢】知密切。短面皃。
◎嫢，知密切。短面也。
【窭】丁滑切。《説文》云：短面也。
◎窭，丁滑切。嬌姿也。
【嬖】口賣切。難也。
◎嬖，口賣切。難也。
【嬖】補悌切。《説文》云：便僻也。《春秋傳》曰：賤而獲幸曰嬖。
◎嬖，補悌切。賤而獲幸者。
【妒】丹故切。争色也。妬，同上。
◎妒，丹故切。妒，争色也。妬，同上。
〇妬，害色曰妬。知故反。（《三部經音義集》二）
【嫉】慈栗切。妬嫉也。
◎嫉，慈栗切。妬嫉也。
〇嫉，害賢曰嫉。秦悉反。（《三部經音義集》二）
〇嫉妬，《玉篇》云：忌賢曰嫉，忌色曰妬。（《華嚴大疏鈔》卷五十八）
〇嫉，《玉篇》：辭栗反。（《一切經音義》卷二十七）
【娟】云貴切。楚人呼妹。《公羊傳》曰：楚王之妻娟。
◎娟，云貴切。楚人呼妹也。
【娼】莫報切。《説文》云：夫妬婦也。
◎娼，莫報切。夫妬婦也。
【妖】乙嬌切。媚也。娭，同上。
◎妖，乙嬌切。媚也。娭，同上。
〇妖，於蹄反。灾怪也。（《三教指歸注》四 21）
〇娭，顧野王云：謂女子好淑。（《一切經音義》卷五十七）
【佞】奴定切。口材也。
◎佞，奴定切。口材也。
〇佞，顧野王云：諂從諫以悦君上之意也。（《一切經音義》卷五十七）
【嫪】力高、力報二切。難也。《説文》云：婟也。
◎嫪，力高、力報二切。婟也。
【婟】胡故切。嫪也，戀也。
◎婟，胡故切。嫪也，戀也。
【嫭】胡故切。好皃。《楚辭》曰：嫭目宜笑。或作嫮。
◎嫭，胡故切。好皃。或作嫮。
【嫭】子庶切。嬌皃。
◎嫭，子庶切。嬌也。
【婼】丑略切。不從也。又音皃，婼羌。
◎婼，丑略切。不從也。又音皃，婼羌。
【妄】武況切。娅也。
◎妄，武況切。誣也。
●底本“娅”未詳，疑當作“誣”。
【妨】孚方、孚放二切。害也。
◎妨，孚方、孚放二切。害也。
〇妨，《玉篇》云：害也。（《朱文公校昌黎先生文集》卷二）
【媮】他侯切。巧黠也。又媮，薄也。
◎媮，他侯切。巧黠。又媮，薄。

【娋】所效切。小娋，侵也。
◎娋，所效切。小娋，侵也。
【媣】當果切。量也，揣也。
◎媣，當果切。量也，揣也。
【嫌】胡謙切。《說文》曰：不平於心。一曰疑也。
◎嫌，胡謙切。不平於心也。
○嫌，顧野王云：心憾也。（《一切經音義》卷六十）
【妯】直六切。妯娌也。又敕流切，擾也。
◎妯，直六切。妯娌。敕流切，擾也。
【娌】良士切。妯娌也。
◎娌，良士切。妯娌。
【婞】胡頂切。很也。
◎婞，胡頂切。很也。
【嬗】之善切。伎也。
◎嬗，之善切。伎也。
【娺】陟滑切。怒也。
◎娺，陟滑切。怒也。
【嬒】烏廉、五感二切。含怒也。又魚檢切。
◎嬒，烏廉、五感、魚檢三切。含怒。
【娿】烏何切。媕娿也。
◎娿，烏何切。媕娿也。
【妍】吾堅切。好也。
◎妍，吾堅切。好也。
○妍，《廣雅》：妍，好也。《玉篇》同。（《方言箋疏》卷一）
【嫳】匹蔑切。《說文》云：易使怒也。
◎嫳，匹蔑切。易使怒也。
【婈】失冉切。不媚也。前卻婈婈然也。
◎婈，失冉切。不媚也。前卻婈二然也。
●圓沙本“二”疑爲重文符號之訛，“婈二”即當作“婈婈”。
【娃】烏佳切。美皃。
◎娃，烏佳切。美皃。
【妜】於決切。憂妬也。
◎妜，於決切。憂妬也。
【嫣】右尒、尤卦二切。愚戇多態也。
◎嫣，古尒、尤卦二切。愚戇多態。
●圓沙本“古尒”當作“右尒”。
【婕】縈利切。不悅也。
◎婕，縈利切。不悅也。
【嫼】莫勒切。奴也。
◎嫼，莫勒切。奴也。
【娍】于厥切。輕也。
◎娍，于厥切。輕也。
【嫖】匹招、匹妙二切。輕嫖也。
◎嫖，匹招、匹妙二切。輕嫖也。
【娷】子戈切。主也。
◎娷，子戈切。主也。
【媁】於歸切。自恣也，美也。
◎媁，於歸切。姿也，美也。
【婎】呼維切。醜也。
◎婎，呼維切。醜也。
【媥】匹連切。輕也。
◎媥，匹連切。輕也。
【婳】初洽切。《說文》云：疾言失次也。
◎婳，初洽切。疾言失次也。
【嬬】如殳切。下妻也。
◎嬬，如殳切。下妻也。
【婄】妨走、蒲回二切。婦人皃。
◎婄，妨走、蒲回二切。婦人皃。
【嬯】大來切。鈍劣也。
◎嬯，大來切。鈍劣也。
【婜】胡連切。所望也。《說文》云：有守也。
◎婜，胡連切。所望也。《說文》：有守。
【嬣】式任切。貪頑也。
◎嬣，式袵切。貪頑也。
●宋十行本作“式袵切”。
【嬠】倉含切。婪嬠也。又七感切。
◎嬠，倉含切。婪嬠也。又七感切。
【婪】力男切。貪也。
◎婪，力男切。貪也。
○婪，盧含反。貪也。（《醫心方》寫本）
【嬾】力但切。懈惰也。
◎嬾，力但切。惰也。
【娎】許列切。喜也。
◎娎，許列切。喜也。

【婁】力侯切。《説文》云：空也。一曰婁，務也。婁，同上，出《説文》。嫈，古文。
◎婁，力侯切。空也。婁，務也。婁，同上，出《説文》。嫈，古文。
【婡】丘協切。得志也。又呼叶切，少氣也。
◎婡，丘叶切。得志。呼叶切，少氣。
●宋十行本作“又呼協切”。
【孃】女良切。母也。又如常切。
◎孃，女良切。母也。又如常切。
【娘】女良切。少女之號。
◎娘，女良切。少女之號。
○娘，老女之號。（《三教指歸注》五 9）
【嬈】奴了切。苛也。又擾，戲弄也。
◎嬈，奴了切。苛也，擾，戲弄也。
○嬈，《玉篇》云：戲相擾弄也。（《一切經音義》卷二十五）
○嬈，《玉篇》：嬈亦擾，言戲弄也。（《一切經音義》卷二十七）
【嫢】許委切。《説文》云：惡也。一曰人皃。
◎嫢，許委切。惡也。一曰人皃。
【姍】先干切。誹也。
◎姍，先干切。誹也。
【嫫】莫胡切。《説文》云：嫫母，鄙醜也。亦作嫫。
◎嫫，莫胡切。嫫母，鄙醜也。亦作嫫。
【婓】芳肥切。往來婓婓皃。又大醜也。
◎婓，方肥切。往來皃。又大醜也。
【嬋】市然切。嬋媛也。
◎嬋，市然切。嬋媛也。
【媆】如臠切。《説文》：好皃。又奴困切。與嫩同。
◎媆，如臠切。好皃。又嫩同。
【婘】於劍切。婢也。
◎婘，於劍切。婢也。
【嚂】力暫切。過差也。
◎嚂，力暫切。過差也。
【嫯】五高、五到二切。侮慢也。
◎嫯，五高、五到二切。侮慢也。
【娩】無遠、亡辯二切。婉娩也，媚好也。
◎娩，無遠、亡辯二切。婉娩也，媚好也。
【妥】湯果、湯回二切。女字。《爾雅》云：坐也。
◎妥，湯果、湯回二切。女字。又坐。
【姤】古候切。遇也。
◎姤，古候切。遇也。
【嬇】胡内切。女字。
◎嬇，胡内切。女子。
●圓沙本“女子”當作“女字”。
【嬌】居摇切。嬌姿也。
◎嬌，居摇切。嬌姿也。
【嫘】力追切。嫘祖也。
◎嫘，力追切。嫘祖也。
【嬕】方木切。昌意妻。
◎嬕，方木切。昌意妻。
【妺】莫葛切。妺喜，桀妻也。
◎妺，莫葛切。妺喜，桀妻也。
【嫌】魚踐切。好也。又午漢切，齊也。
◎嫌，魚踐切。好也。午漢切，齊也。
○嫌，《玉篇》：嫌，好也。（《方言疏證》卷十）
○嫌，好也。《玉篇》同。又音午漢切。（《方言箋疏》卷一）
【婢】卑溢切。《廣雅》云：母也。
◎婢，卑益切。母也。
【媓】胡光切。母也。
◎媓，胡光切。母也。
【嫂】所交切。姊也。
◎嫂，所交切。姊也。
○嫂，《玉篇》别作嫂，云：姊也。所交切。（《方言疏證》卷十二）
【姒】徐里切。娣姒。長婦曰姒，幼婦曰娣。
◎姒，徐里切。長婦曰姒也。
【娣】徒厲切。娣姒。
◎娣，徒厲切。娣姒。幼婦曰娣。
【娟】於緣切。嬋娟也。
◎娟，於緣切。嬋娟。
【妦】孚庸切。妦，容好皃。夆，同上。
◎妦，孚庸切。妦，容好皃。夆，同上。
○妦，《玉篇》：妦，容好貌。（《方言箋疏》

卷一）

【孀】所莊切。孤孀，寡婦也。

◎孀，所莊切。孤孀，寡婦也。

【妙】彌照切。神妙也。《老子》曰：衆妙之門。

◎妙，弥照切。神妙也。

○妙，《玉篇》云：妙，精也。又要妙，好皃也。（《一切經音義》卷二十七）

【嬙】在梁切。嬪嬙，婦官名。又音色，女字也。

◎嬙，在梁切。嬪嬙，婦官。又音色，女字也。

【婿】思計切。夫婿。與壻同。

◎婿，思計切。夫婿。亦作壻。

【媵】以證、實證二切。送女從嫁。《爾雅》曰：媵，將送也。亦作㑞。

◎媵，以證、實證二切。送女從嫁也。亦作㑞。

【婘】具員切。好皃。孉，同上。

◎婘，具員切。好皃。孉，同上。

【嬼】力受切。姣嬼也。

◎嬼，力受切。姣也。

【媉】乙角切。好也。

◎媉，乙角切。好也。

【嬚】力兼切。

◎嬚，力兼切。清美也。

【嬉】許依切。樂也。

◎嬉，許依切。樂也。

【媷】如欲切。懈惰也。

◎媷，如欲切。懈惰也。

【娵】子俞切。少也。又娵觜，星名。

◎娵，子俞切。少也。又娵觜，辰名。

【嵣】地朗切。戲嵣也。

◎嵣，他朗切。戲嵣也。

【姘】匹耕切。急也。

◎姘，匹耕切。急也。

【婍】丘倚切。《博雅》云：婍，好也。

◎婍，丘倚切。好也。

【妠】奴紺切。取也。又奴荅切，姶妠，聚物也。

◎妠，奴紺切。取也。奴荅切，聚物。

【㜗】胡減切。健也。

◎㜗，胡減切。健也。

【媸】充之切。侮也。

◎媸，充之切。侮也。

【契】公節切。契，清也。

◎契，公節切。清也。

【嬆】許急切。莊嚴也。

◎嬆，許急切。莊嚴也。

【娏】莫江切。《埤蒼》云：女神名。

◎娏，莫江切。女神名。

【婽】古雅切。好也。

◎婽，古雅切。好也。

【娷】竹恚、女恚二切。飢聲。

◎娷，竹恚、女恚二切。飢声。

【娝】甫九、普來二切。好皃。

◎娝，甫九、普來二切。好皃。

【娝】布美切。《纂文》云：人姓也。《説文》又匹才切，不肖也。

◎娝，布美切。姓也。匹才切，不肖。

【孃】胡乖切。和也。

◎孃，胡乖切。和也。

【妧】五館切。好也。

◎妧，五館切。好也。

【婠】丁候切。婠譳，詀誽也。亦作逗。

◎婠，丁候切。婠譳，詀誽。亦作逗。

【婪】火含切。貪婪也。又許今切。

◎婪，火含切。貪婪。又音歆。

【嫪】充陟切。女子態。

◎嫪，充陟切。女子態。

【㛼】力薛切。美也。

◎㛼，力薛切。美也。

【婩】下鴈切。婪婩也。

◎婩，下鴈切。婪婩也。

【媽】莫補切。母也。

◎媽，莫補切。母也。

【姆】音茂。女師也。娒，同上。《説文》又莫后切。

◎姆，音茂。女師也。娒，同上。又音畒。

【嫍】奴道切。《説文》云：有所恨痛也。亦作媪。
◎嫍，奴道切。有所恨痛。亦作媪。
○惱，《玉篇・女部》：有所恨痛也。從女。（《法華釋文》補記）
【㜇】於月切。媘肥皃。
◎㜇，於月切。媘肥也。
【奸】公安切。亂也。
◎奸，公安切。亂也。
【娗】徒鼎、達丁二切。《説文》云：女出病也。
◎娗，徒鼎、達丁二切。女出病也。
【媿】居位切。《説文》云：慙也。亦作愧。
◎媿，居位切。慙也。亦作愧。
【奻】女閒切。《説文》云：訟也。
◎奻，女閒切。訟也。
【姦】古顔切。姦，邪也。姧，同上，俗。
◎姦，古顔切。姦，邪也。姧，同上，俗。
【姥】莫古切。老母也。
◎姥，莫古切。老母也。
【媘】女刮切。小兒肥媘也。
◎媘，女刮切。小兒肥媘也。
【娾】吾駭切。喜樂也。
◎娾，吾駭切。喜樂。
【嫑】莫奚、莫移二切。齊人呼母。亦作婆。
◎嫑，莫奚、莫移二切。齊人呼母也。亦作婆。
●底本“婆”字原與字頭同，據宋十行本改。
【嬭】乃弟切。母也。又女蟹切，乳也。妳，同上。
◎嬭，乃弟切。母也。女蟹切，乳也。妳，同上。
【姘】普耕、普經二切。《説文》云：漢律，齊人與妻婢姦曰姘。
◎姘，普耕、普經二切。漢律，齊人与妻婢姦曰姘。
【姅】匹半、博慢二切。婦人污。又傷孕也。
◎姅，匹半切，博慢切。婦人污。又傷孕。
【妃】芳菲切。《説文》：匹也。又音配。
◎妃，方菲切。匹也。又音配。
○妃，顧野王云：妃如后也。（《一切經音義》卷六十八）
【婥】齒約切。女疾也。又婥約，好皃。
◎婥，齒約切。婥約，好皃。
【娀】息弓切。有娀氏女簡狄爲帝嚳次妃，吞一卵而生契。
◎娀，息弓切。有娀氏女簡狄爲帝嚳次妃，生契。
●底本“一”疑當作“乙”。
【姮】胡登切。姮娥也。
◎姮，胡登切。姮娥也。
【娼】齒羊切。婸也，婬也。
◎娼，齒羊切。婸也，婬也。
【嫡】舒赤切。嫡女也。
◎嫡，舒赤切。嫡女也。
【姣】户交切。婬也。又音狡，妖媚也。
◎姣，户交切。婬也。又音狡，妖媚。
○姣，《玉篇》：姣，妖媚也。（《方言箋疏》卷一）
【媿】苦危切。
◎媿，苦危切。知異也。
【嬣】女耕切。姘嬣也。
◎嬣，女耕切。姘嬣也。
【嫜】之羊切。夫之父母也。
◎嫜，之羊切。夫父母也。
【妐】之容切。夫之兄也。
◎妐，之容切。夫之兄。
○妐，《玉篇》云：或爲公字。（《一切經音義》卷五十五）
【妚】普梅切。孕也。與胚同。
◎妚，普梅切。孕也。與胚同。
【媸】尺之切。婬也。
◎媸，尺之切。婬也。
【姬】居之切。黄帝居姬水以爲姓。又弋之切。
◎姬，居之切。黄帝居姬水以爲姓。又弋之切。
【婎】市庸切。嬾女也。
◎婎，市庸切。嬾女。
【嫠】力之切。寡婦也。

◎嫠，力之切。寡婦。
【姿】子思切。姿態也。
◎姿，子思切。姿態也。
【娍】何古切。娍㨯，貪也。
◎娍，何古切。娍㨯，貪也。
【㜪嫀】二同。色臻切。有㜪國。
◎㜪，色臻切。有㜪國。嫀，同上。
【嬈】許宜切。婦人之稱也。
◎嬈，許宜切。婦人之稱。
【媥】蒲綿切。媥娟，美女皃。
◎媥，蒲綿切。媥娟，美女皃。
【嬛】於緣切。美女也。
◎嬛，於緣切。美女。
【嫖】匹遥切。漢公主名。
◎嫖，匹遥切。漢公主名。
【妾】古巧切。古文姣。
◎妾，古巧切。古文姣。
【婋】火交切。女心俊。
◎婋，火交切。女心俊。
【孋】力移切。孋姬。本亦作驪。
◎孋，力移切。孋姬。亦作驪。
【娂】方無切。貪皃。又於牛切，面目閒恨。
◎娂，方無切。貪皃。於牛切，恨皃。
〇娂，《玉篇》云：貪貌。(《重修廣韻》卷一)
【婄】於甘切。女不淨。
◎婄，於甘切。女不净。
【媖】於京切。女人美稱。
◎媖，於京切。女人美稱。
【媊】日之切。媊，媚也。
◎媊，日之切。媚也。
【㚻】古華切。女名也。
◎㚻，古華切。女名。
【妑】栢麻切。女名也。
◎妑，栢麻切。女名。
【嬪】白民切。嬪眉也。本作顰。
◎嬪，白民切。嬪眉。本作顰。
【娺】直牙切。美也。
◎娺，直牙切。美也。
【㚛】古何切。女師也。又於何切。
◎㚛，古何切。女師也。又於何切。
【娻】德紅切。國名。
◎娻，德紅切。國名。
【娃】口蛙切。女娃也。
◎娃，口蛙切。女娃也。
【姱】苦瓜切。姱奢皃。
◎姱，苦瓜切。姱奢皃。
【媈】牛昆切。女媈也。
◎媈，牛昆切。女媈也。
〇媈，《玉篇》：牛昆反。女字也。(《龍龕手鏡》卷二)
【婷】徒寧切。和色也。
◎婷，徒寧切。和色。
【妔】苦庚切。美女也。
◎妔，苦庚切。美女。
【嬁】得棱切。美女皃。
◎嬁，得棱切。美女皃。
【㛣】女皆切。㛣女也。
◎㛣，女皆切。㛣女也。
【嫲】博盲切。嫲，謹也。
◎嫲，博盲切。謹也。
【嫪】息遊切。女名也。
◎嫪，息遊切。女名。
【媃】如舟切。女名也。
◎媃，如舟切。女名也。
【姊】普布切。美女也。
◎姊，普布切。美女也。
【媋】式匀切。
◎媋，式匀切。女美。
【㜸】殂含切。女㜸也。
◎㜸，殂含切。女㜸也。
【娮㛼】二同。力與切。婦人醜皃。
◎娮，力與切。婦人醜皃。㛼，同上。
【婛】莫飽切。好皃。又力首切。
◎婛，莫飽切。好皃。又力首切。
●宋十行本作“莫砲切”。
【㚿】方酉切。好皃。
◎㚿，方酉切。好皃。
【嫐】奴好切。嬈嫐也。

◎嫐，奴好切。嬈嫐也。
○嫐，《玉篇》：音惱。戲弄，擾嫐也。（《龍龕手鏡》卷二）
【嫵】亡甫切。美女。《說文》云：嫵，媚也。娬，同上。
◎嫵，亡甫切。美女。又媚也。娬，同上。
【孍】魚檢切。好女皃。
◎孍，魚檢切。好女皃。
【婎】他重切。婎薺皃。
◎婎，他重切。婎薺皃。
【嫪嫸】二同。七感切。好皃。
◎嫪，七感切。好皃。嫸，同上。
○嫪，《玉篇》云：婪嫪也。（《重修廣韻》卷二）
○嫪，《玉篇》又青含反。亦貪也。（《龍龕手鏡》卷二）
【㛮】而煮切。魚敗也。
◎㛮，而煮切。魚敗也。
【妸】一何切。女字也。
◎妸，一何切。女字。
【婀】於可切。婀娜，美皃。亦作妸。
◎婀，於可切。婀娜，美皃。亦作妸。
【娜】奴可切。婀娜。
◎娜，奴可切。上同。
【娞】烏罪切。娞娞，好皃。
◎娞，烏罪切。娞娞，好皃。
【娞】乃罪切。娞娞。又思惟切。《尚書》爲古文綏。
◎娞，乃罪切。娞娞。又古文綏字。
【婇】七宰切。婇女也。
◎婇，七宰切。婇女也。
【婼】母敢切。鄉名也。
◎婼，母敢切。鄉名也。
【㝅】奴斗切。嬭異名。又古候切，取乳也。
◎㝅，奴斗切。妳異名。又古候切，取乳也。
【姊】將仕切。《爾雅》曰：男子謂女子先生爲姊。
◎姊，將仕切。女子先生者。
【㛐】蘇老切。兄之妻也。嫂，同上。俗又作㛜。

◎㛐，蘇老切。兄之妻。嫂，同上。俗又作㛜。
【婪】郎感切。好皃。
◎婪，郎感切。好皃。
【姐】玆也切。《說文》云：蜀人呼母曰姐。又祥預切，姐，嬻也。她，同上。古文亦作毑。
◎姐，玆也切。蜀人呼母。又祥預切，姐，嬻也。
●圓沙本在“婪”字下收“她，同上。古文亦作毑”條，則“同上”指稱有誤。
【㚼】章引切。㚼，慎也。
◎㚼，章引切。慎也。
【嫤】居隱切。好皃。
◎嫤，居隱切。好皃。
【嫭】胡告切。女名。
◎嫭，胡告切。女名。
【娍】食政切。長好皃。
◎娍，食政切。長好皃。
○娍，《玉篇》云：長皃。（《龍龕手鏡》卷二）
【婭】於訝切。姻婭也。
◎婭，於訝切。姻婭也。
【㜔】薄汗切。嫙㜔，無宜適也。
◎㜔，薄汗切。嫙㜔，無宜適。
【嫙】他旦切。嫙㜔。
◎嫙，他旦切。上同。
【奼】恥下、竹亞二切。美女也。又音妬。姹，同上。又河上姹女，水銀也。
◎奼，恥下、竹亞二切。美女也。又音妬。姹，同上。又河上姹女，水銀也。
【孌】力絹切。孌，從也。
◎孌，力絹切。從也。
【婻】奴紺切。美皃。又小肥也。
◎婻，奴紺切。美皃。又小肥也。
【娩】孚万切。産娩也。《說文》云：兔子也。嬎，同上。《說文》云：生子齊均也。𡣰，同上。
◎娩，孚万切。産娩。又兔子。嬎，同上。生子齊均也。𡣰，亦同上。
○娩，《玉篇·女部》：娩，孚萬切。産娩也。

引《説文》云：兔子。(《方言箋疏》卷二)
【娎】必媚切。女名。
◎娎，必媚切。女名也。
【娎】女世切。姥媎也。
◎娎，女世切。姥媎也。
【媨】疾恣切。姡媨也。
◎媨，疾恣切。姡媨也。
【嫎】補曠切。妨嫎也。
◎嫎，補曠切。妨嫎也。
【姲】於鴈切。女字。
◎姲，於鴈切。女字。
【姩婩】二同。奴見切。美女。
◎姩，奴見切。美女也。婩，同上。
【嬿】奴見切。《説文》云：人姓也。
◎嬿，奴見切。姓也。
【妼】昌逸切。女不謹。
◎妼，昌逸切。女不謹。
【孅】子列切。好孅也。
◎孅，子列切。好也。
【娭嬬】上於急切，下女立切。婦皃。
◎娭，於急切，婦皃。
◎嬬，女立切。婦皃。
【妰】張略切。静妰也。
◎妰，張略切。婦皃。
【妾】士接切。妾，接也，得接於君者也。
◎妾，七接切。接也，得接於君者。
【嬄】於吉切。嬄嫛也。
◎嬄，於吉切。嬄嫛也。
【妲】多剌切。妲改，紂妃。
◎妲，多辣切。妲改，紂妃。
【改】音紀。妲改。《説文》云：女字也。
◎改，音紀。妲改。《説文》：女字。
【妭】蒲活切。天子射擊也。《説文》云：美婦也。《文字指歸》曰：女妭禿無髮，所居之處天不雨也。
◎妭，蒲括切。天子射擊也。《説文》：美婦。《文字指歸》曰：女妭禿无髮。
〇妭，《玉篇》蒲葛反。(《一切經音義》卷十五)
【媪】烏老切。女老稱。又烏骨切，媪妠，小肥也。
◎媪，烏老切。女老稱。又烏骨切，媪妠，小肥。
〇媪，《玉篇》：媪妠，小肥也。(《龍龕手鏡》卷二)
【媎】息節切。小皃。
◎媎，息節切。小皃。
【姪】徒結切。《爾雅》曰：女子謂舅弟之子爲姪。又音帙。嬻，同上。
◎姪，徒結切。又音帙，昆弟子之稱。嬻，同上。
【妷】弋質切。淫妷也。亦音帙。與姪同。
◎妷，弋質切。淫妷也。又与姪同。
【嫭】乙縛、于故二切。惜也。
◎嫭，一縛、于故二切。
【嫛】壹奚切。人始生曰嫛婗。
◎嫛，壹奚切。人始生曰嫛婗。
【婗】五兮切。嫛婗。
◎婗，五弓切。上同。
●圓沙本“五弓切”當作“五兮切”。
【姨】余脂切。《爾雅》曰：妻之姊妹同出爲姨。
◎姨，余脂切。妻之姊妹云。
〇姨，母之姊妹也。(《法華釋文》下)
【婢】步弭切。《説文》云：女之卑者。
◎婢，步弭切。女之卑者。
【媚】明秘切。嫵媚也。
◎媚，明秘切。嫵媚也。
〇媚，嫵也。明秘反。(《三部經音義集》二)
【媺】音美。《周禮》云：一曰媺宫室。
◎媺，音美。《礼》：媺周室。
●圓沙本“周室”當作“宫室”。
【媐】於希切。女字也。
◎媐，於希切。女字。
【姝】尺朱切。《説文》云：好也。殳，同上，亦見《説文》。
◎姝，尺朱切。好也。殳，同上，見《説文》。

○姝，美色爲姝。有［或］作佅，莊也，好色。（《法華釋文》中）
○姝，《玉篇》：美色曰姝。（《一切經音義》卷二十七）
【㜷】仕于、仄鳩二切。婦人妊身也。《周書》曰：至于㜷婦。
◎㜷，仕于切。又仄鳩切。婦人妊身也。
【媭】相俞切。女字也。
◎媭，相俞切。女字。
【嫗】烏遇切。老嫗也。《説文》云：母也。
◎嫗，烏遇切。老嫗，母也。
○嫗，顧野王云：今時爲女子老者爲嫗也。（《一切經音義》卷四十五）
○嫗，顧野王云：今時謂女子者爲嫗。（《一切經音義》卷九十四）
○嫗，顧野王云：嫗謂俛伏使温也。（《一切經音義》卷九十六）
【媲】匹計切。《爾雅》曰：媲，妃也。
◎媲，匹計切。妃也。
【妻】千兮切。《説文》云：婦與己齊者也。𡚾，古文。
◎妻，千兮切。《説文》：婦與己齊者也。𡚾，古文。
【媄】音奚。《説文》云：女隸也。
◎媄，音奚。女隸也。
【媧】古娃切。女媧氏。𡡈，籀文。
◎媧，古娃切。女媧氏。𡡈，籀文。
○媧，顧野王云：女媧，蛇軀也。（《一切經音義》卷九十七）
【媒】音梅。《説文》云：謀也，謀合二姓也。
◎媒，音梅。謀也，謀合二姓。
【始】式子切。《説文》云：女之初也。
◎始，式子切。女之初也。
【妊】汝鴆切。妊身，懷孕也。
◎妊，汝鴆切。懷孕也。
【娠】失人、之刃二切。妊娠也。
◎娠，失人、之刃二切。妊娠也。
【姻】音因。《説文》云：壻家也。女之所因，故曰姻。婣，籀文。
◎姻，音因。壻家。女之所因曰姻。婣，籀文。
【妘】王分切。《説文》曰：祝融之後姓也。䨮，籀文。
◎妘，王分切。姓也，祝融之後。䨮，籀文。
【婚】呼昆切。《説文》云：婦家也。《禮》：娶婦以昏時，婦人陰也，故曰婚。亦作婚。𩈹，籀文。
◎婚，呼昆切。婦家。亦作婚。𩈹，籀文。
【嫄】愚袁切。姜嫄，帝嚳元妃。
◎嫄，愚袁切。姜嫄，嚳元妃。
【婠】一丸切。《説文》云：體德好也。
◎婠，一丸切。体德好也。
【㛄】音鴛。㛄娩，美也。
◎㛄，音鴛。㛄娩，美也。
【㛃】色臻切。《説文》云：殷諸侯爲亂，疑姓也。《春秋傳》曰：商有㛃妚。
◎㛃，色臻切。姓也。《春秋傳》曰：商有㛃妚。
【嫡】子移、昨千二切。《甘氏星經》曰：太白上公妻，号女嫡，居南斗。
◎嫡，子移、昨千二切。女嫡，星名。
【㜸】口閒切。《説文》云：美也。
◎㜸，口閒切。美也。
【媌】莫交切。《説文》云：目裹好也。《方言》云：自關而東，河濟之間謂好爲媌。
◎媌，莫交切。好也。
○媌，《玉篇》引《方言》：自關而東河濟之間謂好爲媌。（《方言疏證》卷一）
【㚴】是支切。㚴，母也。《説文》曰：美女也。又音侈。㛪，同上。
◎㚴，是支切。㚴，母也。又音侈。㛪，同上。
【㛿】古訝切。《説文》云：女適人曰㛿。
◎㛿，古訝切。女適人曰㛿。
【姎】烏浪、一郎二切。《説文》云：女人自稱我也。
◎姎，烏浪、一郎二切。女自稱我。
【㜒】許應切。悦也。

◎嬹，許應切。悦也。

【嫈】烏莖、一郎二切。《説文》云：小心態也。

◎嫈，烏莖、依郎二切。《説文》云：小心態。

【孁】郎丁切。《説文》云：女字也。

◎孁，郎丁切。女也。

【婤】職流切。女字。《左氏傳》：衛襄公有嬖人婤姶。

◎婤，職流切。女字。

【姶】烏合切。女字。

◎姶，烏合切。女字。

【媨】羊久切。醜也。

◎媨，羊久切。醜也。

【娍】仍吏切。女字。

◎娍，仍吏切。女字。

【妣】必爾切。《爾雅》曰：母爲妣。妣，籀文。

◎妣，必爾切。母爲妣。妣，籀文。

【嬩】以諸切。女字。

◎嬩，以諸切。女字。

【娶】七諭切。《説文》云：取婦也。

◎娶，七諭切。取婦也。

【妵】他口切。女字。

◎妵，他口切。女字。

【娥】五何切。《説文》云：帝堯之女，舜妻娥皇字也。秦晉謂好曰娙娥。

◎娥，五何切。堯女，舜妻娥皇也。

【姑】古胡切。《説文》云：夫母也。《爾雅》曰：父之姊妹爲姑。又且也。

◎姑，古胡切。夫母也。又父之姊妹。又且也。

【嫷】湯卧、徒果二切。《説文》云：南楚之外謂好曰嫷。媠，同上。

◎嫷，湯卧、徒果二切。南楚謂好曰嫷。媠，同上。

【媘】所景切。《説文》云：減也。

◎媘，所省切。減也。

【婦】符九切。《説文》云：服也。从女持帚灑埽也。

◎婦，符九切。服也。

【妏】音久。女字也。亦作䒗。

◎妏，音久。女字。亦作䒗。

【娡】之侍切。有莘之女，鮌娶之，謂之女娡。

◎娡，之侍切。鮌娶有莘女曰娡。

【妹】莫背切。《爾雅》曰：女子後生爲妹。

◎妹，莫背切。女子後生者。

【嬒】烏會切。《説文》云：女黑色也。

◎嬒，烏會切。女黑色。

【嫚】莫晏切。《説文》云：侮易也。

◎嫚，莫晏切。侮易也。

【嫽】力弔切。《説文》云：女字也。《方言》云：青徐之間謂好爲嫽。

◎嫽，力弔切。女字也。青徐稱好曰嫽。

○嫽，《玉篇》引《方言》：青徐之間謂好爲嫽。（《方言疏證》卷二）

○嫽，《玉篇》音力弔切。（《方言箋疏》卷二）

【媾】居候切。《説文》云：重婚也。《易》曰：匪寇婚媾。

◎媾，居候切。重婚也。

【奴】乃都切。《説文》云：奴婢皆古之罪人。《周禮》曰：其奴，男子入于辠隸，女子入于舂槁。伮，古文。

◎奴，乃都切。奴婢也。伮，同上。

【㷸】於協切。《廣雅》云：好也。又一鹽切。

◎㷸，於叶切。好也。又一鹽切。

【嬸】丑六切。《説文》云：媚也。又許六切。

◎嬸，丑六切。媚也。又許六切。

【威】於韋切。威儀。《説文》云：姑也。

◎威，於韋切。威儀也。《説文》云：姓也。

○威，野王云：威云容止有威儀禮則也。《左傳》云：有威可畏爲之威，有儀可象爲之儀也。（《法華釋文》上）

●圓沙本“姓也”當作“姑也”。

【妁】之若切。《説文》云：酌也，斟酌二姓。又音杓。

◎妁，之若切。斟酌。又音杓。

【嬫】以灼切。《説文》云：嬫，媄皃也。又音爍。

◎嬫，以灼切。美皃。又音爍。

●“説文”疑誤。宋十行本作“桂苑”。

【嫿】呼麥、乎麥二切。《説文》云：静好也。

◎嫿，呼麥、乎麥二切。静好。

〇嫿，胡麥反。静好也。亦明白皃。(《醫心方》刊本一九21)

【妷】音翼。《説文》云：婦官也。

◎妷，音翼。婦官。

【婕】即葉切。婕妤，婦官也。

◎婕，即葉切。《説文》云：婕妤，婦官也。

【妤】以諸切。婕妤。

◎妤，以諸切。婕妤。

大廣益會玉篇
卷第四

凡二十部

頁部第三十六

凡一百九十九字

【頁】下結切。《説文》云：頭也。
◎頁，下結切。《説文》云：頭也。
【頭】達侯切。《説文》云：首也。《禮記》曰：頭容直。鄭玄曰：不傾顧也。謂必中也。
◎頭，達侯切。《説文》：首也。
【顔】吾姦切。《國語》云：天威不違顔咫尺。顔謂眉目之間也。
◎顔，吾奸切。《國語》：天威不違顔咫尺。顔謂眉目之間也。
【頊】徒木切。《説文》曰：頊顱也。又徒落切。
◎頊，徒木切。頊顱。又徒洛切。
【顱】力胡切。《博雅》曰：頊顱謂之髑髏。
◎顱，力胡切。頊顱，髑髏。
【頂】丁領切。《易》曰：過涉滅頂凶。頂，顛也。《廣雅》云：上也。𩕄，籀文。
◎頂，丁領切。顛也，上也。𩕄，籀文。
【額】雅格切。《方言》云：中夏謂之額，東齊謂之顙。《釋名》曰：額，鄂也，有垠鄂也。頟，同上。
◎額，雅格切。《方言》：中夏謂之額，東齊謂之顙。《釋名》：鄂也，有琅鄂。頟，同上。
●圓沙本“琅鄂”當作“垠鄂”。
【顒】魚怨切。顛也。願，同上。《爾雅》云：思也。《廣雅》云：欲也。
◎顒，魚怨切。顛也。願，同上。思也，欲也。
【顛】都堅切。頂也。山頂爲之顛。
◎顛，都堅切。頂也，山顛。
【顙】蘇朗切。額也。《易》曰：其於人也爲廣顙。
◎顙，酥朗切。額也。
【題】達兮切。頟也。《楚辭》云：彫題黑齒。
◎題，達兮切。頟也。《楚辭》：彫題黑齒。
○題，野王案：今以書署表識亦謂之題。（《令集解》三 3）
【頞】惡葛切。鼻莖也。《孟子》曰：蹙頞相告。亦作齃。
◎頞，惡葛切。鼻莖。亦作䪏。
【頯】渠追、丘軌二切。《爾雅》云：蚆博而頯。注云：頯，中央廣，兩頭鋭。
◎頯，渠追、丘軌二切。《爾雅》：蚆博而頯。生，頯，中央廣，兩頭鋭。
●圓沙本“生”疑“注”之誤。
【頰】居牒切。《説文》云：面旁也。《山海經》云：其爲人小頰赤眉。
◎頰，居牒切。面旁也。
○頰，《玉篇》云：目下耳前曰頰。（《一切經音義》卷一）
○頰，顧野王云：面㮄目下耳前也。（《一切經音義》卷十七）
○頰，顧野王云：鼻旁目下耳前曰頰也。（《一切經音義》卷四十一）
【㯱】公典、公很二切。《説文》云：頰後也。
◎㯱，公典、公很二切。頰後。
【頜】公荅切。《公羊傳》：絶其頜口也。《方言》：頜、頤，頜也。《説文》乎感切，顄也。
◎頜，公荅切。《公羊》：絶其頜口也。《方言》：頤，頜也。《説文》乎感切，顄也。
【顄】胡耽切。《説文》云：頤也。顄，同

上。又下感切。
◎顄，胡耽切。頤也。顄，同上。又下感切。
○顄，野王案：顄車，頷骨也。（《倭名抄》二 6）
【頷】户感切。《莊子》曰：千金之珠，必在九重之淵而驪龍頷下。又音含。
◎頷，户感切。《莊子》：驪龍頷下。又音含字。
【頤】以之切。《易》曰：頤中有物曰噬嗑。又頤養也。《説文》云：顄也。與𦣝同。
◎頤，以之切。養也，顄也。與𦣝同。
○頤，《玉篇》引《方言》：頷、頤，頷也。（《方言疏證》卷十）
【項】胡講切。頸後也。
◎項，胡講切。頸後也。
【領】良郢切。《詩傳》云：領，頸也。又《禮》：領父子君臣之節。玄曰：領猶理也。
◎領，良郢切。《詩傳》云：頸也。《周禮》注：猶理也。
【頸】吉郢切。《説文》云：頭莖也。
◎頸，吉勁切。頭莖也。
【煩】諸甚切。《説文》云：項煩也。《蒼頡》云：垂頭之皃。
◎煩，諸甚切。項也。又垂頭皃。
【顀】直追切。出額也。
◎顀，直追切。脊上高骨也。
【碩】薄諧、蒲回二切。《説文》云：曲頤也。
◎碩，薄諧、蒲回二切。曲頤。
【頙】有衮切。《説文》云：面色頙頙也。
◎頙，有衮切。面急皃。
【顩】五檢切。《説文》云：䶬皃。《蒼頡》云：狹面鋭頤之皃。
◎顩，五檢切。狹面鋭頤皃。
【頵】於倫切。《説文》云：頭頵頵大也。亦楚君名。
◎頵，於倫切。頭頵頵大也。亦楚君名。
【顡】五咸切。頭頰面長皃。
◎顡，五咸切。頭面長皃。
【碩】市易切。大也。
◎碩，市易切。大也。
【頒】扶云切。《詩》云：有頒其首。頒，大首皃。一云衆也。又音班。
◎頒，扶云切。大首皃。一云衆也。又音班。
【顤】火幺、口幺二切。《蒼頡》云：頭大也。
◎顤，火幺切，口幺切。頭大。
【顒】牛凶切。《爾雅》曰：顒顒、卬卬，君之德也。《説文》云：頭大也。
◎顒，魚容切。頭大也，仰也。
【顤】牛姚切。高長頭皃。又五弔切。
◎顤，牛姚切，五弔切。高長頭皃。
【䫏】口骨、口回二切。《蒼頡》云：相抵觸。《廣雅》云：䫏，醜也。
◎䫏，口骨、口回二切。相抵觸。
【贅】五高切。高大也。
◎贅，五高切。高大也。
【頎】渠衣切。《詩》云：碩人頎頎。《傳》云：長皃。又頎頎然，佳也。
◎頎，渠衣切。長皃。又佳也。
【顩】五角切。面前顩顩。
◎顩，五角切。面前顩顩。
○顩，《玉篇》云：鼻高也。（《龍龕手鏡》卷四）
【顮】防園切。大醜皃。
◎顮，防園切。大首皃。
○顮，《玉篇》云：醜也。（《龍龕手鏡》卷四）
【顯】莫佩切。《説文》云：昧前也。
◎顯，莫佩切。昧前也。
【䫩】在姓切。《説文》云：好皃。《詩》所謂䫩首。
◎䫩，在姓切。好皃。
【䰱】郎丁切。《説文》云：面瘦淺䰱䰱也。
◎䰱，郎丁切。面瘦淺皃。
【䫗】娉緣、有矩二切。《説文》云：頭妍也。
◎䫗，娉緣、有矩二切。頭妍。
【顗】牛豈切。靜也。《説文》云：謹莊皃。
◎顗，牛豈切。靜也，謹莊皃。

【頯】五怪切。頭蔽頯也。
◎頯，五怪切。頭蔽頯也。
【頑】五環切。鈍也。《左氏傳》曰：心不則德義之經曰頑。
◎頑，五環切。鈍也。
【顡】吉惟切。《説文》云：小頭顡顡也。顡，同上。
◎顡，吉惟切。小頭皃。顡，同上。
【顆】口火切。小頭皃。
◎顆，口火切。小頭皃。
〇顆，今案，顆音果，見《玉篇》。（《倭名抄》九 23）
【頢】古活、户活二切。短面皃。
◎頢，古活、户活二切。短面皃。
【頲】他領切。《爾雅》曰：直也。《説文》云：狹頭也。
◎頲，他領切。直也，狹頭也。
【頠】五罪、牛毀二切。《爾雅》曰：靜也。《説文》云：頭閑習也。
◎頠，五罪、牛毀二切。静也。
【頍】丘婢切。舉頭皃。
◎頍，丘婢切。舉頭皃。
【頞】莫骨、烏骨二切。内頭水中也。
◎頞，莫骨、烏骨二切。内頭水中。
【顧】古布切。瞻也。迴首曰顧。顾，同上，俗。
◎顧，古布切。瞻也。回首曰顧。顾，同上，俗。
【彣】之忍切。《説文》云：顔色彣驎，慎事也。亦作頷。
◎彣，之忍切。顔色彣驎，慎事也。亦作頷。
【驎】來軫切。彣驎。一云頭少髮皃。亦作顛。
◎驎，來軫切。彣驎。一曰頭少髮皃。亦作顛。
【頷】牛感切。《説文》云：低頭也。《左氏傳》云：逆於門者，頷之而已。杜預曰：頷，摇其頭。亦作頜。又音欽，曲頤也。
◎頷，牛感切。低頭。亦作頜。又音欽，曲頤也。
【顓】諸緣切。《世本》：昌意生高陽，是爲帝。顓頊，顓者，專也；頊者，正也。言能專正天之道也。
◎顓，諸緣切。顓頊，顓者，專也；頊者，正也。言能專正天之道也。
【頊】虚玉切。顓頊。又頊顱。顱，同上。
◎頊，虚玉切。顓頊。顱，同上。又頊顱。
【頫】靡卷切。低頭也。《説文》音俯。
◎頫，靡卷切。低頭。《説文》音俯。
【頓】都鈍切。《説文》云：下首也。《周禮》九拜，三曰頓首。
◎頓，都鈍切。下首。《周禮》九拜，下三頓。
〇頓，顧野王云：頓謂軍旅舍住也。（《一切經音義》卷二十）
【頣】式忍切。舉眉視人皃。
◎頣，式忍切。舉眉視人皃。
【顫】之善切。倨視人也。
◎顫，之善切。倨視人。
【頡】紅結切。蒼頡，古造書者。《詩傳》云：飛而上曰頡。《説文》曰：直項也。
◎頡，紅結切。蒼頡，古造書者。《詩傳》：飛而上曰頡。《説文》：直頡也。
●圓沙本“直頡也”當作“直項也”。
【頔】之劣切。漢高祖隆頔龍顔。又之出切。
◎頔，之劣切。準也。又之出切。
〇頔，之劣反。漢高祖隆頔龍顔。又之出反。（《醫心方》寫本）
●今本《漢書》作“高祖爲人，隆準而龍顔”。應劭曰：“準，頰權準也。”
【顥】胡暠切。白皃。《楚辭》曰：天白顥顥。
◎顥，胡暠切。白皃。《楚辭》云：天白顥顥。
【顅】苦間、居研二切。《考工記》曰：數目顅脰。玄曰：顅，長脰皃。《説文》云：頭鬝少髮皃。
◎顅，苦間、居研二切。《礼》注：長脰皃。《説文》云：頭髮少髮皃。
●底本“玄”當作“鄭玄”。圓沙本“頭髮”當作“頭鬝”。

【頌】口本、口没二切。秃也。
◎頌，口本、口没二切。秃也。
【頛】力罪切。《説文》云：頭不正也。
◎頛，力罪切。頭不正。
【頮】下計切。伺人也。一曰恐也。又去結切。
◎頮，下計切。伺人也。又恐也。又去結切。
【頩】匹米切。傾首也，不正也。
◎頩，匹米切。傾首也，不正也。
【顐】苦昆、苦鈍二切。頭無髮也。一曰耳門也。
◎顐，苦昆、苦鈍二切。頭無髮也。一曰甘門。
〇顐，苦鈍、苦昆二反。頭無髮也。亦作顚，秃。又作顐。(《醫心方》刊本三 3)
●圓沙本“甘門”當作“耳門”。
【頠】五罪切。頭不正也。
◎頠，五罪切。頭不正。
【頗】普波切。不平也，偏也。又匹跛切。
◎頗，普波切。不平也，偏也。又匹跛切。
【頄】有救切。顫也。又病也。亦作疚。
◎頄，有救切。顫也，病也。亦作疚。
【頄】渠周切。《易》曰：壯于頄。王弼云：頄，面顴也。又音逵。
◎頄，音逵，音仇。面顴。
【頩】普經、普冷二切。頩色也。
◎頩，普經、普冷二切。頩色。
【顯】彌仙切。《方言》云：雙也。故淮南曰顯偶。又雙生也。
◎顯，彌仙切。雙也。又雙生。
〇顯，《玉篇》引《方言》：顯，雙也。(《方言疏證》卷二)
〇顯，《玉篇》顯引《方言》云：雙也，淮南曰顯。(《方言箋疏》卷二)
●圓沙本字頭原誤，據音義改。
【顛】禅仁切。憤懣也。
◎顛，禅仁切。憤懣也。
【旟】之延切。頞也。《方言》云：江淮之間謂頟爲旟。
◎旟，之延切。雙也，頟也。

〇旟，《玉篇》引《方言》：江淮［湘］之間謂頟爲旟，中夏謂之頟，東齊謂之頞。(《方言疏證》卷十)
●圓沙本“雙也”未詳。
【顫】之扇切。頭不正也。又顫動也。
◎顫，之扇切。頭不正也。又動也。
【顦】昨焦切。顦顇，憂皃。亦作憔。
◎顦，昨焦切。顦顇，憂皃。亦作憔。
【顇】疾醉切。顦顇。亦作悴。
◎顇，疾醉切。顦顇。亦作悴。
【顑】口感、呼紺二切。飯不飽，面黄起行也。
◎顑，苦感、乎紺二切。飯不飽，面黄起行也。
●“呼紺”，宋十行本作“呼可”。
【顲】來感切。《説文》云：面顑顲皃。《聲類》云：面瘠皃。
◎顲，來感切。面瘠皃。
【煩】扶園切。憒悶煩亂也。
◎煩，扶園切。憒悶煩亂也。
【頪】力外切。《廣雅》云：疾也。《説文》云：難曉也。一曰鮮白皃。
◎頪，力外切。《廣雅》：疾也。《説文》：難曉。一曰鮮白皃。
【顧】莫昆切。《莊子》云：問焉則顧然。顧，不曉也。亦作惛。
◎顧，莫昆切。不曉。亦作惛。
【頦】胡來切。頤下。又記在切。
◎頦，胡來切。頤下。又音改。
【顡】牛既、五壞二切。癡顡，不聰明也。
◎顡，牛既、五壞二切。癡頭，不聰明也。
●圓沙本“癡頭”當作“癡顡”。
【頬】丘之切。醜也。今逐疫有頬頭。
◎頬，丘之切。醜也。今逐疫有頬頭。
【顲】俞注切。《書》曰：率顲衆戚。顲，和也。
◎顲，俞注切。和也。《書》：率顲衆戚。
【顅】視均切。古脣字。
◎顅，視均切。古脣字。
【顛】莫丁切。《詩》云：猗嗟顛兮。顛，眉目間也。本亦作名。
◎顯，莫丁切。眉目間也。《詩》：猗嗟顯兮。本亦作名。
【顴】距員切。《廣雅》云：頔也。
◎顴，距員切。頔也。
○顴，頰骨也。或曰輔車。（《倭名抄》二5）
【顳】仁涉切。在耳前曰顳。
◎顳，仁涉切。在耳前曰顳。
【顬】仁于切。顳顬，耳前動也。
◎顬，仁于切。顳顬，耳前動。
【頪】柔流切。《詩》：戴弁俅俅。鄭玄云：恭順皃。或作頪。
◎頪，渠流切。恭順皃。《詩》：戴弁俅俅。或作俅。
【顮】口倒切。大頭也。
◎顮，口倒切。大頭也。
【顠】孚紹切。髮白皃。
◎顠，孚紹切。髮白皃。
【頙】許可切。傾頭視皃。
◎頙，許可切。傾頭視皃。
【顙】公老切。廣大皃。
◎顙，公老切。廣大皃。
●底本及圓沙本字頭原訛，據宋十行本改。
【顙】又兩切。醜也，滿也。
◎顙，踈兩切。醜也，滿也。
【顣】乙敢切。睇眄皃。又美容皃。
◎顣，乙敢切。睇眄。美容皃。
【顣】視盈切。頸也。
◎顣，視盈切。頸也。
【頏】户郎切。《詩傳》云：飛而下曰頏。又苦浪切，咽也。
◎頏，户郎切。《詩傳》：飛而下曰頏。又苦浪切，咽也。
【頔】徒激切。好也。
◎頔，徒激切。好也。
【顤】五柯切。或爲俄。
◎顤，五柯切。或作俄。
【頨】五舌切。面醜也。
◎頨，五舌切。面醜。
【頝】口交切。頝薄，不媚也。
◎頝，口交切。頝薄，不媚也。
【預】餘據切。宴也，樂也。
◎預，余據切。宴也，樂也。
【頜】丘耽切。醜也。
◎頜，丘耽切。醜也。
【顩】丘飲切。醜皃。
◎顩，丘飲切。醜皃。
【顲】牛飲切。顩顲，醜皃。
◎顲，牛飲切。顩顲，醜皃。
【顴】公盍切。頜車骨也。
◎顴，公盍切。頜車骨。
【顑】丑甚切。顑顪，惏劣皃。
◎顑，丑甚切。顑顪，惏劣皃。
【顪】距錦切。顑顪。又怒也。
◎顪，距錦切。顑顪。又怒也。
【頙】胡絹切。顋後也。
◎頙，胡絹切。顋後也。
【頦】丁可切。醜皃。
◎頦，丁可切。醜也。
【顁】都定切。題顁也。
◎顁，都定切。題顁也。
【顊】蒲何切。《説文》與皤同。老人白也。
◎顊，蒲何切。与潘同。老人白也。
【頶】户吾切。牛頷垂也。與胡同。
◎頶，户吾切。与胡同。牛頷垂也。
【頫】扶武切。頰骨也。
◎頫，扶武切。頰骨。
【須】甫越切。《説文》古髪字。
◎須，甫越切。古髪字。
【頷】於紅切。頸毛也。亦作翁。
◎頷，於紅切。頸毛。亦作翁。
【顎】五各切。嚴敬也。
◎顎，五各切。嚴敬也。
【頮】呼憒切。面肥皃。《聲類》頮字。謂洗面也。
◎頮，呼憒切。面肥皃。又頮同，洗面也。
【顫】達祿切。《埤蒼》云：顫顭，頭骨。
◎顫，達祿切。顫顭，頭骨。
【顭】吕侯切。顫顭。
◎顭，吕侯切。顫顭。

【皃頁】孟教切。容也，㒵也，見也。《説文》與皃同。
◎皃頁，孟教切。容也。與皃同。
【頕】丁甘切。頰緩也。或僋字。
◎頕，丁甘切。頰緩。或僋字。
【顈】先全切。圓面也。亦作圏。
◎顈，先全切。圓面。亦作圏。
●《廣韻》作“頭圓也”。
【顭】霍肱切。《字書》云：惛也。或作儚。
◎顭，霍肱切。惛也。或作儚。
【頌】與恭切。形容也。又似用切，歌其盛德，《禮》：爲人臣，頌而無諂。額，籀文。
◎頌，與恭切。形容也。又似用切，歌頌。額，籀文。
【顯】虚典切。《詩》云：天維顯思。顯，光也。又見也，明也，覿也，著也。
◎顯，虚典切。光也。又見也，明也，覿也，著也。
○顯，《玉篇》《字林》並云：光也，明也。（《續一切經音義》卷四）
【顊】思移切。顊靘，頭不正也。
◎顊，思移切。顊靘，頭不正。
【靘】子庭切。顊靘。
◎靘，子廷切。顊靘。
【頙】助轉切。《説文》曰：選具也。或爲僎。古文作選。
◎頙，助轉切。《説文》：選具也。或作僎。古作選。
【顏】莫邦切。頭也。
◎顏，莫邦切。頭也。
【頊】普眉切。大面。
◎頊，普眉切。大面。
【傾】胡鉤切。傾頤，言不正也。
◎傾，胡鉤切。傾頤，言不正。
【頤】胡加切。傾頤。
◎頤，胡加切。傾頤。
【頢】五孤切。大頭也。
◎頢，五孤切。大頭也。
【頹】徒回切。頰下。
◎頹，徒回切。頰下。
【頵】余準切。面不平也。
◎頵，余準切。面不平。
【頮】胡官切。
◎頮，胡官切。丸也。
【頳】丑盈切。赤也。本作赬、経。
◎頳，丑盈切。赤也。本作赬、経。
【題】息來切。頰題。
◎題，息來切。頰題。
【顢】莫安切。顢頇，大面。
◎顢，莫安切。顢頇，大面。
【頇】許安切。顢頇。又五旦切，頭無髮，頇頟也。
◎頇，許安切。顢頇。五旦切，頭無髮，頇頟也。
【順】渠公切。
◎順，渠公切。面上也。
【顱】於交切。頭凹也。
◎顱，於交切。頭凹也。
【頜】口咸切。顲頜也。
◎頜，口感切。顲頜也。
【顱】古花切。短頭也。
◎顱，古花切。短頭也。
【頮】呼塊切。大首也。
◎頮，呼塊切。大首。
【顲頭】上烏鉤切，下奴兜切。面折。
◎顲，烏鉤切。顲頭，面折。
◎頭，奴兜切。顲頭。
●“下”原作“又”，據宋十行本改。
【頰】徒含切，又余占切。面長也。
◎頰，徒含切，余占切。面長。
○頰，又《玉篇》談、塩二音，面長也。（《龍龕手鏡》卷四）
【頶】舒西切。人初産子。
◎頶，舒西切。人初産子。
【顡】桑感切。動頭也。
◎顡，桑感切。動頭也。
【顫】諸甚切。低頭皃。
◎顫，諸甚切。低頭。
【顣】火感切。動首。
◎顣，火感切。動首。

【䫜】都雷切。或作追。毋追，冠名。
◎䫜，都雷切。毋追，冠名。或作追。
【顐】徒困切。顐頣，秃。
◎顐，徒困切。秃也。
【頣】五困切。秃也。
◎頣，五困切。顐頣，秃也。
【䫋】他嬾切。面平也。
◎䫋，它嬾切。面平。
【頃】去穎切。田百畝爲頃。
◎頃，去穎切。《説文》：田百畝爲一頃。
〇頃，猶須臾之間也。(《法華釋文》上)
【䵷】奴頂切。頂䵷也。
◎䵷，奴頂切。頂䵷也。
【䫡】丘檢切。䫡頜，不平也。
◎䫡，丘檢切。䫡頜，不平也。
【䪿】昌旨切。面大也。
◎䪿，昌旨切。面大。
〇䪿，《玉篇》云：面大也。（《龍龕手鏡》卷四）
【頌】尺勇切。充也。
◎頌，尺勇切。充也。
【頲】他頂切。
◎頲，他頂切。頭疾。
【頮】荒佩切。洗面也。
◎頮，荒佩切。洗面也。
【顖顋】二同。息進切。頂門也。
◎顖，自進切。頂門。顋，同上。
●圓沙本“自進切”當作“息進切”。
【頯】薄變切。冠名。
◎頯，薄變切。冠名。
【賴】力載切。賴，蒙也。
◎賴，力載切。蒙也。
【頳】勿沸切。面前也。
◎頳，無佛切。面前。
●圓沙本“無佛切”當作“勿沸切”。
【顟顤】二同。力弔切。顤顟，頭長皃。
◎顤，力弔切。顤顟，頭長皃。顟，同上。
【頊】火豆切。勤也。
◎頊，火豆切。勤也。
【頢】胡割切。又呼割切。健皃。
◎頢，胡割切，呼割切。健皃。
【䪼】丑滑切。强皃。
◎䪼，丑滑切。强皃。
【顢】蒲結切。顢頪，短皃。
◎顢，蒲結切。顢頪，短皃。
【頙】初真切。正也。
◎頙，初貞切。正也。
【顛】爭索切。頭不正。
◎顛，爭索切。頭不正。
【顬顎】二同。音愕。面高皃。
◎顬，音愕。面高皃。顎，同上。
【䫐】力篤切。䫐，項也。
◎䫐，力篤切。頂也。
【順】食潤切。從也。
◎順，食閏切。從也。
〇順，從也。食閏反。(《三部經音義集》二)
【頖】剖半切。《禮記》曰：頖宮。亦作泮。
◎頖，剖半切。頖宮。亦作泮。
【䫌】七錦切。皃醜。
◎䫌，七錦切。皃醜。

頻部第三十七

凡三字

【頻】毗賓切。《詩》云：國步斯頻。頻，急也。《説文》作瀕，水厓也。人所賓附，顰蹙不前而止也。瀕，同上。
◎頻，毗賓切。《詩》：國步斯頻。急也。《説文》作瀕，水厓也。人所賓附，顰蹙不前而止也。瀕，同上。
【顰】毗賓切。顰蹙，憂愁不樂之狀也。《易》本作頻，曰：頻復，厲，无咎。注謂：頻蹙之皃。
◎顰，音頻。顰蹙，憂愁不樂之狀。《易》本作頻，曰：頻復，厲，无咎。注謂：頻蹙之皃。
〇顰，顧野王云：顰嘁，憂愁不樂之狀也。(《一切經音義》卷二十)
〇顰，顧野王云：顰蹙，憂愁不樂之狀也。(《一切經音義》卷六十六)

○顰眉，《玉篇》云：寢眉而聽也。（《續一切經音義》卷六）

百部第三十八

凡二字

【百】舒酉切。《説文》云：人頭也。象形。

◎百，舒酉切。人頭也。象形。

【脜】如由切。《説文》云：面和也。野王案：柔色以藴之，是以今爲柔字。

◎脜，如由切。面和也。野王案：柔色以藴之，是以今爲柔字。

𩠐部第三十九

凡十字

【𩠐】舒酉切。《説文》與百同，古文首也。巛象髮。謂之鬊，鬊即巛也。《廣雅》云：首謂之頭也。《易》曰：乾爲首。《書》云：元首起哉。元首，君也。《方言》云：人之初生謂之首。又書授切，自首罪也。首，同上，今文。

◎𩠐，舒酉切。《説文》與百同，古文首也。《方言》云：人之初生。又書授切，自首罪也。首，同上，今文。

【䭫】苦禮切。《周禮》太祝辨九拜，一曰䭫首。玄曰：首至地。今作稽。

◎䭫，苦禮切。首至地。今作稽。

【𩠑】諸兖切。《説文》云：截也。《廣雅》云：斷也。或剸同。

◎𩠑，諸兖切。截也。或剸同。

○𩠑，斷首，出《玉篇》。（《重修廣韻》卷二）

【䪿】餘之切。籒文頤。

◎䪿，餘之切。籒文頤。

【𩠔】語間切。籒文顔。

◎𩠔，語間切。籒文顔。

【𩠏】都冷切。顛也。今作頂。

◎𩠏，都冷切。顛也。今作頂。

【𩠕】居牒切。面傍也。今作頰。

◎𩠕，居牒切。面傍。今作頰。

【䭯】甫月切。古文髪。

◎䭯，甫月切。古文髪。

【馘】古穫切。截耳也。《詩》云：攸馘安安。馘，獲也。不服者殺而獻其首曰馘。《禮記》云：以訊馘告。鄭玄曰：所生獲及斷首者。或爲聝。

◎馘，古穫切。截也。《詩》：攸馘安安。馘，獲也。不服者殺而獻其首曰馘。《記》曰：以訊馘告。亦或爲聝。

𥄉部第四十

凡二字

【𥄉】古堯切。《説文》云：倒首也。賈侍中曰：謂斷首倒縣也。野王謂：縣首於木上竿頭，以肆大辠，秦刑也。

◎𥄉，古堯切。《説文》：倒首也。賈侍中曰：斷首倒縣也。野王謂：縣首於竿頭，以歸大辠，秦刑也。

○𥄉，顧野王云：謂懸首於木上及竿頭，以肆其辜也。（《一切經音義》卷六十九）

●圓沙本“歸”當作“肆”。

【縣】胡涓切。《説文》云：繫也。《易》曰：縣象著明，莫大乎日月。《周禮》小胥掌樂縣，王宫縣，諸侯軒縣，大夫判縣，士特縣。今俗作懸。又胡絹切。《周禮》云：九夫爲井，四井爲邑，四邑爲丘，四丘爲甸，四甸爲縣。鄭玄曰：方二十里。又曰五家爲鄰，五鄰爲里，四里爲酇，五酇爲鄙，五鄙爲縣。

◎縣，胡涓切。繫也。今俗作懸。又胡絹切。《周禮》：四甸爲縣。鄭玄曰：五鄙爲縣。

○縣，五鄙爲縣。（《類》324）

面部第四十一

凡二十九字

【面】彌箭切。《説文》作𡇢，顔前也。《書》云：汝無面從，退有後言。《左氏傳》曰：人心之不同，猶若面焉。又私覿也。《曲禮》曰：爲人子者，出必告，反必面。告面同耳。

◎面，彌箭切。《説文》作𡇢，顏前也。

【䩉】扶矩切。《説文》云：頰也。《左氏傳》曰：䩉車相依。亦作輔。

◎䩉，扶矩切。《説文》：頰也。《左傳》：䩉車相作。亦作輔。

●圓沙本“相作”當作“相依”。

【靨】於協切。《淮南》：靨輔在頰前則好。《楚辭》曰：靨輔奇牙。

◎靨，於協切。靨輔在頰前。

【靦】他典切。《詩》云：有靦面目。靦，姡也。又靦，慙皃。䩄，《埤蒼》同上。靧，《字書》靦字。䩦，同上。

◎靦，他典切。靦，姡也。又慙皃。䩄，《埤蒼》同上。靧，《字書》靦字。䩦，同上。

●圓沙本“䩄”當作“䩄”。

【醮】在遥切。《説文》云：面焦枯小也。《楚辭》云：顏色醮顇。

◎醮，在遥切。《説文》：面焦枯小。《楚辭》：顏色醮顇。

【𩈘】力小切。面白𩈘𩈘也。

◎𩈘，力小切。面白皃。

○𩈘，顧野王《玉篇》：𩈘，面白𩈘𩈘也。（《吴下方言考》卷五）

【䩩】於遠切。眉目之間美皃。《韓詩》云：清揚䩩兮。今作婉。

◎䩩，於遠切。眉目之間美皃。《詩》：清揚䩩兮。今作婉。

○䩩，顧野王曰：䩩，眉目之間美貌。（《詩經廣詁》）

【䪖】魯甘切。䪖䫲，面長皃。

◎䪖，魯甘切。䪖䫲，面長皃。

【䫲】在咸切。䪖䫲。

◎䫲，在咸切。䪖䫲。

○䫲，《玉篇》又音慙。（《龍龕手鏡》卷三）

【䩇】竹咸切。䩇䪁，小頭也。

◎䩇，竹咸切。䩈䪁，小頭皃。

●圓沙本“䩈䪁”當作“䩇䪁”。

【䪁】呼咸切。䩇䪁。

◎䪁，呼咸切。䩇䪁。

【酢】側板切。酢䩿，老也。

◎酢，側板切。酢䩿，老也。

【䩿】女板切。酢䩿。又慙愧也。或爲赧。

◎䩿，女板切。酢䩿。又慙愧。或爲赧。

【䩲】眉可切。面青皃。

◎䩲，眉可切。面青皃。

【䫠】力可切。䩲䫠。

◎䫠，力可切。䩲䫠。

【䩎】火含切。面紐皃。

◎䩎，火含切。面紐皃。

【䩍】徒弔切。䩍習也。

◎䩍，徒弔切。䩍習也。

【靧】音悔。洗面也。與頮同。

◎靧，音悔。洗面。与頮同。

【皰】蒲皃切。面瘡也。

◎皰，蒲皃切。面瘡也。

【䤨】彌吉切。《爾雅》云：䤨没，勉也。

◎䤨，彌吉切。没，勉也。

【黯䫮】上烏感切，下倉感切。面黯䫮色也。

◎黯，烏感切。面黯䫮色也。

◎䫮，倉感切。面皃。

【䩈】音妹。

◎䩈，音妹。面皃。

【䩕】彌結切。面小也。

◎䩕，彌結切。面小也。

○䩕，《玉篇》：䩕，面小也。（《方言箋疏》卷二）

【䩅】音溺。愁面。

◎䩅，音溺。愁面。

【䩜】音活。面小。

◎䩜，音活。面小。

色部第四十二

凡十三字

【色】師力切。《書》云：施于五色。此謂采色也。《禮記》云：色容顛顛，色容厲肅。此謂人面顏色也。

◎色，師力切。采色也。又人顏容也。

【艴】蒲没切。《説文》曰：色艴如也。《孟子》曰：曾西艴然不悦。艴，同上，俗。

◎艴，蒲没切。不悦皃。艴，同上，俗。

【艵】普經、普冷二切。《說文》云：縹色也。《楚辭》曰：玉色艵以晚顏兮。
◎艵，普經、普冷二切。縹色。
【艳】於丈切。氣流皃。
◎艳，於丈切。氣流皃。
【䒒】普朗切。䒒艴，無色。
◎䒒，普朗切。䒒艴，無色。
【艴】莫朗切。䒒艴。
◎艴，莫朗切。䒒艴。
【𦫤𦫥】二同。許奚切。黄病色。
◎𦫤，許奚切。黄病色。𦫥，同上。
【艵】千定切。艵䒌，青黑色也。
◎艵，千定切。艵䒌，青黑色。
【䒌】亡定切。艵䒌。
◎䒌，亡定切。艵䒌。
【赩】許力切。大赤色。
◎赩，許力切。大赤色。
【艶】羊念切。俗豔字。
◎艶，羊念切。俗豔字。

囟部第四十三

凡四字

【囟】先進切。《說文》云：象人頭會腦蓋也。或作顖、膟。㐤，古文。
◎囟，先進切。《說文》云：象人頭會腦蓋也。或作顖、膟。㐤，古文。
○囟，先進反。《說文》云：象人頭會腦蓋也。或作顖、膟。（《醫心方》寫本）
【𦜝】婢時切。《說文》云：人臍也。从囟从比，取其氣所通也。
◎𦜝，婢時切。《說文》：人臍也。从囟从比，取其氣所遍也。
●圓沙本"遍"當作"通"。
【巤】閭涉切。《說文》云：毛巤也。象髮在囟上及毛巤之形也。亦作鬣。
◎巤，間涉切。毛巤。亦作鬣。
●圓沙本"間涉切"當作"閭涉切"。

匠部第四十四

凡三字

●底本原作"凡二字"，徑改。

【𦣞】以之切。《說文》云：𦣞，顄也。象形。篆文作頤。籀文作𩠐。
◎𦣞，以之切。《說文》：𦣞，顄也。篆作頤。籀作𩠐。
【巸】與之切。廣𦣞也，長也。《字書》云：美也。
◎巸，與之切。廣𦣞也，長也，美也。
【賾】仕革切。《易》曰：聖人有以見天下之賾。賾者，謂幽深難見也。
◎賾，仕革切。幽深難見也。《易》：聖人有以見天下之賾。

亢部第四十五

凡五字

【亢】户唐、古郎二切。人頸也。又苦浪切，高也。
◎亢，户唐、古郎二切。人頸也。又苦浪切，高也。
【䘕】弋灼切。仰也。
◎䘕，弋灼切。仰也。
【䏸】下朗切。《說文》云：直頸莽䏸。从夋。夋，倨也。
◎䏸，下朗切。直頸莽䏸。
【𩫏】丘召切。𩫏𩫓，不安也。
◎𩫏，丘召切。𩫏𩫓，不安也。
【𩫓】牛召切。𩫏𩫓。
◎𩫓，牛召切。𩫏𩫓。

鼻部第四十六

凡二十七字

【鼻】毗至切。《說文》云：引气自畀也。《白虎通》曰：鼻者，肺之使。
◎鼻，毗至切。《說文》：引气自畀。《白虎通》：鼻者，肺之使也。
○鼻，面中之岳也。（《法華釋文》下）
【齃】烏曷切。《説文》云：鼻莖也。與頞同。
◎齃，烏曷切。鼻莖。与頞同。
【齅】喜宥切。《説文》云：以鼻就臭也。《論語》曰：三齅而作。亦作嗅。
◎齅，喜宥切。以鼻就臭。亦作嗅。
【鼽】渠牛切。《月令》云：人多鼽嚏。《説文》云：病寒鼻塞也。㪂，或鼽字。
◎鼽，渠牛切。病寒鼻塞也。㪂，或鼽字。
【鼾】下旦切。卧息也。
◎鼾，下旦切。卧息也。
【齂】呼介切。鼻息也。
◎齂，呼介切。鼻息。
【齆】烏貢切。鼻病也。
◎齆，烏貢切。鼻病也。
【齅】丘救切。齅鼼，仰鼻也。
◎齅，丘救切。齅鼼，仰鼻。
【𪖐齸】二同。都計切。鼻噴氣。本作嚏。
◎𪖐，都計切。鼻噴氣。齸，同上，本作嚏。
○𪖐，《玉篇》：𪖐，噴氣也。（《龍龕手鏡》卷三）
【鼼】牛弔、牛救二切。仰鼻也。
◎鼼，牛弔、牛救二切。仰鼻。
【齇】壯加切。鼻上皰也。
◎齇，壯加切。鼻上皰。
【鼻弟】他計切。鼻鼻弟。本作涕。
◎鼻弟，他計切。鼻鼻弟。本作涕。
○鼻弟，《玉篇》有鼻弟字，云：鼻鼻弟。本作涕。（《釋名疏證》卷八）
【鼻几】呼几切。卧息聲。
◎鼻几，呼几切。出息声。
【齰】子心切。高鼻也。
◎齰，子心切。高鼻。
【鼿】呼洽切。鼿齁，鼻息也。鼿，同上。
◎鼿，呼洽切。鼿皰，鼻息也。鼿，同上。
●圓沙本“鼿皰”當作“鼿齁”。
【齁】火侯切。鼿齁。
◎齁，火侯切。鼿齁。
【齽】鋤咸切。鼻高皃。
◎齽，鋤咸切。鼻高皃。
【齾】烏快切。喘息也。
◎齾，烏快切。喘息也。
【劓】魚小切。鼻折也。
◎劓，魚小切。鼻折也。
【皰】傍孝切。皰，面瘡。
◎皰，傍孝切。面瘡。
○皰，《玉篇》云：面瘡也。（《龍龕手鏡》卷三）
【鼿】音兀。仰鼻。鼿，同上。
◎鼿，音兀。仰鼻。鼿，同上。
【齈】奴東切。鼻齈也。
◎齈，奴東切。鼻齈。
【衄】紐六切。
◎衄，紐六切。鼻血。

自部第四十七

凡五字

【自】疾利切。鼻也，象形。又由也，率也。𦣹，古文。
◎自，疾利切。鼻也，象形。又由也，從也，率也。𦣹，古文。
【𦣻】眉然切。不見也。
◎𦣻，眉然切。不見也。
【臭】赤又切。惡氣息。臰，同上，俗。
◎臭，赤又切。惡氣息。臰，同上，俗。

目部第四十八

凡三百四十字

【目】莫六切。眼目也。目者，氣之精明也。《説文》云：人眼。象形。重瞳子也。㒵，古文。
◎目，莫六切。眼目也。目者，氣之精神也。《説文》：人眠。象形。重瞳子也。㒵，古文。
○目，《玉篇》云：《離》爲目。目者，氣之精明也。（《續一切經音義》卷九）
●圓沙本“眠”當作“眼”。

【眼】五簡切。目也。《易》曰：其於人也，爲多白眼。𥄎，《字書》眼字。
◎眼，五簡切。目也。𥄎，《字書》眼字。
【睘】方辯切。小兒初生蔽目也。
◎睘，方辯切。小兒初生閉目。
【眩】胡徧、胡蠲二切。目無常主。《書》云：藥弗瞑眩。
◎眩，胡遍、胡涓二切。目無常生。《書》：藥弗瞑眩。
〇眩，目無也。(《秘寶鈔》下本二 10)
〇眩，顧野王云：眩亦示幻者也。(《一切經音義》卷三十二)
〇眩，《玉篇》音胡徧、胡蠲二切。(《方言箋疏》卷三)
●圓沙本“生”當作“主”。
【眥】静計切。目際也。又才賜切。
◎眥，静計切。目際也。又才賜切。
〇眥，顧野王：眥謂目匡也。(《一切經音義》卷二十八)
【睞】子葉切。目旁毛也。睫，同上。
◎睞，子葉切。目旁毛。睫，同上。
【縣】户犬、户蠲二切。目瞳子也。𥌯，同上。
◎縣，户犬、户觿二切。目瞳子。𥌯，同上。
〇縣，《玉篇》：縣，音户犬、户蠲二切。云：目瞳子也。(《方言箋疏》卷二)
【瞦】虚之切。目瞳子精也。
◎瞦，虚之切。目瞳子精也。
【矏】莫緣切。《説文》曰：目旁也。《爾雅》曰：密也。
◎矏，莫緣切。目旁也，密也。
〇矈，《玉篇》音莫緣切。(《方言箋疏》卷二)
【曹】方巿、芳微二切。大目也。
◎曹，方巿、方微二切。大目。
【睅】何版切。《左氏傳》云：睅其目。出目皃也。
◎睅，何版切。出目皃。《左》：睅其目。
【瞞】眉安切。平目也。
◎瞞，眉安切。平安也。
●圓沙本“平安”當作“平目”。
【暖】胡管切。大目眥也。又況晚切。
◎暖，胡管切。大目眥。又況晚切。
【睴】公困切。大出目也。又音混。
◎睴，公困切。大出目。又音混。
【矕】馬板切。《説文》云：目矕矕也。
◎矕，馬板切。目矕矕也。
【睔】古遜切。大目也。又盧本切。
◎睔，古遜切。大目。又盧本切。
【盼】普莧切。《詩》云：美目盼兮。謂黑白分也。
◎盼，普莧切。黑白分也。《詩》：美目盼兮。
【盰】公旦切。目白皃。
◎盰，公旦切。目白皃。
【眅】普板、普班二切。多白眼也。
◎眅，普板、普班二切。多白眼。
【窅】烏了、烏苞二切。《説文》云：深目皃。
◎窅，烏了、烏包二切。深目。
【睍】下顯切。目出皃。《詩》云：睍睆黄鳥。
◎睍，下顯切。目出皃。《詩》：睍睆黄鳥。
〇睍睆，顧野王曰：睍睆，出目貌。(《詩經廣詁》)
●底本“鳥”原訛作“皃”，據宋十行本改。
【睆】華綰切。出目皃。
◎睆，華綰切。出目皃。
【睪】式赤切。視也。
◎睪，式亦切。視也。
【瞵】力辰切。《説文》云：目精也。《蒼頡篇》云：視不了也。
◎瞵，力辰切。目精。又視不了。
【矔】光旦切。轉目視。
◎矔，光旦切。轉目視。
【眊】莫到、莫角二切。《孟子》曰：眸子眊焉。眊，不明皃。
◎眊，莫到、莫角二切。不明皃。《孟子》：眸子眊焉。
【矘】他朗切。目無精直視。
◎矘，他朗切。目無精直視。
【睒】式冉切。《説文》云：暫視皃。
◎睒，式冉切。暫視皃。

【眮】大孔、大貢二切。轉目視。
◎眮，大孔、大貢二切。轉目視。
【䀣】鄙利、莫八二切。直視也。
◎䀣，鄙利、莫八二切。直視。
【瞴】亡于、亡禹二切。瞜瞴，微視也。
◎瞴，亡于、亡禹二切。瞜瞴，微視。
【䀹】去倪、胡圭二切。《説文》：蔽人視也。一曰直視也。䀎，䀹目或在下。
◎䀹，去倪、胡圭二切。蔽人視也。一曰直視。䀎，同上。
【䁱】亡限切。晚𥇖，目視皃。
◎䁱，亡限切。晚𥇖，目視皃。
【𥇖】音限。晚𥇖。
◎𥇖，音限。晚𥇖。
【睨】魚計切。《説文》云：衺視也。
◎睨，魚計切。衺視也。
【瞐】莫報、莫六二切。低目視也，細視也。
◎瞐，莫報、莫六二切。低目視也。又細視。
【䀾】呼達切。視高皃。
◎䀾，呼達切。視高皃。
【䢟】餘連切。相顧視而行也。𨒫，同上。
◎䢟，餘連切。相顧視而行。𨒫，同上。
【眈】當含切。《説文》云：視近而志遠也。
◎眈，當含切。視近而忘遠。
○眈，視近而高皃（《三教指歸注》七 24）
●圓沙本"忘"當作"志"。今本《説文》作"視近而志遠"。
【睎】許機切。眄望也。
◎睎，許機切。眄望也。
【眛】莫蓋切。目不明。
◎眛，莫蓋切。目不明。
【督】步安切。轉目視也。
◎督，步安切。轉目視也。
【辬】匹莧切。小兒白眼。或曰視之皃。
◎辬，匹莧切。小兒白眼。亦視皃。
【瞏】衢并切。目驚視。
◎瞏，瞿并切。目驚視。
【䁪】止善切。《説文》云：視而止也。䁶，同上。
◎䁪，止善切。視而止。䁶，同上。
●《廣韻》引《説文》作"視而不止"，是。
【盱】休俱切。舉眼也。燕代朝鮮列水謂盧瞳子爲盱。䍧，同上。
◎盱，休俱切。舉眼。亦瞳子。䍧，同上。
○盱，舉目也。(《三教指歸注》七 8)
○盱，《玉篇》云：盱，舉目也。（《方言疏證》卷二，《方言箋疏》卷二）
【眒】亡拜、亡撥二切。目冥遠視。一曰久也。
◎眒，亡拜、亡撥二切。目冥遠視。一曰久也。
【眕】之忍切。重也。又目有所限而止。
◎眕，之忍切。重也。又目有所限而止。
【瞟】匹昭切。瞟瞭，明察。又匹小切。
◎瞟，匹昭切。瞟瞭，明察。又音縹。
【䁦】戚細切。視也。又音察。
◎䁦，戚細切。視也。又音察。
【睩】盧谷切。視皃。
◎睩，盧谷切。視皃。
【睹】東魯切。見也。與覩同。
◎睹，東魯切。見也。与覩同。
○睹，《玉篇》：觀也。（《續一切經音義》卷五）
【眔】大合切。目相及也。
◎眔，大合切。目相及也。
【睽】枯攜切。乖也，目少精。
◎睽，枯攜切。乖也，目少精。
【䀋】莫革切。相視也。䀋䀋，姦人視也。脈，同上。
◎䀋，莫革切。相視也。䀋䀋，姦人視也。脈，同上。
【略】來各、來灼二切。盼也。
◎略，來各、來灼二切。盼也。
【䏓】之閏切。謹鈍目。
◎䏓，之閏切。謹鈍目。
【䐑】敕周、他狄二切。失意視皃。
◎䐑，敕周、他狄二切。失意視皃。
【瞤】如倫切。目動也。
◎瞤，如倫切。目動也。
【瞋】裨身切。恨張目。

◎瞋，禆身切。恨張目。

【智】於桓、於元二切。目無明也。

◎智，於桓、於元二切。目無明。

【矆】許縛切。大視也。䁬，同上。

◎矆，許縛切。大視也。䁬，同上。

【睢】許隹切。睢盱，視皃。又胥維切，水名。

◎睢，許隹切。視皃。胥維切，水名。

〇睢，仰久見皃。(《三教指歸注》七 24)

〇睢，顧野王云：睢盱，驚逮之皃。(《一切經音義》卷十六)

●圓沙本"許佳切"當作"許隹切"。

【旬】胡絹切。目揺也。眴，同上。

◎旬，胡絹切。目揺也。眴，同上。

〇眴，《玉篇》：目動也。王逸注《楚辭》云：眴，視貌也。(《一切經音義》卷一)

〇眴，《玉篇》云：如今人動目密相戒語曰眴。(《一切經音義》卷四)

〇眴，顧野王：如今人動目密相戒語也。(《一切經音義》卷十九)

【睦】莫六切。《書》云：九族既睦。睦，和也。𥈠，古文。

◎睦，莫六切。和也。𥈠，古文。

【睸】莫佳切。小視也。

◎睸，莫佳切。小視也。

【瞀】莫遘、亡角二切。目不明皃。

◎瞀，莫遘、亡角二切。目不明。

【眱】與脂、大奚二切。《說文》云：目小視也。南楚謂眄曰眱。眤，古眱字。

◎眱，與脂、大奚二切。《說文》：目小視。南楚謂眄。眤，古眱字。

【瞻】諸廉切。視也。

◎瞻，諸廉切。視也。

【瞰】耕㦉、耕讒二切。視也。

◎瞰，耕㦉、耕讒二切。視也。

【䀿】口戾切。窺也。

◎䀿，口戾切。窺也。

【䁱】丁罯切。目熟視。

◎䁱，下罯切。熟視也。

【相】先羊切，又先亮切。《詩》云：相彼鳥矣。相，視也。

◎相，先羊切，又先亮切。相，視也。

【瞋】昌真切。《說文》云：張目也。䀼，同上。

◎瞋，昌真切。張目也。䀼，同上。

●䀼，疑當作"䀕"。

【睗】式赤切。目疾視也。

◎睗，式赤切。目疾視。

【睊】公縣切。視皃。《孟子》曰：睊睊胥讒。

◎睊，公縣切。視皃。《孟子》：睊睊胥讒。

【瞲】一決切。目深皃。

◎瞲，一決切。目深皃。

【睼】土系、徒奚二切。迎視也。

◎睼，土系、徒奚二切。迎視也。

【䀹】一活、女刮二切。目深皃。

◎䀹，一活、女刮二切。目深皃。

【暥】烏澗、烏殄二切。《說文》云：目相戲也。

◎暥，烏澗、烏殄二切。目相戲。

【瞫】尸甚切。深視皃。

◎瞫，尸甚切。深視皃。

【眷】古援切。眷屬。《說文》云：顧也。睠，同上。

◎眷，古援切。屬也，顧也。睠，同上。

【督】都谷切。正也。《說文》云：察也。一曰目痛也。

◎督，都谷切。正也，目痛也。

【看】苦安、苦案二切。睎也。𣌭，同上。

◎看，苦安、苦案二切。睎也。𣌭，同上。

【瞚】式閏切。目動也。《莊子》曰：終日視而不瞚。瞬，同上。眣，亦同上。《公羊傳》：郤克眣魯衛之使。又式荏切。

◎瞚，式閏切。目動也。瞬，同上。眣，亦同上。又式荏切。

〇瞚，《玉篇》云：目動也。(《一切經音義》卷二十六)

【眙】敕吏切。《說文》云：直視也。

◎眙，敕吏切。直視也。

【盻】下計、吾計二切。恨視也。

◎盻，下計、吾計二切。恨視。

【曊】扶未切。目不明。昲，同上。

◎曊，扶未切。目不明。昲，同上。

【眝】直旅切。張目也。

◎眝，直旅切。張目也。

【睡】殊惴切。坐寐也。

◎睡，殊惴切。坐寐也。

【瞑】眉田切。寐也。《說文》云：翕目也。又音麪。眠，同上。

◎瞑，眉田切。寐也，翕目。又音麪。眠，同上。

○瞑，《玉篇》：莫定反。夜也，昧也。（《一切經音義》卷二十七）

○眠，顧野王云：寐也。（《一切經音義》卷五十七）

○瞑，《玉篇》音眉田切。又音麵。（《方言箋疏》卷三）

【眚】所景切。《說文》云：目病生翳也。《書》云：眚災肆赦。眚，過也。

◎眚，所景切。目病生翳也。《書》：眚災肆赦。眚，過也。

【瞥】匹烈切。目瞥見。

◎瞥，匹烈切。目瞥見也。

【眵】充支切。目傷眥也。

◎眵，充支切。目傷眥。

【瞢】莫結切。《說文》云：目眵也。矆，同上，俗。

◎瞢，莫結切。目眵也。矆，同上，俗。

【眏】居穴切。睊目也。

◎眏，居穴切。睊目。

【眯】莫禮切。物入目中。《莊子》曰：播糠眯目。

◎眯，莫礼切。物入目中。《莊子》：播糠眯目。

○眯，莫禮反。物入目中也。（《醫心方》寫本）

【眼】理尚切。目病皃。晾，同上。

◎眼，理尚切。目病皃。晾，同上。

【眜】莫達切。目不明。

◎眜，莫達切。目不明。

【瞷】胡間切。眄也。

◎瞷，胡間切。眄也。

【眺】丑弔切。眺望也。

◎眺，丑弔切。望也。

【睞】力代切。目瞳子不正也。

◎睞，力代切。目瞳子不正。

○睞，《說文》《玉篇》曰：瞳子不正也。《蒼頡篇》：内眂曰睞也。（《一切經音義》卷二十七）

【脩】湯勞切。眣也。

◎脩，湯勞切。眣也。

【叫】九小切。目重瞼也。

◎叫，九小切。目重瞼。

【眣】丑乙、達結二切。目不正也。眕，古文。

◎眣，丑乙、達結二切。目不正。眕，古文。

【睇】達計切。傾視也。

◎睇，達計切。傾視。

【䁯】以證、大登二切。美目也，大視也。亦作賸。

◎䁯，以證、大登二切。美目也，大視也。亦作賸。

○睖，《玉篇》：睖，以證、大登二切。云：美目也，大視也。亦作賸。（《方言箋疏》卷二）

○䁯，《玉篇》云：美目也。（《方言疏證》卷二）

【䀿】吕計切。視也。

◎䀿，吕計切。視也。

【賑】之忍切。賑眩，瀗也。

◎賑，之忍切。眩，瀗也。

○賑眩，《玉篇》：賑眩，瀗也。（《方言疏證》卷七）

【眲】爾志切。耳目不相信也。

◎眲，爾志切。耳目不相信。

●宋十行本作“爾急切”。

【貼】敕驗切。視也。

◎貼，敕驗切。視也。

【眇】彌紹切。《説文》云：一目小。《易》曰：眇能視。
◎眇，彌紹切。一目小。
【睺】胡溝、胡遘二切。半盲爲睺。
◎睺，胡鉤、胡遘二切。半盲也。
○睺，《玉篇》云：半盲爲睺。（《方言疏證》卷十二）
【矇】莫公切。《詩》云：矇瞍奏公。《傳》云：有眸子而無見曰矇。
◎矇，莫公切。有眸子無見。
○矇，莫公反。《詩》注云：有眸子而無見曰矇。（《三教指歸注》一 31）
【盲】莫耕切。目無眸子也。
◎盲，莫耕切。目無眸子。
○盲，《玉篇》云：盲，冥也。《説文》：目無眸子曰盲。《考聲》：目無見也。（《一切經音義》卷八）
【瞽】公五切。無目也。《周禮》：大師之職有瞽矇。
◎瞽，公五切。無目也。
○瞽，《玉篇》云：無目曰瞽。又云：有瞳無眲曰瞽。（《輔行記》第一之二）
【瞍】蘇走切。無眸子曰瞍。瞍，同上。
◎瞍，蘇走切。無眸子。瞍，同上。
○瞍，《玉篇》云：有目無瞳曰瞍。（《輔行記》第一之二）
【䁍】口洽切。目陷也。
◎䁍，苦洽切。目陷也。
【眄】莫見切。《説文》云：目偏合也。一曰衺視也。秦語。俗作眄。
◎眄，莫見切。《説文》：目偏合也。一曰衺視。俗作眄。
【眢】唯并、胡亭二切。《説文》云：惑也。
◎眢，唯并、胡亭二切。惑也。
【眸】莫侯切。目瞳子也。
◎眸，莫侯切。目瞳子。
【睿】余芮切。智也，明也，聖也。
◎睿，余芮切。智也，明也，聖也。
【瞳】徒公切。目珠子也。《大傳》：舜四瞳子也。
◎瞳，徒公切。目珠子。
○瞳，目珠子也，即黑睛中小珠子也。（《弘決外典鈔》一 8）
○瞳，徒公反。目珠子也。《左傳》云：舜重瞳子也。（《三教指歸注》一 31）
○瞳，《玉篇》云：瞳者，目珠子也。（《輔行記》第一之一）
【眓】烏括切。揞目也。
◎眓，烏哲切。揞目也。
【睉】昨戈切。《説文》云：小目也。
◎睉，昨戈切。小目也。
【眐】之盈切。獨視皃。
◎眐，之盈切。獨視皃。
【瞭】力條切。目明也。
◎瞭，力條切。目明也。
【眒】書刃切。《子虛賦》：倏眒倩浰。皆疾皃。
◎眒，書刃切。疾皃。
【瞺】烏外切。眉目間皃也。
◎瞺，烏外切。眉目間皃。
【眳】彌頂、莫并二切。眳睛，不悦皃。
◎眳，弥頂、莫井二切。眳睛，不悦。
【睛】子盈切。目珠子。又七井切。
◎睛，子盈切。目珠。又七井切。
【睶】壯拳切，又自緣切。目瞬也。
◎睶，壯拳、目緣二切。目瞬。
●圓沙本“目緣”當作“自緣”。
【矞】呼聿切。目深皃。又呼決切。晟、眣，並同上。
◎矞，呼聿切。目深皃。又呼泱切。晟、眣，並同上。
●圓沙本“呼泱切”當作“呼決切”。
【矎】呼玄切。直視也。
◎矎，呼玄切。直視也。
【睵】千才、子來二切。睽也。䀣，同上。
◎睵，千才、子來二切。睽也。䀣，同上。
【瞡】葵季切。視也。又居悸切。
◎瞡，葵季切。視也。又居悸切。
【瞶】居畏切。《蒼頡篇》云：極視也。
◎瞶，居畏切。極視也。
【䀛】莫彬切。視皃。䁅，同上。

◎眍，莫彬切。視皃。䁅，同上。

【䀨】火刮切。視也。

◎䀨，火刮切。視也。

【盯】直庚切。䁅盯，視皃。

◎盯，直庚切。䁅盯，視皃。

○盯䁅，《玉篇》：視皃。（《朱文公校昌黎先生文集》卷八）

【䁅】亡幸切。視也。又音萌。

◎䁅，亡幸切。視也。又音萌。

【瞎】火轄切。一目合也。瞸，同上。

◎瞎，火轄切。一目合。瞸，同上。

○瞎，《玉篇》：瞎，一目合也。（《釋名疏證》卷八）

【睔】弋照切。眩睔也。

◎睔，弋照切。眩睔。

【睃】子弄切。伺視也。

◎睃，子弄切。伺視也。

【瞣】呼換切。《山海經》：有璽瞣國，在崑崙墟之東南流沙中也。

◎瞣，呼換切。璽瞣，國名。

【瞪】直耕切。怒目直視皃。

◎瞪，直耕切。怒目直視皃。

【脛】五冷切。直視也。

◎脛，五令切。直視。

【睆】呼光切。目不明。又狼睆，南夷國名，人能夜市金。

◎睆，呼光切。目不明。又狼睆，南夷國名。

【瞸】丑亮切。失志皃。

◎瞸，丑亮切。失志皃。

【眭】胥規切。人姓。又下圭切，目深惡皃。

◎眭，胥規切。人姓。又下圭切，目深惡皃。

【眻】餘向、餘章二切。美目。又眉間曰眻。

◎眻，余向、余章二切。美目。又眉間曰眻。

【䁫】壯立切。目出淚。

◎䁫，壯立切。目出淚。

【瞜】烏侯、口侯二切。深目皃。

◎瞜，烏侯、口侯二切。深目皃。

【睳】呼圭切。瘦皃。又目瞢。

◎睳，呼圭切。瘦皃。又目瞢。

○睳，《玉篇》云：音也。（《龍龕手鏡》卷四）

●《篆隸萬象名義》作“眄皃也”，疑此當作“瘦眄皃”。

【瞠】丑庚、丑郎二切。《蒼頡篇》：直視也。瞸，同上。

◎瞠，丑庚、丑郎二切。直視也。瞸，同上。

【䁡】力末切。目不正。

◎䁡，力末切。目不正。

【䀹】式冉、式涉二切。䀹䀹，目皃。

◎䀹，式冉、式涉二切。䀹，目皃。

【䁒】亡結切。汙面也。

◎䁒，亡結切。睥面也。

●圓沙本“睥面”未詳。

【睥】普計切。左睥右睨。

◎睥，普計切。睥睨也。

【眎】時至切。語也。亦作示。又承矢切。亦古文視。

◎眎，時至切。語也。亦作示。又承矢切。亦古文視。

【眡】時旨切。古文視。

◎眡，時旨切。古文視。

【眂】上支切。視也。

◎眂，上支切。視也。

【瞴】庚鞠切。目明。又望也。

◎瞴，庚鞠切。目明。又望也。

【眴】徒賢切。《大戴禮》：人生三月而眴。又胡涓切。

◎眴，徒賢切。《大戴礼》：人生三月而眴。又胡消切。

●圓沙本“胡消切”當作“胡涓切”。

【瞧】語居切。《爾雅》：馬二目白魚。或作瞧。

◎瞧，語居切。馬二目白魚。亦作瞧。

●末尾“瞧”字疑當作“瞧”。

【䁊】余涉切。瞼也。

◎䁊，余涉切。瞼也。

【瞜】力隹切。視也。亦作矙。

◎瞜，力隹切。視也。亦作矙。

○瞜，《玉篇》：瞜，視也。（《方言疏證》卷十）

【瞘】口交切。窅瞘，面不平也。

◎瞜，口交切。窅瞜，面不平。
【䁅】莫朗切。無一目曰䁅。
◎䁅，莫朗切。無一目。
【瞥】古冷切。瞥䁝，有餘視也。一曰喜也。
◎瞥，古今切。瞥䁝，有餘視也。一曰喜也。
【䁝】眉冷切。瞥䁝。
◎䁝，眉冷切。瞥䁝。
【睕】一阮切。小撫媚也。
◎睕，一阮切。小撫媚也。
【矌】苦謗切。目無眹。
◎矌，苦謗切。目無眹。
【睈】丑郢切。睈睈，照視也。
◎睈，丑郢切。照視皃。
【眆】補太、普蓋二切。不明皃。
◎眆，補太、普蓋二切。不明皃。
【矀】莫悲切。伺視也。
◎矀，莫悲切。伺視也。
【眆】芳往切。古仿佛，見似不諦。
◎眆，芳往切。古眆佛，見似不諦。
【雚】古換、古桓二切。古觀字。䪈，同上。
◎雚，古換、古完二切。古觀字。䪈，同上。
【瞰】苦暫切。揚雄《解嘲》云：鬼瞰其室。瞰，視也。
◎瞰，苦暫切。視也。揚雄《解嘲》：鬼瞰其室。
【䁐】達雞切。視也。或作題。
◎䁐，達雞切。視也。或作題。
【䀣】古學切。明也。
◎䀣，古學切。明也。
【朤】力蕩切。古朗字。
◎朤，力蕩切。古朗字。
【䁇】眉力切。暫視也。
◎䁇，眉力切。暫視也。
【瞝】摩筆切。瞝瞝，不可則也。
◎瞝，摩筆切。瞝瞝，不可測也。
●底本"則"疑當作"測"。
【瞸】他則切。瞸瞽，欲卧。
◎瞸，他則切。瞸瞽，欲卧也。
【瞽】莫北切。瞸瞽。
◎瞽，莫北切。瞸瞽。
【䁩】丑㐌切。澤眼。
◎䁩，丑㐌切。澤眼也。
【晢】丑世切。瞥也。又諸裔切。晣，同上。
◎晢，丑世切。瞥也。又諸裔切。晣，同上。
【睂】莫飢切。《説文》云：目上毛也。眉，今睂字。
◎睂，莫飢切。目上毛。眉，今睂字。
【瞠】丁結切。瞠䀸，惡皃。
◎瞠，丁結切。瞠䀸，惡皃。
【䀸】火決切。瞠䀸。
◎䀸，火決切。瞠䀸。
【䁤】丈莖切。安審視也。
◎䁤，丈莖切。安審視也。
【眑】於皎切。幽靜也。
◎眑，於皎切。幽静也。
【睟】思季切。視也。又潤澤皃。《孟子》曰：其色睟然。
◎睟，思季切。視也。又潤澤皃。
○睟，《玉篇》：潤澤皃也。（《一切經音義》卷十六）
○睟，《玉篇》曰：睟然，潤澤之皃也。（《一切經音義》卷二十一）
○睟，顧野王云：睟然，謂潤澤之皃也。（《一切經音義》卷九十八）
○睟，《玉篇》：深視也。《字書》云：潤澤也。（《續一切經音義》卷七）
【瞢】莫公切，又墨登切。
◎瞢，莫公切，墨登切。目暗。
【䁢】子召切。目冥也。
◎䁢，子召切。目冥也。
【瞛】七恭切。目光也。
◎瞛，七恭切。目光也。
【㝵】瞥歷切。視也。
◎㝵，縈歷切。視也。
【䀮】羽向切。視也。
◎䀮，羽向切。視也。
【眗】古于切。左右視也。
◎眗，古于切。左右視也。
【䁐】爭革切。張目也。
◎䁐，爭革切。張目也。

【眖】許決、許聿二切。直視也。
◎眖，許决切，許聿切。直視。
【矖】離涉切。目暗也。
◎矖，離惦切。目暗。
●宋十行本作“離惦切”，澤存堂本作“離活切”。“活”疑當作“洽”。
【昇】渠句切。《説文》云：共置也。具，同上，今文。
◎昇，渠句切。共置也。具，同上，今文。
【眡】古花切。眼也。
◎眡，古花切。眼也。
【瞜】力隄、力帝二切。視也。
◎瞜，力隄、力帝二切。視也。
【睚】五懈切。睚眦。又裂也。又五皆切。
◎睚，五懈切。睚眦。又裂也。又五皆切。
○睚，顧野王云：謂裂眦瞋目皃也。（《一切經音義》卷九十八）
【眦】士介切。睚眦也。睞，同上。
◎眦，士介切。睚眦。睞，同上。
【眣】矢其切。眴也。
◎眣，矢其切。眴也。
【睃】子迅切。視也。
◎睃，子迅切。視也。
【瞙】無玕切。張昭也。
◎瞙，無肝切。張目也。
●宋十行本作“無玕切”。
【暎】於京切。深目也。
◎暎，於京切。深目也。
【瞕】市專切。目動。
◎瞕，市專切。目動。
【矆】祖困切。赤目也。
◎矆，祖困切。赤目也。
【矑】力都切。視也。亦目瞳子也。
◎矑，力都切。視也。亦目瞳子。
○矑，《玉篇》云：矑，視也。亦目瞳子也。（《方言箋疏》卷二）
【瞦】火麥切。目病也。
◎瞦，火麥切。目病。
【睋】吴哥切。《公羊傳》注曰：睋，望也。
◎睋，吴哥切。《公羊傳》注：望也。
【朧】莫江切。目暗也。
◎朧，莫江切。目暗。
【昕】許斤切。喜也。
◎昕，許斤切。喜也。
【曖】烏蓋切。隱也。
◎曖，烏蓋切。隱也。
【瞘】都侯切。瞘瞘，目深也。
◎瞘，都侯切。瞘瞘，目深也。
【瞘】口侯切。又音歐。
◎瞘，口侯切。又音歐。
【眝】弋之切。視也。
◎眝，弋之切。視也。
【瞇】莫俾切。眇目也。
◎瞇，莫俾切。眇目。
○瞇，《玉篇》：眇目皃也。（《龍龕手鏡》卷四）
【眶】去王切。眼眶也。
◎眶，去王切。眼眶。
【睭】之曳切。目明也。
◎睭，之曳切。目明。
【瞟】匹表切。視也。
◎瞟，匹表切。視也。
●瞟同瞟。
【瞶】火貢切。瞢瞶。
◎瞶，火貢切。瞢瞶也。
【瞁】薄異切。背也。
◎瞁，薄異切。背也。
【聘】匹徑切。視也。
◎聘，匹徑切。視也。
【昚】食刃切。古文慎。
◎昚，食刃切。古文慎。
【瞯】古花切。瞯眼。
◎瞯，古花切。瞯眼。
【瞞】許季、許癸二切。恚視也。
◎瞞，許季、許癸二切。恚視也。
【暟】苦改切。明也。
◎暟，苦改切。明也。
【眲】都侯切。眲眵，目汁凝。
◎眲，都侯切。眲眵，目汁凝。
【眰】真日切。視也。

◎眰，真日切。視也。

【眪】筆皿切，又孚皿切。親也。

◎眪，筆皿、孚皿二切。親也。

●“親也”疑當作“視也”。

【䀓】尼六切。視也。

◎䀓，尼六切。視也。

【眐】九羽切。視也。

◎眐，九羽切。視也。

【腰】於皎切。遠視也。

◎腰，於皎切。遠視。

【瞀】自廉切。閉目也。

◎瞀，自廉切。閉目。

【䁙】於顯、於見二切。仰視也。

◎䁙，於顯、於見二切。仰視。

【睶】尺尹切。大目也。

◎睶，尺尹切。大目。

【瞜】力頭切。視也。

◎瞜，力頭切。視也。

【睫】災葉切。目睫。

◎睫，災葉切。目睫。

【䁥】女栗切。小目也。

◎䁥，女栗切。小目。

【眨】仄洽切。目動也。

◎眨，側洽切。目動。

【䀘】居業切。急視也。

◎䀘，居業切。急視。

【晛】許睢切。視也。

◎晛，許往切。視也。

【朊】魚遠切。目視。

◎朊，魚遠切。目視。

【晡】卜古切。

◎晡，卜古切。視也。

【睔】古岳切。目動也。

◎睔，古岳切。目動。

【䀏】息咨切。姧視也。

◎䀏，息咨切。姧視。

【明】莫兵切。視也。

◎明，莫兵切。視也。

【瞎】苦合切。困悶眼。

◎瞎，苔合切。困悶眼。

●底本此字頭原訛从容，據澤存堂本正。

【瞌】苦合切。眼瞌也。

◎瞌，苦合切。眼瞌也。

【矃】女江切。目不明。又奴冬切，怒目也。

◎矃，女紅切。目不明。又奴冬切，怒目也。

●宋十行本作“女紅切”。

【睲】息頂切。視也。

◎睲，息頂切。視也。

【瞨】普角切。眼暗也。

◎瞨，普角切。眼暗。

【卧】補木切。目骨。

◎卧，補木切。目骨。

【盻】許乙切。視也。

◎盻，許乙切。視也。

【眹】他田切，又他佃切。

◎眹，他田、他佃二切。仰視。

【睞】莫悲切。眇目。

◎睞，莫卑切。眇目。

【瑤】余昭切。美目也。

◎瑤，余昭切。美目。

【瞑】而緣切。目垂也。

◎瞑，而緣切。目垂。

【璇】辭緣切。好皃。

◎璇，詞緣切。好皃。

【曦】虛儀切。目動也。

◎曦，虛儀切。目動。

【瞶】居韋切。目也。

◎瞶，居韋切。目也。

【脡】徒領切。目出也。

◎脡，徒領切。目出。

【腱】古言切。數也。

◎腱，古言切。數也。

【䁯】子規切。䁯眭也。

◎䁯，子規切。䁯眭。

【瞜】所緘切。見也。

◎瞜，所緘切。見也。

【寧】乃頂切。

◎寧，乃頂切。視也。

【矖】色滓切。視也。

◎矖，色滓切。視也。

【昭】齒沼切。昭目弄人也。
◎昭，齒沼切。昭目弄人。
【睼】多佞切。見也。
◎睼，多佞切。見也。
【䁐】危委切。目䁐䁐也。
◎䁐，危委切。目䁐䁐。
【瞼】九儉切。眼瞼也。
◎瞼，九儉切。眼瞼也。
【䀿】古例切。
◎䀿，古例切。久視。
【映】於郎切。目不明。
◎映，於郎切。目不明。
【𥇌】丘郎切。映𥇌，目皃。
◎𥇌，丘郎切。映𥇌，目皃。
【晻】烏感切。目也。
◎晻，烏感切。目也。
【眮】七例切。視也。
◎眮，七例切。視也。
【暅】古鐙切。目起也。
◎暅，古鐙切。目起。
【瞖】於計切。眼疾也。
◎瞖，於計切。眼疾。
【暇】胡駕切。閑暇視也。
◎暇，胡駕切。閑暇視也。
【䁨】助咸切。
◎䁨，助咸切。怒視。
【瞱】于劫切。目動。
◎瞱，于劫切。怒視。
【䁅】火惑切。睡目皃。
◎䁅，火惑切。睡目皃。
【䁑】耕責切。目不正也。
◎䁑，耕責切。目不正。
【赫】呼革切。目赤也。
◎赫，呼革切。目赤。
【䁻】舒灼切。美目也。
◎䁻，舒灼切。美目。
○䁻，《玉篇》云：美目也。（《方言疏證》卷二，《方言箋疏》卷二）
【䁥】七歷切。見也。
◎䁥，七歷切。見也。

【瞙】忙落切。《字統》云：目不明。
◎瞙，忙落切。目不明。
【䀰】古禄切。目開也。
◎䀰，古禄切。目開。
【晫】知朔切。目明也。
◎晫，知朔切。目明。
【䀫】古狎切。眼細暗。
◎䀫，古狎切。眼細暗。
【䁁】火協切。閉一目也。又音䁁。
◎䁁，大叶切。閉一目也。又音䁁。
【䁛】呼郭切。驚視也。
◎䁛，呼郭切。驚視。
【䁘】思獵切。閉目。
◎䁘，思獵切。閉目。
【䁶】必昭切。惡視。
◎䁶，必昭切。惡視。
【䀐】胡玩切。睆䀐也。
◎䀐，胡玩切。睆䀐。
【䁵】許役切。驚視也。
◎䁵，許役切。驚視。
【省】思井切。善也。《説文》云：視也。又所景切。𥄉，古文。
◎省，思井切。視也。所景切，署也。𥄉，古文。
●宋十行本作“署也”。

補

◎䁿，七外切。眄也。
○瞏，《玉篇》又香兖反。迴視也。（《龍龕手鏡》卷四）
○㫚，《玉篇》：呼没、普没二反。急視皃也。（《龍龕手鏡》卷四）

盾部第四十九

凡四字

【盾】殊尹切。《周禮》司兵掌五盾。盾，干櫓之屬。《説文》云：瞂也。所以扞身蔽目也。象形。又徒損切。
◎盾，殊尹切。《周禮》兵掌五盾。盾，干櫓之屬。《説文》：瞂也。所以扞身蔽目也。又徒損切。

【瞂】扶發切。盾也。《詩》曰：蒙瞂有菀。本亦作伐。鄭玄云：伐中干也。戫，同上。

◎瞂，扶發切。盾也。《詩》：蒙瞂有菀。本亦作伐。鄭玄云：伐中干也。戫，同上。

【眭】苦圭切。盾握也。

◎眭，苦圭切。盾握也。

䀠部第五十

凡十三字

【䀠】荆遇切。左右視也。亦與瞿同。又音拘。

◎䀠，荆遇切。左右視也。亦與瞿同。又音拘。

【䁮】俱媛切。《説文》云：目圍也。从䀠。古文以爲醜字。

◎䁮，俱媛切。目圍也。古文以爲醜字。

【奭】居于切。目邪也。

◎奭，居于切。目邪。

【𥈈】舒仁切。引目。

◎𥈈，舒仁切。引目。

【瞿】巨俱切。姓也。《説文》九遇切，鷹隼之視也。

◎瞿，巨俱切。姓也。又荆遇切，鷹隼之視。

【矍】許縛、居縛二切。急視也。

◎矍，許縛、居縛二切。急視。

【𥉉】彌連切。視也。

◎𥉉，彌連切。視也。

【𥅞】吉穎切。大目也。

◎𥅞，吉穎切。大目也。

【界】居遇切。恐也。

◎界，居遇切。恐也。

【𥊔】徒郎切。𥊔視也。

◎𥊔，徒郎切。𥊔視也。

【䁗】雖一切。罪止也。

◎䁗，雖一切。罪止也。

【䁥】許尤切。目多汁。

◎䁥，許尤切。目多汁。

【䀮】莫剥切。美目也。

◎䀮，莫剥切。美目也。

旻部第五十一

凡四字

【旻】火域切，又火滅切。舉目使人也。

◎旻，火域、火滅二切。舉目使人也。

【敻】詡政、霍見二切。深遠也。《説文》云：營求也。

◎敻，詡政、霍見二切。深遠也。《説文》：營求也。

【閺】武分切。低目視人也。弘農湖縣有閺鄉，汝南西平有閺亭。

◎閺，武分切。低目視人也。弘農湖縣有閺鄉，汝南西平有閺亭。

【𡘡】巨員切。大視也。

◎𡘡，巨員切。大視也。

見部第五十二

凡九十七字

【見】吉薦切。視也。

◎見，吉薦切。視也。

○見，野王云：以己示人，爲人所見也。（《法華釋文》下 162）

【視】時止切。看也。《洪範》五事，三曰視。視謂觀正也。

◎視，時止切。看也。

○視，《玉篇》云：視者，觀也，瞻也。（《一切經音義》卷二十五）

【睨】魚計切。旁視也。

◎睨，魚計切。旁視也。

【覣】烏爲切。好視也。

◎覣，烏爲切。好視也。

【覼】力計切。索視之皃。又師蟻切。

◎覼，力計切。索視皃。又師蟻切。

【覘】都含切。内視也。

◎覘，都含切。内都也。

●圓沙本“内都”當作“内視”。

【覶】力和切。好視也。又覶縷，委曲也。
◎覶，力和切。好視也。又覶縷，委曲也。
○覶縷，顧野王云：覶縷猶委曲也。（《一切經音義》卷九十七）
【䙳】來卜切。共視也。
◎䙳，來卜切。共視也。
【䚆】胡管切。大視也。又音烜。
◎䚆，胡管切。大視也。又音烜。
【覝】陵兼切。察視也。今作廉。
◎覝，陵兼切。察視也。今作廉。
【䙾】王問切。外博衆多視也。
◎䙾，王問切。外博衆多視。
【觀】古换切。諦視也。又古桓切。
◎觀，古换切。諦視也。又古桓切。
【㝵】丁勒切。取也。今作㝵，亦作䙷。
◎㝵，丁勒切。今作㝵，亦作䙷。
【覽】力敢切。視也。
◎覽，力敢切。視也。
【䚓】力代切。内視也。
◎䚓，力代切。内視也。
○䚓，《玉篇》又音賴。（《龍龕手鏡》卷三）
【覰】此咨切。見也，盜視皃也。
◎覰，此咨切。見也，盜視皃。
【覭】妨饒切。目有察省見也。又方小切。
◎覭，妨饒切。目有察省見也。又方小切。
【覷】此居、士據二切。拘覷，未致密也。
◎覷，此居、士據二切。拘覷，未致密也。
○覷，顧野王云：謂相候視也。（《一切經音義》卷四十）
【覯】公候切。《詩》曰：我覯之子。覯，見也。
◎覯，公候切。見也。《詩》：我覯之子。
【覭】暮丁、亡狄二切。小見也。
◎覭，莫丁、亡狄二切。小見。
【覘】敕廉、恥豔二切。窺也。《春秋傳》曰：公使覘之。
◎覘，敕廉、恥豔二切。窺也。《春秋》：公使覘之。
○覘，《玉篇》云：公侯之信伺也。（《續一切經音義》卷九）
【䙫】丘韋、渠追二切。目駐視也。
◎䙫，丘韋、渠追二切。駐視。
【題】達兮、達麗二切。視也。又顯也。
◎題，達兮、達麗二切。視也。又顯也。
【䚍】莫悲切。司也。
◎䚍，莫悲切。伺也。
●底本“司也”當作“伺也”。
【䙼】式冉切。暫見也。
◎䙼，式冉切。暫見。
【覕】匹刃、匹仁二切。暫見也。
◎覕，匹刃、匹仁二切。暫見。
【䚕】扶園切。覕䚕也。
◎䚕，扶園切。覕䚕。
【䙿】丑心、丑蔭二切。私出頭視。
◎䙿，丑心、丑蔭二切。私出頭視。
【覭】莫奚切。病人視。
◎覭，莫奚切。病人視。
【䚃】以周切。下目也。
◎䚃，以周切。下目也。
●《説文》作“下視深也”，《篆隸萬象名義》作“下視也”。
【覬】羈致切。見也，覬覦也。
◎覬，羈致切。見也，覬覦也。
【覦】庾俱切。欲也。
◎覦，庾俱切。欲也。
○覦，顧野王云：覦，幸也。（《一切經音義》卷六十二）
【覓】莫勒切。突前也。
◎覓，莫勒切。突前也。
○覓，《玉篇》：莫勒反。《説文》：突前也。（《龍龕手鏡》卷四）
【䚦】丑江、丑巷二切。視不明也。
◎䚦，丑江、丑巷二切。視不明。
●圓沙本“䚦”當作“䚦”。
【覞】弋照切。視誤也。
◎覞，弋照切。視誤也。
【䙽】他的、才歷二切。目赤也。
◎䙽，他的、才歷二切。目赤也。
【覤】七亦切。觀也。
◎覤，七亦切。觀也。

【靚】才性切。裝飾也。《説文》：召也。
◎靚，才性切。裝飾。又召也。
【親】且因切。至也。《虞書》曰：以親九族。
◎親，且因切。至也，親戚。
【覲】奇靳切。見也。
◎覲，奇靳切。見也。
○覲，見也。奇靳反。（《三部經音義集》二）
【覿】達寂切。見也。
◎覿，達寂切。見也。
【覩】都扈切。古文睹。
◎覩，都扈切。古文睹。
【毣】莫到切。《詩》曰：左右毣之。毣，擇也。本亦作芼。
◎毣，莫到切。擇也。《詩》：左右毣之。本亦作芼。
○毣，顧野王曰：左右毣之。毣，擇也。本亦作芼。（《詩經廣詁》）
【覕】莫結、補日二切。覓也。
◎覕，莫結、補日二切。覓也。
【覛】莫狄、莫獲二切。衺視也。䁾，籀文。
◎覛，莫狄、莫獲二切。衺視。䁾，籀文。
【覺】古樂切。寤也。《詩》曰：有覺德行。覺，大也。
◎覺，古樂切。寤也。《詩》：有覺德行。覺，大也。
○覺，顧野王云：覺謂知曉也。（《一切經音義》卷二十四）
○覺，《玉篇》云：覺，警也，察也，觀見也，視也。（《一切經音義》卷二十六）
○覺，顧野王言：眠寤也。（《一切經音義》卷七十八）
【覴】丁侯切。目蔽垢也。
◎覴，丁侯切。目蔽垢也。
【覟】且狄切。覟覗，面柔也。
◎覟，且狄切。覟覗，面柔也。
【覗】式支切。覟覗。
◎覗，式支切。覟覗。
【硯】時遶切。見也。
◎硯，時遶切。見也。
○硯，《玉篇》云：見也。（《重修廣韻》卷三）
【覓】莫狄切。索也。覔，同上，俗。
◎覓，莫狄切。索求也。覔，同上，俗。
【覩】古刀切。見也。
◎覩，古刀切。見也。
【覮】于并切。覮然能聽。
◎覮，于并切。覮然能聽。
【覘】尸甚切。深視也。或作瞫。
◎覘，尸甚切。深視。或作瞫。
○覘，《玉篇》：眉甚反。（《龍龕手鏡》卷三）
●佚文“眉甚反”未詳。
【覞】古莧切。視也。
◎覞，古莧切。視也。
【覭】牛買切。視也。
◎覭，牛買切。視也。
【覩】巨尸切。視也。
◎覩，巨尸切。視也。
【覤】於革切。善驚也，視也。
◎覤，於革切。善驚也，視也。
【覗】息咨切。視也。
◎覗，息咨切。視也。
【覵】口閑切。視也。
◎覵，口閑切。視也。
【覶】洛侯切，又力主切。
◎覶，洛侯切，又力主切。
【覝】莫厓切。
◎覝，莫崖切。小見也。
【覰】七余切。伺視也。
◎覰，七余切。伺視也。
【覷】五圭切。視也。
◎覷，五圭切。視也。
【覻】牛昆切。視也。
◎覻，牛昆切。視也。
【覠】吉倫切。
◎覠，吉倫切。大視也。
【覑】匹連切。斜視。
◎覑，匹連切。斜視也。
【覴】都稜切，又丑證切。久視也。
◎覴，都稜、丑證二切。久視。
【覙】呼光切。視也。
◎覙，呼光切。視也。

【覫】縛尤切。視也。
◎覫，縛尤切。視也。
【覗】思兖切。見也。
◎覗，思兖切。見也。
【覣】祇淚切。視也。
◎覣，祇淚切。視也。
【覭】之忍切。視也。
◎覭，之忍切。視也。
【覫】蒲朗切。
◎覫，蒲朗切。視也。
【覩】所景切。
◎覩，所景切。審視。
【覭】於景切。
◎覭，於景切。見也。
【覑】匹典切。
◎覑，匹典切。見也。
【覢】丑蔭切。視也。
◎覢，丑蔭切。視也。
【覞】鵶淚切。
◎覞，鵶淚切。定見。
【覽】側鑒切。逞皃。
◎覽，側鑒切。逞見。
●圓沙本“逞見”當作“逞皃”。
【覹】力刃切。親也。
◎覹，力刃切。親也。
【覴】吉緣切。視皃。
◎覴，吉緣切。視也。
【覶】古到切。久視皃。
◎覶，古到切。久視皃。
【覺】烏計切。視皃。
◎覺，烏計切。視也。
【覸】多貢切。視皃。
◎覸，多貢切。視皃。
【覻】口計切。見也。
◎覻，口計切。見也。
【覼】力制切。
◎覼，力制切。疾視。
【覷】之吏切。
◎覷，之吏切。明見也。
【覩】無沸切。見也。
◎覩，無沸切。見也。
【覤】呼格切。見。
◎覤，呼格切。見也。
【覥】大結切。見。
◎覥，大結切。見也。
【覧】普列切。覧見。
◎覧，普列切。覧見。
【覰】許逆切。出《莊子》。
◎覰，許逆切。出《莊子》。
【覨】五各切。久視。
◎覨，五各切。久視也。
【覲】之日切。視也。
◎覲，之日切。視也。

覞部第五十三

凡三字

【覞】昌召、弋召二切。並視也。
◎覞，昌召、弋召二切。視也。
●《篆隸萬象名義》作“普見”，《廣韻》作“普視”。
【覵】苦閑切。很視也。
◎覵，苦閑切。很視也。
【覊】火利切。《説文》云：見雨而止息也。
◎覊，火利切。見雨而止息也。

䀠部第五十四

凡五字

【䀠】亡達切。《説文》云：目不正也。从丫从目。
◎䀠，亡達切。《説文》：目不正也。从丫从目。
【莧】莫結切。《説文》云：火不明。《周書》云：布重莧席。
◎莧，莫結切。《説文》：火不明。《周書》：布重莧席。
【瞢】莫登、莫中二切。目不明也。
◎瞢，莫登、莫中二切。目不明。
【蔑】莫結切。勞目無精也。

◎蔑，莫結切。勞目無精也。

【䵦】武郎切。《周書》云：汝乃是弗䵦。䵦，勉也。

◎䵦，武郎切。《書》云：汝乃是不䵦。注：勉也。

耳部第五十五

凡九十七字

【耳】如始切。《説文》云：主聽也。象形。《易》曰：坎爲耳。《白虎通》曰：耳者，腎之候也。《論語》云：汝得人焉耳乎。孔安國曰：耳，辭也。

◎耳，如始切。主聽也。《白虎通》：耳者，腎之候也。《語》云：汝得人焉耳乎。孔安國曰：耳，辭也。

【聑】丁兼切。《説文》云：小耳垂。《埤蒼》曰：亦同。

◎聑，丁兼切。小耳垂。

●今本《説文》作"小垂耳也"，《篆隸萬象名義》作"耳小垂也"。

【耴】豬涉切。《説文》云：耳垂也。秦公子名耴者，其耳下垂，因以爲名。

◎耴，豬涉切。耳垂也。

【耽】丁含切。耳大垂也。《詩》云：士之耽兮。耽，樂也。

◎耽，丁含切。耳大垂也。《詩》云：士之耽兮。樂也。

〇耽，《説文》：耽，耳大垂也。《玉篇》同，音丁含反。(《方言箋疏》卷一)

〇耽，《玉篇》《字林》等耳垂爲耽。(《一切經音義》卷二十二)

【聃】他甘切。《説文》云：耳曼也。老子名曰老聃。又奴甘切。耼，《説文》聃同。

◎聃，他甘切。耳曼也。老子名老聃。又双甘切。耼，《説文》聃同。

●圓沙本"双甘切"當作"奴甘切"。

【瞻】丁藍切。《説文》云：垂耳。南方有瞻耳之國。

◎瞻，丁藍切。垂耳。南方有瞻耳國。

【聑】書入切。耳動摇之皃。

◎聑，書入切。耳動摇皃。

【聯】力然切。連也。《周禮》八灋治官府，三曰官聯，以會官治。玄曰：國有大事，一官不能獨共，則六官共舉之。聯爲連事通職，相佐助也。

◎聯，力然切。連也。

【職】支力切。《説文》云：記微也。《爾雅》曰：主也，業也。

◎職，支力切。主也，業也，記也。

〇職，位也。(《法華釋文》上)

【聵】女江切。《淮南子》曰：聽雷者聵。注云：耳中聵聵然。《埤蒼》云：耳中聲也。

◎聵，女江切。耳中声也。

【聊】力彫切。《説文》云：耳鳴也。《詩》云：聊與之謀。聊，願也。又且略之辭。

◎聊，力彫切。耳鳴。《詩》：聊与之謀。聊，願也。又且略之辭。

【聖】舒政切。《書》曰：睿作聖。《孔氏傳》云：於事無不通謂之聖。又《風俗通》云：聖者聲也，聞聲知情故曰聖也。

◎聖，舒政切。《書》：睿作聖。《孔傳》云：於事無不通謂之聖。

〇聖，於事無不通謂之聖矣。(《三教指歸注》一13)

【聕】胡骨切。耳聲。《埤蒼》云：春秋地也。

◎聕，胡骨切。耳声。又地名。

【聰】青公切。聰，明也，察也。《書》云：聰作謀。聡，同上，俗。

◎聰，青公切。聰，明也，察也。聡，同上，俗。

〇聰，明也。又作聡，同。青公反。(《三部經音義集》三)

【聽】他丁、他定二切。《尚書》五事，四曰聽。《孔氏傳》云：察是非。

◎聽，他丁、他定二切。耳察。

【聆】郎丁切。《蒼頡篇》：耳聽曰聆。

◎聆，郎丁切。耳聽也。

【聒】公活切。《説文》云：讙語也。《左氏傳》曰：聒而與之語。

◎聒，公活切。讙語。《左傳》：聒而與之語。

●今本《説文》作“驩語也”。

【聥】紀禹切。《説文》云：張耳有所聞。《蒼頡篇》：睡，驚也。

◎聥，紀禹切。睡驚也。

【聞】武云切。《説文》云：知聲也。《書》云：予聞如何。又音問。䎽、聋，並古文。

◎聞，武云切。知声也。又音問。䎽、聋，並古文。

●“聋”字爲“䎹”之訛字。

【聲】書盈切。《説文》云：音也。《書》曰：聲依永，律和聲。

◎聲，書盈切。音也。

【聘】匹正切。《説文》云：訪也。《禮記》云：諸侯使大夫問於諸侯曰聘。

◎聘，匹正切。訪也。《記》云：諸侯使大夫問於諸侯曰聘。

【聾】力東切。《左氏傳》云：耳不聽五聲之和謂之聾。聾，不聞也。亦作矓。

◎聾，力東切。不聞也。亦作矓。

〇聾，作矓，音盧紅反。(《三部經音義集》二)

【聹】子亥切。《方言》云：半聾也。梁益之間謂之聹，秦晉之間聽而不聰、聞而不達謂之聹。

◎聹，子亥切。半聾也。

〇聹，《玉篇》引《方言》云：聹，半聾也。梁益之間謂之聹，秦晉之間聽而不聰、聞而不達謂之聹，陳楚江淮荆陽山之間聾謂之聳。(《方言疏證》卷六)

【聤】達零切。聤，耳病也。

◎聤，達零切。耳病。

【聳】須奉切。《國語》曰：聽無聳也。《方言》云：陳、楚、江、淮、荆陽山之間聾謂之聳。

◎聳，須奉切。聾也。

【聉】牛乙、五滑二切。《説文》云：無知意也。

◎聉，牛乙、五滑二切。無知意。

【聵】五怪切。《説文》云：聾也。《國語》曰：聾聵不可使聽。聲，同上。

◎聵，五怪切。聾也。《國語》：聾聵不可使聽。聲，同上。

【聦】五滑切。聾之甚者曰聦。吴楚無耳者謂之聦。

◎聦，五滑切。聾甚也。又無耳者。

【聝】古獲切。《説文》云：戰而斷耳也。亦作馘。

◎聝，古獲切。截断耳。亦作馘。

【聅】恥列、徒安二切。《説文》云：軍法以矢貫耳也。《司馬法》曰：小罪聅，中罪刖，大罪剄。

◎聅，恥列、徒安二切。軍法以矢貫耳也。

【聐】五刮切。《説文》云：墮耳也。

◎聐，五刮切。墮耳。

【聽】匹妙切。《廣雅》云：聽裁聞也。又行聽也。

◎聽，匹妙切。聽裁聞也。

【䣛】美爲、亡彼二切。《説文》云：乘輿金馬耳也。

◎䣛，美爲、亡彼二切。乘輿金馬耳也。

【聆】其林、其廉二切。《國語》曰：回禄信於聆遂。闕。又地名。

◎聆，其林、其廉二切。地名。

【聅】諸褒切。入意也。一曰聞也。《字書》亦作聢。

◎聅，諸褒切。聞也。亦作聢。

【聺】千世切。聽也。

◎聺，千世切。聽也。

●《類篇》作“聰也”。

【聸】才焦、才高二切。《埤蒼》云：耳鳴也。

◎聸，才焦、才高二切。耳鳴。

【聱】五茍、魚幽二切。《廣雅》曰：不入人語也。《埤蒼》云：不聽也。

◎聱，五茍、魚幽二切。不入人話。

【聴】奴陸切。《埤蒼》云：聴，慙也。《説文》作恧。

◎聴，奴陸切。慙也。《説文》作恧。

【聑】如志切。以牲告神，欲神聽之曰聑。

◎聑，如志切。以牲告神，欲神聽。

【聑】莫田切。《廣雅》曰：聽也。《埤蒼》曰：注意聽也。

◎瞑，莫田切。注意聽也。

【聜】之忍切。《埤蒼》云：告也。《禮記》曰：聜於鬼神。亦作眕。

◎聜，之忍切。告也。《禮記》：聜於鬼神。亦作眕。

【聊】力彫、力高二切。《埤蒼》曰：耳鳴也。

◎聊，力彫、力高二切。耳鳴。

【耵】都領切。耵聹，耳垢也。

◎耵，都領切。耵聹，耳垢。

【聹】乃頂切。耵聹。

◎聹，乃頂切。耵聹。

【聦】知栗切，又丁米切。不聽也。

◎聦，知力、丁米二切。不聽也。

●《篆隸萬象名義》作“耳膿也”。

【聧】牛戒切。不聽也。

◎聧，牛戒切。不聽也。

【聃】侯萌切。《博雅》云：聾也。《字書》云：耳語也。

◎聃，侯萌切。聾也，耳語也。

【耺】禹君切。耳中聲。

◎耺，禹君切。耳中声。

【聐】儀黠切。䫄聐也。

◎聐，儀黠切。䫄聐也。

【聛】之付切。聛，䫄也，源也，聲也。

◎聛，之付切。聛，䫄也，源也，聲也。

【聝】壯交切。耳鳴也。

◎聝，壯交切。耳鳴也。

【啾】才周、子由二切。耳鳴。

◎啾，才周、子由二切。耳鳴。

【聸】之善切。耳門也。

◎聸，之善切。耳門。

【聙】子盈切。聽聦也。

◎聙，子盈切。聽聦也。

【聣】先口切。《字林》云：聦𢜶名也。聣，同上。

◎聣，先口切。聦揔名。聣，同上。

【䏻】他見切。《詩》云：玉之䏻也。䏻，充耳也。亦作瑱。本亦作瑱。

◎䏻，他見切。《詩》：玉之䏻也。充耳也。亦作瑱。本亦作瑱。

【耴】魚乙切。左思《吴都賦》云：魚鳥聲耴。乃物蠢生也。

◎耴，魚乙切。物蠢生也。《吴都賦》：魚鳥聲耴。

【聭】俱位切。《説文》與愧同，慙也。

◎聭，俱位切。与媿同，慙也。

【聒】古活切。無知皃。聒，同上。

◎聒，古活切。無知皃。聒，同上。

【聑】丁篋切。《説文》云：安也。《埤蒼》云：耳垂。

◎聑，丁篋切。安也，耳垂也。

【耷】丁盍切。大耳也。

◎耷，丁盍切。大耳也。

【聚】力木切。聚聽，似蜥蜴，出魏興，居樹上輒下齧人，上樹垂頭聽，聞哭聲乃去。

◎聚，力木切。聚聽，似蜥蜴。

【聶】如獵、女涉二切。《説文》云：附耳小語也。

◎聶，如獵、女涉二切。附耳小語。

【聕】子由切。耳鳴也。

◎聕，子由切。耳鳴。

【踦】去奇切。側耳也。

◎踦，去奇切。側耳。

【聠】匹名切。耳閉。

◎聠，匹名切。耳閉。

【聝】丘古切。耳也。

◎聝，丘古切。耳也。

●“丘古切”當作“丘言切”，澤存堂本作“丘言切”。

【聧】苦圭切。耳不相聽也。又私叶也。

◎聧，苦圭切。耳不相聽。又私叶。

【聏】職救切，又之酉切。耳注。亦明也。

◎聏，職救、之酉二切。耳注。亦明。

【聸】都郎切。耳聸也。

◎聸，都郎切。耳聸。

【眺】他刀切，又他凋切。耳鳴。

◎眺，他刀、他凋二切。耳鳴。

【聕】胡老切。耳。

◎聕，胡老切。耳聞。

●宋十行本“耳”後有“聞”字。

【耶】羊遮切。俗邪字。

◎耶，羊遮切。俗邪字。

【聢】桑經切。

◎聢，桑經切。聰也。

【聧】自焦切。耳鳴。

◎聧，自焦切。耳鳴。

【聇】古莖切。神名。

◎聇，古莖切。神名。

【耾】古紅切。耳聞鬼。

◎耾，古紅切。耳聞鬼。

【聄】之忍切。聄，聽也。

◎聄，之忍切。聽也。

【聑】匡主切。目往。

◎聑，匡主切。目往也。

【聦】於檢切。耳。

◎聦，於檢切。耳也。

【聅】縛無切。望也。

◎聅，縛無切。望也。

【聉】他最切。癡也。又五刮切。

◎聉，他最切。癡也。又五刮切。

【聎】子小切。耳鳴。

◎聎，子小切。耳鳴。

【聐】烏鴈切。耳戲也。

◎聐，烏鴈切。耳戲也。

【耷】所亞切。人姓。

◎耷，所亞切。人姓。

【聬】胡没切。耳聲。

◎聬，胡殺切。耳聲。

【聶】之涉切。耳也。

◎聶，之涉切。耳也。

【聻】尼止切。指物皃。

◎聻，尼止切。指物皃。

【聹】古霍切。大耳也。

◎聹，古霍切。大耳。

大廣益會玉篇
卷第五

凡十部

口部第五十六

凡五百二十三字

【口】苦苟切。《説文》云：人所以言食也。象形。《書》云：惟口出好興戎。凵，《聲類》古文口字。

◎口，苦苟切。人所以言食也。凵，《聲類》古文口字。

○口，野王案：口，所以言食也。(《倭名抄》二14)

【噣】竹救切。《説文》曰：喙也。《詩》曰：不濡其噣。亦作咮。咮，同上。

◎噣，竹救切。喙也。《詩》曰：不濡其噣。亦作咮。咮，同上。

【喙】詡穢切。口喙。《左氏傳》曰：深目而猳喙。

◎喙，詡穢切。曰喙。《左傳》：深口而假喙。

【吻】武粉切。口吻。亦作脗。《考工記》曰：鋭喙決吻。㖹，古文。

◎吻，武粉切。口吻。亦作脗。㖹，古文。

【嚨】力公切。《爾雅》曰：亢，鳥嚨。嚨，謂喉嚨。亢即咽。

◎嚨，力公切。喉也。

【咽】於肩切。咽喉也。𡁏，同上。

◎咽，於肩切。咽喉也。𡁏，同上。

○咽，顧野王云：咽猶吞也。(《一切經音義》卷四十五)

【喉】胡鉤切。咽也。

◎喉，胡鉤切。咽也。

【嗌】於亦切。《説文》云：咽也。嗾，籀文，本亦作蒊。

◎嗌，於亦切。咽也。

●圓沙本把“嗾，籀文，本亦作蒊”置於“咥”字頭下，誤。

【嘩】牛隕切。大口也。㖃，同上。

◎嘩，牛隕切。大口也。㖃，同上。

【噭】吉弔切。《説文》曰：吼也。一曰噭，呼也。叫，同上。《説文》曰：呼也。

◎噭，吉弔切。孔也，呼也。

◎叫，吉弔切。呼也。

○叫，《玉篇》作噭。(《一切經音義》卷十五)

○噭，顧野王云：噭，呼也。(《一切經音義》卷二十四)

○叫，顧野王云：叫，呼也。(《一切經音義》卷六十九)

●圓沙本“孔也”當作“吼也”。

【嘂】吉弔切。《説文》曰：高聲也。一曰大呼也。又《爾雅》：大塤謂之嘂。

◎嘂，吉弔切。高声，大呼也。

【哆】處紙、尺寫二切。張口也。《詩傳》云：哆，大皃。

◎哆，處紙、尺寫二切。張口。

○哆，《玉篇》：尺紙反。又昌可反。(《毛詩注疏》卷十二)

○哆，《玉篇》：尺紙反。又昌可反。(《經典釋文》卷六)

【呱】古胡切。小兒啼聲。

◎呱，古胡切。小兒啼声。

【啾】子脩切。《楚辭》云：鳴玉鑾之啾啾。王逸云：啾啾，鳴聲也。

◎啾，子修切。啾啾，鳴声。

【喤】胡彭、胡光二切。小兒啼聲。

◎喤，胡彭、胡光二切。小兒啼声。

【咺】呼遠切。《説文》曰：朝鮮謂兒泣不止曰咺。

◎咺，呼遠切。《説文》：朝鮮謂兒泣不止曰咺。

○咺，《玉篇》：許遠反。小兒啼不止。(《龍龕手鏡》卷二)

【晥】丘尚切。《説文》云：秦晉謂小兒泣不止曰喨。
◎喨，丘亮切。秦晉謂小兒泣不止曰喨。
【哴】力尚切。啼極無聲謂之喨哴也。
◎哴，力尚切。喨哴，啼極無声。
【嶷】牛力、牛忌二切。《説文》云：小兒有知也。
◎嶷，牛力、牛忌二切。小兒有知。
【咷】徒勞切。《易》曰：先號咷而後笑。
◎咷，徒勞切。哭號咷也。
○咷，顧野王云：號咷者，大哭也，泣聲也。（《一切經音義》卷二十九）
○咷，《玉篇》云：號咷，大哭也。（《一切經音義》卷七十八）
【喑】於金、於甘二切。啼極無聲也。
◎喑，於金、於甘二切。啼極無声。
【噲】苦夬切。咽也。
◎噲，苦夬切。咽也。
【咳】何來切。《説文》云：小兒笑也。《禮》曰：父執子右手，咳而名之。又苦代切。
◎咳，何來切。小兒笑也。
○咳，《玉篇》云：小兒笑也。（《一切經音義》卷二十五）
【嗛】胡簟、苦簟二切。《説文》云：口有所銜也。《淮南》：至味不嗛。嗛，銜也。
◎嗛，胡簟、苦簟二切。嗛也。
【咀】才與切。《上林賦》云：咀嚼菱藕。
◎咀，才與切。咀嚼也。
○咀，《玉篇》：噍敢［也］，茹也。含畝，咀嚼也。（《一切經音義》卷二十七）
【嚵】士咸切。小啐也。一曰喙也。
◎嚵，士咸切。小啐也，喙也。
【啜】昌悅、常悅二切。茹也。又音輟。《詩》云：啜其泣矣。啜，泣貌。
◎啜，昌悅、常悅二切。茹也。又音輟。《詩》：啜其泣矣。啜，泣貌。
【嗅】子立切。噍也。
◎嗅，子立切。噍也。
【噬】視制切。齧噬也。《易》曰：頤中有物曰噬嗑。
◎噬，視制切。齧也。
【嚌】在細切。《周書》曰：太保受同祭嚌。嚌，至齒也。呰，古文。
◎嚌，在細切。至齒也。呰，古文。
【噍】才笑切。嚼也。侍食於君子數噍。
◎噍，才笑切。嚼也。
○噍，《玉篇》：噍，爵也。《蒼頡篇》云：咀也。凡物無有孑遺名爲噍，類齊人語也。（《一切經音義》卷十四）
【啐】山劣、山芮二切。小飲也。
◎啐，山劣、山芮二切。小飲。
【嚼】疾略切。噬嚼也。嚯，同上。
◎嚼，疾略切。噬也。嚯，同上。
○嚼，顧野王云：嚼即噍也。（《一切經音義》卷三十二）
○嚼，顧野王云：嚼猶噍也。（《一切經音義》卷五十一）
【吮】食允、徂兖二切。欶也。《史記》曰：吴起，卒有疾疽者，起爲吮之。
◎吮，食允、徂兖二切。欶也。《史》：吴起爲士卒吮疽。
【噉】徒敢切。噉，食也。亦作啖。啖，同上。
◎噉，徒敢切。噉，食也。亦作啖。啖，同上。
【啗】達濫切。《説文》云：食也。
◎啗，徒濫切。食也。
○啗，徒濫反。食也。（《成實論天長點》十四）
【嗒】吐合切。《莊子》云：嗒然似喪其偶。
◎嗒，吐合切。《莊》：嗒然似喪其禍。
●今本《莊子·齊物論》作“嗒焉似丧其耦”，疑圓沙本“禍”字爲“耦”之訛。
【哈】五合切。魚多皃。
◎哈，五合切。魚多皃。
【嘰】居祈切。紂爲象箸而箕子嘰。嘰，唏也。又小食也。
◎嘰，居祈切。唏也，小食也。
○嘰，《玉篇》：小食也。（《龍龕手鏡》卷二）
【嚩】補洛切。噍皃。
◎嚩，補洛切。噍皃。
【吞】他恩切。咽也。《子虛賦》曰：吞若雲夢者八九。

◎吞，他恩切。咽也。

【含】户耽切。《莊子》云：含哺而熙，鼓腹而遊。

◎含，户耽切。食而未吞。

【哺】薄路切。口中嚼食也。

◎哺，薄路切。口中嚼食也。

〇哺，《玉篇》：口中嚼食也。（《釋名疏證》卷八）

【嚛】火沃切。大啜曰嚛。伊尹曰：酸而不嚛。

◎嚛，火沃切。大啜。伊尹曰：酸而不嚛。

【味】武沸切。五味：金辛、木酸、水鹹、火苦、土甘。

◎味，武沸切。滋味。

【𪡏】竹滑切。口滿食也。

◎𪡏，竹滑切。口滿食也。

【噫】乙匕、乙介二切。飽出息也。又於其切，痛傷之聲也。

◎噫，乙匕、乙介二切。飽出息也。又於其切，痛傷声也。

【嘽】他丹切。馬喘息皃。

◎嘽，他丹切。馬喘息皃。

【咦】弋之、喜夷二切。南陽謂大呼曰咦。又笑皃。

◎咦，弋之、喜夷二切。大呼也。又笑皃。

【呬】火利切。息也。

◎呬，火利切。息也。

【喘】充兖切。《説文》云：疾息也。

◎喘，充兖切。疾息也。

【呼】火胡切。《説文》云：外息也。又火故切。

◎呼，火胡切。外息也。又火故切。

〇呼吸，氣出曰呼，氣入曰吸。（《三教指歸注》四30）

【吸】許及切。《説文》云：内息也。《詩》云：維南有箕，載吸其舌。吸，引也。

◎吸，許及切。内息也。《詩》：載吸其舌。吸，引也。

〇噏，顧野王云：噏，氣息入也。（《一切經音義》卷四十一）

〇吸，顧野王云：氣息入也。（《一切經音義》卷四十三）

【喟】丘愧切。《説文》云：太息也。《論語》曰：夫子喟然歎曰。

◎喟，丘愧切。太息也。

【嘳】苦怪切。太息也。亦與喟同。

◎嘳，苦怪切。大息也。亦喟同。

●圓沙本“大”當作“太”。

【嘘】香居切。吹嘘。《聲類》曰：出氣急曰吹，緩曰嘘。

◎嘘，香居切。吹嘘也。

〇嘘，顧野王云：口出氣曰嘘。（《一切經音義》卷五十四）

〇嘘，顧野王曰：出氣緩曰嘘。（《一切經音義》卷七十六）

【吹】齒規切。出氣也。又齒僞切。

◎吹，齒規切。出氣。又齒僞切。

【哼】徒孫、徒昆二切。《詩》云：大車哼哼。哼哼，重遲之皃。噋，同上。

◎哼，徒孫、他昆二切。重遲皃。《詩》：大車哼哼。噋，同上。

【嚌】之日切。野人之言也。

◎嚌，之日切。野人之言也。

【唫】巨錦切。《説文》云：口急也。亦古吟字。

◎唫，巨錦切。口急。又古吟字。

〇唫，《玉篇》：欽、琴二音。口急也。（《龍龕手鏡》卷二）

【噤】巨錦、巨禁二切。《説文》云：口閉也。

◎噤，巨錦、巨禁二切。口閉。

【嚏】丁計切。噴鼻也。《詩》曰：願言則嚏。

◎嚏，丁計切。噴鼻也。

〇嚏，噴鼻也。（《倭名抄》二13）

【名】彌成切。號也。《書》曰：名言兹在兹。

◎名，彌成切。號也。

【召】馳廟切。呼也。又音邵。

◎召，他廟切。呼也。又音邵。
●圓沙本“他廟切”疑當作“池廟切”。
【吾】五都切。《爾雅》曰：吾，我也。
◎吾，五都切。我也。
【哲】智列切。哲，智也。《書》曰：明作哲。喆，同上。嚞，古文。
◎哲，智列切。智也，明哲也。喆，同上。嚞，古文。
【君】居云切。尊也。《書》曰：爲天下君。
◎君，居云切。尊也。
○君，呼所尊敬者爲君也。(《法華釋文》中)
【命】靡競切。教令也。又使也。《書》曰：乃命羲和。
◎命，靡競切。教令也，使也。
○命，《玉篇》云：信也。(《續一切經音義》卷九)
【咨】子祗切。謀也。《書》云：帝曰：咨！汝羲暨和。又咨，嗟也。
◎咨，子祗切。謀也，嗟也。
○咨，與諮同。(《弘决外典鈔》一 1)
○咨嗟，《玉篇》曰：咨嗟，嗟歎也。(《一切經音義》卷二十二)
【問】亡糞切。訊也。《周禮》：待聘曰問。
◎問，亡糞切。訊也。
【和】胡戈切。《書》云：協和萬邦。又胡過切。《易》曰：其子和之。咊，古文。
◎和，胡戈切。可也。胡過切，應也。咊，古文。
【唯】俞誰切。《書》曰：唯予一人。唯，獨也。又以水切，唯，諾也。
◎唯，俞誰切。獨也。以水切，諾也。
○唯，以水反。唯，諾也。(《三教指歸注》三 37)
○唯，顧野王曰：唯，由也。(《一切經音義》卷二)
【叶】胡牒切。合也。古文協。
◎叶，胡牒切。合也。古文協。
●底本原作“含也”，據宋十行本改。
【唱】充向切。導也。《禮記》曰：一唱而三歎。作倡同。
◎唱，充向切。導也。倡字，同。
【噱】渠略切。嗢噱也。《説文》云：大笑也。啑，同上。
◎噱，渠略切。大笑也。啑，同上。
【咥】虚記、虚吉二切。《詩》曰：咥其笑矣。又大結切。《易》曰：不咥人，亨。咥，齧也。
◎咥，虚記、虚吉二切。《詩》：咥其笑矣。又大結切。《易》：不咥人，亨。囓也。
○咥，諸異反，徒結反。齧也，笑也。(《醫心方》刊本一九 34)
【唏】許几、許既二切。《説文》云：笑也。一曰哀而不泣曰唏。
◎唏，許几、許既二切。笑也。一曰哀痛不泣曰唏。
【听】魚隱切。仰鼻。《説文》云：笑皃。
◎听，魚隱切。仰鼻。又笑皃。
【呭】餘世切。呭呭猶沓沓也。亦作呹。
◎呭，餘世切。呭呭猶沓沓也。亦作呹。
○呭，《玉篇》：羊鳴也。又私列反，多言也。(《龍龕手鏡》卷二)
【嘄】古弔切。聲也。亦作叫。
◎嘄，古弔切。噂也。亦作叫。
●《説文》：“叫，噱也。”“噂也”未詳。
【咄】丁骨切。叱也。
◎咄，丁骨切。叱也。
【唉】於來切。應聲也。
◎唉，於來切。應声也。
【噂】子損切。《詩》云：噂沓背憎。噂噂沓沓，相對談語也。
◎噂，子損切。噂沓，對談語。
【嗒】徒合切。噂沓，或作嗒。
◎嗒，徒合切。噂沓。亦作沓。
【咠】七入、子立二切。咠咠，口舌聲也。
◎咠，七入、子立二切。口舌声。
【嘫】女間切。語聲也。
◎嘫，女間切。語声也。
【呷】呼甲切。《説文》云：吸呷也。《子虛賦》曰：翕呷萃蔡。衣裳張起之聲也。
◎呷，呼甲切。吸呷也。
【嘒】許惠切。《詩》云：鳴蜩嘒嘒。嘒嘒，小聲也。嘒，同上。
◎嘒，許惠切。小声也。嘒，同上。
【唪】薄孔切。大聲也。又方孔切。
◎唪，薄孔切。大声。又音捧。
【㠯】居矣切。說也。
◎㠯，居矣切。說也。
【嗔】達堅切。盛聲也。《詩》云：振旅嗔嗔。本亦作闐。
◎嗔，達堅切。盛声。本作闐。
【嘌】匹遥切。《詩》云：匪車嘌兮。謂嘌嘌無節度也。
◎嘌，匹遥切。嘌嘌無節度。《詩》：匪車嘌嘌。
【嘑】火吴、火故二切。《周禮》云：雞人掌大祭祀，夜嘑旦以嘂百官。亦大聲也。
◎嘑，火吴、火故二切。大声。
【嘼】由六切。音聲也。
◎嘼，由六切。音声也。
○嘼，《玉篇》又火角反，与吒同。(《龍龕手鏡》卷二)
【嘯】蘇弔切。《詩》云：其嘯也歌。蹙口而出聲也。
◎嘯，蘇弔切。蹙口而出声。
【嗂】與昭切。《說文》：喜也。
◎嗂，與昭切。喜也。
【呈】馳京切。解也，平也。
◎呈，馳京切。解也，平也。
【嚱】許羈切。吹嚱，口聲。
◎嚱，許羈切。口声也。
【嗿】他感切。《詩》云：有嗿其饁。嗿，衆皃。
◎嗿，他感切。衆皃。《詩》：有嗿其饁。
【咸】胡讒切。皆也。《書》云：咸績咸熙。
◎咸，胡讒切。皆也。
【启】康禮切。《書》曰：胤子朱启明。启，開也。本亦作啓。
◎启，康禮切。開也。本作啓。
【哯】乎典切。不顧而吐也。呴，同上。
◎哯，乎典切。不顧而吐也。呴，同上。
【右】禹救切。《書》曰：予欲左右有民。左右，助也。又于九切。
◎右，禹救、于九二切。助也。
【吉】居一切。《說文》云：善也。《周書》曰：吉人爲善。
◎吉，居一切。善也。
【啻】詩豉切。買賣云不啻也。
◎啻，詩豉切。買賣云不啻。
【嚋】除留切。誰也。又陟流切，嚋，張詎也。
◎嚋，除留切。誰也。陟流切，詎也。
【周】諸由切。《說文》云：密也。《論語》云：雖有周親。
◎周，諸由切。密也。
【嗢】乙骨切。嗢，咽也。
◎嗢，乙骨切。咽也。
【唐】達當切。堯稱唐者，蕩蕩道德至大之皃。啺，古文。
◎唐，達當切。國名，代名。啺，古文。
○唐，顧野王云：唐從庚。(《一切經音義》卷三)
○唐，《玉篇》云：唐徒也。《字書》云：唐，虚也。(《一切經音義》卷五)
○唐，《玉篇》云：唐徒也。《考聲》云：言而不當也。(《一切經音義》卷六)
【嘾】徒感切。《莊子》云：大甘而嘾。
◎嘾，徒感切。大呑也。
【吐】他古切。口吐也。又他故切。
◎吐，他古切。口吐。又他故切。
【噎】於結切。《說文》云：飯窒也。《詩》曰：中心如噎。謂噎憂不能息也。
◎噎，於結切。飯窒也。《詩》：中心如噎。謂噎憂不能息也。
【咈】甫物切。《易》曰：咈經于丘。咈，違也。
◎咈，甫物切。違也。《易》：咈經于丘。
【嚘】於求切。《老子》曰：終日號而不嚘。嚘，氣逆也。
◎嚘，於求切。氣逆也。
○嚘，顧野王云：嚘謂氣逆也。(《一切經音義》卷八十六)
○嚘，《玉篇》作不嚘。(《方言箋疏》卷一)

【嗜】食利切。嗜，欲也。《書》曰：酣酒嗜音。𠯑，古文。
◎嗜，食利切。欲也。𠯑，古文。
○嗜，食刺反。欲也，伃［忬］也。（《琑玉集》）
【嘐】火苞切。《説文》云：誇語也。又古苞切，鷄鳴也。
◎嘐，火苞切。誇語。古包切，鷄鳴。
【啁】竹包切。《説文》云：啁，嘐也。《楚詞》曰：鵾雞啁哲而悲鳴。
◎啁，竹包切。啁，嘐。雞鳴也。
○啁哳，顧野王云：嘲［啁］哳，大鳥鳴也。（《一切經音義》卷九十九）
○啁，《玉篇》引《説文》：啁嘐也。（《九家集注杜詩》卷二）
【嘲】陟交切。言相調也。
◎嘲，陟交切。言相調也。
○嘲，顧野王云：嘲謂戲調也。（《一切經音義》卷八十）
【哇】於佳、居攜二切。《説文》云：諂聲也。
◎哇，於佳切，又居攜切。諂声。
○哇，《玉篇》：小兒啼也。（《龍龕手鏡》卷二）
【呼】魚葛切。言相呵岠也。
◎呼，魚葛切。言相呵拒也。
●圓沙本字頭訛作“啐”。
【呧】丁頰切。呧吺，多言也。
◎呧，丁頰切。呧吺，多言也。
【吺】丁侯切。呧吺也。㕮，同上。
◎吺，丁侯切。呧吺。㕮，同上。
【呰】祖爾切。口毀也。
◎呰，祖爾切。口毀也。
【嗻】之夜切。遮也。
◎嗻，之夜切。遮也。
【唊】古協切。妄語也。
◎唊，古叶切。妄語也。
【嗑】公盍切。多言也。又音盍，噬嗑，卦名。
◎嗑，公盍切。多言。又音盍，噬嗑，卦名。
【嗙】補庚切。訶聲也。
◎嗙，補庚切。訶声也。
【噧】呵芥、他曷二切。高氣多言也。
◎噧，呵芥切，他曷切。高氣多言。
【咎】巨周切。高氣也。臨淮有咎猶縣。叴，同上。
◎咎，巨周切。高氣也。叴，同上。
【呶】女交切。喧呶也。《詩》云：載號載呶。
◎呶，女交切。喧呶也。《詩》：載號載呶。
【叱】齒逸切。呵也。
◎叱，齒逸切。呵也。
○叱，野王案：叱猶呵也。（《令集解》二四159）
○叱，顧野王云：叱猶呵叱也。（《一切經音義》卷九十九）
【噴】普寸切。《戰國策》：驥俛而噴。鼓鼻也。
◎噴，普寸切。鼓鼻也。
○噴，普寸反，普悶反。吐氣也。（《醫心方》刊本一九34）
○噴，顧野王云：口含物而噴散之也。（《一切經音義》卷三十一）
【吒】知加、陟嫁二切。噴也，叱怒也。《禮記》曰：無吒食。謂嫌薄之。咤，同上。嗻，亦同上。
◎吒，知加、陟稼二切。噴也。又叱怒也。咤，同上。嗻，同上。
【噊】余出切。危也。
◎噊，余出切。危也。
【嘮】丑加切。《説文》云：嘮呶，讙也。
◎嘮，丑加切。嘮呶，讙也。
【啐】倉快、倉憒二切。嘗也。又子律切，吮聲。
◎啐，倉快、倉憒二切。嘗也。又子律切，吮声。
【唇】之人切。驚也。
◎唇，之人切。驚也，唇口。
【嘵】許幺切。《詩》云：予維音之嘵嘵。嘵嘵，懼也。
◎嘵，許幺切。《詩》：予維昔之嘵嘵。懼也。
○嘵，《玉篇》又女交反。嘲嘵也。（《龍龕手

鏡》卷二）

●圓沙本“昔”當作“音”。

【吁】虚于、往付二切。疑怪之辭也，驚語也。号，古文。

◎吁，虚于、往付二切。疑怪之辭。号，古文。

【嘖】壯革切。嘖嘖，鳥鳴。

◎嘖，壯革切。嘖嘖，鳥鳴。

【嗸】五高切。《詩》云：鴻鴈于飛，哀鳴嗸嗸。又衆口也。

◎嗸，五高切。《詩》：鴻鴈于飛，哀鳴嗸嗸。又衆口也。

●宋十行本作“王高切”。

【唸】丁見、丁念二切。唸吚，呻吟也。㕘，同上。

◎唸，丁見、丁念二切。唸吚，呻吟也。㕘，同上。

【吚】許梨切。唸吚，呻也。亦作屎。

◎吚，許黎切。唸吚，呻也。亦作屎。

【囐】牛衫切。又宜戟切。呻也。

◎囐，牛衫切，宜戟切。呻也。

【呻】舒神切。呻吟也。

◎呻，舒神切。呻吟也。

【吟】于今切。《楚辭》曰：行吟澤畔。亦作訡、誁。

◎吟，牛今切。吟詠也。亦作誁。

【喻】俞句切。《論語》曰：君子喻於義。喻，曉也。

◎喻，俞句切。曉也。

○喻，曉。喻句反。（《三部經音義集》二）

○喻，《玉篇》：曉也。（《一切經音義》卷二十七）

【嗞】子詞切。嗟也。

◎嗞，子詞切。嗟也。

【啶】於革切。雞聲。亦作呃。

◎啶，於革切。雞声。亦作呃。

●宋十行本作“於勒切”。

【哫】丑知切。笑也。

◎哫，丑知切。笑也。

【哤】莫江切。《國語》曰：雜處則言哤。哤，亂皃。又異言也。

◎哤，莫江切。《國語》：雜處則言哤。哤，乱皃。又異言。

●今本《國語·齊語》作“雜處則其言哤”。

【嘅】苦載切。《詩》云：嘅我寤歎。《廣雅》云：嘅，滿也。

◎嘅，苦載切。《詩》：嘅我寤歎。《廣雅》云：滿也。

【吪】五戈切。《詩》云：或寢或吪。吪，動也。

◎吪，五戈切。《詩》：或寢或吪。動也。

●宋十行本作“五或切”。

【嘆】敕旦、敕丹二切。況也，太息也。與歎同。

◎嘆，敕旦、敕丹二切。況也，太息也。与歎同。

【喝】乙芥切。嘶聲也。㵣，同上。㵣，噎也。

◎喝，乙芥切。嘶声。㵣，同上，噎也。

【哨】且醮切。大胸哨後。哨，小也。又先焦切。

◎哨，且醮、先焦二切。言野林。

●四部叢刊本作“言野朴”，未詳。

【嗜】錯感、子感、子合三切。《莊子》云：蝨蝨嗜膚。嗜，銜也。

◎嗜，錯感、子感、子合三切。銜也。

【吝】力進切。《論語》云：改過弗吝。吝，惜也。咳，古文。

◎吝，力進切。惜也。咳，古文。

【各】柯洛切。《説文》云：異辭也。

◎各，柯洛切。異詞也。

●宋十行本作“何洛切”。

【否】蒲鄙切。《易》曰：天地不交，否。閉不行也。又方九切。《説文》云：不也。

◎否，蒲鄙切。閉也。方九切，不也。

【唁】宜箭切。《穀梁傳》云：弔失國曰唁。喭，同上。又魚旰切。《論語》曰：由也喭。

◎唁，宜箭切。弔失國曰唁。喭，同上，又魚旰切。《語》：由也喭。

【哀】烏來切。哀傷也。

◎哀，烏來切。哀傷。

【嗁】達奚切。號也。《左氏傳》曰：豕人立而嗁。啼，同上。
◎嗁，達奚切。號也。《左傳》：豕人立而號。啼，同上。
○嗁，《玉篇》云：哭無常節也。或作謕。(《一切經音義》卷十四)
【嗀】許角切。《左氏傳》曰：君將嗀焉。嗀，嘔吐皃。
◎嗀，許角切。嘔吐皃。
【咼】口淮切。口戾也。喎，同上。
◎咼，口淮切。口戾也。喎，同上。
○喎，《玉篇》音口淮、古花二反。《切韻》音音蝸反。皆口戾不正也。(《龍龕手鏡》卷二)
【啾】前歷切。啾嗼而無聲，言安靖也。
◎啾，前歷切。啾嗼，安靖也。
【嗼】亡格切。靜也。
◎嗼，亡格切。静也。
【昏】下刮切。《説文》云：塞也。
◎昏，下刮切。塞也。
【嗾】蘇走、先奏二切。《左氏傳》曰：公嗾夫獒焉。《方言》云：秦晉冀隴謂使犬曰嗾。
◎嗾，蘇走、先奏二切。《左傳》：公嗾夫獒焉。《方言》云：秦晉冀隴謂使犬曰嗾。使犬。
○嗾，《玉篇》引《方言》：秦晉冀隴謂使犬曰嗾。(《方言疏證》卷七)
【嗒】倉候切。或與嗾同。
◎嗒，倉候切。或嗾，同。
【吠】扶廢切。《詩》云：無使尨也吠。吠，鳴也。
◎吠，扶廢切。《詩》：無使尨也吠。鳴也。
○吠，《説文》《玉篇》：咆吠，犬鳴也。(《一切經音義》卷二十七)
【嗥】胡高切。《左氏傳》云：豺狼所嗥。嗥，咆也。
◎嗥，胡高切。咆也。
○嗥，虎狼聲也。(《倭名抄》七 75)
○嗥，《玉篇》作嘷，或作號，哭也。(《法華釋文》中)
○嗥，《玉篇》：叫也。(《續一切經音義》卷三)
○嘷吠，《玉篇》：咆吠，犬鳴也。(《續一切經音義》卷四)
【哮】呼交切。豕驚聲。又哮嚇，大怒也。
◎哮，呼交切。豕驚声。又大怒也。
【喔】乙角切。雞鳴也。
◎喔，乙角切。雞鳴也。
【喈】古崖切。《詩》云：其鳴喈喈。喈喈，和聲之遠聞也。
◎喈，古崖切。和声之遠聞。
【嚶】於耕切。鳥鳴也。
◎嚶，於耕切。鳥鳴也。
【啄】丁角切。鳥食也。又丁木切。
◎啄，丁角切。鳥食。又丁木切。
【唬】呼交切。虎聲也。又古伯切。
◎唬，呼交切。虎声。又古伯切。
【呦】音幽。《詩》云：呦呦鹿鳴。亦作欽。
◎呦，音幽。鹿鳴。亦作欽。
【噳】牛府切。《詩》曰：麀鹿噳噳。亦作麌。
◎噳，牛府切。麀鹿。亦作麌。
【喁】魚凶切。衆口也。
◎喁，魚凶切。衆口。
【囒】吕干切。囒哰，拸拏。
◎囒，吕干切。声也。
【哰】盧高切。囒哰，嗹嘍。
◎哰，盧高切。多言也。
【嘈】盧高切。嘈嘈，聲也。
◎嘈，盧高切。声也。
【嗹】閭前切。嗹嘍，多言也。
◎嗹，閭前切。嗹嘍，多言也。
【嘍】力口切。嗹嘍。
◎嘍，力口切。多言。
【噈】呼麥、於六二切。聲也。或作歖。
◎噈，呼麥切，於六切。声。或作歖。
○噈，《玉篇》云：聲也。(《方言疏證》卷十三)
【喛】呼亂切，又虛元切。喛呼。又喛，哀也。
◎喛，呼乱、虚元二切。呼也。喛，哀。
【嗎】許連切。嗎嗎，喜也。

◎嗎，許連切。喜也。

【嗹】去連切。嗹嗹，歡樂皃。

◎嗹，去連切。歡樂皃。

【喊】呼減切。聲也。

◎喊，呼減切。声也。

○喊，《玉篇》云：聲也。（《方言疏證》卷十三）

【嚂】力暫切。荆吴芬香以嚂其口。嚂，貪也。

◎嚂，力暫切。貪也。

【喓】於遥切。《詩》云：喓喓草蟲。喓喓，聲也。

◎喓，於遥切。声也。《詩》：草蟲喓喓。

【嗟】則邪切。嗟，歎也。

◎嗟，則邪切。歎也。

◑謎，《聲類》亦嗟字也。

○嗟，嗟嗟，歎也。鄭詩曰：嗟嗟，歎美之深者也。（《三部經音義集》一）

○嗟，嗟嗟，歎也。或曰嗟咨，歎之沉深也。（《八十卷音義私記》下）

【嗉】思故切。《爾雅》云：亢，鳥嚨；其粻，嗉。嗉者，受食之處。

◎嗉，思故切。鳥受食之处。

【嚇】呼駕切。以口距人謂之嚇。又呼格切。

◎嚇，呼駕切。以口距人謂之嚇。又呼格切。

○嚇，《玉篇》云：嚇，怒也。《字書》云：呼怒聲也。（《續一切經音義》卷九）

【嚃】他帀切。《曲禮》曰：無嚃羹。嚃謂不嚼菜。

◎嚃，他帀切。嚃謂不嚼菜。

【叵】普可切。不可也。

◎叵，普可切。不可也。

○叵，顧野王云：叵，不可也。（《一切經音義》卷十三）

【嘺】丘遥、渠堯二切。《埤蒼》云：不知是誰也。

◎嘺，丘遥、渠堯二切。不知是誰。

【唴】火腔切。咄也。

◎唴，火腔切。咄也。

【台】與時切。我也。又音胎。

◎台，與時切。我也。又音胎。

【唶】子夜切。《廣雅》云：唶唶，鳴也。

◎唶，子夜切。鳴也。

○唶，《玉篇》：子也反。鳴也。（《龍龕手鏡》卷二）

【嘈】才刀切。聲也。

◎嘈，才刀切。声也。

【囋】才割切。嘈囋也。

◎囋，才割切。嘈囋也。

【局】其玉切。《詩》云：謂天蓋高，不敢不局。局，曲也。

◎局，其玉切。曲也。

【㕣】以轡切。《説文》曰：山澗陷泥地。从口，从水敗皃。

◎㕣，以轡切。山澗陷泥地。

【咡】而志切。《禮記》曰：負劍辟咡詔之。口旁曰咡。

◎咡，而志切。口旁也。

【㐭】莫桑切。使人問而不肯荅曰㐭。

◎㐭，莫桑切。使人問而不肯荅。

○㐭，《玉篇》云：使人問而不肯荅曰㐭。（《方言疏證》卷十）

【㕧】丑消切。《埤蒼》曰：喉鳴。

◎㕧，丑消切。喉鳴也。

【㰻】火曷切。訶也。亦作喝。

◎㰻，火曷切。訶也。亦作喝。

【呫】他叶、昌涉二切。《穀梁傳》曰：未嘗有呫血之盟。呫，嘗也。

◎呫，他叶、昌涉二切。嘗也。

【唓】先榼切。《字書》云：唓唓，醜也。

◎唓，先榼切。醜也。

【咹】一曷切。吃也。

◎咹，一曷切。吃也。

【吨】達昆切。《字書》云：吨吨，不了。

◎吨，達昆切。不了也。

【哳】五葛、才曷二切。嘈嘈哳哳。囐，同上。

◎哳，五葛、才曷二切。嘈哳。囐，同上。

【囁】之涉切。口無節。亦私罵。又而涉切，囁嚅，多言也。

◎囁，之涉切。口無節。亦私罵。又而涉切，囁嚅，多言也。

【嗃】呼洛切。《易》曰：家人嗃嗃。嚴大之聲也。

◎嗃，呼洛切。嚴大之声。

○嗃，顧野王《玉篇》：嗃，呼洛切。引《易》訓嚴大之聲。（《周易章句證異》卷二）

○嗃，《玉篇》：呼洛反。又呼教反。（《莊子》卷八）

○嗃，《玉篇》：呼洛反。又呼教反。《廣雅》云：鳴也。（《經典釋文》卷二十八）

●宋十行本作“呼格切”。

【吒】火角切。吒嚗，恚呼皃。

◎吒，火角切。吒嚗，恚呼皃。

【嚍】胡麥切。嚍嘖，叫呼。咟，同上。

◎嚍，胡麥切。嚍嘖，叫呼。咟，同上。

【啀】魚佳切。狗欲齧。

◎啀，魚佳切。狗欲齧。

○啀，《玉篇》：犬相啀。《埤蒼》：犬相啀拒也。（《一切經音義》卷二十七）

【呺】縷決切。雞鳴也。

◎呺，縷決切。雞鳴也。

【嚻】魚艱切。犬相嚻也。亦爭訟之辭。

◎嚻，魚艱切。犬相嚻。又訟詞。

【噅】許爲切。口不正也，醜也。

◎噅，許爲切。口不正。又醜。

【嘈】采老切。嘈嘐，無人皃。

◎嘈，采老切。嘈嘐，無人皃。

【嘐】盧皓切。嘈嘐。

◎嘐，盧皓切。嘈嘐。

【呀】虛牙切。大空皃。又唅呀，張口皃。

◎呀，虛牙切。大空皃。又唅呀，張口皃。

○呀，《玉篇》：虛牙切。唅牙［呀］，張口皃。（《朱文公校昌黎先生文集》卷一）

【哄】丘吏切。哄嶷，無聞見。

◎哄，丘吏切。哄嶷，無聞皃。

●“無聞見”疑當作“無聞皃”。

【嘻】欣基切。嘻嘻，和樂聲。

◎嘻，欣基切。嘻嘻，和樂声。

【嚎】他亥切。嚎噫，言不正。

◎嚎，他亥切。嚎噫，言不正。

●宋十行本作“地亥切”。

【噫】達改切。嚎噫。

◎噫，達改切。言不正。

【嚳】乙學切。誇聲也。

◎嚳，乙學切。誇声也。

【呼】匹尤切。吹聲也。

◎呼，匹尤切。吹声。

【善】是闡切。吉也。《書》曰：作善降之百祥。《説文》作譱。

◎善，是闡切。吉也。一作譱。

【哲】火夬、乎割二切。息也。

◎哲，火夫、乎割二切。息也。

【嚝】火横切。嚝，嘖聲。

◎嚝，火横切。声也。

【售】視祐切。《詩》曰：賈用不售。賣物不售也。

◎售，視祐切。賣物也。

○售，顧野王云：賣物得售，人買持去曰售。（《一切經音義》卷四）

○售，顧野王云：售賣物去也。（《一切經音義》卷五十七）

【嚊】普利切。喘息聲。

◎嚊，普利切。喘息声。

【哵】蘇曷切。音變也。

◎哵，蘇曷切。音變也。

【啅】陟握切。衆口皃。

◎啅，陟握切。衆口皃。

●宋十行本作“陟渥切”。

【吻】九峻切。吐也。

◎吻，尤峻切。吐也。

●宋十行本作“九埈切”。

【吢】七浸切。犬吐也。亦作吣。

◎吢，七浸切。大吐也。亦作吣。

●圓沙本“大”當作“犬”，然貓吐亦曰吢。

【嚵】山咸切。口臽嚵物也。

◎嚵，山咸切。口臽嚵物也。

【哂】渠隕切。吐皃。

◎哂，渠隕切。吐也。

●哂同哂。

【嗝】古禾切。小兒應也。

◎嗵，古禾切。小兒應。

【唆】蘇戈切。嗵唆，小兒相應也。

◎唆，蘇戈切。嗵唆，小兒相應。

【唲】乙佳切。唲嘔，小兒語也。亦作哇。又音兒。

◎唲，乙佳切。小兒語也。亦作哇。又音兒。

【嘔】乙侯切。唲嘔也，歌也。

◎嘔，乙侯切。唲也，歌也。

【呥】而廉切。呥呥，噍皃。

◎呥，而廉切。噍皃。

【喥】子六切。喥咨，慙也。

◎喥，子六切。喥咨，慙也。

【歠】叉快切。嚽也。嚽，同上。

◎歠，尺活切。嚽也。嚽，同上。

【嘔】古兀切。憂也。

◎嘔，古兀切。憂也。

【啑】子合切。《楚辭》云：鳧鴈皆啑夫粱藻兮。

◎啑，子合切。咬也。

○啑，《玉篇》音所甲反。（《一切經音義》卷十三）

○啑，顧野王云：鳧鶩口啑食謂之也。（《一切經音義》卷十七）

○啑，《玉篇》：啑，所甲反。鳧鷹口食曰啑。（《一切經音義》卷二十七）

○啑，顧野王云：鳧鶩之類口食謂之啑。（《一切經音義》卷六十一）

【唼】所甲切。唼喋，鴨食也。亦作啑。

◎唼，所甲切。唼喋，鴨食。亦作啑。

【喋】丈甲切。鴨啑食。又徒叶切，便語也。

◎喋，丈甲切。食也。徒叶切，便語。

【噞】宜檢、宜豔二切。噞喁，魚口上出皃。

◎噞，宜檢、宜豔二切。魚口上出。

【唵】一感切。含也。

◎唵，一感切。含也。

○唵，《玉篇》：唵，含也。（《釋名疏證》卷八）

【噢】乙六切。噢咿，内悲也。

◎噢，乙六切。噢咿，内悲。

【咻】許主切。噢咻，痛念之聲也。又許流切。

◎咻，許主切。痛念声。又許流切。

【咿】於祇切。《楚辭》云：吾將喔咿嚅唲以事婦人乎。喔咿嚅唲，謂强笑噱也。

◎咿，於祇切。喔咿，强笑也。

【嚵】子廉、子豔二切。嚵啝，不廉也。

◎嚵，子廉、子豔二切。不廉也。

【嘹】落蕭切。嘹亮。又力弔切。

◎嘹，落蕭切。嘹亮。又力弔切。

【噿】五合切。衆聲也。

◎噿，五合切。衆声也。

【㕦】火佳切。笑皃。

◎㕦，火佳切。笑皃。

【唹】乙余切。笑皃。

◎唹，乙余切。笑皃。

【嗔】余韡切。大笑也。

◎嗔，余韡切。大笑也。

【啁】火下切。笑也。

◎啁，火下切。笑也。

○啁，《玉篇》：啁，大笑也。（《方言箋疏》卷二）

【吵】彌沼切。雉鳴。

◎吵，彌沼切。雉鳴也。

【嘶】先奚切。噎也，馬鳴也。

◎嘶，先奚切。噎也，馬鳴也。

○嘶，顧野王云：悲聲也。（《一切經音義》卷三十）

○嘶，《玉篇》云：嘶，噎也。（《方言疏證》卷六）

【嚍】于白切。自是皃。或作譪，言疾皃。

◎嚍，于白切。自是皃。或作譪。

【哂】式忍切。《論語》曰：夫子哂之。哂，笑也。

◎哂，式忍切。笑也。

【㗛】思曜切。俗笑字。

◎㗛，思曜切。俗笑字。

【呣】莫侯切。呣，慮也。

◎呣，莫侯切。慮也。

【咏】爲命切。《書》曰：搏拊琴瑟以詠，祖考來格。或作咏。

◎咏，爲命切。歌吟。或作詠。

【暮】莫奴切。古文謨。謀也。

◎暮，莫奴切。古文謨。

【叨】他勞切。《説文》與饕同，貪也。

◎叨，他勞切。《説文》與饕同，貪也。

【噈】子合、子陸二切。《聲類》云：鳴噈也。

◎噈，子合、子陸二切。鳴噈。

【嘿】莫北切。與默同。

◎嘿，莫北切。與默同。

〇嘿，顧野王云：嘿，不言也。(《一切經音義》卷二十)

【吷】許劣切。《莊子》：吹劍首一吷而已矣。吷，小聲也。《説文》云與歠同。

◎吷，許劣切。小声。与歠同。

【嚾】荒旦切。與唤同。

◎嚾，荒旦切。與唤同。

【吼】呼詬切。牛鳴也。吽，上同。又于今切。

◎吼，呼垢切。牛鳴也。吽，上同。又丁今切。

〇吼，獸聲也。又作叫响矣。(《法華釋文》下)

〇吼，《玉篇》云：大唤也。(《一切經音義》卷二十六)

●圓沙本“丁今切”疑當作“于今切”。

【咽】户姑切。牛頷垂也。與胡同。

◎咽，户姑切。與胡字同。牛頷垂。

【呵】許多切。責也。與訶同。

◎呵，許多切。責也。与訶同。

【哈】所洽切。以口歃飲。

◎哈，所洽切。以口歃飲也。

【嗤】疾離切。嗤，嫌也。或作呰。

◎嗤，疾離切。嗤，嫌。或作呰。

【嘬】楚夬切。《禮記》曰：無嘬炙。嘬謂一舉盡臠。

◎嘬，楚夬切。一舉盡臠。

【喂】於縣切。《吕氏春秋》云：伊尹曰甘而不喂。謂食甘。

◎喂，於縣切。食甘也。

〇喂，《玉篇》：烏縣反。皆甘不猒也。(《龍龕手鏡》卷二)

【呴】呼垢、呼遘二切。厚怒聲。又胡口切，吐也。

◎呴，呼垢、呼遘二切。厚怒声。又胡口切，吠也。

●圓沙本“吠也”疑當作“吐也”。

【啛】子累切。或作觜、嘴。識也。一曰鳥喙也。

◎啛，子累切。或作觜、嘴。識也。一曰鳥喙。

【呐】奴骨切。《論語》曰：君子欲訥於言。訥，遲鈍也。或作呐。

◎呐，奴骨切。訥同。遲鈍也。

【喧】古環切。關關，和鳴也，或爲喧。

◎喧，古環切。和鳴。或作關。

【咋】側革切。聲大也。《考工》曰：鍾侈則柞。鄭氏云：柞讀爲咋咋然之咋，聲大外也。

◎咋，側革切。声大也。

【咇】蒲結切。芳香也。又毗必切。

◎咇，蒲結切。芳香。又毗必切。

〇咇，蒲結反。《字書》或飶字也，苾［飶］，芬香也，在食部。或爲馝字，在香部。或爲苾字，在草部。或爲秘字，在黍部。(《香藥字抄》3)

【嚩】孚願切。

◎嚩，孚願切。多言也。

【嚮】虚丈切。或作響。應聲也。

◎嚮，虚丈切。響應声。

【咮】之六切。或作粥。呼雞聲也。

◎咮，之六切。或作粥。呼雞声。

【啰】柯猛切。語爲人所忿疑也。哽，同上。

◎啰，柯猛切。語爲人忿疑。

◎哽，柯猛切。食不下喉也。

〇哽噎，《玉篇》云：如骨在喉也。(《一切經音義》卷二十五)

【唷】禹六切。吐也。

◎唷，禹六切。吐也。

【咍】訶臺切。笑也。

◎咍，訶臺切。笑也。

【咰】所律切。飲也。《史記》曰：楚先有熊咰，是爲蚡冒。
◎咰，所律切。飲也。
○咰，《玉篇》咰在口部，顧氏云：楚之先，即蚡冒也。（《史記》卷四十）
【嚅】汝俱切。《埤蒼》云：囁嚅，多言也。
◎嚅，汝俱切。囁嚅，多言也。
【呿】祛遮切。張口皃。《莊子》曰：公孫龍口呿而不合。又丘居切，臥聲。
◎呿，祛遮切。張口皃。又丘居切，臥声。
【呴】呼俱、呼具二切。呴，亦嘘吹之也。《老子》曰：或呴或吹。
◎呴，呼俱、呼具二切。吹嘘。
○呴，顧野王云：獸聲也。（《一切經音義》卷九十六）
【哶】彌解切。羊鳴也。
◎哶，彌解切。羊鳴也。
【嗚】於胡切。嗚呼，歎辭也。
◎嗚，於胡切。嗚呼，歎詞也。
【嗕】如屬切。羌別種也。
◎嗕，如屬切。羌別種。
【嗵】胡冬、徒弄二切。多言也。
◎嗵，胡冬、徒弄二切。多言。
【叮】都苓切。叮嚀，囑付也。
◎叮，都苓切。叮嚀，囑付也。
【嚀】奴丁切。叮嚀。
◎嚀，奴丁切。叮嚀。
【呢嘪】二同。女知切。呢喃，小聲多言也。
◎呢，女知切。呢喃，小声多言也。嘪，同上。
【喃】女銜切。呢喃。
◎喃，女銜切。小呢喃，多言。
●圓沙本“小”後疑脱“声”字。
【噪喿】二同。先到切。呼噪也。
◎噪，先到切。呼噪也。喿，同上。
【喌】諸由切。亦呼雞聲。
◎喌，諸由切。呼雞声。
【呞】式之切。牛噍也。
◎呞，式之切。牛噍也。
【嗤】尺之切。笑皃也。
◎嗤，尺之切。笑皃。
【鳴】眉兵切。聲出也。
◎鳴，眉兵切。声出也。
【呅】於交切。婬聲。
◎呅，於交切。婬声。
【啉】力耽切。貪也。
◎啉，力耽切。貪也。
【咬】古爻切。鳥聲也。俗亦爲齩字。
◎咬，古爻切。鳥声。俗亦作齩。
【喧】許員切。大語也。
◎喧，許員切。大語。
【嘫】子延切。噈嘫也。
◎嘫，子延切。噈嘫也。
【唌】似延切，又徒坦切。歎也。
◎唌，似延切，徒坦切。歎也。
【嚗】必角切。怒聲。
◎嚗，必角切。怒声。
【唧】子栗切。啾唧也。
◎唧，子力切。啾唧也。
【咆】蒲茅切。咆哮也。
◎咆，蒲茅切。咆哮。
【吭】户郎、户浪二切。鳥嚨也。
◎吭，户郎、户浪二切。鳥嚨。
【哦】吾哥切。吟哦也。
◎哦，五哥切。吟哦也。
【啁】火啁切。口啁啁也。又許下切。
◎啁，火牙、許下二切。口啁啁。
●宋十行本作“火牙切”。
【嗗】丁龜切。口滿皃。
◎嗗，丁龜切。口滿皃。
【噌】楚耕切。噌吰，市人聲。
◎噌，楚耕切。噌吰，市人。
●圓沙本脱“声”字。
【吰】胡觥切。噌吰。
◎吰，胡觥切。噌吰。
【嚬】蒲民切。笑皃。
◎嚬，蒲民切。笑皃。
○嚬，顧野王曰：嚬蹙者，憂愁思慮不樂之貌也。（《一切經音義》卷一）
○嚬，顧野王曰：案，嚬蹙者，憂愁思慮不

樂之狀也。(《一切經音義》卷十一)
○嚬蹙,《玉篇》曰:嚬蹙謂憂愁不樂之狀也。(《一切經音義》卷二十三)
○嚬,顧野王云:憂愁思慮不樂之皃也。(《續一切經音義》卷一)
【哃】徒工切。妄語也。
◎哃,徒工切。妄語。
【嵤】于兄切。啼嵤。
◎嵤,于兄切。啼嵤。
【啨】伊青切。小語也。
◎啨,伊青切。小語。
【呤】力丁切。啨呤也。
◎呤,力丁切。小語。
【喍】仕皆切。啀喍也。
◎喍,仕皆切。啀喍也。
○啀喍,《玉篇》:犬相啀也。《埤蒼》云:相啀拒也。(《續一切經音義》卷四)
【喂】於韋切。恐也。
◎喂,於韋切。恐也。
【嗺】子雖切。撮口也。
◎嗺,子雖切。撮口也。
【唅】古紅切。衆口也。
◎唅,古紅切。衆曰。
●圓沙本"衆曰"疑當作"衆口"。
【叿】火紅切。呵也。
◎叿,火紅切。呵也。
【吱】指移切。吱吱也。
◎吱,指移切。吱吱也。
○吱,《玉篇》音哇[吱]也。又巨支反。(《龍龕手鏡》卷二)
【噥】女冬切。多言不中也。
◎噥,女冬切。多言不中也。
【嚽】胡堅切。難也。
◎嚽,胡堅切。難也。
【吙】許戈切。呼氣。
◎吙,許戈切。呼氣。
【噇】直雙切。喫皃。
◎噇,直雙切。喫皃。
【嘊】胡垓切。笑也。
◎嘊,胡垓切。笑也。

【㖡】他胡切。吐也。
◎㖡,他胡切。吐也。
【嚅】虎佳切。口戾皃。
◎嚅,虎佳切。口戾皃。
【嗌】蒲門切。吐也。
◎嗌,蒲門切。吐也。
【嚛】蒲毛切。鳴也。
◎嚛,蒲毛切。鳴也。
【吰】烏橫切。牛聲。
◎吰,烏橫切。牛声。
【嗡】烏紅切。嗡吰。
◎嗡,烏紅切。嗡吰,牛声也。
【唩】烏和切。小兒啼。
◎唩,烏和切。小兒啼。
【嚇】許今切。吽也。
◎嚇,許今切。吽也。
【吔】吐多切。出《陀羅尼》。
◎吔,吐多切。出佛書。
【咁】乎甘切。乳也。
◎咁,乎甘切。乳也。
【吪】胡求切。犬吠也。
◎吪,胡求切。犬吠。
●底本原作"胡來切",據宋十行本改。
【吥】匹侯切。吸吥也。
◎吥,匹侯切。吸吥也。
【哸】素回切。口哸也。
◎哸,素回切。口哸也。
【哎】莫杯切。哸哎也。
◎哎,莫杯切。哸哎也。
【嚷】古回切。嚷,呼也。
◎嚷,古回切。呼也。
【啡】普梅切。唾聲也。
◎啡,普梅切。唾声。
【咣】古橫切。能言也。
◎咣,古橫切。能言也。
【嚟】力之切。言不正。
◎嚟,力之切。言不正。
【唻】力皆切。歌聲也。
◎唻,力皆切。歌声。
【嗆】七相切。鳥食。

◎嗆，七相切。鳥食。
【嘒】于歸切。失聲。
◎嘒，于歸切。失声。
○嘒，顧野王《玉篇》：嘒，失聲。（《吳下方言考》卷七）
【唪】胡公切。唪聲也。
◎唪，胡公切。唪声也。
【嗹】丘引切。脣瘡。
◎嗹，丘引切。脣瘡。
【嗊】呼孔切。囉嗊，歌曲也。
◎嗊，呼孔切。囉嗊，歌曲。
【哢】胡孔切。鳴聲哢哢也。
◎哢，胡孔切。鳴声也。
【嗄】初瓦切。惡口也。
◎嗄，初瓦切。惡口。
【嗹】之勇切。不能言。
◎嗹，之勇切。不能言。
【喏】人者切。又如酌切。敬言。
◎喏，人者切，如酌切。敬言。
【卟】吉兮、羌禮二切。問卜也。
◎卟，吉兮、羌礼二切。問卜。
【呠】匹本切。噴也。
◎呠，匹本切。噴也。
【哰】丁動切。多言也。
◎哰，丁動切。多言。
【哻】香圍切。殷冠名。亦作冔。
◎哻，香國切。殷冠名。亦作冔。
●“香國切”當作“香圍切”。
【嗮】彌演切。
◎嗮，彌演切。不言也。
【哶】莫者切。羊鳴也。又民婢切。
◎哶，莫者、民婢二切。羊鳴。
【嚕】力覩切。語也。
◎嚕，力覩切。語也。
【嚽】居輦切。嚽，吃也。
◎嚽，居輦切。吃也。
【啞】於雅切。不言也。又烏格切，笑聲。
◎啞，於雅切。不言。烏格切，笑皃。
○啞，顧野王云：啞啞，笑聲。（《續一切經音義》卷四）
【吴】胡罵切。大聲也。
◎吴，胡罵切。大声也。
【嗽】桑奏切。咳嗽也。
◎嗽，桑奏切。咳嗽也。
【另】音牌。另，別也。
◎另，音牌。另，別也。
【叩】苦候切。叩擊也。
◎叩，苦候切。叩擊。
【吽】胡感切。嘾也。
◎吽，胡感切。嘾也。
【嚙】五狡切。齧也。正作齩。
◎嚙，五狡切。齧也。正作齩。
●宋十行本作“五佼切”。
【㖧】徂本切。大口也。
◎㖧，徂本切。大口也。
【哇】敕主切。口不正。
◎哇，敕主切。口不正。
【吘】五苟切。和吘也。
◎吘，五苟切。和吘也。
○吘，《玉篇》：五口反。和也。（《龍龕手鏡》卷二）
【啙】色景切。緘口也。
◎啙，色景切。緘口也。
【㖠】而尹切。吮也。
◎㖠，而尹切。吮也。
【㗲】乃等切。多言也。
◎㗲，乃等切。多言。
【呧】多禮切。呵呧也。正作詆。
◎呧，多礼切。呵呧。正作詆。
○呧，丁礼反。口也。又音帝，呵也。又平聲。出《玉篇》。（《龍龕手鏡》卷二）
【唍】胡板切。小笑皃。
◎唍，胡板切。小笑皃。
【喀】尺尹切。吹喀也。
◎喀，大永切。吹喀也。
●圓沙本“大永切”疑誤。
【嗦】息寸切。溢水也。
◎嗦，息寸切。溢水也。
【哰】力涷切。言哰也。
◎哰，力涷切。言哰也。

〇哷，《玉篇》：言也。（《龍龕手鏡》卷二）

【杏】他豆切。唾也。《説文》云：相與語唾而不受。音，同上。

◎杏，他豆切。唾也，不受語也。音，同上。

【噦】火外切。鳥鳴也。又於月切，逆氣也。

◎噦，火外切。鳥鳴。於月切，逆氣。

【唳】力屑切。鳥鳴也。又郎計切。

◎唳，力屑切，郎計切。鳥鳴。

【喊】許戒切。喝喊也。

◎喊，許戒切。喝喊也。

【噍】古候切。呦噍也。

◎噍，古候切。幼噍也。

●宋十行本作“幼噍”，《廣韻》作“㖃噍”。

【囀】知戀切。鳥鳴也。

◎囀，知戀切。鳥鳴也。

【唄】薄賣切。梵音聲。

◎唄，薄賣切。梵音也。

【嚥】於見切。吞也。亦作咽。

◎嚥，於見切。吞也。亦作咽。

【呴】去尤切。呴，聲也。

◎呴，去尤切。口也。

【唾】他卧切。口液也。

◎唾，他卧切。口液也。

【噭】普皃切。唎也。

◎噭，普皃切。唎也。

【嚫】初覲切。嚫，施也。

◎嚫，初覲切。施也。

【噫】匹問切。怒也。

◎噫，匹問切。怒也。

【嘄】五弔切。叫也。

◎嘄，五弔切。叫也。

【噯】烏蓋切。噯氣也。

◎噯，烏蓋切。噯氣也。

【嗖】熟臭切。口嗖也。

◎嗖，熟臭切。口嗖也。

【嗄】所訝切。聲破。

◎嗄，所訝切。声破。

【呥】去鳳切。問罪。

◎呥，去鳳切。問罪也。

【喧】胡貢切。喧，市人。

◎喧，胡貢切。喧，市人。

【嚜】丑利切。詐言也。

◎嚜，丑利切。詐言也。

【哩】力忌切。出《陀羅尼》。

◎哩，力忌切。出《陀羅尼》。

【唸】渠義切。喫唸。

◎唸，渠義切。喫唸也。

【囇嚹】二同。力泰切。聲也。

◎囇，力泰切。声也。嚹，同上。

【囈】魚計切。笑囈也。亦睡語。

◎囈，魚計切。笑也。亦睡語。

【對】多耒切。對荅也。今作對。

◎對，多耒切。對荅。今作對。

【哼】許更切。利害聲。

◎哼，許更切。利害声。

【否】藏賜切。口小也。

◎否，藏賜切。口小。

【吠】徒介切。嘗吠也。

◎吠，徒介切。嘗吠也。

●圓沙本“吠”當作“吠”。

【嗩】所戢切。咠嗩，口聲。

◎嗩，所戢切。咠嗩，口声也。

【㖂】於列切。怒也。

◎㖂，於列切。怒也。

【囑】止屬切。付囑也。

◎囑，止屬切。付也。

〇囑，《玉篇》：相寄託也，委也。（《一切經音義》卷三）

【啺】力篤切。笑也。

◎啺，力篤切。笑也。

【嗖】所六切。笑皃。

◎嗖，所六切。笑皃。

【唷】俞六切。出聲也。

◎唷，俞六切。出声。

【噦】于月切。辭也。本作粵。

◎噦，于月切。辭也。本作粵。

【呸】普必切。唾呸呸。

◎呸，普必切。唾呸呸。

〇呸，顧野王《玉篇》：呸，吐呸呸。（《吴下方言考》卷十二）

【吡】毗必切。鳴吡吡。
◎吡，毗必切。鳴吡吡。
【㗱】秦悉切。𠻘㗱。
◎㗱，秦悉切。𠻘㗱也。
【嗶】補密切。鳴嗶。
◎嗶，補密切。鳴嗶也。
【㖢】息必切。吹口皃。
◎㖢，息必切。吹口皃。
【𠯑】則屑切。𠯑，鳴也。
◎𠯑，則屑切。鳴也。
【𡃤】子六切。口𡃤也。
◎𡃤，子六切。口𡃤也。
【㗚】力述切。鳴也。
◎㗚，力述切。鳴也。
【喇】力葛切。喝喇，言急。
◎喇，力葛切。喝喇，言急也。
【㗳】祖郭切。㗳㗳，聲也。
◎㗳，祖郭切。声也。
【嚞】知立切。鳴也。
◎嚞，知力切。鳴也。
【嗝】古厄切。雉鳴也。
◎嗝，古厄切。雉鳴也。
【啰】魚隙切。歐啰也。
◎啰，魚隙切。歐啰也。
【㗶】丁盍切。㗶，口動。
◎㗶，丁盍切。㗶也。
【㕲】阻洽切。豕食。
◎㕲，阻洽切。豕食。
【㖀】余質切。牛羊呞草皃。
◎㖀，余質切。牛羊呞草皃。
【嗋】許劫切。吸嗋也。
◎嗋，許劫切。吸嗋。
【哫】子祿切。訾哫也。
◎哫，子祿切。訾哫也。
【㗆】古或切。口聲。
◎㗆，古或切。口声也。
【㘉】仄瑟切。𠱥㘉也。
◎㘉，側瑟切。𠱥㘉也。
【嚱】子悉切。蟲鳴也。

◎嚱，子悉切。蟲鳴。
【㗉】許勿切。氣也。
◎㗉，許勿切。氣也。
【吃】居一切。語難也。
◎吃，居一切。語難。
【㗃】山涉切，又叱涉切。多言也。
◎㗃，山涉切，叱涉切。多言。
○㗃，顧野王《玉篇》：㗃，多言也。（《吴下方言考》卷十一）
【𡀔】於八切。噎聲。
◎𡀔，於八切。噎声。
【嚓】千結切。小語。又子細切。
◎嚓，千結切。小語。又子細切。
【㗁】知栗切。《博雅》云：㗁，咄也。
◎㗁，知栗切。咄也。
【㕞】所劣切。鳥治毛衣也。
◎㕞，所劣切。鳥治毛衣也。
【𡃨】力葉切。齧骨聲。
◎𡃨，力葉切。齧骨声。
【師】子合切。魚食。《風俗通》云：入口曰師。
◎師，子合切。魚食。又入口。
【唎】力至切。聲也。
◎唎，力至切。声也。
【㗼】七盍切。助舞聲。
◎㗼，七盍切。助舞声。
【喫】去擊切。啖喫也。𡁠，同上。
◎喫，去擊切。啖也。𡁠，同上。
【嚁】先立切。忍寒聲。
◎嚁，先立切。忍寒声。
【噱】渠逆切。嘔噱，笑不止也。
◎噱，渠逆切。嘔噱，笑不止。
【叭】普八切，又匹活切。
◎叭，普八切，匹活切。口開。
【㗻】匹活切。妄説也。
◎㗻，匹活切。妄説也。
【㗰】呼骨切。憂也。
◎㗰，呼骨切。憂也。
【㗂】胡告切。多言也。
◎㗂，胡告切。多言也。

【嚄】魚矩切。欲笑也。
◎嚄，魚矩切。欲笑也。
【嗐】胡戞切。大開口。又胡蓋切。
◎嗐，胡戞切。大開口。又胡蓋切。
【㖁】補戞切。㖁，鳴也。
◎㖁，補戞切。鳴也。
【嗒】多臘切，又他臘切。舐也。
◎嗒，多臘、他臘二切。舐也。
【唈】烏合切。嚘也。《爾雅》云：僾唈也。
◎唈，烏合切。嚘也。《爾雅》云：僾唈也。
【咭】巨吉、許吉二切。笑皃。
◎咭，巨吉、許吉二切。笑皃。
【啻】於力切。快也。
◎啻，於力切。快也。
【嘰】阻立切。喻也。
◎嘰，俱立切。喻也。
【哉】祖才切。語助。《說文》从戋。
◎哉，祖才切。語助。
○哉，顧野王曰：語末之辭也。（《一切經音義》卷十二）
○哉，《玉篇》曰：哉謂語未之辭也。（《一切經音義》卷二十一）

補
○嗅，顧野王《玉篇》有嗅字，五教反。叫也。（《四書偶談》外編）
○咊，《玉篇》：小兒啼也。（《龍龕手鏡》卷二）
○咶，《玉篇》又音血，亦息氣也。（《龍龕手鏡》卷二）
○哘，《玉篇》又音珊，讕哘也。（《龍龕手鏡》卷二）
○嗗，《玉篇》又古没、於月二反，聲下出也。（《龍龕手鏡》卷二）

谷部第五十七

凡五字

【谷】渠略切。《説文》云：口上阿也。从口，上象其理。啣，同上。
◎谷，渠略切。口上呵。亦笑皃。啣，同上。
●圓沙本"上呵"當作"上阿"。
【㐁】他念切。舌皃。从谷省。象形。一曰竹上皮。音他感切。㐁，古文。
◎㐁，他念、他感二切。舌皃。一曰竹上皮。音他感切。㐁，同上，古文。
●圓沙本"他感切"音重出。
【䣐】如隴切。闒䣐，不肖也。
◎䣐，如隴切。闒䣐，不肖也。

舌部第五十八

凡十三字

【舌】時列切。《説文》云：在口中，所以立言者。从干从口。
◎舌，時列切。在口中，所以立言者。
【舓】神爾切。《説文》云：以舌取物也。舐、䑛，並同上。
◎舓，神爾切。以舌取物也。舐，同上。䑛，同上。
○舐，顧野王云：舐，以舌取食也。（《一切經音義》卷二十九、卷七十八）
○舓，顧野王云：以舌取食也。（《一切經音義》卷三十九）
【䑙】通荅切。大食也。
◎䑙，通荅切。大食也。
【䑜】吐盍切。義同上。
◎䑜，吐盍切。義同上。
【䑘】他干切。䑘䑙，言不正。
◎䑘，他干切。䑘䑙，言不正。
【䑙】他連切。䑘䑙。
◎䑙，他連切。䑘䑙。
【䑚】他兼切。䑚䑖，吐舌皃。
◎䑚，他兼切。䑚䑖，吐舌皃。
【䑖】他甘切。䑚䑖也。
◎䑖，他甘切。䑚䑖。
【䑛】湯蠟切。犬食也。
◎䑛，湯蠟切。大食也。
●圓沙本"人食"當作"犬食"。
【舲】渠蔭切。牛舌病。
◎舲，渠蔭切。牛舌病。

【䛡】胡快切。古文話。
◎䛡，胡快切。古文話。

齒部第五十九

凡九十二字

【齒】昌始切。《説文》曰：口斷骨也。《周禮》大司寇之職云：自生齒以上，登于天府。鄭玄曰：人生齒而體備。男八月，女七月而生齒。𣥊、𠚒，並古文。
◎齒，昌始切。口斷骨。𣥊，古文。𠚒，古文。
【齔】叉謹、初靳二切。《説文》云：毀齒也。男八月生齒，八歲而齔；女七月生齒，七歲而齔。俗作䶖。
◎齔，叉謹切，靳二切。
●圓沙本“叉謹切，靳二切”當作“叉謹、初靳二切”。
【齗】魚斤切。齒根肉。
◎齗，魚斤切。齒根肉。
○齗，齒之肉也。（《倭名抄》二 17）
【齰】叉革切。《説文》云：齒相值也。一曰齧也。
◎齰，叉革切。齒相值。一曰齧也。
【龇】仕佳切。齷龇。
◎龇，仕佳切。齷龇。
○龇，《説文》《玉篇》作龇，謂開口見齒曰龇。（《一切經音義》卷二十七）
○龇齴，《玉篇》作龇齴，褰脣露齒之貌也。（《續一切經音義》卷四）
【齞】研繭切。《説文》云：口張齒見。宋玉賦云：齞脣歷齒。
◎齞，研繭切。口張齒見。宋玉賦：齞脣歷齒。
【䶫】牛銜、魚欠二切。齒差也。
◎䶫，牛銜、魚欠二切。齒差。
【齘】何介切，噤齘切。齒怒也。
◎齘，何介切。齼齘也，齒怒。
○齘，胡戒反。齒相切也。《方言》：齘，怒也。（《醫心方》刊本五 50）
○齘，《玉篇》云：噤齘切，齒怒也。（《方言疏證》卷二）
【齺】士角、壯留二切。無牙名也。《説文》云：齒擠也。一曰齰也。一曰馬口中橜也。
◎齺，七角、初留二切。無牙名。《説文》：齒擠也。一曰馬口中橜。
●“七角”當作“士角”。
【齵】五溝、牛俱二切。齒不齊也。
◎齵，五溝、牛俱二切。齒不齊。
○齵，《玉篇》云：齵齒，謂齒生不齊平也。《蒼頡篇》云：重生齒前却不端直也。（《一切經音義》卷六十一）
【齇】莊加、莊居二切。齒不正也。又鋤牙切，齇齖。
◎齇，莊如、莊居二切。齒不正。又鋤牙切，齇齖。
【齖】五加切。齇齖，齒不平。
◎齖，五加切。齒不平。
【齱】側游切。齱齵也，齒聚皃也。
◎齱，側游切。齱齵也，齒聚皃。
【齹】此何切。齒齹跌者。又楚宜切，齒參差也。
◎齹，此何切。齒齹跌者。又楚宜切，齒參差也。
○齹，顧野王云：齹疏者，齒參差也。（《續一切經音義》卷五）
【䶩】在何切。齒差跌皃。
◎䶩，在何切。齒差跌皃。
【齸】胡夾切。齸齒。一曰曲齒。亦作𪘺。
◎齸，胡夾切。曲齒。亦作𪘺。
【齳】午忿切。無齒皃。䶨，同上。
◎齳，午忿切。無齒皃。䶨，同上。
【齾】魚轄切。齒缺也。又音枿。
◎齾，魚轄切。齒缺。又音枿。
【齟】九與、巨與二切。齗腫也。
◎齟，九與、巨與二切。齗腫。
【齯】五奚切。《爾雅》云：黄髮齯齒，壽也。謂齒墮更生細者。
◎齯，五奚切。《尔雅》：黄髮齯齒，壽也。謂齒墮更生細者。
【齝】丁立切。齝，齒也。

◎齝，丁立切。齒齧。

【齮】魚綺切。《説文》云：齧也。

◎齮，魚綺切。齧也。

【齜】士乙切。齧也。《説文》云：齚齒也。

◎齜，士一切。齧也。《説文》：齚齒。

【齰】仕革切。《説文》云：齧也。齚，同上。

◎齰，仕革切。齧也。齚，同上。

【齦】口很切。齧也。

◎齦，口很切。齧也。

【齞】五板、五偃二切。齒見皃。

◎齞，五板、五偃二切。齒見皃。

【齚】在骨切。齚也。

◎齚，在骨切。齚也。

【齧】力曷切。齒分骨聲。

◎齧，力曷切。齒分骨声。

【齩】五狡切。齧骨也。

◎齩，五狡切。齧骨。

【齰】呼轄切，又胡瞎切。齧堅聲。

◎齰，呼瞎、胡瞎二切。齧堅声。

【齭】七結切。治骨也。

◎齭，七結切。治骨也。

【齸】五哀切。齸，齒也。又音該。

◎齸，五哀切。齸，齒。又音該。

【齝】丑之、式之二切。《爾雅》曰：牛曰齝，食已久，復出嚼之。齥，同上。

◎齝，丑之、式之二切。《尔雅》：牛曰齝，食已久，復出嚼之。齥，同上。

【齕】痕没、下結二切。齧也。《禮》：爲削瓜，庶人齕之。

◎齕，痕没、下結二切。齧也。

【齨】渠柳切。老人齒如齨。一曰馬八歲曰齨也。

◎齨，渠柳切。老大齒如臼。一曰馬八歲。

●圓沙本“老大”當作“老人”。

【齴】力錢切。齒見皃。

◎齴，力錢切。齒見皃。

【齬】牛莒切。《説文》云：齒不相值也。

◎齬，牛莒切。齒不相值也。

【齲】丘禹切。《説文》云：齒蠹也。

◎齲，丘禹切。齒蠹。

○齲，丘禹反。齒蟲也。（《醫心方》刊本五45）

○齲，顧野王云：齒不齊平也。（《一切經音義》卷六十）

【齸】於亦切。《爾雅》曰：麋鹿曰齸。齸者，齥食之所在。

◎齸，於亦切。《尔雅》：麋鹿曰齸。齥食之所在。

●圓沙本“齥”當作“齝”。

【齹】五狡切。齹，齧也。

◎齹，五狡切。齧也。

【齡】吕經切。古謂年齡也。

◎齡，吕經切。年齡也。

○齡，顧野王云：古謂年爲齡。（《續一切經音義》卷十）

【齟】才與切。齧也。又牀吕切，齟齬。

◎齟，才與切。齧也。牀吕切，齟齬。

【齧】大結、竹栗二切。齧堅皃。

◎齧，大結、竹壹二切。齧堅。

【齛】直離切。齒斷皃。

◎齛，直離切。齒斷皃。

【齹】竹加切。齺齹，大齒也。

◎齹，竹加切。大齒也。

●《篆隸萬象名義》作“大齧也”。

【齱】補洛切。噍聲。

◎齱，補洛切。噍声。

【齺】卓皆切。噍齧聲也。

◎齺，卓皆切。噍齧声。

【齣】客牙切。大齧也。

◎齣，客牙切。大齧也。

【齻】丘之切。齧也。

◎齻，丘之切。齧也。

【齻】丁千切。牙也。

◎齻，丁千切。牙也。

【齺】又渥切。齒相近聲。又齪齺也。亦作齪。

◎齺，又渥切。齒相近声。亦作齪。

【齗】牛引切。笑也，齒齊也。

◎齗，牛引切。笑也，齒齊也。

【𪙖】胡八切。齧骨聲。亦作𩪧。
◎𪙖，胡八切。齧骨声。亦作𩪧。
【𪚼】力盍切。齧聲。
◎𪚼，力盍切。齧声。
【𪗒】吕及、吕合二切。噍燥物聲。
◎𪗒，吕及、吕合二切。噍燥物声。
【齤】渠圓切。《説文》云：缺齒也。一曰曲齒。
◎齤，渠圓切。缺齒也。一曰曲齒。
【𪗋】渠蔭切。舌病。
◎𪗋，渠蔭切。舌病。
【𪘋】胡帀切。食也。
◎𪘋，胡帀切。食也。
【𪘏】五街切。齒不正。𪙁，同上。
◎𪘏，五街切。齒不正。𪙁，同上。
○𪙁，《玉篇》云：齒相切也。《聲類》作𪙁齜。《考聲》云：𪙁齜，儿鬪貝也，齒不齊皃也。（《一切經音義》卷十四）
【齙】步交切。露齒。
◎齙，步交切。露齒。
【𪗾】莫丁切。齒。
◎𪗾，莫丁切。齒也。
【𪚊】巨依切。齒危也。
◎𪚊，巨依切。齒危也。
【𪚦】七良切。小齒。
◎𪚦，七良切。小齒。
【𪗹】必茗切。𪗹齒。
◎𪗹，必茗切。𪗹齒也。
【齼】初舉切。齒傷醋也。齭，同上，又音所。
◎齼，初舉切。齒傷醋。齭，同上，又音所。
○齭，初旅反。齒傷酢也。（《醫心方》刊本五50）
【𪘭】初限切。齒不正。
◎𪘭，七眼切。齒不正。
●宋十行本作“士眼切”。
【齴】魚蹇切。露齒皃。
◎齴，魚蹇切。露齒皃。
【齫】空衮切。齧也。
◎齫，空衮切。齧也。
【𪛁】魚倚切。
◎𪛁，魚倚切。齒也。
【齹】初産切。小兒齒。
◎齹，初産切。小兒齒。
【𪗵】丁陷切。剔齒。
◎𪗵，丁陷切。剔齒。
【齥】私列切。羊噍草。亦作齛。
◎齥，私列切。羊噍草。亦作𠯿。
●圓沙本“𠯿”當作“齛”。
【𪛓𪘃】上殂詣切，下五計切。齧也。
◎𪛓，殂詣切，齒牛也。
◎𪘃，五計切。言齒也。
●圓沙本義訓未詳。
【𪛊】魚欠切。好皃。
◎𪛊，魚欠切。好皃。
【𪚬】初夬切。剔齒。
◎𪚬，初央切。剔齒。
●圓沙本“初央切”當作“初夬切”。
【䶧】古沃切。又胡谷切。齒聲。
◎䶧，古沃切，胡谷切。齒声。
【齷】於角切。齷齪。
◎齷，於角切。齷齪。
【𪛃】初八切。齒利也。
◎𪛃，初八切。齒利。
【齧】魚結切。噬也。
◎齧，魚結切。噬也。
【䶢】口洽切。齧也。
◎䶢，口洽切。齧也。
【齶】五各切。斷也。
◎齶，五各切。斷也。
【𪘆齃】上盧葛切，下胡葛切。齧物聲。
◎𪘆，盧葛切。齧物声。
◎齃，胡葛切。齧物声。
【䶹】音歷。齒病。
◎䶹，音歷。齒病。

牙部第六十

凡五字

【牙】牛加切。牡齒也。《詩》云：祈父維王之爪牙。𤘗，古文。

◎牙，牛加切。牡齒也。《詩》云：祈父維王之爪牙。𠂎，古文。

○牙，野王案：牙在齒後最近輔車者也。(《倭名抄》二16)

【猗】丘奇切。虎牙也。

◎猗，丘奇切。虎牙。

○猗，顧野王曰：虎牙也。（《六書故》卷十二）

【㸪】丘禹切。齒蠹也。

◎㸪，丘禹切。齒蠹。

【𤘙】口限切。齧也。

◎𤘙，口限切。齧也。

須部第六十一

凡六字

●底本與圓沙本此部少收“䫏”字條，該部凡五字。“䫏”字條據澤存堂本補。

【須】思臾切。面毛也。

◎須，思臾切。面毛也。

◓須，需。冥氏掌得獸，獻其皮革齒須。謂頤下須也。面毛須眉□是也。東海魚須魚目。今以為簪叉者也。大夫笏以魚須文竹是也。𩑛，古文。

○須，待也。(《法華釋文》中)

○須臾，《玉篇》曰：須臾，俄頃之間也。(《一切經音義》卷二十一)

○須臾，《玉篇》曰：須臾，俄頃也。(《一切經音義》卷二十五)

○須，顧野王云：所須待之。(《一切經音義》卷六十九)

【䫇】如廉切。頰須也。

◎䫇，如廉切。頰須也。

◓䫇，□。美䫇長大謂頰須。亦為髯。

【頾】子移切。口上須也。《左氏傳》曰：周靈王生而有頾。或作髭。

◎頾，子移切。口上須。《左傳》：靈王生而有頾。或作髭。

◓頾，貲。靈王生而有頿。頾，口上之須也。

【額】方支切。須髮半白。《聲類》云：䫇皃。

◎額，方皮切。須髮半白。《声類》云：䫇皃。

◓額，□。髮半白也。又䫇皃也。

【䫏】方乎、步侯二切。短須，髮皃。亦作䪷。

◎䫏，方于、步侯二切。短須，髮皃。

●圓沙本字頭誤，據底本改。

◓䪷，□。短須皃也。白髮須皃也。

【䫀】詢趨切。待也。

彡部第六十二

凡二十四字

【彡】先廉切。毛飾畫文也。象形。又所銜切。

◎彡，先廉切。毛飾畫文。又所銜切。

【彬】鄙陳切。《論語》曰：文質彬彬。《説文》云：古文份。

◎彬，鄙陳切。文質備。《説文》：古文份。

【形】户經切。《説文》作形。象形也。

◎形，户經切。象形。

【㣎】莫禄切。細文也。

◎㣎，莫禄切。細文。

【㐱】之忍切。稠髮也。亦作鬒。

◎㐱，之忍切。稠髮。亦作鬒。

【修】胥遊切。治也。《書》云：六府三事孔修。《説文》云：飾也。

◎修，胥遊切。治也，飾也。

○修，案云：修飾、修長皆從彡，脩脯之脩從肉。(《八十卷音義私記》)

○修，《玉篇》：治也，飾也。(《一切經音義》卷二十五)

【彰】徐井切。《説文》云：清飾也。

◎彰，徐井切。清飾也。

【彰】諸楊切。《説文》云：文彰也。

◎彰，諸楊切。明也。《説文》：文彰也。

【彨】力旦切。鮮明也。

◎彨，力旦切。鮮明也。

◓(彨)，……彨漫謂無條科之皃也。□彨，文章之皃也。或為爛。

【彫】東堯切。《説文》云：琢文也。《書》

曰：峻宇彫牆。
◎彫，東堯切。琢文。《書》：峻宇彫牆。
◓(彫)，……鏤也。玉瑑仍彫是也。琢不成文也。
〇彫，《玉篇》今或作雕字。（《法華釋文》上）
〇彫，顧野王曰：彫，雋刻也。(《一切經音義》卷二十四)
〇彫，《玉篇》：彫，飾也。（《一切經音義》卷二十五)
〇彫，顧野王云：鐫剋之也。(《一切經音義》卷六十七)
【耏】如時切。頰須也，又獸多毛。
◎耏，如時切。頰須，又獸多毛。
◓(耏)，……也。猛毅伾耏。亦雄壯之皃也。或為髵。
【弱】如藥切。尫劣也。
◎弱，如藥切。尫劣也。
◓(弱)，……年少也。遇王子弱。……輪人為輪，故竑……橈也，上象曲橈……氂也。楝橈，本末弱……
〇弱，顧野王云：弱，尫也。(《續一切經音義》卷六)
〇弱，《玉篇》云：不强。(《續一切經音義》卷十)
【彧】於六切。文章皃。《詩》曰：黍稷彧彧。彧彧，茂盛皃。
◎彧，於六切。文章皃。《詩》：黍稷彧彧。茂盛皃。
◓(彧)，……文哉，謂文章備也。容也。或為鬱。
【影】於景切。形影。《書》曰：從逆凶，惟影響。
◎影，於景切。形影。又影響。
◓影，英。惠迪吉，從逆凶，惟影響。謂若影之隨形。
【彨】余鍾切。重影也。
◎彨，余鍾切。重影也。
【豿】丑玉切。豕絆行皃。
◎豿，丑玉切。豕絆行皃。
【彭】筆院切。古文變。
◎彭，筆院切。古文變。
【彰】七孕切。又七曾切。毛張。
◎彰，七孕切，七曾切。毛張。
【彰】七卧切。
◎彰，七卧切。形也。
【彩】七宰切。文章也。
◎彩，七宰切。文章也。
〇彩，顧野王曰：彩猶色也。(《一切經音義》卷二十一)
【彩】章余切。古文諸。
◎彩，章余切。古文諸。
【影】匹妙切。影，畫也。又撫招切。
◎影，匹妙切。影，畫。撫招切。
【彡】古紅切。
◎彡，古紅切。彩也。
【彲】丑知切。獸名。
◎彲，丑知切。獸名。

彣部第六十三

凡三字

【彣】亡分切。《説文》：馘也。
◎彣，亡分切。《説文》：馘也。
【彥】魚箭切。《書》曰：旁求俊彥。美士曰彥。彥，上同，《説文》彥。
◎彥，魚箭切。美士四彥。彥，上同，《説文》彥。
●圓沙本“四”當作“曰”。

文部第六十四

凡十字

【文】亡分切。文章也。《書》云：聰明文思。
◎文，亡分切。文章也。
【斐】孚尾切。《詩》曰：有斐君子。斐，文章皃。
◎斐，孚尾切。文章皃。《詩》：有斐君子。
【辬】補顏切。《説文》曰：駁文也。亦作斑。

◎辬，補顔切。駁文。亦作斑。

【斄】力詩切。微畫也。

◎斄，力詩切。微畫也。

【斒】方間切。斕斒，文也。

◎斒，方間切。斕斒，文也。

●《廣韻》："斒，斒斕，色不純也。"此處"斕斒"疑當作"斒斕"，下同。

【斕】力寒切。斕斒。斆，同上。

◎斕，力寒切。斕斒。斆，同上。

【斌】鄙鄰切。文質皃。亦作份、彬。

◎斌，鄙鄰切。文質皃。亦作份、彬。

【㪨】他旦切。㪨斖，無采色也。

◎㪨，他旦切。㪨斖，無采色。

【斖】莫斕切。㪨斖。

◎斖，莫斕切。㪨斖。

髟部第六十五

凡一百八字

【髟】比凋、所銜二切。長髮髟髟也。

◎髟，必凋、所銜二切。長髮也。

◓(髟)，□、□二音。長髮髟髟也。從長彡。

●宋十行本作"比聊"。

【髮】府月切。首上毛也。《孝經》云：身體髮膚。

◎髮，府月切。首上毛。

〇髮，野王案：髮，首上長毛也。(《倭名抄》二18)

〇髮，顧野王云：首上毛也。(《一切經音義》卷二)

【鬢】卑刃切。頰髮也。

◎鬢，卑刃切。頰鬓也。

【髸】五割切。

◎髸，五割切。小兒髮。

【髩】徒合切。髮也。

◎髩，徒合切。髮也。

【鬝】亡肝切。髮長皃。

◎鬝，亡干切。髮長皃。

【髛】力廿切。髮多皃。

◎髛，力甘切。髮多。

【鬈】渠袁、丘袁二切。髮好也。

◎鬈，渠袁、丘袁二切。髮好也。

【鬋】亡先切。燒煙畫眉。

◎鬋，亡先切。燒煙畫眉。

【鬍】奴禮切。髮皃。髳，同上。

◎鬍，奴礼切。髮皃。髳，同上。

【鬈】千河切。鬈，好也。又昨何切。

◎鬈，千河、昨何二切。好也。

【髻】芳于、芳武、薄侯三切。髮好也。或作髻。

◎髻，芳于、芳武、薄侯三切。髮好也。或作髻。

【髦】莫高切。髦，俊也。

◎髦，莫高切。髦，俊也。

【髳】莫高切。《説文》曰：髮至眉也。髳，同上。

◎髳，莫高切。髮至眉也。髳，同上。

【鬋】子淺切。鬋截也。

◎鬋，子淺切。截也。

【鬑】力兼切。髮長皃。

◎鬑，力兼切。髮長皃。

【鬗】直由切。髮多也。

◎鬗，直由切。髮多。

【髮】且利切。首飾爲髮。

◎髮，且利切。首飾爲髮。

【鬣】作結切。束髮。

◎鬣，作結切。束髮。

【髢】達計切。髮 髲 也。鬄，同上，又先歷切。

◎髢，達計切。髮 髲 也。鬄，同上，又先歷切。

〇鬄，《玉篇》又剔、釋二音，同鬅。剪髮也。(《龍龕手鏡》卷一)

【髲】皮寄切。鬄也。

◎髲，皮寄切。鬄也。

〇髲，顧野王《玉篇》云：髲，鬄也。鬄，髮髲也。(《本草綱目》卷五十二)

【髺】胡括、古活二切。《説文》曰：絜髮也。髻，同上。《儀禮》：髻用組。束髮。

◎髺，胡括、古活二切。絜髮。髻，同上，

束髮也。
【䯰】薄桓切。卧髻也。
◎䯰，薄桓切。卧髻也。
【髪】亡亞切。帶結飾。
◎髪，亡亞切。帶結飾。
【髥】方五切。髻也。
◎髥，方五切。髻也。
【鬢】丘位切。屈髮也。
◎鬢，丘位切。屈髮也。
【髻】居濟切。髮結也。髤，同上。《説文》古拜切，簪結也。
◎髻，居濟切。髮結也。髤，同上。又古拜切，簪結也。
○髻、髤，《玉篇》髻字注云：結髮也。髤字注云：同上。（《方言箋疏》卷四）
【鬣】力葉切。長須也。
◎鬣，力葉切。長須也。
○鬣，顧野王曰：馬項上長毛也。（《一切經音義》卷十二）
○鬣，顧野王云：馬項上長毛也。又云：凡獸定［項］長毛皆爲之鬣。（《一切經音義》卷二十四）
【髗】來都切。鬣也。
◎髗，來都切。鬣也。
【髩】補蕩切。髩攘也。
◎髩，補蕩切。髩攘也。
【髳】補牧切。忽見也。
◎髳，補牧切。忽見也。
【髯】女邛切。亂髮也。
◎髯，女邛切。乱髮也。
【髣】芳往切。髣髴也。
◎髣，芳往切。髣髴也。
【髴】芳勿、芳味二切。髣髴。
◎髴，芳勿、芳味二切。髣髴。
【鬊】舒閏切。鬌髮也。
◎鬊，舒閏切。鬌髮也。
【鬌】都果、徒果二切。小兒翦髮爲鬌。又直垂切。
◎鬌，都果、徒果二切。小兒翦髮。又直垂切。
◓鬌，埵。子三月之末擇日剪髮為鬌。男角女覊，謂鬌所遺髮也，（夾）囟曰角，午達曰覊也。鬌、尾、稍，盡也。謂毛物漸落去之名也。□□。
○鬌，吕氏《字林》《玉篇》《唐韻》並直垂反。（《匡謬正俗》卷六）
【髶】苦閑、口瞎二切。鬜秃也。
◎髶，苦閑、口瞎二切。鬜秃。
◓髶，劼。夏后氏……
○髶，《玉篇》音苦閑、口瞎二切。（《釋名疏證》卷八）
【髧】徒感切。髮垂皃。
◎髧，徒感切。髮垂皃。
【髤】且代切。帶，幓頭。又音采。
◎髤，且代切。帶，隧頭。又音采。
●四部叢刊本作“帶，摻頭”，未詳。
【髫】丁兼切。髫鬑，鬜髮踈薄皃。
◎髫，丁兼切。髫鬑，鬜踈皃。
【髼】部公切。髮亂皃。
◎髼，部公切。髮乱皃。
【鬃】才宗切。高髻皃。
◎鬃，子宗切。高髻也。
●宋十行本作“子宗切”。
【髷】匹育、匹宥二切。《周禮》：追師，掌王后之首服爲髷。本亦作副。
◎髷，匹育、匹宥二切。《周礼》：追師，掌王后之首服爲髷。本或作副。
【髩】士行切。髩鬡，髮亂。鬤，《字書》或髩字。
◎髩，士行切。髩鬡，髮乱。鬤，《字書》或髩字。
【鬡】女耕切。髩鬡也。
◎鬡，女耕切。髩鬡也。
【鬆】先凶、私宗二切。亂髮皃。鬆，同上。
◎鬆，先凶、私宗二切。乱髮皃。鬆，同上。
【髬】普悲切。被髮走皃。
◎髬，普悲切。被髮走皃。
【鬐】渠祇切。鬐，鬣也。
◎鬐，渠祇切。鬣也。
【鬢】子旦切。髮光澤也。又子曷切，多

毛也。
◎鬢，子旦切。髮光澤也。又子曷切，多毛。
【鬊】子困切。頂上無髮。
◎鬊，子困切。頂上無髮。
【髡】渠匃切。髮亂。
◎髡，渠匃切。髮乱。
【鬗】先廉切。髮也。
◎鬗，先廉切。髮也。
【鬕】孚紹切。鬕，髮白皃。亦作顠。
◎鬕，孚紹切。髮白皃。亦作顠。
【髵】如時切。多毛皃。亦作耏。
◎髵，如時切。多毛。亦作耏。
【鬄】他歷切。《説文》云：鬀髮也。
◎鬄，他歷切。鬀髮也。
【髨】口昆切。鬀髮也。
◎髨，口晁切。鬀髮。
●圓沙本“口晁切”當作“口昆切”。
【鬀】他計切。《説文》云：鬄髮也。大人曰髨，小兒曰鬀，盡及身毛曰鬄。
◎鬀，他計切。削髮也。
【髽】側瓜切。《禮記》曰：男子免而婦人髽，以麻約髾也。
◎髽，側瓜切。以麻約髾也。
【髾】孚勿切。婦人首飾也。
◎髾，孚勿切。婦人首飾也。
【髻】五結切。髻鬉，禿也。
◎髻，五結切。髻鬉，禿也。
【鬉】口八切。禿也。
◎鬉，口八切。禿也。
【鬆】子公切。毛亂也。
◎鬆，子公切。毛乱也。
【鬌】直追切。髾也。
◎鬌，直追切。髾皃。
【鬑】而由切。馬之繁鬣。
◎鬑，而由切。馬之繁鬣。
【鬟】胡彎切。結鬟。
◎鬟，胡彎切。結鬟。
【髻】助庚切。髻鬡，亂髮。
◎髻，助庚切。髻鬡，乱髮。
【鬉】子紅切。馬鬣。又作孔切。
◎鬉，子紅切。馬鬣。又音摠。
【髿】所加切。髮髿，垂皃。
◎髿，所加切。髮髿，垂皃。
【鬖】楚今切，又色減切。亂髮也。
◎鬖，楚今切，色減切。乱髮。
【髾】字由切。接髮也。
◎髾，字由切。接髮也。
【鬃】莫紅切。馬垂鬃也。
◎鬃，莫紅切。馬垂鬃也。
【鬛】先才切。小髮也。
◎鬛，先才切。小髮。
【髮】息隆切。細髮也。
◎髮，息隆切。細髮也。
【髶】曲王切。髶鬤，亂髮也。
◎髶，曲王切。髶鬤，髮。
【鬤】如羊切。亂髮。
◎鬤，如羊切。乱髮。
【髶】余封切。髮長。
◎髶，余封切。髮長。
【鬞】女龍切。毛多也。又女江切。
◎鬞，女龍切。毛多。又女紅切。
【鬘】力之切。髮卷。
◎鬘，力之切。髮皃。
【鬒】之忍切。稠髮也。亦作㐱。
◎鬒，之忍切。稠髮。亦作㐱。
【髼】側下切。多毛。
◎髼，側下切。多毛。
【鬌】都果切。髮垂也。
◎鬌，都果切。髮垂。
【髾】都爾切。
◎髾，都尔切。髮美也。
【鬕】符小切，又匹紹切，亂髮。
◎鬕，符小切，又匹紹切，乱髮。
【髼】七二切。漆也。《説文》音休。
◎髼，七二切。漆也。又音休。
【髹】許求切。赤黑漆也。髼，同上。
◎髹，許求切。赤黑漆。髼，同上。
【髫】胡覽切。短髫。
◎髫，胡覽切。短髫。
【髶】息利切。與肆同。極陳也。

◎髩，息利切。与肆同。極陳。

【鬑】千旦切。髮光。

◎鬑，千旦切。髮光也。

【髻】古暗切。青髻。

◎髻，古暗切。青髻也。

【鬞】仕懺切。髮。

◎鬞，仕懺切。髮也。

【鬢】符沸切。髮。

◎鬢，符沸切。髮少。

【髡】九六切。亂髮也。

◎髡，力六切。乱髮。

●圓沙本“力六切”當作“九六切”。

【髼】昨没切。髻髼也。

【髩】補各切。髮髩。

◎髩，補各切。髮也。

【髮】必末切。髮鬢，鬚多毛。

◎髮，必末切。髮鬢，鬚多毛也。

○髮，《玉篇》云：大髻也。（《龍龕手鏡》卷一）

【鬚】息俞切。髭鬚也。本作須。

◎鬚，息俞切。亦作須。髭鬚。

【髭】子移切。口上須。本作頾。

◎髭，子移切。口上須。本作頾。

【髾】女鎋切。細毛。

◎髾，女轄切。細毛。

【髫】徒聊切。小兒髮。

◎髫，徒聊切。小兒髮。

【髯】汝占切。頰須也。本作䫇。

◎髯，汝占切。頰須。本作䫇。

大廣益會玉篇
卷第六

凡十部

手部第六十六

凡六百四十五字

【手】舒西切。《説文》云：拳也。《易》曰：艮爲手。𠦬，古文。

◎手，舒西切。《説文》：拳也。手足也。𠦬，古文。

【拏】七咨切。𢪛也。

◎拏，七咨切。𢪛也。

【掌】諸養切。《論語》曰：指其掌。掌，手中也。

◎掌，諸養切。手中也。《語》：指其掌。

【拳】渠員切。屈手也。

◎拳，渠員切。屈手也。

【掔】於焕切。《儀禮》曰：鉤中指，結于掔。掌後節中也。捥、𢪛，並同上。

◎掔，於换切。掌後節中也。捥，同上。𢪛，同上。

【搴】居輦切。取也。攓，同上，出《説文》。

◎搴，居輦切。取也。攓，同上，两手取也。

【拲】居勇切。擁也。

◎拲，居勇切。擁也。

【牂】子羊切。扶也。今作將。搬，同上。

◎牂，子羊切。扶也。今作將。搬，同上。

【挈】苦結切。提挈也。

◎挈，苦結切。提挈也。

【摯】諸貳切。持也。《周禮》以禽作六摯。摯之言至也。

◎摯，諸貳切。持也，至也。

【擥】力甘、力敢二切。手擥取也。攬，同上。

◎擥，力甘、力敢二切。手擥取也。攬，同上。

○攬，顧野王云：攬物引類也。（《一切經音義》卷七十二）

【拏】尼牙切。手拏也。

◎拏，尼牙切。手拏也。

○拏，《玉篇》又乃下反。亦相牽引也。（《龍龕手鏡》卷二）

●底本原作“足牙切”，據宋十行本改。

【擪】烏協切。指按也。亦作擫。

◎擪，烏叶切。指按。亦作擫。

【塹】山湛切。斬取也。又才甘切。《説文》云：暫也。

◎塹，山湛切。斬取。才甘切，暫也。

【瘳】充世切。牽也。《説文》曰：引縱曰瘳。摰、掣，並同上。

◎瘳，充世切。牽也，引縱也。摰，同上。掣，同上，又昌列切。

○瘳，顧野王云：瘳猶牽也。（《一切經音義》卷十四）

○掣，《玉篇》：引而縱之。（《一切經音義》卷二十七）

○掣，顧野王云：掣猶牽也。（《一切經音義》卷五十四）

○掣，顧野王云：掣，牽也。（《一切經音義》卷七十九）

○掣，《玉篇》亦云：掣同瘳。（《釋名疏證》卷五）

【㧗】疾寄切。《詩》曰：助我舉㧗。㧗，積也。

◎㧗，疾寄切。積也。

【掔】卻閑、去賢二切。固也。

◎掔，卻閑切，去賢切。固也。

【擧】居與切。《説文》曰：對舉也。今作舉。

◎擧，居与切。對舉也。今作舉。

○擧，顧野王：舉，糾也。（《一切經音義》

卷五十一）

【擁】於勇切。《儀禮》云：擁篚粱。擁，抱也。作擁同。攤，同上。揄，古文。

◎擁，於勇切。抱也。亦作擁。攤，同上。揄，古文。

【擊】步波、步丹二切。手不正也。

◎擊，步波、步丹二切。手不正也。

【攣】力全切。攣，綴也。《易》曰：有孚攣如。

◎攣，力全切。攣，綴也。

○攣，顧野王云：謂病身躰拘曲也。（《一切經音義》卷三十二）

○攣，顧野王云：竊［攣］謂拘曲也。（《一切經音義》卷六十九）

【撆】普滅切。擊也。撇，同上。

◎撆，普滅切。擊也。撇，同上。

【掔】魚賢切。掔，摩也。

◎掔，魚賢切。摩也。

【摩】莫羅切。研也。擵，同上。

◎摩，莫羅切。研也。擵，同上。

○摩，顧野王云：摩，彌也。（《一切經音義》卷六十八）

○摩，《玉篇》：以手摩挲也。（《續一切經音義》卷六）

●圓沙本“研”當作“研”。

【擘】補革切。擘，裂也。

◎擘，補革切。擘，裂也。

○擘，顧野王：手擘裂。（《一切經音義》卷十五）

○擘，顧野王云：擘裂，破也。（《一切經音義》卷六十）

○擘，顧野王云：手擘破之。（《一切經音義》卷七十二）

【摹】莫奴切。規摹也。亦作摸。

◎摹，莫奴切。規摹。亦作模。

【擊】經歷切。打也。《書》曰：擊石拊石。

◎擊，經歷切。打也，扣也。

○擊，顧野王云：擊，捶打也。（《一切經音義》卷六）

○擊，顧野王云：擊猶捶打也。（《一切經音義》卷十）

○擊，顧野王云：擊猶打捶也。（《一切經音義》卷十八）

○擊，顧野王云：打也，捶也。（《一切經音義》卷三十八）

○擊，顧野王云：擊，打也，攻也。（《一切經音義》卷七十二）

【擎】口弔切。《説文》曰：旁擊也。

◎擎，口弔切。旁擊曰擎。

【拏】女豬切。《説文》云：持也。

◎拏，女猪切。持也。

○拏，《玉篇》又女余反。亦相牽引也。（《龍龕手鏡》卷二）

【摩】呼爲切。指麾也。

◎摩，呼爲切。指麾也。

【攀】普姦切。援引也。扳，同上，又布間切。

◎攀，普姦切。援引也。扳，同上，又布間切。

【摮】五爻、五高二切。擊也。

◎摮，五爻、五高二切。擊皃。

【擎】渠京切。持也。

◎擎，渠京切。持高也，撑也。

【揧】力葛切。研破也。

◎揧，力葛切。研破也。

【承】署陵切。次也，奉也，受也。

◎承，署陵切。奉也，受也。

【撃】許委切。撃，壞也。

◎撃，許委切。撃，壞也。

【掣】色角切，又相邀切。長也。又長臂皃。

◎掣，色角切，相邀切。長臂。

【拲】居勇切。恭也。

◎拲，居勇切。恭也。

【抙】居竦切。《説文》云：與収同。

◎抙，居竦切。与廾同。

【搴】胡瞎切。手搴。

◎搴，胡瞎切。手搴也。

【攕】所咸切。《説文》曰：好手皃。《詩》曰：攕攕女手。

◎攕，所咸切。好手皃。《詩》：攕攕好手。

●圓沙本“好手”當作“女手”。

【指】諸視切。手指也。《春秋傳》曰：食指動。謂第二指也。

◎指，諸視切。手指。

○指，（食指）野王案：第二指也。（中指）野王案：第三指也。（無名指）野王案：第四指也。（季指）野王案：小指，第五指也。（《倭名抄》二 39—40）

○指，顧野王云：謂意之所指。又手指物以示人也。（《一切經音義》卷三十四）

【摳】苦溝切。挈衣。《曲禮》曰：兩手摳衣去齊尺。

◎摳，苦溝切。挈衣。

○摳，顧野王云：謂以手挈衣前也。（《一切經音義》卷八十七）

【揖】伊入切。《說文》曰：攘也。一曰手著胷曰揖。《周禮》：司儀掌詔王儀，南鄉見諸侯，王揖庶姓。

◎揖，伊入切。手著胷曰揖。

●宋十行本作“土揖庶姓”，作“土”是。

【捃】居運切。拾也。

◎捃，居運切。拾也。

【攘】仁尚切。揖攘也。又汝羊切，攘，竊也。

◎攘，仁尚切。揖也。汝羊切，竊也。

○攘，野王案：攘謂除去衣袂而出臂也。（《八十卷音義私記》）

○攘，顧野王：亦辭也。（《一切經音義》卷二十九）

○攘，顧野王云：三攘而後升是也。（《一切經音義》卷四十五）

○攘，《玉篇》：除袂出臂曰攘，心憤發而氣勇也。（《一切經音義》卷八十五）

○攘，顧野王云：謂除去衣袂出臂也。（《續一切經音義》卷二）

【攓】起焉切。縮也。

◎攓，起焉切。縮也。

【擦】丘連切。《說文》云：摳衣也。

◎擦，丘連切。摳衣擦裳也。

【擅】姻利切。拜，舉手下手。

◎擅，姻利切。拜，舉手卜手。

【拱】記冢切。《書》曰：克拱明刑。拱，執也。

◎拱，居冢切。執也。

【撿】良冉切。《說文》曰：拱也。

◎撿，良冉切。拱也，收也。

【揞】於活切。搯揞也，拱也。

◎揞，於活切。搯揞也，拱也。

【搯】他勞切。搯揞也。

◎搯，他勞切。搯揞也。

【拇】莫口切。手指拇。

◎拇，莫口切。手指拇。

○拇，莫后反。《國語》：至于指拇。賈逵曰：大指也。野王案：《周易》咸其拇是。《倉頡篇》：將指也。（《香字抄》40）

【推】出唯、他雷二切。排也。《易》曰：剛柔相推。

◎推，出唯、它雷二切。排也。

○推，顧野王云：自後排進曰推。（《一切經音義》卷五十五）

【捘】子寸切，又子對切。《左氏傳》曰：捘衛侯之手。捘，擠也。

◎捘，子寸、子對二切。擠也。

【扶】防無切。扶持也。又府喻切。《公羊傳》曰：扶寸而合。側手曰扶。

◎扶，防無切。持也。府俞切，側手。

【持】直之切。握也。

◎持，直之切。握也。

【拑】渠廉切。脅持也。

◎拑，渠廉切。脅持也。

【攫】九縛切。搏也。

◎攫，九縛切。搏也。

【操】七刀切。把持也。又倉到切。

◎操，七刀切。把持也。又倉到切。

○操，《玉篇》曰：持志貞固曰操也。（《一切經音義》卷二十一）

○操，顧野王云：持志貞固曰操。（《一切經音義》卷八十九）

【捦】渠林切。急持衣衿行也。撚，同上。

◎捦，渠林切。急持衣衿行也。撚，同上。

【搏】補洛切。手擊也。

◎搏，補洛切。手擊也。

○搏，《玉篇》：拊也。（《一切經音義》卷十六）
○搏，《玉篇》：拍也，拊也。（《一切經音義》卷二十七）
【據】居豫切。依也。又持也。
◎據，居豫切。依也，持也。
【抩】人詹、乃含二切。併持也。
◎抩，人詹、乃含二切。併持。
【捬】卜路切。相持也。
◎捬，卜路切。相持也。
○捬，《玉篇》：普胡反。開張遍布也。又博胡反，展舒也。（《龍龕手鏡》卷二）
【攝】書涉切。引持也。
◎攝，書涉切。引持也。
【挾】户頰切。懷也，持也。《儀禮》曰：兼挾乘矢。
◎挾，户頰切。懷也，持也。
【捪】亡巾切。撫也。
◎捪，亡巾切。撫也。
【捫】莫昆切。《詩》曰：莫捫朕舌。捫，持也。
◎捫，莫昆切。持也。
【擥】力甘、力敢二切。持也。
◎擥，力甘、力敢二切。持也。
○攬，此擥字也，又擥字也。力甘、力敢二反。《説文》：撮持也。《廣雅》：擥，取也。（《新撰字鏡》六33）
【擸】吕盍切。擇持也。
◎擸，吕盍切。擇持也。
【握】於角切。搤持也。
◎握，於角切。搤持也。
【撣】徒安切。觸也。《太玄經》云：遭逢並合，撣繫其名。撣，觸也。
◎撣，徒安切。觸也。
【攜】户圭切。貳也。又持也。
◎攜，户圭切。貳也，持也。
○攜，《玉篇》：攜，持也。（《一切經音義》卷十三）
○攜，顧野王云：攜，持也。（《一切經音義》卷五十四）
○攜，顧野王云：攜謂持也。（《一切經音義》卷六十四）
【把】百馬切。把，握也。
◎把，百馬切。握也。
【提】徒兮切。挈也。
◎提，徒兮切。挈也。
【撫】竹涉切。拈也。
◎撫，竹涉切。拈也。
【拈】乃兼切。指取也。
◎拈，乃廉切。指取也。
【摛】耻離切。舒也。
◎摛，耻離切。舒也。
【捨】尸社切。施也，去也。
◎捨，尸社切。施也，去也。
【按】於旦切。《詩》曰：以按徂旅。按，止也。
◎按，於旦切。止也。《詩》：以按徂旅。
【控】枯洞切。《詩》曰：控于大邦。控，引也。
◎控，枯洞切。引也。《詩》：控于大邦。
【捋】力括切。《詩》曰：薄言捋之。捋，取也。
◎捋，力括切。取也。《詩》：薄言捋之。
【撩】力條切。手取物。又撩，理也。
◎撩，力條切。手取物。又撩，理。
○撩，顧野王云：謂將整理也。（《一切經音義》卷三十九）
【插】初洽切。刺入也。
◎插，初洽切。刺入也。
【措】且故切。頓也，置也。
◎措，且故切。頓也，置也。
【掾】與絹切。公府掾史也。又曰太尉屬。
◎掾，與絹切。公府掾史。
【揗】食尹、詳遵二切。摩也。
◎揗，食尹、詳遵二切。摩也。
【拍】普格切。拊也。
◎拍，普格切。拊也。
【拊】芳武切。拍也。《書傳》云：拊，亦擊也。
◎拊，方武切。拍也，擊也。
○拊，顧野王云：拊猶拍也。（《一切經音義》

卷六十九）

【掇】豬劣、都活二切。《詩》曰：薄言掇之。掇，拾也。

◎掇，猪劣、都括二切。拾也。《詩》：薄言掇之。

【捪】蒲溝切。把也。《易》曰：君子以捪多益寡。捪猶減也。本亦作裒。

◎捪，蒲溝切。把也。《易》：君子以捪名益寡。捪猶減也。亦作裒。

●圓沙本“名”當作“多”。

【抔】步侯切。手掬物也。

◎抔，步侯切。手掬物。

【捊】步溝切。《説文》曰：引聚也。《詩》曰：原隰捊矣。捊，聚也。本亦作裒。抱，《説文》同上，今薄保切。

◎捊，步溝切。引聚也。亦作裒。抱，《説文》同上，今薄保切。

【拾】時立切。掇也。《詩》曰：决拾既佽。拾，所以引弦也。

◎拾，時立切。掇也。《詩》：决拾既佽。拾，所以引弦也。

●圓沙本“佽”當作“佽”。

【摧】居焮切。清也。《説文》：拭也。

◎摧，居焮切。清也，拭也。

●底本“焮”原作“掀”，據宋十行本改。

【授】時霤切。付也。

◎授，時霤切。付也。

【揜】衣撿切。《説文》曰：自關以東謂取曰揜。一曰覆也。

◎揜，衣撿切。取也。一曰覆也。

【掩】於斂切。《説文》曰：斂也。小上曰掩。

◎掩，於斂切。斂也，水上曰掩。

【攩】胡廣切。搥打也。

◎攩，他朗切。搥打也。

【抳】之刃切。抑也。《爾雅》云：清也。

◎抳，之刃切。抑也。

【挏】達孔切。《吕氏春秋》云：百官挏擾。挏，動也。

◎挏，達孔切。動也。

【招】諸遥切。招要也。

◎招，諸遥切。招要也。

【擇】儲格切。簡，選也。

◎擇，儲格切。簡也，選也。

【接】子葉切。《説文》：交也。

◎接，子葉切。交也。

【撫】孚武切。《説文》云：安也。一曰循也。

◎撫，孚武切。安也，循也。

【捉】側角切。搤也。一曰握也。

◎捉，側角切。搤也，握也。

○捉，握也。（《法華釋文》中）

【搤】於責切。握也。

◎搤，於責切。握也。

【挻】丑連、式連二切。長也。

◎挻，丑連、式連二切。長也。

【揃】子踐切。搣也。《史記》：西夷揃剩。

◎揃，子踐切。搣也。

○揃，《玉篇》云：滅也。（《莊子》卷九，《經典釋文》卷二十八）

【批】子爾、子米二切。《説文》：捽也。又仄氏切。

◎批，子尔、子米、仄氏三切。捽也。

【搣】民烈切。摩也。《莊子》云：揃搣，拔除也。

◎搣，民烈切。摩也。《莊》：揃搣，拔除。

【掬】居陸切。撮也。匊、籟，並同上。

◎掬，居六切。撮也。匊，同上。籟，同上。

【揥】丁計切。撮取也。

◎揥，丁計切。撮取也。

【捺】或揥字。又兩指急持人也。

◎捺，丁計切。兩指急持人。

【揣】初委、丁果二切。度高下曰揣。又試也。

◎揣，初委、丁果二切。度也。

○揣，顧野王云：謂相量度也。（《一切經音義》卷二十九）

【摜】古患切。習也。又帶也。

◎摜，古患切。習也，帶也。

【投】徒侯切。《説文》：擿也。《詩》曰：投我以木桃。

◎投，徒侯切。托也，進也。
【挶】居足切。戟持也。
◎挶，居足切。戟持也。
【搔】蘇牢切。刮也。
◎搔，蘇牢切。刮也。
【擿】雉戟切。投也。《莊子》曰：擿玉毀珠。擲，同上。
◎擿，雉戟切。投也，弃也。擲，同上。
〇擲，顧野王云：剔也。(《一切經音義》卷七十八)
〇擿，《玉篇》：投也。（《續一切經音義》卷六)
〇擿，《玉篇》：撥也。（《續一切經音義》卷八)
【拮】居鐵切。手口共有所作也。
◎拮，居鐵切。手口共有所作。
【据】據於切。戟挶也。《詩》曰：予手拮据。拮据，手病也。
◎据，據於切。戟挶也。
【摽】匹叫、孚堯、怖交三切。摽，擊也。又符少切，落也。
◎摽，匹叫、孚堯、怖交三切。摽，擊也。又符少切，落也。
〇摽，顧野王云：摽謂揭表以識之。(《一切經音義》卷八十九)
【抉】一穴切。《説文》：挑也。
◎抉，一穴切。挑也。
【挑】他堯切。撥也。《詩》曰：蠶月挑桑。枝落之采其葉。本亦作條。又徒了切，挑戰也。
◎挑，他堯切。撥也。又徒了切，挑戰也。
【搳】枯瞎切。《説文》云：擖也。
◎搳，枯瞎切。擖也。
【擖】公八、口八二切。刮也。一曰撻也。
◎擖，公八、口八二切。刮也，捷也。
●圓沙本“捷也”訛。
【擿】多革切。拓果樹實也。一曰指近之也。
◎擿，多革切。拓果樹實。
【抲】火何切。撝也。
◎抲，火何切。撝也。
【擸】吕闔、虚業二切。摺也。擖，同上。
◎擸，吕闔、虚業二切。摺也。擖，同上。
●底本“擖”原誤，據宋十行本改。
【摺】力合、之涉二切。敗也，折也。
◎摺，力合、之涉二切。敗也，折也。
〇摺，《玉篇》云：亦折也。(《續一切經音義》卷九)
【拉】力荅切。折也。《左氏傳》曰：拉公幹而殺之。搚，同上。
◎拉，力荅切。折也。搚，同上。
【摟】力珠切。《詩》曰：弗曳弗摟。摟，亦曳也。本亦作婁。又落侯切。
◎摟，力殊切。《詩》：弗曳弗摟。摟，亦曳也。本亦作婁。又落侯切。
【抎】于粉切。有所失也。
◎抎，于粉切。有所失也。
【掉】徒弔切。摇也。
◎掉，徒弔切。摇也。
【披】敷羈切。開也。又彼寄切。《禮》：大喪，士執披。持棺者也。又匹美切。
◎披，敷羈切。開也。又披寄切。《礼》：大喪，士執披。持棺者也。又匹美切。
●圓沙本“棺”當作“棺”。
【擢】達卓切。去也，徹也。《説文》云：引也。
◎擢，達卓切。引也，拔舉也。
●宋十行本作“舉也”。
【搄】公鄧切。引急也。
◎搄，公鄧切。引急也。
【摇】餘昭切。動也。
◎摇，於招切。動也。
〇摇，動也。(《法華釋文》下)
【搈】與種切。動搈也。
◎搈，與種切。動搈也。
【揻】直異切。當也。亦作值。
◎揻，直異切。當也。亦作值。
【揫】子由切。《爾雅》：聚也。《説文》：束也。
◎揫，子由切。聚也，束也。
【揂】子由切。聚也。
◎揂，子由切。聚也。

【擣】丁道切。《説文》云：手椎也。一曰築也。
◎擣，丁道切。手推也，築也。
○擣，《玉篇》作舂擣矣。(《法華釋文》下)
●底本"椎"當作"推"。
【搼】扶容切。灼龜觀兆也。又扶用切。《説文》云：奉也。
◎搼，扶容、扶用二切。奉也。
【攑】丘言切。舉也。
◎攑，丘言切。力舉也。
【揚】與章切。舉也。
◎揚，與章切。舉也。
【攈】居運切。拾也。
◎攈，居運切。拾也。
【揭】起計、起竭、渠列三切。《詩》曰：淺則揭。謂揭衣也。
◎揭，起計、起竭、渠列三切。《詩》：淺則揭。謂揭衣也。
【抍】音蒸，又上聲。救助也。撜、拯，並同上。丞，《聲類》云：抍字。
◎抍，音蒸之上声。救助也。撜，同上。拯，同上。丞，《聲類》云：抍字。
○拯，救助也。(《弘决外典鈔》一1)
●底本"音蒸，又上聲"當從宋十一行本作"音蒸之上聲"。
【扛】古龙切。横關對舉也。
◎扛，古庬切。横關對舉。
【扮】伏粉切。握也，動也。
◎扮，方吻切。握也，動也。
【揄】與珠切。揄，揚也。又杼臼也。又音由。
◎揄，與珠切。揚也。又杼臼也。又音由。
【捎】所交切。《周禮》：輪人以其圍之防捎其藪。捎，除也。
◎捎，所交切。除也。
【撟】紀消、几小二切。《説文》云：舉手也。一曰撟擅也。
◎撟，紀消、紀小二切。《説文》：舉手。一曰撟擅。
○撟，顧野王曰：假稱謂之撟。(《一切經音義》卷三)
○撟，《玉篇》曰：撟，假也，詐也。(《一切經音義》卷二十一)
○撟，顧野王云：假稱以爲撟也。亦誣也。(《一切經音義》卷三十九)
【擩】而專、而誰、而主三切。《説文》云：染也。《周禮》九祭，六曰擩祭。鄭司農云：擩祭，以肝肺菹擩鹽醢中以祭也。
◎擩，而專、而誰、而主三切。染也。
【摭】之石切。取也，拾也。拓，同上。又他各切。
◎摭，之石切。取也，拾也。拓，同上。又他各切。
○摭，《玉篇》：摭，取也。(《續一切經音義》卷十)
【擭】黄路切。擊擭也。一曰布擭也。又乙獲切。
◎擭，黄路切。擊也。一曰布擭。又乙獲切。
●宋十行本作"乙蒦切"。
【拚】皮援切。《説文》云：拊手也。抃，同上。
◎拚，皮變切。拊手也。抃，同上。
【攅】方問切。埽除也。亦作拚。《禮記》曰：埽席前曰拚。
◎攅，方問切。掃除。亦作拚。
【擅】視戰切。專也。
◎擅，視戰切。自專也。
【揆】渠癸切。《詩》云：揆之以日。揆，度也。
◎揆，渠癸切。度也。
【擬】魚理切。《説文》曰：度也。《易》曰：擬諸形容。
◎擬，魚理切。度也。
【損】孫本切。減少也。
◎損，孫本切。減少也。
【失】舒逸切。《説文》云：縱逸也。《周書》曰：時哉，弗可失。
◎失，舒逸切。縱逸也。
○失，《玉篇》：失，喪也。(《一切經音義》卷十四)
【擐】胡慢、公患二切。《左氏傳》曰：擐甲執兵。擐，貫也。

◎擐，胡慢、公患二切。貫也。
○擐，《説文》《字林》《玉篇》皆音胡慣反。（《續一切經音義》卷四）
【捝】徒括、兔奪二切。《説文》：解也。
◎捝，徒括、兔奪二切。解也。
【挹】於入切。《詩》曰：不可以挹酒漿。挹，斞也。
◎挹，於入切。斞也。
【抒】神旅切。《説文》云：挹也。又大圭抒上終葵首。
◎抒，神旅切。挹也。又大圭抒上終葵首。
○抒，《玉篇》：抒，大圭。（《方言箋疏》卷二）
【擾】如紹切。《書》曰：俶擾天紀。擾，亂也。
◎擾，如紹切。攪乱也。
○擾擾，亂皃也。（《三教指歸注》六22）
【挺】達鼎切。《説文》：拔也。
◎挺，達鼎切。拔也。
【探】他含切。《書》曰：探天之威。探，取也。
◎探，它含切。取也。
【撢】他甘、他紺二切。《周禮》有撢人，掌誦王志。主探序王意，以語天下。
◎撢，它甘、它酣二切。《周礼》撢人。
○撢，《玉篇》：音潭。撢瓶。（《龍龕手鏡》卷二）
【挼】儒隹、奴和二切。《説文》云：摧也。一曰兩手相切摩也。
◎挼，儒隹、奴和二切。摧也。曰兩手相切摩。
○挼，儒佳、奴和二反。兩手相切摩也。（《醫心方》刊本二六23）
●圓沙本疑脱“一”字。
【撋】如專切。摧物也。
◎撋，如專切。摧物也。
【掺】九山、丘山二切。相援也。
◎掺，九山、丘山二切。相拔。
【搹】於責切。《儀禮·喪服傳》曰：苴絰大搹。鄭氏云：盈手曰搹。又音隔。扼，同上。《史記》曰：天下之士，莫不扼捥而言之。
◎搹，於責切。盈手也。又音隔。扼，同上，抑也，塞也。
●底本“苴經”，疑當作“苴絰”。圓沙本“扼”當作“扼”。
【撼】胡感切。摇也。
◎撼，胡感切。摇也。
【搦】女卓、女革二切。正也，持也。
◎搦，女卓、女革二切。正也，持也。
○搦，顧野王云：搦猶捉也。（《一切經音義》卷九十）
【搑】如容切。推而擣也。又而勇切。
◎搑，如容切，而勇切。推而擣也。
【掎】居蟻切。偏引也。
◎掎，居蟻切。偏引也。
【揮】詡歸切。《易》曰：發揮於剛柔而生爻。揮，動也。
◎揮，詡歸切。動也。
【攪】古巧切。《詩》曰：祇攪我心。攪，亂也。捁，同上。
◎攪，古巧切。擾也，乱也。捁，同上。
○攪，古巧反。攪，亂也。（《醫心方》刊本二六12）
○攪，《玉篇》：手動也。（《續一切經音義》卷七）
【扞】何旦切。衛也。捍，同上。
◎扞，何旦切。衛也。捍，同上。
○捍，《玉篇》云：抵捍也。（《續一切經音義》卷九）
【搊】丑由切。引也。抽、扬，並同上。
◎搊，丑由切。引也。抽，同上。扬，同上。
【撇】蒲結、普雞二切。反手擊也。《左氏傳》曰：撇而殺之。
◎撇，蒲結、普雞二切。反手擊也。《左傳》：撇而擊之。
●圓沙本“擊”疑當作“殺”。
【批】普迷切。擊也。
◎批，普迷切。擊也。
【撞】徒江切。擊也。
◎撞，徒江切。擊也。
○撞，顧野王云：撞猶擊也。（《一切經音義》卷七、卷四十四、卷八十八）

【捆】於身切。就也。
◎捆，於身切。就也。
【摧】在回切。折也。《詩》曰：室人交徧摧我。摧，沮也。
◎摧，在回切。挫也，折也，取也。
○摧，顧野王云：摧，折也。（《一切經音義》卷一）
【排】薄階切。推排也。
◎排，薄階切。推排。
○排，顧野王云：排，抵也。（《一切經音義》卷一）
○排，顧野王云：排猶抵也。（《一切經音義》卷五十一）
○排，顧野王云：排，抵捍也。（《一切經音義》卷六十）
【擠】子詣、子稽二切。排也。
◎擠，子詣、子稽二切。排也，陷也。
○擠，《玉篇》云：子詣、子稽二切。（《漢書》卷八十三）
【抵】多禮切。擲也。《説文》云：擠也。
◎抵，多礼切。擠也。
【扔】人蒸切。《説文》云：因也。
◎扔，人蒸切。因也。
【括】古奪切。《易》曰：括囊無咎。括，結、否、閉也。
◎括，古奪切。閉也。
【援】于願切。引也。又音瑗。
◎援，禹璠切。又音援。引也。
●圓沙本"音援"當作"音瑗"。
【捇】呼虢切。裂也。
◎捇，呼虢切。裂也。
【撝】呼回切。《説文》：裂也。一曰手指也。
◎撝，呼皮切。裂也。又手指。
○撝，《玉篇》云：撝，所謂手所指也。（《一切經音義》卷二十九）
○撝，顧野王云：撝，手之所指也。（《一切經音義》卷三十九）
【扐】陵得切。《易》曰：歸奇於扐。凡數之餘謂之扐。
◎扐，陵得切。揲耆，歸奇也。
【技】渠綺切。《禮記》曰：毋作奇技淫巧。技，藝也。
◎技，渠綺切。藝技也。
○技，顧野王曰：技猶藝也。（《一切經音義》卷五）
●圓沙本"技"當作"技"。
【摍】所六切。《説文》曰：蹴引也。
◎摍，所六切。蹴引也。
【拙】之説切。不巧也。《書》曰：作僞心勞日拙。
◎拙，之説切。不巧也。
●"日"疑當作"曰"。
【搭】達荅切。韋韜也。
◎搭，達荅切。韋韜也。
【摶】徒桓切。《周禮》：矢人凡相笴欲生而摶。摶謂圜也。
◎摶，徒桓切。圜也。
○摶，顧野王：亦令著也。（《一切經音義》卷三十四）
○摶，顧野王云：摶之，令相著也。（《一切經音義》卷六十二）
○摶，顧野王曰：案者，握令相著也。（《一切經音義》卷六十四）
○摶，顧野王：摶猶拊也。（《一切經音義》卷七十五）
【掴】侯本切。手推也。
◎掴，侯本切。手推也。
【撮】子活、士活二切。三指取也。
◎撮，子活、七活二切。三指取也。
○撮，《玉篇》：四圭曰撮，又三指撮。（《一切經音義》卷二十七）
●"士活"，宋十一行本作"七活"。
【捄】居于切。《詩》曰：捄之陑陑。捄，虆也。
◎捄，居于切。虆也。
○捄，《玉篇》：法也。（《龍龕手鏡》卷二）
【搰】胡没切。掘也。《左氏傳》曰：搰褚師定子之墓，焚之。本亦作掘。
◎搰，胡没切。掘也。亦作掘。
【扣】亦搰字。穿也。
◎扣，胡没切。穿也。
【掘】渠勿、其月二切。《易》云：掘地

爲臼。
◎掘，渠勿、其月二切。發也，開也。
○掘，顧野王云：掘謂發地。(《一切經音義》卷十九)
○掘，顧野王曰：掘謂以插發地。(《一切經音義》卷五十)
○掘，《玉篇》云：掘謂以鍬插發掘地也。《廣雅》：穿也。(《一切經音義》卷七十八)
【摡】許氣切。《詩》云：傾筐摡之。本亦作塈。又古代切，滌也。
◎摡，許氣切。《詩》：傾筐摡之。亦作塈，古代切，滌也。
【揟】相如切。取水具。
◎揟，相如切。取水具。
【播】補過切。揚也，種也。《周書》曰：乃屑播天命。播，棄也。
◎播，補過切。揚也，種也。《書》：乃胥播天命。播，棄也。
●圓沙本“胥”當作“屑”。
【挃】竹栗切。《説文》：穫禾聲。《詩》云：穫之挃挃。
◎挃，竹栗切。穫禾声。
【擳】知利切。挃也。
◎擳，知利切。挃也。
【扤】虞厥、午骨二切。《詩》曰：天之扤我。扤，動也。
◎扤，虞厥切，午骨切。動也。
【抈】午厥切。折也。
◎抈，午厥切。折也。
【摎】力周、居由二切。絞也。《喪服傳》曰：殤之絰，不摎垂。不絞其帶之垂者。摷，上同。
◎摎，力周、居由二切。絞也。摷，上同。
【撻】他達切。笞也。《書》曰：撻以記之。䢪，古文。
◎撻，它達切。笞也。《書》：撻以記之。䢪，古文。
【挫】祖過切。摧也。
◎挫，祖過切。摧也。
【捲】渠員切。《説文》曰：氣勢也。《國語》曰：予有捲勇。
◎捲，渠員切。揭也，氣勢也。
○捲，《玉篇》：渠圓反。顧野王云：無捲，無勇也。捲，力也。(《續一切經音義》卷九)
●今本《國語·齊語》無“予”字。
【抨】普耕、補耕二切。撣也。拼，同上。
◎抨，普耕切，補耕切。撣也。拼，同上。
【摷】側交切。擊也。
◎摷，側交切。擊也。
【扱】初洽切。婦拜扱地，手至地也。
◎扱，初洽切。婦拜扱地，手至地也。
【抶】丑栗切。擊也。
◎抶，丑栗切。擊也。
【抰】於掌切。以車鞅擊也。
◎抰，於掌切。以車鞅擊也。
【抵】之是切。側擊也。《戰國策》曰：抵掌而言。
◎抵，之是切。側擊也，抵掌也。
【捊】布垢切。擊也。
◎捊，布垢切。擊也。
【捭】補買切。兩手擊也。擺，同上。
◎捭，補買切。兩手擊也。擺，同上。
○擺，捭字，補買反。兩手擊也。(《醫心方》一八 20)
【捶】諸縈切。以杖擊也。
◎捶，諸縈切。以杖擊也。
○捶，擊也。(《法華釋文》中)
○捶，顧野王云：捶，以杖擊也。(《一切經音義》卷五十五)
【搉】苦角切。敲擊也。
◎搉，苦角切。敲擊。
【挨】乙駭切。推也。
◎挨，乙駭切。推也。
○挨，《玉篇》：促也。(《龍龕手鏡》卷二)
【摼】苦耕切。撞也。
◎摼，苦耕切。撞也。
【拂】撫勿切。去也，擊也。
◎拂，撫勿切。去也，掠也。
【擿】乙慶切。傷擊也。
◎擿，乙慶切。傷擊也。
【撲】普鹿切。《書》曰：其猶可撲滅。又

音雹。
◎撲，普鹿切。打也。又音雹。
〇撲，相撲，手搏也。(《法華釋文》下)
〇撲，顧野王云：撲，打也。(《一切經音義》卷十七)
〇撲，《玉篇》：擊也。(《一切經音義》卷二十七)
〇撲，頋野王：撲猶打捶也。(《一切經音義》卷四十一)
〇撲，顧野王云：撲，猶打捶之也。(《一切經音義》卷六十二)
【捕】蒲布切。逐也。
◎捕，蒲布切。逐也。
〇捕，顧野王云：捕猶逐也。(《一切經音義》卷四十一)
〇捕，顧野王云：捕，逐也。(《續一切經音義》卷二)
【抗】可浪切。舉也，扞也。
◎抗，可浪切。舉也，扞也。
【簎】初格、疾奕二切。《周禮》：鼈人掌以時簎魚鼈龜蜃。鄭司農云：簎，謂以杈刺泥中搏取之。
◎簎，初格、疾弈二切。《礼》：鼈人掌以時簎魚鼈。注：謂以杖刺泥中搏取之。
【掍】胡根切。輓也。
◎掍，胡根切。輓也。
【扚】丁激切。引也。
◎扚，丁激切。引也。
【撚】乃殄切。蹂也。
◎撚，乃殄切。蹂也。
〇撚，顧野王云：撚謂相接續也。(《一切經音義》卷三十九)
〇撚，顧野王云：謂相接續也。(《續一切經音義》卷五)
【挂】古賣切。懸也。
◎挂，古賣切。懸也。
【抴】余世切。數也。又羊列切。拽，同上。
◎抴，余世切。數也。又羊列切。拽，同上，拖也。
〇拽，顧野王云：拽猶牽也。(《一切經音義》卷七十八)

【拕】託何切。拕，曳也。拖，同上，俗。
◎拕，托何切。曳也。拖，同上，俗。
〇拕，顧野王云：拕猶曳也。(《一切經音義》卷五十七)
【捈】他胡、同都二切。卧引也。
◎捈，它胡切，同都切。卧引。
【揤】子翌、俎栗二切。拭也。
◎揤，子翌、俎栗二切。拭也。
【揙】甫善、甫延二切。搏也，擊也。
◎揙，甫善、甫延二切。搏擊。
【撅】居越切。《說文》曰：手有所把也。
◎撅，居越切。手有所把也。
【攎】力胡切。張也。
◎攎，力胡切。張也。
〇攎，《玉篇》云：攎，張也。(《方言疏證》卷十二)
【捽】存兀切。擊也。
◎捽，存兀切。擊也。
【搵】烏困切。没也。
◎搵，烏困切。設也。
●圓沙本“設也”當作“没也”。
【挌】柯額切。舉也，擊也，止也。
◎挌，柯額切。舉也，止也。
【捐】余專切。棄也。
◎捐，余專切。棄也。
〇捐，《玉篇》：弃也。(《一切經音義》卷二十五)
【掤】祕矜切。《詩》曰：抑釋掤忌。所以覆矢也。
◎掤，祕矜切。所以覆矢。
【扜】於娛、口孤二切。持也。《說文》曰：指摩也。
◎扜，於娛、口孤二切。持也，麾也。
●今本《說文》作“指麾也”，是。
【掍】胡本切。同也。
◎掍，胡本切。同也。
【扣】枯後切。擊也。又音寇。
◎扣，枯後切。擊也。又音寇。
〇扣，擊也。枯後切。(《三部經音義集》一)
【捷】疾葉切。剋也，勝也。

◎捷，疾葉切。剋也，勝也。
【捜】色流切。數也，聚也，求也，勁疾也，閲也。搜，同上。𢹂，古文。
◎捜，色流切。數也，聚也，求也，勁疾也。搜，同上。𢹂，古文。
【换】胡館切。易也，貸也。
◎换，胡館切。易也，貸也。
【掖】余石切。扙持也，小掖門也，从手持人臂也。又臂下曰掖。
◎掖，余石切。扶持，又臂下。小掖門，以手持人臂者也。
○掖，顧野王《玉篇》云：言人掖扶其行有九德者。(《今文尚書經説考》卷二)
【擗】脾役切。拊心也。《詩》曰：寤擗有摽。亦作辟。
◎擗，脾益切。拊心也。亦作辟。
【挍】古效切。報也。
◎挍，古效切。執也。
●圓沙本"執也"當作"報也"。
【抑】於陟切。美也，意也，冤也，疑辭也，損也，按也。
◎抑，於陟切。意也，冤也，疑辭也，損也，按也。
【揥】勅細切。《詩》云：象之揥也。所以摘髮。又都悌切。
◎揥，敕細切。《詩》：象之揥也。所以摘髮。又都悌切。
【撤】直列切。剥也，治也，警也。
◎撤，直列切。剥也，警也，治也。
●《左傳·宣公十二年》："且雖諸侯相見，軍衛不撤，警也。"此處"警也"爲誤訓。
【撰】助轡切。數也。又持也。
◎撰，助轡切。數也，持也。
【摠】子孔切。將領也，合也。捴，同上，俗。
◎摠，子孔切。將領也，合也。捴，俗。
○摠，《玉篇》：將領也，皆也。(《一切經音義》卷一)
○捴，顧野王云：捴，時［將］領也，合也，結也，束也。(《一切經音義》卷五十)
【撙】祖本切。《曲禮》曰：君子恭敬撙節。撙猶趨也。
◎撙，祖本切。《曲礼》：君子恭敬撙節。撙猶趨也。
【掫】側九、子侯二切。行夜設火以備也。
◎掫，側九、子侯二切。夜設火備。
【拭】書翌切。清淨也。
◎拭，書翌切。清净也。
【搢】子信切。插也。
◎搢，子信切。插也。
【攡】力穀切。《周禮》曰：三鼓攡鐸。謂掩上振之爲攡。
◎攡，力穀切。振也。
【掠】力尚、力酌二切。掠，劫財物。
◎掠，力酌、力尚二切。劫取財物。
○掠，顧野王云：鹵掠物也。(《一切經音義》卷二十九)
【挴】莫改切。貪也。
◎挴，莫改切。貪也。
○挴，《玉篇》《廣韻》竝云：挴，貪也。(《方言疏證》卷十三)
【撏】徐林切。取也。又視占切。
◎撏，徐林切。取也。又視占切。
○撏，《玉篇》：撏，取也。(《方言疏證》卷一)
【摫】居垂切。裁也。
◎摫，居垂切。裁也。
【攍】余征切。擔也。《莊子》云：攍粮而趣之。本亦作嬴。
◎攍，余征切。擔也。亦作嬴。
【抋】扶畢切。椎擊也。
◎抋，扶畢切。推擊也。
●底本"椎擊"當作"推擊"。
【捴】苦忽切。椎擊也。
◎捴，苦忽切。推擊也。
●底本"椎擊"當作"推擊"。
【拌】普槃切。弃也。又音泮。
◎拌，普槃切。弃也。又音伴。
●"又音泮"，宋十一行本作"又音伴"。
【撈】路高切。取也，辭也。
◎撈，路高切。取也，辭也。
○撈，《玉篇》云：取也。(《續一切經音義》

卷八）
【搪】達郎切。搪揬也。
◎搪，達郎切。搪揬也。
【摏】舒庸切。《左氏傳》云：以戈摏其喉。摏，衝也。
◎摏，舒庸切。衝也。
【撥】蘇割切。側手擊曰撥。
◎撥，蘇割切。側手擊。
【攤】奴旦切。按也。又他丹切，開也。
◎攤，奴旦切。按也。它丹切，開也。
【捌】補別切。物不捌。又音八。
◎捌，補別切。物不捌。又音八。
【摙】力翦切。運也。
◎摙，力翦切。運也。
【攖】伊成切。結也。
◎攖，伊成切。結也。
【掜】吾禮切。《莊子》曰：兒子終日握手而不掜。
◎掜，吾礼切。撫也。
【扒】鄙殺切。擘也。
◎扒，鄙殺切。擘也。
【攄】丑於切。擬也。
◎攄，丑於切。發也，擬也。
○攄，顧野王云：舒也。（《一切經音義》卷九十八）
【攡】力支切。《太玄經》云：玄者，幽攡萬物而不見其形。攡，張也。
◎攡，力支切。分也，張也。
【抆】武粉切。拭也，拒也。
◎抆，武粉切。拭也，拒也。
●《玉篇校釋》改“拒”爲“拒”，是。
【捽】蒲骨切。拔也。
◎捽，蒲骨切。拔也。
【擽】郎的切。捎也，舒也。
◎擽，郎的切。捐也，舒也。
●圓沙本“捐也”當作“捎也”。
【扢】柯礙、何代二切。摩也，取也。
◎扢，柯礙、何代二切。摩也，取也。
【押】古狎切。輔也，檢也。又烏甲切，押，署也。
◎押，古狎切。檢也。烏甲切，署也。
【掐】口洽切。掐，抓也。爪按曰掐。
◎掐，口洽切。爪按也。
○掐，口洽反。掐，抓也，爪按曰。（《醫心方》一 65）
【扽】都困切。引也，撼也。
◎扽，都困切。引也，撼也。
【掟】丈生切。舉也。
◎掟，直丁切。舉也。
【摍】所育切。擊也。
◎摍，所育切。擊也。
【撠】記郤切。《漢書注》云：撠謂拘持之也。
◎撠，記郤切。撠，拘持之也。
【擴】虛偃切。疑也。
◎擴，虛偃切。疑也。
【撙】先全切。引也。
◎撙，先全切。引也。
【捻】乃協切。指捻。
◎捻，乃叶切。指捻也。
○捻，顧野王云：捻，乃穽也［反］。《漢書音義》云陳平手捻漢王是也。或作躡，《聲類》作敜。（《一切經音義》卷七十八）
【扵】於旅切。擊也。
◎扵，於旅切。擊也。
【揈】呼宏切。擊聲。
◎揈，呼宏切。擊声。
【抅】呼縣切。擊也。
◎抅，呼縣切。擊也。
【抾】丘之、丘居二切。兩手挹也。
◎抾，丘之、丘居二切。兩手挹也。
【抛】普交切。擲也。
◎抛，普交切。擲也。
【捇】吾可切。差也。
◎捇，吾可切。差也。
【抮】火典切。引戾也。
◎抮，火典切。引戾也。
【揀】力見切。擇也。又音簡。
◎揀，力見切。又音簡。擇也。
【搦】女角切。搵也。

◎搙，女角切。搵也。
【抐】乃兀切。搵抐也。
◎抐，乃兀切。搵抐也。
【揞】於感切。藏也。
◎揞，於感切。藏也。
○揞，《玉篇》：揞，藏也。(《方言疏證》卷六)
【擦】千計切。挑取也。
◎擦，千計切。挑取也。
【扭】竹有切。按也。又音紐，手轉皃。
◎扭，竹有切。按也。又音紐，手縛。
【擓】口淮切。摩拭也。
◎擓，口淮切。摩拭也。
【核】胡改切。撼動也。
◎核，胡改切。撼動也。
【摐】七凶、楚江二切。《子虛賦》云：摐金鼓。摐，撞也。
◎摐，七凶、楚江二切。撞也。
●“七凶”，宋十一行本作“士凶”。
【擡】大才切。動振也。
◎擡，大才切。擡起也，動振。
●“動振也”，宋十一行本作“擡起也”。
【攄】口居切。擊也。
◎攄，口居切。擊也。
【揊】普力切。擊也。
◎揊，普力切。擊也。
【抹】莫葛切。抹摋，滅也。
◎抹，莫葛切。抹摋，滅也。
【擈】蒲角切。擊也。又匹角切。
◎擈，蒲角切。擊也。又匹角切。
【撍】側林切。急疾也。
◎撍，側林切。急也，疾持也。
●底本“急疾也”疑誤。
【捍】子篤切。早熟。
◎捍，子篤切。早熟也。
【擌】普麥切。《西京賦》云：流鏑擌擈。謂中物聲也。
◎擌，普麥切。中物声也。
【挂】俞桂切。裂也，挂也。
◎挂，俞桂切。裂也，挂也。
【擳】子藥切。擱也，捎也。
◎擳，子藥切。擱也，捎也。
【揬】達骨切。衝揬也。
◎揬，達骨切。衝揬也。
【摸】亡胡切。手摸也。又音莫，摸搸也。
◎摸，亡胡切。手摸。又音莫，搸也。
○摸，顧野王曰：摸，搸也。(《一切經音義》卷三十三)
【搸】素各切。摸搸也。
◎搸，素各切。摸搸也。
【拂】他弟切。去涕淚。
◎拂，它弟切。去涕淚。
【捔】吴角切。抨也。
◎捔，吴角切。抨也。
【擷】下結切。束縛也。
◎擷，下結切。束縛也。
【撍】紀善切。搌撍，醜長皃。
◎撍，紀善切。搌撍，醜長皃。
【搌】丑善切。搌撍。
◎搌，丑善切。搌撍。
【捆】口衮切。取也，齊等也，織也，抒也，纂組也。
◎捆，口衮切。取也，織也，抒也，纂組也。
【戛】苦八切。戛擊柷敔，所以止樂也。本亦作戛。
◎戛，苦八切。《書》：戛擊柷敔，所以止樂。本亦作戛。
●宋十行本作“古八切”。
【搎】蘇昆切。捫搎猶摸搸也。
◎搎，蘇昆切。捫搎猶摸搸也。
【抗】于筆切。抗揘，擊也。
◎抗，于筆切。抗，擊也。
【摵】亡結切。摵揳，不方正也。
◎摵，亡結切。摵揳，不方正。
【揘】胡盲切。抗揘，拔也。
◎揘，胡盲切。拔也。
【摵】呼麥切。摵，裂也。
◎摵，呼麥切。摵，裂也。
【攡】都管切。轉籆也。
◎攡，都管切。轉籆也。
【撝】禹鬼切。逆追也。

◎揋，禹鬼切。逆追也。

【抓】古華切。引也，擊也。

◎抓，古華切。引也，擊也。

【擟】莫規切。擟拘，山名。

◎擟，莫規切。擟拘，山名。

【挃】苦攜切。中鉤也。

◎挃，苦攜切。中鉤也。

【搸】子人切。琴瑟聲。又音臻。

◎搸，子人切。琴声。又音臻。

【搩】下街切。挾也，扶也。

◎搩，下街切。挾也，扶也。

【抌】如甚、女甚二切。搦也。

◎抌，如甚、女甚二切。搦也。

【扒】渠鳩切。緩也。拞，古文。

◎扒，渠鳩切。緩也。拞，同上，古文。

【揩】可皆切。摩拭也。

◎揩，可皆切。摩拭也。

【扨】七沒切。摩也。

◎扨，七沒切。摩也。

【拸】與紙、與支二切。加也。

◎拸，與紙、與支二切。加也。

【掓】舒育切。拾也。

◎掓，舒育切。拾也。

【擫】乃鳥切。擿也。

◎擫，乃鳥切。擿也。

【捎】先火切。揣擊也。

◎捎，先火切。揣擊。

【抁】弋選、弋賛二切。動也，摇也。捥，同上。

◎抁，弋選、弋賢二切。動也，摇也。捥，同上。

●底本“賛”字疑誤。

【揑】徒結切。擿也。

◎揑，徒結切。摘也。

【捖】呼官切。摶圓也。《周禮》注云：捖摩之工謂玉工也。

◎捖，乎官切。摶圓也。

【撦】充野切。撦，開也。

◎撦，充野切。撦，開也。

【掿】諸野、尺野二切。擊也。

◎掿，諸野、尺野二切。擊也。

○掿，《玉篇》又諸也，反擊也。（《龍龕手鏡》卷二）

【擽】渠列切。猛暴也。

◎擽，渠列切。猛暴也。

【搔】先盍切。破聲。

◎搔，先盍切。破声。

【撨】先弔、先凋二切。擇也。

◎撨，先弔、先司二切。擇也。

●四部叢刊本作“先弔、先周二切”。圓沙本“先司”當作“先周”。

【擆】竹略切。擊也。

◎擆，竹略切。擊也。

【擶】公殄切。拭面。挸，同上。

◎擶，公殄切。拭面也。挸，同上。

【捰】他德切。拳打。

◎捰，它德切。拳打也。

【揑】乃結切。捏也。

◎揑，乃結切。捻也。

○揑，乃結反。捻也。（《醫心方》刊本二三 28）

【捺】乃曷切。搦也。

◎捺，乃曷切。搦也。

【擷】恪潁切。竟也。

◎擷，恪潁切。竟也。

【擨】五曷切。擊也。

◎擨，五曷切。把也，擊也。

【揌】先才切。振也，擡揌也。

◎揌，先才切。振也，擡揌也。

【抳】乃果切。抳擿，趙魏云也。

◎抳，乃果切。擿也。

【擖】渠列切。負擖也。

◎擖，渠列切。盡力負也。

【扴】公八切。刮也。

◎扴，公八切。刮也。

【掇】寺劣切。拈也。

◎掇，寺劣切。括也。

●圓沙本“括也”當作“拈也”。

【擔】丁甘切。負也。
◎擔，丁甘切。負也，肩擔也。
〇擔，《玉篇》云：負任儋何也。（《一切經音義》卷十二）
【㧊】公壞切。擭也。
◎㧊，公壞切。擭也。
【拍】莫格切。擊也。
◎拍，莫格切。擊也。
【抳】尼倚切。掎抳。
◎抳，尼倚切。掎抳也。
【扑】普卜切。打也。
◎扑，普卜切。打也。
【揩】下哀切。觸也。
◎揩，下哀切。觸也。
【抵㧻】二同，丁弟切。
◎抵，丁弟切。抵當也，敵也。㧻，同上，下取也。
【挱】素何切。《禮記》注：煮鬱和以盎齊，摩挱泲之出其香汁。亦作莎。
◎挱，素何切。摩挱。亦作莎。
【搷】達年切。揚也。
◎搷，達年切。揚也。
〇搷，《玉篇》：搷，揚也。（《方言疏證》卷十二）
【抴】子一、子列二切。擿也。
◎抴，子一、子列二切。擿也。
【扭】壯加、才野、子野三切。取也。
◎扭，壯加、子野、才野三切。取也。
【擉】初朔切。指也。《莊子》曰：冬則擉鼈于江。刺鼈也。
◎擉，初朔切。指也。
【抻】九釁切。以巾覆物。
◎抻，九釁切。以巾覆物。
【揁】亡殄切。塗也。
◎揁，亡殄切。塗也。
【摞】力戈切。理也。
◎摞，力戈切。理也。
【擨】口檻切。挂也。一曰危也。
◎擨，口檻切。挂也，危也。
【揬】當果切。量度也。
◎揬，當果切。量度也。
【撓】乃飽、乃教二切。撓，亂也。又音蒿。
◎撓，乃飽、乃教二切。乱也。又音蒿。
【擷】何結切。扱袵也。
◎擷，何結切。扱袵也。
【拪】口耕切。琴聲。《論語》曰：拪爾，捨瑟而作。與鏗同。
◎拪，口耕切。琴声。与鏗同。
【挽】亡遠切。引也。與輓同。
◎挽，亡遠切。引也。与輓同。
【擦】公壞切。毀也。
◎擦，公壞切。毀也。
【担】丁但切。拂也。
◎担，丁但切。拂也。
【挒】吕結切。捺也。
◎挒，吕結切。捺也。
【擯】卑振切。相排斥也。
◎擯，卑振切。相排斥也。
〇擯，顧野王云：排擯也。（《一切經音義》卷二十九）
〇擯，顧野王云：相與排擯也。（《一切經音義》卷六十四）
【攢】子幹切。解也。
◎攢，子幹切。解也。
〇攢，子幹反。（《成實論天長點》一二）
〇攢，讚字。讚，頌也，解也。（《新撰字鏡》六33）
【揨】宅耕切。刺也，撞也。
◎揨，宅耕切。刺也，撞也。
〇揨，《玉篇》作揨，云：刺也。（《一切經音義》卷六十二）
【㧣】知朔切。刺木也，擊也。
◎㧣，知朔切。刺木也，擊也。
〇㧣，《玉篇》：㧣，刺木也，擊也。（《方言箋疏》卷二）
【抶】呼高切。除也。亦拔田草。或作薅、茠。
◎抶，呼高切。除也。或作薅、茠。
【捂】吾故切。受也。又斜拄也。
◎捂，吾故切。受也。又斜拄。

【捒】初革切。馬箠也。又扶捒。
◎捒，初革切。馬箠。又扶捒。
【擛】子了切。剽截也。
◎擛，子了切。剽截也。
【擴】古莫切。引張之意。擲，同上。
◎擴，古莫切。引張之意。擲，同上。
●“引張之意”，宋十一行本作“張引之意”。
【抦】悲景切。執持也。
◎抦，悲景切。執持也。
【搥】丁回切。擿也。
◎搥，丁回切。擿也。
【揕】知鴆切。右手揕其胷。揕，擽也。
◎揕，知鴆切。擽也。
【揓】囚絹切。長引也。
◎揓，囚絹切。長引也。
【攙】仕銜切。攙捔，貫刺之也。又楚銜切。
◎攙，仕銜切。攙捔，貫刺之也。又楚銜切。
【扝】苦絞切。古文巧。
◎扝，苦絞切。古文巧。
【拠】次然切。遷徙也。
◎拠，次然切。遷徙也。
【摗】先勇切。古悚字。敬也。
◎摗，先勇切。古悚字。敬也。
【抍】書由切。古收字。聚也。
◎抍，書由切。古收字。聚也。
【掎】俱爲切。戴也。
◎掎，俱爲切。戴也。
○掎，《玉篇》云：掎，戴也。（《方言疏證》卷六）
【擓】古會切。收也。
◎擓，古會切。收也。
【掅】且定切。捽也。
◎掅，且定切。捽也。
【摵】子育、所六二切。到也。
◎摵，子育、初六二切。到也。
○摵，《玉篇》《廣韻》竝云：摵，到也。（《方言疏證》卷十三）
【掃】蘇道切。除也。《禮記》曰：汛掃曰掃。作埽同。
◎掃，蘇道切。除也。作埽同。
【搑】先孔切。搏搑，引也。
◎搑，先孔切。引也。
【折】士列切。斷也。又之舌切。
◎折，士列切。断也。又之舌切。
【捧】孚勇切。兩手持。
◎捧，孚勇切。兩手持。
【摣】仄加切。取也。
◎摣，側加切。取也。
○摣，五指撮也，擊也。（《法華釋文》中）
【搣】如勇切。推車也。
◎搣，如勇切。推車也。
【掭】余忍切。《西京賦》曰：掭地絡。掭，謂申布也。
◎掭，余忍切。申布也。
【攏】力同切。馬攏頭。
◎攏，力同切。馬攏頭。
【揔】子公切。數也。
◎揔，子公切。數也。
【擨】余遮、弋之二切。擨揄，輕笑皃。
◎擨，余遮、弋之二切。擨揄，輕笑。
【揄】弋朱切。擨揄。
◎揄，弋朱切。揄然笑皃。
【挼】奴和、奴迴二切。擊也。
◎挼，奴和、奴回二切。擊也。
【抹】止臾切，又章喻切。
◎抹，止臾、章喻二切。止也。
【掄】力昆、力抝二切。擇也。
◎掄，力昆、力均二切。擇也。
【挧】客加切。將也。
◎挧，客加切。將也。
【扠】楚牙切。横扠也。
◎扠，楚牙切。横扠也。
【攞】力多、力可二切。捒攞也。
◎攞，力多、力可二切。捒攞也。
【搋】丑皆切。以拳加人也。
◎搋，丑旨切。以拳加人也。
○搋，又《玉篇》音釵。（《龍龕手鏡》卷二）
●宋十行本作“丑旨切”。
【抓】側交切。抓痒也。
◎抓，側交切。抓痒也。

○抓，《玉篇》：抓，掐也，刮也，爪之搔物曰抓。(《一切經音義》卷二十七)

【振】之仁切，又之刃切。動也。

◎振，之仁切。厚也。之刃切，動也。

【掀】許言切。舉也。

◎掀，許言切。舉也。

【攥】扶袁切。攥捼也。

◎攥，扶袁切。攥捼也。

【摴】丑魚切。摴蒱也。

◎摴，丑魚切。摴捕也。

【攤】他丹切。攤蒱，賭錢也。

◎攤，他丹切。攤蒱，賭博也。

【㧑】許誇切。㧑，撝也。

◎㧑，許誇切。㧑，爲也。

●“爲”疑當作“撝”。

【掔】吉研切。縣名。又胡堅切。

◎掔，古研切。縣名。又胡堅切。

【掄】息倫切。

◎掄，息倫切，擇也。

【搓挪】上七何切，下奴多切。搓挪也。

◎搓，七何切。搓挪也。

◎挪，奴多切。搓挪。

●“七何”，宋十一行本作“士何”。

【揎】息全切。捋也。

◎揎，息全切。捋也。

【㧗】古郎切。㧗舉。又古浪切。

◎㧗，古郎切。㧗舉。又古浪切。

【摦】桑孤切。摸摦也。

◎摦，桑孤切。摸摦也。

【撾】陟瓜切。打鼓也。

◎撾，陟瓜切。打鼓也，擊也。

○撾，口臥反。(《成實論天長點》一八)

【振】直庚切。犅也。

◎振，直庚切。觸也。

【搶】初庚切。攙搶，妖星也。又七良切。

◎搶，初庚切。攙搶，妖星。又七良切。

【撐】丑庚切。撐拄。又丑孟切。

◎撐，丑庚切。撐拄。又丑孟切。

【揁】口耕切。打也。

◎揁，口耕切。打也。

【搊】楚尤切。手搊也。俗作扫。

◎搊，楚尤切。手搊。俗作扫。

【摙】力瞻切。打鼓也。

◎摙，力瞻切。打鼓也。

【捌】徒聊切，又去周切。

◎捌，徒聊切。按也。又去周切。

【㨹】莫辦切。打也。

◎㨹，莫辨切。打也。

【攓】居言切。摴蒲彩。

◎攓，居言切。摴蒲采曰攓。

【攔】力丹切。遮攔也。

◎攔，力丹切。遮也。

【㨏】他丹切。擊也。

◎㨏，他丹切。擊也。

【揁】知盈切。揁，引也。

◎揁，知盈切。引也。

○揁，《玉篇》：音貞。引也。(《龍龕手鏡》卷二)

【拎】力丁切。手懸捻物也。

◎拎，力丁切。手懸捻物也。

【擤】去賢、去見二切。擤，挽也。

◎擤，去賢、去見二切。挽也。

【揀】都籠切。打也。

◎揀，都籠切。打也。

【掾】余專切。把掾也。

◎掾，余專切。把也。

【撬】去堯切。撬，舉也。

◎撬，去堯切。舉也，起也。

【撠】去寄切。擊也。

◎撠，去寄切。擊也。

【擂】力堆切。研物也。

◎擂，力堆切。研物也。

【撫】芳無切。張也。

◎撫，方無切。撫張也。

【搩】蒲摩切。斂聚也。

◎搩，蒲摩切。斂聚也。

【搒】博忙切。搒，略也。《説文》北孟切，掩也。

◎搒，博忙切。略也。北孟切，掩也。

○搒，顧野王：搒，擊也。(《一切經音義》

卷十六）
○搒，顧野王云：搒，擊也。《字書》云：捶也。（《續一切經音義》卷三）
【揓】日之切。挐也。
◎揓，日之切。挐也。
【攕】許宜切。
◎攕，許宜切。撝也。
【抷】匹眉切。披也。
◎抷，匹眉切。披也。
【掹】竹萌切。引也。
◎掹，竹萌切。引也。
【挴】筆永切。執也。
◎挴，筆永切。執也。
【抋】仄九切。執抋也。
◎抋，仄九切。執抋也。
【掝】口滅切。不安。
◎掝，口滅切。不安。
【扣】口犯切。取也。
◎扣，口犯切。取也。
【揰】都統切。弃也。
◎揰，都統切。充也。
●圓沙本“充也”當作“弃也”。
【捵】丑忍切，又他典切。
◎捵，丑忍、他典二切。持也。
【摠】方刎切。動摠也。
◎摠，方刎切。動摠。
【摋】苦卯切。摋，捉也。
◎摋，苦卯切。捉也。
【捬】語鬼切。懸也。
◎捬，語鬼切。懸也。
【揣】他果切。俗云落。又羊捶切。
◎揣，他果切，羊捶切。牽也。
【攂】羊水切。攂弃。
◎攂，羊水切。弃也。
【攦】許藺切。戾也。
◎攦，許藺切。戾也。
【摽】匹眇切。落也。
◎摽，匹眇切。落也。
【拷】苦老切。打也。
◎拷，苦老切。打也。
【揇】奴感切。揇，搦也。
◎揇，奴感切。搦也。
【揘】户猛切。横也。
◎揘，户猛切。横也。
【搟】丑善切。擊搟也。
◎搟，丑善切。擊也。
【揗】思尹切。拒也。
◎揗，思尹切。拒也。
【撔】居偃切。屋上撔也。
◎撔，居偃切。居上撔也。
【捖】胡款切。打也。又苦管切。
◎捖，胡款切。打也。又苦管切。
【拃】側板切。摸拃也。
◎拃，側板切。摸也。
【拝】芳隴切。拝，掬也。
◎拝，芳隴切。掬也。
【攏】先勇切。執也。
◎攏，先勇切。拱手執也。
【拆】齒隻切。擊也。
◎拆，齒隻切。擊也。
【擠】巨隕切。擠束。
◎擠，巨隕切。擠束也。
【拄】張庚切。指拄也。
◎拄，張庚切。指拄也。
【扠】側買切。擊也。
◎扠，側買切。擊也。
○扠，《玉篇》音側買反，擊也。（《龍龕手鏡》卷二）
【揤】阻色切。打也。
◎揤，阻色切。打也。
【撽】居景切。
◎撽，居景切。拱也。
【摮】下巧切。擾也。
◎摮，下巧切。擾乱也。
【扻】苦敢切。打扻也。
◎扻，苦敢切。扻打也。
【採】七宰切。採摘也。
◎採，七宰切。採摘。
【拗】烏狡切。拗，折也。
◎拗，烏狡切。折也。

【揝】子感切。
◎揝，子感切。動也。
【搋】子葛切。逼搋也。
◎搋，子葛切。逼搋也。
【揈】火講切。擒揈也。
◎揈，火講切。擒揈也。
【摻】所斬切。又執袂也。
◎摻，所斬切。執袂也。
●宋十一行本作“執抉也”。
【捰】烏果切。
◎捰，烏果切。擿也。
【扰】丁感切。擊也。
◎扰，丁感切。擊也。
【挭】古杏切。挭槩也。
◎挭，古杏切。挭槩也。
【捹】蒲本切。車弓也。
◎捹，蒲本切。車弓也。
【掗摞】上烏可切，又烏寡切，下力可切。摇也。
◎掗，烏可切，烏寡切。取也。
◎摞，力可切。摇也。
【抖擻】上多口切，下思口切。抖擻，起物也。
◎抖，多口切。抖擻，起物也。
◎擻，思口切。抖擻。
○抖、擻，《玉篇》云：抖擻，起物也。（《方言疏證》卷六）
【摥】他浪切。推。
◎摥，他浪切。推也。
【擂】力對切。擂鼓也。
◎擂，力對切。打也，擂鼓也。
【撛】力刃切。挾也。
◎撛，力刃切。挾也。
【擫】於覲切。擫，劑也。
◎擫，於覲切。擫，劑也。
【拒】强舉切。抵也。
◎拒，强舉切。抵也。
○拒，《玉篇》：違也。（《續一切經音義》卷五）
【掟】陟猛切。揮張也。
◎掟，陟猛切。揮張也。
【摒】必政切。摒除。
◎摒，必政切。除也。
【擋】丁浪切。摒擋。
◎擋，丁浪切。摒擋也。
【摦】胡化切。寬也。
◎摦，胡化切。寬也。
【撕】初鑑切。投也。又山檻切。
◎撕，初鑑切。投也。又山檻切。
【搻】去鳳切。捺搻也。
◎搻，去鳳切。捺搻也。
【攡】力帝切。攡，裂也。
◎攡，力帝切。裂也。
【捝】而税切。扟也。
◎捝，而税切。扟也。
【揓揰】二同。式至切。把皃。
◎揓，式至切。手把皃。揰，同上。
【捀】徒鐙切。
◎捀，徒鐙切。揭也。
【掇】丁亂切。打掇。
◎掇，丁亂切。打也。
【攥】初患切。攢攥也。
◎攥，初患切。攢攥也。
【措】七个切。遇。
◎扭，七个切。遇也。
【揁】力宕切。擊。
◎揁，力宕切。擊也。
【拎】渠嚴切。記也。
◎拎，渠嚴切。記也。
【揍】七奏切。投。
◎揍，亡奏切。投也。
●圓沙本“亡奏切”當作“七奏切”。
【抭】于救切。福。
◎抭，于救切。福也。
【捤】子鴆切。
◎捤，子鴆切。取也。
【搧】式戰切。動也。又失然切。
◎搧，式戰、式然二切。動也。
【搞】口告切。
◎搞，口告切。打也。

【搭】多蠟切，又他蠟切。摸搭。
◎搭，多蠟、他蠟二切。摸搭。
【搨】他蠟切。搚搨也。又都盍切，手打也。
◎搨，他蠟切。搚也。都盍切，手打。
【㨗】丈甲切，又時列切。數蓍也。
◎㨗，丈甲、時列二切。數蓍。
○㨗，顧野王：㨗謂數也。（《一切經音義》卷七十六）
【扱】阻合切。挈也。
◎扱，阻合切。挈也。
【措】慈昔切。擊也。
◎措，慈昔切。擊也。
【揟】息節切。出物也。
◎揟，息節切。出物也。
【攕】前薛切。
◎攕，前薛切。折攕也。
【擿】他歷切。伐擿也。
◎擿，他歷切。伐擿也。
【揼】他谷切。杖指。
◎揼，他谷切。杖指。
【摗】使育切。擊也。
◎摗，使育切。擊也。
【摵】序六切。打甚皃。
◎摵，序六切。打甚皃。
【捔】古岳切。掎捔。
◎捔，古岳切。掎捔也。
【撥】補末切。《説文》曰：治也。
◎撥，補末切。治也，擺也。
【扎】州戛切。俗札字。
◎扎，州戛切。俗札字。
【捙】古鎋切。改也。
◎捙，古鎋切。改也。
【撁】彬密切。刺也。
◎撁，彬密切。刺也。
【搵】彌必切。拭也。
◎搵，彌必切。拭也。
【托㩉】二同。他落切。推也。
◎托，他落切。推也。㩉，同上。
○托，《玉篇》云：推也。（《龍龕手鏡》卷二）
【擅】徒撒切。排。
◎擅，徒撒切。排也，收也。
【攝㩼】二同。乃叶切。擫攝也。
◎攝，乃叶切。擫攝。㩼，同上。
【擭】火郭切。揮擭也。
◎擭，火郭切。揮擭也。
【撯】張略切。打也。
◎撯，張略切。打也。
【搰】于勿切。擲搰也。
◎搰，于勿切。擲搰也。
【捽】力没切。捽也，捋也。
◎捽，力没切。捽也，捋也。
【扙】匹角切。打也。
◎扙，匹角切。打也。
【捩】力計、力結二切。拗捩也。
◎捩，力計、力結二切。拗捩。
○捩，拗捩，出《玉篇》。（《重修廣韻》卷五）
○捩，《玉篇》云：拗捩也。（《續一切經音義》卷七）
【抪】普活切。《説文》曰：推也。
◎抪，普活切。推也。
【拔】蒲八切。擢也。又蒲未切。
◎拔，蒲八切。擢也。又蒲未切。
○拔，《玉篇》：引而出之也。《廣雅》：出也。《考聲》：抽也。（《一切經音義》卷三）
○拔，顧野王云：引而出之也。（《一切經音義》卷十四）
○拔，顧野王云：拔猶引也。（《一切經音義》卷九十七）
【授】子結切。斷絶也。
◎授，子結切。断絶。
【攊】力的切。指劃。
◎攊，力的切。指劃也。
【撍】七葉切。飯臬也。
◎撍，七葉切。飯臬也。
●宋十一行本作“飯操也”。
【㨨】初責切。扶㨨也。
◎㨨，初責切。扶也。
【搕】口合切。打也。
◎搕，口合切。打也。
【摑㨌】二同。古獲切。掌耳。

◎摑，古獲切。掌耳也。摑，同上。
○摑，《玉篇》云：掌耳也。（《續一切經音義》卷九）
【摗】古獲切。批摗也。
◎摗，古獲切。批摗也。
【揠】烏拔切。《孟子》云：宋人有閔其苗之不長而揠之者。揠，拔也。今呼拔草心爲揠也。
◎揠，烏拔切。拔也。
【扸】星歷切。俗析字。
◎扸，星歷切。俗析字。
【抐】所巾切。從上挹。
◎抐，所巾切。從上捉也。
●“捉”當作“挹”。
【掏】徒刀切。掏擇。
◎掏，徒刀切。掏擇也。

補

○掞，顧野王云：掞猶豔也。（《一切經音義》卷九十八）
○抄，《玉篇》：抄，掠也，强取物也。（《一切經音義》卷二十七）
○描，打也，出《玉篇》。（《重修廣韻》卷二）

収部第六十七

凡二十六字

【収】居竦切。《説文》云：竦手也。亦作拜。
◎収，居竦切。《説文》：竦手也。亦作拜。
【𢍏】多曾切。籀文登。
◎𢍏，多曾切。籀文登。
【𢍝】公到切。古文告。
◎𢍝，公到切。古文告。
【𢍰】豬吏切。古文置。
◎𢍰，豬吏切。古文置。
【奉】扶拱切。承也。
◎奉，扶拱切。承也，侍也。
【丞】侍陵切。繼也。《説文》：翊也。
◎丞，侍陵切。翊也，佐也。
【奐】呼館切。《禮記》曰：美哉，奐焉。奐，衆多也。
◎奐，呼館切。衆多也。
【弇】於檢切。蓋也。又古南切。𢍷，古文。
◎弇，於檢切，古南切。蓋也，掩也。𢍷，同上，古文。
【𢍞】余六切。《説文》曰：兩手盛也。又居六切。
◎𢍞，余六、居六二切。兩手盛也。
【兵】彼榮切。《説文》曰：械也，从斤。斤，兵也。
◎兵，彼榮切。械也，从斤。斤，兵也。
【睪】余石切。引給也。《説文》作𦋖。
◎睪，余石切。引給也。《説文》作𦋖。
【畁】渠記、渠基二切。舉也。
◎畁，渠記、渠基二切。舉也。
【异】余吏、余之二切。舉也。
◎异，余吏、余之二切。舉也。
【𢍺】記倦切。《説文》曰：摶飯也。
◎𢍺，記倦切。持飯也。
【弄】良棟切。玩也。《詩》云：載弄之璋。
◎弄，良棟切。玩也，戲也。
【戒】居薤切。防患也。
◎戒，居薤切。警也，防患也。
【𢍸】渠追切。持弩閑拊也。
◎𢍸，渠追切。持弩閑拊也。
【龏】紀庸切。
◎龏，紀庸切。升也。
【弈】余石切。《説文》云：圍基也。
◎弈，余石切。圍基也。
【具】渠句切。《説文》云：共置也。
◎具，渠句切。共置也，備也。
【弃】去至切。古文棄。廢也。
◎弃，去至切。廢也。古文棄。
【奘】子養切。助也。
◎奘，子養切。助也。
【弊】毗制切。俗獘字。
◎弊，毗制切。俗獘字。
【擎】渠京切。舉也。
◎擎，渠京切。舉也。

【䍦】猪利切。置也。
◎䍦，猪利切。置也。

戼部第六十八

凡三字

【戼】普姦切。《説文》云：引也。
◎戼，普姦切。引也。
【䜌】力全切。攣䜌。
◎䜌，力全切。攣䜌。
【樊】輔袁切。《説文》云：鷙不行也。今作樊。
◎樊，輔袁切。鷙不行。今作樊。

舁部第六十九

凡八字

【舁】與居切。共舉也。
◎舁，与居切。兩人共舉也。
【輿】且延切。《説文》云：升高也。䙴，同上。䙴，古文。
◎輿，且延切。升高也。䙴，同上。䙴，古文。
【與】余舉、余據二切。用也。《説文》云：黨與也。舁，古文。
◎與，余舉、余據二切。黨也，用也。舁，古文。
【臾】苦魂切。古文坤。
◎臾，苦魂切。古文坤。
【興】虚凝切。盛也，起也。又許應切，託事也。
◎興，虚疑切。起也。許應切，託事。

臼部第七十

凡四字

【臼】居六切。叉手也。兩手捧物曰臼。
◎臼，居六切。叉手也。兩手捧物曰臼。
【要】於宵切。《説文》曰：身中也。象人要自臼之形。今爲要約字。又於笑切。㮇，同上。䙅，古文。
◎要，於宵切。身中也。象人要自臼之形。今爲要約字。又於笑切。㮇，同上。䙅，古文。

爪部第七十一

凡六字

【爪】壯巧切。《説文》云：丮也。覆手曰爪。象形。
◎爪，壯巧切。丮也。覆手曰爪。字象形。
【爫】諸養切。《説文》云：亦丮也。从反爪。
◎爫，諸養切。丮也。从反爪。
【孚】撫俱切。《説文》云：卵孚也。一曰信也。采，古文。
◎孚，撫俱切。信也，卵孚也。采，古文。
○孚，伏也。（《法華釋文》中）
○孚，《廣雅》《玉篇》：孚，生也。（《一切經音義》卷二十七）
○孚，《玉篇》：姹伏也，卵孕［孚］也。（《一切經音義》卷二十七）
○孚，《玉篇》：孚，信也。又悦也。（《續一切經音義》卷八）
●佚文“姹伏也”未詳。
【爲】于嬀切。《爾雅》曰：造作爲也。俗作為。𤔔，古文。
◎爲，于僞切。造作也。俗作為。𤔔，古文。
○爲，《玉篇》：使也，被也。（《一切經音義》卷二十七）
○爲，《玉篇》：敷施也。（《一切經音義》卷二十七）
●底本“為”字原作“爲”，據宋十行本改。

丮部第七十二

凡十字

【丮】居逆切。《説文》云：持也。象手有所丮據也。
◎丮，居逆切。持也。象手有所丮據。
【𠃨】居玉切。《説文》云：亦持也。从

反丮。
◎厈，居玉切。持也。从反丮。
【埶】魚制切。種也。
◎埶，魚制切。種植也。
【巩】記奉切。抱也。或爲𢀜。
◎巩，記奉切。抱也。或爲𢀜。
【孰】示六切。《説文》云：食飪也。《爾雅》云：誰也。
◎孰，示六切。誰也。亦食飪也。
【𩰫】咨代切。始也，設食也。
◎𩰫，咨代切。始也，設食也。
【谻】其虐、紀逆二切。相踦谻也。
◎谻，其虐切，紀逆切。相踦郤也。
【𢀛】朱立切。古文執。拘也。
◎𢀛，朱立切。古文執。拘也。
●底本“古文”原誤作“説文”，據宋十行本改。
【𡜊】胡瓦切。擊踝也。
◎𡜊，胡瓦切。擊踝也。
●字頭原作“踝”，圓沙本同，據宋十行本改。
【𩰤】竹角切。斫也，削也。亦作斲。
◎𩰤，竹角切。斫也，削也。亦作斲。

鬥部第七十三

凡一十二字

【鬥】都豆切。《説文》云：兩士相對，兵仗在後，象鬥之形。今作鬥同。
◎鬥，都豆切。从兩士相對，兵仗在後，象鬥之形。今作鬥同。
【鬭】當候切。鬭，爭也。鬪，同上，俗。
◎鬭，當候切。爭也。鬪，同上，俗。
○鬭，顧野王云：稱兵相攻戰曰鬭。（《一切經音義》卷四十四）
【鬨】胡絳切。鬭也。
◎鬨，胡絳切。鬭也。
【鬩】呼狄切。爭訟也，很也。
◎鬩，呼狄切。爭訟也，很也。
【鬮】匹賔切。爭亂也。
◎鬮，匹賔切。争乱也。
【鬮】居黝、居稠二切。手取也。
◎鬮，居黝、居稠二切。手取也。
【鬫】莫氏、乃弟二切。褊狹也。
◎鬫，莫氏、乃弟二切。褊狹也。
【鬭】吉了、力求二切。殺也。
◎鬭，吉了、力求二切。殺也。
【閔】乎犬切。試力士錘也。
◎閔，呼大切。試也，士錘也。
●圓沙本音義未詳。
【鬪】撫文切。《説文》云：鬭連結鬮紛相牽也。鬪，同上。
◎鬪，撫文切。鬭連結紛相牽。鬪，同上。

𠂇部第七十四

凡二字

【𠂇】作可切。《説文》云：𠂇手也。今作左。
◎𠂇，作可切。左手也。今作左。
【卑】補支切。下也。《易》曰：天尊地卑。
◎卑，補支切。下也。《易》曰：天尊地卑。

又部第七十五

凡三十九字

【又】有救切。《説文》云：手也。象形。
◎又，有救切。手也。象形。又再也。
【右】于救切。《説文》曰：手口相助也。又于久切。
◎右，于救切。手口相助也。又于久切，左右手也。
【厷】古薨切。《説文》云：臂上也。亦作肱。𠃋，古文。
◎厷，古薨切。臂上也。亦作肱。𠃋，古文。
【叉】測加切。指相交也。
◎叉，側加切。指相交也。
【叉】仄巧切。《説文》云：手足甲也。
◎叉，側巧切。手足甲也。
【取】且宇切。資也，收也。

◎取，且宇切。資也，收也。

【父】符府切。《説文》云：矩也，家長率教者也。

◎父，符府切。矩也，家長率教者。

【叜】莫骨切。古没字。《説文》曰：入水有所取也。

◎叜，莫骨切。古没字。

【曼】亡販切。長也。《吕氏》云：目不視靡曼之色。

◎曼，亡販切。長也。

【変】蘇后切。老也。或作叟。㝊，籀文。

◎変，蘇后切。老也。或作叟。㝊，籀文。

【燮】素協切。和也，大熟也。燮，籀文。

◎燮，素叶切。和也，大熟也。燮，籀文。

●底本籀文字形原作“燓”，據宋十行本改。《篆隸萬象名義》作“火熟也”。

【㕞】古文申字。

◎㕞，古文申字。

【尹】于準切。治也。帬，古文。

◎尹，于準切。治也。帬，古文。

【夬】公快切。决也，《易》卦名。

◎夬，公快切。决也，《易》卦名。

【叡】仄家切。取也。

◎叡，側家切。取也。

【㕚】所劣切。拭也。

◎㕚，所劣切。拭也。

【嫠】力尸切。引也。

◎嫠，力尸切。引也。

【叚】扶目切。改治也。

◎叚，扶目切。改治也。

【反】非遠切。反覆也。反，古文。

◎反，非遠切。反覆也。反，古文。

【及】渠立切。逮也。弓，古文。

◎及，渠立切。逮也。专，古文。

【秉】布永切。持也。

◎秉，布永切。持也。

【叏】敕勞切。滑也。一曰取也。

◎叏，敕勞切。滑也。一曰取也。

【𣪘】諸芮切。卜問吉凶曰𣪘。

◎𣪘，諸芮切。卜問吉凶曰𣪘。

【叔】舒六切。《説文》云：拾也。俗作Ra。

◎叔，舒六切。拾也。俗作Ra。

【度】徒故切。尺曰度。《説文》云：法制也。又徒各切，揆也。

◎度，徒故切。法度。徒各切，揆也。

【叐】于九切。同志爲叐。今作友。友，同上。𠬢、習，並古文。

◎叐，于九切。朋友。今作友。友，同上。𠬢，古文。習，古文。

【彗】祥歲切。掃竹也。或作篲。

◎彗，祥歲切。掃竹也。或作篲。

【叚】居馬切。借也。叚，同上。

◎叚，居馬切。借也。叚，同上。

【𣪊】苦壞切。𣪊，息也。

◎𣪊，苦壞切。𣪊，息也。

【㝷】故皮。

大廣益會玉篇
卷第七

凡十一部

足部第七十六

凡二百九十一字

【足】子欲切。《説文》云：人之足也，在體下。从止、口。《易》云：震爲足。
◎足，子欲切。《説文》：人之足也，在體下。从止、口。
〇足，《玉篇》云：成也，益也。（《一切經音義》卷二十五）
【蹏】徒奚切。《説文》云：足也。蹄，同上。
◎蹏，徒奚切。足蹏也。蹄，同上。
〇蹄，牛馬蹄也。（《倭名抄》七 88）
〇蹏，顧野王：蹏，所以取兔之具。（《一切經音義》卷八十三）
【跟】柯恩切。《説文》云：足踵也。亦作𧿹。
◎跟，柯恩切。足踵。亦作𧿹。
【踝】胡瓦切。足踝也。
◎踝，胡瓦切。足踝也。
〇踝，顧野王云：架衣負繩及踝也。（《續一切經音義》卷九）
【跖】之石切。《説文》曰：足下也。蹠，同上。又楚人謂跳曰蹠。
◎跖，之石切。《説文》曰：足下也。蹠，同上。又楚人謂跳。
〇跖，《玉篇》云：跖，足下也。（《一切經音義》卷八十九）
【跪】渠委、丘委二切。拜也。《聲類》云：跽也。
◎跪，渠委、丘委二切。拜也。渠類切，跽也。
【踦】居綺、丘奇二切。恐人踦乃身，迂乃心。踦，曲。迂，避也。
◎踦，居綺、丘奇二切。踦，曲。迂，避也。
〇踦，顧野王《玉篇·足部》曰：踦，居綺、邱奇二切。恐人踦乃身，迂乃心。踦，曲。迂，避也。（《今文尚書經説考》卷六）
〇踦，《玉篇》音居綺、邱奇二切。（《方言箋疏》卷二）
【跽】奇几切。擎跽，曲拳也。
◎跽，奇几切。擎跽，曲拳也。
【踄】蒲故、蒲各二切。蹈也。
◎踄，蒲故、蒲各二切。蹈也。
【踧】達的切。《説文》云：行平易也。《詩》云：踧踧周道。又子六切。
◎踧，達的切。行平易。又子六切。
【躣】渠俱切。《説文》云：行皃。《楚辭》云：右蒼龍之躣躣。
◎躣，渠俱切。行皃。
【踖】子石切。踧踖也。
◎踖，子石切。踧踖，行顧也。
【蹐】在亦切。踐也。亦作踖。
◎蹐，在亦切。踐也。亦作踖。
【蹩】七羊切。行皃。蹡，同上。
◎蹩，七羊切。蹩蹩，行皃。蹡，同上。
【躡】女涉切。登也。《説文》云：蹈也。
◎躡，女涉切。登也，蹈也。
〇躡，急也。（《類》108）
〇躡，《玉篇》：躡，登也。（《方言箋疏》卷一）
【踽】九禹、區禹二切。獨行皃。《詩》曰：獨行踽踽。
◎踽，九禹、區禹二切。獨行皃。《詩》：獨行踽踽。
【躐】他卵切。踐處也。又行速也。
◎躐，他卵切。踐處也。又行速也。
【趴】芳付切。趣越皃。亦作赴。

◎趴，方付切。趣赴。亦作赴。

【踰】與俱切。《詩》云：無踰我里。踰，越也。

◎踰，與俱切。越也。《詩》：無踰我里。

○踰，顧野王云：無踰我里也。(《續一切經音義》卷九)

【跀】詡月切。走皃。

◎跀，詡月切。急走皃。

【䠙】子亦切。小步也。

◎䠙，子亦切。小步也。

【蹻】渠略、居略二切。《説文》云：舉足行高也。《詩》云：小子蹻蹻。

◎蹻，渠略、居略二切。舉足行高。

○蹻，驕也，小人得志，驕蹇之皃。壯皃也，行舉乞高也。(《類》115)

【躩】丘縛、居縛二切。足躩也。

◎躩，丘縛、居縛二切。足躩也。

○躩，《玉篇》：屈足也。(《龍龕手鏡》卷四)

【儵】舒育切。疾也。

◎儵，舒育切。疾忽也。

【蹌】七羊切。《説文》曰：動也。《書》云：鳥獸蹌蹌。相率舞也。

◎蹌，七羊切。《説文》曰：動。《書》：鳥獸蹌蹌。相率舞。

【躋】子兮切。登也。

◎躋，子兮切。登也。

【踊】俞冢切。跳也。《左氏傳》云：曲踊三百。

◎踊，俞冢切。跳也。《左》：曲踊三百。

○踊，《玉篇》：踊，登也。杜預曰：跳躍也。(《一切經音義》卷八)

○踊，顧野王云：踊，頓足，蹋地也。(《一切經音義》卷二十)

【跧】莊攣切。《説文》云：蹴也。一曰卑也，絭也。

◎跧，莊攣切。《説文》：蹴也。一曰卑也，絭也。

【躍】余灼切。跳躍也。《詩》云：踊躍用兵。

◎躍，余灼切。跳躍，踊躍。

○躍，顧野王云：躍謂跳距也。(《一切經音義》卷三十一)

○躍，顧野王云：跳躍謂騰躍也。(《一切經音義》卷六十九)

【蹵】七六、子六二切。蹴，蹋也。蹴，同上。

◎蹵，七六、子六二切。蹴，蹋也。蹴，同上。

【蹋】徒闔切。踐也。

◎蹋，徒闔切。踐也。

○蹋，顧野王云：蹋即蹵也。(《一切經音義》卷五十五)

○蹋，顧野王云：蹋，踐也。(《續一切經音義》卷六)

【蹈】徒到切。踐也。

◎蹈，徒到切。踐也。

○蹈，《玉篇》云：蹈，踐也。(《一切經音義》卷二十五)

【躔】直連切。踐也。

◎躔，直連切。踐也。

【踐】慈翦切。《詩》云：籩豆有踐。踐，行也。

◎踐，慈翦切。行蹋蹋也。

○踐，行皃，陳皃，任之以政事也，修也，履也，躪也。(《類》108)

【踔】敕卓切。跛也。踸踔，跛者行。

◎踔，敕卓切。踸踔，跛行也。

【踸】丑甚切。踸踔。跣，同上。

◎踸，丑甚切。踸踔。跣，同上。

○跣踔，《玉篇》云：跣踔，跛者行。(《方言疏證》卷六)

【踵】之勇切。足後。《禮記》云：舉前曳踵。

◎踵，之勇切。足後曰踵。

○踵，顧野王云：踵，追也。(《一切經音義》卷八十一)

○踵，顧野王云：踵，足跟也。(《一切經音義》卷八十八)

【蹛】都賴、直例二切。踶也。

◎蹛，都賴、直例二切。踶也。

【跃】時紙切。踍也。

◎跃，時紙切。踍也。

【蹩】蒲結切。蹩躠，旋行皃。一曰跛也。
◎蹩，蒲結切。蹩躠，旋行皃。一曰跛也。
【躠】私列切。蹩躠。
◎躠，私列切。蹩躠。
【蹔】大叶切。蹔足也。
◎蹔，大叶切。蹔足也。
【蹢】丈隻切。蹢躅，行不進。又都歷切，蹄也。
◎蹢，丈隻切。蹢躅，行不進。又都歷切，蹄也。
【躑】丈隻切。亦躑躅。
◎躑，丈隻切。躑躅，不能行。
○躑，顧野王曰：躑躅。（《一切經音義》卷八）
○躑，顧野王云：躑躅，舉足而不進也。（《一切經音義》卷二十四）
○躑，顧野王云：躋躅，驟舉足而不進也。（《一切經音義》卷四十）
○躑，顧野王云：躑躅，驟舉足不進也。（《一切經音義》卷六十六）
【躅】馳録切。蹢躅也。躝，同上。
◎躅，馳録切。蹢躅。躝，同上。
○躅，蹢躅也。（《類》110）
【踶】徒計切。蹋也。《莊子》云：馬怒則分背相踶。
◎踶，徒計切。蹋也。《莊》：馬怒則分背相踶。
【踤】財律切。觸也，駭也。
◎踤，財律切。觸也，駭也。
【踰】餘昭切。跳也。
◎踰，余昭切。跳也。
【跳】徒彫切。《説文》：蹶也。一曰躍也。
◎跳，徒彫切。並足蹶起也。
○跳，蹶也，踦也，踊也。（《類》110）
【蹷】渠月、居月、居衛三切。《説文》：僵也。一曰跳也。蹶，同上。躝，《説文》同上。
◎蹷，渠月、居月、居衛三切。僵也。又跳也。蹶，同上。躝，《説文》同上。
○蹶，渠月反。僵也。一曰跳也。（《三教指歸注》四24）
○蹶，顧野王曰：蹶猶驚駭。（《一切經音義》卷十二）
○蹶，顧野王云：蹶猶驚駭急疾之意也。（《一切經音義》卷五十一）
○蹶，《玉篇》：驚駭也，急速之意。（《一切經音義》卷七十九）
【踬】之仁、之刃二切。動也。
◎踬，之仁、之刃二切。動也。
【躇】陳如切。躇跱不前。
◎躇，徒加切。躇跱，行不前。
●宋十行本、十一行本皆作“徒加切”，“陳如切”未詳。
【跙】補艾切。步行獵跋也。
◎跙，補艾切。步行獵跋也。
【踏】他合切。踏趿也。
◎踏，他合切。踏趿也。
【趿】先荅切。進足有所拾。
◎趿，先荅切。進足有所拾也。
【跲】渠劫、居業二切。躓也。
◎跲，渠劫、居業二切。躓也。
【跇】翼世、丑世二切。超踰也。
◎跇，翼世、丑世二切。超踰也。
【蹎】丁千切。蹎跋也。
◎蹎，丁千切。行蹎跋也。
【跌】徒結切。仆也。
◎跌，徒結切。仆跌也。
○跌，《玉篇》：跌，仆也。（《方言疏證》卷十三）
【踼】徒郎切。跌踼也。
◎踼，徒郎切。行跌踼。
【蹲】在昆切。《説文》云：踞也。
◎蹲，在昆切。踞也。
【踞】記恕切。《大戴禮》曰：獨處而踞。踞，蹲也。
◎踞，記恕切。蹲踞也。《大戴禮》：獨處而踞。
○踞，却踞如箕形也。（《法華釋文》中）
○踞，顧野王云：謂却踞如箕狀也。（《一切經音義》卷九十八）
【踣】蒲北、匹豆二切。凡殺人者，踣諸市。

踣，僵尸也。
◎踣，蒲北、匹豆二切。僵尸也。
【跛】布火切。跛足。又碑寄切。《國語》云：立無跛。跛，不正也。
◎跛，布火切。跛足。又碑寄切。
○跛，野王案：跛，博可反。蹇也。又俾寄反。(《三教指歸注》四12)
○跛，偏住也，不正也。(《類》103)
○跛，顧野王曰：跛，蹇也。(《一切經音義》卷十一)
○跛，顧野王云：蹇也。(《一切經音義》卷六十三)
【蹇】羈演切。跛也。
◎蹇，羈演切。跛也。
【蹁】蒲堅切。足不正。
◎蹁，蒲堅切。足不正。
【踤】渠追切。脛肉也。一曰曲脛也。
◎踤，渠追切。脛肉也。又曲脛。
【踒】於卧切。足跌也。
◎踒，於卧切。行足跌也。
【跣】蘇殄切。跣足。《書》曰：若跣不視地。
◎跣，蘇殄切。跣赤足。《書》曰：若跣不視也。
【跂】踚豉切。有跂踵國，其人行，腳跟不著地。
◎跂，踚豉切。跂踵，行不正。
○跂，墟豉反。人行，腳跟不著地也，如人之企也。登也，足多指也，躐也。(《類》103)
○跂，顧野王云：如人之企也。(《一切經音義》卷八十六)
○跂，《玉篇》又舉一足也。又去奇反，跂器也。(《龍龕手鏡》卷四)
【跔】渠俱、居劬二切。天寒足跔，寒凍手足。跔，不伸也。
◎跔，渠俱、居劬二切。不伸也。
【踊】口衮切。瘃足也。
◎踊，口衮切。瘃足不行也。
【躧】所倚、所買二切。《說文》云：舞履也。蹝，同上。
◎躧，所倚、所買二切。舞履也。蹝，同上。
○躧，所倚反。舞履也。(《三教指歸注》四24)
【蝦】何加切。足所履也。
◎蝦，何加切。足所履。
【踂】扶謂切。刖足也。《書》曰：踂辟疑赦，其罰倍差。亦作剕。踸，《字書》云：亦踂字。
◎踂，扶謂切。刖足刑也。亦作剕。踸，《字書》云：亦踂字。
【跀】五刮、五厥二切。司寇掌跀罪五百。跀，斷足也。亦作刖。䠒，同上。
◎跀，五刮、五厥二切。斷足。亦作刖。䠒，同上。
○跀，《玉篇》云：跀，斷足刑也。(《龍龕手鏡》卷四)
【趽】甫亡、蒲庚二切。《說文》云：曲脛馬也。
◎趽，甫亡、蒲庚二切。曲脛馬。
【距】渠吕切。雞距也。
◎距，梁吕切。雞距也。
○距，居旅、渠旅反。雞足距也，拔距猶超距也。(《類》112)
●圓沙本“梁吕切”當作“渠吕切”。
【趹】古穴切。疾也。
◎趹，古穴切。疾也。
【趼】魚見切。《爾雅》曰：騉蹄趼。謂蹄如趼而健上山。
◎趼，魚見切。蹄健也。
【躛】禹袂切。《說文》云：衛也。
◎躛，禹袂切。衛足也。
【蹼】補木切。《爾雅》曰：鳧鴈醜，其足蹼。
◎蹼，補木切。《爾雅》：鳧鴈醜，其足蹼。
【路】吕故切。道路。
◎路，吕故切。道路，途也。
【踇】丑厲切。踰也。
◎踇，丑厲切。踰也。
○踇，《玉篇》：踇，踰也。(《方言箋疏》卷一)
【蹙】子陸切。《詩》曰：政事愈蹙。蹙，

促也。
◎蹵，子六切。促也。《詩》：政事愈蹵。
○蹵，《玉篇》：迫也。（《續一切經音義》卷五）
【踇】莫后切。踇偶山。
◎踇，莫后切。踇偶，山名。
【踧】所陸切。《論語》曰：足踧踧如有循。
◎踧，所陸切。《論語》：足踧踧如有循。
【跫】亡遇切。長跪也。
◎跫，亡遇切。長跪也。
【踕】才協切。足疾也。
◎踕，才叶切。足疾也。
【蹪】徒雷切。仆也。
◎蹪，徒雷切。仆也。
【蹕】比栗切。《周禮》：隸僕掌蹕宫中之事。蹕，謂止行者。
◎蹕，比栗切。謂止行者。
【蹯】輔袁切。熊掌也。《左氏傳》曰：宰夫胹熊蹯不熟。蹞，同上。
◎蹯，輔袁切。熊掌也。《左傳》：宰夫胹熊蹯不熟。蹞，同上。
【蹫】餘灼切。登也，拔也。
◎蹫，余灼切。登也，拔也。
【躊】直留切。躊躇也。
◎躊，直留切。躊躇，猶豫也。
○躕，或躊字。（《類》112）
○躊，顧野王云：謂淹留而躊躇也。（《一切經音義》卷六十九）
【躇】直於切。躊躇猶猶豫也。
◎躇，直於切。躊躇。
【跦】陟俱切。行皃。
◎跦，陟俱切。跦跦，行皃。
【踊】渠勿切。足多力也。
◎踊，渠勿切。足多力。
○踊，《玉篇》：踊，足多力也。（《方言疏證》卷六）
○踊，《玉篇》：强也。（《龍龕手鏡》卷四）
【躐】良涉切。踐也。
◎躐，口涉切。踐也。
●“口涉切”疑誤。

【跬】羌捶切。舉一足。蹞，同上。
◎跬，羌垂切。舉一足行也。蹞，同上。
○跬，顧野王云：謂舉足也。（《一切經音義》卷九十九）
【躄】俾亦切。跛躄，不能行也。
◎躄，俾亦切。跛甚者。
○躄，顧野王云：躄謂足偏枯不能行也。（《一切經音義》卷二十四）
【躁】子到切。《易》云：震爲决躁。躁，動也。
◎躁，子到切。動也。《易》：震爲决躁。
○躁，顧野王曰：躁，動也。（《一切經音義》卷七）
○躁，《玉篇》：躁，動也。賈注《國語》：櫌也。鄭注《論語》：躁動，不安静也。《字書》：急性也。（《一切經音義》卷十二）
○躁，顧野王云：躁亦動也。（《一切經音義》卷十九）
○躁，《玉篇》云：躁亦動也。（《續一切經音義》卷一）
【踆】且遵切。退也。
◎踆，且遵切。踆，退也。
【趾】諸市切。足也。
◎趾，諸市切。足趾也。
【蹉】采何切。蹉跎也。
◎蹉，采何切。蹉跎，過也。
【跎】達何切。蹉跎。
◎跎，達何切。蹉跎，不及也。
【蹟】子亦切。《詩》曰：念彼不蹟。不蹟，不循道也。
◎蹟，子亦切。不蹟，不循道也。
【跡】子昔切。《左氏傳》曰：車轍馬跡焉。
◎跡，子昔切。蹤跡也。
【跱】除几切。《爾雅》曰：室中謂之跱。跱，上也。
◎跱，除几切。行止也。
○跱，《玉篇》有跱字，引《爾雅》曰：室中謂之跱。跱，止也。（《釋名疏證》卷三）
●底本“上也”疑當作“止也”。
【蹀】徒篋切。躞蹀。
◎蹀，徒篋切。躞蹀，足也。

〇蹀，顧野王：徐細步也。（《一切經音義》卷二十四）

【躞】蘇協切。躞蹀。

◎躞，蘇叶切。躞蹀也。

【踀】褚律切。獸跡也。《山海經》云：赤水之西，流沙之東有獸，左右有首，名踀踢。

◎踀，褚律切。獸跡。又獸名。

【蹊】遐雞切。徑也。

◎蹊，遐雞切。蹊，徑也。

【跗】方俱切。《儀禮》曰：綦結于跗。跗，足上也。趺，同上。

◎跗，方俱切。足蹯上也。《儀礼》：綦結下跗。趺，同上。

〇跗，顧野王云：足而上也。（《一切經音義》卷八）

〇跗，顧野王云：足面上也。（《續一切經音義》卷四）

〇趺，《玉篇》：脚趺也。（《續一切經音義》卷九）

●圓沙本“下”當作“于”。

【踂】女輒切。兩足不相過，楚謂之踂。

◎踂，女輒切。兩足不相過。

【蹔】才含、才合二切。止也。

◎蹔，才含、才合二切。止也。

【躒】令的切。動也。《大戴禮》曰：騏驥一躒，不能千步。

◎躒，令的切。動也。

【踉】吕唐切。踉蹡，欲行皃。

◎踉，吕唐切。踉蹡，欲行皃。

〇踉，吕唐反。郭云：跳踉，躍起也。（《醫心方》寫本）

【蹡】蒲唐切。踉蹡。

◎蹡，蒲唐切。行踉蹡也。

【踳】姝允、尺轉二切。踳駮，色雜不同。

◎踳，姝允、尺轉二切。色雜不同。

【蹣】薄安切。蹣跚，旋行皃。

◎蹣，薄安切。蹣跚，旋行皃。

【跚】先安切。蹣跚。

◎跚，先安切。蹣跚。

【蹮】蘇田切。蹁蹮猶蹣跚也。

◎蹮，蘇田切。蹁蹮猶蹣跚也。

【踖】如藥切。蹈足皃。

◎踖，如藥切。蹈足皃。

【躔】徒頰切。走聲也。

◎躔，徒頰切。行走声。

【跑】蒲篤切。蹴也。又蒲包切。

◎跑，蒲篤、蒲包二切。蹴也。

〇跑，《玉篇》：跑，蒲篤切。蹴也。（《釋名疏證補》卷一）

【趵】方卓切。足擊聲。

◎趵，方車切。足擊声。

〇趵，《玉篇》：趵，方卓反。足擊聲。（《書傳輯録纂注》卷二）

●“方車切”疑誤。

【蹅】才他切。蹋聲。蹪，同上。

◎蹅，才他切。足蹋声也。蹪，同上。

【跙】才與切。行不進也。《太玄經》云：四馬跙跙。

◎跙，才與切。行不進。

【踾】普力切。蹋地聲。

◎踾，普力切。蹋地声。

【跐】祖解、子爾二切。蹋也。

◎跐，祖解、子爾二切。蹋也。

〇跐，《說文》無跐字，《玉篇》有之，祖解、子爾二切。云：蹋也。（《釋名疏證》卷三）

【跿】且欲切。迫也，速也。或作促、趗。

◎跿，且欲切。迫，速也。或作促、趗。

【蹨】乃殄切。蹀，跡也。

◎蹨，乃殄切。蹨蹀，跡也。

【踄】普胡切。馬蹀跡。

◎踄，普胡切。馬蹀跡也。

【跰】補孟切。散走也。《史記》云：歲星晨出爲跰踵。或作迸。

◎跰，補孟切。散走。或作迸。

【躂】他達切。足趺也。

◎躂，他達切。足趺也。

【踤】吕絶切。踰也。

◎踤，吕絶切。踰也。

【躟】仁羊、仁養二切。躟躟，行疾皃。

◎躟，仁羊、仁養二切。行疾皃。

【蹍】女展切。足蹈皃。
◎蹍，女展切。足蹈也。
【跁】蒲瓦切。跁跒，不肯前。
◎跁，蒲瓦切。跁跒，不肯前。
【跒】口瓦切。跁跒。
◎跒，口瓦切。跁跒。
【跈】乃殄切。蹈也。
◎跈，乃殄切。蹈跈也。
【蹓】阻流切。獸足。
◎蹓，阻流切。獸足也。
【踆】且獵切。踆踆，往來皃。
◎踆，日獵切。踆踆，往來也。
●圓沙本“日獵切”當作“且獵切”。
【踏】他帀切。足著地。
◎踏，他帀切。足著地。
【䟘】公朗切。伸脛也。
◎䟘，公朗切。伸脛也。
【蹼】芳昭切。輕行也。
◎蹼，芳昭切。輕行也。
【踡】具員切。踡跼，不伸也。
◎踡，具員切。踡跼，不伸也。
○踡，顧野王云：踡跼，不伸也。（《一切經音義》卷六十三）
【跼】渠足切。踡跼。
◎跼，渠足切。踡跼。
○跼，顧野王云：跼，不伸。亦曲也。（《一切經音義》卷八十三）
【䟗】渠幼切。䟗蹊，行皃。
◎䟗，渠幼切。䟗蹞也。
●圓沙本“䟗蹞”當作“䟗蹊”。
【蹊】丘幼切。䟗蹊。
◎蹊，丘幼切。足䟗蹊也。
【踐】餘歛切。疾趨也。
◎踐，餘歛切。行疾趨也。
【踈】他忽切。蹂也。
◎踈，他忽切。蹂踈，踐也。
【跚】達堅切。蹋地聲。
◎跚，達堅切。蹋地声。
【蹱】吕恭切。蹱蹱，小兒行皃。
◎蹱，吕恭切。蹱蹱，小兒行皃。
【蹱】職凶切。蹱蹱。
◎蹱，職容切。小兒行皃。
【跉】力呈切。跉趶，行皃。
◎跉，力呈切。跉趶，行皃。
【趶】丑丁切。跉趶。
◎趶，丑丁切。跉趶。
【踳】舒庸切。蹋也。
◎踳，舒庸切。蹋也。
【踑】丘役切。踞皃。
◎踑，丘役切。踞皃。
【蹹】於合切。跛蹹。
◎蹹，於合切。足跛蹹也。
【跮】丑利、丑栗二切。跮踱，乍前乍卻。
◎跮，丑利、丑力二切。跮踱也。
【踱】丑略切。跮踱。又田各切。
◎踱，丑略切，田各切。跮踱。
【蹔】徂濫切。不久也。與暫同。
◎蹔，徂濫切。不久也。与暫同。
【蹂】仁柳切。踐也。
◎蹂，仁柳切。蹂，踐踏也。
【跃】丁戾切。蹋也。
◎跃，丁戾切。跃，蹋也。
【踓】千水切。蹩也。亦趡字。
◎踓，千水切。蹩也。亦作趡。
【蹔】莫仲切。蹔趬，疲行皃。
◎蹔，莫仲切。足疲行皃。
【躝】六安切。踰也。
◎躝，六安切。踰也。
【蹀】子采切。走皃。
◎蹀，子采切。走皃。
【踃】先聊切。跳踃。
◎踃，先聊切。跳踃。
【蹵】丘盛切。一足行皃。
◎蹵，丘盛切。一足行皃。
【踼】仗良切。東郡謂跪曰踼。踼蹬，拜也。
◎踼，仗良切。拜跪也。
○踼，《玉篇》云：東郡謂跪曰踼。（《方言疏證》卷七）
【踋】普計切。偶也。
◎踋，普計切。偶也。

○蹥，《玉篇》：行也。（《龍龕手鏡》卷四）
【踋】補爾切。古髀字。股外也。
◎踋，補爾切。古髀字。股外也。
【蹼】先卷切。罥獸足罔。
◎蹼，先卷切。罥獸足罔也。
【顴】閭几切。古文履。踐也，禮也。
◎顴，閭几切。古履字。踐也，礼也。
【踁】何定切。脚踁。與脛同。
◎踁，何定切。脚踁。與脛同。
【蹭】七亘切。蹭蹬。
◎蹭，七亘切。蹭蹬，無能也。
【蹲】時兖切。腓腸也。正作腨。
◎蹲，時兖切。腓腸也。正作腨。
【踁】胡唐切。獸迹。與远同。
◎踁，胡庚切。獸跡。与远同。
【踝】丑世切。渡也。
◎踝，丑世切。渡也。
【蹳】徵劣切。跳也。
◎蹳，徵劣切。跳行也。
【蹸】吕振切。蹸，轢也。躙，同上。
◎蹸，吕振切。轢也，車踐也。躙，同上。
【趼】何諫切。脛骨也。與骭同。
◎趼，何諫切。脛骨也。与骭同。
【跤】苦交切。脛也。亦作骹。
◎跤，苦交切。脛也。亦作骹。
【蹚】他殄切。行皃。
◎蹚，他殄切。蹚蹚，行皃。
【跕】都牒、他協二切。跕，屣也。
◎跕，都牒切，他叶二切。跕，屣也。
【踹】都館、市兖二切。足跟也。
◎踹，都館、市兖二切。足跟也。
【蹤】子龍切。跡也。
◎蹤，子龍切。蹤跡也。
【跆】達來切。蹋跆也。
◎跆，達來切。蹋也。
【踼】去俱切。跛行也。
◎踼，去俱切。跛行也。
【跜】女時切。蠼跜，虯龍動皃。出《靈光殿賦》。
◎跜，女時切。蠼跜，斗龍動皃。出《雪光殿賦》。
●圓沙本“斗”當作“虯”，“雪”當作“靈”。
【蠼】渠追切。蠼跜。
◎蠼，渠追切。蠼跜。
【踈】色魚切。慢也。
◎踈，色魚切。慢也，不密。
【踟】直知切。踟蹰，行不進也。
◎踟，直知切。踟蹰，行不進。
【蹰】直朱切。踟蹰。
◎蹰，直朱切。踟蹰。
【踑】舉愚切。足冷痛。
◎踑，舉虞切。足冷痛。
【踔】相俞切。
◎踔，相俞切。足行也。
【踚】力迍切。行也。
◎踚，力迍切。行也。
【蹣】步般切。蹣跚。
◎蹣，步般切。蹣跚也。
【跘】步般切。
◎跘，步般切。足跘也。
【蹀】千來切。
◎蹀，千來切。踐升也。
【蹻】口交切。
◎蹻，口交切。足蹻也。
【跓】曲王切。
◎跓，曲王切。足跓也。
【跛】策涉切。踏。
◎跛，策涉切。跛，踏也。
【蹭】七由切。
◎蹭，七由切。足病也。
【跼】他紅切。走皃。
◎跼，他紅切。走皃。
【踶】他兮切。踶蹋。
◎踶，他兮切。踶蹋，踐也。
○踶，顧野王《玉篇》：踶，蹋。（《吴下方言考》卷四）
【蹁】布眠切。行不正。
◎蹁，布眠切。行不正。
【蹮】相然切。行。
◎蹮，相然切。行也。

【踤】在魂切。
◎踤，在魂切。跡也。
【踺】式延切。行。
◎踺，式延切。行也。
【蹺】去堯切。舉足。
◎蹺，去堯切。舉足也。
【跠】羊脂切。跠踞。
◎跠，羊脂切。跠踞也。
【跏】古牙切。結跏坐。
◎跏，古牙切。結跏，蟠足坐。
【跿】都妻切。跌。
◎跿，都妻切。跌跿也。
【踜】魯登切。蹶也。
◎踜，魯登切。蹶也。
【蹦】步登切。走。
◎蹦，步登切。走也。
【跉】士今切。
◎跉，上今切。足履峻也。
【踍】巨皎切。行。
◎踍，巨皎切。行也。
【跘】寺羊切。趨行。
◎跘，寺羊切。趨行也。
【蹦】魯甘切。急行。
◎蹦，魯甘切。急行也。
【踒】烏買切。行不正。
◎踒，烏買切。行不正。
【跁】蒲郎切。
◎跁，蒲郎切。跁跂也。
【踥】去弭切。足開皃。
◎踥，去弭切。勿，足開皃。
●圓沙本“勿”未詳。
【跓】直主切。勇足。
◎跓，直主切。勇足也。
●《廣韻》：“跓，停足。”此處“勇足”疑當作“停足”。
【躝】丑犯切。跂足。
◎躝，丑狎切。跂足也。
●底本“丑犯切”疑誤。
【踾】密云切。踔。
◎踾，密雲切。行踔跛也。

【跺】都果、他果二切。行皃。
◎跺，都果、他果二切。行皃。
【踴】與恐切。
○踴，顧野王云：踴上而登也。（《一切經音義》卷六十八）
【躏】測角切。齒相近聲。又初六切，謹慎皃。
◎躏，測角切。齒相近声。又初六切，謹慎皃。
【跗】尺兩切。踞也。
◎跗，尺兩切。踞也。
【踇】莫后切。大踇指。
◎踇，莫后切。大踇指。
【踠】於遠切。曲脚也。
◎踠，於阮切。生曲脚。
【蹼】葵淚切。足。
◎蹼，蒲淚切。足行也。
【蹍】初産切。騎馬。
◎蹍，初産切。騎馬也。
【躓】知利切。跲也。
◎躓，知利切。躓，跲也。
○躓，原《玉篇》音智。躓，頓。（《龍龕手鏡》卷四）
○躓，顧野王云：躓猶頓也。（《一切經音義》卷十九、卷五十七）
【跍】苦故切。
◎跍，口故切。踏也。
●宋十一行本作“跍，口故切”。
【跢】丁泰切。倒也。又丁佐切，小兒行皃。
◎跢，丁泰切。倒也。丁佐切，行也。
【踂】胡困切。
◎踂，胡困切。行也。
【踍】則候切。蹋踍也。
◎踍，則候切。蹋也。
【踊】盧候切。蹋也。
◎踊，盧候切。蹋也。
【蹌】昌占切。馬急行。
◎蹌，昌占切。馬急行。
【踞】牛幼切。跛行。
◎踞，牛幼切。跛行也。

【跡】匹貝切，又蒲末切。急行皃。
◎跡，匹貝、蒲末二切。急行皃。
【跤】户愛切。
◎跤，户愛切。行正也。
【踌】甫味切。急行皃。
◎踌，甫味切。急行皃。
【躔】落帶切。跛行也。
◎躔，落帶切。跛行也。
【躐】七外切。行皃。
◎躐，七外切。行皃。
【跦】徒故切。不履也。
◎跦，徒故切。足不履。
【踋】古狎切。行聲。
◎踋，古狎切。踋然，行声。
【蹄】他各切。蹄弛。亦作跅。
◎蹄，他各切。蹄弛。亦作跅。
【踼】多則切。行皃。
◎踼，多則切。行踼踼也。
【蹕】彼律切。走皃。
◎蹕，徒律切。走皃。
●圓沙本“徒律切”當作“彼律切”。
【䠲踛】二同。力谷切，又力玉切。行皃。
◎䠲，力谷、力玉二切。行也。踛，同上。
【跍】苦活切。蹵也。
◎跍，苦活切。蹵也。
【蹘】力交切。走。
◎蹘，力交切。走也。
【踘】九六、其六二切。踘，蹋也。
◎踘，九六、其六二切。踘蹴也。
【踂】九六切。足也。
◎踂，九六切。足踂也。
【跀】魚曲切。行不正。
◎跀，魚曲切。行不正。
【躊】徒沃切。行不正。
◎躊，徒沃切。行不正。
【跍】許吉切。行。
◎跍，許吉切。行也。
【蹫】圭律切。跛皃。
◎蹫，圭律切。跛皃。
【踀】初角切。行踀也。
◎踀，初角切。行踀也。
【踛】力竹切。翹踛也。
◎踛，力竹切。翹踛，行也。
【蹳】普末切。行也。
◎蹳，普末切。行也。
【蹾】直列切，又癡列切。足。
◎蹾，直列切，癡列切。足也。
【跙】女六切。行。
◎跙，女六切。行也。
【踿】父六切。行皃。
◎踿，父六切。行皃。
【跫】苦紅切。蹋聲。
◎跫，苦紅切。跫然，蹋足声。
【䟶】子力切。蹙也。
◎䟶，子力切。蹙䟶，走也。
【跨】苦瓦切，又苦化切。越也。
◎跨，苦瓦、苦化二切。越也。
○跨，顧野王云：跨謂舉足也。（《一切經音義》卷四十四）
【跋】步末切。跋躃，行皃。
◎跋，步末切。跋躃，行皃。
【蹬】徒亘切。蹭蹬。
◎蹬，徒亘切。蹭蹬，不能行。

補

○躃，《玉篇》：躃，倒也。（《一切經音義》卷二十五）

疋部第七十七

凡四字

【疋】山居、山慮二切。《説文》云：足也。上象腓腸，下从止。《弟子職》曰：問疋何止。古文以爲《詩·大疋》字。亦以爲足字。一曰疋，記也。
◎疋，山居、山慮二切。足也。一曰記也。
【䟽】山於切。門户青疏窗也。
◎䟽，山於切。門户青疏窻也。
【延】山於切。延，通也，達也。《月令》云：其器延以達。今作疏。

◎疭，山於切。通也，達也。《月令》：其器疭以達。今作疏。

【甃】之世切。姓也。王莽時有甃惲。

◎甃，之世切。姓也。王莽時有甃惲。

𠧢部第七十八

凡四字

【𠧢】公懷切。𠧢，背吕。今作乖。

◎𠧢，公懷切。𠧢，背吕。今作乖。

【脊】子亦切。背脊也。今作脊。

◎脊，子亦切。背脊。亦作脊。

○脊，背也。(《倭名抄》二 26)

○脊，顧野王：脊背，膂也。(《一切經音義》卷五十)

【傘】音散。蓋也。

◎傘，音散。蓋也。

【𠧢】苦媧切。𠧢，斜也。

◎𠧢，苦媧切。𠧢，斜也。

骨部第七十九

凡八十六字

【骨】古没切。《説文》云：肉之覈也。

◎骨，古没切。《説文》云：肉之覈也。

○骨，野王案：骨，肉之核也。(《倭名抄》二 31)

【髑】徒木切。髑髏，頭也。

◎髑，徒木切。髑髏，頭骨也。

【髏】力侯切。髑髏。

◎髏，力侯切。髑髏。

【髃】牛口切。《説文》曰：肩前也。

◎髃，牛口切。《説文》曰：肩前也。

【髆】補各切。《説文》曰：肩甲也。

◎髆，補各切。《説文》曰：肩甲。

【髀】補爾切，又步米切。股也。

◎髀，補爾切，又步米切。股也。

【骿】步田切。骿脅也。

◎骿，步田切。骿脅也。

【髁】口卧、口禾二切。髀骨。又胡瓦切。

◎髁，口卧、口禾、胡瓦三切。髁骨。

【髍】渠月切。臀骨也。

◎髍，渠月切。臀骨也。

【髖】苦官、苦昆二切。髀上。

◎髖，苦官、苦昆二切。髀上。

【髕】蒲忍切。膝端也。《大戴禮》曰：人生朞而髕。

◎髕，蒲忍切。人生朞而膝端生。

○髕，野王案：髕，膝骨也。(《倭名抄》二 41)

【䯏】光末切。骨端也。

◎䯏，光末切。骨端也。

【䯌】丘愧切。膝脛間骨。

◎䯌，丘貴切。膝脛間骨。

【骹】苦交切。脛也。《爾雅》曰：馬四骹皆白贈。

◎骹，苦交切。脛也。

【骭】遐諫切。脛也。《爾雅》曰：骭瘍爲微。亦作骬。

◎骭，遐諫切。脛也。亦作骬。

○骭，《玉篇》：下諫反。堅也。(《法書要録》卷十)

【骸】何皆切。骨也。《左氏傳》曰：析骸而爨。

◎骸，何皆切。骨也。《左》：析骸而爨。

○骸，《玉篇》云：身體諸骨總名爲骸。(《一切經音義》卷一)

○骸，顧野王云：身體之骨總名爲骸。(《一切經音義》卷五十一)

【骾】柯杏切。食骨留嗌中也。

◎骾，柯杏切。食骨留嗌中。

【髓】先委切。骨中脂也。髓，同上，出《説文》。

◎髓，先委切。骨中脂也。髓，同上，出《説文》。

【䯋】丑歷切。骨間黄汁也。

◎䯋，世歷切。骨楷黄汁也。

●圓沙本“楷”當作“間”。

【體】他禮切。形體也。

◎體，他礼切。形體也。

○體，野王案：肢，四體也。體猶形也，有

形之總稱也。(《倭名抄》二 23)
○體，顧野王云：體即形也。亦身之揔稱也。(《一切經音義》卷八十九)
【髍】亡何切。㾊病。
◎髍，亡何切。㾊病也。
【骼】柯額切。《説文》曰：禽獸骨曰骼。
◎骼，柯額切。禽獸骨曰骼。
【胔】前賜切。《周禮》：蜡氏掌除胔。死人骨也。作骴同。
◎胔，前賜切。死人骨也。作骴同。
【髊】前賜切。腐骨也。《聲類》云：此亦胔字。
◎髊，前賜切。腐骨也。《声類》云：此亦胔字。
【髓】公外切。五綵束髮。《説文》曰：骨擿可會髮者。《詩》曰：髓弁如星。
◎髓，公外切。五綵束髮也。
【髐】於老切。膂骨。
◎髐，於老切。膂骨。
【髑】胡葛切。髑骬，肩骨。
◎髑，胡葛切。髑骬，肩骨。
【骬】羽俱切。髑骬，缺盆骨。
◎骬，羽俱切。髑骬，缺盆骨。
【骪】口亞切。膂骨。髂、骰，並同上。
◎骪，口亞切。膂骨也。髂，同上。骰，同上。
【膂】乙吕切。肩骨也。
◎膂，乙吕切。肩骨也。
【骫】五丸切。骼骫也。
◎骫，五丸切。骼骫也。
【骶】丁計切。背謂之骶。又臀也。
◎骶，丁計切。背曰骶。又臀也。
【骜】五高切。蟹鈐也。
◎骜，五高切。蟹鈐也。
【骲】蒲交、平剥二切。骨骲也。又蒲校切，骲擊也。
◎骲，蒲交、平剥二切。骨骲也。又蒲校切，骲擊也。
【髎】力條切。髖也。
◎髎，力條切。髖也。
【髓】於力切。胷髓。亦作臆。
◎髓，於力切。胷髓。亦作臆。
【髖】亡八切。髖骱，小骨。
◎髖，亡八切。髖骱，小骨。
【骱】古八切。髖骱。
◎骱，古八切。髖骱。
【骸】口圭切。六畜頭中骨也。
◎骸，口圭切。六畜頭中骨。
【髀】蒲益切。弓弭。
◎髀，蒲益切。弓弭。
【髃】口瓜切。髃骯，髂上骨。
◎髃，口瓜切。髃骯，髂上骨。
【骯】五瓜切。髃骯。
◎骯，五瓜切。髃骯。
【骺】下溝切。骺骺也。
◎骺，下溝切。骺骺也。
【骳】蒲葛切。肩髆也。
◎骳，蒲葛切。肩髆也。
【髇】呼交切。髇箭。
◎髇，呼交切。髇箭。
【骽】他罪切。骽，股也。
◎骽，他罪切。骽，股也。
【臀】徒昆切。與臋同。
◎臀，徒昆切。與臋同。
【髗】虚玉切。《聲類》云：亦作項。髗顱也，謂髑髏也。
◎髗，虚玉切。髗顱。亦作項。
【髗】力胡切。頭髗也。
◎髗，力胡切。頭髗也。
【鯀】公本切。《世本》：顓頊生鯀，鯀生高密，是爲禹也。
◎鯀，公本切。夏禹王父名。
【骰】孤魯切。或股字。脛本也。俗又音投。
◎骰，孤魯切。或股字。脛本也。俗又音投。
【䯊】胡骨切。膝病。《聲類》云：骨差也。
◎䯊，胡骨切。膝病。又骨差也。
【骭】居岸切。《左氏傳》云：拉公骭而殺之。以手拉折其骭。
◎骭，居岸切。與骬同。《左傳》：拉公骭而殺之。
【膺】於仍切。凶也，親也，受也。亦作膺。

◎膺，於仍切。肎也，受也。亦作膺。

●“凶也”疑當作“肎也”。

【髛】口高切。骨。

◎髛，口高切。髛骨也。

【骯】苦光切。骯髗，股骨也。

◎骯，苦光切。骯髗，股骨也。

【髗】魯唐切。股骨也。

◎髗，魯唐切。骯髗。

【髐】火交切。髐箭也。

◎髐，火交切。髐箭也。

○髐，《玉篇》与髇同。髐箭也。（《龍龕手鏡》卷四）

【䯊】户經切。骨也。

◎䯊，户經切。骨也。

【軀】去俱切。

◎軀，去俱切。身也。

【䯫】式車切。骨。

◎䯫，式車切。骨也。

【骬】五加切。髂也。

◎骬，五加切。髂也。

【髈】浦朗切。股也。又音旁。

◎髈，浦朗切。股也。又音旁。

【䯟】徒對切。

◎䯟，徒對切。骨也。

○䯣䯟，顧野王《玉篇》：䯣䯟，愚貌。（《吴下方言考》卷七）

【䯣】口會切。愚皃。

◎䯣，口會切。愚皃也。

【腔】苦紅切，又口江切。

◎腔，苦紅切，又口江切。骨也。

【骑】巨綺切。小骨也。

◎骑，巨綺切。小骨也。

【䯲】百罵切。刀䯲也。

◎䯲，百罵切。刀䯲也。

【䯻】府貢切。灼。

◎䯻，府貢切。匈也。

●底本“灼”疑當作“灼龜坼”。圓沙本“匈”當作“胸”。

【䯤】胡代切。骨。

◎䯤，胡代切。骨也。

【髈】口化切，又口瓦切。䯋髈。

◎髈，口化、口瓦二切。䯋髈。

【骮】與力切。小骨也。

◎骮，與力切。小骨也。

【䮽】匹角切。骨箭也。

◎䮽，匹角切。骨箭也。

【䯛】都骨切。鳥鳴豫知吉凶。

◎䯛，都骨切。鳥鳴豫知吉凶。

【䯿】七没切。小骨也。

◎䯿，七没切。小骨也。

【髉】北角切。

◎髉，北角切。骨也。

【䯰】知劣切。續骨也。

◎䯰，知劣切。續骨也。

【䨼】胡郭切。

◎䨼，胡郭切。骨声也。

【𩪿】於力切。骨。

◎𩪿，於力切。骨也。

【䯍】口骨切。用力也。

◎䯍，口骨切。用力也。

【骯】口朗切。骯髒，體盤。

◎骯，口朗切。髒，體盤。

【髒】子朗切。骯髒。

◎髒，子朗切。骯髒。

【骩】郁詭切。骨曲也。

◎骩，郁詭切。骨曲也。

血部第八十

凡二十三字

【血】呼穴切。《説文》云：祭所薦牲血也。《易》曰：龍戰于野，其血玄黄。

◎血，呼穴切。祭所薦牲血。

○血，野王案：血，肉中赤汁也。（《倭名抄》二 33）

【衁】呼黄切。血也。《左氏傳》曰：士封羊，亦無衁。

◎衁，呼黄切。血也。《左傳》：士封羊，亦無衁。

●圓沙本“封”當作“刲”。

【衃】匹尤、匹才二切。凝血也。
◎衃，匹尤、匹才二切。凝血也。
○衃，《玉篇》又音孚。(《龍龕手鏡》卷四)
【衋】子仁切。氣液也。
◎衋，子仁切。氣液也。
【甹】達零切。《説文》云：定息也。
◎甹，達零切。《説文》：定息也。
【衄】女鞠切。鼻出血也。
◎衄，女鞠切。鼻出血也。
○衄，又曰鼻出血也。或敗衄。衄，折挫也。挫衄，女鞠反。鼻出血也。(《八十卷音義私記》下)
【盥】奴冬切。《説文》云：腫血也。亦作膿。
◎盥，奴冬切。腫血也。亦作膿。
【醓】吐感切。《周禮》醓人掌朝事之豆，其實醓醢。醓，肉汁也。又曰深蒲醓醢。監，同上。
◎醓，吐感切。《礼》：醓人掌醓醢。醓，肉汁。監，同上。
【菹】組於切。《周禮》醢人掌供七菹。菹酢清菜。蘁，同上。
◎菹，組於切。《礼》：醢人掌供七菹。菹酢清菜。蘁，同上。
【畿】居衣切。《説文》曰：以血有所别塗祭也。
◎畿，居衣切。《説文》：以血有所别塗祭也。
【衈】如志切。耳血也。
◎衈，如志切。耳血。
【卹】思律切。憂也。
◎卹，思律切。憂也。亦作恤。
【衋】許力切。傷痛也。《周書》曰：民罔不衋傷心。
◎衋，許力切。傷痛也。《書》：民罔不衋傷心。
【䘑】空紺切。羊凝血。贑，同上。
◎䘑，空紺切。羊凝血也。贑，同上。
【盇】乎獵切。《説文》曰：覆也。又何不也。盍，同上。
◎盇，乎獵切。覆也。又何不也。盍，同上。
【衊】莫結切。汙血也。
◎衊，莫結切。汙血也。
【衅】虚鎮切。牲血塗器祭也。亦作釁。
◎衅，虚鎮切。牲血塗器祭。亦作釁。
【䘓】捕胡切。申時食。籒文餔字。
◎䘓，補胡切。申時食。籒文餔字。
【蒸】之承切。菹也。
◎蒸，之承切。菹也。

補

○衂，顧野王云：衂，折挫其威也。(《一切經音義》卷八十九)
○衂，《玉篇》曰：衂，折挫也。左思《吴都賦》曰衂挫芒是也。(《一切經音義》卷二十一)
○䘐，憂皃。《玉篇》同，音奴的切。(《方言箋疏》卷一)

肉部第八十一

凡四百一十七字

【肉】如六切。骨肉也。《説文》云：胾肉也。象形。肉，同上。月，同上。
◎肉，如六切。骨肉。《説文》：胾肉也。肉，同上。月，亦同上，今从此。
○肉，肌膚之肉也。(《倭名抄》二32)
○肉，顧野王曰：肉者，肌膚之肉也，凡有血氣之類皆謂之肉也。(《一切經音義》卷七十三)
【腜】莫回切。《説文》曰：婦始孕腜兆也。
◎腜，莫回切。婦始孕腜兆也。
【胚】匹尤、普回二切。婦孕一月。
◎胚，匹尤、普回二切。婦孕一月。
【胎】他來切。婦孕三月。
◎胎，他來切。婦孕三月也。
○胎，顧野王云：未生在腹爲胎。(《一切經音義》卷三十)
【肌】居夷切。肌膚也。
◎肌，居夷切。肌膚也。
【膚】府隅切。皮也。《易》曰：噬膚滅鼻。肤，同上。

◎膚，府隅切。皮也。《易》：噬膚滅鼻。肤，同上。

【肫】之春切。面頯也。又鳥藏也。

◎肫，之春切。面頯也。又鳥藏也。

【臓】巨衣、居衣二切。頰肉也。

◎臓，巨衣、居衣二切。頰肉也。

○臓，居衣、居□二反。頰肉也。（《醫心方》三 5）

【脣】食倫切。口脣也。顄，古文，出《説文》。

◎脣，食倫切。口脣也。顄，古文，出《説文》。

【脰】徒姤切。《公羊傳》曰：宋萬摶閔公，絶其脰。脰，頸也。

◎脰，徒姤切。頸也。

【肓】呼光切。《説文》曰：心上鬲下也。《左氏傳》曰：病在肓之上。

◎肓，呼光切。心上鬲下也。《左傳》：肓之上，膏之下。

○肓，顧野王云：胷之肓，心之上也。（《一切經音義》卷八十七）

【腎】是忍切。水藏也。

◎腎，是忍切。五藏屬水也。

【肺】芳吠切。金藏也。《太玄經》云：火藏。肺之言敷也。《詩》云：自有肺腸。

◎肺，芳吠切。五藏屬金也。

○肺，顧野王云：肺腑，腹心也。（《史記》卷一百七）

【胃】禹貴切。《白虎通》曰：胃者，脾之府。膶，《説文》胃。

◎胃，禹貴切。《白虎通》：胃，脾之府。膶，《説文》胃。

【脾】步彌切。土藏也。《白虎通》曰：脾之爲言裨也。

◎脾，步彌切。五藏屬土也。

【肝】居寒切。木藏也。《白虎通》云：肝之爲言幹也。

◎肝，居寒切。木藏曰肝。

●“幹”，澤存堂本作“扞”。

【膽】都敢切。肝之府也。

◎膽，都敢切。肝之腑也。

【腸】直良切。腸胃也。

◎腸，直良切。腸胃也。

【脬】普交切。膀胱也。

◎脬，普交切。膀胱也。

【膏】公勞切。《説文》曰：肥也。《周禮》曰：春行羔豚膳膏香。

◎膏，公勞切。肥也。

○膏，野王云：膏肓，裹心之上也。（《三教指歸注》四 4）

○膏，身滑澤也。（《弘决外典鈔》四 1）

○膏，顧野王云：膏謂潤之也。（《一切經音義》卷六十七）

【腴】與俱切。腹下肥。

◎腴，与俱切。腹下肥。

○腴，野王案：腴，魚腹下肥也。（《倭名抄》八 32）

【肊】於力切。胷也。臆，同上。

◎肊，於力切。胷也。臆，同上。

【膰】扶袁切。膰，胙也。

◎膰，扶袁切。膰，肝也。

●宋十行本作“肝也”。

【膺】於陵切。胷也。

◎膺，於陵切。胷也。

【膀】步方切。《説文》：脅也。亦作髈。

◎膀，步方切。脅也。亦作髈。

【胱】古黄切。膀胱也。

◎胱，古黄切。膀胱也。

【胷】許恭切。膺也。亦作匈。

◎胷，許恭切。膺也。亦作匈。

【背】補對切。背脊。又步内切。

◎背，補對切。背脊。又步内切。

○背，顧野王云：背謂棄捨相違叛也。（《一切經音義》卷十九）

【脅】虚業切。身左右兩膀也。

◎脅，虚業切。身左右腋下。

【脟】力輟切。《説文》曰：腸間肥也。

◎脟，力輟切。脟，腸間肥也。

【肋】魯得切。脅骨也。

◎肋，魯得切。脅骨也。

【胂】舒仁切。夾脊肉。

◎胂，舒仁切。夾脊肉。

【脢】莫回切。《易》曰：咸其脢。脢者，心之上口之下。脥，同上。又莫載切。

◎脢，莫回切。心之上口之下。《易》：咸其脢。脥，同上。又莫載切。

【肩】居妍切。肩髆也。

◎肩，居妍切。肩髆也。

【胳】公洛切。腋下也。

◎胳，公洛切。腋下也。

【胠】去劫、丘慮、丘誾三切。腋下也。

◎胠，去劫、丘慮、丘誾三切。腋下。

【臂】補致切。手臂也。

◎臂，補致切。手臂也。

【臑】奴到切。臂節也。

◎臑，奴到切。臂節也。

【肘】張柳切。臂節也。肚，同上。

◎肘，張柳切。臂節也。肚，同上。

【肪】府防切。脂肪。

◎肪，府防切。脂肪也。

【臍】在奚切。膍臍。《左氏傳》曰：後君噬臍。亦作齎。

◎臍，在奚切。膍臍。亦作齎。

【腹】弗鞠切。腹，肚。

◎腹，弗鞠切。腹，肚也。

〇腹，野王案：腹所以容裹五藏者也。（《倭名抄》二27）

〇腹，顧野王曰：腹所以包裹五藏也。（《一切經音義》卷十三）

〇腹，顧野王云：腹所以容裹五藏也。（《一切經音義》卷八十四）

〇腹，顧野王云：脾爲腹所以容重也。（《續一切經音義》卷八）

【胯】口故切。《史記》曰：不能死，出我胯下。胯，股也。

◎胯，口故切。股也。

【膲】子遥切。三膲。

◎膲，子遥切。三膲。亦作焦。

〇膲，野王案：上中下謂之三膲也。（《倭名抄》二37）

【脽】是惟切。尻也。

◎脽，是惟切。尻也。

【肤】古穴切。肤，孔也。

◎肤，古穴切。肤，孔也。

【股】公户切。髀也。《易》曰：巽爲股。

◎股，公户切。髀也。《易》：巽爲股。

【脛】胡定切。腓腸前骨也。《史記》曰：斮朝涉之脛。

◎脛，胡定切。腓腸前骨也。

〇脛，《玉篇》：脛，足跐膓前大骨也。（《一切經音義》卷一）

〇脛，顧野王云：脛謂腓膓前骨。（《一切經音義》卷三十）

【腳】紀略切。腳脛也。

◎腳，紀略切。足也，腳脛也。

【胻】户當切。《説文》曰：脛耑也。

◎胻，户當切。脛腨也。

【胑】至移切。體四胑，手足也。肢，同上。

◎胑，至移切。四肢，手足也。肢，同上。

〇肢，野王案：肢，四體也。（《倭名抄》二23）

〇胑，顧野王云：胑謂手足四胑也。（《一切經音義》卷三十九）

【腓】扶非切。脛腨也。

◎腓，扶非切。脛腨也。

【腨】時兖切。腓腸也。

◎腨，時兖切。腓腸也。

【肖】先醮切。似也。《書》曰：説築傅巖之野，唯肖。

◎肖，先醮切。似也。

【肥】扶非切。《説文》云：多肉也。

◎肥，扶非切。身多肉也。

【胤】余振切。嗣也。胷，古文。

◎胤，余振切。嗣也。胷，古文。

【胄】直又切。裔也。

◎胄，直又切。裔也。

【膻】徒亶切。肉膻也。

◎膻，徒亶切。肉膻也。

【肸】呼乞切。振眸也。

◎肸，呼乞切。振眸也。

【膿】如掌切。《方言》：膿，肥也。

◎腰，如掌切。肥也。
○腰，《玉篇》引《方言》：腰，肥也。（《方言疏證》卷二）
【腊】口駭、公埋二切。臞也。
◎腊，口駭、公理二切。臞也。
●圓沙本“理”當作“埋”。
【脙】呼尤、渠尤二切。瘠也。齊人謂瘠腹爲脙。膌，同上。
◎脙，呼尤、渠尤二切。瘠也。膌，同上。
【臠】力兖切。肉臠也。又力官切，臠臠，瘠皃。
◎臠，力兖切。肉臠。力官切，脊骨。
○臠，顧野王云：謂切肉爲胾之小者。（《一切經音義》卷五十三）
【膌】才亦切。臞也。
◎膌，才亦切。臞也。
【臞】渠駒切。少肉也。
◎臞，渠駒切。少肉也。
【脱】徒活、吐活二切。肉去骨。《左氏傳》曰：無禮則脱。脱，易也。
◎脱，徒活、吐活二切。肉去骨。
【脀】之仍切。騃也。
◎脀，之仍切。騃也。
【胗】章忍切。脣瘍也。
◎胗，章忍切。脣瘍也。
【肒】胡玩切。《説文》曰：搔生創也。
◎肒，胡玩切。搔生創曰肒。
【胼】步田切。皮厚也。《史記》曰：手足胼胝。
◎胼，步田切。胼胝，皮厚也。
【胝】竹尼切。胼胝。
◎胝，竹尼切。手胼足胝也。
【肬】羽流切。贅也。
◎肬，羽流切。贅也。
【胅】大結切。骨差也。
◎胅，大結切。骨差也。
【腫】之勇切。《説文》云：癰也。
◎腫，之勇切。癰也。
【脪】香靳切。腫起也。
◎脪，香蘄切。腫起也。
●底本“靳”當作“蘄”。
【胴】餘忍切。脊肉也。又丈忍切。
◎胴，余忍切。脊肉也。又丈忍切。
【臘】來盍切。《説文》云：冬至後三戌爲臘，祭百神也。
◎臘，來盍切。冬至後三戊［戌］爲臘，祭百神也。
○臘，野王案：歲神名也。《周禮》云：臈以田獵所得禽而祭也。臈、臘同，年［祭］也。（《八十卷音義私記》）
【膢】力侯切。飲食祭也。冀州八月，楚俗二月。
◎膢，力侯切。飲食祭也。
【朓】通堯、他召二切。祭也。
◎朓，通堯、他召二切。祭也。
【胙】在故切。《説文》曰：祭福肉也。
◎胙，在故切。祭福肉。
【肴】户交切。俎實。又啖肉也。
◎肴，户交切。俎實。又啖肉。
○肴，野王案：凡非穀而食謂之肴。（《倭名抄》四37）
○肴，顧野王云：凡非穀而食之者皆曰肴。（《一切經音義》卷十八）
○肴，《玉篇》：豆實也，凡非穀而食之曰肴，食也，啖也，菜肉之類。（《一切經音義》卷二十七）
○肴，顧野王云：牲肉及果瓜也。（《一切經音義》卷七十九）
【脤】時忍切。以脤膰之禮親兄弟之國，皆社稷宗廟之肉也。
◎脤，時忍切。脤膰也。
【隋】他果切。《説文》曰：裂肉也。又徒果切。
◎隋，他果切。裂肉。徒果切，下也。
【腬】爾由切。肥美也。
◎腬，尔中切。肥美也。
●圓沙本“尔中切”當作“尔由切”。
【膳】時扇切。《説文》曰：具食也。《周禮》膳夫掌王之食飲膳饈。膳之言善也。又云膳，牲肉也。
◎膳，時扇切。具食也。

〇膳，顧野王云：今之美物曰珍膳。（《一切經音義》卷十九）
〇膳，《玉篇》：膳，美食也。（《續一切經音義》卷六）
【腆】他殄切。厚也。賟，古文。
◎腆，他殄切。腆，厚也。賟，古文。
【腯】徒骨切。豕曰腯，肥也。
◎腯，徒骨切。豕曰腯，肥也。
【胡】護徒切。何也。《書》曰：弗慮胡獲。《説文》云：牛頷垂也。
◎胡，護徒切。何也。又牛頷垂也。
【胇】蒲結切。肥肉也。
◎胇，巷結切。肥肉也。
●圓沙本“巷結切”疑有誤。
【胘】何千切。牛百葉也。
◎胘，何千切。牛百葉。
【膍】婢脂切。鳥膍胵。肶，同上。
◎膍，婢脂切。鳥膍胵。肶，同上。
【胵】充脂切。鳥胃也。
◎胵，充脂切。鳥胃也。
【膘】扶小、孚小二切。牛脅後髀前革肉。
◎膘，扶小、孚小二切。牛脅後髀前草肉。
●圓沙本“草”當作“革”。
【膟】力述切。膟膋，腸間脂也。膟，同上。
◎膟，力述切。膟膋，腸間指。膟，同上。
●圓沙本“指”當作“脂”。
【膋】力彫切。《詩》曰：取其血膋。膋，脂膏也。膫，同上。
◎膋，力彫切。脂膏也。膫，同上。
【朐】渠俱切。脯也。《禮記》曰：左朐右末。
◎朐，渠俱切。脯也。《記》：左朐右末。
【脯】方武切。脯，腊也。
◎脯，方武切。腊脯也。
【腊】思亦切。乾肉也。《周禮》腊人掌乾肉。
◎腊，思亦切。乾肉也。
【腒】巨於、記於二切。乾雉也。
◎腒，巨於、記於二切。乾雉也。
【膊】普各切。《周禮》掌戮掌斬殺賊諜而膊之。膊謂去衣磔之。膞，《字書》同上。
◎膊，普各切。殺賊，去衣磔之也。膞，《字書》同上。
【鱐】所流切。《周禮》庖人夏行腒鱐。鱐，乾魚也。
◎鱐，所流切。乾魚也。
【胥】思餘切。蟹醢也。
◎胥，思餘切。蟹醢也。
【肒】渠留切。熟肉醬也。
◎肒，渠留切。熟肉醬。
【脡】始蟬切。生肉醬也。
◎脡，始蟬切。生肉醬。
【臡】奴雞切。麋臡，肝髓醢也。又有骨醢也。
◎臡，奴雞切。醢也。
【脴】蒲侯切。豕肉醬。
◎脴，蒲侯切。豕肉醬。
〇脴，野王案：脴，醬類也。或曰鮨也。（《令集解》十三 412）
【膹】扶吻切。《説文》曰：膗也。
◎膹，扶吻切。膗也。
【臇】子選、子遺二切。膗，少汁也。亦作熼。
◎臇，子選、子遺二切。膗，少汁也。亦作熼。
〇臇，少汁，膗也。（《倭名抄》四 61）
【胹】尒之切。煮熟也。
◎胹，尒之切。煮熟也。
【腸】桑衮切。熟肉内於血中和也。
◎腸，桑衮切。熟肉内於血中和也。
【腥】桑丁切。豕息肉也。
◎腥，桑丁切。豕息肉。
【胜】桑丁切。犬膏臭也。
◎胜，桑丁切。犬膏臭。
【臊】蘇刀切。豕膏臭也。膰，同上。
◎臊，蘇刀切。豕膏臭。膰，同上。
【膮】呼幺切。豕肉羮。
◎膮，呼幺切。豕肉也。
【膷】虚羊切。今肉中生息肉也。
◎膷，虚羊切。今肉中生息肉也。

【臐】呼雲切。《儀禮》注云：臐，今時脽也，羊曰臐。
◎臐，呼雲切。脽也，羊曰臐。
【脂】之伊切。脂膏。《詩》云：膚如凝脂。
◎脂，之伊切。脂膏也。
【膩】女致切。垢膩也。
◎膩，女致切。垢肥也。
【膜】密各切。肉間膜也。
◎膜，密各切。肉間膜。
【胾】側吏切。大臠也。
◎胾，側吏切。大臠也。
【腜】治輒切。薄切肉也。
◎腜，治輒切。薄切肉。
【腌】於瞻、於劫二切。漬肉。《蒼頡篇》云：酢淹肉也。
◎腌，於瞻、於劫二切。醋淹肉也。
【脽】呼各切。羹脽也。
◎脽，呼各切。羹脽也。
〇脽，顧野王云：羹脽五味，腥熟得宜也。(《一切經音義》卷六十六)
【膈】如灼切。肉表革裏。
◎膈，如灼切。肉表革裏。
【脃】青歲切。《説文》曰：小耎易斷也。脆，同上，俗。臎，亦同上。又七絶切。
◎脃，青歲切。小耎易断曰脃。脆，同上，俗。臎，同上，又七絶切。
〇脆，《玉篇》：愞也。(《一切經音義》卷四)
〇脆，顧野王云：脆，愞也。(《一切經音義》卷七)
〇脆，顧野王云：脆猶耎也。(《一切經音義》卷三十)
〇脆，顧野王云：脃，肉耎易斷也。(《一切經音義》卷三十四)
【散】蘇旦切。《説文》曰：雜肉也。
◎散，蘇旦切。雜肉也。
【腅】户皆切。《説文》曰：脯也。
◎腅，户皆切。脯也。
【腼】良仰切。腅腼也。
◎腼，良仰切。腅腼，脯也。
【腏】知劣切。挑取骨間肉也。
◎腏，知劣切。挑取骨間肉也。
【脂】胡監切。食肉不厭也。
◎脂，胡監切。食肉不厭。
【肎】口等切。《説文》曰：骨間肉肎肎著也。一曰骨無肉也。《詩》曰：惠然肎來。肎，可也。今作肯。肯，同上。
◎肎，口等切。《説文》：骨無肉。《詩》曰：惠然肯來。可也。今作肯。肯，同上。
〇肎，顧野王《玉篇》：肎，可也。(《魯詩遺説考》卷一)
【肰】而旃切。犬肉也。然字从此。㸐，古文肰。
◎肰，而旃切。犬肉也。然字从此。㸐，古文。
【脜】充人切。起也。《埤蒼》云：引起也。
◎脜，充人切。引起也。
【肬】他感切。《説文》曰：肉汁滓也。
◎肬，他感切。肉汁滓也。
【胆】此摅、且居二切。蠅乳肉中也。俗作蛆。
◎胆，此摅、且居二切。蠅乳肉中也。俗作蛆。
【膠】古爻切。膠者。《考工記》注云：皆謂煑用其皮，或用角。
◎膠，古爻切。皮煎黏者。
〇膠，古交反。《考工記》：鹿膠青白，馬膠赤白，牛膠大赤，鼠膠黑，魚膠餌，犀膠黄。鄭玄曰：皆謂煮取其皮也，或用角。餌者，亦如餌也。野王案：所以連綴物，令相粘著也。又曰：輪人爲輪，施膠必厚。《莊子》聖人不斵，惡用膠是也。《本草》：白膠，一名鹿角（膠），煮（鹿角）作之。阿膠，一名傳致膠，者［煮］牛皮作之，出東阿。《毛詩》：德音孔膠。《傳》曰：膠，固也。《禮記》：殷人養國老於東膠。鄭玄曰：東膠亦太學也。膠之言糾也。案，訓糾亦與摎同，在手部。《方言》：膠，詐也。涼州西南之間曰膠，關之東西或曰膠。《廣雅》：膠，欺也。膠葛，深𨑨遠也，駈馳爲轇字，在車部。(《香字抄》67)
〇膠，顧野王曰：膠所以連綴物令相黏著也。

（《一切經音義》卷十四）
●佚文“深之遠”衍“之”字。
【肙】烏衒切。小蟲。一曰空也。
◎肙，烏衒切。小蟲也，空也。
【羸】郎戈、郎果二切。獸名。
◎羸，郎戈、郎果二切。獸名。
【腐】扶甫切。《說文》曰：爛也。《月令》云：腐草化爲螢。
◎腐，扶甫切。爛也。
【脡】敕鼎切。脯朐也。
◎脡，敕鼎切。脯朐也。
【臚】力居切。鄭玄注《周禮》云：臚，陳也。
◎臚，力居切。陳也。
【腍】如甚切。熟也。
◎腍，如甚切。熟也。
【臅】齒欲切。狼臅膏，謂臆中膏也。
◎臅，齒欲切。臆中膏。
【脎】千代切。《山海經》云：耳鼠，食之不脎。脎，大腹也。
◎脎，千代切。大腹也。
【肱】古薨切。臂也。《書》曰：臣作朕股肱耳目。
◎肱，古薨切。臂也。
【胒】如志切。筋腱也。
◎胒，如志切。筋腱也。
【腠】倉奏切。膚腠也。
◎腠，倉奏切。膚腠也。
【脹】豬亮切。《左氏傳》：將食，脹，如廁。脹，痛也。《字書》亦作痮。
◎脹，猪亮切。膨也。《字書》亦作痮。
【膂】力佇切。脊骨也。《書》曰：爲股肱心膂。古與吕同。
◎膂，力佇切。脊骨。古吕字。
【膉】於亦切。脰肉也。《埤蒼》云：豕伏槽。
◎膉，於亦切。脰肉也。
【胖】普半切。牲之半體。《周禮》：𩜹人掌共膴胖。胖宜爲脯而腥。胖之言半也。
◎胖，普半切。牲之半體也。

【腒】居義切。肉四腒也。
◎腒，居義切。四腒也。
【膒】於侯切。久脂也。
◎膒，於侯切。久脂也。
【觳】胡木切。足跗也。
◎觳，胡木切。足跗也。
【腩】奴坎切。煮肉也。腤，同上。
◎腩，奴坎切。煮肉也。腤，同上。
【胹】餘之切。豬胹也。
◎胹，余之切。猪胹也。
【胋】徒兼切。大羹也。
◎胋，徒兼切。大羹也。
【臘】初減切。臉臘，羹也。
◎臘，初咸切。臉臘，羹也。
【臉】七廉切。臉膗。又力減切，臉臘。
◎臉，七廉切。膗也。力減切，臉臘。
【膞】匹備切。盛肥也。
◎膞，匹備切。盛肥也。
○膞，《玉篇》云：盛肥也。（《方言疏證》卷二）
【腇】乃罪切。魚腇。他罪切。腲腇。
◎腇，乃罪切。魚腇。他罪切。腲腇。
【腲】烏罪切。腲腇，肥皃。
◎腲，烏罪切。腲腇，肥皃。
【膍】相力切。膍肉。
◎膍，相力切。膍肉也。
【胔】疾移、七移二切。人子腸。
◎胔，疾移、七移二切。人子腸也。
【臄】渠略切。口上阿也。《詩》曰：嘉肴脾臄。
◎臄，渠略切。口上阿也。《詩》：嘉肴脾臄。
【脣】苦禮切。肥腸也。東有無脣國人。
◎脣，苦礼切。肥腸也。東有無脣國人。
【臀】徒昆切。《聲類》云：尻也。《易》曰：臀無膚。
◎臀，徒昆切。尻也。
【腝】於六、於告二切。鳥胃也。《禮記》：鴇腝弃骨。腝，膶脛。
◎腝，於六、於告二切。鳥胃也。
【膱】之力切。《周禮》注：膠膱之類不能

方，如脂膏敗䏡。䏡，黏也。
◎䏡，之力切。黏也。
【肵】渠衣切。俎也，敬也。
◎肵，渠衣切。俎也，敬也。
【膶】詳廉切。《禮記》曰：三獻膶。沈肉於湯中也。
◎膶，詳廉切。沈肉於湯中。
【脞】倉果切。《書》曰：元首叢脞哉。叢脞，細碎無大略也。
◎脞，倉果切。叢脞，細碎也。
【膱】之力切。油敗也。《儀禮》曰：薦脯五膱，膱長尺有寸。膱猶脡也。
◎膱，之力切。油敗也。又膱，脡也。
【膝】思疾切。脛頭也。亦作厀。
◎膝，思疾切。脛頭。亦作厀。
○膝，《玉篇》：膝，脛上頭也。（《一切經音義》卷一）
○膝，顧野王云：膝，脛頭也。（《一切經音義》卷八十一）
【胉】普各切。脅也。
◎胉，普各切。脅也。
【腡】力戈、古華二切。《聲類》云：手理也。
◎腡，力戈、古華二切。手理也。
【腋】羊益切。肘腋也。
◎腋，羊益切。肘腋也。
○腋，《玉篇》云：腋，胳也。亦脇下也。（《續一切經音義》卷八）
【脟】郎狄切。脟腿，强脂。
◎脟，郎狄切。脟腿，强脂。
【腿】丁奚切。脟腿。
◎腿，丁奚切。脟腿。
【膵】倉淚切。鳥尾上肉也。
◎膵，倉淚切。鳥尾上肉也。
【腶】丁貫切。腶，䉶脯也。
◎腶，丁貫切。腶，䉶脯也。
【膭】胡對切。肥大皃。
◎膭，胡對切。肥大皃。
【胞】補交、匹交二切。胞，胎也。
◎胞，補交切，匹交切。胞，胎也。
○胞，補交反。胱膀也。（《醫心方》六 23）
【脕】無阮、無怨二切。色肥澤也。又音問，新生草也。
◎脕，無阮、無怨二切。色肥澤也。又音問，新生草也。
【𦡶】記兩切。筋𦡶也。
◎𦡶，記兩切。筋𦡶也。
【䐿】烏酷切。膏䐹。
◎䐿，烏酷切。膏䐹也。
【䐹】先卧切。膏䐿。
◎䐹，先卧切。膏䐿也。
【脀】之丞切。俎實也。
◎脀，之丞切。俎實也。
【膍】故胡切。大脯。
◎膍，故胡切。大脯也。
【脣】先結切。臆中脂。䏩，同上。
◎脣，先結切。臆中脂。䏩，同上。
【腸】乙劂切。臆也。
◎腸，乙劂切。臆也。
【胺】一曷切。肉敗也。
◎胺，一曷切。肉敗也。
【腅】達濫切。肴也。
◎腅，達濫切。肴也。
○腅，《玉篇》又餅腅。（《龍龕手鏡》卷四）
【腤】丈入、治輒二切。腤，瀹也，生熟半也。《禮記》云：腥也。
◎腤，直入切，治輒切。生熟半也。
【胖】普江、普降二切。胖，脹也。
◎胖，普江、普降二切。胖，脹也。
○胖，顧野王《玉篇》：胖，脹也。（《吴下方言考》卷八）
【脚】子力切。脚臧，膏澤也。
◎脚，子力切。脚臧，膏澤也。
【臧】子六切。脚臧。膕，《埤蒼》同上。
◎臧，子六切。脚臧。膕，《埤蒼》云：同上。
○膕，《玉篇》：瘦也。（《龍龕手鏡》卷四）
【朘】子雷切。赤子陰也。亦作峻。《聲類》又作屡。
◎朘，子雷切。赤子陰也。亦作峻。《声類》又作屡。

【膪】竹賣切。豚肉也。
◎膪，竹賣切。豚肉也。
【膘】匹遥、甫遥二切。膘䏠，腫欲潰也。
◎膘，匹遥、甫遥二切。膘䏠也。
【䏠】虛聊切。膘䏠。
◎䏠，虛聊切。膘䏠，腫欲潰。
【脬】薄江切。脬肛，脹大皃。
◎脬，薄江切。脬肛，脹大皃。
【肛】呼江切。腫也，脬肛也。
◎肛，呼江切。腫也，脬肛也。
【臛】渠圓切。臛膜，醜皃。
◎臛，渠圓切。臛膜，醜皃。
○臛膜，《玉篇》：臛膜，醜皃。（《列子注》卷七）
【膜】渠追切。臛膜。
◎膜，渠追切。臛膜。
【䐭】多計切，又徒黎切。䐭胿，肤腹也。
◎䐭，多計、徒黎二切。䐭胿。
【胿】古攜切。䐭胿。
◎胿，古攜切。䐭胿。肤腹也。
【胝】丁胡切。胝胍，大腹也。
◎胝，丁胡切。胝胍，大腹也。
【胍】故胡切。胝胍。
◎胍，故胡切。胝胍。
【膉】餘聲切。魯大夫名。
◎膉，余声切。魯大夫名。
【膾】古外切。肉細切者爲膾。
◎膾，古外切。肉細切作膾。
【脫】虛放切。水名。
◎脫，虛放切。水名。
【脷】先安切。脂肪。
◎脷，先安切。脂肪也。
【胴】徒棟切。大腸也。
◎胴，徒棟切。大腸也。
【胓】蒲京切。胓脏，牛羊脂。
◎胓，蒲京切。胓脏，牛羊脂。
【脏】上列切。胓脏。
◎脏，上列切。胓脏。
【肚】徒古、都古二切。腹肚。
◎肚，徒古、都古二切。腹肚。
【臞】戈麥切。曲腳也。
◎臞，戈麥切。曲腳也。
【脜】都罪切。脜腺，大腫皃。
◎脜，都罪切。脜腺，大腫皃。
【腺】火罪切。脜腺。
◎腺，火罪切。脜腺。
【腘】渠陨切。腹中腘脂也。
◎腘，渠陨切。腹中腘脂也。
○腘，渠殞反。腸中腘脂也。（《醫心方》寫本）
【臗】口丸、孔昆二切。尻也。正從骨。
◎臗，口丸、孔昆二切。尻也。从骨。
【膨】蒲行切。膨脝，脹皃。
◎膨，蒲行切。膨脝，脹皃。
【脝】許庚切。膨脝。
◎脝，許庚切。膨脝。
【脖】蒲骨切。脖胦，肤臍。
◎脖，蒲骨切。脖胦，肤臍也。
【胦】於良切。脖胦。
◎胦，於良切。脖胦也。
【胲】古才切。足指毛肉。
◎胲，古才切。足指毛肉也。
○胲，古來反。（《醫心方》一五 26）
○胲，顧野王云：胲指毛皮也。（《史記》卷一百五）
○胲，《玉篇》云：足大指也。（《一切經音義》卷二十六）
【膻】丁安切。膻胡，大腹。
◎膻，丁安切。膻胡，大腹也。
【豚】猪朔切。尻也。
◎豚，猪朔切。尻也。
【臑】丘及切。朐脯也。或臑，乾也。
◎臑，丘及切。朐脯。或臑，乾。
○臑，《玉篇》：呼及反。乾也。（《龍龕手鏡》卷四）
【肻】餘職切。缺盆骨。
◎肻，余職切。缺盆骨也。
【胈】蒲木切。禹治水，腓無胈。胈，股上小毛也。
◎胈，蒲末切。股上小毛。

【䏙】許證切。腫痛也。
◎䏙，許證切。腫痛。
【臒】烏郭切。善肉也。
◎臒，烏郭切。善肉。
〇臒，《玉篇》：善肉。（《重修廣韻》卷五）
【脪】尺尹切。脪，肥也。
◎脪，尺尹切。肥也。
〇脪，充尹反。肥也。（《醫心方》寫本）
【膯】五哀切。膯，肥也。
◎膯，五哀切。膯，肥也。
【胶】下交切。骰也。
◎胶，下交切。骰也。
【膷】下結、下計二切。喉膜也。
◎膷，下結、下計二切。喉膜也。
【朏】苦骨切。臀也。一曰朕出也。
◎朏，苦骨切。臀也。又朕出。
●宋十行本作“朕朏”。
【臔】胡典切。肥也。
◎臔，胡典切。肥也。
【胷】古服切。胷膠，不密。
◎胷，古服切。胷膠，不密也。
【膠】知架切。胷膠。
◎膠，知架切。胷膠。
【膃】乙八、烏没二切。膃肭，肥也。
◎膃，乙八、烏没二切。膃肭，肥也。
【肭】女滑、奴骨二切。膃肭。
◎肭，女滑、女骨二切。膃肭。
【胼】匹見切。半體。
◎胼，匹見切。半體也。
【胭】於田切。咽喉也。
◎胭，於田切。胭喉也。
【朦】莫孔切。大也，豐也。朧，同上。
◎朦，莫孔切。大也，豐也。朧，同上。
〇朦，《玉篇》：朦，大也，豐也。（《方言疏證》卷二）
〇朦，《玉篇》：朦，大也。字亦作朧。（《方言箋疏》卷一）
〇朦，《玉篇》：朦，大也，豐也。（《方言箋疏》卷二）
【䀸】呼役切。䀸，視也。
◎䀸，呼役切。視也。
【脟】似金切。古姓。
◎脟，似金切。古姓也。
【脗】莫粉切。口邊也。與吻同。
◎脗，武粉切。口邊。与吻同。
【腱】渠言、渠建二切。筋本也。腱，同上。
◎腱，渠言、渠建二切。筋本也。腱，同上。
【肑】伯卓切。手足指節之鳴。亦作肑。又音的，腹下肉也。
◎肑，伯卓切。手足指筋之鳴。亦作肑。又音的。
【膿】乃公切。癰疽潰也。亦作盥。
◎膿，乃公切。癰潰。亦作盥。
〇膿，癰疽血也，身肉所有與彼不異。（《弘决外典鈔》四1）
〇膿，顧野王云：膿，癕疽精血也。（《一切經音義》卷六十七）
〇膿，《玉篇》云：癰疽血也。（《輔行記》第七之三）
【膟】先恣、先進二切。肉膟，腦蓋也。胴，同上。
◎膟，先恣、先進二切。肉膟，腦蓋。胴，同上。
【賭】陟於切。豕也。亦作豬。
◎賭，陟於切。豕也。亦作豬。
【脈】莫革切。血理也。《周禮》：瘍醫鹹以养脈。脉，同上。
◎脈，莫革切。血理也。一曰筋脈。脉，同上。
〇脉，野王案：肉中血理也。（《倭名抄》二33）
【肕】如振切。堅肉也。
◎肕，如振切。堅肉也。
【膻】他紺切。食味美。
◎膻，他紺切。食味美。
【戔】在安切。獸食之餘也。殈，同上。
◎戔，在安切。獸食之餘也。殈，同上。
【臀】渠月切。尻也。亦作臀。
◎臀，渠月切。尻也。亦作臀。
【脲】許梨切。臀之别名。或呻也。

◎脼，許黎切。臀别名。又呻也。

【脥】居協切。俗頰字。

◎脥，居協切。俗頰字。

【腰】居杏切。或骾。食骨留咽中也。本從魚。

◎腰，居杏切。食骨留咽中。本从魚。

【䐉】壯加切。鼻上皰也。本作皻。

◎䐉，壯加切。鼻上皰。本作皻。

【䐤】除有切。小腹痛也。

◎䐤，除有切。小腹痛。

【䐖】俎立切。和也。

◎䐖，俎立切。和也。

【䐗】時至切。俗嗜字。

◎䐗，時至切。俗嗜字。

【肦】扶云切。大首皃。

◎肦，扶云切。大首皃。

【䏴】於井切。頸腫也。或作癭。

◎䏴，於井切。頸腫。或作癭。

【䐹】思流切。或羞字。

◎䐹，思流切。或羞字。

【䑆】余證切。或孕字。

◎䑆，余證切。或孕字。

【䏡】直基切。古治字。理也。

◎䏡，直基切。理也。古治字。

【肜】達冬切。古疼字。痛也。

◎肜，達冬切。古疼字。痛也。

【䑍】大各切。肫䑍，無檢限。

◎䑍，大各切。肫䑍，無檢限。

【䏿】公對切。腰痛也。

◎䏿，公對切。腰痛。

【胕】扶付切。《太玄經》：肺胕之行。

◎胕，扶付切。肺胕。

【胛】古狎切。背胛。

◎胛，古狎切。背胛也。

【肕】丁定切。肕，食也。

◎肕，丁定切。肕，食也。

【腛】於角切。厚脂也。

◎腛，於角切。厚脂也。

【臀】魚矜切。肥臀也。

◎臀，魚矜切。肥疑也。

【腔】去江切。羊腔也。

◎腔，去江切。羊腔也。

【䏲】去王切。䏲腔也。

◎䏲，去王切。䏲腔也。

【䏔】如由切。䏔，輭也。

◎䏔，如由切。䏔，輭也。

【䐜】余真切。脊肉也。

◎䐜，余真切。脊肉也。

【䏍】户恩切。

◎䏍，户恩切。肉䏍也。

【䑋】力賄切。䑋䐪，腫皃。

◎䑋，力賄切。䑋䐪，腫皃。

【肝】許于切。鄉名。

◎肝，許于切。鄉名。

【䐢】諸盈切。醋煮魚也。

◎䐢，諸盈切。醋煮魚。

【䐧】胡皆切。䐧，脯也。

◎䐧，胡皆切。䐧，脯也。

【膴】亡古切。土地腴美，膴膴然也。又訶姑切，無骨腊。

◎膴，亡古切。地腴美。又訶姑切，無骨腊也。

【脆】莫江切。

◎脆，莫江切。

○脆，《玉篇》：脆，身大也。（《方言箋疏》卷一）

○脆，《玉篇》云：怽也。（《龍龕手鏡》卷四）

●脆，上文爲朦重文。佚文“怽也”疑當作“倱也”。

【䐳】於含切。煮魚肉。

◎䐳，於含切。煮魚肉。

【䐶】子含切。䐳䐶。又子荏切，䐶，脣病也。

◎䐶，子含切。䐳䐶。子荏切，脣病。

【肣】胡男切。舌也。又胡敢切，牛腹也。

◎肣，胡男切。舌也。胡敢切，牛腹。

【肮】呼光切。

◎肮，呼光切。肉間也。

【䐫】七公切。病也。

◎䐫，七公切。病也。

【朧】力董切。肥皃。
◎朧，力董切。肥皃。
【膿】七恭切。肥病。
◎膿，七恭切。肥病也。
【膧】丑容切。均也。
◎膧，丑容切。均也。
【腧】式注切。五藏腧也。
◎腧，式注切。五藏腧也。
【肥】烏茄切。足病也。
◎肥，烏茄切。足病。
【脲】莫波切。漏病也。
◎脲，莫波切。漏病。
【膁】魚兼切。美也。又口簟切，膂左右虛肉處。
◎膁，魚兼切。美也。口簟切，腰左右虛肉處。
【腈】子盈切。腈肉也。
◎腈，子盈切。腈肉也。
【腵】古鵶切。腸病也。
◎腵，古鵶切。腸病也。
【腫】奴多切，又乃邪切。
◎腫，奴多、乃邪二切。肥醜也。
【腂】古魂切。穴蟲。
◎腂，古魂切。穴蟲也。
【腦】七由切。曲腦。
◎腦，七由切。典腦也。
●"典腦"疑誤。
【脲】市金切。病也。
◎脲，市金切。病也。
【胮】莫浮切。脊胮也。
◎胮，莫浮切。脊胮也。
【腂】力水切。又作膘。皮起也。
◎腂，力水切。又作膘。皮起也。
○腂，今《玉篇》：音絫。皮起也。(《龍龕手鏡》卷四)
【膧】徒聾切。肥皃。
◎膧，徒聾切。肥皃。
【肌】扶聾切。妕肌。
◎肌，扶聾切。妕肌也。
【腦】側師切。腊腦也。
◎腦，仄師切。腊腦也。
【膢】力由切，又去聲。
◎膢，力由切。皮病。又去声。
【膸】弋隹切。肥也。
◎膸，弋隹切。肥也。
【膘】補角切。皮破。又蒲角切，肉肤起。
◎膘，補角切。皮破。蒲角切，肉起。
【膅】徒郎切。肥也。
◎膅，徒郎切。肥也。
【膛】他郎切。肥皃。
◎膛，他郎切。膛膛，肥皃。
【腴】户繭切。腹腴也。
◎腴，户繭切。腹腴也。
【膭】古横切。肥皃。
◎膭，古横切。肥皃。
【脝】徒苓切。脯也。
◎脝，徒苓切。脯也。
【膁】力鹽切。穴膁也。
◎膁，力鹽切。穴膁也。
【腞】奴海切。肥腞也。
◎腞，奴海切。肥腞也。
【膸】羊水切。膸孔也。
◎膸，羊水切。膸孔也。
【膢】羊改切。肥也。又音與。腴，同上。
◎膢，羊汝切。肥也。又音與。腴，同上。
【脘】古卵切。胃脘。朊，同上。又人陰異呼。
◎脘，古卵切。胃脘也。朊，同上，又人陰異呼也。
【膧】初産切。皮起。
◎膧，初産切。皮起也。
【膲】七小切。脅膲。
◎膲，七小切。脅膲。
【腰】於消切。髂也。本作要。
◎腰，於消切。髂也。本作䙅。
○腰，《玉篇》：腰脊也。(《續一切經音義》卷七)
【腑】方武切。藏腑。本作府。
◎腑，方武切。藏腑。本作府。
【胣】弋紙切。引腸也。

◎胣，弋紙切。引腸也。

【胺】而煮切。魚敗。

◎胺，而煮切。魚敗也。

【腿】他偈切。腿，脛也。本作骽。

◎腿，他偈切。脛也。本作骽。

【膞】蘇本切。切肉也。

◎膞，蘇本切。肉也。

【臏】毗忍切。臏，骨也。又去膝蓋刑名。

◎臏，毗忍切。臏，骨也。又去膝蓋刑名。

○臏，謂斷足之刑，即《（吕）刑》之剕，《周禮》之刖類也。（《八十卷音義私記》）

○臏，顧野王曰：謂斷足之刑。（《一切經音義》卷二十三）

○臏，顧野王曰：斷足之刑也。（《續一切經音義》卷三）

【腦】奴到切。頭腦也。腦，同上。

◎腦，奴到切。頭腦也。腦，同上，又奴皓切。

【腨】呼講切。肥皃。

◎腨，呼講切。肥皃。

○腨，《玉篇》：虚講反。肥也。（《龍龕手鏡》卷四）

【膧】多桶切。膧，肥也。

◎膧，多桶切。肥也。

【膸】相觜切。骨髓。本從骨。

◎膸，相觜切。骨髓。本從骨。

【肞】波美切。

◎肞，被美切。肉也。

【腀】力民切。皮。

◎腀，力民切。皮也。

【脛】烏價切。脛膪，肥也。

◎脛，烏價切。脛膪，肥也。

【膪】陟嫁切。脛膪。

◎膪，陟嫁切。脛膪。

【肦】蒲半切。肉。

◎肦，蒲半切。肉也。

【腮】烏孔切。肥也。

◎腮，烏孔切。肥也。

【腷】必忍切。腱子肉。

◎腷，必忍切。腱子肉。

【臈】羊水切。瘡也。

◎臈，羊水切。瘡也。

【腖】都弄切。

◎腖，都弄切。肉腖也。

【腕】烏段切。手腕。亦作捥。

◎腕，烏段切。手腕。亦作捥。

【膇】直僞切。重膇病。

◎膇，直僞切。重膇，腿病也。

【胗】女下切。

◎胗，女下切。肥皃。

【膐】仄究切。膐，脯也。

◎膐，側究切。膐，脯也。

【䏸】之曳切。魚醬。

◎䏸，之曳切。魚醬。

【膆】息兔切。肥也。亦與嗉同。

◎膆，息兔切。肥也。亦與嗉同。

【腪】于郡切。膜。

◎腪，于郡切。膜也。

【韋】于貴切。皮。

◎韋，于貴切。皮也。

【脕】胡灌切。肥。

◎脕，胡灌切。肥也。

【肌】普密切。吹肉也。

◎肌，普密切。吹肉也。

【肸】許訖切。肸蠁。

◎肸，許訖切。肸蠁也。

【肐】許訖切。身振也。

◎肐，許訖切。身振也。

【腒】苦骨切。臀。

◎腒，苦骨切。腒臀也。

【腒】居六切。

◎腒，居六切。身也。

【肶】普栗切。

◎肶，普栗切。肉多。

【肸】丑一切。滑皃。

◎肸，丑一切。滑皃。

【膣】丑一切。肉生。

◎膣，丑一切。肉生。
【脉】下革切。肉。
◎脉，下革切。肉也。
【膗】女洽切。
◎膗，女治切。肉消也。
【脜】叱涉切。肉動也。
◎脜，叱涉切。肉動。
【𦞦】力囑切。脂也。
◎𦞦，力囑切。脂也。
【膈】古額切。膋膈。
◎膈，古額切。膋膈。
【脴】古滑切。
◎脴，古滑切。脂也。
【脻】慈叶切。接。
◎脻，慈叶切。接也。
【臿】初夾切。肉脂膭。
◎臿，初夾切。肉脂膭。
【肷】許律切。牛肉也。
◎肷，許律切。牛肉。
【膘】北角切。
◎膘，比角切。祀肉。
【臠】縷迦切。驢腸胃。
◎臠，縷迦切。臠，腸胃也。
【炙】之夜切。炙肉也。
◎炙，之夜切。炙肉。
【膭】之日切。膭脬也，刀箭瘡藥。
◎膭，之日切。膭脬也，刀箭瘡藥。
【脩】息流切。脯也。又長也。
◎脩，息流切。脯也。又長也。
【腄】竹垂切。《説文》：瘢腄也。又馳僞切，縣名。
◎腄，竹垂切。瘢也。馳僞切，縣名。
【膗】楚佳切。膗脮，脯腊也。
◎膗，楚加切。膗脮，脯腊也。
【膞】旨兖切。《説文》云：切肉也。
◎膞，旨兖切。肉片。
【胏】仄里切。脯有骨也。《易》曰：噬乾胏。𦙶，同上。又《説文》云：食所遺也。
◎胏，側里切。脯有骨。𦙶，同上。又食所遺。

補

〇臛，羊肉。(《醫心方》寫本)
〇臑，如之反。煮熟。(《醫心方》刊本十九2)
〇腷，《玉篇》腷或從心作愊。(《一切經音義》卷九十八)
〇腷臆，顧野王：腷臆猶盈滿也。(《一切經音義》卷八十三)

筋部第八十二

凡三字

【筋】居勤切。《説文》曰：肉之力也。《周禮》瘍醫以辛養筋。
◎筋，居勤切。肉之力者。《周礼》瘍醫以辛養筋。
【笍】伯角切。手足指節鳴也。或作肑。
◎笍，伯角切。手足指節鳴。或作肑。
【笏】渠建、巨言二切。筋之本。亦作腱。
◎笏，渠建、巨言二切。筋也。本亦作腱。

力部第八十三

凡八十五字

【力】吕職切。勲也，强也。《説文》曰：筋也。象人筋之形。
◎力，吕職切。勲也，强也。《説文》：筋也。象人筋形。
【勲】許軍切。《説文》曰：能成王功也。《書》曰：其克有勲。勛，古文。
◎勲，許軍切。能成王功也。勛，古文。
【功】古同切。《説文》曰：以勞定國也。《書》曰：惟帝念功。
◎功，古同切。以勞定國曰功。
【助】鉏據切。佐也。
◎助，鉏據切。佐也。
〇助，附也。(《類》231)
【勴】吕庶切。助也。勯，同上。
◎勴，吕庶切。助也。勯，同上。
【劼】苦八切。固也。
◎劼，苦八切。固也。

【務】亡句切。强也。《書》曰：樹德務滋。
◎務，亡句切。强也，事務也。
【勑】力代切。《説文》曰：勞也。
◎勑，力代切。勞也。
【勱】莫夬切。勉也。《書》曰：勱相我邦家。
◎勱，莫夬切。勉也。
【劂】渠月切。《説文》曰：强力也。
◎劂，渠月切。强力也。
【勍】渠京切。彊也。《左氏傳》曰：勍敵之人。
◎勍，渠京切。强也。
【勁】吉聖切。彊也。《左氏傳》曰：中權後勁。
◎勁，吉聖切。彊也。
【劭】上召切。勉也。
◎劭，上召切。勉也。
【勉】彌辨切。强也。
◎勉，彌辨切。强也。
○勉，《玉篇》曰：自勸强也。（《一切經音義》卷二十三）
【勖】呼玉切。勉也。《書》曰：勖哉夫子。
◎勖，呼玉切。勉也。
【勸】丘萬切。勉也。《書》曰：勸之以九歌。
◎勸，丘萬切。勉也。
【勝】舒陵切。任也。又舒證切，强也。
◎勝，舒陵切。任也。舒證切，强也。
【勶】儲列切。發也。
◎勶，儲例切。發也。
【勠】吕竹切。《書》曰：聿求元聖，與之戮力。陳力於人也。
◎勠，吕竹切。陳力於人也。
【動】徒孔切。作也。《易》曰：六二之動，直以方也。
◎動，徒孔切。振也，作也。
【勨】餘掌切。繇緩也。又勉也。
◎勨，餘掌切。繇緩也。勉也。
【勽】力對切。推也。一曰懷也。
◎勽，力對切。推也。又懷也。
【劣】力拙切。劣，弱也。
◎劣，力拙切。劣，弱也。
【勮】渠據切。務也。
◎勮，渠據切。務也。
【尅】枯勒切。尅，勝也。
◎尅，枯勒切。勝也。
【勩】與制切。勞也。勚，同上。
◎勩，與制切。勞也。勚，同上。
【勦】楚交、子小二切。勞也。
◎勦，楚交、子小二切。勞也。
○勦，《玉篇》：子小反。（《尚書注疏》卷七）
【劵】巨眷切。勞也。
◎劵，巨眷切。勞也。
【劬】渠俱切。劬，勞病也。
◎劬，渠俱切。劬，勞病也。
【勤】渠斤切。勞也。
◎勤，渠斤切。勞也。
【募】莫故切。求也。
◎募，莫故切。求也。
【勬】九員、九媛二切。勤也。
◎勬，九員、九媛二切。勤也。
【加】古瑕切。益也。
◎加，古瑕切。益也。
【劮】方結切。大也。
◎劮，方結切。大力也。
【勢】吾高切。健也。
◎勢，吾高切。健也。
【勇】俞種切。果决也。
◎勇，俞種切。果决也。
○勇，顧野王曰：雄毅果决也。（《一切經音義》卷七）
○勇，顧野王云：勇謂果敢决断也。（《一切經音義》卷七十二）
【勃】蒲没切。卒也。
◎勃，蒲没切。卒也。
○勃，《玉篇》勃，暴盛也。（《一切經音義》卷七）
○勃，顧野王云：勃，暴盛也。（《一切經音義》卷三十一）
○勃，顧野王云：勃，暴也。（《一切經音義》

卷四十三）
○勃，顧野王云：勃，暴盛皃也。（《一切經音義》卷六十六）
【勡】匹照切。劫也。
◎勡，匹照切。劫也。
【劫】居業切。强取也。
◎劫，居業切。强取也。
【飭】丑力切。正也。
◎飭，丑力切。正也。
【勵】吕勢切。勸也。
◎勵，吕勢切。勸也。
○勵，《玉篇》云：勵猶勉也。（《一切經音義》卷五）
○勵，顧野王云：勵猶勉也。（《一切經音義》卷二十）
○勵，《玉篇》：勵，勉也，相勸勉也。（《一切經音義》卷二十九）
【勢】舒曳切。形勢也。
◎勢，舒曳切。形勢也。
【勘】苦紺切。覆定也。
◎勘，苦紺切。覆定也。
【勔】彌淺切。勉也。
◎勔，彌淺切。勉也。
【勈】方萌切。大也。
◎勈，方萌切。大也。
【勑】餘質切。豫也。
◎勑，余質切。豫也。
【劤】居僅切。《埤蒼》云：多力也。
◎劤，居僅切。多力也。
【劺】莫侯切。勸勵也。
◎劺，莫侯切。勸勵也。
○劺，《玉篇》云：劺，勸勵也。（《方言疏證》卷七）
【勖】苦兀切。勤也。
◎勖，苦兀切。勤也。
【劢】吕綴切。劣也。
◎劢，吕綴切。劣也。
【劧】居偃切。難也，吃也。或作謇。
◎劧，居偃切。難也。或作謇。
【劥】疾來切。《聲類》云：古材字。
◎劥，疾來切。古材字。
【勎】力徵切。俗陵字。侵也。
◎勎，力徵切。侵也。俗陵字。
○勎，《玉篇》云：勎，侵侮也。（《一切經音義》卷一、卷六、卷十八）
【勀】苦乖切。劥也。
◎勀，苦乖切。劥也。
【劥】口庚切。勀也。
◎劥，口庚切。勀也。
【䖝】祖賀切。助也，副也。
◎䖝，祖賀切。助也，副也。
【勣】子亦切。功也。
◎勣，子亦切。功也。
【勈】符沸切。勇壯也。
◎勈，符沸切。勇壯也。
【勥】皮筆切。古弼字。
◎勥，皮筆切。古弼字。
【勜】於孔切。屈强也。
◎勜，於孔切。屈强也。
【劜】倚黠切。勜劜也。
◎劜，倚黠切。勜劜也。
○劜，顧野王《玉篇》：勜劜也。（《吳下方言考》卷十一）
【劷】與章切。勸也。
◎劷，與章切。勸也。
○劷，顧野王《玉篇》：劷，勸也。（《吳下方言考》卷二）
【劻】曲王切。劻勷，遽也。
◎劻，曲王切。劻勷，遽也。
【勷】如羊切。走皃。
◎勷，如羊切。走皃。
【勆】魯當切。
◎勆，魯當切。强力也。
【勨】余兩切。勸也。
◎勨，於兩切。勸也。
【勧】何滿切。勤也。
◎勧，何滿切。勤也。
【劮】竹甚切。用力也。
◎劮，竹甚切。用力也。
【劾】胡蓋、胡勒二切。推劾也。

◎劾，胡蓋、胡勒二切。推劾。
〇劾，顧野王云：案獄相告證之辭也。（《一切經音義》卷八十八）
〇劾，顧野王云：劾按獄相告證之辭也，亦辯獄之文按也。（《一切經音義》卷九十四）
〇劾，《玉篇》：胡得反。（《經典釋文》卷四，《尚書注疏》卷十九）
【勬】居員切。
◎勬，居員切。力勬也。
〇勬，《玉篇》：勞也。（《龍龕手鏡》卷四）
【勴】力御切，又力胡切。助。
◎勴，力御切，又力胡切。助也。
【勂】胡割切。勤力也。
◎勂，胡割切。勤力也。
【勒】盧得切。抑勒也。
◎勒，盧得切。抑勒也。
〇勒，野王案：勒，馬口中鐵也。（《倭名抄》五58）
【勎】力竹切。
◎勎，力竹切。勎力也。
【勫】何瞎切。用力也。
◎勫，何瞎切。用力也。
【劺】莫角切。勤也。
◎劺，莫角切。勤也。
【勥】巨兩切。《説文》曰：迫也。彊，同上。
◎勥，巨兩切。迫也。彊，同上。
【勞】力刀切。《説文》曰：劇也。又力到切。𢥒，古文。
◎勞，力刀切。劇也。又力到切。𢥒，古文。
◑𢥒，力高反。《説文》古文勞。
【囲】户卧切。牽船聲。
◎囲，户卧切。牽船声。
【効】胡孝切。俗效字。
◎効，胡孝切。俗效字。

劦部第八十四

凡三字

【劦】胡頰切。同力也。《山海經》云：惟號之山，其風若劦。急也。
◎劦，胡頰切。同力也。《山海經》：惟號之山，風風若劦。急也。
〇劦，又《玉篇》音歷佰反。人姓。（《龍龕手鏡》卷一）
●圓沙本“風風”當作“其風”。
【勰】乎頰切。《説文》云：同心之和也。
◎勰，乎頰切。同心之和也。
【協】胡頰切。合也。《書》曰：恊和萬邦。
◎恊，胡頰切。合也。《書》：恊和萬邦。

吕部第八十五

凡二字

【吕】良渚切。《説文》作吕，脊骨也。象形。昔太嶽爲禹心吕之臣，故封吕侯。亦作膂。
◎吕，良渚切。脊骨也。昔太嶽爲禹心吕之臣，封吕侯。亦作膂。
【躳】居雄切。躳，身也。《易》曰：不有躳无攸利。或作躬。
◎躳，居雄切。身也。或作躬。

㝱部第八十六

凡十八字

【㝱】莫洞切。《説文》云：寐而有覺也。《周禮》太卜掌三㝱之法。㝱者，人精神所寤。
◎㝱，莫洞切。寐而有覺也。
【寢】且荏切。寢，卧也。《論語》曰：寢不言。寑、寝，並同上。
◎寢，且荏切。卧也。寑、寝，並同上。
〇寑，《玉篇》曰：寑謂偃卧熟也。（《一切經音義》卷二十三）
【寐】彌冀切。卧也。
◎寐，彌冀切。卧也。
〇寐，顧野王：寐，眠熟也。（《一切經音義》卷五）
〇寐，顧野王云：睡而眠熟也。（《一切經音義》卷十九）
〇寐，《玉篇》曰：假寐，衣冠坐而眠熟也。

（《一切經音義》卷二十三）

○寐，顧野王曰：假寐者，謂具衣冠而坐眠也。（《續一切經音義》卷二）

○寐，《玉篇》：寢卧也。（《續一切經音義》卷三）

【寤】牛故切。《説文》云：寐覺而有信曰寤。一曰晝見而夜寢也。𥧾，籀文。

◎寤，牛故切。寐覺而有信。曰晝見而夜寐。𥧾，籀文。

○寤，《玉篇》：眠熟也。《蒼頡篇》：覺而有言曰寤。（《一切經音義》卷十四）

【寢】明彼、莫禮二切。寐不覺曰寢。

◎寢，明彼、莫礼二切。寐不見。

●圓沙本“見”當作“覺”。

【寱】渠季切。熟寐也。

◎寱，渠季切。熟寐。

【寎】補命、況命二切。卧驚病也。

◎寎，補命、況命二切。卧驚病。

【寱】牛世切。瞑言也。𥨾，同上。

◎寱，牛世切。瞑言也。𥨾，同上。

【𥨊】思鄧切。新覺。

◎𥨊，思鄧切。新覺也。

【寣】呼骨切。卧驚也。一曰小兒啼寣寣也。

◎寣，呼骨切。卧驚也。一曰小兒啼寣寣也。

【㝩】呼甘切。㝩，偃也。一曰寐不脱冠帶也。

◎㝩，呼甘切。偃也。一曰寐不脱冠帶。

【寢】莫桑切。寢言也，眠言也。

◎寢，莫桑切。眠言。

【𥧌】午含切。寐語。

◎𥧌，午含切。寐語也。

【寱】人渚、乙庶二切。《説文》云：楚人謂寐曰寱。

◎寱，人渚切，又乙庶切。楚人謂寐曰寱。

大廣益會玉篇
卷第八

凡三部

思林**心部第八十七**　息兹**思部第八十八**
桑果**惢部第八十九**

心部第八十七

凡六百二十九字

【心】思林切。《説文》云：火藏也。忄，同上。
◎心，思林切。《説文》：火藏也。忄，同上。
○心，顧野王云：心意也。(《法華釋文》上)
【性】思凈切。命也，質也。《説文》曰：人之陽氣，性善者也。
◎性，思凈切。命也，質也。
【恉】之以切。意也。
◎恉，之以切。意也。
【慎】市振切。謹也，思也。
◎慎，市振切。謹慎也，思也。
【快】苦夬切。可也，喜也。
◎快，苦夬切。可也，喜也。
【愷】空改切。樂也，可也。
◎愷，空改切。樂也，可也。
【忻】喜斤切。察也，喜也。
◎忻，喜斤切。察也，喜也。
【惲】紆憤切。謀也，議也。
◎惲，紆憤切。謀也，議也。
【惇】丁昆切。樸也，信也，大也，厚也。憞，同上。
◎惇，丁昆切。信也，樸也，厚也。憞，同上。
○惇，厚也，信也。(《法華釋文》下)
【悃】苦本切。志純一也。
◎悃，苦本切。志純一曰悃。
【愊】普力切。悃愊，至誠也。
◎愊，普力切。悃愊，至誠也。
【忼】苦莽切。忼慨，壯士不得志也。慷，同上。
◎忼，苦莽切。忼慨，壯士不得志。慷，同上。
【慨】可載切。太息也。
◎慨，可載切。太息也。
○慨，顧野王云：忼慨，不得志也。(《一切經音義》卷一)
○慨，顾野王云：志憤壯也，歎息也。(《一切經音義》卷四十九)
○慨，顧野王云：忼慨，不得志也。又云：忼慨謂憤壯慨歎太息也。(《一切經音義》卷六十七)
【憭】力繞、力彫二切。惠也，意精明也。
◎憭，力繞、力彫二切。意精明也。
【悰】昨宗切。樂也。一曰慮也。
◎悰，昨宗切。樂也。一曰慮也。
【恢】苦回切。大也。
◎恢，苦回切。恢恢，大也。
【恬】徒兼切。安也，靜也。
◎恬，徒兼切。安也，静也。
【恭】居庸切。法也，事也，恪也。本作恭。
◎恭，居庸切。恪也。本作恭。
【怡】翼之切。悦也，樂也。
◎怡，翼之切。悦，樂也。
○怡，《玉篇》云：和也，悦也。《爾雅》云：怡、懌、悦、欣，樂也。(《續一切經音義》卷六)
【悈】居薤切。疾也，老也，飾也。
◎悈，居薤切。疾也，飾也。
○悈，《玉篇》云：悈，老也。(《方言疏證》卷十)
【慬】渠斤、居近二切。憂也，煩也，慤也。
◎慬，渠斤、居近二切。憂也，慤也。
【恂】思巡切。信也，均也，慄也，温恭皃也。
◎恂，思巡切。信也，慄也，温恭也。
【忱】時林切。誠也。
◎忱，時林切。誠也。
【怞】丈又切。朗也，憂恐也。
◎怞，文又切。朗也，憂恐也。
●圓沙本“文”當作“丈”。

【懷】胡乖切。歸也，思也，安也，至也。
◎懷，胡乖切。思也，安也。又心懷。
○懷，《玉篇》：和也，情懷也。《考聲》：懷抱也。(《續一切經音義》卷八)
【慆】余招切。憂也。《詩》曰：憂心慆慆。
◎慆，余招切。憂皃。
○慆，《玉篇》云：慆，憂也。(《方言疏證》卷十)
【怙】胡古切。恃也。《詩》曰：無父何怙。
◎怙，胡古切。恃也。《詩》：無父何怙。
【恃】時止切。賴也。《詩》曰：無母何恃。
◎恃，時止切。賴也。《詩》：無母何恃。
○恃，野王案：恃即怙也。音時止反。(《令集解》二八 161)
【懼】渠句切。恐也。愳，古文。
◎懼，渠句切。恐也。愳，古文。
【㤅】亡斧切。愛也。《説文》曰：撫也。
◎㤅，亡斧切。愛也，撫也。
【惰】相旅切。才智之稱也。
◎惰，相旅切。才智之稱也。
【㥠】叉限切。全德也。
◎㥠，叉限切。全德也。
【悟】魚故切。覺悟也，心解也。悉，古文。
◎悟，魚故切。覺悟，心解也。悉，古文。
【愧】余世切。習也，明也。忚，同上。
◎愧，余世切。習也，明也。忚，同上。
【怕】普罵切。恐怕也。《説文》匹白切，無爲也。
◎怕，普罵切。恐也。《説文》匹白切，無爲也。
○怕，呼［恬］静皃也。(《三教指歸注》上四 25)
【慕】莫故切。思也，習也。本作慕。
◎慕，莫故切。思也，習也。本作慕。
【慔】莫固切。《爾雅》曰：懋懋、慔慔，勉也。
◎慔，莫固切。勉皃。
【悛】且泉切。改也。又敬皃。亦止也。
◎悛，且泉切。改也，止也。
【㣉】去逆切。疲力也。《説文》其略切，勞也。
◎㣉，去逆切。疲力也。又其略切，勞也。
【恤】思律切。憂也，救也。
◎恤，思律切。憂也，救也。
○恤，憂也，救也。(《三教指歸注》二 13)
○恤，謂振救也。《國語》：勤恤民隱也。(《令集解》十 21)
○恤，顧野王云：賑救也，恤愍也。(《續一切經音義》卷一)
【懽】呼官切。悦也。又公玩切。《爾雅》曰：懽懽、慆慆，憂無告也。
◎懽，呼官切。悦也。又公玩切。《尔雅》：懽懽、慆慆，憂無告也。
【悖】蒲突切。逆也，亂也。又蒲輩切。
◎悖，蒲突、蒲輩二切。逆也。
【悈】居力切。《説文》：疾也。一曰謹重皃。
◎悈，居力切。疾也。一曰謹重皃。
【恌】他彫切。《爾雅》曰：恌，偷也。
◎恌，他彫切。《小雅》：恌，偷也。
●《詩·小雅·鹿鳴》毛傳作“恌，偷也”。
【愞】乃亂、乃過二切。弱也。
◎愞，乃乱、乃過二切。弱也。
【悒】於急切。憂也。
◎悒，於急切。憂悒也。
○悒，慎也，悒悒然耕也。(《類》247)
●“悒悒然耕不顧”見《吕氏春秋》。
【懮】於九切。懮受，舒遲之皃。
◎懮，於九切。懮受，舒遲之皃。
【悗】武桓切。惑也。
◎悗，武桓切。惑也。
【慥】七到切。《禮》注云：守實言行相應之皃。
◎慥，七到切。言行相應皃。
【悍】胡旦切。勇也。
◎悍，胡旦切。勇也。
○悍，何旦反。勇也。(《成實論》二二)
○悍，顧野王云：食肉者勇敢而悍也。(《一切經音義》卷七十二)
【慢】莫諫切。輕侮也，不畏也。
◎慢，莫諫切。輕侮也，不畏也。
○慢，顧野王：慢易，輕侮也。(《一切經音

義》卷二十）
〇慢，顧野王：慢易猶輕侮也。（《一切經音義》卷二十四）
〇慢，《玉篇》：慢易也，輕侮也，遲也，惰也，不畏也，緩也。又倨也，或爲嫚字也。（《一切經音義》卷二十七）
【怭】蒲必切。慢也。
◎怭，蒲必切。慢也。
【懈】古賣切。倦也，嬾也，怠也。
◎懈，古賣切。倦也，怠也。
〇懈，古賣反。倦也，怠也。（《三部經音義集》二）
〇懈，《玉篇》：倦也，怠也。（《一切經音義》卷二十七）
【憜】徒果切。怠也，易也。惰，同上。㥩，古文。
◎憜，徒果切。怠也，易也。惰，同上。㥩，古文。
〇惰，徒果反。怠也。（《三部經音義集》二）
〇憜，《玉篇》：憜，嬾憜也。（《重修廣韻》卷三）
【怫】扶勿切。意不舒治也。
◎怫，扶勿切。意不舒治也。
【懊】於報切。悔也。又於六切，貪也。
◎懊，於報切。悔也。於六切，貪也。
〇懊，於報反。悔也。又於六反，貪也。（《醫心方》寫本）
【懣】莫蘭切。忘也。
◎懣，莫蘭切。忘也。
【怗】他頰切。服也，静也。
◎怗，他頰切。服也，静也。
〇怗，《下篇》又丁篹反。（《經典釋文》卷二十一）
【憿】古堯切。行險也。
◎憿，古堯切。行險也。
〇憿，顧野王案：憿幸猶冀求也。（《三部經音義集》二）
【恑】居毀切。異也。
◎恑，居毀切。異也。
【憰】胡圭切。變也，異也。
◎憰，胡圭切。變異也。
【惏】力南切。貪也。
◎惏，力南切。貪惏也。
【㥶】先則切。《説文》曰：實也。
◎㥶，先則切。實也。
【懤】丈又切。愁毒也。
◎懤，文又切。愁毒也。
●圓沙本"文"當作"丈"。
【惛】呼昆切。亂也，癡也。
◎惛，呼昆切。乱也，癡也。
【怋】莫昆切。悶也，不明也。
◎怋，莫昆切。悶也，不明也。
【憾】胡紺切。恨也。
◎憾，胡紺切。恨也。
【慟】徒貢切。哀也。《論語》曰：顔淵死，子哭之慟。
◎慟，徒貢切。哀極也。
【㤩】徒結切。惡性也。
◎㤩，徒結切。惡性也。
●宋十行本作"待結切"。
【侘】徒各切。忠也，正也。又池陌切。忦，同上。㥲，同上。又忖㥲也，懲也。
◎侘，徒各切。忠也，正也。又他陌切。忦，同上。㥲，同上。又忖㥲也，懲也。
●圓沙本"他陌切"疑當作"池陌切"。
【恗】虎姑切。恐也，怯也，憂也。
◎恗，虎姑切。恐也，憂也，怯也。
【懫】之日切。止也，塞也，滿也。
◎懫，之日切。止也，塞也。
【慺】力支切。多端也。𢣓，同上。
◎慺，力支切。多端也。𢣓，同上。
【悱】孚匪切。口悱悱。
◎悱，孚匪切。口悱悱，疑辨也。
〇悱，其口悱悱，乃後爲説也。心欲病也。（《類》204）
【忋】公在切。恃也，仰也。
◎忋，公在切。恃也，仰也。
【悌】徒計切。孝悌。又徒禮切，愷悌也。
◎悌，徒計切。孝悌。徒力切，愷悌。
【憎】子登切。惡也。
◎憎，子登切。惡也。

【憒】公對切。亂也。
◎憒，公對切。憒憒，心乱也。
【恨】胡艮切。怨也。
◎恨，胡艮切。自怨也。
○恨，顧野王曰：恨望也。（《一切經音義》卷一）
○恨，顧野王云：意不申快曰恨。（《一切經音義》卷二十）
【憍】居高切。逸也。
◎憍，居高切。逸也。
○憍，顧野王云：自矜伐縱恣媟慢也。（《一切經音義》卷一）
○憍，《玉篇》：憍慢。（《一切經音義》卷六）
○憍，顧野王云：憍謂自矜罰縱恣怚慢也。（《一切經音義》卷五十一）
【悔】呼對切。改也，恨也。
◎悔，呼對切。改也，恨也。
【悁】於緣切。《説文》曰：忿也。一曰憂也。懇，籀文。
◎悁，於緣切。忿也，憂也。懇，古文。
【憤】扶粉切。懣也。
◎憤，扶粉切。懣也。
○憤，孔子曰：與人言，必待其心憤憤，乃後啓説之。（《類》251）
【惆】敕周切。惆悵，悲愁也。
◎惆，敕周切。惆悵，悲愁也。
【怩】女飢切。忸怩，慙也。
◎怩，女飢切。忸怩。
【忸】女六切。忸怩。
◎忸，女六切。忸怩，慙也。
【悵】敕亮切。惆悵，失志也。
◎悵，敕亮切。惆悵，失志，恨。
○悵，《玉篇》云：望也，恨也。（《一切經音義》卷二十五）
【愴】楚亮切。悲也，傷也。
◎愴，楚亮切。悲也，傷也。
【惻】楚力切。悲也，痛也。
◎惻，楚力切。悲也，痛也。
○惻，病之至也。（《類》253）
○惻，《玉篇》云：悲痛也。（《一切經音義》卷二十六）
【懌】羊石切。悦也，服也，改也。
◎懌，羊石切。悦也，服也。
【懠】在細切。怒也，疾也。
◎懠，在細切。怒也，疾也。
【忉】都勞切。憂心皃。
◎忉，都勞切。憂心皃。
【慅】蘇勞切。憂心也，愁也。又音草。
◎慅，蘇勞切。憂心。又音草。
●宋十行本作“又音早”。
【愔】於斟切。安和皃，悦皃。
◎愔，於斟切。安和，悦皃。
【怣】于救切。心動也。
◎怣，于救切。心動也。
【惼】亡善、亡婢二切。屬也，止也。
◎惼，亡善、亡婢二切。屬也，止也。
【惴】之睡切。憂懼也。
◎惴，之睡切。憂懼也。
【惔】徒甘切。憂也。
◎惔，徒甘切。憂也。
【惄】奴的切。思也。又憂皃。
◎惄，奴的切。思也。又憂皃。
【憔】胙遥切。憔悴。
◎憔，胙遥切。憔悴，憂衰也。
○憔悴，《廣雅》《玉篇》作：憔悴，愁憂也。（《一切經音義》卷二十七）
【悴】存季切。《説文》曰：憂也。又七没切，心急也。
◎悴，存季切。憂也。七没切，心急。
○悴，愁也，患也，憂也，病也。（《類》257）
○悴，憂也，傷也。（《類》257）
【憟】西足切。承止顏色也。
◎憟，西足切。承止顏色也。
【慽】且的切。親也，痛也。
◎慽，且的切。親也，痛也。
【懹】人向切。憚也，相畏也。
◎懹，人向切。憚也，相畏也。
○懹，《玉篇》云：懹，憚也，相畏也。（《方言疏證》卷七）
○懹，《玉篇》：懹，憚也，相畏也。（《方言箋疏》卷十三）

【怦】普耕切。心急也。
◎怦，普耕切。心急也。
【憚】徒旦切。難也，畏憚也。㒓，同上。
◎憚，徒旦切。難也。又畏憚。㒓，同上。
【慴】之涉切。懼也。
◎慴，之涉切。慴然懼也。
○慴，之涉反。懼也。（《三部經音義集》一）
【怵】恥律切。悚懼也，悽愴也。
◎怵，恥律切。悚懼也，悽愴。
○怵，顧野王云：怵惕猶悽愴也。（《一切經音義》卷九十八）
【悘】記奉切。恐也。
◎悘，記奉切。恐也，恭也。
○悘，《玉篇》：悘，恐也。（《方言疏證》卷六）
【惶】胡光切。憂惶也，恐也。
◎惶，胡光切。憂也，恐也。
【恀】下代切。恨苦也。
◎恀，下代切。恨苦也。
【悑】普布切。惶也。怖，同上。
◎悑，普布切。惶也。怖，同上。
○怖，普故反。惶也。（《三部經音義集》一）
【忝】聽簟切。辱也。本作忝。
◎忝，聽簟切。辱也。本作忝。
【憊】蒲戒切。極也。
◎憊，蒲戒切。極也。
【怽】莫達切。忘也。
◎怽，莫達切。忘也。
【憢】呼條切。懼也。
◎憢，呼條切。懼也。
【怍】疾各切。慙也，顏色變也。
◎怍，疾各切。慙也，顏色變也。
【憬】几永切。遠行皃。
◎憬，九永切。遠行皃。
●宋十行本作“九永切”。
【憐】力田切。矜之也，撫也。
◎憐，力田切。矜之也，撫也。
【惵】徒頰切。恐懼也，盈也。
◎惵，徒頰切。恐懼也，盈也。
○惵，顧野王云：惵猶懼也。（《一切經音義》卷九十六）
○惵，《玉篇》云：惵，盈也。（《方言疏證》卷十二）
【愎】蒲逼切。很也。
◎愎，蒲逼切。很也。
【怊】敕憍切。悵恨也。又尺昭切。
◎怊，敕橋切。悵恨也。又尺昭切。
【懾】章涉切。怯也，懼也。
◎懾，章涉切。怯也，懼也。
【忳】徒昆切。悶也，亂也，憂也。
◎忳，徒昆切。悶也，乱也。
【懟】祗隹、祗癸二切。悖也，悚也。
◎懟，祗隹、祗癸二切。悖也，悚也。
○懟，《玉篇》云：懟，悖也，悚也。（《方言疏證》卷十二）
【恲】普行切。滿也，忼慨也。
◎恲，普行切。滿也，忼慨也。
【忪】齒終切。心動也。
◎忪，齒終切。心動也。
【慊】丘廉、丘減二切。不安皃。
◎慊，丘廉、丘減二切。不安皃。
【徛】去奇、去倚二切。慊徛，儉急。又儉意也。
◎徛，去奇、去倚二切。慊徛，儉急。
【悻】胡頂切。恨也。
◎悻，胡頂切。恨也。
【憏】他對、他没二切。肆也，忘也，忽也。怢、悷，並同上。
◎憏，他對、他没二切。肆也，忘也，忽也。怢，同上。悷，同上。
【惃】古混、古魂二切。惛也，亂也。
◎惃，古混、古魂二切。惛也，乱也。
【愅】公翮切。更也，變也，飭也。或作諽。
◎愅，公翮切。更也，變也。或作諽。
◑愅，公翮反。《字書》：亦諽字。諽，更也，變也，飭也，謹也，戒也。在言部。
【懝】牛力切。有所識也。又五溉切。
◎懝，牛力切。有所識也。又五溉切。
【忬】餘據切。緩也，安也，早也。
◎忬，余據切。緩也，安也，早也。

【愣】力拙切。少也。與劣同。
◎愣，力拙切。少也。与劣同。
【惺】丑井切。慏惺，意不盡也。
◎惺，丑井切。慏惺，意不盡也。
【情】疾盈切。《説文》曰：人之陰气有欲者。
◎情，疾盈切。人之陰气有欲者。
【憕】直陵切。心平也。又直庚切，失志也。
◎憕，直陵切。心平。直庚切，失志。
【憧】直勇切。《説文》曰：遅也。
◎憧，直勇切。遅也。
【佼】吉了切。憭也。又胡巧切，黠也。
◎佼，吉了切。憭也。胡巧切，黠也。
【忯】渠支、是支二切。敬也。亦愛也。
◎忯，渠支、是支二切。敬也，愛也。
【悛】且緣切，又子眷切。謹也。
◎悛，且緣切，又子眷切。謹也。
【慒】昨遭切。亂也。又殂冬切，謀也。又慮也。又音囚。
◎慒，昨遭切。乱也。殂冬切，謀也。又慮也。又音囚。
【愃】許遠切。寛心也。又息緣切，語快也。
◎愃，許遠切。寛心。息緣切，語快。
【惀】力迍切，又力尹切。思也。
◎惀，力迍、力尹二切。思也。
【惟】弋隹切。思也，有也，辭也，爲也，謀也，伊也。
◎惟，弋隹切。思也，有也，辭也，爲也，謀也，伊也。
○惟，《玉篇》：思也，念也，謀也。（《一切經音義》卷二十七）
【憽】雖遂切。意思深也。㥞，同上，見《説文》。
◎憽，雖遂切。意思深也。㥞，同上，見《説文》。
【慉】丑六切。恨也。又許六切，興也。
◎慉，丑六切。恨也。許六切，興也。
【憀】力周、力彫二切。賴也，且也。
◎憀，力周、力彫二切。賴也，且也。
【懩】胡郭切。驚也。
◎懩，胡郭切。驚也。
【㥄】息拱切。《説文》曰：懼也。㦎，同上，又所江切。
◎㥄，息拱切。懼也。㦎，同上，又所江切。
【㑌】胡溝切。恐也。
◎㑌，胡溝切。恐也。
【悚】息拱切。懼也。
◎悚，息拱切。悚然起敬也。
【憮】無斧切。憮然，失意皃。又不動皃。又荒烏切。
◎憮，無斧切。憮然，失意皃。又不動皃。又荒烏切。
【愐】彌兖切。想也。又勉也。
◎愐，彌兖切。想也。勉也。
○愐眩，《玉篇》云：或亂也，不明也。（《一切經音義》卷二十五）
【憗】乃叶切。愛也。又暗聲憶也。又音線。
◎憗，乃叶切。愛也。又音線。
【憺】徒敢、徒監二切。安也，静也。
◎憺，徒敢、徒監二切。安静也。
○憺，顧野王云：恬静也。（《一切經音義》卷十）
○憺，顧野王云：憺静也。（《一切經音義》卷四十三）
○憺，顧野王云：憺謂恬也。（《一切經音義》卷四十五）
○憺，顧野王云：憺怕，恬静也。（《一切經音義》卷六十六）
○憺，顧野王云：心意安静，憺然閑寂也。（《一切經音義》卷七十八）
【忓】古安切。擾也。又胡旦切，抵也，善也。
◎忓，古安切。擾也。胡旦切，抵也。
○忓，《玉篇》：忓，善也。（《方言箋疏》卷一）
【憸】七廉、息廉二切。《説文》曰：詖也。憸利於上，佞人也。
◎憸，七廉、息廉二切。詖也。
【愒】去例切。貪羨也。《説文》曰：息也。
◎愒，去例切。貪羨也，息也。

【辮】畢沔切。憂也，急也。
◎辮，畢沔切。急也，憂也。
【懁】火還切。慢也，輕也。又古縣切，心急也。
◎懁，火還切。慢也。古縣切，心急。
【慓】匹姚、蒲小二切。疾也，急也。
◎慓，匹姚、蒲小二切。急疾也。
【憪】户間切。戾也。《説文》曰：愉也。
◎憪，户間切。戾也，愉也。
【倸】七海切。恨也，急也。
◎倸，七海切。恨也，急也。
【愉】弋朱切。悦也，顔色樂也。又羊豎切。
◎愉，弋朱切。悦也。又羊豎切。
【懱】莫結切。輕也，易也，侮也。
◎懱，莫結切。輕也，侮也。
【懞】莫公切。慙也，不明也。又武亘切。
◎懞，莫公切。慙也，不明也。又武亘切。
【愓】徒朗切。《説文》曰：放也。
◎愓，徒朗切。放也。
【忮】支豉切。懻忮，害心。又不媚勁很。
◎忮，支豉切。懻忮，害心。又不媚勁很。
●宋十行本作“不媚勁恨”。
【怚】秦吕切。驕也。又子御切。
◎怚，秦吕切。驕也。又子御切。
【惕】他的切。憂也，疾也，懼也。悐，同上。
◎惕，他的切。憂懼也。悐，同上。
【惕】杜朗切。《説文》曰：放也。一曰平也。
◎惕，杜朗切。放也，平也。
【慏】彌井切。慏愲。
◎慏，彌井切。慏愲也。
【傷】式諒切。憂也，痛也，念也。
◎傷，式諒切。憂也，痛，念也。
○傷，又尸姜反。（《類》256）
○傷，《玉篇》：傷，痛也。（《方言箋疏》卷一）
【恍】火廣切。恍惚。
◎恍，火廣切。恍惚，精想也。
○恍，《玉篇》云：恍惚也。《老子》云：恍兮惚（兮），其中有物。御注云：物，上道也，自有而歸無，還復至道，故云其中有物也。《考聲》：恍，心迷昧也。（《續一切經音義》卷八）
【惚】呼骨切。恍惚也。
◎惚，呼骨切。恍惚。
【憶】於力切。意不定往來念也。
◎憶，於力切。意不定往來念也。
【憧】昌容切。行意往來不定皃。又直巷切，愚也。
◎憧，昌容切。行也。直巷切，愚也。
【悝】力止切。憂也，悲也，疾也。又口回切。
◎悝，力止切。憂也，悲也，疾也。又口回切。
○悝，《玉篇》：悝，疾也。（《方言箋疏》卷一）
【憰】古穴切。變詐也。
◎憰，古穴切。變詐也。
【怳】吁往切。《説文》曰：狂之皃。又怳忽。
◎怳，可往切。狂皃。又怳忽。
●圓沙本“可往切”當作“吁往切”。
【悸】其季切。心動也。
◎悸，其季切。心動也。
【忨】五亂切。貪也，愛也。
◎忨，五乱切。貪也，愛也。
【慊】口玷切。切齒恨也。
◎慊，口玷切。切齒恨也。
【怓】女交切。亂也。《詩》曰：以謹惛怓。
◎怓，女交切。乱也。《詩》：以謹惛怓。
【慍】於吻、於問二切。恚也，怒也，恨也。
◎慍，於吻、於問二切。怒，恨。
【怖】孚吠、普大二切。怒也。
◎怖，孚吠、普大二切。怒也。
【㥏】胡皆切。恚也，恨也，怨也。
◎㥏，胡皆切。恚也，恨怨也。
【 ⿰忄豆】徒候切。候也，詎也。
◎⿰忄豆，徒候切。詎也。
【怏】於兩、於亮二切。懟也，不服也。
◎怏，於兩、於亮二切。懟也。
【愾】口代、許氣二切。太息也。
◎愾，口代、許氣二切。太息也。
【懆】七刀、七老二切。憂愁也，不樂也。

◎慅，七刀、七老二切。愁，不樂也。

【悽】七奚切。悽愴也，傷也。

◎悽，七奚切。悽愴也，傷也。

【慘】七感切。痛也，愁也，恨也。《説文》曰：毒也。又初錦切。

◎慘，七感切。愁也，痛也，恨也。《説文》：毒也。又初錦切。

【憯】七感切。《説文》曰：痛也。

◎憯，七感切。痛也。

【怛】丁割切。悲也。

◎怛，丁割切。悲也。

【恫】他東切。呻吟也，痛也。又徒弄切。

◎恫，他東切。呻吟也，痛也。又徒弄切。

【惜】私積切。吝也，貪也。

◎惜，私積切。吝，貪也。

〇惜，吝，貪也。私積反。（《三部經音義集》二）

【憫】眉殞切。憫，默也。又憂也。

◎憫，眉殞切。憫，默也，憂也。

〇憫，憂皃，懣也，部也。（《類》255）

●佚文“部也”未詳。

【㥯】余氏、余支二切。不憂事。又徒低切，怍也。

◎㥯，余氏、余支二切。不憂事也。又徒低切，怍也。

【怮】於蚪切。憂懣也。

◎怮，於蚪切。憂懣也。

【忦】古黠切。恨也。又公大切，懼也。又五拜切。

◎忦，古黠切。恨也。又公大切，懼也。又五拜切。

【惙】陟雪切。疲也。又憂也。

◎惙，陟雪切。疲也，憂也。

【惂】口感切。《説文》曰：憂困也。

◎惂，口感切。憂困也。

【㤆】力志切。憂也。

◎㤆，力志切。憂也。

【忓】況于切。痛也，憂也。

◎忓，況于切。痛也，憂也。

●《篆隸萬象名義》作“病也”。《玉篇校釋》謂“痛”爲“病”之訛。

【忡】丑中切。憂也。

◎忡，丑中切。憂也。

●底本“丑中切”原作“丑下切”，據宋十行本改。

【忴】巨眚切。憂也。

◎忴，巨眚切。憂也。

【怲】兵永切。憂也，懼也。

◎怲，兵永切。憂也，懼也。

【恇】曲王切。怯也，怖也。

◎恇，曲王切。怯也，怖也。

【悄】七小切。心無憀也。又憂也。愀，同上。

◎悄，七小切。憂也，心無憀也。愀，同上。

【愜】起頰切。服也。又快也。㥦，同上。

◎愜，起頰切。服也。又快也。㥦，同上。

〇愜，㥦，志滿也，患禍也。（《類》267）

【悼】徒到切。懼也，傷也。《禮》云：七年曰悼。

◎悼，徒到切。懼也，傷也。

【忝】他點切。弱也。

◎忝，他點切。弱也。

【怪】古壞切。異也，非常也。恠，同上，俗。

◎怪，古壞切。異也，非常也。恠，俗。

〇怪，顧野王云：凡奇異非常皆曰怪。（《一切經音義》卷九十四）

【忮】之吏切。忘也。

◎忮，之吏切。忘也。

【悾】苦工切。慤也。又空弄切，誠心也。

◎悾，苦紅切。慤也。空弄切，誠心。

【慄】力質切。謹敬也，懼也，不怠也。

◎慄，力質切。謹敬也，悚也。

〇慄，《玉篇》：謹敬也，懼也，戚也。（《一切經音義》卷二十七）

【悢】力黨切。懭悢，不得志也。又力尚切，悢悢，惆悵也。

◎悢，力黨切。懭悢，不得志。力尚切，悢悢，惆悵也。

【悦】余拙切。樂也。經典通用説。

◎悦，余拙切。樂也。
○悦，《玉篇》云：樂也。《爾雅》云：悦服也。《孝經》云：敬一人，則天下人悦。（《續一切經音義》卷八）
【懍】力荏切。危懼也，敬也。又巨禁切，心怯也。
◎懍，力荏切。危懼也，敬也。巨禁切，心怯也。
【倰】力升切。憐也，哀也，慄也。
◎倰，力升切。憐也，哀也。
【愧】居位切。慙也。亦作媿。
◎愧，居位切。慙也。亦作媿。
○愧，《玉篇》：愧，慚也。（《一切經音義》卷二十九）
【慝】女力切。媿也。《方言》曰：梁宋之間謂媿曰慝。
◎慝，女力切。愧也。
○慝，《玉篇》引《方言》：梁宋之間謂媿曰慝。（《方言疏證》卷二）
【俺】於檢切。愛也。俺儉，多意氣也。又甘心也。㤿，同上。
◎俺，於檢切。愛也。俺儉，多意氣也。又甘心也。㤿，同上。
【惝】尺掌切。惝怳，失志不悦皃。
◎惝，尺掌切。惝怳，失志不悦皃。
【悇】丑慮切。憂也。又他姑、余庶二切。
◎悇，丑慮切。憂也。又他姑、余庶二切。
【憛】他紺切。憛悇，懷憂也。
◎憛，他紺切。憛悇，懷憂也。
【愭】力低切。楚云慢言輕易也。
◎愭，力低切。愭慢言輕易也。
【他】呼奚切。愭他，欺慢之語。
◎他，呼奚切。愭他，欺慢語。
【憡】楚革切。小痛也。
◎憡，楚革切。小痛也。
○憡，《玉篇》：憡，小痛也。（《方言疏證》卷二）
【憪】羽魏切。怫憪，不安皃。
◎憪，羽魏切。怫憪，不安皃。
【悹】去宫切。憂皃。又作㤝。
◎悹，去宫切。憂皃。又作㤝。
【怞】竹律切。憂心也。又丑律切。
◎怞，竹律、丑律二切。憂心。
○怞，《玉篇》云：怞，憂心也。（《方言疏證》卷十二）
【忕】恥力切。從也，慎也。
◎忕，恥力切。從也，慎也。
【悇】羊殊切。憂也。
◎悇，羊殊切。憂也。
【慛】昨回切。悲傷也。
◎慛，昨回切。悲傷也。
【怐】居遇切。恐也。又苦候切，怐愗，愚皃。
◎怐，居遇切。恐也。苦候切，愚皃。
【懢】力甘切。貪懢也。
◎懢，力甘切。貪懢也。
【恢】苦協切。快也。
◎恢，苦協切。快也。
【㣚】徒冬切。憂也。怪㣚，惶遽也。爞，同上。爞爞，憂也，出《楚辭》。
◎㣚，徒冬切。憂也。怪㣚，惶遽也。爞，同上。
【慲】公厄切。智也。
◎慲，公厄切。智也。
【佇】竹與切。知也，愚也。
◎佇，竹與切。知也，愚也。
【憉】步行切。憉悙，自强也。
◎憉，步行切。憉悙，自强也。
【悙】許庚切。憉悙。
◎悙，許庚切。憉悙。
【侈】尺紙切。怙恃也。
◎侈，尺紙切。怙恃也。
【恞】羊脂切。悦也，忻也。
◎恞，羊脂切。悦也，忻也。
【悀】與恐切。怒也，忿也。
◎悀，與恐切。怒也，忿也。
【憎】烏外切。惡也，憎也，悶也。
◎憎，烏外切。惡也，憎也，悶也。
【戃】他朗切。戃慌，無思皃。

◎憓，他朗切。憓慌，無思皃。
【慌】呼愰切。憓慌。亦慌忽。
◎慌，呼愰切。慌忽。
【㦓】胡典切。意難也。
◎㦓，胡典切。意難也。
【惈】古火切。勇勝也，敢也。
◎惈，古火切。勇勝也，敢也。
【悷】盧帝切。㦭悷，多惡。又憻悷，悲吟。
◎悷，盧帝切。㦭悷，多惡。又憻悷，悲吟。
【㦭】盧董切。㦭悷。
◎㦭，盧董切。㦭悷。
【愁】字秋切。怚也，慠也。又子由切，慮也。
◎愁，字秋切。怚也。子由切，慮也。
【𢡅】呼麥切。乖戾也，頑也。
◎𢡅，呼麥切。頑也，乖戾也。
【愇】韋鬼切。怨恨也。
◎愇，韋鬼切。怨恨也。
◑(闕)，与怨㦊同，爲忿恨之恨也。
【惸】葵營切。獨也，單也。或作煢。
◎惸，葵營切。獨也。或作煢。
◑惸，仇營反。《尚書》：無害惸獨。孔安國曰：惸，單也，謂無兄弟也。無子曰獨。《周禮》：凡遠近、惸獨、老幼之欲有復於上者。鄭玄曰：無兄弟曰惸。《字書》亦煢字。煢煢，無所依也。在卂部。或爲嬛字。
【㤮】巨王切。進取皃。古文狂字。
◎㤮，巨王切。進取皃。古文狂字。
【怯】去劫切。懼也，畏也。
◎怯，去劫切。懼也，畏也。
○怯，顧野王云：畏劣也。(《一切經音義》卷三)
○怯，《玉篇》：怯，多畏也。(《一切經音義》卷十一)
○怯，《玉篇》：畏~~也~~劣也，多畏也。(《一切經音義》卷二十七)
○怯，顧野王云：怯，畏也。(《一切經音義》卷六十八)
【㤇】芳萬切。惡心也，急性也。
◎㤇，方萬切。惡心也，急性也。
【懶】力旱切。俗嬾字。

◎懶，力旱切。俗嬾字。
【㤳】必迷切。誤也。又匹比、博計二切，慎也。
◎㤳，必迷切。誤也。匹比、博計切，慎也。
●圓沙本脱“二”字。
【愖】市任切。信也。
◎愖，市任切。信也。
【愕】五各切。驚也。
◎愕，五各切。驚也。
【愋】許袁切。恨也，忘也。
◎愋，許爰切。恨也，忘也。
【㤼】秦栗切。毒也。或作嫉。
◎㤼，秦栗切。毒也。或作嫉。
【㥧】彌婢切。安也。或作侎。
◎㥧，彌婢切。安也。或作侎。
【憴】食陵切。正譽也。或作譝。
◎憴，食陵切。正譽也。或作譝。
【忪】職容切。心動不定，驚也，遑遽也。
◎忪，職容切。心動不定，驚也，遑遽也。
○忪，心動不定，驚也，惶遽也。(《三部經音義集》二)
【懥】陟利切。怒也，恨也。
◎懥，陟利切。怒，恨也。
【愩】楚革切。情也，耿介也。
◎愩，楚革切。情也，耿介也。
【惚】七弄切。惚恫，不得志。
◎惚，七弄切。惚恫，不得志也。
【慺】洛侯切。謹敬也，不輕也，下情也。又力朱切。慺，同上。
◎慺，洛侯切。謹也，敬也，不輕也，下情也。又力朱切。慺，同上。
【㥦】丑葉切。心動皃。又休也。
◎㥦，丑葉切。心動皃。又休也。
○㥦，《玉篇》：心動也。(《龍龕手鏡》卷一)
【恒】胡登切。常也，久也。古作恆。
◎恒，胡登切。常也，久也。古作恆。
【惛】古忽切。憂也，慮也，悶也，心亂也。
◎惛，古忽切。憂也，心乱也。
【㦗】几利切。北方名强直爲㦗。又㦗，忮也。
◎㦗，几利切。强直。又㦗，忮也。

〇㦟，《玉篇》：北方名堅曰㦟。（《釋名疏證》卷二）
【惿】承紙切。審也。
◎惿，承紙切。審也。
【憽】尺隴切。恐也。
◎憽，尺隴切。恐也。
【慃】烏項切。很戾也。
◎慃，烏項切。很戾也。
【㦜】蒲角、匹角二切。煩悶也，悖也。
◎㦜，蒲角、匹角二切。煩，悖也。
【愭】翹移切。敬也，順也。
◎愭，喬移切。敬也，順也。
【恟】許邛切。恐也。
◎恟，許邛切。恐也。
【憤】古紅切。心動也。又古弄切。
◎憤，古紅切。心動也。又古弄切。
【慪】口侯切。悋也，惜也。
◎慪，口侯切。悋惜也。
〇慪，又口侯反，悋惜也，出《玉篇》。（《龍龕手鏡》卷一）
【慱】徒桓切。《爾雅》曰：慱慱，憂也。
◎慱，徒桓切。憂皃。
【怜】魯丁切。心了也。
◎怜，魯丁切。心了也。
【慵】是容切。慵，嬾也。
◎慵，是容切。嬾也。
【慆】他刀切。喜也。又慢也。
◎慆，他刀切。喜也，慢也。
【惲】王分切。憂也。又于敏切。
◎惲，王分切。憂也。又于敏切。
〇惲，《玉篇》又悦也。（《龍龕手鏡》卷一）
【恔】胡交切。快也。
◎恔，胡交切。快也。
〇恔，《玉篇》：恔，胡交切。快也。（《方言箋疏》卷三）
【㨿】巨魚切。心急也。
◎㨿，巨魚切。心急。
〇㨿，《玉篇》又其居反，心急也。（《龍龕手鏡》卷一）
【惞】口牙切。恐懼也。
◎惞，口牙切。恐懼也。
【慞】之羊切。慞惶也。
◎慞，之羊切。慞惶也。
【憫】畢民切。伏也。又匹人切，敬也。
◎憫，畢民切。伏也。匹人切，敬也。
【㟐】莫郎切。憂也。忙，同上。
◎㟐，莫郎切。憂也，不暇也。忙，同上。
〇忙然，不憶也，不議也。（《秘寶鈔》中四 1）
【怔】之成切。怔忪，懼皃。
◎怔，之成切。怔忪，懼皃。
〇怔忪，《玉篇》云：怔忪，懼貌。（《方言疏證》卷十）
【㦝】力尤切。怨也。
◎㦝，力尤切。怨也。
【㤘】莫侯切。貪愛也。
◎㤘，莫侯切。貪愛也。
〇㤘，《玉篇》：㤘，貪愛也。（《方言箋疏》卷一）
【怮】寺周切。慮也。
◎怮，寺周切。慮也。
【怜】巨淹切。心急也。
◎怜，巨淹切。心急也。
【㦗】士咸切。悋也。
◎㦗，士咸切。悋也。
【悇】居吟切。利也。
◎悇，居吟切。利也。
【懰】力尤切。怨也。
◎懰，力尤切。怨也。
【忙】孚亡切。忌也。
◎忙，孚亡切。忌也。
【㥊】步行切。㥊㥞，好怒也。
◎㥊，步行切。㥊㥞，好怒也。
【㥞】乎宏切。㥊㥞。
◎㥞，呼宏切。㥊㥞。
【惺】桑經切。惺憽，了慧也。
◎惺，桑經切。惺憽，了慧也。
【憽】蘇公切。惺憽。
◎憽，蘇公切。惺憽。
【悕】許祈切。念也，願也。
◎悕，許祈切。念也，願也。

【憴】力魚切。憂也。
◎憴，力魚切。憂也。
【懅】去魚切。怯也。
◎懅，去魚切。怯也。
【愢】息台切。意不合也。
◎愢，息台切。意不合。
【怌】孚悲切。恐也。
◎怌，孚悲切。恐也。
【憃】古巷切。恨也。
◎憃，古巷切。恨也。
【忊】古紅切。心急也。
◎忊，古紅切。心急也。
【怶】普皮切。
◎怶，普皮切。恐也。
【悚】德紅切。愚也。
◎悚，德紅切。愚也。
【惼】方迷切。通也。
◎惼，方迷切。通也。
【忻】户剛切。悦也。
◎忻，户剛切。悦也。
【悔】莫胡切。受也。
◎悔，莫胡切。受也。
【慳】口閑切。慳悋也。
◎慳，口閑切。悋也。
○慳，悋也。口閑反。(《三部經音義集》二)
○慳，《玉篇》：慳，堅也。(《方言箋疏》卷二)
【愝】於典切。愝惼，性狹。
◎愝，於典切。愝惼，性狹也。
【惼】方顯切。不傾之皃。
◎惼，方顯切。不傾之皃。
【悓】呼典切。恈悓也。
◎悓，呼典切。恈悓也。
【愀】在九、子小二切。色變也。
◎愀，在九、子小二切。色變也。
【惆】尺拯切。惆憆。
◎惆，尺拯切。惆憆也。
【憆】丑拯切。愚皃。
◎憆，丑拯切。愚皃。
【恬】胡老切。心動也。
◎恬，胡老切。心動也。
【悻】胡耿切。怨也。
◎悻，胡耿切。怨也。
【怶】符彼切。劣也。
◎怶，符彼切。劣也。
【懫】房吻切。思也。
◎懫，房吻切。思也。
【悟】芳九切。怒也。
◎悟，芳九切。怒也。
【愐】彌遣切。想也。
◎愐，彌遣切。想也。
【憏】尺養切。憏悅，驚皃。
◎憏，尺養切。悅憏，驚也。
【惧】他典切。慙皃。
◎惧，他典切。慙皃。
【忖】都了切。憂也。又之藥切，痛也。
◎忖，都了切。憂也。之藥切，痛也。
○忖，痛也，《玉篇》同。(《方言箋疏》卷一)
【惰】於六切。心動也。
◎惰，於六切。心動也。
【惴】之爽切。不悦。
◎惴，之爽切。不悦也。
【恎】布亥切。恃也。
◎恎，布亥切。市也。
●圓沙本“市也”未詳。
【憓】女里切。快活也。
◎憓，女里切。快恬也。
●宋十行本作“快性也”。
【懈】息淺切。慚也。
◎懈，息淺切。慚也。
【懰】初卯切。心懰也。
◎懰，初卯切。心懰也。
【愰】胡壙切。心明。
◎愰，胡壙切。心明也。
【恂】布絞切。悖也。
◎恂，布絞切。悖也。
【忏】七典切。怒也。
◎忏，七典切。怒也。
【懿】乙利切。古文懿。

◎憶，乙利切。古文懿。
【㤭】許異切。忻也。
◎㤭，許異切。忻也。
【悞】五故切。與誤同。
◎悞，五故切。曉也。與誤同。
【忤】五故切。逆也。
◎忤，五故切。逆也。
【慣】古患切。習也。
◎慣，古患切。習也。
【憓】胡桂切。愛也，羡也。
◎憓，胡桂切。愛，羡也。
【懰】孚救切。怒也。
◎懰，孚救切。怒也。
【忕】他蓋切。奢也。
◎忕，他蓋切。奢也。
【慝】於靳切。依止也。
◎慝，於靳切。依止也。
【憒】古對切。心亂也。
◎憒，古對切。心乱也。
【怰】户絹切。賣也。
◎怰，户絹切。賣也。
○怰，《玉篇》：音縣。（《龍龕手鏡》卷一）
【悋】力刃切。鄙也。俗又作恡。
◎悋，力刃切。鄙也。俗作恡。
【惋】烏貫切。驚歎也。
◎惋，烏貫切。驚歎也。
【惓】巨眷切。悶也。
◎惓，巨眷切。悶也。
○惓，顧野王云：惓，止也。（《一切經音義》卷十三）
【慠】五告切。慢也。
◎慠，五告切。慠慢，不恭也。
【懞】莫奉切。懞心也。
◎懞，莫奉切。懞心也。
【懥】力割切。懥惡。
◎懥，力割切。懥惡也。
【憱】初又切。
◎憱，初又切。慼也。
【懵】牟孔切。心亂，心迷也。
◎懵，牟孔切。心乱，迷也。
【忭】皮面切。喜悦也。
◎忭，皮面切。喜悦。
【憕】烏定切。恨也。
◎憕，烏定切。恨也。
【恦】尸樣切。念也。
◎恦，户樣切。念也。
【惤】私箭切。憐念也。
◎惤，私箭切。憐念也。
【憪】息戀切。税也。
◎憪，息戀切。税也。
【懠】子妙切。急性也。
◎懠，子妙切。急性。
【㥮】訴到切。快性也。
◎㥮，訴到切。快性。
○㥮，顧野王《玉篇》：㥮，快性。（《吴下方言考》卷九）
【㤘】七煬切。惻也。
◎㤘，七煬切。惻也。
【㤻】初訝切。
◎㤻，初訝切。不㑯也。
【㥑】古夏切。不安。
◎㥑，古夏切。不安也。
【㨾】余亮切。恨也。
◎㨾，余亮切。恨也。
【㥛】囚歲切。謹㥛也。
◎㥛，囚歲切。謹㥛，敬恐也。
【㤅】巨記切。敬也。
◎㤅，巨記切。敬也。
【㦝】初去切。心利也。
◎㦝，初去切。心利也。
○㦝，顧野工云：心利也。（《續一切經音義》卷七）
【㥩】胡代切。快也。
◎㥩，胡代切。快也。
【怟】都替切。悶也。
◎怟，都替切。悶也。
【惹】而灼切。亂也。
◎惹，而灼切。乱也。又音惹。
○惹，《玉篇》：音若。心乱也。（《龍龕手鏡》卷一）

【愯】許縛、具縛二切。驚也。又遽視也。
◎愯，許縛、具縛二切。驚遽皃。
【懎】所力切。恨也。
◎懎，所力切。恨也。
【忇】與力切。心動也。
◎忇，與力切。心動也。
【襟】巨錦切。歎也。又音金。
◎襟，巨錦切。歎也。又音金。
【㦗】子結切。心貞皃。
◎㦗，子結切。心貞皃。
【惰】與六切。心動也。
◎惰，與六切。心動也。
【佶】許吉切。怖也。
◎佶，許吉切。怖也。
【懯】徒結切。不安也。
◎懯，徒結切。不安也。
○懯，顧野王云：懯介猶怵惕也。(《一切經音義》卷九十四)
●懯同懯。
【㑹】池卓切。心不安。
◎㑹，他卓切。心不安也。
【㤼】吕恤切。憂悶也。
◎㤼，吕恤切。憂悶也。
【㑰】營隻切。用心也。
◎㑰，營隻切。用心也。
【仂】盧得切。
◎仂，盧得切。思也。
【㤉】許激切。心不安。憪，同上。
◎㤉，許激切。心不安也。憪，同上。
【恪】口各切。敬也。愙，《説文》同上。
◎恪，口各切。敬也，謹也。愙，《説文》同上。
【惐】于屋切。痛心也。
◎惐，于屋切。痛心也。
【愶】許劫切。以威力相恐愶。
◎愶，許劫切。以威力相恐愶也。
○愶，顧野王云：以威力恐愶也。(《一切經音義》卷十四)
○愶，顧野王云：以威力相恐愶也。(《一切經音義》卷十八)

【怴】許律切。怒也。
◎怴，許律切。怒也。
【慒】七老切。慒恅，心亂。
◎慒，七老切。慒恅，心乱也。
【恅】力造切。慒恅。
◎恅，力造切。慒恅。
【忖】倉本切。思也。
◎忖，倉本切。思也。
【熻】許急切。心熱也。
◎熻，許急切。心熱也。
【押】户甲切。押，樂也。
◎押，户甲切。押，樂也。
【忔】許乞切。喜也。
◎忔，許乞切。喜也。
【恰】苦洽切。用心也。
◎恰，苦洽切。用心也。
【悠】弋周切。思悠悠皃。
◎悠，弋周切。思悠悠皃。
【態】他戴切。意美也，嬌態也。亦作能。
◎態，他戴切。意美也，嬌態也。亦作能。
●宋十行本作“容態也”。
【忿】呼介切。不和皃。《説文》：忽也。懘，同上。又尺制切。怗懘，音不和也。㦅，同上。
◎忿，呼介切。忽也，不和皃。懘，同上，又尺制切，怗懘，意不和也。㦅，同上。
●圓沙本“意”當作“音”。
【怗】尺霑切。怗懘也。
◎怗，尺霑切。怗懘。
【忘】無方切。不憶也。《説文》曰：不識也。又無放切。
◎忘，無方切。不憶也。又無放切。
○忘，顧野王云：忘，不憶也。(《一切經音義》卷八十九)
【懣】莫本、亡困、亡旱三切。煩也。㥃，同上。
◎懣，莫本、亡困、亡旱三切。煩也。㥃，同上。
○懣，煩也，憤也。懣，愁悶矣。(《三教指歸注》一18)
【㤮】九放切。誤也，詐也。又巨望切。

◎愆，九放切。誤也，詐也。又巨望切。

【𢡔】古活切。愚人無知也。《説文》曰：善自用之意也。

◎𢡔，古活切。愚人無知。《説文》：善自用之意。

【愆】去乾切。過也，失也。𡩟，《説文》同上。㥶，同上，俗。

◎愆，去乾切。過也，失也。𡩟，《説文》同上。㥶，同上，俗。

○愆，顧野王云：凡物有過皆謂之愆也。（《一切經音義》卷四十四）

○愆，顧野王云：凡物差過亦謂之愆。（《一切經音義》卷六十三）

【慫】息勇切。悚也，動也，敬也，惡也，怨也。

◎慫，息勇切。悚也，動也，敬也，惡也，怨也。

【惡】於各切。不善也。又烏路切，憎惡也。恶，同上，俗。

◎惡，於各切。不善也。又烏路切，憎惡也。恶，同上，俗。

○惡，《玉篇》云：憎嫌也。（《一切經音義》卷二十五）

○惡，顧野王云：惡猶憎嫌也。（《一切經音義》卷二十九）

○惡，顧野王云：惡，憎也。（《一切經音義》卷四十一）

○惡，顧野王云：惡猶憎也。《玉篇》云：惡露，洩漏無覆蓋也。（《一切經音義》卷七十五）

【㦊】得漢切。爽也，忒也。

◎㦊，得漢切。忒也，爽也。

【懟】直類切。《説文》云：怨也。又徒對切，愚也。

◎懟，直類切。怨也。徒對切，愚也。

【恿】與恐切。猛也，氣果也。《説文》云：古文勇。

◎恿，與恐切。猛也，氣果也。《説文》云：古勇也。

【悲】筆眉切。痛也。

◎悲，筆眉切。哀痛也，愁也。

【㥥】衣豈切。痛聲也。

◎㥥，衣豈切。痛声也。

【恙】余亮切。憂也，病也。又噬蟲，善食人心。

◎恙，余亮切。憂也，病也。

【愁】仕尤切。憂也。

◎愁，仕尤切。憂也。

【惄】奴的切。憂皃。

◎惄，奴的切。憂皃。

【𢥠】女版切。俗赧字。

◎𢥠，女版切。俗赧字。

【𢡱】巨營切。憂也。

◎𢡱，巨營切。憂也。

【𢙐】於牛切。《説文》云：𢙐，愁也。

◎𢙐，於牛切。𢙐，愁也。

【患】户慣切。禍也，疾也，憂也。悶、𢜭，並古文。

◎患，户慣切。禍也，疾也。悶，古文。𢜭，古文。

【恐】去拱切。懼也。又丘用切。忎，古文。

◎恐，去拱切。懼也。又丘用切。忎，古文恐。

【慹】之涉切。司馬彪《莊子注》云：慹，不動皃。又之入切，怖也。

◎慹，之涉切。不動皃。又之入切，怖也。

【𢣷】詰計切。備也，極也，怖也。

◎𢣷，詰計切。備也，極也，怖也。

【恧】女六切。慙皃。

◎恧，女六切。慙皃。

【慙】昨酣切。慙媿也。慚，同上。

◎慙，昨酣切。恥也，慙愧也。慚，同上。

【惠】力延切。泣血也。

◎惠，力延切。泣血㥑㥑也。

○惠，《玉篇》云：泣血也。（《龍龕手鏡》卷一）

【懲】直陵切。戒也，止也，畏也。

◎懲，直陵切。戒也，止也，畏也。

【忩】魚肺切。困患也。又懲也。

◎忩，魚肺切。困患也，懲也。

【愈】余主切。差也。又勝也。孔子謂子貢曰：汝與回也，孰愈？

◎愈，余主切。勝也，差也。
〇愈，病差作癒。（《八十卷音義私記》下）
〇愈，益也，勝也。心憂爲悏，病差爲癒。（《類》247）
〇愈，《玉篇》云：病差爲愈。（《一切經音義》卷六）
【志】之吏切。意也，慕也。忠，古文。
◎志，之吏切。意也，慕也。忠，古文。
〇志，《尚書》：詩言志。孔安國曰：在心爲志。《左氏傳》：以制六志。杜預曰：好志［惡］應喜怒哀樂也。謂恩［思］急［意］也，識也。（《類》258）
●佚文“應”爲衍文。
【懇】莫皆切。慧也。
◎懇，莫皆切。慧也。
【惹】人者切。亂也。惒，同上，又音若。
◎惹，人者切。乱也，引也。惒，同上，又音若。
〇惹，如灼反。（《類》265）
【愗】莫候切。怐愗也。
◎愗，莫候切。怐愗也。
【戀】羊季切。忘也。
◎戀，羊季切。忘也。
【憨】火含切。愚也，癡也。
◎憨，火含切。愚癡也。
〇憨，《玉篇》引《毛詩傳》：憨，愚也。（《一切經音義》卷九十三）
【憑】皮明切。投託也。
◎憑，皮明切。投託也。
【劉】力牛切。定意也。
◎劉，力牛切。定意也。
【恕】古俄切。楷也，知也，法也。
◎恕，古俄切。楷也，知也，法也。
【悊】知列切。智也。與哲同。
◎悊，知列切。智也。与哲同。
【愍】眉隕切。悲也。《說文》曰：痛也。慜，同上。
◎愍，眉隕切。悲也，痛也。慜，同上。
◑憂，眉隕反。《說文》古文閔字也。閔，病也，在門部。
【憥】力高切。心力乏也，疾也。
◎憥，力高切。疾也，心力乏也。
●底本“乏”，原作“之”，據棟亭本改。
【忎】而真切。親也，仁愛也。
◎忎，而真切。親也，仁愛也。
●圓沙本“忎”當作“忎”。
【慶】丘映切。《說文》云：行賀人也。吉禮以鹿皮爲贄，故从鹿省。
◎慶，丘映切。行賀人也。
【慘】式六切。疾也。
◎慘，式六切。慘然疾也。
【懕】巨月切。强也，直也。或作𠩉。
◎懕，巨月切。强也，直也。或作𠩉。
【悲】皮筆切。輔也。或與佛同。
◎悲，皮筆切。弼同。或作佛，輔也。
【嘗】時羊切。古常字。
◎嘗，時羊切。古常字。
【辱】而欲切。古辱字。
◎辱，而欲切。古辱字。
【怘】胡故切。護也，漏也，堅也，常也，安也。
◎怘，胡故切。護同。堅也，常也。
【戀】力絹切。慕也。
◎戀，力絹切。慕也。
【憼】居影切。敬也。
◎憼，居影切。敬也。
【惑】户國切。迷也。《說文》云：亂也。
◎惑，户國切。迷也，乱也。
【忌】渠記切。畏也，惡也。
◎忌，渠記切。畏也，惡也。
【恚】於睡切。恨怒也。
◎恚，於睡切。恨怒也。
【忿】孚粉切。恨也，怒也。
◎忿，孚粉切。恨也，怒也。
【怨】於願切。恨望也，恚也。命，古文。
◎怨，於願切。恨也，恚也。命，古文怨。
〇怨，恨也。（《法華釋文》中）
〇怨，顧野王云：怨亦恨望也。（《一切經音義》卷三十一）
〇怨，顧野王云：怨，憾也。（《一切經音義》卷三十二）

〇怨，《玉篇》云：枉也。(《續一切經音義》卷九)
【怒】奴古切。《説文》云：恚也。
◎怒，奴古切。怒，恚也，悶也。
〇怒，《玉篇》：恚也。（《續一切經音義》卷六)
【愬】蘇故切。譖也。又斯革切，驚皃。《説文》與訴同。
◎愬，蘇故切。譖也。斯革切，驚皃。《説文》：訴同。
◑愬，所革反。《周易》：愬愬，終吉。王弼曰：處多懼之地，故曰愬愬也。《公羊傳》：愬而再拜。何休曰：愬，驚皃也。《説文》亦訴字也。野王案：訴，告也，譛也。又音蘇故反，在言部。
【慇】於斤切。慇懃，憐皃。《説文》云：痛也。
◎慇，於斤切。慇懃，憐皃。
〇慇懃，猶周至也。(《類》256)
【懃】巨斤切。慇懃。
◎懃，巨斤切。慇懃。
〇懃，不怠之皃也。(《三教指歸注》上四28)
【𢡟】古限切。《説文》云：存也。或作𦽐。又音萌。
◎𢡟，古限切。或作𦽐。又音萌。
【悆】余庶切。豫也，悦也。
◎悆，余庶切。豫也，悦也。
【忒】他得切。差也。《説文》云：失常也。
◎忒，他得切。差也，失常也。
【忒】他得切。疑也。《説文》云：更也。
◎忒，他得切。疑也，更也。
【恥】敕理切。恥辱也。
◎恥，敕理切。恥辱也。
【惎】渠記切。教也。《説文》云：毒也。忎，古文。
◎惎，渠記切。教也，毒也。忎，古文。
●澤存堂本作“忎”。
【忽】呼没切。輕也，忘也。
◎忽，呼没切。輕也，忘也。
【恝】力結切。憂皃。
◎恝，力結切。憂皃。
【㤲】蒲骨切。惛也，迷亂也。
◎㤲，蒲骨切。迷乱也，惛也。
【急】居立切。迫切也，盡也。《説文》作㥛，褊也。㥛，《説文》急。
◎急，居立切。迫也，切也，盡也。㥛，《説文》急。
【憝】徒對切。惡也，怨也。憞，同上。
◎憝，徒對切。怨也。憞，同上。
【𢢼】力之切。恨也。一曰怠也。
◎𢢼，力之切。怠也。
【㥢】渠久切。怨㥢也。
◎㥢，渠久切。怨㥢也。
【怠】徒改切。懈怠也。
◎怠，徒改切。懈也，惰也。
【恣】子利切。《説文》云：縱也。
◎恣，子利切。縱也。
【慁】户困切。患也，憂也。慖，同上。
◎慁，户困切。患憂也。慖，同上。
【㤤】何堅切。急也。
◎㤤，何堅切。急也。
【忍】魚既切。怒也。
◎忍，魚既切。怒也。
【㦏】裨列、匹列二切。急性也。
◎㦏，裨列、匹列二切。急性。
【悶】莫頓切。懣也。
◎悶，莫頓切。懣也。
【𢡱】户界切。傾心也，果敢也。
◎𢡱，户界切。傾心也，果敢也。
【忠】陟隆切。敬也，直也。
◎忠，陟隆切。敬也，直也。
【懇】口很切。悲也，誠也，信也。
◎懇，口很切。悲也，誠也，信也。
〇懇，守其志也。(《類》238)
【戁】女板切。忌也，敬也。
◎戁，女板切。忌也，敬也。
【惁】先歷切。慜也，憂也。
◎惁，先歷切。慜也，憂也。
【憖】魚覲切。《説文》：問也。一曰説也。一曰且也。《左氏傳》曰：昊天不憖。
◎憖，魚覲切。且也。

【慈】疾之切。愛也。《左氏傳》曰：父慈子孝。
◎慈，疾之切。愛也，悲也。
○慈，顧野王案：慈者，上所以愛下。孝者，下所以事上。《禮記》曰父慈子孝是也（《三部經音義集》一）
【㦗】口朗、苦謗二切。大也，寬也。懭，同上。
◎㦗，口朗、苦謗二切。寬也。懭，同上，又大也。
【忞】莫巾切。自勉强也。
◎忞，莫巾切。自勉强也。
【懕】於廉切。安也，静也。
◎懕，於廉切。安也。又静也。
【悹】古桓切，又公玩、公緩二切。悹悹，憂無告也。悺，同上。
◎悹，古桓、公玩、公緩三切。悹悹，憂無告也。悺，同上。
【懙】余吕切。《説文》曰：趣步懙懙也。又以諸切，謹敬皃。㥠，古文。
◎懙，余吕切。趣皃。又以諸切，謹敬皃。㥠，古文。
【怤】芳俱切。悦也，僖也，樂也。
◎怤，芳俱切。悦也，僖也，樂也。
【㥯】衣近切。憂也，謹也。
◎㥯，衣近切。憂也，謹也。
【愿】娱萬切。謹也。
◎愿，娱万切。謹也，慤也。
【懤】直由切。懤，箸也。𢡢，同上，見《説文》。
◎懤，直由切。箸也。𢡢，同上，見《説文》。
○懤，《玉篇》：直又反。憂也。又同懤，怨毒也。（《龍龕手鏡》卷一）
【息】思力切。喘息也。
◎息，思力切。喘急也。
○息，氣在人身中，稟以生者也。（《法華釋文》中）
【意】於記切。志也，思也。
◎意，於記切。志也，思也。
【惄】乃歷切。飢意也，憂也。
◎惄，乃歷切。飢意也，憂也。
【恁】如針切。信也。又如甚切，念也。
◎恁，如針切。信也。如甚切，念也。
【㤞】呼骨切。寢熟也。
◎㤞，呼骨切。寐熟也。
【思】息廉切。利口也。
◎思，息廉切。利口也。
【慝】他得切。惡也。
◎慝，他得切。惡也。
【慤】空角切。謹也，愿也，誠也，志也。
◎慤，空角切。謹也，愿也，誠也，志也。
【悳】都勒切。《説文》曰：外得於人，内得於己。今通用德。㥁，古文。
◎悳，都勒切。《説文》：外得於人，内得於己。今通用作德。㥁，古文。
【應】於陵切。《説文》作應，當也。又於證切。
◎應，於陵切。當也。又於證切。
【念】奴玷切。思也。
◎念，奴玷切。思也。
●宋十行本作“奴拈切”，宋十一行本作“奴坫切”。
【㦤】於計切。密也，疾也，静也。
◎㦤，於計切。密也，疾也，静也。
【㤅】於代切。《説文》：惠也。今作愛。
◎㤅，於代切。惠也。今作愛。
【慰】於貴切。安也，居也，問也。
◎慰，於貴切。安也，問也。
【㤫】許氣切。息也。《説文》云：古文㤅。
◎㤫，許氣切。息也。古㤅字。
【㥲】楚芮切。謹也。
◎㥲，楚芮切。謹也。
○㥲，《玉篇》：謹也。（《龍龕手鏡》卷一）
【慾】余玉切。貪也。
◎慾，余玉切。貪也。
【㥜】初力切。古惻字。
◎㥜，初力切。古惻字。
【憲】許建切。法也，誠也，制也。《説文》云：敏也。㥳，同上。
◎憲，許建切。法也，制也。《説文》云：敏也。憲，同上。
○憲，《玉篇》云：法也。（《一切經音義》卷二十六）
【懋】莫候切。勉也。《書》曰：時惟懋哉。忞，同上。
◎懋，莫候切。敏也。忞，同上。
【僃】蒲拜切。病也。
◎僃，蒲拜切。病也。
○僃，顧野王云：僃，疲劣也。（《一切經音義》卷九十五）
【慗】丑力切。從也。
◎慗，丑力切。從也。
【煭】桑戈切。縣名。
◎煭，桑戈切。縣名。
【惎】莫補切。
◎惎，莫補切。思也。
【怗】尺占切。不和皃。
◎怗，尺占切。不和皃。
【憝】力之切，愁憂皃。又力置切。《說文》云：楚潁間謂憂曰憝。
◎憝，力之、力置二切，愁也，憂也。
【懸】户涓切。挂也。本作縣。
◎懸，户涓切。掛也。本作縣。
【怨】於元切。怨枉。又於阮切。
◎怨，於元切。怨枉也。又於阮切。
【恏】苦交切。恏伢，伏態。
◎恏，苦交切。恏伢，伏態也。
○恏，阮孝緒《文字集略》云：恏伢，伏態貌。《玉篇》《廣韻》並同。（《方言箋疏》卷三）
【惡】户加切。㦓惡，難語。
◎惡，户加切。㦓惡，難語也。
【㦓】莫芭切。㦓惡。
◎㦓，莫芭切。㦓惡也。
【㤲】苦協切。《說文》曰：思皃。
◎㤲，苦協切。思皃。
【惀】力本切。陯惀，行無廉隅。
◎惀，力本切。腄惀，無廉報。
●圓沙本"無廉報"未詳。
【愚】魚俱切。戇也。
◎愚，魚俱切。戇也，昧也。
【想】息兩切。思也。
◎想，息兩切。思也。
【懈】古械切。古文。
◎懈，古械切。古解字。
【㥶】私列切。不安皃。
◎㥶，私列切。不安皃。
【惄】他歷切。勞也。《說文》與惕同。
◎惄，他歷切。勞也。与惕同。
【愵】奴歷切。思也，愁也。或作惄。
◎愵，奴歷切。思也，愁也。或作惄。
【㦏】丁各切。驚也。
◎㦏，丁割切。驚也。
【憝】古的切。
◎憝，古的切。定也。
●圓沙本"定也"未詳。
【恝】去計切。心事也。
◎恝，去計切。心事也。
【奎意】二同。胡桂切。
◎奎，胡桂切。明也。意，同上。
【感】古坎切。傷也。
◎感，古坎切。傷也。
【怒】奴古切。
◎怒，奴古切。思也。
【㤼】市由切。
◎㤼，市由切。願也。
【恐】去勇切。
◎恐，去勇切。恐也。
【㤐】奴店切。
◎㤐，奴店切。謹也。
【㤂】五故切。
◎㤂，五故切。悦也。
【慼】且的切。憂也。
◎慼，且的切。憂也。
【辡】卑沔切。憂也，迫也。
●辡同辦，上文作"辦，畢沔切。憂也，急也"。
【惷】丑江、尸容二切。愚也。
◎惷，丑江、尸容二切。惷，愚也。
【㦒】普狄切。急速也。

◎憵，普狄切。急速也。
【惷】充允切。擾動也，亂也。
◎惷，充允切。擾動也。
○惷，敕容反，書容反。（《三教指歸注》一28）
【懝】五代切。惶也，病也，騃也。
◎懝，五代切。惶也，病也，騃也。
【懲】于例切。寐言也。
◎懲，于例切。寐言也。
◑䜊，爲劌反。《聲類》或懲字也。懲，夢言意不譿也。在心部。
【忥】許氣切。癡也。
◎忥，許氣切。癡也。
【忍】如軫切。含忍也，仁也，强也。
◎忍，如軫切。含忍也，仁也，强也。
○忍，舍［含］容［忍］也。(《法華釋文》上)
【意】於力切。度也，安也，仁也。《説文》：滿也。十萬曰意。今作億。
◎意，於力切。度也，安也，仁也。《説文》曰：滿也。十萬曰意。今作億。
○意，《玉篇》：悶也。(《龍龕手鏡》卷一)
【㤐】古顏切。私也，慢也。古姧字。
◎㤐，古顏切。私也，慢也。古姧字。
◑㤐，古顏反。《説文》古文姦字也。姦，私也，邪也，爲也，賊在外也。在女部。
【懛】直絳切。憨懛，兇頑皃。
◎懛，直絳切。憨懛，兇頑皃。
【戇】陟絳切。愚戇。𢡊，同上。
◎戇，陟絳切。愚戇。𢡊，同上。
○戇，都絳反。愚也。(《醫心方》刊本二七9)
【憙】許記切。樂也。
◎憙，許記切。樂也。
【恩】烏痕切。惠也。
◎恩，烏痕切。惠也，澤也。
【憩】去例切。安息也。
◎憩，去例切。安息也。

補

○惎，顧野王云：惎謂恚也。(《一切經音義》卷八十九)
○㤅，地名，出《玉篇》。(《重修廣韻》卷二)
○㦬懡，《玉篇》又作躧蹝。(《重修廣韻》卷三)
○㥠，《玉篇》：安也。(《龍龕手鏡》卷一)
○㦽，《玉篇》：謹也。(《龍龕手鏡》卷一)
○怮，《玉篇》：忧，俗。于救反。心動也。(《龍龕手鏡》卷一)
○㤆，《玉篇》：音离。悦也。(《龍龕手鏡》卷一)

思部第八十八

凡五字

【思】息茲切。願也，念也。深謀遠慮曰思。恖，古文。
◎思，息茲切。願也，念也。深謀遠慮曰思。《易》：何思何慮。恖，古文。
【慮】力據切。謀也，思也。
◎慮，力據切。謀也，思也。
【崽】子改、山皆二切。《方言》云：江湘之間凡言是子曰崽。
◎崽，子改、山皆二切。《方言》云：江湘之間凡言是子曰崽。
○崽，《玉篇》引《方言》：江湘之間凡言是子曰崽。(《方言疏證》卷十)
【愳】眉殞切。傷也，痛也。古文愍。
◎愳，眉殞切。傷痛也。古文愍字。

惢部第八十九

凡二字

【惢】桑果切。又才累、才規二切，心疑也。
◎惢，桑果切。又才累、才規二切，心疑也。
【繠】如纍切。聚也，垂也。《左傳》曰：佩玉繠兮。注云：繠然，服飾備也。
◎繠，如纍切。聚也，垂也。《左傳》：佩玉繠兮。注：繠然，服飾備也。

大廣益會玉篇
卷第九

凡二十九部

言部第九十

凡四百八十二字

【言】魚鞬切。言辭也，我也，問也。《説文》云：直言曰言，論難曰語。，古文。䇾，古文。

◎言，魚鞬切。言辭也，問也，我也。，古文。䇾，古文。

【語】魚巨切。言語也，説也。

◎語，魚巨切。言説也。

【謍】於耕切。《説文》曰：聲也。

◎謍，於耕切。声也。

○謍謍，鳥鳴貌。（《三教指歸注》七 2）

【謦】枯鼎切。欬聲也。

◎謦，枯鼎切。欬声也。

【談】徒甘切。論言也，戲調也。

◎談，徒耳切。論言也，戲調也。

○談，顧野王曰：談論也。（《一切經音義》卷十六）

○談，顧野王云：談，言論也。（《一切經音義》卷四十一，《續一切經音義》卷一）

●圓沙本"徒耳切"當作"徒甘切"。

【謂】禹沸切。信也，道也。《説文》曰：報也。

◎謂，禹沸切。云也，道也，報也。

○謂，猶言也。（《令集解》三 245）

○謂，《玉篇》曰：謂猶言也，道也。（《一切經音義》卷二十二）

●底本"信也"疑當作"言也"。

【諒】力尚切。信也，相也，助也。

◎諒，力尚切。信也，相也，助也。

【詵】所陳切。衆多也。《説文》曰：致言也。

◎詵，所陳切。衆多也。又致言也。

【請】且井、疾盈二切。問也，求也，乞也。又疾性切。

◎請，且井、疾盈二切。問也，求也，乞也。又疾性切。

【謁】於歇切。告也，白也。

◎謁，於歇切。告也，白也。

【讖】楚蔭切。讖言也。《説文》曰：驗也。

◎讖，楚蔭切。讖言也，驗也。

○讖，顧野王云：讖謂占候有効，記其事也。（《一切經音義》卷五十七）

【許】虚語切。進也，聽也，從也。

◎許，虚語切。進也，從也，聽也。

【諾】那各切。荅也。《説文》曰：譍也。

◎諾，那各切。荅也。《説文》：譍言也。

○諾，從也，應諾，從容辭也。（《類》81）

○諾，顧野王云：諾謂聽許之辭也。（《一切經音義》卷五十七）

【諸】至如切。非一也，皆言也。

◎諸，至如切。非一也，皆言也。又助語。

【譬】匹臂切。喻也。

◎譬，匹臂切。喻也。

○譬，比類以相曉也。（《法華釋文》上）

○譬，《玉篇》：喻也，比類以相曉喻。（《一切經音義》卷二十七）

【詩】舒之切。《詩序》云：詩者，志之所之也。在心爲志，發言爲詩。

◎詩，舒之切。詩書也。
〇詩，《毛詩序》：詩者，志之所之也。《周禮》六義，一曰比，二曰興，三曰賦，四曰風，五曰雅，六曰頌。(《類》91)
【諷】方鳳切。諷誦也，譬喻也。
◎諷，方鳳切。誦也，譬喻也。
〇諷，顧野王云：諷謂音［言］譬况以動之。(《一切經音義》卷八十)
【誦】徐用切。暗誦也。
◎誦，徐用切。暗誦也。
【讀】徒鹿切。讀誦也。
◎讀，徒鹿切。誦也。
【訓】許運切。教訓也，誡也。訔，古文。
◎訓，許運切。教也，誡也。訔，古文。
【誨】呼繢切。教示也。
◎誨，呼繢切。教示也。
〇誨，教示也。呼繢反。(《三部經音義集》二)
【譔】仕卷切，又此專切。専教也。
◎譔，仕卷切，又此專切。専教也。
【謜】魚園切。徐語也。
◎謜，魚園切。徐語也。
【詇】於竟、於仗二切。早知也。
◎詇，於竟、於仗二切。早知也。
【詖】彼寄切。佞諂也，辯論也，慧也。
◎詖，彼寄切。佞諂也，辯論也，慧也。
【諄】之閏、之淳二切。佐也，可惡也，告曉之熟也。譠，同上。
◎諄，之閏、之淳二切。佐也，可惡也，告曉之熟也。譠，同上。
〇諄，野王案曰：諄諮親戚之議也。(《三教指歸注》二 28)
【訰】之閏切，又之純切。亂也。
◎訰，之閏、之純二切。乱也。
【詻】魚格切。論訟也，教令嚴也。
◎詻，魚格切。教令嚴也。
【誾】魚巾切。《論語》曰：誾誾如也。誾誾，中正之皃。又和敬皃。訔，同上。
◎誾，魚巾切。誾誾，中正皃。又和敬皃。訔，同上。

【謨】莫胡切。《説文》曰：議謀也。暮，同上。
◎謨，莫胡切。議謀也。暮，同上。
【諮】子辭切。問也，謀也。
◎諮，子詞切。問也，謀也。
【訪】孚望切。謀也，問也。《周書》曰：王訪于箕子。孔安國曰：問天道也。
◎訪，孚望切。問也，謀也。
●"天道"，宋十行本作"大道"。
【詢】息遵切。咨也。諄，同上。
◎詢，息遵切。咨問也。諄，同上。
【諏】子須切。問正事也，聚謀也。
◎諏，子須切。問正事也，聚謀也。
【訂】他丁、唐頂二切。平議也。
◎訂，他丁、唐頂二切。平議也。
【論】力昆、力困二切。思理也，議也。
◎論，力昆、力困二切。言議也。
〇論，思也，考也，擇也。(《三教指歸注》一 19)
【諫】且録切。從也。
◎諫，且録切。從也。
【議】魚寄切。法有八議也，謀也，語也。
◎議，魚寄切。論也。法有八議。
〇議，廣謂之也。議猶擇也，圖也。(《類》71)
【詳】似良切。審也，論也，諟也。又音羊，詐也。
◎詳，似良切。審也。又音羊，詐也。
【諦】都計切。審也。
◎諦，都計切。審也。
〇諦，顧野王云：諦，正直之言也。(《一切經音義》卷八十八)
【識】詩力切。識認也。《説文》云：常也。一曰知也。
◎識，時力切。知也。始志切，記也。
〇識，知也。(《法華釋文》上)
【訊】思進切。問也，辭也。謯，古文。
◎訊，思進切。問也，辭也。謯，古文。
〇訊，《玉篇》：訊，問也，辭言也。(《一切經音義》卷二十七)

【訒】如陵切。厚也，就也，重也。
◎訒，如陵切。厚也，就也，重也。
【謹】居隱切。敬也，慎也。
◎謹，居隱切。敬也，慎也。
【諶】恃林切。信也，誠也。
◎諶，恃林切。信也，誠也。
【訦】時林、市荏二切。信也。亦與諶同。
◎訦，時林、市荏二切。亦与諶同。
【誠】是征切。審也，信也，敬也。
◎誠，是征切。審也，信也，敬也。
【信】思刃切。明也，敬也。《論語》曰：信近於義，言可復也。訫，古文。又作㐰。
◎信，思刃切。明也，敬也。訫，古文。又作扣。
○信，極也。（《類》73）
○信，不易之稱也。（《法華釋文》上150下）
●圓沙本“扣”當作“㐰”。
【誡】居拜切。警也，命也，告也。
◎誡，居拜切。警也，命也，告也。
○誡，古來反。戒也。（《法華釋文》中）
【譣】虚儉、息廉二切。問也，詖也。
◎譣，虚儉、息廉二切。問也，詖也。
【誥】古到切。《爾雅》云：誥，告也。
◎誥，古到切。誥，告也。
○誥，古到反。《尚書》：作仲虺之誥。孔安國曰：以諸侯相天子會同曰誥。《爾雅》：誥，告也。野王案，（《尚書》）乃供［洪］大語［誥］治是也。又曰：誥，謹也。郭璞曰：所以約謹戒眾也。《尚書大傳》：何以爲之誥？風告也。（《新撰字鏡》一一40）
【詧】楚黠切。《説文》曰：言微親詧。
◎詧，楚黠切。與察同。
【誓】時世切。命也，謹也。《説文》曰：約束也。
◎誓，時世切。命也，謹也，約束也。
【詁】姑五切。訓故言也。
◎詁，姑五切。訓故言也。
【謄】達曾切。傳也。
◎謄，達曾切。傳寫也。
◑謄，達曾反。《淮南》：子産謄辞。許叔重曰：謄，傳也。野王案：謂傳道言之也。《周易》咸其輔頬舌謄口説也是［是也］。《説文》：移書也。今亦爲滕字，在水部。
【藹】於害切。止也，臣盡力也。
◎藹，於害切。止也，臣盡力也。
【詥】胡荅切。諧也。
◎詥，胡答切。諧詥也。
【証】之盛切。諫也。
◎証，之盛切。諫也。
【諗】尸枕切。念也，告也。
◎諗，尸枕切。念也，告也。
【諫】柯鴈切。正也，間也，更也。
◎諫，柯鴈切。正也，諍也。
【課】枯過切。議也，試也。又苦訛切。
◎課，枯過切。議也，試也。又苦訛切。
○課，猶訂［計］也。（《類》78）
【訔】與周切。從也。
◎訔，与周切。從也。
【詮】七全切。具也，治亂之體也。
◎詮，七全切。具也，評也。
【訢】許殷切。樂也，喜也。
◎訢，許殷切。樂也，喜也。
【諧】胡階切。和也，合也，調也，偶也。或作龤。
◎諧，胡皆切。和也，合也，調也，偶也。或作龤。
【計】居詣切。會也，筭也，謀也。
◎計，居詣切。會也，筭也，謀也。
●底本“居詣切”，原作“居諧切”，據宋十一行本改。
【調】徒聊切。和合也。又大吊切，選調也。又度也，求也。
◎調，徒聊切。和合。大弔切，選也。
【話】胡卦切。善言也，調也。語，同上。
◎話，胡卦切。善言也，調也。語，同上。
◑話，胡快反。《尚書》：乃話民之弗率。孔安國曰：話，善言也。《説文》：合會善言也。《廣雅》：話，調也，謂啁調也。《聲類》：訛言也。
○話，《玉篇》：語話也。（《續一切經音義》

卷八）

【譮】許界切。怒聲。《説文》云：籒文話。

◎譮，許戒切。怒声也。籒文作話。

◑譮，《説文》籒文話字也。《聲類》或儈字也。儈，合儈市也，音古會反，在人部~~大部~~。《字書》古文爲舙字，在舌部也。

【諈】竹恚切。訐也。《爾雅》曰：諈諉，累也。

◎諈，竹恚切。託也。又諈諉，累也。

◑諈，竹恚反。《爾雅》：諈，諉，累也。郭璞曰：以事相屬累爲諈也。

●"訐也"疑當作"託也"。

【諉】女恚切。諈諉。

◎諉，女恚切。諈諉。

◑諉，女恚反。《漢書》：尚有可諉者。孟康子曰：諉，累也。蔡謨曰：諉，託也，猶言委罪彭生也。

【警】居影切。戒也，敕也。

◎警，居影切。戒也，敕也。

◑警，居影反。《尚書》：洚水警予。孔安國曰：警，戒也。《周禮》：正歲，則以法警戒群吏。鄭玄曰：警謂敕敬之也。《左氏傳》：以警于夷。杜預曰：警懼戎狄也。又曰：軍衛不徹警也。《禮記》：大昕鼓徵，所以警衆也。鄭玄曰：警猶起也。《廣雅》：驚驚，不安也。或爲儆字，在人部也。

【誼】宜寄切。理也，人所宜也。

◎誼，宜寄切。理也，人所宜也。

◑誼，魚寄反。《周禮》：六德曰誼。鄭玄曰：誼者，能制事也。《周易》：理財正辞、禁民爲非曰誼。又曰：堅柔之議際［際議］無咎也。王弼曰：議猶理也。《毛詩》：宣照［昭］誼問。《傳》曰：誼，善也。《禮記》：誼者宜也。《謚法》：除天之際曰議，能制命曰誼，行議不疾曰誼。今並爲義字，在我部。

○誼，今爲義字。（《類》98）

【謐】莫橘切。靜也。

◎謐，莫橘切。静也。

◑謐，莫橘反。《爾雅》：謐，静也，脊也。野王案：《韓詩》賀［誐］以謐我~~我~~是（也）。

【謙】苦嫌切。輕也，讓也，敬也。

◎謙，苦嫌切。遜讓也，卦名。

◑謙，去兼反。《周易》：謙，輕也。天道虧盈而益謙，地道變盈而流謙，鬼神害盈而福謙，人道惡盈而好謙。謙，尊而光，卑而不可踰。野王案：謙猶沖讓也。《尚書》滿照［招］損，謙受益也是［是也］。《國語》：謙謙之德。賈逵曰：謙謙猶小小也。《説文》：謙，敬也。《倉頡篇》：謙，虚也。

【詡】虚甫切。普也，大也，徧也，人語也。

◎詡，虚甫切。普也，偏也，人語也。

◑詡，吁雨反。《毛詩》：川澤詡詡。《傳》曰：詡詡然大也。《禮記》：德發揚，詡万物。鄭玄曰：詡猶普也，遍也。又曰：喪事主哀，會同主詡。鄭玄曰：詡謂慜而有勇，若齊國佐也。《蒼頡篇》：詡，和也，恤人者也。《説文》：人語也。

●今本《説文》作"大言也"，疑"人"爲"大"之訛。

【諓】疾箭、疾翦二切。巧言也。

◎諓，疾箭、疾剪二切。巧言。

◑諓，似剪反，子踐反。《尚書》：諓諓静言。野王案：《説文》：諓，善言也。《國語》：又案［安］和［知］是諓諓者。賈逵曰：諓諓，巧言皃也。《公羊傳》：~~共~~惟諓諓。何休曰：諓諓，淺薄之皃也。《楚辭》：讒人諓諓熟［孰］何［可］愬。王逸曰：讒言皃也。

【謥】且送切。謥詷，言急。

◎謥，且送切。謥詷，言急也。

◑謥，且送反。《蒼頡篇》：謥，詷也。《聲類》：謥，獪也。今亦爲愡字，在心部。

【詷】徒貢切。謥詷。又共同也。

◎詷，徒貢切。謥詷也。

◑詷，徒貢反。《説文》：共同也，一曰譀也。《蒼頡篇》：~~蒼~~會也，亦調也。《聲類》又儈也。《字書》：謥調［詷］也。

●底本"謥詷"，原作"謥詞"，據宋十一行本改。

【譞】呼緣切。慧也。

◎譞，呼緣切。慧也。

◑譞，呼緣反。《説文》：譞，慧也。野王案：謂慧慧也，与儇字同，在人部。

【諰】思理切。思之意也。

◎諰，思理切。思之意也。

◑諰，思理反。《説文》：思之意也。《蒼頡篇》：言且忍［思］之。《聲類》：知之也。

【設】尸熱切。置也，合也，陳也。

◎設，尸熱切。置也，陳也，合也。

◑設，尸熱反。《周禮》：設官分職。野王案：設猶置也。《毛詩》：肆筵設席。《傳》曰：設席，重席也。《韓詩》：鍾鼓既設。設，陳也。《公羊傳》：推［權］之所設。何休曰：設，施也。《國語》：必設以此（民也）。賈逵曰：設，許也。《廣雅》：設，合也。

〇設，尸熱（反）。置也，陳也。(《三部經音義集》二)

【譢】胡退切。中止也，譯也。

◎譢，胡退切。中止也，譯也。

◑譢，胡退反。《説文》：中正［止］也。《司馬法》曰師多則民譢~~之~~，譢~~之~~止~~是~~也。《蒼頡篇》：譢，譯也。《聲類》：相勘也。

〇譢，《玉篇》云：譯也。(《重修廣韻》卷三)

【託】他各切。寄也，依憑也。

◎託，他各切。寄也，依憑也。

◑託，他各反。《公羊傳》：託不得已。何休曰：因託以也。《論語》：可以託六尺之孤。野王案：《方言》託，寄也。凡寄爲託。《廣雅》：託，依也。託，累也。或爲任字，在人部。

【譽】余怒切。稱也，聲美也。又音余。

◎譽，余怒切。稱也，声美也。又音余。

◑譽，餘庶、与舒二反。《尚書》：罔違道以干百姓之譽。孔安國曰：不違道求名。《毛詩》：以永終譽。《笺》云：譽，聲美也。《國語》：王叔子譽諸朝廷。賈逵曰：譽，稱也。《禮記》：孔子曰，君子不曰［口］譽人，則民作怨［忠］。鄭玄曰：譽，繩也。

〇譽，稱也，聲美也。余怒反。《毛詩傳》曰：譽謂之美揚也。(《三部經音義集》一)

【記】居意切。録也，識也。

◎記，居意切。録也，識也。

◑記，居意反。《尚書》：撻以記之。孔安國曰：記識其過也。野王案：《禮記》猶録是書，記所以録識之也。又曰今王即命記功是也。《禮記》：太史執簡記。鄭玄曰：記，礼書也。《説文》：記，疏也。《聲類》古文爲近字，在斤部也。

【謝】詞夜切。辭也，去也。譤，《説文》謝。

◎謝，詞夜切。辭也，去也。譤，《説文》。

◑謝，似夜反。《左氏傳》：使邪［邳］鄭如秦緩賂。野王案：《説文》謝，辞也。謂相辞謝也。《國語》子叔聲伯如晉謝季文子是也。《禮記》：大夫七十而致士，若不得謝。鄭玄曰：謝猶聽也。《楚辭》：明［願］（歲）并謝，与長友。王逸曰：謝，去也。

【謡】與招切。獨歌也。徒歌曰謡。

◎謡，与招切。徒歌也。

◑謡，与照反。《毛詩》：我歌且謡。《傳》曰：徒歌曰謡。《韓詩》：有章曲曰歌，無章曲曰謡。《説文》：獨歌也。

【訖】居迄切。畢也，止也。

◎訖，居迄切。畢也，止也。

◑訖，居迄反。《尚書》：天既訖我殷命。孔安國曰：畢訖殷之王命也。又曰：惟訖于富。孔安國曰：惟絶於富也。《禮記》：訖其嗜欲。鄭玄曰：訖，止也。

【謳】於侯切。喜也，齊歌也。

◎謳，於侯切。齊歌也，吟也。

◑謳，於侯反。《左氏傳》：謳者乃山［止］。野王案：《説文》：謳，齊歌也。《孟子》綿鉤［駒］處於高唐而齊右善謳是也。《廣雅》：謳，喜也。《埤蒼》或爲謳［嘔］字，在口部。《字書》爲慪字，在心部。

【諍】側迸切。諫諍也，止也。

◎諍，側迸切。諫也，止也。

◑諍，側迸反。《説文》：諍，止也。野王案：今上［亦］以爲争字。争，諫也，別也。在受部也。

〇諍，顧野王云：諍者，今以爲争也。(《一切經音義》卷七十二)

【詠】爲命切。長言也，歌也。亦作咏。

◎詠，爲命切。長言。亦作咏。

◑詠，爲命反。《尚書》：拊搏瑟［搏拊琴瑟］以詠。野王案：詠，長歌言之也。《國語》：以歌詠之。《毛詩序》言之不足，故嗟歎之，嗟嘆之不足，故詠歌之是也。《禮記》：人喜則斯陶，(陶) 斯詠。鄭玄：詠，謳也。或爲咏字，在口部也~~之~~。

【諺】魚建切。傳言也。

◎諺，魚建切。俗傳言也。

◑諺，宜箭反。《左氏傳》：周諺有之。《説文》：傳言也。

【評】火吴切。唤也。

◎評，火吴切。唤也。

◑評，虎都反。《儀禮》：太祝評佐食。鄭玄曰：呼猶命也。《説文》：評，召也。野王案：謂也。《方言》或呼爲釣［鈎］格是也。《廣雅》：詩［評］，鳴也。今亦爲呼字，在口部。

【訝】魚嫁切。《説文》曰：相迎也。與迓同。

◎訝，魚嫁切。相迎也。与迓同。

◑訝，魚嫁反。《周禮》：掌訝掌邦國之（等）積［籍］以待賓客。鄭玄曰：訝，迎也。《爾雅》亦云。郭璞曰：《公羊傳》跛者訝，詖者御是也。《聲類》亦爲迓字，在辵部。《字書》或爲捂字，在手部。車罔名訝爲枒字，在木部~~之也~~。

【詣】魚計切。往也，到也，至也。

◎詣，魚計切。往也，到也。

◑詣，魚計反。《史記》：乘傳詣洛陽。野王案：詣，到也。《蒼頡篇》：詣，至也。《説文》：候至也。

○詣，野王案：詣，至也。音五計反。(《令集解》九 291)

○詣，顧野王云：詣，到也。(《一切經音義》卷四十)

【訒】而振切。難也，鈍也。

◎訒，而振切。言難也。

◑訒，而振反。《論語》：其言也訒。爲之難，言之得（無）訒乎？孔安國曰：訒，難也。《説文》：訒，鈍也。

【講】古項切。論也，習也。

◎講，古項切。習也，論也。

◑講，古項反。《論語》：學之不講，聞義不能從［徙］也。野王案：講謂談論以解説訓詁也。《左氏傳》：講事不令。杜預曰：講，謀也。《國語》：一時講武。賈逵曰：講，習也。又曰：仁者講功。賈逵曰：講猶論也。《史記》：沛公之有天下，業以講解。蘇林曰：講，和也。《説文》和解也。《廣雅》：講，讀也。

○講，和解也，讀也。(《類》92)

○講、論，皆解説、談議、訓詁之謂也，見顧野王《玉篇》。(《初學記》卷二十一)

【訥】奴骨切。遲鈍也，言難也。

◎訥，奴骨切。言難也。

◑訥，奴骨反。《論語》：君子欲訥於言。苞~~苞~~咸曰：訥，遲鈍也。《说文》：難也。

【謯】子斜切。䛢也。又側雅切，謯訝，訶皃。

◎謯，子斜切。䛢也。側雅切，訶皃。

◑謯，子雅反。《説文》：謯，䛢也。

【讎】視周切。匹也，對也。《詩》曰：無言不讎。讎，用也。

◎讎，視周切。匹也，用也。

◑讎，視周反。《毛詩》：無言不讎。《傳》曰：讎，用也。《左氏傳》：憂必讎焉。杜預曰：讎，對也。《爾雅》：匹也。郭璞曰：讎猶疇也。《漢書》：酒輒讎數倍。《音義》曰：讎亦售也。又曰：以考星度，未能讎也。鄭衆曰：相應爲售。劉向《别録》：讎授中經。野王案：謂考校之也。《説文》：讎猶應也。《廣雅》：讎，輩也。《毛詩》：不我能畜，反以我爲讎。《箋》云：憎我惡也。野王案：讎猶怨憾也。《尚書》撫我則后，虐我則讎是也。《禮記》：父讎不与共載天，兄弟之讎不反兵，交遊之讎不同國。野王案：讎亦仇也。

○讎，顧野王云：謂怨憾也。(《一切經音義》卷十六)

○讎，《玉篇》云：對也，匹也。(《一切經音義》卷二十六)

○讎，顧野王又云：讎亦仇。(《一切經音義》卷三十二)

○讎，顧野王：怨憾也。(《一切經音義》卷四十五)

【謑】下啓切。待也。

◎謑，下啓切。待也。

◑僁，下啓反。《説文》：待也。野王案：謂於類待也。《聲類》亦徯字也，徯在彳部。或爲謑字，在立部也。

【諐】祛言切。過失也。籀文愆字。俗作僁。
◎諐，祛言切。過失也。籀文愆字。
◑諐，去纒反。《尚書》：帝德罔諐。孔安國曰：諐，過也。《左氏傳》：用諐厥位。杜預曰：諐，失也。又曰：王諐于厥身。杜預曰：諐，惡疾也。《説文》此籀文字，篆文爲愆字，在心部。《聲類》或爲遃字，在辵部。或爲辛字，在辛部也。

【謷】古弔切。大呼也。又痛呼也。
◎謷，古弔切。大呼，痛呼也。
◑謷，古弔反。《説文》：痛呼也。《蒼頡篇》：大呼也。野王案：此亦与噭字同，在口部。或爲䚫字，在㗊部。《漢書》：及謷者爲之，則苟鉤鈲析辞［亂］而已。晉灼曰：此謷字。

【謍】余瓊切。往來皃。又小聲也。
◎謍，余瓊切。小声，往來皃。
◑謍，胡瓊反。《毛詩》：謍謍青蠅。《傳》曰：謍謍，往來皃也。《説文》：謍，小聲也。今並爲營字，在宮［言］部也。

【譊】女交切。爭也，恚呼也。
◎譊，女交切。争也，恚呼也。
◑譊，狃交反。《歸藏》：求息得酒，言語譊譊。野王案：譊譊猶讙呼也。《莊子》奚以夫譊譊爲乎是也。《説文》：恚呼。《蒼頡篇》：訟聲也。《廣雅》：譊，鳴。亦与呶字同，在口部。
〇譊，顧野王云：譊譊猶讙呼也。（《一切經音義》卷十六）

【譟】桑到切。群呼煩擾也。
◎譟，桑到切。群呼煩擾也。
◑譟，桑到反。《周禮》：車徒皆譟。鄭玄曰：譟，讙也。《方言》：譟，音也。《説文》：擾也。《廣雅》：鳴也。《聲類》：群呼煩擾耳也。
〇譟，《玉篇》云：譟，群呼煩擾也。（《方言疏證》卷十二）

【諛】與珠切。諂也。
◎諛，与朱切。諂也。
◑諛，與珠反。《尚書》：僕臣諛，厥后自聖。孔安國曰：諂諛也。《莊子》：不擇是非而言謂之諛。《倉頡篇》：諂，從也。
〇諛，諂也。與朱反。（《三部經音義集》二）

【諺】千紺切。《説文》曰：相怒使也。
◎諺，千紺切。相怒使也。
◑諺，千紺反。《説文》：相怒使也。

【讇】丑冉切。佞也。諂，同上。
◎讇，丑冉切。佞也。諂，同上。
◑讇，丑呥反。《周易》：君子上交不讇，下交不嬻。野王案：《説文》諂諛也。《公羊傳》曰：讇乎隱公。何休曰：讇猶佞也。《禮記》：立容欺［貶］卑，無讇。鄭玄曰：諂謂傾身以有下也。《莊子》：晞意言謂之讇也。諂，《説文》或讇字也。
〇諂，《玉篇》：諂，諛也。（《一切經音義》卷二十七）

【謷】五勞、五交二切。不肖人也。一曰哭不止，悲聲謷謷也。
◎謷，五勞、五交二切。不肖人。一曰哭不止，悲声謷謷。
◑謷，五勞反，五交反。《尚書大傳》：出教不得民心，則民讙謷。野王案：謷，亦讙也。《説文》：不肖人也。一曰哭不悲也。

【諼】許園切。忘也，詐也。
◎諼，許園切。忘也，詐也。
◑諼，許爰反。《公羊傳》：其言救江河［何］?爲諼也。何休曰：諼，作［詐］也。《毛詩》：終不可諼兮。《傳》曰：諼，忘也。《爾雅》：有斐君子，終不可諼兮，道盛德至善，民之不能忘也。郭璞曰：言常思念之。

【訹】思聿切。誘也。
◎訹，思聿切。訹，誘也。
◑訹，私律反。《服鳥賦》：訹迫之徒，或趍西東。孟康曰：爲利所誘訹也。《説文》：誘也。《廣雅》：訹，謏也。

【詑】湯何切，又達可切。詑謾而不疑。兖州人謂欺曰詑。俗作訑。
◎詑，湯何、達可二切。詑謾而不疑。
◑詑，湯柯、達可二反。《楚辭》：或詑謾而不疑。野王案：《説文》兖州謂欺曰詑也。
〇詑，顧野王：詑，欺也，誰也，不信也。

（《一切經音義》卷十一）

●底本“詑謾”原作“詑謾”，據宋十行本改。

【謘】直梨、直利二切。語諄謘也。

◎謘，直梨、直利二切。語諄謘。

◑謘，直梨反。《説文》：語諄謘者也。

【謾】莫般、馬諫二切。欺也。

◎謾，莫般、馬諫二切。欺也。

◑謾，馬諫、馬姦二反。《莊子》：僻陋謾誕。野王案：《説文》：誽欺也。《方言》：秦晉謂慧爲謾。郭璞曰：言詑謾也。又曰：謾怠，懼也，燕代之間曰謾怠也。

【讋】之涉切。拾也。

◎讋，之涉切。拾也。

◑讋，之頰反。《説文》：拾讋也。

【譇】仕亞切。慙語也。

◎譇，仕亞切。慙語也。

◑譇，士亞反。《説文》：慙［慙］語也。野王案：今並爲乍字，在乍部。

●譇同譇。

【謰】力前切。謰謂繁拏也。

◎謰，力前切。繁拏也。

◑謰，旅剪反。《方言》：謰謱，拏也。南楚曰謰謱。郭璞曰：言譇拏也。《字書》或爲嗹字，在口部也。

【謱】洛由切。謰謱，嘲哰也。

◎謱，洛由切。謰謱也。

◑謱，洛口反。《廣雅》：謱謰，嘲哰也。《字書》：謰謱，不解也。一曰重也。或爲嘍字，在口部也。

【詒】與司切。《説文》曰：相欺詒也。一曰遺也。

◎詒，與支切。遺也，相欺詒也。

◑詒，与之反。《尚書》：詒厥子孫。孔安國曰：詒，遺也。《爾雅》亦云。郭璞曰：謂相歸遺也。《毛詩》：詒尔［厥］孫謀。《笺》云：詒，傳也。《韓詩》：縱我不往，子寧不詒音。詒，寄也，曾不寄問也。《説文》：一曰相喜也。《字書》或爲貽字，在貝部也。

【謺】叱涉、丑涉二切。謺讋，言不正也。

◎謺，叱涉、丑涉二切。謺讋，言不正也。

◑謺，傷協、丑協二反。《説文》：謺讋也。《聲類》：謺讋，言不止。

【譺】魚記、五界二切。欺也，啁調也。

◎譺，魚記、五界二切。欺也。

◑譺，魚記反。《説文》：譺，咍也。《蒼頡篇》：譺，欺也。《廣雅》：譺，調也。野王案：相啁調也。

○譺，顧野王：相啁調也。（《一切經音義》卷十七）

【誑】俱放切。惑也，欺也。

◎誑，俱放切。誑惑也。

◑誑，俱放反。《國語》：天又誑之。賈逵曰：誑猶或［惑］也。《左氏傳》：是我誑吾兄。杜預曰：誑，欺。《爾雅》：侜張，誑。郭璞曰：《書》云無或侜張爲眩。眩，欺誑人也。《聲類》或爲誆字，在心部。

【諣】古罵切。欺也。

◎諣，古罵切。欺也。

◑諣，瓜詐反。《説文》：諣，相誤也。

【譖】莊賃切。讒也。《説文》曰：愬也。

◎譖，莊賃切。譖，愬也。

◑譖，壯賃反。《公羊傳》：譖公于齊侯。何休曰：如其事曰訴，加誣曰譖。劉兆曰：言旁人曰譖。《廣雅》：譖，毁也。

○譖，讒也。（《三教指歸注》二29）

【訕】所晏切。毁語也。

◎訕，所晏切。毁語也。

◑訕，所姦反。《論語》：惡居下而訕上。孔安國曰：訕，謗毁也。野王案：《礼记》爲人臣者有諫而無訕是也。《蒼頡篇》：非也。

【譏】居依切。嫌也。《説文》曰：誹也。

◎譏，居依切。嫌也。

◑譏，居依反。《公羊傳》：何譏尔。何休曰：譏猶譴也。《礼记》：關執禁以譏。鄭玄曰：譏，詗察也。《説文》：誹也。《廣雅》：譏，譏諫。譏，問也~~之~~。

【誣】武虞切。欺罔也。

◎誣，武虞切。欺罔也。

◑誣，武虞反。《左氏傳》：衹取誣焉。杜預曰：誣，欺也。《國語》：其刑撟誣。賈逵曰：非先王之法曰撟，加誅無罪曰誣。又曰：欒氏之誣晉。賈逵曰：以惡取善曰誣。《禮記》：不首其義，是誣於祭也。鄭玄曰：誣猶忘［妄］也。又曰：誣上行私而不可止。鄭玄曰：誣，罔也。又曰：受禄不誣。~~鄭玄曰：於事不誣~~。鄭玄曰：於事不信曰誣。《方言》：誣，譩與也。吴越曰誣，荊齊曰譩與，秦晉言何［阿］與也。鄭［郭］璞曰：相何［阿］爲［與］者，所以致誣譩也。《說文》：加言也。

○誣，《玉篇》云：加言曰誣。亦掩也，欺也。(《輔行記》第一之五)

【誹】甫尾切。誹謗也。

◎誹，甫尾切。誹謗也。

◑誹，甫違反。《大戴礼》：立誹謗之礼［木］，欲諫之皷。野王案：服虔注《漢書》曰：作之梁橋交午柱頭。應邵［劭］曰：橋梁邊板，所以書政治之㥿失也，至秦去之，今乃復立也。《說文》：誹，謗也。

○誹謗，《玉篇》：甫味反。下捕浪反。毀，詛也。《廣雅》：惡也。《國語》：左史謗之。賈逵曰：對人道其惡也。(《一切經音義》卷二十七)

【謗】補浪切。毁也，誹也，對他人道其惡也。

◎謗，補浪切。誹也，人道其惡也。

◑謗，補浪反。《左氏傳》：謗國之［國人謗之］。杜預曰：謗，毁也。又曰：進胙者莫不謗。杜預曰：謗，詛。《國語》：國人謗王。賈逵曰：謗，誹也。又曰：左使［史］謗之。賈逵曰：對人道其忌［惡］也。

●底本“他人”原作“也人”，據宋十行本改。

【譸】竹尤切。譸，張誑也。

◎譸，竹尤切。譸，張誑也。

◑譸，竹尤反。《尚書》：無或胥譸張爲幻。孔安國曰：譸張，誑也，無有相欺或多者。或爲侜字，在人部。《聲類》亦嚋字也。野王案：譸［嚋］，誰也，音除留反，在口部也。詶，《說文》亦譸字也。

【詶】時遊切。詶荅也。《說文》職又切，詛也。

◎詶，時遊切。荅也。職又切，詛也。

【訄】去牛、渠牛二切。迫也。

◎訄，去牛、渠牛二切。迫也。

◑訄，去牛、渠牛二反。《說文》：訄，迫也。

【詛】側助切。《周禮》注云：盟詛，主於要誓，大事曰盟，小事曰詛。

◎詛，側助切。盟詛也。

◑詛，俎據反。《周禮》：詛祝掌盟詛而祝號。鄭玄曰：盟禮主於要誓，大事曰盟，小事曰詛。注又曰：詛謂祝之使敗也。野王案：《尚書》厥口詛祝，《毛詩》侯詛侯祝是也。又曰：詛掌司盟，掌万民之犯命者，詛其不信者。鄭玄曰：盟詛者欲相共惡之也。或爲禮字，在示部。

【詋】丈又切。祝也。

◎詋，丈又切。祝也。

◑詋，丈又反。《說文》：詋，祝也。或爲䄔字，在示部。

【誤】牛故切。謬也。

◎誤，牛故切。誤，謬也。

◑誤，牛故反。《尚書》：其勿誤于庶獄。孔安國曰：誤，謬也。野王案：《左氏傳》以救公誤之，遂失秦伯是也。

【誃】舒紙切，又直移切。離也。謻，同上。

◎誃，舒紙、直移二切。離也，脱也。謻，同上。

◑誃，舒紙、直移二反。《爾雅》：誃，離也。《說文》：分離也，周景王作洛陽誃臺。《聲類》：離别也。謻，《聲類》亦誃字。

【誖】補潰、步没二切。亂也，逆也。䛓，同上。

◎誖，補潰、步没二切。乱也，逆也。䛓，同上。

◑誖，補潰反。《尚書》：實誖大道。孔安國曰：誖，乱也。《周易》：雷風不相誖。韓康伯曰：誖，逆也。或爲悖字，在心部。䛓，《說文》籀文誖字也。

【䜌】力官、力全二切。亂也，理也，不絶也。

◎䜌，力官、力全二切。乱也，理也，不絶也。

◑䜌，力官反，力全反。《說文》：䜌，乱也。一曰理也，一曰不絶也。《漢書》鉅鏕郡有南纞縣。孌，《説文》古文纞字也。

【詿】古賣切。誤也。

◎詿，古賣切。詿，誤也。

◑詿，公賣反。《説文》：詿，誤也。野王案：《漢書》政［赦］（書）爲文所詿誤者是也。

【誒】虚宜切。可惡之辭也。

◎誒，虚宜切。可惡之辭也。

◑誒，虚疑反。《説文》：誒誒，可忌［惡］之辞也。《春秋傳》曰誒誒出（出）是也。野王案：《莊子》桓公見鬼，去反，誒誒爲病，數月不出是也。又云云，一曰然也。野王案：然亦應也，与唉字（同），在口部也。

【譆】許其切。懼聲也，敇也，悲恨之聲也。

◎譆，許其切。悲恨声也。

◑譆，虚箕反。《毛詩》：噫嘻成王。《傳》曰：譆，敇也。《箋》云：噫嘻，有所多大之聲也。《左氏傳》：從者曰譆。杜預曰：懼聲也。《禮記》：伯魚之母死，朞而猶哭。夫子曰：譆！其甚矣。鄭玄曰：譆，恨之聲也。《説文》：哀痛也。歡和之嘻字，在口部也。

【詯】胡内切。膽氣滿聲，在人之上也。又胡市切。

◎詯，胡内切。膽氣滿声，在人之上也。又胡市也。

◑詯，胡内反。《説文》：膽滿氣也。《蒼頡篇》：胡市也。《聲類》：在人上也。《字書》：一曰市决後悔也。

●底本“胡市切”當作“胡市也”。

【謧】力支、力泥二切。欺慢之言也。

◎謧，力支、力泥二切。慢言也。

◑謧，力支、力池二反。《方言》：謧忚，欺慢之語也，楚郢以南東陽之交通語也。郭璞曰：亦中國相輕易蚩弄之言也。《説文》：謧忚［詍］，多言也。《埤蒼》爲慛字，在心部。

【訿】子爾切。不善皃也，不思稱其上也。又毁也。呰，同上。

◎訿，子尔切。不善也，毁也。呰，同上。

◑訿，子尔反。《毛詩》：翕翕訿訿。《傳》曰：訿訿然不思稱其上也。又曰：皋皋訿訿。《傳》曰：訿訿，窳不供職也。《爾雅》亦云：訿訿，不供職也。郭璞曰：賢者陵替，姦黨熾盛，背公恤私，曠職事也。《韓詩》：翕翕訿訿，不善之皃也。《説文》或爲此以［呰］字，在此部。

◑呰，子移反。《國語》：呰相其質。賈逵曰：呰，量也。《礼记》：不呰重器。鄭玄曰：呰，思也。《説文》：思稱意也。《謚法》：牧今述古曰呰也。訾，《字書》或呰字也。

【詍】餘世切。多言也。詍，同上。

◎詍，余世切。多言也。詍，同上。

◑詍，餘世反。《説文》：詍詍，多言也。野王案：《毛詩》無然詍詍是也。或爲呭字，在口部。

【謟】道刀切。往來言也。又小兒未能正語也。詢，同上。

◎謟，道刀切。小兒未能正語也。詢，同上。

◑謟，道刀反。《説文》：往來言也。一曰視也，一曰小兒未能正語也。《字書》：詖謟也。詢，《説文》或謟字也。

【詜】他刀切。詜謟，言不節也。

◎詜，他刀切。詜謟，言語不節也。

◑詜，他勞反。《埤蒼》謟字。《字書》：詜謟，往來言。一曰視也。詜健［達］，往來見皃。爲夲字，在夲部。

【誺】丑脂、丑利二切。不知也。誺，同上，又力代切，誤也。

◎誺，丑脂、丑利二切。不知也。誺，同上，又切代切，誤也。

◑誺，力代反。《廣雅》：誺，誤也。与謬同，爲僻誤之誤也。

◑誺，猪飢、丑利二（反）。《方言》：誺，不知也，沅澧之間凡相問而不知，荅曰誺。郭璞曰：亦如聲之轉也。

○誺，《玉篇》云：誺，不知也。（《方言疏證》卷十）

●圓沙本“切代切”疑誤。

【譅】達合切。譅譗，語相及。

◎譅，達合切。譅譗，語相及。

◑譅，達荅切。《説文》：譅譗也。《字書》：譅譗，相及也。

【譗】徒合切。譅譗，妄語也。

◎譗，徒合切。譅譗，妄語也。

◑譫，他苔、徒苔二反。《説文》：謰譫也。《聲類》：謰譫，皆妄語也。

【訮】呼田切。訶也。又五閑切，訟也。

◎訮，呼田切。訶也。五閑切，訟也。

◑訮，呼田反。《説文》：争語訮訮也。《蒼頡篇》：訮，訶也。《廣雅》：訮，怒也。

●底本字條末衍“五”字，徑刪。

【譓】胡麥切。疾言皃。

◎譓，胡麥切。疾言皃。

◑譓，胡圭反。《説文》：言疾皃也。一曰相數譓也。《字書》或爲嚖字，在口部也。

【訇】呼宏切。駭言聲也。又鄉名。訇，籀文。

◎訇，呼宏切。駭言声也。訇，籀文。

◑訇，呼泓反，胡蠲反。《西京賦》：沸卉砰訇。《説文》：駭言聲也。《聲類》：音大也。《説文》又曰：漢中正有訇鄉也。訇，《説文》籀文訇字也。

【諞】步連、符善二切。巧佞之言也。

◎諞，步連、符善二切。巧言也。

◑諞，裨蟬、皮免二反。《尚書》：截截善諞言。孔安國曰：巧善爲辯佞之言也。《説文》：巧言也。

【訌】空後切。《説文》曰：扣也。

◎訌，空後切。扣也。

◑訌，空後反。《説文》：訌，扣也，如求婦先訌發之。野王案：以言相扣發也。《論語》訌其兩端，《公羊傳》吾爲子口隐，並是也。《廣雅》：訌，美［笑］也。今爲叩字，在邑部。或爲扣字，在手部。

【誽】女佳切。詀誽，言不正。

◎誽，女佳切。詀誽，言不正也。

◑誽，女佳反。《説文》：言相誽伺。《埤也蒼頡》：詀誽，言不正也。

【詀】陟咸切。多言也。又知陷、尺占二切。

◎詀，陟咸切。多言。又知陷、尺占二切。

◑詀，託兼反。《方言》：南楚或謂謰謱口［曰］詀謕，轉語也。《字書》：語聲也。

【譖】子恒切。加也。

◎譖，子恒切。加也。

◑譖，子恒反。《説文》：恒言也。野王案：与增字同，在土部也。

【詄】徒結切。忘也，天門開詄蕩也。

◎詄，徒結切。天門開詄蕩也。

◑詄，徒結反。《漢書》：天門開，詄蕩蕩。如淳曰：詄，天體堅清狀也。《説文》：詄，忘也。

【諅】渠記切。忌也。《書》曰：上不諅于凶德。

◎諅，渠記切。忌也。

◑諅，渠記反。《説文》：忘也。《周書》曰尚不諅于凶德是也。

【譀】户濫切。《説文》曰：誕也。又火鑑切，叫譀，怒也。䛞，同上。

◎譀，户濫切。誕也。又火鑑切，叫怒。䛞，同上。

◑譀，胡濫反。《東觀漢記》：雖訹［誇］譀猶合［令］人面熱。《説文》：譀，誕也。《廣雅》：譀，詬也。譀，調也。䛞，《説文》俗譀字也。

【譪】火界切。譀譪，諍駡怒皃。又音邁。譪，同上。

◎譪，火界切。怒皃。又音邁。譪，同上。

◑譪，莫芥反。《説文》譀也。譪，《字書》或譪字也。

【訌】胡東切。敗也，潰也，諍訟相陷入之言也。

◎訌，胡東切。敗也，潰也，諍訟相陷入之言。

◑訌，胡東反。《毛詩》：蟊賊内訌。《傳》曰：訌，潰也。《箋》云：争訟相角［陷］入之言也。《爾雅》亦云。郭璞曰：謂潰敗也。

【誕】徒旱、徒旦二切。大也，天子生曰降誕。這，籀文。

◎誕，徒旱、徒旦二切。大也，天子生曰降誕。這，籀文。

◑誕，達恒反。《尚書》：乃逸乃諺，既誕。孔安國曰：誕，欺也。又曰：乃誕敷文德。孔安國曰：誕，大也。《毛詩》：旄丘之葛兮，何誕之節兮。《傳》曰：誕，濶節也。《韓詩》：誕先登于岸。誕，信也。《左氏傳》：子皙之欲背誕。杜預曰：背命放誕也。《淮南》：

弦高誕而存鄭。許叔重曰：誕，謾也。《説文》：調誕也。延，《説文》籀文誕字。

○誕，達袒反。欺也，空也。(《三教指歸注》四 21)

○誕，顧野王云：欺也。(《續一切經音義》卷七)

○誕，《玉篇》：欺也。（《續一切經音義》卷八）

【謔】虛虐切。喜樂也。

◎謔，虛虐切。喜樂也，戲言。

◑謔，虛虐反。《毛詩》：無然謔謔。《傳》曰：謔謔然喜樂也。《爾雅》：謔浪，戲謔也。郭璞曰：謂相啁戲也。又曰：謔謔，崇讒慝也。郭璞曰：樂禍助（虐），增譖惡也。《説文》：謔即戲也。《詩》云善戲謔兮是也。

○謔，野王云：謔浪，不敬之皃也。(《三教指歸注》二 14)

【譿】呼會切。聲也。

◎譿，呼會切。声也。

◑譿，呼會反。《説文》：譿，聲也。《詩》曰譿譿其聲是也。鑾聲爲鐬字，在金部。鳳羽翽翽，字在羽部也。

【讙】虛元、呼丸二切。讙嚾之聲。

◎讙，虛元、呼丸二切。讙嚾声。

◑讙，虛園反，呼丸反。《禮記》：子夏曰，鼓鼙之聲讙。鄭玄曰：讙嚾之聲也。《方言》：讙，讓也。自關而西，秦晉之間，凡言相責讓曰讙讓，北燕曰讙。《廣雅》：讙，鳴也。《聲類》以爲亦嚾字也。野王案：嚾，呼名［召］也，音荒旦反，在嚾部。古文爲吅字，吅，驚也，在吅部也。

○讙，顧野王云：呼召也。又云：讙嚻猶諠譁也。(《一切經音義》卷八十一)

【諠】虛袁切。諠譁。

◎諠，虛袁切。諠譁也。

◑諠，虛園反。《聲類》：諠，譁也。一曰忘也。野王案：此亦讙字也。

○諠，譁也。亦讙字。(《類》82)

○諠，《玉篇》：志也。（《一切經音義》卷十三）

○諠，顧野王云：諠譁也。(《一切經音義》卷七十二)

●佚文"志也"當作"忘也"。

【譁】呼瓜切。諠譁。誇，同上。

◎譁，呼瓜切。諠也。誇，同上。

◑譁，呼瓜反。《尚書》：人無譁，聽朕命。孔安國曰：無讙譁也。《方言》：譁，化也，燕朝鮮洌水之間曰譁。誇，《方言》：誇，然也。郭璞曰：亦應聲也。《説文》亦誇［譁］字也。《廣雅》：誇，應也。

【諣】呼卦切。疾言也。

◎諣，呼卦切。疾言也。

◑諣，呼卦反。《説文》：疾言也。

○諣，《説文》：諣，疾行也。《玉篇》同，音呼卦切。(《方言箋疏》卷一)

●佚文"疾行"當作"疾言"。

【譢】徒回切。譟也。

◎譢，徒回切。譟也。

◑譢，徒回反。《説文》：譟也。

【訆】公弔切。妄言也。

◎訆，公弔切。妄言也。

◑訆，公弔反。《説文》：訆，忌［妄］言也。《春秋傳》曰或訆（于）宋大廟是（也）。《字書》或叫字也，叫，嘑也，在口部。

【譬】符真切。多言。

◎譬，符真切。多言也。

◑譬，裨身反。《説文》：譬，比也。野王案：《毛詩》國步斯譬是也。今爲頻字，在頻部。

【誂】徒了切。弄也。《説文》曰：相呼誘也。

◎誂，徒了切。弄也。《説文》：相呼誘。

◑誂，達鳥反。《説文》：相呼誘也。野王案：《史記》吴王欲反，乃使中大夫應高誂膠西王是也。《廣雅》：誂，說也。

○誂，相呼誘也。(《類》86)

【譌】五戈切。化也，僞也，動也，妖言曰譌。訛，同上。

◎譌，五戈切。爲也，妖言曰譌。訛，同上。

◑譌，吾戈反。《尚書》：平秩南譌。孔安國曰：譌，化也。《毛詩》：民之譌言。《箋》云：譌，偽也。又曰：或寢或偽。《傳》曰：訛，動也。《韓詩》：譌，覺也。又曰：譌言，諠言也。《爾雅》：譌言也。郭璞曰：世以妖言爲譌言也。訛，《字書》亦譌字也。《聲類》

或復爲吡字，在口部。

【𧦝】蒲剥切。《説文》曰：大呼自冤也。

◎𧦝，蒲剥切。大呼自冤也。

◑𧦝，蒲卓反。《説文》：大嘑也，自冤也。野王案：《漢書》郭舍人不勝痛呼𧦝是也。

【謊】虚光、呼晃二切。夢言也。

◎謊，虚光、呼晃二切。夢言。

◑謊，虚罔反。《説文》：夢言也。《廣雅》：謊，忽也。野王案：此亦与恍字同，在心部。

【訬】楚交切。擾也，健也，疾也。

◎訬，楚交切。擾也，疾也，健也。

◑訬，仕交反。《説文》：訬，擾也。一曰訬獪也。《聲類》亦魦字。魦，健也，疾。今謂健目［曰］訬魦。在鬼部。野王案：許叔重注《淮南》，《楚辭》謂剽輕爲害之鬼爲魦。今亦以人相勁健爲訬。

【謬】靡幼切。誤也，亂也，詐也。

◎謬，靡幼切。誤也，乱也。

◑謬，靡幼反。《尚書》：青繩愆糾謬，（格）其非心。野王案：謬猶僻乱也。《禮記》：孔子曰不能詩，糾［於］(禮）謬。鄭玄曰：謬，誤世［也］。《方言》：謬，詐也，自關而東西或曰謬。《説文》：狂者之志［妄］言也。《廣雅》：謬，欺也。《謚法》：名与實爽［爽］曰謬。劉曰熙［劉熙曰］：謬，差也，名清而實濁也。

〇謬，顧野王云：謬猶僻也。(《一切經音義》卷三十四）

【諆】居疑切。謀也，欺也。又去其切。

◎諆，居疑切。謀也。又去其切。

◑諆，居疑反。《爾雅》：諆，謀也。野王案：謂諆謨也。今亦爲基字，在土部也。

【諅】渠記切。禁也，告也，誡也。

◎諅，渠記切。禁也，戒也。

◑諅，渠記反。《礼记》：敬記罔有，擇言在躬。鄭玄曰：諅之言誡也。《廣雅》：諅，告也。亦爲㞓字，在心部。

【譎】公穴切。詐也。譎諫依違，不直言也。

◎譎，公穴切。詐也。

◑譎，公穴反。《論語》：晉文公譎而不正。鄭玄曰：譎，詐也。《方言》：自關而東西或謂詐爲譎。《毛詩》：主文而譎諫。鄭玄曰：譎諫，詠歌依違，不直諫。或爲憰字，在心部。

【訏】况俱切。大也，張口鳴也。

◎訏，况俱切。大也，張口鳴也。

◑訏，况俱反。《毛詩》：實譚實訏。（《箋》曰：訏）謂張口鳴訏［呼］也。又曰：洵訏且樂。《傳》曰：訏，大也。《方言》：訏，若［大］言也，中齊西楚之郊曰訏。《説文》：一曰讒偽也。

【䜋】子邪切。咨也，憂嘆辭也。謎，同上。

◎䜋，子邪切。咨也，樂類辭也。謎，同上。

◑䜋，子雅反。《説文》：䜋，嗟也。野王案：憂歎之辞也，亦歎美也。嗟字同，在口部。古文爲䁟字，在長部也。謎，《聲類》：亦嗟字也。

●圓沙本“樂類辭也”疑誤。

【讋】章葉切。言不止也。𧭹，同上。

◎讋，章葉切。言不止也。𧭹，同上。

◑讋，章葉反。《説文》：失氣也，一曰言不止也，傅毅以爲讀若慴。野王案：《漢書》匈奴讋焉是也。《聲類》：讋，謵也。亦与慑字同，在心部。慴，音徒頰反。𧭹，《説文》籀文龍［讋］字，不省。

【譼】虚規切。言相毁。

◎譼，虚規切。言相毁也。

◑隋，虚規反，由恚反。《説文》：相毁也。《蒼頡篇》：諈也。

【訩】詡恭切。訟也。説、詾，並同上。

◎訩，詡恭切。訟也。説，同上。詾，同上。

◑訩，詡恭反。《毛詩》：降此鞠訩。《傳》曰：訩，訟也。《爾雅》之［亦］云。郭璞曰：言争訟也。《韓詩》：日月鞠訥［訩］。訥［訩］，聲也詾詾也。《爾雅》又曰：訩，盈也。《廣雅》：訩，鳴也。説，《説文》亦訩字也。詾，《説文》亦説字也。

【訟】似縱切。争訟也。訟，古文。

◎訟，似縱切。辭争訟也。訟，古文。

◑訟，似縱反。《周禮》：凡萬民有獄訟者，聽而断之。鄭玄曰：争罪曰獄，争財曰訟。《周易》：訟，不親。《論語》：未見其過而内自訟者。苞氏曰：訟猶責也。《左氏傳》：訟周公于晉。杜預：理之也。《説文》：争，一曰歌訟。野王案：歌賛之訟，今爲頌字，在頁部。訟，《説文》：古文訟字也。

○訟，一曰歌訟也。野王案：歌贊之訟，今爲頌字，在頁部也。（《令集解》一一11）

【謓】昌仁切。怒也，恚也。今作嗔。

◎謓，昌仁切。怒也。今作嗔。

◑謓，昌化［仁］反。《説文》：謓，恚也。賈侍中説言咲也。《蒼頡篇》：謓，怒也。野王案：此与瞋字相似而不同，在目部。今爲慎字，在心部也。

【讘】之涉切。多言也。㦜，同上。

◎讘，之涉切。多言也。㦜，同上。

◑讘，之涉反。《説文》：讘讘，多言也。何［河］東有狐讘縣。《埤蒼》或爲囁字，在口部也。㦜，《蒼頡篇》疾言也，《聲類》亦与讘字（同）也。

【詀】之耳切。訐也。

◎詀，之耳切。訐也。

◑詀，之耳反。《説文》：詀，訐也。

【訐】居謁切。攻人之陰私也。

◎訐，居謁切。攻人之陰私也。

◑訐，柯載反。《論語》：惡訐以爲直者。苞咸曰：攻人之隱私。《説文》：面相庰罪相櫱訴。《蒼頡篇》：相發揚惡也。

【訴】蘇故切。訟也，告訴寃枉也。《論語》曰：公伯寮訴子路。亦作愬。謝，同上。

◎訴，蘇故切。訟也，告訴寃枉。亦作愬。謝，同上。

◑訴，蘇故反。《論語》：公伯遼訴子路於季孫。馬融曰：訴也。野王案：《左氏傳》訴公於晉侯是也。《説文》：訴，告也。野王案：訴者，所以告寃枉也，故《楚辭》訴靈懷之鬼神是也。《廣雅》：訴，毀也。訴，惡也。或爲愬字，在心部。~~謝，愬字心部。~~謝，《説文》亦訴字也。

○訴，《玉篇》：訴，告寃枉也。（《一切經音義》卷十三）

【譴】詰戰切。謫問也，責也。

◎譴，詰戰切。責也，謫問也。

◑譴，去戰反。《説文》：譴，問也。《蒼頡篇》：何也。《廣雅》：譴，責也。譴，怒也。譴，讓也。《方言》：譴、喘，轉也。郭璞曰：喘猶宛轉也。

【謫】知革切。咎也，罪也，過也，怒也。

◎謫，知革切。咎罪也，罰也。

◑謫，知革反。《毛詩》：室人交遍謫我。《傳》曰：謫，責也。又曰：勿与禍謫。《傳》曰：謫，過。《韓詩》：謫，數也。《左氏傳》：自取謫于日月之灾。杜預曰：謫，譴也。《國語》：秦師必有謫。賈逵曰：謫，咎。《方言》：謫，怒。郭璞曰：謂相責怒。又曰：南楚之南，凡相非議謂之謫。郭璞曰：謂罪過也。

○謫，《玉篇》：知革反。（《毛詩注疏》卷二）

○讁，《玉篇》：知革反。（《經典釋文》卷五）

●讁同謫。

【訶】呼多切。怒也，大言而怒也。

◎訶，呼多切。大言而怒也。

◑訶，呼多反。《周禮》：不敬者訶而罰之。鄭玄曰：訶猶詰問之也。注又曰：訶，譴怒也。《方言》：訶，怒也，陳謂之訶。郭璞曰：相責也。《説文》：大言也而怒。《字書》或爲呵字，在口部。古文爲岢字，在止部也。

【諯】尺絹、至緣二切。數也，又相讓也。

◎諯，尺絹、至緣二切。相讓也。

◑諯，充絹、至緣二反。《説文》：諯，數也。一曰相讓也。

【誚】才妙切。責也。

◎誚，才妙切。責也。

【讓】如尚切。責讓，又謙讓。《書》曰：允恭克讓。

◎讓，如尚切。責也，謙遜也。

◑讓，如尚反。《尚書》：允恭克讓，光被四表。野王案：《國語》推讓賢也。又曰推賢讓能，庶官乃和，將遜于位，讓于虞舜。《論語》温良恭儉讓。《禮記》不辞讓而對。並是。《國語》：宴好享賜，不踰其上，讓也。《左氏傳》：先國后己，卑讓也。《周禮》曰：救掌萬民之衺過惡失［衺惡過失］而誅讓之。鄭玄曰：讓，責也。《儀禮》：賓入門皇升堂讓。鄭玄曰：讓~~也，《儀禮》賓入門~~謂舉手平衡也。《謚法》：推功尚（善）曰讓。《説文》以揖讓並爲攘字，在手部。

【謕】息移切。諒也，數諫也。

◎謕，息移切。諒也，數諫也。

◑謕，忍移反。《説文》：數諒也。

◑謕，徒墬反。《方言》：南楚或謂支註曰詁謕，轉語也。在口部也。

【誶】息醉切。言也，問也，罵也，讓也。

◎誶，息醉切。言也，罵也，讓也。

◑誶，息悸反。《周禮》：用情誶之。鄭玄曰：誶，告也。《爾雅》亦云。郭璞曰：相問誶也。《毛詩》：歌以誶之。《傳》曰：誶，（告）也。《韓詩》：誶，諫也。《禮記》：多其誶疾。鄭玄曰：誶，問也。《漢書》：母取箕帚，立而誶語。服虔曰：誶，獨罵也。《説文》：誶，讓。《國語》曰吴王誶申胥是也。《廣雅》：誶，議。

【詰】溪吉切。治也，譴也，問罪也。

◎詰，溪吉切。治也，問罪也。

◑詰，去質反。《尚書》：其克詰尔戎兵。孔安國曰：詰，治也。野王案：《周禮》制軍詰禁，《左氏傳》子盍詰盜，並是。《周禮》：大司寇之掌建邦之六典，以詰四方。鄭玄曰：詰，謹也。《書》云旄荒度作刑，以詰四方是也。《禮記》：詰誡暴慢。鄭玄曰：詰問謂其罪也。《廣雅》：詰，責也。詰，無也。詰，讓也。《左氏傳》：詰朝見將［將見］。杜預曰：詰朝，平旦也。

○詰，《（左）氏傳》子盍（詰盜），並是也。《周禮》：大司寇之職，建邸之三典，以詰四方。鄁［鄭］齋［玄］（曰）：詰，謹也。《書》云王旄荒度作州，以詰四方是也。《禮記》：詰誡暴慢。鄭玄曰：詰，謂問其罪也。《廣雅》：詰，責也。詰，典［無］也。詰，讓也。《左氏傳》：詰朝將見。杜預曰：詰朝，平（旦也）。（《新撰字鏡》一一 40）

【謥】勿放切。相責也。

◎謥，勿放切。相責也。

◑謥，莫放反。《説文》：相責謥也。今爲望字，在亡部也。

【詇】於万、於阮二切。慰也，從也。亦作婉。

◎詇，於万、於阮二切。慰也，從也。亦作婉。

◑詇，於萬反，於阮反。《説文》：詇，慰。《聲類》：詇，從也。野王案：此亦婉字，在女部也。

【詭】俱毁切。欺也，責也，恠也，謾也。

◎詭，俱毁切。欺也，謾也，恠也。

◑詭，俱毁反。《毛詩》：無縱詭随。《箋》云：無聽於詭（人）之善不肯行而随人爲惡。《淮南》：蘇秦以百詭成一信。許叔重曰：詭，謾。司馬相如《封禪書》：音［奇］物譎詭。野王案：譎詭猶奇怪。《説文》：詭，責。《廣雅》：隨惡，詭欺。《説文》以詭異之詭爲恑字，在心部。

○詭，顧野王云：詭譎也，猶奇怪也。（《一切經音義》卷二十）

○詭，顧野王云：詭，奇怪也。（《一切經音義》卷五十一）

【證】諸孕切。證，驗也。《論語》曰：其父攘羊而子證之。

◎證，諸孕切。驗也，明也。

◑證，諸孕反。《論語》：其父攘羊而子證之。野王案：《説文》證，告。《楚辭》：所以證之（而）不遠。王逸曰：證，驗。《蒼頡篇》：證，任也。《聲類》：證，徵也。

【譪】徒盍切。譪嗑，言也。

◎譪，徒盍切。譪嗑，言也。

◑譪，徒闔反。《説文》：譪嗑也。《埤蒼》：譪嗑，妄言也。

【詘】丘物切。枉曲也。誳，同上。

◎詘，丘物切。枉曲也。誳，同上。

◑詘，丘物反。《周易》：往者詘也，來者伸也，詘伸相感而利生焉。野王案：詘猶枉曲也。《毛詩》：詘此群醜。《傳》曰：屈，收也。《左氏傳》：曲而不詘。杜預曰：詘，橈也。《爾雅》：詘，聚也。《説文》：詰詘。《廣雅》：詘，曲。詘，折也。《字書》或爲屈字，在出部。短屈無尾爲屗字，音瞿勿反，在毛部。誳，《説义》亦詘字也。

【詗】呼政、火迥二切。知處告言之也。

◎詗，呼政、火迥二切。知處告言之也。

◑詗，呼政反，恥敬反。《史記》：多与金錢，令爲中詗長安。徐廣曰：伺候采察之名也。孟康曰：司知罪人處告吏，律名爲詗，西方人以反間爲詗。《説文》：知處告也。

【譞】呼縣切。流言也，有所求也。

◎譞，呼縣切。流言也，有所求也。

◑譞，呼縣反。《説文》：流言也。《蒼頡篇》：縣書有所求也。野王案：亦与敻字同，在貝部。

【詆】都禮切。訶也，法也，呰也。

◎詆，都礼切。詆訶，毁也。

◑詆，都礼反。《説文》：詆，訶也。野王案：《吕氏春秋》無詆無呰，《漢書》除誹謗詆欺法是也。《蒼頡篇》：欺也。《廣雅》：詆，毁也。《聲類》：此［呰］也。或爲呧字，在口部也。

●"法也"疑誤訓。

【誰】是推切。何也，不知其名也。

◎誰，是推切。何也，不知其名也。

◑誰，是惟反。《毛詩》：謂誰［誰謂］荼苦。野王案：誰，不知其名無適稱也。（《毛詩》）誰侜予美、誰知烏之雌雄是也。《爾雅》：侜、熟，誰也。《説文》：誰，訶也。《聲類》：所以訶問其名。

○誰，不知其名之稱也。（《法華釋文》下）

【諽】柯核切。《説文》云：飾也。一曰更也。或作愅。

◎諽，柯核切。飾也。或作愅。

◑諽，柯格反。《毛詩》：不長夏以諽。《傳》曰：諽，更也。野王案：諽猶改變也。《周易》天地革而四時成，湯武革命，從［順］乎天是也。《説文》：一曰飾也。《蒼頡篇》：一曰或也。《聲類》：謹也。《字書》或爲愅字，在心部。今爲革字，在革部。

○諽，《玉篇》云：或作愅。（《方言疏證》卷十）

【讕】落干、力但二切。誣言相加被也。調，同上。

◎讕，落干、力但二切。誣言相加被也。調，同上。

◑讕，力但反。《説文》：謾［謾］讕也。野王案：此亦讕猶以誣言相假被也。《漢書》滿讕誣天［天］是也。調，《説文》亦讕字也。

【診】除刃、之忍二切。視也，驗也。診，同上，俗。

◎診，除刃、之忍二切。視驗也。診，俗文。

◑診，除忍反。《説文》：診，視也。野王案：《史記》臣意診其脈是也。　《聲類》：診，驗也。

【誅】知俞切。責也，殺也，罰也，討也。

◎誅，知俞切。責也，戮也。

◑誅，致娱反。《尚書》：商罪貫盈，天命誅之。《論語》：於予予何誅。孔安國曰：誅，責也。《國語》：大國襲之曰服，小國敖，大國襲之曰誅。礼誅。《禮記》：齒路馬有誅。鄭玄曰：誅，罰。《説文》：誅，討。《廣雅》：誅，殺。

【討】他倒切。治也，誅也，去也。

◎討，他倒切。治也，誅也。

◑討，恥老反。《論語》：世叔討論之。馬融曰：討，治也。《禮記》：畔者君討。鄭玄曰：討，誅也。又曰：有從而討也。鄭玄曰：討猶去也。《漢書》：以成人之數討誶之。《音義》曰：討，除也。《毛詩傳》：蒙，討羽也。《箋》云：討，雜也，畫羽之文也。

●《殘卷》"以成人之數討誶之"未詳。

【讄】力水切。禱也，累功德以求福也。讄，同上。

◎讄，力水切。累功德以祈福也。讄，同上。

◑讄，力水反。《論語》：子路請禱，子曰有諸，讄曰禱尔乎上下神祇。孔安國曰：讄，禱篇也。《説文》：相祝，累功臣以求禄。讄，《説文》亦讄［讄］字也。

【謚】時志切。謚之言烈也。謚者行之跡也。謚，同上。又伊昔切。笑皃。謚，《説文》謚。

◎謚，時志切。謚者行之跡。謚，同上，又伊昔切，笑皃。謚，《説文》謚。

◑謚，時志反。《謚法》：謚者，行之迹也。劉熙曰：謚，申也，申理述見於後也。《禮記》：古者生無爵，死無謚。鄭玄曰：古謂殷以前也。《白虎通》：謚之言烈［列］（其所行），所以臨葬而謚之何，因衆聚會，欲顯揚之也。

【誄】力水切。累也。《周禮》大祝作六辭，六曰誄。《禮記》曰：賤不誄貴。

◎誄，力水切。累也，祝辭也。

◑誄，力水反。《周禮》：大祝作六辞，六曰誄。鄭眾曰：誄謂迹累生時德行以賜之，命爲其辞也。又曰：遣之日讀誄。鄭玄曰：遣謂祖廟之廷，大貫［奠］將行時也。人之道終此，故累其行而讀之，以謚作也。《公羊傳》：讀誄謚於南郊。《禮記》：賤不誄，貴幼不誄，長礼也。唯天子稱天以誄之，諸侯相誄非礼也。鄭玄曰：誄，累也。謚當由尊者成也。又曰：魯莊公及宋人戰於乘丘縣，賁父死之，圉人之浴馬，有流矢在白肉。公曰非其罪也。遂誄之，士有誄自此始也。鄭玄曰：誄其之功以爲謚也，周雖以士爲（爵），猶無謚也。

【諱】許貴切。隱也，避也，忌也。

◎諱，許貴切。隱也，忌也，避也。

◑諱，詡貴反。《周禮》：小史掌訟［詔］王忌諱。鄭衆曰：諱，先王之名也。《左氏傳》：諱國惡，礼也。野王案：諱猶隱也。《禮記》：卒哭而諱。鄭玄曰：諱，避也。《説文》：諱，忌也。

【訧】有求切。過也。

◎訧，有求切。過也。

◑訧，有周反。《毛詩》：我思古之人，俾無訧兮。《傳》曰：訧，過也。《説文》：訧，罪也。《周書》曰報以庶訧是也。《廣雅》：訧，惡。今亦爲尤字，在乙［九］部也。

【謑】胡啓切。謑詬，恥辱。謨，同上。

◎謑，胡啓切。謑詬，恥辱也。謨，同上。

◑謑，胡啓反。《吕氏春秋》：雞狗牛馬不可謑詬過之。《説文》：謑詬，恥辱也。謨，《説文》：亦謑字也。

【詬】許遘、胡遘二切。駡也，恥辱也。詢，同上。

◎詬，許遘、胡遘二切。駡也。詢，同上，恥辱也。

◑詬，許遘、胡遘、居候三反。《左氏傳》：閈詬之。杜預曰：詬，駡也。《禮記》：孔子曰妄，常以儒相詬病。鄭玄曰：詬病猶恥辱也。野王案：《左氏傳》不忍其詬是也。詢，《説文》亦詬字也。《聲類》或爲呞字，在口部。

【該】古來切。盛也，皆也。《説文》曰：軍中約也。

◎該，古來切。盛也，軍中約也。

◑該，古來反。《國語》：以該姓於王宫。賈逵曰：該，備也。《方言》：該，咸也。郭璞曰：咸猶皆也。《説文》：軍中約也。《廣雅》：該［該］，譖也。該［該］，誨［訴］也。該，包也。《（説）文》以兼備之晐字，在日部。

【諜】徒頰切。伺也。

◎諜，徒頰切。探言也，伺也。

◑諜，徒頰反。《周禮》：巡邦國搏諜賊。鄭玄曰：諜賊，反間爲國賊者也。《左氏傳》：使伯嘉諜之。杜預曰：諜，伺也。又曰：諜告，楚幕有焉［烏］。杜預曰：諜，間也。《國語》：諜其將浴。賈逵曰：諜猶候也。《大戴礼》：以中情出，小曰間，大曰諜。《史記》：豈郊［效］此嗇夫諜諜利口捷給哉。野王案：辨利之皃也。

【諲】之神切。敬也。

◎諲，之神切。敬也。

◑諲，之神反。《爾雅》：諲，敬也。

【詔】諸曜切。告也，教也，道也。

◎詔，諸曜切。告，教也，王言下也。

◑詔，諸曜反。《尚書》：多瘠罔詔。孔安國曰：無詔救之者也。又曰：詔王太子出迎。孔安國：詔，教也。《周禮》：以八柄詔王馭群臣。鄭玄曰：詔，告也，助也。《爾雅》：詔，道也。郭璞曰：謂教道之也。又曰：詔、非［相］，勴也。郭璞曰：謂贊勉也。《史記》：秦始皇廿六年尊王爲皇帝，令爲詔命制。《廣雅》：詔，書也。

【誘】余手切。誘引也，進也，相勸動也。誦，同上。亦作羑。

◎誘，余手切。引也，相勸動也。誦，同上。

◑誘，餘手反。《説文》亦羑字也。羑，導也，引也，教也，進也，謏相勸動也。在羊部。或復爲羗字，在厶部。誦，《説文》亦誘字也。

○誘，《玉篇》云：相勸動也，敎也。（《一切經音義》卷六十）

○誘，《玉篇》云：引導也。（《續一切經音

義》卷三)

【謁】他盍切。謁譠，多言也。

◎謁，他盍切。謁譠，多言也。

【譠】胡臘切。靜也。又古盍切，多言也。

◎譠，胡臘切。静也。古盍切，多言。

◑譠，胡臈反。《爾雅》：譠，静也。

【謖】山六切。起皃。

◎謖，山六切。起皃。

◑謖，山陸反。《儀禮》：祝入，尺［尸］謖。鄭玄曰：起也。《爾雅》亦云。郭璞曰：《禮記》是故尺［尸］謖是。《蒼頡篇》謖也。

【註】之喻、竹喻二切。疏也，解也。

◎註，之喻、竹喻二切。解文意也。

◑註，之喻反。《方言》：南楚或謂嗹嘍曰支註。《廣雅》：註，疏。註，識。《埤蒼》：註，解。今並爲注字，在水部也。

【諳】於劍切。匿也，言輕也。

◎諳，於劍切。匿也，言輕也。

◑諳，於劍反。《方言》：囒哰、拏，楊（州）會稽之語也，或謂之諳。郭璞曰：言輕諳也。又曰：無［誣］、諳，與也，齊曰諳諳與，猶秦晉言何［阿］與也。郭璞曰：相阿爲者，所以致誣諳也。《埤蒼》：諳，匿也。《説文》爲婏，在女部。

【諑】猪角切。訴也，責也。

◎諑，猪角切。訴也，責也。

◑諑，猪角反。《左氏傳》：又使諑之。杜預曰：諑，訴也。《方言》：楚以南謂訴爲諑。《楚辭》：謡諑謂余善浮諑。王逸曰：諑，讚［譖］也。《廣雅》：諑，責也。諑，毁也。

【譠】他丹切。譠謾，欺也，慢言也。

◎譠，他丹切。譠謾，欺也。

◑譠，託山反。《方言》：譠謾，欺也，楚郢以南東揚之郊通語也。郭璞曰：亦中國相輕易蚩弄之言也。

〇譠謾，《玉篇》云：譠謾，欺也。(《方言疏證》卷十)

【譼】於題切。是也，發聲也。

◎譼，於題切。是也，發声也。

◑譼，於題反。《毛詩》：自詒譼阻。《箋》云：譼猶是也。《左氏傳》：譼，伯舅是（賴）。杜預曰：譼，發聲也。又曰：尔有母遺，譼。杜預曰：語助也。《方言》：譼，然也，南楚凡言然或曰譼。今或爲譼［繄］字，在系部。

【謇】居展切。難也，吃也。譾，同上。謰，同上。

◎謇，居展切。吃也。譾，同上。謰，同上。

◑謇，居展反。《周易》：謇者，難也。《方言》：謇，吃也，楚語也。郭璞曰：亦北方通語也。或爲謇字，在一部。譾，《聲類》亦謇字也。《字書》爲㔷字，在力部。謰，《聲類》亦謇字也。

【讃】子旦切。解也，哀也，發揚美德也。

◎讃，子旦切。解也，哀也，發揚美德也。

◑讃，子旦反。《方言》：讃，解也。郭璞曰：讃訟，所以解釋物理也。《釋名》：稱人之美曰讃。案：讃訟者，所以佐助導引褒揚其德美也。《尚書》益賛于禹亦是也。今並爲贊字，在貝部。《字書》或爲攢字，在手部也。

〇讃，顧野王云：讃頌，所以佐助導引褒楊其德也。(《一切經音義》卷八十九)

【諻】呼横切。音也。

◎諻，呼横切。音也。

◑諻，呼横反。《方言》：諻，音也。《蒼頡篇》：諻，樂也。

【譚】徒耽切。大也，著也，誕也。

◎譚，徒耽切。大也，著也，誕也。

◑譚，徒躭反。《淮南》：通古今之風氣，以貫譚方［万］物之理。野王案：譚，猶著也。《漢書》大譚思於渾天是也。《蒼頡篇》：亦人姓，亦人名。譚公惟私是。《聲類》：譚，訑也。《字書》：譚，誕。

〇譚，《玉篇》：譚，大也。(《方言箋疏》卷一)

【謏】蘇口切。小也。又思了切。亦作謏。

◎謏，蘇口切。小也。又思了切。亦作謏。

◑謏，所陸、蘇了二反。《禮記》：發慮憲，求善良，足以謏問，不足以動衆。鄭玄曰：謏之小。《廣雅》誂、誀、詸、誘並謏也。

【詅】力丁切。衒也。

◎詅，力丁切。衒也。

◑詅，旅政反。《廣雅》：詅，賣也。《埤蒼》：詅，衒也。

【謌】葛羅切。長言也。亦作歌。

◎謌，葛羅切。長言。亦作歌。

◑謌，葛羅反。《尚書》：謌詠言。野王案：《禮記》：謌之（爲）言也，（長言之也）。《説文》：故言之，言之不足，長之。《毛詩》：我謌且謡。《傳》曰：曲合樂曰謌。或爲歌字，在欠部。古文爲哥字，在可部。

○謌，曲合樂曰謌。或作歌。（《類》83）

【讜】丁朗切。直言也，善言也。

◎讜，丁朗切。直言也。

◑讜，都朗反。《漢書》：復聞讜言。野王案：直言也。《聲類》：善言也。

○讜，顧野王云：讜，直言也。（《一切經音義》卷四十五）

○讜，顧野王云：讜，直言當理也。（《一切經音義》卷八十）

【譡】丁浪切。言中也。

◎譡，丁浪切。言中也。

○譡，丁浪反。言中也。（《醫心方》卷二紙背）

【譼】古銜、古陷二切。視也，臨下見也。

◎譼，古銜、古陷二切。視也，臨下見也。

◑譼，古儳反。《説文》古文監字，視也。監視，監下也。在臥部。

【⿱敕言】先斛切。言疾。古文速。

◎⿱敕言，先斛切。言疾也。古文。

◑⿱敕言，先斛反。《説文》古文速字也。速，疾也，召也。在辵部。

【訡】魚金切。呻也，或爲吟。

◎訡，魚今切。呻也，或爲吟。

◑訡，牛金反。《説文》或吟字也。吟，呻也，嘆也。在口部，或在口部也爲齡字在[或爲齡字在口部也]。

【⿰言疾】自栗切。毒苦也。又作愱。

◎⿰言疾，自栗切。毒苦也。又作愱。

◑⿰言疾，似慄反。《廣雅》：⿰言疾，毒苦也。《字書》或爲愱字，在心部。

【⿰言幸】許孟切。瞋語也。又下孟切。

◎⿰言幸，許孟切。瞋語也。又下孟切。

◑⿰言幸，下更反。《廣雅》：⿰言幸，言也。《埤蒼》爲楊州云言。野王案：《爾雅》猶爲行字，在行部。

【譝】視陵切。譽也。

◎譝，視陵切。譽也。

◑譝，視陵反。《左氏傳》：故譝息嬀。杜預曰：譝，譽也。《字書》或爲憴字，在心部。今或繩字，在糸部。

【譑】羊照切。誤言也。

◎譑，羊照切。誤言也。

◑譑，餘照反。《廣雅》：譑，誤也。

【評】皮柄切。平言也。又音平。

◎評，皮柄切。平言也。又音平。

◑評，皮柄反。《字書》：評，訂也。

【訷】呼甲切。多言也。或作嗑。

◎訷，呼甲切。多言。或作嗑。

◑訷，胡臈反。《字書》：或嗑字也。嗑，多言也，在口部。

【諊】居六切。諊窮也，治罪也。

◎諊，居六切。窮也，治罪也。

◑諊，居陸反。《字書》或鞫字也。鞫，治罪也，讀書用法也，窮也。在㚔部。或爲趜字，在走部。或爲窾字，在穴［宀］部。~~或爲窾字，在穴部也之~~。

【誯】初障切。導也，發歌句也。亦作唱。

◎誯，初障切。導也，發歌句。亦作唱。

◑誯，充向反。《字書》或唱字也。唱，導也，發歌句也，先也。在口部。爲龠昌字，在龠部也。

【誸】呼歷切。私訟也，恨也，内侮也。亦作鬩。

◎誸，呼歷切。私訟也，恨也，内侮也。亦作鬩。

◑誸，呼歷反。《蒼頡篇》：私也。《聲類》亦鬩很字也。鬩，内很也，侮也，在門部。

【訞】於嬌切。災也。又巧言皃。⿰言芺，《説文》訞。

◎訞，於嬌切。災也。又巧言皃。⿰言芺，《説文》。

◑⿰言芺，於驕反。《字書》亦祅字也。祅，灾也。地反物爲祅字，在示部。

【誸】古協切。妄語也。
◎誸，古協切。妄語也。
◑誸，古協反。《字書》或唊字也。唊，妄語也，在口部也。
【譓】居位切。慙恥也。與媿同。
◎譓，居位切。慙恥。与愧同。
◑譓，嫣媚反。《字書》亦愧字也，慙也，恥也。在心部。或爲媿字，在女部。或爲聭字，在耳部。
【諬】以醉切。恨言也。
◎諬，以醉切。恨言也。
◑諬，弋恚反。《字書》亦賢字也。賢字，婎也。在貝部。
【詎】其吕、渠據二切。止也，至也，格也。
◎詎，其吕、渠遽二切。止也，至也。
◑詎，渠據反。《莊子》：庸詎知吾所謂知之非不知乎？庸詎知吾所謂不知之非知之耶？《史記》：且蘇君在，儀寧詎能此乎？《漢書》：詎有其人？《字書》或岠字也。岠，至止也，格也，搶也。在止部，音渠舉反。《字書》或爲距字，在足部。
○詎，《玉篇》：詎，何也。（《一切經音義》卷二十六）
【譥】許亮切。不久也。
◎譥，許亮切。不久也。
◑譥，虚向反。《字書》或曏字。曏，曩也，不久也。在日部。
【訏】知與切。智也。
◎訏，知與切。智也。
◑訏，竹与反。《廣雅》：訏，智也。《字書》書亦云忬字也，在心部。
【譌】爲劌切。夢言不譿也。
◎譌，爲劌切。夢言不譿也。
◑譌，爲劌切。夢言不譿也。
【諀】必奚切。誤也，謬也。
◎諀，必奚切。誤也。
◑諀，補奚反。《字書》或維字也。維，縷并也。在糸部。或爲性字。性，誤也，謬也。在心部。
【諤】五各切。正直之言也。
◎諤，五各切。正直之言也。
◑諤，魚各反。《楚辭》：或宜［直］~~也~~言之諤諤。野王案：諤諤，正直之言也。《韓詩外傳》周舍願爲諤諤之臣，執筆慘牘，從君之道是也。《廣雅》：諤諤，語也。《字書》咢字也。野王案：咢亦驚也，在吅部。或爲愕字，在心部。或爲顫字，在頁部也。
○諤，顧野王：諤諤，正直之言皃也。（《一切經音義》卷八十三）
【譌】公核切。智慧也。
◎譌，公核切。智慧也。
◑譌，公核反。《廣雅》：譌，慧也。《埤蒼》：譌，黠也。《字書》亦愅字。愅，智也。在心部。
【讞】魚烈、牛箭二切。獄也。《説文》作瀻，議辠也。
◎讞，魚烈、牛箭二切。議辠也。
◑讞，宜箭反。《聲類》：不遜也。《字書》或唁字也。唁，弔失國也。在口部。或爲這字，在辵部。今亦以爲議罪之讞［瀻］字，音宜枼反，在水部。
【詨】許教切。大嗥也，呼也，唤也。又呼交切。
◎詨，許教切。大叫，嗥。又呼交切。
◑詨，詡教反。《山海經》：鵲，鳥鳴自詨。郭璞曰：今吴人謂叫嘑爲詨。《字書》嗃字在口部，以此爲或交字也。《廣雅》：詨，易也。野王案：交，俱也，戾也，共也。在交部，音居肴反。
【譿】胡桂切。材智也，察也。譓，同上。
◎譿，胡桂切。材智也，察也。譓，同上。
◑譿，胡桂反。《字書》或慧字也。慧，才智也，儇也，察也。在心部也。譓，《字書》亦譿字也。司馬相如《封禪書》：義征不譓。《漢書音義》曰：譓，從也。野王案：羽從亦与惠字義同，在叀部也。
【訃】芳付切。告喪也，又至也。
◎訃，芳付切。告喪也，又至也。
◑訃，匹付反。《禮記》：凡訃於其君，曰君之臣某无［死］。鄭玄曰：訃或皆作赴。赴，至也。臣死，使人至君所告之。《字書》亦赴字，在走部。或爲卧字，在足部。或爲辻字，在辵部。
【譵】直類切。怨也。或作懟。

◎譵，直類切。怨也。或作懟。

◑譵，治遂反。《字書》亦對字也。懟，怨也。在心部也。

【譯】卑密切。止行也。本作趩、蹕。

◎譯，卑密切。止行也。本作趩、蹕。

◑譯，卑謐反。《字書》或趩字也。趩，止行也。在走部。《聲類》或爲蹕字，在足部。或爲僤字，在人部。

【譈】徒對切。怨也，惡也。亦作憝。

◎譈，徒對切。怨也，惡也。亦作憝。

◑譈，徒對反。《字書》或憝字也。憝，怨也，惡也。在心部。

【讀】側革切。怒也，讓也。

◎讀，側革切。怒也，讓也。

◑讀，側革反。《蒼頡篇》：讀，謫也。《廣雅》：讀，怒也。讀，讓也。今並爲責字，在貝部。《説文》亦讀嘖字也。嘖，呼也。在口部。

【訙】呼決切。怒呵也。

◎訙，呼決切。怒訶也。

◑訙，呼玦反。《埤蒼》：訙，怒訶也。

【誔】達鼎切。詭言也。

◎誔，達鼎切。詭言也。

◑誔，達泠反。《廣雅》：誔，訖也。

【譵】丁回切。謫也。

◎譵，丁回切。謫也。

◑譵，丁䢈反。《蒼頡篇》：譴也。《詩》云王事譵我是也。野王案：《毛詩箋》云譵，擿，猶投也。今並爲敦字，在攵部。訓擿亦与磓字同，在石部。或爲搥字，在手部。

【謘】力足切。謯也。

◎謘，力足切。謯也。

◑謘，力足反。《字書》亦謘謯也。

【詸】居宥切。《文字音義》云：止也，禁也，助也。

◎詸，居宥切。禁也，助也。

◑詸，居宥反。《字書》或救字也。救，止也，禁也，助也。在攵部。

【諳】烏含切。記也，知也，誦也，大聲也。或作喑。諳，同上。

◎諳，烏含切。記也，知也。或作喑。諳，同上。

◑諳，於含反。《東觀漢記》：園陵樹蘗皆諳其數。《廣雅》云：諳，諷也。《埤蒼》：誦也。《説文》：大聲也。或爲喑字，在口部。諳，《字書》亦諳字也。

〇諳，《玉篇》云：諳，信也。（《續一切經音義》卷八）

【譫】之閻切。多言也。

◎譫，之閻切。多言也。

◑譫，之閻反。《埤蒼》：多言皃也。《字書》：讘也。

【譩】於熙切。不平之聲也，恨辭也。作噫同。

◎譩，於熙切。不平之声也，恨辭也。作噫同。

◑譩，於熙反。《尚書》：對曰信譩。孔安國曰：恨辞也。《毛詩》：譩厥哲婦。《箋》云：有所痛傷之聲也。野王案：《論語》顔淵死，子曰譩是。又曰：譩譆成王。《傳》曰：譩，歎也。《箋》云：有所多大之言也。《禮記》：譩，無也。鄭玄曰：咈痞聲也。《論語》：子夏聞之曰譩。孔安國曰：不平之聲也。《蒼頡篇》：譩，喈也。今亦爲噫字，在口部也。

【譟】楚交切。代人説也。與勦同。

◎譟，楚交切。代人。《説文》與勦同。

◑譟，楚郊反。《埤蒼》：代人説也。野王案：《禮記》無譟説是也。今爲勦，在力部也。

【誦】女函切。語聲也。

◎誦，女函切。語声也。

◑誦，女函反。《埤蒼》：誦，語聲也。《字書》：亦詀也。

【詎】丁逅切。詎譳，詀説也。作姮同。

◎詎，丁逅切。詎譳，詀説。作姮同。

◑詎，竹逅反。《埤蒼》：詎譳詀説也。《聲類》或爲姮字，在女部也。

〇詎譳，《玉篇》：言不正也。（《朱文公校昌黎先生文集》卷一）

【譳】奴豆切。詎譳。

◎譳，奴言切。詎譳也。

◑譳，女逅反。《聲類》：詎譳也。

●圓沙本“奴言切”有誤。

【諦】大計切。譩諦，審諦。
◎諦，大計切。譩諦，審諦。
◑諦，達計反。《方言》：諠諦也，吴越曰諠諦。郭璞曰：亦審諦也，手［未］見其議也。
【譩】於計切。譩諦。
◎譩，於計切。譩諦。
【訚】魚刮切。怒也，訶也。
◎訚，魚刮切。怒也，訶也。
◑訚，魚刮反。《廣雅》：訚，怒。《埤蒼》：訚，訶也。
【諸】昌脂切。訶怒也。
◎諸，昌脂切。訶怒也。
◑諸，上尸反。《埤蒼》：諸，訶怒也。趙魏云。野王案：今謂舉手相訶罵爲㑦諸是也。
【詆】他狄切。詆 誘，狡 猾 也。又 音 底，訶也。
◎詆，他狄切。詆 誘，狡 猾 也。又 音 底，訶也。
【誘】他鹿切。詆誘。
◎誘，他鹿切。詆誘，狡猾。
◑誘，他鹿反。《字書》：詆誘也。
【譞】於報切。語也。
◎譞，於報切。語也。
◑譞，於報反。《廣雅》：譞，告也。《埤蒼》：譞，語也。河東云。
【譑】居夭切。多言也。
◎譑，居夭切。多言也。
◑譑，居小反。《埤蒼》：譑，糾也。
【誀】如志切。誘也。
◎誀，如志切。誘也。
◑誀，如之反。《廣雅》：誀，謏也。《埤蒼》：誀，誘也。
【謣】羽俱切。妄言也。
◎謣，羽俱切。妄言也。
◑謣，尤朱反。《字書》：妄言也。
【訛】匹示切。具也。今作庀。
◎訛，匹示切。具也。今作庀。
◑訛，匹尔反。《廣雅》：訛，具也。《字書》古文爲庀字，在广部。毁呰之訛爲諀字也。
【誃】之豉切。何爲不知也，快也。
◎誃，之豉切。不知也，快也。
◑誃，之豉反。《孟子》：誃而不知。劉熙曰：誃，何也，爲言何爲不知。 《廣雅》：誃，快也。
【譍】於甑切。譍對也。
◎譍，於甑切。對也。
◑譍，於甑反。《埤蒼》：譍，對也。野王案：課［謂］語相譍對也。《禮記》：無噭譍。《論語》子夏之門人洒掃譍對是也。今爲應字，在心部也。
○譍，今爲應字。(《類》98)
【訠】式忍切。况也。或作矤。
◎訠，式忍切。况也。或作矤。
◑訠，式忍反。《蒼頡篇》：訠，况也。《聲類》或弞字也，在矢部。
【諀】匹爾切。呰也。
◎諀，匹尔切。呰也。
◑諀，匹尔反。《莊子》：仲尼諀汝［於］一方。《廣雅》：諀，呰也。《莊子》或爲訛字也。
【詘】丑利切。陰知也。
◎詘，丑利切。陰知也。
◑詘，丑利反。《蒼頡篇》：陰知也。
○詘，《玉篇》：笑皃。(《龍龕手鏡》卷一)
●佚文“笑皃”未詳。
【訽】居俊切。欺也。
◎訽，居俊切。欺也。
◑訽，居雋反。《蒼頡篇》：訽，言誑也。《廣雅》：訽，欺也。
【詑】達各切。欺也。
◎詑，達各切。欺也。
◑詑，達各反。《廣雅》：詑，欺也。
【訜】筆云切。人不知。
◎訜，筆云切。入不知也。
●圓沙本“入”誤。
【謡】呼乞切。語聲。
◎謡，呼乞切。語声。
◑謡，呼氣反。《廣雅》：謡謡，語也。《埤蒼》：聲也。
【譜】布魯切。屬也，牒也，布列見其事也。
◎譜，布魯切。屬也，牒也，布列見其事也。
◑譜，逋魯反。《史記》：稽諸譜諜，自殷而前不得而譜。《廣蒼》：譜，屬。《廣雅》：譜，諜。《釋名》：譜，布也，列見其事。

【訑】弋支切。訑訑，自得也。

◎訑，弋支切。訑訑，自得也。

◑訑，弋支反。《孟子》：苟不好善，則人將曰訑訑兮，既已知之矣。劉熙曰：訑訑，自得皃也。《廣蒼》：《詩》云訑訑碩言。野王案：《毛詩傳》訑訑，淺意也。爲蛇字，在它部。《字書》：言皃。

●訑同訑。

【譲】之藥切。譎也。

◎譲，之藥切。譎也。

◑譲，之藥反。《廣雅》：譲，譎也。

【譒】補過切。敷也，謡也。

◎譒，補過切。敷也，謡也。

◑譒，補佐反。《説文》：譒，敷也。《商書》曰王譒告之是也。野王案：此亦播字同，在手部也。

【詫】丑嫁切。誇也。誃，同上。

◎詫，丑嫁切。誇也。誃，同上。

◑詫，丑嫁反。《子（虚）賦》：過託烏有先生。郭璞曰：詫，誇也。誃，《字書》亦詫、宅也。

【訅】渠留切。安也，謀也。

◎訅，渠留切。安也，謀也。

◑訅，渠留反。《字書》：訅，安也。一曰謀。

【誰】以隹、十惟二切。就也。

◎誰，以隹、子推二切。就也。

【訋】都叫切。挐也。

◎訋，都叫切。挐也。

【詼】口回切。調戲也。

◎詼，口回切。調戲也。

◑詼，口回反。《漢書》：東方朔与枚臯、郭舍人俱在（左）右，詼啁而已。文穎曰：啁，戲也。《字書》：詼，啁也。

【謟】他勞切。疑也。

◎謟，他勞切。疑也。

◑謟，他勞反。《爾雅》：謟，疑也。郭璞曰：《傳》云天命不謟是也。或爲慆字，在心部也。

【竸】渠竟切。强爭也，逐也。古文競。

◎竸，渠竟切。强争也。古文競。

◑竸，渠竟反。《聲類》古文競字也。競，强也，争也，逐也，高也。在誩部也。

【詑】尺支切。多言。

◎詑，尺支切。多言。

○詑，《玉篇》又止支反，多言也。（《龍龕手鏡》卷一）

【訞】他前切。訶也。

◎訞，他前切。訶也。

【譙】慈焦切。國名。

◎譙，慈焦切。國名。

◑譙，似醮反。《尚書》：王亦未敢譙公。孔安國曰：譙，讓也。《方（言）》齊楚宋衛荊陳之間讓曰譙。《蒼頡篇》：訶，譙也，亦嬈也。《漢書》沛郡有譙縣，音似焦反。《毛詩》：予羽譙譙。《傳》曰：~~也~~譙譙，殺也。《禮記》：哀心感者其聲譙以殺。鄭玄曰：譙，踧。誚，《聲類》：亦譙字也。䚈，《説文》古文誚字也。

【諆】莫浮切。諆，計也。

◎諆，莫浮切。諆，計也。

【諞】彌連切。欺也。

◎諞，彌連切。欺也。

【譎】土禾切。慧也。

◎譎，土禾切。慧也。

◑譎，吐和反。《方言》：楚或謂慧爲譎。郭璞曰：亦今通語也。

【誇】口瓜切。逞也。㚎，古文。

◎誇，口瓜切。逞也。㚎，古文。

◑誇，苦華反。《尚書》：憍淫矜夸，將由惡。孔安國曰：憍恣過制，以自夸大也。《方言》：夸，淫也。《説文》：誇，譀也。野王案：以大言相誇誕也。《漢書》上將大誇胡人是也。《謚法》：華言不實曰誇。今亦或爲夸字，在大部。

【諴】胡讒切。和也。

◎諴，胡讒切。和也。

○諴，《玉篇》又音喦，亦弄人也。（《龍龕手鏡》卷一）

【誙】口莖切。㤝也。

◎誙，口莖切。㨴也。

●“惋也”疑誤。
【詎】女林切。多言。
◎詎，女林切。多言。
【譎】古蛙、五乖二切。不正。又嬾也。
◎譎，古蛙、五華二切。嬾也，不正。
【讒】仕銜切。佞也。
◎讒，仕銜切。佞也。
◑讒，仕咸反。《尚書》：讒誠弥行。野王案：《説文》讒譖也，《毛詩》讒夫孔多是也。
○讒，佞也。(《三部經音義集》二)
【悰】殂冬切。謀也。
◎悰，殂冬切。謀也。
【讚】宅江切。質也。
◎讚，宅江切。質也。
【誧】普布切。諫也。
◎誧，普布切。諫也。
【詇】附夫切。詞也。
◎詇，附夫切。詞也。
【諃】丑林切。善言。
◎諃，五林切。善言也。
【詉】奴刀切。喜也，謎也。
◎詉，奴力切。喜也，滅也。
●圓沙本“滅也”疑有誤。
【謎】蘇戈切。佞也，動也。
◎謎，蘇戈切。佞也，動也。
【謕】息移切。諒也。
◎謕，息移切。諒也。
【詴】烏回切。呼人也。又户罪切。
◎詴，烏回切。呼人也。又户罪切。
【誗】如詹切。多言。
◎誗，如詹切。多言。
◑誗，如藍、如蒼二反。《説文》：誗誗，多言也。樂浪有誗邯縣。
【詎】奴奚切。呼人也。
◎詎，奴奚切。呼人声。
【諤】匹丁切。言也。
◎諤，匹丁切。言也。
【諚】方凡切。言急也。
◎諚，方凡切。言急也。
【訸】胡戈切。平也。
◎訸，胡戈切。平也。
【諲】宜巾切。頑也。
◎諲，宜巾切。頑也。
【譺】五駭切。謹也。
◎譺，五駭切。謹也。
【詂】陟由切。多言也。
◎詂，陟由切。多言也。
【謅】初卯切。弄人言。
◎謅，初卯切。弄人言。
【諝】相吕切。才智之稱也。
◎諝，相吕切。才智之稱。
【説】始悦切。言也，釋也。又音税，談説也。又余輟切，懌也。
◎説，始悦切。言也，釋也。又音税，談説也。又余輟切，懌也。
○説，解説，談議也，訓誥也。(《釋氏要覽》下説聽1)
○説，猶言也。(《法華釋文》上)
【謞】火角、火各二切。讒慝也。
◎謞，火角、火各二切。讒慝也。
【譯】餘石切。傳言也。
◎譯，餘石切。傳言也。
◑譯，餘石反。《禮記》：五方之民，言語不通，嗜欲不同。達其志，通其欲，北方曰譯。鄭玄曰：(世)間之名也，依其事類耳。《方言》：譯，傳也。譯，見也。郭璞曰：傳語即相見也。《説文》：傳四夷之語也。
【諔】疾歷切。靜也。
◎諔，疾歷切。静也。
◑諔，徐歷反。《説文》：亦寂字也。咏，安静也，漠也，在宀部。或爲咏字，在口部也。
【訐】他口切。訐誘。
◎訐，他口切。訐誘也。
【諢】何滿切。多言也。
◎諢，何滿切。多言。
【諯】以喘切。笑皃，又善言。
◎諯，以端切。笑皃，入善言。
【譭】許委切。謗也，怒言也。
◎譭，許委切。謗也，怒言也。
【訨】諸是切。訐也。

◎詍，諸是切。詐也。
【言】去偃切。言言，脣急皃。
◎言，去偃切。言言，脣急皃。
【言】魚鄢切。言言。
◎言，魚鄢切。言言。
【讉】以佳切。譯惡言也。
◎讉，以加切。譯惡言也。
○讉，《玉篇》：讉，以佳切。譯惡言也。(《方言箋疏》卷三)
【誢】乎典切。諍語也。
◎誢，乎典切。諍語也。
【謶】知加切。謶拏，羞窮也，怒也。
◎謶，知加切。謶拏，羞窮也。
◑謶，丑加、傷加二反。《説文》：謶拏，羞窮也。《蒼頡篇》：詐謣也。
【詉】女加切。謶詉，言不可解也。
◎詉，女加切。謶詉，言不可解也。
◑詉，女加（反）。《埤蒼》：謶詉，言不解也。野王案：《方言》即謰謱也。爲拏字，在手部也。
【詃】古犬切。誘也。
◎詃，古犬切。誘也。
【誷】無紡切。誣也。
◎誷，無紡切。誣也。
【謉】户衮切。謀謉也。
◎謉，户衮切。謀也。
【諡】丑利切。笑也。
◎諡，丑利切。笑也。
【謝】之勢切。語不正。
◎謝，之勢切。語不正。
【諢】五困切。弄言。
◎諢，五困切。弄言也。
○諢，《玉篇》云：弄言。(《重修廣韻》卷四)
【詪】古恨、古很二切。難語皃。又乎典切。
◎詪，古恨、古很二切。難語皃。又乎典切。
◑詪，古恨反，胡典反。《説文》：即詪也。《廣雅》：詪詪，語也。
【譤】子就切。臾也。
◎譤，子就切。吏也。
●“吏也”當作“臾也”。
【譀】火禁切。
◎譀，火禁切。祝也。
【訡】于禁切。怒言。欦，同上，啼不止也。
◎訡，子禁切。怒言也。欦，同上，啼不止也。
●“子禁切”疑誤。
【訒】魚向切。止也。
◎訒，魚向切。止也。
【謑】胡遣切。言皃。
◎謑，胡遣切。言皃。
【譋】火个切。譀譋。
◎譋，火个切。譀譋也。
【謕】莫駕切。多言。
◎謕，莫駕切。多言也。
【詁】胡故切。誌也，認也。
◎詁，胡故切。誌也，認也。
【詐】之訝切。詐僞。
◎詐，之訝切。詐僞也。
【譌】司夜切。話譌。
◎譌，司夜切。話譌也。
【諎】七个切。礷也。
◎諎，七个切。礷也。
◑諎，壯百反。《考工記》：鍾侈則諎。鄭玄曰：諎諎然大外聲也。《説文》大聲也。或爲唶字，在口部。《字書》或爲咋字，（在）口部。
【誹】府味切。多言。
◎誹，府味切。多言也。
【諕】先護切。諳諕。
◎諕，先護切。諳諕也。
【諙】胡介切。善也。
◎諙，胡介切。善也。
【諫】七賜切。數諫也。
◎諫，七賜切。數諫也。
◑諫，千吏反。《字書》：謀也。
◑諫，士漬反。《説文》：數諫也。野王案：《詩》所風諫［諫］亦諫也。《詩》今爲刺字，在刀部。
【諴】七賜切。謀也。
◎諴，七賜切。謀也。

【認】而振、而證二切。識認也。
◎認，而振、而證二切。識認也。
【誌】之吏切。記誌也。
◎誌，之吏切。記也。
【謎】米閉切。隱言也。
◎謎，米閉切。隱言也。
【諕】火訝切。諕也。諕，同上。
◎諕，火訝切。諕也。諕，同上。
【諫】初稼切。異言。
◎諫，初稼切。異言也。
【誏】郎宕切。閑言。亦與朗同。
◎誏，郎宕切。閑言也。与朗同。
◑誏，旅黨反。《字書》亦朖字也。朖，明也。在月部。古文爲𥄕字，在目部。
〇誏，顧野王《玉篇》：誏，閑言也。（《吴下方言考》卷八）
【讌】烏見切。讌設也。
◎讌，烏見切。讌設也。
【譹】胡到切。相欺也。
◎譹，胡到切。相欺也。
◑譹，胡報反。《蒼頡篇》：譹，譹讀也。《聲類》：譹讀，相欺也。
【誆】巨妄切。狂言也。
◎誆，巨妄切。狂言也。
【諺】所化切。俊言。
◎諺，所化切。俊言也。
【詺】名聘切。詺讉也。
◎詺，名聘切。詺讉也。
〇詺，名聘反。讉也。（《醫心方》寫本）
〇詺，顧野王：爲作名曰詺。（《一切經音義》卷五十）
【誨】火内切。休市。與詯同。
◎誨，火内切。休市也。与詯同。
【讇】色立切。言甚多也。譅，同上。
◎讇，色立切。言甚多也。譅，同上。
【詋】職救切。詋咀也。
◎詋，職救切。詋咀也。
【詷】力制切。言美也。
◎詷，力制切。言美也。
【護】胡故切。救護也。
◎護，胡故切。救護也。
◑護，胡故反。《史記》：卒調護太子。如淳曰：調護猶營護也。又曰：强載輜車，卧而護之。野王案：謂監護經略之也。又《抱璞子》云：以狸頭治鼠瘻，啄木護齲。則護亦治也。《方言》：挾護也。郭璞曰：挾特護之。《漢~~也~~書》：以吏事護高祖。野王案：護，救視也。《蒼頡篇》：護，辨也。《廣雅》：護，助也。樂名《大護》，《字書》爲頀子［字］，在音~~音~~部。
【訉】扶泛切。多言。
◎訉，扶泛切。多言。
【訣】古穴切。死別也。
◎訣，古穴切。死別也。
【詉】兵列切。分契也。
◎詉，兵列切。分契也。
【諿】七入切。和也。
◎諿，七入切。和也。
【譈】許及切。疾言也。
◎譈，許及切。疾言。
【讙】許縛切。妄言也。
◎讙，許縛切。妄言。
【諲】居力切。訥言也。
◎諲，居力切。訥言。
【諕】許交切。
◎諕，許交切。声也。
【䛠】力約切。歎，美言也。
◎䛠，力約切。歎也，美言也。
【䛃】扶件切。俗辯字。
◎䛃，扶件切。俗辯字。
【諹】與章切。譽也，讙也。又余亮切。
◎諹，与章切。譽也。又余亮切。
◑諹，除惿反。《埤蒼》：諹，誰［讙］也。
【詗】户對切。胡市也。
◎詗，户對切。胡市也。
【誓】蘇奚切。聲振也，呻也。
◎誓，蘇奚切。声振也。
◑誓，先奚反。《説文》：悲聲也。野王案：此亦㾷字。㾷，聲散也。在疒部。《字書》：一曰善音。或爲嘶字，在口部。

【誐】五歌切。吟也。又牛可切。
◎誐，五歌切。吟也。又牛可切。
◑誐，魚何反。《說文》：喜［嘉］善也。
【諭】楊樹切。譬諭也。又他口切，諭誘也。
◎諭，楊樹切。譬也。他口切，誘也。
【諟】承紙切。審也，諦也。
◎諟，水紙切。審也，諦也。
【誧】滂古切。大言。又匹布切，謀也。
◎誧，滂古切。大言也。又匹布切，謀也。
◑誧，布徒、澤古二反。《說文》：誧，大也，一曰人相助也。《廣雅》：誧，謀也。誧，諫也。
【謣】烏古切。相毀皃。
◎謣，烏古切。相毀皃。
◑謣，於路反。《說文》：相毀也。野王案：《左氏傳》兩相謣是也。又曰：亦云畏謣也。野王案：《禮記》孔子曰如惡惡臭。君臨喪，以巫祝桃茢，惡之。今亦悪字，在心部。《聲類》亦啞字也。啞，夫［笑］皃也，在口部。諰，《字書》亦諰［謣］字也。
【誇】於禮切。膺聲。
◎誇，於礼切。膺声。
◑誇，於礼反。《埤蒼》：誠言也。《廣雅》：誇，膺也。
【試】始志切。嘗也，用也。
◎試，始志切。用也。
【謼】荒烏切。大叫也。
◎謼，荒烏切。人叫也。
【諮】巨久切。毀也。
◎諮，巨久切。毀也。
【讆】俄寒切。山形出皃。又人名。
◎讆，俄寒切。山形出皃。
【誗】直嚴切。言利美也。
◎誗，直嚴切。言利美也。
【謋】虎伯切。謋然。亦作読。
◎謋，虎伯切。恐也。亦作読。

補

◑詉，狃牙反。《字書》或拏字也。拏，持也，把也。在手部。
◑詬，《廣雅》：詬，拏也。《字書》：亦拏字也。
◑諑，呼戰反。《埤蒼》：諑，數也。
◑誂，他狄反。《埤蒼》：誂，詎僻也。

誩部第九十一

凡七字

【誩】虔仰切。競言也。
◎誩，虔仰切。競言也。
◑誩，乹仰、大紺二反。《說文》：競言之也。
【譱】是闡切。大也。《說文》曰：吉也。善，同上。今作善。
◎譱，是闡切。大也，吉也。善，同上。今作善。
◑譱，是闡反。《尚書》：作善降之百祥。野王案：《說文》：善，吉也。故曰吉人爲善，惟曰不足也。又曰截截善諞言。野王案：善，巧也。《老子》：善行行者無遠近，善閇者開鍵之。《毛詩》：覆背善詈。《箋》：云：善，大也。《蒼頡篇》：工也，往也。篆文爲善字，在言部。《聲類》或爲善字，在口部。
◑善，是闡反。《說文》：篆文譱字也。譱，吉也，工，往［佳］也，大也。在誩部。或爲善字，在口部。
【競】渠慶切。彊語也。一曰逐也。競，同上。
◎競，渠慶切。彊語也，逐也。競，同上，又争也，敵也。
◑競，渠敬反。《毛詩》：秉心無競。《傳》曰：競，強也。《左氏傳》：有職競焉。杜預曰：競，遽也。又曰師競已甚。杜預曰：競，争競也。《說文》：強語也。一曰逐也。《廣雅》：競，高也。《聲類》古文爲倞字，在人部。或爲競字，在言部。誩，《聲類》：古文競字也。
【讟】徒木切。謗讟。《說文》曰：痛怨也。《左氏傳》曰：民無怨讟。
◎讟，徒木切。謗讟也，痛怨也。《左傳》：民無怨讟。
◑讟，徒木反。《左氏傳》：民無謗讟。杜預曰：讟，誹也。《方言》：讟，痛。郭璞曰：謗誣怨痛也。《廣雅》：讟，惡也。《字書》或爲𤺺字，在疒部。

【譶】徒荅切。疾言也。

◎譶，徒荅切。疾言也。

◑譶，徒荅反。《方言》：譶、咎，謗也。郭璞曰：謗，言噂譶也。《説文》：疾言也。《蒼頡篇》：言不止也。《聲類》：或爲嚃字。野王案：嚃嚃，相對談也，在口部。

曰部第九十二

凡十二字

【曰】禹月切。言辭也，語端也。

◎曰，禹月切。言詞也，語端也。

◑曰，禹月反。《尚書》：曰皇極之敷言。孔安國曰：曰者曰大其義也。又曰有艱大［大艱］于西。孔安國曰：曰者語更端也。《毛詩》：又曰何哉。《箋》云：曰，於也。《爾雅》：越、于、爰，曰也。《夏小~~時~~正》：時有養日，養，長也。曰之也。《説文》：曰，詞也。野王案：書籍説將語之詞也。《尚書》帝曰咨，四岳。益贊于禹曰。並是也。《廣雅》：曰，語也。曰，豈也。与焉同爲豈。

【冊】楚革切。告也。冊，籀文。

◎冊，楚革切。告也。冊。

◑冊，楚革反。《説文》：冊，告也。《字書》或册字也。册，册書符命。在册部。古文爲笧字，在竹部也。

【曷】何葛切。何也，逐也，盍也。《爾雅》曰：止也。

◎曷，何葛切。何也，盍也。

◑曷，何葛反。《尚書》：焉虖曷，何也。《毛詩》：曷云能穀。《傳》曰：曷，逮也。又曰：曷予竫之。《傳》曰：曷，害也。《爾雅》：曷，盍也。郭璞曰：盍，何不也。

【朁】且感切。曾也，發語辭也。又音潛。

◎朁，且感切。曾也。又音潛。

◑朁，且感反。《毛詩》：憯不畏明。《傳》曰：曾也。《爾雅》亦云。郭璞曰：發語辞也。今亦爲憯字，在心部。

【沓】徒荅切。重疊也，多言也，合也。又縣名。

◎沓，徒荅切。重疊也，多言。

◑沓，徒荅反。《楚辭》：天何所沓？十二焉分？王逸曰：沓，合也。《説（苑）》遷延沓手。野王案：沓猶重疊也。《説文》：語交沓沓也。野王案：亦与嚃同，字在口部。《漢書》遼東有沓縣。

○沓，顧野王云：沓猶重疊也。（《一切經音義》卷三十九）

【朁】昨勞切。共也，輩也，群也。《説文》曰：獄之兩朁也。曹，同上，今文。

◎朁，昨勞切。輩，群也。曹，同上，今文。

◑朁，似勞反。《毛詩》：乃造其曹。《傳》曰：曹，群也。《國語》：民所曹好。賈逵曰：曹猶共也。《史記》：十餘曹俻之。如淳曰：曹，輩也。又曰：分曹循行郡國。服虔曰：分曹職案行也。《説文》：獄之兩曹，治事者也。《廣雅》：曹，所也。曹，《字書》今朁字也。

【甯】乃經、乃定二切。告也。

◎甯，乃經、乃定二切。告也。

◑甯，乃經、乃之［定］二反。《字書》：告也。

【暹】思廉切。進也，長也。

◎暹，思廉切。進也，長也。

◑暹，且廉反。《魏志》有韓暹也。

【曶】呼没切。出氣詞也。[illegible]，同上，見《説文》。

◎曶，呼没切。出氣詞也。[illegible]，同上，見《説文》。

◑曶，呼沒反。《説文》：出氣辞。《春秋》有鄭太子曶也。𣶒，《説文》古文曶字也。

乃部第九十三

凡八字

【乃】奴改切。大也，往也。《説文》曰：曳離之難也。𠄎，古文。[illegible]，籀文。迺，亦與乃同。

◎乃，奴改切。大也，往也。《説文》：曳離之難也。㇋，古文。𠄎，籀文。迺，亦與乃同。

◑乃，奴改反。《尚書》：唯乃之休。孔安國曰：乃，汝也。《周禮》：乃施邦典于邦曲國。鄭玄曰：乃者，更申勑之也。《韓詩》：乃慰乃止。乃，大也。《儀禮》：乃飲實爵。鄭玄曰：乃猶而也。《公羊傳》：乃者何？難也。曷爲或言而，或言乃？乃難乎而也。《漢書》：乃者鳳皇集新蔡。野王案：乃猶往也。《説文》：乃者申辞之難也。乃，《説文》籀文乃㇋字也。㇋，《説文》古文乃字也。卤，奴改反。奴陵（反）。《爾雅》：卤，乃也。《説文》：驚聲。或曰卤，往。《聲類》：至也。或爲迺字，在辵部。迺，《説文》古文迺［卤］字也。

○乃，猶往。(《法華釋文》中)

【卤】如乘切。往也。《説文》曰：驚聲也。𠧪，古文。辸，同上。

◎卤，如乘切。往也，驚聲也。𠧪，古文。辸，同上。

【卣】以周切。《説文》曰：气行皃。

◎卣，以周切。气行皃。

丂部第九十四

凡四字

【丂】苦道切。《説文》曰：气欲舒出，丂上礙於一也。古文以爲亏字。又以爲巧字。

◎丂，苦道切。《説文》：气欲舒出，丂上礙於一也。古文亏。又巧字。

◑丂，苦道反。《説文》：氣欲舒出也，口［古］以爲丂［亏］字，又爲巧字也。

【甹】普經切。《説文》曰：亟詞也。或曰甹，俠也。三輔謂輕財者爲甹。《爾雅》曰：甹夆，掣曳也。謂牽拕也。

◎甹，普經切。《説文》：亟詞也，或曰俠也。三輔謂輕財爲甹。《尔雅》云：甹夆，掣曳也。謂牽拕也。

◑甹，普經反。《毛詩》：莫与甹蜂，自求辛螫。《傳》曰：甹蜂，制曳也。《爾雅》亦云。郭璞曰：謂牽曳。《説文》：極詞也。或曰使也。訓使爲俜字，在人部。

【寧】奴庭切。願詞也。

◎寧，奴庭切。願詞。又安也。

◑寧，奴庭反。《説文》：願詞也。野王案：今亦以爲安寧之寍［寍］。或爲寕字部，《字書》在穴［宀］部。

【丂】呼多切。反丂也。

◎丂，呼多切。反丂也。

◑丂，呼多反。《説文》：反丂也。

可部第九十五

凡四字

【可】口我切。肯也。

◎可，口我切。肯也。

◑可，口我反。《周易》：天地万物之情可見矣。野王案：又曰有親則可久，有功則可大。可久則賢人之德，可大則賢人之業。《論語》雍也，可使南面。雖百世，（可知也）。並是也。《禮記》：孔（子）曰體物而弗可遺。鄭玄曰：可，猶所也。又曰：始入而辞矣，即席曰可矣。鄭玄曰：可猶上也。《説文》：可，肯也。

【奇】竭羈切。異也。又居儀切，不偶也。

◎奇，竭羈切。異也。又居儀切，不偶也。

◑奇，竭知反。《尚書》：珍禽奇獸弗育于國。野王案：《説文》奇，異也。謂傀異也。《楚辭》余幼（好）此奇服是也。《老子》：若使當［常］畏死而爲奇者，吾得而殺之，夫熟敢。王弼曰：詭異乱群謂之奇。又曰：屈奇之服。許叔重曰：屈，尌［短］也。奇，長也。《淮南》：静爲躁奇。許叔重曰：奇有出於人也。《字書》：一曰不耦也。野王案：隻單之奇爲畸字，在田部，音居儀反。

【哿】公可切。嘉也。《説文》曰：可也。

◎哿，公可切。嘉也，可也。

◑哿，公可反。《毛詩》：哿矣富人。《傳》曰：哿也。杜預注《左氏傳》：哿，嘉也。

【哥】古何切。《説文》曰：聲也。古文以爲謌字。

◎哥，古何切。声也。古文謌字。

◑哥，古何反。《説文》：聲也。古文以爲歌字。野王案：《尚書》歌詠言是，在欠部。或爲謌字，在言部。

兮部第九十六

凡五字

【兮】胡雞切。兮，語所稽也。
◎兮，胡雞切。語所稽也。
◑兮，胡雞反。《毛詩》：胡瞻尔庭有懸貆兮。野王案：《説文》語所稽也。《楚辭》帝高陽之苗兮是也。《方言》：凡相憐哀相見讙意有得亡之意，九疑［嶷］湘潭之間謂之人兮也。
【㝷】先尹切。驚詞也。
◎㝷，先尹切。驚詞也。
◑㝷，先聿反，先倫反。《説文》：驚詞也。
【羲】虛奇切。羲和氏。《説文》曰：气也。
◎羲，虛奇切。气也。古羲和氏。
◑羲，赩奇反。《山海經》：天帝之妻羲和生十日。野王案：十日謂從甲至癸也，唐虞以爲掌天地之官。《尚書》分命羲仲宅淵［嵎夷］，汝羲杲［暨］和是也。《楚辭》：涉升皇之赫羲。王逸曰：赫羲，光明皃也。又曰：羲和未陽。王逸曰：羲和，日御也。《説文》：氣也。《白虎通》：謂之伏羲何？始定人道，畫八卦，以治天下，伏而化之，故曰伏羲也。
【兮】户枯切。《説文》曰：語之餘也。乎，同上，今文。
◎兮，户枯切。《説文》：語之餘也。乎，同上，今文。
◑乎，户枯反。《尚書》：何憂乎鵩吺。《論語》：不亦悦乎。《説文》：語之舒也。《廣雅》：乎，極于辞也。

号部第九十七

凡二字

【号】胡到切。号令也，召也。太祝掌辨六号。
◎号，胡到切。召也，号令也。太祝掌辨六号。
【號】胡高切。哭痛聲也。亦同上。
◎號，胡高切。哭痛声也。亦同上。
◑號，（闕）之。杜預曰：啼哭也。《爾雅》：號，呼也。郭璞曰：今江東皆言號也。野王案：號，呼聲，音鄉，讙沸，説也。《周易》九三：惕號，暮夜有我［戎］，勿。《毛詩》式號式呼是也。《説文》：痛聲也。《廣雅》：號，鳴也。

亏部第九十八

凡七字

【亏】禹俱切。於也，曰也，歎也。于，同上，今文。
◎亏，禹俱切。於也，曰也。于，同上，今文。
◑亏，禹俱反。《尚書》：王曰亏，来。孔安國曰：亏，嘆也。《毛詩》：于以乎［采］蘩。《傳》曰：于以猶亏以也。又曰：惟曰于仁。《傳》曰：于，往也。《韓詩》：于何不臧。于何猶奈何也。《左氏傳》：于民之不易。杜預曰：于，曰也。《儀禮》：宜之于破。鄭玄曰：于，爲也。《爾雅》：爰、奥［粵］，于也。郭璞曰：轉相訓也。《考工記》：鳧氏爲鍾，兩變［欒］謂之銑，銑間謂之亏。鄭玄曰：此鍾體也。鄭衆曰：于，衣［唇］之上袪者也。銑，鍾口兩角也。于，《字書》今亏字也。
【虧】去爲切。毀壞也。《説文》曰：气損也。俗作虧。
◎虧，去爲切。毀壞也。俗作虧。
◑虧，去爲反。《説文》或虧字也。虧，缺也，毀也，壞也。在亏部。
◑虧，去爲反。《毛詩》：不虧不崩。《箋》：云：虧猶毀壞也。《楚辭》：芳菲菲而難虧。王逸曰：虧，歇也，又曰：八柱何當，東南何虧？王逸曰：虧，缺也。《爾雅》：虧，毀也。《説文》：氣損也。《廣雅》：虧，去也。虧，以［少］也。或爲虧［虧］字，在亏［兮］部。
●底本“虧”字原訛，據宋十行本改。
【粵】有月切。《説文》曰：于也，審慎之詞者。

◎粤，有月切。于也，審慎之詞者。

◑粤，有月反。《尚書》：弗服田畝，粤其罔有黍稷。孔案［安］國曰：粤，於也。《爾雅》：粤，亐也。粤，曰也。郭璞曰：《詩》云對粤在天是也。《説文》：亦審昚之詞也。《周書》粤三月丁亥是也。

【亏】皮并切。成也，正也，齊等也，和也，易也，直也，舒也，均也。平，同上。今文。秊，古文。

◎亏，皮并切。成也，正也，均也。平，同上，今文。秊，古文。

◑平，皮兵反。《尚書》：平秩東作。孔安國曰：平，均也。又曰：地平天成。孔安國曰：水治曰清，土治曰平。野王案：《毛詩》原隰［隰］既平是也。又曰：王道平平。孔安國曰：平平，辨治也。野王案：《毛詩》平平左右是也。《周禮》：大司馬掌佐王平邦國。野王案：《穀梁傳》平者，成也。又曰：軍旅，田獵，平野民。鄭玄曰：平謂已其行刊［列］部伍也。《毛詩》：喪乱既平。《箋》云：平猶正也。又曰：終和且平。《傳》曰：平，齊等也。又曰：平王之孫。《傳》曰：平，正也。《左氏傳》：平戎于晉。杜預曰：平，和也。又曰：鄭人来渝平。杜預曰：知［和］而不盟曰平。《爾雅》：平，易日也。郭璞曰：謂易宜也。《漢書》：升平可致。張宴曰：民有三年之儲曰升平。又曰：餘三年食，進業曰登，（再登）曰平；餘六年食，三登曰太平。《説文》：語平舒也。《謚法》：布維行紀曰平，治而不生目［眚］曰平，執事有制曰平，附不黨踈不遺曰平也。《説文》古文平字也。

云部第九十九

凡四字

【云】于君切。言云也。《説文》曰：古文雲字。[illegible]，古文。

◎云，于君切。言也。《説文》：古文雲字。[illegible]，古文。

◑云，胡勳反。《毛詩》：婚姻孔云。《傳》曰：云，旋也。《箋》云：云猶友也，謂相親友也。又曰：惟暴之云。《傳》曰：云，言也。《韓詩》：曷云能穀。云，辞也。《左氏傳》：晉不鄰矣，其誰云之。杜預曰：謂旋歸之也。《老子》：凡物云云，復歸其根。野王案：云，不安静之辞也。《吕氏春秋》雲氣西行，云云然，冬夏不輟。《漢書》談説者云云並是也。《史記》：所遺物及言語云，匈奴遺漢書曰其所遺物及言語亦云云。野王案：云云，不審定，省略之辞也。《漢書》：上曰吾欲云云。張宴曰：所言欲施人義也。《廣雅》：云，有也。《説文》以爲古文雲字也。雲，氣也，在雲部。紛云爲䉙字也，在員部。

【黔】於今切。《説文》曰：雲覆日也。今作陰。侌，古文。

◎黔，於今切。《説文》：雲覆日也。今作陰，同。侌，古文。

補

◑藝，魚世反。《周禮》：六藝，礼樂射馭書數也。野王案：藝猶杖［材］也。《論語》求也藝，於從政乎何有?《禮記》以月爲量，故攻有藝礼樂是也。《左氏傳》：（陳）之藝藝［極］。杜預曰：藝，惟［準］也。又曰：貢之无藝。杜預曰：藝，法制也。《國語》：~~共~~貪无藝。賈逵曰：藝，（極）也。又曰：由人无藝。賈逵曰：藝，常也。《禮記》：曲藝比［皆］誓之。鄭玄曰：曲藝，小伎也。《爾雅》：藝，静也。《字書》：藝，能也。種樹之藝爲藝［埶］字，在丮部。或为藝［蓺］字，在草部。

○藝，顧野王曰：藝猶材也。（《一切經音義》卷三）

音部第一百

凡十六字

【音】於今切。《説文》曰：聲也。生於心有節於外謂之音。宫商角徵羽，聲也；絲竹金石匏土革木，音也。

◎音，於今切。声也。

◑音，猗金反。《尚書》：八音𩐋［克］諧，无相奪倫。《周禮》：師氏掌六律六同陰陽之聲，皆播之以八音，金石土革絲竹木匏也。

《毛詩》：德音无良。《傳》曰：音，聲也。《傳》又曰：凡建邦國能命龜，田能施命，作器能銘，使能造命，昇高能賦，師旅能誓，山川能述，喪紀能誄，祭祀能語。君子能此九者，可謂有德音，可以爲大夫也。《禮記》：凡音之起由人心生也，心之動，物使之然，感於物而動，故形於聲。聲相應，故生變，變成方謂之音。鄭玄曰：宫商角徵羽雜皆音，單曰聲也。野王案：直出於響曰聲，以聲相韻曰音，故《樂記》曰情於中而形於聲，聲成文謂之音。

【響】虚兩切。應聲也。

◎響，虚兩切。應声也。

◑響，虚兩反。《尚書》：惠惠［迪］吉，從逆凶，帷影響。孔安國曰：若影之随形，響之應聲也。《説文》：聲也。

【韽】於林、於南二切。聲小不成也。

◎韽，於林、於南二切。声小不成也。

◑韽，於林、於南二反。《周禮》：凡聲，微聲韽。鄭玄曰：聲小不成也。

【韶】視招切。繼也，紹也，舜樂名也。

◎韶，視招切。継也，紹也，虞帝樂名。

◑韶，視昭反。《尚書》：蕭《韶》九成。野王案：舜樂名也。《周禮》乃奏沽洗，歌南國［吕］，舞大韶，以礼［祀］四望是也。《禮記》：韶，继也。鄭玄曰：韶之言紹也，言舜能继堯之德也。

○韶，顧野王云：韶，舜樂名也。（《一切經音義》卷九十）

【竟】几慶切。終也。

◎竟，几慶切。終也。

◑竟，羈慶反。《毛詩》：僭如［始］竟背。《箋》云：竟，終也。《方言》：竟，亘也。秦晉或曰亘，或曰竟也。《説文》：樂明竟也。《廣雅》：竟，窮也。

【章】諸羊切。章句也。又明也，采也。《書》曰：天命有德，五服五章哉。

◎章，諸羊切。章句也，明也，采也。

◑章，諸羊反。《尚書》：天命有德，五服五章哉。孔安國曰：五服五章之判也。《考工記》：乎［采］章各别，所以命有德也。《國語》：爲車服旗章，以旍之。賈逵曰：章者，尊卑之别也。《考工記》：畫繪之事，赤与白謂之章。《論語》：夫子之文章。野王案：謂章句也。《禮記》喪復常，讀樂章是也。《毛詩》篇分别爲章句亦即是也。《禮記》：《大章》，（章）之也。鄭玄曰：堯樂名也，言堯之德彰明也。《周禮》曰：《大卷》也。《説文》：樂歌竟爲一章也。《楚辭》：聊翶翔兮周章。王逸曰：周章，流也。《漢書》：審如御史章，當伏兩觀之誅。野王案：牋表之属也。《漢舊儀》：丞相、大將軍黄金印龜（紐），文曰章。章，表也。章，書也。章，程也。《釋名》：俗名舅曰章，婦諸夫之兄曰兄章也。《謚法》：温工兄［克］令儀曰章，法度明文［大］曰章，敬春高服曰章。《説文》以文章爲彰字，在彡部。

○章，句也。（《法華釋文》下）

【韸】薄公切。和也，鼓聲也。

◎韸，薄公切。鼓声。

◑韸，薄公反。《毛詩》：鼉鼓韸韸。《傳》曰：韸韸，和也。《韓詩》：韸韸，聲也。《埤蒼》：鼓聲也。

【韹】胡觥切。樂聲也。

◎韹，胡觥切。韹韹，樂声。

◑韹，胡觥反。《字書》或鍠字也，鏁聲也，亦鼓聲也，在金部。

【韽】牛金切。呻韽也。與吟同。

◎韽，牛金切。呻韽。与吟同。

◑韽，牛金反。《説文》或吟字也。吟，呻吟也。在口部。或爲訡字也，在言部。

【韷】除奇切。黄帝樂名。亦作池。

◎韷，除奇也。黄帝樂名。亦作池。

◑韷，除奇反。《禮記》：《咸韷》備矣。鄭玄曰：黄帝所作樂名也。韷之言施也，言德无不施也。今爲或池字，在水部。

●圓沙本“除奇也”當作“除奇切”。

【頀】胡故切。湯樂名。亦作濩。

◎頀，胡故切。湯樂名。亦作濩。

◑頀，胡胡反。《周禮》：乃奏《夷則》，歌《小吕》；舞《大頀》以奏《先妣》。《白虎通》：湯樂曰《大頀》也，言承襄能頀民之急也。《廣雅》：頀，（頀）也。

【韺】於迎切。帝嚳樂名《六韺》。亦作英。

◎謨，於迎切。帝嚳樂名。亦作英。

◑謨，於迎反。《字書》：《五謨》也。野王案：《白虎通》帝嚳樂曰《五謨》也，言能調五聲以養万物，調其華英也。

【謌】駭耕切。謌刑也，顓項樂名《五謌》。亦作莖。

◎謌，駭耕切。顓項樂名。亦作莖。

◑謌，駭耕反。《廣雅》：謌，形也。《字書》：《六謌》也。野王案：《白虎通》顓項樂曰《六謌》也，言協和律曆以調陰陽，莖著萬物者也。

【誧】才帀切。斷聲。

◎誧，才帀切。断声。

◑誧，才而［帀］反。《字書》：断聲也。

【謍】乙塋切。聲也。

◎謍，乙塋切。声也。

◑謍，乙熒反。《字書》：聲也。

【韻】爲鎮切。聲音和曰韻。

◎韻，爲鎮切。声音和也。

◑韻，爲鎮反。《聲類》：音和韻也。

告部第一百一

凡二字

【告】公号切。語也，請告也。《説文》曰：牛觸人，角著横木，所以告人也。又公篤切。《易》曰：初筮告。

◎告，公号切。語也，請告也。又公篤切。《易》：初筮告。

◑告，公蕎反。《尚書》：王虎［庸］作書以告。野工案：《廣雅》告，語也。《左氏傳》見正月于而告之是也。《穀梁傳》：告，请也。《爾雅》亦云。郭璞曰：謂請也。《漢書》：高祖嘗告歸之田。服虔曰：告，音如嶧［嗥］也。李斐曰：休謁之名也，告凶曰寧也。孟庚曰：古者名吏（休）假曰（告。告又）音（嚳）。（漢）律，吏二千石有与告、賜告。与告者，在官有功寂，法所當得者也。賜告（者），病痛［滿］三月當免。天子優賜其告，賜得帶印授，將軍官属，歸家治疾。至成帝時郡二千石，賜告不得歸家，和帝時与賜皆絶也。

【嚳】口篤切。高辛氏爲嚳也。《説文》曰：急告之甚也。

◎嚳，口篤切。高辛氏爲嚳。《説文》：急告之甚。

◑嚳，口蕎反。《説文》：嚳，急也告之也。野王案：此暴虐也。或爲俈字，在人部。今爲酷字，在酉部。《世本》：蟜極告高辛，是爲帝嚳也。《白虎通》：嚳者，極也，言其施行窮極道德也。

○嚳，顧野王云：嚳，暴虐也。（《一切經音義》卷六十二）

○嚳，顧野王云：暴虐也。（《一切經音義》卷六十八）

凵部第一百二

凡一字

【凵】口范切。張口也。象形。

◎凵，口范切。張口也。字象形。

◑凵，口范反。《説文》：凵，張口也。

吅部第一百三

凡十六字

【吅】火袁切。囂也，驚呼也。與讙通。

◎吅，火袁切。囂，驚呼也。与讙通。

◑吅，詡煩反。《説文》：驚呼也。《聲類》此古文讙字也，詳𠯑也，在言部。

【㚎】女耕切。《説文》云：亂也。一曰室㚎。𡀔，籀文。𡢀，古文。

◎㚎，女耕切。乱也。𡀔，籀文。𡢀，古文。

◑㚎，女耕反。《説文》：㚎，乱也。《字書》：一曰室也。𡢀，《説文》籀文㚎字也。

【嚴】魚杴切。威也，畏也，敬也。𠻆，古文。

◎嚴，魚杴切。威也，敬也。

◎𠻆，古文。

◑嚴，魚凡反。《毛詩》：有嚴有翼。《傳》曰：嚴，威也。又曰：下民有嚴。《傳》曰：嚴，敬也。《禮記》：（收）族故宗廟嚴，廟嚴故重社稷。鄭玄曰：嚴，猶（尊）也。《孝經》孝莫大於嚴父是也。又曰：十手所指，其嚴乎。鄭玄曰：嚴，可敬畏也。《楚辭》：嚴殺盡兮棄原野。王逸曰：嚴，壯也。《説文》：教令急也。野王案：《孝經》其政不嚴而治是也。《廣雅》：嚴，儼也。𠑊，《説文》古文嚴字也。

●底本“𠑊，古文”原在“哭”字條後，據澤存堂本乙正。圓沙本亦誤。

【哭】口木切。哀之發聲。

◎哭，口木切。哀之發声。

◑哭，口木反。《禮記》：斬衰之哭，若往不反；齊衰之哭，若往而反；大功之哭，三曲而偯。此哀之發於音也。

【喌】支六切。呼雞聲。

◎喌，支六切。呼雞声。

◑喌，之六反。《説苑》：張弓喌雞也。《説文》：呼雞重言之也。《字書》或爲咮字，在口部。

【咢】魚各切。驚咢也。咢，《説文》咢。

◎咢，魚各切。驚也。咢，同上，見《説文》。

◑咢，魚各反。《周禮》占夢所掌六夢，二曰咢夢。杜子春曰：謂敬咢也。《毛詩》：式歌式咢。《傳》曰：徒歌曰咢也。《爾雅》：徒擊鼓謂之咢咢。《莊子》：所以咢人。野王案：咢然直言也。《大戴礼》出言以咢咢是也。《淮南》：下無垠咢之門。許叔重曰：无垠咢，无形兆端之皃也。《説文》：諤，訟也。《字書》或爲諤字，在言部。或爲顎字，在頁部。或爲愕字，在心部。古文爲噩字，在㗊部。《廣蒼》以土有垠坎爲堮字也，在土部。

【單】丁安切。大也，一也，隻也。

◎單，丁安切。一也，隻也。

◑單，丁安反。《尚書》：清明千單。野王案：單，猶一也。《説文》：單，大也。《字書》亦隻字也。

【⿱吅里】乃多切。除疫也。與儺同。

◎⿱吅里，乃多切。除疫也。与儺同。

◑⿱吅里，乃多反。《蒼頡篇》：除疹人也。野王案：《周禮》遂令始難是也。《説文》爲𩴓字，鬼部。

【⿱吅壬】魚巾切。頑語聲。古嚚字。

◎⿱吅壬，魚巾切。頑語声。古文嚚字。

◑⿱吅壬，魚巾反。《説文》古文嚚字也。嚚，頑也，語聲也。在㗊部。

【⿱吅頁】許驕切。聲也。或囂字。

◎⿱吅頁，許驕切。声也。或作囂。

◑⿱吅頁，許驕反。《説文》囂字也，聲也，嚾也，在㗊部。《聲類》或復爲⿱吅頁字，在口部。

【喪】思浪、思唐二切。亡也。⿱吅亡，《説文》喪。

◎喪，思浪、思唐二切。亡也，殁也。⿱吅亡，《説文》同上。

◑喪，思唐反。《毛詩》：受福不喪。《傳》曰：喪也。《白虎通》：喪之言亡也，死謂之喪，言其喪亡不可復得也。生者喪痛之，亦稱曰喪。《孔甲》喪斯衰裳。《易》曰：不封不樹，喪期无數。《孝經》：（孝子）之喪親，是施生者也。野王案：居服中爲喪也。《禮記》生則養，死則喪，喪畢則祭。居喪，讀喪禮；喪復常，讀樂章是也。又音思浪反。《尚書》：百姓如䘮孝妣。野王案：䘮，亦喪也。《禮記》子上之母死而不䘮是也。又曰：玩人喪德，玩物䘮志。野王案：喪猶失正也。《國語》喪南國之師，《禮記》子夏喪其子而喪其明是也。《禮記》：秦穆公吊公子重耳曰，喪亦不可久也。鄭玄曰：喪謂亡失位者也。古文爲⿱㗊亡字，在㗊部。

品部第一百四

凡四字

【品】披錦切。齊也，官品也。《説文》曰：衆庶也。

◎品，披錦切。齊也，官品也，類也，衆庶也。

◑品，鈹錦反。《尚書》：五品不遜。王肅曰：五品，五常也。野王案：品猶忖程也。《周易》曰［田］獲三品，《周禮》著周百品是也。《國語》：不過九品。賈逵曰：品，法也。又曰：群神品物。賈逵曰：品，類也。《説文》：衆庶也。《蒼頡篇》：品，㦲［式］。《廣雅》：品，齊也。
○品，《玉篇》云：利［忖］程也，法也，類也，式也。（《一切經音義》卷二十七）
【曐】蘇丁切。曐辰也。今作星。
◎曐，蘇丁切。曐石也。今作星。
◑曐，蘇庭反。《説文》古文星字也。曐，曐辰也。在晶部。今爲星字也，在日部。
●圓沙本“石”當作“辰”。
【嵒】女涉切。曳嵒，爭言也。
◎嵒，女涉切。曳嵒，争言也。
◑嵒，女獵反。《説文》：嵒，聶也。又若［多］言也。野王案：此与聶字相似而不同也，在耳部。
【曑】所金切。星名。又七耽切。今作參。
◎曑，所金切。星名。又七耽切。今作參，同。
◑曑，所金反。《毛詩》：惟曑与昴。《傳》：曑，伐也。《説文》今曑商星也，在晶部。曑伍之曑，音厝然反，在厽部。

喿部第一百五

凡三字

【喿】先到切。鳥群鳴也。又七消切，臿屬也，今作鍬。
◎喿，先到切。鳥群鳴。又七消切，臿屬，今作鍬。
◑喿，先到反。《説文》：鳥群明也。又音且脩及［反］。《廣雅》：喿，臿也。《字書》：一曰臿属也。《方言》爲鍫字，在金部。
○喿，《玉篇》云：喿，臿屬。今作鍬。（《方言疏證》卷五）
【䶌】部巧切。䶌耕也，鈍刀也。
◎䶌，部巧切。鈍刀也。
◑䶌，部功［巧］反。《埤蒼》：堀地也。《字書》：銑［鈂］地也。
【㬱】才心切。掘地也，臿屬也。亦作鈂。
◎㬱，才心切。掘地也。又臿屬。今作鈂。
◑㬱，才心反。《埤蒼》：掘地也。《字書》或鈂字也。鈂，臿屬也。在金部。

龠部第一百六

凡八字

【龠】余酌切。樂之所管三孔，以和衆聲也。《詩》云：左手執龠。今作籥。
◎龠，余酌切。樂管五孔，以和衆声。今作籥。
◑龠，餘均反。《周禮》：笙師掌教歒［龡］龠。鄭玄曰：如篴三孔也。又曰：龠師掌教國子舞羽龠。鄭玄曰：文舞有持羽吹龠者，所謂龠舞也。文王世子秋冬學羽龠。《毛詩》左手執龠，右手秉翟是也。《爾雅》：大龠管謂之龠。郭璞曰：管長尺，韋寸，柒之，有底。賈氏以爲如篪，六孔也。《漢書》：起於昔［黄］鍾之重。一龠容千二百广［黍］，重十二銖。兩人［之］爲兩。二龠爲合者，龠士［十］之量也。《蒼頡篇》：龠，五撮。
【龡】充垂、充瑞二切。樂人以吹管中氣。今作吹。
◎龡，充垂、充瑞二切。樂人以吹管中氣。今作吹。
◑龡，充垂、充睡二反。《周禮》：笙師掌教吹笙竽塤龠簫管。野王案：樂人以口氣吹管也。《禮記》上丁入學習龡是也。今亦爲吹字，在口部。
【䶵】直離切。或篪字。
◎䶵，直離切。或作篪。
◑䶵，除离反。《毛詩》：仲氏吹䶵。《傳》曰：土曰壎，竹曰䶵。《説文》：管有七孔也。或爲篪字，在竹部。
【龢】胡戈切。龡音龢。今作和。
◎龢，胡戈切。今作和。
◑龢，胡戈（反）。《説文》：龢，調也。《字書》：龢，龤也。野王案：此謂弦管聲音之和調也。今爲和字，在口部。
【龤】胡皆切。《説文》曰：樂和龤。今作諧。
◎龤，胡皆切。今作諧。
◑龤，胡皆反。《説文》：樂和龤也。《虞書》八音克龤是也。野王案：此亦謂弦管之調和也。今爲諧字也，在言部。

【觚】古學切。樂器之聲，東方音。今作角。

◎觚，古學切。東方音。今作角。

◑觚，古學反。《禮記》：孟春，其音箭。鄭玄曰：謂樂器之聲也。三分明［羽］益一以生觚，觚數六十四。属木者，以其清濁中民之象也，春氣和則角聲調也。又曰：觚爲民，角乱則憂，其民怒也。《白虎通》：觚者何？氣動躍地也。《蒼頡篇》：東方音也。今並爲角字，在角部。

●圓沙本"音"原訛作"百"，徑改。

【龥】思條切。龥韶。今作簫。

◎龥，思條切。今作簫。

◑龥，思條反。《蒼頡篇》：龥韶九成也。樂器曰龥也。《字書》或簫字也。簫，參差管也。在竹部。

【鵾】充尚切。導也，先也。今作唱。

◎鵾，充尚切。導也。今作唱。

◑鵾，充尚反。《字書》古文唱。先導也，發歌句也。爲謂［詔］字也，在言部。

●底本"先也"原作"充也"，據宋十行本改。

補

◑龥，魚斤反。《爾雅》：大龥謂之龥。郭璞曰：龥以竹爲之，長一尺四寸，韋三寸，孔上出寸三分，横吹之。小者，尺二寸也。

冊部第一百七

凡五字

【冊】楚責切。立也，簡也。《說文》曰：符命也。諸侯進受於王也，象其札，一長一短，中有二編之形。箣，古文。

◎冊，楚責切。立也，簡也。《說文》：符命也。諸侯進受於王也。箣，古文。

◑冊，楚責反。《尚書》：史乃冊告。孔安國曰：史爲冊書也。《周禮》：凡命諸侯則冊命之。鄭玄曰：謂簡冊書王命也。又曰：太祝掌六祝之辞，文曰冊祝。鄭玄曰：冊祝遠罪疾也。《說文》：符命也。蔡雍《獨斷》曰：冊者，簡也。不滿百文，不書於冊。其制長二尺，短者半之。其次一長一短，兩編下遂［篆］書起年月。凡命諸侯三公，薨及以罪免，悉以冊書也。《廣雅》：冊，書也。古文爲策字，在竹部。《字書》或爲冊字，在冂部。

【嗣】似利切。嗣，續也，繼也，習也。

◎嗣，似利切。續也，習也。

◑嗣，日［囚］利反。《尚書》：禹乃嗣與［興］。孔安國曰：嗣，繼也。《毛詩》：嗣繼我王。《箋》云：嗣，續也。又曰：子寧不嗣音。《傳》曰：嗣，習也。又曰：以與［興］嗣歲。《傳》曰：與［興］來歲，經歲也。《箋》云：嗣歲，今新歲也。《說文》：諸侯子曰嗣國也。古文爲孠字，在子部。

【扁】補淺切。署門户之文也。又音篇，音辮。

◎扁，補淺切。署門户之文也。又音篇，音辮。

◑扁，補顯反。《說文》：扁，署也。扁，門户之文也。《毛詩》：有扁斯石，履之卑兮。《傳》曰：扁扁，乘石皃也。王后乘車履石。《箋》云：將登車履石也。野王案：扁，廣而薄，不方圓之皃也。《方言》幓頭扁者謂之頭帶是也。或爲碥字也，在石部。

【龠】力丁切。空也。

◎龠，力丁切。空也。

◑龠，力丁反。《蒼頡篇》：龠，空也。

㗊部第一百八

凡十一字

【㗊】壯立切。衆口也。

◎㗊，壯立切。衆口也。

◑㗊，壯立反。《說文》：衆口也。

【嚚】彦陳切。語聲也，又愚也。《書》曰：父頑母嚚。䧙，古文。

◎嚚，彦陳切。愚也。䧙，古文。

◑嚚，彦陳反。《尚書》：父頡［頑］，母嚚，象傲也。《左氏傳》：口不道忠之言曰嚚。《說文》：語聲也。《蒼頡篇》：惡也。《字書》：頑也。古文爲䧙字，在吅部。

【囂】許朝切。喧譁也。又五高切。
◎囂，許朝切。喧也。又五高切。
◑囂，許高、五高二反。《周禮》：司號掌禁其鬪囂。鄭玄曰：囂，讙也。野王案：讙囂猶喧詿也。《左氏傳》左［在］陳而囂，秋盜［湫隘］囂塵是也。《毛詩》：選徒囂囂。《傳》曰：囂囂，聲也。又曰：讒口囂囂。《箋》云：囂囂，衆多皃也。又曰：聽我囂囂。《傳》曰：囂囂猶嗷嗷也。《爾雅》：囂，閑也。郭璞曰：囂然閑皃也。《孟子》：湯使人聘伊君，囂囂然曰我何以湯之滿［幣］爲哉。劉熙曰：氣充自得之皃也。《説文》：氣生頭上也。《廣雅》：囂囂，容也。或爲嚻字，在吅部。
〇囂，衆多喧之皃也。（《三教指歸注》五 1）
〇𡅅，顧野王云：𡅅，諠也。（《一切經音義》卷五十一）
〇𡅅，顧野王云：諠譁也。（《一切經音義》卷六十）
【囂】荒貫切。呼也。與喚同。
◎囂，荒貫切。呼也。与喚同。
◑囂，莫［荒］旦反。《説文》：囂，呼也。野王案：謂呼召徵速也。《聲類》或爲喚字，在口部。
【嘂】古弔切。大呼也，高聲也。
◎嘂，古弔切。大呼也，高声也。
◑嘂，布［古］弔反。《周禮》：雞人掌呼旦以嘂百官。鄭玄曰：以驚起百官使早興也。又曰：銜枚［枚］掌禁嘂呼。野王案：嘂亦呼也。《説文》：高聲也。一曰大呼也。《春秋公羊傳》曰魯公嘂然而哭是。《爾雅》：大壎［塤］謂之嘂也。或爲噭字，或爲叫字，並在口部。或爲訆字，在言部。
【䘮】思唐切。亡也。古喪字。
◎䘮，思唐切。亡也。古文喪。
◑䘮，思唐切。《字書》古文䘮字也。䘮，亡也。在吅部。
【器】祛記切。《説文》曰：皿也，象器之口，犬所以守之。噐，同上，俗。
◎器，祛記切。器皿也。噐，同上，俗。
◑器，祛冀反。《周禮》：司［閭］休［供］祭器，挟［族］供喪器，黨供射器，州供賔器，卿供吉凶禮樂之器也。野王案：《説文》器，皿曰器也。《史記》舜作竹［什］器於壽丘，木器（千伏），（銅器）千鈞，素木（鐵）器千石是。又曰：四命受器。鄭衆曰：始受祭器爲上大夫也。《左氏傳》：戰之器也。杜預曰：器猶用也。《禮記》：百工各以其器食之。鄭玄曰：器，能也。噐，《字書》亦器字也。
【𡅋】荒旦切。呼也。或喚字。
◎𡅋，荒旦切。呼也。或作喚。
【噩】魚各切。驚也。
◎噩，魚各切。驚也。
◑噩，魚各反。《聲類》古文咢字也。咢，驚也，直言也。在吅部。

只部第一百九

凡二字

【只】之移、之尒二切。《説文》曰：語已辭也，从口，象气下引之形。
◎只，之移、之尒二切。語已辭也，从口，象气下引之形。
◑只，諸移、之尒二反。《毛詩》：樂只君子。《箋》云：只之言是也。《左氏傳》：歸晉之德只。杜預曰：只，詞也。《説文》：語之詞也。
【䛐】呼丁切。聲也。
◎䛐，乎丁切。声也。
◑䛐，呼丁反。《説文》：䛐，聲也。野王案：今謂如此爲如䛐是也。

㕯部第一百十

凡六字

【㕯】奴没切，又女滑、如劣二切。下聲也，言不出口也。
◎㕯，奴没切，又女滑、如劣二切。下声也，言不出口也。
◑㕯，奴没、如劣二反。《説文》：言之内［訥］也。《埤蒼》：下聲也。野王案：《禮記》其言㕯㕯然如不能出其口是也。今亦爲吶字，在口部。

【矞】余出切。出也。又況出切，飛皃也。
◎矞，余出切。出也。況出切，飛皃。
◑矞，有出、視出二反。《説文》：以錐有所穿也。一曰滿也。《左氏傳》有范至［巫］矞似。又音況出反。《禮記》：鳳以爲畜，故鳥不矞。鄭玄曰：矞，飛皃也。《埤蒼》爲獝字也，在羽部。

【商】舒羊切。五音，金音也。𧶜，籀文。𠷎、𧶠，並古文。
◎商，舒羊切。五音。又國名。𧶜，籀文。𠷎，古文。𧶠，古文。
◑商，舒羊反。《周易》：兑商［商兑］未寧。王弼曰：商，商量，裁制之謂也。《説文》：以外知内也。《廣雅》：商，度也。商，常也。《禮記》：孟秋（之月），其音商。鄭玄曰：三分徵，一以生商。商數七十二，属金者，以其濁次官臣之象也。秋氣和則商聲調也。又曰：商者，張也，降也，陰氣開張陽氣降也。《楚辭》：商風肅而害之。王逸曰：商風，西風也。《漢書》：西則有商中。如淳曰：適庭也。《謚法》：昭功寧民曰商，仁見中外曰商。商賈之商爲𧶠字，在貝部。𧶜，《説文》籀文商~~𧶠~~字也。𠷎，《説文》古文商字也。𧶠，《説文》亦古文商字也。
○商，以外知内也，秋氣和則商聲調也。商風，西風。（《類》123）

欠部第一百十一

凡一百四十八字

【欠】丘劍切。張口氣悟也。
◎欠，丘劍切。張口氣悟也。
◑欠，丘釖反。《儀祀［禮］》：君子欠伸。鄭玄曰：志倦則欠，體倦則伸。《説文》：張口氣悟也。

【欽】去金切。敬也。《説文》曰：欠皃。
◎欽，去金切。欽，敬也。
◑欽，去金反。《尚書》：放勛欽明。孔安國曰：欽，敬也。《毛詩》：鼓鍾欽欽。《傳》曰：言使人欽樂進也。又曰：憂心欽欽。《傳》曰：思望（之），中心［心中］欽欽然也。《爾雅》：欽欽，憂也。郭璞曰：謂賢人歌事以咏心憂也。《説文》：欠皃也。《廣雅》：欽欽，聲也。《謚法》：威儀備悉曰欽，欽恭［敬事］節用曰欽。

【䜌欠】力丸切。欠皃，一曰不解理。
◎䜌欠，力丸切。欠皃，不解理也。
◑䜌欠，力丸反。《説文》：不［欠］皇［皃］也。《字書》：一曰不解理也。

【欨】泥娱、吁禹二切。吹欨，又笑意也。
◎欨，泥娱、吁禹二切。吹欨，又笑意也。
◑欨，呼娱、呼禹二反。《说文》：欨，欠［吹］也。一曰笑意也。《廣雅》：欨，炊［歂］也。
○欨，《玉篇》云：叱也，吹也。（《一切經音義》卷八十六）
○欨，《玉篇》：吐也。（《龍龕手鏡》卷三）
●佚文“叱也、吐也”未詳。

【歑】虎胡切。出氣息也，出曰歑，入曰哈。或呼字。
◎歑，虎胡切。出氣息也，出曰歑，入曰哈。或作呼。
◑歑，虎胡反。《説文》：温吹也。《聲類》：出氣息也。《字書》或呼字也。野王案：氣息出曰呼，入曰吸也。在口部。訓温吹亦与嘘字同，謂緩氣張口吹也。亦在口部。

【欮】火麥、於六二切。吹氣也。
◎欮，火麥、於六二切。吹氣也。
◑欮，呼麦、於陸二反。《说文》：吹氣也。《字書》亦喊字也。喊，聲也。在口部。

【歟】羊於切。語末辭。
◎歟，羊居切。語末詞。
◑歟，与於反。《説文》：安氣也。野王案：亦語末之辞也。《孝經》是何言歟，《論語》抑与之歟是。

【欯】火一切。喜也。
◎欯，火一切。喜也。
◑欯，太［火］一反。《説文》：欯欯，書［喜］也。《廣雅》：欯欯，吉也。

【歙】欣業切。翕氣也。
◎歙，欣業切。翕氣也。
◑歙，欣業反。《漢書》：歙肩累之［足］。

《説文》：翕氣也。

【歃】子合、才六二切。嗚歃也。亦作𠯗。又俎敢切，萺蒲，葅也。

◎歃，子合、才六二切。嗚也。亦作𠯗。又俎敢切，萺蒲，葅也。

◑歃，子合、子陸二反。《説文》：嗚歃也。野王案：口相嗚［嗚］之聲也。或爲𠯗字，在口部。又音徂感反。《左氏傳》：響［饗］有昌歜、白黑、形壇。杜預曰：蒲葅也。鮓名歃。《説文》爲魚［鲝］字，在魚部。

【歂】視專、視兖二切。口氣引也。

◎歂，視專、視兖二切。口氣引也。

◑歂，視專、視宛二反。《説文》：口氣引也。《左氏傳》有歂孫，爲公右。鄭有駟歂，嗣子太叔爲政也。

【歕】普門、普悶二切。歕氣也，口含物歕散也。

◎歕，普門、普悶二切。歕氣也。

◑歕，普悶反。《穆天子傳》：皇之池，其馬歕沙；皇之澡［澤］，其馬歕王［玉］。郭璞曰：歕，𣢾也。《説文》：吹氣也。《廣雅》：歕，吐也。歕，潠也。野王案：口含物而歕散之也。《莊子》唾歕者，大者如珠，小者如霰是也。今爲噴字也，在口部。

【欯】居乞切。幸也，口不便也。亦作吃。

◎欯，居乞切。口不便。亦作吃。

◑欯，居乞反。《説文》：乞［欯］，㚔也，一曰口不便也。《聲類》亦吃字，在口部。

【歇】虚謁切。竭也，臭味消息散也。

◎歇，虚謁切。竭也，臭味消息散也。

◑歇，虚謁反。《左氏傳》：憂未歇也。杜預曰：歇，盡也。野王案：歇，臭味消散也。《楚辭》芳以歇而不比是也。《儀禮》：歇［髭］豆兩，其實葵葅。鄭玄曰：歇［髭］，白也。《爾雅》：歇，蝎也。《方言》：歇，涸也。《説文》：歇，息也。一曰氣越泄也。《蒼頡篇》：歇，情也。

【歡】呼官切。喜樂也。

◎歡，呼官切。喜也，樂也。

◑歡，呼官反。《尚書》：公功肅衎［將］衹歡。孔安國：也或爲懽字，在心部。

【欸】許之切。戲笑皃。

◎欸，許之切。戲笑皃。

◑欸，充之反。《説文》：欸欸，戲咲皃也。今爲蚩字，在虫部。

【欣】虚殷切。喜也。

◎欣，虚殷切。欣然歡喜也。

◑欣，虚殷反。《國语》：欣戴武王。賈逵曰：欣，樂也。《毛詩》：旨酒欣欣。《傳》曰：欣欣，樂也。《説文》：茂皃也。《廣雅》：欣欣，喜也。亦与訢字同，在言部。

【改】呼來切。笑不壞顔也。

◎改，呼來切。笑不壞顔也。

◑改，呼來反。《説文》：㗋不壞顔也。《廣雅》：改，咲也。野王案：亦与咍字同。在口部。

【款】口緩切。誠也，叩也。俗作欵。𣢾，同上。

◎款，口緩切。款，曲也。俗作欵。𣢾，同上。

◑款，口緩反。《楚辭》：款咚而生。王逸曰：款，叩也。野王案：謂叩擊之也。《史記》由余聞之，款關請見是。又曰：吾寧悃悃款款朴以異忠乎。王逸曰：志純一也。《西京賦》：繞黄山而款牛首。薛綜曰：款，至也。《説文》：意有所欲也。《蒼頡篇》：款，誠重也。《廣雅》：款，愛也。𣢾，《説文》或款字也。

【欻】呼物切。忽也。

◎欻，呼物切。忽也。

◑欻，呼物反。《西京賦》：欻從背見。薛綜曰：欻，忽也。《説文》：有所欻起也。

○欻，《玉篇》亦忽也。（《一切經音義》卷二十七）

【欲】余燭切。貪也，願也，邪婬也。

◎欲，余燭切。貪也，願也，邪婬也。

◑欲，餘燭反。《尚書》：亡教逸欲有邦。孔安國曰：欲，貪也。野王案：亦欲願也。《尚書》：予欲觀古人象。《左氏傳》唯尔所欲是也。《禮記》：孝子之祭也，其羞［薦］（之）也，敬以欲。鄭玄曰：欲，婉從［順］之皃也。又曰：小人樂得其欲。鄭玄曰：貪欲，謂雅［邪］淫也。

【歌】古何切。詠聲也。與謌同。

◎歌，古何切。詠聲。与謌同。

◑歌，古何反。《説文》：咏歌也。或爲謌字，在言部。古文爲哥字，在可部。

【欿】呼南切。含笑也，貪欲也。

◎欿，呼南切。含笑也，貪欲也。

【欲】呼恬切。義同上。㰼，同上。

◎欲，呼恬切。義同上。㰼，同上。

◑欲，呼括［恬］、呼男反。《説文》：合［含］咲也。《蒼頡篇》：貪欲也。㰼，《字書》亦欲字也。

【歋】以離切。人相笑也，相歋歈也。㰻，同上。

◎歋，以離切。人相笑也，相歋歈也。㰻，同上。

◑歋，翼帝反。《説文》：相咲，相歋輸［瘉］也。野王案：《東觀漢記》市中人舉手歋揄王霸。爲邪字也。《廣蒼》：言不可曉也。邪，在邑部。㰻，《字書》惑［或］歋字也。

【歊】呼驕切。歊歊，氣出皃。

◎歊，呼驕切。氣出皃。

◑歊，呼朝反。《説文》：嚻嚻，氣出皃也。野王案：熱氣也。《漢書》涬翁之雲而散歊弟［烝］是也。

○歊，顧野王云：歊謂熱氣也。（《一切經音義》卷九十九）

【歈】餘饒切。氣出皃。歙，同上。

◎歈，餘饒切。氣出皃。歙，同上。

【歗】穌弔切。蹙口而出聲。

◎歗，蘇弔切。蹙口出声也。

◑歗，桑弔反。《説文》籀文嘯字也。嘯，蹙口出聲也。在口部。

【欯】欣疑切。卒喜也。

◎欯，欣疑切。樂也。

◑欯，欣欸［疑］反。《説文》：平［卒］喜也。《廣雅》：咲怒也。

●底本此字頭原訛作“歖”，據澤存堂本正。“歖、欯”爲二字，圓沙本混同字形，皆作“歖”字頭，音義錯亂。

【歎】他旦切。吟也，歎美也。䰉，同上。

◎歎，他旦切。嗟也，吟也，歎息也。䰉，同上。

◑歎，他旦反。《禮記》卒爵而樂闋。孔子屬歎之。鄭玄曰：歎美也，此礼。野王案：意有欽悦，歌謡吟歎也。《禮記》言之不足，故嗟歎，嗟歎不足，故不知手之舞之，足蹈之是也。《説文》：歎，吟也。《聲類》或爲嘆字。《説文》以嘆傷之嘆爲嘆字，在口部。䰉，《説文》籀文歎字也。

○歎，吟也。又歎美也。他旦反。（《三部經音義集》一）

【歔】子移、子賜二切。歐也，嚘也，嗟歎也。

◎歔，子移、子賜二切。嗟歎。

◑歔，子移反。《説文》：歔，歐也。《蒼頡篇》：嚘歔也。《聲類》：歔，嗟也。

【欸】烏來切。歎也，呰也，一曰恚聲。

◎欸，烏來切。歎也，一曰恚声。

◑欸，烏來反。《楚辭》：欸秋冬之緒風。王逸曰：欸，歎也。《説文》：知呰也。《字書》：一曰恚聲也。

【歔】欣居切。歔欷也。又啼皃。

◎歔，欣居切。歔欷，歎也。又啼皃。

◑歔，欣居反。《楚辭》：曾歔欷之嗟嗟。王逸曰：歔欷，啼皃也。《説文》：一曰出氣也。野王案：出氣之歔亦与嘘字同，有［在］口部。

○歔，顧野王云：歔，出氣也。（《一切經音義》卷七十七）

○歔欷，顧野王云：口出氣哀歎也，泣聲也，蓄氣也。（《一切經音義》卷七十八）

○歔欷，顧野王云：歔欷，泣餘聲也。（《續一切經音義》卷九）

【欷】欣衣、欣既二切。悲也，泣餘聲也。

◎欷，欣衣、欣既二切。悲，泣餘声。

◑欷，欣既反。《公羊傳》：在招丘欷矣。何休曰：欷，悲也。《蒼頡篇》：泣餘聲也。

【歜】尺燭切。怒氣也。

◎歜，尺燭切。怒氣也。

◑歜，充燭反。《説文》：盛氣怒也。《左氏傳》周大夫有甘歜。

【歒】余九切。言意也。

◎歒，余九切。言意也。

◑歒，餘九反。《説文》：言意也。

【歍】公的、公弔二切。所歌也。
◎歍，公的、公弔二切。所歌也。
◑歍，公的、公弔二反。《説文》：所歌也。
【㵣】可達切。欲飲也。今作渴。
◎㵣，可達切。欲飲也。今作渴。
◑㵣，可達反。《蒼頡篇》：㵣也。《説文》：須飲也。野王案：《毛詩》匪飢匪㵣，《禮記》酒清人㵣是也。今並爲㵣［渴］字，在水部。
【歮】所力切。悲意。
◎歮，所力切。悲意也。
◑歮，所力反。《説文》：悲意也。《埤蒼》：恐懼也。野王案：《公羊傳》歮然而駭是也，今爲色字，在（色）部。
【㰆】子妙切。盡酒也。亦作釂。
◎㰆，子妙切。盡酒也。亦作釂。
◑㰆，子妙反。《説文》：盖［盡］酒也。野王案：此与釂字同，在酉部。
【㱁】呼兼、公廉、公函三切。堅持意，口閉也。
◎㱁，呼兼、呼甘、公函三切。堅持意，口閉也。
◑㱁，呼兼、公廉、公函三反。《説文》：賢［堅］持意，口閫［閉］也。
【欣】時忍切。指而笑也。
◎欣，時忍切。指而笑也。
◑欣，時忍反。《説文》：指而嘆也。
【𣤬】公温切。𣤬于，不可知也。䍣，同上。
◎𣤬，公温切。𣤬于，不可知也。䍣，同上。
◑𣤬，公温反。《説文》：昆与，不可知也。
【欯】於骨切。咽中氣甚不利也。
◎欯，於骨切。咽中甚不利。
◑欯，於滑反。《説文》：咽中氣息不利也。
【歃】所洽切。歃血也。
◎歃，所洽切。口歠也。
◑歃，所啥［哈］反。《國語》：固請先歃。賈逵曰：歃，歃血也。野王案：以口徵吸之也。《左氏傳》歃如忘是也。《蒼頡篇》：小啐也。《字書》爲啥［哈］字，在口部。
○歃，《玉篇》云：以口微［徵］吸之也。（《一切經音義》卷八十五）
【欶】所角切。吮也。
◎欶，所角切。吮也。
◑欶，所觳反。《説文》：欶，吮也。《蒼頡篇》：欶，歃也。
◑欶，素豆反，《周禮》：冬時有欶，上氣疾。鄭玄曰：瘷［欶］，欬也。《蒼頡篇》：齊郡謂欶曰欬也。
【欿】口感切。食不滿也。
◎欿，口感切。食不滿也。
◑欿，口咸反。《淮南》：目視欿如也。許叔重曰：欿，不滿也。又曰：滿如欿。
【歁】口感、口含二切。貪惏曰歁。
◎歁，口感、口含二切。貪惏也。
◑歁，口咸、口含二反。《方言》：江湖之間謂貪惏曰歁。郭璞曰：坎［歁］惏難厭也。《説文》：欲得也。
○歁，《玉篇》：貪惏曰歁。（《方言箋疏》卷一）
【欱】呼合切。歠也。
◎欱，呼合切。歠也。
◑欱，呼合反。《淮南》：一謂張之，一謂欱之。許叔重曰：持船楫者謂近岸爲欱，遠欱爲張也。《太玄經》：下欱，出入虛。宋忠曰：欱，合也。《説文》：欱，楫［歠］也。野王案：《西京賦》欱灃吐鄗是也。
【歉】口簟切。恨不出也，食不飽也。
◎歉，口簟切。食不飽也，恨不出也。
◑歉，口蕈［簟］反。《穀梁傳》：一聲［穀］不升謂之歉。劉兆曰：歉，不足也。《禮記》：貴不歉於上。鄭玄曰：歉，恨不滿之皃也。野王案：《孟子》彼以其爵，我以吾義，吾歉乎先［哉］？《淮南》縈益［啓］期衣若勝［縣］衰，意猶不歉是也。《説文》：食不飽也。今爲慊字，在心部。
【欭】於利切。聲不平。
◎欭，於利切。声不平。
◑欭，於利反。《説文》：嚘也。《聲類》：不平也。野王案：嚘，語不定也。氣逆也。
【歐】於口切。吐也。
◎歐，於口切。吐也。
◑歐，於口反。《左氏傳》：伏陂歐血。杜預曰：歐，吐也。今或爲嘔字，在口部。

【歍】屋徒切。口相就也。
◎歍，屋徒切。口相就也。
◑歍，屋徒反。《太玄經》：脂牛歐歍，不潔（志也）。野王案：《説文》心有所惡者也。《説文》又曰：二口相就也。今亦爲烏［嗚］字，在口部。
【欬】口載切。上欶也。
◎欬，口載切。上欶也。
◑欬，林［枯］戴反。《神［禮］記》：車口［上］不廣欬。野王案：欬，上賴［欶］也。《月令》國多風欬是也。《説文》：逆氣也。
〇欬，《玉篇》：口載切。上欶也。（《釋名疏證》卷八）
〇欬，顧野王云：欬亦嗽也。（《一切經音義》卷二十）
〇欬，《玉篇》曰：欬，上欶也。（《一切經音義》卷二十二）
〇欬，《玉篇》：逆氣也。（《一切經音義》卷二十七）
【歔】呼狄切。《説文》曰：且唾聲。一曰小笑也。
◎歔，呼狄切。且唾声。一曰小笑。
◑歔，呼伏［狄］反。《説文》：且逆聲也。一曰小笑也。
【歙】呼及、尸葉二切。縮鼻也。又縣名。
◎歙，呼及、尸葉二切。縮鼻。又縣名。
◑歙，呼及、尸葉二反。《説文》：縮鼻也。《漢書》：丹楊郡有歙縣也。
【欳】平表、於姤二切。歐吐也。《説文》其久切，蹴鼻也。
◎欳，平表、於姤二切。吐也。其久切，蹴鼻也。
◑欳，其表、於垢二反。《説文》：感［蹙］鼻也。《埤蒼》：歐也。《廣雅》：吐也。
【欸】於糾切。愁皃。
◎欸，於糾切。憂愁皃。
◑欸，於糾反。《説文》：愁皃也。《聲類》亦呦字也。呦，鹿鳴也。在口部。
【欪】丑律切。訶也。
◎欪，丑律切。訶也。
◑欪，五［丑］出、大［火］八二反。《説文》：蚍［咄］欪，无漸［慚］也。一曰无腸音［意］也。《蒼頡篇》：訶也。
◑欪，充之反。《説文》：欪欪，戯咲皃也。今爲蚩字，在虫部。
【次】且吏切。敘也，近也。
◎次，且吏切。敘也，近也，第也。
◑次，且史反。《尚書》：畔官離次。孔安國曰：次，伍也。《周易》：旅即次。王弼曰：次者，可以安行旅之地也。《周禮》：掌次，下士四人，掌王次之法，以待張事。鄭玄曰：次，目［自］循改［止］處也。又曰：宫正掌宫中之宫［官］次舍。鄭玄曰：次，謂諸吏直宿，若今時部署諸盧也。舍，其所居守也。又曰：禮［祀］五帝，張大次小次。鄭玄曰：次，謂幄也。大次初往所止居，小次既接祭退俟之處也。又曰：大朝覲，加次席。鄭衆曰：虎皮爲席也。鄭玄曰：桃支竹席也，有次列成文者也。又曰：掌訝賔入館，次于舍門外。鄭玄曰：如今官府門吏衣處也。《左氏傳》：凡師再宿爲信，過爲次。又曰：殺奚齊于次。杜預曰：次，喪寢也。《穀梁傳》：次者，止也。《論語》：生如知之者，上；學而知之者，次也；困而學之，又其次也。野王案：次，第相次比也。《禮記》：反，哭於尔次。鄭玄曰：次，舍也。又曰：相者告就次。鄭玄曰：次，倚虛［廬］也。又曰：季冬，日窮于次。鄭玄曰：言日月運行，此月皆周币也。野王案：次者，天十二辰，日月五星行之所歷，以爲次舍也。子曰玄枵，丑曰星紀，寅曰析木之津，卯曰大辰［火］，辰曰壽星，巳曰鶉尾，午曰鶉大［火］，未曰鶉首，申曰實次［沈］，酉曰大梁，成［戌］曰降婁，亥曰豬娵［娵豬］之口，凡十二次也。《蒼頡篇》：次，叙也。《説文》：不前不精也。《廣雅》：次，近也。《字書》：一曰比也。婦人首飾之次爲髮字，在髟部。𠂤，《聲類》古文次字也。𠂕，《字書》亦古文次字也。
〇次，第也。（《法華釋文》上）
【歉】苦岡切。飢虛也。
◎歉，苦岡切。飢虛也。
◑歉，苦唐反。《穀梁傳》：四穀不升謂之歉。劉兆曰：歉，虛也。《説文》：飢也，虛也。

野王案：《大戴礼》喪凶歉色是也。凡器物空虚亦曰歉。《毛詩》酌彼歉爵是也。水空虚爲溓字，在水部。屋空爲康［㝩］字，在宀部。

【欺】去其切。欺妄也。
◎欺，去其切。欺慢也，妄也。
◑欺，去其反。《左氏傳》：背盟以欺大國。野王案：欺猶妄也。《論語》吾誰欺，欺天乎是也。《蒼頡篇》：紹［紿］也。《字書》：欺，詐也。
○欺，忘［妄］也。去其反。（《三部經音義集》二）

【歆】羲今切。歆羡也，貪也。
◎歆，羲今切。羡也。
◑歆，羲金反。《毛詩》：无然歆羡。《傳》曰：歆盖［羡］，貪羡也。又曰：履帝武敏歆。《箋》云：歆歆然如人道感已也。《左氏傳》：能歆神人。杜預曰：歆，享也。野王案：祭祀鬼神。賔客享宴之享亦曰歆也。《國語》王歆大牢是也。《國語》又曰：民歆而德之。賈逵曰：歆猶服也。又曰：楚灾［必］歆哉［之］。賈逵曰：歆，貪也。《説文》：神食氣也。野王案：《左氏傳》神不歆非類是也。

【欥】由律切。詮辭也。
◎欥，由律切。詮辭也。
◑欥，尤出反。《説文》：詮詞也。《詩》云欥求厥寧是也。野王案：今並爲聿字，在聿部也。《蒼頡篇》：喜皃也。

【歛】呼濫、呼甘二切。欲也。
◎歛，呼濫、呼甘二切。欲也。
◑歛，呼濫、呼女［甘］二反。《蒼頡篇》：歛，欱也。《廣雅》：歛，予也。歛，欲也。

【弞】式忍切。笑不壞顔也。又音引。
◎弞，式忍切。笑不壞顔。又音引。
◑弞，式忍反。《字書》：笑不壞顔也。野王案：大咲也。或爲哂字，在口部。

【歈】大侯切。歌也。又羊朱切。
◎歈，大侯切。歌也。又羊朱切。

【歑】呼世切。敂歑，笑意也。
◎歑，呼世切。敂歑，笑意也。
◑歑，呼字反。《埤蒼》：敂歑，義［笑］意也。《廣蒼》：氣越息也。

【欱】於雅切。欭欱，驢鳴。
◎欱，於雅切。欭欱，驢鳴也。
◑欱，於訝反。《蒼頡篇》：吹［欭］欱也。《字指》：欱，驢鳴也。《廣雅》：欱，極也。

【欶】呼洽切。氣逆也。
◎欶，呼洽切。欶欥，氣逆也。
◑欶，呼洽反。《埤蒼》：欶，久欬也。

【欥】呼飢切。欶欥。
◎欥，呼飢切。欶欥。
◑欥，呼飢反。《埤蒼》：歙欥也。

【歠】呼勒切。欬也。
◎歠，呼勒切。欬也。
◑歠，呼勒反。《蒼頡篇》：歠，欬也。

【故】丘庶切。欠故，張口也。
◎故，丘庶切。張口也。
◑故，丘庶反。《埤蒼》：欬欠也。野王案：此亦与呿字同。呿，張也。在口部。
○故，顧野王云：欠故，引氣張口也。（《一切經音義》卷六十三）
○故，《玉篇》云：故欠，張口也。（《毛詩注疏》卷二，《經典釋文》卷五）

【歌】丘暇切。大張口笑也。
◎歌，丘暇切。大張口笑也。
◑歌，丘暇反。《廣蒼》：大咲也。《埤蒼》：張口也。《廣雅》：歌息也。

【歅】妨走、他豆二切。歅，唾也。
◎歅，他走、他豆二切。歅，唾也。
◑歅，妨走、他豆二反。《説文》：相物与語唾而不受也。《蒼頡篇》：歅，詬也。亦歅軟［歎］，唾也。或爲唾字，在口部。

【歖】虚紀切。樂也。
◎歖，虚紀切。卒喜也。
◑歖，虚紀反。《字書》：古文喜字也。喜，樂也。在喜部。
●"歖、歖"爲二字，宋十行本"歖，虚紀切。樂也。"又"歖，欣疑切。卒喜也。"圓沙本混同字形，皆作"歖"字頭，音義錯亂。

【欮】居月切。掘也。
◎欮，居月切。掘也。
◑欮，居月反。《山海經》：相柳之所（抵），欻爲澤溪。禹殺相柳，其血腥，不可以樹(五穀種)。兩［禹］欻之，三伊［仞］三俎［沮］。郭璞曰：欻，掘也。《廣雅》：欻，穿也。《説文》或厥，發石，其也，在厂部。

【欯】於佳切。欯聲。又居攜切。

◎欯，於佳切。欯声。又居攜切。

◑欯，於佳、居携二反。《（字）書》或哇字也。哇，聲也，謳也，邪也。在口部。

【欿】丘凡切。多智也。

◎欿，丘凡切。多智也。

◑欿，丘凡反。《字書》：欿，請多智也。

【歒】呼昆切。不可知也。

◎歒，呼昆切。不可知也。

◑歒，呼昆反。《字（書）》：歒歒，不可知也。

【歄】古蛙切。歄欰猶歄姽也。

◎歄，古蛙切。歄欰猶歄姽也。

◑歄，古華反。《字書》：歄，歄似［欰］，猶媧妒［姽］也。

○歄，顧野王《玉篇》：歄，弱也。(《吴下方言考》卷七)

【欰】五瓜切。歄欰。

◎欰，五瓜切。歄欰。

◑欰，五爪［瓜］反。《字書》：歄欰也。

【欤】許脂切。呻吟也。欤，同上。

◎欤，許脂切。呻吟也。欤，同上。

◑欤，許脂反。《廣蒼》：欤，呻吟也。《字書》：或屎字也，在尸部。或爲吚字，在口部。或爲脹字，在皮［肉］部。

【軟】舒臣切。軟吟也。亦作呻。

◎軟，舒臣切。吟也。亦作呻。

◑軟，舒臣反。《字書》古文呻字也。呻吟也，讀書也。在口部。

【歊】許角切。嘔吐也。

◎歊，許角切。嘔吐也。

◑歊，許角反。《字書》或㱿字也。歊，㱿也。

【欪】恥南切。欣也，惏也。

◎欪，恥南切。欣也，惏也。

◑欪，恥南反。《字書》古文貪字也。貪，欲也，惏也。在貝部。

【欹】於宜切。欹歟，歎辭。

◎欹，於宜切。欹歟，歎詞也。

◑欹，於宜反。《廣雅》：欹欹、歟歟，訶也。《字書》或猗字也，在犬部。

【歔】於牛切。逆氣也。

◎歔，於牛切。逆氣也。

◑歔，於牛反。《老子》：終日子［号］而不歔。野王案：歔，氣逆也。今並爲嚘字，在口部。

【歐】於建切。大呼用力也，怒腹也。或作軀。

◎歐，於建切。大呼用力也，怒腹也。或作軀。

◑歐，於建反。《廣蒼》：大呼用力也。《聲類》：怒腹也。或爲軀字，在身部。

【欨】息均切。信也。又逆氣也。

◎欨，息均切。信也，逆氣也。

◑欨，思均反。《廣蒼》：《詩》云欨欸且。野王案：《毛詩傳》欨，信也，許也，大也。亦爲恂字，在心部。

【欸】虚娱切。喜樂也。

◎欸，虚娱切。喜樂也。

◑欸，虚娱反。《廣蒼》：樂喜也。

【欣】去斤切。又口孕切。噓也。

◎欣，去斤切，口孕切。噓也。

【欴】來當切。欴欿，貪皃。

◎欴，來當切。欴欿，貪皃。

【欿】火郎切。欴欿。

◎欿，火郎切。欣欿。

●圓沙本“欣欿”當作“欴欿”。

【欨】羊朱切。欨欨，呼犬聲。敷，同上。

◎欨，羊朱切。欨欨，呼犬声。敷，同上。

【欲】客加切。出氣也。

◎欲，客加切。出氣也。

【欣】口莖切。咳也。

◎欣，口莖切。咳也。

【欸】徒來切。㰦。

◎欸，徒來切。㰦欸，喜也。

【欪】尺脂切。笑也。

◎欪，尺脂切。笑也。

【欸】呼兮切。歎息也。
◎欸，呼兮切。歎息也。
【欿】户甘切。沅湘人言也。
◎欿，户甘切。沅湘人言也。
【歔】助咸切。笑也。
◎歔，助咸切。笑也。
【歅】一辛切。人名，方歅，能相馬者。
◎歅，一辛切。人名，方歅，能相馬者。
【欯】許來切。飲。
◎欯，許來切。飲也。
【歀】胡沼切。出氣也。
◎歀，胡沼切。出氣也。
【欧】烏口切。吐也。
◎欧，烏口切。吐也。
【歜】於郢切。怒氣也。
◎歜，於郢切。怒氣也。
【歙】一錦切。古文飲。
◎歙，一錦切。古飲字。
【欯】普口切。
◎欯，普口切。苦言也。
【歈】居委切。疲極也。
◎歈，居委切。疲極也。
【欥】余耳切。欬。
◎欥，余耳切。欬也。
○欥，《玉篇》音已，欲也。(《龍龕手鏡》卷三)
【欼】丁鍊切。呻也。㰹，同上。
◎欼，丁鍊切。呻也。㰹，同上。
◑欼，丁念反。《字書》或唸字也。吟［唸］㕧，呻吟也。在口部。
【歒】口怪切。太息也。
◎歒，口怪切。太息也。
【歀】思萃切。問也。
◎歀，思萃切。問也。
●《玉篇校釋》謂“問也”爲“㲉”字義。
【欱】詡政切。含笑皃。
◎欱，詡政切。含笑皃。
【歏】五困切，又奇逆切。
◎歏，五困切，又奇逆切。氣逆也。
【㱦】去劍切。古文。
◎㱦，去劍切。古欠字。

【欸】呼介切。
◎欸，呼介切。声也。
【歖】秦力切。汁錯喉。
◎歖，秦力切。汁錯喉也。
【歎】於伯、胡陌二切。吐聲。
◎歎，於伯、胡陌二切。吐声。
【歠】昌悦切，又嘗悦切。大欲也。
◎歠，昌悦、嘗悦二切。大欲也。
◑歠，昌悦反。《國語》：无不歠也。野王案：《説文》歠，飲也。《禮記》无流歠是也。《蒼頡篇》：啐也。或爲吷字，在口部也。
○歠，昌悦也［反］。飲也。(《三教指歸注》四 6)
【欪】許狄切。出鼻涕。
◎欪，許狄切。出鼻涕。
【歐】苦協切。欲也。
◎歐，苦叶切。欲也。
◑歐，丘涉反。《埤蒼》：歐，欲也。
【歓】余六切。驚辭也。
◎歓，余六切。驚詞。
○歓，顧野王《玉篇》：歓，驚辭也。(《吴下方言考》卷十)
【歡】丑歷切。痛也。又知力切。
◎歡，丑歷切。痛也。又知力切。
【欷】子律切。吮也。
◎欷，子律切。吮也。
○欷，《玉篇》：吮也。(《重修廣韻》卷五)
【欭】年支切，又匹婢切。
◎欭，年支切，匹婢切。声也。
【歒】私律切。鳴也。
◎歒，私律切。鳴也。
【欲】毗必切。吹也。
◎欲，毗必切。吹也。
【欯】古勿切。飲聲。
◎欯，古勿切。飲声。
【欨】許勿切，虚記切。
◎欨，許勿、虚記二切。急怒声。
【歍】輕歷切。吹聲也。
◎歍，輕歷切。吹声。
【欶】子六切。欶，悲皃。

◎欶，子六切。欶欶，悲皃。
◑欶，子陸反。《説文》：欶，愁皃也。《孟子》曰曾西欶然是也。
【歖】於六切。愁皃。
◎歖，於六切。愁皃。
【欯】許迪切。笑皃。
◎欯，許迪切。笑皃。
【歁】火盍切。歁啜。
◎歁，火盍切。歁啜也。
【歝】秦力切。錯睺。
◎歝，秦力切。錯睺。與欭同。
【歐】於業切。
◎歐，於業切。取也。
【歏】去靳切，又丘云切。
◎歏，去靳切，又丘云切。氣盛。

補

◑肷，扶福反。令［今］俗艆字也。艆，衣服也，重服也。《説文》为艆字，在服［舟］部。

食部第一百十二

凡二百二十字

【食】是力切。飯食。《説文》曰：一米也。亼，《説文》食。
◎食，是力切。飯食，飲食也。亼，《説文》食。
◑食，是力反。《尚書》：食哉惟時。《鴻範》：八政，一曰食。孔安國曰：懃農業也。野王案：此食謂五穀可食以護人命也。《論語》足食足丘［兵］是也。凡口所嚼者皆曰也。《尚書》：唯辟王［玉］食。《左氏傳》肉食者謀之是也。曰：乃卜，澗水東，湹水西，惟洛食。孔安國曰：卜必先墨書龜，然後灼之，兆從食墨也。又曰：朕弗食言。孔安國曰：書其偽不實也。《周禮》：与其食。鄭玄曰：行道曰糧，糧謂糒也；止居曰食，食謂米也。《世本》：黄帝作大食。《左氏傳》：不可食已。杜預曰：食，酒也。又曰：功以食民。杜預曰：食，養也。《禮記》：則擇不食之地。鄭玄曰：不食，謂不耕墾也。《爾雅》：食，爲也。《史記》：博之貴驗［梟］得［者］，使［便］則食。野王案：基［梟］相吞并，如人食也。又音慈史反。《周禮》：膳夫掌王之飲食。鄭玄曰：食，飲也。野王案：飯爲食也。《禮記》食居人之左。哉［截］則食之。並是也。以飲食設供於人亦曰食，爲飤字也。
〇食，凡口所嚼者皆曰食。又慈史反。以飲食供設於人也。（《法華釋文》上）
【饙】甫云切。半蒸飯。餴、䭀，並同上。
◎饙，甫云切。半蒸飯也。餴、䭀，並同上。
◑饙，甫云反。《毛詩》：可以饙饎。《傳》曰：饙，餾也。《爾雅》：饙，稔也。郭璞曰：今呼餐飯爲飯［饙］也。《字書》：一曰蒸米也。餴，《説文》或饙字也。饙，飧飯也。䭀，《説文》亦饙字也。
【餾】力救切。飯氣蒸也。
◎餾，力救切。飯氣蒸也。
◑餾，力救反。《爾雅》：餾，稔也。郭璞曰：今呼飯熟爲餾也。《説文》：飯氣蒸也。《方言》：自關而東或謂甑爲~~鉊~~餾也。
【餐】思流切。饙也。餱，同上。
◎餐，思流切。饙也。餱，同上。
◑餐，思流反。《蒼頡篇》：餐，饙也。《廣雅》：饙謂之餐也。
【飪】如甚切。大熟也。餁，同上。
◎飪，如甚切。大熟食。餁，同上。
◑飪，如甚反。《周易》：鼎，象也，以木巽大［火］享飪也。王弼曰：飪，孰也。《方（言）》：徐楊之間謂孰曰飪。《説文》：大熟也。《字書》或爲腍字，在肉部。或爲恁字，在火部。
【饔】於恭切。熟食也。
◎饔，於恭切。熟食也。
◑饔，於恭反。《周禮》：内饔，中士四人。鄭玄曰：饔者割享［烹］前［煎］~~亨前~~和之稱也。又曰：凡賓客之食饔。鄭玄曰：食者，客始至之礼。饔者，將幣之礼也。於客莫盛於饔也。《説文》：熟食也。或爲今雍字，在丁［隹］字［部］。䉙，《説文》籀文饔字也。
【飴】翼之切。餳也。饌，同上。䉙，籀文。飤，古文。

◎飴，翼之切。餳也。饌，同上。𩚵，籒文。飤，古文。

◑飴，習［翼］之反。《毛詩》：菫荼如飴。《箋》云：甘如飴也。《方言》：凡飴謂之餳，自關而東，陳楚宋衛之間通語也。《説文》：米（蘖煎也）。饌，《説文》亦飴字也。飤，《字書》：亦飴字也。

【饊】先但切。饊飯。《説文》曰：熬稻粻䅣也。

◎饊，先但切。饊飯也。

◑饊，先但反。《説文》：熬稻粻餭也。野王案：以膏煎飯也。

【餳】徒當切。飴和饊也。

◎餳，徒當切。飴和饊也。

◑餳，徒當反。《淮南》：曾子見餳可以養老，盗跖見所以黏牡須也。《方言》：凡飴謂之餳，自關如東，陳楚宋魏鄭衛之間通語也。《説文》：飴饊和也。

〇餳，《玉篇》徒當切。（《方言疏證》卷十三）

【餅】卑井切。麫餈也。

◎餅，卑井切。麫餈也。

◑餅，卑井反。《墨子》：見人作餅而還然竊之。《漢書》：宣帝微明［時］，每置［買］（餅），（買）家輙大奮［售］也。《説文》：麵餈也。《廣雅》：餅，飣也。《釋名》：胡餅、蒸餅、蝎餅、髓餅、食餅，各随其形而名之也。鄭衆注《考工記》：關東謂餅也，音補管反。

【餱】胡溝切。乾食也。

◎餱，胡溝切。乾食曰餱糧。

◑餱，胡溝反。《毛詩》：乾餱以衍［愆］。《傳》曰：餱，食也。《説文》：乾食也。《周書》庤乃餱量是也。

【饘】之延切。糜也。𩜄，同上。

◎饘，之延切。饘，粥糜也。𩜄，同上。

◑饘，之延反。《左氏傳》：納橐饘焉。杜預曰：饘，糜也。《説文》：周謂之饘，衛謂之（餰）也。或爲粍［糰］字，在米部。

【餥】甫鬼切。《説文》曰：餱也。陳楚之間相謁食麥飯曰餥。又甫違切。

◎餥，甫鬼切。餱也。又甫違切。

◑餥，甫鬼、甫韋二反。《爾雅》：餥，食也。《方言》：陳楚之内相謁而食麦饘曰餥。《説文》：餥，餱也。

【饎】充志切。酒食也，黍稷也。饟，同上。

◎饎，充志切。酒食也，黍稷也。饟，同上。

◑饎，充志反。《毛詩》：吉蠲爲饎。《傳》曰：饎，酒食也。《爾雅》亦云。郭璞曰：猶今時之饎饌皆語而兼通者也。《毛詩》又曰：大饎果果［是承］。《箋》云：饎，黍稷也。《韓詩》：大饎，大祭也。《儀禮》：饎爨在東壁。鄭玄曰：炊黍稷曰饎也。《方言》：饎，熟，自河以北氣熟曰饎。或爲糦字，在米部。饟，《周禮》：饟人掌凡祭礼共盛。鄭衆曰：主炊之官也。或作饎。《説文》此亦饎字也。

【饡】子旦切。以羹澆飯也。𩟔，古文。

◎饡，子旦切。以羹澆飯。𩟔，古文。

◑饡，子旦反。《説文》：以羲［羹］澆飯也。野王案：《九思》時混混兮澆饌是也。𩟔，《字書》古文饡字也。

【養】餘掌切。育也，守也，樂也，畜也，長也。又弋尚切，供養也。

◎養，余掌切。育也，守也，樂也，畜也，長也。又弋尚切，供養也。

◑養，餘掌反。《尚書》：德惟善政，政在養民。野王案：謂畜養之也。《毛詩》：遵養時晦。《傳》曰：養，取也。《夏小正》：時有養長也日之［時有養日。養，長］也。野王案：此長養之養，音猶兩反。又曰：時有養夜。養者，長也。《公羊傳》：斯役尾［扈］養。何休曰：炊者曰養，汲水漿者役，刈草爲防者曰斯也。《禮記》：牛［立］太傅、少傅以養之。鄭玄曰：養猶敬［教］也。言養者，積浸成長之也。《孟子》：君子之所養，可知已矣。劉熙曰：養，猶守也。《説文》：足食。《蒼頡篇》：養，育也。《廣雅》：養，樂也。養，使也。養，飾也。古文爲𢼊字，在攴部。又音餘尚反。《孝經》：以養父母曰嚴也。野王案：具珍羞以供養尊者也。《國語》：祭養尸，饗養上賓。《禮記》生則敬養，死則敬享。是也。

【䬪】女久切。雜飯也。

◎鈕，女久切。雜飯也。
◑鈕，女又反。《楚辭》：芳与澤其雜鈕。王逸曰：鈕，雜也。《說文》：雜飯也。爲米［粈］字，在米部。
●宋十行本作“女又切”。
【飯】扶晚切。餐飯也。又符萬切，食也。餅、飰，並同上，俗。
◎飯，扶晚切。餐飯。符萬切，食也。餅、飰，並同上，俗。
◑飯，扶脕切。《禮記》：飯黍黄粱積［稷］相［稻］。鄭玄曰：目諸飯也。又曰：文王一飯亦一飯。野王案：《說文》飯，食也。謂食飯也。又曰飯无箸是也。今亦以爲飯字。
◑餅，株［扶］萬反。《周書》：黄帝始欣［炊］穀爲餅。《吕氏春秋》之餅美者有玄山之禾，不周之粟，湯［陽］山之穄，南海之稻也。《字書》：飰也。野王案：今並爲飯字也。
【餳】式掌切。晝食也。餳，同上。
◎餳，式掌切。晝食也。餳，同上。
◑餳，舍掌反。《說文》：晝食也。餳，《字書》或餳［餳］字也。
【餔】補胡切。日加申時食也。亦作脯、逋。
◎餔，補胡切。申時食。亦作脯、逋。
◑餔，補湖反。《國語》：親載以行，國之孺子无不餔也。野王案：《廣雅》餔，食也。《楚辭》餔其糟歠其醨是也。《尚書大傳》：春食餔子。鄭玄曰：餔子，小子也。《說文》曰：加申時也。野王案：今爲脯字，在月部。古文爲盙字，在皿部。
【鎌】力冉切。《說文》云：嘰也。一曰廉絜也。
◎鎌，力冉切。嘰也。一曰廉潔。
◑鎌，力冉反。《說文》：鎌，唤［嘰］也。一曰廣［廉］潔也。
【饁】爲輒切。餉田食。
◎饁，爲輒切。餉田食。
◑饁，爲輙反。《毛詩》：饁彼南畒。《箋》云：饁，饋也。《韓詩》：鉤［餉］田也。《國語》：其妻饁之。賈逵曰：野饋曰饁也。
【饟】式尚、式章二切。饋食也。
◎饟，式尚、式章二切。饋食也。
◑饟，式尚、式章二反。《爾雅》：饟，饋也。野王案：《毛詩》其饟伊黍是也。《說文》：周人謂餉曰饟也。
【餉】式亮切。饋也。
◎餉，式亮切。饋也。
◑餉，式尚反。《書》：乃葛伯仇餉。孔安國曰：見農民於餉田者，殺其人奪其餉曰仇餉也。《說文》：饟也。《廣雅》：餉，貴［饋］也。
【饛】莫東切。《說文》曰：盛器滿皃。《詩》曰：有饛簋飱。
◎饛，莫東切。盛器滿皃。
◑饛，莫東反。《毛詩》：有饛葍［簋］飡。《傳》曰：饛，葍葍［滿簋］皃也。《韓詩》爲盟字，在皿部。
【饗】許掌切。設盛禮以飯賔也。
◎饗，許掌切。設盛礼以飯賔也。
◑饗，穴掌反。《周禮》：上公饗礼九獻，侯伯饗礼七献，子男饗礼五献。鄭玄曰：饗，説［設］盛礼以飲［飯］賔也。野王案：《毛詩》鍾皷既設，一朝饗之是也。《公羊傳》：饗齊侯于祝丘。何休曰：牛角［酒］曰橋［犒］，加飯羹曰饗。《儀禮》：執奠，祝饗。鄭玄曰：勸强之也。神明歆饗食爲享字，在辛［亯］部。
【飵】在各、族故二切。楚人相謁食麥曰飵。
◎飵，在各、族故二切。食麥也。
◑飵，似故反。《方言》：陳楚之郊，南楚之外，相謁而食曰飵也。又曰：飵，食也。楚謂相謁食麦爲飵也。
【鮎】女兼切。相謁而食麥曰鮎。
◎鮎，女兼切。相謁而食麥也。
◑鮎，仁三、女兼二反。《方言》：南楚之外相謁而饗曰鮎也。
【饐】於寸、於恨二切。食欲飽也。
◎饐，於寸、於恨二切。食欲飽也。
◑饐，於寸、於恨二反。《方言》：相謁也而食，秦晉之際，河陰之間曰饐饐，此真秦語也。郭璞曰：今關西人呼食欲飽爲饐饐也。
○饐，《玉篇》：饐，食欲飽也。（《方言箋疏》

卷一）

【饐】五恨、五寸二切。饐也。

◎饐，五恨、五寸二切。饐也。

◑饐，五恨、五寸二反。《説文》：饐饐也。《廣雅》：饐食也。

【餫】于問切。野饋曰餫也。

◎餫，于問切。野饋也。

◑餫，胡問反。《左氏傳》：宣伯餫諸穀。杜預曰：野饋曰餫也。

【餬】户吾切。寄食也。或作糊、粘。䬴，同上。

◎餬，户吾切。寄食也。或作糊、粘。䬴，同上。

◑餬，户徒反。《爾雅》：餬饘。郭璞曰：即糜也。《方言》餬，寄食也，齊衛半［于］四方是也。餬（饘）之餬，《説文》爲鬻字，在鬻部。䊵黏之餬爲糊［𪏰］字，在黍部。或爲糊字，在米部。䬴，《字書》亦餬字也。

【飶】蒲結、蒲必二切。食香也。

◎飶，蒲結、蒲必二切。食香也。

◑飶，蒲結反。《毛詩》：有飶其香。《傳》曰：飶，芬香也。《説文》：食之香也。或爲苾字，在草部。或爲咇字，口部。或爲馝字，在香部。或爲𪏽字，在黍部。

〇飶，蒲結反。《毛詩》：有飶其香。《傳》曰：飶，芬香也。《説文》：食之香也。或爲苾字，在（艸）部。《聲類》或爲咇字，口部。或爲馝字，在香部。或爲𪏽字，在黍部。（《香藥字抄》3，《香字抄》2）

【飽】補狡切。飽滿也。餜、䬿，並古文。

◎飽，補狡切。食充飽滿也。餜、䬿，並古文。

◑飽，補狡反。《論語》：君子食无求飽。《説文》：飽，饜也。野王案：饜足皆曰飽，不但於食也。《毛詩》既醉以酒，又飽以德是也。《廣雅》：飽，滿也。餜，《説文》古文飽字也。䬿，《説文》亦古文飽字也。

【飴】於縣切。猒也。

◎飴，於縣切。猒也。

◑飴，於縣反。《説文》：飴，猒也。野王案：《大戴礼》飲酒而醉，食皮而飴是也。或爲肙字，在肉部。《字書》或爲喂字，在口部。

【饒】如燒切。多也，飽也，豐也，厚也，餘也。

◎饒，如燒切。多也，飽也，豐也，厚也，餘也。

◑饒，如燒反。《左氏傳》：沃饒而近臨［鹽］。野王案：《廣雅》饒，多也，謂豐厚也。《禮記》不饒富是也。《説文》：饒，飽也。《廣雅》：饒，益也。《聲類》：饒也。

〇饒，《玉篇》：多也，豐也，厚也，益也，餘也。（《一切經音義》卷二十七）

【餘】與居切。殘也，饒也，非也，皆也。

◎餘，与居切。殘也，剩也，多也。

◑餘，与居反。《尚書》：餘波入于流沙。野王案：餘猶羸也。《左氏傳》君之餘也、賈余餘勇是也。《爾雅》：列［烈］，餘也。《方言》：晉衛之間謂餘曰列［烈］。郭璞曰：謂殘餘也。野王案：《禮記》餕餘不祭是也。《左史傳》：餘子不失職者。杜預曰：卿之庶子爲餘子也。《公羊傳》：齊魯餘喪歸父之无後。何休曰：餘者，皆之辞也，關東語也。《楚辭》：冀州兮有餘。王逸曰：餘，他也。《説文》：餘，饒也。《廣雅》：餘，非也。餘，皆也。

〇餘，殘也。（《法華釋文》下）

【餀】呼帶切。食臭也。

◎餀，呼帶切。食臭也。

◑餀，呼帶反。《爾雅》：餲［餀］謂之喙。郭璞曰：餀，物臭也。《説文》：食而臭之也。

【餽】胥弋切。氣息也。

◎餽，胥弋切。氣息也。

◑餽，胥奚反。《方言》：餽也，周鄭宋之間餽餑。《廣雅》：餽，長也。野王案：謂滋長也。《山海經》骯［鯀］竊帝之息壤以湕［湮］洪水是也。今並爲息字，在心部。

〇餽，《玉篇》：餽，氣息也。（《方言箋疏》卷二）

【餞】自翦切。送也。

◎餞，自剪切。送行設宴也。

◑餞，相林［杖前］、賤五［丑賤］二反。《尚書》：寅餞内日。孔安國曰：餞，送也。《毛詩》：飲餞于祢。《傳》曰：祖而合［舍］

軷，飲酒於其側曰餞也。《韓詩》：送行飲酒曰餞。野王案：《左氏傳》餞宣子於郊是也。

【館】古换切。舍也，送旅名。

◎館，古换切。舍也，逆旅名。

◑館，古换反。《周禮》：凡軍（旅）之賓客館焉。鄭玄曰：館，舍也。野王案：《毛詩》于邠則館，《國語》館于宗廟，並是也。《説文》：客舍也。《周禮》五礼，五十里有市，市有候，候有館，館有積，以待朝聘之館是也。野王案：客舍逆旅名候館也。《禮記》：公館者，公官［宫］与公所爲也；私館者，自卿大夫以下之家也。《周禮》：司空掌祭礼，共以祖館。鄭玄曰：館所以承籍，若今筴［篋］也。

○館，顧野王云：逆旅舍名。（《一切經音義》卷十三）

【饕】敕高切。貪財也。叨，籀文。

◎饕，敕高切。貪食，貪財也。叨，籀文。

◑饕，勑高反。《左氏傳》：縉雲氏有不才（子），貪子［于］飲食，冒于貨賄，聚斂積實，不知紀極。天下之民謂之饕食［飻］也。杜預曰：貪財爲饕，食貪［貪食］爲飻也。飻［饕］爲叨字，在口部。叨，《説文》籀文饕字也。

【飻】他結切。貪食也。餮，同上。

◎飻，他結切。貪食也。餮，同上。

◑飻，他結反。《説文》：貪也。餮，亦飻字也。

【饐】於利切。饐餲，臭味變。䬴，古文。

◎饐，於利切。臭味變也。䬴，古文。

◑饐，於史反。《論語》：食饐而餲。孔安國曰：饐餲，臭味變也。䬴，《字書》古文饐字也。

【餲】於利、於介二切。飯臭也。

◎餲，於利、於介二切。飯臭也。

◑餲，於例、於芥［界］二反。《爾雅》：食饐謂之餲。郭璞曰：飯穢臭也。《説文》：飯傷濕也。

【饉】奇振切。蔬不熟也。

◎饉，奇振切。蔬不熟。

◑饉，奇鎮反。《毛詩》：降喪饑饉。《傳》曰：蔬不熟爲饉也。《爾雅》亦云。郭璞曰：凡草菜可食者，通名也。《穀梁傳》：三穀不升謂之饉。

【飢】几夷切。餓也。饑，古文。

◎飢，几夷切。餓也。饑，古文飢。

◑飢，羈治反。《毛詩》：惄然如調飢。野王案：須食也。《説文》：餓也。《蒼頡篇》：餧（也）。饑，《字書》古文飢字也。

○飢，顧野王云：人畜須食也。（《一切經音義》卷六十）

【饑】紀衣切。穀不熟也。

◎饑，紀衣切。穀不熟。

◑饑，羈治反。《左氏傳》：冬晉荐饑。杜预曰：麦禾皆不熟也。《爾雅》：穀不熟曰饑。郭璞曰：五穀不熟也。《穀梁傳》：二穀不升謂之饑也，五穀不升爲大饑也。今或爲飢。

【餓】五賀切。飢也。

◎餓，五賀切。飢也。

◑餓，五賀反。《論語》：伯夷叔齊餓死于首陽之下。《説文》：餓，飢也。

【餟】張芮切。祭酹也，餽也。亦作醊。

◎餟，張芮切。祭酹也，餽也。亦作醊。

◑餟，張芮反。《方言》：餟，餽也。《説文》：祭酎［酹］也。《蒼頡篇》：祭也。《聲類》今爲醊字，在酉部。今或爲掇字，在手部。

【餩】始鋭切。小餟也。又力外切。饠，同上。

◎餩，始鋭切。小餟也。又力外切。饠，同上。

◑餩，始鋭、始垂二反。《説文》：小餟也。《蒼頡篇》：門祭名也。《字書》或爲祱字，在示部。饠，《方言》饠，餽也。《字書》亦餩字也。

【餘】莫達切。食馬穀。

◎餘，莫達切。食馬穀。

◑餘，莫撻反。《説文》：食馬穀也。野王案：《左氏傳》秣馬蓐食，《毛詩》言秣其馬是也。今爲秣字也，在禾部。

【餕】力甑、力蒸二切。馬食穀多，氣流四下也。

◎餕，力甑、力烝二切。馬食穀多，氣流四

下也。

◑餧，力承、力甑二反。《説文》：馬食穀多，氣流逃下也。

【飤】夕恣切。食也。飼，同上。

◎飤，夕恣切。食也。飼，同上。

◑飤，囚恣反。《説文》：飤，糧也。字從人仰食也。野王案：此謂以食供設与人也。《禮記》孔子曰少施氏飤我以（禮）是也。《廣雅》：謂餅餧並飤也。《聲類》：飤，哺也。今並爲食字。

〇飤，《玉篇》云：哺也。（《一切經音義》卷二十六）

〇飤，顧野王云：供設以食與人也。（《一切經音義》卷六十）

【餗】思穀切。鼎實也。

◎餗，思穀切。鼎實也。

◑餗，田［思］穀反。《周易》：鼎折足，覆公餗。野王案：鼎實也。《説文》：陳留人謂饘爲餗也。或爲鬻［鬻］字，在鬻［鬲］部。

〇餗，顧野王云：鼎實也。（《一切經音義》卷八十七）

【餤】弋廉、徒甘二切。進也。

◎餤，弋廉、徒甘二切。進也。

◑餤，翼廉反。《毛詩》：乱是周［用］餤。《傳》曰：餤，進也。或爲濫字，在水部。

【餌】如至切。食也，餅也，餻也。

◎餌，如至切。食也，餅也。

◑餌，如志反。《周禮》：羞邊之實，糗餌粉粢。鄭玄曰：合蒸曰餌。《説文》：餌，餅也。《蒼頡篇》：餌，食也。野王案：凡所食之物也。《楚辭》如貪餌而近死。《莊子》任公子爲巨鉤，五十犗以爲餌。《大戴礼》鷹隼魚鱉所以得之者，餌也。並是也。《字書》：餌，餂也。《説文》或爲鬻［鬻］字，在鬻［鬲］部。

〇餌，顧野王云：凡所食皆曰餌。（《一切經音義》卷二十九）

【餻】餘障切。餌也。

◎餻，余障切。餌也。

◑餻，餘障反。《方言》：餌謂之餻。鄭玄~~曰~~注《禮記》：肝膋、耳［餌］粮、暗［臆］中膏以煎稻米，今膏餻矣。

【饕】子敢切。無味也。又暫濫切。

◎饕，子敢切。无味也。又暫濫切。

◑饕，子冉反。《埤蒼》：饕，薄味也。

【鈴】力丁切。餌也。

◎鈴，力丁切。餌也。

◑鈴，力丁反。《方言》：餌或謂之鈴也。

【餣】於劫切。餈也。

◎餣，於劫切。餈也。

◑餣，於劫反。《方言》：餌或謂之餣。《廣蒼》：餣，深也。

【飩】徒昆切。餛飩也。

◎飩，徒昆切。餛飩，食也。

◑飩，徒昆反。《方言》：餌或謂之飩也。《廣雅》：飩，餅也。

【餛】户昆切。餛飩。

◎餛，户昆切。餛飩。

◑餛，胡昆反。《方言》：餦餛也。

【餭】户光切。乾飴也。

◎餭，户光切。乾飴也。

◑餭，胡光反。《楚辭》：粔籹［粔籹］蜜餌，有餦餭（些）。王逸曰：餦（餭），餳也。《方言》：餌餳謂之餦。郭璞曰：即乾飴也。

【餦】豬良切。餌曰餦餭。

◎餦，猪良切。餌也。

◑餦，猪壃反。《方言》：餌或謂之餦餛［餭］也。

【餩】古來切。飴曰餩餘。

◎餩，古來切。飴曰餩餘。

◑餩，古來反。《方言》：飴或謂之餩。

【餘】於勿、於月二切。餚也，飴和豆也。亦作豋。餮，同上。

◎餘，於勿、於月二切。餚也，飴和豆也。亦作豋。餮，同上。

◑餘，於物、於月二反。《廣雅》：餚謂之餘。《字書》亦豋字也。豋，豆飴也。在豆部。

【餚】思累、弋累二切。豆屑雜糖也。

◎餚，思累、代累二切。豆屑雜糖。

◑餚，思累、翼累二反。《方言》：飴或謂之餚。郭璞曰：以豆屑雜糖也。《字書》：餚，豋也。

【餹】徒當切。餹餅，餌也。

◎餹，徒當切。餹餙，餌也。
◑餹，徒當反。《方言》：餌或謂之餹。郭璞曰：江皆東［東皆］言餹也。《釋名》：兖豫謂餌曰餹餙也。
〇餹，《玉篇·食部》餹引作：充豫謂餌曰糖也。（《釋名疏證補》附一卷）
〇餹，《玉篇》徒當切。（《方言疏證》卷十三）
【餙】徒兮切。餹餙。
◎餙，徒兮切。餹餙。
◑餙，徒奚反。《埤蒼》：餹餙，餌也。
【饟】女江切。饘饟，强食也。
◎饟，女江切。饘饟，强食也。
◑饟，女江反。《字書》：饘饟，强食也。
【饘】奴耕切。内充實。
◎饘，奴耕切。饘饟，又内充實。
◑饘，奴耕反。《埤蒼》：内充實也。
〇饘饟，顧野王《玉篇》：饘饟，强食也。（《吴下方言考》卷一）
【餭】普力切。飽也。
◎餭，普力切。飽也。
◑餭，普力反。《埤蒼》：飽也。
【餄】公洽切。餌也。
◎餄，公洽切。餌也。
◑餄，公洽反。《字書》：餄，餅也。
【餼】虚氣切。饋餉也。
◎餼，虚氣切。饋餉也。
◑餼，虚氣反。《左氏傳》：齊人饋之餼。杜預曰：生曰餼，熟曰饔也。《儀禮》：餼之以其礼。鄭玄曰：以牲曰餼，餼猶稟給也。野王案：《禮記》皆有常餼是也。《埤蒼》：餼，饋也。《字書》：餉也。或爲槩字，在米部。《説文》爲氣字。今以氣爲雲氣之氣，在气部。
〇餼，《玉篇》又許乞反，飽也。（《龍龕手鏡》卷四）
【飯】五丸切。餌也。
◎飯，五丸切。餌也。
◑飯，五丸反。《廣雅》：飯，餌也。
【餖】徒奚切。餖餬也。
◎餖，徒奚切。餖餬也。
◑餖，達奚反。《字書》：餖，餬也。
【饐】乙景切。飽滿也。餧，同上。
◎饐，乙錦切。飽滿也。餧，同上。
◑饐，乙景反。《方言》：饐，飽也。《字書》：饐，滿也。餧，《聲類》：亦饐字也。
〇饐，《玉篇》：饐，乙景切。飽滿也。（《方言箋疏》卷一）
【餕】尸野切。餇飫也。餘，同上。
◎餕，尸野切。餇飫，餕飽也。餘，同上。
◑餕，尸野反。《埤蒼》：餕，餇也。
【餪】奴管切。餽女也。
◎餪，奴管切。餽女也。
◑餪，奴管反。《蒼頡篇》：餽女也。
【饘】記言切。粥也。飦，同上。
◎饘，記言切。粥也。飦，同上。
◑饘，妃［紀］言反。《説文》亦鬻［鬻］也，鬻也，在鬻［鬻］部。飦，《穀梁傳》：惟哭，飦粥。《廣雅》：飦，饘也。《説文》亦饘字也。餰，《禮記》：小切狼臅膏，以与稻米爲餰。鄭玄曰：此《周禮》酏食也，此酏當從餰。《説文》亦饘字也。
【餘】於仰切。一飽也。
◎餘，於仰切。飽也。
◑餘，於仰反。《埤蒼》：餘，飽也。《廣雅》：餘，滿也。
【餑】蒲突切。餑餾。
◎餑，蒲突切。餑餾也。
【养】金媛切。祭也。
◎养，金媛切。祭也。
◑养，居媛反。《蒼頡篇》：常山謂祭曰養也。
【饆】余石切。祭之明日又祭曰饆。
◎饆，余石切。祭之明日也。
◑饆，餘石反。《公羊傳》：饆者，祭之明日也。何休曰：继昨日事，不灌地降神耳。《爾雅》：饆，又祭也。周曰饆，商曰融也。郭璞曰：《春秋》壬午猶繹是也。祭之明日，尋饆又祭之也。《白虎通》：謂之饆者何？饆者若捋地出也。或爲禈字，在示部。今爲繹字，在糸部。
【饝】之庶切。豕食也。
◎饝，之庶切。呼豕食。

◑饝，之庶反。《埤蒼》：饝，豕食也。
【鑊】胡郭切。無味也。
◎鑊，胡郭切。无味也。
◑鑊，胡郭反。《吕氏春秋》：伊尹曰甘而不餶，肥而不鑊。《埤蒼》：无味也。《字書》：飷也。
【飷】子也切。無味也。
◎飷，子也切。无味也。
◑飷，子野反。《蒼頡篇》：飷，无味也。
【饘】去善切。噍也，乾麪餅。
◎饘，去善切。噍也，乾麪餅。
◑饘，去善反。《廣雅》：饘，穗［摶］也。《埤蒼》：唯［噍］也。《聲類》：黏也。或爲繾字，在糸部。
【飵】力拾切。糝也。《説文》云：古文粒。
◎飵，力拾切。糝也。古文粒。
◑飵，力拾反。《説文》古文粒字也。粒，糝也，米粒也。在米部。
【饍】視豔切。亦贍也。
◎饍，視豔切。亦贍也。
◑饍，視豔反。《聲類》亦贍字也。贍，足也，賙也。在貝部。
【饡】子荏切。或作膳、醑。
◎饡，子荏切。餂也。或作膳、醑。
◑饡，子荏反。《聲類》或作醑字也。醑，猷伯［酒］也，媄也。在酉部。或爲膳字，在肉部。
【餂】達兼切。古甛字。
◎餂，達兼切。古文甛。
◑餂，達兼反。《字書》古文甛字也。甛，羮［美］也，甘也。在甘部。
【餕】思敢切。羹餕也。
◎餕，思敢切。羹餕也。
◑餕，思感反。《聲類》亦糝字也。糝以米和羹也。在米部。
【饍】視利切。貪慾也。與嗜同。
◎饍，視利切。貪欲。與嗜同。
◑饍，視利反。《字書》亦嗜字也。欲喜之也。在口部。或爲賭字，在肉部。或爲醑字，在酉部。
【鎬】苦到切。勞也。
◎鎬，苦到切。鎬勞也。
◑鎬，苦到反。《國語》：以膏沐鎬師。賈逵曰：鎬，勞也。或爲槁字，在木部。
【餛】亡鬼切。微也。
◎餛，亡鬼切。微也。
◑餛，無鬼反。《埤蒼》：陳大夫子餛也。《字書》或尾字也。尾，微也，鳥獸尾也。在口［尾］部。
【餉】居六切。饘也。
◎餉，居六切。饘也。
◑餉，居陸反。《廣雅》：餉，饘也。
【餡】於結切。或噎字。食不下也。
◎餡，於結切。食不下。或作噎。
◑餡，於結反。《聲類》或噎字也。噎，食不下也。在口部。
【飲】於錦切。咽水也。亦歠也。㱃，古文，亦作歓。
◎飲，於錦切。咽水。亦歠也。㱃，古文飲，亦作歓。
◑歓，猗錦反。《周禮》：膳夫掌五食之飲。鄭玄曰：飲，酒漿也。又曰：酒正掌四飲，一曰清，二曰醫，三曰醬，四曰酏。又曰：漿人掌王之六飲，一曰水，二曰漿，三曰礼［醴］，四曰涼，五曰醫，六曰酏也。《左氏傳》：率［樂］寧將飲酒。野王案：《説文》飲，歠也，謂凡汁物可歠者也。《喪服傳》蔬食水飲，《論語》飲水曲肱而枕之是也。《闕子》：東面而射，飲羽於石梁。野王案：飲羽謂没羽也。又音猗鴆及［反］。《左氏傳》：將飲馬於阿［河］。野王案：以可飲之汁与人飲之。曰飲酒，我爲女立之。《禮記》尔飲調，何也？並是也。古文爲衾字，在水部。或爲飲字，在食部。
◑飲，於錦反。《字書》亦食［歓］字也。歓，歠也，咽水也。在欠部。或爲次［湌］字，在水部。㱃，《説文》古文飲字也。
【餕】於北切。噎也。
◎餕，於北切。噎也。
◑餕，於北反。《字書》：噎也。
【餕】子殉切。熟食也。
◎餕，子殉切。熟食也。

◑餕，子侚反。《公羊傳》：餕饔未就。何休曰：餕，熟食也。饔，熟肉也。《禮記》：餕餘不祭。鄭云：食人之餘曰餘［餕］也。又曰：祭者有餕。餕者，祭之未也。古人有言，善終者如（始），餕其是已。惠術可以觀政。鄭玄曰：爲政尚施惠也。

【飱】蘇昆切。水和飯也。

◎飱，蘇昆切。水和飯也。

◑飱，蘇昆反。《周禮》：司儀之職，掌致飱，如致精［積］之礼。鄭玄曰：飱，食也。小礼曰飱，大礼曰饔。《毛詩》：有饛文簋［簋］飱。《傳》曰：飱，熟食也，謂黍稷也。《説文》：飱，餔也。《字書》：飲澆飯也。湌，《説文》今湌［飱］字也。

○飱，《玉篇》音蘇昆切。（《方言箋疏》卷一）

【餐】七安切。《説文》曰：吞也。湌，同上。

◎餐，七安切。吞也，食也。湌，同上。

◑湌，且舟［丹］反。《周禮》：賔賜之飱（牽）。鄭玄曰：飱，久［夕］食也。《禮記》：君未覆手不敢喰。鄭玄曰：喰，勸食也。《説文》：食吞也。《韓詩》：不素喰兮。无功而食祿謂之素喰。人俱有質朴，无治民之杖，居位食祿，多得君之加賜，名曰素喰。素者，質也。喰者，食之加。惡小人口君，加賜温飽，故喰言之也。

○餐，《説文》：餐，吞也。或从水作湌。《玉篇》同，音七安切。（《方言箋疏》卷一）

【飫】於據切。食多也。饇，同上。

◎飫，於據切。食過多。饇，同上。

◑飫，於據反。《尚書序》：律《汨作》《九共》《槀飫》。范甯《集解》曰：高，勞也。飫，賜也，勞賜也。賜下士，故曰藁飫也。《毛詩》：如食宜飫。《傳》曰：飫，飽也。《左氏傳》：加膳則飫（賜）。杜預曰：飫，厭也。宴私之飫爲醧字，在酉部。饇，《字書》亦飫字也。

【餩】於革切。飢聲也。䬴、餲，並同上。

◎餩，於革切。飽声也。䬴、餲，並同上。

◑䬴，於讁反。《説文》：䬴，饑也。

●宋十行本作"飽聲也"。

【鎚】丁回切。蜀人呼蒸餅爲鎚。餡，同上。

◎鎚，丁回切。蜀呼蒸餅曰鎚。餡，同上。

◑餡，丁回反。《埤蒼》：餡，膏也。

【餛】猗及切。餛濕也。

◎餛，猗及切。餛濕也。

◑餛，猗瞎反。《廣雅》：餛，濕臭也。

【餽】居位、求位二切。《説文》曰：吴人謂祭曰餽。

◎餽，居位、求位二切。遺食也。

◑餽，《説文》：吴人謂祭曰饋［餽］也。《蒼頡篇》：餽，饟也。《聲類》亦饋字也。

【餧】奴罪切。飢也。一曰魚敗曰餧。又於僞切，餧，飼也。

◎餧，奴罪切。飢也。一曰魚敗。又於僞切，飼也。

◑餧，奴猥反。《論語》：耕也，餧在其中矣。鄭玄曰：餧，饑也。又曰：魚餧而肉敗。孔安國曰：魚敗曰餒也。《字書》或鯘字，在魚部。又音於偽反。《禮記》：餧獸之藥。野王案：以物散与鳥獸食之。《楚辭》鳳亦不貪餧而亡食是也。《廣雅》：餧，飤也。

○餧，顧野王云：以物散與鳥食也。（《一切經音義》卷三十四）

【餥】疾移切。嫌食皃。

◎餥，疾移切。嫌食皃。

◑餥，似離反。《蒼頡篇》：餥，嫌也。《聲類》：嬒也。《字書》或爲嘁字，在口部。

【餈】疾資切。餈餻也。餎，同上。

◎餈，疾資切。餈餻也。餎，同上。

◑餈，徐棃反。《周禮》：羞邊之實，糗餌粉餈。鄭衆曰：乾餌餅之也。鄭玄曰：合蒸曰餅，餅之曰餈。《方言》：餅或謂之餈。《説文》：稻餅也。或爲粢字，在米部。餚，《説文》或餈字也。

【餇】於元切。貪也。

◎餇，於元切。貪也。

◑餇，於元反。《廣雅》：餇，貪也。

●餇同餇。

【饌】士卷切。飯食也。篹，同上。

◎饌，士卷切。飯饌，飲食也。篹，同上。

◑饍，仕眷反。《儀禮》：俱饌于西塾。鄭玄曰：饌，陳也。俱，具也。《論語》：有酒食，先生饌。馬融曰：饌，飲食也。《廣雅》：進也。《方言》：自關以西秦晉之間凡取物而逆謂之饍。《漢書》或以爲撰字，在手部。饌，《説文》亦饍饍字也。

〇饌，陳飲食也。(《三教指歸注》一23)

〇饌，《玉篇》亦飯食也，進也。(《一切經音義》卷二十七)

〇饌，《玉篇》云：陳飲食也。亦具食也。(《輔行記》第二之二)

【餡】杜刀切，又他刀切。

◎餡，杜刀切，他刀切。食也。

【餥】之例切。臭敗之味。

◎餥，之例切。臭敗味也。

◑餥，之世反。《廣雅》：餥，臭也。

【餍】莫波切。餍食也。出《異字苑》。

◎餍，莫波切。餍食也。

【饝】莫彼切。哺小兒也。

◎饝，莫彼切。哺小兒也。

【餚】胡交切。饌也。

◎餚，胡交切。饌也。

【饋】止盈切。

◎饋，止盈切。煮食也。

【餬】户烏切。餅也。

◎餬，户烏切。餅也。

【餻】古刀切。餻糜。

◎餻，古刀切。餻糜，糕餅也。

【餇】徒紅切。

◎餇，徒紅切。食也。,

【餿】色求切。飯壞也。餿，同上。

◎餿，色求切。飯壞也。餿，同上。

【鐙】都滕切。

◎鐙，都滕切。飽也。

【饞】士咸切。不嫌也。

◎饞，士咸切。食不嫌也。

【鏞】蜀容切。饞鏞也。

◎鏞，蜀容切。饞鏞也。

【餉】古侯切。牛飽也。

◎餉，古侯切。牛飽也。

【餇】杜刀切。餌也。

◎餇，杜刀切。餌也。

【饇】於遇切。飽也。

◎饇，於遇切。飽也。

【饙】素回切。飯也。

◎饙，素回切。飯也。

【飿】直知切。飴飿也。

◎飿，直知切。飴飿也。

【餜】古火切。餅子。

◎餜，古火切。餅子也。

【餡】口敢切。飢也。

◎餡，口敢切。飢也。

【餇】古迥切。飽也。

◎餇，古迥切。飽也。

【餒】奴罪切。餓也。

◎餒，奴罪切。飢餓也。

【饍】丑善切。長味。

◎饍，丑善切。長味也。

【餶】郎外切。門祭名。

◎餶，郎外切。門祭名。

【飣】丁定切。貯食。

◎飣，丁定切。貯食也。

〇飣，顧野王：飣謂置肴饌於盤槅之中也。(《一切經音義》卷七十六)

【餖】徒候切。飣餖。

◎餖，徒候切。飣餖也。

【餕】烏告切。餂食。

◎餕，烏告切。餂食也。

【饋】渠位切。餉也。

◎饋，渠位切。餉也。

◑饋，渠愧反。《周禮》：凡王之饋［饋］。鄭玄曰：進物於尊者曰饋也。《儀禮》：侍录［特豕］饋食。鄭玄曰：饋猶皈也。又曰：性胜［《特牲》］饋食之禮。鄭玄曰：祭祀自熟始曰饋食也。《説文》：餉也。《蒼頡篇》：祭遺也。

【餕】鋤吏切。嗜食。餺，同上。

◎餕，鋤吏切。嗜食也。餺，同上。

〇餕，《玉篇》云：嗜食。(《重修廣韻》卷四)

【饐】於利切。飽也。

◎饖，於外切。飽也。
【饎】尺志切。酒食多。
◎饎，尺志切。酒食多也。
【饍】時戰切。食也。與膳同。
◎饍，時戰切。食也。与膳同。
【饚】火蓋切。食臭。
◎饚，火蓋切。食臭也。
【饜】於豔切。飽也。
◎饜，於豔切。飽也。
【飳】之句切，又竹句切。
◎飳，竹句、之句二切。祀也。
【飼】九右切。飽也。
◎飼，九右切。飽也。
【饎】居戀切。饌也。
◎饎，居戀切。饌也。
【饂】奴倒切。熟食。
◎饂，奴倒切。熟食也。
【餶】古卧切。食也。
◎餶，古卧切。食也。
○餶，食也，出《玉篇》。(《重修廣韻》卷四)
【餸】人又切。餾也。
◎餸，人又切。餾也。
【餼】去毅切。食怒。
◎餼，去毅切。食怒。
◑餼，呼乞反。《埤蒼》：餼，飽也。
【餼】許氣切。同上訓。
◎餼，許氣切。食怒也。
【餖】五艮切。餒也。
◎餖，五艮切。餒也。
【飫】魚據切。以酒食送客也。
◎飫，魚據切。以酒食送人。
【餘】而至切。
◎餘，而至切。祭也。
【録】力谷切。
◎録，力谷切。食也。
【餟】徒屋切。粥也。
◎餟，徒屋切。粥也。
【餤】直六切。食皃。
◎餤，直六切。食皃。
【餚】胡瞎切。飽也。
◎餚，胡瞎切。飽也。
【餳】都臘切。餳餉。
◎餳，都臘切。餳餉，食皃。
【餉】奴盍切。食皃。
◎餉，奴盍切。餳餉。
【餺】蒲莫切。餺餅。
◎餺，蒲莫切。餅也。
【餑】蒲没切。麵餑。
◎餑，蒲没切。麪餅也。
◑餑，蒲突反。《廣雅》：餑，長也。《埤蒼》：餽也。《字書》亦鬻［鬻］字也。鬻［鬻］，吹釜溢也。在鬻［鬻］部。
【飭】恥力切。謹皃。
◎飭，恥力切。謹皃。
【餌】古洽切。餅。餗，同上。
◎餌，古洽切。餅也。餗，同上。
【飾】舒弋切。修飾也。餝，同上，俗。
◎飾，舒弋切。修飾，粧飾也。餝，俗。
【饆】卑吉切。饆饠。
◎饆，卑吉切。饆饠，修食也。
【饠】洛河切。饆饠。
◎饠，洛河切。饆饠。
【餺】補各切。餺飥。
◎餺，浦各切。餺飥，米食也。
○餺飥，《玉篇》云：餺飥，餅屬。(《方言疏證》卷十三)
【飥】他各切。餺飥。
◎飥，他各切。餺飥。
【饖】昨結切。食也。
◎饖，昨結切。食也。
【饋】昨糟切。
◎饋，昨糟切。食餡也。
【餥】女厄切。炙餅餌。
◎餥，女厄切。炙餅餌也。
【餅】方滿切。
◎餅，方滿切。屑米餅也。
【餇】而勇切。食也。
◎餇，而勇切。食也。
【餤】徒敢切。無味也。
◎餤，徒敢切。无味也。

【餘】如枕切。飽也。
◎餘，如枕切。飽也。
○餘，《玉篇》云：飽也。（《重修廣韻》卷三）

補

◑餘，呼廢反。《埤蒼》：餀矣［臭］也。
◑饖，於吠反。《說文》：飯傷熱也。《蒼頡篇》：食臭也。

甘部第一百十三

凡十二字

【甘】古藍切。甘心，快意也，樂也。《說文》曰：美也。从口含一。一，道也。目，《說文》甘。
◎甘，古藍切。甘心，快意也，樂也。《說文》：美也。目，《說文》甘。
◑甘，古藍反。《尚書》：稼穡作甘。野王案：甘者味之甛者也。《毛詩》其甘如薺是也。又曰：甘須［酒］嗜音。孔安國曰：甘嗜无猒足也。《周易》：甘臨，无彼利。王弼曰：甘者，佞邪悅媚不正之名也。野王案：《左氏傳》幣重言甘是也。《毛詩》：甘心首疾。《傳》曰：甘，猒也。《左氏傳》：受而甘心焉。杜預：思欲快意也。《楚辭》：此皆甘人。王逸曰：甘，美也，食人以爲甘美也。《廣雅》：甘，樂也。野王案：《莊子》甘繩窮劲是也。
【甛】徒兼切。美也。
◎甛，徒兼切。甘美也。
◑甛，徒兼反。《論語》：剖而食之甛如蜜。《說文》：甛，美也。《廣雅》：甛，甘也。《字書》或爲餂字也，在食部。
【磿】古三、紅談二切。和也。
◎磿，古三、紅談二切。和也。
◑磿，公合［含］、紅談二反。《說文》：磿，和也。
【猒】於豔、於鹽二切。足也，飽也。又於冉、於甲、於涉三切。猒，同上。
◎猒，於豔、於鹽二切。足也，飽也。又方冉、於甲、於涉三切。猒，同上。
◑猒，於豔反。《國語》：猒邇逐遠。野王案：猒猶足而不欲復爲也。《禮記》猶樂其志而猒其道是也。《爾雅》：豫射猒也。《方言》：猒，安也。郭璞曰：足則定也。《說文》：飽也。《禮記》：祭有陰猒，有陽（猒）。宗子爲殇而死，庶子弗爲後也，其吉祭特（牲）是謂陰猒。凡殇与无後者，於宗子之家是謂猒。鄭玄曰：猒，飫神也。野王案：此字類甚多，音皆相似也。伏合人心，音於闕反，爲厭字，在厂部。鎮恭之厭，音於甲、於涉二反，爲壓字，在土部。安静猒猒，音於監反，爲懕字，在心部。厭着、按持爲擫字，音於類、於簟二反，在手部。猒，《說文》亦猒字也。肙，《字書》古文猒字也。
○猒，顧野王云：猒猶足也。（《一切經音義》卷五十七）
●“又於冉、於甲、於涉三切”，宋十行本作“又方冉切，於甲切，於涉三切”，“方冉切”未詳。
【甞】徒戴切。甘也。
◎甞，徒戴切。甘也。
◑甞，徒載反。《廣雅》：甞，甘也。
【甚】市荏切。孔也，安樂也，劇也。邑，古文。
◎甚，市荏切。孔也，劇也。邑，古文。
◑甚，時稔反。《毛詩》：上帝甚惮。野王案：《蒼頡篇》甚孔□□，《左氏傳》五人甚焉是也。《說文》：安樂也。《廣雅》：劇也。邑，《說文》古文甚字也。
【磹】徒紺、徒含二切。長味也。或作醰。
◎磹，徒紺、徒含二切。長味也。或作醰。
【嗛】呼兼切。香也。或作馦。
◎嗛，呼兼切。香也。或作馦。
○嗛，呼兼反。《字書》或馦字。馦，香也。在黍部。（《香藥字抄》3，《香字抄》2）
【甞】市揚切。試也，又祭也。
◎甞，市揚切。試也，又祭名。
◑甞，視楊反。亦嘗字也，嘗，試也，秋祭也，口味也，昔蹔爲之也。在旨部。
○甞，顧野王云：甞，口中味之也。（《一切經音義》卷六十六）

旨部第一百十四

凡四字

【旨】支耳切。美也，意也，志也。㫖，古文。𣅀，古文。

◎旨，支耳切。美也，意也。㫖，古文。𣅀，古文。

◑旨，支耳反。《尚書》：旨哉，說，乃言惟服。孔安國曰：旨，美也。《周易》：詞也者各旨其所之也。野王案：旨猶意也。《周易》又曰其旨違［遠］其詞文是也。《韓詩》：其樂旨且。旨亦樂也。《吕氏春秋》：以此旨國。高誘曰：旨，志也。《説文》以意志也爲恉字，在心部。𣅀，《説文》古文旨字也。

○旨，《玉篇》曰：旨，意也。（《一切經音義》卷二十三）

【嘗】市羊切。《説文》曰：口味之也。與甞同。

◎嘗，市羊切。口味之也。与甞同。

◑嘗，視楊反。《周禮》：以嘗秋享先王。《公羊傳》：秋祭曰嘗。何休曰：嘗，先辞也。秋穀成者非一，黍先熟可得荐，故曰尝也。《國語》君賜食，及［必］正席先嘗之；君赐腥，必熟而荐之也。《禮記》肴之飯徧嘗之是也。《左氏傳》：使勇而無剛者，嘗寇（而速去之）。杜預曰：嘗試也。《公羊傳》：公嘗訊臣矣。何休曰：嘗謂昔爲之也。《國語》有慶未嘗不怡，有憂未嘗不貳。《莊子》嘗喝［懷］而不犯是也。

○嘗，《玉篇》曰：嘗謂昔爲之也。（《一切經音義》卷二十二）

○嘗，顧野王云：嘗試也。（《一切經音義》卷六十七）

次部第一百十五

凡五字

【次】徐仙切。《説文》曰：慕欲口液也。亦作涎、㳄。㵪，籀文。

◎次，徐仙切。《説文》：慕欲口液也。亦作涎、㳄。㵪，籀文。

◑次，因仙反。《説文》：慕也，欲也。亦口依也。或爲㳄字，在水部。㵪，《字書》籀文次字也。

【羡】徐箭切。饒也，貪欲也，道也。

◎羡，徐箭切。饒也，貪欲也。

◑羡，□□反。《周禮》：凡起徒役，毋過家一人，以其餘爲羡。鄭衆曰：羡猶饒也。又曰：璧羡以起度。鄭衆曰：羡，長也。此璧徑尺，以起度量也。鄭曰：謂羡不圓之皃，蓋廣徑八寸，袤一尺也。《考工記》：璧羡度尺，好三寸以爲度。鄭衆曰：□□□□玄羡延也。其一哀［袤一］尺而度狹焉。《毛詩》：四方有羡。《傳》曰：羡，餘也。《韓詩》：毋然歆羡。羡，願也。《淮南》：夫羡□小於度。許叔重曰：羡，過也。《説文》：羡，貪欲也。野王案：《漢書》故爲人所羡是也。《廣雅》：羡，道也。野王案：羡門，墓道也。

【盜】徒到切。逃也。《説文》曰：私利物也。

◎盜，徒到切。逃也，私利物也。

◑盜，往［徒］到反。《毛詩》：君子信盜。《傳》曰：盜，逃也。《箋》云：盜謂小人也。《春秋傳》曰賤者窮諸盜是也。《韓詩》：盜，讒也。《左氏傳》：家賊爲盜也。《穀梁傳》：《春秋》有三盜，微殺大夫謂之盜，~~非取謂之盜，~~非所取謂之盜，辟中國之正道以襲利謂之盜也。《國語》：匹夫專利猶謂之盜。

【欥】弋之切。歠也。

◎欥，弋之切。歠也。

◑欥，翼□反。《説文》：欥，歠也。

㚔部第一百十六

凡八字

【㚔】女涉切。盜不止也。《説文》曰：所以驚人也。一曰大聲也。今作幸。

◎㚔，女涉切。盜不止也，所以驚人也。一曰大声也。今作幸。

◑幸，如涉反。《説文》：俗以盜不止爲幸也，一曰所犯驚人也，讀若瓠。

【睪】余石切。伺人也，捕罪也。睪睪，生也，樂也，好也。
◎睪，余石切。同人也，捕罪也。睪睪，生也，樂也，好也。
◑睪，（闕）將日捕罪人也。《爾雅》：睪睪，生也。郭璞曰：言種調也。《字書》一曰樂也。
【執】之入切。持也，守也，結也。
◎執，之入切。持也，守也，結也。
◑執，（闕）執，服也。又曰：伯也執殳。執，持也。又曰：世執其功。執，有也。《夏小正》：執爕也。野王案：執，擁捉也。《毛詩》執其鑾刀、左手執籥是也。《國語》：与大入國執讎。賈逵曰：執猶結也。《禮記》：執尒顏。鄭玄曰：執猶守也。又曰：肆諸市朝，妻子［妾］執。鄭玄曰：執猶拘也。《左氏傳》公曰執之是也。又曰：（闕）。執猶處也。又曰：（闕）也。《説文》：捕罪人也。《廣雅》（闕）執淫也。古文亦脅爲摰。（闕）之職无馬一腳（闕）有圉牛有牧（闕）。
【圉】魚距切。養馬者。又垂也，退也，禁也，使也。
◎圉，魚距切。養馬者。又垂也，退也，禁也，使也。
【報】補到切。酬也，荅也。
◎報，補到切。酧荅也。
○報，顧野王云：酬也。（《一切經音義》卷三）
【簐】居六切。窮治罪人也。簐，同上。
◎簐，居六切。窮治罪人也。簐，同上。
【盩】張流切。引擊也。又盩厔，縣名。
◎盩，張流切。引擊也。又盩厔，縣名。

夲部第一百十七

凡九字

【夲】丑高切。往來見皃。《説文》曰：進趣也。从大从十，大十猶兼十人也。半，同上。
◎夲，丑高切。往來見皃也。《説文》：進趣也。半，同上。
【𡘲】呼物、呼貴二切。疾也。
◎𡘲，呼物、呼貴二切。疾也。
【暴】步到切。暴猶耗也，猝也。今作暴。
◎暴，步到切。耗也，猝也。今作暴。
【皋】古刀切。澤也。皐，同上。
◎皋，古刀切。澤也。皐，同上。
【𣄼】余準切。進也。或作允。
◎𣄼，余準切。進也。或作允。
【奏】子漏切。進奏也，書也。𡗴，《説文》奏。
◎奏，子漏切。進奏也，書也。𡗴，《説文》奏。

夰部第一百十八

凡六字

【夰】公道切。放也。
◎夰，公道切。放也。
【界】居遇切。舉目驚界然也。
◎界，居遇切。舉目驚界然也。
【奡】午到切。慢也，亦作傲。
◎奡，午到切。慢也，亦作傲。
【𡗿】俱永切。驚走也，又往來皃。
◎𡗿，俱永切。驚走也，又往來皃。
【昦】乎老切。昦天，元氣廣大也。昊，同上。
◎昦，乎老切。昦天，元氣廣大也。昊，同上，俗。

大廣益會玉篇
卷第十

凡十九部

彳部第一百十九

凡一百十字

【彳】丑亦切。小步也。

◎彳，丑亦切。小步也。

【徎】力整、丈井二切。徑也。

◎徎，力整、丈井二切。徑也。

【德】都勒切。惠也，福升也。

◎德，都勒切。福也，升也，惠也。

【徑】古定切。小路也。

◎徑，古定切。小路也。

○徑，顧野王曰：徑，小路。(《一切經音義》卷七)

○徑，顧野王：小路也。不循大道，枉曲而行亦曰小徑。(《一切經音義》卷七十七)

【徖】女九切。復也，習也，忕也，正也。或與狃同。

◎徖，女九切。復也，習也，休也，正也。或与狃同。

【復】符六、扶救二切。重也，返復也。

◎復，符六切，扶救切。重也，返復。

○復，顧野王曰：復猶又也。又曰：復猶重更爲之也。(《一切經音義》卷三十三)

【往】禹倣切。古往也，行也，去也。徃，古文。

◎往，禹倣切。行也，古往昔時也。徃，古文。

○往，猶昔也。(《法華釋文》中)

【忂】居遇、渠虞二切。行皃。

◎忂，居遇、渠虞二切。行皃。

【彼】補靡切。對此之稱。

◎彼，補靡切。對此稱彼也。

○彼，對此之稱也。(《法華釋文》上)

【徼】古幺切。要也，求也。相如《封禪書》：徼麋鹿之怪獸。徼，遮也。又古弔切，邊徼也。

◎徼，古幺切。要也，求也。古弔切，邊也。

【彶】居及切。急行也。

◎彶，居及切。急行也。

○彶，顧野王云：彶彶猶急急也。(《一切經音義》卷十九)

【䠇】先荅、且立二切。行皃。與馺同。或趿字。

◎䠇，先荅、且立二切。行皃。与馺、趿同。

【循】似遵切。次序也。

◎循，似遵切。次序也，因也。

【微】無非切。不明也。《説文》曰：隱行也。

◎微，無非切。細也，不明也。

【徥】丈爾切。則也。又行皃。

◎徥，丈爾切。徥徥，行皃。

【徐】似居切。威儀也。《説文》曰：安行也。

◎徐，似居切。威儀也，安行也。

○徐，安行也。(《秘寶鈔》中一6)

【徲】與而切。行平易也。

◎徲，與而切。行平易也。

【德】匹丁切。使也。徬，同上，俗。

◎德，四丁切。使也。徬，同上，俗。

●圓沙本“四丁切”當作“匹丁切”。

【徬】孚逢切。使也。

◎徬，孚逢切。使也。

【後】疾淺切。跡也，履也。

◎後，疾淺切。跡也，履也。

【徬】蒲郎、蒲盎二切。附行也。
◎徬，蒲郎、蒲盎二切。附行也。
【徯】胡啓切。待也。《書》曰：徯我后。或爲蹊。
◎徯，胡啓切。待也。亦作蹊。
【待】徒改切。擬也，俟也。
◎待，徒改切。擬也，俟也。
●宋十行本作“候也”。
【徧】除又切。古往今來無極之名也。與宙同。《説文》徒歷切，行徧徧也。
◎徧，除又切。与宙同。《説文》徒歷切，行徧徧也。
【徧】甫見切。周帀也。
◎徧，甫見切。周帀也。
【復】他對切。古退字。衲，同上。
◎復，他對切。古退字。衲，同上。
【徦】柯額、公雅二切。至也，來也。
◎徦，柯額、公雅二切。至也，來也。
【徃】柯額切。至也。
◎徃，柯額切。至也。
【徲】大奚切。久也。
◎徲，大奚切。久也。
【後】胡苟切。前後也。《説文》：遲也。
◎後，胡苟切。遲也，對前之稱。
○後，對前之辭也。（《法華釋文》上）
【很】胡懇切。很戾也，諍訟也。
◎很，胡懇切。很戾也。
【徸】之勇切。相迹也。亦作踵。又古文動字。
◎徸，之勇切。相迹也。亦作踵。又古動字。
【得】都勒切。獲也。
◎得，都勒切。獲也，對失稱。
○得，當。（《類》330）
【儴】先羊切。儴徉也。《楚辭》曰：聊逍遥以儴徉。
◎儴，先羊切。儴徉也。《楚辭》：聊逍遥以儴徉。
【徛】丘奇、居義二切。舉足以渡也。
◎徛，丘奇、居義二切。舉足渡也。
【徇】辭峻切。徇，師宣令也。《説文》曰：行示也。
◎徇，詞峻切。徇，師宣令也。《説文》：行示也。
【徇】似閏切。止也。亦同徇字。
◎徇，似閏切。順也。亦同徇字。
○徇，顧野王云：徇，齊也。（《一切經音義》卷四十五）
【徉】余章切。彷徉也。
◎徉，余章切。彷徉自得。
【律】力出切。六律也，始也。
◎律，力出切。律吕也，法也，正也。
【徂】在胡切。往也。
◎徂，在胡切。往也，征也。
【御】魚據切。治也，侍也。
◎御，魚據切。治也，君也，侍也。
【彷】薄光切。彷徨也。《詩》曰：彷徨不忍去。
◎彷，薄光切。彷徨，不忍去。
○彷，顧野王曰：彷徉猶俳佪也。（《一切經音義》卷三十三）
●引《詩》出《詩·王風·黍離》序。
【徨】胡光切。彷徨。
◎徨，胡光切。彷徨。
【征】之盈切。行也。《書》曰：南征北狄怨。
◎征，之盈切。行也。又征伐。
○征，野王案：伐罪以正不正也。（《令集解》六 178）
【低】除飢切。低徊，徘徊也。
◎低，除飢切。低徊猶徘徊也。
【徙】思爾切。移也，遷也，避也。
◎徙，思爾切。移也，避也。
○徙，顧野王云：徙，遷也。（《一切經音義》卷八十二）
【徝】竹志切。施也。
◎徝，竹志切。施也。
【徒】達胡切。衆也，步行也。
◎徒，達胡切。步行也，黨也。
【彴】之約切。徛渡也。
◎彴，之約切。徛渡也。

【彶】甫晚切。還也，歸也。
◎彶，甫晚切。還歸也。
【徊】胡灰切。徘徊猶彷徨也。
◎徊，胡灰切。徘徊猶彷徨。
【徘】步回切。徘徊。
◎徘，步回切。徘徊。
【俾】方示切。使也。與俾同。
◎俾，方示切。使也。与俾字同。
【徠】力哀切。就也，還也。今爲來。又力代切，勞也。
◎徠，力哀切。就也，還也。今爲來。又力代切，勞也。
【㣈】音范，侵也。古文犯字。
◎㣈，古犯字，侵也。
【㣌】余箴切。行皃。亦作冘。
◎㣌，余箴切。行皃。亦作冘。
【𢕟】糜彼切。𢕟𢕟猶遲遲也。今作靡。
◎𢕟，糜彼切。𢕟𢕟猶遲遲也。今作靡。
【㣭】子紅切。數也。《詩》曰：越以㣭邁。
◎㣭，子紅切。數也。《詩》：越以㣭邁。
【𢖍】以周切。行𢖍也。
◎𢖍，以周切。行也。
【徜】食羊切。徜徉猶徘徊。
◎徜，食羊切。徜徉猶徘徊也。
【𢕦】甫遥切。行也。
◎𢕦，甫遥切。行也。
【㣵】直知切。行也。
◎㣵，直知切。行也。
【㣶】徒凋切。獨行。
◎㣶，徒凋切。獨行也。
【徭】余招切。
◎徭，余招切。徭役也。
【役】營隻切。使役也。
◎役，營隻切。使役也。
【𢕯】於尤切。𢕯游也。
◎𢕯，於尤切。𢕯游，暇也。
【徾】羊朱切。行皃。
◎徾，羊朱切。行皃。
【徃】羽狂切。急行也。
◎徃，羽任切。急行皃。

【㣛】諸膺切。行不正。
◎㣛，諸膺切。行不正。
【𢕝】士咸切。不齊。
◎𢕝，士咸切。不齊也。
【徆】息兮切。行也。
◎徆，息兮切。行也。
【𢔎】昨丸切。失途皃。
◎𢔎，昨丸切。失途皃。
【㝴】五丸切。𢔎㝴。
◎㝴，五丸切。𢔎㝴，失途也。
【㣫】德紅切。行皃。
◎㣫，德紅切。行皃。
【𢓭】先恭切。小行恐皃。
◎𢓭，先恭切。小行恐皃。
【𢕡】昌容切。行皃。
◎𢕡，昌容切。𢕡𢕡，行皃。
【𢖝】相然切。行皃。
◎𢖝，相然切。行皃。
【𢔈】相焦切。行皃。
◎𢔈，相焦切。𢔈𢔈，行皃。
【𢔙】巨夭切。行皃。
◎𢔙，巨夭切。𢔙𢔙，行皃。
【𢓿】雌氏切。行皃。
◎𢓿，七介切。行皃。
●宋十行本作“七尒切”。
【𢓱】巨往切。扇𢓱也。
◎𢓱，巨往切。扇𢓱也。
【𢔇】湯果切。行皃。
◎𢔇，湯果切。行也。
【㥄】力郢切。雨後徑。
◎㥄，力郢切。雨後徑。
【𢔶】古禮切。行也。
◎𢔶，古礼切。行也。
【從】才用切。隨行也。又在蹤切。
◎從，在蹤、才用二切。隨也，任也。
【𢕰】雨阮切。古文遠。
◎𢕰，于習切。古步字。
●宋十行本作“于習切。古文”，圓沙本疑有誤。
【㢊】他可切。安行。

◎彵，他可切。安行也。
【彴】巨小切。行皃。
◎彴，巨小切。行皃。
【傴】尺主切。行。
◎傴，尺主切。行也。
【徿】良用切。行不正。
◎徿，良用切。徿徸，行不正。
【復】古文復字。
◎復，古文復字。
●此字條當側上文“復”字後。
【徶】火陷切。
◎徶，火陷切。匿也。
【俺】於劍切。匿也。
◎俺，於劍切。匿也。
【倧】祚紅切。安也。
◎倧，祚紅切。安也。
【徆】職救切。行。
◎徆，職救切。行也。
【𧗳】松贖切。行不住。
◎𧗳，松贖切。行不往。
【彿】皮律切。
◎彿，皮律切。止也。
【徚】踈聿切。行。
◎徚，踈聿切。行也。
【徝】于屈切。行。
◎徝，于屈切。行也。
【㣀】七役切。小行皃。
◎㣀，七殺切。小行皃。
【御】巨略切。倦。
◎御，巨略切。倦也。
【代】與力切。行。
◎代，與力切。行也。
【位】蘇合切。行皃。
◎位，蘇合切。位位，行皃。
【佮】他合切。行皃。
◎佮，他合切。行皃。
【徆】山洽切。行皃。
◎徆，山洽切。徆徆，行皃。
【㣈】七入切。行皃。
◎㣈，七入切。㣈㣈，行皃。
【亍】恥録切。彳亍。《説文》曰：步止也。从反彳。
◎亍，恥録切。彳亍。《説文》：步止也。从反彳。

行部第一百二十

凡二十一字

【行】下庚切。《説文》曰：人之步趨也。又胡岡切，行伍也。又胡孟切，行迹也。又乎浪切，次第也。《論語》曰：子路行行如也。行行，剛强之皃。
◎行，下庚切。《説文》：人之步趨也。又胡岡切，行伍也。又胡孟切，行迹也。又乎浪切，次第也。《語》：子路行行如也。剛强之皃。
【術】食聿切。法術也。《説文》曰：邑中道也。
◎術，食聿切。法也。《説文》：邑中道。
○術，野王案：道也。野道路之道亦曰術也。(《令集解》三 81)
【街】古暌切。四通道也。
◎街，古暌切。四通道也。
【衢】近虞切。四達道也。
◎衢，近虞切。四達道。
○衢，顧野王案：《公羊傳》云放于衢路是也。(《一切經音義》卷三十二)
【衝】齒龍切。交道也，向也，突也，動也。衝，同上。
◎衝，齒龍切。交道也，向也，突也，動也。衝，同上。
○衝，《玉篇》亦衝揬也。(《續一切經音義》卷八)
【衕】徒東切。下也。亦通街也。又徒弄切。
◎衕，徒東切。下也。亦通街。又徒弄切。
【衠】疾演切。蹈也。
◎衠，疾演切。蹈也。
【衙】魚加切。衙参也。又牛居、魚舉二切。行皃。《楚辭》曰：導飛廉之衙衙。又踈遠皃。
◎衙，魚加切。衙参也。又牛居、魚舉二切。行皃。

【衙】胡絹切。賣也。《説文》曰：行且賣也。衒，同上。
◎衙，胡絹切。《説文》：行且賣也。衒，同上。
○衒，野王案：自衒者，自謀也。（《三教指歸注》三 20）
【衎】口旦切。樂也。《詩》曰：嘉賔式宴以衎。
◎衎，口旦切。衎衎，樂也。
【衛】所律切。循也，導也。今或爲率。
◎衛，所律切。循也，導也。今作率。
【衞】韋穢切。護也，垂也。
◎衞，韋穢切。護也。又國名。
○衞，顧野王《玉篇》曰：衞，䕶也。（《六朝文絜箋注》卷七）
【衜】徒老切。古文道。
◎衜，徒老切。古文道。
【衖】胡絳切。《爾雅》曰：衖門謂之閎。亦作巷。
◎衖，胡絳切。亦作巷，義同。
【衏】古鮪切。衏跡也。古文軌字。
◎衏，古鮪切。衏跡也。古文軌字。
【衡】古縣切。車檐。
◎衡，古縣切。車檐也。
【衑】魯丁切。道也。
◎衑，魯丁切。道也。
【衎】户經切。行皃。
◎衎，户經切。行皃。
【衜】火銜切。開皃。
◎衜，火銜切。開皃。

冘部第一百二十一

凡二字

【冘】余針切。冘冘，行皃。
◎冘，余針切。冘冘，行皃。
○冘，《玉篇》：行皃。又氏任反。亦行也。（《龍龕手鏡》卷四）
【戡】徒含切。戡戡，宫室深邃皃。
◎戡，徒含切。戡戡，宫室深邃皃。

夂部第一百二十二

凡六字

【夂】竹几切。從後至也。
◎夂，竹几切。從後至也。
【夆】胡蓋切。相遮要害也。新野有夆亭。
◎夆，胡蓋切。相遮要害也。新野有夆亭。
【夆】赴恭、扶恭二切。《爾雅》曰：甹夆掣曳也。
◎夆，赴恭、扶恭二切。《尔雅》：甹夆掣曳也。
【夃】公都、公乎二切。且也。《説文》曰：秦以市買，多得爲夃。《論語》曰：求善價而夃諸。今作沽。
◎夃，公覩、公乎二切。《論語》：求善價而夃諸。今作沽。
【夅】胡江切。伏也。今作降。
◎夅，胡江切。伏也。今作降。
【夅】口化、口瓦二切。跨步也。與跨同。
◎夅，口化、口瓦二切。今作跨，跨步也。

久部第一百二十三

凡二字

【久】居柳切。遠也，長也。《易》曰：有親則可久。臤，同上。
◎久，居柳切。遠也，長也。臤，同上。

夊部第一百二十四

凡二十一字

【夊】思隹切。行遲皃。《詩》云：雄狐夊夊。今作綏。
◎夊，思隹切。行遲皃。《詩》：雄狐夊夊。今作綏。
【夋】且旬切。行夋夋也。一曰倨也。
◎夋，且旬切。夋夋，行皃。
【复】扶菊切。行故道也。今作復。
◎复，扶菊切。攸行道也。今作復。

●“吆行道也”，四部叢刊本作“故行道也”，皆有誤。

【夌】力蒸切。越也，遲也。今作陵。

◎夌，力蒸切。越也，遲也。今作陵。

○夌，顧野王云：夌，犯迫也，垂也。（《一切經音義》卷四十）

【愛】烏代切。仁愛也。《説文》作𤻎，行皃。𤻎，《説文》愛。

◎愛，烏代切。仁也。《説文》作愛。𤻎，同上。

【夎】蒲卜切。行夎夎也。夋，同上。

◎夎，蒲卜切。夎夎，行皃。夙，同上。

【憂】於尤切。愁也。

◎憂，於尤切。愁也。

【竷】苦感切。和悦之響也。今作坎。

◎竷，苦感切。響也。今作坎。

【夏】胡假切。中國也，大也。又胡嫁切，冬夏也。又加下切，陽夏縣名。夓，《説文》夏。𠖄，古文。

◎夏，胡假切。中國也，大也。胡嫁切，時也。又加下切，陽夏縣名。夓，《説文》夏。𠖄，古文夏。

【畟】初力切。《説文》曰：治稼畟畟進也。《詩》曰：畟畟良耜。

◎畟，初力切。治稼畟畟進也。

【夔】巨追切。夔夔，悚懼也。黄帝時獸也，以其皮爲鼓，聲聞五百里。𡖈，同上，俗。

◎夔，巨追切。悚懼。又黄帝時獸。𡖈，同上，俗。

【㚇】子公切。飛而斂足也，聚也，最也。

◎㚇，子公切。飛而斂足，聚也，最也。

【夒】奴刀切。貪獸也。一曰母猴似人。

◎夒，奴刀切。貪獸。又母猴似人。

【夎】子對、祖卧二切。拜失容也。又詐也。亦作莝。《禮記》云：無莝拜。

◎夎，子對、祖卧二切。拜失容也。又許也。亦作莝。《礼記》云：無莝拜。

【致】陟利切。至也。《説文》曰：送詣也。

◎致，陟利切。至也，送詣也。

【夃】亡范切。《説文》曰：腦蓋也。

◎夃，亡范切。《説文》：腦蓋也。

舛部第一百二十五

凡四字

【舛】尺兖切。相背也。《説文》曰：對卧，从夂牛相背。

◎舛，尺兖切。相背也。《説文》：對卧，从夂牛相背。

○舛，顧野王云：差舛，不齊也。（《一切經音義》卷十四）

【舞】亡禹切。足相背也。

◎舞，亡禹切。足相背也。

【舝】遐戛切。車軸端鐵也。

◎舝，遐戛切。車軸端鐵也。

○舝，顧野王云：舝即車轄也。亦從金作鎋，亦通也。（《一切經音義》卷八十）

【舞】古雅切。玉爵也。

◎舞，古雅切。玉爵。

走部第一百二十六

凡一百五十七字

【走】子后切。去也，奔也，僕也。又子豆切。

◎走，子后切。去也，奔也，僕也。又音奏。

【趛】牛欽切。低頭行疾。

◎趛，牛欽切。低頭行疾。

【趨】且俞切。疾行皃。《禮》曰：堂上不趨。

◎趨，且俞切。疾也。

○趨，《玉篇》云：趨，疾行也。（《一切經音義》卷二十六）

【趍】直離切。《説文》曰：趍趙，夂也。

◎趍，直離切。走也，越也。

【趙】除小切。《説文》曰：趍趙也。

◎趙，除小切。趍趙，又國名。

【趫】去驕切。善緣木之工也，善走也。又舉足也。

◎趫，去嬌切。善緣木工。又舉足。

【赴】亡遇切。告也，奔也。或作訃。

◎赴，匹遇切。告也，奔也。或作訃。

●底本“亡遇切”疑有誤。

【趣】且句切。趨也，遽也。又蒼后切。《詩》曰：來朝趣馬。言早且疾也。鄭玄曰：馬七十二匹也。

◎趣，且句切。趨也，遽也。又蒼后切，進也，疾也。

【歧】渠之切。歧歧，鹿走也，緣大木也，行皃也。

◎歧，渠支切。麋鹿走皃，緣大木也，行皃也。

○歧，《玉篇》云：歧歧，鹿走皃。一曰行也。(《龍龕手鏡》卷二)

【超】恥驕切。超越也，出前也。

◎超，恥驕切。超越，超起也。

【赳】居柳切。武也，輕勁有才力也。

◎赳，居柳切。赳赳，武力去也。

【趮】子到切。疾也。

◎趮，子到切。疾也。

【趯】曬歷切。跳踊也。

◎趯，曬歷切。跳踊也。

【越】于厥切。遠也，踰也。又胡括切。《左氏傳》曰：大路越席。

◎越，于厥切。踰也。又胡括切。《左傳》：大路越席。

【趣】居越切。跳起也。趣，同上。

◎趣，居越切。跳起也。趣，同上。

【趁】除珍切。躁也，履也。又丑刃切。趂，同上，俗。

◎趁，除珍切。履也。丑刃切，從也。趂，同上，俗。

【邅】除連、張連二切。移也，趣也。

◎邅，除連、張連二切。移也。

【趞】且藥切。《說文》曰：趬趞也。一曰行皃。

◎趞，且藥切。《說文》：趬趞也。一曰行皃。

【趬】牽遥、丘照二切。起也，高也。《說文》曰：行輕皃。一曰趬，舉足也。

◎趬，牽遥切，丘照切。《說文》：行輕皃。又舉足。

【趚】胡千切。急走也。

◎趚，胡千切。急走也。

【趚】千尺、千私二切。倉卒也。

◎趚，千尺、千私二切。倉卒也。

【趮】芳消切。輕行也。

◎趮，芳消切。輕行也。

【趣】去忍、巨人二切。行皃。

◎趣，去忍、巨人二切。行皃。

【趙】且仲、千牛二切。行皃。

◎趙，且仲、千牛二切。行皃。

【趨】之玉切。小兒行。

◎趨，之玉切。小兒行皃。

【趣】公節切。走意也。

◎趣，公節切。走意也。

【趣】丘忿切。走意。

◎趣，丘忿切。走意。

【趣】許建切。走皃。

◎趣，許建切。走皃。

【趨】於杜切。走輕也。

◎趨，於杜切。走輕也。

【趙】于救切。走皃。

◎趙，于救切。走也。

【趯】渠俱切。走顧皃。趋，同上。又丘甫切，使也，治也，近也，健也。

◎趯，渠俱切。走顧皃。趋，同上。又丘甫切，使也，治也，近也，健也。

●“近也”疑當作“匠也”。

【趧】丘言、虛言二切。走皃。

◎趧，丘言、虛言二切。走皃。

【赼】千才、楚皆二切。疑之等赼而去。

◎赼，千才、楚皆二切。僕也，走也。

【趀】雌紙切。淺渡也。

◎趀，雌紙切。淺渡也。

【趣】弋渚切。安行也。

◎趣，弋渚切。安行也。

【趕】乎來切。留意也。

◎趕，乎來切。留意也。

【起】丘紀切。興也，發也，立也，作也。

◎起，丘紀切。立也，興也，發也。

○起，野王案：興也，作也。(《令集解》三3)

【趨】香仲切。行也。

◎趬，香仲切。行也。
【趌】起逸切。趌趨，怒走也。
◎趌，起逸切。趌趨，怒走也。
【趨】起遏切。趌趨也。
◎趨，起遏切。趌趨。
【趧】呼泉切。疾行也。
◎趧，呼泉切。疾行。
【趩】丑世切。渡也，超特也。趆，同上。
◎趩，丑世切。渡也，超特也。趆，同上。
【趯】弋約切。趠趯也。
◎趯，弋約切。趠趯也。
【趪】几縛切。大步也。
◎趪，凡縛切。大步也。
●圓沙本"凡縛切"當作"几縛切"。
【趭】居依切。走也。
◎趭，居依切。走也。
【趚】扶勿切。走皃。
◎趚，扶勿切。走皃。
【趫】余律、居聿二切。狂走也。
◎趫，余律、居聿二切。狂走。
【趚】子亦切。小行皃。《詩》曰：謂地蓋厚，不敢不趚。今作蹐。
◎趚，子亦切。小行皃。今作蹐。
○趚，《玉篇》：趚，小行也。（《方言箋疏》卷二）
【趧】莫頑、莫官二切。行遲也。
◎趧，莫頑、莫官二切。行遲。
【趉】渠詘、九勿二切。卒起走也。
◎趉，渠詘、九勿二切。卒起走也。
【趜】九六切。窮困也。
◎趜，九六切。窮困也。
【趑】七私切。趑趄，行不進皃。
◎趑，七私切。趑趄，行不進。
○趑趄，顧野王云：意疑低佪也。（《一切經音義》卷八十九）
【趄】七余切。趑趄也。
◎趄，七余切。趑趄。
【趪】求閭切。小走也。
◎趪，求閭切。小走也。
【趚】去虔切。蹇行。
◎趚，去虔切。蹇行也。
【趯】巨員切。趯逯也。一曰曲脊也。
◎趯，巨員切。曲脊也。
【逯】力足切。逯趗，小兒皃。《東京賦》曰：狹三王之逯趗。
◎逯，力足切。逯趗，小兒皃。
【趉】渠月切。行越趉也。
◎趉，渠月切。行疾越趉也。
【跬】丘弭切。半步也，舉一足也。與跬同。
◎跬，丘弭切。半步也，舉一足也。與跬字同。
【趍】直知切。趍隲，輕薄也。
◎趍，直知切。趍隲，輕薄也。
【趏】蒲北、孚豆二切。僵趏也。或作踣。
◎趏，蒲北、孚豆二切。僵也。或作踣。
【趮】令的切。動也。或作躒。
◎趮，令的切。動也。或作躒。
【趡】且水切。動也，走也。又地名。
◎趡，且水切。動也，走也。又地名。
【趄】禹煩切。趄田，易居也。
◎趄，禹煩切。趄田，易居也。
○趄，《玉篇》云：走也。一曰各也。（《龍龕手鏡》卷二）
【趕】卑逸切。止行也。與蹕同。
◎趕，卑逸切。止行也。与蹕同。
○趕，《玉篇》：原行皃。（《龍龕手鏡》卷二）
【趙】都年切。《説文》曰：走頓也。
◎趙，都年切。《説文》：走頓也。
【趙】余腫切。喪躃趙也。與踊同。
◎趙，余腫切。喪躃趙也。与踊同。
【趧】都奚切。趧鞻氏，四夷之樂也。
◎趧，都奚切。趧鞻氏，四夷之樂。
【蹔】才濫、才冉二切。不久也，超忽而騰疾也。又進也。
◎蹔，才濫、才冉二切。不久也，超忽而騰疾也。
【趒】他弔、徒聊二切。雀行也。
◎趒，他弔、徒聊二切。雀行也。
【赶】渠言切。舉尾走。
◎赶，渠言切。舉尾走。

【趃】他胡切。趙趃，伏地也。
◎趃，他胡切。趙趃，伏地也。
【趙】補胡切。匍匐也。
◎趙，補胡切。趙趃，匍匐也。
【趦】胡百切。狂走也。又趦趚，偃仆。
◎趦，胡百切。狂走。又趦趚，偃仆。
【趚】山格切。趦趚。
◎趚，山格切。趦趚。
【趠】竹交、竹教二切。趠趟，踉蹌也。
◎趠，竹交、竹教二切。趠趟，踉蹌也。
【趟】竹庚、竹孟二切。趠趟。
◎趟，竹庚、竹孟二切。趠趟。
【趲】藏但、子旦二切。散走也。
◎趲，藏但、子旦二切。散走也。
【趻】七含切。趻踔，驅步。
◎趻，七含切。趻踔，驅步也。
【踔】徒含切。趻踔。
◎踔，徒含切。趻踔。
【趽】方孟切。走也。趀，同上。
◎趽，方孟切。走也。趀，同上。
【趲】才結切。傍出前也。
◎趲，才結切。傍出前。
【趨】九劣切。小跳也。
◎趨，九劣切。小跳。
【趄】居語切。行皃。
◎趄，居語切。行皃。
【趡】且雷切。進皃。
◎趡，且雷切。進皃。
【趉】丑律切。走也。
◎趉，丑律切。走也。
【逝】時曳切。踰也。
◎逝，時曳切。踰也。
【趗】丑足切。小兒行。
◎趗，丑足切。小兒行。
【趨】式句切。馬跳也。
◎趨，式句切。馬跳。
【趗】且足切。迫也，速也。或作促。
◎趗，且足也。迫也，速也。或作促。
●圓沙本“且足也”當作“且足切”。
【趪】胡光切。《西京賦》曰：猛虡趪趪。謂作力皃。又趪趪，武皃。
◎趪，胡光切。《西京賦》：虡趪趪。謂作力皃。
【赴】孚務切。疾也，及期也。亦作赴。
◎赴，孚務切。及期也。亦作赴。
〇赴，《玉篇》：赴，孚務切。及期也。又作赴。（《方言箋疏》卷三）
【趚】力的切。趚趚，行皃。趚，同上。
◎趚，力的切。趚趚，行皃。趚，同上。
【趬】力登切。越也。
◎趬，力登切。越也。
【趁】直連切。移也。
◎趁，直連切。移也。
【趡】七回切。逼也。
◎趡，七回切。逼也。
【趖】先過切。走皃。
◎趖，先過切。走皃。
【趚】初緇切，又七才切。走也。
◎趚，初緇切，七才切。走也。
【趟】之陽切。走也。
◎趟，之陽切。走也。
【趬】落迢切。脚長皃。
◎趬，落迢切。脚長行皃。
【趨】巨營切。獨行皃。
◎趨，巨營切。趨然獨行皃。
【趄】慈樣切。行皃。
◎趄，慈樣切。行皃。
【趫】揆肩、九聿、呼銜三切。走意。
◎趫，揆肩、九聿、呼銜三切。走意。
【趠】丑孝切。行皃。又丑角切。
◎趠，丑孝切。行皃。丑角切，跳也。
【趯】五和切。
◎趯，五和切。蹉行也。
【趤】他郎切。前走。
◎趤，他郎切。前走也。
【趝】古藍切，牛錦切。
◎趝，古藍、牛錦二切。走也。
【趍】直知切。走也。
◎趍，直知切。走也。
【趩】胡該切。走。

◎趪，胡該切。走也。
【趨】巨詭切。
◎趨，巨詭切。奔也。
【趭】子妙切。走皃。
◎趭，子妙切。走皃。
【䞟】他旱切。行。
◎䞟，他旱切。行也。
【趙】與恐切。行。
◎趙，與恐切。行也。
【赾】丘謹切。行謹皃。
◎赾，丘謹切。行謹皃。
【趭】子禮切。走。
◎趭，子礼切。走。
【趥】徒孔切。走也。又徒弄切。
◎趥，徒孔切。走也。又徒弄切。
【趏】孚句切。到也。
◎趏，孚句切。到也。
【赿】丑亦切。超也。
◎赿，丑亦切。超也，行也。
【赾】尺夜切。怒也。一曰牽也。又丑格切，半步也。
◎赾，尺夜切。怒也。又丑格切，半步也。
【趣】祀傳切。走也。
◎趣，祀傳切。走也。
【趝】他念切。疾行也。
◎趝，他念切。疾行也。
【趆】都替切。走皃。
◎趆，都替切。走皃。
【趚】胡遣切。蹇行。
◎趚，胡遣切。蹇行也。
【趃】他闞切。走也。
◎趃，他闞切。走也。
【越】許聿切。走也。
◎越，許聿切。走也，踰也。
【䟀】弋笑切。走皃。
◎䟀，弋笑切。走皃。
【趚】所六切。走也。
◎趚，所六切。走也。
【趏】古滑切。走皃。又户括切。
◎趏，古滑切。走皃。又户括切。

【赶】魚曲切。跛也。
◎赶，魚玉切。跛也。
【趙】户八切。走也。
◎趙，户八切。走也。
【趃】徒結切。大走也。又夷質切。
◎趃，徒結切。大走也。又夷質切。
【趄】韋筆切。走也。
◎趄，韋筆切。走也。
【趞】則各切。走皃。
◎趞，則各切。走皃。
【趬】詐交切。起也。
◎趬，詐交切。起也。
【趏】莫百切。走皃。
◎趏，莫百切。走行皃。
【趐】許劣切。
◎趐，許劣切。進也，飛也。
【趩】丑力切。走皃。《説文》曰：行聲也。一曰不行皃。
◎趩，丑力切。走皃。
【趇】烏合切。趇趣，走皃。
◎趇，烏合切。趇趣，走皃。
【趣】子合切。走皃。
◎趣，子合切。走皃。
【趏】烏合切。跛也。又胡甲切。
◎趏，烏合切。跛也。又胡甲切。
【趇】私立切。走皃。
◎趇，私立切。走皃。
【趿】山洽、士洽二切。行疾也。
◎趿，山洽、士洽二切。行疾也。
【趌】其乞切。行皃。
◎趌，其乞切。行皃。
【趜】所留切。欲跳皃。
◎趜，所留切。欲跳皃。
【趏】相活切。走皃。
◎趏，相活切。走皃。
【趞】子昔切。
◎趞，子昔切。立步也。
【趉】居劣切。走也。
◎趉，居劣切。走也。
【趩】移力切。趨進皃。

◎趩，移力切。趨進皃。
【趦】胡谷切。走也。
◎趦，胡谷切。走言也。
【趗】市玉切。晉時四公子名。
◎趗，市玉切。晉時四公子名。
【趚】山狎切。行趚趚。
◎趚，山狎切。行皃。

辵部第一百二十七

凡二百五十五字

●此部實收 253 字。

【辵】丑略切。乍行乍止也。又走也。
◎辵，丑略切。走也。又乍行乍止也。
【逹】山律切。先道也，別也。今爲帥。
◎逹，山律切。先道也，別也。今爲帥。
●"別也"疑當作"引也"。
【迹】子亦切。跡也，理也。速，籀文。
◎迹，子亦切。跡也，理也。速，籀文。
●底本"速"字原訛作"速"，據宋十一行本正。
【邁】莫芥切。往也。《説文》曰：遠行也。邁，同上。
◎邁，莫介切。往也。《説文》：遠行。邁，同上。
【巡】似倫切。徧也。又巡守也。《説文》曰：視行也。
◎巡，似倫切。徧也。又巡守。《説文》：視行。
【辻】達乎切。步行也。今作徒。
◎辻，達乎切。步行。今作徒。
【延】止盈切。行也。今作征。
◎延，止盈切。行也。今作征。
○延，顧野王云：遠也。(《一切經音義》卷九十六)
【隨】辭惟切。隨從也。
◎隨，詞推切。從其後也。
【迋】尤放切。《説文》曰：往也。《春秋傳》曰：子無我迋。又具往切。《詩》云：人實迋女。迋，誑也。
◎迋，尤放切。往也。具往切，誑也。
【逛】具往切。走皃。
◎逛，具往切。走皃。
【逝】視制切。去也，往也。
◎逝，視制切。去也，往也。
【追】昨胡切。往也。與徂同。遁，籀文。
◎追，昨胡切。往也。与徂字同。遁，籀文。
【述】視律切。循也，作也。《論語》曰：述而不作。逑，籀文。
◎述，視律切。循也，作也。逑，籀文。
【这】古爻切。會也。今作交。
◎这，古爻切。會也。今作交。
【過】古貨、古禾二切。度也，越也。
◎過，古貨、古禾二切。越也。
【遵】子倫切。循也，率也，行也。遲，古文。
◎遵，子倫切。循也，率也，行也。遲，古文。
【適】尸亦切。之也，女子出嫁也。又之赤切，得也，往也。又音滴，從也。
◎適，尸亦切。之也，女子出嫁。又之赤切，得也，往也。又音滴，從也。
【遦】古患切。習也。或作串。
◎遦，古患切。習也。或作串。
【遺】徒鹿切。遺也，易也，數也。亦爲嬻嬻字。
◎遺，徒鹿切。數也，遺也，易也。亦爲嬻嬻字。
【進】子信切。前也，升也，登也。邁，古文。
◎進，子信切。前也，升也，登也。邁，古文。
【造】徂皓切。爲也。又七到切，至也。
◎造，徂皓切。爲也。七到切，至也。
【逧】胡荅切。逧遝，行相及。
◎逧，胡荅切。逧遝，行相及也。
○逧遝，顧野王《玉篇》：逧遝，行相及也。(《吴下方言考》卷十一)
【遝】徒合切。逧遝。
◎遝，徒合切。逧遝，行會也。
○遝，《玉篇》云：逧遝，行相及也。(《方言疏證》卷三)
【逾】與朱切。越也，遠也，進也。
◎逾，與朱切。越也，遠也，進也。
【迮】子各切。起也。今爲作。又阻格切，

迫迮也。
◎迮，子各切。今爲作。又阻格切，迫也。
○迮，《玉篇》：陋也。亦迫也。（《續一切經音義》卷四）
【逪】且各切。亂也，这逪也。今爲錯。
◎逪，且各切。乱，这逪。今爲錯。
【遄】視專切。疾也，速也。
◎遄，視專切。疾也，速也。
【速】思鹿切。疾也，召也。遬，籀文。
◎速，思鹿切。疾也，召也。遬，籀文。
【迅】綏閏切。疾也。又音信。
◎迅，綏閏切。疾也。又音信。
【适】古活切。疾也。
◎适，古活切。疾也。
【逆】魚戟切。迎也，度也。又不從也。
◎逆，魚戟切。迎也，不順也。
【迎】宜京切。逢迎也。
◎迎，宜京切。逢迎。又奉迎。
【遭】祖勞切。遇也。
◎遭，祖勞切。遇也。
【遇】娱句切。見也，道路相逢也。
◎遇，娱句切。遭也，道路相逢也。
【遘】古候切。遇也。
◎遘，古候切。遇也。
○遘，古候反。遇也。（《成實論天長點》）
【逢】扶恭切。遇也，迎也。
◎逢，扶恭切。遇也，迎也。
【迪】徒的切。作也，教也，導也，進也，道也。青州之間相正謂之迪也。
◎迪，徒的切。教也，導也。青州之間相正謂之迪。
○迪，《玉篇》云：青州之間相正謂之迪也。（《方言疏證》卷六）
【迻】餘之切。徙也，遷也。今作移。
◎迻，餘之切。遷也。今作移。
【通】替東切。達也，無所不流曰通也。
◎通，替東切。達也，無所不流曰通。
○通，達也。（《法華釋文》上）
【遷】且錢切。徙也，去也，易也，移也。
◎遷，且錢切。徙也，易也。
【運】于愠切。動也，轉也。
◎運，于愠切。轉也，動也。
【返】甫晚切。還也，復也。
◎返，甫晚切。還也，復也。
【還】胡關、徐宣二切。退也，返也，復也。
◎還，胡關、徐宣二切。退也，復也。
○還，《切韻》云：退也，返也。《玉篇》同。《爾雅》云：復也。（《續一切經音義》卷十）
【選】先兖切。擇也，迅也，數也。又先絹切。
◎選，先兖切。擇也。又先絹切。
【邌】力奚切。徐也，遲也，小皃也。
◎邌，力奚切。遲也，小皃。
【送】蘇貢切。《説文》云：遣也。《詩》曰：遠送于野。送，籀文。
◎送，蘇貢切。《説文》：遣也。送，籀文。
【遣】去善切。送也，去也。又去戰切。
◎遣，去善切。送也。又去戰切。
【邐】力紙切。邐迆也。
◎邐，力紙切。迆邐。
【逮】徒戴切。及也。又徒計切。
◎逮，徒戴切。及也。又徒計切。
【遲】除梨切。晚也，舒行皃也。遟，籀文。迡，同上。又奴計切，近也。
◎遲，除梨切。晚也，舒行皃。遟，籀文。迡，同上，又奴計切，近也。
○迡，《玉篇》：音遲。（《龍龕手鏡》卷四）
【遰】徒計切。迢遰也，往也，去也。
◎遰，徒計切。迢遰也，往也。
【邁】竹句切。不行也。又丑凶切。
◎邁，竹句切。不行也。又丑凶切。
【迟】丘戟切。迟，曲行也。
◎迟，丘戟切。迟，曲行也。
【逗】徒鬭切。留也，住也，止也。
◎逗，徒鬭切。留也，住也。
○逗，顧野王云：逗亦住也。（《一切經音義》卷八十七）
【遛】力周切。逗遛。

◎遛，力周切。逗遛，不行。

【逶】於危切。逶迆。又逶迱，行皃。

◎逶，於危切。逶迆，行皃。

【遹】以出切。循也，述也，自也，廻也，避也。

◎遹，以出切。循也，述也，避也。

【逓】丁計切。驚不進也，向不及也，驚也，駭也。

◎逓，丁計切。驚不進也，向不及也。

【避】婢致切。廻避也，去也。

◎避，婢致切。廻避，逃遁也。

【遴】旅振切。行難也，貪也。

◎遴，旅振切。行難也，貪也。

【达】他計切。達也，迭也。亦與達同。

◎达，他計切。迭也。亦与達同。

【達】他割切。通也。又音闥。

◎達，他割切。通也。又音闥。

○達，通也。（《法華釋文》上）

【逯】力谷、力屬二切。行也，衆也，行謹逯逯也。

◎逯，力谷、力屬二切。行也，衆也。

【迭】徒結切。代也，更迭也。

◎迭，徒結切。代也，更迭也。

【迷】莫雞切。惑也，亂也。

◎迷，莫离切。乱也，惑也。

【迆】余紙切。邐迆，水曲流也。又以支切，逶迆也。

◎迆，余紙切。邐迆，水曲流也。以支切，逶迆。

【連】力錢切。合也，及也。

◎連，力前切。合也，牽也，及也。

【逑】渠鳩切。匹也，合也。

◎逑，渠鳩切。匹也，合也。

【退】蒲邁切。壞也，散走也。

◎退，蒲邁切。懷也，散走也。

●圓沙本“懷也”當作“壞也”。

【逌】余六切。轉也，行也。

◎逌，余六切。行也，轉也。

【逭】胡館切。逃也，迭也，易也，轉也，步也，行也。讙，古文。

◎逭，胡館切。逃也，易也，轉也。讙，古文。

【邋】力涉切。《説文》曰：愶也。

◎邋，力涉切。《説文》：脅也。

【遜】先困切。遁也，去也。

◎遜，先困切。遁也，退讓也。

【遷】知栗切。近也，重也，至也。

◎遷，知栗切。近也，重也，至也。

【逋】補胡切。亡也，竄也，不到也。逋，籀文。

◎逋，補胡切。逃亡也，六到也。逋，籀文。

○逋，顧野王云：遲晚後生也。（《一切經音義》卷十五）

●圓沙本“六到也”疑當作“不到也”。

【近】其謹切。不遠也。又其靳切，附近也。

◎近，其謹切。不遠。其靳切，附也。

【遺】余隹切。亡也。又余恚切，貽也。

◎遺，余佳切。亡也。余志切，貽也。

○遺，顧野王云：遺猶贈也。（《一切經音義》卷二十四）

●圓沙本“余佳切”當作“余隹切”。

【遂】辭類切。進也，久也，安也，信也。逹，古文。

◎遂，詞類切。叶也，稱也。逹，古文。

○遂，駈也。（《八十卷音義私記》下）

【邇】而紙切。近也，移也。迩，同上。

◎邇，而紙切。近也。迩，同上。

【遳】渠級切。至也，連也。古文及字。又乍洽切。

◎遳，渠級切。至也，連也。古文及字。又乍洽切。

【逃】徒勞切。亡也，避也。

◎逃，徒勞切。逃亡也。

【追】株隹切。及也，送也，救也。又都雷切，治玉名也。《詩》曰：追琢其璋。

◎追，株隹切。及也，送也。又都雷切，治玉名也。

【遞】綺虔切。過也。亦作諐。

◎遞，綺虔切。過也。亦作諐。

【逐】除六切。競也，追也，從也。

◎逐，除六切。追也。
〇逐，顧野王曰：逐，追也，驅也。（《一切經音義》卷十三）
〇逐，《玉篇》曰：逐，馳駈也。（《一切經音義》卷二十三）
【迺】疾留切。固也，終也，追也，盡也，迫也，忽也。遒，同上。
◎迺，疾留切。固也，終也，盡也。遒，同上。
【逼】碑棘切。迫也。
◎逼，碑棘切。迫也。
〇逼，迫也，付也，急也。亦作皈，同。音伯。（《三部經音義集》二）
【迫】補格切。逼迫也，附也，急也。
◎迫，補格切。逼也，急也。
〇迫，《玉篇》曰：進［迫］猶逼也。（《一切經音義》卷二十三）
〇迫，顧野王云：迫猶逼也。（《一切經音義》卷四十一）
【遏】於葛切。止也，遮也，病也。
◎遏，於葛切。止也，遮也。
【遮】之虵切。冒也，斷也。
◎遮，之蛇切。冒也，蓋也。
【遂】余戰切。移也，遮也。
◎遂，徐戰切。移也，遮也。
【迣】之世切。迾也，超踰也。古文以爲迾字。
◎迣，之世切。超踰也。古文迾字。
【迾】於際、於結二切。《説文》曰：遮也。
◎迾，旅際、旅結二切。遮也。
●底本“於”疑當作“旅”。
【遱】力侯切。連遱也。
◎遱，力侯切。連遱，不断也。
【迁】且堅切。行進也。
◎迁，且堅切。徙也。又行進也。
【迀】古寒切。進也。
◎迀，古寒切。進也。
【遰】口黠切，竹季切。前頓也。
◎遰，口黠、竹季二切。前頓也。
【迦】古遐切。迦牙，令不得進也。
◎迦，古遐切。断牙，令不得造也。
●圓沙本“断”當作“迦”。
【迦】古牙、居迦二切。釋迦，如來。
◎迦，古牙切，居伽切。釋迦，如來佛謚也。
【逑】胡厥切。散走也。
◎逑，胡厥切。走散也。
【逞】丑井切。快也，極也，盡也，解也。《説文》云：通也。楚謂疾行爲逞。《春秋傳》曰：何所不逞。
◎逞，丑井切。誇也，快也，行也。
【遼】力條切。遠也。
◎遼，力條切。遠也。
【遠】于阮切。遐也，極也。又于勸切，離也。遠，古文。
◎遠，于阮切。遐也。于勸切，離也。遠，古文。
【逖】託歷切。遠也。逷，古文。
◎逖，託歷切。遠也。逷，古文。
【迥】胡頂切。遠也。
◎迥，胡頂切。遠也。
【逴】敕角切。驚也，蹇也。又丑略切。
◎逴，敕角切。驚也。又丑略切。
【逮】子千切。至也，自進極也。
◎逮，子于切。至也，自進極也。
●圓沙本“于”當作“千”。
【迂】羽俱切。避也，廣大也，遠也，曲也。又憶俱切。
◎迂，羽俱切。廣大也，曲也，遠也。又憶俱切。
〇迂，顧野王云：迂，大也，遠也。（《續一切經音義》卷八）
【邍】魚袁切。《説文》曰：高平之野，人所登。或作原。
◎邍，魚袁切。亦作原。
【道】徒老切。理也，路也，仁義也。
◎道，徒老切。理也，道也，道義也。
【迒】胡郎切。迹也，長道也。邟，同上。
◎迒，胡郎切。迹也，長道也。邟，同上。
【迅】丁狄切。至也。又都叫切。
◎迅，丁狄切。至也。又都叫切。
【遽】渠庶切。急也，疾也，卒也。

◎遽，渠庶切。卒，遽然也。
〇遽，顧野王曰：遽，急也。(《一切經音義》卷十一)
〇遽，《玉篇》曰：遽，急也。(《一切經音義》卷二十三)
〇遽，《玉篇》云：急也。《字書》云：戰慄也。(《續一切經音義》卷九)
【迄】呼乙切。至也。
◎迄，呼乙切。至也。
【遁】徒頓、徒混二切。逃也，退還也，隱也。遯，同上。
◎遁，徒頓、徒混二切。退還也，隱也。遯，同上。
【遐】乎家切。遠也。
◎遐，乎家切。遠也。
【逍】思遥切。逍遥也。
◎逍，思遥切。逍遥，清暇也。
〇逍遥，野王案云：逍遥猶翱翔也。(《三教指歸注》五 12)
【遾】時世切。逮也，遠也。
◎遾，時世切。逮也，遠也。
【遊】余周切。遨遊也。與游同。逕，古文。
◎遊，余周切。遨遊。与游同。逕，古文。
【迨】徒改切。及也。
◎迨，徒改切。及也。
【透】他候切。跳也。又式六切，驚皃。
◎透，他候切。通也。式六切，驚也。
【遡】蘇故切。行也，逆流而上也。與泝同。
◎遡，蘇故切。行，逆流而上。與泝同。
【逳】魚偃切。行皃。
◎逳，魚偃切。行皃。
【遫】丑力切。張也。
◎遫，丑力切。張也。
【邂】胡懈切。邂逅，不期而會也。
◎邂，胡懈切。邂逅，不期而會。
【逅】胡遘切。邂逅。
◎逅，胡遘切。邂逅也。
【逵】丘致切。避也。
◎逵，丘致切。避也。
【邈】亡卓切。遠也。邈，同上。
◎邈，亡卓切。邈，曠遠也。邈，同上。
〇邈，《玉篇》音模角反。又彌紹反。(《一切經音義》卷二十七)
〇邈，顧野王云：寬廣貌。(《續一切經音義》卷十)
【迴】胡雷切。轉也，迴避也。
◎迴，胡雷切。轉也，迴避也。
【逨】力材切。來也，至也，就也。又力代切。
◎逨，力才切。至也。又力代切。
【退】他潰切。卻也，去也。退、逈，並古文。
◎退，他潰切。卻也，去也。退、逈，古文。
【逡】且旬切。逡巡也，退也，卻也。
◎逡，且旬切。逡巡，退也。
【迻】無弗切。遠也。又呼骨切。
◎迻，無弗切。遠也。又呼骨切。
【逡】胡苟切。古文後。
◎逡，胡苟切。古文後。
【迟】丘紀切。古文起。
◎迟，丘紀切。古文起。
【迬】禹兩切。古文往。
◎迬，禹兩切。古文往。
【遾】他達切。古文撻。
◎遾，他達切。古文撻。
【邅】張連、除連二切。轉也，移也。
◎邅，張連、除連二切。轉也。
【連】徒董切。古文動。
◎連，徒董切。古文動。
【逵】奇歸切。九逵道。
◎逵，奇歸切。九逵道也。
【這】宜箭切。迎也。
◎這，宜箭切。迎也。
【過】乎果切。過也。
◎過，乎果切。過也。
〇過，《玉篇》：過，過也。(《方言箋疏》卷一)
【逸】茅教切。古文皃。
◎逸，茅教切。古文邈。
【迕】吴故切。遇也。遻，同上。
◎迕，吴故切。遇也。遻，同上。

【逛】丑歷切。躍也。
◎逛，丑歷切。躍也。
【迿】思俊切。出表詞也。
◎迿，思俊切。出表詞也。
【边】古鮪切。古文軌。
◎边，古鮪切。古文軌。
【遊】烏詐切。次也。或作亞。
◎遊，烏詐切。次也。或作亞。
【迸】彼諍切。散也。
◎迸，彼諍切。散也。
○迸，《玉篇》云：散走也。或作跰也。（《一切經音義》卷十三）
【迓】午嫁切。迎也。
◎迓，午嫁切。迎也。
【邀】於堯切。遮也。
◎邀，於堯切。遮也，招也。
○邀，求也，抄也，遮也。（《莊子釋文》下 17）
○邀，《玉篇》云：求也，抄也，遮也。（《經典釋文》卷二十八）
【迸】補耕、補幸二切。
◎迸，補耕、補幸二切。出也。
【述】余述切。分布也，又行皃。
◎述，余述切。分布也，又行皃。
【逜】吾故切。干逜也。
◎逜，吾故切。干逜也。
【逌】余周切。氣行皃。
◎逌，余周切。氣行皃。
【迺】奴改切。與乃同。
◎迺，奴改切。与乃同。
○迺，顧野王云：往也。（《一切經音義》卷八十七）
【迱】徒何切。逶迱。迤，同上，俗。
◎迱，徒何切。逶迱也。迤，同上，俗。
【遌】五加切。遠皃。
◎遌，五加切。遠皃。
【逘】七禾切。行皃。
◎逘，七禾切。行皃。
【邁】苦禾切。寬大也。
◎邁，苦禾切。寬大也。
【迍】張倫切。迍邅也。
◎迍，張倫切。迍邅也。
【遖】於緣切。行皃。
◎遖，於緣切。行皃。
【遨】五高切。遨遊也。
◎遨，五高切。遨遊也。
【迢】徒遼切。迢遰。
◎迢，徒遼切。迢遰，遠也。
【遑】胡光切。急也。又暇也。
◎遑，胡光切。急也。又暇也。
【違】于威切。背也。
◎違，于威切。背也。
【途】度胡切。途，路也。
◎途，度胡切。路也。
【遙】以周切。疾行也。又音遥。遙，同上。
◎遙，以周切。疾行也。又音遥。遙，同上。
○遙，《玉篇》《廣韻》竝云：遙，疾行也。（《方言疏證》卷六）
【逿】徒浪切。過也。
◎逿，徒良切。過也。
【遻】丑羊切。過也。
◎遻，丑羊切。過也。
【迵】徒東切。通達也。
◎迵，徒東切。通達也。
【迣】七爾切。與越同。
◎迣，七爾切。与越同。
●圓沙本字頭原訛作“迣”。
【遾】胡貝切。遠也。
◎遾，胡貝切。遠也。
【遚】居祐切。恭謹行皃。
◎遚，居祐切。恭謹行皃。
【遥】翼招切。遠也。又弋周切。
◎遥，翼招切。遠也。又弋周切。
【遞】徒禮切。遠也。又徒戾切。递，同上。
◎遞，徒礼切。遠也。又徒戾切。递，同上。
【辻】斯子切。移也。今作徙。迚，同上。
◎辻，斯子切。移也。今作徙，同。迚，同上。
【迎】五價切。迎。
◎迎，五價切。迎也。
【逄】防罔切。急行也。

◎迒，防罔切。急行也。
【迎】於忍切。迎逓，走也。
◎迎，於忍切。迎逓，走也。
【逓】許忍切。迎逓。
◎逓，許忍切。迎逓。
【逌】以手切。
◎逌，以手切。往也。
【邅】丑善切。行。
◎邅，丑善切。行也。
【遂】寺兩切。行也。
◎遂，寺兩切。行也。
【蓮】爲委切。姓。
◎蓮，爲委切。姓也。
【進】子小切。走皃。
◎進，子小切。走皃。
【遛】力罪切。
◎遛，力罪切。行急也。
【遙】魚幾切。進也。
◎遙，魚幾切。進也。
【遚】初救切。
◎遚，初救切。匿也。
【辿】以喘切。
◎辿，以喘切。行也。
【遂】丑絹切。
◎遂，丑絹切。動也。
【邁】胡外切。匝也。
◎邁，胡外切。匝也。
【遉】丑聖切。邏候也。
◎遉，丑聖切。邏候也。
【邏】力佐切。遊兵也。
◎邏，力佐切。遊兵也。
【簉】初救切。簉倅。又齊也，充也。
◎簉，初救切。簉倅也，齊也，充也。
【逐】户愛切。走也。
◎逐，户愛切。走也。
【逕】吉定切。路逕也，近也。
◎逕，吉定切。路逕也，近也。
【迭】火決切。走也。
◎迭，火決切。走也。
【遪】千含切。裹遪也。
◎遪，于合切。裹遪也。
【逌】于救切。行。
◎逌，于救切。行也。
【逗】殊句切。走。
◎逗，殊句切。走也。
○逗，顧野王《玉篇》：逗，走也。（《吴下方言考》卷七）
【迬】之句切，又竹句切。
◎迬，之句、竹句二切。行止也。
【邊】補眠切。畔也，邊境也。
◎邊，補眠切。畔也，塞也。
【遏】吐盍切。穩行皃。
◎遏，吐盍切。穩行皃。
【逽】女略切。走逽。
◎逽，女略切。走逽也。
【跕】叱涉切。行也。
◎跕，叱涉切。行也。
【躡】而涉切。行皃。
◎躡，而涉切。行皃。
【遈】時職切。行。
◎遈，時職切。行也。
【邂】千后切。走。又七庾切。
◎邂，子后切。走也。又七庾切。
【逽】丑六切。行皃。
◎逽，丑六切。行皃。
【迼】居列切。跳。
◎迼，居列切。跳也。
【逮】疾接切。逮，疾走。
◎逮，疾接切。疾走。
【逑】博未切。急走。
◎逑，博未切。急走。
【遝】足合切。遝遝，行皃。
◎遝，足合切。遝遝，行皃。
●“足合切”未詳，宋十行本作“徒合切”。
【遹】以斫切。違也。
◎遹，以斫切。違也。
【迠】陟栗切。近。
◎迠，陟栗切。近也。
【迌】他没切。詆誘皃。
◎迌，他没切。詆誘皃。

【遐】吉穴切。遠。
◎遐，吉穴切。遠也。
【達】士洽切。行書皃。
◎達，士洽切。行書皃。
【遳】布千切。
◎遳，布千切。行不絶。
【迃】孚武切。
◎迃，孚武切。逃走。
【週】職由切。
◎週，職由切。迴也。
【迣】尸制切。
◎迣，尸制切。遊步也。
【近】居忌切。
◎近，居忌切。行也。
【邊】初側切。古文。
◎邊，初側切。古文測。
【逜】與章切。進退皃。
◎逜，与章切。進退皃。

補

○迖逃，《玉篇》云：迖逃，違天下也。（《龍龕手鏡》卷四）

廴部第一百二十八

凡六字

【廴】余忍切。長行也。今作引。
◎廴，余忍切。長行也。今作引。
【延】諸盈切。行也。
◎延，諸盈切。行也。
【廷】徒廳、徒聽二切。朝廷也。
◎廷，徒廳、徒聽二切。朝廷也。
【建】居堰切。竪立也。
◎建，居堰切。竪立也。
【延】余旃切。進也，長也。
◎延，余旃切。進也，長也。
【延】丑延切。延延，安步也。
◎延，丑延切。延延，安步也。

癶部第一百二十九

凡四字

【癶】補葛切。《説文》作址，足有所剌也。
◎癶，補葛切。《説文》作址，足有所剌也。
【癹】匹葛、扶葛二切。以足蹋夷草也。
◎癹，匹葛、扶葛二切。以足蹋夷草也。
【登】都稜切。升也，上也，進也。豋，古文。
◎登，都稜切。升也，進也。豋，古文登。

步部第一百三十

凡二字

【步】蒲故切。步行也，六尺爲步。
◎步，蒲故切。步行也，六尺爲步。
【歲】思惠切。載名。《説文》曰：木星也，越歷二十八宿，宣徧陰陽，十二月一次。
◎歲，思惠切。載名。《説文》：木星，越歷二十八宿，宣徧陰陽。
○歲，《玉篇》云：律曆書名五星爲五步，所以歲字從步，戌爲聲也。（《一切經音義》卷二十五）

止部第一百三十一

凡三十字

【止】之市切。止息也，住也，容止也。
◎止，之市切。息也，住也，容止也。
【屮】他達切。《説文》曰：蹈也，从反止。
◎屮，他達切。《説文》：蹈也。
【歱】之隴切。《説文》曰：足跟也。今作踵。
◎歱，之隴切。《説文》：足跟也。今作踵。
【堂】直庚切。歫也。
◎堂，直庚切。歫也。
【峙】直里切。躇也，止不前也。
◎峙，直里切。止不行前也。
○峙，《玉篇》云：峙躇也。（《一切經音義》卷十七）

○峙，顧野王：峙躇不前也。(《一切經音義》卷二十四)
○峙，顧野王云：謂止不前也。(《一切經音義》卷四十九)
○峙，顧野王云：峙猶躇止不前也。(《一切經音義》卷八十)
【岠】渠吕切。違也，戾也，至也。《説文》云：止也。一曰搶也。一曰超岠。
◎岠，渠吕切。違也，戾也，至也。《説文》：止也，搶也。一曰超岠。
【歬】在先切。不行而進也。今作前。
◎歬，在先切。先也。今作前。
○歬，今爲前字也。(《類》132)
【歷】郎的切。歷遠也，過也。
◎歷，郎的切。過也，歷練也。
【壁】補赤切。人不能行也。
◎壁，補赤切。人不能行也。
○壁，顧野王曰：足枯，不能行也。(《一切經音義》卷二)
【㞫】充祝切。至也。
◎㞫，充祝切。至也。
【歸】居暉切。還也。《説文》曰：女嫁也。帰，籀文。
◎歸，居揮切。還也。《説文》：女嫁也。帰，籀文。
【疌】辭接切。疾也。
◎疌，詞接切。疾也。
【㚃】女輒切。機下足所履者。
◎㚃，女輒切。機下足履者。
【㫃】良與切。古文旅。
◎㫃，良與切。古文旅。
【岓】巨謹切。古文近。
◎岓，巨謹切。古文近。
【㞲】古恩切。足踵也。
◎㞲，古恩切。足踵也。
【崪】疾醉切。待也。
◎崪，疾醉切。待也。
【歰】山立切。難轉也。《説文》曰：不滑也。
◎歰，山立切。不滑。
【歧】翹移切。歧路也。
◎歧，翹移切。歧路也。
【壿】七旬切。舞也。
◎壿，七旬切。舞也。
【嵲】香幽切。
◎嵲，香幽切。息也。
【嶹】徒沃切。不止皃。
◎嶹，徒沃切。不止皃。
【㞼】符逼切。止也。
◎㞼，符逼切。止也。
【歬】子淺切。古文前。
◎歬，子淺切。古文剪。
●底本“古文前”當作“古文剪”。
【㞸】之膳切。古文戰。
◎㞸，之膳切。古文戰。
【㞦】武放切。谷在京。
◎㞦，武放切。谷名，在京西。
【岵】胡古切。古文。
◎岵，胡古切。古文户。
【岥】被義切。
◎岥，陂義切。被也。
【岢】呼多切。古文訶。
◎岢，呼多切。古文訶。

補

○㞰，《玉篇》：躊也。(《龍龕手鏡》卷二)

處部第一百三十二

凡三字

【處】充與切。居也，止也。
◎處，充與切。居也。充據切，處分。
○處，《玉篇·几部》作処，充與反。《玉篇》作處，充與反。居也，止也，定也。(《法華釋文》補記 147 中)
○處，《玉篇》又息也，居也。(《一切經音義》卷二十七)
【䖒】古胡切。䖒息也。
◎䖒，古胡切。䖒息也。
○䖒，《玉篇》《廣韻》有䖒字，竝云：䖒息也。(《方言疏證》卷十三)

【虩】胡計切。子孫相繫也。《説文》曰：與系同。
◎虩，胡計切。子孫相繫。《説文》：与系同。

立部第一百三十三

凡四十九字

【立】力急切。《説文》曰：住也。《易》曰：立天之道曰陰與陽。
◎立，力急切。住不行也，建立也。
【竦】力季、力至二切。臨也，從也，蒞也。
◎竦，力季、力至二切。臨也，從也，蒞也。
【竨】丁罪切。磊竨，重聚也。
◎竨，丁罪切。磊竨，重聚也。
【端】都丸切。緒也，直也。
◎端，都丸切。緒也，正也。
○端，都丸反。(《類》124)
【竱】旨兖切。等齊也。
◎竱，旨兖切。等齊也。
【靖】疾郢切。謀也。
◎靖，疾郢切。謀也。
【竫】疾郢切。亭安也。
◎竫，同上。亭安也。
●圓沙本“同上”指以上字讀音同。
【竦】息隴切。敬也。
◎竦，息隴切。敬也。
○竦，顧野王云：高也。(《一切經音義》卷六十二)
○竦，顧野王云：上也，跳也。《國語》云：竦善抑惡也。(《續一切經音義》卷六)
【竢】事紀切。待也。亦作俟。竘，同上。
◎竢，事紀切。待也。亦作俟，同。竘，同上。
○竢，不竢，不來也。或俟字，亦云立竢也。(《類》123)
○竘，《玉篇》同俟，待也。(《龍龕手鏡》卷四)
【竘】丘垢、丘甫二切。健也。
◎竘，丘垢、丘甫二切。健也。
【竵】呼竈切。不正也。
◎竵，呼竈切。不正也。
【竷】力臥切。痿也。
◎竷，力臥切。痿也。
【竭】巨列切。敗也，盡力也。
◎竭，巨列切。竭力，盡力也。
○竭，切也。皆揭音也。(《類》124)
【竬】相臾切。待也。竬、竪，並同上。
◎竬，相臾切。待也。竬、竪，並同上。
【竣】且旬切。止也，退伏也。
◎竣，且旬切。止也，退伏也。
【䇎】且略切。踈也，驚也。
◎䇎，且略切。踈也，驚也。
【竤】摩筆、扶福二切。見鬼皃。
◎竤，摩筆、扶福二切。見鬼皃。
【竲】子登、仕耕二切。巢也。《説文》曰：北地高樓無屋者。
◎竲，子登、仕耕二切。巢也。《説文》：北地高樓無屋者。
【竨】普支切。行不正也。《説文》傍下切，短人立竨竨皃。
◎竨，普支切。行不止也。《説文》傍下切，短人立皃。
●圓沙本“行不止也”疑當作“行不正也”。
【竛】力丁切。竛竮，行不正。
◎竛，力丁切。竛竮，行不正。
【竚】除吕切。企也，久也。今作佇。
◎竚，除吕切。企也，久也。今作佇。
【竦】力涉切。竦竷，行不正。
◎竦，力涉切。竦竷，行不正。
【竨】於臥切。竷也。
◎竨，於臥切。竷也。
【竨】居委切。掎也，載也，枕也。
◎竨，居委切。載也，掎也。
【竪】古薤切。極也。
◎竪，古薤切。極也。
【竨】胡雞切。待也。亦作徯。
◎竨，胡啓切。待也。亦作徯。
【竩】魚奇切。古儀字。
◎竩，魚奇切。古儀字。
【竴】七旬切。喜皃。
◎竴，七旬切。喜皃。
【竨】叉六切。等也。

◎竨，叉六切。等也。
【竨】徒涷切。鍾聲。
◎竨，徒涷切。鍾声。
【竑】胡萌切。廣也，量度也。又古弘切。
◎竑，胡萌切。廣也，量度。又古弘切。
【竜】力鐘切。
◎竜，力鐘切。起也。
【竒】居綺切。立正也。
◎竒，居綺切。立正也。
【竏】直庚、直句二切。
◎竏，直庚、直句二切。俟也。
【竬】丘主切。立也。
◎竬，丘主切。立也。
【竡】他點切。
◎竡，他點切。恭也。
【竡】胡改、胡代二切。
◎竡，胡改、胡代二切。起也。
【竌】昌御切。
◎竌，昌御切。正也。
【竎】方又切。
◎竎，方又切。登也。
【竝】匹馬切。短皃。
◎竝，匹馬切。短皃。
【竧】七雀切。恐懼。
◎竧，七雀切。恐懼。
【竞】魚遠切。
◎竞，魚遠切。倚也。
【竤】匹没切。按物聲。亦作誖。
◎竤，匹没切。按物声。亦作誖。
【竤】房越切。竚也。
◎竤，房越切。竚也。
【竤】房六切。邪也。
◎竤，房六切。邪也。
【竮】扶丁切。竛竮。
◎竮，扶丁切。竛竮。

竝部第一百三十四

凡四字

【竝】毗茗切。竝坐也。又縣名。並，同上。
◎竝，毗茗切。竝坐也。又縣名。並，同上。
○竝，浦若［茗］反。《禮記》：竝坐，不橫肱。野王案：《說文》：竝，併也。《漢書》柈［牂］椅［柯］郡有周竝縣。音浦俱反。（《新撰字鏡》一一26）
○並，浦鯁反。《毛詩》云：並驅從兩豜兮。《箋》云：並，併也。《楚辭》：古國［固］有不並。王逸曰：並，俱也。野王案，《禮記》不敢並行，（不）敢並命是也。《字書》今竝字也云云。（《新撰字鏡》一一26）
【普】他計切。廢也。今作替。普，同上。亦作暜。
◎普，他計切。廢也。今作替。普，同上。亦作暜。
○㚤，他計反。《說文》：普，廢也。俗爲替字。替，減［滅］也，去也，止待也。在《夫部》。（《新撰字鏡》一一26）

此部第一百三十五

凡四字

【此】七爾切。止也。
◎此，七爾切。止也。
【啙】子亦、子爾二切。《史記》云：啙窳偷生。謂苟且也。
◎啙，子亦、子爾二切。《史記》：啙窳偷生。謂苟且也。
【些】息計切。此也，辭也。又息箇切。
◎些，息計切。此也，辭也。又息箇切。
【柴】子累切。柴，口也，鳥喙也。《說文》云：識也。一曰藏也。
◎柴，子累切。柴，口也，鳥喙也。《說文》：識也。一曰藏也。

正部第一百三十六

凡六字

【正】之盛切。長也，定也，是也。又音征。𤴓、𤴔，同上，並古文。
◎正，之盛切。不邪也，是也。又音征。𤴓，古文。𤴔，古文。

〇正，不邪也，是也。之盛反。(《三部經音義集》一)

〇正月，野王案：即一月。(《類》132)

【乏】扶法切。文反正爲乏。又無資曰乏。今作乏。

◎乏，扶法切。無資也。今作乏。

【䞓】助革切。正也，齊也，好也。或作賾。

◎䞓，助革切。深也，隱也。亦作賾。

【整】之郢切。整齊也。

◎整，之郢切。整頓，整齊也。

是部第一百三十七

凡四字

【是】時紙切。是非也。《説文》曰：直也。昰，古文。

◎是，時紙切。是非也。《説文》：直也。昰，古文。

【韙】于匪切。是也。

◎韙，于匪切。是也。

【尟】思踐切。《説文》曰：是少也。尟，俱存也。

◎尟，思踐切。《説文》：是少也。俱存也。

新加偏旁正俗不同例

丠，丘同。

儿，人同。

百、𦣻，𥄉首，同。

𠂇、𠂈，𥄉左，同。

辵，辶同。

肉，月同。

鬥，鬬同。

類隔更音和切

㪗，敕旦切。今他旦切。

啄，丁角切。今中角切。

膘，扶小、孚小二切。今頻小、疋小二切。

大廣益會玉篇
卷第十一

凡十九部

宀部第一百三十八

凡一百三十二字

【宀】彌仙切。交覆深屋也。
◎宀，彌仙切。交覆深屋也。
【家】古牙切。居也。家人所居通曰家。冢，古文。
◎家，古牙切。居也。家室也。冢，古文。
【宅】除格切。人之居室曰宅。矺，古文。
◎宅，除格切。人之居舍曰宅。矺，古文。
【宣】思元切。《説文》曰：天子宣室也。亶，古文。
◎宣，思元切。布也，通也。《説文》：天子宣室。亶，古文。
【室】舒逸切。《説文》曰：實也。《吕氏春秋》：高元作室。
◎室，舒逸切。屋室也。《説文》：實也。
【向】許亮切。《詩》曰：塞向墐户。向，窻也。又舒尚切，地名。
◎向，許亮切。窻也。舒尚切，地名。
○向，《玉篇》云：曩向之向爲鄉字。鄭玄云：鄉，曩也。今作向，又作嚮字。（《法華釋文》中）
【宏】胡萌切。大也。
◎宏，胡萌切。大也。
【宧】亦之切。《爾雅》曰：東北隅謂之宧。
◎宧，亦之切。《爾雅》：室東北隅。
【㝔】於弔、於鳥二切。《爾雅》曰：東南隅謂之㝔。㝔，亦隱闇。本亦作窔。又户樞聲。窔，同上。宎，同上，俗。
◎㝔，於弔、於鳥二切。《尔雅》：室東南隅。窔，同上。宎，俗。
【奥】於報切。《爾雅》曰：西南隅謂之奥。謂室中隱奥之處。《論語》曰：寧媚於奥。
◎奥，於報切。《爾雅》：室西南隅。
【宸】時真切。賈逵曰：室之奥者。《説文》云：屋宇也。
◎宸，時真切。賈逵曰：室之奥者。《説文》：屋宇。
【寷】孚雄切。大屋也。
◎寷，孚雄切。大屋。
【宇】于甫切。方也。四方上下也。又屋宇。寓，籀文。
◎宇，于甫切。四方上下。又屋宇。寓，籀文。
○宇，天下間也。（《秘寶鈔》中三 9）
【寏】户官切。周垣也。或作院。
◎寏，户官切。周垣。或作院。
【宖】户萌切。安也。《説文》曰：屋響也。
◎宖，户萌切。安也。《説文》：室響。
【寪】胡彼切。屋皃。
◎寪，胡彼切。屋皃。
【宬】是征切。屋所容受也。
◎宬，是征切。屋所容受。
【㝩】苦郎切。虚也，空也。
◎㝩，苦郎切。空也，虚也。
【寍】奴庭切。安也。今作寧。
◎寍，奴廷切。安也。今作寧。
○寧，《玉篇》曰：寧，願辭。（《一切經音義》卷二十一）
○寧，《玉篇》曰：寧，安也。（《一切經音義》卷二十二）
【定】徒聽切。安也，住也，息也。
◎定，徒聽切。安也，息也。
【寔】時弋切。止也。

◎寔，時弋切。止也。
【安】於寒切。安定也。
◎安，於寒切。定也，不危也。
○安，猶寧也。（《法華釋文》上）
【宓】明筆切。止也，静也，默也。今作密。
◎宓，明筆切。止也，静也。今作密。
【㝨】於細切。《蒼頡篇》云：安也。
◎㝨，於細切。蒼頡而安也。
●圓沙本“蒼頡而安也”當作“《蒼頡篇》：安也”。
【宴】於見切。安也。
◎宴，於見切。安也。宴，閑也。
【宋】前的切。無聲也。又作詠。寂、㝧，並同上。
◎宋，前的切。無声也。又作詠。寂，同上。㝧，同上。
○寂寞，猶寂静也。（《法華釋文》下）
○寂漠，《玉篇》曰：無人聲曰寂。郭璞注《爾雅》曰：漠謂静定也。（《一切經音義》卷二十二）
【察】楚黠切。覆也。或作詧。
◎察，楚黠切。覆也。或作詧。
【寴】且仁切。至也。又且僅切。亲，同上。
◎寴，且仁切。至也。又且僅切。亲，同上。
○亲，《玉篇》又音親。（《龍龕手鏡》卷一）
【寡】亡田切。冥寡不見。一曰不省人也。
◎寡，亡田切。冥寡不見。一曰不省人。
【完】户端切。保守也，全也。
◎完，户端切。全也，保守也。
【寶】補道切。珍也。寚，古文。
◎寶，補道切。貨，珍也。玉也。寚，古文。
【富】甫霤切。豐於財。
◎富，甫霤切。豐於財。
【宲】補道切。藏也。或作賲。
◎宲，補道切。藏也。或作賲。
【實】時質切。不空也。𡨦，古文。
◎實，時質切。不虚也。𡨦，古文。
○實，草木子曰實也。（《法華釋文》中）
【容】俞鍾切。容儀也。宂，古文。
◎容，俞鍾切。容儀也。宂，古文。
【宭】九文、仇文二切。群居也。
◎宭，九文、仇文二切。群居也。
【宰】子殆切。治也，制也。𡩟，古文。
◎宰，子殆切。治也。宰，判也。𡩟，古文。
【㝠】莫見切。冥合也。
◎㝠，莫見切。冥合也。
【宂】如勇切。宂，散也。
◎宂，如勇切。宂，散也。
【宦】胡串切。仕也。《漢書》：天有宦者星，故閹官名宦人。
◎宦，胡患切。仕也。又閹人稱。
【宜】魚奇切。當也，所安也。今作冝。宐，同上。㝖、宩，並古文。
◎宜，魚奇切。當也，安也。今作冝。宐，同上。㝖，古文。宩，古文宜。
【宥】禹究切。寬也。
◎宥，禹究切。寬也，恕也。
【寵】丑冢切。《説文》曰：尊居也。
◎寵，丑冢切。《説文》：尊安。
○寵，《玉篇》：恩澤也。（《一切經音義》卷六十一）
【守】舒售、舒酉二切。收也，視也，護也。
◎守，舒售、舒酉二切。護也。
【寫】思也切。盡也，除也，置物也。
◎寫，思也切。除也，置物也，書也。
○寫，仿效圖書也。（《法華釋文》下）
【寬】苦完切。緩也。
◎寬，苦完切。緩也，大也。
【宿】思六切。夜止也，住也，舍也。又思宙切，星宿也，宿留也。㝛，古文。
◎宿，思六切。夜止也。思宙切，星也。㝛，古文。
○宿，夜止也，住也，舍也。思六反。又思宙反。星宿。（《三部經音義集》三）
【㝻】且審切。卧也。或作寑。𡩠，籀文。
◎㝻，且審切。亦作寑。𡩠，籀文。
【宵】思揺切。夜也。
◎宵，思揺切。夜也。
【寤】五故切。寣也。
◎寤，五故切。寣也。

【寡】古瓦切。少也。
◎寡，古瓦切。少也。
【宛】於阮切。屈草自覆也。《爾雅》曰：宛中，宛丘。注云：中央隆高。又於原切，縣名。惌，《説文》同上。又《周禮》注云：惌，小孔貌。
◎宛，於阮切。屈草自覆。《爾雅》：宛中，宛丘。注：中央隆高。又於原切，縣名。惌，《説文》同上。又《周禮》注：小孔皃。
○宛，《玉篇》音鴛。(《釋名疏證補》卷二)
○惌，《玉篇》引《周禮》注云：惌，小孔貌。(《方言箋疏》卷五)
【家】丑院切。
◎家，丑院切。与篆同。
【寯】子峻切。才寯也。
◎寯，子峻切。才寯也。
【甯】奴定切。姓也。甯，《説文》甯。
◎甯，奴定切。姓也。甯，《説文》甯。
【寇】苦候切。賤寇也。亦姓。
◎寇，古候切。賤寇。亦姓。
【宔】古娃切。宔樓也。
◎宔，古娃切。宔樓也。
●圓沙本“古娃切”疑當作“吉娃切”。
【寏】火訝切。寏，隙也。
◎寏，火訝切。寏，隙也。
【㝑】步忙切。古文旁。
◎㝑，步忙切。古文旁。
【㝕】卑民切。古文賓。
◎㝕，卑民切。古文賓。
【㝒】寄魚切。㝒，舍也。
◎㝒，寄魚切。㝒，舍也。
【㝛】力針切。㝛，深也。
◎㝛，力針切。深也。
【宲】食質切。古實字。
◎宲，食質切。古文實。
【㝠】莫儦切。古文苗。
◎㝠，莫儦切。古文苗。
【㝅】魚基切。
◎㝅，魚基切。察也。
【寏】户官切。周地名。
◎寏，户官切。周邦地名。
【㝅】渠留切。索也。與求同。
◎㝅，渠留切。索也。与求同。
【索】式白切。《説文》曰：入家接也。与索同。
◎索，式白切。入家接也。亦作索。
【寮】力彫切。官寮也。與僚同。
◎寮，力彫切。官寮。与僚同。
【窊】烏價切。懸皃。又於加切。
◎窊，烏價切。懸皃。又於加切。
【㝹】恥價切。窊㝹，嬌態皃。又宅加切。
◎㝹，恥價切。窊㝹，嬌態皃。又宅加切。
【㝿】力雕切。空也，寂也，廓也。
◎㝿，力雕切。寂也，廓也。
【㬝】徂曾切。
◎㬝，徂曾切。室也。
【㝡】力豆切。㝡，地也。
◎㝡，力豆切。㝡，地也。
【寭】穴桂切。
◎寭，穴桂切。察也。
【㝓】口合切。合㝓也。
◎㝓，口合切。合㝓也。
【寘】支義切。置也。
◎寘，支義切。置也。
【宷】尸枕切。古文審。
◎宷，户枕切。察也。古文審。
○審，詩甚反。《尚書》：乃審厥象。野王案：審猶詳諦也。《國語》：不審固。賈逵曰：審，信也。(《令集解》二34)
【穽】積省切。舍穽也。
◎穽，積省切。舍井也。
【客】口格切。賔也。
◎客，口格切。賔也，客旅。
○客，野王案：羈旅，寄他國亦謂之客。(《倭名抄》一96)
【寄】居義切。託也。
◎寄，居義切。託也。
【寓】愚句切。寄也。亦作庽。
◎寓，愚向切。寄也。亦作㾢。
○寓，《玉篇》云：寄也。(《續一切經音義》

卷十）
●圓沙本“愚向切”當作“愚句切”，“瘺”當作“瘺”。
【寠】瞿庾切。貧陋也，空也。
◎寠，瞿庾切。貧陋也，空也。
【宊】居舊切。疾宊也。《説文》曰：貧病也。
◎宊，居舊切。疾宊。《説文》：貧病也。
【寒】何丹切。冬時也。
◎寒，何丹切。冬時霜氣也。
【宕】達浪切。過也。一曰洞屋也。
◎宕，達浪切。過也，洞屋也。
【害】何賴切。傷也。俗作宔。
◎害，何賴切。殘也，利害。俗作宔。
○害，傷也。何類［賴］反。（《三部經音義集》二）
【竆】居陸切。窮也。或作竆。
◎竆，居陸切。窮也。或作竆。
【宄】古洧切。《説文》曰：姦也。外爲盜，内爲宄。殳、窓，並古文。
◎宄，古洧切。姦宄。外曰盜，内曰宄。殳，古文。窓，古文。
【䆮】丁念、丁甲二切。下也。或爲墊。
◎䆮，丁念、丁甲二切。下也。亦作墊。
【宗】子彤切。《説文》曰：尊祖廟也。
◎宗，子彤切。祖宗。又宗師。
【㝡】千外切。塞也。
◎㝡，千外切。塞也。
【宔】之庾切。宗廟宔祏也。今爲主。又砫字。
◎宔，之庾切。廟宔祐也。今爲主。又砫字。
●圓沙本“宔祐”當作“宔祏”。
【宙】除霤切。居也，往古來今曰宙。或爲伷。
◎宙，除霤切。往古來今。一作伷。
【宋】蘇洞切。《説文》曰：居也。亦國名。
◎宋，蘇洞切。居也。亦國名。
【官】古丸切。官宦。
◎官，古丸切。官宦也。又官，治也。
○官，職位也。（《法華釋文》下）
【寰】胡絹、胡關二切。王者封畿内縣也。
◎寰，胡絹、胡關二切。畿内縣。
○寰中，天子千里内封城也。（《三教指歸注》三 35）
【宺】呼晃切。宺，㝗也。《蒼頡篇》：宺，廣也。
◎宺，呼晃切。宺，㝗也，廣也。
【㝗】力蕩切。空虚也。又魯堂切，屋康㝗也。
◎㝗，力蕩切。空也。又音廊，屋也。
【寯】其驕切。寄也，客也。與僑同。
◎寯，其嬌切。寄也。与僑同。
【宊】羈薤切。《方言》：宊，待也。畜無偶曰宊。郭璞云：逢澤有宊麋也。
◎宊，羈薤切。畜無偶。
○宊，《玉篇》引《方言》訛作宊待也。（《方言疏證》卷六）
●底本“待也”疑當作“特也”。
【寚】古候切。夜也。《詩》曰：中寚之言。中夜之言也。本亦作冓。
◎寚，古候切。夜也。亦作冓。
○寚，顧野王《玉篇》：寚，夜也。《詩》曰：中寚之言。中夜之言也。本亦作冓。（《詩説考略》卷六）
【宀】無鞅切。古文罔。
◎宀，無鞅切。古文罔。
【穷】皮彬切。古文貧。
◎穷，皮彬切。古文貧。
【垔】於田切。古文煙。
◎垔，於田切。古文煙。
【宨】居毁、居僞二切。毁也。或作垝。
◎宨，居毁、居僞二切。毁也。一作垝。
【㝌】居宥切。古文究。
◎㝌，居宥切。古文究。
【寀】七改切。寮寀。
◎寀，七改切。寮寀。
【迲】禹俱切。寙迲也。
◎迲，禹俱切。寙迲也。
【寁】子感切。速也。《詩》云：不寁故也。
◎寁，子感切。速也。

宫部第一百三十九

凡二字

【宫】居雄切。室也，中也，人所居也。

◎宫，居雄切。室也，人所居也。

○宫，顧野王案：宫者，人君所居之所也。又尊極也。館名之曰宫，所以廣敬也。又陸冢上曰玄宫。(《三部經音義集》一)

【營】弋瓊切。度也，市居也。

◎營，弋瓊切。度也，市居也。

宁部第一百四十

凡二字

【宁】治旅、治居二切。《爾雅》云：門屏之間謂之宁。

◎宁，治旅、治居二切。《尔雅》：門屏間也。

【䵹】竹與切。《説文》曰：幡也。所以盛米。㡪，同上。

◎䵹，竹与切。《説文》：幡也。所以盛米。㡪，同上。

門部第一百四十一

凡一百三十字

【門】莫昆切。人所出入也。在堂房曰户，在區域曰門。《説文》曰：聞也。从二户，象形。𨳇，古文。

◎門，莫昆切。人所出入也。在堂房曰户，在區域曰門。《説文》：開也。從二户，象形。𨳇，古文。

○門，野王案：在城郭曰門。（《倭名抄》三 41）

○門，顧野王云：在堂房曰户，城郭曰門。(《續一切經音義》卷八)

●圓沙本“開也”當作“聞也”。

【閘】乙甲切。《説文》曰：開閉門也。

◎閘，乙甲切。開閉也。

【閶】尺羊切。閶闔，天門也。《説文》云：楚人名門曰閶闔。

◎閶，尺羊切。閶闔，天門也。

【闔】户臘切。《説文》云：門扇也。一曰閉也。

◎闔，户臘切。門扇也。一曰閉。

【闈】户歸切。宫中之門也。

◎闈，雨歸切。宫中門。

【閻】余占切。《語林》云：大夫向閻而立。《説文》曰：閻謂之樀。樀，廟門也。

◎閻，余占切。廟門也。

【閤】公荅切。小閨謂之閤，門旁户也。

◎閤，公荅切。小閨謂之閤。

【閨】古攜切。宫中門小者曰閨，特立之門也，上圜下方。

◎閨，古攜切。宫中門小者。

【閣】公鄂切。樓也。楊雄校書於天禄閣。《説文》曰：所以止扉也。

◎閣，公鄂切。樓也。

○閣，顧野王案：閣，重門複道也。(《倭名抄》三 4)

○閣，顧野王云：重屋複道也。(《一切經音義》卷三十)

○閣，顧野王云：重屋也。(《一切經音義》卷三十八)

【閈】胡旦切。垣也，居也。《説文》曰：閭也。汝南平輿里門曰閈。《左氏傳》曰：高其閈閎。

◎閈，胡旦切。垣也，閭也。《左傳》：高其閈閎。

【閎】胡觥切。巷頭門也。

◎閎，胡觥切。巷頭門也。

【闒】徒臘切。樓上户也。又敕臘切，定意也，下意也。

◎闒，徒臘切。樓上户也。敕臘切，定意也，下意也。

【閼】於達切。《説文》曰：遮擁也。又於虔切。《漢書》云：閼氏，單于妻。

◎閼，於達切。遮擁也。又於虔切。閼氏，單于妻。

【閭】旅居切。里門也。《周禮》曰：五家爲比，五比爲閭。閭，侣也。二十五家相群侣也。又船首之閭，今江東呼船頭爲飛閭也。
◎閭，旅居切。里門。《礼》：五比爲閭。侶也。船首之閭。
【闠】胡對切。市外門也。
◎闠，胡對切。市外門。
【閻】余占切。巷也。《説文》曰：里中門也。
◎閻，余占切。若也。《説文》：中門也。
●圓沙本“若也”當作“巷也”，“中門”前脱“里”字。
【闉】於神切。城曲重門也。《詩》曰：出其闉闍。
◎闉，於神切。城曲重門。《詩》曰：出其闉闍。
【闍】市遮、當胡二切。城門臺也。
◎闍，市遮、當胡二切。城門臺。
【闕】袪月切。象魏闕也。又失也，少也。又仇月切。《左氏傳》曰：若闕地及泉。
◎闕，袪月切。少也。又仇月切。
【閞】皮變切。門欂櫨。
◎閞，皮變切。門欂櫨也。
【閍】胡計、胡介二切。門扇也。
◎閍，胡計、胡介二切。門扇也。
【闑】魚列切。門欒也，亦門梱也。
◎闑，魚列切。門闑，亦門梱。
【閾】雨逼、況域二切。門限也。閪，古文。
◎閾，雨逼、況域二切。門限也。閪，古文。
【闢】步役切。開也。闁，古文。
◎闢，步役切。開也。闁，古文。
【開】口垓切。張也。《説文》作開。閞，古文。
◎開，口垓切。開闢也。《説文》作開。闢，古文。
○開，闢也。口該反。(《三部經音義集》二)
【闓】苦亥切。開也。又音開。
◎闓，苦亥切。開也。又音開。
【閜】呼雅切。大也。《説文》曰：大開也。大杯亦爲閜。
◎閜，呼雅切。《説文》：大開。大杯。
【閟】鄙冀切。慎也，閉也。
◎閟，鄙冀切。慎也，閉也。
【閄】除刃切。登也。
◎閄，除刃切。登也。
【閜】於可切。《説文》曰：門傾也。《上林賦》云：坑衡閜砢。
◎閜，於可切。門傾也。
○閜，《玉篇》：烏可反。倻也，門傾也。(《龍龕手鏡》卷一)
【閒】居閑切。隙也。又居莧切，迭也。又音閑。閒，古文。
◎閒，居閑切。隙也。又音諫，厠也。閒，古文。
○間，《玉篇》曰：間，隔也。(《一切經音義》卷二十二)
○間，《玉篇》云：隔也，代也，亂也。(《一切經音義》卷二十六)
○間，《玉篇》：間，厠。(《續一切經音義》卷八)
【闛】徒郎切。《説文》曰：闛闛，盛皃。又他郎切。《上林賦》云：闛鞈。鼓聲也。
◎闛，徒郎切。盛皃。他郎切，鼓声。
【闟】之羡、止兖二切。開閉户利也。
◎闟，之羡、止兖二切。開閉户利。
【闒】於鎋切。門聲也。
◎闒，於鎋切。門声。
【闃】苦壁、古覓二切。靜無人也。
◎闃，苦壁、古覓二切。静無人也。
【闌】力安切。遮也，牢也。又酒闌。
◎闌，力安切。遮也，散也。
○闌，顧野王曰：闌，殿上拘闌也。(《一切經音義》卷二十四)
○闌，顧野王云：闌楯謂殿上鈎欄也。(《一切經音義》卷三十)
【閑】駭山切。闌也，遮也，暇也。
◎閑，駭山切。遮也，防也，暇也。
【閡】五載切。止也。與礙同。
◎閡，五載切。止也。与礙同。
○閡，顧野王云：閡，此也，距也。(《一切經音義》卷四十五)
●佚文“此也”疑當作“止也”。
【閉】必計切。闔門也，塞也。閇，同上，俗。
◎閉，必計切。闔也，塞也。閇，俗。

【闗】古鐶切。以木横持門户也，扃也。関，同上，俗。
◎闗，古鐶切。以木横持門户也，扃也。関，同上。
○闗，野王案：~~記。~~《説文》以木横持門户謂户，謂所以闔閉扉扇，今所謂門檐也。(《令集解》二四167)
○闗，顧野王《玉篇》：闗闗，和鳴也。或爲喧。(《詩毛氏傳疏》卷一)
○闗，《玉篇》云：今所謂門擔者也。(《一切經音義》卷十三)
●佚文“記”爲衍文。
【闇】於紺切。閉門也，幽也。與暗同。
◎闇，於紺切。閉門也，幽也。与暗同。
【闙】口體切。與啓同。
◎闙，口體切。与啓同。
【䦾】余酌切。固闗令不可開。或作籥。
◎䦾，余酌切。固闗令不可開。一作籥。
○䦾，門鍵也。(《法華釋文》下)
○䦾，顧野王云：所以封固闗，令不可開也。(《一切經音義》卷三十二)
【閹】於檢切。宦人也，閉門者也。
◎閹，於檢切。宜人也。
●圓沙本“宜人”當作“宦人”。
【闐】徒堅切。《詩》云：振旅闐闐。闐闐，盛皃。或作寘。
◎闐，徒堅切。盛皃。亦作闐。
●圓沙本“亦作闐”當作“亦作寘”。
【䦨】力安切。妄也。無符傳出入爲䦨。今作闌。
◎䦨，力安切。無符傳出入。今作闌。
【闚】丘規切。相視也。與窺同。
◎闚，丘規切。相視也。与窺同。
【閃】式斂切。闚頭門中也。或作睒。
◎閃，式斂切。闚頭門中。或作睒。
【閽】呼昆切。《周禮》注云：閽人，司晨昏以啓閉者也。刑人墨者，使守門囿御苑也。
◎閽，呼昆切。司門者曰閽人。
【闋】苦穴切。止也，訖也，息也，終也。
◎闋，苦穴切。止也，終也。
【閲】余説切。簡軍實也。《史記》云：人臣功有五，明其等曰伐，積伐曰閲。
◎閲，余説切。簡軍實也。
【闞】口濫切。視也，望也，臨也。又呼減切。《詩》云：闞如虓虎。
◎闞，口濫切。臨也。呼減切，声也。
【闊】口活切。遠也，疏也。
◎闊，口活切。疏也，大也。
【𨳿】胡結切。𨳿𨳸，鄭城門。《左傳》作桔柣。
◎𨳿，胡結切。𨳿𨳸，鄭城門。
【𨳸】徒結切。𨳿𨳸。
◎𨳸，徒結切。𨳿𨳸也。
【閔】眉隕切。病也，傷痛爲閔。
◎閔，眉隕切。病也，傷痛也。又姓。
【闖】敕蔭切。馬出門皃。《公羊傳》曰：開之則闖然。何休云：闖，出頭皃。或作覘。
◎闖，敕蔭切。馬出門皃。何休云：出頭皃。或作覘。
【閌】恪浪切。閌閬，高門皃。《詩》云：高門有閌。本亦作伉。
◎閌，恪浪切。高門。亦作伉。
【閫】苦本切。門限也。
◎閫，苦本切。門限也。
○閫，顧野王云：門限也。(《續一切經音義》卷七)
【闥】他曷切。門内也。飛闥，突出方木也。
◎闥，他曷切。門内也。飛闥，突出方木。
【閍】補行切。宫中門也。亦巷門也。
◎閍，補行切。宫中門。亦巷門。
【闅】亡云切。《説文》曰：低目視也。弘農胡縣有闅鄉。汝南西平有闅亭。閺，同上，俗。
◎闅，亡云切。低目視。又地名。閺，俗。
【𨷯】其偃切。古文鍵。門木也。
◎𨷯，其偃切。門木也。古文鍵。
【閮】徒丁切。門閮也。
◎閮，徒丁切。門閮也。
【閐】于救切。古祐字。
◎閐，于救切。古文祐。
【闣】徒浪切。門不開。
◎闣，徒浪切。門不開。

【閶】七羊切。門聲也。
◎閶，七羊切。門声。
【闤】胡關切。市垣也。
◎闤，胡關切。市垣也。
【閳】孚微切。門火氣。
◎閳，孚微切。門火氣也。
【闟】先合切。閉也。
◎闟，先合切。閉也。
【閲】所進切。
◎閲，所進切。守門也。
【闧】在蒨切。門次也。
◎闧，在蒨切。門次也。
【閙】而睡切。内入也。
◎閙，而睡切。内入也。
【闒】呼瓜切。開門也。
◎闒，呼瓜切。開門。
【闍】地胡切。地名。
◎闍，他胡切。地名。
【閫】余腫切。門人也。
◎閫，余腫切。門木也。
●《五音集韻》作“門入”。底本“門人”未詳。
【閧】博古切。閧，門也。
◎閧，博古切。閧，門也。
【闍】式旨切。闍，門也。
◎闍，式旨切。闍，門也。
【闆】苦乖切。門不正也。
◎闆，苦乖切。門不正。
【闧】夕醉切。門偏也。
◎闧，夕醉切。門偏。
【闐】叱終切。闐，闕也。
◎闐，叱終切。闕也。
【閪】圭熒切。不開也。
◎閪，圭熒切。不開。
【閭】徒昆切。闐，門也。
◎閭，徒昆切。闐，門也。
【閽】羊朱切。窺也。
◎閽，羊朱切。窺也。
【閶】烏古切。閶，門也。
◎閶，烏古切。閶，門也。

【闖】語居切。闖，門名。
◎闖，語居切。門名。
【閶】故敢切。閶，門也。
◎閶，故敢切。閶，門也。
【闉】許勿切。小門也。
◎闉，許勿切。小門。
【闆】匹限切。門中視也。
◎闆，匹限切。門中視。
【閪】余支切。門臼也。
◎閪，余支切。門臼也。
【閰】丑占切。獲也。
◎閰，丑占切。獲也。
●底本字頭原作“閚”，據音義改。
【閚】側銜切。立待也。
◎閚，側銜切。立待也。
●底本字頭原作“閰”，據音義改。圓沙本字頭亦誤。
【閜】火加切。門閉也。
◎閜，火加切。門閉。
【闇】所景切。水府也。
◎闇，所景切。水府。
【閰】女九切。門闕閰也。又女狎切。
◎閰，女九切。門闕。又女狎切。
【闁】先揔切。門臼也。
◎闁，先揔切。門臼。
【闇】胡官切。
◎闇，胡官切。闇也。
【閶】袪王切。門閶也。
◎閶，袪王切。門閶。
【闃】於迎切。門中也。
◎闃，於迎切。門中。
【閥】扶月切。在左曰閥，在右曰閱。
◎閥，扶月切。左曰閥，右曰閱。
【闄】於鮪切。門高也。
◎闄，於鮪切。門高。
【闛】敕尹切。中門也。
◎闛，敕尹切。中門。
【闟】呼急切。戟名。
◎闟，呼急切。戟名。
【闇】他但切。闌也。門傍橛，所以止扉也。

◎閶，他但切。闌也。門傍橛，所以止扉。
【閦】初六切。衆也。出《字統》。《釋典》有阿閦。閟，同上。
◎閦，初六切。衆也。《釋典》有阿閦。閟，同上。
【閬】户簡切。俗爲門限字。
◎閬，户簡切。俗爲門限字。
【闐】直連切。市門。
◎闐，直連切。市門。
【閆】丑住切。直開也。
◎閆，丑住切。直開也。
【閦】胡慣切。古文患。
◎閦，胡慣切。古文患。
【闛】徒郎切。高門也。
◎闛，徒郎切。高門。
【閿】古了切。喪之降殺也。
◎閿，古子切。喪之降殺也。
【閛】他頂切。閛，上闗。
◎閛，他頂切。閛，上闗。
【闟】許尚切。門頭也。《説文》曰：門響也。
◎闟，許尚切。門頭也。《説文》：門響。
【闑】音孰。與塾同。
◎闑，音孰。与塾同。
【閖】呼麥切。門聲。
◎閖，呼麥切。門声。
【闡】昌善切。大也，開也，明也。
◎闡，昌善切。明也，開也。
○闡，《玉篇》亦開也，揚也。(《續一切經音義》卷三)
【閬】盧宕切。高門。又地名，在蜀。
◎閬，盧宕切。高門。又地名，在蜀。
【闖】于委切。闢也。
◎闖，于委切。闢也。
【闒】古穴切。闒闃，無門户也。
◎闒，古穴切。闒闃，無門户。
【闃】呼決切。闒闃。
◎闃，呼決切。闒闃。
【閛】普耕切。門扉聲。
◎閛，普耕切。門扇声。

户部第一百四十二

凡二十一字

【户】胡古切。所以出入也。一扉曰户，兩扉曰門。床，古文。
◎户，胡古切。所以出入也。一扉曰户，兩扉曰門。床，古文。
○户，野王案：一家謂一户也。(《令集解》九1)
○户，野王案：在屋堂曰户。(《倭名抄》三42)
○户，門也，出入之所由也。(《法華釋文》下)
【扇】尸戰切。扉也。又箑也，或竹或素，乍羽乍毛，用取風。
◎扇，尸戰切。扉也。又箑也，用以取風。
○扇，顧野王云：謂所以揺取風而去塵也。(《一切經音義》卷三十九)
【扉】甫違切。《爾雅》曰：闔謂之扉。《説文》云：户扇也。
◎扉，甫違切。户扇。
【房】扶方切。室在旁。
◎房，扶方切。室在房也。
●圓沙本“在房”當作“在旁”。
【扊】余染切。扊扅，户壯。扂，同上。又徒忝切，閉門也。
◎扊，余染切。扊扅，户壯也。扂，同上，又徒忝切，閉門。
●“户壯”當作“户牡”。
【扅】余之切。扊扅。扈，同上。
◎扅，余之切。扊扅，户壯也。扈，同上。
【扆】弋之切。扆，外也。
◎扆，弋之切。扆，外也。
○扆，《玉篇》：音移。户外也。又古文居字。(《龍龕手鏡》卷二)
【扊】丈陷切。屋上也。
◎扊，士萌切。屋上。
●宋十行本作“七萌切”。
【扂】羌摅、公荅二切。閉户聲。
◎扂，羌摅、公荅二切。閉户声。
○扂，《玉篇》：羌摅、公荅二反。皆云：闔

也。(《禮記注疏》卷四十一)
○扂,《玉篇》:羌據、公荅二反。云:閇也。(《禮記》卷十二,《經典釋文》卷十三)
【戾】徒泰、他厲二切。《説文》曰:輜車旁推也。亦作軑。
◎戾,徒泰、他厲二切。《説文》:輜車旁推也。亦作軑。
【扃】古熒切。《説文》曰:外閉之關也。
◎扃,古熒切。外閉之關。
○扃,顧野王云:户扇上鐵釦也,所用於外,以關閉門户也。(《一切經音義》卷一)
【戹】倚革切。困也,災也。亦作厄。
◎戹,倚革切。災也。亦作厄。
【肁】治矯切。始也,謀也。
◎肁,治矯切。始也,謀也。
【扆】於蟻切。鄭玄注《儀禮》:扆如綈素。屏風畫斧文以示威。亦天子所居也。
◎扆,於蟻切。鄭玄注《禮儀》:扆如綈素。屏風畫斧文以示威。亦天子所居。
●圓沙本"《禮儀》"當作"《儀禮》"。
【扱】渠立切。户壯也。
◎扱,渠立切。户壯也。
●"户壯"當作"户牡"。
【戺】牀巳切。砌也。《爾雅》曰:落時謂之戺。亦作扂。
◎戺,牀巳切。砌也。亦作扂。
【扄】書掌切。户耳也。
◎扄,書掌切。户耳也。
【䢔】苦合切。
◎䢔,苦合切。閉䢔也。

補

○户,《玉篇》又莫飽反。又力酉反。(《龍龕手鏡》卷二)

尸部第一百四十三

凡五十三字

【尸】式脂切。主也。《説文》曰:陳也。象卧之形。
◎尸,式脂切。主也。《説文》:陳也。象卧之形。
【居】舉魚切。處也,安也。层,古文。
◎居,舉魚切。處也,安也。层,古文。
○(居),《尚書》:五宅三居。又曰:民弗適有居。孔安國曰:民不欲殷有邑居。是(也)。野王案:居猶處也。《禮記》:孔子曰,丘少居魯,長居宋。是也。《考工記》:凡居,秋大倚小則權。野王案:居亦蓄聚也。毛詩:上帝居欲。箋云:案居也。《左氏傳》:國有人焉,誰居?其孟椒乎?杜預曰:居猶與也。《禮記》:其有中士下士,數各居其上之三分。鄭玄曰:居猶當也。又曰:居,吾語汝。鄭玄曰:居。又曰:居士錦帶。鄭玄曰:有道義處士也。《毛詩》:羔裘豹祛,自我人居居。《傳》:居居,懷德不親比之皃也。《説文》以爲蹲踞之踞字。居處之居爲尻字,在几部。《禮記》:孔子曰,二伐鼓何居?鄭玄曰:居讀如姬姓之姬。齊魯之間助語也。何居,怪之也。层,古文居字。(《新撰字鏡》三18)
【屆】許介切。卧息也。
◎屆,許介切。卧息也。
【屓】許器切。贔屓,作力也。
◎屓,許器切。贔屓,作力也。
【展】知演切。轉也,由也,適也。㞡,《説文》展。
◎展,知演切。轉也,由也,適也。㞡,《説文》展。
【屑】先結切。絜也,碎也,勞也,敬也。屑,《説文》屑。
◎屑,先結切。絜也,勞也,碎也。屑,《説文》屑。
【屆】居薤切。至也,極也。
◎屆,居薤切。至也,極也。
【尻】苦高切。髖也。《説文》曰:脾也。
◎尻,苦高切。脾也,髖也。
【屍】徒昆切。與臀同。屍,同上。
◎屍,徒昆切。与臀同。屍,同上。
【眉】詰地、口奚二切。尻也。
◎眉,詰地、口奚二切。尻也。
【尼】奴啓、女飢二切。安也,止也,和也,息也。
◎尼，奴咨、女飢二切。安也，止也，和也。
【屜】楚立、所甲二切。從後相躡也。
◎屜，楚立、初甲二切。從後躡也。
【层】直立切。屜层也。
◎层，直立切。屜层也。
【㞓】儒兖切。弱也。或爲耎。
◎㞓，儒兖切。弱也。或作耎。
【屒】時仁切。重脣也。《説文》竹忍切，伏皃。一曰屋宇也。
◎屒，時仁切。重脣。竹忍切，伏皃。
【𡲾】丁挺、大練二切。重也，屒也。
◎𡲾，丁健、大練二切。重也。
●圓沙本“丁健”疑當作“丁挺”。
【屖】先啼切。屖，遅也。今作栖。亦作犀。
◎屖，先啼切。遅也。今作栖。亦作犀。
【屠】達胡切。殺也，刳也。
◎屠，達胡切。殺也，刳也。
○屠，《玉篇》曰：屠讙，分割枉害也。(《一切經音義》卷二十二)
【屍】弛祇切。在牀曰屍。
◎屍，弛祇切。在牀曰屍。
【屟】先篋切。《説文》曰：履中薦也。或作屧。
◎屟，先篋切。履中薦也。或作屧。
【屋】於鹿切。居也，舍也。𡰪，籀文。
◎屋，於鹿切。舍也。又王屋，山名。𡰪，籀文。
【層】自登、子登二切。重也，累也。
◎層，自登、子登二切。重也，累也。
【屏】蒲冥、必郢二切。屏，蔽也，放去也。又卑營切。《廣雅》云：屏營，怔忪也。《國語》云：屏營猶彷徨也。
◎屏，蒲冥切。障也。必郢切，屏蔽也。《爾雅》：屏營猶彷徨。又卑營切。
【𡰱】古巷切。差也。今爲降。
◎𡰱，古巷切。差也。今作降，下也。
【屃】去罽切。心息也。今爲憩。
◎屃，去罽切。心息也。今作憩。

【屎】施視切。糞也。与矢同。俗又作屎。
◎屎，施視切。糞。与矢同。俗作屎。
○屎，野王案：糞，屎也。(《倭名抄》二 48)
【㞙】許夷切。呻也。
◎㞙，許夷切。呻也。
【㞔】弋之切。踞也。
◎㞔，弋之切。踞也。
【㞕】此踞切。與覷同。
◎㞕，此踞切。与覷同。
【屌】此咨切。屌㞕，盜視。與䙾同。
◎屌，此咨切。屌㞕，盜視也。与䙾同。
【㞖】口卧、口外二切。臀骨也。亦作髁。
◎㞖，口卧、口外二切。臀骨也。亦作髁。
【𡰥】餘脂切。古文夷字。《説文》曰：古文仁字。
◎𡰥，余脂切。古文夷字。《説文》：古文仁字。
【屡】子雷切。赤子陰。亦作峻。
◎屡，子雷切。赤子陰也。亦作峻。
【𡳐】力諸切。
◎𡳐，力諸切。居也。
【孱】士連切。不肖也。
◎孱，士連切。不肖。
○孱，顧野王曰：不肖也。(《六書故》卷三十三)
【屇】徒連切。屇，穴也。
◎屇，徒連切。穴也。
【㞢】烏何切。上廁也。屙，同上。
◎㞢，烏何切。上廁。屙，同上。
【㞪】苦永切。㞪，穴也。
◎㞪，苦永切。㞪，穴。
【𡳞】初簡切，又初現切。出《釋典》。
◎𡳞，初簡切，又初見切。出《釋典》。
【𡲤】博美切。㞪𡲤也，臀也。
◎𡲤，博美切。臀也。
【屓】火夭切。屓，尻也。
◎屓，火夭切。尻也。
【屁】匹避切。泄氣也。
◎屁，匹避切。泄氣。

【启】都谷切。俗豚字。
◎启，都谷切。俗豚字。
【屌】余隻切。交屌也。
◎屌，余隻切。交易也。
【戾】兹力切。理也。
◎戾，兹力切。理也。
【屢】良遇切。數也，疾也。
◎屢，良遇切。數也。
【扉】扶沸切。草屬也。
◎扉，扶沸切。草屬。

尾部第一百四十四

凡七字

【尾】無匪切。鳥獸魚蟲皆有之，又末後稍也。又星名。尾，古文。
◎尾，無匪切。鳥獸蟲魚皆有。又末後稍。又星名。尾，古文。
〇尾，野王案云：尾，鳥獸尻長毛也。（《倭名抄》七 46）
【尿】乃弔切。人小便。今作尿。
◎尿，乃弔切。人小便。今作尿。
〇屎，顧野王云：屎即溺也。（《一切經音義》卷六十八）
【㞙】尾孕切。出《釋典》。
◎㞙，尾孕切。初孕也。
●㞙音尾孕切，只是表音字而已，這類字多見於梵文翻譯中，其義與字形無關。圓沙本“初孕也”疑望文生訓。
【𡳐】微曳切。出《釋典》。
◎𡳐，微曳切。尾長也。
●圓沙本“尾長也”疑望文生訓，説見前一條。
【屈】豆律切。短尾也。
◎屈，豆律切。短尾也。
●宋十行本作“巨律切”。
【屬】時欲、之欲二切。《説文》曰：連也。俗作属。
◎屬，時欲、之欲二切。連也，附也。俗作属。
〇屬，顧野王曰：屬猶接也。（《六臣注文選》卷二十）

尺部第一百四十五

凡二字

【尺】齒亦切。尺寸也。十寸爲尺。
◎尺，齒亦切。尺寸也。十寸爲尺。
【咫】之爾切。中婦人手長八寸也。
◎咫，之爾切。中婦人手長八寸也。

履部第一百四十六

凡十七字

【履】力几切。皮曰履。又踐也，禄也。《詩》云：福履將之。履，《説文》履。
◎履，力几切。皮也，履。又踐也，禄也。《詩》：福履將之。履，《説文》履。
●圓沙本“皮也，履”當作“皮曰履”。
【屨】居芋切。履屬。麻作謂之屨也。
◎屨，居芋切。麻履也。
【屦】令的切。履下也。
◎屦，令的切。履下也。
【屐】渠戟切。履屐也。
◎屐，渠戟切。履屐也。
〇屐，《玉篇》云：今之有齒草履屨也。（《一切經音義》卷六十三）
〇屐，顧野王云：《孔叢子》：高方屐以見平原君也。（《一切經音義》卷七十七）
【屩】居略切。草履也。《史記》云：躡屩。
◎屩，居略切。草履也。
【屦】他回切。履也。西南梁益謂履曰屦。屦，同上。
◎屦，他回切。履也。屦，同上。
〇屦，《玉篇》云：西南梁益謂履曰屦。（《方言疏證》卷四）
〇屦，《玉篇》：屦，他回切。履也。（《方言箋疏》卷四）
【屖】余去、徐吕二切。《説文》曰：履屬。
◎屖，余去、除吕二切。履屬。

【屣】所倚、所解二切。履也。亦作躧�。
◎屣，所倚、所解二切。履也。亦作躧鞻。
【屐】盱戈切。或靴字。屐，同上。
◎屐，盱戈切。或作靴，同。屐，同上。
【屨】渠虞切。履頭飾也。或爲絇。
◎屨，渠虞切。履頭飾。亦作絇。
【屩】居倚切。赤舄也。
◎屩，居倚切。赤舄。
【屜】他厲切。履中薦也。屧，同上。
◎屜，他厲切。履中薦也。屧，同上。
【屟】先叶切。履中薦也。
◎屟，先叶切。履中薦也。
○屟，野王案：屟，履中薦。（《倭名抄》四30）

老部第一百四十七

凡十四字

【老】力道切。壽也。《説文》云：七十曰老。从人、毛、化，言須髮變白也。
◎老，力道切。壽也，年高也。
【𦒱】徒到切。七年曰𦒱。今爲悼。
◎𦒱，徒到切。七年曰𦒱也。今作悼。
【壽】食咒、食酉二切。《説文》曰：久也。𦒻，古文。
◎壽，食咒、食酉二切。久也。𦒻，古文。
【耇】皆後切。《説文》曰：老人面凍梨若垢也。
◎耇，皆後切。老人面凍梨若垢。
【耈】視句切。老人行財相逮也。
◎耈，視句切。老人行財相逮也。
【考】口老切。壽考，延年也。亦瑕釁。《淮南子》云：夏后之璜，不能無考。《釋名》云：父死曰考。
◎考，口老切。壽考，延年也。《釋名》：父死曰考。
○考，《玉篇》云：考，壽考，延年也。（《方言疏證》卷十二）
【耆】渠伊切。長也，老也。《詩》曰：耆定爾功。
◎耆，渠伊切。長，老也。
【孝】呼教切。孝順也。《説文》曰：善事父母，從子承老省。
◎孝，呼教切。善事父母曰孝。
【耋】達結切。八十曰耋。亦作耊。
◎耋，達結切。人弔八十曰耋。亦作耊。
●圓沙本“人弔”疑當作“年”。
【耉】都忝切。老人面如墨點也。
◎耉，都忝切。老人面如墨點。
【耄】莫報切。邁也。九十曰耄。耄，同上，亦作耄。
【者】之也切。语助也。
◎者，之也切。语助也。

疒部第一百四十八

凡二百七十二字

【疒】女戹切。《説文》曰：倚也。人有疾病也。象倚著之形。又音牀。疒，籀文。
◎疒，女戹切。倚也。人疾病也。又音牀。疒，籀文。
【疾】才栗切。患也，速也。《説文》曰：病也。𤵸，古文。
◎疾，才栗切。速也，病也。𤵸，古文。
○疾，急速也。（《法華釋文》上）
【病】皮命切。疾甚也。《説文》曰：疾加也。
◎病，皮命切。疾加甚也。
【痒】餘兩切。痛痒也。《説文》曰：瘍也。癢，同上。
◎痒，余兩切。瘙痒，瘍也。癢，同上。
【疘】古紅切。下病也。
◎疘，古紅切。下病也。
【瘃】直余切。瘢也。又治庶切。
◎瘃，直余切。瘢也。又治庶切。
【瘵】丈加切。瘢瘵也。
◎瘵，丈加切。瘢瘵也。
【疳】余周切。病也。
◎疳，余周切。病也。
【痡】芳俱、普胡二切。病也。《詩》云：我僕痡矣。
◎痡，芳俱、普胡二切。病來也。《詩》：我僕痡矣。
【痛】聽棟切。病也，傷也。
◎痛，趌棟切。傷疼也。
【瘣】胡罪切。病也。《詩》云：譬彼瘣木。
◎瘣，胡罪切。病也。《詩》：譬彼瘣木。
【疴】於何切。病也。痾，同上。
◎疴，於何切。病也。痾，同上。
【瘽】渠謹切。病也。
◎瘽，渠謹切。病也。
【瘵】側界切。病也。
◎瘵，側界切。勞病也。
【瘨】都賢切。狂也。
◎瘨，都賢切。狂也。
【瘼】謨洛切。病也。
◎瘼，謨洛切。病也。
【疵】疾資切。病也。亦瑕疵。
◎疵，疾資切。病也。亦瑕疵。
【瘖】於深切。不能言。
◎瘖，於深切。瘂，不能言。
【瘏】唐胡切。病也。《詩》云：我馬瘏矣。
◎瘏，唐胡切。困病。《詩》：我馬瘏矣。
【癭】於郢切。頸腫也。
◎癭，於郢切。頸腫也。
【瘻】力鬭切。瘡也。
◎瘻，力鬭切。瘡疾也。
○瘻，《玉篇》：癰瘻也。顧野王云：中多蟲也。（《續一切經音義》卷六）
【疣】羽求切。結病也，今疣贅之腫也。
◎疣，羽求切。疣腫，結病也。
○疣，顧野王云：風結病也。（《一切經音義》卷十六）
【疚】尤咒切。頭搖也。與頄同。
◎疚，尤咒切。頭搖也。與頄同。
【㾕】匹備切。氣滿也。《說文》作癟，音備。癟，《說文》㾕。
◎㾕，匹備切。氣滿也。癟，《說文》同上，又音備。
○㾕，《玉篇》云：氣滿也。（《龍龕手鏡》卷四）
【瘀】於豫切。積血也。
◎瘀，於豫切。瘀血，積血也。
【疛】除又切。心腹疾也。《呂氏春秋》云：身盡疛腫。又知有切。𤺋，同上。又覩老切，病也。
◎疛，除又切。心腹疾。又知有切。𤺋，同上。又覩老切，病也。
【痡】附俱、夫禹二切。腫也，俛病也。
◎痡，附俱、夫禹二切。俛病也。
【痀】渠俱切。曲脊也。
◎痀，渠俱切。曲脊謂之痀。
【瘚】俱越切。逆氣也。與欮同。
◎瘚，俱越切。逆氣也。与欮同。
【痱】扶非、步罪二切。風病也。《詩》云：百卉具痱。疪，同上。
◎痱，扶非、步罪二切。風病。疪，同上。
【痵】瓊季切。氣不定也，心動也。亦作悸。
◎痵，瓊季切。氣不定也，心動也。亦作悸。
【痤】徂和切。癤也。《說文》曰：小腫也。
◎痤，祖和切。癤也。《說文》：小腫。
【疽】且余切。癰疽也。
◎疽，且余切。癰疽，惡瘡也。
○疽，顧野王云：疽亦癰也。（《續一切經音義》卷六）
【癘】力計、力翅二切。癰也。一曰瘦黑也。
◎癘，力計、力翅二切。癰也。一曰瘦黑。
【癰】於恭切。癰，腫也。瘫，同上。
◎癰，於恭切。腫也，疽瘡也。瘫，同上。
○癰，《玉篇》：腫也。（《續一切經音義》卷六）
【瘜】思力切。寄肉也。亦作腮。
◎瘜，思力切。寄肉。亦作腮。
○瘜，息力反。寄肉也。（《醫心方》卷五 28）
【癬】思踐切。乾瘍也。
◎癬，思踐切。皮病瘍也。
○癬，顧野王云：乾瘍也。（《續一切經音義》卷六）
【疥】公薤切。瘙也。

◎疥，公薤切。疥瘙也。
○疥，顧野王云：疥瘙也。（《續一切經音義》卷六）
【疝】居幽切。腹中急。
◎疝，居幽切。腹中急也。
【癀】尤問、尤粉二切。病也。
◎癀，尤問、尤粉二切。病也。
【癇】亥間切。小兒瘨病。
◎癇，亥間切。小兒瘨病。
○癇，亥間反。小兒瘨病。（《醫心方》刊本二七11）
【疷】魚没切。病也。又斷也。
◎疷，魚没切。病也，断也。
【痂】古瑕切。瘡疥也。
◎痂，古瑕切。瘡疥也。
【瘤】力周切。腫也，瘜肉也。
◎瘤，力周切。腫也，瘜肉也。
○瘤，顧野王曰：瘤謂腫結不潰散也。（《一切經音義》卷三十三）
【瘕】公遐、公詐二切。久病也，腹中病也。《說文》本音遐。
◎瘕，公遐、公詐二切。久病也，腹中病也。《説文》本音遐。
【癘】力誓切。疫氣也。《説文》本力大切，惡病也。
◎癘，力誓切。疫也。又音賴，惡病。
【痢】力誓切。《公羊傳》曰：大痢。何休云：民病疫也。
◎痢，力誓切。病疫也。
【瘧】魚略切。或寒或熱病。
◎瘧，魚略切。或寒或熱疾。
【痁】始廉切。瘧疾也。
◎痁，始廉切。瘧疾謂之痁。
【痎】公諧切。瘧疾，二日一發。
◎痎，公諧切。瘧疾，二日一發。
【痳】力金切。小便難也。
◎痳，力金切。小便難病也。
○痳，《玉篇》：痳，小便難也。（《續一切經音義》卷六）
【痔】治里切。後病也。
◎痔，治理切。後分病也。
○痔，顧野王云：後分病也。（《續一切經音義》卷六）
【痿】於危切。不能行也。痺濕病也。《説文》音蕤。
◎痿，於危切。不能行也。痺濕病也。《説文》音蕤。
【痹】卑利切。溼病也。
◎痹，卑利切。濕病也。
【痺】脾至切。足氣不至，轉筋也。
◎痺，脾至切。足氣不順，轉筋。
【瘃】陟玉切。手足中寒瘡也。瘃，同上。
◎瘃，陟玉切。手足中寒瘡也。瘃，同上。
【瘺】匹仙切。半枯也。
◎瘺，匹仙切。半枯病。
【瘇】時種切。足腫也。《詩》云：既微且瘇。籀文作尰。或作尰。
◎瘇，時種切。足腫也。籀文作尰。或作尰。
【瘟】於盍切。跛病也。又口盍切。
◎瘟，於盍切。跛病。又口盍切。
【疻】之移、之氏二切。毆傷也。
◎疻，之移、之氏二切。毆傷也。
○疻，《玉篇》：疻，之移、之氏二反。敺傷也。（《書傳輯録纂注》卷四）
【痏】胡軌切。疻痏。又瘡也。
◎痏，胡軌切。疻痏。又瘡也。
【瘍】羊水切。創裂也。一曰疾也。
◎瘍，羊水切。創裂也。
【痈】齒占切。皮剥也。痠，籀文。
◎痈，齒占切。皮剥也。痠，籀文。
【癑】乃送切。痛也。
◎癑，乃送切。痛也。
【痍】餘脂切。傷也。
◎痍，余脂切。傷痍，瘡也。
【疢】恥刃切。熱病也。《左氏傳》曰：季孫之愛我，如美疢也。疹，俗。
◎疢，恥刃切。病熱疾也。疹，同上。
【瘢】薄官切。瘡痕也。
◎瘢，薄官切。瘡痕也。
【痙】渠井切。風強病也。

◎痙，渠井切。風强病。

【疼】徒冬切。痛也。

◎疼，徒冬切。痛也。

【痋】徒冬切。動病也。

◎痋，徒冬切。動病也。

【瘦】所又切。損也。《説文》曰：癯也。痩，同上。

◎瘦，所又切。損也。《説文》：癯也。痩，同上。

【癉】丁佐切。勞病也。又徒丹切，風在手也。又丁寒切，火癉，小兒病也。

◎癉，丁佐切。勞病也。又徒丹切，風在手也。又丁寒切，火癉，小兒病也。

○癉，丁佐反。勞病也。又徒丹反。風在手也。又丁寒反。火癉，小兒病也。(《醫心方》寫本)

【疹】之忍切。癮疹，皮外小起也。《説文》曰：籀文胗。

◎疹，之忍切。癮疹，皮外小起病。籀文作胗，同。

○疹，恥刃反。熱病也。正作疢。(《醫心方》二四2)

○疹，《玉篇》：疹，癮疹，皮外小起也。(《釋名疏證》卷八)

●“胗”原訛作“眕”，徑改。圓沙本“籀文”後衍“作”字。

【痰】丘協切。病息也。

◎痰，丘協切。病息也。

【疸】多但切。黄病也。《左氏傳》云：荀偃疸疸，生瘍於頭。疸疸，惡創也。亦作癉。又音旦。

◎疸，多但切。又作癉。又音旦，瘡。

【痞】補被、平几二切。腹内結病。

◎痞，補被、平几二切。腹内結疾。

○痞，《玉篇》：腹内結病。(《釋名疏證》卷八)

【痳】虛没切。狂走皃。

◎痳，虛没切。狂走皃。

【瘍】羊赤切。脉病也。又病相染也。

◎瘍，羊赤切。脉病。又病相染。

【疶】壯里切。瘕病也。

◎疶，壯里切。瘕病也。

【疲】被爲切。乏也，勞也。

◎疲，彼爲切。乏，倦也。

○疲，顧野王云：疲亦倦也。(《一切經音義》卷四十四)

【㽷】呼合、荆立二切。病劣也。

◎㽷，呼合、荆立二切。病劣也。

【疧】渠支、丁禮二切。病也。《詩》云：俾我疧兮。

◎疧，渠支、丁礼二切。病也。

【瘛】尺世、胡計二切。癡也。小兒瘛瘲病也。瘌，同上。

◎瘛，尺世、胡制二切。小兒瘛瘲病。瘌，同上。

【痥】徒活切。馬脛傷也。

◎痥，徒活切。馬脛傷也。

【瘆】吐安切。力極也。《詩》云：瘆瘆駱馬。亦爲嘽。

◎瘆，吐安切。力極也。又作癉。

【痼】古護切。久病也。疳，同上。又小兒口瘡。

◎痼，古護切。久病也。疳，同上。小兒口瘡。

【㾾】力劭切。《説文》曰：治也。療，上。

◎㾾，力劭切。《説文》：治也。療，同上。

【癥】於之、於賣二切。呻聲也。

◎癥，於之、於賣二切。呻声。

【癃】力中切。病也。瘽，同上。

◎癃，力中切。病也。瘽，同上。

○瘽，《玉篇》云：疲病也，老痼病也。(《一切經音義》卷七十八)

【疫】俞壁切。癘鬼也。

◎疫，俞壁切。瘟病，癘鬼也。

○疫，《玉篇》直釋疫云：癘鬼也。(《釋名疏證補》卷一)

【瘌】力達切。辛也。亦痛瘌也。

◎瘌，力達切。辛也，痛也。

【癆】力到切。癆瘌。

◎癆，力到切。癆瘌也。

【瘥】楚懈切。疾愈也。又才何切，病也。

◎瘥，楚懈切。疾愈。才何切，病也。

【痠】所惟切。痠損。《説文》云：減也。一曰耗也。今作衰。

◎痠，所惟切。損耗也。今作衰。

【瘳】敕周切。病愈也。

◎瘳，敕周切。病瘥曰瘳。

【瘉】弋乳切。小輕也。又音俞，病也。

◎瘉，弋乳切。小輕也。又音俞，病也。

○瘉，顧野王云：瘉謂疾小輕也。（《一切經音義》卷九十二）

【痗】莫隊切。病也。《詩》云：使我心痗。又音悔。

◎痗，莫隊切。病也。《詩》：使我心痗。又音悔。

【癡】丑之切。不慧也，騃也。

◎癡，丑之切。癡騃，不慧也。

○癡，顧野王云：癡亦騃也。《漢書》云内騃不曉政是也。（《一切經音義》卷三十二）

【痤】力子切。病也。《詩》云：悠悠我痤。

◎痤，力子切。病也。《詩》：悠悠我痤。

【疚】居又切。病也。

◎疚，居久切。疚病也。

【痯】古緩切。病也。《詩》云：四牡痯痯。痯痯，罷皃。

◎痯，古緩切。病也。　《詩》：四牡痯痯。罷皃。

【癙】式與切。病也。

◎癙，式與切。病也。

【瘢】孚萬切。惡也，吐瘢也。

◎瘢，孚萬切。惡也，吐瘢也。

【瘐】愈乳切。病也。

◎瘐，愈乳切。病也。

【痽】是箴切。腹病也。疣，同上。

◎痽，是箴切。腹病也。疣，同上。

○痽，《玉篇》：痽，是箴切。（《方言箋疏》卷三）

【瘁】秦醉切。病也。

◎瘁，秦醉切。病乏也。

【瘯】且谷切。瘯蠡，皮膚病。《左傳》云：不疾瘯蠡也。注云：皮毛無疥癬。

◎瘯，且谷切。瘯蠡，皮膚疾。《左傳》：不疾瘯蠡。注：皮毛無疥瘠。

●圓沙本“疥瘠”疑當作“疥癬”。

【蠡】力果切。瘯蠡。瘰，同上。

◎蠡，力果切。瘯蠡。瘰，同上。

【疞】詡于切。病也。

◎疞，詡于切。病也。

【癯】公玩切。病也。

◎癯，公玩切。病也。

【癠】在細切。病也，物生不長也。

◎癠，在細切。病，物生不長也。

【瘣】呼回切。馬病。

◎瘣，呼回切。馬病不能行。

【瘵】竹世切。牛頭瘡也。赤白痢也。又音帶，瘵，下病也。

◎瘵，竹世切。半頭瘡也。又赤白痢。音帶，瘵，下病也。

○瘵，竹世反。赤白痢也。又六［音］帶。瘵，下病也。（《醫心方》寫本）

○瘵，《玉篇》作瘵，竹世切。赤白痢也。（《釋名疏證》卷八）

●圓沙本“半頭瘡也”未詳。

【瘙】先到切。疥瘙。瘙，同上。

◎瘙，先到切。疥瘙，痒也。瘙，同上。

【瘭】火聊切。腫欲潰。

◎瘭，火聊切。瘭，腫欲進。

●圓沙本“腫欲進”疑當作“腫欲潰”。

【癥】子結切。癰也，瘡也。癤，同上。

◎癥，子結切。癰也，瘡也。癤，同上。

【瘭】布昭切。瘭，疽病。

◎瘭，布昭切。疽病也。

【瘂】竹故切。乳癰也。

◎瘂，竹故切。乳癰也。

【瘷】力代切。惡病也。

◎瘷，力代切。惡病也。

【瘰】古和切。

◎瘰，古和切。瘡病也。

【痠】先丸切。疼痠。

◎痠，先丸切。手足痠疼也。

○痠，《玉篇》：痠，疼也。（《釋名疏證補》

卷八）

【癯】弋灼切。病也。

◎癯，弋灼切。病也。

【㾷】思移、思兮二切。瘦㾷也。

◎㾷，思移、思兮二切。瘦㾷。

【㾯】於歇切。中熱。亦作暍、煍。又音渴。

◎㾯，於歇切。亦作暍、煍。又音渴。

【癖】匹辟切。食不消。

◎癖，匹辟切。食不消，留肚中也。

〇癖，《玉篇》：腹病也。（《續一切經音義》卷五）

【㿆】於近切。病也。

◎㿆，於近切。内病也。

【痴】丑之切。痴瘵，不達也。

◎痴，丑之切。痴瘵，不達也。

〇痴瘵，《玉篇》又病行皃也。（《龍龕手鏡》卷四）

【㾑】古洽、苦洽二切。羊蹄間㾑疾。

◎㾑，古洽、苦洽二切。羊蹄間疾。

【疧】之移切。病也。

◎疧，之移切。病也。

【瘬】莊校切。物縮也。

◎瘬，莊枝切。物瘬縮。

●“莊枝切”疑誤。

【痷】於劫切。痷殜，半卧半起病也。亦作殗。

◎痷，於劫切。痷殜，半起半卧病也。亦作殗。

【㾩】仕皆切。瘦也。

◎㾩，仕皆切。瘦也。

【㽯】於綺、於解二切。矬也。

◎㽯，於綺、於解二切。姓也。

●圓沙本“姓也”當作“矬也”。

【癟】步結切。不能飛也，枯病也。

◎癟，步結切。不能飛，又枯病。

【疓】奴亥切。病也。

◎疓，奴亥切。病也。

【疙】魚乞切。癡皃。

◎疙，魚乞切。疙，癡也。

【痡】薄故切。痡𤺺，痞病。又音怖。

◎痡，薄故切。痡痞。又音怖。

【𤺺】力故切。痡𤺺。瀘，同上。

◎𤺺，力故切。痡𤺺，痞也。瀘，同上。

【㾫】直僞切。《埤蒼》云：病也。《左傳》云：有重㾫之疾。與膇同。

◎㾫，直僞切。重病。與膇同。

【㿕】弋廉切。瘖也，病走也。

◎㿕，弋廉切。瘖也，病走也。

【㾊】山革切。瘮㾊，寒病。

◎㾊，山革切。瘮㾊，寒病。

【瘮】山錦切。寒病。痒，同上。

◎瘮，山錦切。瘮瘮，寒病。痒，同上。

【瘚】户徒切。瘚癨，𤸷也，物蛆咽中也。

◎瘚，户徒切。物阻咽中不下也。

●“蛆”疑當作“阻”。四部叢刊本作“物咀咽中不下也”。

【癨】乎郭切。瘚癨也。

◎癨，乎郭切。瘚癨，喉阻也。

【𤸷】呼兼切。瘚𤸷也。

◎𤸷，呼兼切。瘚𤸷，喉阻也。

【瘵】奴曷切。痛皃。

◎瘵，奴曷切。痛皃。

【㾖】力與切。《埤蒼》云：晉大夫冀叔㾖也。

◎㾖，力與切。瘖病也。

【㾢】牛具切。疣病也。

◎㾢，牛具切。疣病也。

【瘹】都叫切。狂也。

◎瘹，都叫切。狂病也。

【痓】充至切。惡也。

◎痓，充至切。惡也。

〇痓，《玉篇》：音熾，惡病也。（《龍龕手鏡》卷四）

【𤸃】扶吻切。病悶也。

◎𤸃，扶吻切。𤸃悶病。

【痦】匹杯切。痂也，瘖也，弱也。

◎痦，匹杯切。痂也，瘖也，弱也。

【瘦】扶又切。勞也，再病也。亦作復。

◎瘦，扶又切。勞也，再病也。亦作復。

〇瘦，《玉篇》：瘦，再病也。（《方言疏證》卷三）

○瘦，《玉篇》：瘦，扶又切。勞也，再病也。（《方言箋疏》卷三）

【瘂】於假切。瘖瘂也。

◎瘂，於假切。瘖瘂，不言也。

【瘸】才兖切。大痒也。

◎瘸，才兖切。大痒，痒甚也。

【瘎】慈翦切。小痒也。

◎瘎，慈剪切。小痒也。

【瘷】莊救切。瘷，縮也。

◎瘷，莊救切。縮也。

【瘏】渠軍切。痹也。

◎瘏，渠軍切。痹也。

【瘠】才亦切。瘦也。痹，古文。

◎瘠，才亦切。瘠，瘦病也。痹，古文。

【痡】蒲戒切。極也，疲勞也。或作憊。

◎痡，蒲戒切。極也，疲勞也。亦作憊。

【痮】知釀切。痮滿也。亦作脹。

◎痮，知釀切。痮滿。亦作脹。

【瘃】許穢切。困極也。亦作喙。

◎瘃，許穢切。困極。亦作喙。

○瘃，《玉篇》云：瘃，困極也。亦作喙。（《方言疏證》卷十三）

【痵】向蘄切。創肉反腫起也。亦作脪。

◎痵，向期切。創肉又腫起。亦作脪。

●圓沙本“又”疑當作“反”。

【癵】力員切。體癵曲也。瘚，同上。

◎癵，力員切。癵曲，身曲也。瘚，同上。

○瘚，《玉篇》通爲攣字。（《法華釋文》中）

○癵，顧野王云：病也，身體拘曲，手足拳曲也。（《一切經音義》卷二十四）

【痲】女才切。病也。

◎痲，女才切。痲病也。

【痌】敕公切。痛也。亦作恫。

◎痌，敕公切。痛也。亦作恫。

【瘑】徒木切。怨痛也，誹也。亦作讟。

◎瘑，徒木切。怨痛。亦作讟。

○瘑，《玉篇》云：似癉。癉，音丹。火瘑，小兒病。又音壇，壇風在手足病也。又丁佐反，勞病。（《龍龕手鏡》卷四）

【痆】女黠切。瘡病也。

◎痆，女黠切。瘡也。

【疫】治兩切。病也。

◎疫，治兩切。病疫也。

【疳】居酣切。疾也。

◎疳，居酣切。小兒疳疾。

【瘄】武巾切。病也。

◎瘄，武巾切。病也。

【瘝】古頑切。病也，恥也。

◎瘝，古頑切。病也，恥也。

【癉】都旱切。病也。

◎癉，都旱切。病也。

【癀】徒回切。下腫也。

◎癀，徒回切。下腫病。

○癀，《玉篇》作癀，下腫也。（《釋名疏證》卷八）

【瘡】楚羊切。瘡痍也。古作創。

◎瘡，楚羊切。瘡痍。古作創。

○瘡，《玉篇》云：瘡痍也。《禮記》云：頭有瘡則沐。（《續一切經音義》卷九）

【痕】户恩切。瘢痕也。

◎痕，户恩切。瘢痕也。

【癀】胡光切。癀疸病也。

◎癀，胡光切。疸病也。

●圓沙本“疸病”當作“疸病”。

【痃】胡堅切。痃癖也。

◎痃，胡堅切。痃癖，小腹下病。

【痱】渠員切。手屈病。

◎痱，渠員切。手屈病。

【癥】知陵切。腹結病也。

◎癥，知陵切。腹内癥結病也。

【瘨】烏玄切。骨節疼。

◎瘨，烏玄切。骨節瘨疼也。

【痊】七緣切。病瘳也。

◎痊，七緣切。病可瘳痊也。

【痟】思燋切。痟渴病也。

◎痟，思燋切。痟渴病。

【瘑】古禾切。瘡也。又古花切。

◎瘑，古禾切。瘡也。又古花切。

【瘍】古禾切。疽瘡也。

◎瘍，古禾切。疽瘡也。

【痳】許尤切。痳，息下痢病也。
◎痳，許尤切。痳，息下痢也。
【瘷】桑孤切。病也。
◎瘷，桑孤切。病也。
【癐】役征切。病也。
◎癐，役征切。病作也。
【痓】余針切。病也。
◎痓，余針切。病也。
【瘊】胡鉤切。疣病也。
◎瘊，胡鉤切。疣病也。
【癵】披盤切。死也。
◎癵，披盤切。病極死。
【瘴】都雷切。瘴，腫也。
◎瘴，都雷切。腫也。
【痓】補回切。癥結痛也。
◎痓，補回切。癥結痛。
【痞】呼來切。病也。
◎痞，呼來切。病也。
【瘍】息邪切。癢也。
◎瘍，息邪切。癢也。
【痔】渠吟切。寒也。
◎痔，渠吟切。寒也。
【痄】仕加切。痄痚，病甚也。
◎痄，仕加切。痄痚，病甚也。
【痚】五加切。痄痚。
◎痚，五加切。痄痚。
【瘑】北騰切。婦人癥血不止也。
◎瘑，比騰切。婦人癥血不止。
【痎】五圭切。癡皃。又五皆切。
◎痎，五圭切。癡皃。五皆切，病也。
【疿】甫未切。熱生小瘡。
◎疿，甫未切。熱生小瘡。
【瘴】於幾切。瘴，弱也。
◎瘴，於幾切。瘴，弱也。
【瘬】思將切，又息獎切。瘬疾也。
◎瘬，思將、息獎二切。疾也。
【癈】都稜切。病也。
◎癈，都稜切。病甚。
【瘤】力罪切。皮起也。
◎瘤，力罪切。瘤瘤，皮起病。
【疾】直高切。疾疾也。
◎疾，直高切。疾疾也。
【痏】知有切。腸痛也。
◎痏，知有切。腸痛也。
【瘨】眉隕切。痼病也。
◎瘨，眉隕切。痼病也。
【瘀】尸類切。病也。
◎瘀，户類切。病也。
【瘽】式與切。瘽熱疾也。
◎瘽，式與切。熱病也。
【瘑】烏古切。疾也。
◎瘑，烏古切。疾也。
【疺】符法切。疺，瘦也。
◎疺，符法切。瘦疺也。
【痰】古齩切。痰，痛也。
◎痰，古齩切。痛也。
【痍】五才切。癡痍也。本作獃。
◎痍，五才切。癡痍。本又作獃。
【瘧】許偃切。病也。
◎瘧，許偃切。病疑也。
【痞】巨右切。病也。
◎痞，巨右切。病也。
【痢】力地切。瀉痢也。
◎痢，力地切。瀉痢下也。
○痢，顧野王云：瀉痢也。(《續一切經音義》卷六)
【瘯】思醉切。風瘯也。
◎瘯，思醉切。風瘯也。
【瘴】之亮切。瘴，癘也。
◎瘴，之亮切。瘧癘也，疫也。
【痽】思烈切。痢也。
◎痽，思烈切。痽痢也。
○痽，《玉篇》：病也。(《龍龕手鏡》卷四)
【疱】薄教切。疱，瘡也。
◎疱，薄教切。疱，瘡也。
【瘒】薄寐切。手冷也。
◎瘒，薄寐切。病手冷。
【痴】而於切。痴病也。
◎痴，而於切。痴病也。

【癐】古會切。病也。
◎癐，古會切。病甚。
【瘖】口蓋切。喉疾也。
◎瘖，口蓋切。咽喉疾。
【癧】力箇切。病也。
◎癧，力个切。病也。
【瘝】苦卧切。秃瘝病。
◎瘝，苦卧切。秃瘝病。
【癀】時夜切。多病也。
◎癀，時夜切。病多。
【瘗】尼夜切，又女下切。瘗病也。
◎瘗，尼夜、女下二切。瘗病也。
【癵】力竹切。病也。
◎癵，力竹切。病也。
【瘱】祛叶切。病少氣。
◎瘱，祛叶切。病少氣。
【瘤】私習切。小痛也。又詞什切。
◎瘤，私習切。小痛也。又詞什切。
【瘢】火麥、火域二切。《説文》曰：頭痛皃。
◎瘢，火域、火麥二切。頭痛。
【瘩】五合切。病寒也。
◎瘩，五合切。病寒。
【瘞】口金切。疾瘧，惡寒振也。
◎瘞，口金切。疾瘧，惡寒振也。
【癨】呼郭切。癨亂也。
◎癨，呼郭切。病癨，吐瀉也。
【癔】於識切。病也。
◎癔，於識切。心意病。
【瘮】都勒切。瘮病也。
◎瘮，都勒切。瘮病也。
【癈】方吠切。痼病也。
◎癈，方吠切。痼病，病重也。
【瘲】子用切。病也。又瘛瘲，小兒病。
◎瘲，子用切。瘛瘲，小兒病。
【瘍】以章切。《説文》曰：頭創也。
◎瘍，以章切。頭創謂之瘍。
【疕】補履切。頭瘍也。
◎疕，補履切。頭瘍也。
【瘼】莫怕切。牛馬病。《説文》云：目病。一曰惡气著身。一曰蝕創也。
◎瘼，莫怕切。牛馬病。
【瘍】于彼切。口咼也。
◎瘍，于彼切。口咼也。
【疝】所間、山諫二切。病也。
◎疝，所間、山諫二切。病也。
【疳】莫六切。病也。
◎疳，莫六切。病也。
【痞】呼骨切。多睡病也。
◎痞，呼骨切。多睡病。
【瘠】古忽切。膝病。與膭同。
◎瘠，古忽切。膝病。与膭同。

補

〇瘇，野王案：瘇，身體皺起虚滿也。（《倭名抄》二 84）
〇癉，五還反。癉，痺也。《玉篇》又音同上。（《龍龕手鏡》卷四）

奻部第一百四十九

凡七字

【奻】在安切。殘穿也。奻，同上。
◎奻，在安切。殘穿也。奻，同上。
【叡】呼各切。溝也。與壑同。
◎叡，呼各切。溝也。与壑同。
【叀】居載切。深堅意也，偶也。
◎叀，居載切。深堅意也，偶也。
【叡】以芮切。明也，聖也，智也。與睿同。
◎叡，以芮切。明也，聖也，智也。与睿同。
〇叡，《玉篇》云：通也，智也。（《一切經音義》卷二十六）
【穽】才正切。坑穽也，穿地捕獸也。亦作穽。
◎穽，才正切。坑也。一曰辭也。又作穽。
【叡】苦怪切。太息也。
◎叡，苦怪切。太息也。

歺部第一百五十

凡一百七字

【歺】午達切。刿骨之殘。一曰𦙍也。歺，

同上。𣦵，古文。

◎歹，午達切。𠟭骨之殘。穿地捕獸。歺，同上。𣦵，古文。

【㱲】於爲切。病也。亦作痿。

◎㱲，於爲切。病也。亦作痿。

【殙】呼温切。《説文》曰：瞀也。

◎殙，呼温切。瞀也。

【殤】詩羊切。《説文》曰：不成人也。人年十九至十六死爲長殤，十五至十二死爲中殤，十一至八歲死爲下殤。

◎殤，詩羊切。不成人。

【殰】徒木切。《説文》曰：胎敗也。《禮記》曰：胎生者不殰。鄭玄云：肉敗曰殰。

◎殰，徒木切。胎敗。鄭玄云：肉敗。

【殂】在乎切。死也。今作徂。𣦸、𣨛，並古文。

◎殂，在乎切。死也。今作徂。𣦸，古文。𣨛，古文。

【殛】居力切。《説文》曰：殊也。《書》曰：殛鯀于羽山。

◎殛，居力切。殊也。《書》：殛鯀于羽山。

【殚】子律切。死也，終也。

◎殚，子律切。死也，終也。

【㱮】亡各切。死宋㱮也。𣩔，同上。

◎㱮，亡各切。死宋㱮也。𣩔，同上。

【歿】莫骨切。死也，落也，盡也。今作没。殁，同上。

◎歿，莫骨切。死也，盡也。今作没。殁，同上。

【殊】時朱切。絶也，死也。《廣雅》云：殊，斷也。《蒼頡》云：殊，異也。

◎殊，時朱切。死也。《廣雅》：殊，断。《蒼頡》云：殊，異也。

【殨】胡對切。爛也。

◎殨，胡對切。爛也。

【殪】於計切。死也。

◎殪，於計切。死也。

【殯】俾刃切。殯，歛也。

◎殯，俾刃切。殯，歛也。

【𣩕】思利切。埋棺坎下也，瘞也。亦假葬於道側曰𣩕。

◎𣩕，思利切。理也。亦假葬道側。

○𣩕，《玉篇》：思利切。埋棺坎下也，瘞也。亦假葬於道側曰𣩕。（《釋名疏證》卷八）

●圓沙本“理也”疑當作“埋也”。

【殔】羊至切。《説文》曰：瘞也。

◎殔，羊至切。《説文》：瘗也。

○殔，《玉篇》殔訓同《説文》。（《釋名疏證》卷八）

【殣】奇吝切。路冢也。

◎殣，奇吝切。路冢也。

【㱿】齒售切。物傷氣也。

◎㱿，齒售切。物傷氣。

【殑】虛九切。腐也。或作朽。

◎殑，虛九切。腐也。亦作朽。

【殃】於良切。凶咎也。

◎殃，於良切。凶咎也。

○殃，《玉篇》云：禍惡也。（《續一切經音義》卷六）

【殘】昨安切。賊義也，惡也，食餘也。或爲㱚。

◎殘，昨安切。惡也，賊義也，食餘也。又作㱚。

○殘，惡也。或作𣧳，同。作安反。（《三部經音義集》二）

【㱚】昨安切。禽獸所食餘也。或作䶮、𣧳。

◎㱚，同上。禽獸食餘。又作䶮、𣧳。

【殪】午哀、公哀二切。殺羊出其胎也。

◎殪，午哀、公哀二切。殺羊出其胎。

【殄】徒典切。絶也。㱥，古文。

◎殄，徒典切。絶也。㱥，古文。

【殲】子廉切。盡也，死也。又作殱。

◎殲，子廉切。盡也，死也。又作殱。

【殫】多安切。盡也。

◎殫，多安切。盡極也。

【殬】都路、同故二切。敗也。《書》云：彝倫攸殬。亦作斁。

◎殬，都路、同故二切。又作斁。

【𣩚】力外、力卧二切。畜産疫病。

◎𣩚，力外、力卧二切。畜産疫病。

【殖】時力切。長也，生也，種也。《詩》云：殖殖其庭。言平正也。
◎殖，時力切。長也，種也。《詩》：殖殖其庭。言平正也。
【殆】苦胡切。殆乾。《説文》曰：枯也。
◎殆，苦胡切。殆乾也。
【㱠】古文辜字。
◎㱠，古文辜字。
【殑】丘知切。《説文》曰：棄也。俗語死曰大殑。又居綺切。
◎殑，丘知切。棄也。又居綺切。
【殉】辭峻切。用人送死也。亦求也，營也，亡身從物爲殉也。
◎殉，詞峻切。用人送死也。亦求也，營也。
○殉，顧野王云：用力從死也，以身從物爲殉也。（《續一切經音義》卷九）
【殈】况壁、呼臭二切。《禮記》曰：卵生者不殈。殈，裂也。
◎殈，况壁、呼臭二切。裂也。
●“呼臭”疑當作“呼狊”。
【殈】許劣切。盡也。
◎殈，許劣切。盡也。
【𣨼】蒲狄切。𣨼𣩚，欲死皃。
◎𣨼，蒲狄切。𣨼𣩚，欲死皃。
【𣩚】先狄切。𣨼𣩚。
◎𣩚，先狄切。𣨼𣩚也。
【殑】古鹿切。殑殜，死皃。
◎殑，古鹿切。殑殜，死皃。
【殜】思禄切。殑殜。
◎殜，思禄切。殑殜。
【殄】之戎切。殁也。今作終。
◎殄，之戎切。殁也。今作終。
【殏】渠尤切。終也。亦作求。
◎殏，渠猶切。終也。又作求。
【殀】壯殺切。夭殀也，癘病也。
◎殀，壯殺切。夭殀。又癘病。
【殧】千六切。殄也。
◎殧，千六切。殄也。
【殑】子邪切。小疫也。
◎殑，子邪切。小疫也。
【殀】倚兆切。殁也。短折曰殀。亦作夭。
◎殀，倚兆切。短折。亦作夭。
【殑】力升切。殑殑，鬼出皃。又魯蹬切。
◎殑，力升切。殑殑，鬼出皃。又魯蹬切。
【殑】巨升切。殑殑，掔縮也。
◎殑，巨升切。殑殑，掔縮也。
【殑】色兢切。殑殑，欲死皃。
◎殑，色兢切。殑殑，欲死皃。
【殌】徒亘切。殑殌，困病皃。
◎殌，徒亘切。殑殌，困病皃。
【殑】孚彼切。殑，折也。
◎殑，孚彼切。殑，折也。
【殕】方九切。敗也，腐也。又步北切，斃也。
◎殕，方九切。敗也。步北切，斃也。
【殨】才賜切。病也，獸死也。又與胔同。
◎殨，才賜切。病也，獸死。与胔同。
【殨】於罪切。殨殀，不知人也。
◎殨，於罪切。殨殀，不知人。
【殢】大計、天計二切。極困也。
◎殢，火計、天計二切。極困。
●“火計”當作“大計”。
【殗】於劫切。殗殜病。殗，同上。
◎殗，於劫切。殗殜病。殗，同上。
○殗殜，病也。上於劫反，下余攝反。（《醫心方》刊本一三20）
○殗，《玉篇》殗作殗。（《方言箋疏》卷二）
【殜】余攝切。病也。
◎殜，余攝切。病也。
【殯】方問切。殨也。
◎殯，方問切。殨也。
【殑】宜及切。危也。
◎殑，宜力切。危也。
【殀】他計切。喘也。殀殃，困極也。
◎殀，它計切。喘也。殀殃，困極也。
【殃】公惠切。殀殃。
◎殃，公惠切。殀殃。
【殍】徐羊切。女鬼也。
◎殍，徐羊切。女鬼也。
【殪】於太切。死也。
◎殪，於太切。死也。

【殊】慈罶切。今作骴。
◎殊，慈罶切。今作骴。
【殃】丑利切。鬼魅也。亦作魅。
◎殃，丑利切。鬼魅。亦作魅。
【殨】子牢、祀牛二切。終也。亦作傮。
◎殨，子牢、祀牛二切。終也。亦作禮。
●《廣韻》殨同傮。圓沙本“亦作禮”未詳。
【殜】力翰切。敗也。亦作爛。
◎殜，力翰切。敗也。又作爛。
【殈】力祭切。病也。
◎殈，力祭切。病也。
【殞】爲閔切。殁也。
◎殞，爲閔切。殁也。
【旤】胡果切。與禍同。
◎旤，胡果切。与禍同。
【殆】力各切。零也。或作落。
◎殆，力各切。零也。亦作落。
【殍】撫俱切。餓死也。又平表切。
◎殍，撫俱切。餓死。又平表切。
【氪】居希、居對二切。古文匄。
◎氪，居希、居對二切。古文匄。
【殅】色争切。死而更生。
◎殅，色争切。死而更生也。
【殦】巨勿切。殦殭也。
◎殦，巨幼切。殦殭，同。
●圓沙本“巨幼切”疑當作“巨勿切”。
【殤】蒲行切。死人時也。
◎殤，蒲行切。死人時。
【殩】蒲盲切。殩殍也。
◎殩，蒲盲切。殩殍也。
【殍】呼庚切。
◎殍，呼庚切。殩殍也。
【殈】虚顒切。古文凶。
◎殈，虚顒切。古文凶。
【殝】側詵切。死也，盡也。
◎殝，側詵切。死也，盡也。
【殏】詞由切。殘也。
◎殏，詞由切。殘也。
【殗】於舉切。殕也。
◎殗，於舉切。殕也。
【殍】奴到切。恨也。
◎殍，奴到切。恨也。
【殨】胡罪切。殨殍，不平也。
◎殨，胡罪切。殨殍，不平也。
【殍】土罪切。不平也。
◎殍，土罪切。殨殍。
【殆】徒改切。危也。
◎殆，徒改切。危也。
【凘】息次切。死也，盡也。亦作澌。
◎凘，息次切。死，盡。亦作凘。
【殭】居良、居亮二切。死不朽也。
◎殭，居良、居亮二切。死不朽。
【殂】丁故切。死敗也。又死病也。
◎殂，丁故切。死敗也。又死病也。
【殍】力會切。病也。
◎殍，力會切。病也。
【殮】力贍切。殯殮也，入棺也。
◎殮，力贍切。殯也，入棺也。
【殨】先外切。瘦病也。
◎殨，先外切。瘦病也。
【殲】力箇切。瘦病也。
◎殲，力箇切。瘦病也。
【殟】烏殁切。《說文》云：胎敗也。又音温。
◎殟，烏殁切。胎敗。又音温。
【殁】奴没切。殟殁，心亂也。
◎殁，奴没切。殟殁，心乱也。
【殚】丁卧切。貧殞。
◎殚，丁卧切。貧殞也。
【殗】苦甲切。殕殗也。
◎殗，苦甲切。殕殗也。
【瀝】力的切。殫瀝也。
◎瀝，力的切。殫瀝也。
【殤】呼穢切。困極也。或作瘃。
◎殤，呼穢切。困極。或作瘃。
【殈】《漢書》云：稽侯殈。應劭音訕，李奇又音山。
◎殈，《漢書》云：稽侯殈。應劭音訕，李奇又音山。

死部第一百五十一

凡八字

【死】息姊切。神盡也，窮也。《説文》曰：澌也。人所離也。兦，古文。

◎死，息姊切。神盡也，窮也。《説文》：澌也。兦，古文。

【薨】呼肱切。亡也。𦵔，同上。

◎薨，呼肱切。亡也。𦵔，同上。

【殧】資利、七四二切。《説文》曰：戰見血曰傷，或爲㥾，死而復生爲殧。

◎殧，資利切，七四切。《説文》：戰見血曰傷。或爲㥾，死而復生爲殧。

【薧】呼勞切。薧里，黄泉也，死人里也。

◎薧，呼勞切。薧里，黄泉也，死人里也。

【㱪】於計切。古殪字。

◎㱪，於計切。古殪字。

【斃】卑世切。仆也，頓也，上也，敗壞也。

◎斃，卑世切。什也，頓也，死也，敗壞也。

●“上也”未詳，疑當作“亡也”。

另部第一百五十二

凡四字

【另】古瓦切。剮人肉置其骨。咼，同上。

◎另，古瓦切。剮人肉置其骨。咼，同上。

【䴙】補解切。別也。

◎䴙，補解切。別也。

【別】蒲列切。離也。又彼列切，分別也。

◎別，蒲列切。離也。又彼列切，分別也。

凶部第一百五十三

凡二字

【凶】許恭切。短折也，惡也，咎也。

◎凶，許恭切。短折也，惡也，咎也。

【兇】許鞏切。懼聲也。又音凶。

◎兇，許鞏切。懼声也。又音凶。

〇兇，《玉篇》：玗鞏反。恐懼。（《一切經音義》卷二十七）

穴部第一百五十四

凡一百十字

【穴】胡決切。孔穴也。亦土室也，冢壙也。

◎穴，胡決切。孔穴也。亦土室也，冢壙也。

【寝】扶福切。地室也。《詩》云：陶寝陶穴。或作堫。亦作復。

◎寝，扶福切。地室。或作堫。亦作復。

【竈】子到切。炊竈也。竈，同上。

◎竈，子到切。炊竈。竈，同上。

【竂】牛故切。《廣雅》云：竂謂之竈。《蒼頡》云：楚人呼竈曰竂。

◎竂，牛故切。楚呼竈曰竂。

【窯】餘招切。燒瓦竈也。

◎窯，余招切。燒瓦竈。

【㝗】式林切。竈突也。

◎㝗，式林切。竈突也。

【窐】胡圭、古攜二切。甑孔也。亦作𤮏。

◎窐，胡圭切，古攜切。甑孔也。亦作𤮏。

【穿】充緣切。通也，穴也。

◎穿，充緣切。通穴也。

〇穿，《玉篇》云：漏也。（《續一切經音義》卷八）

【窫】於決切。穴皃也，空也，穿也。

◎窫，於決切。穴皃也，空也。

【窔】於穴、呼穴二切。穿也，空也。或爲肤、闃。

◎窔，於穴、呼穴二切。空也，穿也。又作肤、闃。

【竅】口弔切。穴也，空也。

◎竅，口弔切。穴也，空也。

【竇】徒遘切。水道也，決也，空也。

◎竇，徒遘切。水道也，决也，空也。

【空】口公切。盡也，大也。亦竅也。

◎空，口公切。盡也。亦竅也。

【窒】口定切。空也。或作罄。

◎窒，口定切。空也。又作罄。

【窠】口和切。《説文》曰：空也。穴中曰

窠，樹上曰巢。
◎窠，口和切。《説文》：空也。穴中曰窠，樹上曰巢。
【穵】乙八切。深也，空也。
◎穵，乙八切。深也，空也。
【窩】呼穴切。深皃。或作坹。
◎窩，呼穴切。深皃。或作坹。
【窻】初雙切。助户明也。在牆曰牖，在屋曰窻。窗，同上，俗。
◎窻，初雙切。明也。在屋曰窻。窗，同上，俗。
○囱，《玉篇》：囱即窻，牖也。（《一切經音義》卷二十五）
【窨】一鴆切。《説文》曰：地室也。
◎窨，一鴆切。《説文》：地室。
【窳】俞矩切。邪也，器空中也。《説文》曰：污窬也。窪，同上。
◎窳，俞知切。邪也，器中空。《説文》：污窬。窪，同上。
●圓沙本"俞知切"疑當作"俞矩切"。
【窊】一瓜切。《説文》曰：污衺下也。
◎窊，一瓜切。污衺下也。
○窊，《玉篇》：於瓜、烏瓜二反。凹也，邪下也。《廣雅》：下也。（《一切經音義》卷二十七）
○窊，《玉篇》：枉也，細也。（《一切經音義》卷二十七）
【窞】徒敢切。旁入也，坎中小坎也。
◎窞，徒敢切。旁入也，坎中小坎也。
○窞，《玉篇》又音坎。（《龍龕手鏡》卷四）
【窌】普孝切。穿也，窖也，藏也。又力救切，地名。
◎窌，普孝切。窖藏也。又力救切，地名。
【窖】古孝切。地藏也。
◎窖，古孝切。地藏也。
【窵】都料切。窵窅，深也。
◎窵，都料切。窵窅，深也。
【竅】竹刮切。穴中見也。
◎竅，竹刮切。穴中見。
【窬】羊朱、徒構二切。《説文》曰：穿木户也。《禮記》曰：蓽門圭窬。
◎窬，羊朱、徒溝二切。穿木户。
【窺】丘垂切。小視也。亦作闚。
◎窺，丘垂切。小視。亦作闚。
○窺，《玉篇》：小視。（《續一切經音義》卷九）
【窋】知律切。物在穴中皃。又空也。周不窋，后稷子也。
◎窋，知律切。物在穴中皃，空也。周不窋，后稷子。
【窴】徒堅切。塞也。今作填。
◎窴，徒堅切。塞也。今作填。
【窒】知栗切。塞也。
◎窒，知栗切。塞也。
【窣】蘇骨切。勃窣，穴中出也。
◎窣，酥骨切。勃窣，穴中出。
【竄】葱玩切。匿也，逃也，隱也，放也，藏也。
◎竄，葱玩切。匿也，逃，藏也。
○竄，顧野王：竄，逃也。（《一切經音義》卷十一）
○竄，《玉篇》曰：竄，逃藏也。《廣雅》曰：匿隱。（《一切經音義》卷二十一）
○竄，顧野王云：竄猶逃也。（《一切經音義》卷六十九）
○竄，顧野王云：誅放也。（《一切經音義》卷八十五）
○竄，《玉篇》曰：竄謂逃藏也。《廣雅》云：隱匿也。（《續一切經音義》卷三）
【突】徒骨、他骨二切。穿也。《説文》曰：犬从穴中暫出也。一曰滑也。
◎突，徒骨、它骨二切。穿也。犬从穴中暫出也。一曰滑也。
【窘】群尹切。困也，急也。
◎窘，群尹切。困也，急也。
【窔】於鳥切。窔窕，幽閒也，深遠也。
◎窔，於鳥切。窔窕，幽閒，深遠也。
○窔窕，幽閒也。上於鳥反，下徒鳥反。（《三部經音義集》二）
【窕】徒鳥切。窔窕也，深極也。
◎窕，徒鳥切。深感也。
●圓沙本"深感也"未詳。

【邃】思類切。窮也。《説文》曰：深遠也。
◎邃，思類切。窮也，深遠也。
【究】居宥切。深也，窮也，盡也。
◎究，居宥切。深也，窮盡也。
【窱】他弔、他了二切。杳窱也，深也。
◎窱，它弔、它了二切。杳也，深也。
【窔】於弔切。幽深也。宎，同上，俗。
◎窔，於弔切。幽深也。宎，同上，俗。
【穹】丘弓切。高也。《説文》曰：穹，窮也。
◎穹，丘弓切。高也。
【竀】丑庚切。《説文》曰：正視也。
◎竀，丑庚切。正視也。
【窮】渠躬切。極也。竆，同上。
◎窮，渠躬切。極也。竆，同上。
○窮，極也。渠躬反。（《三部經音義集》一）
【窅】烏皎切。遠望合也，冥也。亦作窈、窨、杳。
◎窅，烏皎切。遠望合也，冥也。亦作杳、窨、窈。
【窀】豬輪切。《左氏傳》曰：唯是春秋，窀穸之事。杜預云：窀，厚也。穸，夜也。厚夜猶長夜也。
◎窀，猪倫切。窀穸，長夜也。
【穸】辭赤切。窀穸。
◎穸，詞赤切。《左傳》：窀穸事。
【竁】充芮、充絹二切。穿地也。一曰小鼠聲。
◎竁，充芮、充絹二切。穿地也。
【窆】保驗切。下棺也。
◎窆，保驗切。下棺也。
【窮】補鄧切。束棺下也。亦作堋。
◎窮，補鄧切。束棺下也。亦作堋。
【窨】於甲切。入脉刺穴謂之窨。
◎窨，於甲切。入脉刺穴也。
【窾】口管切。空也。
◎窾，口管切。空也。
【窇】蒲角切。土室也。又窖也。
◎窇，蒲角切。土室。又窖也。
【窄】側格切。迫也，陿也。或作迮。
◎窄，側格切。迫，陿。或作迮。
【窬】陟厄切。兔窟也。
◎窬，陟厄切。兔窟也。
【窼】丈加切。窊窼，深皃。
◎窼，丈加切。窊窼，深皃。
【窳】胡霸切。横木不入也。又寬也。或作瓠。
◎窳，胡霸切。横木不入也，寬也。亦作瓠。
【窞】力甘切。窞窽，薄而大也。
◎窞，力甘切。窞窽，薄而大。
【窽】他甘切。窞窽。
◎窽，他甘切。窞窽。
【宊】由心切。深也。
◎宊，由心切。深也。
【窗】似就切。山穴也。籒文岫。
◎窗，似就切。山穴。籒文岫。
【宖】胡泓切。宖寶，大屋也。又屋深響也。
◎宖，胡泓切。宖寶，大屋也。又屋深響也。
【寶】杜萌切。宖寶。
◎寶，杜萌切。宖寶。
【弦】胡萌切。屋聲。
◎弦，胡萌切。屋声。
【窪】竹萌切。窪宖，闊大皃。
◎窪，竹萌切。窪宖，闊大皃。
【竂】居六切。窮也。亦作竂。
◎竂，居六切。窮也。亦作竂。
●字頭原訛從宀，徑改。
【窚】時聲切。屋所受。
◎窚，時声切。屋所受。
【寞】奴丁切。大也，明也。
◎寞，奴丁切。大也，明也。
【宜】七居切。亦岨字。
◎宜，七居切。亦作岨。
【竪】口典切。不動也。
◎竪，口典切。不動也。
【宁】除耕切。小突也。
◎宁，除耕切。小突也。
【峇】口荅切。峇，合也。
◎峇，口荅切。峇，合也。
【窟】口骨切。窟，室也，穴也。
◎窟，口骨切。窟，室也，穴也。

○窟，顧野王云：冬則居營窟是也。（《一切經音義》卷三十）
○窟，《玉篇》云：穴也。（《續一切經音義》卷六）
【窗】徒東切。通窗也。又音洞。
◎窗，徒東切。通窗。又音洞。
【窷】落蕭切。穿也。
◎窷，落宵切。窷，穿也，舍也。
【窫】弋質切。窫，穴也。
◎窫，弋質切。窫，穴也。
【窪】烏瓜切。深皃。
◎窪，烏瓜切。深皃。
【㝩】苦郎切。空也。
◎㝩，苦郎切。空也。
【㝗】力唐切。穴也。
◎㝗，力唐切。穴也。
【窶】巨魚切。空也。
◎窶，巨魚切。空也。
【䆓】那胡切。䆓，窒也。
◎䆓，那胡切。䆓，窒也。
【竵】於吁切。山穴也。
◎竵，於吁切。山穴也。
【窊】莫永切。《說文》曰：北方謂地空，因以爲土穴，爲窊户。
◎窊，莫永切。土穴也。
【窴】胡官切。與垣同。
◎窴，胡官切。与垣同。
【窻】昌容切。空也。
◎窻，昌容切。空也。
【㝉】羽俱切。㝉，牖也。
◎㝉，羽俱切。牖也。
【竊】千結切。穴也，盜也。又淺也。
◎竊，千結切。盜也。又淺也。
【窴】徒形切。窴，穴也。
◎窴，徒形切。窴，穴也。
【䆞】息咨切。䆞，穴也。
◎䆞，息咨切。䆞，穴也。
【窷】力丁切。窷，井也。
◎窷，力丁切。窷，井也。
【窤】居委切。穴也。
◎窤，居委切。穴也。
【竇】徒候切。陷竇也。
◎竇，徒候切。陷也。
【竷】古候切。竷，穴也。
◎竷，古候切。穴也。
【窂】力刀切。窂，實也。與牢同。
◎窂，力刀切。實也。与牢同。
【竉】力董切。孔竉也。
◎竉，力董切。孔也。
【窞】烏敢切，於檢切。窞，閉也。
◎窞，烏敢、於檢二切。閉也。
【窗】恥中切。穿窗也。
◎窗，恥中切。穿也。
【穽】慈井切。坑穽也。
◎穽，慈井切。坑也。
【窉】筆永切。穴也。
◎窉，筆永切。穴也。
【窏】五丸切。窏，窟也。
◎窏，五丸切。窟也。
【窅】于究切。空也。
◎窅，于究切。空也。
【竅】千外切。塞也。
◎竅，千外切。塞也。
【竂】他弄切。穴也。
◎竂，他弄切。穴也。
【窫】色滓切。
◎窫，色滓切。穴也。
【竇】丁見切。山下穴。
◎竇，丁見切。山下穴。

丨部第一百五十五

凡七字

【丨】思二切。《說文》曰：下上通也。引而上行，讀若囟；引而下行，讀若退。又古本切。
◎丨，思二切。《說文》曰：下上通也。引而上行，讀若囟；引而下行，讀若退。又古本切。
○丨，《玉篇》此字思二、他外、古本三切。

（《秘寶鈔》下四5）

【㫃】陟陵、丑善二切。旌旗杠皃。

◎㫃，陟陵、丑善二切。旌旗枉皃。

●圓沙本“枉”疑當作“杠”。

【个】古賀切。明堂四面偏室曰左个。

◎个，古賀切。明堂有左个。

【中】致隆切。半也，和也。又丁仲切。《禮》：射矢至的曰中。中、𠁧，並古文。

◎中，致隆切。半也，和也。又丁仲切，射矢至的曰中。中、𠁧，古文。

【串】古患切。《爾雅》云：習也。或爲慣、遺。

◎串，古患切。習也。或爲慣、遺。

○串，習也。（《成實論》一一）

屮部第一百五十六

凡八字

【屮】雉列切。草木初生也。古文或爲艸字。《説文》丑列切。

◎屮，雉列切。草木初生也。古文爲艸字。《説文》丑列切。

【屯】陟倫切。萬物始生也，厚也，難也。

◎屯，陟倫切。萬物始生也，厚也，難也。

【𡵂】力竹切。圈𡵂地蕈生田中也。𦷃，籀文。

◎𡵂，力竹切。圈𡵂地蕈生田中。𦷃，籀文。

【毐】莫佩、莫罪二切。草上生也。又雖也，事屢也。今作莓。

◎毐，莫佩、莫罪二切。草上生也，雖也，事屢也。今作每。

【𡭗】芳云切。草初生，香𡭗布也。今作芬。

◎𡭗，芳云切。草初生，香𡭗在也。亦作芬。

○𡭗，芳云反。《説文》：草初生，香分布也。或爲芬字，分亦如也，在草部。（《香藥字抄》2，《香字抄》2）

【毒】徒篤切。苦也，害人草也。今作毒。

◎毒，徒篤切。害人草。今作毒。

【熏】詡軍切。熱也，煙上出也。今作熏。

◎熏，詡軍切。煙上出也。亦作熏。

○熏，顧野王云：烟熏之者也。（《一切經音義》卷四十七）

補

○㞢，《玉篇》：之出反。草一㞢。（《龍龕手鏡》卷一）

大廣益會玉篇
卷第十二

凡五部

木部第一百五十七

凡八百二十二字

【木】莫穀切。位居東方甲乙也，燧人氏鑽出火也。《説文》曰：冒也。冒地而生，東方之行。从中，下象其根。
◎木，莫穀切。位居東方甲乙也，燧人氏鑽出火也。《説文》：冒也。冒地而生，東方之行。从中，下象其根。
【橙】除耕切。橘屬。《上林賦》云：黄甘橙榛。
◎橙，除耕切。木果，橘屬。
【樤】徒彫切。柚樤也。亦作條。
◎樤，徒彫切。柚樤。亦作條。
【條】徒彫切。小枝也。
◎條，徒彫切。枝條，小枝也。
【樝】側加切。似梨而酸。柤，同上。
◎樝，側加切。似梨而酸。柤，同上。
○樝，《玉篇》：五指摣也，擊也，抱也。（《一切經音義》卷二十七）
【棃】力之切。果名。梨，同上。
◎棃，力之切。果名。梨，同上。
○梨，㖾［果］也，老也。（《法華釋文》中）
【樆】力枝切。山梨也。
◎樆，力枝切。山梨也。
【梬】而兖切。紅藍。一曰棗，似柿也。
◎梬，而兖切。紅藍。一曰棗，似柿。
【槅】居責切。大車軛也。
◎槅，居責切。大車軛也。
【柹】鉏几切。赤實果。
◎柹，鋤几切。赤實果也。
【柟】奴含、而鹽、而剡三切。葉似桑，子似杏而酸。《爾雅》云：梅柟。楠，同上，俗。
◎柟，奴含、而鹽、而剡三切。《尔雅》：梅柟。楠，俗。
【梅】莫回切。《説文》：柟也。楳，同上。
◎梅，莫回切。《説文》：柟也。楳，同上。
【柰】那賴切。果名。又柰何也。榛，同上。
◎柰，那賴切。果名。亦柰何也。榛，同上。
【楧】猗明切。楧，梅也。
◎楧，椅明切。楧，梅也。
【櫻】於耕切。含桃。《上林賦》云：櫻桃也。
◎櫻，於耕切。含桃曰櫻桃。
【李】力子切。果名。又《左氏傳》云：行李。杍，古文李。又音子，木工也。
◎李，力子切。果也。《左傳》：行李也。杍，古文李。又音子，木工。
【亲】側詵切。實似小栗。榛，同上。
◎亲，側詵切。亲果似小栗。榛，同上。
【桃】達高切。毛果也。
◎桃，達高切。桃李，毛果也。
【榹】息移切。山桃也，似桃而小。
◎榹，息移切。山桃，似桃小。
【楙】莫刀切。冬桃也。枆，同上。
◎楙，莫刀切。冬桃也。枆，同上。
【梒】胡諳切。今謂之櫻桃也。亦作含。
◎梒，胡諳切。櫻桃。亦作含。
【楷】口駭切。木名，孔子冢蓋之樹。又楷式也。《禮記》曰：今世之行，後世以爲楷。又音皆。
◎楷，口駭切。木名。又楷式也。又音皆。
【棠】達郎切。棠梨木。
◎棠，達郎切。棠梨，果木也。
【桂】古惠切。木名。
◎桂，古惠切。木名。桂枝，藥名。
【桬】所加切。桬棠，華赤，實味如李，無核，食之使人不弱，可衛水。
◎桬，所加切。果木名，桬棠也。
【杜】徒古切。赤棠也。又塞也。

◎杜，徒古切。赤棠。又塞也。
〇杜，塞也，徒古反。又甘棠，子似梨也。又杜中，藥名也。(《三部經音義集》一)
【槢】似立切。堅木也。
◎槢，似立切。堅木也。
【樿】之善切。木名。白理者可爲櫛。
◎樿，之善切。木名。
【楟】禹鬼切。木名，皮如韋，可屈，以爲盂。
◎楟，禹鬼切。木名，皮如韋。
【楢】以周、赤沼二切。《説文》曰：柔木也。工官以爲輭輪。
◎楢，以周、赤沼二切。柔木也。
【梆】渠容切。梆，柜柳。
◎梆，渠容切。柜梆，柳木也。
●宋十一行本作"柜梆柳"。
【柜】居旅切。柜柳也。
◎柜，居旅切。柜柳也。
【棆】理均切。木名。
◎棆，理均切。木名。
【柀】疾貲切。無柀木。榹，同上。
◎柀，疾貲切。無柀，木名。榹，同上。
【楈】先吕切。木名。
◎楈，先吕切。木名。
【柊】之戎切。柊楑，椎也。
◎柊，之戎切。柊楑，椎也。
【楑】渠惟切。柊楑。
◎楑，渠惟切。柊楑。
【楷】公道切。木名。
◎楷，公道切。木名。
【椆】之幼切。木名。
◎椆，之幼切。木名。
【櫞】余脂切。木名。
◎櫞，余脂切。木名。
【樕】桑屋切。《詩傳》云：樸樕，小木也。槤，同上。
◎槤，桑屋切。樸樕，小木也。樕，同上。
【槲】胡木切。槲，樕木。
◎槲，胡木切。槲槤木。

【棌】千代切。槲也。
◎棌，于代切。木棌槲也。
●圓沙本"于代切"疑當作"千代切"。
【梣】昨今切。青皮木。棯、橬，並同上。欞，亦同上。又音岑。
◎梣，昨今切。木名，青皮木也。棯、橬，並同上。欞，亦同上。又音岑。
【棳】之悦切。梁上楹也。棁，同上。
◎棳，之悦切。梁上楹也。棁，同上。
【穅】胡勞切。木名。
◎穅，胡勞切。木名。
【椯】市專切。木名。又丁果切。嵈、欒，並同上。
◎椯，市專切。木名。又丁果切。嵈、欒，並同上。
【椋】力才切。椋也。
◎梾，力才切。梾木，椋也。
【椋】力將切。材中車輞也。
◎椋，力將切。材中車輞也。
【檍】於力切。木名。
◎檍，於力切。木名。
【樻】芳味切。木名。
◎樻，芳味切。木名。
【栵】力制、力薛二切。栵，栭也。
◎栵，力制、力薛二切。栵，栭也。
【栲】苦道切。山樗也。柷，同上。
◎栲，苦道切。木名，山樗也。柷，同上。
〇栲，音苦浩反。顧野王栲作考字。(《令集解》三二 286)
【棪】餘冉切。實似柰，色赤，可食。
◎棪，餘用切。赤實似柰，可食。
●圓沙本"餘用切"疑當作"餘冉切"。
【樗】敕於切。惡木也。
◎樗，敕於切。惡木也。
【楀】俱禹、于矩二切。木名。
◎楀，俱禹、于矩二切。木名。
【藟】力軌切。木名。槼，同上。櫐，籀文。
◎藟，力軌切。木名。槼，同上。櫐，籀文。
【桋】餘脂切。杞桋也。

◎桋，余脂切。木名，杞桋也。
【柀】碑詭切。杉木也。埋之不腐。
◎柀，碑詭切。杉木，埋不腐。
○柀，木名也。作柱，埋之，能不腐者也。(《倭名抄》一103)
【樹】所咸切。木名。杉，同上。
◎樹，所咸切。木名。杉，同上。
【栟】俾名切。栟櫚木。
◎栟，俾名切。木名，栟櫚。
【楸】且留切。梓屬。
◎楸，且留切。木名，梓屬。
【檟】柯雅切。山楸也。榎，同上。
◎檟，柯雅切。山楸木也。榎，同上。
【椅】於宜切。楸也。
◎椅，於宜切。椅桐木，楸也。
【椿】丑倫切。木名。《莊子》云：上古有大椿，以八千歲爲春，八千歲爲秋。
◎椿，丑倫切。木名，出《莊子》。
【槆】相倫切。《説文》曰：杶也。亦丑倫切。
◎槆，相倫切。杶也。又丑倫切。
【杶】敕倫切。木似樗。櫄，同上。
◎杶，敕倫切。木似樗。櫄，同上。
【檍】於力切。梓屬。
◎檍，於力切。木名，梓屬。
【榛】仕銀切。木叢生。
◎榛，仕銀切。木叢生。
【梓】咨里切。木名。榟，同上。
◎梓，咨里切。木名。桐梓，琴材。榟，同上。
【杞】袪己切。苟杞也。
◎杞，袪己切。藥，枸杞。
【桵】如隹切。小木也。
◎桵，如隹切。小木名。
○桵，《玉篇》云：桵木，果樹小，藂生，有刺，子亦可食。(《一切經音義》卷二十六)
【棫】胡逼切。白桵也。
◎棫，胡逼切。棫木，白桵也。
【椐】京於、丘於二切。樻也。
◎椐，京於、正於二切。樻木也。
○椐，木腫節，中爲杖也。(《倭名抄》一94)
○椐，《玉篇》音渠。(《釋名疏證補》卷五)
●圓沙本"正於"疑當作"丘於"。
【樻】丘貴切。木可爲杖。
◎樻，丘貴切。木也，可爲杖。
【栩】吁羽切。《説文》云：柔也。一曰様也。
◎栩，吁羽切。柔木。又栩木實。
【柔】時渚切。栩也。今爲杼。
◎柔，時渚切。柔栩。今作杼。
【様】辛兩切。栩實也。橡，同上。
◎様，辛兩切。栩木實也。橡，同上。
【杙】余力切。果名，如梨。又橜也。
◎杙，余力切。果名。又橜也。
【枇】婢脂切。枇杷，果木，冬花夏熟。《上林賦》云：枇杷橪柿。
◎枇，婢脂切。果名，枇杷也。
【桔】居屑切。桔梗，藥名。
◎桔，居屑切。桔梗，藥名。
【柃】力丁、力井二切。木名。可染。
◎柃，力丁、力井二切。木名。可染。
○柃，似荆，可作染灰者也。(《倭名抄》一110)
【柞】才落、子各二切。木名。
◎柞，才落、子各二切。木名。
【楮】丑吕切。木名。柠，同上。
◎楮，丑吕切。楮木可造紙。柠，同上。
【梤】力説、力活二切。木名。
◎梤，力説、力活二切。木名。
【榗】子賤切。《説文》曰：木名。《書》曰：竹箭如榗。
◎榗，子賤切。木名。
【橪】於堅切。橪皮，香草也。《説文》而善切，酸小棗也。一曰染也。
◎橪，於堅切。橪皮，香艸。又而善切，酸小棗也。
【欏】力多切。椤木也。
◎欏，力多切。椤木也。
【椵】加馬切。《説文》曰：木可作牀几。
◎椵，加馬切。木也，可作牀几。
【楛】胡古切。木，中矢笴。

◎楛，胡古切。木，中作矢笴。

【櫅】子兮切。白棗，可以爲大車軸。

◎櫅，子兮切。白棗木也。

【槵】胡桂切。木名。

◎槵，胡桂切。木名。

【樲】如至切。酸棗。《孟子》云樲棘是也。

◎樲，如至切。酸棗也。

【樸】補木、普木二切。堅也，苞也，叢也。又步卜切，樸樕，小木也。亦作樸。又縣名。

◎樸，補木、普木二切。堅也，苞也。又步卜切，樸樕，小木。亦作樸。又縣名。

【栍】如陵切。木名。

◎栍，如陵切。木也。

【栺】至而切。木名。

◎栺，至而切。木名。

【棈】才見切。木名。

◎棈，才見切。木名。亦作楕。

【柅】女几、奴禮二切。木名。又絡絲柎。

◎柅，女几、奴礼二切。木名。又絡絲具。

【梢】所交切。木也。小柴也。《淮南》：曳梢肆柴。

◎梢，所交切。木末，小柴也。《淮南》：曳梢肆柴。

【檳】婢賓切。木名。

◎檳，婢賓切。木名。

【棣】里計切。木名。

◎棣，里計切。木名。

【樿】俾質切。木名。

◎樿，俾質切。木名。

【楋】力達切。木名。

◎楋，力達切。木名。

【椇】俱禹切。枳椇也。

◎椇，俱禹切。木名，枳椇也。

【梭】且泉切。木名。又先和切，織具也。

◎梭，且泉切。木名。蘇和切，織具。

【枸】俱禹切。其木可以爲醬，出蜀中。亦作蒟。

◎枸，俱禹切。其子可作醬，出蜀中。亦作蒟字。

●底本“木”疑當作“子”。

【樜】之夜、舒預二切。大木，出發鳩山。

◎樜，之夜、舒預二切。大木也。

【枌】扶云切。白榆也。

◎枌，扶云切。枌木，白榆也。

【檴】胡霸、胡郭二切。木名。樗，同上。

◎檴，胡霸、胡郭二切。木名。樗，同上。

【枋】甫亡切。木，可作車。

◎枋，甫亡切。木，可作車。

【檗】補革切。黄木也。

◎檗，補革切。黄木名。

【椴】所黠切。似茱萸。

◎椴，所黠切。木名，子似茱萸。

【楊】余章切。楊柳也。

◎楊，余章切。楊柳，枝直不垂。

【槭】子六切。木，可作大車輮。

◎槭，子六切。木名，可作車輮。

【檉】敕貞切。《説文》云：河柳也。

◎檉，敕貞切。《説文》：河柳。

【榶】徒郎切。棣也。

◎榶，徒郎切。棣木也。

【柳】力酒切。小楊也。桺，《説文》柳字。

◎柳，力酒切。楊柳，垂條木。桺，《説文》柳字。

【椁】以荀切。木，可以爲鉏柄。

◎椁，以荀切。木名，可爲鉏柄。

【栘】余支、成兮二切。棠棣也。

◎栘，余支、成兮二切。棠棣也。

【欒】魯官切。木，似欄。

◎欒，魯官切。木名，似欄。

【權】具員切。黄英木也。又稱錘也。亦作鲞。

◎權，具員切。黄英木也。又稱錘。亦作鲞。

【棣】徒計切。《詩》曰：唐棣之華。唐棣，栘也。

◎棣，徒計切。唐棣，栘也。

【枳】居紙、諸氏二切。似橘也。

◎枳，居紙、諸氏二切。果似橘。

○枳，似橘而屈曲者也。(《倭名抄》一115)

【榖】古斛切。惡木也。

◎穀，古斛切。惡木也。
【檛】古和切。車釭盛膏者。又紡車收絲具。
◎檛，古和切。車釭盛膏者。又紡車收絲具。
○檛，《玉篇》：過、堝二音。木名。又車釭盛器也。（《龍龕手鏡》卷四）
【柹】去諸切。柹极也。
◎柹，去諸切。柹极，驢上負版。
【檵】故詣切。枸杞也。
◎檵，故詣切。檵，枸杞也。
【檀】達丹切。木名。
◎檀，達丹切。香名。
【枒】魚嫁切。木名。又弋賒切，木出交阯，高數千丈，葉在其末也。
◎枒，魚嫁切。木名。又弋賒切，木出交阯，高數千丈，葉在木末也。
【櫟】來的切。木名。《左氏傳》曰：鄭伯突入于櫟。杜預曰：鄭別都也。又舒灼切。又余灼切，櫟陽，縣名。
◎櫟，來的切。木名。又舒灼、余灼二切，櫟陽，縣名。
【梂】渠鳩切。《説文》曰：櫟實。一曰鑿首也。
◎梂，渠鳩切。櫟實。
【楝】來見切。木名，子可以浣衣。
◎楝，來見切。木也，子可浣衣。
○楝，其子如指頭，白而黏，可以浣衣者也。（《倭名抄》一111）
【柘】之夜切。木名。亦作樜。
◎柘，之夜切。桑柘。亦作樜。
【檿】於簟切。山桑也。
◎檿，於簟切。山桑。
【楖】千栗切。木，可以爲杖。
◎楖，千栗切。木也，可爲杖。
【櫏】徐沿切。櫏味棯棗。
◎櫏，徐沿切。棯棗也。
【橎】甫袁、甫遠二切。木名。
◎橎，甫袁、甫遠二切。木名。
【榮】爲明切。華榮也。又桐木也。
◎榮，爲明切。榮華也。又桐木。
【梧】午徒切。梧桐也。
◎梧，午徒切。梧桐木。
【桐】徒東切。木名。
◎桐，徒東切。梓木也。
【楡】庾朱切。白枌也。
◎楡，庾朱切。楡木，白枌也。
【棻】妨云切。香木也。
◎棻，妨云切。香木也。
【樵】昨焦切。薪也。
◎樵，昨焦切。木薪燔火者。
【梗】柯杏切。梗，直也。又桔梗。
◎梗，柯杏切。梗，直也。又桔梗。
【松】徐容切。木名。㮤，古文。
◎松，徐容切。木名，松栢也。㮤，古文。
【樠】武官、莫昆二切。木名。《左傳》又音朗。
◎樠，武官、莫昆二切。木名。又音朗。
【檜】古會切。栢葉松身。
◎檜，古會切。木名，栢葉松身。
【樅】子庸、七恭二切。松葉栢身。《詩》云：虡業維樅。樅，謂崇牙也。
◎樅，子庸、七恭二切。松葉栢身。
【栢】補白切。木名。《詩》曰：汎彼栢舟。
◎栢，補白切。松栢也。
【机】飢雉切。木，出蜀中。
◎机，飢雉切。木，出蜀中。
【栙】力棟切。木名。益州有栙楝縣。
◎栙，力棟切。木名。
【楰】俞主切。楸屬，鼠梓也。
◎楰，俞主切。耕器，楸屬。
【梔】之移切。黄木，實可以染。《爾雅》曰：桑辨有葚梔。
◎梔，之移切。木生黄實，可染。
【杒】如振切。木名。
◎杒，如振切。木名。
【楛】胡荅切。楛㯓，果名，似李。又音荅。
◎楛，胡荅切。果名。又音荅。
【㯓】杜荅切。楛㯓。
◎㯓，杜荅切。楛㯓，木似李。
【栯】於六、禹九二切。《山海經》：太室山有木，葉狀如梨而赤理，名曰栯木，服之不妒。
◎栯，於六、禹九二切。木葉如梨。
【榣】餘招切。木名。又樹動皃。
◎榣，餘招切。木名。又樹動皃。
【櫾】余舟切。木名。
◎櫾，余舟切。木名，可爲器。
【某】莫回切。酸果也。又音母，不知名者云某。槑，古文。
◎某，莫目切。酸果。又音母，我也。槑，古文。
○某甲，《史記》：某子甲何爲不來？野王案：今人云某甲猶言某也。（《法華釋文》中）
○某，顧野王云：凡不知姓不言名者皆曰某。（《一切經音義》卷六十四）
●圓沙本“莫目切”疑當作“莫回切”。
【朱】之瑜切。赤心木，松栢屬。
◎朱，之瑜切。赤心木，松栢屬。
【樹】時注切。木總名。尌，籀文。
◎樹，時注切。木總名曰樹。尌，籀文。
【本】補衮切。始也。《説文》曰：木下曰本。楍，古文。
◎本，補衮切。始也。《説文》：木下果。楍，古文。
○本，《玉篇》：根本也。（《龍龕手鏡》卷四）
●圓沙本“木下果”疑當作“木下曰本”。
【株】陟俱切。木根也。
◎株，陟俱切。根株，木根也。
○株，顧野王云：株，木根也。（《一切經音義》卷四十七）
【末】莫曷切。端也，顛也，盡也。《説文》曰：木上曰末。
◎末，莫曷切。端也，盡也，木上曰末。
【柢】丁計切。根也。
◎柢，丁計切。柢，木根也。
【根】柯恩切。株也。
◎根，柯恩切。木根生入地。
【枝】之移切。枝柯也。
◎枝，之移切。木枝，枝梢也。
【樉】子力切。木名，似松有刺，細理也。
◎樉，子力切。木名，似松有刺。
【椑】皮祕切。木名，出蜀中，八月中吐穗如鹽狀，可食，味酸美也。
◎椑，皮祕切。木名，出蜀中。
【果】古禍切。木實也。又果敢也，信也，能也。
◎果，古禍切。草木實也。又果敢也，信也。
○果蓏，果謂桃李之屬，蓏謂苽瓝之屬。（《法華釋文》下）
○菓，野王案：《説文》：木實曰菓，草實曰蓏。（《令集解》五 134）
○果，《玉篇》曰：果，遂也。（《一切經音義》卷二十三）
○果、蓏，《玉篇》云：果謂桃李之屬，蓏謂瓜瓝之類。（《一切經音義》卷二十七）
【杈】楚加切。枝也。
◎杈，楚加切。枝也。
【槮】所錦切。木實也。《爾雅》曰：槮謂之涔。注云：今之作罧者，聚積柴木於水中，魚得寒入其裏藏隱，因以薄圍捕取之。作罧同。又楚今、史今二切，木長皃。
◎槮，所錦切。木實。作罧同。捕取魚者。又楚今、史今二切，木長皃。
【朴】普角、普木二切。本也。
◎朴，普角、普木二切。本也。
【枚】莫回切。枝也。又箇也。
◎枚，莫回切。枝也，箇也。
【栞】口寒切。《説文》云：槎識也。《夏書》曰：隨山栞木。栞，同上。
◎栞，口寒切。《書》：隨山栞木。栞，同上。
【欇】時葉切。豆也。一名虎櫐。櫐，同上。
◎欇，時葉切。豆名，虎櫐也。櫐，同上。
○欇，時葉反。《爾雅》：欇，虎藟。郭璞曰：虎豆也。一名獦欇。《音義》曰：今建平人又名之烏枕。野王案：今謂之貍豆也。（《香字抄》38）
【棯】如甚切。木弱皃。
◎棯，如甚切。棯棯，木弱皃。
【枖】於驕切。木盛皃。
◎枖，於驕切。枖枖，木盛皃。
【枊】五浪、五郎二切。繫馬柱也。
◎枊，五浪、五郎二切。繫馬柱。
【朵】都果切。木上垂。朶，同上。

◎朵，都果切。木上垂。又枝朵也。朶，同上。

【梃】達頂切。木也。

◎梃，達頂切。梃，木也。

【標】俾饒切。木末也，顛也。又標舉也。又卑小切。

◎標，俾饒切。木末也。又標舉也。又卑小切。

○標，《玉篇》：標，舉也，書牌也，表識也。（《一切經音義》卷四）

○標，顧野王云：標謂揭表以識之。（《一切經音義》卷四十七）

○標，顧野王云：標謂識處所也。（《一切經音義》卷六十四）

【桹】力唐切。高木也。

◎桹，力唐切。桹然，高木也。

【𣡌】所臻切。《説文》曰：衆盛也。《逸周書》曰：𣡌疑沮事。

◎𣡌，所臻切。衆盛皃。

【橌】下板切。大木皃。

◎橌，下板切。大木皃。

【柚】羊宙切。似橘而大。《吕氏春秋》：果之美者，有雲夢之柚。

◎柚，羊宙切。果似橘而大。

○柚，《玉篇》：軸作柚，機具也。（《九家集注杜詩》卷十五）

【楞】許朝切。玄楞，虚危之次。亦木皃。

◎楞，許朝切。玄楞，十二辰名。

【柖】時昭切。樹搖皃。《淮南子》：死而弄其柖，責絡牀爲柖。

◎柖，時昭切。柖柖，樹搖皃。

●底本“弄”疑當作“棄”，“責”疑當作“簀”，“絡”疑當作“浴”。謂人死則棄其柖簀于水中也。

【樛】居秋切。《詩》曰：南有樛木。木下曲曰樛。朻，同上。《爾雅》曰：下句曰朻。

◎樛，居秋切。木下曲曰樛。朻，同上。

【枉】紆往切。衺曲也。

◎枉，紆往切。衺曲，又冤枉。

【杏】胡梗切。果也。

◎杏，胡梗切。果名。

【橈】奴教切。《説文》曰：曲木也。《易》云：棟橈，本末弱也。又如昭切，小楫也。

◎橈，奴教切。曲木。如昭切，小楫。

【枎】輔虞切。枎疏，四布也。

◎枎，輔虞切。枎疎，木四布也。

【朻】子了切。木忽高也。

◎朻，子了切。木忽高。

【榾】呼骨切。高也。棝，同上。

◎榾，呼骨切。高也。棝，同上。

【橚】息六切。木長皃。

◎橚，息六切。木長皃。

【梴】丑連切。木長皃。《詩》曰：松桷有梴。

◎梴，丑連切。梴梴，木長皃。

【杕】徒計切。木盛皃。

◎杕，徒計切。木盛皃。

【椅】於宜切。長皃。《説文》曰：木椅施也。賈侍中説：椅，即椅也，可作琴。又椅椸，不正皃。

◎椅，於宜切。木長。賈侍中説：椅，即椅也。又椅椸，不正皃。

【欃】仕杉切。木蘭也。又楚咸切。《爾雅》云：彗星爲欃槍。又鋭也。㚒，同上。《説文》音託，落也。與簙同。

◎欃，仕杉切。木蘭也。又楚咸切，説也。㚒，同上。又音托，落也。與簙同。

●圓沙本“説也”疑當作“鋭也”。

【格】柯額切。式也，量也，度也，至也，來也。

◎格，柯額切。式也，量也，至也。

【槷】魚制切。木相摩。槸，同上。

◎槷，魚制切。木相摩也。槸，同上。

【槀】苦道切。木枯也。槁，同上。

◎槀，苦道切。木枯槀也。槁，同上。

○槀，顧野王云：槀即禾槀，草也。（《一切經音義》卷三十六）

○槀，顧野王：槀猶草也。（《一切經音義》卷四十）

【樸】普角切。真也，木素也。

◎樸，普角切。木素。普卜切，叢木。

○樸，木皮也。（《倭名抄》一119）

【楨】知京切。堅木也。《山海經》曰：大山多楨木。郭璞云：女楨也，冬不凋。又楨榦，築垣版也。
◎楨，知京切。堅木。又楨榦，築垣版也。
●底本“大山”當作“太山”。
【榜】他洛切。擊木也。《爾雅》云：木謂之榜。今江東斫木爲榜。亦作柝。欜，同上。
◎榜，他洛切。擊木。又作柝。欜，同上。
【柔】如周切。弱也。木曲直也。
◎柔，如周切。軟弱而不剛也。
【榑】附俱切。榑桑，神木，日所出也。
◎榑，附俱切。榑桑，神木，日所出也。
【朸】旅得切。《韓詩》云：如矢斯朸。木理也。平原有朸縣。
◎朸，旅得切。木理也。平原有朸縣。
○朸，顧野王曰：朸。木理也。（《詩經廣詁》）
【杲】公老切。明也，白也，高也。
◎杲，公老切。杲杲，明也，白也。
【杳】於鳥切。深廣寬皃。　《説文》曰：冥也。
◎杳，於鳥切。深也。杳，冥也。
【栩】何格切。角械也。一曰木也。
◎栩，何格切。角械也。
【栽】子來切。《説文》云：築牆長版也。《左氏傳》曰：楚子圍蔡里而栽。杜預云：設板築。又昨代切。
◎栽，子來切。築牆版。又昨代切。
【築】徵六切。擣也，刺也。古文作篁。
◎築，徵六切。擣也。古文作篁。
【構】古候切。架屋也。
◎構，古候切。架屋也，造也。
○構，《玉篇》：合也，成也。《考聲》：結架也，合材也，蓋也。（《一切經音義》卷八）
○構，顧野王云：構，合也。（《一切經音義》卷十一）
○構，《玉篇》：架屋也。（《一切經音義》卷九十三）
【檥】義奇、儀倚二切。《史記》曰：烏江亭長檥舟待項羽。應劭曰：檥，正也。孟康曰：檥，附也。
◎檥，義奇、儀倚二切。整舟也。
【榦】柯旦切。《書》曰：杶榦栝栢。榦，柘也。亦楨榦，築垣版也。又柄也。
◎榦，柯旦切。柘也。又楨榦，築垣版也。又柄也。
【模】莫奴切。法也，規也。橅，同上。
◎模，莫奴切。法也，規也。橅，同上。
○模，顧野王云：規形也。（《一切經音義》卷四十二）
【桴】芳無、扶留二切。屋檼也。又《論語》曰：乘桴于海。注云：編竹木，大者曰筏，小者曰桴。
◎桴，万無、扶留二切。屋檼也。又《語》：乘桴浮于海。注：編竹木，小者曰桴。
○桴，扶留反。馬融曰：擊鼓桴也。（《古文舊書考》一 80）
●圓沙本“万無”疑當作“方無”。
【棟】都貢切。屋極也。
◎棟，都貢切。屋極也。
【檼】於靳切。棼也，棟也。
◎檼，於靳切。棼也，棟也。
【極】渠憶切。棟也。《書》曰：建用皇極。極，中也。又至也，盡也，遠也，高也。
◎極，渠憶切。棟也。皇極。極，中也。又至也，盡也，遠也，高也。
【樘】達郎、丑庚二切。柱也。又車樘也。橕，同上。
◎樘，達郎、丑庚二切。柱也。又音棖。橕，同上。
【柱】雉縷切。楹也。又株主切，塞也。
◎柱，雉縷切。楹也。株主切，塞也。
【楹】餘成切。柱也。
◎楹，余成切。柱也。
【榰】之移切。柱也。
◎榰，之移切。柱也。
【楶】子結切。《説文》曰：欂櫨也。
◎楶，子結切。欂櫨屬也。
【櫨】來都切。柱上柎也。《吕氏春秋》曰：果之美者，箕山之東，青鳧之所，有甘櫨焉。一曰宅櫨，木出弘農山。
◎櫨，來都切。木名，又柱上柎也。

○櫨，顧野王云：汲水桔槔也。(《一切經音義》卷六十三)

【枅】結奚、結賢二切。方木也。

◎枅，結奚、結賢二切。方木也。

【栟】皮變切。門柱上欂櫨也。亦作閞。

◎栟，皮變切。門柱上欂櫨。亦作閞。

【楣】母悲切。《説文》云：秦謂屋櫋聯也，齊謂之檐，楚謂之梠。

◎楣，母悲切。屋聯櫋也。

【榱】慈栗切。栟也。

◎榱，慈栗切。栟也。

【栭】如之切。栭，栗也。又屋枅上標也。《爾雅》曰：栭謂之楶，即櫨也。

◎栭，如之切。栭，栗也。又屋枅上標也。

【椽】馳宣切。榱也。

◎椽，馳宣切。榱椽也。

【桷】古學切。榱也。

◎桷，古學切。榱也。

【橑】梁道切。榱也。《楚辭》曰欄橑。以木欄爲榱也。

◎橑，梁道切。榱也。

【櫋】彌堅切。屋櫋聯也。

◎櫋，彌堅切。屋櫋聯也。

【榱】所龜切。《説文》曰：秦名爲屋椽，周謂之榱，齊魯謂之桷。

◎榱，所龜切。桷椽也。

【梠】力語切。《説文》曰：楣也。

◎梠，力語切。梠，楣枋也。

【榌】婢脂、裨低二切。屋梠也。

◎榌，婢脂、裨祇二切。屋梠也。

【檐】余瞻切。屋檐也。櫚，同上。

◎檐，余瞻切。屋檐前也。櫚，同上。

【橝】大玷切。屋梠前也。一曰蠶槌。又大耽切，木名。

◎橝，大玷切。梠也。大耽切，木名。

【樀】都歷切。檐也，屋梠也。

◎樀，都歷切。檐，屋梠也。

【槏】去減切。户也。

◎槏，去咸切。户也。

【植】時職切。根生之屬也，樹也，置也。又除吏切，養蠶器也。橧，同上。

◎植，時職切。根生之屬。又種也。又除吏切，養蠶氣也。橧，同上。

○植，《玉篇》云：植，養蠶器也。(《方言疏證》卷五)

【杗】武方、莫當二切。屋大梁也。

◎杗，武方、莫當二切。屋大梁。

【樞】齒朱切。户樞也。

◎樞，齒朱切。户樞。又機也。

○樞，顧野王案：《莊子》云蓬户不完，桑以爲樞是也。(《一切經音義》卷五十一)

【樞】於侯切。木名。《爾雅》云：樞荎，今之刺榆。

◎樞，於侯切。木名。

【櫳】力同切。房室之疏也。亦作櫳。

◎櫳，力同切。房室之疏。亦作櫳。

【楯】時允切。闌檻也。《漢書》有鉤楯主近苑囿。本亦作盾。

◎楯，時允切。闌檻。亦作盾。

【樓】落侯切。重屋也。

◎樓，落侯切。重屋也。

【櫺】力庭切。屋梠也。《説文》曰：楯間子也。

◎櫺，力庭切。屋梠也，楯間子也。

【棟】山革切。赤棟木。

◎棟，山革切。赤棟木也。

【棟】丑足、七足二切。短椽也。亦木名。

◎棟，丑足、七足二切。短椽。又木名。

【椳】郁回切。户樞也。

◎椳，郁回切。户樞也。

【槾】莫干、亡旦二切。杇槾也。

◎槾，莫干、莫旦二切。杇槾也。

【杇】於胡切。《説文》曰：所以涂也。秦謂之杇，關東謂之槾。《論語》曰：糞土之牆，不可杇也。

◎杇，於胡切。杇槾，塗也。

【椙】莫到切。門樞之横梁。

◎椙，莫到切。門樞横梁也。

【欂】補各、弼戟二切。欂櫨枅也。

◎欂，補各、弼戟二切。枅也。

【榑】弼戟切。《説文》曰：壁柱也。
◎榑，弼戟切。壁柱也。
【槈】奴遘切。《説文》曰：薅器也。《國語》曰：挾其槍刈槈鎛。
◎槈，奴遘切。薅器也。
【楔】先結切。木名。《説文》曰：限也。楔，同上。
◎楔，先結切。木名。《説文》：限也。楔，同上。
【楂】俟加切。水中浮木也，柴門也，柵也。亦作查。
◎楂，側加切。水中浮木也，柴門也。亦作查。
【楗】渠偃切。關楗也。與鍵同。
◎楗，渠偃切。關楗。楗与鍵同。
【櫼】子廉切。楔也。或殲字。
◎櫼，子廉切。楔也。或作殲。
○櫼，《玉篇》：伐也。（《龍龕手鏡》卷四）
【柵】楚格切。編豎木。
◎柵，楚格切。編豎木爲欄。
【楔】革鍺切。荆桃也。亦門兩傍木。又先結切。
◎楔，革鍺切。門房木。又先結切。
【桓】胡端切。桓木，葉似柳，皮黄白色。
◎桓，胡端切。木名。又桓桓，武皃。
【杝】直紙切。《詩》云：析薪杝矣。謂隨其理也。又音移，木名。
◎杝，直紙切。《詩》：析薪杝矣。謂隨其理也。又音移，木名。
○杝，《玉篇》：直紙反。析薪隨其木理也。（《一切經音義》卷二十七）
【楃】烏角切。木帳也。
◎楃，烏角切。木帳也。
【橦】徒江切。《説文》曰：帳極也。《西京賦》：都盧尋橦。橦，竿也。或作幢。
◎橦，徒江切。竿也。或作幢。
○橦，《玉篇》：橦或作幢。（《方言箋疏》卷二）
【杠】古尨切。《爾雅》曰：素錦綢杠。以白地錦韜旗之竿。又石杠，今之石橋。又牀前横也。
◎杠，古尨切。長杠，旗竿也。
○杠，《玉篇》《廣韻》竝引《方言》云：杠，東齊海岱之間謂之樺。（《方言疏證》卷五）
【樺】所銀切。《方言》云：杠，東齊海岱之間謂之樺。
◎樺，所銀切。杠也。
【桯】户經、他丁二切。牀前几也。
◎桯，户經、它丁二切。牀前几也。
【榻】恥臘切。牀狹而長謂之榻。
◎榻，恥臘切。牀狹而長。
【枕】之甚切。卧頭所薦也。又車後横材。又之賃切。
◎枕，之稔切。卧頭所薦也。又車後横木。又之賃切。
○枕，顧野王云：枕，薦也。（《一切經音義》卷六十六）
○枕，顧野王云：枕，卧頭有所薦也。（《一切經音義》卷八十九）
○枕，《玉篇》云：枕，車後横材。（《方言疏證》卷九）
【椷】於歸切。椷窬，褻器。又決塘木也。
◎椷，於歸切。決塘木。又褻器也。
【梒】居業、公荅、渠業三切。劍柙也。《莊子》云：梒而藏之。
◎梒，居業、公荅、渠業三切。劍柙。
【櫝】徒穀切。匱也。亦木名。又小棺也。樚，同上。
◎櫝，徒穀切。匱也，木名。又小棺。樚，同上。
【櫛】側瑟切。梳枇之總名。楖，同上。
◎櫛，側瑟切。梳枇之揔名。楖，同上。
【梳】所於切。理髮也。
◎梳，所於切。可理髮具也。
【梱】苦本切。門橛也。
◎梱，苦本切。門橛梱也。
【栗】句娱切。芣臿也。
◎栗，句娱切。芣臿也。
【梠】詳里切。臿也。與耜同。梩，同上。
◎梠，詳里切。重也。与耜同。梩，同上。
●圓沙本“重也”當作“臿也”。

【苿】胡瓜切。兩刃臿也。今爲鏵。
◎苿，胡瓜切。兩刃臿也。亦作鏵。
【枱】弋之切。耒端木也。亦作鈶。辝，籀文。
◎枱，弋之切。耒端木也。亦作鈶。辝，籀文。
【柌】似咨切。鎌柄也。
◎柌，似咨切。柌，鎌柄也。
○柌，野王案：柌，鎌柄也（《倭名抄》五77）
【楎】呼歸切。杙也，在牆曰楎。又犂轅頭也。
◎楎，呼歸切。栻也。又犂轅頭也。
●圓沙本“栻也”當作“杙也”。
【櫌】於求切。《說文》曰：摩田器也。《吕氏春秋》曰：鉏櫌白梃。櫌，椎也。
◎櫌，於求切。摩田器也，椎也。
【欘】知録切。枝上曲。一曰斤柄也。又斫也。或作斸。
◎欘，知録切。枝上曲。一曰斤柄。又斫也。或作斸。
【梑】胡的切，又胡革切。燒麥柃梑也。
◎梑，胡的、胡革二切。燒麥。
【杷】步牙切。收麥器也。
◎杷，步牙切。收麥器。
○杷，顧野王云：以手播肉曰杷。（《一切經音義》卷七十六）
【柫】甫物切。連枷也，所以打穀者也。
◎柫，甫物切。連枷，打穀者。
【槩】柯愛切。平斗斛也。又梗槩。杚，同上。《說文》古没切，平也。
◎槩，柯愛切。平斗解也。又梗槩。杚，同上。又古没切，平也。
●圓沙本“斗解”當作“斗斛”。
【杫】思漬切。肉几也。㭒，同上。又思井切。榹，同上。
◎杫，思漬切。肉几名。㭒，同上，又思井切。榹，同上。
【桮】博回切。《說文》曰：䈰也。杯，同上。
◎桮，博回切。䈰也。桮，棬也。杯，同上。
【柶】思至切。角匕也。《周禮》曰：大喪共角柶。
◎柶，思至切。柶，角上也。
●圓沙本“角上”當作“角匕”。
【槃】步干切。器名。或作盤、鎜。柈，同上。
◎槃，步干切。器名。或作盤、鎜。柈，同上。
【檈】似宣切。圜案也。
◎檈，似宣切。圜案也。
【梋】古玄切。椀謂之梋，盂屬也。又辭玄切。
◎梋，古玄切。盂屬。詞玄切，木名。
○梋，《玉篇》音古玄反。（《龍龕手鏡》卷四）
【椷】古咸、胡緘二切。木名。又杯也，篋也。椷，同上。
◎椷，古咸、胡緘二切。木名，杯也，篋也。椷，同上。
○椷，《玉篇》：椷，杯也。（《方言箋疏》卷五）
【案】於旦切。几屬也，食器也。
◎案，於旦切。几屬。又食器也。
○案，顧野王曰：案，瞻視也。《漢書音義》曰：案，考驗也。如淳曰：案，察行也。（《令義解》序注352）
【杓】甫遥、都歷二切。斗柄也。又市若切。
◎杓，甫遥、都歷二切。斗柄。又市若切。
【杵】齒與切。舂杵也。
◎杵，齒與切。杵插，舂具也。
【桱】公定切。桯也。又木名。
◎桱，公定切。桯也。又木名。
●底本“桯”原訛，據宋十行本改。
【櫑】力回切。刻木爲雲雷象謂之櫑。又作罍。
◎櫑，力回切。木器。亦作罍。
【榼】苦閤切。酒器也。
◎榼，苦閤切。酒器。
【椑】薄雞切。齊人謂斧柯爲椑。又圓榼也。《漢書》曰：美酒一椑。
◎椑，薄雞切。斧柯。又圓榼。
【橫】胡廣切。所以支器。一曰帷橫，屏風屬。
◎橫，胡廣切。所以支器也。一曰帷橫，屏

風屬。

【橢】敕果切。狹長也，車笭中橢器也。

◎橢，敕果切。狹長也，車笭中橢器也。

【𣘦】俱録切。舉食者。

◎𣘦，俱録切。器舉食者。

【槩】公悌切。繘耑木也。

◎槩，公悌切。繘耑木也。

【槌】紂愧切。植也，蠶槌也。

◎槌，紂愧切。植也，蠶槌也。

○槌，《玉篇》云：槌，蠶槌也。（《方言疏證》卷五）

【栚】陟革切。槌横木也，關西謂之栚。棏，同上。檍，古文。

◎栚，陟革切。槌横木，關西謂之栚。棏，同上。檍，古文。

【样】餘章、子郎二切。槌也。

◎样，余章、子郎二切。槌也。

【柣】直荏切。横槌也。

◎柣，直荏切。横槌也。

【檷】奴底切。木也，絡絲柎也。

◎檷，奴底切。木也，絡絲柎也。

【機】居衣切。弩牙也。

◎機，居衣切。弩牙。又樞機，機權。

○機，顧野王曰：機者，有機麗之物也。（《一切經音義》卷三十三）

○機，顧野王云：機謂機變也。（《一切經音義》卷六十六）

【椤】先和切。織椤也，緯也。亦作梭。

◎椤，先和切。織具。亦作梭。

【滕】詩證切。機持經者。

◎滕，詩證切。機持經者。

【杼】持吕切。機持緯者。

◎杼，持吕切。機持緯者。

【椱】扶富切。機持繒者。

◎椱，扶富切。機持繒者。

【楥】吁萬切。履法也。楦，同上，俗。

◎楥，吁萬切。履法，援履具。楦，俗。

【棚】皮莖、部登二切。閣也，棧也。

◎棚，皮莖、部丁二切。閣，棧也。

【核】爲革、户骨二切。果實中也。

◎核，爲革、户骨二切。果實牛也。

○核，顧野王云：果實中核也。（《一切經音義》卷三十四）

●圓沙本“牛”當作“中”。

【栫】在見切。木也，柴木壅水也。

◎栫，在見切。木也，柴木壅水也。

【槶】古誨切。筐也。

◎槶，古誨切。筐也。

【梯】他奚切。木階也。

◎梯，它奚切。竹木階也。

【棖】宅行切。門兩傍木也。

◎棖，宅行切。門兩傍木也。

【桊】居媛切。牛鼻環也。一曰牛枸。

◎桊，居媛切。牛鼻桊也。

【棷】楚愁切。牛桊也。

◎棷，楚愁切。牛桊也。

【樴】之力、徒得二切。杙也，所以繫牛。

◎樴，之力、徒得二切。係牛杙也。

【椎】直追切。木椎也。

◎椎，直追切。木器椎也。

○椎，顧野王云：所以擊物者也。（《一切經音義》卷十）

○椎，顧野王云：椎，所以轉物也。（《一切經音義》卷三十四）

○椎，《玉篇》云：椎，所以擊物也。（《一切經音義》卷八十六）

【梐】蒲禮切。《周禮》：掌舍設梐枑。梐枑，謂行馬也。《家語》：周梐。王肅曰：獄牢也。

◎梐，蒲礼切。梐枑，獄牢具。

○梐，顧野王云：梐，牀挺木也。（《一切經音義》卷六十一）

【枑】胡故切。梐枑。

◎枑，胡故切。梐枑。

【棧】仕板切。《説文》云：棚也。一曰竹木之車曰棧。《詩》曰：有棧之車。

◎棧，仕板切。棚也。一曰竹木車。

【槿】渠巾切。柄也。又居隱切，木槿，朝生夕隕，可食。

◎槿，渠巾切。柄也。居隱切，木名。
【欀】人向切。道木也。
◎欀，人向切。道木也。
【柦】乙交切。柌也。
◎柦，乙交切。柌也，皆鎌柄也。
【棙】於皮切。田器也。
◎棙，於皮切。田器。
【櫟】音椉。杙也。
◎櫟，音椉。杙也。
【棷】且豆切。橘類也。
◎棷，且豆切。果木也，橘屬。
【朽】虚柳切。腐也。
◎朽，虚柳切。腐也。
【框】去狂切。棺門也。
◎框，去狂切。棺椁門。
【檫】先葛切。檫聲也。
◎檫，先葛切。檫声也。
【村】千昆切。聚坊也。
◎村，千昆切。坊市也。
○村，聚落，人所聚居也。(《法華釋文》下)
【穎】古迴切。篋也。
◎穎，古迴切。篋也。
【棤】思亦切。棤皵也，謂皮甲錯。
◎棤，思亦切。棤皵，皮甲錯也。
【栒】思尹切。栒虡，縣鍾磬，横者曰栒。亦作簨。榠，同上。
◎栒，思尹切。縣鍾横者。亦作簨。榠，同上。
【椴】大館切。木，似白楊。
◎椴，大館切。椴木，似楊。
【杭】胡剛切。州名。
◎杭，胡剛切。州名。又槽屬。
【栊】蒲葛切。矢末也。
◎栊，蒲葛切。矢箭木。
【櫨】距於切。藩落籬。
◎櫨，距於切。藩落籬也。
●底本字頭原訛，據宋十行本改。
【棴】扶木切。木出崐崙也。
◎棴，扶木切。木名，出崐崙。
【檣】才羊切。船檣帆柱也。
◎檣，才羊切。船檣帆柱也。
【楏】胡獺切。所以輔木轉也。
◎楏，胡獺切。以輔木轉也。
【椺】武賴切。木名。
◎椺，武賴切。木名。
【椨】附俱切。江東人呼草木子房爲椨。
◎椨，附俱切。草木子房。
【柢】上支切。碓衡也。
◎柢，上支切。碓衡也。
【檷】時燭切。木名。大葉似柳而赤。
◎檷，時六切。木名。大葉似柳。
【欋】具俱切。齊魯謂四齒杷也。
◎欋，具俱切。四齒杷。
【樢】丁了切。亦蔦字。
◎樢，丁了切。与蔦同。
【棉】彌羶切。木名。柄，同上。楄，亦同上。
◎棉，彌羶切。木名。柄，同上。楄，同上。
【梢】下交切。梢桃，梔子也。
◎梢，下交切。梢桃，梔子也。
【棡】無兩切。車棡。與輞同。
◎棡，無兩切。車棡也。与輞同。
【橇】丘喬切。《史記》曰：泥行乘橇。孟康云：橇形如箕，擿行泥上。亦作鞽。又子絶切。
◎橇，丘喬切。行泥乘者。亦作鞽。又子絶切。
○橇，《玉篇》：橇，仁喬反。亦作鞽。又子絶反。(《書傳輯録纂注》卷一)
【檋】紀録切。《史記》：山行乘檋，謂以鐵如錐頭，長半寸，施之屐下，以上山。又丘喬切。
◎檋，紀録切。山行所采，以鐵施屐下。又丘喬切。
●圓沙本“采”當作“乘”。
【楓】甫紅切。楓，香木。
◎楓，甫紅切。楓，香木。
【椀】於管切。小盂也。
◎椀，於管切。小盂。亦瓷器。
【楺】如酉切。屈木。《易》曰：楺木爲耒。
◎楺，如酉切。楺屈木也。

【柚】弋周切。木更生也。與由同。
◎柚，弋周切。木更生也。與由同。
【樟】之揚切。木名。
◎樟，之揚切。木名，豫樟也。
○樟，顧野王云：大木也。（《一切經音義》卷五十四）
【椊】待骨切。植也。
◎椊，待骨切。植也。
【朱】口頓切。古文困。
◎朱，口頓切。古文困。
【樗】五各切。穽也。
◎樗，五各切。穽也。
【桭】之仁切。屋梠也。梪，同上。
◎桭，之仁切。屋梠也。梪，同上。
【柍】於兩切。木實。
◎柍，於兩切。木實子。
【朮】時聿切。穀名。又直律切，藥名。
◎朮，時聿切。穀也。直律切，藥名。
○朮，儲律反。《醫家續傳》云白朮之術，時律反。《聲類》古文秫字。秫，黏粟也。在禾部。（《香藥字抄》63，《藥字抄》6）
【榏】牛狄切。榏舟。亦作艗。
◎榏，牛狄切。榏舟。亦作艗。
【榱】於可切。榱㮰，木盛皃。
◎榱，於可切。榱㮰，木盛皃。
○榱㮰，顧野王《玉篇》：榱㮰。木盛貌。（《吳下方言考》卷六）
【㮰】乃可切。榱㮰。
◎㮰，乃可切。榱㮰。
【桊】居奉、居辱二切。兩手同桊。亦作拲。
◎桊，居奉、居辱二切。兩手同桊。亦作拲。
【梱】公路切。梱斗，可以射鼠也。
◎梱，公路切。梱斗，可射鼠。
【樏】力追切。山行所乘者。又力詭切，扁榼謂之樏。
◎樏，力追切。山行所乘。又力詭切，扁榼也。
○樏，《玉篇》：樏，力追反。（《書傳輯録纂注》卷一）

【桄】古黄切。充也。《廣志》云：桄榔樹如椶葉，木中有屑如麪。
◎桄，古黄切。桄榔，木名。
【朾】徒丁切。橦也。又音汀。
◎朾，徒丁切。橦也。又音汀。
【榷】吉學切。水上横木渡，今之略彴也。《漢書》云：初榷酒酤。注：謂榷者步渡橋。
◎榷，吉學切。水上横木渡。
【橋】巨驕切。梁也。又居召切。《禮記》曰：奉席如橋衡。
◎橋，巨驕切。梁也。又居召切。
○橋，《説文》：橋梁也，道路也。徐廣云：道路也，言人之踏而所行也。（《令集解》四 95）
【梭】先刀切。船總名。或作艘。椶，同上。
◎梭，先刀切。舡名。或作艘。椶，同上。
【橃】補達切。海中大船也，泭也。亦作䑺。
◎橃，補達切。海中大船。亦作䑺。
【楫】才立、子葉二切。行舟具也。
◎楫，才立、了葉二切。行舟具也。
○檝，即業反。舟檝也。（《三教指歸注》二 13）
●檝同楫。圓沙本“了葉”疑當作“子葉”。
【欐】力底、力計二切。小船也。又梁棟名。又所宜切。
◎欐，力底、力計二切。小船。又梁棟名。又所宜切。
【欚】力底切。江中大船也。又作艬。
◎欚，力底切。江中大船。又作艬。
【横】胡觥、胡孟二切。闌木也。
◎横，胡觥、胡孟二切。闌木。
○横，胡孟、胡宖反。（《類》28）
【梜】公洽切。檢柙也。
◎梜，公洽切。檢柙也。
【檇】遵爲、子遂二切。《左氏傳》曰：越敗吳於檇李。
◎檇，遵爲、子遂二切。地名。
【梈】徒丁切。《上林賦》云：梈柰厚樸。梈柰，果名也。

◎楟，徒丁切。柰，果名。
【槎】仕雅切。《國語》：山不槎蘖。槎，斫也。亦與查同。
◎槎，仕雅切。斫也。与查同。
●宋十行本作“什雅切”。
【椓】都角切。擊也。《詩》云：椓之橐橐。
◎椓，都角切。擊椓也。
【柧】古胡切。柧棱，木也。
◎柧，古胡切。柧棱，木名。
【棱】力增切。柧棱。
◎棱，力增切。柧棱，木也。
【枰】皮兵、皮柄二切。枰仲，木名。《上林賦》曰：華楓枰櫨。又博局也。
◎枰，皮兵、皮柄二切。枰仲，木名。又博局也。
【蘖】魚割切。餘也。櫱、不、梓、栫，並同上。
◎蘖，魚割切。餘也。櫱、不、梓、栫，並同上。
【柮】當骨切。榾柮，木頭。《説文》五滑切，斷也。一曰給也。
◎柮，當骨切。榾柮，木頭。又五滑切，斷也。
【榾】古忽切。枸榾，木中箭笴。
◎榾，古忽切。枸榾，木中箭。
○榾，顧野王曰：枸榾，木中箭。（《六書故》卷二十一）
【杌】五骨切。樹無枝也。又《春秋傳》曰：檮杌。
◎杌，五骨切。樹無枝。又四凶檮杌。
○杬，顧野王《玉篇》云：杬木，出豫章，卵果不壞。（《正字通》卷五）
【檮】徒勞切。斷木也。
◎檮，徒勞切。断木。
【析】思狄切。分也。
◎析，思狄切。分也，破木曰析薪。
○析，顧野王云：析，分也。（《一切經音義》卷七十二）
○析，顧野王云：析，破也。（《一切經音義》卷八十一）
【棷】叉垢、側九二切。木也，柴也。
◎棷，側尤、叉垢二切。木也，柴也。
【梡】口管、胡管二切。木名。又束薪。
◎梡，口管、胡管二切。木名。
○梡，胡官反。木名，出蒼梧，子可食。《玉篇》又音完，義同。又苦管反，器名也。（《龍龕手鏡》卷四）
【梱】胡本切。木未破也。
◎梱，胡本切。木未破也。
【楪】餘涉切。牖也。又楪榆，縣名。枼，與涉切。薄也。亦同上。
◎楪，余陟切。牖也。又楪榆，縣名。枼，同上。又与涉切，薄也。
【楄】扶田切。《左氏傳》曰：唯是楄柎。謂棺中笭牀也。又方木也。
◎楄，扶田切。楄柎也。又方木也。
【福】甫六切。持牛不令觝觸人也。《説文》又彼力切，以木有所逼束也。
◎福，甫六切。持牛木。又音逼。
【桓】古鄧切。竟也。今作亘。
◎桓，古鄧切。竟也。今作亘。
【橾】仕交切。澤中守草樓也。
◎橾，仕交切。澤中守草樓。
【休】虛鳩切。息也，定也。
◎休，虛鳩切。休息也，養也。
○休，息也。（《法華釋文》中）
【杻】敕九切。械也。杼，同上。
◎杻，敕九切。杻械，獄具也。杼，同上。
○杻，械也。（《倭名抄》五 48）
○杻械，《玉篇》：桎梏也。（《一切經音義》卷二十七）
○杻械，《玉篇》云：桎梏也。《考聲》云：所以拘罪人也。（《續一切經音義》卷八）
【械】亥誡切。器仗也。又桎梏也。
◎械，亥誡切。器仗也，桎梏。
○械，《玉篇》：桎梏也，穿木爲也。（《續一切經音義》卷五）
【桎】之實切。在足曰桎。
◎桎，之實切。在足曰桎。
○桎，之實反。《周禮》：掌囚，凡囚，中罪桎梏。鄭玄曰：在手曰桎，在足曰梏。鄭衆

曰：桎梏，兩手各一木也。《倉頡篇》：偏者曰桎，参著曰梏。(《香字抄》37)

【梏】古篤切。在手曰梏。

◎梏，古篤切。在手曰梏。

○梏，古篤反。《周禮》：大司寇之職，凡万民之有罪，桎梏而坐之嘉石。鄭玄曰：木在足曰桎，在手曰梏。又曰：凡刑殺，告于(王)，(士加)明梏，以過［適］市之［而］刑殺之。鄭玄曰：加明梏者謂盡其姓名及罪於梏，著之也。《左氏傳》：執而梏之。杜預曰：足械曰梏。《爾雅》：梏，直也。(《香字抄》37)

【棲】禹煩切。絡絲籰也。或作篗。

◎棲，禹煩切。絡絲具。或作篗。

○棲，《玉篇》：棲，絡絲籰［篗］也。(《方言疏證》卷五)

【校】胡教切。械也。《周禮》校人掌王馬之政。又古效切。

◎校，胡教切。械也。古效切，檢也。

【采】且在切。色也，事也。又取也。

◎采，且在切。色也，采取也，事也。

【柿】蒲會、孚吠二切。削朴也，枝附也。

◎柿，蒲會、孚吠二切。枝附也。

【櫪】力狄切。櫪撕，柙指也。

◎櫪，力狄切。櫪撕，柙指也。

【撕】先奚切。櫪撕也。

◎撕，先奚切。櫪撕也。

【杣】始神切。木自斃曰杣。

◎杣，始神切。木自斃。

【槍】千羊切。岠也，木兩頭鋭也。《莊子》槍猶抵也。《漢書》云：見獄吏則頭槍地。又楚庚切，欃槍也。

◎槍，千羊切。岠也，兩木頭鋭也，抵也。又楚庚切，欃槍星。

【櫳】力東切。檻也，牢也。

◎櫳，力東切。檻也，牢也。

【柙】胡甲切。檻也。

◎柙，胡甲切。木柙，檻也。

【檻】下黤切。闌也，櫳也。《楚辭》云：檻，楯也。

◎檻，下黤切。木也。檻，楯也。

○檻，顧野王曰：謂殿上拘欄也。(《一切經音義》卷二十三)

【棺】古丸切。棺椁。棺之言完，所以藏屍令完也。又古亂切，棺，斂也。

◎棺，古丸切。棺椁。古乱切，斂也。

【棲】思奚切。鳥棲也。亦作栖。

◎棲，思奚切。鳥棲。亦作栖。

【櫬】楚鎮切。親身棺也。

◎櫬，楚鎮切。親身棺也。

【槥】爲綴、才芮二切。《漢書》曰：給槥櫝葬埋。師古云：槥櫝，謂小棺。又音歲。

◎槥，爲綴、才芮二切。《漢書》：槥櫝。師古云：小棺。又音歲。

【椈】居六切。栢椈也。

◎椈，居六切。栢椈也。

【椁】古莫切。棺椁。槨，同上。

◎椁，古莫切。内棺謂之椁。槨，同上。

○槨，野王案：槨，周棺者也。(《倭名抄》六78)

【楬】渠列切。有表識謂之楬櫫也。

◎楬，渠列切。有表識之稱。

【櫫】竹余切。楬也。

◎櫫，竹余切。楬也。

【樑】瞿龍切。小舟也。亦作艂。

◎樑，瞿龍切。小舟。亦作艂。

【槳】子兩切。楫屬。

◎槳，子兩切。楫屬。

【櫂】馳效切。檝也。棹，同上。

◎櫂，馳效切。檝也。棹，同上。

【槄】他刀、他活二切。山榎也。

◎槄，他刀、他活二切。山榎也。

【椒】子姚切。木名。《爾雅》云：檓，大椒。椒，同上。

◎椒，子姚切。檓也，藥椒也。椒，同上。

【檓】欣詭切。大椒也。

◎檓，欣詭切。大椒謂之檓。

【橭】古胡切。木名。木四布也。

◎橭，古胡切。木名。木四布也。

【櫰】古回、户乖二切。槐別名。

◎櫰，古回、户乖二切。与槐同。

【櫔】力制切。木名。實如栗也。
◎櫔，力制切。木名。子如栗。
【栱】居冢、渠恭二切。《爾雅》曰：杙大者謂之栱。
◎栱，居冢、渠恭二切。杙大者。
【榭】辭夜切。臺有木曰榭。
◎榭，詞夜切。臺有木曰榭。
【橜】巨月、居月二切。門梱也。
◎橜，巨月、居月二切。門梱。
【椹】豬金切。鈇椹，斫木櫍也。或作戡。又時枕切，桑子也。
◎椹，猪金切。鈇椹，斫木櫍。或作戡。時枕切，桑子。
○椹，顧野王曰：椹，桑也。音食稔反，亦作葚。（《遊仙窟抄》三 24）
○椹，顧野王曰：椹，桑也。（《遊仙窟》卷三）
【橧】才陵切。豕所寢也。又子登切。
◎橧，木陵切。豕所寢。又子登切。
【棬】去權切。屈木盂也。又居媛切，拘牛鼻。亦作桊。
◎棬，去權切。屈木盂。又居媛切，拘牛鼻。亦作桊。
○棬，《玉篇》作棬，云：盂也。（《方言疏證》卷五）
【楍】步本切。即畚車也。又拘簍，車弓也。
◎楍，步本切。畚車也。亦車弓也。
【樑】居蔭切。格也。
◎樑，居蔭切。格也。
●底本“格也”，原作“恪也”，據宋十一行本改。
【板】補簡切。片木也。與版同。
◎板，補簡切。木片也。與版同。
【柩】渠救切。尸在棺曰柩。
◎柩，渠救切。尸在棺，其棺曰柩。
【梌】於據切。几屬也。
◎梌，於據切。梌器也，几屬。
●底本“几屬”，原作“兀屬”，據宋十一行本改。
【椸】是支切。匕名。今作匙。
◎椸，是支切。匕名。今作匙。
【櫙】子忍切。盂也。
◎櫙，子忍切。盂也。
○櫙，《玉篇》云：櫙，盂也。（《方言疏證》卷十三）
【椈】思計切。椈陽山。
◎椈，思計切。椈陽，山名。
【枻】余世切。楫也。栧，同上。
◎枻，余世切。枻柁，楫也。栧，同上。
○枻，野王案：枻，大船旁板也。（《倭名抄》三 63）
【檡】舒亦、徒革二切。梬棗也。
◎檡，舒亦切，徒革切。棗也。
【橰】古刀切。桔橰也。
◎橰，古刀切。桔橰也。
【楸】徒的切。臧橰也。
◎楸，徒的切。楸橰也。
【枘】而鋭切。柄枘。《楚辭》曰：不量鑿而正枘兮。
◎枘，而鋭切。柄也。枘鑿也。
【槤】力煎切。簃也。又橫闗木。又木名。
◎槤，力前切。木名。又橫闗木也。
【桁】下庚切。屋桁也。又胡岡切，大械也。
◎桁，下庚切。屋桁。胡岡切，大械。
【檥】虛奇切。杓也，蠡爲檥也。
◎檥，虛奇切。杓也，蠡爲檥也。
○檥，《玉篇》云：檥，杓也。（《方言疏證》卷五）
【槭】所六切。櫪也，養馬器也。
◎槭，所六切。櫪也，飼馬具。
○槭，《玉篇》云：槭，櫪也，養馬器也。（《方言疏證》卷五）
【欅】女閭切。渜欅，杷也。
◎欅，女閭切。杷欅也。
○渜欅，《玉篇》：渜欅，杷也。（《方言疏證》卷五）
●底本“渜”字原訛，據宋十行本改。
【桲】蒲骨切。今連枷，所以打穀也。又榅桲，果名。
◎桲，蒲骨切。今連枷，打穀者。又榅桲，

果名。
○桲，《玉篇》云：桲，今連枷，所以打穀也。(《方言疏證》卷五)
【柍】古穴切。椀也。亦盂也。
◎柍，古穴切。椀也。亦盂也。
【梮】居録切。輿食器也。又土轝也。
◎梮，居録切。食器也。又七轝切。
○梮，《玉篇》：梮，居録反。(《書傳輯録纂注》卷一)
●圓沙本“七轝切”疑當作“土轝也”。
【欇】力葉、弋涉二切。柶木端也。
◎欇，力葉、弋涉二切。柶大端也。
●“大端”當作“木端”。
【檳】卑民切。檳榔木。
◎檳，卑民切。木名，檳榔也。
【楩】鼻綿切。楩木，似豫樟。
◎楩，鼻綿切。木名，似豫樟。
【楰】達胡切。木枝四布。
◎楰，達胡切。木枝四布。
【梌】丈加切。刺木也。
◎梌，丈加切。刺木也。
【桾】居云切。桾櫏，木出交趾，子如雞子。
◎桾，吉云切。桾櫏，木出交趾。
【櫏】且連切。桾櫏木。棬，同上。
◎櫏，且連切。木名，桾櫏。棬，同上。
【榽】遐雞切。榽橀木，細葉似檀，今江東有之。又山榽也。
◎榽，遐雞切。橀木名。
【橀】呼奚切。榽橀木。榼，同上，俗。
◎橀，呼奚切。榽橀。榼，同上，俗。
【欄】力寒切。木欄也。
◎欄，力寒切。欄檻，以木爲之。
【棯】猗儉切。棯，柰也。
◎棯，倚儉切。柰也。
【櫼】因廉切。木細葉。
◎櫼，因廉切。木細葉。
●圓沙本“因廉切”疑當作“因廉切”。
【椁】普庚切。木弩也。
◎椁，普庚切。木弩也。
【欓】多朗切。茱萸類。
◎欓，多朗切。茱萸也。
【樌】扶云切。枰仲，木別名。
◎樌，扶云切。枰仲，木別名。
【橯】古勞切。進船。
◎橯，古勞切。所以進舡。
【樽】子昆切。酒器也。亦作罇。
◎樽，子昆切。酒器。亦作罇。
【楛】户孤切。今江東呼棗大而鋭上者曰楛。亦作壺。
◎楛，户孤切。棗也。亦作壺。
【榧】弋之切。船戽斗。
◎榧，弋之切。船戽斗曰榧。
【栓】山全切。木丁也。
◎栓，山全切。木釘也。
【橜】巨列切。木釘也。
◎橜，巨列切。木釘也。
【櫝】公楝切。小杯也。亦作匵。
◎櫝，公楝切。小杯。亦作匵。
【椊】昨骨切。柱頭内。
◎椊，昨骨切。柱頭内。
【槝】於胡切。槝槦，木中箭笴。
◎槝，於胡切。槝槦，木中箭笴。
【槦】余鐘切。木名。
◎槦，余鍾切。木名。
【桅】俱彼切。黄木可染也。又五回切，船上檣竿。
◎桅，俱彼切。木名。五回切，舡竿。
【杔】丁格切。杔，櫨也。
◎杔，丁格切。杔，櫨也。
【栨】力煮切。木名，中箭笴。
◎栨，力煮切。木中箭笴者。
【樍】子狄切。樫木別名。
◎樍，子狄切。樫木別名。
【杆】公旦切。檀木也。
◎杆，公旦切。檀木也。
●《篆隸萬象名義》作“橿木也”，《集韻》作“僵木”，疑此當作“橿木也”。
【槧】子田切。古文牋。
◎槧，子田切。古文牋。
【檈】午載切。與礙同。

◎檥，午載切。与礙同。
【檛】竹華切。策也。《魏志》：檛折其脚。與簻同。
◎檛，竹華切。策也，椎也。与簻同。
【橔】大回切。棺覆也。
◎橔，大回切。棺椁覆也。
【槁】思野切。案之別名。
◎槁，思野切。案別名。
○槁，《玉篇》：槁，思野切。（《方言箋疏》卷五）
【櫍】之逸切。椹也。
◎櫍，之逸切。椹也。
【杓】子吝切。凡織先經，以杓梳絲使不亂。出《埤蒼》。
◎杓，子吝切。織者，梳絲具。
【栻】丑力切。局也。
◎栻，丑力切。局也。
【栁】力桃切。木名。
◎栁，力桃切。木名。
【樇】息流切。木名。
◎樇，息流切。木名。
【櫬】佳買切。松樠也。
◎櫬，佳買切。松揃木也。
【橥】於兮切。橥櫛，弩楔木也。
◎橥，於兮切。弩楔木也。
【榯】是之切。樹木立也。
◎榯，是之切。樹木立也。
【樑】都和切。木株也。
◎樑，都和切。木之末也。
【檇】了移切。檇欈，木實可食。
◎檇，子移切。欈㰖，木實可食。
【欈】俞規切。檇欈也。
◎欈，俞規切。檇欈。
【稟】池力切。古直字。
◎稟，他力切。古文直。
●圓沙本“他力切”疑當作“池力切”。
【檝】且接切。飯桌也。
◎檝，且接切。飯桌也。
【橄】古覽切。橄欖，果木，出交趾。
◎橄，古覽切。果木，橄欖也。
【欖】盧敢切。橄欖。
◎欖，盧敢切。橄欖。
【樹】都潰切。車箱。亦作轛。
◎樹，都潰切。車箱。亦作轛。
【櫖】力豫切。止槼也，似葛而麤大。
◎櫖，力預切。似葛而麤大。
【樌】古換切。木叢生也。今作灌。
◎樌，古玩切。木叢生也。今作灌。
【橬】達感切。木名。
◎橬，達感切。木名。
【橣】渠京切。鑿柄。
◎橣，渠京切。鑿柄木也。
【橰】公節切。橰槔，所以汲水。
◎橰，公節切。橰槔，以汲水。
【枍】才心切。木葉也。
◎枍，才心切。木葉。
【杬】魚袁切。木名，出豫章，煎汁，藏果及卵不壞也。
◎杬，魚袁切。木名。
【榞】魚袁切。木皮可食，實如甘焦。
◎榞，魚袁切。木皮可食者。
【樾】禹月切。楚謂兩樹交陰之下曰樾。
◎樾，禹月切。兩樹交陰之下。
【樿】之善切。木瘤也。
◎樿，之善切。木瘤也。
【榤】公八切。榤，鼓也。
◎榤，公八切。榤，鼓也。
【橉】力進、力盡二切。木名。又楚人呼門限曰橉。
◎橉，力進、力盡二切。木名。又門限。
【櫗】亡結切。
◎櫗，立結切。木索也。
●“立結切”當作“亡結切”。
【櫧】之餘切。木名，冬不凋。
◎櫧，之餘切。木冬不凋者。
【槈】乃豆切。木名，皮可染。
◎槈，乃豆切。木名，皮可染。
【櫞】尹全切。枸櫞，出交阯。《埤蒼》云：果名，似橘。
◎櫞，尹全切。果木似橘者。

【楉】如灼切。楉榴，柰屬。
◎楉，如灼切。木名，楉榴也。
【榴】力周切。石榴。
◎榴，力周切。果木，石榴也。
【槊】所角切。木名。
◎槊，所角切。木名。
【檬】亡公切。木名，似槐，葉黄。
◎檬，亡公切。木名，似槐也。
●《篆隸萬象名義》作“似槐，黄華也”。此處“似槐，葉黄”疑當作“葉似槐，華黄”。
【棑】皮拜切。船後棑木也。又步街切，棑，筏也。
◎棑，皮拜切。船後棑木。又步街切，筏也。
【稀】虛衣切。木名，汁可食。
◎稀，虛衣切。木名，汁可食。
【杭】渠鳩切。《爾雅》曰：杭，檕梅。
◎杭，渠鳩切。果名。杭，檕梅。
【枍】於計切。枍栺，宫名。
◎枍，於計切。枍栺，宫名。
【栺】五計切。枍栺。又旨夷切，栺，栭木。
◎栺，五計切。枍栺。又音脂，栭木。
【嬴】力戈切。木，中箭笴。
◎嬴，力戈切。木也，林中箭笴。
●圓沙本“林中箭笴”疑當作“木中箭笴”。
【橛】渠月切。橛株，山名。亦作橜。
◎橛，渠月切。橛株，山名。亦作橜。
○橛，居越反。手有所把也。（《醫心方》寫本）
【樣】丈加切。苦樣也。
◎樣，丈加切。苦樣名也。
【榫】扶支切。榫榹，木下枝也。又方奚切。
◎榫，扶支切。榫榹，木下枝。又方奚切。
【榹】斯兮切。榫榹也。
◎榹，斯兮切。榫榹。
【榓】亡質切。香木也。取香皆當豫斫之，久乃香出。樒，同上。
◎榓，亡質切。香木。斫久乃香出。樒，同上。
○榓，《玉篇》：榓者，香木也。（《一切經音義》卷二十七）
【櫼】弋占切。木膠，可作香。
◎櫼，弋占切。木膠，可作香。
【榅】於渾切。柱也。又於勃切，榅桲，木名。
◎榅，於渾切。柱也。於勃切，果也。
【棦】又耕切。木束也。
◎棦，又耕切。木束也。
●《篆隸萬象名義》作“剌也”。疑“木束也”當作“木朿也”。
【樏】力追切。木實也。
◎樏，力追切。木實也。
【榠】亡零切。榠樝，果也。
◎榠，亡零切。欞榠，果木也。
【杸】扶嚴切。木，皮可以爲索。
◎杸，扶嚴切。木，皮可以爲索。
【杺】思林切。木名，其心黄。又車鉤心木。
◎杺，思林切。木名。又車鉤心木。
【杒】如神切。屋上閒杒也。
◎杒，如神切。屋上閒杒也。
【榁】才戈切。櫨李。亦作椌。
◎榁，才戈切。櫨李。亦作椌。
【楞】力登切。木楞也。亦作棱。
◎楞，力登切。木楞也。亦作棱。
【橠】奴多切。或郍字。
◎橠，奴多切。或作郍，同。
【棎】時占切。果名，似柰而酸。
◎棎，時占切。果名，似柰而酸。
【桶】他董切。木桶。
◎桶，它董切。木桶，器也。
【杋】扶嚴切。北木皮俗呼爲水桴木也。
◎杋，扶眼切。北木皮俗呼爲水桴。
●底本“北”疑當作“此”，一説“此木皮”爲“柴皮”。
【樬】七紅切。尖頭擔也。
◎樬，七紅切。尖頭擔。
【椶】祖東切。椶櫚也。一名蒲葵。
◎椶，祖東切。椶櫚。一曰蒲葵。
【櫚】力居切。椶櫚。亦曰栟櫚也。
◎櫚，力居切。椶櫚木，栟櫚也。
【椿】陟江切。椿，橛也。又書容切，橦也。
◎椿，陟江切。橛也。書容切，橦也。
【桻】芳容切。木上也。

◎桻，芳容切。木上謂之桻。
【极】其輒切。驢上負版。
◎极，其輒切。驢上負版也。
【槻】吉維切。木名。
◎槻，吉雖切。木名。
【柁】徒可切。正船木也。
◎柁，徒可切。正船木。
【柅】與支切。柅，船名。
◎柅，与支切。船名。
【橿】寄良切。柯橿，鉏柄。
◎橿，寄良切。柯橿，鉏柄也。
●圓沙本“柯橿”未詳。
【楒】自兹切。相楒木。
◎楒，自兹切。相楒木也。
【櫋】彌連切。櫋木，有子，似栗。
◎櫋，彌連切。木也，有子似栗。
【栴】章延切。栴檀，香木。
◎栴，章延切。栴檀，香木也。
【樶】子回切。木樶節也。
◎樶，子回切。木樶節也。
【椔】側師切。木枯死。
◎椔，側師切。木枯死。
【槐】户灰切。《爾雅》云：槐大葉而黑爲櫰。又守宫，槐葉晝日聶合而夜炕布者。又户乖切。
◎槐，户灰、户乖二切。槐木。
【櫬】魚巾切。木名。
◎櫬，魚由切。木名。
●圓沙本“魚由切”疑當作“魚巾切”。
【櫄】所還切。木櫄。
◎櫄，所還切。木櫄。
【櫦】作蒿切。木名。
◎櫦，作高切。木名。
【槝】户恩切。平量也。
◎槝，户恩切。平量也。
【槽】徂毫切。馬槽。
◎槽，徂毫切。馬槽也。
【槙】多蓮切。樹梢也。又之忍切，木密也。
◎槙，多連切。木梢也。之忍切，木密。
【欑】昨官切。木叢也。
◎欑，昨官切。木叢。
【椰】余遮切。椰子木。
◎椰，余遮切。椰子，木名也。
【榶】徒郎切。車榶。
◎榶，徒郎切。車榶也。
【枹】縛謀切。鼓槌也。《爾雅》曰：楊枹薊，似薊而肥大。又百交切。《爾雅》曰：枹，遒木魁瘣。謂樹木叢生，枝節盤結磈磊。
◎枹，縛謨切。鼓槌。又百交切。謂樹木叢生，枝節盤結磈磊。
○枹，顧野王云：枹，擊鼓椎也。（《一切經音義》卷三十一）
○枹，顧野王曰：枹，鼓椎也。（《一切經音義》卷三十三）
【檎】其吟切。林檎，果似柰。
◎檎，其林切。林檎果。
【榮】巨營切。木名。
◎榮，巨營切。木名。
【櫋】居言切。櫋子，樗蒲彩。
◎櫋，居言切。櫋子，樗蒲采也。
【橆】先胡切。橆枋，可染緋。
◎橆，先胡切。橆木，可染緋。
【棈】七精切。木名。
◎棈，七精切。木名。
【棡】古郎切。
◎棡，古郎切。高木也。
【榜】蒲萌切。《説文》曰：所以輔弓弩也。又北孟切，榜人，船人也。
◎榜，蒲萌切。輪弩。又北孟切。
【杌】于牛切。木名。
◎杌，于牛切。杌木，樟屬。
【栝】古活切。木名。栢葉松身。梧，《説文》同上，檃也。
◎栝，古活切。木也。栢葉松身。梧，上同。《説文》：檃也。
【榀】主營切。木名。
◎榀，主營切。木名。
【棎】詞林切。木名。
◎棎，詞林切。木名。
【杴】許嚴切。鍬屬。櫶，同上。

◎杴，許嚴切。耕土具，鍬屬。㰹，同上。
【橊】力舟切。扶橊，藤名。
◎橊，力舟切。扶橊，藤名。
【欎】力舟切。木名。
◎欎，力舟切。木名。
【柶】息邪切。木名。
◎柶，息邪切。木名。
【椏】於加切。木椏杈。又烏可切，橠椏樹斜。
◎椏，於加切。木椏杈。又烏可切，橠椏樹斜。
【橠】盧可切。橠椏。
◎橠，盧可切。橠椏。
【材】昨來切。木梃也。
◎材，昨來切。木梃也。又材幹也。
○材，野王案：木已斬伐可施工匠者皆云材。(《令集解》五 135)
【枯】思尖切。木名。
◎枯，思尖切。木名。
【樇】竹旨切。枝樇也。
◎樇，竹旨切。枝樇也。
【橗】莫耕切。木心。
◎橗，莫耕切。木心。
【朷】都勞切。木名。
◎朷，都勞切。木名。
【櫺】朗丁切。長木也。
◎櫺，朗丁切。長木。
【棸】直流、側鳩二切。姓也。又士久切，木名。
◎棸，直流、側鳩二切。姓也。又士久切，木名。
【杊】詞倫切。木名。一云鉏柄。
◎杊，詞倫切。木名。亦柄。
【橒】于軍切。木文也。
◎橒，于軍切。木文也。
【椃】渠言切。廩也。《爾雅》曰：椹謂之椃。
◎椃，渠言切。椹也，廩也。
【棞】胡昆切。木名。
◎棞，胡昆切。木名。
【桍】苦胡切。木名。
◎桍，苦胡切。木名。
【楯】時春切。木名。
◎楯，時春切。木名。
【栶】於真切。木名。
◎栶，於真切。木名。
【椶】子回切。椶節木。亦作樶。
◎椶，子回切。節木。亦作樶。
【架】而諸切。木名。
◎架，而諸切。木名。
【檯】徒來切。木名。
◎檯，徒來切。木名。
【樏】力堆切。木名。
◎樏，力推切。木名。
【榕】余鍾切。木名。
◎榕，余鍾切。木名。
○榕，《玉篇》音容，木名也。(《龍龕手鏡》卷四)
【梆】必尨切。木名。
◎梆，必庬切。木名。
【欆】踈窻切。棹船羽。
◎欆，踈窻切。棹船羽也。
【梻】時斿切。木也。
◎梻，時游切。梻木也。
【棨】息咨切。木柴。
◎棨，息咨切。木析爲柴也。
【棿】魚稽切。車轅端持衡木。與輗同。
◎棿，魚稽切。車轅持衡木也。与輗字同。
【棤】則此切。木名。
◎棤，則此切。木名。
【棯】而審切。果木。《爾雅》曰：還味，棯棗。
◎棯，而審切。果木名。
【檃】呼覽、胡黤二切。《周禮》曰：彊檃，謂彊堅者。
◎檃，呼覽切，胡黤切。彊也。
【桄】息典切。桄木，子赤如大豆，俗云雷鳴子也。
◎桄，息典切。木也，子曰雷鳴子。
【榘】居羽切。與矩同。

◎椝，居羽切。與矩同。方器。

【櫸】居語切。木名。

◎櫸，居語切。櫸柳木也。

【枸】吉口切。枸杞也，根爲地骨皮。本作枸。

◎枸，吉口切。枸杞，藥名。本作枸。

【枴】古杞、乖買二切。枴子，老人杖也。柺，同上。

◎枴，古杞、乖買二切。老人杖也。柺，同上。

【栐】于丙切。木可用爲笏。

◎栐，于丙切。栐木可爲笏。

【榷】苦角切。枳木，有實似柚。

◎榷，苦角切。枳木，實似柚。

【椼】余闡切。木名。

◎椼，余闡切。木名。

○椼，余闡反。木名。（《古文舊書考》一80）

【枓】覩口切。栱枓。

◎枓，都口切。栱枓。

【柈】步項切。杖也。棒，同上。棓，同上。又連枷也。

◎柈，步項切。柈棒也。棒，同上。棓，同上。又連枷也。

○棓，步項反。杖也，又連枷也。（釋日本紀十四195）

【梬】以整切。梬，棗，似柹而小。

◎梬，于整切。棗也，似柹而小。

【櫓】力覩切。城上守禦望樓。《説文》曰：大盾也。

◎櫓，力覩切。城樓。《説文》：大盾也。

【樐】力古切。彭排也。亦同上。

◎樐，力古切。彭排。又同上。

○樐，《玉篇》：樐，彭排也。（《釋名疏證補》卷七）

【楮】丑吕切。《説文》曰：穀也。

◎楮，丑吕切。穀也。

【樆】力掌切。松脂。

◎樆，力掌切。松脂也。

【櫾】户巧切。器名。

◎櫾，户巧切。器名。

【檔】都郎切。牀也。又木名。

◎檔，都郎切。牀也。又木名。

【梫】士荏切。木名。又子禁切。

◎梫，亡荏、子禁二切。木名。

【椞】色養切。木名。

◎椞，色養切。木名。

【榥】胡廣切。讀書牀。

◎榥，胡廣切。讀書牀。

【橎】式荏切。木名。

◎橎，式荏切。木名。

【榼】呼改切。酒榼也。

◎榼，呼改切。酒器名。

【樬】如累切。木名。

◎樬，如累切。木名。

【榁】色盞切。木名。

◎榁，色盞切。木名。

【槩】吉忍切。槩木。

◎槩，吉忍切。槩木也。

【柲】筆媚切。戟柄也。

◎柲，筆媚切。戟柄也。

【櫃】巨位切。櫃篋。

◎櫃，巨位切。櫃篋，盛物者。

【概】古會切。概杖。

◎概，古會切。杖也。

○概，古愛反。平斗木也。又量也。《玉篇》音同上。（《龍龕手鏡》卷四）

【檖】夕醉切。木名。椽，同上。

◎檖，夕醉切。木名。椽，同上。

【柄】必命切。柯柄也。棅，同上。

◎柄，必命切。柯柄，可把。又權也。棅，同上。

○柄，顧野王云：柄，本也。（《一切經音義》卷十六）

【槵】胡慣切。木名。

◎槵，胡貫切。木名。

【榪】莫霸切。牀頭横木。

◎榪，莫霸切。牀頭横木。

【榨】側嫁切。打油具。

◎榨，側嫁切。打油具。

【樺】胡化切。木皮可以爲燭。又户瓜切。

◎樺，胡化切。木名，皮可爲燭。又户瓜切。
○樺，木名，皮可以爲炬者也。（《倭名抄》一119）
【杺】息進切。木名。
◎杺，息進切。木名。
【朳】側孝切。木刺也。
◎朳，測孝切。木刺名。
【槱】余宙切。積木燎以祭天也。與楢同。
◎槱，於宙切。燎木以祭天也。与楢同。
【椺】力帝切。果似枇杷子。
◎椺，力帝切。米果似枇杷子。
●圓沙本“米”疑當作“木”。
【椉】側吏切。木名。
◎椉，側吏切。木名。
【栝】他念切。木杖也。栝，《説文》栝字。
◎栝，他念切。木杖也。栝，《説文》同上。
【樍】式志切。木名。
◎樍，式志切。木名。
【檅】息鋭切。小棺也。
◎檅，息鋭切。小棺。
【杕】唐左切。船尾小梢也。
◎杕，唐左切。船尾小梢。與柁同。
【梋】吉戀切。木皮似絹，可以爲衣。
◎梋，吉戀切。木也，皮似絹。
【樎】郎卧切。木名。
◎樎，郎卧切。木名。
【檵】子眠切。小栗名。
◎檵，子眠切。小栗名。
【棒】口練切。棒木。
◎棒，口練切。木名。
【棩】烏縣切。木曲也。
◎棩，烏縣切。木曲。
【櫓】力渡切。櫓，桐也。
◎櫓，力度切。桐木也。
【棿】薄計切。木名。
◎棿，薄計切。木名。
【橓】式閏切。木名。
◎橓，式閏切。木名。
【槦】胡夾切。槦，檻也。
◎槦，胡甲切。檻槦也。
【椂】力篤切。木名。
◎椂，力篤切。木名。
【㭊】尼革切。木名。
◎㭊，尼革切。木名。
【栿】符目切。梁栿也。
◎栿，符目切。木梁栿。
【梌】他禄切。杖指也。
◎梌，他禄切。杖指也。
【棊】音其。博棊也。
◎棊，音其。博弈棊也。
【梁】音良。水橋也。㴱，古文。
◎梁，音良。渠棟。又水橋也。㴱，古文。
【柴】仕佳切。《説文》曰：小木散材。
◎柴，仕皆切。小木散材可燔者。
【杪】彌紹切。木末也。
◎杪，彌紹切。木末也。
【棨】音啓。兵闌也。《説文》曰：傳信也。
◎棨，音啓。兵闌也。又傳信也。
【枯】苦胡切。《説文》曰：槀也。
◎枯，苦胡切。也槀也。
【牀】仕良切。《説文》曰：安身之坐者。床，同上，俗。
◎牀，仕良切。几，安身及坐具也。床，俗。
【枷】音加。枷鎖。又連枷，打穀具。
◎枷，音加。囚具。又打穀者。
○枷，《玉篇》云：頸梏也。（《一切經音義》卷十三）
【杖】音丈。《説文》：持也。
◎杖，音丈。木竹可樘持者總名。
【柯】音哥。枝也。《説文》曰：斧柄也。
◎柯，音哥。枝也。又斧柄。
○柯，顧野王云：柯亦枝柯也。（《一切經音義》卷三十七）
【椸】音移。衣架也。
◎椸，音移。衣架也。
【楘】音木。《説文》曰：車歷録也。《詩》云：五楘梁輈。
◎楘，音木。車歷録也。
【檢】居儉切。《説文》曰：書署也。
◎檢，居儉切。書着也。

○檢，《玉篇》云：法度也。又檢㩜也。（《一切經音義》卷二十六）
●圓沙本“書着”疑當作“書署”。
【柆】力合切。才也。《説文》：折木也。
◎柆，力合切。木也，折木也。
【櫡】陟略切。《説文》曰：斫謂之櫡。
◎櫡，陟略切。斫也。
【檃】於謹切。《説文》：栝也。
◎檃，於謹切。檃栝也。
【椌】口江切。椌楬，柷敔也。
◎椌，口江切。樂器。
【柅】丑利切。篗柄也。檷，同上。《説文》女几切。
◎柅，尹利切。篗柄也。檷，同上。又女几切。
●圓沙本“尹利切”疑當作“丑利切”。
【槧】才敢切。削版牘也。又七豔切。
◎槧，才敢切。櫝也。七豔切，垣也。
【栙】下江切。《説文》曰：栙雙也。
◎栙，下江切。栙雙也。
【柎】方無切。花蕚足也。《説文》曰：闌足也。
◎柎，方無切。花蕚足。
【檄】户狄切。符檄。《説文》曰：二尺書也。
◎檄，户狄切。符檄，二尺書也。
○檄，顧野王：檄書，所以罪責當伐者而曉諭慰譬百姓之書也。（《一切經音義》卷二十）
【柷】昌六切。柷敔，樂器。
◎柷，昌六切。柷敔，樂器也。
【杰】渠薛切。梁四公子名。
◎杰，渠薛切。梁四公子名。
【棁】朱説切。楄也。
◎棁，朱説切。楄也。
【椄】子捷切。《説文》曰：續木也。
◎椄，子捷切。椄木，續木也。
【橶】直舌切。橐也。
◎橶，直舌切。橐也。
【朳】兵拔切。無齒杷也。
◎朳，兵拔切。無齒杷。
●底本“兵拔切”，原作“兵板切”，據宋十一行本改。
【椺】户狄切。鐘椺。
◎椺，户狄切。鐘椺也。
【欈】徂活切。木錐也。
◎欈，徂活切。木鉏也。
●圓沙本“木鉏”疑當作“木錐”。
【寨】柴夬切。羊宿處。
◎寨，柴夬切。軍宿處。
【柣】馳栗切。門限也。又音佚。
◎柣，馳栗切。門限也。又音切。
●圓沙本“又音切”未詳。
【棐】方尾切。輔也。
◎棐，方尾切。輔也。
【橘】規述切。大曰柚，小曰橘。《吕氏春秋》曰：果之美者，有江浦之橘。
◎橘，規聿切。果木。又果名。

補

◎栖，音酉。柞木，栖木也。
○檄，野王案：檄，所以正弓弩也。（《倭名抄》五43）

東部第一百五十八

凡二字

【東】德紅切。春方也。
◎東，德紅切。四方，春方也。
【棘】昨遭切。《説文》曰：二東也。曹从此。
◎棘，昨遭切。《説文》曰：二東也，曹字則从此。

林部第一百五十九

凡十八字

【林】力金切。《説文》曰：平土有叢木曰林。
◎林，力金切。《説文》：平土有叢木曰林。
○林，《玉篇》：木竦也。（《續一切經音義》卷四）
【楚】初舉切。《説文》曰：叢木。一名荆

也。又國名。
◎楚，初舉切。叢木也。又國名。
【鬱】於屈切。木叢生也。欝，同上，俗。
◎鬱，於屈切。木叢生茂皃。欝，俗。
【𣞗】且賴切。古文蔡。
◎𣞗，且賴切。古文蔡。
【棼】扶云切。複屋棟。
◎棼，扶云切。複屋棟。又地名。
【梵】巨尤切。荆梵，亭名。
◎梵，巨尤切。荆梵，亭名。
【森】所今切。長木皃。或作槮。
◎森，所今切。長木皃。或作槮。又衆也。
○森森，山高皃也。(《三教指歸注》三 12)
【楙】莫遘切。木瓜。又木盛也。亦作茂。
◎楙，音茂。木盛。又木瓜。亦作茂。
【埜】烏候切。地名。又市由切。
◎埜，烏候切。地名。又市由切。
【埜】移者切。古文野。
◎埜，移者切。古文野。
【麓】力木切。山足也。《説文》曰：守山林之吏也。一曰林屬於山爲麓。禁，古文。
◎麓，力木切。山足。又守山林吏。禁，古文。
【䰇】甫弓切。古文風。
◎䰇，甫弓切。古文風。
【梵】扶風、扶泛二切。木得風皃。
◎梵，扶風、扶泛二切。木得風皃。
【橆】文甫切。繁橆，豐盛也。今作無，爲有無字。
◎橆，文甫切。繁橆，豐盛也。今作無，爲有無字。
【棽】敕林切。《説文》曰：枝條棽儷皃。
◎棽，敕林切。枝條棽儷皃。
○棽，《玉篇》曰：木枝而儷也。(《續一切經音義》卷三)
【檨】指兒切。木盛也。
◎檨，指兕切。木盛也。
○檨，《玉篇》云：木盛。(《重修廣韻》卷一)
●底本“指兒切”疑當作“指兕切”。

巢部第一百六十

凡二字

【巢】仕交切。《説文》曰：鳥在木上曰巢。
◎巢，仕交切。鳥在木上曰巢。
【㫐】悲儉切。貶損也。與貶同。
◎㫐，悲儉切。貶損也。與貶同。

叒部第一百六十一

凡五字

【叒】而灼切。《説文》曰：日出東方湯谷所登榑桑，叒木也。𠹦，籀文。
◎叒，而灼切。《説文》曰：日出東方陽谷所登榑桑，叒木也。𠹦，籀文。
【桑】思郎切。蠶所食葉。俗作桒。
◎桑，思郎切。蠶所食葉。俗作桒。
○桑，蠶所食也。(《倭名抄》一 94)
【𧗒】丑利切。蠶𧗒。
◎𧗒，丑利切。蠶𧗒。
【𣝗】力見切。簴蠶也。
◎𣝗，力見切。簴蠶。

大廣益會玉篇
卷第十三

凡一部

七老艸部第一百六十二

艸部第一百六十二

凡一千五十四字

【艸】七老切。百艸摠名。《説文》曰：百卉也。今作艹。草，同上。《説文》音阜。草斗櫟實。一曰橡斗。
◎艸，七老切。百艸摠名。《説文》：百卉。今作艹。草，同上。《説文》音阜。草斗櫟實。一曰橡斗。
○草，百卉總名也。（《法華釋文》上）
【茵】敘留切。茵，芝也，一年三秀，爲瑞草。
◎茵，敘留切。茵，芝也，一年三秀。
【蓏】力果切。草實。《説文》云：在木曰果，在地曰蓏。
◎蓏，力果切。草實在地生。
【藿】呼郭切。豆葉。《説文》曰：尗之少也。藿，同上。
◎藿，呼郭切。豆葉，尗之少也。藿，同上。
○藿，呼郭反。《儀禮》：牛藿羊苦。鄭玄曰：藿豆葉也。《説文》：叔［菽］之苗也。（《香藥字抄》60，《藥字抄》4）
【蓮】所洽切。蓮莆，瑞草也。王者孝德至，則蓮莆生於廚，其葉大如門，不搖自扇，於飲食中清涼助供養也。
◎蓮，所洽切。蓮莆，瑞草。王者孝至，則生於樹，葉如門，自扇，飲食以助供養。
【莆】方禹切。蓮莆。
◎莆，方禹切。蓮莆，靈艸。
【薰】許軍切。似蘼蕪，香草也。
◎薰，許軍切。香草似蘼蕪。
○薰，《玉篇》云：薰，香草也。（《一切經音義》卷八十六）
【蕙】胡桂切。香草，生下濕地。
◎蕙，胡桂切。香草，秋蕙也。
○蕙、蓀，《玉篇》云：並香草也。（《一切經音義》卷八十四）
○蕙，《玉篇》云：蕙，香草也。《楚辭》云荷衣蕙帶是也。皆隱逸人草衣，仙人衣服也。（《一切經音義》卷八十六）
【蘼】靡飢、亡彼二切。蘠蘼，虋冬。
◎蘼，靡飢、亡彼二切。虋冬。
【蘭】力干切。香草。《易》曰：其臭如蘭。
◎蘭，力干切。香草，春蘭也。
○蘭，力干反。《周易》：其臭（如）蘭。野王案：即今都良也。（《香字抄》69）
○蘭，一名蕙，香草也。（《三教指歸注》五15）
【蘺】力支切。香草，芎藭苗也。
◎蘺，力支切。香草，芎藭苗也。
【虈】許嬌切。香草也。《楚辭》曰：芳虈兮挫枯。亦芷也。
◎虈，許嬌切。香草也。
【葯】於略切。白芷葉，即虈也。
◎葯，於略切。白芷葉，即虈也。
○葯，於略反。《山海經》：來［崍］山多葯。郭璞曰：即虈也。《廣雅》：白芷，葉曰葯。（《香藥字抄》25，《香字抄》19）
【芷】支視切。白芷，藥名。一名茝。
◎芷，支視切。白芷，藥名。一名茝。
○芷，支視反。《本草》：白芷，一名白茝。《子虚賦》：芷若射干。（《香藥字抄》25，《香字抄》18）
【蓀】息昆切。香草也。蕵，同上。
◎蓀，息昆切。香草名。蕵，同上。
【蓂】莫丁切。蓂莢也。歷得其分度，則蓂莢生於階。月一日一莢生，十六日一莢落。又音覓，菥蓂，大薺。
◎蓂，莫丁切。蓂莢。又音覓。
【蘅】胡庚切。杜蘅，香草。
◎蘅，胡庚切。香草，杜蘅也。
○蘅，胡梗反。《山海經》：天帝山有草如葵，臭如蘼蕪，名曰杜蘅，可以走馬，食之已癭。

郭璞曰：香也，蘇［帶］之，舍［令］人便馬也。（《香藥抄》47，《香字抄》47）

【虋】莫温切。《詩傳》云：赤苗也。即今赤粱粟也。虈，同上，俗。

◎虋，莫温切。赤苗，即今赤粱粟。虈，俗。

【萁】居疑切。菜也。又渠疑切，豆莖也。

◎萁，居疑切。菜也。渠疑切，豆莖。

【蔨】奇卷切。鹿豆莖。

◎蔨，奇卷切。鹿豆莖。

【莥】女紂切。鹿藿實。莥，同上。

◎莥，女紂切。草子，鹿藿實。莥，同上。

○莥，《玉篇》云：鹿豆也。（《重修廣韻》卷三）

【蘇】先胡切。荏屬。

◎蘇，先胡切。草藥，荏屬。

【莧】胡辨切。菜名。

◎莧，胡辨切。莧菜，草蔬也。

【葵】渠追切。菜名。葵，同上。

◎葵，渠維切。菜名。葵，同上。

【荏】而錦切。荏菽豆。又蘇屬。

◎荏，而錦切。菽豆。又蘇屬。

○蘇荏，野王案：葉細而香，其實黑者曰蘇。葉大而有毛，其實白者曰荏。此二物雖一類，其狀不同耳。（《倭名抄》九16）

【薑】居良切。辛而不葷也。薑，同上。

◎薑，居良切。辛而不葷也。薑，同上。

【茝】齒改切。香草也。

◎茝，齒改切。香草也。

【萍】部丁切。萍草無根，水上浮。蓱，同上。

◎萍，部丁切。草無根，浮水生。蓱，同上。

【葸】私力切。非葸菜，似蕪菁。

◎葸，私力切。非葸菜，似蕪菁。

【苹】皮明切。萍也。又藾蕭也。

◎苹，皮明切。萍也。又藾蕭。

【薸】毗招切。萍屬。瓢，同上。

◎薸，毗招切。水草，萍屬。瓢，同上。

【萹】布緬切。萹竹草。《爾雅》曰：竹萹蓄。郭璞云：似小藜，赤莖節，好生道旁，可食。又殺蟲。

◎萹，布緬切。萹竹草也。

【藒】去竭切。藒車，香草。藒，同上。

◎藒，去竭切。香草，藒車也。藒，同上。

【芞】去訖切。香草也。

◎芞，去訖切。香草也。

【蓉】古豪切。草名。其實似瓜，食之治瘧。又云白蓉草，食之不飢。

◎蓉，古豪切。草名，實似瓜，食之治瘧。

【茖】音格。山葱也。

◎茖，音格切。菜名，山葱也。

●圓沙本“切”字疑衍文。

【萇】除良切。《詩》曰：隰有萇楚。萇楚，銚弋也。

◎萇，除良切。草名，萇楚也。

【薊】古麗切。芙也。葪，同上，俗。

◎薊，古麗切。薊芙也。葪，同上，俗。

【蒰】余招切。蒰芅，羊桃也。《詩》亦作銚。

◎蒰，余招切。蒰芅。《詩》亦作銚。

【芅】餘識切。蒰芅。《詩》亦作弋。

◎芅，餘識切。蒰芅，羊桃也。

【芄】胡官切。芄，蘭草。

◎芄，胡官切。香芄，蘭艸。

【藍】力甘切。染草。

◎藍，力甘切。草名，可染青。

【蒲】薄胡切。草也。

◎蒲，捕胡切。菖蒲，藥草也。

【莓】亡救、亡佩二切。實似桑椹，可食。又音梅，莓莓，美田也。

◎莓，亡救、亡佩二切。又音梅。

【苺】莫罪切。《説文》曰：馬苺。又音戊。

◎苺，莫罪切。馬苺。又音戊。

【苷】古酣切。苷草。

◎苷，古酣切。苷草。

【蓡】所金切。人蓡藥。蔘，同上。

◎蓡，所金切。人蓡藥也。蔘，同上。

【葟】桂攜切。蒛盆，即覆盆也。又音睽。

◎葟，桂攜切。覆盆也。又音睽。

【蒛】古決切。蒛盆也。

◎蒛，苦决切。蒛盆，草藥也。

【蒻】如灼切。蒲蒻。
◎蒻，如灼切。蒲蒻。
【蒤】始音切。蒲蒻也，生水中。
◎蒤，始音切。蒲蒻，水中生。
【葦】禹鬼切。大葭也。
◎葦，禹鬼切。大葭也。
〇葦，顧野王曰：葦，大葭也，蘆之類也。(《一切經音義》卷二)
【莞】古桓、胡官二切。似藺而圓，可爲席。《詩》曰：上莞下簟。
◎莞，古桓切，胡官切。草可作席。
〇莞，顧野王云：莞，似蒲而圓者也。(《一切經音義》卷八十)
【蔩】胡緄、胡官二切。《爾雅》曰：莞夫蘺其上蒚。
◎蔩，胡緄、胡官二切。莞去蘺。
【芜】丁敢切。草也。又除林切，蕁芜，藩生山上，葉如韭。一名知母。莐，同上，見《爾雅》。
◎芜，丁敢切，除林切。草葉如韭。莐，同上，見《爾雅》。
【蕁】徒合切。蕁，莐藩。蕁，同上。
◎蕁，徒合切。草名，莐藩也。蕁，同上。
●“徒合切”疑當作“徒含切”。
【菼】他敢切。萑初生也。一曰薍也。葕，同上。
◎菼，他敢切。草名，萑初生也。葕，同上。
〇菼，《玉篇》：通敢反。(《毛詩注疏》卷三，《經典釋文》卷五)
【薍】魚患切。烏蓲也。
◎薍，魚患切。草名，烏蓲也。
〇薍，菼蘆之初生也。(《倭名抄》一 13)
【蒹】古廉切。蒹，蘼也。
◎蒹，古廉切。荻蒹也。
【蘼】力鹽切。荻也。
◎蘼，力鹽切。草名，荻也。
【蓲】於于、去尤二切。烏蓲也。
◎蓲，於于、去尤二切。烏蓲也。
〇蓲，《玉篇》又吁、驅二音。(《龍龕手鏡》卷二)
【藡】徒歷切。萑也。荻，同上。
◎藡，徒歷切。草名，萑也。荻，同上。蘆荻。
〇荻，野王案云：荻與薍相似而非一種。(《倭名抄》一 12)
【萑】胡官切。細葦。
◎萑，胡官切。草名，細葦也。
【蘆】力胡切。葦未秀者爲蘆。
◎蘆，力胡切。葦之未秀者。
【葭】古遐切。葦未秀也。李陵《與蘇武書》云：胡葭互動。卷蘆葉吹之也。今作茄。
◎葭，古遐切。葦未秀。今作茄。
〇葭，顧野王曰：葭，葦之未秀者。(《毛詩集解》卷四)
【菔】扶福切。蘆菔也。江東呼菘菜。
◎菔，扶福切。蘆菔，菘菜也。
【茅】亡交切。草名。
◎茅，亡交切。草也，葦也。
〇茅，忘苞反。《周易》：藉用白茅，無咎。《說文》：即菅也。《爾雅》：茅，明也。郭璞曰：《左氏傳》前茅廬無是也。(《香藥字抄》56，《藥字抄》1)
〇茅，野王云：茅又名白羽草。(《三教指歸注》五 4)
【葖】他忽切。蘆服也。
◎葖，他忽切。葖草，蘆服也。
【菘】思雄切。《方言》云：豐，江東曰菘，蕪菁也。
◎菘，思雄切。菜名，蕪菁也。
【芥】假拜切。菜名。
◎芥，假拜切。菜名。
【葱】且公切。葷菜也。又淺青色。蓯，同上，俗。
◎葱，且公切。葷菜。又淺青色。蓯，同上。
【荷】賀多切。荷，芙蕖。
◎荷，賀多切。芙蕖，蓮也。
〇荷，顧野王云：荷爲負任擔荷也。(《一切經音義》卷九十八)
【蕸】何加切。荷葉也。
◎蕸，何加切。水中生荷葉。
【菡】胡敢切。菡萏，荷華也。萳，同上。莟，同上。又花開。
◎菡，胡敢切。菡萏，荷花也。萳，同上。

菨，同上。半開。

【萏】徒敢切。菡萏。藺，同上。

◎萏，徒敢切。菡萏。藺，同上。

【芙】附俱切。芙蓉。

◎芙，附俱切。芙蓉，花名。

【蓉】俞鍾切。芙蓉。

◎蓉，俞鍾切。芙蓉。

【蓮】力堅切。荷實也。

◎蓮，力堅切。荷實。

○蓮，《玉篇》云：蓮，芙蕖實也。(《一切經音義》卷二十七)

【茄】古遐切。荷莖。又巨迦切。

◎茄，古遐切。荷莖。又巨迦切。

【芍】都歷切。蓮子也。又時灼切，芍藥也。又七略切，芍陂也。又下了切，鳧茈也。

◎芍，都歷切。蓮子。又時灼切，芍藥。七略切，芍陂。下了切，鳧茈也。

【菂】胡激切。菂菂，蓮實也。

◎菂，胡激切。菂菂，蓮實也。

【菂】丁歷切。菂菂。亦作的。

◎菂，丁歷切。蓮實。亦作的。

【蔤】美筆切。荷本也，莖下白蒻在泥中者。苾，同上。

◎蔤，美筆切。荷本也，莖下白蒻在泥中者。苾，同上。

【藕】五後切。荷根。蕅，同上。

◎藕，五後切。荷根曰藕。蕅，同上。

【菁】子丁切。蕪菁也。

◎菁，子丁切。蕪菁也。

【莜】祁招切。蚍虾也。今荆葵。

◎莜，祁招切。艸，蚍蛛。今荆券。

●圓沙本“蚍蛛”疑當作“蚍虾”，“荆券”疑當作“荆葵”。

【菅】賈顔切。茅屬也。

◎菅，賈顔切。菅草，茅屬。

○菅，賈顔反。《毛詩》：白茅菅兮。《傳》曰：白花野菅也，已漚爲菅。《爾雅》亦云。郭璞曰：茅屬也。(《香藥字抄》56，《藥字抄》1)

【葥】居賢切。茙葵也，今蜀葵。

◎葥，居賢切。茙葵，今蜀葵。

【茙】如終切。茙葵也。

◎茙，如終切。菜名，茙葵也。

【薔】所力切。虞蓼也。

◎薔，所力切。虞蓼也。

【蓷】敕雷切。萑蓷，茺蔚也。《詩》曰：中谷有蓷。

◎蓷，敕雷切。萑蓷，草名。

【萑】至維切。萑蓷。

◎萑，至維切。萑蓷。

【芣】伏丘切。芣苡，馬舄。一名車前。又名蝦蟇衣。

◎芣，伏丘切。芣苡，一名車前。

○芣，服丘反。《毛詩》：采采芣苡。《傳》曰：芣苡，馬車前草也。宜壞任［懷妊］焉。《爾雅》亦曰。郭璞曰：即蟆蝦衣也。《韓詩》直曰車前瞿曰芣苡也。(《香字抄》49)

【苡】余止切。芣苡。苢，同上。

◎苡，余止切。薏苡，香草也。苢，同上。

○苡，餘止反。《周書》：芣苡，如李，食之宜子，出於西戎。野王案：《詩》《書》所説各一種物也。郭璞曰，《爾雅音義》亦云，同名而實異也。(《香字抄》49)

【舄】思亦切。馬舄，車前。蕮，同上。

◎舄，思亦切。馬舄，車前。蕮，同上。

○舄，胥亦反。《埤蒼》：馬舄，芣苡也。(《香藥字抄》48)

【莙】其隕、俱云二切。牛藻也。一云馬藻。

◎莙，其隕切，又俱云切。生藻也。

●圓沙本“生藻”疑當作“牛藻”。

【蒚】良激切。山蒜。又蒲蒚，謂今蒲頭有臺，臺上有重臺，中出黄，即蒲黄。又曰山蒚也。

◎蒚，良激切。山蒜。又蒲蒚。

○蒚，顧野王蒚字解云：蒲蒚。(《離騷草木疏》卷一)

【藩】輔園切。蕁芜藩。又甫煩切，屏也，籬也。

◎藩，輔園切。蕁芜藩。又甫煩切，屏也，籬也。

○藩籬，以竹柴雍土也。(《三教指歸注》

六16）

【蕈】杜含切。海藻也。又名海羅，如亂髮，生海水中。

◎蕈，杜含切。海藻也。

【萯】房久切。小荳四月生。萯，秀也。

◎萯，房久切。小豆四月生。

【芺】烏老切。苦芺也。《説文》曰：味苦，江南食之以下氣。又乙矯切。《爾雅》曰：鉤芺。郭璞云：大如栂指，中空，莖頭有臺，似薊，初生可食。

◎芺，烏老切。苦芺。乙矯切，鉤芺。

【萛】餘紳、余善二切。菟瓜也。

◎萛，余紳、余善二切。菟瓜。

【蕕】與周切。臭草也。

◎蕕，與周切。臭草也。

【綦】勤之切。紫綦，似蕨，可食。

◎綦，勤之切。草似蕨，可食。

【莃】欣衣切。莃菟葵，似葵而葉小。

◎莃，欣衣切。草名，菟葵也。

【茯】音伏。茯苓，藥也。又車茯兔。

◎茯，音伏。藥，茯苓也。又車茯兔。

【苓】郎丁切。茯苓。

◎苓，郎丁切。茯苓。

○苓，來丁反。《爾雅》：卷耳苓耳。郭璞曰：枲耳也，形似鼠耳，聚生如盤。《倉頡篇》：伏苓，藥名也。（《香藥字抄》27，《香字抄》20）

【葍】甫鞠切。葍蕾，大葉，白華，根如指，可食。

◎葍，甫鞠切。葍蕾，大葉，白華。

【蕾】甫又切。葍蕾。

◎蕾，甫又切。草名，葍蕾也。

【蕧】扶福切。似菊。

◎蕧，扶福切。草似菊。

【蕀】居力切。蕀蒬葽繞。今遠志也。

◎蕀，居力切。蕀蒬，今遠志。

【蒬】於元切。蕀蒬。

◎蒬，於元切。蕀蒬。

【薋】自移切。《爾雅》曰：芍鳧茈。郭璞云：生下田，苗似龍須而細，根如指頭，可食。或從疵。

◎薋，息移切。鳧茈。或從疵。

【茈】積豕切。草可染。又音疵。

◎茈，積豕切。染草。又音疵。

【茜】此見切。《説文》曰：茅蒐，可以染緋。蒨，同上。蒨，此見切。青葱之皃。

◎茜，此見切。草名，茅蒐，可染緋。蒨，同上。蒨，同上。青葱之皃。

○茜，野王案：可以染絳，人血所生也。（《令抄》926）

○茜，顧野王云：茜草，可以染絳也。（《一切經音義》卷五十一）

【藐】亡角切。茈草。又彌紹切，遠也。

◎藐，亡角切。草也。彌紹切，遠也。

【艾】五大切。蕭也。又老也，長也。

◎艾，五大切。蕭也，老也，長也。

【莣】罔方切。杜榮也。今莣草。

◎莣，罔方切。杜榮也。今莣草。

【苦】枯魯切。苦菜。《説文》曰：大苦，苓也。

◎苦，估魯切。苦菜。又大苦，苓也。

【苞】博交切。叢生也。又積也，豐也。

◎苞，博交切。叢生。又積也，豐也。

【蒯】苦怪切。草中爲索。《左氏傳》云：無菅蒯。蒯，同上。

◎蒯，苦怪切。草也，中爲索。蒯，同上。

【藨】平表切。蒯屬，可爲席。

◎藨，平表切。蒯屬，可爲席。

【蘣】諸身切。《爾雅》云：葝蘣，豕首。郭璞云：本草曰彘盧。一名蟾蠩蘭。今江東呼豨首，可以熓蠶蛹。

◎蘣，諸身切。葝蘣，豕首。

【蔦】都了切。寄生也。《詩》曰：蔦與女羅。

◎蔦，都了切。寄生也。

【苦】公活切。苦蔞也，齊人謂之瓜蔞。

◎苦，公活切。苦蔞，即瓜蔞。

【董】德孔切。藕根。又正也。

◎董，德孔切。藕根。又正也。

○董，《玉篇》云：固也。（《方言疏證》卷

十二）

【虈】公詣切。狗毒草。樊光云：俗語苦如虈。

◎虈，公詣切。沟毒草。

●圓沙本“沟毒草”疑當作“狗毒草”。

【葑】匪庸切。蕪菁也。《詩》曰：采葑采菲。

◎葑，匪庸切。葑菜，蕪菁也。

【菲】孚尾切。菜名。又薄也。《論語》云：菲飲食而致孝於鬼神。又芳肥切，芳菲也。又父未切。

◎菲，孚尾切。菜名。又薄也。《語》云：菲飲食。又芳肥切，芳菲也。又父未切。

【芴】亡弗切。菲芴，即土瓜也。

◎芴，亡勿切。菲芴，土瓜也。

【蕦】相俞切。薞蕪，似羊蹄。

◎蕦，相俞切。蕮蕦，似羊蹄。

【蓯】子孔切。葑蓯也。

◎蓯，子孔切。草名，葑蓯也。

【茦】楚革切。《説文》：莿也。

◎茦，楚革切。芒茦也，莿也。

【薞】蘇昆切。《爾雅》曰：蘾，烏薞。

◎薞，蘇昆切。草蘾，烏薞也。

【莿】七漬切。芒也，草木針也。

◎莿，七漬切。芒也，草木針也。

【葎】陵出切。似葛有刺。

◎葎，陵出切。葎似葛有刺。

【蓬】薄紅切。蒿草也。莑，籀文。

◎蓬，薄紅切。蒿草名。莑，籀文。

【萴】阻力切。萴子，藥名。一歲爲萴子，二歲爲烏喙，三歲爲附子，四歲爲烏頭，五歲爲天雄。或楚力切。

◎萴，阻力切。萴子，藥名。或楚力切。

【募】吐郎、丑良二切。蓫募、馬尾，蓫陸也。《説文》曰：枝枝相值，葉葉相當。蔏，同上。

◎募，吐郎、五良二切。蓫募草也。蔏，同上。

●圓沙本“五良”疑當作“丑良”。

【薋】疾兹切。蒺蔾也，三角，刺人。

◎薋，疾兹切。蒺蔾也，三角，刺人。

〇薋，顧野王云：薋，菜生水中。（《離騷草木疏》卷四）

【蒺】慈栗切。蒺蔾。

◎蒺，慈栗切。蒺蔾，棘草也。

【蔾】力脂切。蒺蔾。

◎蔾，力脂切。蒺蔾。

【藜】旅題切。蒿類。

◎藜，旅題切。蒿屬。

〇藜，野王案云：藜，蓬蒿之類也。（《倭名抄》九 55）

【萩】且留切。蒿也。《左氏傳》曰：伐雍門之萩。又七肖切。

◎萩，且留切。蒿也。又七肖切。

【蘴】孚雄切。蕪菁苗也。

◎蘴，孚雄切。蕪菁苗也。

〇蘴，《玉篇》引《方言》：蘴，江東呼菘蕪菁也。（《方言疏證》卷三）

〇蘴，《玉篇》引《方言》：蘴，江東曰菘，蕪菁也。（《方言箋疏》卷三）

【蔏】舒羊切。《字書》：蔏陸，蓫募也。

◎蔏，舒王切。草藥，蔏蓫也。

【薛】胥列切。莎也。辥，《説文》薛字。

◎薛，胥列切。草藥，莎也。辥，《説文》薛字。

〇薛，顧野王曰：莎也。（《六書故》卷二十四）

【蓾】來伍切。杜蓾也。郭璞曰：杜衡也，似葵而香。蓾，《説文》同上。

◎蓾，來五切。杜蓾，似葵者。蓾，《説文》同上。

【薜】補革切。山芹也。又蒲細切，薜荔也。

◎薜，補革切。山芹。又音臂，薜薜。

●圓沙本“薜薜”疑當作“薜荔”。

【荔】力計切。薜荔，香草也。又《説文》曰：似蒲而小，根可爲㕞。

◎荔，力計切。薜荔，香草也。

【蒳】奴荅切。《字統》云：香草。《異物志》云：葉似栟櫚而小，子似檳榔。

◎蒳，奴荅切。香草名。

〇蒳，奴答反。左思《吴客賦》：草則藿蒳豆蔻。劉逵［逵］曰：《異物志》云，蒟，草樹也，葉如并［栟］同［榈］而小，三月采曰［其］葉，（細）破，（陰）干之，味近善［苦］而有甘，并雞舌（香）食（之），益善［美］。(又) 曰：南人者［喜］之，與檳榔同(狀)，以金質之。《字指》：子狀檳榔，五月熟，長一寸，剥皮，合浮留、蜃灰食之。(《香藥字抄》76，《藥字抄》15)

【芹】渠斤切。芹菜。

◎芹，渠斤切。芹菜。

【蘆】千古切。《爾雅》曰：蓾蘆。郭璞云：作履苴草。

◎蘆，千古切。苴草，可作履。

【苄】胡古切。地黄也。又何嫁切，蒲苹草。

◎苄，胡古切。地黄。又何嫁切。

【菀】於遠切。紫菀，藥名。又菀，茂木也。

◎菀，於遠切。紫菀，藥名。

【苑】於遠切。養禽獸園也。

◎苑，於遠切。苑，養獸園也。

【蒟】俱羽切。蒟醬出蜀，其葉似桑，實似葚。《漢書》云：蜀唐蒙。

◎蒟，俱羽切。蒟醬，出蜀。

【蕣】師閏切。木槿花，朝生暮落。

◎蕣，師閏切。木槿花。

【茱】時朱切。茱萸。

◎茱，時朱切。茱萸，藥也。

【萸】與朱切。茱萸。

◎萸，与朱切。茱萸。

●底本“與”字原訛，據宋十行本改。

【芽】語家切。萌芽也。

◎芽，語家切。萌芽也。

○芽，語嘉反。《禮記》仲春，安萌芽，養幼少。野王案：《説文》：芽即萌也。《廣雅》：芽，始也。《聲類》亦狼芽也。野王案：狼芽，藥名也。(《香藥字抄》57，《藥字抄》2)

【萌】麥耕切。始也。《説文》曰：草木芽也。

◎萌，麥耕切。始也。草木芽也。

○萌，《玉篇》云：萌亦芽也。(《一切經音義》卷五十四)

【茁】側劣、側滑二切。草出皃。

◎茁，仄列、仄滑二切。艸出皃。

【莖】余更切。枝本。《説文》曰：草木幹也。

◎莖，渠更切。枝本。《説文》：草木幹。

【莛】特丁切。《説文》曰：莖也。東方朔曰：以莛撞鍾。言其聲不可發也。

◎莛，特丁切。莖也。

【莌】弋芮切。草生狀。

◎莌，弋芮切。草生狀。

【藒】居偈切。藒葎，似芹。

◎藒，居偈切。藒葎，似芹。

【蓕】是支切。蓕母草，即知母也。

◎蓕，是支切。蓕母草，即知母也。

【萕】芳扶切。華盛也。

◎萕，方扶切。萕然，華盛也。

【蘧】其居切。蘧麥。

◎蘧，其居切。穀名，麥也。

【蒢】直居切。蘧蒢。又黄蒢也。

◎蒢，直居切。蘧蒢，草名。

【菩】五都切。草似艾。

◎菩，五都切。草似艾。

○菩，《玉篇》音五呼切，云：艸似艾。(《方言箋疏》卷三)

【萶】胡刹切。長沙人呼野蘇爲萶。

◎萶，胡刮切。野蘇也。

○萶，《玉篇》云：長沙人呼野蘇爲萶。(《方言疏證》卷三)

●底本“胡刹切”，原作“胡利切”，據宋十一行本改。

【菜】汝游切。香菜菜，蘇類也。

◎菜，汝游切。香菜菜，蘇類。

○菜，《玉篇》：菜，香菜菜，蘇類也。(《方言箋疏》卷三)

【菈】洛合切。《方言》云：東魯人呼蘆菔爲菈遝子。

◎菈，洛合切。蘆菔即菈遝子。

○菈，《玉篇》：菈，洛今切。引《方言》云：東魯人呼蘆菔子。(《方言箋疏》卷三)

【遝】度合切。菈遝也。

◎𦽅，度合切。菈𦽅。

【蓈】力當切。莠也。《説文》曰：禾之穗生而不成謂之蕫蓈。

◎蓈，力當切。草，蓈莠也。

【葩】扶沸切。枲實也。或作䕯。

◎葩，扶沸切。枲實也。或作䕯。

●圓沙本此條重出。

【莠】余受切。草也。

◎莠，余受切。草也。

○莠，顧野王云：草之似苗者也。（《一切經音義》卷三十二）

○莠，顧野王云：草之似禾苗者也。（《一切經音義》卷六十六）

【芧】詳餌切。麻母也。《説文》一曰芧。即枲也。苧，同上。

◎芧，詳餌切。麻母也，枲也。苧，同上。

【萁】餘記切。連翹草。

◎萁，餘記切。連翹草。

【蘘】如章切。蘘荷。

◎蘘，如章切。蘘荷，草名。

【蒜】蘇亂切。葷菜也。俗作䔉。

◎蒜，蘇乱切。辛菜。俗作䔉。

○蒜，顧野王云：今《本草》所謂蒜消穀理骨者爲小蒜，所謂葫者爲大蒜。（《一切經音義》卷三十一）

【葫】户都切。大蒜也。

◎葫，户都切。大蒜。

【葷】呼云切。《禮記》云：膳於君，有葷桃茢。葷葉，所以辟凶邪也。

◎葷，呼云切。《礼》膳有葷桃茢。葷葉，所以辟凶邪。

【蕿】虚袁切。令人善忘憂草。藼、萱，並同上。

◎蕿，虚袁切。令人忘憂草。藼，同上。萱，同上。

【营】去弓切。营藭，葉似江蘺也。芎，同上。

◎营，去弓切。营藭，葉似江蘺。芎，同上。

【藭】巨弓切。芎窮。

◎藭，巨弓切。芎窮也。

【藋】徒叫切。藜藋也。蘿，同上。

◎藋，徒叫切。藜藋草也。蘿，同上。

【蒠】救立切。蒠，堇也。

◎蒠，救立切。蒠，堇也。

【堇】丑力切。一名蒠，似冬藍，食之醋也。又丑六切。

◎堇，丑力切。又丑六切。

【蕡】扶云切。草木多實。

◎蕡，扶云切。草名，多實。

【若】如灼切。杜若，香草。又如也，汝也。䖃，籀文。

◎若，如灼切。杜若，香也。如也，汝也。䖃，籀文。

【蕁】作緄切。本蕁，草叢生。

◎蕁，作緄切。本蕁，草叢生。

【芑】去紀切。白粱粟。《爾雅》曰：芑，白苗。又菜也。

◎芑，去紀切。白粱粟。又菜也。

【蔗】之夜切。甘蔗也。

◎蔗，之夜切。甘蔗。

【藷】之餘切。藷蔗也。

◎藷，之餘切。藷蔗，可食也。

○藷，顧野王云：薯蕷名爲土藷也。（《一切經音義》卷六十三）

【荓】薄丁切。荓，馬帚。又《楚辭》注云：荓翳，羽師名。

◎荓，薄丁切。荓草，馬帚也。

●“羽師”當作“雨師”。

【蘦】莫耕切。苕，可爲帚也。

◎蘦，莫耕切。苕草，可爲帚也。

【蕚】莫公切。草可爲帚也。

◎蕚，莫公切。草可以作帚也。

【蔞】力俱、力侯二切。蔞蒿也。

◎蔞，力俱、力侯二切。蔞蒿。

【葴】至諶切。馬藍也。一曰寒蔣。

◎葴，至諶切。馬藍。又寒蔣。

【蘳】何蘭切。蘳蔣也。

◎蘳，何蘭切。蘳蔣，草也。

【茜】力主切。小蒿草。

◎茜，力主切。小蒿草。

【菦】居隱切。蔞蒿也。

◎莛，居隱切。蔓蒿也。
【蔿】于委切。草也。
◎蔿，于委切。草也。
【藟】力水切。藟藤也。
◎藟，力水切。藟藤也。
【荃】趨緣切。香草也。
◎荃，趍緣切。香草。
【芸】右軍切。香草也。《説文》曰：似目宿。蒷，同上。
◎芸，右軍切。香草，似目宿。蒷，同上。
○芸，右軍反。~~楚。~~《禮記》：仲冬，芸始生。鄭玄曰：香草也。野王案：《吕氏春秋》菜之美者，有陽花［華］之芸。《夏小正》二月採芸。並是也。《説文》：似苜蓿。《淮南子》説可以死而復生。《倉頡篇》：茗也。又音舊反。《毛詩》裳裳者花［華］，芸其黄矣。《傳》曰：芸，黄盛。（《香藥字抄》52，《香藥抄》68）
●底本“右軍切”，原作“古軍切”，據宋十一行本改。佚文“楚”字爲衍文，“又音舊反”疑有誤。
【苜】莫六切。苜蓿。《漢書》：罽賔國多苜蓿，宛馬所嗜。本作目宿。
◎苜，莫六切。苜蓿。本作目宿。
○苜，一年三刈。留子者，一刈則止。春初既中生啗，爲羹甚香。（《香藥抄》）
○苜蓿，《玉篇》云：《漢書》：罽賓國多苜蓿，宛馬所嗜。（《九家集注杜詩》卷二十）
【蓿】私六切。苜蓿。
◎蓿，私六切。菜名，苜蓿也。
【蔡】且蓋切。草芥也，法也，草際也。
◎蔡，且蓋切。草芥。又妙。
●圓沙本“又妙”疑當作“又姓”。
【萃】疾醉切。集也。
◎萃，疾醉切。集也。又卦名。
【菹】側於切。淹菜爲菹也。葅，同上。
◎菹，側於切。淹菜爲菹也。葅，同上。
○葅，側枯反。《方言》：積也，盛也，繞也。（《醫心方》一31）
【藍】來甘切。瓜葅也。
◎藍，來甘切。瓜葅。

【蓩】來道切。乾梅也。
◎蓩，來道切。果名，乾梅也。
【蒙】莫公切。唐蒙，女羅别名。
◎蒙，莫公切。唐蒙，女羅。
【萎】於危切。《説文》於僞切，食牛也。
◎萎，於危、於僞二切。食牛也。
○萎，顧野王云：萎，蔫也。（《一切經音義》卷三十一）
【薵】直流切。藸葱也。
◎薵，直流切。菜名，藸葱也。
【蔬】所居切。菜蔬也。
◎蔬，所居切。菜蔬。
【蕼】汝豬切。草也。
◎蕼，汝猪切。草名。
【蕚】五各切。花蕚也。
◎蕚，五各切。花蕚也。
【萸】徐與切。酒之美也。《詩》云：釃酒有萸。亦作醧。
◎萸，徐與切。酒美。亦作醧。
【蓑】素和切。草衣也。又素回切，草垂皃。
◎蓑，素和切。草衣也。又素回切。
【葶】都挺切。毒魚草。熊耳山有細草，名曰葶藶。又音亭，葶藶也。
◎葶，都挺切。毒魚草。又音亭。
【葹】舒移切。卷施草，拔心不死。
◎葹，舒移切。卷施草，拔心不死。
【蒿】呼到切。耗也，縮也。
◎蒿，呼到切。耗也，縮也。
【蓇】古突切。不實草。
◎蓇，古突切。不實草。
【蒥】餘招切。蒲葉也。
◎蒥，余招切。蒲葉。
【茫】莫唐切。速也。
◎茫，莫唐切。速也，久遠也。
○茫，顧野王案：茫然不明也。（《醫心方》寫本）
【蕤】汝誰切。葳蕤，草木實垂皃。
◎蕤，汝誰切。葳蕤，草木實垂皃。
●《説文》作“草木華垂貌”。
【芾】方味、方大二切。蔽芾，小皃。《詩》

曰：蔽芾甘棠。
◎芾，方味、方大二切。蔽芾，小皃。
【蓨】他彫切。苗也。
◎蓨，他彫切。苗也。
【苗】他六、徒歷二切。蓨也。
◎苗，他六切，徒歷切。蓨也。
【蓚】他笛切。蓨也。
◎蓚，他笛切。蓨也。
【藣】補爲、彼僞二切。草也，旄牛尾也。
◎藣，補爲、彼僞二切。草名。
【苙】誾及切。白止也。又音及。
◎苙，誾及切。白止。又音及。
【芁】渠周切。白芷也。
◎芁，渠周切。白芷。
【薄】蒲各切。厚薄。《説文》曰：林薄也。一曰蠶薄。
◎薄，蒲各切。厚薄。又林薄也。一曰蠶薄。
【荅】都合切。小豆也。又當也。
◎荅，都合切。小豆。又當也。
〇荅，大豆曰尗，小豆曰荅。（《法華釋文》補記）
【葅】俎加切。葅菜。
◎葅，俎加切。菜名。
【蓶】以追切。菜名，似韭而黄。
◎蓶，以追切。菜似韭而黄。
【莛】時人切。草名。
◎莛，時人切。草名。
【葰】相維切。《説文》曰：薑屬，可以香口。
◎葰，相維切。薑屬，可香口。
【薵】冬毒切。萹茿草。蓫，同上。
◎薵，冬毒切。萹英草也。蓫，同上。
【茅】直與切。草可以爲繩。苧，同上。
◎茅，直與切。草可以爲繩。苧，同上。
【蓩】莫屋、莫老二切。毒草也。《説文》云：卷耳也。
◎蓩，莫屋、莫老二切。毒草。
【蔞】莫候切。《説文》云：毒艸也。
◎蔞，莫候切。毒草。
【菽】莫老切。細草叢生。

◎菽，莫老切。細草叢生。
【藎】疾刃切。進也。《詩》曰：王之藎臣。一曰草名。
◎藎，疾刃切。進也。又草名。
【莍】來密切。草也。
◎莍，來密切。草名。
【荵】如軫切。似蘇，有毛。江東呼爲隱荵。
◎荵，力官、力卷二切。蔑葵也。蘷，同上。
◎蘊，力官、力卷二切。蔑葵也。蘷，同上。
【莀】來計切。紫草也。
◎莀，來計切。紫草。
【萬】于矩切。草也。
◎萬，于矩切。草名。
【蔵】鼻姿切。蒿似蓍。
◎蔵，鼻姿切。蒿似蓍。
【蘄】居衣、渠之二切。草也。又縣名。又音芹。
◎蘄，居衣、渠之二切。草名。又縣名。又音芹。
【蘢】公狄切。草也。
◎蘢，公狄切。草名。
【莑】姑但切。草莖也。
◎莑，姑但切。草莖稱也。
【蘐】狃庚切。牂蘐，可以作縻綆也。
◎蘐，狃庚切。牂蘐，可作綆。
【藸】致如切。藸蕏草。又音除。《爾雅》曰：味荎藸。郭璞云：五味也。蔓生，子叢在莖頭。
◎藸，致如切。草名。又五味。
【苹】陟隆、直隆二切。草名。
◎苹，陟隆、直隆二切。草名。
【蔍】胥漬切。草名。
◎蔍，胥漬切。草名。
【莩】平表、毗小二切。落也。正作受。
◎莩，平表、毗小二切。落也。正作莩。
●圓沙本“莩”疑當作“受”。
【茲】後堅切。《説文》云：草名。
◎茲，後堅切。草名。
【莩】芳俱切。葭莩，葭中白皮也。
◎莩，方俱切。葭莩，葭中白皮。

【莥】有救切。草名。䕀，同上。
◎莥，有救切。草名。䕀，同上。
【菩】防誘切。香草也。又音蒲。
◎菩，防誘切。香草。又音蒲。
【荌】於旦切。草也。
◎荌，於旦切。草名。
【贛】公禫、公楝二切。草名。
◎贛，公禫、公楝二切。草名。
【蕾】乙吏切。蕾苡，又蓮的中。又音億。薏，同上。
◎蕾，乙吏切。蕾苡草。又音億。薏，同上。
〇薏，顧野王云：薏苡，即草珠也。（《一切經音義》卷三十八）
〇薏苡，顧野王云：即千珠也。（《續一切經音義》卷七）
【蕺】疾立切。蕺菩草。
◎蕺，疾立切。蕺菩，草名也。
【蔁】之羊切。蔁柳，當陸別名。
◎蔁，之羊切。藥名，蔁柳也。
【蔜】叉力切。草名。
◎蔜，叉力切。草名。
【芪】巨支切。芪母也。
◎芪，巨支切。芪母也。
【虂】公魂切。香草。菎，同上。
◎虂，公魂切。香草。菎，同上。
【蒷】與鞠切。草名。
◎蒷，与鞠切。草名。
【蕥】如旃切。草名。又爇也。䕾，同上。又呼旦切，草也。
◎蕥，如旃切。草名。又爇也。䕾，同上。又呼旦切，草也。
【葚】市枕切。桑實也。
◎葚，市枕切。桑實。
【茮】子消切。菉也。與椒同。
◎茮，子消切。菉也。与椒同。
【菉】渠牛切。茮實也。
◎菉，渠牛切。茮實也。
【薾】奴禮切。草盛皃。
◎薾，奴礼切。草盛皃。
【芭】卜加切。芭蕉。又香草也。
◎芭，卜加切。芭蕉。又香草。
【蕉】子消切。芭蕉。
◎蕉，子消切。芭蕉。
【荺】弋支切。草萎荺。
◎荺，弋支切。草皃，萎荺也。
【蒝】五袁切。莖葉布也。
◎蒝，五袁切。莖葉布。
【蒪】不後切。花葉布。
◎蒪，不後切。花葉布。
【萷】所交切。草根。又相遥切。
◎萷，所交切。草根也。又相遥切。
【菥】牛斤切。草也。又江夏郡有菥亭。
◎菥，牛斤切。草。又江夏有菥亭。
【兹】子支切。草木多益也。
◎兹，子支切。草木多益也。
【蓛】九利切。草多皃。
◎蓛，九利切。草多皃。
【蔫】於焉切。菸也，䴴也。
◎蔫，於焉切。草菸腐。
【蕪】亡孚切。薉也。
◎蕪，亡孚切。草云蕪薉也。
【薉】於吠切。行之惡也。又作穢。
◎薉，於吠切。行之惡也。又作穢。
〇薉，顧野王云：薉謂不清潔也。（《一切經音義》卷三十二）
〇薉，《玉篇》從草作薉，《蒼頡篇》云：薉，不清潔也。（《一切經音義》卷八十）
【苛】賀多切。小草生皃。又政煩也，怒也，妎也。
◎苛，賀多切。小草生皃。又政煩也，怒也。
〇苛，小草生刺也。（《倭名抄》一 66）
【落】郎閣切。墮也。草曰零，木曰落。又始也。
◎落，郎閣切。墮也。又始也。
【蔽】甫制切。障也，隱也，暗也。
◎蔽，甫制切。障也，隱也。
〇蔽，必袂反。掩也。（《醫心方》二六 1）
〇蔽，顧野王云：蔽暗，不明也。（《一切經音義》卷四）
〇蔽，顧野王云：謂暗蔽不明也。（《一切經

音義》卷四十三）
○蔽，顧野王云：蔽，不明也。（《一切經音義》卷四十五）
【縈】於營切。萎蕤也。
◎縈，於營切。草木萎蕤也。
【茷】符廢、博賴二切。草葉多也。
◎茷，符廢、博賴二切。草葉多也。
【茀】敷勿切。茀離猶蒙蘢也。又草多。
◎茀，敷勿切。茀離猶蒙蘢。
【蔎】舒列切。香草也。
◎蔎，舒列切。蔎，香草也。
【蓆】祥亦切。大也。
◎蓆，詳亦切。大也，草蓆也。
【蕝】子悦、子芮二切。束茅以表位。
◎蕝，子悦、子芮二切。束茅表位。
【蘼】力計切。《易》曰：百穀草木蘼乎地。蘼，附著也。本亦作麗。
◎蘼，力計切。附著。亦作麗。
○蘼，顧野王引作蘼乎地云：蘼，附著也。本亦作麗。（《周易章句證異》卷四）
【薣】故殁切。刷也。
◎薣，故殁切。刷也。
【藃】康路切。醋葅也。
◎藃，康路切。醋葅謂之藃。
【菭】諸尸切。葅也。菭，同上。
◎菭，諸尸切。葅也。菭，同上。
【茵】丈例切。草補鞅。或爲綴。
◎茵，丈例切。連也。或爲綴。
【蓴】匹各切。蘘何，苴也。
◎蓴，匹各切。蘘何，苴也。
【蓴】常倫切。蓴菜。
◎蓴，常倫切。蓴菜，水中生。
○蓴，野王案云：蓴，水菜也。（《倭名抄》九 35）
○蓴，顧野王云：今江東水中有蓴菜，人多食之也。（《一切經音義》卷八十八）
【葘】莊里切。《説文》云：羹菜也。
◎葘，莊里切。羹菜也。
【萆】婢亦切。雨衣。一曰蓑。
◎萆，婢赤切。雨衣也。一曰蓑衣。

【蘦】青五切。草履也。
◎蘦，青五切。草履也。
【菷】炙久切。俗帚字。
◎菷，炙久切。俗帚也。
【茵】於仁切。茵蓐。《詩》曰：文茵暢轂。文茵，虎蓐。
◎茵，於仁切。草茵蓐也。
○茵，野王案：茵，茵蓐，又以虎豹皮爲之。（《倭名抄》六 69）
○茵，《禮記》：茵褥也。野王案：以虎皮爲蓐。音於申反。（《令集解》三 2）
○茵，顧野王曰：文茵虎褥也。（《詩經廣詁》）
○茵，顧野王云：虎皮褥也。（《一切經音義》卷十二）
○茵，《玉篇》云：虎皮蓐也。（《一切經音義》卷十五）
○茵，顧野王云：以虎皮或錦繡爲蓐也。（《一切經音義》卷七十八）
○茵，《玉篇》云：以虎皮爲蓐曰茵。又作鞇。（《續一切經音義》卷二）
【茹】而預、而與、而諸三切。柔也，貪也，菜茹也，度也，飯牛也。又相牽引皃。《易》曰：拔茅連茹。
◎茹，而預、而与、而諸三切。柔也，菜茹也，飯牛也。又相牽引皃。《易》：拔茅連茹。
○茹，《玉篇》云：茹，柔也。一曰菜。（《楚辭章句》第一）
【苣】勤侶切。苣藤，胡麻也。
◎苣，勤侶切。苣藤，胡麻也。
○苣，顧野王曰：苣勝，胡麻也。（《六書故》卷二十四）
【菥】之列切。斷也。今作折。又常列切。斯，同上，出《説文》。
◎菥，之列切。今作折。又常列切。斯，同上，出《説文》。
【薶】莫皆切。瘞也。與埋同。
◎薶，莫皆切。瘞也。与埋同。
【菡】舒理切。糞也。亦作矢。俗爲屎。
◎菡，舒理切。糞也。亦作矢。俗作屎。
【苟】公后切。菜也。又苟且。

◎苟，公后切。菜名。又苟且。

【蓸】在勞切。草也。

◎蓸，在勞切。蓸草也。

【范】音犯。草名。

◎范，音犯。草名。又姓。

【蒏】與周切。草也。莤，《説文》蒏。

◎蒏，与周同。草也。莤，《説文》蒏。

●圓沙本“与周同”當作“与周切”。

【萔】市昭切。草也。

◎萔，市昭切。草也。

【菮】雇后切。草也。

◎菮，雇户切。草也。

●底本及圓沙本音切未詳。

【蕪】亡候切。草也。

◎蕪，亡候切。草名。

【苳】丁彤切。草也。

◎苳，丁彤切。草名。

【蒪】齒允切。雜也。

◎蒪，齒允切。蒪蒪，雜也。

【茸】而容切。尨茸，亂皃。又草生也。又而勇切，不肖也。

◎茸，而容切。乱皃。而勇切，不肖也。

【荈】尺兖切。茶葉老者。

◎荈，尺兖切。茶荈，葉老者。

【葆】補道切。草茂盛皃。又羽葆也。

◎葆，補道切。草茂皃。又羽葆也。

○葆，顧野王云：各聚五色羽，名爲葆也。（《一切經音義》卷九十八）

【茗】冥頂切。茗荈。

◎茗，冥頂切。茶，茗荈也。

【荼】杜胡切。苦菜也。又《爾雅》曰：檟苦荼。注云：樹小似梔子，冬生，葉可煮作羹飲。又除加切。

◎荼，杜胡切。苦菜也。又除加切。

【菆】阻留切。草也，叢生也。

◎菆，阻留切。草也，叢生也。

○菆，《玉篇》：菆，側鳩反。矢之善者。（《書傳輯録纂注》卷二）

【茠】呼豪切。除田草。薅，同上，出《説文》。

◎茠，呼豪切。除田草也。薅，同上，出《説文》。

【莀】奴冬切。古文農。

◎莀，奴冬切。古文農。

【蘾】胡拜切。烏殨草。

◎蘾，胡拜切。烏殨草也。

【蒬】惟欒切。雀弁也。

◎蒬，推欒切。雀弁也。

●圓沙本“推欒切”疑當作“惟欒切”。

【蔌】落見切。白蘞也。

◎蔌，落見切。草名，白蘞也。

【蒐】胡罪、公回二切。懷羊也。

◎蒐，胡罪、公回二切。懷羊。

【蘈】閭遂切。蕌蓳，似蒲而細也。

◎蘈，閭遂切。草似蒲而細。

【蕌】都領切。蘈蕌蓳。

◎蕌，都領切。草名，蕌蓳也。

【蕣】居輦切。蕣蕟。

◎蕣，居輦切。草名，蕣蕟也。

【蕟】扶發切。蕣蕟。

◎蕟，扶發切。蕣蕟。

【茺】胡唐切。茺東蠡。

◎茺，胡唐切。茺東蠡。

【蘱】力蓋切。蘱，蕭也，蒿也。莿，同上。

◎蘱，力蓋切。蕭也，蒿也。莿，同上。

○蘱，顧野王《玉篇》云：蒿屬也。（《一切經音義》卷八十八）

【菒】奴結切。菜似蒜，生水旁。

◎菒，奴結切。菜似蒜，生水中。

【薌】許良切。穀氣。亦作香。

◎薌，許良切。穀氣。亦作香。

○薌，虚良反。《禮記》：孔子（曰），燔燎馨薌。野王案：此亦香字也，在香部。（《香藥字抄》2，《藥字抄》15，《香字抄》2）

【莘】所巾切。衆也。亦長皃。又地名。

◎莘，所巾切。衆也。又地名。

【蓞】丁敢切。金谷多蓞棘。

◎蓞，丁敢切。草名，蓞棘也。

【莶】扶文切。莶葍，盛皃。又蒲昆切，覆莶草。

◎蒕，扶文切。蒕蒀，盛皃。蒲昆切，覆蒕草。

【蒀】於云切。蒕蒀，盛皃。

◎蒀，於云切。蒕蒀，盛皃。

○蒀，於云反。左思《蜀賦》云：鬱蒕（蒀）以翠。~~後~~。《字書》爲馧字。馧亦香也。在香部。(《香藥字抄》76,《藥字抄》15)

●佚文"後"字爲衍文。

【蒗】胡墾切。草名，似蓍，花青白。

◎蒗，胡懇切。草名，似蓍，花青白。

●圓沙本字頭原从"狠"。和刻本作"胡墾切"。

【茾】巨凶切。蓂莢，實也。

◎茾，巨凶切。蓂莢，實也。

【艻】郎得切。蘿艻，香菜。亦云胡荽屬。

◎艻，郎得切。蘿艻，香菜也。

【藏】慈郎切。藏郎，草名。又隱匿也。又才浪切，庫藏。

◎藏，慈郎切。草名。又隱匿。又才浪切，庫藏。

○藏，野王案：藏謂蓄財也。（《令集解》三68）

○藏，《玉篇》：藏，敝也。(《一切經音義》卷二十七)

【蔀】步口切。《易》曰：豐其蔀。王弼云：蔀，覆曖鄣光明之物也。

◎蔀，步口切。蔀，覆也。

【芊】七年切。草盛皃。

◎芊，七年切。芊芊，草盛皃。

【蔻】呼候切。荳蔻，藥名。

◎蔻，呼候切。荳蔻，藥名。

【蘩】輔袁切。白蒿也。

◎蘩，輔袁切。草名，白蒿也。

【蕭】蘇條切。香蒿也。

◎蕭，蘇條切。香蒿。又蕭索。

【蒿】呼豪切。蒿，菣也。

◎蒿，呼豪切。蒿，菣也。

【菭】息夷切。茅秀也。

◎菭，息夷切。茅秀也。

【蘞】力檢切。白蘞也。蘝，同上。

◎蘞，力檢切。白蘞。蘝，同上。

【菽】五高切。《爾雅》：菽，蔱蔞。注云：今蘩蔞也。一曰雞腸草。

◎菽，五高切。艸也。《爾雅》：菽，蔱。

【蔱】素老切。菽，蔱蔞。

◎蔱，素老切。菽，蔱蔞也。

【蔞】力主切。菽，蔱蔞。

◎蔞，力主切。菽，蔱蔞。

【芩】渠炎、渠今二切。黄芩也。《詩》云：食野之芩。莶，同上。

◎芩，渠炎、渠今二切。黄芩也。莶，同上。

【虉】魚激切。小草，有雜色，似綬。《詩》曰：邛有旨虉。鷊，同上。

◎虉，魚激切。小草，有雜色。鷊，同上。

【芡】渠斂切。雞頭也。《周禮》：加邊之實，蔆芡㮚脯。

◎芡，渠斂切。芡，雞頭也。

○芡，水中雞頭也。渠斂反。（《醫心方》三23）

【茷】弋箠切。《方言》云：芡，雞頭也，北燕謂之茷。

◎茷，弋箠切。芡也，北燕謂之茷。

○茷，《玉篇》引《方言》：茷，芡，雞頭也，北燕謂之茷。(《方言疏證》卷三)

【芰】巨寄切。蔆也。茤，同上。《説文》云：杜林説，芰从多。

◎芰，巨寄切。芰，蔆也。茤，同上。《説文》：芰从多。

○芰，顧野王《玉篇·草部》：芰，蔆也。(《箋注駱臨海集》卷二)

●底本"文"字原作"林"，徑改。

【蔆】力升切。芰也。蘒，同上。司馬相如説：蔆从遴。菱，同上。亦作蔆。

◎蔆，力升切。芰也，水中生。蘒，同上。菱，同上。亦作蔆。

【薢】古諧、庚買切。《爾雅》：薢茩，芵茪。郭璞注云：芵明也。葉黄鋭赤華，實如山茱萸。或曰蔆也。關西謂之薢茩。

◎薢，古諧切，庚買切。薢茩。

【茩】古后切。薢茩。

◎茩，古后切。薢茩。

【蘥】余灼切。雀麥也。

◎蘥，余灼切。穀名，雀麥也。

【蔌】桑卜切。菜茹之揔名。

◎蔌，桑卜切。菜茹之揔名。

【藗】桑鹿切。白茅也。

◎藗，桑鹿切。白茅。

【芀】都聊切。葦花也。

◎芀，都聊切。白茅，葦。

【苕】徒彫切。草也。《詩》云：邛有旨苕。

◎苕，徒彫切。苕草，可作帚。

【薔】所力切。澤蓼也。一曰虞蓼。又音牆，薔薇也。又東薔，實如葵，似蓬草。《子虛賦》曰：東薔彫胡。

◎薔，音牆。花名，薔薇也。

【蘠】才良切。《爾雅》曰：蘠蘼虋冬。一名滿冬。又茭萰，菝蘠。一名白蒷。

◎蘠，才良切。虋冬草也。

●“茭萰，菝蘠”出《爾雅·釋草》。

【茢】來桀切。雚苕也。《禮記》注云：桃茢可以爲埽，除不祥也。蒚，同上。

◎茢，來桀切。艸名，雚苕也。蒚，同上。

【茚】五唐切。菖蒲也。

◎茚，五唐切。菖蒲也。

【蘢】盧功切。馬藻也。《爾雅》曰：紅蘢古文。又音龍。

◎蘢，盧功切。馬藻。又音龍。

●“文”字爲衍文。

【茮】與蛇切。草名。

◎茮，与蛇切。草名。

【葥】子賤、子踐二切。王蔧草，可爲帚。又音前。蕑，同上。

◎葥，子賤、子淺二切。草也。又音前。蕑，同上。

【莊】阻陽切。草盛皃。又莊敬也。又六達道曰莊。㽵，古文。

◎莊，阻陽切。草名，又盛也，敬也。又六達道曰莊。䔏，古文。

【蓍】舒夷切。《説文》云：生千歲三百莖。《易》以爲數。天子九尺，諸侯七尺，大夫五尺，士三尺。菩，古文。

◎蓍，舒夷切。靈草，卜卦者。菩，古文。

○蓍，顧野王云：策，用四十九莖也。（《一切經音義》卷八十四）

○蓍，顧野王云：策用以筮者，四十九枚楪之爲卦也。（《一切經音義》卷九十七）

【菊】居六切。《説文》云：大菊蘧麥。

◎菊，居六切。大菊蘧麥也。

【蘜】居六切。《説文》云：日精也，似秋華。蓻，同上。

◎蘜，居六切。日精也，似秋華。蓻，同上。

【蘜】居六切。治蘠也。《爾雅》注云：今之秋華菊。

◎蘜，同上，治蘠也，今之秋華菊。

【蕡】扶藩切。青蘋也，似蘋而大。

◎蕡，扶藩切。水草，青蘋也。

【茶】儲律切。茶，山薊。與术同。蒁，同上。

◎茶，儲律切。茶，山薊。与术同。蒁，同上。

【菥】思擊切。菥蓂，大薺。又息移切，葴菥草，似燕麥。《子虛賦》曰：高燥則生葴菥。

◎菥，思擊切。菥蓂。又息移切。

【蘄】思移切。草生水中，其花可食。

◎蘄，思移切。草生水中，其花可食。

【萩】無貴切。荎藸也。

◎萩，無貴切。荎藸。又五味。

【荎】雉之切。荎藸。

◎荎，雉之切。草，荎藸也。

【草】功勞切。如葛，白華也。

◎草，古勞切。皐，如葛，白華。

【葛】功遏切。蔓草也。

◎葛，功遏切。蔓草，根可食。

【莕】何梗切。莕菜也。俗呼爲豬蓴。荇，同上。

◎莕，何梗切。菜也，俗呼爲豬蓴。荇，同上。

【萎】子葉切。莕萎，水草，叢生水中，葉圓在莖端，長短隨水深淺，江東食之。

◎萎，子葉切。莕萎，水草也。

【蕛】臺雞切。蕛英，地生穢草也。
◎蕛，臺雞切。華名，蕛芺也。
【芺】徒結切。蕛芺。蕺，同上。
◎芺，徒結切。蕛芺，地生草。蕺，同上。
【蔓】忘怨切。蔓延也。
◎蔓，忘怨切。藤生蔓延也。
●宋十行本作“亡怨切”。
【萊】旅灾切。藜草也。
◎萊，旅災切。藜草。
【蘦】來丁切。大苦菜。或云蘦，似地黄。
◎蘦，來丁切。大苦菜。或似地黄。
【苧】禿鼎、禿靁二切。苧熒也。
◎苧，禿鼎、禿靁二切。苧熒。
【蒟】渠俱切。蒟，苧熒。
◎蒟，渠俱切。蒟，苧熒也。
【芫】牛袁切。芫花，藥。
◎芫，牛袁切。草芫花，藥名。
○芫，顧野王《玉篇》云：芫水出豫章，煎汁，藏果及卵不壞。(《本草綱目》卷十七)
【荑】大奚切。始生茅也。又荑桑也。又音夷，莁荑也。
◎荑，大奚切。始生茅也。荑，柔也。又音夷，莁荑也。
【苽】古胡切。《禮記》曰：魚宜苽。鄭玄注曰：彫胡也。菰，同上。
◎苽，古胡切。《記》曰：魚宜苽。菰，同上。
【蔣】子羊切。其實彫胡也。又子兩切，國名。
◎蔣，子羊切。苽蔣。子兩切，姓也。
【莨】來唐切。草也。亦粱也。
◎莨，來唐切。草也。亦粱也。
【葽】於燒切。草也。《詩》：四月秀葽。
◎葽，於燒切。草也。
【薖】苦戈切。草也。又寬大皃。
◎薖，苦戈切。草也。又寬大皃。
【蕈】慈荏切。地菌也。
◎蕈，慈荏切。地菌謂之蕈。
○蕈，《玉篇》又商錦反。（《龍龕手鏡》卷二）
【荆】景貞切。荆楚。亦木名。菿，古文。
◎荆，景貞切。木名。又地名。菿，古文。
○荆，顧野王：楚木也。(《一切經音義》卷十一)
【菌】奇陨切。地菌。
◎菌，奇隕切。草芝，地菌也。
○菌，奇隕反。《山海經》：孟子山多(菌)。《爾雅》：中馗菌。郭璞曰：地蕈也，似蓋，今江東呼土菌，上［亦］曰馗樹。《莊子》：朝菌不知朝朔。司馬獻［彪］曰：犬芝也，天陰生糞上。《廣雅》：菌，薰也。葉曰蕙，根曰菌。野王案：雜申柳［椒］與菌桂是也。《本草》：菌桂，生交趾，枝間無骨，正圓也。(《香字抄》31)
【萸】而兖切。木耳，生枯木也。
◎萸，而兖切。木耳，生枯木。
【菭】徒來切。生水中，緑色也。苔，同上。
◎菭，徒來切。草生水中，緑色也。苔，同上。
○苔，顧野王云：緑色，生水底也。(《一切經音義》卷三十一)
【萋】且嵇切。草茂皃。
◎萋，且嵇切。萋萋，草茂皃。
【菶】補動切。菶菶，多實也。
◎菶，補動切。菶菶，多實也。
【蓁】疾陳切。衆也。又草盛皃。
◎蓁，疾陳切。衆也。又草盛。
【薿】言紀切。薿薿，茂盛皃。又牛力切。
◎薿，言紀切。茂皃。又牛力切。
【葼】子公切。木細枝。
◎葼，子公切。才細枝直幹。
●圓沙本“才”當作“木”。
【蓻】子習切。茅牙也。又草木生皃。
◎蓻，子習切。茅牙。又草木生皃。
【蒔】石至切。植立也，更種也。又音時。
◎蒔，石至切。更種也，植立也。又音時。
【芼】莫報切。拔取菜。
◎芼，莫報切。芼，拔取菜也。
【藥】與灼切。《說文》曰：治疾之草總名。
◎藥，与灼切。治病草總名。

【蘀】他落切。落也。蘀，同上。
◎蘀，他洛切。落也。蘀，同上。
【芃】扶戎、步同二切。草茂盛皃。
◎芃，扶戎、步同二切。草盛皃。
【蕴】紆文切。積也，聚也，蓄也，聚草以爇火也。
◎蕴，紆文切。積也，聚也，聚草以爇火也。
【薀】於粉切。藏也，積也，聚也，蓄也。又菜也。
◎薀，於粉切。聚也。又菜也。
【菸】於去切。臭草也。《楚辭》曰：葉菸邑而無色兮。菸，鬱也。
◎菸，於去切。臭草謂之菸。
【藑】巨營切。藑茅也。
◎藑，巨營切。草名，藑茅也。
【茞】讓之切。草多皃。又亭名。
◎茞，讓之切。艸多。又亭名。
【藪】桑後切。澤無水曰藪。《周禮》有九藪。大澤曰藪。
◎藪，桑後切。大澤曰藪。
【蔪】疾斂切。草相蔪苞裹也。蘄，同上。
◎蔪，疾斂切。《書》草木蔪苞。蘄，同上。
【菿】都角切。《韓詩》：菿彼甫田。《毛》作倬。又音到。
◎菿，都角切。与倬同。又音到。
【菑】阻飢切。一歲田也。又子來切，害也。葘，同上。又側吏切，輻入轂也。
◎葘，同上。又側吏切，輻入轂也。
◎菑，阻飢切。一歲田。又子來切，害也。
●圓沙本分作兩條，且間隔數十字條，使“同上”不知所指。
【萊】來潰切。耕多草。
◎萊，來潰切。耕多草也。
【芟】所巖切。除草也。
◎芟，所嚴切。除草。
【蓋】胡臘切。苫蓋也。又古害切。
◎蓋，胡臘切。苫也。古害切，仍也。
【苫】舒鹽切。茅苫也。
◎苫，舒鹽切。草名，茅苫也。
【藹】於蓋切。掩藹，樹繁茂。
◎藹，於蓋切。腌藹，樹茂也。
【茨】疾資切。以茅覆屋也。
◎茨，疾資切。茅茨也，以茅覆屋。
【蕿】舒鹽切。蕿猶苫也。草自藉也。或作苫。
◎蕿，舒鹽切。蕿猶苫也。草自藉也。或作苫。
〇蕿，顧野王云：蕿猶苫也。(《一切經音義》卷九十二)
【芻】楚俱切。茭草。《説文》云：刈艸也。俗作蒭。
◎芻，楚俱切。茭草。俗作蒭。
〇芻，顧野王：刈乾草也。（《一切經音義》卷五十四)
【蘱】魚既切。《禮記》云：三牲用蘱。鄭玄云：煎茱萸也。藙，同上。
◎蘱，魚既切。藥名，煎茱萸。藙，同上。
【莜】徒叫切。《論語》曰：以杖荷莜。草器名。
◎莜，徒叫切。草器名也。
【蕢】奇愧切。《爾雅》云：蕢，赤莧。又草器也。又枯怪切。
◎蕢，奇愧切。草器。又音塊。
【莝】且卧切。斬草。
◎莝，且卧切。斬草謂之莝。
【茭】古爻切。草可供牛馬。又下絞切。鼚，古文。
◎茭，古爻切。草也。又下絞切。鼚，古文。
【荹】蒲故切。牛馬草，亂槁也。又音蒲。
◎荹，蒲故切。牛馬草，乱槁也。又音蒲。
〇荹，顧野王《玉篇》：荹，牛馬草，亂槁也。(《吴下方言考》卷八)
【蔌】所革切。以穀和草餧馬也。又小言皃。
◎蔌，所革切。以穀和草餧馬也。
【蔟】青木切。巢也。亦蠶蓐也。
◎蔟，青木切。巢也。又蠶蓐也。
【蕘】乳燒切。草薪也。《詩》云：詢于芻蕘。
◎蕘，乳燒切。芻蕘，草薪也。
【薪】息秦切。柴也。

◎薪，息秦切。析木柴也。
【蒸】章繩切。麤曰薪，細曰蒸。又炬也，衆也，君也，塵也。菾，同上。
◎蒸，章繩切。炬也，衆也，君也，塵也。菾，同上。
【艽】勤牛切。《詩》云：至于艽野。遠荒之野曰艽。
◎艽，勤牛切。遠荒之野也。
○艽，顧野王曰：遠荒之野曰艽。（《詩經廣詁》）
【蕢】丘玉切。蕢，植也，養蠶器也。
◎蕢，丘玉切。蕢，植也，養蠶器也。
【芔】許胃、許偉二切。草揔名。卉，同上。
◎芔，許胃、許偉二切。草揔名。卉，同上。
○卉，百艸之總名也。又衆也。（《法華釋文》中）
【雚】與六切。山韭也。
◎雚，与六切。山韭也。
【葶】丁殄切。《爾雅》云：葶亭歷，實葉皆似芥。一名狗薺。
◎葶，丁殄切。葉似芥。一名狗薺。
【藶】力狄切。葶藶也。
◎藶，力狄切。葶藶，藥名。
【莎】素戈切。草也，蒿，雜樹也。
◎莎，素戈切。莎草也。
【蒿】胡鬲切。蒿莎草。一名莎侯。
◎蒿，胡蒿切。莎草也。
【蕨】居越切。菜也。
◎蕨，居越切。筍蕨，山菜也。
【虌】卑列切。蕨虌也，紫纂也，初生無葉，可食。
◎虌，卑列切。蕨也，紫綦也，初生無葉，可食。
【藻】子道切。水中菜也。薻，同上。
◎藻，子道切。水中菜也。薻，同上。
【菉】閭燭切。菉蓐也。今呼鴟腳莎。
◎菉，閭燭切。菉蓐。又菉豆。
【茿】豬鞠切。萹茿也。似小藜，赤莖節，好生道旁，可食。亦作竹。
◎茿，豬鞠切。萹茿。亦作竹。
【蘨】與招切。茂也。
◎蘨，与招切。茂也。
【蕢】似玉切。牛脣也。《詩傳》曰：水舄也。
◎蕢，似玉切。草名，生蓐也。
●圓沙本"生蓐"當作"牛蓐"。
【蓐】時均切。牛蓐也。
◎蓐，時均切。草也，牛蓐也。
【茆】閭酉切。茂盛皃。又鳧葵也。《詩》云：言采其茆。或亡絞切。菲，同上，出《說文》。
◎茆，閭酉切。茂盛皃。又鳧葵也。或亡絞切。菲，同上，出《說文》。
【蘬】丘非、丘誄、丘追三切。大蘢古也。蔉，古文。
◎蘬，丘非、丘誄、丘追三切。犬蘢古艸。蔉，古文。
●圓沙本"犬蘢古"疑當作"大蘢古"。
【葒】胡公切。葒蘢古。
◎葒，胡公切。葒蘆草。
【葯】縈窅切。葯蘞也。今江東人呼藕根爲蘞。《說文》曰：茅根也。
◎葯，營窅切。茅根。又藕根爲蘞。
【蕃】縛袁切。滋也，息也。又甫煩切，蕃屏也。
◎蕃，縛袁切。息也，滋也。又甫煩切，藩屏也。
【葝】居政、其聲二切。葝，山䪥。又葝，鼠尾，可以染皂。
【萆】補位、補婢二切。萆鼠，莞也。纖細於龍須，可爲席。
◎萆，補位、補婢二切。萆鼠，莞也。
【藺】旅進切。似莞而細，可爲席。
◎藺，旅進切。似莞而細，可爲席。
○藺，似莞而細，堅宜爲席者也。（《倭名抄》一72）
【蕼】相利切。堇也。
◎蕼，相利切。草名，堇也。
【藘】旅居切。茹藘，茅蒐。
◎藘，旅居切。茹藘，茅蒐也。

【芨】居及切。芨堇草，即烏頭也。
◎芨，居及切。芨堇草，烏頭。
【蒐】所留切。茅蒐也。又春獵爲蒐。
◎蒐，所留切。茅蒐也。春獵爲蒐。
【莀】之履切。蒻也，芘實也。《書》云：敷重莀席。孔安國曰：莀，蒻莖也。本作底。
◎莀，之履切。草蒻。本作底。
【苨】奴禮切。薺苨也。
◎苨，奴礼切。草名，薺苨也。
【苻】輔俱切。鬼目也。
◎苻，輔俱切。苻草，鬼目也。
【蕍】庾俱切。澤瀉也。
◎蕍，庾俱切。澤瀉也。
【蒫】昨何、祖邪二切。薺實也。
◎蒫，昨何、祖邪二切。薺實。
【蓼】力鞠切。《詩》曰：蓼彼蕭斯。蓼，長大皃。又音了。蓼，同上。
◎蓼，力鞠切。長大皃。又音了，艸也。蓼，同上。
【蓫】抽陸切。《詩》曰：言采其蓫。牛蘈也。又音逐，馬尾草也。
◎蓫，抽陸切。《詩》：言采其蓫。牛蘈。又音逐，馬尾草。
【蓄】丑六切。蓄積也。
◎蓄，丑六切。蓄積也。
○蓄，聚也。音抽陸反。字在草部。（《令集解》八 261）
○蓄，顧野王云：蓄，聚也。（《一切經音義》卷六十六）
【蘈】他雷切。牛蘈也。江東有，高尺餘，葉長而鋭，花紫縹色，可淋以爲飲。
◎蘈，他雷切。草名，牛蘈也。
【蘵】諸翼切。蘵草，葉似酸漿。蘵，同上。
◎蘵，諸翼切。草名，葉似酸漿。蘵，同上。
【茈】亡此切。春草。
◎茈，亡比切。春草。
【芏】他護、徒扈二切。生海邊，似莞藺，越人以爲席也。
◎芏，徒扈、他護二切。似莞藺，越人以爲席。

【蕎】居妖切。蕎，邛鉅，大戟也。又音喬，蕎麥也。
◎蕎，居妖切。大戟也。音橋，麥也。
【蕺】居逆切。大蕺，藥名。
◎蕺，居逆切。藥名，木蕺。
●圓沙本“木蕺”疑當作“大蕺”。
【萿】古活切。萿麋舌，春生，葉似舌。
◎萿，古活切。麋舌，春生，葉似舌。
【虇】丘遠切。江東人呼蘆笥爲蘆虇。
◎虇，丘遠切。蘆笥。
【芛】惟畢、羊箠二切。芛，華榮也。草木華初生者。䔟，古文。
◎芛，惟畢、羊箠二切。草木華初生也。䔟，古文。
【葩】普華切。華也。
◎葩，普華切。草木華也。
【荂】許俱、妨俱二切。草華別名。又荂，榮也。
◎荂，許俱、芳俱二切。荂，榮也。
○荂，《玉篇》：荂，許俱、芳俱二切。草華別名。又蕚，榮也。又花，呼瓜切。（《方言箋疏》卷一）
○蕚，《説文》：蕚，榮也。《玉篇》同。音胡瓜切。又呼瓜切。（《方言箋疏》卷一）
【蔈】芳燒切。黄花也。
◎蔈，芳燒切。黄花。
【葟】胡光切。葟榮。亦花之美也。
◎葟，胡光切。葟榮。亦花美。
【花】呼瓜切。今爲華、荂字。
◎花，呼瓜切。今爲華、荂字。
【茇】蒲達切。茇萿，瑞草。又蒲八切，茇藈，狗脊根也。
◎茇，蒲達切。瑞草名，茇萿。
○茇，《玉篇》云：茇，狗脊，藈根也。（《方言箋疏》卷三）
【萿】古活切。茇萿。
◎萿，古活切。茇萿，狗脊根。
【藈】苦八切。茇藈。
◎藈，苦八切。茇藈草。
【芨】蒲達切。草木根也。又補末切，葷芨。

◎茇，蒲達切。草木根。補末切，蓽茇。
【英】猗京切。華也，榮而不實曰英。
◎英，猗京切。草木英華。
【蘤】爲詭切。華榮也。
◎蘤，爲詭切。華榮也。
〇蘤，爲詭反。（《三部經音義集》二）
【蓶】爲彼切。蓶章，楚大夫。
◎蓶，爲彼切。姓也。
【蒧】敕展切。解也，備也。《左氏傳》曰：寡君願以蒧事。蒧，敕也。
◎蒧，敕展切。備也，敕也。
【蓽】補密切。以荆爲户謂之蓽。
◎蓽，補密切。以荆爲户謂之蓽。
【蓸】他帀切。菜生水中也。萗，古文。
◎蓸，他帀切。菜生水中者。萗，古文。
【菴】倚廉切。菴 蕳，蒿 也。又 音 諳。葊，古文。
◎菴，倚廉切。蘆舍。又音諳。葊，古文。
〇菴，《玉篇》以葊爲古文菴。（《釋名疏證》卷五）
【蕳】吕居切。菴蕳。
◎蕳，吕居切。菴蕳也。
【蕓】禹軍切。蕓薹菜。
◎蕓，禹軍切。蕓薹菜。
【蒥】力牛切。香草。
◎蒥，力牛切。香草。
【蕞】在會切。小皃。
◎蕞，在會切。蕞尔，小皃。
【蘧】渠與切。今之苦蘧，江東呼爲苦蕒。又音渠。
◎蘧，渠与切。苦蕒菜也。又音渠。
【蔂】力戈切。盛土草器也。或作虆。
◎蔂，力戈切。草器。或作虆。
【葧】蒲骨切。蒡葧，繁母也。又作蔛。
◎葧，蒲骨切。蒡葧。又作蔛。
【莌】公幸切。芋莖也。
◎莌，公幸切。芋莖也。
【蔡】古畦、苦畦二切。鉤蔡姑。一名土瓜。
◎蔡，古畦、苦畦二切。鉤蔡姑艸。
【菇】故吴切。蔡菇。
◎菇，故吴切。蔡菇。
【莵】竹亞切。莵蒠，黄芩也。
◎莵，竹亞切。莵蒠，黄芩也。
【蒠】亡悲切。莵蒠也。
◎蒠，亡悲切。莵蒠，草也。
【蒩】材餘切。
◎蒩，才餘切。草蒩也。
【蓋】禹俱切。蒩蓋，草似韭。
◎蓋，禹俱切。蒩蓋，草似韭。
【藺】力盎切。藺蕩，藥。
◎藺，力盎切。藺蕩，藥也。
【蕩】荼盎切。藺蕩。
◎蕩，荼盎切。藺蕩。
【藤】達曾切。藟也。今揔呼草蔓莚如藟者。
◎藤，達曾切。艸木蔓生者揔名。
〇藤，顧野王云：案，今捻呼草蔓莚如葛之藟者爲藤也。（《一切經音義》卷四十九）
〇藤，顧野王云：今呼草蔓莚如葛藟者爲藤。（《一切經音義》卷五十一）
〇藤，《玉篇》云：藟也。（《續一切經音義》卷四）
【弦】胡肱切。藤弦，胡麻也。
◎弦，胡肱切。藤弦，胡麻。
【蕢】達潰切。草木茂也。
◎蕢，達潰切。艸木茂之稱。
【蕥】才帀切。户簾也。
◎蕥，才帀切。户簾也。
【蓊】九出切。草也。
◎蓊，九出切。草也。
【芣】疾來切。草也。
◎芣，疾來切。草也。
【蔍】力豆切。蔍蘆，藥。
◎蔍，力豆切。蔍蘆，藥名。
【莒】舉魚切。苴莒草。
◎莒，舉魚切。草名，苴莒也。
【蘞】囚纖切。菜也。
◎蘞，囚纖切。蘞菜也。
【蘍】恥亮切。草木盛。
◎蘍，恥亮切。草木盛也。
【莁】武俱切。莁荑。一名白蕢。

◎蓩，武俱切。蓩蕢。一名白蕢。
【蔛】胡鹿切。蔛菜，生水中。
◎蔛，胡鹿切。菜生水中者。
【蘣】子移切。蘣菜，生水中。
◎蘣，子移切。蘣菜，生水中。
【蘚】口羊切。菜也。
◎蘚，口羊切。菜也。
【虀】力戈切。菜生水中也。
◎虀，力戈切。菜生水中。
【蓋】於亦切。蓋母草。本作益。
◎蓋，於亦切。蓋母草。本作益。
【茺】齒戎切。茺蔚，即益母也。
◎茺，齒戎切。茺蔚，即益母。
【蔚】烏貴、於勿二切。茺蔚。
◎蔚，烏貴、於勿二切。茺蔚。
○蔚，顧野王云：文絲繁數也。（《一切經音義》卷一百）
【藺】餘鼈切。葉似竹，生水中。
◎藺，餘鼇切。葉似竹，生竹中。
●圓沙本“餘鼇切”疑當作“餘鼈切”，“生竹中”當作“生水中”。
【蔓】一丘切。菜也。
◎蔓，一丘切。菜名。
【蓾】孚陸切。蓾子也，可食。
◎蓾，孚陸切。蓾子也，可食。
【蓒】虛言切。蓒子，蕕草也，生水中。
◎蓒，虛言切。蓒草，生水中。
【藷】直居、上余二切。根似茅，可食。
◎藷，宜居、土余二切。根似茅，可食。
●圓沙本“宜居、土余二切”當作“直居、上余二切”。
【葾】於元切。敗也，萎葾也。
◎葾，於元切。敗也，萎葾也。
【莾】奇金切。草生水中，根可以緣器。
◎莾，奇金切。草，根可緣器。
○莾，草名，根可緣竹器，出《玉篇》。（《重修廣韻》卷二）
【蓤】力凋切。草木莖葉踈也。
◎蓤，力凋切。艸木莖葉踈。
【菜】仕街切。
◎菜，仕街切。草菜也。
【芃】居包切。秦芃，藥。艽，同上。
◎芃，居包切。秦芃，藥名。艽，同上。
【蓷】吕橘切。草子甲。
◎蓷，吕橘切。草子甲。
【葹】呼角切。草聲也。
◎葹，呼角切。草声。
【蒞】乙卓切。英蒻也。
◎蒞，乙卓切。英蒻謂之蒞。
【蕒】埋解切。苦蕒菜。
◎蕒，母解切。苦蕒菜。
【苘】口潁切。草名。亦作檾。蹟，同上。
◎苘，口潁切。草也。亦作檾。蹟，同上。
【藷】余戞切。麻莖也。又音皆。
◎藷，余戞切。麻莖。又音皆。
【莟】牛金切。似蒜，生水中。蘵，古文。
◎莟，牛金切。草似蒜，生水中。蘵，古文。
【萳】乃感切。草長弱皃。
◎萳，乃感切。草長弱皃。
【菧】亡更切。狼尾草。
◎菧，亡庚切。狼尾草。
【蒝】俞主切。草名。
◎蒝，俞主切。草名。
【蓪】他公切。藥草。
◎蓪，他公切。藥草。
【蓻】餘世切。似蘇而赤。
◎蓻，餘世切。遠，似蘇而赤。
【葸】諸餌切。遠葸也。
◎葸，諸餌切。遠葸，藥名。
【蒢】莫禮切。蒢子，菜。
◎蒢，莫礼切。菜名，蒢子也。
【莋】才亦、才各二切。如草。
◎莋，才亦、才各二切。如艸也。
【蘆】力胡切。蘆薈，藥。
◎蘆，力胡切。藥名，蘆薈也。
【蕣】且已切。即葈耳。
◎蕣，且已切。即葈耳也。
【藖】下間切。堅也，莖餘草莖也。又下辨切。
◎藖，下間切。堅也。又下辨切。

●“莁餘草莖也”當作“莁餘草莖也”。

【菤】九轉切。菤耳也。菵，古文。

◎菤，九轉切。草名，菤耳也。菵，古文。

【葏】才千切。草茂根。

◎葏，才千切。草茂皃。

【芚】徒昆切。菜似莧，可食。

◎芚，徒昆切。菜似莧，可食。

【莥】丈牛切。莥荼菜。

◎莥，丈牛切。莥荼菜也。

【藒】餘割切。似蕨，生水中。

◎藒，餘括切。草似蕨，生水中。

【苙】與良切。苙葲，藥名。

◎苙，與良切。苙葲，藥草名。

【葲】音泉。苙葲。

◎葲，音泉。苙葲。

【蓊】烏公、烏孔二切。木茂也。

◎蓊，烏公切，烏孔切。木茂皃。

○蓊，顧野王云：亦草木盛皃也。（《一切經音義》卷三十一）

○蓊，《玉篇》曰：蓊鬱，謂草木茂盛也。（《一切經音義》卷二十三）

○蓊鬱，《玉篇》云：蓊鬱，草木盛皃也。（《續一切經音義》卷二）

○蓊鬱，《玉篇》云：蓊鬱，謂草木茂盛。（《續一切經音義》卷三）

【蓸】似入切。蓸茵，水草也。

◎蓸，似入切。蓸茵，水草也。

【蒣】以遮切。枲屬，皮可以爲索。

◎蒣，以遮切。枲屬，皮可爲索。

【苿】莫侯切。草也。

◎苿，莫侯切。苿草也。

【萠】公玄切。萠明草。

◎萠，公玄切。萠明草也。

【著】直閭切。味莖著。又中恕、馳略、知略三切。

◎著，直閭切。蒢莖著也。又中恕、池略、知略三切，麗也，述作也。

○著，顧野王云：著猶顯也。（《一切經音義》卷二十九）

【葰】下校、古飽二切。江東呼藕根爲葰也。

◎葰，下校、古飽二切。藕根。

○葰，《玉篇》：江東呼藕根爲葰。又云：葰黄，茅根。（《方言箋疏》卷三）

【蘂】甫尾切。江湖之間兄卒相謂之蘂也。

◎蘂，甫尾切。江湖之間兄卒相謂之蘂也。

○蘂，《玉篇》云：江湖［湘］之間凡卒見謂之蘂也。（《方言疏證》卷十）

●當作“江湘之間凡卒相見謂之蘂也”。

【萺】撫俱切。萺蒏，花皃。

◎萺，撫俱切。萺蒏，花皃。

【蒏】庾俱切。萺蒏。蕍，同上。又音育。蕍，亦同上。

◎蒏，庾俱切。萺蒏。蕍，同上。又音育。蕍，亦同上。

【蒦】普莫切。落也。

◎蒦，普莫切。蒦落也。

【蓫】徐類切。禾秀。與穟同。

◎蓫，除類切。禾秀。与穟同。

【苪】祕永切。明著也。

◎苪，祕永切。明著也。

【茦】徐雉切。蒿也。

◎茦，徐雉切。蒿艸也。

【苆】胡故切。草名。

◎苆，胡故切。草名。

【蕾】子登切。莀蕾草。

◎蕾，子登切。草名，莀蕾也。

【蓟】徒篤切。古文毒。

◎蓟，徒篤切。古文毒。

【菅】魚韃切。草名。

◎菅，魚韃切。草名。

【莒】居吕切。草也。亦國名。

◎莒，居吕切。草也。亦國名。

○莒，《玉篇》云：草名也。（《續一切經音義》卷十）

【芵】古穴切。芵茪，芵明也，花黄。荴，同上。

◎芵，古穴切。芵明也，花黄。荴，同上。

【茪】古黄切。芵茪。

◎茪，古黄切。荴茪，艸也。

【蔍】力鞠切。蔏蔍。

◎蓤，力鞠切。蔏蓤，艸藥也。
【苋】他活、徒活二切。草生江南。莌，同上。
◎苋，他活、徒活二切。草生江南。莌，同上。
【蒗】力當切。蒗毒草。
◎蒗，力當切。毒艸。
【藫】他甘切。葱也。
◎藫，他甘切。菜葱也。
【蒃】且栗切。葉似蘇。
◎蒃，且栗切。葉似蘇。
【蘮】甫俱切。地蘮，藥草。
◎蘮，甫俱切。藥名，地蘮。
【藮】除格切。藮蒚，藥。
◎藮，除格切。藥名，藮蒚。
【莈】奴加切。藷莈。
◎莈，奴加切。菜名，藷莈。
【蒵】何雞切。蘩蒐，蒵也。
◎蒵，何雞切。蘩蒐，蒵也。
【蕣】力振、力因二切。鬼火。或作燐。蘑，同上。
◎蕣，力振、力因二切。鬼火。或作燐。蘑，同上。
【蘸】莊卓切。蘸蒵，毒，即附子也。
◎蘸，莊卓切。蘸蒵，附子也。
【蒠】去用切。蒠蔨蕩。
◎蒠，去用切。蒠蔨蕩也。
【蘦】力故切。蕠葵，蘩蘦。
◎蘦，力故切。草，蘩蘦也。
【蕠】音終。蕠葵。
◎蕠，音終。蕠葵，袳也。
●圓沙本“袳也”未詳。
【苶】奴結切。《莊子》云：苶然疲役而不知其所歸。又乃莢切。
◎苶，奴結切。疲也。又乃莢切。
【蒣】徐季切。蘧蒣也。亦作蓫。
◎蒣，除季切。蘧蒣。亦作蓫。
【蒬】悦宣切。蒬尾，射干也。
◎蒬，悦宣切。蒬尾艸，射干也。
【蒣】升諸切。魚薺也。
◎蒣，外諸切。草名，魚薺也。
●圓沙本“外諸切”疑當作“升諸切”。
【葳】於歸切。葳蕤也。
◎葳，於歸切。葳蕤，草皃。
【蒤】達胡切。蒤虎杖，似紅草，可以染赤。
◎蒤，達胡切。虎杖，似紅草。
【蘸】充受切。菝葀也。
◎蘸，充受切。草名，菝葀也。
【蒷】有貴切。草也。
◎蒷，有貴切。蒷草也。
【蘣】他口切。好皃。
◎蘣，他口切。好皃。
【荽】亡泛切。草木無蔓也。
◎荽，亡泛切。艸木蕪蔓曰荽。
【蒶】弋蛇切。穗也，蓄積也。又似嗟切。
◎蒶，弋蛇切。穗也，蓄積也。又似嗟切。
【蓺】魚制切。種蒔也。
◎蓺，魚制切。種蒔並曰蓺。
【蘸】思俠切。草名。又徒協切。
◎蘸，思挾切。艸也。又徒叶切。
【蔱】所戛切。似茱萸。
◎蔱，楚戛切。蔱草也。
【薆】於戴切。隱也。
◎薆，於戴切。薆隱也。
【克】許往切。惝克也。又許永切，克草。
◎克，許往切。惝克。又許永切，艸。
【荳】音豆。荳蔻。
◎荳，音豆。荳蔻，藥也。
○荳，徒構反。《字書》亦豆字也。豆，尗［尗］也。在豆部。(《香藥抄》45)
【蓎】他盍切。蓎布也。
◎蓎，他盍切。蓎布也。
【菾】徒兼切。藥草。
◎菾，徒兼切。藥草名也。
【蔈】彌紹切。草細。
◎蔈，彌紹切。蔈小，草細也。
【葂】於皎切。草長。
◎葂，於皎切。草長。
【藻】子了切。似薺菜。
◎藻，子了切。草似薺菜。

【蒖】之仁切。茾也。
◎蒖，之仁切。蒖草，茾也。
【菄】音詵。地名。
◎菄，音詵。地名。
【蘢】音龍。古文。
◎蘢，音龍。草名，古文字。
【董】音童。草名。又多動切。
◎董，音童。草名。又音董。
【蕻】音洪。水草也。
◎蕻，音洪。水草名。
【蘢】音尨。草也。又火角切。
◎蘢，音尨。又火角切。並草名。
【蕛】音提。草也。蕛，同上。
◎蕛，音提。蕛草也。蕛，同上。
○蕛、蕛、稊、荑，《玉篇》皆音提，草名也。下又音夷，荎荑，香草也。（《龍龕手鏡》卷二）
【蘐】在紅切。草蘐生皃。蘐，同上，俗。
◎蘐，在紅切。草蘐生皃。蘐，俗。
【茳】音江。茳蘺，香草。
◎茳，音江。茳蘺，香草也。
【蒚】音苻。蒚茈。
◎蒚，音苻。蒚茈草也。
【荾】音綏。胡荾，香菜。荽、芨，並同上。
◎荾，音綏。香辛草，胡荾也。荽，同上。芨，同上。
【基】音基。
◎基，音基。種也。
【蒘】音如。蒘蘆草也。亦作茹。
◎蒘，音如。蒘蘆艸也。亦作茹。
○蒘，《玉篇》：草名也。（《續一切經音義》卷八）
【芘】防脂切。蕃也。
◎芘，防脂切。蕃也。
【蕖】音渠。荷，芙蕖。
◎蕖，音渠。荷名，芙蕖也。
【蒶】香于切。草華。
◎蒶，香于切。草華也。
【蔜】音孚。花蔜。
◎蔜，音孚。花敷也。

【蒜】古洽切。蒜草。
◎蒜，古洽切。草名。
【菩】薄胡切。菩薩。又步亥切，草也。
◎菩，薄胡切。佛號。步亥切，草也。
●此字與另一“菩”字同形，另一處作“菩，防誘切。香草。又音蒲”。
【蒱】音蒲。雉有蒱肉。
◎蒱，音蒲。雉蒱肉也。
【茂】莫遘切。草木盛。
◎茂，莫遘切。艸木盛。
○茂，顧野王云：茂盛也。（《一切經音義》卷六十）
【蓟】音劬。
◎蓟，音劬。芠草也。
【蓖】邊兮切。蓖麻。蓖，同上。
◎蓖，邊兮切。蓖麻也。蓖，同上。
【薹】音臺。蕓薹，菜名。
◎薹，音臺。菜名，蕓薹。
【莎】素和切。挼莎也。
◎莎，素和切。挼莎也。
【蘋】音頻。大萍也。蕒，同上。
◎蘋，音頻。水艸，大萍也。蕒，同上。
【荄】古來切。草根也。又音皆。
◎荄，古菜切。草根也。又音皆。
【莔】音盲。貝母也。莔，同上。蝱，同上。
◎莔，音盲。藥名，貝母。莔，同上。蝱，同上。
【蕇】得田切。草頭。
◎蕇，得田切。草頭。
【蔕】都計切。草木綴實也。
◎蔕，都計切。艸木綴實本也。
【芼】音毛。藥名。
◎芼，音毛。藥名。
●圓沙本“毛”當作“乇”。
【葰】音爻。黄茅根，煎取汁，治消渴也。芠，同上。
◎葰，音爻。黄茅根，煎汁，治消渴。芠，同上。
【蔯】音陳。茵蔯也。
◎蔯，音陳。香菜，茵蔯也。

【芒】罔良切。稻麥芒也。
◎芒，罔良切。稻麥芒。
【萄】徒勞切。蒲萄也。
◎萄，徒勞切。果名，蒲萄。
【萪】苦過切。萪藤，生海邊。
◎萪，苦過切。萪藤，生海傍。
【莪】五哥切。草似斜蒿。
◎莪，五哥切。草名，似斜蒿。
【菏】乎哥切。菏蔙草。又音柯，菏澤名。
◎菏，乎哥切。草也。又音柯，澤名。
【蘿】盧多切。女蘿，托松而生。
◎蘿，盧多切。托松而生，女蘿也。
【菖】尺良切。菖蒲也。
◎菖，尺良切。菖蒲。
【藏】慈郎切。隱也。又慈浪切，庫藏。
●此條重出。上文作“藏，慈郎切。藏郎，草名。又隱匿也。又才浪切，庫藏”。
【莔】莫耕切。《爾雅》云：存存、莔莔，在也。萠，同上。本或作萌。
◎莔，莫耕切。莔莔，在也。萠，同上。本或作萌。
【蓎】徒郎切。蓎蒙，女蘿。
◎蓎，徒郎切。蓎蒙，女蘿也。
【莤】余留切。水草。一名軒于。又所六切，苞茅莤酒也。
◎莤，余留切。水草。一名軒于。又所六切，苞茅莤酒也。
●底本“軒于”，原作“軒干”，據宋十一行本改。
【蕕】祥由切。液也。亦與糟同。
◎蕕，祥由切。夜也。又与糟同。
●圓沙本“夜也”當作“液也”。
【芝】止而切。瑞草。
◎芝，止而切。瑞草。
【虆】力垂切。蔓也。又音累。
◎虆，力垂切。蔓也。又音累。
【莶】音登。金莶草。
◎莶，音登。草名，金莶也。
【菾】徒廉切。菜名。
◎菾，徒廉切。菜名。
【菠】博何切。菠薐。
◎菠，博何切。菜名，菠薐。
【薐】勒登切。菠薐。
◎薐，勒登切。草名。
【莩】火烏切。草名。
◎莩，火烏切。草名。
【芋】或虞切。草盛皃。又王遇切。
◎芋，或虞切。草盛皃。又王遇切。
【蔀】得盧切。草。
◎蔀，得盧切。草也。
【莫】五姑切。莫草。
◎莫，五姑切。莫草也。
【蒍】古懷切。草也。
◎蒍，古懷切。蒍草也。
【菴】食均切。草也。
◎菴，食切切。草名。
●圓沙本“食切切”當作“食均切”。
【蘹】户乖切。草。
◎蘹，户乖切。草名。
【莪】作才切。草。
◎莪，作才切。草名。
【蓊】律春切。草。
◎蓊，律春切。蓊草。
【蘡】於盈切。草。
◎蘡，於盈切。草名，蘡薁。
【芠】古和切。草。
◎芠，古和切。草也。
【蓍】識余切。草也。
◎蓍，識余切。艸也。
【蒢】祥余切。草也。
◎蒢，祥余切。艸也。
【蕠】子隨切。地萸。
◎蕠，子隨切。草，地萸也。
【葰】汝隹切。薑葰。
◎葰，汝隹切。薑葰也。
【芜】亡夫切。
◎蕪，亡夫切。荒地草。
【蒟】許俱切。芋。
◎蒟，許俱切。芋也。
【苤】鋪悲切。花盛。

◎苤，鋪悲切。花盛。
【蒫】鋤邪切。水草也。
◎蒫，鋤邪切。水草名。
【蘛】羽鳩切。芜，同上。
◎蘛，羽鳩切。草名。芜，同上。
【蘱】渠焉切。草。
◎蘱，渠焉切。草名。
【苰】苦妻切。草。
◎苰，苦妻切。草也。
○苰，《玉篇》云：苰英，草也。（《龍龕手鏡》卷二）
【蘣】徒侯切。草。
◎蘣，徒侯切。草也。
【蓏】力彫切。草。
◎蓏，力彫切。蓏草也。
【蕔】博蒿切。草。
◎蕔，博蒿切。蕔草也。
【茮】胡戈切。草名。
◎茮，胡戈切。草名。
【莍】祝由切。草。
◎莍，祝由切。草名。又盛也。
【葙】蘇將切。青葙子。
◎葙，酥將切。青葙子，藥名。
【萓】魚飢切。
◎萓，魚飢切。草名。
【萯】奴含切。
◎萯，奴含切。草也。
【蔳】借清切。仙草。
◎蔳，借清切。仙草，黄蔳也。
【葁】居良切。山草。
◎葁，居良切。山草。
【蘰】莫半切。草。
◎蘰，莫半切。草名。
【蕿】昨寒切。蕿草。
◎蕿，昨寒切。草名。
【蘒】祇堯切。連翹草。
◎蘒，祇堯切。草名，連翹。
【蘋】都昆切。草。
◎蘋，都昆切。草名。
【蕍】都官切。

◎蕍，都官切。草也。
【蒄】古桓切。
●圓沙本脱此字條。
【莢】古文天字。
◎莢，古文天字。
【蘮】藥征切。蘮菊花。蓋，同上。
◎蘮，藥征切。草名，蘮菊也。蓋，同上。
【苒】都蘭切。
◎苒，都蘭切。藥草。
【薑】徒闌切。
◎薑，都昆切。草名。
●和刻本作“都見切”，疑是。
【荿】時盈切。草。
◎荿，時盈切。荿草。
【蒣】余舟切。草。
◎蒣，余舟切。蒣草。
【芊】魚丘切。芊草。
◎芊，魚丘切。芊魚。
●圓沙本“芊魚”當作“芊草”。
【蒆】杭姑切。
◎蒆，海姑切。器也。
【萇】烏回切。草。
◎萇，烏回切。萇草。
【茴】胡魁切。茴香。
◎茴，胡魁切。茴香。
【蕈】得洪切。
◎蕈，得紅切。東風菜。
【苤】遲隆切。
◎苤，遲隆切。草衰。
【茔】苦聾切。茔心草。
◎茔，苦聾切。茔心草。
【苁】辭龍切。
◎苁，詞龍切。菜也。
【藖】戍江切。
◎藖，戍江切。草也。
【藹】古牙切。草。
◎藹，古牙切。藹草，草藥也。
【蓞】胡監切。草。
◎蓞，胡監切。草名。
【荎】直离切。草。

◎蒚，直離切。蒚草也。
【莉】力奚切。草。
◎莉，力奚切。藥草名。
【蕩】與章切。草。
◎蕩，与章切。草名。
【莛】徒頓切。藥草。
◎莛，徒頓切。藥草名。
【茠】音袪。草器。
◎茠，音佉。草器名。
【苁】自容切。古文從。
◎苁，自容切。古文從。
【蘒】息离切。蘒草。
◎蘒，息離切。草名。
【薷】乃侯切。草。
◎薷，乃侯切。草名。
【萺】防無切。人姓。
◎萺，防無切。姓也。
【蔏】時羊切。
◎蔏，時羊切。草名。
【葔】胡溝切。葔草。
◎葔，胡溝切。葔草名。
【蕦】防久切。
◎蕦，防久切。草也。
【荐】夕預切。
◎荐，夕預切。草也。
【蒟】于矩切。
◎蒟，于矩切。草名。
【芦】胡古切。
◎芦，胡古切。芦葦草。
【莯】莫後切。草。
◎莯，莫後切。莯草也。
【苏】私沼切。苏草，遠志也。
◎苏，私沼切。苏草，遠志也。
【薰】都朗切。草。
◎薰，都朗切。草也。
【葰】息紫切。草。
◎葰，息紫切。葰草也。
【蓏】力瓦切。蓏蔖，不中皃。
◎蓏，力瓦切。蓏蔖，不中皃。
【蔖】除瓦切。蓏蔖。
◎蔖，除瓦切。蓏蔖。
【蕹】遲至切。草。
◎蕹，遲至切。蕹草也，芽也。
【薇】張里切。
◎薇，張里切。火草名。
●圓沙本“火草名”未詳。
【葹】式止切。草。
◎葹，式止切。葹草也。
【葸】胥里切。畏懼也。
◎葸，胥里切。畏懼曰葸。
【蹇】九輦切。蹇草。
◎蹇，九輦切。草名。
【蔦】胡了切。草名。
◎蔦，胡了切。草名。
【苲】阻假切。草也。
◎苲，阻假切。草名。
【蔁】之兩切。蔁草。
◎蔁，之兩切。蔁草也。
【薴】奴領切。葶薴，毒草。
◎薴，奴領切。葶薴，毒草也。
【蓜】蒲幪切。
◎蓜，蒲幪切。草也。
【茸】而勇切。
◎茸，而勇切。草毛厚。
【蘂】巨錦切。
◎蘂，巨錦切。草名。
【蕻】胡降切。似葵也。
◎蕻，胡降切。草似葵。
【蘬】虛鬼切。蘬草。
◎蘬，虛鬼切。草名。
【顉】胡感切。又胡紺切。
◎顉，胡感切。又胡紺切。草也。
【蘠】息觜切。蘠草也。
◎蘠，息觜切。草名。
【蔏】古郎切。蔏草。
◎蔏，古郎切。草名，蔏草也。
【葜】史養切。草。
◎葜，史養切。葜草也。
【蔃】渠兩切。儉年人食其根。
◎蔃，渠兩切。艸也，儉年根可食。

【茒】語兩切。草出池水邊。
◎茒，語兩切。草出池水邊。
【芠】無分切。芠草。
◎芠，無分切。芠草也。
【蓟】六九切。蓟，章蓙。
◎蓟，六九切。草名，章蓙也。
【莒】渠救切。
◎莒，渠救切。草藥名。
【莎】舒小切。莎草。
◎莎，舒小切。莎草也。
【蒘】呼古切。草。
◎蒘，呼古切。蒘草也。
【菎】奴低切。草根露。
◎菎，奴低切。草露根。
【蘐】七選切。
◎蘐，七選切。藥草名。
【蒃】夕兩切。草。
◎蒃，夕兩切。蒃草。
【萕】于九切。
◎萕，于九切。草也。
【葤】音紂。
◎葤，音紂。草名。
【蕃】尸枕切。
◎蕃，尸枕切。草名。
【蓷】徒罪切。草。
◎蓷，徒罪切。蓷草也。
【苪】移軫切。草。
◎苪，於軫切。草名。
【蒶】無粉切。
◎蒶，無粉切。辛草也。
【草】胡但切。草。
◎草，胡旦切。草也。
【苯】畢衮切。苯蓴，草叢生也。
◎苯，畢衮切。苯蓴，草生也。
○苯蓴，顧野王云：苯蓴謂苯茸也。（《一切經音義》卷九十九）
【萔】之少切。萔子，藥。
◎萔，之少切。萔子，藥名也。
【薂】苦管切。薂苳。
◎薂，苦管切。藥名，薂苳也。

【蓭】亡匪切。草。
◎蓭，亡匪切。藥草名。
【菲】蒲栖切。菲草。
◎菲，蒲栖切。草名。
【蘷】巨矩切。蘷草。
◎蘷，巨矩切。草名。
【蔽】蘇翦切。草。
◎蔽，蘇剪切。蔽草也。
【虋】亡板切。虋草。
◎虋，亡板切。草名。
【蘟】於謹切。
◎蘟，於謹切。晦也。
【芣】莊巧切。
◎芣，莊巧切。藥草。
【苴】徒爛切。苴草。
◎苴，徒爛切。苴草也。
【苪】亡典切。草也。
◎苪，亡典切。草也。
【蒼】七狼切。春爲蒼天。
◎蒼，七狼切。青，春爲蒼天。
【苗】靡驕切。田苗。又夏獵曰苗。
◎苗，靡驕切。田禾苗也。又獵名。
【苾】蒲結切。芬香也。
◎苾，蒲結切。苾，芳草名。
○苾，蒲結反。《毛詩》：苾苾芬芬，祀事孔明。《箋》云：苾苾，狀芬香也。或爲馝［咇］字，在口部。《字書》或爲馝字，在香部。又爲咇字，在口部。或爲秘字，在黍部也。（《香藥字抄》3，《香字抄》2）
【芳】孚方切。芬芳，香氣皃。
◎芳，孚方切。芬芳，香氣皃。
○芳，孚王反。《儀禮》：嘉荐令芳。鄭玄曰：芳香也。野王案：宜［草］香爲芳，芳之遠聞則爲馨也。《楚辭》固衆芳之所在是也。（《香藥字抄》2，《香字抄》2）
【荒】呼黄切。荒蕪也。
◎荒，呼黄切。荒蕪多草。又年飢。
【莗】仕耕切。莗薴，草。
◎莗，什耕切。莗薴，草名。
【薴】狃耕切。草亂也。

◎薴，狃耕切。草乱曰薴。
【蓏】負弓切。草動皃。
◎蓏，負弓切。草動皃。
【菜】且賫切。草可食者皆名菜。
◎菜，且賫切。草可食者摠名菜。
【芝】孚劍切。草浮出水皃。
◎芝，孚斂切。草浮出水皃。
【薙】託計切。《周禮》：薙氏掌殺草。謂以鉤鐮迫地芟之也。
◎薙，托計切。芟去草也。
【葺】俎及切。葺菜也。
◎葺，俎及切。菜名。
【苴】七閭切。苴，麻也。又子閭切，苞苴也，又苴杖。又子旅切，履中薦也。
◎苴，七閭切。麻也。子閭切，苞苴。子旅切，履中薦。
【蒩】資都切。茅蒩藉封諸侯。蒩之言藉也。
◎蒩，資都切。蒩茅藉也。
【藉】牆亦切。狼藉也。又疾夜切。
◎藉，牆亦切。狼藉，殘也。又疾夜切。
○藉，顧野王云：藉，薦也。(《一切經音義》卷八十八)
○藉，《玉篇》云：草縱橫也。（《一切經音義》卷五十四）
【荐】在見切。重也，數也，再也。
◎荐，在見切。重也，數也，再也。
【芮】而鋭切。芮，草生皃。又芮國名。
◎芮，而鋭切。艸生皃。又國名。
【芤】苦侯切。徐氏《脉訣》云：按之即無，舉之來至，兩傍實，中央空者名曰芤。
◎芤，苦候切。《脉候》。又艸名。
●圓沙本“脉候”當作“脉訣”。
【蘱】與職切。藕翹也。
◎蘱，與職切。艸名，藕翹。
【苭】胡摜切。草名。
◎苭，胡貫切。草名。
【菖】莫報切。草。
◎菖，莫報切。菖草也。
【蒡】盧到切。蒡，薅也。
◎蒡，盧到切。蒡，薅也。
【莄】古幸切。草也。
◎莄，古幸切。草名。
【蕺】煮扇切。
◎蕺，煮扇切。草也。
【蕑】舒戰切。草。
◎蕑，舒戰切。蕑艸也。
【莚】以扇切。蔓莚。
◎莚，以扇切。蔓莚，草藤生。
【蔢】傍个切。蔢蕳也。
◎蔢，傍个切。草藥，蔢蕳。
【蕳】火个切。蔢蕳。
◎蕳，火个切。蔢蕳。
【蓔】居欠切。蓔草，時人取根呼爲蜀夜干，含治喉痛。
◎蓔，居欠切。草藥，根可治喉痛。
●底本“干”原作“子”，據宋十行本改。
【菪】徒閬切。草名。
◎菪，徒閬切。草名，可席也。
【蔀】步鉤切。菹也。
◎蔀，步鉤切。草菹也。
【蒟】居競切。草。
◎蒟，居競切。蒟草也。
【蓿】子合切。又音雜，草名。
◎蓿，子合切。又音雜，草名。
【葺】七入切。修補也。又子入切，茨也。
◎葺，七入切。修補。子入切，茨也。
【荵】奴佔切。草名。
◎荵，奴佔切。草名。
【莋】麤各切。草聲。
◎莋，粗合切。行草声。
【萦】桑落、色責二切。草名。
◎萦，桑落、色責二切。草名。
【葃】慈作切。草名。
◎葃，慈作切。草名。
【蘗】渠列切。
◎蘗，渠列切。蘗草也。
【蒧】千歷切。
◎蒧，千歷切。草名。
【蔓】古八切。
◎蔓，古八切。蔓艸也。

【蒴】楚戛切。蒴草。
◎蒴，楚戛切。似茱萸。
【莧】音覓。
◎莧，音覓。莧草也。
【蕳】先結切。
◎蕳，先結切。蕳草也。
【菨】側刮切。菜也。
◎菨，側刮切。切菜也。
●圓沙本疑衍“切”字。
【蔛】胡木切。水草可食。
◎蔛，胡木切。水草可食者。
●圓沙本字頭原訛，“木”訛作“米”。
【蔛】胡鹿切。石草。
◎蔛，胡鹿切。石草名。
【蔍】郎谷切。蔍蹄草。又蔍葱也。
◎蔍，郎谷切。蔍蹄草。又蔍葱也。
【蓤】莫勃切。
◎蓤，莫勃切。蘗草。
【菋】母卜切。草也。
◎菋，母卜切。草也。
【蕌】甫禄切。草。
◎蕌，甫禄切。蕌草也。
【蓿】子昔切。
◎蓿，子昔切。石草。
【蒞】力質切。
◎蒞，力質切。草也。
【蜜】冥栗切。
◎蜜，冥栗切。蜜草也。
【鬱】於律切。香草。
◎鬱，於律切。香草。
【葺】伊立切。草。
◎葺，伊立切。草名。
【菴】於立切。菴苪。
◎菴，於立切。菴苪，草名。
【苪】尼立切。菴苪。
◎苪，尼立切。菴苪。
【蕆】殂勒切。草。
◎蕆，殂勒切。草名。
【葍】傍北切。蘆葍。
◎葍，傍北切。菜名，蘆葍。

【芣】普木切。草生皃。
◎芣，普木切。芣芣，草生皃。
【蔡】初戛切。蔡草，有毒，用殺魚。
◎蔡，初戛切。蔡艸，有毒，用殺魚。
○蔡，《玉篇》：音察。草有毒，用殺魚。（《朱文公校昌黎先生文集》卷八）
【菽】升六切。豆名也。亦作尗。
◎菽，升六切。豆名。亦作尗。
【薁】於六切。蘡薁也。
◎薁，於六切。草名，蘡薁也。
【菣】莫卜切。菜名。
◎菣，莫卜切。菜名。
【蒴】始卓切。蒴藋，有五葉。
◎蒴，始卓切。草名，蒴藋，有五葉。
【藋】仗卓切。蒴藋。
◎藋，仗卓切。蒴藋。
【蓫】池革切。蓫葛。
◎蓫，他革切。草名，蓫葛。
●圓沙本“他革切”疑當作“池革切”。
【莢】公協切。豆萊也。
◎莢，公叶切。豆萊，蓂莢也。
【莂】彼列切。種概移蒔也。
◎莂，彼列切。種概移栽蒔也。
【蒑】胡映切。草也。
◎蒑，胡映切。草也。
【苬】許決切。草名。
◎苬，許決切。草名。
【蔮】居滑切。草名。
◎蔮，居滑切。草名。
【菰】渠立切。冬瓜也。
◎菰，渠立切。冬瓜，一名菰。
【苣】於及切。茹熟。
◎苣，於及切。草，菜，茹熟也。
【菻】呼歷切。草盛。
◎菻，呼歷切。草盛皃。
【蔋】徒的切。《詩》云：旱既太甚，蔋蔋山川。蔋蔋，旱氣也。本亦作滌。
◎蔋，徒的切。旱氣。亦作滌。
【薈】烏會切。草盛皃。《詩》曰：薈兮蔚兮。

◎薈，烏會切。草盛皃。
【茬】仕之切。草盛皃。濟北有茬平縣。
◎茬，仕之切。艸盛皃。濟北有茬平縣。
【蔭】於鴆切。《説文》曰：草蔭地也。
◎蔭，於鴆切。草蔭也。
【蘪】音縻。蘪蕪，香草也。
◎蘪，音縻切。草，蘪蕪也。
○蘪蕪，《玉篇》云：蘪蕪，香草也。（《一切經音義》卷八十六）
●圓沙本“切”字疑衍。
【蘳】呼規切。黄花。又果實見皃。
◎蘳，呼規切。黄花也。
【薇】音微。菜也。
◎薇，音微。菜也，草也。
○薇，顧野王云：水濱生故曰垂水。（《詩毛氏傳疏》卷二）
【莅】力至切。臨也。與涖同。
◎莅，力至切。臨莅，治也。與涖同。
【薺】才禮切。甘菜也。
◎薺，才禮切。甘菜也。
【莔】丘刃切。《爾雅》曰：蔨莔。蔨，同上。
◎莔，丘刃切。草名，蔨莔也。蔨，同上。
【蘸】女亮切。菜也，葅也。《説文》而丈切。
◎蘸，女亮切。菜也，葅也。《説文》而丈切。
【芬】音紛。芬芳。
◎芬，音紛。草木芬芳，盛也。
○芬，孚云反。《毛詩》：苾苾芬芬。《箋》云：芬芬然香也。《方言》：分，和也。郭璞曰：芬香和調也。爲芬［屰］字，在中部。（《香藥字抄》2，《香字抄》2）
【蕊】如累切。草木實節生。
◎蕊，如累切。艸木實節節生。
○蘂，《玉篇》云：蘂爲花鬚頭墨也。（《一切經音義》卷二十一）
○橤，《玉篇》曰：蘂爲花鬚頭點也。（《續一切經音義》卷五）
【荀】相倫切。草名。亦姓。
◎荀，相倫切。草名。又姓也。
【荁】音桓。菫類。
◎荁，音桓。草芝也，菫類。
【芿】而證切。草芰陳者。又生新者。
◎芿，而證切。艸芰陳者。又新生者。
【莲】又救切。草根雜也。
◎莲，又救切。草根雜。
●圓沙本“又”當作“叉”。
【蔄】方莧切。姓也。
◎蔄，方莧切。姓也。
【莬】音問。草木新生者。
◎莬，音問。草木新生者。
【菟】音兔。菟絲，藥名。又音徒，地名。
◎菟，音兔。菟絲子，藥名。又音徒，地名。
【蒡】音祇。繰絲鉤緒也。
◎蒡，音祇。繰絲鉤緒也。
【蓨】悦吹、羊棰二切。《説文》曰：藍蓼秀也。
◎蓨，悦吹、羊箠二切。藍蓼秀也。
【葘】色淄切。草名。
◎葘，色淄切。草名。
○葘，草名，出《玉篇》。（《重修廣韻》卷一）
【蘻】音機。菹蘻草。
◎蘻，音機。蘻草也。
【蔦】音烏。蔦蘆，荻也。
◎蔦，音烏。蔦蘆，即荻也。
【韓】寒、翰二音。白韓草也。
◎韓，寒、翰二音。白韓草也。
【苐】音題。《説文》：草也。
◎苐，音題。《説文》：草名。
【茽】音仙。草名，似莞。
◎茽，音仙。草名，似莞。
【蒗】音凋。蒗葫，茭實。
◎蒗，音凋。葫，茭實。
【藑】音瓊。草旋皃。與藑同。
◎藑，音瓊。草旋皃。与藑同。
【芿】音仍。《説文》曰：舊草不芰新草又生曰芿。
◎芿，音仍。舊草不芰，新草又生也。
○芰，顧野王云：芰，刈草者也。（《一切經

音義》卷九十四）

【蓓】薄亥切。蓓蕾。又黄蓓，草名。

◎蓓，薄亥切。草名，黄蓓。又蓓蕾。

【蕾】落猥切。蓓蕾，花綻皃。

◎蕾，落猥切。蓓蕾，花綻皃。

【藪】音樓。菰藪，土瓜也。

◎藪，音僂。土瓜，菰藪也。

【蓘】音衮。薦蓘，壅養苗也。

◎蓘，音衮。薦蓘，壅養苗也。

【蔈】音表。草名也。

◎蔈，音表。草名。

【蔓】音寢。《説文》曰：覆也。

◎蔓，音寢。蔓覆也。

【蔪】音漸。《埤蒼》云：麥秀皃。

◎蔪，音漸。麥之秀白者。

【蔧】才歲切。《爾雅》：前，王蔧。王帚也。

◎蔧，才歲切。草蔧，王帚也

【薯】音署。薯蕷，藥。

◎薯，音署。藥名，薯蕷也。

【蕷】音預。薯蕷。

◎蕷，音預。薯蕷。

【薤】胡戒切。菜似韭。亦作韰。

◎薤，胡戒切。菜似韭。亦作韰。

【茊】音佩。山韰。

◎茊，音佩。草名，山韰也。

【萱】音潰。《説文》曰：菜之美者。有雲夢之萱。又音豈。

◎萱，音潰。菜名。又音豈。

【蘡】于縛切。蘡子菜。

◎蘡，于縛切。菜名，蘡子。

【藤】詩證切。苣藤，胡麻也。

◎藤，詩證切。苣藤，胡麻也。

【蘸】仄陷切。以物内水中。

◎蘸，側陷切。以物内水謂之蘸。

【蘵】子廉切。百足也。

◎蘵，子廉切。百足也。

【藤蒸】二同。音悉。牛藤，藥名。

◎藤，音膝。藥名，牛藤也。蒸，同上。

【薩】桑葛切。《釋典》：菩薩也。

◎薩，桑葛切。《釋典》：菩薩也。

【芠】尺加切。

◎芠，尺加切。草芽。

補

◎蔻，古豆切。草藥名。

○蔻，呼侯反。《本草》：豆蔻，生南海。《異物志》：豆蔻，生交阯北海，如薑，子從根中生，形似益智，皮小厚，如安石留，辛且香。（《香藥字抄》46）

○莭，今案：從竹者竹節，從草者草木莭，見《玉篇》。（《倭名抄》一 120）

○菓，野王案：《喪服傳》：牡麻者，枲麻也。則麻之有子者爲菓也。（《令集解》一三 414）

○荾，《玉篇》：香草也。（《一切經音義》卷七十八）

○蕏，《玉篇》云：蕏，槎泥，不熟皃。盧下切。（《重修廣韻》卷三）

○蒠，《玉篇》：葷菜也。（《續一切經音義》卷五）

大廣益會玉篇
卷第十四

凡二十九部

蓐部第一百六十三

凡三字

【蓐】乳屬切。厚也，薦也。《説文》曰：陳草復生也。一曰蔟也。
◎蓐，乳屬切。厚也，薦也。《説文》：陳草復生也。
○蓐，野王案：以虎皮爲蓐。（《令集解》三69）
【薅】呼勞切。拔田草也。《詩》云：以薅荼蓼。或作茠。蔟，籀文。
◎薅，呼勞切。拔田草也。或作茠。蔟，籀文。

茻部第一百六十四

凡六字

【茻】莫朗切。草木冬生不死。《説文》云：衆艸也。丼，同上。
◎茻，莫朗切。艸木冬生不死。《説文》：衆草。丼，同上。
【莽】莫黨切。茂草，可以毒魚也。《説文》曰：南昌謂犬善逐兔於艸中爲莽。
◎莽，莫黨切。茂草，可毒魚。
【莫】無各切。無也。今作莫。　《説文》音慕。
◎莫，無各切。無也。今作莫，同。《説文》音慕。
【葬】子浪切。藏也。䢶，古文。
◎葬，子浪切。埋瘗也，藏也。䢶，古文。

舜部第一百六十五

凡四字

【舜】尸閏切。仁聖盛明曰舜。《説文》作䑞，艸也。楚謂之葍，秦謂之藑，蔓地連華。象形。䑞，《説文》舜字。𡕥，古文。
◎舜，舒閏切。帝謚，仁聖盛明曰舜。䑞，《説文》舜字，艸也。𡕥，古文。
【雞】胡光切。草木華榮也。
◎雞，胡光切。草木榮。

竹部第一百六十六

凡五百六字

【竹】知六切。《説文》作竹，冬生艸也。象形。下垂者，箁箬也。
◎竹，知六切。竹木也，《説文》作竹。
【箭】子賤切。矢也。
◎箭，子賤切。矢也。
【箘】奇隕切。竹名。《説文》曰：箘簬也。一曰博棊也。又音囷，桂也。箟，同上。箟，亦同上。《楚辭》音古魂切。
◎箘，奇隕切。竹名。《説文》：箘簬也。一曰博棊。又音囷，桂也。箟，同上。箟，亦同上。古魂切。
【簬】力固切。美竹，中箭也。簵，同上。
◎簬，力固切。美竹，中箭者。簵，同上。
【筱】先鳥切。筱，箭也，小竹也。篠，

同上。
◎筱，先鳥切。筱，箭也。又小竹。篠，同上。
【簜】徒黨切。大竹也。
◎簜，徒黨切。大竹揔名。
【薇】亡非切。竹名。篃，籀文。
◎薇，亡非切。竹名。篃，籀文。
【筍】先尹切。竹萌也。箰，同上。又箰律以捕鳥也。箰，古文筍。
◎筍，先尹切。竹萌，竹芽也。箰，同上。又箰律以捕鳥。簨，古文筍。
【箕】先尹切。箕虡，所以縣鍾鼓也。簨，同上。
◎箕，同上。箕虡，縣鍾鼓者。簨，同上。
【簴】其舉切。簨簴。
◎簴，其舉切。簨簴，懸鐘具。
【箁】蒲侯切。竹箬也。
◎箁，蒲侯切。竹箬別名。
【客】力各切。籠客也。
◎客，力各切。籠客，竹器也。
【箈】徒改切。筍皮也。又竹萌也。又音臺。
◎箈，徒改切。筍皮。又音臺。
【篻】亡支切。竹篾也。籭，同上。
◎篻，亡支切。竹篾也。籭，同上。
【筤】亡忍切。竹表也。
◎筤，亡忍切。竹表也。
【節】子結切。竹約也。竹木不通。
◎節，子結切。竹約也。又節操。
○節，野王案：節，竹中隔而不通者也。（《倭名抄》一 87）
【筡】達胡切。竹中空也。亦析竹。又丑於切。
◎筡，達胡切。竹中空。又丑於切。
【笨】蒲本切。竹裹也。
◎笨，蒲本切。竹裹也。
【箹】於孔切。竹皃。
◎箹，於孔切。竹皃。
【篺】子兩切。剖竹未去節謂之篺。
◎篺，子兩切。竹剖未去節。
【箋】子堅切。表識書也。與牋同。
◎箋，子堅切。表識書。亦作牋。
【箕】餘涉切。箕籥也。
◎箕，餘陟切。箕籥也。
【簡】居限切。牒也。
◎簡，居限切。書簡，簡牒也。
○簡，野王案：簡所以寫書記事者也。（《倭名抄》五 26）
○簡，顧野王云：簡，所用以寫書記事者也。（《一切經音義》卷三十一）
【䈂】芳後、蒲口二切。竹牘也。笥，同上。
◎䈂，芳後、蒲口二切。竹牘也。笥，同上。
【箟】居疑切。蟣蝨，枇。
◎箟，居疑切。蟣蝨，枇貝也。
【筴】楚革切。謀也，籌也。又古協、古洽二切，箸也。
◎筴，楚革切。謀，籌也。又古脇、古洽二切，箸也。
【等】都肯、都怠二切。類也，輩也。
◎等，都肯、都怠二切。類也，輩也。
【笵】音范。楷式也。與範同。
◎笵，音范。楷式也。與範同。
【符】父于切。符節也。分欲兩邊，各持其一，合之爲信。
◎符，父于切。符節也，契也。
【笄】古奚切。婦人之笄，則今之簪也。女子許嫁而笄。
◎笄，古奚切。簪也，婦人笄冠。
【竽】撫于切。筳也。
◎竽，撫于切。筳也。
【篗】于縛切。椱也，所以絡絲也。
◎篗，于縛切。椱也，所以絡絲。
【筳】徒丁切。小破竹也，小簪也，籠也。
◎筳，徒丁切。小破竹也，小簪也。
【筦】古短切。《説文》曰：竽也。
◎筦，古短切。竽也。
【管】古短切。樂器，如篪，六孔。亦作筦。
◎管，古短切。樂器。亦作筦。
【篝】古侯切。籠客也。
◎篝，古侯切。籠客也。
【簀】側革切。牀簀。又棧也。
◎簀，側革切。牀簀也。棧也。

【笮】側格切。狹也，迫也，壓也，矢箙也。亦作筰。又仄乍切，笮酒也。
◎笮，仄格切。狹也，墬也，矢箙也。亦作筰。又仄乍切，笮酒也。
〇笮，顧野王云：笮猶壓也。(《一切經音義》卷七十五)
【簾】力占切。編竹帷也。
◎簾，力占切。編竹帷也。
〇簾，野王案云：編竹帳也。(《三教指歸注》三 31)
【笫】壯几切。牀簀也。
◎笫，壯几切。牀簀笫也。
【筵】餘旃切。席也。
◎筵，餘旃切。席也。
【簟】徒點切。竹席也。
◎簟，徒點切。竹席名。
【籧】距於切。籧篨，竹席也。江東人呼籧也。
◎籧，距於切。籧篨，竹席也。
〇籧篨，《玉篇》云：籧篨，江東人呼籧也。(《方言疏證》卷五)
【篨】直於切。籧篨。
◎篨，直於切。籧篨，竹席也。
【籭】所街、所飢二切。竹器也。可以除麤取細。簛，同上。篩，同上。
◎籭，所街、所飢二切。竹器。簛、篩，同上。
【籓】甫袁切。蔽也。亦箕也。篧，同上。
◎籓，甫袁切。蔽也。亦箕也。篧，同上。
【籅】於六切。炊籅，所以漉米也。
◎籅，於六切。炊籅，以漉米者。
【箄】補計切。甑箄也。
◎箄，補計切。甑箄，飯器也。
【箾】所交切。飯帚也。筲，同上。又斗筲，竹器。
◎筲，所交切。斗筲也，竹器。
◎箾，所交切。飯帚也。
●圓沙本分作兩字條。
【篆】力渚切。盛飯器也。簏，同上。
◎篆，力渚切。盛飯器。簏，同上。

【筥】九吕切。盛米器也。方曰筐，圓曰筥。
◎筥，九吕切。盛米器，圓曰筥。
【簁】山奇、所綺二切。簁箄，竹器也。
◎簁，山奇、所綺二切。竹器。
〇簁，所佳、所飢二反。(《法華釋文》下)
【笥】思吏切。盛飯器。圓曰簞，方曰笥。
◎笥，思吏切。竹作盛飯方器也。
〇笥，思夷反。盛飯器，方曰笥。(《醫心方》刊本二六 29)
〇笥，顧野王云：盛衣服曰笥。(《一切經音義》卷三十九)
〇笥，顧野王云：笥，盛衣服竹器也。(《一切經音義》卷五十四)
【箄】必匙、必是二切。江東人呼小籠爲箄。
◎箄，必匙、必是二切。小籠。
【簞】丁安切。葦器也。《論語》曰：一簞食。
◎簞，丁安切。葦器。《語》曰：一簞食。
【箈】口各切。栝也。箈籠也。
◎箈，口各切。栝也，籠也。
【箺】古弄切。栝箺也。
◎箺，古弄切。栝箺也。
【箸】除庶切。筴也，飯具也。又陟慮切。
◎箸，除庶切。筴也。又陟慮切。
【篿】之緣切。楚人謂折竹卜曰篿。亦圓竹器也。
◎篿，之緣切。楚人謂折竹卜。亦圓竹器。
【筤】力桑切。籃也。
◎筤，力桑切。籃也。
【籃】力三切。大籠也，筐也。
◎籃，力三切。大籠也，筐也。
【籢】力鹽切。器名也，鏡籢也。《烈女傳》云：置鏡籢中。
◎籢，力鹽切。器名，鏡籢也。
【籫】子短切。竹器也，箸篅也。
◎籫，子短切。竹器，箸篅。
【籯】弋成切。箸篅謂之籯。《漢書》云：遺子黄金滿籯。籯，竹器也。亦作籝。
◎籯，弋成切。竹器，籃屬。亦作籝。
【簰】所間、蘇干二切。竹器也。似箱而麤。

◎籣，所間、蘇干二切。竹器，似箱。

【簠】方武、甫娱二切。黍稷圜器。

◎簠，方武、甫娱二切。黍稷圜器。

【簋】古美切。黍稷方器。

◎簋，古美切。黍稷方器。

【籩】補堅切。竹器也。

◎籩，補堅切。籩豆，祭器也。

【笹】徒本切。篅笹也。

◎笹，徒本切。篅笹，盛穀器。

【篅】市規、市專二切。笹也。《説文》曰：判竹圜以盛穀也。

◎篅，市規、市專二切。笹也。

【筩】徒東切。竹筩也。

◎筩，徒東切。竹筩。

【簏】力木切。《説文》曰：竹高篋也。箓，同上。

◎簏，力木切。竹高篋也。箓，同上。

【簜】徒黨切。竹器也。可以盛酒。

◎簜，徒黨切。竹器，可盛酒。

【箯】婢連切。竹輿也。

◎箯，婢連切。竹輿。

【笯】女家、乃胡二切。籠客也。《楚辭》云：鳳皇在笯兮，雞鶩翔舞。

◎笯，女家、乃胡二切。籠客也。

【笍】陟衛切。小車具也。

◎笍，陟衛切。小車具。

【竿】公安切。竹竿也。

◎竿，公安切。竹幹曰竹竿。

【篧】苦郭、陟角二切。魚籠也。《爾雅》云：篧謂之罩。又仕角切。籗，同上。

◎篧，苦郭、陟角二切。罩也。又仕角切。籗，同上。

【箇】古賀切。凡竹筊也，數之，一枚也。

◎箇，古賀切。竹筊也，又一枚也。

○箇，《玉篇》云：箇，數之一枚也。(《方言疏證》卷十二)

【籠】力公切。竹籠也。又力董切。

◎籠，力公切。竹圈。力董切，箱屬。

【筰】才各切。竹索也，引舟竹筊也。又作笮。

◎筰，才各切。竹索。又作笮。

【筊】胡交切。小簫也。十六管，長尺二寸。又竹索也。篍，同上。

◎筊，胡交切。小簫。又竹索。篍，同上。

【箑】所洽切。扇也。自關而東謂之箑，自關而西謂之扇。篓，同上。

◎箑，所洽切。扇也。自關而東謂之箑。篓，同上。

○箑，《玉篇》云：自關而東謂之箑，自關而西謂之扇。(《方言疏證》卷五)

【笠】胡故切。可以收繩也。

◎笠，胡故切。可以收繩也。

【箔】才田、子田二切。《説文》曰：蔽絮簀也。又昨鹽切。籤，同上。

◎箔，才田、子田二切。蔽絮簀。又音沾，汁也。籤，同上。

【籑】如張切。籑篗，漉米竹器也。

◎籑，如張切。漉米竹器也。

【篆】居渚切。養蠶器也。又飤牛筐也。亦作筥。

◎篆，居褚切。養蠶器。亦作筥。

【篼】丁侯切。飼馬器也。

◎篼，丁侯切。飼馬器。

○篼，《玉篇》：篼，飼馬器也。(《方言疏證》卷五)

【簍】力甫切。車弓籠也。又落侯切。

◎簍，力甫切。車弓籠。又音楼。

【籚】力胡切。筐也，籃也。

◎籚，力胡切。筐籃别名也。

【箱】思羊切。車箱也，竹器也。

◎箱，思羊切。竹器，籠屬。

【笭】力丁切。籯也，籠也，舟中牀也。

◎笭，力丁切。籯也，籠也，舟中牀也。

【箌】特甘切。馬箌也。所以刮馬。

◎箌，持甘切。馬箌，以刮馬。

【策】楚革切。馬箠也。

◎策，楚革切。馬箠，又謀也。

○策，顧野王云：策，所以箠馬也。(《一切經音義》卷九十九)

○策，顧野王云：馬撾也。《釋名》曰：策

者，教令於上，駈策諸下也。（《續一切經音義》卷三）

【箠】之縈、市委二切。擊馬箠也。

◎箠，之縈、市委二切。擊馬箠。

【籣】力單切。所以盛弩矢，人所負也。

◎籣，力單切。竹器，盛弩矢者。

【箙】扶福切。矢器也，藏弩箭爲箙。

◎箙，扶福切。盛矢器，藏弩箭爲箙。

【箠】充俱切。箠，策也。

◎箠，充俱切。箠，策也。

【笘】丁帖切。折竹箠也。

◎笘，丁帖切。折竹箠也。

【篙】竹瓜切。箠也。亦作檛箠。箠，同上。又徒果切，竹名。

◎篙，竹瓜切。箠也。亦作檛箠。箠，同上。又徒果切，竹名。

【笪】丁但切。笞也。又丁達切，籧篨也。

◎笪，丁但切。笞也。丁達切，篨也。

【笞】丑之切。擊也。

◎笞，丑之切。擊也，箠也。

【籤】七尖切。貫也。

◎籤，七尖切。貫也，竹籤以小者。

○籤，驗也。一曰鋭，貫也。（《倭名抄》五 24）

【籑】大昆切。榜也。篋，同上。

◎籑，大昆切。榜也。篋，同上。

【箴】之深切。規也，戒也，刺也。或作鍼。

◎箴，之深切。誡也，刺也。或作鍼。

【筒】音洞。簫無底也。又音同。

◎筒，音洞。簫無底。又音同。

○筒，《玉篇》云：漢元帝吹筒簫。（《一切經音義》卷二十五）

【箹】於卓切。小籥也，籟也。又乙孝切，竹節也。

◎箹，於卓切。小籥也，籟也。又乙孝切，竹節也。

【箾】山卓切。以竿擊人也。又蘇堯切，舜樂。

◎箾，山卓切。以竿擊人。又蘇堯切，舜樂。

【竽】禹俱切。三十六簧樂也。

◎竽，禹俱切。三十六簧樂器也。

【笙】音生。十三簧樂也。

◎笙，音生。十三簧樂竹器。

【簧】户光切。笙中簧，女媧作也。

◎簧，户光切。樂器，笙中。

【篨】上支切。簧屬。

◎篨，上支切。簧屬。

○篨，《玉篇》：笙簧也。（《龍龕手鏡》卷四）

【簫】先幺切。仲吕之氣，樂器，象鳳之翼。

◎簫，先幺切。樂器，管也。

○簫，編小管所吹也。又箾也（《法華釋文》上）

○簫，《玉篇》：編小管所吹。（《一切經音義》卷二十七）

【籟】力大切。三孔籥也。

◎籟，力大切。三孔樂器。又天籟。

【篎】亡小切。小管也。

◎篎，亡小切。小管也。

【笛】徒的切。七孔篇也。篴，同上。

◎笛，徒的切。七孔篇也。篴，同上。

○笛，《玉篇》：篴同笛。（《釋名疏證》卷七）

○笛，《玉篇》：五孔竹笛，羌笛三孔。（《一切經音義》卷二十七）

【筑】張六切。拾也，樂器也。《説文》曰：以竹曲五弦之樂也。

◎筑，張六切。樂器名。

【箏】側耕切。似瑟，十三弦。

◎箏，仄耕切。樂似瑟，十三絃。

【箛】公都切。竹名。又吹鞭也。

◎箛，公都切。竹名。又吹鞭也。

【箃】七周、七召二切。吹簫也。

◎箃，七周、七召二切。吹簫也。

○箃，《玉篇》云：吹簫也。（《重修廣韻》卷二）

【篙】呼擊切。籮屬，形小而高。

◎篙，呼擊切。竹器，籮屬。

○篙，《玉篇》云：篙籮屬，形小而高。（《方言疏證》卷五）

【筄】餘照、餘昭二切。屋危也。

◎筄，餘照、餘昭二切。屋危也。

【簢】於載切。隱也，蔽也。亦作薆。

◎簢，於載切。隱也。亦作薆。

【籌】除牛切。筭也，筴也。

◎籌，除牛切。筭也，筴也。

○籌，顧野王云：籌，所以計算者也。（《一切經音義》卷四十七）

【簺】先岱切。行棊相塞謂之簺。

◎簺，先岱切。行棊相塞曰簺。

【簙】補各切。簙弈，局戲也，謂行棊也。亦作博。

◎簙，補各切。簙弈，局戲也，謂行棊也。亦作搏。

○簙，《玉篇》云：古者烏曹作簙也。（《一切經音義》卷二十五）

●圓沙本“亦作搏”疑當作“亦作博”。

【篳】布質切。荆竹織門也，蔽也，藩也。《春秋傳》曰：篳門圭窬。亦作蓽。

◎篳，布質切。荆竹編門也，蔽也，藩也。亦作箄。

●圓沙本“亦作箄”疑當作“亦作蓽”。

【籢】音嚴。籞也，翳也。

◎籢，音嚴。籞也，翳也。

【篽】魚吕切。《説文》曰：禁苑也。《漢書》注：篽者，折竹以繩，綿連禁禦，使人不得往來。籞，同上。

◎籞，魚吕切。籠圈别名也。

◎篽，魚吕切。禁苑也。

●圓沙本分兩字條。

【筭】蘇亂切。計筭也，數也。笇，同上。亦竹器。

◎筭，蘇亂切。計筭也，數也。笇，同上。亦竹器也。

【算】桑管切。數也，擇也。

◎算，桑管切。數也，擇也。

【籔】先后切。十六斗曰籔。又炊籅也。箺，同上。篓，同上。

◎籔，先后切。十六斗曰籔。箺、篓，同上。

【篔】眉隕切。竹中空。篾，同上。

◎篔，眉隕切。竹中空也。篾，同上。

【籮】力多切。竹器也。

◎籮，力多切。竹器，籃屬。

【篴】他的切。《詩》云：篴篴竹竿。

◎篴，他的切。竹竿皃。

【箷】美秘切。竹長節深根，筍冬生。

◎箷，美秘切。竹長節深根者。

【簩】力鎮切。竹實中也。

◎簩，力鎮切。竹實中也。

【篕】去中、去龍二切。篕，姑簍也，即車弓也。

◎篕，去中、去龍二切，姑簍。

【箹】叉卓切。傘帶。

◎箹，叉卓切。傘帶也。

●圓沙本“叉卓切”疑當作“叉卓切”。

【籅】翼諸切。竹名。

◎籅，翼諸切。竹名。

【簡】口淺切。簡籭，户籍也。

◎簡，口淺切。簡籭，户籍也。

【籭】先遣切。簡籭。

◎籭，先遣切。簡籭。

【笆】補雅切。竹有刺。

◎笆，補雅切。竹有刺。

【簗】力周切。竹名。

◎簗，力周切。竹名。

【笳】古牙切。卷葭葉吹之。

◎笳，古牙切。卷葭葉吹之。

○笳，顧野王：今樂器有笳，卷葭葉吹之。或爲葭。（《一切經音義》卷八十三）

【筸】古酣切。竹名。

◎筸，古酣切。竹名。

【籈】古斬切。竹名。

◎籈，古斬切。竹名。

○籈，竹名，出《玉篇》。（《重修廣韻》卷三）

【箌】丁胡切。竹名。

◎箌，丁胡切。竹名。

【箵】莫耕切。竹名。

◎箵，莫耕切。竹名。

【箶】護都切。竹名。

◎箶，護都切。竹名。

【箈】口禾切。竹名。

◎箹，口禾切。竹名。
【箕】之人切。竹箭也。
◎箕，之人切。竹箭也。
【箛】苦怪切。竹箭也。
◎箛，苦怪切。竹箭也。
【箮】弋林切。竹名。
◎箮，弋林切。竹名。
【箹】力之、力兮二切。織竹爲箹笓，障也。
◎箹，力之、力兮二切。織竹障也。
【篻】於田切。竹名。
◎篻，於田切。竹名。
【篜】如旃切。竹名。
◎篜，如旃切。竹名。
【篪】徒奚切。竹名。
◎篪，徒奚切。竹名。
【箺】如鍾切。竹也。頭有文。
◎箺，如鍾切。竹也。頭有文。
【簛】莫胡切。竹名。
◎簛，莫胡切。竹名。
【箁】扶留切。竹名。
◎箁，扶留切。竹名。
【籲】古禫切。竹也。又箱類。
◎籲，古禫切。竹名。又箱類。
【篚】扶非切。竹名。
◎篚，扶非切。竹名。
【箜】之恭切。長節竹也。
◎箜，之公切。長竹節。
【篅】丁丸切。竹名。
◎篅，丁丸切。竹名。
【篘】古侯切。篘篅，桃枝，竹屬。
◎篘，古侯切。竹屬。
【篡】公達切。篡簌，桃枝竹。
◎篡，公達切。篡簌，桃枝竹。
【簌】蘇旱切。篡簌。又桑葛切。
◎簌，蘇旱切。篡簌。又桑葛切。
【答】胡男切。答箸，竹實中。箘，同上。
◎答，胡男切。答箸，竹實也。箘，同上。
○箘，《玉篇》云：實心竹也。（《一切經音義》卷八十八）
【箸】徒果切。竹名。
◎箸，徒果切。竹名。
【第】甫勿切。輿後第。《詩》曰：簟第朱鞹。
◎第，甫勿切。車後第也。
【筓】如琰切。竹弱也。
◎筓，如琰切。竹弱也。
【箐】七見切。棺車上覆也。
◎箐，七見切。棺車上覆者。
【簡】力印切。損也。
◎簡，力印切。損也。
●《篆隷萬象名義》作“植”，此當作“植也”。
【簪】子含切。簪，篋也。
◎簪，子含切。篋也。
【篋】徒故切。簪也。
◎篋，徒故切。蚕也。
【篷】步公切。船連帳也。亦傘也。篷，同上。
◎篷，步公切。船連帳也。亦傘也。篷，同上。
【第】徒計切。次第也。
◎第，徒計切。排次第也。
○第，野王案：諸侯王宅舍之名也。《漢書音義》曰：有甲乙次第，故曰第。音特計反。第所謂甲第也，即諸侯王宅之名也。（《令集解》三 3）
○第，《玉篇》從竹，又從艸。（《法華釋文》補記）
○第，《玉篇》：次也。（《一切經音義》卷二十七）
【箵】先鼎切。笭也。
◎箵，先鼎切。箵笭也。
【簅】莊雅切。炭籠，束炭爲簅也。又音齇。
◎簅，莊雅切。炭籠。又音齇。
【籰】所江切。栙籰也。
◎籰，所江切。長竿，栙籰也。
【竚】直與切。織竚也。亦作杼。
◎竚，直與切。竹器，織竚。亦作杼。
【簸】補丹切。篋也。又捕魚笱也。
◎簸，補丹切。篋也。又捕魚笱。
【笈】楚洽、奇立二切。負書箱也。
◎笈，楚洽、奇立二切。負書箱也。

【籛】子踐切。姓也。
◎籛，子踐切。老聃姓。
【筴】於莽切。筴，無色。
◎筴，於莽切。筴，無色也。
○筴，《玉篇》云：筴，無色也。（《重修廣韻》卷三）
【筬】時盈切。竹名。
◎筬，時盈切。竹名。
●《篆隸萬象名義》作"竹杍也"。
【簹】甫六切。織簹也。
◎簹，甫六切。織簹也。
【箳】卑星切。箳篂，車轓。
◎箳，卑星切。箳篂，車轓。
【篂】桑經切。箳篂。
◎篂，桑經切。箳篂。
【簹】都郎切。車簹管。又篔簹，竹名。
◎簹，都郎切。車簹管。篔簹，竹名。
【篔】王分切。篔簹，竹。
◎篔，王分切。管，篔簹，竹名。
●圓沙本"管"疑衍文。
【簃】余之切。樓閣邊小屋。《爾雅》云：連謂之簃。又音池。
◎簃，余之切。樓閣邊小屋。《爾雅》：連謂之簃。音移。
【籧】子六切。笡逆槍也。簇，同上。
◎籧，子六切。笡逆槍也。簇，同上。
【笡】七夜切。籧也。
◎笡，七夜切。逆根也。
【笹】移世切。合板際。
◎笹，移世切。合板際也。
【笐】胡庚切。笐簅，竹笡。
◎笐，胡庚切。笐簅，竹笡也。
○笐簅，《玉篇》云：笐簅，竹笡。（《方言疏證》卷五）
【簅】徒當切。笐簅。
◎簅，徒郎切。笐簅。
【簥】几妖切。大管也。
◎簥，几妖切。大管也。
【笑】私召切。喜也。亦作咲。
◎笑，私召切。喜也。亦作咲。

【篘】口鍇切。柷敔也。亦作楬。
◎篘，口鍇切。柷敔也。亦作楬。
【籈】之人切。割木長尺櫟敔背。《爾雅》曰：所以鼓敔謂之籈。
◎籈，之人切。敔背。以鼓敔謂之籈。
○籈，《玉篇》：籈，之人反。（《書傳輯録纂注》卷一）
【笶】他計切。車篒。
◎笶，他計切。箳篒。
●圓沙本"箳篒"未詳。
【篖】徒郎切。罩也。
◎篖，徒郎切。罩也。
【箬】之若切。漉米具。
◎箬，之若切。漉米具。
●底本字頭原訛，據宋十行本改。
【篣】步庚切。籠也。
◎篣，步庚切。籠也。
【笚】都臘切。竹相擊也。
◎笚，都臘切。竹相擊。
【篅】于歲切。箭也。
◎篅，于歲切。箭也。
【箱】山樞切。《説文》曰：飯筥也，受五升。秦謂筥曰箱。
◎箱，山樞切。飯筥也，受五升。
【笏】七忍切。笑皃。
◎笏，七忍切。笏笏，笑皃。
【篪】除奇切。管有七孔也。箎，同上。
◎篪，除奇切。管有七孔也。箎，同上。
○篪，除奇反。《周禮》：笙師所掌教篪。鄭玄曰：篪，七空［孔］也。野王案：管有七孔也云云，在龠部。（《名例律勘物》91）
【筐】去王切。蠶筐，方曰筐。
◎筐，去王切。蠶筐，方曰筐。
○筐，《玉篇》云：籠屬也。《春秋傳》曰：筐筥，錡釜之器也。《方言》云：圓曰筐，方曰筥。（《續一切經音義》卷八）
【籄】公誨切。筐也。亦作樻。篋，同上。
◎籄，公誨切。筐也。亦作樻。篋，同上。
【篲】詳惠切。掃帚。簪，古文篲。
◎篲，詳惠切。掃帚也。簪，古文。

○箒，《玉篇》云：掃竹也。《方言》云：自關而西或謂之掃。(《一切經音義》卷十一)
【篋】口叶切。笥也。
◎篋，口叶切。笥也，箱也。
○篋，《玉篇》：篋，笥也。《考聲》：箱類也。(《一切經音義》卷七十三)
【篻】丁殄切。經也。
◎篻，丁殄切。經也。
【篁】豬六切。古文築。
◎篁，猪六切。古文築。
【箌】豬效切。捕具也。又作罩。
◎箌，猪效切。捕具。又作罩。
○箌，顧野王：都角反。(《爾雅釋文》上中 2)
【筏】布達切。箄也。又音伐。
◎筏，布達切。箄也。又音伐。
【篢】都緫切。竹器也。
◎篢，都揔切。竹器。
【篸】子公切。木枝細。
◎篸，子公切。木名，枝細也。
○篸，《玉篇》：篸，木細枝也。(《方言箋疏》卷二)
【筂】毗利切。次也。又裨之、步雞二切，簕也。
◎筂，毗利切。次也。又裨之、步雞二切。
【笍】丈例切。以竹補缺也。
◎笍，丈例切。以竹補缺也。
【笛】去玉切。養蠶具也。
◎笛，去玉切。養蠶具。
【簙】蒲各切。笛也。又裴古切。
◎簙，蒲各切，裴古切。笛也，帳也。
○簙，野王案：簙猶記也。(《令集解》四 120)
○簙，猶籍記也。(《令集解》三六 390)
●“又”，原作“大”，據宋十一行本改。
【篙】古勞切。竹刺船行也。
◎篙，古勞切。竹刺船行也。
【笲】蒲變切。竹器也。
◎笲，蒲變切。竹器。
【簑】禹煩切。籰也。亦作榬。
◎簑，禹煩切。籰也，繹具。亦作榬。
【筀】丘於切。闟也，山谷遮獸也。又飯器也。
◎筀，丘於切。山谷遮獸。又飯器。
【篰】直據切。匙篰。與箸同。
◎篰，直據切。与箸同。
【簇】楚角切。矢金也。又七木切，小竹也。
◎簇，楚角切。矢金也。又七木切，小竹也。
【箽】音任。單席也。
◎箽，音任。單席也。
【筀】古惠切。竹名，傷人則死。
◎筀，古惠切。竹名，傷人則死。
【筌】且沿切。捕魚笱。
◎筌，且沿切。渔具，捕魚笱。
○筌，野王案：筌，捕魚竹笱也。笱，取魚竹器也。(《倭名抄》五 70)
○筌，顧野王云：筌即捕魚笱也。(《一切經音義》卷八十)
【篹】先管切。器名。
◎篹，先管切。器名。
【篞】奴結切。《爾雅》曰：大箎曰簥，其中曰篞。
◎篞，奴結切。大箎，其中曰篞。
【箖】力尋切。箖箊，竹名。
◎箖，力尋切。箖箊，竹名。
【箊】殃魚切。箖箊。
◎箊，殃魚切。箖箊。
【簰】白佳切。簰筏。
◎簰，白佳切。簰筏也。
【篖】渠言切。筋鳴也。
◎篖，渠言切。筋鳴也。
【籉】徒來切。笠子。
◎籉，徒來切。笠子。
【籬】力支切。藩籬。
◎籬，力支切。竹垣，藩籬也。
【管】語軒切。管長一尺四寸。
◎管，語軒切。管長一尺四寸。
【笢】步悲切。古文皮。
◎笢，步悲切。古皮字。
【篦】方迷切。釵篦也。

◎篦，方迷切。釵篦也。
【箟】息茲切。竹有毒，傷人即死，生海畔，有毛。
◎箟，息茲切。竹有毒也，傷人即死。
【篟】息魚切。竹也。
◎篟，息魚切。竹名也。
【筯】居勤切。俗筋字。
◎筯，居勤切。俗筋字。
【簝】力彫切。宗廟盛肉器。又竹也。
◎簝，力彫切。祭宗廟盛肉器。
【篻】莫遥切。竹門也。
◎篻，莫遥切。竹門也。
【篽】力彫切。竹名。
◎篽，力彫切。竹名。
【箽】側交切。大笙有十九簧。
◎箽，側交切。大笙有十九簧。
【箈】託勞切。牛筐也。
◎箈，託勞切。半筐也。
●圓沙本“半筐”疑當作“牛筐”。
【篕】胡南切。竹名。
◎篕，胡南切。竹名。
【簪】側林切。冠簪也。
◎簪，測參切。冠簪也。
【筸】莫庚切。竹也。
◎筸，莫庚切。竹也。
【笐】姑郎切。似琴，有弦。《爾雅》曰：仲無笐。竹類也。
◎笐，姑郎切。似琴，有絃。
【箮】莫耕切。竹也。
◎箮，莫耕切。竹篾也。
【箳】音并。竹也。
◎箳，音并。竹也。
【篘】初婁切。酒籠。
◎篘，初婁切。酒籠也。
【箜】苦紅切。箜篌，樂。
◎箜，苦紅切。箜篌，樂名。
【篚】辭爲切。籠也。
◎篚，詞爲切。竹籠。
【箔】蒲涸切。簾也。
◎箔，蒲涸切。簾也。

【籥】以灼切。樂器，似笛。
◎籥，以灼切。樂器，似笛。
【簦】都滕切。簦也。
◎簦，都滕切。簦也。
【簷】余廉切。屋簷。與檐同。
◎簷，余廉切。屋簷。与檐同。
【篜】之升切。竹。
◎篜，之升切。竹也。
○篜，《玉篇》云：竹也。（《重修廣韻》卷二）
【篴】梨登切。竹。
◎篴，梨登切。竹也。
【簪】慈棱切。簦簪，笠也。
◎簪，慈棱切。笠也。
【簤】音曹。竹名。
◎簤，音曹。簤竹也。
【籐】徒棱切。簬器。
◎籐，徒棱切。簬器。
【笎】語袁切。竹。
◎笎，語袁切。竹也。
【萱】虛袁切。竹花也。
◎萱，虛袁切。竹花也。
【筊】胡交切。管也。
◎筊，胡交切。管也。
【篔】寺林切。竹長千丈，爲大船也，生海畔。
◎篔，寺林切。竹長千丈，生海畔。
○篔，《玉篇》作篔，云：竹長千丈。（《方言箋疏》卷一）
【篨】祝融切。竹。
◎篨，祝融切。竹也。
【篢】古紅切。笠名。
◎篢，古紅切。笠名。
【笁】古缸切。
◎笁，古缸切。筏也。
【籠】盧冬切。筐也。
◎籠，盧冬切。筐也。
【篊】胡公切。引水也。
◎篊，胡公切。竹引水。
【篆】殂紅切。籠也。

◎篫，殂紅切。籠以取魚也。
【籦】之容切。竹也。
◎籦，之容切。器也，竹爲之。
【箹】户烏切。竹也。
◎箹，户烏切。竹也。
【笗】都宗切。竹也。
◎笗，都宗切。竹名。
【籔】居希切。竹也。
◎籔，居希切。竹也。
【筎】汝余切。竹筎，以塞舟。
◎筎，汝余切。竹筎，以塞舟。
〇筎，汝余反。竹筎，以塞舟。（《醫心方》刊本三44）
【簡】力魚切。竹。
◎簡，力魚切。竹也。
【箬】五姑切。竹。
◎箬，五姑切。竹名。
【簭】七然切。竹。
◎簭，七然切。竹名。
【筭】府逢切。竹。
◎筭，府逢切。竹名。
【簸】側鳩切。竹黄也。
◎簸，側鳩切。竹黄也。
【箍】相然切。竹也。
◎箍，相然切。竹名。
【簏】蒲包切。竹。
◎簏，蒲包切。竹也。
【篓】蘇和切。織物。
◎篓，七和切。織物也。
●宋十行本作“上和切”。
【籯】魯丁切。竹。
◎籯，魯丁切。竹也。
●宋十行本有音無義。
【籓】莫箄切。竹蔑也。
◎籓，莫箄切。竹篾也。
【簹】力求切。竹。
◎簹，力求切。竹也。
〇簹，竹名，出《玉篇》。（《重修廣韻》卷二）
【篼】色求切。竹。
◎篼，色求切。竹名。
【笷】丑弓切。竹。
◎笷，丑弓切。竹名。
【筀】七和切。竹。
◎筀，七和切。竹名。
【篦】蒲彌切。籠也。
◎篦，蒲彌切。籠也。
【箂】魯台切。竹。
◎箂，魯台切。竹名。
【筃】於人切。竹。
◎筃，於人切。竹也。
【笱】欺求切。竹。
◎笱，欺求切。竹也。
【箁】尺之切。竹。
◎箁，尺之切。箁竹也。
【簤】杜回切。竹筆也。
◎簤，杜回切。竹筆也。
【筅】穌典切。筅帚。
◎筅，穌典切。筅帚也。
【篴】力中切。篂。
◎篴，力中切。篂竹也。
【篬】七羊切。
◎篬，七羊切。竹名。
【篃】莫悲切。竹。
◎篃，莫悲切。竹也。
【筸】常式切。笙。
◎筸，常式切。笙也。
【笌】五加切。筍。
◎笌，五加切。竹初生筍也。
【箺】余良切。竹。
◎箺，余良切。竹名。
【箬】式余切。竹。
◎箬，式余切。竹也。
【笉】余軫切。竹。
◎笉，余軫切。竹也。
【篢】扶願切。竹作。又持晚切。
◎篢，扶願切。竹作器。又持晚切。
【篗】而兖切。竹。
◎篗，而兖切。竹名。
【竿】他頂切。函。

◎竽，他頂切。竽函也。
【箒】之有切。俗帚字。
◎箒，之有切。俗帚也。
【籦】士冉切。竹。
◎籦，士冉切。竹也。
【笶】丘卞切。竹。
◎笶，丘卞切。竹也。
【簅】所簡切。大籥。
◎簅，所簡切。大籥也。
【簃】自移切。竹。
◎簃，自移切。竹名。
【籑】息卷切。竹緣。
◎籑，息眷切。竹緣也。
【箈】之少切。竹。
◎箈，之少切。竹也。
【篙】王委切。筍皮。
◎篙，王委切。筍皮。
【簔】魚綺切。竹作也。
◎簔，魚綺切。竹器名。
【筂】兹耳切。竹。
◎筂，兹耳切。竹也。
【篨】直利切。竹。
◎篨，直利切。竹也。
【箹】女委切。筍初生。
◎箹，如委切。筍初生。
【箶】知委切。生筍。
◎箶，知委切。竹生筍。
●宋十行本作“羊委切”。
【筡】巨規切。竹名。
◎筡，巨規切。竹名。
【笹】脂市切。竹。
◎笹，脂市切。竹也。
【笏】呼骨切。《字書》云：珽也。
◎笏，呼骨切。珽也，手執者。
【筠】有旻切。如竹箭之有筠。
◎筠，有旻切。竹青皮。
【箷】翼支切。衣架。
◎箷，翼支切。衣架。
【籡】甫吠切。籧篨。
◎籡，甫吠切。籧篨別名。

【筧】古典切。以竹通水也。
◎筧，古典切。以竹通水。
○筧，《玉篇》……云：以竹通水也。(《釋名疏證補》卷五)
【篇】先夜切。笘篇。
◎篇，先夜切。笘篇也。
【篾】亡結切。竹皮也。
◎篾，亡結切。竹皮。
【箛】古胡切。破箛爲圓。
◎箛，古胡切。器也，破箛爲圜。
【籟】力計切。篇也。
◎籟，力計切。篇也，竹箠也。
【篝】莫伴切。竹器也。
◎篝，莫伴切。竹器名。
【筮】蒔世切。蓍曰筮。簭，同上。簭，《說文》筮。
◎簭，《說文》筮字。
◎筮，時世切。蓍卜曰筮也。簭，同上。
●圓沙本分兩字條，且分兩處。
【笠】力及切。簦笠，以竹爲也。
◎笠，力及切。簦笠也，篛笠。
【筯】之厲切。簟也。
◎筯，之厲切。簟也。
【筿】先果切。竹名。《漢書》有筿人縣。本作莜。
◎筿，先果切。竹名。漢有筿人縣。亦作莜。
【篚】亡匪切。竹。
◎篚，亡匪切。帚也。
【簄】胡藹切。籧篨也。
◎簄，胡藹切。籧篨竹也。
【筳】直經切。筵。
◎筳，直經切。筵也。
【簞】于鬼切。竹。
◎簞，于鬼切。竹簞也。
【簹】徒朗切。竹。
◎簹，徒朗切。竹也。
【籭】所解切。瑟。
◎籭，所解切。瑟也。
【篦】乎罪切。竹高節。
◎篦，乎罪切。竹肤節也。

●宋十行本作“竹胅節”。
【箹】力委切。法也。
◎箹，力委切。法也。
【筡】式氏切。俗矢字。
◎筡，式氏切。俗矢字。
【箕】思㥋切。竹。
◎箕，思㥋切。竹也。
【篚】方尾切。筐篚。
◎篚，方尾切。筐也。
【箢】于眷切。斷。
◎箢，于眷切。断也。
【箬】口魯切。竹。
◎箬，口魯切。竹名。
【簅】盧啓切。竹。
◎簅，盧啓切。竹也。
【笏】武粉切。
◎笏，武粉切。截笏竹也。
【筳】直遇切。壇纂竹。
◎筳，直遇切。壇纂竹也。
【簳】各旱切。箭簳。笴，同上。又公但切。
◎簳，各旱切。箭簳竹也。笴，同上。又公但切。
○笴，《玉篇》：笴，各旱反。（《書傳輯録纂注》卷二）
【篆】直兖切。史籀造篆書，似符。
◎篆，直兖切。籀文書曰篆。
【箹】直柳切。竹易根而死。
◎箹，直柳切。竹易根而死。
【範】扶鋄切。法也。
◎範，扶僉切。軌範，法也。
○範，顧野王云：範謂楷模也。（《一切經音義》卷九十）
○範，《玉篇》云：鑄金器也，模樣也。（《一切經音義》卷一）
【笂】初雅切。竹。
◎笂，初雅切。竹也。
【篪】呼古切。竹大，高百丈。
◎篪，呼古切。大竹，高百丈。
【笸】丘己切。簞。
◎笸，丘己切。簞也。
【箺】之養切。竹。
◎箺，之養切。竹也。
【簬】郎古切。竹。
◎簬，郎古切。竹也。
【簿】胡買切。竹。
◎簿，胡買切。竹也。
【箸】尺尹切。
◎箸，尺尹切。竹也。
【簋】七忍切。小竹。
◎簋，七忍切。小竹也。
【笋】施忍切。竹。
◎笋，施忍切。竹名。
【簀】陟利切，又之日切。
◎簀，陟利切。竹器。又之日切。
【篿】息亂切。器也。
◎篿，息乱切。竹器名。
【篬】七養切。竹。
◎篬，七養切。竹也。
【簩】力到切。
◎簩，力到切。竹簩也。
【籭】初税切。重擣也。
◎籭，初税切。重擣也。
【笊】仄校切。笊籬。
◎笊，仄校切。笊籬也。
【箄】陟孝、貞角二切。捕魚具。
◎箄，陟孝、貞角二切。捕魚具。
【筗】直衆切。竹。
◎筗，直衆切。竹名。
【箼】之利切。竹。
◎箼，之利切。竹名。
【篞】其利切。竹。
◎篞，其利切。竹名。
【簸】魚器切。竹節。
◎簸，魚器切。竹節名。
【篴】叉又切。衝也。
◎篴，叉又切。衝也，就也。
【篠】似醉切。
◎篠，似醉切。竹徑名。
【篸】千弄切。竹名。

◎篰，七弄切。竹名。
【簣】其貴切。土籠也。
◎簣，其貴切。土籠也。
【篨】失御切。筐。
◎篨，失御切。筐也。
【篘】居遇切。織具。
◎篘，居遇切。織具。
【簰】簿計切。竹簰也。
◎簰，簿計切。竹簰也。
【笠】音豆。禮器。
◎笠，音豆。祭礼器也。
【籣】居偈切。竹海邊。
◎籣，居偈切。竹生海邊。
【箳】匹賣切。竹片也。箈，同上。
◎箳，匹賣切。竹片也。箈，同上。
【簒】疾外切。竹。
◎簒，疾外切。竹也。
【篓】桑豆切。小竹。
◎篓，桑豆切。小竹。
【箯】詰殮切。籠。
◎箯，詰殮切。籠也。
【箖】力卧切。牀。
◎箖，力卧切。牀也。
【筦】胡浪切。竹竿。
◎筦，胡浪切。竹竿。
【簻】府救切。竹簻以蓋也。
◎簻，府救切。竹蓋也。
【篼】丁紺切。竹。
◎篼，丁紺切。竹也。
【簤】胡諫切。枯。
◎簤，胡諫切。枯也。
【箮】烏縣切。竹。
◎箮，烏縣切。竹名。
【篇】式戰切。
◎篇，式戰切。竹器。
【箬】丘卞切。曲竹。
◎箬，丘卞切。曲竹也。
【箝】奴感切。竹弱。
◎箝，奴感切。竹弱。
【箹】古政切。筋竹。

◎箹，古政切。筋竹。
【筠】虛誑切。覓魚具。
◎筠，虛誰切。覓魚具。
●圓沙本“虛誰切”疑當作“虛誑切”。
【籔】蘇見切。竹。
◎籔，蘇見切。竹名。
【篟】千見切。竹。
◎篟，千見切。竹也。
【箏】滴佞切。器。
◎箏，滴佞切。竹器。
【箸】子線切。
◎箸，子線切。竹名。
【簻】其句切。
◎簻，具句切。水器。
【筬】之聖切。竹。
◎筬，之聖切。竹名。
【筟】五各切。桂。
◎筟，五各切。桂筟也。
【籋】音躡。箝也。又音捻。
◎籋，音攝。箱也。又音稔。
●圓沙本“箱也”當作“箝也”。
【笏】盧得切。竹根。
◎笏，盧得切。竹根也。
【箳】尼懾切。竹。
◎箳，尼攝切。竹也。
【箑】丑涉切。
◎箑，丑涉切。竹箑也。
【筡】乃叶切。
◎筡，乃協切。竹筡也。
【箵】徒合切。竹。
◎箵，徒合切。竹名。
【箍】殂匝切。簾。
◎箍，殂匝切。簾也。
【篋】胡夾切。竹。
◎篋，胡夾切。竹器。
【簒】徒盍切。窗。
◎簒，徒盍切。窻也。
【箿】慈緝切。覆。
◎箿，慈緝切。覆也。
【箱】伊入切。杓。

◎箿，伊入切。杓也。
【籗】王縛切。取魚具。籱，同上。絡絲具。
◎籗，玉縛切。取魚具。籱，同上。又絡絲具。
【籊】池卓切。竹。
◎籊，他卓切。竹籊也。
【䇹】吕恤切。䇹角，以射鳥。箻，同上。
◎䇹，吕恤切。䇹角，以射鳥。箻，同上。
【箤】才恤切。笭。
◎箤，才恤切。笭也。
【笜】丁律切。筍。
◎笜，丁律切。筍也。
【箼】烏谷切。
◎箼，烏谷切。竹密皃。
【簐】古木切。篪。
◎簐，古木切。篪也。
【䉁】胡谷切。箱。
◎䉁，胡谷切。竹盛米器。
【籙】音禄。胡籙，箭室。
◎籙，音禄。胡籙，箭室也。
【簚】莫辟切。篘簚，傘帶也。
◎簚，莫辟切。篘簚，傘帶也。
【箑】七余切。竹。
◎箑，七余切。水澤也。
【籜】他各切。竹籜。
◎籜，他各切。竹籜也。
【箛】音域。
◎箛，音域。竹也。
【簭】所力切。篩簭。
◎簭，所力切。篩也。
【笓】余織切。竹索。
◎笓，余織切。竹索也。
【箙】符木切。
◎箙，符木切。竹器名。
【箬】而灼切。竹大葉。篛，同上。
◎箬，而灼切。竹大葉也。篛，同上。
【篧】江學切。椽。
◎篧，江學切。椽篧也。
【箣】兵列切。分。
◎箣，兵列切。分也。
【籍】慈昔切。簿籍也。
◎籍，慈昔切。文籍，簿籍。
○籍，野王案：凡書於簡札皆謂之籍也。(《倭名抄》五 27)
○籍，書也。《説文》曰：籍，簿書也。《左傳》曰：非禮也，勿籍也。杜預曰：籍，書也。(《三部經音義集》二)
【笮】側格切。屋上版。亦作笮。
◎笮，仄格切。屋上版。亦作笮。
【篴】士洽切。行書。
◎篴，士合切。竹書也。
【箚】竹洽切。以針刺。
◎箚，竹洽切。以針刺也。
【箶】古忽切。刷也。
◎箶，古忽切。刷也。
【筈】口括切。箭筈。
◎筈，口括切。箭筈。
【笩】普末切。箄。
◎笩，普末切。箄也。
【篋】音屐。
◎篋，音屐。竹篋也。
【箝】渠廉切。鎖頭。箝，同上。
◎箝，渠廉切。瑣頭也。箝，同上。
【篸】楚金切。篸差不齊也。又子紺切，針篸。
◎篸，楚金切。篸差不齊。又子紺切，針篸。
【篁】音皇。竹名。《説文》云：竹田也。
◎篁，音皇。竹之别名。
【籒】直救切。《説文》云：讀書也。又史籒，周太史造大篆。
◎籒，直救切。周太史造大篆。
【篇】匹連切。篇什也。
◎篇，匹連切。篇章，篇什也。
【簽】徒敢切。竹。
◎簽，徒敢切。竹屬。
【簝】力低切。竹。
◎簝，力低切。竹名。
【箕】居其切。竹名。笄，同上。
◎箕，居其切。竹名。笄，同上。

補

○笑，顧野王云：爲所鄙恹而笑之也。（《一切經音義》卷七十七）

○篦，《玉篇》音普蹄反，薄箭也。（《一切經音義》卷二十五）

箕部第一百六十七

凡八字

【箕】居宜切。簸箕也。𠀠、𠁡、箇、𥫗，並古文。𠀠，籀文。

◎箕，居宜切。簸箕也。又姓。𠀠、𠁡、箇、𥫗，並古文。𠀠，籀文。

【簸】補我切。去穅也。

◎簸，補我切。揚也，去穅也。

【簾】以獵、徒協二切。簸也。

◎簾，以獵、徒協二切。簸也。

才部第一百六十八

凡一字

【才】在來切。《說文》曰：草木之初也。又才能也。

◎才，在來切。《說文》曰：草木之初也。又才能也。

市部第一百六十九

凡十字

【市】甫味切。蔽市小皃。《說文》普活切，艸木市市然。象形。

◎市，甫味切。蔽市小皃。《說文》普活切，艸木市市。象形。

【𡋒】有未切。草木，𡋒字也。㚘，同上。

◎𡋒，有未切。艸木四舒，𡋒字也。㚘，同上。

○𡋒，顧野王曰：草木四舒𡋒孛之貌。（《六書故》卷二十四）

【朿】嗟似切。止也。姊、秭字從此。

◎朿，嗟似切。止也。姊、秭字從此。

【孛】步對切。彗星也。孛孛，不明皃也。

◎孛，步對切。彗星。孛孛，不明皃。

【南】奴含切。方名。𡴎，古文。

◎南，奴含切。四方正午位。𡴎，古文。

【𣏟】巨宜切。木別生。

◎𣏟，巨宜切。木別生曰𣏟。

【𣎵】步背切。紝紼取物曰𣎵。

◎𣎵，步背切。紝紼取物曰𣎵。

【索】蘇各切。散也。又繩索。又山責切，求也。

◎索，蘇合切。散也。又繩索。又山責切，求也。

乇部第一百七十

凡一字

【乇】竹厇切。草葉也。託、宅字從此。

◎乇，竹厇切。艸葉也。託、宅字從此。

𠂹部第一百七十一

凡二字

【𠂹】市規切。草木華葉𠂹。象形。今作垂。𠂹，古文。

◎𠂹，市規切。草木華葉𠂹。象形。今作垂。𠂹，古文。

𦬸部第一百七十二

凡二字

【𦬸】火于、芳于二切。草木華也。

◎𦬸，火于、芳于二切。草木華。

【韡】禹鬼切。盛皃。

◎韡，禹鬼切。草木華盛皃。

○韡，《玉篇》：韡，盛貌。禹鬼切。（《方言箋疏》卷一）

華部第一百七十三

凡三字

【䔢】胡瓜切。榮也。三千五百里曰華夏也。今作華。又呼瓜切。蘤，《說文》華。

◎䔢，胡瓜切。華夏也。今作華。蘤，同上。

又榮皃。又呼瓜切。

【皣】于劫切。草木花。

◎皣，于劫切。草木花也。

禾部第一百七十四

凡三字

【禾】五溉、古兮二切。《説文》曰：木之曲頭止不能上。亦作㿶。

◎禾，五溉切，古兮切。木枝幹曲頭止不能上。亦作㿶。

【積】居是切。《爾雅》：有枳首蛇，兩頭也。又曲支果。今作枳。

◎積，居是切。《尔雅》：有枳首蛇，兩頭。又曲支果。今作枳。

【𥞿】居庾切。木曲支也，果名也。今作椇。

◎𥞿，居庾切。木曲支。又果名。今作稘。

●圓沙本"今作稘"疑當作"今作椇"。

稽部第一百七十五

凡三字

【稽】古奚切。留也，治也，考也，合也，計當也。

◎稽，古奚切。留也，治也，遲止也，考也，合也，計當。

【𥢶】都角切。《説文》曰：持止也。

◎𥢶，都角切。《説文》：持止也。

【𥡴】胡道切。《説文》曰：𥡴䟣而止也。賈侍中説：稽、𥢶、𥡴三字皆木名。

◎𥡴，胡道切。《説文》𥡴䟣而止也。賈侍中説：稽、𥢶、𥡴三字皆木名。

●底本"𥡴䟣"疑當作"𥡴䟣"。

桼部第一百七十六

凡四字

【桼】且栗切。木汁，可以髹物。今爲漆。柒，俗。

◎桼，且栗切。木汁，可以髹物。今爲柒。柒，俗。

【髼】火尤切。桼赤黑色。

◎髼，火尤切。桼赤黑色。

【䰈】步交切。《説文》曰：桼垸已復桼之。

◎䰈，步交切。《説文》：桼垸已復桼之。

丵部第一百七十七

凡六字

【丵】仕角切。《説文》曰：叢生艸也。象丵嶽相並出也。

◎丵，仕角切。《説文》：叢生艸也。象業嶽相並出也。

【叢】在公切。草木叢也。俗作藂。

◎叢，在公切。草木叢也。俗作藂。

【業】魚劫切。業業，危懼也，高大也，動也。又大版。𤗲，古文。

◎業，魚劫切。業業，危懼也。又事業也，動也。𤗲，古文。

【對】都内切。荅也。對，同上。漢文帝以爲責對而爲言多非誠，故去其口以從土。

◎對，都内切。荅也。對，同上。漢文帝以爲責對而爲言多非誠，故去其口以从土。

菐部第一百七十八

凡四字

【菐】方屋、步木二切。瀆菐也。

◎菐，方屋、步木二切。瀆菐也。

【䊵】補顔、甫尾二切。賤事也。

◎䊵，補顔、甫尾二切。賤事也。

【僕】步穀切。馭車也。𦡆，古文。

◎僕，步穀切。馭車也。𦡆，古文僕。

马部第一百七十九

凡六字

【马】胡感切。《説文》曰：嘾也。草木之華實未發函然。象形。

◎马，胡感切。《説文》：嘾也。草木之華實未發圅然。象形。

【圅】胡男切。舌也。

◎圅，胡男切。舌也。

【甹】弋周切。草木更生條。

◎甹，弋周切。草木更生條。

【甬】余隴切。鍾柄也。又斛也。

◎甬，余隴切。鍾柄。又斛也。

【弓】胡先切。草木盛。

◎弓，胡先切。草木盛。

【圅】胡閤切。會也。

◎圅，胡閤切。會也。

東部第一百八十

凡三字

【東】胡感切。《説文》曰：草木垂華實。

◎東，胡感切。草木垂華實。

【韡】于非切。束也。

◎韡，于非切。束也。

【䪯】公殄切。小束也。亦作蠒。

◎䪯，公殄切。小束。亦作蠒。

卣部第一百八十一

凡七字

【卣】徒幺切。草木實垂卣卣然也。𠧪，籒文。

◎卣，徒幺切。艸木實垂卣卣也。𠧪，籒文。

【㮚】思録切。穀也。今作粟。𥻆，古文。

◎㮚，思録切。穀也。今作粟。𥻆，古文。

【䊢】叉萬切。礦粟也，舂米未精也。

◎䊢，叉萬切。礦粟也，舂米未精也。

●圓沙本“叉萬切”疑當作“叉萬切”。

【㮚】力日切。榛栗也。今作栗。𣡌，籒文。

◎㮚，力日切。榛栗。今作栗。𣡌，籒文。

朿部第一百八十二

凡三字

【朿】七漬切。木芒也。

◎朿，七漬切。木芒也。

〇朿，顧野王謂：木皮外有木芒。（《一切經音義》卷十九）

【棗】子老切。果名。俗爲棗。

◎棗，子老切。果名。俗作棗。

【棘】居力切。急也。棘箴也。

◎棘，居力切。急也。棘箴也。

朮部第一百八十三

凡十三字

●實收十二字。

【朮】匹刃切。《説文》曰：分枲莖皮也。今作朩。

◎朮，匹刃切。分枲皮也。今作朩。

【枲】司子切。麻也。有子曰苴，無子曰枲。𣏟，籒文。

◎枲，子司切。麻有子曰苴，無子曰枲。𣏟，籒文。

〇枲，顧野王云：牡麻者，枲麻也。（《一切經音義》卷二十四）

〇枲，顧野王云：麻之有子者曰枲也。（《一切經音義》卷六十六）

【緻】除利切。緶緻也。

◎緻，除利切。緶緻也。

【䌼】力到切。施絞於緶。

◎䌼，力到切。施絞於緶也。

【綣】渠眷切。緣緶也。

◎綣，渠眷切。緣緶也。

【紩】除栗切。帆索也。

◎紩，除栗切。帆索也。

【縝】尺人切。纑也。

◎縝，尺人切。纑也。

【緧】子由、似由二切。收束也，堅縛也。

◎緧，子由切，似由切。收束也，堅縛也。

【緅】子侯切。麻屬。

◎緅，子侯切。麻屬。

【緶】扶善切。履底緶。

◎緶，扶善切。履底緶也。

【隸】徒改切。及也。《説文》與迨同。

◎隸，徒改切。及也。與迨同。

𣏟部第一百八十四

凡三字

●底本原作“四字”，徑改。

【𣏟】匹賣切。《説文》曰：葩之總名也。今作𣐮。亦與麻同。

◎𣏟，匹賣切。葩之總名。今作𣐮。亦与麻同。

【㪚】先旦切。分離也，放也。亦作散。又先但切。

◎㪚，先旦切。分散也。亦作散。又音㰚。

【檾】口頴、口迥二切。枲屬。

◎檾，口頴、口迥二切。麻枲屬。

○檾，《玉篇》：於營反。檾麻也。又苦穎反，檾麻也。（《龍龕手鏡》卷二）

麻部第一百八十五

凡十四字

【麻】莫加切。枲屬也。

◎麻，莫加切。枲屬。又縠也。

○麻，枲也。（《法華釋文》上）

【䴡】大侯切。檾屬。一曰麻一絜也。𪎭，同上。

◎䴡，大侯切。麻一絜也。𪎭，同上。

【䵈】空木切。未練治纑也，結枲也。

◎䵈，空木切。未練纑。

【䴭】仄留切。麻莖也。𪎮，古文。

◎䴭，仄留切。麻莖也。𪎮，古文。

【黂】扶沸、父云二切。枲實也。

◎黂，扶拂、甫云二切。枲實。

【䴯】先的切。細布也。亦作緆。

◎䴯，先的切。細布。亦作緆。

【䴵】步本切。麻䴵也。

◎䴵，步本切。麻䴵，麻别名。

【䵉】靡五切。

◎䵉，靡五切。麻䵉。

【麾】許爲切。指麾也。亦作摩。

◎麾，許爲切。指麾。亦作摩。

○麾，顧野王云：以旌旗指衆也。（《一切經音義》卷四十）

【䴴】丘久切。

◎䴴，丘良切。麻也。

●底本“丘久切”未詳。

【䴲】力牛切。麻䴲也。

◎䴲，力牛切。麻也。

【䴳】音宛。

◎䴳，音宛。麻叢也。

尗部第一百八十六

凡三字

【尗】書六切。豆也。叔，同上。又叔伯也。

◎尗，書六切。豆也。叔，同上。又叔伯也。

【𣐈】市寘切。以調五味也。今作豉。

◎𣐈，市寘切。以調五味。今作豉。

韭部第一百八十七

凡七字

【韭】居有切。菜名。一種而久者，故謂之韭。

◎韭，居有切。菜名。一種而久者，故謂之韭。

【韲】子兮切。薑蒜爲之。齏，同上。

◎韲，子兮切。以薑蒜爲之。齏，同上。又齏菜。

【䪥】胡戒切。葷菜也。俗作薤。

◎䪥，胡戒切。葷菜。俗作薤。

【䪨】唐對切。齏葅。

◎䪨，唐對切。齏葅也。

【𩐁】扶袁切。百合蒜。

◎𩐁，扶袁切。百合蒜也。

○𩐁，顧野王《玉篇》亦云：𩐁乃百合蒜也。（《本草綱目》卷二十七）

【韱】思廉切。山韭。或作𩐎。

◎韱，思廉切。山韭也。今作𩐎。

瓜部第一百八十八

凡二十六字

【瓜】古華切。《説文》曰：蓏也。

◎瓜，古華切。蓏也，匏瓠總名。

【瓟】蒲卓切。小瓜也。㼌，同上。

◎瓟，蒲卓切。小瓜也。㼌，同上。

【瓞】大結切。小瓜也。瓞，同上。

◎瓞，大結切。小瓜也。瓞，同上。

【䌛】余昭切。瓜名。

◎䌛，户姚切。瓜名。

●宋十行本作“尸姚切”。

【甇】于扃切。小瓜也。

◎甇，于扃切。小瓜也。

【瓣】白莧、力見二切。瓜中實。

◎瓣，白莧、力見二切。瓜中實也。

【㼓】公侯切。㼓瓤，王瓜也。

◎㼓，公侯切。㼓瓤，王瓜也。

【瓤】力侯切。㼓瓤。

◎瓤，力侯切。㼓瓤。

【菰】渠立切。冬瓜也。

◎菰，渠立切。冬瓜。

●此字頭又見《艸部》。

【㼙】乃罪切。傷熱瓜。

◎㼙，乃罪切。傷熱瓜也。

【瓢】力玷切。瓜子。

◎瓢，力玷切。瓜子也。

【䫻】於魂切。䫻㼊，瓜名。

◎䫻，於魂切。䫻㼊，瓜名。

【㼊】徒門切。䫻㼊。

◎㼊，徒門切。䫻㼊。

【瓝】扶田切。白瓝瓜。

◎瓝，扶田切。白瓝瓜。

【㼚】苦攜切。㼓㼚子。

◎㼚，苦攜切。㼓㼚子。

【㼋】古胡切。瓜也。亦菇字。

◎㼋，古胡切。瓜也。亦菇也。

【瓢】婢饒切。瓠瓜也。

◎瓢，婢饒切。瓠瓜也。

○瓢，裨焱反。《周禮》：凡祭祀，禜門用瓢。《方言》云：陳楚宋魏之間或謂蠡爲瓢。郭璞云：瓠，勺也。野王案：一瓢飲是也。（《古文舊書考》一79）

○瓢，《玉篇》：瓢，瓠也。（《方言箋疏》卷五）

【瓽】丁郎切。瓜中實。

◎瓽，丁郎切。瓜中實。

【瓟】蒲包切。瓟杓也。

◎瓟，蒲包切。瓟杓也。

【瓤】女良、汝陽二切。瓜實也。

◎瓤，女良切，汝陽切。瓜實也。

【甗】魚偃切。瓢也。

◎甗，魚偃切。瓢也。

○甗，《廣雅》：甗，瓢也。《玉篇》同。（《方言箋疏》卷五）

【𤬸】落都切。瓠𤬸。

◎𤬸，落都切。瓠瓤别名。

【瓜】弋主切。勞病也。

◎瓜，弋主切。勞病也。

【㼖】口括切。瓜。

◎㼖，口括切。瓜也。

瓠部第一百八十九

凡二字

【瓠】胡故切。匏也。

◎瓠，胡故切。瓠也。

●圓沙本“瓠也”疑當作“匏也”。

【瓢】婢姚切。蠡也。或作瓢。

◎瓢，婢姚切。蠡也。或作瓢。

丯部第一百九十

凡二字

【丯】柯邁切。草丯也，草莽也。

◎丯，柯邁切。草丯也，草芥也。

【挌】柯頟切。枝柯也。

◎挌，柯頟切。枝柯也。

來部第一百九十一

凡三字

【來】力該切。來麰，瑞麥也，行來也，歸也。又力載切，勤也。来，俗。

◎來，力該切。來麰，瑞麥也，行來，歸也。又力載切，勤也。来，俗。

○來，呼之使來也。又云：來，至也。（《法華釋文》中）

【棶】助紀切。竢也。

◎棶，助紀切。竢也。

大廣益會玉篇
卷第十五

凡三十九部

● * “力”原作“方”，據正文改。

麥部第一百九十二

凡五十三字

【麥】莫革切。有芒之穀也，秋種夏熟。麦，同上，俗。
◎麥，莫革切。有芒之穀，秋種夏熟。麦，同上，俗。
【麰】莫侯切。春麥也。亦作𦬼。𪍿，同上。
◎麰，莫侯切。春麥。亦作𦬼。𪍿，同上。
【䴽】先果切。麤麥屑。
◎䴽，先果切。麤麥屑。
【䴾】祚何切。《説文》曰：礦麥也。一曰擣也。
◎䴾，昨柯切。䃺麥也。一曰擣也。
【麧】下没切。堅麥也。孟康曰：麥糠中不破者也。
◎麧，下没切。堅麥，糠中不破也。
【麩】妨娱切。麥皮也。䴸，同上。
◎麩，妨娱切。麥皮之細者。䴸，同上。
【䵂】徒赤切。麥屑也。
◎䵂，徒赤切。麥屑。
【麪】亡見切。麥䴵，蜀以桄榔木屑爲麵。麵，同上。
◎麪，亡見切。麥細屑，蜀以桄榔木屑爲麪。麵，同上。
○麵，亡見反。麥䴵也。（《醫心方》寫本）
○麪，顧野王云：蜀中以桄榔樹屑爲麪。（《一切經音義》卷三十八）
●“麥䴵”，宋十一行本作“麥麩”。
【麷】芳充、芳鳳二切。熬麥曰麷。
◎麷，芳充、芳鳳二切。熬麥也。
【𪎊】古鹿切。餅麴也。
◎𪎊，古鹿切。餅麴。
●宋十行本作“古麥切”。
【麮】丘舉切。煮麥也。
◎麮，丘舉切。煮麥。
【䴜】禹八切。麴麥。
◎䴜，禹八切。麴麥名。
【𪍪】鼻支切。細餅麴。
◎𪍪，鼻支切。細餅麴。
【䴻】先忽切。麥屑也。䴛，同上。
◎䴻，先忽切。麥屑也。䴛，同上。
【䴰】婢之切。䴰䴡，䵒。
◎䴰，婢之切。䴰䴡，䵒。
【䴡】力尸切。䴰䴡也。
◎䴡，力尸切。䴰䴡。
【䴝】古頟切。麥碎也。
◎䴝，古頟切。麥碎也。
【𪎌】午刀切。亦熬字。煎也。
◎𪎌，午刀切。亦熬字。煎也。
【䴮】所諫切。䴝䴮也。
◎䴮，所諫切。䴝䴮也。
【䴷】胡昆切。麥麴也。又户版切。
◎䴷，胡昆切。麥麴也。又户版切。

○麲，《玉篇》云：麲，麥麴也。（《方言疏證》卷十三）
【麰】莫公切。有衣麴也，女麴也。
◎麰，莫公切。有衣麴也，女麴也。
【麳】力堅切。麳麱，餅也。
◎麳，力堅切。麳麱，餅也。
【麱】力口切。麳麱。
◎麱，力口切。麳麱。
【麳】力該切。小麥也。䅘，同上。
◎麳，力該切。小麥也。䅘，同上。
【麲】余諫切。
◎麲，余諫切。陳麥也。
【麩】莫達切。麪也。今呼米屑爲麩。
◎麩，莫達切。麪也。今呼米屑也。
【麧】胡瓦切。麴也。
◎麧，胡瓦切。麴別名。
【麴】丘竹切。麴糵。鞠，同上。
◎麴，丘竹切。米麥糵揔名。鞠，同上。
【麨】充小切。糗也。麨，同上。
◎麨，充小切。糗也。麨，同上。
【麮】蒲口、蒲没二切。麮麰，餅也。
◎麮，蒲口、蒲没二切。麮麰，餅也。
【麰】他口切。麮麰。麰，同上。
◎麰，他口切。麮麰，餅也。麰，同上。
【麱】芳無切。俗麩字。
◎麱，芳無切。俗麩字。
【麴】户姑切。俗黏字。
◎麴，户姑切。俗黏字。
【麧】殂來切。麴也。
◎麧，殂來切。麴別名。
【麳】力尸切。麥酒也。
◎麳，力尸切。麥酒也。
【麷】胡關切。麷餅也。
◎麷，胡關切。麷餅也。
【麰】博領切。索麰也。
◎麰，博領切。索麰也。
【麶】古猛切。大麥也。麶，同上。
◎麶，古猛切。大麥也。麶，同上。
【麲】初簡、初鴈二切。麲麥也。
◎麲，初簡、初鴈二切。麲麥。
【麯】丘竹切。俗麴字。
◎麯，俗麴字。
【麸】與力切。麥麸。
◎麸，與力切。麥麸也。
○麸，顧野王云：麥殼也。（《一切經音義》卷六十一）
【麶】呼谷切。麥。
◎麶，呼谷切。麥別名。
【麯】乃帖切。麯頭。
◎麯，乃帖切。麯頭也。

黍部第一百九十三

凡二十三字

【黍】式與切。禾屬也。
◎黍，式與切。黍稷，禾屬。
【香】許羊切。香芳也。今作香。
◎香，許羊切。香芳也。今作香。
○香，虚羊反。《説文》：香，芳也。《字書》爲香字，在香部。（《香藥字抄》2，《香字抄》2）
【糜】亡皮切。穄也。
◎糜，亡皮切。穄也。
【黺】口見、口殄二切。糜也。
◎黺，口見、口殄二切。糜，穄也。
【黏】女廉切。相著也。
◎黏，女廉切。相黏著也。
【黐】平懈、必爾二切。黍屬。
◎黐，平解、必尒二切。黍屬。
【黏】户都切。黏也。
◎黏，户都切。黏揔名。
【䵒】女栗切。黏也。䵒，同上。
◎䵒，女栗切。黏也。䵒，同上。
【黎】力兮切。衆也。亦作黎。
◎黎，力兮切。衆也。亦作黎。
【黏】步北切。黍豆也。
◎黏，步北切。黍豆別名。
●《説文》："治黍禾豆下潰葉。"《篆隸萬象名義》作"治黍豆本下潰葉也"。此處"黍豆也"疑誤省。
【䵑】竹革切。黏飯也。

◎䵂，竹革切。黏飯也。

【𪏮】張俱切。黏也。

◎𪏮，張俱切。黏也。

【𪏰】而與切。黏也。

◎𪏰，而与切。黏也。

【𪏵】丘遠切。博也。

◎𪏵，丘遠切。博也。

【𪏸】步結切。香也。

◎𪏸，步結切。香也。

【𪏹】所懈切。亦作曬。

◎𪏹，所解切。暴也。亦作曬。

【䵃】力支、丑知二切。黏也。

◎䵃，力支、丑知二切。黏也。

【𪏽】居近切。黏也。

◎𪏽，居近切。黏也。

【𪐀】方奉切。

◎𪐀，方奉切。颺麥也。

【𪐂】乃董切。

◎𪐂，乃董切。耕種也。

【䵒】奴禮切。黏也。

◎䵒，奴禮切。黏也。

【𪐄】旅典切。穈禾。又音連。

◎𪐄，旅典切。穈禾。又音連。

禾部第一百九十四

凡二百三十五字

【禾】胡戈切。嘉穀也。

◎禾，胡戈切。嘉穀也。

【秀】思救切。出也，榮也。

◎秀，思救切。榮也，芳也。

〇秀，顧野王曰：秀美。（《一切經音義》卷二十一）

【稼】古暇切。樹五穀。

◎稼，古暇切。禾也，樹五穀也。

【穡】所力切。斂曰穡。

◎穡，所力切。種稼，斂曰穡。

【穜】除恭切。先種後熟曰穜。又音童。

◎穜，除恭切。先種後熟。又音童。

【稙】竹力切。早種也。

◎稙，竹力切。早種也。

【稑】力竹切。後種先熟曰稑。穋，同上。

◎稑，力竹切。後種先熟曰稑。穋，同上。

【稺】除致切。幼禾也。稚，同上。稊，同上。

◎稺，除致切。幼禾也。稚、稊，並同上。

〇稺，《玉篇》稚與稺同。（《方言箋疏》卷二）

〇稚，《玉篇》云：稚，小也。（《一切經音義》卷二十五）

【穊】居致切。稠也。

◎穊，居致切。稠也。

【稹】之忍切。叢緻也。又之仁切。

◎稹，之忍切。叢緻也。又之仁切。

【稠】直留切。密也。

◎稠，直留切。密也。

【穖】亡結切。禾也。

◎穖，亡結切。禾也。

【稀】香衣切。稀踈也。

◎稀，香衣切。稀踈也。

【穆】莫卜切。和也。古文作㪔。穆，《說文》穆。

◎穆，莫卜切。和也。古文作㪔。穆，《說文》。

【穳】扶畏、扶非二切。稻紫莖不黏也。

◎穳，扶畏、扶非二切。稻紫莖不黏也。

【私】息夷切。不公也。又禾也。

◎私，息夷切。不公也。又禾也。

〇私，事不公爲私。又云：竊愛爲私也。（《八十卷音義私記》下）

〇私，《玉篇》曰：事不公爲私。王逸注《楚辭》曰：竊愛爲私也。（《一切經音義》卷二十二）

【稷】子力切。五穀長也。䅏，古文。

◎稷，子力切。黍稷爲五穀長。䅏，古文。

【稌】通古切。稌稻也。

◎稌，通古切。稌稻也。

【齋】子梨切。黍稷在器曰齋。亦作粢。

◎齋，子梨切。黍稷在器。亦作粢。

【秫】時聿切。《說文》曰：稷之黏也。

◎秫，時聿切。稷之黏者。

〇秫，時律反。《爾雅》：粟，秫。郭璞曰：

黏粟也。野王案：《禮記》乃命大酋，秫稻必齊是也。《説文》：稷之黏者也。《漢書》：飛龍秫遊上天。蘇楝［林］曰：秫，飛皃也。古文爲朮。(《香藥字抄》62,《藥字抄》6)

【穄】子曳切。關西糜，似黍不黏。

◎穄，子曳切。糜，似黍不黏。

【稻】徒老切。稌也。

◎稻，徒老切。稌也。

【稬】乃喚切。黏也。又乃卧切，秫名。穤，同上，俗。

◎稬，乃喚切。黏也。乃卧切，秫也。穤，同上。

【稴】胡兼、胡緘二切。稻不黏。

◎稴，胡兼、胡緘二切。稻不黏。

【穬】古猛切。穬粟。《説文》曰：芒粟也。

◎穬，古猛切。芒粟别名也。

【秏】呼到切。減也，敗也。《詩》云：秏斁下土。又稻屬。

◎秏，呼到切。減也，敗也。又稻屬。

○秏，《玉篇》：減也。又損也。(《續一切經音義》卷三)

【秜】力尸切。小麥也。

◎秜，力尸切。小麥謂之秜。

●《篆隸萬象名義》作“今落，來年自生稻也”，疑此有誤。

【秾】力該切。或作麳。

◎秾，力該切。或作麳，小麥。

【穟】敘類切。穟苗。

◎穟，敘類切。穟苗也。

【稗】蒲懈切。稗秕也。琅邪有稗縣。

◎稗，蒲懈切。稗秕。又縣名。

【穎】役餅切。禾末也。

◎穎，役餅切。禾末也。

【移】余支切。易也。《説文》曰：禾相倚移也。秭，同上。

◎移，余支切。禾相倚移也。秭，同上。

●“易也”原作“易曰”，據宋十行本改。

【采】徐醉切。禾成秀也。穗，同上。

◎采，徐醉切。禾成秀曰采。穗，同上。

【秒】亡紹切。禾芒也。

◎秒，亡紹切。禾芒謂之秒。

【杓】丁皎切。禾危穗。亦懸物也。

◎杓，丁皎切。禾危穗也。亦懸物。

【穑】丁丸、丁果二切。禾垂皃。

◎穑，丁丸、丁果二切。禾垂也。

【稭】居孽、居遏二切。長禾也。穄，同上。

◎稭，居孽、居遏二切。長禾也。穄，同上。

【穮】亡紹切。

◎穮，亡紹切。禾穮也。

【穖】居豈切。禾也。

◎穖，居豈切。禾也。

【秠】披鄙切。一稃二米。

◎秠，披鄙切。一稃二米。

【稃】妨俱切。稽也，甲也。

◎稃，妨俱切。稽也，甲也。

【秨】徐各、徐故二切。禾摇皃。

◎秨，徐各、徐故二切。禾摇皃。

【穮】彼調切。耘也。

◎穮，彼調切。耘也。

【秄】兹里切。壅禾本。

◎秄，兹里切。壅禾本也。

【租】子乎切。田賦也。

◎租，子乎切。田賦謂之租。

【穧】子計、才計二切。穧，穫也。

◎穧，子計、才計二切。穧，穫也。

【穫】胡郭切。刈禾也。

◎穫，胡郭切。刈禾也。

【穦】在資切。積也。

◎穦，在資切。積也。

【稛】口本切。成熟。

◎稛，口本切。禾成熟之稱。

○稛，《玉篇》《廣韻》竝云：成熟。(《方言疏證》卷三)

【秩】除室切。積也，程也，品也。

◎秩，除室切。積也，品也。

【栝】胡栝切。舂粟不潰也。

◎栝，胡栝切。舂粟不潰也。

【秅】下汲切。栝也。

◎秺，下汲切。秳也。
●底本“汲”原作“没”，據宋十行本改。
【穭】公卧切，又公外切。穭，䴸糠也。
◎穭，公卧、公外二切。穭，䴸糠也。
【穛】之弱、桔督二切。禾皮也。又齊地名。
◎穛，之弱、桔督二切。禾皮也。又齊地名。
【秕】卑几切。穀不成也。
◎秕，卑几切。穀不成。
○秕，顧野王云：穀不成也。(《續一切經音義》卷七)
【稈】古旱切。稾也。穰謂之稈。秆，同上。
◎稈，古旱切。稾穰謂之稈。秆，同上。
【稾】公道切。禾稈也。又稾草。
◎稾，公道切。禾稈也。又稾草也。
○稾，野王案：稾猶艸也，稲去其穗也。(《令集解》一四8)
【科】口和切。程也。
◎科，口和切。程也，局也，品也。
【稭】公八切。稭藁也，去其皮，祭天以爲席也。
◎稭，公八切。稭藁也，去其皮，祭天以爲席。
【鞂】古八切。祭神席也。秸，同上。
◎鞂，古八切。祭神席也。秸，同上。
【稍】公淵切。麥莖也。
◎稍，公淵切。麥莖也。
○稍，野王案云：稍，麥莖也。(《倭名抄》九22)
【稖】步唐切。稖程，穄名。
◎稖，步唐切。稖程，穄黍也。
【程】胡光切。稖程。
◎程，胡光切。稖程。
【秵】良計切。黍穰。𥟂，同上。穲，同上。
◎秵，良計切。黍穰也。𥟂、穲，並同上。
【穰】如羊切。黍穰也，豐也，衆多也。又如掌切。
◎穰，如羊切。黍穰也，豐也，衆多也。又如掌切。
【秧】於兩切。禾苗秧穰也。
◎秧，於兩切。禾苗秧穰也。
【秦】疾津切。國名。亦禾名。
◎秦，疾津切。國名。又禾也。
【秊】奴顛切。載也，禾取一熟也。年，同上。
◎秊，奴顛切。載也，禾取一熟也。年，同上。
【稔】如枕切。年熟也。
◎稔，如枕切。年熟曰稔。
○稔，顧野王云：謂成熟也。(《一切經音義》卷六十八)
【穀】古禄切。五穀也。又生也，善也。
◎穀，古禄切。禾麥總名。又善也。
【稅】尸鋭切。租稅也，含車也，放置也。
◎稅，尸鋭切。租稅。又音脱，放置也。
【穅】呼光切。凶年也，空也，果不熟也。今作荒。
◎穅，呼光切。凶年也。今作荒。
【䆃】徒到切。䆃，一莖六穗，瑞禾也。
◎䆃，徒到切。一莖六穗，瑞禾也。
【秬】渠與切。黑黍也。
◎秬，渠與切。黑黍也。
【稍】所教切。漸也。
◎稍，所教切。漸也。
○稍，顧野王云：稍稍，侵漸也。(《一切經音義》卷二十八)
○稍，《玉篇》云：稍稍，侵漸也。《廣雅》云：稍稍，小也。《考聲》云：稍，盡也。(《一切經音義》卷七)
【秋】且周切。《說文》曰：禾穀熟也。烁，同上。穐，籀文。
◎秋，且周切。禾穀稔也。又四時。烁，同上。穐，籀文。
【程】除京切。法也，式也。
◎程，除京切。法也，式也。
○程，野王案：程，限也。音直貞反。(《令集解》三五373)
【穌】先乎切。穌，息也，死而更生也。
◎穌，先乎切。穌，息也，死而更生。
【秭】咨李切。数億至萬曰秭也。
◎秭，咨李切。数億至萬也。

【稱】齒證切，又齒陵切。《說文》云：銓也。
◎稱，齒證切，遂也。齒稜切。讚也。
【种】直中切。人姓。亦稚也。
◎种，直中切。姓也。亦种稚也。
【稯】子公切。禾束也。稅，籀文。
◎稯，子公切。禾束也。稅，籀文。
【秙】視亦切。百二十斤曰秙。鈞衡也，四鈞爲一秙。
◎秙，常亦切。百二十斤謂之秙。
【秅】丁故切。四百秉爲秅。
◎秅，丁故切。禾四百秉爲秅。
【穳】在官切，又在管切。禾穛也。籑，同上。
◎穳，在官切，又在管切。禾穛也。籑，同上。
【稘】居之切。稈也。又周年。今作朞。
◎稘，居之切。稈也。周年，亦作朞。
【種】之勇切。種類也。又之用切，種植也。
◎種，之勇切。類也。之用切，植也。
○種，顧野王云：謂取種布於土中。（《一切經音義》卷三十四）
【稰】相吕切。食也。
◎稰，相吕切。食也。
【秴】胡各切。似黍而小。
◎秴，胡各切。穀似黍而小。
【穠】力公切。穠穧也，禾病也。
◎穠，力公切。穠穧也，禾病也。
【穛】扶甫切。禾積也。
◎穛，扶甫切。禾積也。
【稫】普胡切。豆稫也。
◎稫，普胡切。豆稫也。
【穜】時僞切。小積也。
◎穜，時僞切。小積也。
【穙】蒲木切。贏積也。
◎穙，蒲木切。贏積一名穙。
【秎】扶問切。秎穧也。
◎秎，扶問切。秎穧也。
【稜】息唯切。禾四把也。
◎稜，息唯切。禾四把。
【稕】之閏切。稕緣也，束稈也。稕，同上。
◎稕，之潤切。緣也。又束稈也。稕，同上。
【穲】力支切。長沙云禾把也。
◎穲，力支切。禾把也。
【穜】之善切。禾束也。
◎穜，之善切。禾束也。
【稷】壯力切。穜也。
◎稷，壯力切。穜也。
【稊】蒲骨切。稊稡，禾秀向上皃，不成聚。
◎稊，蒲骨切。稊稡，禾秀向上皃。
●宋十行本作“禾秀不成聚向上皃”。
【稡】子骨切。稊稡也。
◎稡，子骨切。稊稡也。
【稖】丑向切。稖穧也。
◎稖，丑向切。穧也。
【穭】七林切。禾欲秀。
◎穭，士林切。禾欲秀。
【秖】竹尸切。穀始熟也。
◎秖，竹尸切。穀始熟。
【秈】息延切。杭稻也。
◎秈，息延切。杭稻亦曰秈。
【秞】餘周切。禾黍盛也。
◎秞，余周切。禾黍盈盛。
【穚】羈遥切。禾長也。
◎穚，羈遥切。禾長也。
【稭】口篤切。禾大熟。
◎稭，口篤切。禾大熟。
○稭，《玉篇》云：稭，禾大孰［熟］。（《方言疏證》卷七）
【秶】巨恭切。稰也。
◎秶，巨恭切。秶，稰也。
【穲】亡載切。黑也，禾傷雨也。
◎穲，亡載切。黑也，禾傷雨也。
●宋十行本作“亡禾切”。
【穦】蒲本切。穩穦，穀未簸皃。
◎穦，蒲本切。穩穦，穀未簸也。
【秛】普陂切。禾租也。
◎秛，普被切。禾租也。
【稍】直就切。稍，税也。
◎稍，直就切。税也。
【穩】於本切。蹂穀聚。

◎穏，於本切。蹂穀聚也。
【糠】口郎切。米皮也。
◎糠，口郎切。粃也，米皮也。
【穁】如勇切。稻穁也。
◎穁，如勇切。稻穁也。
【稯】口東切。稻稈也。
◎稯，口東切。稻稈別名。
【穃】七于切。稷穰也。
◎穃，士于切。稷穰也。
●“七于切”，宋十一行本作“上于切”。
【穭】力與切。自生稻。
◎穭，力與切。自生稻。
【稂】力當切。稂，童粱，禾秀不成也。
◎稂，力當切。禾秀不成也。
【秎】古殄切。十把曰秎。
◎秎，古殄切。十把謂之秎。
○稟，《玉篇》云：禾十把也。亦小束也。(《龍龕手鏡》卷一)
【穢】於吠切。不淨也。
◎穢，於吠切。凡不淨之稱。
○穢，顧野王曰：穢者，不清潔也。(《一切經音義》卷八)
○穢，顧野王曰：穢，染也。(《一切經音義》卷十一)
○穢，顧野王云：穢，不潔清也，惡也。(《一切經音義》卷六十六)
【穱】側角切。小也。又早熟。亦作穛。
◎穱，仄角切。早熟也。亦作穛。
【稸】抽陸切。稸，聚也。
◎稸，抽陸切。聚也。
○稸，顧野王：稸，聚也。(《一切經音義》卷十六)
○稸，《玉篇》：稸，積也，聚也。(《一切經音義》卷八十二)
【秷】竹栗切。秷，穫也。
◎秷，竹栗切。秷，穫也。
【秣】莫葛切。秣，養也。蔴，同上。
◎秣，莫葛切。秣，養也。蔴，同上。
【秢】力經切。年也。
◎秢，力經切。年也。与齡同。
○秢，《玉篇》云：年也。(《重修廣韻》卷二)
【秲】時至切。亦作蒔。
◎秲，時至切。亦作蒔，字同。
【穜】徒聾切。禾盛皃。
◎穜，徒聾切。禾盛皃。
【穠】而容切。花木盛也。
◎穠，而容切。花木盛。
【秐】紆云切。香也。
◎秐，紆云切。香也。
【穆】博眠切。籬上豆。又方顯切。
◎穆，博眠切。籬上豆。又方顯切。
【䄻】託勞切，又廳聊切。稻也。
◎䄻，託勞、聽聊二切。稻也。
【秮】胡戈、户卧二切。棺頭也。
◎秮，胡戈、户卧二切。棺頭也。
【羸】力科切。穀積也。穲，同上。
◎羸，力科切。穀積謂之羸。穲，同上。
【稜】盧登切。俗棱字。
◎稜，盧登切。俗棱字。
【秸】古擶切。田器也。
◎秸，古擶切。田器。
【秂】而真切。欲結米。
◎秂，而真切。欲結禾之稱。
【秥】女占切。禾也。
◎秥，女占切。禾也。
【穔】胡光切。野穀也。
◎穔，胡光切。野穀別名。
【䄽】蒲庚切。禾密也。
◎䄽，蒲庚切。禾密也。
【秵】女魚切。臭草也。
◎秵，女魚切。臭草也。
【秩】方無切。再生稻。
◎秩，方無切。再生稻謂之秩。
○秩，《玉篇》云：再生稻也。(《重修廣韻》卷一)
【權】渠元切。禾黃也。
◎權，渠元切。禾黃也。
【穃】丑江切。禾不秀。
◎穃，丑用切。禾不秀。
【稜】汝雖切。禾。

◎稄，汝雖切。禾也。

【稄】章移切。

◎稄，章移切。稈也。

【秔】古衡切。秔稻也。

◎秔，古衡切。秔稻，秈稻也。

【秄】羽俱切。不秀也。

◎秄，羽俱切。不秀也。

【穃】側移切。禾死也。

◎穃，側移切。禾死也。

【稇】於鄰切。花。

◎稇，於鄰切。花也。

【稲】力周切。秞。

◎稲，力周切。秞也。

【穕】息咨切。穕，治禾。

◎穕，息咨切。治禾也。

【穳】先主切。草生禾中也。

◎穳，先主切。草生禾中。

【穋】人久切。粟穋也。

◎穋，人久切。粟穋也。

【穆】祖弄切。

◎穆，祖弄切。禾束也。

【秕】側買切。禾。

◎秕，側買切。禾也。

【穌】支用切。古文種。

◎穌，支用切。古種字。

【秡】匹各切。

◎秡，匹各切。禾穰也。

【稓】苦椀切。禾穮。

◎稓，苦椀切。禾穮也。

【稚】方尾切。穗皃。

◎稚，方尾切。禾穗皃。

【稀】丘院切。禾相近。

◎稀，丘院切。相近也。

【稇】他點切。鄉名。

◎稇，他點切。鄉名。

【稵】火貫切。禾也。

◎稵，火貫切。禾名。

【穳】祖殿切。草。

◎穳，祖殿切。草穳也。

【稵】直利切。稠。

◎稵，直利切。稠也，密也。

【穏】安很切。草。

◎穏，安很切。草名。

【稞】户衮切。草。

◎稞，户衮切。稞草也。

●《集韻》作“束草也”。

【稌】得路切。束。

◎稌，得路切。把束也。

【稊】勿利切。饘稊也。

◎稊，勿利切。饘稊也。

【秙】口故切。秙穮。

◎秙，口故切。秙穮也。

【稧】羌列切。禾稈。

◎稧，羌列切。禾稈。

【秝】力帝切。長禾。

◎秝，力帝切。長禾也。

【穖】子計切。穖稄也。

◎穖，子計切。穖稄也。

【稄】息俊切，又阻力切。草。

◎稄，息俊切，阻力切。草也。

【穃】時預切。草。

◎穃，時預切。草名。

【稖】七浪切。禾頃也。

◎稖，七浪切。禾稖頃也。

【稒】古護切。縣名。

◎稒，古護切。縣名。

【穛】日角切。禾先熟也。

◎穛，仄角切。禾之先熟。又穗也。

【穛】子笑切。物縮小也。

◎穛，子笑切。物縮小。

【稃】徂悶切。

◎稃，徂悶切。禾積也。

【秡】蒲活切。

◎秡，蒲活切。禾傷也。

【穫】莫半切。不蒔田。

◎穫，莫半切。不蒔之田也。

【稌】徒卧切。積也。

◎稌，徒卧切。積稌也。

【秫】式聿切。咒。

◎秫，式聿切。咒字。

【稷】余力切。稷，蓄蕪。
◎稷，余力切。蓄蕪也。
【稡】力出切。麤米也。
◎稡，力出切。麤米也。
【秴】古蠟切。秴，秸也。
◎秴，古蠟切。秴，秸也。
【稓】子入切。稠稓也。
◎稓，子入切。稠稓也。
【稒】烏禄切。芒。
◎稒，烏禄切。芒也。
【秵】初乙切。稠秵也。
◎秵，初乙切。稠秵也。
【稪】方木切。又音復。
◎稪，方木切。禾臭。又音復。
【樀】丁歷切，又直炙切。
◎樀，丁歷、直炙二切。禾大也。
【稓】苦谷切。禾熟。
◎稓，苦谷切。禾熟也。
【秵】阻瑟切。生稻也。
◎秵，阻瑟切。生稻也。
【稵】蒲結切。禾香。
◎稵，蒲結切。禾香也。
【杙】羊職切。穀。
◎杙，羊職切。穀也。
【稩】居笏切。莖稩也。
◎稩，居笏切。莖稩也。
【稫】丕力切。稫稄，滿皃。
◎稫，丕力切。稄，滿皃。
【䄾】如叔切，又如勇切。
◎䄾，如叔切，如勇切。厚也。
【䅍】初立切。種也。
◎䅍，初立切。種也。
【䅯】子辭切。䅯益也。與滋同。
◎䅯，子詞切。益也。與滋同。
【秅】武姜切。或作芒。
◎秅，武姜切。禾秅。或作芒。
【䅖】於占切。䅖䅖，苗美也。
◎䅖，於占切。䅖䅖，苗美也。
【粱】力畺切。米名。
◎粱，力畺切。米禾也。
【糜】亡皮切。糜粥也。
◎糜，亡皮切。稀粥糜。
【䆉】力支切。禾苗也。
◎䆉，力支切。䆉苗，禾苗也。
【䅽】於鞠切。茂盛。
◎䅽，於鞠切。茂盛也。
【稬】餘渚切。美。
◎稬，餘渚切。美也。
【檥】言紀切。檥然，黍稷盛皃。
◎檥，言紀切。檥然，黍稷盛皃。
【稧】居協切。稧穧也。
◎稧，居叶切。稧穧也。
【秺】直家切。張開屋。
◎秺，直家切。張開屋也。
【案】於旦切。轢禾也。
◎案，於旦切。轢禾也。

秝部第一百九十五

凡三字

【秝】郎的切。稀疏秝秝然。
◎秝，郎的切。稀疏秝秝然。
【𥡴】昨鄰切。籀文秦。
◎𥡴，昨鄰切。籀文秦。
【兼】古甜切。并也，兩也。《說文》云：兼持二禾，秉持一禾。
◎兼，古甜切。兼持二禾，秉持一禾。

耒部第一百九十六

凡五十三字

【耒】力對切。耕田曲木也。
◎耒，力對切。耜也，耕曲木也。
○耒，《玉篇》云：田器也，可以除草。（《一切經音義》卷二十五）
【耕】古萌切。牛犂也。
◎耕，古萌切。牛犂也。
○耕，《玉篇》：耕，胡戈、户卧二反。（《戰國策·魏》卷七）

〇耕，《玉篇》：犂也。《周書》曰：神農時，天雨粟，神農耕而種之。（《續一切經音義》卷八）

【耦】午后切。不畸也。又二耜也。

◎耦，午后切。不畸也。又二耜也。

〇耦，顧野王云：耦猶匹也。（《一切經音義》卷十九）

【耡】俟據、俟居二切。《説文》云：殷人七十而耡。耡，耤税也。

◎耡，俟據、俟居二切。《説文》：殷人七十而耡。耤税也。

【耤】才亦切。耤，借也。

◎耤，才亦切。借也，耡者耤也。

【耝】古攜切。田器也。

◎耝，古攜切。田器名。

【䞨】禹軍切。除草也。耘、䒖，並同上。

◎䞨，禹軍切。芟除草也。耘，同上。䒖，同上。

【耜】詳以切。耒端木。

◎耜，詳里切。耒端也。

【耨】乃豆切。耘也。

◎耨，乃豆切。耘也。又出《釋典》。

【䅧】於劫切。犂種也。

◎䅧，於劫切。犂種也。

【耩】公項切。穮也。

◎耩，公項切。穮也。

〇耩，《玉篇》云：穮也。（《釋名疏證》卷七）

【𦓷】余石切。耕也。

◎𦓷，余石切。耕也。

【䎌】徒兀切。耕禾開。

◎䎌，徒兀切。耕禾開也。

●《篆隸萬象名義》作“耕禾間也”，疑是。

【䅚】側飢切。耕也。亦田一歲也。

◎䅚，仄飢切。耕也。亦田一歲也。

【𦓸】余力切。耕也。

◎𦓸，余力切。耕也。

【𦔄】渠録切。耕麥地。

◎𦔄，渠録切。耕麥地也。

【䎋】步溝切。耜屬。

◎䎋，步溝切。耕器，耜屬。

【䎮】他的切。種也。

◎䎮，他的切。種也。

【𦔂】亡旦切。不蒔田也。

◎𦔂，亡旦切。不蒔田。

【䅨】仕革切。灰中種。

◎䅨，仕革切。灰中種也。

【䎗】叉江切。種也。

◎䎗，楚江切。種也。

【𦔅】上祇切。種麥。

◎𦔅，士祇切。種麥名。

【䎽】山校切。𦔂種。

◎䎽，山校切。𦔂種曰䎽。

【𦓿】楚棘切。耜也。亦與畟同。

◎𦓿，楚棘切。耜也。亦與畟同。

【穮】方朝切。䒖也。

◎穮，方朝切。穮，䒖也。

【䎙】匹皮切。亦作畯。耕也，小高也。

◎䎙，匹皮切。亦作畯。耕也，小高也。

【䎘】呼旦切。冬耕也。

◎䎘，呼旦切。冬耕也。

【䎣】胡荅切。耕也。

◎䎣，胡荅切。耕也。

【䅩】於爲切。田器也。

◎䅩，於爲切。田器名。

【耬】力兜切。耬犁也。

◎耬，力兜切。耬犁也。

【䎿】於尤切。覆種也。

◎䎿，於尤切。䎿耕，覆種也。

〇䎿，覆種，出《玉篇》。（《重修廣韻》卷二）

【䆁】音機。耕也。

◎䆁，音機。耕也。

【䎠】昌蠅切。耒也。

◎䎠，昌繩切。耒也。

【䎴】側耕切。犁上木。

◎䎴，側耕切。犁上木。

【䅭】六臺切。耕也。

◎䅭，六臺切。耕也。

【䅯】骨本切。

◎稛，骨本切。耕種也。
【稐】力尹切。束禾也。
◎稐，力尹切。束禾也。
【稇】臥尹切。
◎稇，臥尹切。積禾也。
【稃】伏路切。
◎稃，伏路切。耕具。
【棪】以斂切。耕也。
◎棪，以斂切。耕也。
【秄】借以切。壅苗本。
◎秄，借以切。壅苗本也。
【穎】力外切。鮮皃。
◎穎，力外切。鮮皃。
【秏】虎告切。正作秏。
◎秏，虎告切。虛也，散也。正作秏。
○秏，虎告反。散也。(《三部經音義集》二)
【穭】骨外切。
◎穭，骨外切。耒耜具也。
【穪】上黠切。又音徹。
◎穪，上黠切。税名。又音徹。
【穲】莫个切。
◎穲，莫箇切。耕也。
【秔】祛乙切。
◎秔，祛乙切。耜屬。
【秵】盈歷切。耕。
◎秵，盈歷切。耕也。
【穫】户郭切。禾。
◎穫，户郭切。穫禾也。
【稫】符逼切。禾。
◎稫，符逼切。禾也。
【秴】庚伯切。耕。
◎秴，庚伯切。耕也。

香部第一百九十七

凡十七字

【香】許良切。芳也。與香同。
◎香，許良切。芳也。与香同。
○香，虛良反。《尚書》：至治馨香，感于神祇。《禮記》：中上［央］其臭香。《説文》：芳也。或爲䅮字，在黍部。或爲薌字，在草部。(《香藥字抄》2，《香字抄》2)
【馨】虛廷切。香之遠聞也。
◎馨，虛廷切。香之遠聞也。
○馨，虛庭反。《尚書》：黍稷非馨，明德惟馨。《説文》：香之遠聞也。(《香藥字抄》2，《香字抄》2)
【馦】許兼切。香味。
◎馦，許兼切。香味。
○馦，呼兼反。《廣雅》：馦，香也。或爲嗛字，在甘部。(《香藥字抄》3，《香字抄》2)
【馠】呼含切。香也。
◎馠，呼含切。香味深。
○馠，呼含反。《廣雅》：馠，香也。(《香藥字抄》3，《香字抄》2)
【馣】於含切。香氣。
◎馣，於含切。香氣聞也。
○馣，於含反。《廣雅》：馣，香也。(《香字抄》3)
【馥】皮逼、扶福二切。香也。
◎馥，反逼、扶復二切。香盛。
○馥，皮逼、扶福二反。《韓詩》：馥芳［芬］孝祀。馥，香皃也。(《香藥字抄》3，《香字抄》2)
【馝】蒲結切。大香也。或作飶。
◎馝，蒲結切。大香也。或作飶。
○馝，蒲結反。《埤蒼》：大香也。或爲飶字，在食部。或爲咇字，在口部。或爲苾字，在草部。或爲馝字，在黍部也。(《香藥字抄》3，《香字抄》2)
○馝，《玉篇》云：大香也。(《續一切經音義》卷六)
【馞】蒲骨切。大香也。
◎馞，蒲骨切。香大盛。
○馞，蒲骨反。《廣雅》：馞馞，香也。《埤蒼》：大香也。(《香藥字抄》3，《香字抄》2)
○馞，《玉篇》：大香也。(《續一切經音義》卷六)
【馛】匹結切。小香。
◎馛，匹結切。小香也。
○馛，匹結反。《廣雅》：馛馛，香也。《埤

蒼》：馞馞，小香也。（《香藥字抄》3，《香字抄》2）

【馛】扶末切。大香。

◎馛，扶末切。忽大香也。

○馛，扶末反。《廣雅》：馛馛，香也。《埤蒼》：大香也。《字書》：馞，馛也。（《香藥字抄》4，《香字抄》2）

●圓沙本“忽大香也”未詳。

【馤】於蓋切。香也。馧，同上。

◎馤，於蓋切。香甚多。馧，同上。

○馤，《玉篇》又音愛。（《龍龕手鏡》卷一）

●《改併四聲篇海》引《玉篇》作“香甚也”。

【�】步結切。

◎䭱，步結切。驟香也。

【馪】匹民切。香氣衝也。

◎馪，匹民切。香氣衝也。

【馦】匹結切。小香。䭱，同上。

◎馦，匹結切。小香也。馝，同上。

【馧】於云切。蒀馧。今作蒀。

◎馧，於云切。蒀馧，香之盛也。今作蒀。

○馧，於云反。《字書》：馧，香也。野王案：蒀馧也。今爲蒀字，在草部。（《香藥字抄》4，《香字抄》2）

皀部第一百九十八

凡四字

【皀】許良、方立二切。穀皀也。

◎皀，許良、方立二切。穀皀也。

【皀】詩亦切。飯堅柔調也。今作適。

◎皀，詩亦切。飯堅柔調也。今作適。

【卽】子弋切。就也，今也，食也。今作即。

◎卽，子弋切。就也，便也。今作即。

【旣】居毅切。小食也。又已也。

◎旣，居毅切。小食。又已也。

鬯部第一百九十九

凡六字

【鬯】敕亮切。香草。

◎鬯，敕亮切。香艸也。

【鬱】於物切。芳草也。鬱金香也。亦鬱陶。鬰，同上。

◎鬱，於物切。芳草也，鬱金香，草木。亦鬱陶。鬰，同上。又州名。

【鬯吏】山吏切。䰞，烈也。

◎䰞，山吏切。䰞，烈也。

【爵】子削切。竹器，所以酌酒也。今作爵。

◎爵，子削切。竹器，所以酌酒。今作爵。又爵禄也。

【䰢】音巨。黑黍也。今作秬。

◎䰢，音巨。黑黍也。今作秬。

米部第二百

凡一百二十五字

【米】莫禮切。粟實也。

◎米，莫禮切。穀粟實。

【粱】力羊切。米名。

◎粱，力羊切。稻穀名。

【糕】側角切。早取穀也。

◎糕，仄角切。早取穀也。

【粲】且旦切。鮮好皃。

◎粲，且旦切。鮮好皃。

【糲】力葛切。麤糲也。

◎糲，力葛切。米粗曰糲。

【精】子盈切。《説文》曰：擇也。

◎精，子盈切。精細，不粗也。

【粗】在古、采胡二切。麤大也。

◎粗，在古、此胡二切。麤大也。

○粗，野王案：粗，略也。音徂古反。（《令集解》一九56）

○粗，顧野王：粗，略也。（《一切經音義》卷十一）

○粗，《玉篇》云：粗，略也。又麤也。（《一切經音義》卷二十六）

【粊】鄙冀切。惡米也。

◎粊，鄙冀切。惡米也。

○粊，顧野王《玉篇·米部》：粊，惡米也。（《今文尚書經説考》卷二十八）

【粒】良揖切。米粒也。
◎粒，良揖切。米顆粒也。
【粺】蒲賣切。精米也。
◎粺，蒲賣切。精米也。
○粺，《玉篇》云：精米也。（《龍龕手鏡》卷二）
【糵】魚列切。麴也，牙生穀也。
◎糵，魚列切。麴也，牙生穀也。
【釋】式亦切。漬米也。
◎釋，式亦切。漬米也。
【糪】譜革、妨亦二切。飯半生也。
◎糪，譜革、妨亦二切。飯半生也。
【糂】息感切。以米和羹。糝，古文。糣，籀文。
◎糂，息感切。以米和羹也。糝，古文。糣，籀文。
【糟】徒感切。糜和也。
【䊳】亡丁切。潰米也。交阯有䊳泠縣。又音彌。亦作麊。
◎䊳，亡丁切。潰米也。交阯有䊳泠縣。又音彌。亦作麊。
【麊】莫卑切。見上注。
◎麊，莫卑切。䊳，麊。
【糟】子刀切。酒滓。
◎糟，子刀切。酒滓也。
【籟】丘六切。酒母也。今作麴。
◎籟，丘六切。酒母也。今作麴。
【糒】蒲秘切。乾飯。粭，同上，俗。
◎糒，蒲祕切。乾飯謂之糒。粭，同上。
○糒，野王案：糒，乾飯也。（《倭名抄》四42）
【糗】丘九、尺沼二切。糒也。
◎糗，丘九、尺沼二切。糗糒也。
【臬】渠九切。舂糗米。
◎臬，渠九切。舂糗米。
【糈】先旅切。祠神米。
◎糈，先旅切。祠神米。
○糈，《玉篇》又祠神米也。又音所。（《龍龕手鏡》卷二）
【糧】力畺切。穀也。粮，同上。
◎糧，力畺切。食用米曰糧。粮，同上。
○粮，顧野王云：粮，粮也。亦作糧。（《一切經音義》卷八十八）
【粉】甫憤切。可飾面。
◎粉，甫憤切。米豆屑。又飾面粉。
【粈】女救切。雜飯也。糅，同上。
◎粈，女救切。雜飯也。糅，同上。
【糴】徒的、徒弔二切。穀也。
◎糴，徒的、徒弔二切。穀也。
【糤】亡達切。麪也。或作麩。
◎糤，亡達切。麪也。或作麳。
●圓沙本“麳”疑當作“麩”。
【粹】先類切。精也。
◎粹，先類切。精也。又粹然正也。
【氣】虛既切。《説文》曰：饋客芻米也。今豈既切，氣息也。槩，《説文》同上。亦作餼。
◎氣，虛既切。《説文》：饋客芻米也。又豈既切，氣息也。亦作餼。槩，同上，《説文》。
【糼】胡同切。陳臭米也。或作紅。
◎糼，胡同切。陳臭米也。或作紅。
【粃】補履切。不成穀也。俗秕字。
◎粃，補履切。不成穀也。俗秕字。
○粃，野王案云：粃，穀實但有皮而無米也。（《倭名抄》九20）
○粃，顧野王云：粃，穀之不成者也。或作秕也。（《一切經音義》卷七十八）
【糭】丘遠切。粉也。粽，同上。
◎糭，丘遠切。粉也。粽，同上。
【糕】思列切。糕糳也。
◎糕，思列切。糕糳，作米食。
【糳】先達切。糳，放也。《書》作蔡字。
◎糳，先達切。放也。《書》作蔡。
○糳，《玉篇》：糳，糕糳，散也。（《方言箋疏》卷三）
【竊】且結切。竊，盜也。
◎竊，且結切。竊，盜偷也。
【糜】亡皮切。糜，碎也，屑也。
◎糜，亡皮切。糜，碎也，屑也。
●底本“亡”原作“二”，據宋十行本改。

【粻】微良切。糧也。
◎粻，微良切。糧也。
●圓沙本“微良切”疑當作“徵良切”。
【粔】其吕切。粔籹，膏環也。
◎粔，其吕切。粔籹，膏環也。
【籹】尼吕切。粔籹。絮，同上，俗。
◎籹，尼吕切。粔籹。絮，同上，俗。
●底本“俗”原作“谷”，徑改。
【粥】之育切。糜也。
◎粥，之育切。糜也。
【粖】匹願切。粉粖。
◎粖，匹願切。粉謂之粖也。
【籸】山人切。粥凝也。又粉滓也。
◎籸，山人切。粉凝也。又粉滓也。
【糒】亡原切。糒粉澤。
◎糒，亡原切。糒塗粉澤也。
【㯉】亡畏切。粥粖也。粯，同上。
◎㯉，亡猥切。粥粖也。粯，同上。米乳也，粍也。
【粚】時翅切。粚，黏也。
◎粚，時翅切。黏也。
【粖】亡達、亡結二切。糜也。《説文》作鬻。
◎粖，亡達、亡結二切。糜也。《説文》作鬻。
○粖，《玉篇》：粖，亡達、亡結二反。粥糜也。（《一切經音義》卷二十七）
●圓沙本“鬻”當作“鬻”。
【糷】力旦、落旱二切。《爾雅注》云：飯相著。亦作爛。粄，同上。
◎糷，力旦、落旱二切。飯相著。亦作爛。粄，同上。
【粢】在兹切。稻餅。又音咨，稷米也。
◎粢，在兹切。稻餅。又音咨，祭米。
○粢，在茲反。餌謂之粢，或餈字也，稻餌也。（《醫心方》刊本一四 54）
【糠】口郎切。俗穅字。
◎糠，口郎切。米皮殼也。俗穅字。
○糠，《玉篇》云：米皮也。（《續一切經音義》卷九）

【檮】徒到切。覆也。
◎檮，徒到切。檮覆也。
【粕】普各切。糟粕也，酒滓也。
◎粕，普各切。糟粕，酒滓也。
【粰】扶牛切。粡也。
◎粰，扶牛切。粰粡，粥也。
【糩】且罪切。糩，粗也。
◎糩，且罪切。糩，粗也。
【糲】力的切。雜糅食也。
◎糲，力的切。雜拌糅食也。
【糦】充志切。與饎同。
◎糦，充志切。與饎同。
【糒】陟厄切。糒，粘也。
◎糒，陟厄切。糒，粘也。
【粘】女廉切。與黏同。
◎粘，女廉切。與黏同。
【粳】柯彭切。不黏稻。亦作秔。
◎粳，柯彭切。不黏稻。亦作秔。
【粖】撫俱切。與稃同。
◎粖，撫俱切。與稃同。
【粸】丑厄切。《字書》云：糒粸，損米。又所責切，餅相粘。
◎粸，丑厄切。《字書》云：糒粸，損米。又所責切，餅相粘。
【粿】力外切。鮮白也。
◎粿，力外切。鮮白也。
【粡】之延切。亦作饘。糧，同上。
◎粡，之延切。粡粥。亦作饘。糧，同上。
【粲】力割切。亦作糲。
◎粲，力割切。粲米也。亦作糲。
【粱】午堅切。亦作研。
◎粱，午堅切。粱細米也。亦作研。
【粙】子又切。亦精字。
◎粙，子又切。亦精字。
○粙，《玉篇》云：亦作稍字。（《龍龕手鏡》卷二）
【粸】胡兼、胡緘二切。亦穲字。又赤黍。
◎粸，胡兼、胡緘二切。亦穲字。又赤黍。
【糜】胡黤切。饘也。
◎糜，胡黤切。饘，粥別名。

【梳】力鳩切。粰梳，䊪饊也。
◎梳，力鳩切。粰梳，饊也。
【糍】胡減切。糍，塗也。
◎糍，胡減切。糍，塗也。
【糠】女亮切。雜也。
◎糠，女亮切。雜也。
【糉】子貢切。蘆葉裹米。粽，同上，俗。
◎糉，子貢切。蘆竹葉裹米。粽，俗。
【糟】孚謂切。失氣也。
◎糟，孚謂切。失氣也。
【粊】亡結切。粖也。
◎粊，亡結切。粊粖也。
【糫】音環。餅也。
◎糫，音環。餅也。
【粡】徒聾切。
◎粡，徒聾切。粗米也。
【糢】莫官切。糢頭。
◎糢，莫官切。糢頭也。
【糖】徒郎切。飴也。
◎糖，徒郎切。飴也。又蜜食。
【粷】居六切。粷粉也。
◎粷，居六切。粉也。
【粠】胡公切。
◎粠，胡公切。巨米也。
【粺】莫并切。漬米也。
◎粺，莫并切。漬米也。
【粧】側牀切。飾也。
◎粧，側狀切。飾也。亦作粧。
【粱】渠顯切。粱，精米。
◎粱，渠顯切。粱，精米。
【粺】莫杯切。酒母也。
◎粺，莫杯切。粺麩，酒母也。
【糨】巨希切。小食也。
◎糨，巨希切。小食也。
○糨，《玉篇》音祈，食也。（《龍龕手鏡》卷二）
【粀】於迎切。
◎粀，於迎切。精米也。
【粔】呼官切。白米也。
◎粔，呼官切。白米也。

【秖】渠梨切。赤米也。
◎秖，渠黎切。赤米謂秖米。
【糤】先旱切。糤米。
◎糤，先旱切。糤米，餅屬。
【粄】補滿切。米餅。
◎粄，補滿切。米餅别名。
【粿】古火切。淨米。
◎粿，古火切。净米。又米食。
【糃】徒郎切。精米。
◎糃，徒郎切。精米也。
【糔】息酉切。又音脩。
◎糔，息酉切。糕屬。又音脩。
【糞】夫問切。穢也。
◎糞，夫問切。穢也，壤也。
○糞，《玉篇》云：糞，棄也，穢也。（《一切經音義》卷十五）
○糞，顧野王云：凡不絜穢污之物謂之糞也。（《一切經音義》卷二十四）
【糯】奴過切。俗稬字。
◎糯，奴過切。黏米。俗稬字。
【糙】七竈切。粗米未舂。
◎糙，七竈切。米去殼未舂。
【粺】必媚切。惡米。
◎粺，必媚切。惡米也。
【粯】莫片切。屑米。
◎粯，莫井切。屑米也。
●底本“片”疑當作“井”。
【粓】迪甯切。米食。
◎粓，迪甯切。米食也。
【粰】蒲鶻切。米粰。
◎粰，蒲鶻切。米粰，粗糎也。
【粸】徒顙切。
◎粸，徒顙切。米粖粸也。
【粐】胡骨切。
◎粐，胡骨切。糠粐，米粖也。
【粣】仕革切。白米。
◎粣，仕革切。白米也。
【糏】先結切。碎米也。
◎糏，先結切。米殼粖也。
【糭】之亦切。糭䊛也。

◎粻，之亦切。粻 營也。

【糑】胡達切。白米也。

◎糑，胡達切。白米也。

○糑，《玉篇》音曷，白米也。（《龍龕手鏡》卷二）

【粍】竹革切。黏也。

◎粍，竹革切。黏也。

【糲】力達切。麤飯。

◎糲，力達切。粗飯曰糲飯。

【粞】桑來切。碎米。又音西。

◎粞，桑來切。碎米也。又音西。

【糰】徒丸切。糰糉。

◎糰，徒丸切。糰糉也。

【䊧】得迴切。

◎䊧，得迴切。米食也。

【粊】音秘。《説文》曰：惡米也。又地名。柴，同上。

◎粊，音秘。地名。又惡米也。柴，同上。

毇部第二百一

凡二字

【毇】許委切。米一斛舂爲八斗也。

◎毇，許委切。米一斛舂爲八斗。

【糳】子各切。《左氏傳》云：粢食不糳。糳，精也，一斛舂爲九斗也。

◎糳，子各切。《左傳》：粢食不糳。精也，一斛舂爲九斗也。

●底本“各”原作“吝”，據宋十行本改。

臼部第二百二

凡二十一字

【臼】渠九切。《説文》曰：舂也。古者掘地爲臼，其後穿木石。象形。中米也。

◎臼，渠九切。舂也。古者掘地爲臼，其後穿木石。象形。中米。

【舂】舒庸切。雍父作舂，黄帝臣也。又擣也。

◎舂，舒庸切。黄帝臣雍父作舂。又擣也。

○舂，顧野王曰：舂謂擣穀爲米也。（《一切經音義》卷三十三、卷六十）

【䑐】普各切。齊謂舂爲䑐。

◎䑐，普各切。齊謂舂爲䑐。

【舀】翼珠、弋周二切。杼臼也。亦作揄。又以沼切。

◎舀，翼珠、弋周二切。杼臼也。亦作揄。又以沼切。

【臿】楚洽切。舂麥也。晒，同上。

◎臿，楚洽切。舂麥也。晒，同上。

○臿，《玉篇》又音插。（《龍龕手鏡》卷二）

【帥】孚穢切。舂穢，暘。

◎帥，孚穢切。舂穢，帥也。

【臽】音陷。坑也。欿，同上。

◎臽，音陷。坑也。欿，同上。

【睡】之睡切。杵擊也。喘，同上。

◎睡，之睡切。杵擊也。喘，同上。

【函】胡耽切。函，鎧也。又胡緘切，函書也。

◎函，胡耽切。鎧也。胡緘切，函書。

【𦦘】丁老切。舂也。亦作擣。

◎𦦘，丁老切。舂也。亦作擣。

【䑝】才何切。舂擣也。

◎䑝，才何切。舂擣亦曰䑝。

【𦥮】移鄰切。古文。

◎𦥮，移鄰切。古文㙈。

【𦦙】初眼切。小舂也。

◎𦦙，初眼切。小舂也。

【䑠】羊少切。臼也。

◎䑠，羊少切。臼也。

【𦦗】七漏切。半舂。

◎𦦗，七漏切。半舂也。

【𦦝】匹各切。舂也。

◎𦦝，匹各切。舂𦦝也。

【𦦟】初夾切。米去皮也。俗臿字。

◎𦦟，初夾切。米去皮也。俗作臿。

【暘】徒黨切。舂也。

◎暘，徒黨切。暘，舂也。

倉部第二百三

凡三字

【倉】且郎切。倉庾也。仺，古文。
◎倉，且郎切。倉庾，貯也。仺，古文。
【牄】七羊切。鳥獸來食穀聲。
◎牄，七羊切。鳥獸食穀聲。

亩部第二百四

凡四字

【亩】力甚切。藏米室也。亦作廪。
◎亩，力甚切。藏米屋也。亦作廪。
【稟】補錦切。賜穀也。
◎稟，補錦切。賜也。
【啚】逼几切。啚，嗇也。
◎啚，逼几切。啚，嗇也。
【亶】都但切。誠也，信也，厚也，多穀也。
◎亶，都但切。誠也，信也，厚也，多穀也。

嗇部第二百五

凡六字

【嗇】使力切。愛也，慳貪也。又嗇夫，農夫也。嗇，古文。
◎嗇，使力切。愛也，慳貪也。又嗇夫，農夫也。嗇，古文。
【牆】疾將切。牆，垣也。廧，同上。牆，籀文。牆，古文。
◎牆，疾將切。牆，垣也，墉也。廧，同上。牆，籀文。牆，古文。
〇牆，顧野王曰：牆亦垣也。（《一切經音義》卷三十三）

亼部第二百六

凡八字

【亼】疾立切。《説文》云：三合也。
◎亼，疾立切。《説文》：三合也。
【合】胡荅切。同也。又古荅切。
◎合，胡荅切。同也。又古荅切。
【僉】且廉切。皆也。
◎僉，且廉切。皆也。
【侖】力旬切。思也。侖，籀文。
◎侖，力旬切。思也。侖，籀文。
【今】居林切。是時也。
◎今，居林切。古今，是時也。
【舍】舒夜切。宫也，處也。
◎舍，舒夜切。宫也，處也。又音捨。
〇舍，止息也。（《法華釋文》上）
【畣】都合切。當也，對也，然也。今作荅。
◎畣，都合切。對也，然也。今作荅。

會部第二百七

凡五字

【會】胡外切。歲計會也，對也，合也。又古外切。㣛、岕，並古文。
◎會，胡外切。歲計會也，對也，合也。又古外切。㣛，古文。岕，古文。
【朇】婢支切。增也，益也。又作埤。
◎朇，婢支切。增益也。又作埤。
●底本“埤”原訛，據宋十行本改。
【曟】時真切。日月會也。今作辰。又音會。
◎曟，時真切。今作辰。日月會也。又音會。

亯部第二百八

凡七字

【亯】虚掌切。覲也，當也，獻也。《孝經》曰：祭則鬼亯之。今作享。亨，同上，俗作享。又許庚、匹庚二切。亯，籀文。
◎亯，虚掌切。覲也，當也，獻也。《孝經》曰：祭則鬼亯之。今作享。亨，同上，俗作享。又許庚、匹庚二切。亯，籀文。
〇享，《玉篇》：享，當也。杜注《左傳》曰：享，受也。（《一切經音義》卷二十二）
〇享，顧野王曰：鬼神臨享登祀也。（《一切經音義》卷三十一）

【𦎫】市倫切。熟也。𦏧，同上。
◎𦎫，市倫切。熟也。𦏧，同上。
【筥】都沃切。厚也。又作竺、篤。
◎筥，都沃切。厚也。又作竺、篤。
【亯】余鍾切。今作庸。
◎亯，余鍾切。今作庸。

旱部第二百九

凡三字

【旱】胡苟切。厚也。
◎旱，胡苟切。厚也。
【覃】大含切。長味也。今爲覃。𠧪，篆文。
◎覃，大含切。長味也。今爲覃。覃，篆文。
●圓沙本字形非篆文。

畐部第二百十

凡四字

【畐】普逼、扶六二切。腹滿謂之涌，腸滿謂之畐。
◎畐，普逼、扶六二切。腹滿謂之涌，腸滿謂之畐。
【良】力張切。良，善也。㫰、筤，並古文。
◎良，力張切。良，善也，美也。㫰，古文。筤，同上。
〇良，《玉篇》曰：良猶長也。（《一切經音義》卷二十三）

入部第二百十一

凡八字

【入】如立切。納也，進也。
◎入，如立切。出入也，納也，進也。
【糴】徒的切。入米也。
◎糴，徒的切。入米也，買穀也。
【全】疾緣切。具也，完也。仝，同上。𠓣，古文。
◎全，疾緣切。具也，完也。仝，同上。𠓣，古文。
【罙】士林切。入山谷之深也。
◎罙，士林切。入山谷之深。
【㒳】力掌切。《說文》云：二入也，兩字從此。
◎㒳，力掌切。《說文》：二入也，兩字從此。
【内】奴對切。裏也。
◎内，奴對切。裏也，中也。

冖部第二百十二

凡五字

【冖】亡狄切。覆也，以巾覆物。今爲冪。
◎冖，亡狄切。覆也，以巾覆物。今作冪。
【冠】古完切。冠冕也。又古亂切。《禮記》：二十曰弱冠。
◎冠，古完切。冠冕也。又古亂切。《記》：二十曰弱冠。
【冐】徒籠切。冐，圓蓋。
◎冐，徒籠切。冐，圓蓋也。
【冞】息累切。冞，並頸。
◎冞，息累切。冞，並頸也。
【託】丁故、丁嫁二切。《周書》曰：王宿三祭三託。孔安國曰：王三進爵、三祭酒、三奠爵。本或作吒。
◎託，丁故、丁嫁二切。《書》曰：王宿三祭三託。孔安國曰：王三進爵、三祭酒、三奠爵。本或作吒。

冃部第二百十三

凡四字

【冃】亡保、亡救二切。重覆也。
◎冃，亡保、亡救二切。重覆也。
【同】徒東切。共也。
◎同，徒東切。共也，合同也。
【肖】口江切，又口握切。幬帳也。
◎肖，口江、口握二切。幬帳也。
【冡】莫公切。覆也。
◎冡，莫公切。覆也。

冃部第二百十四

凡十五字

【冃】亡報切。小兒蠻夷頭衣也。或作帽。
◎冃，亡報切。小兒蠻夷頭衣也。或作帽。
【冐】莫得切。突前也。
◎冐，莫得切。突前也。
【冣】側狡切。
◎冣，側狡切。果盛生朵也。
【冑】除救切。兜鍪也。
◎冑，除救切。甲冑，兜鍪也。
【最】子會切。齊也，聚也。
◎最，子會切。聚也，勝也。
○最，極也。(《法華釋文》上)
【冕】靡璉切。冠冕也。
◎冕，靡璉切。冠冕，首服也。
【冒】亡到切。覆也，食巾也。圂，古文。
◎冒，亡到切。覆也，食巾也。圂，古文。
【冔】況羽切。覆也，殷之冕也。
◎冔，況羽切。覆也。又殷冕。
【冕】丘權切。小兒帽。
◎冕，丘權切。小兒帽。
【冔】翌句切。冔冕，面衣。
◎冔，翌句切。冔冕，面衣也。
【冕】餘豉切。冔冕。
◎冕，餘豉切。上同。
○冕冔，《玉篇》：冕冔，面衣也。(《方言箋疏》卷二)
【冕】口洽切。帽也。亦作帢。
◎冕，口洽切。帽也。亦作帢。
【冕】市紙切。古文侈。冔，同上。
◎冕，市紙切。古文冔字。冔，同上。

㒳部第二百十五

凡三字

【㒳】力掌切。再也。今作兩。兩，同上。《易》曰：兼三才而兩之。又匹耦也。又二十四銖爲兩也。
◎㒳，力掌切。再也。今作兩。兩，同上。又匹耦也。又二十四銖爲兩也。
【㒼】亡殄、亡安二切。平也，欲明也，當也。
◎㒼，亡殄、亡安二切。平也，當也，欲明也。

㡀部第二百十六

凡三字

【㡀】脾世切。敗衣也。與敝同。敝，上同。壞也，敗也，極也，頓仆也。或作獘。弊，同上，俗。
◎㡀，脾世切。敗衣也，壞也。敝，同上。又極也，頓仆也。或作獘。弊，俗。
○敝，《玉篇》曰：㡀與敝同。(《一切經音義》卷二十三)

襾部第二百十七

凡八字

【襾】於嫁切。覆也。又許下切。
◎襾，於嫁切。覆也。又許下切。
【覂】方腫切。《漢書》：大命將覂。謂覆也。或作庱。
◎覂，方腫切。《漢書》：大命將覂。謂覆也。或作庱。
【覆】孚六切。反覆。又敷救切，蓋也。又扶富切，伏兵也。
◎覆，孚六切。反覆也。又敷救也，蓋也。又扶富也，伏兵也。
●圓沙本“敷救也”當作“敷救切”，“扶富也”當作“扶富切”。
【覊】蒲北切。農夫之賤稱也，南楚罵賤謂之覊。
◎覊，蒲北切。農夫之賤稱也，南楚罵賤謂之覊。
○覊，《玉篇》：覊，農夫之賤稱也，南楚罵賤謂之田儓。(《方言疏證》卷三)
【覈】胡革切。考實事。
◎覈，胡革切。考實事也。

【覂】穴䩞切。鄙也。
◎覂，穴䩞切。鄙也。
【西】莫靈切。
◎西，莫靈切。同也。
【覄】時注切，又徒候切。
◎覄，時注、徒候二切。塞也。

网部第二百十八

凡九十二字

【网】無倣切。羅罟摠名。罔，同上。今作網。罔、冈，並同上。网，古文。
◎网，無倣切。羅罟摠名。罔，同上。今作網。罔、冈，同上。网，籀文。冈，古文。
【罟】故户切。魚罔也。或爲網。
◎罟，故户切。魚罔。或爲網。
○罟，公户反。魚網也。（《三教指歸注》二13）
【罨】烏荅、於檢二切。罕也，以罔魚也。
◎罨，烏荅、於檢二切。罕也，以罔魚也。
【羂】公縣切。羂，罔也。一曰綰也。
◎羂，公縣切。罔也，綰也。
【罕】呼旱切。罔也，旌旗也。又稀踈也。俗作罕。
◎罕，呼旱切。罔也，旌旗也。又稀踈也。俗作罕。
○罕，顧野王云：希踈也。（《一切經音義》卷八十）
●底本“罕”原訛，徑改。
【罽】居厲切。魚罔也。亦作𦆏。
◎罽，居厲切。魚罔。亦作𦆏。
○罽，《玉篇》：罽，居例反。（《書傳輯録纂注》卷二）
●底本“𦆏”原訛，據宋十行本改。
【罙】亡支切。罟也，置也。㓁，同上。
◎罙，亡支切。罟也，置也。㓁，同上。
【罞】亡乳切。雉罔也。
◎罞，亡乳切。雉罔名。
【罬】先卷切。罔也。
◎罬，先卷切。罔也。
【罪】祚隗切。犯法也。
◎罪，祚隗切。犯法得罰也。
【罩】都教切。取魚具。
◎罩，都教切。取魚具。
【罘】縛謀切。兔罟。罦，同上。
◎罘，縛牟切。兔罟也。罦，同上。
【罾】子登切。取魚罔。
◎罾，子登切。取魚巨罔也。
【罛】公胡切。魚罟也。
◎罛，公胡切。魚罟也。
【罶】力九切。《詩》云：魚麗于罶。罶，曲梁也。䍡，同上。罶，同上。
◎罶，力九切。《詩》：魚麗于罶。罶，曲梁。䍡，同上。罶，同上。
【罜】徒木切。罜䍡，魚罔。
◎罜，徒木切。罜䍡，魚罔也。
【䍡】力谷切。罜䍡也。
◎䍡，力卜切。上同。
●“力谷切”，宋十一行本作“力卜切”。
【罿】尺容切。幡車罔。
◎罿，尺容切。幡車罔。
【罧】力金切。積柴於水中取魚。又所禁切。
◎罧，力金切。積柴於水中取魚。又所禁切。
【罠】亡巾切。釣也。
◎罠，亡巾切。釣也。
【羅】力多切。鳥罟也。
◎羅，力多切。罔也，鳥罟也。
【罬】竹劣、巳劣二切。連也，幡車上覆罔。
◎罬，竹劣、巳劣二切。連也，幡車上覆罔。
【罦】扶游切。覆，車罔。罝，同上。
◎罦，扶游切。覆也，車罔也。罝，同上。
【罻】於貴切。小罔也。
◎罻，於貴切。小罔。
【罟】胡故切。罔也。
◎罟，胡故切。罔名。
【罝】子邪切。兔罔也。罝，同上。𦉫，籀文。
◎罝，子邪切。張兔罔。罝，同上。𦉫，籀文。
【䍐】亡娱、亡矩二切。牖中罔也。

◎䍐，亡娱、亡矩二切。牖中网也。

【罯】於感切。覆也。

◎罯，於感切。罯，覆也。

【罷】皮解切。休也。又音疲，極也。

◎罷，皮解切。休也。又音疲，極也。

○罷，《玉篇》曰：罷，止也。（《一切經音義》卷二十三）

【署】常恕切。置也，書檢也，部署也。

◎署，常恕切。書檢也，部署也。

【置】竹利切。立也。又安置。

◎置，竹利切。立也。又安置。

○置，《玉篇》：安也。又委也。（《續一切經音義》卷六）

【詈】力翅切。罵詈。

◎詈，力翅切。罵詈，惡言也。

【罵】莫霸切。詈也。

◎罵，莫霸切。上同。

【罼】補革切。罝也。

◎罼，補革切。罝也。

【羈】居猗切。羈，旅也，寄止也。又馬絡頭。羇，《説文》同上。

◎羈，居猗切。旅也。又馬絡頭。羇，《説文》同上。

○羈，《玉篇》：覉，古文羈字。（《釋名疏證補》卷七）

【羇】居宜切。寄也。

◎羇，居宜切。寄也。

【罺】壯交切。今之獠罟也。又初教切。

◎罺，壯交切。罟也。又初教切。

【䍡】子禮切。手出其汁。亦作擠。

◎䍡，子礼切。手出其汁。亦作擠。

【罥】古泫切。挂也，係取也。羂，同上。又网張獸。

◎罥，古泫切。挂也，繫取也。羂，同上。又网張獸也。

【罜】他領切。罜䍐，小空皃。

◎罜，他領切。罜䍐，小空皃。

○罜，《玉篇》：罜，罜䍐，小空貌。（《方言箋疏》卷三）

【䍐】力頂切。䍐罜。

◎䍐，力頂切。上同。

【罭】爲逼切。九罭，魚网也。

◎罭，爲逼切。九罭，魚网也。

【罼】卑密切。网小而長柄也。

◎罼，卑密切。网小而長柄。

【罜】公肓切。索也。

◎罜，公肓切。索也。

【䍦】所羇切。漉也。

◎䍦，所羇切。漉也。

【罝】渠與切。罟也。

◎罝，梁與切。罟也。

●圓沙本"梁與切"疑當作"渠與切"。

【䍀】力官切。㠊罟也。

◎䍀，力官切。㠊罟也。

【罠】武忍切。俗黽字。

◎罠，式忍切。俗黽字。

●圓沙本"式忍切"疑當作"武忍切"。

【罳】昔兹切。罘罳，屏樹門外也。《釋名》曰：罘，復也。罳，思也。臣將入請事，於此復思也。

◎罳，昔兹切。罘罳，屏樹門外也。《釋名》曰：罘，復也。罳，思也。臣將入請事，於此復思之也。

○罘罳，《玉篇》云：罘罳，屏樹門外也。又云：罘罳，罟也。（《九家集注杜詩》卷十九）

【罹】力之切。憂皃。

◎罹，力之切。憂皃。又遭也。

【罤】徒犁切。兔网。

◎罤，徒黎切。兔网也。

○罤，《玉篇》作罤，云：兔網也。（《續一切經音義》卷四）

【䍣】落搥切。罾也。

◎䍣，落搥切。罾也。

【罛】古吴切。舟上网。

◎罛，古吴切。舟上网。

【罞】莫𦌍、莫交二切。麋罟也。

◎罞，莫𦌍、莫交二切。麋罟。

【羂】居廉切。网也。

◎羂，居廉切。网也。

【罜】古横切。网滿也。

◎罖，古横切。罔滿也。
【罤】徒犂切。罔繩也。
◎罤，徒黎切。罔繩也。
【䍦】力之切。羃䍦也。
◎䍦，力之切。羃也。
【幠】無魯切。窗也。
◎幠，無魯切。窻也。
【罱】女感切。夾魚具。
◎罱，女感切。夾魚具。
【罥】穴絹切。罥罥。
◎罥，穴絹切。罥掛也。
【罣】古畫切。罣礙也。
◎罣，古畫切。罣礙也。
【罹】丁孝切。《説文》曰：覆鳥令不得飛也。
◎罹，丁孝切。覆鳥令不得飛。
【罞】莫厚切。
◎罞，莫厚切。張罔。
【罗】音牙。兔罔。
◎罗，音牙。兔罔也。
【罡】郎據切。
◎罡，郎據切。重罔。
【羅】奴旦切。
◎羅，奴旦切。罹也。
●羅同䍳。圓沙本“罹也”疑當作“䍳也”。
【罝】息鸞切。罔也。
◎罝，息鸞切。罔也。
【䍐】千面切。魚罔。
◎䍐，千面切。魚罔別名。
【罧】所禁切。罔也。
◎罧，所禁切。罔也。
【罭】徒穀切。魚罔。罜，同上。
◎罭，徒穀切。魚罔。罜，同上。
【罗】丁歷切。繫也。
◎罗，丁歷切。繫也。
【羃】莫歷切。蓋食巾。
◎羃，莫歷切。蓋食巾。
【䍥】郎的切。蓋食巾。
◎䍥，郎的切。上同。
【罩】知校切。小罔。
◎罩，知校切。小罔。
【䍦】普革切。罔也。
◎䍦，普革切。罔也。
【䍞】蒲特切。
◎䍞，蒲特切。罔衣，人所着也。
【罷】房背切。篝笭。
◎罷，房毗切。篝笭也。

華部第二百十九

凡五字

【華】俾蜜切。箕屬，弃糞器。又方干切。
◎華，俾密切。箕屬，弃糞器。又方干切。
【棄】丘至切。遺也。古作弃。
◎棄，丘至切。遺也。古作弃。
【糞】方問切。除也，物污穢也。
◎糞，方問切。除也，物污穢也。
●底本“問”原作“間”，據宋十行本改。
【畢】俾謐切。弋也，掩兔也。又星名。畢，《説文》畢。
◎畢，俾謐切。弋也，掩兔具。又星名。畢，《説文》畢。

冓部第二百二十

凡三字

【冓】古候切。交積材也。
◎冓，古候切。交積材也。
【爯】齒陵切。舉也。又尺證切。與稱同。
◎爯，齒陵切。舉也。又尺證切。与稱同。
【再】子代切。兩也，重也，仍也。
◎再，子代切。兩也，重也，仍也。

亼部第二百二十一

凡一字

【亼】丘於切。飯器也。
◎亼，丘於切。飯器名。

去部第二百二十二

凡六字

【去】羌據切。除也，違也，行也。又丘與切。厺，《説文》去。

◎去，羌據切。除也，違也，行也。又丘与切，去之也。厺，《説文》去。

○去，《玉篇》：卻也，除也。（《一切經音義》卷二十五）

○去，《玉篇》曰：去，除也，却也。（《一切經音義》卷二十六）

【夌】居力切，又力繩切。去也。

◎夌，居力切，又力繩切。去也。

【朅】丘列切。去也。

◎朅，丘列切。朅，去也。

【䟽】方丹切。卻也。

◎䟽，方丹切。卻也。

○䟽，《玉篇》：輩，部，比類也。（《一切經音義》卷二十七）

【𤼲】方爾切。羇客也。

◎𤼲，方尔切。羇客也。

北部第二百二十三

凡四字

【北】布墨切。方名，軍敗走曰北。

◎北，布墨切。方名，軍敗走曰北。

○北，補默反。謂之朔方，軍走曰北。（《類》134）

【冀】居致切。冀州也，北方州，故從北。兾，同上。

◎冀，居致切。北方州名，故从北。兾，同上。

○冀，《玉篇》云：幸也，望也。（《一切經音義》卷二十五）

○冀，《玉篇》云：望也。（《一切經音義》卷二十六）

【乖】古懷切。睽也，戾也，背也。

◎乖，古懷切。睽也，戾也，異也，背也。

西部第二百二十四

凡五字

【西】先兮切。方名。㢴，《説文》西。卤，古文。卥，籀文。

◎西，先兮切。方名。㢴，《説文》。卤，古文。卥，籀文。

【栖】音西。鳥栖宿。又作棲。

◎栖，音西。鳥栖宿也。又作棲。

鹵部第二百二十五

凡二十六字

【鹵】力古切。鹹也。車駕出有鹵簿。

◎鹵，力古切。鹹也。車駕出有鹵簿。

●底本“古”原訛，徑改。

【鹺】在河切。鹹也。亦作鹾。

◎鹺，在河切。鹹也。亦作鹾。

【滷】昌石切。苦地也。《書》：海濵廣滷。本亦作斥。又音虜。

◎滷，昌石切。苦地也。《書》：海濵廣滷。本作斥。又音虜。

【鹹】乎緘切。苦也。《爾雅》注：苦即大鹹。

◎鹹，乎緘切。苦也。《尔雅》注：苦即大鹹。

【鹶】公陷切。鹹味也。

◎鹶，公陷切。鹹味。

【鹷】几陵切。苦也。

◎鹷，几陵切。苦也。

【𪉥】才計切。鹹也。

◎𪉥，才計切。鹹也。

【鰛】於昆切。鰛𪊀，戎狄之鹽。

◎鰛，於昆切。鰛𪊀，戎狄之鹽。

【𪊀】胡乖切。鰛𪊀也。䲜，同上。

◎𪊀，胡乖切。上同。䲜，同上。

【鯐】且豆切。夷狄鹽。

◎鯐，且豆切。夷狄鹽名。

【鮎】竹減切。鹹也。

◎鮎，竹減切。鹹也。
【䲠】思遥切。煎鹽也。
◎䲠，思遥切。煎鹽。
【鯿】扶殄切。鹽也。
◎鯿，扶殄切。鹽也。
【䲡】士快切。南方呼醬。
◎䲡，士快切。南方呼醬也。
【鹼】公漸切。鹵也。鹻，同上。
◎鹼，公斬切。鹵也。鹻，同上。
【𪉹】音投。鹵地。鹼，同上。
◎𪉹，音投。鹵地名。鹼，同上。
【䴙】乙乖切。
◎䴙，乙乖切。煎鹵也。
【䴚】音昌。
◎䴚，音昌。鹵漬也。
【㔷】力古切。
◎㔷，力古切。鹵，同。
【䴛】各黨切。鹽澤。
◎䴛，各黨切。鹽澤也。
【㕓】音魯。沙也。
◎㕓，音魯。沙也。
【䲵】貢暫切。鹹也。
◎䲵，工暫切。鹹也。
【䲬】巨聿切。醬也。
◎䲬，巨聿切。醬也。

鹽部第二百二十六

凡四字

【鹽】弋占切。宿沙煮海爲鹽。鹵，同上。塩，同上，俗。
◎鹽，弋占切。宿沙煮海爲鹽。鹵，同上。塩，俗。
○鹽，顧野王云：煮海水爲鹽。古者宿沙初作鹽。(《一切經音義》卷六十一)
【盬】公户切。鹽也。又蒼猝也，姑也，不堅固也。
◎盬，公户切。鹽也，不堅固也，蒼猝也。

壬部第二百二十七

凡八字

【壬】他井切。善也，證也，召也，成也，驗也，審也，虛也。
◎壬，他井切。善也，證也，召也，成也，驗也，審也，虛也。
【現】胡殄切。大坂也。亦作垷。
◎現，胡殄切。大坂也。亦作垷。
【徵】陟陵切。召也。又陟里切，宫徵也。
◎徵，陟陵切。召也。又陟里切，宫徵也。
【朢】無放切。《説文》曰：月滿與日相望，以朝君也。𦣠，古文。
◎朢，無放切。對見也。《説文》：月滿与日相望，似朝君也。𦣠，古文。
○望，顧野王曰：望猶覬也。(《一切經音義》卷三十三)
【㞷】無昉切。誣也。今作罔。
◎㞷，無昉切。誣也。今作罔。
【㸒】余箴切。濫貪也。
◎㸒，余箴切。濫貪也。
【重】直冡切。不輕也。又直容切，疊也。
◎重，直冡切。不輕也。又直容切，疊也。

皿部第二百二十八

凡七十一字

【皿】明丙切。《説文》曰：飯食之用器也。
◎皿，明丙切。《説文》：飯食之器用也。
○皿，《玉篇》：器總名也。(《續一切經音義》卷八)
【盄】余救、余九二切。小甌也，抒水器也。盄，同上。
◎盄，余救、余九二切。小甌也，抒水器。盄，同上。
【盂】羽俱切。飯器也。
◎盂，羽俱切。飯器也，盌屬。
【盧】力胡切。當盧酒肆也，以土壘酒甕，四邊爲盧也。亦飯器也。盧，同上。

◎盧，力胡切。當盧酒肆也，以土壘酒甕，四邊爲盧也。籚，同上。亦飯器也。
【鹽】公户切。器也。鹽，同上。
◎鹽，公户切。器也。鹽，同上。
【盆】步魂切。盎也。
◎盆，步魂切。盎也。
【宔】除與切。器也。
◎宔，除与切。器也。
【盨】山縷切。戴器也。
◎盨，山縷切。戴器也。
【盄】諸姚切。器也。
◎盄，諸姚切。器也。
○盄，《玉篇》：器也。（《重修廣韻》卷二）
【盛】時正切。多也。又時征切，在器也。
◎盛，時正切。多也。時征切，貯也。
【盌】於卵切。小盂。亦作椀。
◎盌，於卵切。小盂也。亦作椀。
【齍】子犁切。黍稷在器也。
◎齍，子犁切。黍稷在器也。
【盎】於浪切。盆也。
◎盎，於浪切。盆也。
【盪】胡巧、公巧二切。器也。盪，同上。
◎盪，胡巧、公巧二切。器也。盪，同上。
【盉】户戈、胡卧二切。調味也。今作和。
◎盉，户戈、胡卧二切。今作和。
【益】於亦切。加也。
◎益，於亦切。加也。又卦名。
【盅】除隆切。器虚也。
◎盅，除隆切。器虚也。
【盈】余成切。滿也。
◎盈，余成切。滿盈也。
○盈，《玉篇》曰：盈，懈也，緩也。（《一切經音義》卷二十三）
【盦】於含切。覆蓋也。
◎盦，於含切。覆蓋也。
【盡】疾引切。終也。又即忍切。盡，同上。
◎盡，疾引切。終也。又即忍切。盡，同上。
○盡，猶竭也。（《法華釋文》上）
【盪】徒黨切。摇動也，滌器也。
◎盪，徒黨切。摇動也，滌器也。
○盪，顧野王云：盪亦放也。（《一切經音義》卷五十四）
【昷】於魂切。和也。或作温。昷，《説文》昷。
◎昷，於魂切。和也。或作温。昷，《説文》昷。
【盥】公緩切。洗物曰盥。又澡手也。又公玩切。
◎盥，公緩切。洗物曰盥。又澡手也。又公玩切。
○盥，顧野王：凡澡洗物皆曰盥。（《一切經音義》卷十九）
【盉】渠嬌切。椀也。
◎盉，渠嬌切。椀也。
【䀛】莫加、莫多二切。梧也。
◎䀛，莫加、莫多二切。梧也。
【盞】壯限切。杯也。
◎盞，壯限切。盃也。
【盌】於干切。盌盞，大盂也。
◎盌，於干切。盌盞，大盂也。
【盞】才丹切。盌盞。
◎盞，才丹切。上同。
【盄】魚下切。杯也。
◎盄，魚干切。杯也。
●圓沙本“魚干切”疑當作“魚下切”。
【盪】餘章切。柸也。
◎盪，餘章切。柸也。
【盄】五田切。椀也。
◎盄，五田切。椀也。
【盜】扶淹、孚梵二切。杯也。盜、眨、盜，並同上。
◎盜，扶淹、孚梵二切。杯也。盜、眨、盜，並同上。
○盜，《玉篇》：盜，杯也。（《方言箋疏》卷五）
【盬】渠既切。獸似蝟，毛赤。
◎盬，渠既切。獸似蝟，毛赤。
【盤】薄干切。器名。
◎盤，薄干切。器名。又盤鑮。
○盤桓，不拘之皃。（《三教指歸注》二13）
【罍】力回切。亦作櫑。
◎罍，力回切。亦作櫑。
【盌】莫公切。豐盌，滿也。盌，同上。

◎盅，莫公切。豐盅，滿也。留，同上。
【盠】力漬切。瀝也，竭也。瀊，同上。
◎盠，力漬切。瀝也，竭也。瀊，同上。
【盌】徒弔切。草器。與蓧同。
◎盌，徒弔切。艸器。与蓧同。
【盂】公安切。盤也。
◎盂，公安切。盤也。
【㼾】丘拳切。盂也。
◎㼾，丘拳切。盂也。
○㼾，《玉篇》：㼾，盂也。(《方言箋疏》卷五)
【蓋】故太切。掩也，覆也。葢，同上。
◎蓋，故大切。掩也，覆也。葢，同上。
【盙】博胡切。籒文餔。
◎盙，博胡切。籒文餔。
【盩】張流切。盩厔縣。
◎盩，張流切。盩厔，縣名。
○盩，《玉篇》：張流反。水曹盩。又盩厔，縣名。(《龍龕手鏡》卷二)
【盄】之遥切。器也。
◎盄，之摇切。器也。
【盔】徒回切。
◎盔，徒回切。器似盂。
【盬】黄孤切。器也。
◎盬，黄孤切。器也。
【盆】許奚切。小盆器。
◎盆，許奚切。小盆器。
【盔】苦回切。鉢也。
◎盔，苦回切。鉢也。
【盃】補梅切。盞也。
◎盃，補梅切。盞也。
【盉】火牙切。
◎盉，火牙切。盂也。
【盇】呼改切。器盛酒。
◎盇，呼改切。以器盛酒。
【盐】神夜切。器。
◎盐，神夜切。器也。
【㿽】音起。器。
◎㿽，音起。器也。
【盭】魯帝切。緑色綬也。
◎盭，魯帝切。緑色綬也。
【盗】力制切。器。
◎盗，力制切。器也。
【贛】空紺切。
◎贛，空紺切。器也。
○贛，《玉篇》：空紺反。(《龍龕手鏡》卷四)
【盍】胡臘切。何不也。
◎盍，胡臘切。何不也。
【盡】許力切。痛甚也。
◎盡，許力切。痛甚也。
【监】彌必切。《説文》云：械器也。
◎监，彌必切。械器。

臥部第二百二十九

凡七字

【臥】魚過切。眠也，息也。
◎臥，魚過切。眠也，息也。
【餥】女厄切。楚人謂小嬾曰餥。
◎餥，女厄切。楚人謂小嬾曰餥。
【監】公衫、公陷二切。視也。譼，古文。
◎監，公衫、公陷二切。視也。譼，古文監。
【臨】力針切。尊適卑也，視也。
◎臨，力針切。尊適卑也，視也。
【臡】他兮切。臥也。臡，同上。
◎臡，他兮切。臥也。臡，同上。

㐆部第二百三十

凡二字

【㐆】所沂切。《説文》云：歸也。从反身。
◎㐆，所沂切。歸也。从反身。
●“所沂切”疑當作“於沂切”。
【殷】乙斤切。樂之盛稱殷。《易》曰：殷薦之上帝。又乙山切。《左氏傳》曰：左輪朱殷。杜預云：今人謂赤黑爲殷色。
◎殷，乙斤切。樂之盛稱殷。《易》曰：殷薦之上帝。又乙山切。《左傳》曰：左輪朱殷。杜預云：今人謂赤黑爲殷色。

大廣益會玉篇
卷第十六

凡二十四部

琴部第二百三十一

凡八字

【琴】巨林切。《説文》及《新論》云：神農造也。琴之言禁也，君子守以自禁也。《風俗通》曰：琴七弦，法七星也。《琴操》云：長三尺六寸，法象三百六十六日，廣六寸，象六合也。珡，篆文。𩁹、鋻，並古文。

◎琴，巨林切。《説文》及《新論》云：神農造也。琴之言禁也，君子守以自禁也。《風俗通》曰：琴七弦，法七星也。《琴操》云：長三尺六寸，法象三百六十六日，廣六寸，象六合也。珡，篆文。𩁹、鋻，並古文。

○琴，《玉篇》：言君子守正以自禁也。（《一切經音義》卷二十七）

【瑟】所櫛切。庖犧造也。弦多至五十，黄帝使素女鼓瑟，哀不自勝，破爲二十五弦也。爽，古文。

◎瑟，所櫛切。庖犧造。絃多至五十，黄帝使素女鼓瑟，哀不自勝，破爲二十五絃。爽，古文。

【琵】房脂切。《風俗通》云：琵琶，近代樂家所制，不知所造。長三尺五寸，象三才五行，四弦象四時。《釋名》云：推手前曰琵，引手卻曰琶，所以呼爲琵琶，本胡家馬上彈也。

◎琵，房脂切。《風俗通》云：琵琶，近代樂家所造。長三尺五寸，象三才五行，四弦象四時。《釋名》：推手前曰琵，引手卻曰琶。琵琶本胡家馬上彈也。

【琶】步巴切。琵琶。

◎琶，步巴切。琵琶也。

喜部第二百三十二

凡四字

【喜】欣里切。樂也，悦也。𢡺，古文。歖，古文，出《説文》。

◎喜，欣里切。樂也，悦也。𢡺，古文。歖，古文，出《説文》。

【嚭】普鄙切。大也。吴有太宰嚭。

◎嚭，普鄙切。大也。吴有太宰嚭。

壴部第二百三十三

凡六字

【壴】竹句切。陳樂也。

◎壴，竹句切。陳樂也。

○壴，《玉篇》又時注反。（《龍龕手鏡》卷三）

【鼜】且的切。夜戒守鼓也。又作鼜。

◎鼜，且的切。夜戒守鼓也。又作鼜。

【彭】蒲衡切。多皃。又盛也。

◎彭，蒲衡切。多皃。又盛也。

【尌】雉具、竹具二切。立也。又作駐。

◎尌，雉具、竹具二切。立也。又作駐。

【䵧】他郎切。大聲也。

◎䵧，他郎切。大声也。

【嘉】柯遐切。美也，善也。

◎嘉，柯遐切。美也，善也。

鼓部第二百三十四

凡二十一字

【鼓】姑户切。瓦爲椌，革爲面，可以擊也。䜴，籒文。
◎鼓，姑户切。瓦爲椌，革爲面，可以擊也。䜴，籒文。
〇鼓，之録反。有作皷，鐘皷也。非［可］擊或作鼓。（《法華釋文》下）
〇鼓，《玉篇》云：動也。凡出音曰鼓，擊也，鳴也。（《一切經音義》卷二十七）
【鼛】公刀切。大鼓也。
◎鼛，公刀切。大鼓也。
【鼙】步兮切。騎鼓也。
◎鼙，步兮切。騎鼓也。
【鼘】於巾、於玄二切。鼓聲也，鼓節也。
◎鼘，於巾切，又於玄切。鼓声也，鼓節也。
【鼞】他堂切。鼓聲。
◎鼞，他堂切。鼓声。
【鼛】七立、他叶二切。鼓無聲也。
◎鼛，七立切，又他叶切。鼓無声。
【鼕】他盍切。鼓鼙聲。或作鞈。
◎鼕，他盍切。鼓鼙声。或作鞈。
【鼛】口盍切。鼓聲。
◎鼛，口盍切。鼓也。
【鼖】扶云切。大鼓也。
◎鼖，扶云切。大鼓也。
【鼗】徒刀切。似鼓而小。亦作鞀。
◎鼗，徒刀切。似鼓而小。亦作鞀。
【鼜】力弓切。鼓聲。
◎鼜，力弓切。鼓声。
【鼟】他登切。鼓聲。
◎鼟，他登切。鼓声。
【鼚】丑良切。鼓聲。
◎鼚，丑良切。鼓声。
【鼛】音帖。寬也。
◎鼛，音帖。寬也。
【鼜】七盍切。鼓聲。
◎鼜，七盍切。鼓声。
【鼛】音鍇。鼓寬。
◎鼛，音鍇。鼓寬。
〇鼛，《玉篇》：他合反。鼓寬也。（《龍龕手鏡》卷二）
【鼜】音戚。守夜鼓也。鼜，同上，俗。
◎鼜，音戚。守夜鼓也。鼜，同上，俗。
【鼛】音帖。鼓無聲也。
◎鼛，音帖。鼓無声也。
【鼕】徒各切。鼓聲。或作鼕。
◎鼕，徒冬切。鼓声。或作鼕。
●“徒各切”疑當作“徒冬切”。

豈部第二百三十五

凡三字

【豈】羌顗切。安也，焉也。《書》云：怨豈在明。
◎豈，羌顗切。安也，焉也。《書》云：怨豈在明。
【䜣】巨依切。且也，欲也，危也，訖事之樂也。
◎䜣，巨依切。且也，欲也，危也，託事之樂也。
【凱】空改切。凱樂也。或作愷。
◎凱，空改切。凱樂。亦作愷。

豆部第二百三十六

凡二十五字

【豆】徒鬭切。量名。《説文》云：古食肉器也。豆，古文。梪，同上。木豆謂之梪，薦羞菹醢也。
◎豆，徒鬭切。量名。《説文》云：古食肉器。豆，古文。梪，同上。木豆謂之梪，薦羞菹醢也。
〇豆，徒鬪反。《左氏傳》：齊舊四量，豆區釜鍾。四升爲豆，各以其四，以登於釜。野王案：此量名也。《考工記》：其實一豆是也。《説文》：古食肉器也。野王案：此亦梪字也。《字書》亦叔也。野王案：《廣雅》大豆曰尗，小豆荅是也。今並謂尗爲豆。或荳字，在草

部也。(《香藥抄》46,《香字抄》46)
【豋】居隱切。合豋,瓢也。
◎豋,居隱切。合豋,瓢也。
【䜴】於物、於月二合切。豆飴也。
◎䜴,於物、於月二合切。豆飴也。
【豢】九免、九媛二切。豆屬。
◎豢,九免、九媛二切。豆之屬。
【豂】力刀切。豆也。䝤,同上。
◎豂,力刀切。豆名。䝤,同上。
【𧯞】莫卜切。豆箕也。
◎𧯞,莫六切。豆箕名。
【豌】於丸切。豆也。
◎豌,於丸切。豆名,夏收也。
【豍】力周切。豍,豆也。
◎豍,力周切。見上注。
【豍】方迷切。豍也。
◎豍,方迷切。豍豍,豆也。
○豍,方迷反。(《醫心方》刊本二四 4)
【䜶】莫猥切。碎箕也。
◎䜶,莫猥切。碎箕。
【䜷】胡江切。䜷豐也。
◎䜷,胡江切。䜷豐,胡豆名。
【豐】所江切。
◎豐,所江切。見上注。
【豏】胡斬切。豆半生。
◎豏,胡斬切。豆半生。
【䜺】叉白切。磨豆也。
◎䜺,又白切。磨豆。
●圓沙本“又白切”當作“叉白切”。
【䜹】七林切。野生豆。
◎䜹,七林切。豆名,野生者。
【䜩】於林切。䜹豆也。
◎䜩,於林切。䜹豆也。
【豃】弋朱切。豆也。
◎豃,弋朱切。豆名。
【豉】市寘切。亦作𧯊。
◎豉,市寘切。豆豉。亦作𧯊。
【豉】渠飢切。豆豉。
◎豉,渠飢切。豆豉。
○豉,野王案云:豉,豆莖也。(《倭名抄》九 22)
【䜳】都騰切。
◎䜳,都騰切。豆䜳名。
【豞】音兜。小裂。
◎豞,音兜。豆小裂。
【䜱】初六切。小豆也。
◎䜱,初六切。小豆名。

豊部第二百三十七

凡二字

【豊】力弟切。行禮之器也。
◎豊,力弟切。行礼之器。
【豑】雉栗切。爵之次弟也。
◎豑,雉栗切。爵之次弟也。

豐部第二百三十八

凡三字

【豐】芳馮切。大也。俗作豊。䵄,古文。
◎豐,芳馮切。大也。俗作豊。䵄,古文。
○豐,《玉篇》:稔茂也。(《續一切經音義》卷二)
【豔】弋贍切。美也,好色也。俗作艷。
◎豔,弋贍切。美也,好色也。俗作艷。

䖒部第二百三十九

凡三字

【䖒】欣宜切。古陶器也。
◎䖒,欣宜切。古陶器。
【號】胡道切。土釜也。
◎號,胡道切。土釜也。
【䖓】除渚切。器也。或作宁。
◎䖓,除渚切。器也。或作宁。

重部第二百四十

凡三字

【重】直隴切。不輕也,厚也。又直龍切。

◎重，直隴切。不輕也，厚也。又直龍切。

【量】力姜、力尚二切。《説文》云：稱輕重也。量，古文。

◎量，力姜、力尚二切。《説文》：稱重也。量，古文。

鼎部第二百四十一

凡五字

【鼎】丁冷切。所以熟食器也。

◎鼎，丁冷切。器也，所以熟食者。又鼎爐也。又新也。又《易》卦名。

○鼎，顧野王云：鼎，烹飪調和五味之器也。（《一切經音義》卷五十七）

【鼐】奴代切。大鼎也。

◎鼐，奴代切。大鼎也。

【鼒】子思切。小鼎也。

◎鼒，子思切。小鼎名。

【鼏】亡狄切。覆樽巾也。又鼎蓋也。

◎鼏，亡狄切。覆樽巾也。又鼎蓋也。

【鬺】式羊切。煮也。亦作鬺。

◎鬺，式羊切。煮也。亦作鬺。

瓦部第二百四十二

凡一百五字

【瓦】午寡切。土器也。

◎瓦，午寡切。土器也。

○瓦，陶人所作器之總名也。亦所以蓋屋也。（《法華釋文》上）

【瓬】方往切。《周禮》有瓬人爲簋。

◎瓬，方往切。《周礼》瓬人爲簋。

【甄】居延切。陶人作瓦器謂之甄土也。又至神切。

◎甄，居延切。陶人作瓦器謂之甄土。又至神切。

○甄，居延反。瓦器也。（《三教指歸注》四14）

○甄，猶泥之在鈞也。（《三教指歸注》四14）

【甍】眉耕切。屋棟也。甍，同上。

◎甍，眉耕切。屋棟。甍，同上。

【瓵】余之切。小甖也。

◎瓵，余之切。小甖名。

【甗】牛偃切。無底甑也。

◎甗，牛偃切。無底甑名。

○甗，顧野王曰：山嶺曰甗。（《爾雅正義》卷二十）

○甗，顧野王曰：山領曰甗。（《文選箋證》卷二）

【甞】丁盍切。盆也。

◎甞，丁盍切。盆别名。

【瓮】於貢切。大甖也。甕，同上。

◎瓮，於貢切。大甖。甕，同上。

○瓮，於貢反。大甖也。（《三教指歸注》五2）

【甌】於侯切。椀小者。

◎甌，於侯切。椀小者。

【瓨】户江切。長頸瓶。

◎瓨，户江切。長項瓶。

【瓮】烏緩切。器也。亦作盌。

◎瓮，烏緩切。器也。亦作盌。

【瓴】力丁切。瓴甋，甓也。

◎瓴，力丁切。瓴甋，甓屬。

【甋】丁歷切。瓴甋。

◎甋，丁歷切。上注。

【瓿】蒲後切。瓿甊，小甖也。

◎瓿，蒲後切。瓿甊，小甖也。

【甊】力口切。瓿甊。

◎甊，力口切。上注。

【甂】補玄切。小盆大口而卑下。

◎甂，補玄切。小盆大口而卑下。

【甓】並的切。瓶也。

◎甓，並的切。瓶也，瓴也，甗也。

【瓾】丘滯切。瓠壺也，破甖也。甈，同上。

◎瓾，丘滯切。瓠壺也，破甖也。甈，同上。

【甃】側胄切。井甃也。甋，古文。

◎甃，側胄切。井甃也。《易》：井甃。修井也。甋，古文。

【瓬】所兩切。半瓦也。䢍，同上。

◎瓬，所兩切。半瓦也。䢍，同上。

【甄】力頬切。甄甄，蹋瓦聲。

◎甄，力頬切。甄甄，蹋瓦声。

【瓫】丘劍切，又胡耽切。似瓶有耳。
◎瓫，丘劍切，又胡耽切。瓶有耳。
【䍂】桑對切。《説文》云：破也。亦作碎。
◎䍂，桑對切。《説文》：破也。亦作碎。
【瓪】伯限切。牝瓦名。
◎瓪，伯限切。牡瓦名。
●圓沙本“牡瓦”疑當作“牝瓦”。
【瓬】古郎切。罌也，大瓮也。
◎瓬，古郎切。罌也，大瓮也。
○瓬，《玉篇》：瓬，大瓮。（《方言疏證》卷五）
○瓬，《玉篇》：瓬，大瓮也。（《方言箋疏》卷五）
【甒】無甫切。盛五升，小罌也。
◎甒，無甫切。盛五升，小罌。
○甒，《玉篇》：甒，無甫切。盛五升小罌也。（《方言箋疏》卷五）
【甇】仕江切。罌也。
◎甇，仕江切。罌別名。
【甀】除政切。罌也。
◎甀，除政切。罌別名。
【瓿】與朱切。瓶也。
◎瓿，与朱切。瓶別名。
【瓶】是朱切。小罌也。
◎瓶，是朱切。小甕別名。
【甏】牛志切。大罌也。
◎甏，牛志切。大罌名。
【瓺】除向、除香二切。瓶也。
◎瓺，除向、除香二切。瓶名。
【甔】丁甘切。小罌也。
◎甔，丁甘切。小罌名。
【甌】牛口切。盎也。
◎甌，牛口切。盎小名。
【甀】思移切。鉼也。
◎甀，思移切。鉼名。
【題】徒啓切。小盆也。
◎題，徒啓切。小盆名。
【瓳】胡梗切。瓳甒，鉼有耳。
◎瓳，胡梗切。瓳甒，瓶名，有耳者。

【甒】山梗切。瓳甒也。
◎甒，山梗切。上注。
【甐】都滕切。瓦豆也。
◎甐，都滕切。瓦豆名。
【瓵】丑口切。瓶也。
◎瓵，丑口切。瓶名。
【甇】居隴切。鉼也。
◎甇，居隴切。鉼名。
【瓾】苦結切。瓶受一斗。
◎瓾，苦結切。瓶受一斗者。
【甂】胡寡切。大口也。
◎甂，胡寡切。大口也。
【甋】口郎切。瓠也。甗，同上。
◎甋，口郎切。瓠也。甗，同上。
【甄】丁弄切。甄甗。
◎甄，丁弄切。甄甗，器也。
【甗】初鑑切。器也。
◎甗，初鑑切。上注。
【瓷】在思切。瓷器也。亦作瓷。
◎瓷，在思切。瓦器捴名。亦作瓷。
【甈】徒果切。甌也。
◎甈，徒果切。甌也。
【甂】古縣切。瓮底孔下取酒也。
◎甂，古縣切。瓮底孔下取酒也。
【甊】胡監切。大盆也。
◎甊，胡監切。大盆。
【甎】時扇切。器緣也。
◎甎，時扇切。器緣也。
【瓸】補格切。甗瓸，井甃也。
◎瓸，補格切。甗瓸，井甃也。
【瓹】徒河切。瓦盌也。
◎瓹，徒河切。瓦盌名。
【瓨】徒古切。瓶也。
◎瓨，徒古切。瓶別名。
【甂】普安切。甂瓳，大甒甎也。
◎甂，普安切。甂瓳，大甒甎也。
【瓳】户徒切。甂瓳。
◎瓳，户徒切。甂瓳。

【甗】力木切。甓也。
◎甗，力木切。甗甎，甓也。
【甎】之緣切。甗甎。
◎甎，之緣切。上注。
【瓨】徒丁切。甎也。
◎瓨，徒丁切。甎也。
【甑】丁桑切。題瓦也。
◎甑，丁桑切。題瓦。
【甕】力公切。築土礱。今作礱。
◎甕，力公切。築土礱。今作礱。
【甗】力救切。屋櫺也。
◎甗，力救切。屋櫺名。
【甑】古諧切。牡瓦也。
◎甑，古諧切。牡瓦也。
【甋】徒公切。牡瓦也。
◎甋，徒公切。牡瓦也。
【甈】女刮切。甑也。瓾，同上。
◎甈，女刮切。甑也。瓾，同上。
【瓻】子協切。半瓦也。
◎瓻，子協切。半瓦也。
【甒】胡監切。瓦屋也。
◎甒，胡監切。瓦屋也。
【甈】七計切。
◎甈，七計切。甃也。
【瓿】丁昆切。器似甌也。
◎瓿，丁昆切。器似甌也。
【甓】力的切。瓦器。今作鬲。
◎甓，力的切。瓦器。今作鬲。
【瓮】於浪切。亦作盎。
◎瓮，於浪切。器也。亦作盎。
【瓶】蒲并切。汲器也。
◎瓶，蒲并切。汲器。又罌揔名。
○瓶，汲器。又罌總名也。正作缾，同。薄并反。(《三部經音義集》三)
○瓶，顧野王云：所以汲水器也。(《一切經音義》卷三十九)
【甗】胡圭、古畦二切。甑下空也。亦作窐。瓹，同上。
◎甗，胡圭、古畦二切。甑下空。亦作窐。瓹，同上。
【瓶】胡經切。酒器，似鐘而項長。甄，同上。
◎瓶，胡經切。酒器，似鐘而項長。甄，同上。
【甇】於耕切。長頸瓶也。
◎甇，於耕切。長項瓶也。
【甋】徒郎切。瓷也。
◎甋，徒郎切。瓷也。
【甑】子孕切。甗也。
◎甑，子孕切。甗也，以炊飯者。
【瓻】丑希切。酒器。
◎瓻，丑希切。酒器名。
【甈】五合切。
◎甈，五合切。瓷器。
【罌】烏莖切。坻也。
◎罌，烏莖切。坻也。又瓶揔名。
【瓯】余之切。瓶也。
◎瓯，余之切。瓶名。
【甀】池爲切。罌也。
◎甀，池爲切。罌別名。
【甋】徒奚切。瓷也。
◎甋，徒奚切。瓷也。
【瓺】勒當切。器也。
◎瓺，勒當切。器也。
【甋】呼光切。器也。
◎甋，呼光切。器也。
【甗】許飢切。
◎甗，許飢切。器也。
【瓳】五姑切。甌也。
◎瓳，五姑切。甌也。
【甐】力華切。瓦。
◎甐，力華切。瓦名。
【甗】力胡切。酒器。
◎甗，力胡切。酒器名。
○甗，《玉篇》：甗，無底甑也。(《方言箋疏》卷五)
【瓬】扶汎切。瓦。
◎瓬，扶汎切。瓦名。
【甐】力震切。器也。
◎甐，力震切。器堅也。

【瓩】五化切。
◎瓩，五化切。器也。
【甖】胡谷切。坯。
◎甖，胡谷切。坯也。
【瓻甋】並音容。甖也。
◎瓻，音容。甖也。甋，同上。
【瓴】丁感切。瓦屬。
◎瓴，丁感切。瓦屬。
〇瓴，《玉篇》《廣韻》並云：瓦屬。（《方言箋疏》卷五）
●《玉篇校釋》謂“瓦屬”有誤，疑當訓瓶、罌。

缶部第二百四十三

凡四十三字

【缶】方負切。盎也。《詩》曰：坎其擊缶。缻，同上。
◎缶，方負切。盎也。《詩》：坎其擊缶。缻，同上。
【㲉】苦谷切。未燒瓦器也。
◎㲉，苦谷切。未燒瓦器。
【罌】於庚切。瓦器也。
◎罌，於庚切。瓷，瓦器揔名。
〇罌，《玉篇》：罌，瓦器也。（《方言箋疏》卷五）
【匋】徒刀切。作瓦器也。今作陶。
◎匋，徒刀切。作瓦器。今作陶。
【垂缶】是規、丈睡二切。小口罌。錘，古文。
◎垂缶，是規、丈睡二切。小口罌也。錘，古文。
【䍌】步侯切。小缶也。亦作瓿。又步後切。
◎䍌，步侯切。小缶也。亦作瓿。又步後切。
【罋】於貢切。器也。甕，同上。
◎罋，於貢切。凡瓶无㩜耳者。甕，同上。
【䍃】余周切。瓦器也。
◎䍃，余周切。瓦器名。
【䍅】力丁切。瓦器，似瓶有耳。
◎䍅，力丁切。瓦器，似瓶有耳者。
【缸】都簟切。缺也。
◎缸，都簟切。缺也。
【罅】呼嫁切。裂也。
◎罅，呼嫁切。裂也。
【缺】袪决切。虧也，破也。亦作䍦。
◎缺，袪决切。虧也，破也。亦作䍦。
〇缺，顧野王曰：缺猶玷也。（《一切經音義》卷七）
〇缺，《玉篇》云：缺，玷也。《毛詩》云：《鹿鳴》廢，則和樂缺也。《説文》云：器破也。《蒼頡篇》云：鈌虧也。（《一切經音義》卷七）
〇缺，顧野王案：《毛詩》云：缺猶玷也。《蒼頡篇》云：缺，戲也。（《一切經音義》卷三十二）
【缾】蒲丁切。汲水器。
◎缾，蒲丁切。汲水器，瓷也。
〇缾，顧野王云：缾，汲水器也。（《一切經音義》卷六十九）
【㼜】他盍切。下平缶也，缾也。
◎㼜，他盍切。下平缶也，缾也。
【缸】胡江切。與㼚同。
◎缸，胡江切。器也。与㼚同。
【罃】於耕切。長頸缾。
◎罃，於耕切。長頸瓶。
【䍧】禹逼切。瓦器。
◎䍧，禹逼切。瓦器名。
【䍡】七鈍、先見二切。瓦器也。
◎䍡，七鈍、先見二切。瓦器。
【罊】口計切。器中盡也。
◎罊，口計切。器中盡。
【缿】胡講切。如㼚，可受板。《書》：篅令密事。亦受錢器也。又大口切。
◎缿，胡冓切。如㼚，可受板。《書》：篅令密事。亦受錢器也。又大口切。
●底本“㼚”字原訛作“坈”，徑正。
【罏】力胡切。罍也。
◎罏，力胡切。罍也。
【䍍】公的切。吹器也。
◎䍍，公的切。吹缺也。

●"吹缺也"疑誤。
【罍】力回切。樽也。櫑，籒文。
◎罍，力回切。酒樽别名。櫑，籒文。
【缾】胡經切。酒器，似鐘而項長。
◎缾，胡經切。酒器，似鐘而項長。
【罈】時扇切。器緣。亦作甎。
◎罈，時扇切。器緣。亦作甎。
【瓷】在咨切。亦作瓷。
◎瓷，在咨切。亦作瓷。瓦器揔名。
【罤】徒啓切。亦作題。
◎罤，徒啓切。器也。亦作題。
【罫】羌吕切。
◎罫，羌吕切。藏器。
【罊】户暫切。
◎罊，户暫切。净器。
【錢】側板切。
◎錢，側板切。小酒器。
【罌】五鎋切。缺也。
◎罌，五鎋切。缺也。
【罇】子昆切。與樽同。
◎罇，子昆切。与樽同。酒器。
【罐】蘇回切。
◎罐，蘇回切。器名。
○罐，《玉篇》：器也。（《龍龕手鏡》卷二）
【缿】革鞋切。
◎缿，革鞋切。器好也。
【缺】知駭切。缺也。
◎缺，知駭切。缺也。
【銛】畢裴切。缶也。
◎銛，畢裴切。缶别名。
【錭】音帚。
◎錭，音帚。器成也。
【罄】可定切。盡也，器中空也。
◎罄，可定切。盡也，器中空也。
○罄，顧野王云：器中空也。（《續一切經音義》卷二）
【罐】古段切。瓶罐。
◎罐，古段切。小瓶揔名。

鬲部第二百四十四

凡二十三字

【鬲】郎的切。鼎足曲也。《説文》作鬲云：鼎屬，實五觳，斗二升曰觳。又音革，平原有鬲縣。亦作䣼。甌，同上。
◎鬲，郎的切。鼎足曲。《説文》作鬲云：鼎屬，實五觳，斗二升曰觳。又音革，平原有鬲縣。亦作䣼。甌，同上。
【鬹】居垂切。三足釜。
◎鬹，居垂切。三足釜名。
【鬵】似林、才心二切。釜屬。
◎鬵，似林、才心二切。釜别名。
【鬳】牛建切。鬲屬。
◎鬳，牛建切。鬲别名。
【䰝】許朝切。炊氣皃。
◎䰝，許朝切。炊氣皃。
【融】余終切。長也。《説文》云：炊氣上出也。䰬，籒文。
◎融，余終切。長也。《説文》：炊氣上出。䰬，籒文。
○融，顧野王云：融，明也。（《史記》卷八十四）
【鬴】扶甫切。鍑屬。或作釜。
◎鬴，扶甫切。鍑屬。或作釜。
【鬲斗】公禾切。秦名土釜曰鬲斗。亦作鬲。
◎鬲斗，公禾切。秦名土釜曰鬲斗。亦作鬲。
【鬸】子孕切。鬵屬。亦作甑。
◎鬸，子孕切。鬵屬。亦作甑。
【鬻】柯行切。亦作羹。
◎鬻，柯行切。煮羹。亦作羹。
【鬺】式羊切。煮也。亦作饍。鬺，同上。
◎鬺，式羊切。煮也。亦作饍。鬺，同上。
【鬻】方未切。亦作沸。
◎鬻，方未切。煮熟。亦作沸。
【鬾】魚倚切。釜也。
◎鬾，魚倚切。釜名。
【鬷】亡分切。摩也。
◎鬷，亡分切。摩也。

【䰆】蒲悶切。起。
◎䰆，蒲悶切。起也。
【䰳】工定切。隔也。
◎䰳，工定切。隔也。
【䰴】胡圭、古攜二切。甑下空。
◎䰴，胡圭、古攜二切。甑中空也。
【䰭】如之切。熟也。亦作胹。
◎䰭，如之切。熟也。亦作胹。
【䰵】楚狡切。熬也。
◎䰵，楚狡切。熬也。
【䰶】子公切。釜屬。
◎䰶，子公切。釜屬。

䰜部第二百四十五

凡二十一字

【䰜】郎的切。歷也。亦作鬲。
◎䰜，郎的切。歷也。亦作鬲。
【鬻】先録切。鼎實。或作餗。
◎鬻，音速。鼎實也。或作餗。
【鬻】楚絞切。熬也。或作煼。
◎鬻，楚絞切。熬也。或作煼。
【鬻】似林切。釜屬。
◎鬻，似林切。器名，釜屬。
【鬻】户徒切。健也。或作糊。
◎鬻，户徒切。健也。或作糊。
【鬻】之六切。糜也。又以六切。或作粥。鬻，同上。
◎鬻，之六切。糜也。又以六切。或作粥。鬻，同上。
○鬻，《玉篇》曰：鬻，賣也。（《一切經音義》卷二十三）
○鬻，顧野王云：賣物也。（《續一切經音義》卷二）
【鬻】亡達、亡結二切。涼州謂粥爲鬻。或作粖。
◎鬻，亡達、亡結二切。涼州謂粥爲鬻。或作粖。
【鬻】居言切。粥也。或爲饘。
◎鬻，居言切。粥也。或爲饘。
【鬻】諸延切。粥也。
◎鬻，諸延切。粥也。
【鬻】羊六切。鬻，賣也。又音祝。《説文》又音糜。
◎鬻，羊六切。鬻，賣也。又音祝。《説文》又音糜。
○鬻，顧野王云：賣物也。（《一切經音義》卷四十一）
【鬻】如至切。粉餅也。或作餌。
◎鬻，如至切。粉餅。或作餌。
【鬻】余灼切。内肉及菜於湯中。
◎鬻，余灼切。内肉及菜於湯中。
【鬻】步忽切。釜湯溢。
◎鬻，步忽切。釜湯。
【鬻】之與切。或作煮。䰞，同上。
◎鬻，之與切。煎也。或作煮。䰞，同上。
【鬻】子孕切。炊器。亦作甑。
◎鬻，子孕切。炊器。亦作甑。
【鬻】如燭切。大鼎也。
◎鬻，如燭切。大鼎。
【鬻】古行切。煮也。羹，同上。
◎鬻，古行切。煮也。羹，同上。
【鬻】側皆切。敬也。
◎鬻，側皆切。敬也。

斗部第二百四十六

凡二十一字

【斗】丁口切。十升曰斗。㪷，俗。
◎斗，丁口切。量器也，十升曰斗。㪷，俗文。
【斝】古雅切。爵也。
◎斝，古雅切。爵也。
【料】力弔切。數也，理也。又音寮。
◎料，力弔切。數也，理也。又音寮。
【斞】余甫切。量也。今作庾。
◎斞，余甫切。量也。今作庾。
【斠】古琢切。量也。今作角。
◎斠，古琢切。量也。今作角。
【斡】烏活切。轉也，柄也。又音管。
◎斡，烏活切。轉也，柄也。又音管。

【斟】止任切。取也，計也，酌也。
◎斟，止任切。取也，計也，酌也。
【斜】徐嗟切。抒也，散也，不正也。
◎斜，徐嗟切。抒也，散也，不正也。
【斢】九娱切。挹也，酌也。
◎斢，九娱切。挹也，酌也。
【料】補叛切。量物分半也。
◎料，補叛切。量物分半也。
【鬦】丁豆切。物等也，角力競走也。
◎鬦，丁豆切。物等也，角力競走也。
【斛】他幺切。斛鍉，古田器也。亦音鍪。
◎斛，他幺切。斛鍉，古田器也。亦名鍪。
【戽】乎古、火故二切。抒水器也。
◎戽，乎古、火故二切。抒水器也。
【䜌】九萬切。抒也，量也。
◎䜌，九萬切。抒也，量也。
【斛】胡穀切。十斗曰斛。
◎斛，胡穀切。十斗曰斛。
【枓】之庾、多後二切。有柄，形如北斗星，用以斟酌也。《詩》云：唯北有斗。亦飲水器也。
◎枓，之庾、多後二切。有柄，形如北斗星，用以斟酌。《詩》：唯北有斗。亦飲水器。
【斜】匹郎切，又薄郎切。量溢也。
◎斜，匹郎切，又薄郎切。量溢也。
【升】舒承切。十合爲升。
◎升，舒承切。升，斗也，十合爲升。
【斛】公洽切。入也。亦音峆。
◎斛，公洽切。入也。亦音恰。
【斡】呼活切，又烏活切。抒也。
◎斡，呼活切，又烏活切。抒也。
【斞】丁狄切。量也。
◎斞，丁狄切。量也。

勺部第二百四十七

凡二字

【勺】時灼切。飲器也。十勺爲升。亦作杓。
◎勺，時灼切。飲器也。十勺爲升。亦作杓。
○勺，時勺反。《考工記》：梓人作飲器，(十)勺一升。(《古文舊書考》一79)
○勺，《玉篇》：時灼切。亦作杓。(《方言箋疏》卷五)
【与】羊舉切。賜也，許也，予也。亦作與。
◎与，羊舉切。賜也，許也，予也。亦作與。

几部第二百四十八

凡五字

【几】居履切。案也。亦作机。
◎几，居履切。案也。亦作机。
【凥】舉魚切。處也。與居同。
◎凥，舉魚切。處也。与居同。
【処】充與切。止也。與處同。
◎処，充与切。止也。与處同。
【凴】瞿營切。單獨也。與煢同。
◎凴，瞿營切。單獨也。与煢同。
【凭】皮冰切。依几也。又皮證切。
◎凭，皮冰切。依几也。又皮證切。

且部第二百四十九

凡五字

【且】七也、子余二切。語辭。又七序切。《詩》曰：有萋有且。且，古文。
◎且，七也、子余二切。語辭也，始然也。又七序切。《詩》曰：有萋有且。且，古文。
【俎】莊吕切。斷木四足也，肉俎也。
◎俎，莊吕切。断木四足也，肉葅也。
○俎，《玉篇》云：肉几也。(《一切經音義》卷二十五)
【虘】才布切。且往也。
◎虘，才布切。且往也。
【亹】亡匪切。亹亹猶微微也。
◎亹，亡匪切。亹亹猶微微也。
○亹，《玉篇》：音尾。進皃。又進也。又靖也。(《龍龕手鏡》卷一)

補

○疊，《玉篇》曰：疊謂有禍兆也。(《一切經

音義》卷二十三）

匚部第二百五十

凡三十九字

【匚】甫王切。受物之器也。𠥓，籀文。
◎匚，甫王切。受物之器。𠥓，籀文。
【匠】似亮切。木工也。
◎匠，似亮切。木工也，工者之揔名。
【匧】口頰切。緘也。或作篋。
◎匧，口頰切。緘也。或作篋。
【匜】弋支切。沃盥器。
◎匜，弋支切。沃盥器。
【匡】公王切。方正也，飯器也，筥也。亦作筐也。匩，同上。
◎匡，去王切。方正也，飲器也，筥也。《語》：一匡天下。亦作筐。匩，同上。
【匴】先管切。滰米藪。
◎匴，先管切。器名，滰米籔也。
【㔶】似沿切。滰米籅也。
◎㔶，似沿切。器名，滰米籅也。
【匵】公棟切。小桮也。
◎匵，公棟切。器，小杯。
【匪】甫尾切。非也，彼也。又竹器方曰匪。
◎匪，甫尾切。非也，彼也。又竹器方者。
【匨】此郎切。古器也。
◎匨，此郎切。古器也。
【㔹】徒弔切。田器也。
◎㔹，徒弔切。田器名也。
【匿】羊式切。大鼎也。又田器。
◎匿，羊式切。大鼎。又田器。
【匬】余主切。器受十六斗。
◎匬，余主切。器受十六斗者。
【匱】渠愧切。匣也。
◎匱，渠愧切。匱櫝蘊玉匣。
【匵】徒鹿切。匱也。
◎匵，徒鹿切。見上注。
【匣】胡甲切。匱也。
◎匣，胡甲切。匱、匣，匭屬。
【㔷】呼骨切。古器也。
◎㔷，呼骨切。古器名。
【医】渠救切。棺也。亦作柩。匶，籀文。
◎医，渠救切。棺也。亦作柩。匶，籀文。
【匯】胡罪、口乖二切。回也，器也。
◎匯，胡罪、口乖二切。澤也，器也。
【匰】丁安切。宗廟盛主器也。
◎匰，丁安切。宗廟盛王器。
●底本“主”、圓沙本“王”疑當作“玉”。
【匭】古鮪切。匣也。匦，同上。
◎匭，古鮪切。匱，匣也，函也。匦，同上。
【㔫】胡耽切。船没也。
◎㔫，胡耽切。船没也。
【㝟】皮變切。又作笲。
◎㝟，皮變切。冠器。又作笲。
【匾】補堅切。竹豆。亦作籩。𠤳，籀文。
◎匾，補堅切。竹豆也。亦作籩。𠤳，籀文。
【匩】居疑切。籀文箕。
◎匩，居疑切。籀文箕字。
【㔸】布迴切。籀文桮。匼，古文。
◎㔸，布迴切。籀文桮字。匼，古文。
【医】方娱切，又弗武切。祭器。今作簠。
◎医，方娱、弗武二切。祭器。今作簠。
【㔺】呼韋切。亦古韓字。
◎㔺，呼韋切。亦古韓字。
【匨】作郎切。古臧字。
◎匨，作郎切。古文臧字。
【㔻】補是切。籠也。今作箄。
◎㔻，補是切。籠也。今作箄。
【匳】力占切。盛香器。亦作籢。匲，同上。
◎匳，力占切。盛香器也。亦作籢。匲，同上。
○匳，顧野王曰：盛黍器也。别作匲、籢。（《六書故》卷二十七）
【㔼】且緣切。竹器也。
◎㔼，且緣切。竹器。

曲部第二百五十一

凡四字

【曲】丘玉切。枉也，章也，不直也。𠚕，籀文。

◎曲，丘玉切。枉也，章也，不直也。𠃊，籀文。
○曲，枉也，不直也。籀文作𠃊，同。丘玉反。（《三部經音義集》一）
【𠙺】丘玉切。蠶薄也。或作笛。
◎𠙺，丘玉切。蠶薄。或作笛。
【𠁥】他刀切。古器也。
◎𠁥，他刀切。古器名。

壺部第二百五十二

凡八字

【壺】户徒切。盛飲器也，圓器也，瓦鼓也。壷，篆文。曲，籀文。
◎壺，户徒切。盛飲器也，圓器也，瓦鼓也。壷，篆文。曲，籀文。
【𡔷】口盇切。古榼字。酒器也。
◎𡔷，口盇切。古榼字。酒器。
【𡔹】先朗切。鼓材也。
◎𡔹，先廟切。鼓材也。
●“先廟切”疑誤。
【壼】於芬切。壹壼。𡕁，篆文。
◎壼，於芬切。壹壼。𡕁，篆文。
○壼，《玉篇》：於云反。……《玉篇》：壺也。（《龍龕手鏡》卷二）
○壼，《玉篇》：壷也。又囚、惲二音。（《龍龕手鏡》卷四）
【壹】音一。《説文》云：專壹也。
◎壹，音一。《説文》：專壹也。

卮部第二百五十三

凡三字

【卮】之移切。酒漿器也。受四升。
◎卮，之移切。酒漿飲器也。可受四升。
【䏋】時奭切。小卮有蓋也。
◎䏋，時奭切。小卮有蓋也。
【䏌】之奭切，又之縈切。小卮也。
◎䏌，之奭、之縈二切。小卮也。

甾部第二百五十四

凡十五字

【甾】側持切。缶也。此古文。今作甾。亦作由。𠙹、甾，並古文。甾，今文。
◎甾，側持切。缶也。此古文。今作甾。亦作由。𠙹、甾，並古文。甾，今文。
【𤮐】楚洽、千廉二切。古文臿。𤮑，同上。
◎𤮐，楚洽、千廉二切。古文臿。𤮑，同上。
【𤮕】力胡切。飲器也。𤮙，籀文。
◎𤮕，力胡切。飲器名。𤮙，籀文。
【畚】補衮切。盛糧器也。𤰞，同上。
◎畚，補衮切。盛糧器也。𤰞，同上。
【𤮝】之庶切。畚也。
◎𤮝，之庶切。畚也。
【𤮚】口奚切。𤮚䍌，大簏也。
◎𤮚，口奚切。𤮚䍌，大簏也。
【䍌】古惠切。𤮚䍌也。
◎䍌，古惠切。上注。
【𤮎】附娛切。小畚也。
◎𤮎，附娛切。器名，小畚也。
【𤮗】蒲丁切。竹器也。
◎𤮗，蒲丁切。竹器。

大廣益會玉篇
卷第十七

凡十四部

㫃部第二百五十五

凡三十八字

【㫃】於蹇切。《説文》云：旌旗之斿，㫃蹇之皃。又㫃蹇，舞皃。今爲偃。
◎㫃，於蹇切。《説文》：旌旗之斿，㫃蹇之皃。又㫃蹇，舞皃。今爲偃。
●底本“㫃蹇”原訛，據宋十行本改。
【旗】巨基切。熊虎爲旗也。又旗亭，市門樓表也。
◎旗，巨基切。熊虎爲之旗也。又旗亭，市門樓表也。
〇旗，顧野王：以鳥隼龜蛇也。（《一切經音義》卷九十五）
【旚】匹遥切。旍旗旚摇之皃。
◎旚，匹遥切。旍旗旚摇之皃。
【旐】除矯切。《周禮》曰：龜蛇爲旐。
◎旐，除矯切。《周礼》：龜蛇爲旐。
【旆】蒲貝切。《爾雅》曰：繼旐曰旆。
◎旆，蒲貝切。《尔雅》：繼旐曰旆。
【旌】子盈切。《周禮》曰：析羽爲旌。旍，同上，見《禮記》。
◎旌，子盈切。《周礼》：析羽爲旌。旍，同上，見《礼記》。
【旟】弋於切。《周禮》曰：鳥隼爲旟。
◎旟，弋於切。《周礼》：鳥集爲旟。
●圓沙本“鳥集”疑當作“鳥隼”。
【旐】與昭切。旌旗之旒也。
◎旐，與昭切。旌旗之旒名。
【旖】於我切，又於蟻切。旌旗旖旎皃。
◎旖，於我、於蟻二切。旖旎，旗皃。
【旎】女綺切。旖旎。
◎旎，女綺切。上注。
【旂】渠衣切。縣旌於竿。
◎旂，渠希切。縣旌於竿。
【旞】似醉切。全羽爲旞。旜，同上。
◎旞，似醉切。《周礼》全羽爲旞。旜，同上。
【旝】胡外切。《左傳》曰：旝動而鼓。
◎旝，胡外切。《左傳》：旝動而鼓。
【旃】之延切。《周禮》曰：通帛爲旃。旜，同上。
◎旃，之延切。《周礼》：通帛爲旃。旜，同上。
【旇】普皮切。旗靡也。
◎旇，普皮切。旗靡也。
【施】舒移切。施，張也。又式豉、以忮二切。
◎施，舒移切。施，張也。又弋豉切，施予也。以技切，施施自得也。
〇施，《玉篇》云：施，設也。（《一切經音義》卷二十六）
【斿】弋周切。旌旗之末垂者。或作游。
◎斿，弋周切。旌旗之末垂。一作游。
【旒】力周切。旌旗垂者。
◎旒，力周切。旌旗上綴垂者。
〇旒，顧野王云：旒即斿也。（《一切經音義》卷八十八）
【旄】莫刀切。旄，牛尾也，舞者持。
◎旄，莫刀切。旄，牛尾也，舞者持。
〇旄，顧野王云：凡旄者，旄牛尾也，施於幢旗之端，如今有旆也。（《一切經音義》卷十四）
〇旄，顧野王云：凡旄者，皆旄牛尾也。施於幢旌之端。旄牛背膝胡尾皆有長毛，剪其毛以用之也。（《一切經音義》卷七十七）
【旋】徐緣切。周旋也。

◎旋，徐緣切。周旋，無虧也。
【旛】妨園切。旌旗摠名也。
◎旛，妨園切。旌旗摠名。
【旅】力與切。衆也。㫁，古文。
◎旅，力与切。衆也，五百人爲旅。㫁，古文。
【族】徂鹿切。類也。
◎族，徂鹿切。類也。又宗族。
【旓】所交切。旌旗之斿。
◎旓，所交切。旌旗之斿。
【旛】於業、於儼二切。掩光也。
◎旛，於業、於儼二切。掩光也。
【於】央閭切。居也。又倚乎切，歎辭也。䧹、𢻹，並古文。
◎於，央閭切。居也。又倚乎切，歎辭。䧹，古文。𢻹，古文。
【㫚】文屈切。州里所建旗也。亦作勿。
◎㫚，文屈切。州里所建旗。亦作勿。
【旂】許非切。動也。亦作揮。
◎旂，許非切。動也。亦作揮。
【旟】居起切。失容也。
◎旟，居起切。失容也。
【旚】必姚切。旌旗飛揚皃。
◎旚，必姚切。旌旗飛揚皃。
【旑】於檢切。
◎旑，於檢切。旗也。
【旞】於了切。旗屬。
◎旞，於了切。旗别名。

勿部第二百五十六

凡三字

【勿】無弗切。非也。又旗也。
◎勿，無弗切。非也。又旗也。
【昜】弋章切。飛也。
◎昜，弋章切。飛也。
【㓛】吕至切。古文利。
◎㓛，吕至切。銛也，快也。古文利。

矢部第二百五十七

凡三十字

【矢】尸視切。箭也。古者牟夷作矢。镸，同上，俗。
◎矢，尸視切。箭也。古者牟夷作矢。镸，同上，俗。
【侯】胡鉤切。射侯。又君也，侯也，何也。厌，古文。
◎侯，胡鉤切。公侯，爵也。又射侯。厌，古文。矦，同上。
【䠶】時柘、時益二切。䠶弓。今作射。又亦、夜二音。
◎䠶，時柘、時益二切。射弓也。今作射。又亦夜切。
【矯】几兆切。强也，詐也，揉箭箝皃。
◎矯，几兆切。强也，詐也，揉也。
○矯，顧野王曰：假稱謂之矯。（《一切經音義》卷十一）
【短】丁緩切。不長也。
◎短，丁緩切。長短也，不長曰短。
【矤】尸忍切。况也。矧，同上。敒，同上。
◎矤，尸忍切。侃也。矧，同上。敒，同上。
○矧，相譬也。（《三教指歸注》四5）
●圓沙本“侃也”疑當作“况也”。
【矰】子登切。結繳於矢也。
◎矰，子登切。結繳於矢也。
【煬】口羊、且羊二切。傷也。
◎煬，口羊、且羊二切。傷也。
●“口羊”疑當作“尸羊”。
【矲】蒲楷切。短也。
◎矲，蒲楷切。矮矲，短也。
【知】豬移切。識也，覺也。
◎知，豬移切。識也，覺也。豬至切，心術也。
【矣】諧几切。已語辭也。
◎矣，諧几切。矣，已語辭。
【矨】牙冷切。小皃。
◎矨，牙吟切。小皃。

【婘】丘吠切。婘㖥，短小皃。
◎婘，丘吠切。婘㖥，短小皃。
【㖥】呼吠切。婘㖥。
◎㖥，呼吠切。上注。
【矬】才戈切。短也。
◎矬，才戈切。矬然短也。
【炪】職劣切。短也。
◎炪，職劣切。炪炪，短也。
【婢】必兮切。婢㜒，短小皃。
◎婢，必兮切。婢㜒，短小皃。
【㜒】子兮切。婢㜒。
◎㜒，子兮切。上注。
【㤓】孚法切。矢也。
◎㤓，孚法切。矢也。
【矔】呼官切。短。
◎矔，呼官切。短也。
【矩】拘羽切。法也。圓曰規，方曰矩。榘，同上。
◎矩，拘羽切。法也。圓曰規，方曰矩。榘，同上。
【矦】丁幺切。犬短尾。
◎矦，丁幺切。犬短尾。
○矦，《玉篇》：矦，犬短尾也。（《方言箋疏》卷四）
●底本“犬”原訛，徑改。
【犄】於己切。短皃。
◎犄，於己切。短也。
【䂏】徒了切。矢也。
◎䂏，徒了切。矢名。

弓部第二百五十八

凡七十五字

【弓】居雄切。黄帝臣揮作弓。
◎弓，居雄切。兵器，黄帝臣揮作弓。
【弭】亡爾切。息也，忘也，止也，安也，滅也。又弓無緣也。弭，同上。
◎弭，亡尒切。息也，忘也，止也，安也，滅也。又弓無緣也。弭，同上。
【弴】丁幺、丁昆二切。天子弓也。弤，同上。晝弓也。又丁禮切，舜弓名。
◎弴，丁幺、丁昆二切。天子弓名。弤，同上。晝弓也。又丁礼切，舜弓名。
【弲】火玄切。角弓也。
◎弲，火玄切。角弓名。
【弨】尺遥切。弓弛皃。
◎弨，尺遥切。弓弛皃。
【弧】户都切。木弓也。
◎弧，户都切。弓别名。又木弓。
【彏】渠員切。弓曲也。
◎彏，渠員切。彏彏，弓曲也。
【彄】苦侯切。弓弩端，弦所居也。
◎彄，苦侯切。弓弩端，弦所居也。
【彇】弋招切。弓便利。
◎彇，弋招切。弓利便。
【張】陟良切。施弓弦也。
◎張，陟良切。開也，施弓絃也。
○張，施弓弦也。陟良反。（《三部經音義集》二）
【彎】於關切。引也。
◎彎，於關切。引也，曲也。
【引】余忍、以振二切。《説文》云：開弓也。
◎引，余忍、以振二切。開弓也，援也。
【弘】羊忍切。挽弓也。
◎弘，羊忍切。挽弓也。
○弘，《玉篇》云：挽弓也。（《重修廣韻》卷三）
【彏】九縛切。張弓急。
◎彏，九縛切。張弓急也。
【弸】悲矜切。弓强皃。又普耕切。
◎弸，悲矜切。弓强也。又普耕切。
【彊】巨章切。堅也。《説文》云：弓有力也。又其兩切。强，同上。
◎彊，巨章切。弓堅也。又其兩切，勉彊也。《説文》：弓有力。强，同上。
○彊，堅也。《説文》云：彊，弓有力也。亦作强，同。渠章反。（《三部經音義集》二）
【弙】於孤、口孤二切。弓滿也，持也，指麾也，引也，張也。

◎弙，於孤、口孤二切。弓滿也，持也，指麾也，引也，張也。亦作弣。

【弘】胡肱切。大也。

◎弘，胡肱切。大也。《語》：人能弘道。

【彌】亡支切。大也，偏也。䉲，同上。弥，亦同上。

◎彌，亡支切。大也，徧也，甚也。䉲，同上。弥，同上。

○彌，顧野王云：彌，遠也。（《史記》卷八十四）

●“偏也”疑當作“徧也”。

【弛】尸紙切。去離也，弓解也。虒，同上。

◎弛，尸紙切。去離也，弓解也。虒，同上。

○弛，弓解也。尸紙反。（《三部經音義集》二）

○弛，《玉篇》云：名解也。顧野王云：去離也，弓解也。（《續一切經音義》卷十）

●佚文“名解也”疑當作“弓解也”。

【彀】古豆切。張弓弩也。

◎彀，古豆切。張弓弩也，弓滿也。

【弢】他刀切。弓衣也。

◎弢，他刀切。弓衣，所以藏弓也。

【弩】奴户切。弓有臂者。

◎弩，奴户切。弓有臂者。

【彉】古鑊切。張也。《説文》：滿弩也。彍，同上。

◎彉，古鑊切。張也。《説文》：滿弩也。彍，同上。

【彃】比溢切。射也。

◎彃，比溢切。射也。

【發】甫越切。明也，進也，行也，駕車也。

◎發，甫越切。明也，進也，駕車也，生也。

【羿】乎計、午悌二切。《論語》云：羿善射。又作羿。

◎羿，乎計、午悌二切。《語》：羿善射。又作羿。

【彈】達旦切。行丸也。又達丹切。弞、㢲，並同上。

◎彈，達旦切。又達丹二切。糾也，擊也。弞，同上。马，同上。

○彈，顧野王云：凡皷動物曰彈。（《一切經音義》卷四十五）

【彼】皮僞切。彼㥁，所以張弩也。

◎彼，皮僞切。彼㥁，所以張弩也。

【㥁】女恚切。彼㥁也。

◎㥁，女恚切。上注。

【弽】虚葉切。弓韘也。

◎弽，虚葉切。弓韘别名。

【弰】山交切。弓使箭。

◎弰，山交切。弓使箭也。

【彋】禹萌切。弸彋，帷帳起皃。

◎彋，禹萌切。弸彋，帷帳起皃。

【弲】於玄切。弓上下曲中。

◎弲，於玄切。弓上下曲中。

【彇】先幺切。弭頭謂之彇。

◎彇，先幺切。弭頭謂之彇。

【彆】卑結、卑計二切。弓戾也。彇，同上。

◎彆，卑結、卑計二切。弓戾也。彇，同上。

【弽】尸涉切。或作韘。

◎弽，户涉切。佩戴囊。或作韘。

【彘】豬吏切。青州爲彈曰彘。

◎彘，豬吏切。青州謂彈爲彘。

【㢣】居掾切。觻也。

◎㢣，居掾切。觻也。

【弸】五責切。束弓弩。

◎弸，五責切。束弓弩。

【弣】孚主、芳夫二切。弓也。

◎弣，孚主、芳夫二切。弓名也。

●《篆隷萬象名義》作“弓把也”，疑是。

【弔】都狄切。射也。又作的。

◎弔，都狄切。射中弔。又作的。

【弦】奚堅切。弓弦也。

◎弦，奚堅切。弓弦繩。

【弶】巨尚切。施置於道也。

◎弶，巨尚切。施置於道也。

【玕】胡旦切。《史記》：拒玕關之口。

◎玕，胡旦切。《史記》：拒玕關之口。

【㛡】司俊切。彇也。

◎㛡，司俊切。彇也。

【弤】吝女切。

◎弤，吝女切。弓衣。

【弫】彌賓切。施也。

◎弫，彌賔切。施也。
【弙】與魚切。
◎弙，与魚切。弓也。
【彇】去堯切。引也。
◎彇，去堯切。引也。
【彤】徒東切。弓飾。
◎彤，徒東切。弓飾。
【弸】必耕切。弓也。
◎弸，必耕切。弓也。
【弸】普庚切。又作絣。
◎弸，普庚切。又作絣，義同。
【彷】平忙切。弦急。㔙，同上。
◎彷，平忙切。弦急也。㔙，同上。
【彇】女兩切。弓曲。
◎彇，女兩切。弓曲也。
【彅】殂敢切。弓強。
◎彅，殂敢切。弓弝也。
●圓沙本“弓弝也”未詳。
【弫】之忍切。弓強。
◎弫，之忍切。弓强也。
【弮】居阮切，又去圓切。古縣名。
◎弮，居阮切，又去圓切。古縣名。
【弶】余章切。弓曲也。
◎弶，余章切。弓曲也。
【弝】必駡切。弓弝也。
◎弝，必駡切。弓弝也。
【弴】陟迸切。引榜也。
◎弴，陟迸切。引榜也。
【彇】巨魚切。
◎彇，巨魚切。弓力强皃。
【弡】古穴切。
◎弡，古穴切。矢發也。
【弫】巨勿切。彊勇。
◎弫，巨勿切。彊勇也。

弜部第二百五十九

凡六字

【弜】渠良切。彊也。又巨兩切。
◎弜，渠良切。彊也。又巨兩切，勉也。
【弼】皮密切。左輔右弼也。彌，同上。弻，古文。弻，今文。
◎弼，皮密切。輔弼也，正也，助也。彌，同上。弻，古文。弻，今文。
【鬻】弋粥切，又扶袁切。養生也。
◎鬻，弋粥切。育也。又扶袁切，養生也。

斤部第二百六十

凡三十一字

【斤】居垠切。斫木也。又十六兩爲斤。
◎斤，居垠切。斫木也。又十六兩爲斤。
【斧】方禹切。刀斧也。
◎斧，方禹切。兵利器，刀斧也。
○斧，方禹反。刀斧也。（《三教指歸注》四27）
【斨】且羊切。方銎斧也。
◎斨，且羊切。方銎斧也。
○斨，《玉篇》：音槍。斧也。又銎也。（《龍龕手鏡》卷一）
【斫】之若切。刀斫。
◎斫，之若切。刀斬截也。
○斫，陟略反。《説文》曰：斫謂之櫡。斫，擊。（《醫心方》寫本）
○斫，《玉篇》云：刀斫。（《釋名疏證》卷八）
【斪】巨俱切。鋤屬。
◎斪，巨俱切。器名，鋤屬。
【斸】竹足切。斫也。或作钃。
◎斸，竹足切。斫也。或作钃。
【斲】竹角切。斫也。斵，同上。
◎斲，竹角切。斫也，雕也。斵，同上。
【釿】牛引切。劑也。
◎釿，牛引切。劑也。
【斮】側略切。斬也，斷也，削也。
◎斮，側略切。斬也，断也，削也。
【所】師吕切。伐木聲也。又處所。俗作所。
◎所，師吕切。伐木声也。又處所也。
○所，師旅反。《尚書》：天閟毖我功所。孔安國曰：言天慎勞我周家，成功所在也。《毛詩傳》曰：所所，柹皃也。又曰：有截有［其］所。《箋》云：所猶處也。野王案，《儀禮》奠于其所是也。《禮記》：求得當欲，不以其所。鄭玄曰：當猶稱也，所猶道也。《廣雅》：所居，所几也。《尚書》：多歷年所。野王案，年所猶歷年也。《説文》：從斤（户）聲也。（《新撰字鏡》一二 33）

【斯】思移切。析也。又此也。㪺，古文。

◎斯，思移切。析也，此也。㪺，同上。

【斷】丁管、徒管二切。截也。又丁亂切，决也。剆，古文。断，同上，俗。

◎斷，丁管、徒管二切。截也。又丁乱切，决也。剆，古文。断，俗用。

〇斷，截也。丁亂反。决也。（《三部經音義集》二）

〇斷，《玉篇》曰：斷謂裁制分决也。（《一切經音義》卷二十三）

〇斷，《玉篇》：純也，截也。（《一切經音義》卷二十五）

〇斷，《玉篇》：斷，决也，齊也。（《一切經音義》卷二十七）

【斦】力可切。擊也。

◎斦，力可切。擊也。

【斯】思的切。破也，分也。

◎斯，思的切。破也，分也。

【新】思人切。初也。

◎新，思人切。初也，新鮮也，美也。

【斬】組減切。斷也。

◎斬，組減切。断也，伐也，斫也。

【斱】知略切。破也。

◎斱，知略切。破也。

【斵】叉刮、叉芮二切。斷也。鏑，同上。

◎斵，叉刮、叉芮二切。断也。鏑，同上。

【斪】古額切。亦作䓢。

◎斪，古額切。殺也。亦作䓢。

【斲】時世切。古文誓。

◎斲，時世切。古文誓字。

【斦】魚斤切。二斤也。

◎斦，魚斤切。二斤也。

【斯】他凋切。斫也。

◎斯，他彫切。斫也。

【斮】博棱切。斸也。

◎斮，博稜切。斸也。

【斸】其愚切。

◎斸，其愚切。斫也。

【斱】知朔切。

◎斱，知朔切。刻也，截也，彫也。

【斪】枯畦切。

◎斪，枯畦切。斪斯也。

矛部第二百六十一

凡二十八字

【矛】莫侯切。酋矛，長二丈，建兵車。鉾，古文。

◎矛，莫侯切。酋矛，長二丈，建兵車。鉾，古文。

【矟】力當切。矛屬。

◎矟，力當切。兵器，矛屬。

【矠】口大切。矛屬。

◎矠，口大切。兵器，矛屬。

【矠】叉白、側白二切。矛屬。

◎矠，叉白、側白二切。兵器，矛屬。

【矡】千喚切。鋋也。穳，同上。

◎矡，千喚切。兵器，鋋屬。穳，同上。

【矞】女六切。刺也。

◎矞，女六切。刺也。

【矜】渠巾切。矛柄也。矝，同上。又居陵切，自賢也。

◎矜，渠巾切。矛柄也。矝，同上。又居陵切，自賢也。

【矜】呼的切。長矛也。

◎矜，呼的切。長矛名。

〇矜，《玉篇》有矜字，長矛也。呼的切。（《釋名疏證補》卷七）

【殺】呼役切。矛也。

◎殺，呼役切。矛别名。

【矡】几偃切。矛也。

◎矡，几偃切。矛别名。

【矛】丈買切。矛也。

◎矛，丈買切。矛名。

【矟】山卓切。矛也。
◎矟，山卓切。矛柄名。
【矜】扶容切。矜䂬，矛有二柄。䡝，同上。
◎矜，扶容切。矜䂬，矛有二柄。䡝，同上。
【䂬】如容切。矜䂬。
◎䂬，如容切。矜䂬。見上注。
【𥎦】大冬切。刺矛也。
【䂻】時奢切。短矛。亦作鉈。
◎䂻，時奢切。短矛也。亦作鉈。
【矝】子心切。錐也。
◎矝，子心切。錐別名。
【矡】居縛切。
◎矡，居縛切。鉏別名。
【穜】尺鍾切。短矛也。
◎穜，尺鍾切。短矛名。
【䆝】楚雙切。矛也。
◎䆝，楚雙切。矛名。
【䂶】式之切。
◎䂶，式之切。矛也。
【𥍯】胡鉤切。
◎𥍯，胡鉤切。矛屬也。
【矟】許进切。
◎矟，許进切。矛也。
【矵】去的切。矛也。
◎矵，去的切。矛也。
○矵，《玉篇》：矵，矛也。（《釋名疏證補》卷七）

補

○𥍫，《玉篇》：音隔。（《龍龕手鏡》卷一）
○䂸，《玉篇》又音佳，同雛，鳥名。（《龍龕手鏡》卷一）

戈部第二百六十二

凡五十一字

【戈】古禾切。平頭戟，長六尺六寸。
◎戈，古禾切。平頭戟，長六尺六寸。
【肇】池矯切。長也，始也。
◎肇，他矯切。長也，始也。
●圓沙本“他矯切”疑當作“池矯切”。
【戎】如終切。《說文》作戟，兵也。戟，同上。
◎戎，如終切。兵也。《說文》作戟。戟，同上。
【戣】渠隹切。戟屬。
◎戣，渠隹切。兵器，戟屬。
【戰】古寒切。戰，盾也。
◎戰，古寒切。盾別名。
【戟】居逆切。三刃戟也，雄也。《說文》作戟，有枝兵也。戟，同上。
◎戟，居逆切。三刃戟也，雄也。《說文》作戟，有枝兵也。戟，同上。
○戟，居逆反。三刃戟也，雄也。（《三教指歸注》四26）
【戛】古札切。戟也，常也。
◎戛，古札切。戟也，常也，擊也。
【賊】在則切。盜也，傷害人也。《說文》作賊，敗也。賊，同上。
◎賊，在則切。盜也，傷害人也。《說文》作賊，敗也。賊，同上。
【戍】舒樹切。守也，遏也。
◎戍，舒樹切。守也，遏也，人荷戈。
【戰】之膳切。鬬也。
◎戰，之膳切。以兵鬬謂之戰。
○戰，顧野王云：戰，懼也。（《一切經音義》卷七）
【戲】忻義切。兵也。又戲笑。又虛奇切。
◎戲，忻義切。兵也。又戲笑。又虛奇切。
【或】胡國切。有疑也。
◎或，胡國切。有疑之辭。
【戜】徒結切。利也，常也。國名也，在三苗東。
◎戜，徒結切。利也，常也。國名也，在三苗東。
【戭】余忍、余淺二切。長槍也。
◎戭，余忍、余淺二切。長槍。
【𢧵】在節切。齊也，治也，斷也。亦作截。
◎𢧵，在節切。齊也，治也，断也。今作截。
○截，齊也，治也，斷也。亦作𢧵，同。在

節反。(《三部經音義集》二)
【㦰】苦耽切。殺也。
◎㦰，苦耽切。殺也。
【戕】在良、七良二切。殘也，殺也。
◎戕，在哀、七良二切。殘也，殺也。
●圓沙本“在哀”疑當作“在良”。
【戮】力竹切。辱也，殺也。
◎戮，力竹切。辱也，殺也。
【戡】竹甚切。小斫也。又苦耽切。
◎戡，竹甚切。小斫也。又苦耽切，伐也。
【𢦏】子廉切。田器。又盡也。
◎𢦏，子廉切。田器。又盡也。
【𢦒】子來切。《説文》曰：傷也。
◎𢦒，子來切。《説文》：傷也。
【戩】子踐切。福也。亦滅也。
◎戩，子踐切。福也。又伐滅也。
【武】亡禹切。健也，跡也，力也。
◎武，亡禹切。健也，跡也，力也。
【戢】側立、楚立二切。聚也，斂也。
◎戢，側立、楚立二切。聚也，斂也。
【戠】之力切。
◎戠，之力切。斂也。
【𢧀】莫侯切。古文矛。
◎𢧀，莫侯切。古文矛字。
【㦸】如欲切。戟也。
◎㦸，如欲切。戟也。
【㦲】五勞切。戟鋒也。
◎㦲，五勞切。戟鋒名。
【𢧵】充允切。亦蠢字。
◎𢧵，允允切。衆動也。亦蠢字。
【戫】余種切。古勇字。
◎戫，余種切。强也，敢也。古勇字。
【㦾】子感切。古寁字。
◎㦾，子感切。古文寁字。
【𢧢】古額切。鬬也。
◎𢧢，古額切。鬬也。
【戢】詞立切。古襲字。輕師不備也。
◎戢，詞立切。古襲字。輕師不備也。
【戧】楚良切。古創字。
◎戧，楚良切。傷也。古創字。
【戠】莊略切。古斮字。
◎戠，莊略切。断也。古斮字。
【戜】古獲切。割耳也。
◎戜，古獲切。割耳也。与馘同。
【戔】在安切。傷也，賊也。
◎戔，在安切。傷也，賊也，多也。
●圓沙本“多也”未詳。
【㦮】賊安切。多。
◎㦮，賊安切。多也。
【戨】各何切。
◎戨，各何切。戮也。
【戯】荒姑切。
◎戯，荒姑切。伐也。
【韱】思廉切。細也。今作韯。又山韭也。
◎韱，思廉切。細也。今作韯。又山韭也。
【𢦤】音誅。戈也。
◎𢦤，音誅。戈也。
【𢧄】與章切。戈也。
◎𢧄，與章切。戈也。
【𢨌】余鍾切。戣也。
◎𢨌，余鍾切。兵器，戟屬，戣也。
【𢨜】詰廉切。矛也。
◎𢨜，詰廉切。矛也。
【𢦺】巨尤切。矛飾。
◎𢦺，巨尤切。矛飾。
【𢧐】胡瓦切。《説文》曰：擊踝也。
◎𢧐，胡瓦切。《説文》：擊踝也。
【𢨀】徒弄切。船板木。
◎𢨀，徒弄切。船板木。

殳部第二百六十三

凡二十八字

【殳】時珠切。長丈二尺而無刃。
◎殳，時珠切。兵也，長丈二尺而無刃。
【杸】時朱切。軍中所持也。
◎杸，時朱切。軍中所持器。
【㱿】空角切。物皮空。
◎㱿，空角切。物皮内空留外者。
○㱿，顧野王：凡皮皆曰㱿。(《一切經音義》

卷七十五）
〇殼，顧野王曰：凡物之皮皆曰殼也。（《一切經音義》卷三十三）
【毄】公狄切。係也。
◎毄，公狄切。係也。
【㪇】巨今、竹甚二切。治也，制也。
◎㪇，巨今、竹甚二切。治也，制也。
【祋】丁外、丁括二切。殳也。
◎祋，丁外、丁括二切。殳名。
【㲉】市流切。縣物㲉擊也。㪌，同上。
◎㲉，市流切。縣物㲉擊也。㪌，同上。
【毆】於口切。捶擊也。
◎毆，於口切。毆擊，捶打也。
【毃】口交、口卓二切。擊頭也。或作敲。
◎毃，口交、口卓二切。擊頭也。或作敲。
【㲊】市真切。喜而動皃。又音蓁。
◎㲊，市真切。喜而動皃。又音榛。
【段】徒亂切。投物也。
◎段，徒乱切。投物也。
●底本字頭原訛，據宋十行本改。
【殽】胡交切。雜亂也，和也。
◎殽，胡交切。雜乱也，和也。
【殹】烏計切。擊中聲。
◎殹，烏計切。擊中声。
【㱽】大宗切。擊聲。
◎㱽，大宗切。擊也。
【毅】魚記切。致果也。
◎毅，魚記切。致果也。
【㲃】居又、去流二切。揉屈也。
◎㲃，居又、去流二切。揉屈也。
【毅】公才切。毅者，剛卯也。
◎毅，公才切。毅者，剛卯也。
【殿】徒見切。大堂也。又丁見切。
◎殿，徒見切。大堂也。又丁見切，後也。
【㲄】丈耕切。推也。
◎㲄，丈耕切。推也。
●底本字頭原訛，據宋十行本改。
【篫】中六切。亦作築。
◎篫，中六切。打也，壘也。亦作築。
【㲌】息俊切。
◎㲌，息俊切。築也。
【㱾】居小切。
◎㱾，居小切。殘也。
【㲋】居藝切。
◎㲋，居藝切。戕也。
【㪃】初万切。
◎㪃，初石切。奪也。
【鑿】在各切。穿鑿也。
◎鑿，在各切。穿鑿也。
●底本“穿”後空字，據宋十行本補。
【㲅】音終。
◎㲅，音終。盡殺也。
【𣪘】徒透切。遥擊也。古爲投。
◎𣪘，徒透切。遥擊也。古爲投。

殺部第二百六十四

凡六字

【殺】所札切。斷命也。又所界切，疾也。布、𢽉、㣲，並古文。𣫞，籒文。
◎殺，所札切。又所界切。断命也。𢿥、㣲、布，𣫞，籒文。
【弑】式吏切。亦作殺。
◎弑，式吏切。下殺上。亦作殺。

戉部第二百六十五

凡二字

【戉】禹月切。黄戉，以黄金飾斧也。又作鉞。
◎戉，禹月切。黄戉，以黄金飾斧，書左氏黄戉。又作鉞。
【戚】千的切。戉也。或作鏚。
◎戚，千的切。戉也。或作鏚。又親也。
〇戚，野王案：近所以爲親也。音倉曆反。（《令集解》二八 193）
〇戚，顧野王曰：近所以爲親也。（《一切經音義》卷二十三）

刀部第二百六十六

凡一百九十六字

【刀】都高切。兵也，所以割也。亦名錢，以其利於人也。亦名布，分布人間也。又丁幺切。《莊子》云：刀刀乎。又姓。俗作刁。

◎刀，都高切。兵也，所以割也。亦名錢，以其利於人。亦名布，分布人間也。又丁幺切。《莊》：刀刀乎。又姓。俗作刁。

【劍】孚至切。刀握也。或爲弣。

◎劍，孚玉切。刀握也。或爲弣。

○劍，《玉篇》：子乳反。（《龍龕手鏡》卷二）

【罰】五各切。刀劍刃也。

◎罰，五各切。鋒也，刀劍刃也。

【削】思略切。刻治也。又思妙切，所以貯刀劍刃。

◎削，思略切。刻治也。又思妙切，所以貯刀劍刃。

【刵】古侯切。鐮也。

◎刵，古侯切。鐮刵也。

○刵，《玉篇》云：刵，鐮也。（《方言疏證》卷五）

【劌】居蟻切。刃曲也。刏，同上。

◎劌，居蟻切。刃曲也。刏，同上。

【剴】公哀、五哀二切。切也，動也，摩也。

◎剴，公哀、五哀二切。摩也，切也。

【剧】九勿、九月二切。剞剧也。劂，同上。

◎剧，九勿、九月二切。剞剧也。劂，同上。

【利】力至切。義之和也，善也，剡也，銛也。

◎利，力至切。銛也，善也，得財也。

○利，猶善也。（《法華釋文》上）

【剡】以冉切。削也。又剡剡，光皃。

◎剡，以冉切。削也。又剡剡，光皃。

【初】楚居切。始也。

◎初，楚居切。初始也。

【則】子得切。法也。劓，古文。鼎，籀文。

◎則，子得切。法也。劓，古文。鼎，同上。

【刻】苦則切。鏤也，怠也，割也。剻，古文。

◎刻，苦則切。鏤也，彫也，割也。剻，古文。

【割】柯曷切。截也。剑，古文。

◎割，柯曷切。截也。剑，古文。

【刌】忽混切。切斷也。

◎刌，忽混切。以刀切断也。

【切】妻結切。治骨也，斷也，急也。又七計切，一切也。

◎切，妻結切。治骨也，断也，急也。又七説切，一切也。

【判】普半切。分散也。

◎判，普半切。分散也，書判也。

【劈】先列、魚乙二切。斷也。

◎劈，先列、魚乙二切。断也。

【劌】居衛切。利傷也。

◎劌，居衛切。利傷也。

【刉】九祈切。切刺也。又公外切。

◎刉，九祈切。切刺也。又公外切，断也。

【副】普逼切。坼也，破也。又芳富切，貳也。疈，籀文。

◎副，普逼切。折也，破也。芳富切，貳也。疈，籀文。

【剖】普后切。判也，中分爲剖。

◎剖，普后切。破也，中分也。又析也。

○剖，顧野王：剖猶破也。（《一切經音義》卷三十）

○剖，《玉篇》曰：剖，破。《蒼頡篇》曰：剖，析之也。（《一切經音義》卷二十三）

【列】力泄切。《説文》作刿，分解也。刿，同上。

◎列，力泄切。《説文》作刿，分解也。刿，同上。刕，俗文列字。

○列，顧野王云：列猶施列行次也。（《一切經音義》卷九十九）

【劈】普辟切。裂破也。

◎劈，普辟切。裂破也，析也。

【辨】皮莧切。具也。又音片。《爾雅》云：革中絶謂之辨。

◎辨，皮莧切。具也。亦辯論。又音片。《爾雅》：革中絶云。

【劉】竹劣切。削也。

◎劉，竹劣切。削也。

【劆】達各切。治木也，分也。
◎劆，達各切。治木也，分劆也。
【刊】口干切。削也，定也，除也。
◎刊，口干切。削也，定也，除也。
【剈】於玄切。挑也，剜也。圓，古文。
◎剈，於玄切。剜也。圓，古文。
【劀】公八切。去血也，割也。
◎劀，公八切。去血也，割也。
【剺】力咨切。剥也。剓，同上。
◎剺，力咨切。剥也。剓，同上。
【刷】所刮切。翦剃。又刷拭也。
◎刷，所刮切。翦也，剃也。又拭也。
○刷，顧野王云：刷亦剪剃也。（《一切經音義》卷五十四）
【劃】乎麥切。以刀劃破物也。劃，古文。
◎劃，乎麥切。以刀劃破物也。劃，古文。
○劃，顧野王云：以刀頭破物也。（《一切經音義》卷四十三）
【刮】古猾切。摩也。
◎刮，古猾切。摩也，削也。
【刪】所姦切。定也，剟也。
◎刪，所姦切。削也，定也，剟也。
【刲】口圭切。屠也，刺也。刭，同上。
◎刲，口圭切。屠也，刺也。刭，同上。
【剽】孚妙切。《史記》云：行剽殺人也。削也，截也。
◎剽，孚妙切。《史記》：行剽殺人也。削也，奪也。
【刖】五厥、五刮二切。斷足也。
◎刖，五厥、五刮二切。断足。
【剉】子臥、士臥二切。去芒角也，斫也。
◎剉，子臥、七臥二切。斫也，去芒角也。
○剉，野王案：斬草，所以食馬者也。（《令抄》956）
○剉，《玉篇》：剉，斫也。（《一切經音義》卷十三）
○剉，顧野王云：剉猶斫也。（《一切經音義》卷六十）
【劖】士咸切。斷也。
◎劖，士咸切。断也。
【剿】子小切。絶也。劋，同上。
◎剿，子小切。絶也。劋，同上。
○劋，《玉篇》：子小反。（《經典釋文》卷三）
【剢】楚乙切。傷割也。又割聲也。
◎剢，楚乙切。傷割。又割声。
○剢，《玉篇》：割也。（《龍龕手鏡》卷一）
【刜】扶弗、孚弗二切。斫也，擊也。
◎刜，扶弗、孚弗二切。斫也，擊也。
【刓】五丸切。削也。
◎刓，五丸切。削也。
●宋十行本作“五元切”。
【制】之世切。法度也，裁也，斷也，折也。制，古文。
◎制，之世切。法度也，裁也，作也，断也。制，古文。
【刮】都忝切。缺也。或作玷。
◎刮，都忝切。缺也。或作玷。
【釗】之姚切。遠也，剽也。周康王名。又古堯切。
◎釗，之姚切。遠也，剽也。周康王名。又古堯切。
○釗，《玉篇》《廣韻》竝云：釗，遠也。（《方言疏證》卷七）
【刺】且利切。殺也。又七亦切，針刺也。
◎刺，且利切。殺也。七亦切，針刺。
【劓】魚器切。割也，截鼻者。劓，同上。
◎劓，魚器切。割也，五刑截鼻者。劓，同上。
【刵】而至切。截耳也。
◎刵，而至切。五刑截耳曰刵。
【刳】口孤切。空物腸也，判也，屠也。《易》曰：刳木爲舟。
◎刳，口孤切。破腹也，空物腸也。《易》：刳木爲舟。
○刳，顧野王云：刳謂空其腹也。（《一切經音義》卷六十四）
【罰】扶發切。罪罰也。
◎罰，扶發切。刑罰，罪罰也。
【刑】户丁切。法也，罰摠名也。荆，同上。
◎刑，户丁切。法也，罰摠名也。荆，同上。
【剄】古冷切。以刀割頸也。
◎剄，古今切。以刀割頸也。
【剸】子本切。減也，斷也。

◎劕，子本切。减也，断也。
【㓉】乙牙切。刎也。
◎㓉，乙牙切。刎也。
○㓉，《玉篇》又乙雅反。（《龍龕手鏡》卷一）
【券】丘萬切。契書也。
◎券，丘万切。契書。
【創】楚良切。傷也。又楚亮切，始也。
◎創，楚良切。傷也。楚亮切，始也。
【劉】力牛切。鉞殺也，陳也。
◎劉，力牛切。鉞殺也，陳也。又姓。
【劑】才細切。剪齊也。
◎劑，才細切。剪齊也，合匀。
【刎】亡粉切。割也。
◎刎，亡粉切。割也，自刑也，剄也。
●底本“切”字原作“也”，徑改。
【剾】於溝切。剜也。
◎剾，於溝切。剜也。
【剅】徒溝切。剾也。
◎剅，徒溝切。剾剜也。
【刻】下千切。剄也。
◎刻，下千切。剄也。
【剔】丁盍切。著也。
◎剔，丁盍切。著也。
【㓲】尺庸切。刺也。亦作劏。
◎㓲，尺庸切。刺也。亦作穜。
○劏，《玉篇》作尺庸反。刺也。（《戰國策·楚》卷五）
【㓯】力活切。削也。
◎㓯，力活切。削也。
【剌】力達切。戾也，恥也。
◎剌，力達切。戾也，恥也。
○剌，顧野王云：鋭鑱入人肉中曰剌。（《一切經音義》卷二十九）
○剌，顧野王云：鋭器入人肉中剌也。（《一切經音義》卷六十三）
○剌，顧野王云：剌謂鋭器鑱入人肉中也。（《一切經音義》卷七十二）
○剌，《玉篇》音力達切。（《方言箋疏》卷二）
【剶】叉亂、叉芮二切。斷也。
◎剶，叉乱、叉芮二切。断也。
【剽】力一切。斷也，削也。剌，同上。
◎剽，力一切。断也，削也。剌，同上。
【剶】丑全切。削也，去枝也。
◎剶，丑全切。削也，去枝也。
【劙】力支切。解也，分割也。
◎劙，力支切。解也，分割也。
○劙，《玉篇》云：劙，解也，分割也。（《方言疏證》卷六）
○劙，《玉篇》云：解也。（《方言疏證》卷十三）
【剜】於丸切。剜削也。
◎剜，於丸切。削也。
○剜，《玉篇》：剜，削也。（《一切經音義》卷十五）
【鬣】力涉切。減削。
◎鬣，力涉切。减削也。
【劌】胡圭切。減也，削也。
◎劌，胡圭切。减也，削也。
【剶】叉律切。割斷。
◎剶，叉律切。割也，断也。
【剅】丁侯切。小裂也。
◎剅，丁侯切。小裂也。
【剡】唯芮切。籀文鋭。
◎剡，唯芮切。籀文鋭字。
【划】公臥、公禍二切。鎌也。又刈刏。
◎划，公則、公禍二切。鎌也。又刈刏。
【刉】古紅切。銍也。
◎刉，古紅切。銍也。
【剬】補護切。裁刀也。
◎剬，補護切。裁刀也。
【劖】音監。劖聚，細切也。
◎劖，音監。劖聚，細切。
【㔆】旨善切。攻也。
◎㔆，旨善切。攻也。
【刈】魚廢切。穫也，取也，殺也。
◎刈，魚廢切。穫也，殺也，取也。
【剨】郎石切。劙開也。
◎剨，郎石切。劙開也，分割。
【劐】呼鑊切。裂也。
◎劐，呼鑊切。裂也。
【㓸】口號、口郭二切。解也。㔀，籀文。
◎㓸，口號、口郭二切。解也，分割。㔀，

籒文。
○𠜂，《玉篇》云：解也。（《方言疏證》卷十三）
【剶】才候切。斵也，細切也。
◎剶，才候切。断也，細切也。
【朷】莫鹿切。朷桑也。
◎朷，莫鹿切。朷桑也。
【劁】才焦切。刈穫也。
◎劁，才焦切。刈穫也。
【剗】楚簡切。剗削也。
◎剗，楚簡切。削也，除也。
○剗，楚間反。削也。或爲鏟。（《成實論天長點》）
【刐】丁幺切。斵取也。刟，同上。
◎刐，丁幺切。断取也。刟，同上。
【劇】巨戟切。甚也。
◎劇，巨戟切。盛也。
○劇，顧野王云：劇，甚也，謂更甚於前也。（《一切經音義》卷一）
○劇，《玉篇》：劇，甚也，病甚於前。（《一切經音義》卷七十九）
【㓣】魚劫、七葉二切。接續也。
◎㓣，魚劫、七葉二切。接續。
【剬】仕弓切。鍤屬。
◎剬，在弓切。器名，鍤屬。
【𠛾】都管切。古斷字。
◎𠛾，都管切。古文断字。
【剃】他計切。鬄也，除髮也。亦作鬀。
◎剃，他計切。除髮。亦作鬀。
【剩】叉丈切。皮也。
◎剩，叉丈切。剩皮也。
【剳】力各切。剔也。
◎剳，力各切。剔也。
【剔】他狄切。解骨也。㔸，同上。屠也。
◎剔，他狄切。解骨也，刮也。㔸，同上。屠也。
○剔，《玉篇》云：剔，治也，剃髮也。（《一切經音義》卷八十四）
【剷】之善切。伐擊也。
◎剷，之善切。伐擊也。
【剈】丁奚切。刭也。
◎剈，丁奚切。刭也。
【㓵】乙角切。形也。
◎㓵，乙角切。刑也。
●"形也"疑當作"刑也"。
【剋】口得切。勝也。
◎剋，口得切。勝也，除也。
【剠】力向切。奪也。亦作掠。
◎剠，力向切。奪也。亦作掠。
【劘】莫何切。削也。
◎劘，莫何切。削也。
【劗】子踐、子丸二切。鬋髮也，減也，切也。或作揃。
◎劗，子踐、子丸二切。剔髮也，減也，切也。或作揃。
【䂵】且落切。《爾雅》曰：犀謂之䂵。亦作錯。
◎䂵，且落切。《尔雅》：治犀謂之䂵。亦作錯。
【𠜾】口怪切。斵也。
◎𠜾，口怪切。断也。
【剭】丁幺切。剭琢也。
◎剭，丁幺切。琢也。
○剭，《玉篇》：丁么反。琢也。（《龍龕手鏡》卷一）
【劍】居欠切。籒文劒。
◎劍，居欠切。籒文劒字。
【劗】徂感切。劗剫也，刺也。
◎劗，徂感切。劗剫也，刺也。
【剫】楚佳切。劗剫。
◎剫，楚佳切。劗剫，刺也。
【剆】力可切。擊也。亦作斫。
◎剆，力可切。擊也。亦作斫。
【剥】北角切。剥削也。《説文》曰：裂也。㓟，同上。
◎剥，北角切。削也。《説文》：裂也。又卦名。㓟，同上。
○剥，《玉篇》云：剥者，裂也。（《輔行記》第一之三）
【㓦】烏玄切。與淵同。
◎㓦，烏玄切。與淵同。
【剓】力之切。直破也。

◎剓，力之切。直破也。
【㓾】素奚切。剶也。
◎㓾，素奚切。剶皮也。
【剬】多丸切。齊也。
◎剬，多丸切。齊也。
【劇】居言切。劗也。
◎劇，居言切。劗也。
【剻】匹迷切。削也。
◎剻，匹迷切。削也。
【刨】薄茅切。削也。
◎刨，莫茅切。刨削也。
【劉】力竹切。削也。
◎劉，力竹切。削也。
【剸】徒官切。截也。又旨兖切。
◎剸，徒官切。截也。旨兖切，切片。
【㓹】他凋切。劗也。
◎㓹，他彫切。劗也。
【㓘】古花切。割也。
◎㓘，古花切。割也。
【劐】盧兜切。穿也。
◎劐，盧兜切。穿也。
【劕】山俱切，又公節切。割也。
◎劕，山俱、公節二切。刀割也。
【劊】匹奚、匹計二切。劊斫也。又方蔑切。
◎劊，匹奚、匹計二切。斫也。又方蔑切。
【剺】力珍切。削也。
◎剺，力珍切。削也，刮也。
【刕】歷低切。姓。又力脂切。
◎刕，歷低切。姓氏。又力脂切，割也。
【剛】古郎切。强也。
◎剛，古郎切。不柔也，强也。
【劍】於嚴切。刑也。
◎劍，於嚴切。刑名也。
【删】北朋切。斫也。
◎删，北朋切。斫也。
【剻】力九切。
◎剻，力久切。割也。
【刡】莫忍切，又草賔切。刡削。
◎刡，莫忍切，莫賔切。刡削也。
●“草賔切”疑當作“莫賔切”。

【刐】得旱切。割也。
◎刐，得旱切。割也。
【㓝】而兖切。刺也。
◎㓝，而兖切。刺也。
【剌】於景切。刺也。
◎剌，於景切。刺也。
○剌，《玉篇》云：刺也。(《重修廣韻》卷三)
【剈】古火切。割也。
◎剈，古火切。割也。
【剆】音鎖。切也。
◎剆，音瑣。切也。
【剮】匹鉛切。釣也。
◎剮，匹鋭切。釣也。
●“匹鋭切”疑誤。
【剕】符沸切。刖也。
◎剕，符沸切。刖也。
【剁】丁卧切。斫。
◎剁，丁卧切。細切，斫也。
【刋】七見切。切也。
◎刋，七見切。切也。
【㓷】魚弔切。削也。
◎㓷，魚弔切。削也。
【剡】所鑑切。刀剡。
◎剡，所鑑切。刀剡也。
【剥】七煸切。剋也。
◎剥，七煸切。剋也。
【刿】所罵切。刺也。
◎刿，所罵切。刺也。
【劃】去近切。
◎劃，去近切。割也。
【劚】力計切。
◎劚，力計切。割也。
【剳】丁盍切。剳剨也。
◎剳，丁盍切。剳剨也。
【刮】口八切。與刧同。
◎刮，口八切。与刧同。
【劅】貞角切。刑也。
◎劅，貞角切。刑也。
【㓵】魚乙切。
◎㓵，魚乙切。断也。

【刹】初八切。刹柱也。
◎刹，初八切。刹柱也。
○刹那，須臾，俄頃也。(《類》172)
○刹，《玉篇》音初八反。(《續一切經音義》卷三)
【刵】而利切。削也。
◎刵，而利切。刵削也。
【刚】北角切。
◎刚，北角切。与剥字同。
【劊】古滑切。去惡肉。俗劀字。
◎劊，古滑切。去惡肉也。俗劀字。
【剆】俗列字。
【剘】仕鍇切。剘草刀。俗又直叶切。
◎剘，仕鍇切。剘草刀也。又直吐切。
【𠠁】普末切。𠠁剌。
◎𠠁，普末切。剌也，斫也。
【刯】先活切。
◎刯，先活切。割也。
【刔】古穴切。剔也。
◎刔，古穴切。剔也。
【劊】古活切。斷也。又古會切。
◎劊，古活切。断也。又古會切。
【剢】所流切。刈也。
◎剢，所流切。刈也。
【剩】思録切。細切也。
◎剩，思録切。細切也。
【剷】初洽切。切聲。
◎剷，初洽切。刀利物声。
○剷，《川韻》云：切聲。又《玉篇》初洽反，義同。(《龍龕手鏡》卷一)
【剩】時證切。不啻也。
◎剩，時正切。餘也，不啻也。
【刡】符碑切。剥也。
◎刡，符碑切。剥也。
【剪】俗翦字。
◎剪，俗文翦字。
○剪，千淺反。切也，滅也。(《成實論》二二)
【𠝣】慈㡣切。古文前。
◎𠝣，慈㡣切。古文前字。
【劚】户關切。《地理志》：樸劚縣，在武威。
◎劚，户關切。《地理志》：樸劚縣，在武威。
【剮】古瓦切。剔肉值骨也。《説文》作冎。
◎剮，古瓦切。刀剔肉值骨也。《説文》作冎。
【刖】五骨切。船在水不安謂之刖也。
◎刖，五骨切。船在水不安曰刖。

丯刀部第二百六十七

凡四字

【丯刀】口八切。巧丯刀也。
◎丯刀，口八切。佳也，巧丯刀也。
【栔】苦結切。開也，別也，其約即作契。
◎栔，苦結切。開也，別也，其約即作契。
【挈】力灼切。今作略。又籀文剠。
◎挈，力灼切。今作畧。又籀文剽。
【絜】公八切。㓞絜，刷刮也。
◎絜，公八切。㓞絜，刷刮也。

刃部第二百六十八

凡六字

【刃】如振切。刀刃也。
◎刃，如振切。刀刃尖銛者。
【劒】居欠切。軍器，所帶兵也。
◎劒，居欠切。軍器，所帶兵也。
【㓉】布角切。古文剥。
◎㓉，布角切。古文剥字。
【刅】楚良切。刃傷也。或作創。
◎刅，楚傷切。刀傷未合。或作創。
【𠠇】徒木切。
◎𠠇，徒木切。刀傷也。
【刅】楚良切。《説文》云：傷也。
◎刅，楚良切。《説文》：傷也。

大廣益會玉篇
卷第十八

凡十六部

金部第二百六十九

凡四百七十三字

【金】居音切。《説文》曰：五色金也，黄爲之長，久薶不生衣，百鍊不輕，從革不違。西方之行，生於土。金，古文。

◎金，居音切。《説文》：五色金也，黄爲之長，久薶不生衣，百鍊不輕，從革不違。西方之行，生於土。金，古文。

【銀】語巾切。《爾雅》云：白金謂之銀。

◎銀，語巾切。《尔雅》：白金謂之銀。

【鐐】力彫、力弔二切。《爾雅》云：銀美者謂之鐐。

◎鐐，力彫、力弔二切。《尔雅》：銀美者謂之鐐。

【鋈】烏篤切。白金也。

◎鋈，烏篤切。白金也。

【錫】思的切。鉛錫。又與也。

◎錫，思的切。鉛錫。又與也。

○錫，《説文》《玉篇》：青金也。（《一切經音義》卷二十七）

【鈏】羊刃切。白錫也。《爾雅》曰：錫謂之鈏。

◎鈏，羊刃切。白錫也。《尔雅》曰：錫謂之鈏。

【銅】徒東切。赤金也。

◎銅，徒東切。赤金也。

【鏈】力仙切。鉛礦也。

◎鏈，力仙切。鉛鑛也。

【鍇】器駭、古諧二切。《説文》云：九江謂鐵曰鍇。

◎鍇，器該、古諧二切。《尔雅》：九江謂鐵曰鍇。

○鍇，《玉篇》音器駭、古諧二切。（《方言箋疏》卷二）

【鐵】他結切。黑金也。銕，俗。銕，古文。

◎鐵，他結切。黑金也。銕，俗文。銕，古文。

【鍊】力見切。治金也。

◎鍊，力見切。治金也。

【鋚】大幺切。鐵也。又轡首銅也。

◎鋚，大幺切。鐵也。又轡首銅也。

【銑】先典切。金也。

◎銑，先典切。金也。

【録】力玉切。貝文也。《説文》曰：金色也。

◎録，力玉切。貝文也。《説文》曰：金色也。

【鋻】古田、古甸二切。剛也。

◎鋻，古田、古甸二切。堅也。

【鏫】力脂切。金屬。銐，同上。

◎鏫，力脂切。金屬。銐，同上。

【鑄】之樹切。鎔鑄也。

◎鑄，之樹切。鎔鑄也。

○鑄，顧野王曰：煬銅爲器曰鑄。（《一切經音義》卷十二）

【銷】思樵切。鑠金也。

◎銷，思焦切。鑠金也。

○銷，顧野王云：銷猶散也。（《一切經音義》卷八）

○銷，《玉篇》：散也。（《一切經音義》卷四）

【鑠】式灼切。銷鑠也。

◎鑠，式灼切。銷鑠也。

【鑲】女羊、汝羊二切。鉤鑲，兵名。

◎鑲，女羊、汝羊二切。鉤鑲，兵名。

【鋏】古協切。劍也。

◎鋏，古協切。劍也。
〇鋏，古協反。劍也。（《三教指歸注》三 19）
【鋌】達鼎切。《説文》曰：銅鐵樸也。
◎鋌，達鼎切。《説文》：銅鐵撲也。
●“撲”疑誤。
【鐼】扶分切。鐵也。又音訓。
◎鐼，扶分切。鐵也。又音訓。
【鍛】多亂切。椎也。
◎鍛，多乱切。椎鍊也。
【鐃】呼皎切。鐵文也。
◎鐃，呼皎切。鐵文也。
【鏡】居映切。鑑也。
◎鏡，居映切。鑑也。
【鉹】尺爾切。《説文》曰：曲鉹也。又曰鬵鼎也。鉽，同上。
◎鉹，尺尔切。《説文》：曲鉹。又鬵鼎。鉽，同上。
〇鉽鉹，《玉篇》：昌氏反。釜也，又甑也。下又音移。《方言》云：甑也。（《龍龕手鏡》卷一）
【鈃】胡丁切。《説文》曰：似鐘而頸長。
◎鈃，胡丁切。《説文》：似鐘而頸長。
●“鐘”當作“鍾”。
【鐘】職容切。樂器也。
◎鐘，職容切。樂器也。
【鍾】之容切。聚也，酒器也。
◎鍾，之容切。聚也，育也，酒器也。
【鋞】胡經、下泠二切。温器也。
◎鋞，胡經、下泠二切。温器。
【鑊】胡郭切。鼎鑊。
◎鑊，胡郭切。鼎鑊。
【鑒】古銜、古懺二切。察也，形也，式也，盆也。鑑，同上。
◎鑒，古銜、古懺二切。察也，形也，式也。鑑，同上。
〇鑑，《玉篇》：鏡也。（《一切經音義》卷一）
〇鑒，《玉篇》：鏡也。《廣雅》：照也。或作鑑。（《一切經音義》卷十四）
【鑴】呼規、胡圭二切。大鑊也。
◎鑴，呼規、胡圭二切。大鑊。
【鐆】似醉切。陽鐆，可取火於日中。鐩，同上。
◎鐆，似醉切。陽鐆，可取火於日中。鐩，同上。
【鍪】莫侯切。鍑屬。
◎鍪，莫侯切。鍑屬。
【鍑】方宥切。似釜而大也。
◎鍑，方宥切。似釜而大口。
【錪】他殄切。小釜也。
◎錪，他殄切。小釜也。
〇錪，《玉篇》：錪，小釜也。（《方言箋疏》卷五）
【銼】才戈切。銼鑹，鍑也。
◎銼，才戈切。銼鑹，鍑也。
【鑹】力戈切。銼鑹。
◎鑹，力戈切。銼鑹。
【鉶】何經切。羹器也。
◎鉶，何經切。羹器也。
【鎬】胡道切。温器也。又鎬京。
◎鎬，胡道切。温器也。又鎬京。
【鏕】力木切。鉅鹿，鄉名。俗作鏕。
◎鏕，力木切。鉅鹿，鄉名。俗作鏕。
【鏖】於刀切。《説文》曰：温器也。
◎鏖，於刀切。《説文》：温器也。
【銚】弋昭切。温器也。
◎銚，弋昭切。温器也。
【鐎】子消切。温器有柄也。
◎鐎，子消切。温器有柄也。
【鋰】大口切。《説文》曰：酒器也。亦作毭。
◎鋰，大口切。《説文》：酒器。亦作毭。
【鋗】呼玄切。小盆也。
◎鋗，呼玄切。小盆也。
【鐖】無非切。鉤也。
◎鐖，無非切。鉤也。
【鍷】干桂切。銅器。三足有耳也。
◎鍷，干桂切。銅器。三足有耳。
【鉉】胡犬切。鼎耳也。
◎鉉，胡畎切。鼎耳也。
【鋊】余玉、余鍾二切。銅屑也。

◎鋊，余玉、余鍾二切。銅屑。
【鏀】力古切。釜屬。
◎鏀，力古切。釜屬。
【鎣】余傾切。器也。又烏定切。
◎鎣，余傾切。器也。又烏定切。
○鎣，顧野王云：謂摩拭珠玉琯，使發光明也。(《一切經音義》卷六十八)
○鎣，顧野王云：謂摩拭珠玉，使發光明也。(《一切經音義》卷九十八)
【錡】宜倚切。三足釜也。又渠儀切。
◎錡，宜倚切。三足釜。又渠儀切。
○錡，《玉篇》宜綺反。(《毛詩注疏》卷一)
○錡，《玉篇》：宜綺反。(《經典釋文》卷五)
【鍤】丑涉、楚洽二切。長鍼也。
◎鍤，丑涉、楚洽二切。長鍼也。
【銶】時橘切。長針也。
◎銶，時橘切。長針也。
【鍼】之林切。《説文》曰：所以縫也。又渠廉切。針，同上。
◎鍼，之林切。《説文》：所以縫。又渠廉切。針，同上。
○鍼，顧野王云：鍼，所以綴也。(《一切經音義》卷十九)
○鍼，顧野王云：綴衣也。(《一切經音義》卷五十四)
【鈹】普皮切。大針也。又劍如刀裝者。
◎鈹，普皮切。大針也。又劍如刀裝者。
○鈹，《玉篇》：刀也。(《龍龕手鏡》卷一)
【鑱】仕衫、仕懺二切。剌也，鏨也。
◎鑱，仕衫、仕懺二切。剌也，鏨也。
○鑱，顧野王云：鑱謂鈂刀剌也。(《一切經音義》卷七十二)
【鏨】才敢切。小鑿也。
◎鏨，才敢切。小鑿也。
【鑿】在各切。穿也，鏨也。又子各切。鑿、鑿，並同上。
◎鑿，在各切。穿也，鏨也。又子各切。鑿、鑿，同上。
○鑿，野王案：鑿，所以穿木之器也。(《倭名抄》五87)
○鑿，顧野王云：鑿猶穿木也。(《一切經音義》卷四十五)
○鑿，《玉篇》：穿木也。(《一切經音義》卷二十七)
○鑿，在洛反。(《毛詩》卷四)
【鈕】女九切。印鼻也。
◎鈕，女九切。印鼻也。
【銎】去恭切。斤斧空也。又銎銎，擊皃。又許顒切。
◎銎，去恭切。斤斧空也。又銎銎，擊皃。又許顒切。
【鐅】普結切。鐅刃。
◎鐅，普結切。鐅刃。
【銛】思廉切。銛利也。
◎銛，思廉切。銛利也。
【錢】子踐切。田器也。又疾延切，財也。
◎錢，子踐切。田器。疾延切，財也。
【鈐】乎潭、巨廉二切。耕類也，車鎋也。
◎鈐，乎潭、巨廉二切。耕類也，車鎋也。
【錇】大罪、大果二切。犁鎋也。
◎錇，大罪、大果二切。犁鎋。
【鏺】浦末切。鎌也，兩刃，有木柄，可以刈草也。
◎鏺，浦末切。鎌也，兩刃，有木柄，可以刈草。
【鐮】力詹切。刈鉤也。鎌，同上。
◎鐮，力詹切。刈鉤也。鎌，同上。
【鉏】仕葅切。田器。又仕吕切。鋤，同上。
◎鉏，仕葅切。田器。又仕吕切。鋤，同上。
○鋤，顧野王云：鋤，田器也。(《一切經音義》卷二十四)
○鉏，顧野王云：鉏，理田器也。(《一切經音義》卷三十八)
【鑼】彼皮切。耜屬。
◎鑼，彼皮切。耜屬。
○鑼，《玉篇》云：耜屬也。(《重修廣韻》卷一)
●鑼同鑼。
【鍥】古節切。鎌也。又口結切。鍥，同上。
◎鍥，古節切。鎌也。又口結切。鍥，同上。
【鉊】之姚切。鎌也。

◎鉊，之姚切。鎌也。

【銍】知栗切。刈也。《説文》曰：穫禾短鎌也。又之一切。

◎銍，知栗切。刈也。《説文》：穫禾短鎌。又之一切。

【鎮】知刃切。安也，重也，壓也。

◎鎮，知刃切。安也，重也，壓也。

【鉆】其沾切。鐵銸也。又敕淹切。

◎鉆，其沾切。鐵銸也。又敕淹切。

○鉆，《玉篇》：其沾、敕淹二反。（《戰國策・趙策》卷六）

【銸】女輒切。拔髮也。鑷，同上。又車棊也。

◎銸，女輒切。拔髮也。鑷，同上。又車棊也。

【釱】特計、直賴二切。鉗也。

◎釱，特計、直賴二切。鉗也。

○釱，野王案：釱，脰沓［鉗鍣］也。（《倭名抄》五48）

【鉗】奇炎切。以鐵束物。又奴所著。

◎鉗，奇炎切。以鐵束物。又奴所著。

【鋸】居庶切。解截也。

◎鋸，居庶切。解截也。

【鐕】子南切。無蓋釘。

◎鐕，子南切。無蓋釘。

【錐】之惟切。鍼也。

◎錐，之推切。鍼也。

【鏝】亡干切。泥鏝也，大戟也。

◎鏝，亡干切。泥鏝也，大戟也。

【鑽】子亂、子丸二切。所以穿也。

◎鑽，子乱、子丸二切。所以穿也。

○鑽，顧野王曰：鑽謂鐫，鑿也。（《一切經音義》卷三十三）

○鑽，顧野王云：鑽猶鐫也，鑿也。（《一切經音義》卷五十）

【鑢】力庶切。錯也。鋁，同上。

◎鑢，力庶切。錯也。鋁，同上。

【銖】市朱切。十二分也。

◎銖，市朱切。十二分也。

【鋝】力輟、所劣二切。量名。鋢，同上。

◎鋝，力輟、所劣二切。量名。鋢，同上。

○鋝，《玉篇》云：三鋝爲一斤也。又音劣。（《龍龕手鏡》卷一）

【鈀】補加切。候車也。又普加切。

◎鈀，補加切。候車也。又普加切。

【鍰】乎關切。六兩也。

◎鍰，乎關切。六兩也。

【錘】直危切。稱錘也。

◎錘，直危切。稱錘也。

【鈴】力丁切。鈴鐸也。

◎鈴，力丁切。鈴鐸也。

【錙】仄飢切。八兩爲錙。

◎錙，仄飢切。八兩爲錙。

【鈞】古純切。三十斤也。銞，古文。

◎鈞，古純切。三十斤也。銞，古文。

○鈞，居脣反（《三教指歸注》四14）

○鈞，野王案云：鈞，陶法也。陶以泥置鈞上，爲瓦器之形也。（《三教指歸注》四14）

【鎔】弋鍾切。鎔鑄也。

◎鎔，弋鍾切。鎔鑄也。

【鏞】弋鍾切。大鐘也。銿，同上。《説文》與鐘同。

◎鏞，弋鍾切。大鐘也。銿，同上。《説文》与鍾同。

【鐲】丈角切。鉦也，形如小鐘。又音蜀。

◎鐲，丈角切。鉦也，形如小鐘。又音蜀。

●底本“鉦”原訛，據宋十行本改。

【鐃】女交切。似鈴無舌。

◎鐃，女交切。似鈴無舌。

○鐃，《説文》《玉篇》：小鉦也。（《一切經音義》卷二十七）

【鉦】之盈切。鐃也，鉦以静之，鼓以動之。

◎鉦，之盈切。鐃也，鉦以静之。

【鐸】達洛切。所以宣教令也。文事木鐸，武事金鐸。

◎鐸，達洛切。所以宣教令，文事木鐸，武事金鐸。

【鑮】旁各切。似鐘而大，四時之聲也。又補各切。

◎鑮，旁各切。似鐘而大，四時之声也。又

補各切。

【鈁】甫王切。鐘也。

◎鈁，甫王切。鍾也。

【鎛】布各切。田器也。又鎛，解獸似人，懸鐘横木也。

◎鎛，布各切。田器。又鎛，解獸似人，懸鐘横木也。

●“解獸”未詳，《説文》作鎛鱗。

【鍠】胡觥切。鐘聲也。亦作諻。

◎鍠，胡觥切。鐘声。亦作諻。

【鎗】楚庚切。金聲也。錚，同上。

◎鎗，楚庚切。金声也。錚，同上。

【鏜】他當切。鼓聲也。

◎鏜，他當切。鼓声也。

【鍃】且公切。大鑿，平木器。

◎鍃，且公切。大鑿，平木器。

【鏧】丘并、去政二切。金聲也。

◎鏧，丘并、去政二切。金声。

【鐔】徒含切。劍鼻。又夕林、時占二切。

◎鐔，徒含切。劍鼻。夕林、時占二切。

【鎩】所界、所黠二切。長刃矛。

◎鎩，所界、所黠二切。長刃矛也。

【鏌】靡各切。鏌釾，劍名。

◎鏌，靡各切。鏌釾，劍名。

【釾】以蛇切。鏌釾。鋣，同上。

◎釾，以蛇切。鏌釾。鋣，同上。

【鏢】匹燒切。刀削末銅也。

◎鏢，匹燒切。刀削末銅也。

【鈒】所及切。鋋也。又穌合切。

◎鈒，所及切。鋋也。又穌合切。

〇鈒，顧野王云：鋋也。(《讀書叢録》卷十八，《史記》卷六十八)

【鋋】市然切。小矛也。

◎鋋，市然切。小矛也。

【鋭】徒會切。矛也。又弋税切。

◎鋭，徒會切。矛也。又弋税切。

〇鋭，顧野王云：鋭，銛也。(《一切經音義》卷十五)

【鉈】市邪切。矛也。

◎鉈，市邪切。矛别名。

【鏦】楚江切。矛也，撞也。錄，同上。

◎鏦，楚江切。矛也，撞也。錄，同上。

【錟】大甘切。長矛也。又他甘切。

◎錟，大甘切。長矛也。又他甘切。

【鐏】在困切。《説文》曰：秘下銅也。

◎鐏，在困切。《説文》：秘下銅也。

●今本《説文》作“柲下銅也”，是。

【鏐】力幽切。紫磨金。

◎鏐，力幽切。紫磨金。

【鐓】大對切。鐏也，矛戟下銅也。錞，同上。又市鈞切。

◎鐓，大對切。鐏也，矛戟下銅也。錞，同上。又市鈞切。

【鍭】乎溝、乎豆二切。錍箭也。

◎鍭，乎溝、乎豆二切。錍箭。

【鏑】丁狄切。矢鋒也。

◎鏑，丁狄切。矢鋒也。

【鍉】丁兮切。鋒也。

◎鍉，丁兮切。鋒也。

【鎧】口代切。甲也。

◎鎧，口代切。甲也。

【錏】乙加切。錏鍜，頸鎧也。

◎錏，乙加切。錏鍜，頸鎧也。

【鍜】下加切。錏鍜也。

◎鍜，下加切。錏鍜。

【釬】何旦切。《説文》曰：臂鎧也。銲，同上。又銲器也。

◎釬，何旦切。《説文》：臂鎧也。銲，同上。又銲器也。

【鐧】古鴈切。車軸鐵。

◎鐧，古鴈切。車軸鐵。

【釭】古紅、古雙二切。車釭。

◎釭，古紅、古雙二切。車釭。

【釳】許乙切。鐵孔也。

◎釳，許乙切。鐵孔也。

【銴】時世切。車樘結。又銅生五色也。

◎銴，時世切。車樘結。又銅生五色。

【鑾】力完切。鑾和以金爲鈴也。

◎鑾，力完切。鑾和以金爲鈴也。

【鐊】餘章切。鏤鐊，馬面飾。錫，同上。

◎鍚，餘章切。鏤鍚，馬面飾。錫，同上。
【銜】下監切。馬銜鐵。
◎銜，下監切。馬銜鐵。
【鉣】居業切。《説文》曰：組帶鐵也。
◎鉣，居業切。《説文》：組帶鐵。
【鑣】彼苗切。馬銜也。
◎鑣，彼苗切。馬銜也。
【鈇】方于、方宇二切。鈇鉞。又剉斫刀也。
◎鈇，方于、方宇二切。鈇鉞。又剉斫刀也。
【鏧】先列切。田器也，椹也。又之二切。
◎鏧，先列切。田器也，椹也。又之二切。
【釣】都眺切。釣魚也。
◎釣，都眺切。釣魚也。
○釣，多嘯反。釣魚也，餌魚之金也。（《三教指歸注》二 13）
【鋃】力當切。鋃鐺，鎖也。
◎鋃，力當切。鋃鐺，鎖也。
【鐺】音當。鋃鐺。
◎鐺，音當。鋃鐺。
【鋂】莫回切。大鐶，一鐶貫二也。
◎鋂，莫回切。大鐶，一鐶貫二也。
○鋂，野王案：鋂，大鐶也。（《倭名抄》五 66）
【鍡】於罪切。鍡鑸，不平。或作碨。
◎鍡，於罪切。鍡鑸，不平。或作碨。
【鑸】力罪切。或作礧。
◎鑸，力罪切。或作礧。
【鎎】許氣切。怒戰也。
◎鎎，許氣切。怒戰也。
【鋪】普胡、撫俱二切。陳也，張也。
◎鋪，普胡、撫俱二切。陳也，張也。
【鐉】此全切。門鉤也。又所劣切，六兩也。
◎鐉，此全切。門鉤。又所劣切，六兩也。
【鈔】楚教、楚交二切。强取也，掠也。
◎鈔，楚教、楚交二切。强取也，掠也。
【銽】他點切。取也。
◎銽，他點切。取也。
【鍩】他荅切。器物鍩頭也。
◎鍩，他荅切。器物鍩頭也。
○鍩，野王案：鍩，指沓，所以縫衣具也。（《倭名抄》六 47）
【鐕】之善切。剸也。
◎鐕，之善切。剸也。
【鈌】古穴、於穴二切。剌也。
◎鈌，古穴、於穴二切。剌也。
【鏉】山逅切。鐵銼也。
◎鏉，山逅切。箭鏃也。
【鏂】力逅切。鏉鏂也。
◎鏂，力逅切。鏉鏂也。
【鍲】眉巾切。鍲業也，筭税也。
◎鍲，眉巾切。鍲業也，筭税也。
【鏃】子木切。箭鏃也。
◎鏃，子木切。箭鏃也。
○鏃，《玉篇》音楚角反。（《一切經音義》卷十五）
○鏃，顧野王謂：箭鏃也。（《一切經音義》卷二十四）
○鏃，顧野王云：鏃，矢鏑也。（《一切經音義》卷三十七）
【鎦】力牛切。古劉字。
◎鎦，力牛切。古劉字。
【鉅】强語切。大也。今作巨。
◎鉅，强語切。大也。今作巨。
【鎕】徒郎切。鎕銻，火齊也。
◎鎕，徒郎切。鎕銻，火齊也。
【銻】大兮切。鎕銻。
◎銻，大兮切。鎕銻。
【鈋】五戈切。削也。
◎鈋，五戈切。削也。
【鐓】徒對切。千斤椎。
◎鐓，徒對切。千斤椎。
【鍒】如周切。《説文》曰：鐵之耎也。
◎鍒，如周切。《説文》：鐵之耎。
○鍒，《玉篇》云：謂令金鐵之輩柔耎也。（《一切經音義》卷九十一）
【錭】大刀切。鈍也。
◎錭，大刀切。鈍也。
【鍊】子奚、徂奚二切。刀利也。鍉，同上。
◎鍊，子奚、徂奚二切。刀利也。鍉，同上。
【鈍】大困切。頑鈍也。

◎鈍，大困切。頑鈍也。
○鈍，不利也。(《三教指歸注》一30)
○鈍，顧野王云：鈍亦遲也。(《一切經音義》卷七十二)
【銶】奇休切。析也。又鑿屬。
◎銶，奇休切。折也。又鑿屬。
●圓沙本“折也”疑當作“析也”。
【鎃】普的、普賜二切。裁名也。
◎鎃，普酌、普賜二切。裁名。
○鎃，《玉篇》：鎃，裁名也。(《方言箋疏》卷二)
○鎃，《玉篇》音劈。器也。(《龍龕手鏡》卷一)
【鐇】公兮切。堅也。
◎鐇，公兮切。堅也。
○鐇，《玉篇》云：堅也。(《方言疏證》卷二)
【鏵】胡瓜切。鏵鍫也。釫，同上。
◎鏵，胡瓜切。鏵鍫也。釫，同上。
○鐵釫，野王案：鐵釫，塗土具也。(《倭名抄》五82)
【鍏】于非切。臿也。
◎鍏，于非切。臿也。
【鍵】奇蹇切。壯也。又管鑰。鑳，同上。
◎鍵，奇蹇切。壯也。又管鑰。鑳，同上。
【釵】楚街切。婦人歧笄也。
◎釵，楚街切。婦人歧笄也。
【鏷】步梏切。鏷鑄，矢名。《春秋》作僕姑。
◎鏷，步梏切。鏷鑄，矢名。《春秋》作僕姑。
【鑄】古胡切。鏷鑄也。
◎鑄，古胡切。鏷鑄。
【鏔】弋脂切。戟無刃。
◎鏔，弋脂切。戟無刃。
【鍴】都丸切。鑽也。
◎鍴，都丸切。鑽也。
【鐩】渠追切。與戣同。
◎鐩，渠追切。鑽也。
【鏸】胡桂切。鋭也。
◎鏸，胡桂切。鋭也。
【錣】竹劣、竹芮二切。針也。
◎錣，竹劣、竹芮二切。針也。
【鋝】居列切。鉤鋝也。
◎鋝，居列切。鉤鋝也。
【錕】公本切。車釭也。
◎錕，公本切。車釭也。
【鉀】古狎切。鉀鑪，箭。
◎鉀，古狎切。鉀鑪，箭。
【鍋】古和、公禍二切。車釭，盛膏器。
◎鍋，古和、公禍二切。車釭，盛膏器。
【錫】公卧切。刈刎也。
◎錫，公卧切。刈刎也。
【鍫】七消切。臿也。鐰，同上。又才刀切。鐵剛折。
◎鍫，七消切。鏵臿也。鐰，同上。又才刀切。鐵剛折。
【鋡】胡耽切。受也。
◎鋡，胡耽切。受也。
○鋡，《玉篇》：鋡，受也，龕受也，盛也。(《方言疏證》卷六)
【鍮】他侯切。鍮石似金也。鋀，同上。
◎鍮，他侯切。鍮石似金也。鋀，同上。
【鉐】音石。鍮鉐。
◎鉐，音石。鍮鉐，銅屬。
○鉐，顧野王曰：音石。鍮鉐也。(《六書故》卷四)
【鏳】仕萌切。玉聲也。
◎鏳，仕萌切。玉声也。
【鎢】於胡切。鎢錥，小釜也。
◎鎢，於胡切。鎢錥，小釜也。
【錥】余六切。温器也。
◎錥，余六切。温器也。
【鈳】於河切。鈳鏻，小釜也。
◎鈳，於何切。鈳鏻，小釜也。
【鈷】柯魯切。鈷鏻也。
◎鈷，柯魯切。鈷鏻，釜。
【鏻】莫朗切，又莫補切。
◎鏻，莫朗切，又莫補切。
【釜】扶甫切。鍑屬。亦作鬴。
◎釜，扶甫切。鍑屬。亦作鬴。
【釴】餘力切。鼎附耳外也。

◎釴，餘力切。鼎附耳外也。
【鏀】力古切。釜也。
◎鏀，力古切。釜也。
【鎜】方皮切。鉏也。
◎鎜，方皮切。鉏也。
【鉾】力刀切。鉾鑪，錍也。
◎鉾，力刀切。鉀鑪，錍也。
【鎊】莫鄧切。鐶也。
◎鎊，莫鄧切。環也。
○鎊，《玉篇》：鐶也。(《龍龕手鏡》卷一)
【鋇】布外切。鋒也。
◎鋇，布外切。鋒也。
●《篆隸萬象名義》作“柔鋌”，此當作“鋌也”。
【鈶】辭理切。亦作耜。
◎鈶，辭理切。亦作耜。
【鉿】公合、古洽二切。聲也。
◎鉿，公合、古合二切。声也。
【鐖】亡結切。小鋌也。
◎鐖，亡結切。小鋌也。
【鉒】竹句切。器也，送死人具也。
◎鉒，竹句切。器也，送死人具也。
【鍱】大頰切。鋌也。
◎鍱，大頰切。鋌也。
【鎞】補狄切。犂耳也。
◎鎞，補狄切。犂耳也。
【鍨】丁果切。鈌也。
◎鍨，丁果切。缺也。
●“鈌也”疑當作“缺也”。
【釤】山鑒切。大鎌也。
◎釤，山鑒切。大鎌也。
【鑋】亡支切。青州人呼鎌也。亦作鑒。
◎鑋，亡支切。青州人呼鎌。亦作鑒。
【鈑】布綰切。鉼金也。
◎鈑，布綰切。鉼金也。
【鐇】甫園切。廣刃斧也。
◎鐇，甫園切。廣刃斧也。
【鏻】力丁、力仁二切。健皃。
◎鏻，力丁、力仁二切。健皃。
【鉜】扶侯切。鉜鏂，篋飾也。

◎鉜，扶侯切。鉜鏂，篋飾。
【鏂】於侯切。鉜鏂也。
◎鏂，於侯切。鉜鏂。
【鍝】牛于切。鋸也。
◎鍝，牛于切。鋸也。
【鐝】渠月切。磨也。
◎鐝，渠月切。磨也。
【鎜】步安切。古文盤。
◎鎜，步安切。古文盤。
【錜】乃頰切。小釵也。
◎錜，乃頰切。小釵也。
【鋉】才夜切。鏡鋉也。
◎鋉，才夜切。鏡鋉也。
【鏟】丑善切。長也。
◎鏟，丑善切。長也。
【鎡】子辭切。鎡錤，鉏也。
◎鎡，子辭切。鎡錤也。
【錤】渠基切。鎡錤也。
◎錤，渠基切。鎡錤也。
【錑】力内切。平板具。
◎錑，力内切。平板具。
【鏉】口涣切。燒鐵灸。
◎鏉，口涣切。燒鐵久。
【鉎】所京切。鍬也。
◎鉎，所京切。鍬也。
【鎒】呼高切。除草也。又奴豆切。
◎鎒，呼高切。除草也。又奴豆也。
●圓沙本“奴豆也”當作“奴豆切”。
【銃】尺仲切。銎也。
◎銃，尺仲切。銎也。
【鉠】於良切。鈴聲。
◎鉠，於良切。鈴声。
【鑚】古喚切。穿也。
◎鑚，古喚切。穿也。
【鉌】胡戈切。鈴也。
◎鉌，胡戈切。鈴也。
【釧】充絹切。釵釧也。
◎釧，充絹切。釵釧也。
【銐】除例切。除利也。
◎銐，除例切。除利也。

【鈵】被病切。固也。
◎鈵，彼病切。固也。
○鈵，《玉篇》云：固也。（《方言疏證》卷十二）
【鏊】五高、五到二切。餅鏊也。
◎鏊，五高、五到二切。餅鏊也。
【鉟】匹眉切。刃戈也。
◎鉟，匹眉切。刃戈也。
【鏑】於劫切。椎也。
◎鏑，於劫切。椎也。
【鏗】口耕切。鏗鏘，金石聲也。鎔，同上。
◎鏗，口耕切。鏗鏘，金石聲也。鎔，同上。
○鏗鏘，《玉篇》云：鏗鏘皆物之聲也。（《一切經音義》卷八十三）
【鐻】渠吕切。器名也。
◎鐻，渠吕切。器名也。
【钀】魚傑切。鑣也。
◎钀，魚傑切。鑣也。
【鑈】奴頰切。堅正也。錜，同上。
◎鑈，奴頰切。堅正也。錜，同上。
【鉞】于月切。斧也。亦作戉。
◎鉞，于月切。斧也。亦作戉。
○鉞，于月反。斧也。亦作戉。（《三教指歸注》四27）
○鉞，顧野王云：古者用鉞以煞人。（《一切經音義》卷二十）
○鉞，《玉篇》：大斧也。（《一切經音義》卷二十五）
○鉞，顧野王云：鉞斧者，軍器兵仗也。（《一切經音義》卷三十五）
【鏟】仕間切。小鑿也。
◎鏟，仕間切。小鑿也。
【钃】陟玉、時屬二切。鉏也。
◎钃，陟玉、時屬二切。鉏也。
【鋬】都毒切。艢舌也。
◎鋬，都毒切。艢舌也。
【鐶】胡關切。
◎鐶，胡關切。金鐶也。
【鍸】户徒切。亦瑚字。
◎鍸，户徒切。亦胡字。
【鍔】玉各切。刀刃也。
◎鍔，五各切。刀刃也。
【鐖】居衣切。鉤逆鋩。
◎鐖，居衣切。鉤逆鋩。
【鉢】補末切。器也。
◎鉢，補末切。器也。
○鉢，《玉篇》云：《交州雜事記》云，晉大康四年，臨邑國王獻鉢及白水晶。（《一切經音義》卷六十六）
【鐍】古穴切。環有舌。與觼同。
◎鐍，古穴切。環有舌。與觼同。
【鈘】魚倚切。釜也。與融同。
◎鈘，魚倚切。釜也。與融同。
【鐯】張略切。钁也。
◎鐯，張略切。钁也。
【鉾】亡侯切。
◎鉾，亡侯切。器名。
【鬲金】力狄切。或作鬲。
◎鬲金，力狄切。或作鬲。
○鬲金，《玉篇》：釜也。（《龍龕手鏡》卷一）
【鐳】力回切。劍首飾也。
◎鐳，力回切。劍首飾也。
【鑰】餘灼切。關鑰也。
◎鑰，餘灼切。關鑰也。
【鉍】彼冀、彼密二切。矛柄也。
◎鉍，彼冀、彼密二切。矛柄。
【鉄】持桎切。古文紩。
◎鉄，持桎切。古文紩。
【鈮】奴禮切。古文檷。
◎鈮，奴禮切。古文檷。
【鉛】户監切。古作陷。
◎鉛，户監切。古作陷。
【鎖】思果切。鐵鎖也。鏁，俗。
◎鎖，思果切。鐵鎖也。鏁，俗。
○鎖，《玉篇》：連還也。（《一切經音義》卷十六）
【鏟】楚簡切。平木器。
◎鏟，楚簡切。平木器。
【鉵】徒冬切。鉏大皃。
◎鉵，徒冬切。鉏大皃。

【鋺】於元切。鉏頭曲鐵也。
◎鋺，於元切。鉏頭曲鐵也。
【鍈】於卿切。鈴聲也。
◎鍈，於卿切。鈴声也。
【鋒】孚逄切。刀刃也。
◎鋒，孚逄切。刀刃也。
【鉷】胡聾切。弩牙也。
◎鉷，胡聾切。弩牙也。
【鎚】都雷切，又直追切。鐵鎚也。
◎鎚，都雷切，又直追切。鐵鎚也。
〇鎚，顧野王云：鎚，所以擊物也。（《一切經音義》卷八十）
〇鎚，《玉篇》：鐵鎚也。（《續一切經音義》卷五）
【鏒】思感切。
◎鏒，思感切。金鏒也。
〇鏒，《玉篇》：七南、色咸二反。（《龍龕手鏡》卷一）
【鋐】户萌切。器也。
◎鋐，户萌切。器也。
【鉤】古侯切。鐵曲也。
◎鉤，古侯切。鐵曲也。
【鋖】息咨切。平木器。鐁，同上。
◎鋖，息咨切。平木器。鐁，同上。
〇鐁，《玉篇》即以爲鋖字，云：息容切。平木器。（《釋名疏證補》卷七）
【錀】力屯切。
◎錀，力屯切。金也。
【鎊】普忙切。削也。
◎鎊，普忙切。削也。
【銓】七全切。平木器。又銓衡也。
◎銓，七全切。平木器。又銓衡也。
【鍗】徒奚切。
◎鍗，徒奚切。鐵名。
【鑌】必申切。鐵也。
◎鑌，必申切。鐵也。
【鈿】徒練切。金花也。又音田。
◎鈿，徒練切。金花也。又音田。
〇鈿，《玉篇》：金花鈿也。（《續一切經音義》卷三）

【鍺】渠离切。軸鐵也。
◎鍺，渠離切。軸鐵也。
【鑐】思臾切。鎖鑐也。
◎鑐，息臾切。鎖鑐也。
【鏤】力倶切。屬鏤，劍名。又音漏。
◎鏤，力倶切。屬鏤，劍名。又音漏。
【鋂】莫庚切。
◎鋂，莫庚切。金鋄。
【鐈】渠驕切。鐈，鼎長足者。
◎鐈，渠驕切。鐈，鼎長足者。
【鋘】莫賔切。鋘，鐵葉。
◎鋘，莫賔切。鋘，鐵葉。
【鉋】蒲矛切。平木器。又防孝切。
◎鉋，蒲茅切。平木器。又防孝切。
【鎗】古麥切。鐵器。
◎鎗，古麥切。鐵器。
【鍶】司龍切，又烏咢切。
◎鍶，司龍切。鐵器。又烏咢切。
【鋹】丑兩切。利也。
◎鋹，丑兩切。利也。
【鋩】無方切。刃端。
◎鋩，無方切。刃端。
【鋼】古昂切。鍊鐵也。
◎鋼，古昂切。鍊鐵也。
【鐄】胡觥切。鐘聲。
◎鐄，胡觥切。鐘声。
【鋿】時羊切。磨也。
◎鋿，時羊切。磨也。
【鏅】宿由切。鋌也。
◎鏅，宿由切。鋌也。
【釘】的苓切，又都定切。
◎釘，的苓切。鈴釘，矛名。又都定切。
【鋾】吐刀切。
◎鋾，吐刀切。函也。
【釚】渠牛切。弩牙。
◎釚，渠牛切。弩牙。
【鈚】匹犂切。箭。
◎鈚，匹犂切。箭也。
【鎪】師由切。鏂也。鎪，同上。

◎鎪，師由切。鏞也。鎪，同上。

【鋘】胡鉤切。鏂鋘，鋞鏺。

◎鋘，胡鉤切。鏂鋘，鋞鏺。

【鉛】役川切。黑錫也。《説文》曰：青金也。亦作鈆。

◎鉛，役川切。黑錫。《説文》：青金。亦作鈆。

〇鉛，《玉篇》：鉛，青金也。《尚書》云：青州貢鉛。(《續一切經音義》卷八)

●底本“鈆”字原訛，徑正。

【鑨】盧冬切。器也。

◎鑨，盧冬切。器也。

【鉖】徒冬切。釣鉖。

◎鉖，徒冬切。釣鉖也。

【鈚】薄离切。鐵也。

◎鈚，薄离切。鐵也。

【鈽】方乎切。金版。

◎鈽，方乎切。金版也。

【鍷】五圭切。鏟也。

◎鍷，五圭切。鏟也。

【銈】决倪切。

◎銈，决倪切。金也。

【鏍】莫羅切。金。

◎鏍，莫羅切。金也。

【銂】祝由切。

◎銂，祝由切。金刀也。

【錨】眉遼切。器。

◎錨，眉遼切。器名。

【鈊】思林切。金名。

◎鈊，思林切。金也。

【銩】口觥切。

◎銩，口觥切。器也。

【鎏】力由切。美金。

◎鎏，力由切。美金。

【鏾】昨郎切。鈴聲。

◎鏾，昨郎切。鈴声也。

【鑠】乎觥切。鐘聲。

◎鑠，乎觥切。鐘声。

【鐕】兹犂切。切也。

◎鐕，兹犂切。切也。

【錂】力升切。金名。

◎錂，力升切。金名。

【鏳】殊倫切。器。

◎鏳，殊倫切。器也。

【鋑】七桓切。鋑刀也。

◎鋑，七桓切。鋑刀也。

【鈉】而斂切。鐵也。

◎鈉，而斂切。鐵也。

【鉦】如針切。《廣雅》云：鞏也。又如甚切，鍖鉦。

◎鉦，如針切。《廣雅》：切也。如甚切，鍖鉦。

●圓沙本“切也”未詳。

【鍖】丑甚切。鍖鉦。

◎鍖，丑甚切。鍖鉦。

【錧】公滿切。車具也。

◎錧，公滿切。車具也。

【鏋】莫短切。金也。

◎鏋，莫短切。金也。

●《玉篇校釋》引《切韻》作“金精也”。

【鍽】補輦、卑連二切。

◎鍽，補輦、卑連二切。金鍽。

【釩】芳犯切。拂也。

◎釩，芳犯切。拂也。

【鎈】相可切。金光。

◎鎈，相可切。金光也。

【鉟】時以切。劍名。

◎鉟，時以切。劍名。

【釨】祖里切。剛也。鋅，同上。又金皃。

◎釨，祖里切。剛也。鋅，同上。又金皃。

【釞】知駭切。金也。

◎釞，知駭切。金也。

【鋟】七林、子廉二切。以爪刻版也。

◎鋟，七林、子廉二切。以爪刻版。

【鍡】魚鬼切。以捩鋸齒也。

◎鍡，魚鬼切。以捩鋸齒也。

【鋤】宜吕切。樂器也。鋙，同上。

◎鋤，宜吕切。樂器也。鋙，同上。

【鍍】於蹇切。兩刃戟。

◎鍍，於蹇切。兩刃戟也。

【鉸】古咬、古效二切。釘鉸。
◎鉸，古咬、古效二切。釘鉸。
【鐵】息讃切。弩。
◎鐵，息讃切。弩也。
●《篆隸萬象名義》作“弩牙緩”，疑此有脱文。
【銕】食指切。箭頭。
◎銕，食指切。箭頭。
【錗】竹瑞切。
◎錗，竹瑞切。器名。
【鏙】七回切。鏙錯也。
◎鏙，七回切。鏙錯也。
【鋄】亡犯切。馬首飾。
◎鋈，亡犯切。馬首飾。
●圓沙本“鋈”同“鋄”。
【鈔】七小切。美金也。
◎鈔，七小切。美金也。
○鈔，《玉篇》：鈔，美金也。（《方言箋疏》卷二）
【鐀】舒養切。或作鋿。
◎鐀，舒養切。或作鋿。磨也。
【鉼】畢領切。《爾雅》曰：鉼金謂之鈑。
◎鉼，畢領切。《尔雅》：鉼金謂之鈑。
【鈠】色滓切。鐶。
◎鈠，色滓切。鐶也。
【銴】時厠切。莊銴也。
◎銴，時厠切。莊事也。
【鍡】五罪切。金鍡也。
◎鍡，五罪切。金鍡也。
【釲】夕以切。金子也。
◎釲，夕次切。金也。
【鋺】於遠切。秤鋺也。
◎鋺，於遠切。秤鋺也。
【鍍】音度。金鍍物也。
◎鍍，音度。金鍍物也。
【鐌】徐兩切。
◎鐌，徐兩切。金像也。
【鐬】火外切。鈴聲。
◎鐬，火外切。鈴声。
【錊】子對切。錬。
◎錊，子對切。錬也。
【鑛】古猛切。鑛鐵也。
◎鑛，古猛切。鑛鐵也。
○鑛，古猛反。鐵也。（《香要抄》73）
【鐳】力故切。
◎鐳，力故切。金路也。
【鐲】徒錬切。
◎鐲，徒錬切。金也。
【鋈】乎鈞切。
◎鋈，乎鈞切。金名。
○鋈，《玉篇》：乎鈞反。（《龍龕手鏡》卷一）
【鑫】呼龍切，又許金切。
◎鑫，呼韻切，又許金切。
【鋥】直孟切。磨鋥。
◎鋥，直孟切。磨鋥也。
【鋠】食振切。圓鐵。
◎鋠，食振切。圓鐵。
○鋠，《玉篇》云：圓鐵。（《重修廣韻》卷三）
【鋴】而税切。鋭鋴。
◎鋴，而税切。鋭鋴。
【鋇】本妹切。柔鋌。
◎鋇，本妹切。柔鋌。
【鏨】尺制切。除草器。
◎鏨，尺制切。除草器。
【鍐】葅聾切。金毛也。
◎鍐，殂聾切。金毛也。
【鐩】辭類切。鏡也。
◎鐩，辭類切。鏡也。
【鉺】如志切。鉤也。
◎鉺，如志切。鉤也。
【鐗】力預切，力魚切。
◎鐗，力預切，又力魚切。
【鑍】翌恕切。
◎鑍，翌恕切。
【錮】古路切。錮鑄。
◎錮，古路切。錮鑄也。
【鏼】所諫切。
◎鏼，所諫切。精金。
○鏼，《玉篇》：所諫反。鐵廷也。（《龍龕手鏡》卷一）

○鏾，《玉篇》：所諫反。鏾廷也。（《龍龕手鏡》卷一）
【銱】徒弔切。燒器也。
◎銱，徒弔切。燒器也。
【鉶】呼内切。金鉶。
◎鉶，呼回切。金鉶也。
【鑭】力旦切。金光皃。
◎鑭，力旦切。金光皃。
◎鑭，力旦切。光也。
●圓沙本此字重出。
【鋀】音豆。
◎鋀，音豆。器也。
【鐶】人絹切。銀。
◎鐶，人絹切。銀也。
【鑕】章溢切。鐵鑕砧。
◎鑕，章溢切。鐵鑕砧。
【鐱】渠驗切。金。
◎鐱，渠驗切。金也。
【釟】補戛切。治金也。
◎釟，補戛切。治金也。
【鉈】胡刻切。金。
◎鉈，胡刻切。金也。
【錸】蘇祿切。
◎錸，蘇祿切。金也。
【鈺】五録切。
◎鈺，五録切。堅金也。
【鏍】思欲切。金。
◎鏍，思欲切。金也。
【銉】余律切。針。
◎銉，余律切。針也。
【鍫】音朔。鐶鍫。
◎鍫，音朔。鐶鍫也。
【鋸】區律切。鋸鉞。
◎鋸，區律切。鋸鉞也。
【鉞】辛律切。
◎鉞，辛律切。金未鍊。
【鉘】浮勿切。飾也。
◎鉘，浮勿切。飾也。
【鈅】魚厥切。兵器也。
◎鈅，魚厥切。兵器也。
【鉑】蒲各切。金。
◎鉑，蒲各切。金鉑也。
【鏼】所革切。鐵槍。
◎鏼，所革切。鐵槍也。
【鈼】殂鶴切。釜也。
◎鈼，殂鶴切。釜也。
【鎑】徒骨切。
◎鎑，徒骨切。金肥也。
●圓沙本“金肥也”未詳。
【釞】得立切。
◎釞，得立切。銛也。
【鉻】古額切。鉤也。
◎鉻，古額切。鉤也。
【鍚】都盍切。
◎鍚，都盍切。金鍚也。
【鈉】奴盍切。打鐵。
◎鈉，奴盍切。打鐵也。
【銻】舒力切。糙也。
◎銻，舒力切。糙也。
【鑉】他盍切。鑉鑪，箭。
◎鑉，他盍切。鑉鑪，箭也。
【鋜】仕朔切。鎖足也。
◎鋜，仕朔切。鎖足也。
○鋜，《玉篇》云：鎖足。（《朱文公校昌黎先生文集》卷八）
○鋜，顧野王云：鎖足也。（《續一切經音義》卷七）
【鍛】謍歷切。器也。
◎鍛，謍歷切。器也。
【鎰】羊質切。二十兩。
◎鎰，羊質切。二十兩曰鎰。
【鐭】音陝。温器。
◎鐭，音陝。温器也。
【鎘】盧的切。釜。
◎鎘，盧的切。釜也。
【鋷】祖誨切。
◎鋷，祖誨切。錐屬。
○鋷，《玉篇》曰：鋷謂拔去睫髮也。（《一切經音義》卷二十三）
【鐯】初角切。

◎鏾，初角切。剗屬。
【鍱】音葉。鐵鍱也。
◎鍱，音葉。鐵鍱也。
〇鍱，《玉篇》云：齊人爲鏶爲鍱。(《一切經音義》卷十四)
●鐷同鍱。
【鉆】時獵切。
◎鉆，時獵切。金飾也。
【鋦】君玉切。以鐵縛物。
◎鋦，君玉切。以鐵縛物也。
〇鋦，《玉篇》鋦字注云：以鐵縛物。(《方言疏證》卷十二)
【鏘】七良切。鏘鏘聲。
◎鏘，七良切。鏘鏘，行舞皃。
【鉑】莫伯切。鉑刃，軍器。
◎鉑，莫伯切。鉑刀，軍器也。
【鑞】盧甲切。錫鑞也。
◎鑞，盧甲切。錫也。
【鍓】祖立切。
◎鍓，祖立切。金鍓之。
【釙】普剥切。金釙。
◎釙，普剥切。金釙也。
〇釙，匹角反。金釙也，出《玉篇》。(《龍龕手鏡》卷一)
【鎑】于劫切，又他盍切。
◎鎑，于劫、他盍二切。金堅。
【钁】居縛切。鋤钁。
【鑺】局虞切。軍器也。
◎鑺，局虞切。軍器名。
【錭】徒鵰切。鈍也。
◎錭，徒鵰切。鈍也。
【鎕】徒兮切。器也。
◎鎕，徒兮切。器也。
【鏊】七昔切，又力宗切。
◎鏊，七昔、力宗二切。鼓声。
【鈸】音跋。鈴也。
◎鈸，音跋。鈴也。
【鏚】千歷切。干鏚。
◎鏚，千歷切。干鏚。
【鑯】子廉切。《説文》曰：鐵器也。一曰鑴也。
◎鑯，子廉切。鐵器。又鑴也。
【釦】音口。金飾器口也。
◎釦，音口。金飾器口也。
【鈂】直深切。《説文》曰：臿屬。
◎鈂，直經切。耕具。《説文》：臿屬。
【鏇】徐專切。圓轆轤也。又徐釧切，轉軸，栽器也。
◎鏇，徐專切。圓轆轤。又徐釧切，轉軸，栽器也。
【鎋】下戛切。車鎋也。
◎鎋，下戛切。車鎋也。
【錍】匹迷切。《説文》：錍鍫，斧也。又音卑。
◎錍，匹迷切。《説文》：錍鍫，斧也。又音卑。
【銘】莫經切。《周禮》曰：凡有功者，銘於太常。
◎銘，莫經切。《周礼》：凡有功者，銘於太常。
〇銘，顧野王：雋刻金石也。(《一切經音義》卷七十六)
【錯】七各切。鑢也，雜也。《説文》：金涂也。又音厝。
◎錯，七各切。鑢也，雜也。《説文》：金涂也。又音厝。
〇錯，顧野王云：以交合錯亂之錯從辵作造。(《一切經音義》卷六十九)
【鏶】音集。《説文》：鍱也。
◎鏶，音集。《説文》：鍱也。
【鐙】音登。《説文》：錠也。又多鄧切。
◎鐙，音登。錠也。又多鄧切。
【錠】徒徑、都定二切。錫屬。《説文》：鐙也。
◎錠，徒經、都定二切。錫屬。《説文》：鐙也。
【鎞】必兮切。鎞釵也。
◎鎞，必兮切。鎞釵也。
【鍫】千支、子移二切。鍫錍，斧也。
◎鍫，千支、子移二切。鍫錍，斧也。

攴部第二百七十

凡百七十七字

【攴】普卜、普角二切。小擊皃。攵，同上。
◎攴，普角、普卜二切。小擊皃。攵，同上。
【徹】丑列切。通也，明也。又直列切。徹，古文。
◎徹，丑列切。通也，明也。又直列切。徹，古文。
【敃】眉隕切。勉也。暋，同上。
◎敃，眉隕切。勉也。暋，同上。
【敏】眉隕切。敬也，莊也，疾也。
◎敏，眉隕切。敬也，莊也，疾也。
【啓】口禮切。《説文》云：教也。又開發也。
◎啓，口礼切。《説文》：教也。又開發也。
○啓，《玉篇》曰：啓，開也。（《一切經音義》卷二十三）
【肇】直皎切。俗肇字。
◎肇，直皎切。俗肇字。
【攽】布格切。附也。
◎攽，布格切。附也。
【敄】無禹切。强也。
◎敄，無禹切。强也。
【敀】舒枝切。亦施字。《説文》：敷也。
◎敀，舒枝切。《説文》：敷也。亦作施。
【效】胡教切。法效也。
◎效，胡教切。效法也，功也。
【政】之盛切。《説文》曰：正也。
◎政，之盛切。政事也。《説文》：正也。
【敷】芳于切。布也。亦作敷。
◎敷，苦于切。布也，陳也。亦作敷。
○敷，顧野王云：敷，舒也。或作鋪。（《一切經音義》卷九十九）
●圓沙本“苦于切”疑當作“芳于切”。
【敟】丁殄切。常也。今作典。
◎敟，丁殄切。常也，書也。今作典。
【黻】力米切。數也。
◎黻，力米切。數也。
【數】所屢、所縷二切。《説文》：計也。
◎數，所屢切，所角切。《説文》：計也。
【攽】悲貧切。分也。
◎攽，悲貧切。分也。
【敳】五哀切。有所治。
◎敳，五哀切。有所治也。
【孜】子辭切。《説文》曰：汲汲也。
◎孜，子詞切。《説文》：汲汲也。
○孜孜，不怠也。（《弘決外典鈔》一 3）
○孜孜，不怠之皃也。（《三教指歸注》三 14）
【敞】昌掌切。高也。
◎敞，昌掌切。高也，明也，開也。
【改】公亥切。更也。
◎改，公亥切。更也，換也。
【敕】丑力切。誡也。今作勑。
◎敕，丑力切。誡也。今作勑。
○敕，顧野王《玉篇》：敕，誡也。（《小爾雅訓纂》卷二）
【敢】而涉切。使也。
◎敢，而頻切。使也。
●“而頻切”疑誤。
【變】碑媛切。變化也。
◎變，碑媛切。變化也，換也。
【更】古孟切，又古衡切。代也，歷也，復也。今作更。
◎更，古孟切。再也。又古衡切。代也，改也，復也。今作更。
【敹】力幺切。簡也，擇也。
◎敹，力幺切。簡也，擇也。
【斂】力冉切。收也，略也。又力豔切。
◎斂，力冉切。收也。又力豔也。
●圓沙本“力豔也”當作“力豔切”。
【敿】居表切。擊連也。
◎敿，居表切。擊連也。
●《篆隸萬象名義》作“繫連”，疑是。
【敆】公荅切。合會也。
◎敆，公荅切。合會也。
【敶】除珍、丈刃二切。列也。亦作陳。
◎敶，除珍、丈刃二切。列也。亦作陳。
【敵】大的切。對也。

◎敵，大的切。對抵也，擊也。
○敵，《玉篇》云：怨也，對也。（《一切經音義》卷二十五）
【敓】徒活切。强取也。
◎敓，徒活切。强取也。
【赦】式夜切。放也，置也。赦，同上。
◎赦，式夜切。置也，放也，宥也。赦，同上。
【攸】余周切。所也。
◎攸，余周切。所也。
【斁】余石切。猒也。又都故切。
◎斁，余石切。猒也。又都故切。
【汥】亦攸字。
◎汥，亦攸字。
【攺】孚甫切。或作撫。
◎攺，孚甫切。安也。或作撫。
【韋攴】于非切。戾也。
◎韋攴，于非切。戾也。
【敉】武婢切。安也，撫也。
◎敉，武婢切。安也，撫也。
【敭】弋章切。亦作揚。
◎敭，弋章切。亦作揚。
【羣攴】巨云切。朋也。
◎羣攴，巨云切。朋也。
【救】居又切。助也。
◎救，居又切。助也。
【敦】都昆切。理也。
◎敦，都昆切。理也，厚也。
○敦，《玉篇》：敦，大也。（《方言箋疏》卷一）
【斀】胡怪切。毁也。又古拜切。
◎斀，胡怪切。毁也。又古拜切。
【敗】步邁切。覆也，壞也，破也。又補邁切。贁，籀文。
◎敗，步邁切。覆也，壞也，破也。又補邁切。贁，籀文。
【敿】力舘切。惰也，亂也。
◎敿，力舘切。惰也，乱也。
【寇】口候切。暴也。
◎寇，口候切。暴也，寇盗也。
【敳】竹几切。刺也。
◎敳，竹几切。刺也。
【斁】畢蜜切。盡也。
◎斁，畢蜜切。盡也。
【敼】徒古切。塞也。
◎敼，徒古切。塞也。
【敜】乃頰切。閉也。或作捻。
◎敜，乃頰切。閉也。或作捻。
【收】式由切。《説文》曰：捕也。
◎收，式由切。收拾也。《説文》：捕也。
【鼓】之録切。擊也。又公户切。
◎鼓，之録切。擊也。又公户切。
【攷】枯苟切。或作扣。
◎攷，枯苟切。擊也。或作扣。
【攷】口道切。今作考。
◎攷，口道切。稽也。今作考。
【攻】古洪切。善也。
◎攻，古洪切。善也，治伐也。
【敳】五雞、五禮二切。敳敳。
◎敳，五雞、五禮二切。敳敳。
【敳】布計、布采二切。敳敳。
◎敳，布計、布米二切。敳敳也。
【敲】口交切。擊也。
◎敲，口交切。擊也。
【敪】竹角切。擊也。
◎敪，竹角切。擊也。
【敳】烏往切。曲也。今作枉。
◎敳，烏往切。曲也。今作枉。
【斄】火之、力之二切。《説文》云：坼也。
◎斄，火之、力之二切。《説文》：坼也。
【斀】都角切。《説文》云：去陰之刑也。
◎斀，都角切。《説文》：去陰之刑也。
【敔】魚吕切。樂器名。
◎敔，魚吕切。樂器，柷敔也。
【敛】巨林切。持止也。
◎敛，巨林切。持止也。
【敼】視由切。計也。《説文》曰：棄也。斀，同上。
◎敼，視由切。計也。《説文》：坼也。斀，同上。

【牧】莫六切。畜養也。
◎牧，莫六切。治也，畜養也。
○牧，顧野王曰：牧，畜園也。音莫六反。（《令集解》三八416）
○牧，顧野王云：牧者，畜養之總名也。（《一切經音義》卷二）
○牧，《玉篇》云：牧者，畜養之總名。（《一切經音義》卷五）
○牧，《玉篇》云：養飤也。（《一切經音義》卷二十五）
【敤】口果、口卧二切。研理也。
◎敤，口果、口卧二切。研理也。
【畋】唐年、唐見二切。平田也。
◎畋，唐年切。平田。唐見切，受也。
○畋，顧野王云：田從禽獵也，遊田捜狩總名也。（《一切經音義》卷九十二）
【敇】楚革切。擊馬也。
◎敇，楚革切。擊馬也。
【斀】叉萬切。小舂也。
◎斀，叉萬切。小舂。
【敫】公幺、公的二切。擊也。
◎敫，公幺、公的二切。擊也。
○敫，《玉篇》云：擊也。（《重修廣韻》卷二）
【䡾】他達切。古撻字。或作達。
◎䡾，他達切。古撻字。或作達。
【攺】余止切。大剛卯，以辟鬼。
◎攺，余止切。大印，以辟鬼。
●圓沙本“大印”疑當作“大卯”。
【敘】徐吕切。次第也。
◎敘，徐吕切。次第也，陳也。
【斆】下孝切。教也。《説文》與學同。
◎斆，下孝切。教也。与學同。
【教】居孝切。教令也。效、斈，並古文。
◎教，居孝切。教令也，誨也。效，古文。斈，並古文。
【敀】充句切。爲也。
◎敀，充句切。爲也。
【敀】匹之、皮美二切。器破也。
◎敀，匹之、皮美二切。器破也。
【敦】除耕切。敦撞也。
◎敦，除耕切。撞也。
【敼】匹幺切，又普交切。擊也。
◎敼，匹幺、普交二切。擊也。
【敶】余刃切。擣也。
◎敶，余刃切。擣也。
【攲】丘含切。攲攲也。
◎攲，丘含切。攲攲也。
【攲】丘儀、丘蟻二切。攲也。
◎攲，丘儀、丘蟻二切。攲攲。
○攲，《玉篇》：不正也。（《一切經音義》卷九十）
○攲，顧野王云：攲，以爲不正也。（《一切經音義》卷六十九）
【敊】初委切。試也。
◎敊，初委切。試也。
【敦】都鈍切。亦作頓。
◎敦，都鈍切。亦作頓。
【夌】式陵切。古勝字。
◎夌，式陵切。古勝字。
【敷】匹胡切。敼敷，屋欲壞。
◎敷，匹胡切。敼敷，屋欲壞。
【敼】匹尸切。敼敷。
◎敼，匹尸切。上同。
【揩】口皆切。摩也。
◎揩，口皆切。摩也。
【敽】波卧切。古文播。
◎敽，波卧切。古文播。
【敱】口大切。伐也，擊也。
◎敱，口大切。伐也，擊也。
【敹】余掌切。古文養。
◎敹，余掌切。古文養。
【敷】附俱切。今作扶。
◎敷，附俱切。今作扶。
【敡】弋豉切。侮也。
◎敡，式豉切。侮也。
●圓沙本“式豉切”疑當作“弋豉切”。
【敁】知今切。擣石也。
◎敁，知今切。擣石。

【敜】女角切。
◎敜，女角切。執也。
【敽】千刀切。亦操字。
◎敽，千刀切。持也。亦操字。
【敹】力小切。小長皃。
◎敹，力小切。小長皃。
【敁】丁禮切。隱也。
◎敁，丁礼切。隱也。
【敓】先見切。散也。
◎敓，先見切。散也。
【敥】大合切。敥敥，盡。
◎敥，大合切。敥敥，盡也。
【敁】多兼切。敁敠，稱量也。
◎敁，多兼切。敁敠，稱量也。
●底本“敁”字原作“故”，徑改。
【敧】猗輒切。敧敤，相反也。
◎敧，倚輒切。敧敤，相反也。
【敤】女涉切。敧敤。
◎敤，女涉切。上同。
【敺】丘俱切。擊也。
◎敺，丘俱切。擊也。
【敊】力没切。敊敜，不滑利。
◎敊，力没切。敊敜，不滑利。
【敜】苦没切。敊敜。
◎敜，苦没切。上同。
【敹】山巧切。攪敹也。
◎敹，山巧切。攪敹也。
【敳】陟陵切。召也。今作徵。
◎敳，陟陵切。召也。今作徵。
【敂】口餓切。擊也。
◎敂，口餓切。擊也。
【敤】大可切。
◎敤，大可切。擊也。
【敹】卑繇切。
◎敹，卑繇切。速也。
【敼】先孔切。敼擊也。
◎敼，先孔切。敼擊也。
【斀】扶勿切。理也。
◎斀，扶勿切。理也。
○斀，《玉篇》云：理也。（《重修廣韻》卷五）
【歉】口陷切。貧也。
◎歉，口陷切。貧也。
【敷】力胡切。斂也。
◎敷，力胡切。斂也。
【敋】古伯切。擊也。
◎敋，古伯切。擊也。
○敋，顧野王云：今俗語云摑耳是也。（《一切經音義》卷三十八）
○敋，顧野王云：今有敋耳之言是也。（《一切經音義》卷七十八）
【敢】古膽切。敢果也。𢽏、𠭥、敢，並篆文，出《說文》。
◎敢，古膽切。敢果也，勇也。𢽏、𠭥、敢，並篆文，出《說文》。
【敊】丑叔切。敪敊，痛。
◎敊，丑叔切。敪敊也。
【敪】丑角切。敪敊也。
◎敪，丑角切。上注。
【敹】力綜切。
◎敹，力綜切。絞也。
【敁】巨宜切。杈也。
◎敁，巨宜切。杈也。
●此字頭疑當作“攱”。
【敧】丘奇切。禮器也。
◎敧，丘奇切。礼有敧器。
【敱】都滕切。
◎敱，都滕切。升擊也。
【敯】武分切。磨拭。
◎敯，武分切。磨拭。
【敾】賊安切。殘也。
◎敾，賊安切。殘也。
【敇】子泥切。箭射也。
◎敇，子泥切。箭射也。
【敶】側加切。取也。
◎敶，側加切。取也。
【敳】苦工切。
◎敳，苦工切。控也。
【敪】音衹。弓硬。
◎敪，音衹。弓硬也。
【敵】亦殊切。投。

◎敆，亦殊切。投也。
【𢾺】徒年切。
◎𢾺，徒年切。攻也。
【㪏】丈乖切。
◎㪏，丈乖切。邪也。
【𣀔】路回切。摧也。
◎𣀔，路回切。摧也。
【𢽤】石鄰切。
◎𢽤，石鄰切。擊声也。
【攺】大何切。
◎攺，大何切。擊也。
【㪍】魯當切。
◎㪍，魯當切。甚也。
【攼】吉安切。進也。
◎攼，吉安切。進也。
【𣀏】音靈。打也。
◎𣀏，音靈。打也。
【𢻢】多含切。
◎𢻢，多含切。貪也。
【𢽅】泊盲切。打板聲。
◎𢽅，泊音切。打板声。
●圓沙本“泊音切”疑當作“泊盲切”。
【敁】職由切。禦也。
◎敁，職由切。禦也。
【𢻫】他果切。安也。
◎𢻫，他果切。安也。
【𢼂】多古切。伴也。
◎𢼂，多古切。伴也。
【𢿵】盧啓切。
◎𢿵，盧啓切。敵也。
【𢾁】昌尹切。
◎𢾁，昌尹切。動也。
【𢿡】於已切。
◎𢿡，於已切。戲也。
【𢾈】何滿切。
◎𢾈，何滿切。乾甚。
【敞】直孟切。磨光。
◎敞，直孟切。磨光也。
【𣀉】口數切。或從欠。
◎𣀉，口數切。或從欠，義同。

【敁】職刃切。動。
◎敁，職刃切。動也。
【𢿌】武旦切。
◎𢿌，武旦切。弄也。
【𢿀】他旦切。無色。
◎𢿀，他旦切。無色也。
【𢿋】市戰切。治。
◎𢿋，市戰切。治也。
【㪟】蒲没切。
◎㪟，蒲没切。㪟然忽之也。
【𢿊】力谷、力玉二切。
◎𢿊，力谷、力玉二切。摇也。
【𢻲】口八切。
◎𢻲，口八切。𢻲扣也。
【𣀌】息六切。打聲。
◎𣀌，息六切。打声。
【𢿈】扶勿切。破也。
◎𢿈，扶勿切。破也。
【𣁀】汝羊、息羊二切。
◎𣁀，汝羊、息羊二切。攘也。
【攴】匹卓切。
◎攴，匹卓切。打也。
【𢿙】力見切。
◎𢿙，力見切。較也。
【𣀤】市玉切。
◎𣀤，市玉切。連也。
【𢾇】自雪切。枯。
◎𢾇，曰雪切。枯也。
●圓沙本“曰雪切”疑當作“自雪切”。
【故】古暮切。《説文》曰：使爲之也。
◎故，古暮切。舊也。《説文》：使爲之也。
【㣽】直信切。《説文》云：理也。
◎㣽，直信切。《説文》：理也。

放部第二百七十一

凡四字

【放】甫望切。弃也，逐也，去也，散也。又甫往切，比也，效也。
◎放，甫望切。弃也，逐也，散也，去也。

又甫往切，比也，效也。

◑放，甫望反。《尚書》：大放王命。孔安國曰：放，棄也。《左氏傳》：棄位而放，不可謂貞。杜預曰：放，淫之別名也。又曰：放甲父于衛。杜預曰：舜罪黜免宥之以遠曰放。野王案：《尚書》放驩兜於崇山是也。《公羊傳》：放死不立。劉兆曰：放，至也。野王案：謂至極也。《禮記》推而放諸南海而准是也。《論語》：虞仲夷逸隱居放言。苞咸曰：放，置也，置不復言世務也。《說文》：放，逐也。《廣雅》：放，去也。放，散也。《字書》：出遊也。又音甫往反。《公羊傳》：放乎殺母弟。劉兆曰：放猶比也。《論語》：放於利而行，多怨。孔安國曰：放，依也。《廣雅》：放，效也。堯名放勛。臣

【敫】余灼切。光景流也。又古了切。

◎敫，余灼切。光景流也。又古了切。

◑敫，餘灼反。《說文》：光景流也。《史記》：齊有大夫敫。徐廣曰：音皎也。

【敖】五刀切。遊也。或在出部。敖，同上。

◎敖，五刀切。遊也。或在出部。敖，同上。

◑敖，五高反。《毛詩》：嘉賓式宴以敖。《傳》曰：敖，遊也。又曰：碩人敖敖。《傳》曰：敖敖，長也。《左氏傳》：實訾敖。杜預曰：不成君无號謚者，楚皆謂之敖。《爾雅》：咲敖，戲謔也。郭璞曰：調謔也。又曰：敖，傲也。發發，傲也。郭璞曰：謂傲慢賢者也。《說文》：出遊也。《廣雅》：慢也，戲也。敖，傪也。或爲敖字，在出部。

丌部第二百七十二

凡十一字

【丌】巨基切。《說文》云：下基也。

◎丌，巨基切。《說文》云：下基也。

◑丌，渠基反。《說文》：下基也。薦物之几，象形也。

【迈】居意切。今作記。

◎迈，居意切。誌也。今作記。

◑迈，居意反。《毛詩》：往迈王舅。《傳》曰：迈，已也。《箋》云：迈，辞也。《說文》：古之道人，以水鐸記時言。故從辵，從丌聲也。《聲類》此古文記字也，在言部。

【巽】先寸切。卦名。《說文》曰：具也。顨，上同。巺，古文。

◎巽，先寸切。卦名。《說文》：具也。顨，上同。巺，古文。

◑巺，助戀反。《說文》：巺，具也。《字書》此本撰字也。撰亦數也，持也。在手部。或爲顛［顨］字，在頁部。巽，《說文》古文巺字也。

【畀】必未切。賜也，與也，相付也。

◎畀，必至切。賜也，相付也，与也。

◑畀，俾寐反。《爾雅》：畀，賜也。《公羊傳》：畀者何，予也。《爾雅》亦云。郭璞曰：謂賜与也。與猶予，因通其名也。野王案：《毛詩》彼姝者子，何以畀之是也。《說文》：相付与之，約在閣上。從丌，由聲也。尊畀之畀，音俾支反，在亣部。

【奠】大見切。定也，薦也。

◎奠，大見切。定也，薦也。

◑奠，徒見反。《尚書》：奠高山大川。孔安國曰：奠，定也。《周禮》：喪事，供其奠牛。鄭玄曰：喪所廌饋曰奠。《毛詩》：于以奠之。《傳》曰：奠，置也。《儀（禮）》：奠灑［纚］、笄（于）莚。鄭玄曰：奠，停也。《國語》：辟奠不飧。賈逵曰：食上曰奠，食熟曰飧。又曰：士有豚犬之奠。賈逵曰：奠，陳也。《禮記》：唯世婦命於奠爾［繭］。鄭玄曰：奠，獻也。又曰：釋奠于先师。鄭玄曰：設廌［薦］饌酌奠而已，无迎尸以下之事也。又曰：釋奠于其廟。鄭玄曰：非時而祭曰奠。《說文》從酋，酋，酒也。丌其几也。《廣雅》：奠，廌［薦］也。奠，調也。啁同。

【其】巨之切。辭也，事也。亣，古文。

◎其，巨之切。辭也，事也。亣，古文。

◑其，渠基反。《尚書》：我其試哉。孔安國曰：觀其行迹也。《周易》：龍戰于野，其血玄黃。《毛詩》：實惟何其。《傳》曰：其，辞也。《爾雅》：其，辞也。《廣雅》：其，豈也。亣，《字書》古文其字也。《尚書》作其字如此。

【典】丁殄切。經籍也。
◎典，丁殄切。經籍也。
◑典，都殄反。《尚書》：有典有則。孔安國曰：謂經籍也。《周禮》：太宰之職掌建邦之六典。鄭玄曰：典，常也。又曰：典婦功，中士二人。鄭玄曰：典，主也。野王案：舜命佰夷典朕三礼，命夔典樂，並是也。《毛詩》：文王之典。《傳》曰：典，法也。《爾雅》：典，經也。《説文》：典，五帝之書也。從册在丌上，尊閣之也。一説典大册也。野王案：《尚書》有堯舜典。孔安國曰：可爲百代常行之道也。古文爲籅字，在竹部；以主𦖋之典爲敟字，在攴部。
【巺】先困切。《説文》曰：巽也。此《易》巺卦爲長女爲風者。
◎巺，先困切。《説文》：巽也。此《易》巺卦爲長女爲風者。
◑巺，先頓反。《説文》：巺，巽也。此《易・巺卦》，爲長女，爲風。巽，《周易》：巽，入也。巽，伏也。《尚書》：庸命，巽朕位。孔安國：巽，從［順］也。《論語》：巽与之言。苞咸曰：巽，恭也。野王案：訓恭從［順］亦与愻字義同，在心部。《説文》此篆文巺字也。

左部第二百七十三

凡四字

【左】子可切。助也，亮也。
◎左，子可切。助也，亮也。
◑左，咨可、咨賀二反。《尚書》：予欲左右有民。孔安國曰：左右，助也。《爾雅》：左右，導也。郭璞曰：謂教導也。又曰：左右，勴也。郭璞曰：謂賛勉之也。又曰：左右亮也。野王案：人之兩邊曰左右。《左氏傳》左顧而唾，右顧而咲是也。凡物之兩邊皆曰左右。《左氏傳》左輪朱殷，《爾雅》塗出其左，並是也。《國語》：是左之也。賈逵曰：左猶遠也。《左氏傳》：冢卿無輅，（介）卿以葬，不亦左乎。杜預曰：左，不便也。《禮記》：執左道以亂衆，殺。鄭玄曰：左道，若巫蛊及俗禁也。《史記》：吾極知其左遷。野王案：仕官左遷，謂退黜也。《説文》：手相佐也，從𠂇工。野王案：《説文》以此爲左助之左，以左右兩邊爲𠂇字，在𠂇部。
〇左，咨可、咨賀反。左右，助也，導也，謂教導也。勴也，謂賛勉之也。亮也。人之兩邊也。凡牛［物］之兩邊皆曰左右也。左猶遠也，不便也，手相佐也。左遷謂退黜也。（《類》135）
【差】楚宜切。參差不齊也。又楚佳切。𢀩，同上。𢀵，籀文。
◎差，楚宜切。參差不齊也。又楚佳切。𢀩，同上。𢀵，籀文。
◑差，楚宜、楚佳二反。《周易》：失之豪氂，差以千里。野王案：差猶跌舛也。《毛詩》：參差荇菜。野王案：參差，不齊等也。又曰：差池其羽。《箋》云：差池，謂張舒其尾翼也。又曰：既差我馬。《傳》曰：差，擇也。《左氏傳》：何敢差池。杜預曰：差池，不齊一也。《尚書大傳》：帝用不差，神則不怒。鄭玄曰：差，疑也。《説文》：差，貳也，不殖也。從左，從𠂹聲也。《廣雅》：差，減也。差，次也。差，邪也。疾痛之差爲瘥字，在疒部。車却抵堂爲𨍏字，在車部。𢀩，《説文》籀文差字也，從二。
〇差，不齊等也。（《法華釋文》中）
〇差，顧野王謂：參差，不齊等也。（《一切經音義》卷六十四）

工部第二百七十四

凡六字

【工】古紅切。官也，善其事。𢒄，古文。
◎工，古紅切。官也。又善其事。𢒄，古文。
◑工，古紅反。《尚書》：允釐百工。孔安國曰：工，官也。又曰：帝曰垂，汝共工。范甯曰：主百工匠之官謂司空也。又曰：工以納言。孔安國曰：工，樂官也。《考工記》：審曲面勢，以飭五材，以辨民器，謂之百工。又曰：智者創物，巧者述之，守以世工。鄭玄曰：父子世世以相教也。《毛詩》：工祝致告。《傳》曰：善其事曰工。《韓詩》：嗟嗟臣工。工，巧也。《淮南》：玄玉百工。許叔重曰：二玉爲工。《説文》：巧飾也。象人有規矩也，与巫同意。𢒄，《説文》古文工字也，從彡。
【巨】渠吕切。大也。𢀜，古文。
◎巨，渠吕切。大也。𢀜，古文。
【巧】口卯切。巧技也，好也。
◎巧，口卯切。巧技也，好也，美也。
【式】尸力切。法也。
◎式，尸力切。法也，格也。
◑式，詩力反。《尚書》：百官承式。孔安國曰：式，法也。《周禮》：以九式均節材用，一曰祭祀之式，二曰賓客之式，三（下闕）

㠭部第二百七十五

凡二字

【㠭】知輦切。極巧視之也。今作展。
◎㠭，知輦切。極巧視之也，工多也。今作展，舒也。
【㥶】先側切。窒也。今作塞。
◎㥶，先側切。窒也。今作塞。

巫部第二百七十六

凡五字

【巫】武俱切。神降，男爲巫，女爲覡。𢍰，古文。
◎巫，武俱切。神降也，男爲巫，女爲覡。𢍰，古文。
【覡】胡的切。女巫也。
◎覡，胡的切。女巫稱也。
【霛】力丁切。神靈也。
◎霛，力丁切。神靈也。
【龔】力容切。龔巫也。
◎龔，力容切。龔巫，巫稱也。

卜部第二百七十七

凡八字

【卜】布鹿切。龜曰卜，蓍曰筮，兆也，子也。𠁼，古文。
◎卜，布鹿切。龜曰卜，蓍曰筮，兆也。𠁼，古文。
◑卜，（闕）是也。《白虎（通）》：卜者赴也，暴見兆也。《毛詩》：卜尓百福。《箋》云：卜，予也。《爾雅》亦云。郭璞曰：皆謂賜與。與猶予，因通其名耳。《韓詩》：卜卑炎火。卜，報也。《説文》：灼剥龜也。象灸龜之形。一曰象龜兆從横也。𠁼，《説文》古文卜字也。
○卜，龜曰卜，策爲莁。所以使民占吉凶，住［信］時日，敬鬼神，畏法令，使（决）嫌疑，（定）猶預也。野王案：所以占後事之吉凶也。（《類》131）
【卦】古賣切。八卦也，兆也。
◎卦，古賣切。八卦也，兆也。
◑卦，古賣反。《周易》：包羲始作八卦，觀變於陰陽而立卦。劉獻曰：卦之言畫也，謂圖畫之也。野王案：卦兆一等耳，分蓍布爻則曰卦，灼龜見兆則曰兆。《説文》：卦，莁也。《廣雅》：挂也，卦兆也。
○卦，古賣反。八卦也。（《三教指歸注》一4）
【𠧪】呼憒切。外卦曰𠧪，内卦曰貞。今作悔。
◎𠧪，呼隤切。外卦曰𠧪。今作悔。
◑𠧪，呼潰反。《尚書》：乃命卜莁，曰貞貞［曰貞曰（𠧪）］。外卦曰𠧪。《説文》：卦之上體也。今爲悔字，在心部。
【貞】知京切。正也。
◎貞，知京切。正也，内卦曰貞。
◑貞，徵京反。《周易》：貞者，事之幹也。君子貞謂之幹事。又曰：貞，正也。《周禮》：大貞則奉玉帛。鄭衆曰：大貞，謂卜五［立］君，卜大卦［封］也。又曰：以貞來歲之美惡。鄭衆曰：貞，問也。《易》曰：师貞丈人也。問於丈人。《國語》曰卜於陽卜是也。鄭玄曰：問事之正曰貞。《左氏傳》：圖國忘身，貞也。送往事君，偶俱無猜，貞也。《國語》：埜死者，養生者，死人復生不悔，生人不愧，貞也。又曰：卦得貞屯悔豫。賈逵曰：内貞，外卦曰悔。《説文》從貝，貝以爲贄也。一曰從鼎省聲也。《廣雅》：貞，當也。《字書》：卦下體也。《謚法》：大慮克就曰貞，幹事能正曰貞，外内用情曰貞，清白守節曰貞，不隱无并曰貞，圖國忘死曰貞，内外无懷曰貞，直道不撓曰貞，貞德應和曰貞。《禮記・緇衣》或爲偵字，在人部。

【占】之鹽切。候也。

◎占，之鹽切。候也，卜也。又去聲。

◑占，之鹽反。堂堂官占，惟免之占，故從二人之言。《周易》：極數知來謂之占。野王案：占猶候也，候察吉凶禍福也。故曰以卜莁者尚其占也。《世本》：羲和作占日，恒羲作占月，后益作占歲。宋忠曰：其行度所至也。羲和，堯臣。恒羲、后益未聞也。《左氏傳》：皆占其徒，無之。野王案：《方言》：占，視也，凡相候謂之占，占猶瞻也。《爾雅》：隐占也。郭璞曰：隐度之也。《説文》：占，視兆問也。《廣雅》：占，驗也。《漢書》：口占作書。野王案：口占猶授言語，使人書之也。

【卲】市照切。卜問也。

◎卲，市照切。卜問也。

◑卲，時照反。《説文》：卜問也。

【卟】公兮切。卜以問疑也。

◎卟，公兮切。卜以問疑也。

◑卟，公啼反。《説文》：卜以疑問也。野王案：《鴻範》明用卟疑，孔安國曰猶以考爲訓，亦同在稽部。或爲乩字，在乙部。

兆部第二百七十八

凡二字

【兆】除矯切。事先見也，形也。𠁩，同上。

◎兆，除矯切。事先見也，形也。𠁩，同上。

◑兆，除矯反。《周禮》：太卜掌三兆之法，一曰玉兆，二曰瓦兆，三曰原兆。鄭玄曰：兆者，灼龜發於火而形可占者也，其象似瓦玉原也。又曰：卜人掌開龜之四兆，一曰方兆，二曰功兆，三義兆，四曰弓兆。鄭玄曰：經兆百廿體，此言四者，分爲四部，若《易》之二篇也。《尚書》：予臨兆民。孔安國曰：十萬曰億，（十億）曰兆。《左氏傳》：天子兆民。又曰：兆於死所。杜預曰：有死兆也。野王案：兆猶機也，事先見者也。又曰其器則姦兆是也。《國語》：其魄兆於民。賈逵曰：兆，於［見］。又曰：兆於褱矣。賈逵曰：兆，形也。《説文》：象形也。塋域之兆爲垗字，在土部。床杠名兆，《埤蒼》爲鮡，在牀部。𠁩，《説文》亦兆字也。

用部第二百七十九

凡七字

【用】余共切。《説文》云：可施行也。甪，古文。

◎用，余共切。《説文》：可施行也。甪，古文。

◑用，瑜共反。《尚書》：正德利用。孔安國曰：利用以阜財也。又曰：戒之用休，董之用威。孔安國曰：以美戒之也。又曰：竊攘［攘竊］神祇犧（牷）牲（用）。孔安國曰：牛羊豕曰牲，器實曰用。《周官》：乘其財用之出入。鄭玄曰：財，泉穀也。用，貨財也。《莊子》：用者通也。《穀梁傳》：邾人執鄫子用之。用之何？叩其鼻以衈社也。《説文》：可施行也。從卜、中。衛宏説。𠁩，古文中字如此。《蒼頡篇》：用，以也，庸也。野王案：中字在丨部也。甪，《説文》古文用字也。

【甫】方禹切。始也，大也，我也。

◎甫，方補切。始也，大也，我也。

◑甫，弗禹反。《周禮》：卜葬兆甫竁亦如之。鄭玄曰：甫，始也。《毛詩》：卓彼甫田。《傳》曰：甫田，天下之田也。《箋》云：甫之言大夫也。太古以夫田税，九夫爲井税。一夫，其田百畝。《韓詩》：甫，博也。《穀梁傳》：甫者傅也，男子之美稱也。《儀禮》：伯其甫仲叔季。鄭玄曰：甫，大夫之美稱也。孔子爲尼甫，周大夫家甫，宋大夫有孔甫，是其類也。《禮記》：陽童某甫。鄭玄曰：甫，字也，尊神不名爲之造字也。又曰：畛於鬼神曰某甫。鄭玄曰：某甫，且字也。《爾雅》：甫，我也。甫，大也。野王案：《毛詩》無田甫田是也。《説文》：從用從父，父聲也。《廣雅》：甫甫，衆也。《禮記》：章甫殷道也。鄭玄曰：常所服之冠也。《白虎通》：殷正十二月正，飾大，故爲章甫。章甫者，常［尚］末［未］与其本相當也。《廣蒼》以魴鱮甫爲鯆字，在魚部。

【葡】皮祕切。具也。今作備。

◎葡，皮祕切。具也。今作備。

◑葡，皮祕反。《説文》：葡，具也。從用，苟省聲也。今爲備字，在人部。

【庸】余恭切。用也，常也，功也。

◎庸，余恭切。用也，常也，功也。

◑庸，餘鍾反。《尚書》：若時登庸。孔安國曰：庸，用也。《説文》：從用從庚。庚，更也。《易》：曰先庚三日是也。《周禮》：司勳所掌，民功曰庸。鄭玄曰：法施於民，若后稷者也。又曰：以庸制禄，則民與功。鄭玄曰：庸，功也。《韓詩》：昊天不庸。庸，易也。《爾雅》：庸，常也。野王案：《禮記》君子中庸是也。又曰：庸，勞也。庸庸，勞也。郭璞曰：謂劬勞也。《禮記》：田不能五十里，不合於天子，附於諸侯曰附庸。鄭玄曰：小城曰附。附庸者，以國事附於大國，未能以名通也。《方言》：庸，代也。四方通語也。《漢書》：教民相与庸輓犁。李奇曰：庸，次也。《廣雅》：庸，和也。《楚辭》：固庸態也。王逸曰：庸，斯賤之人也。野王案：庸人，謂常人愚短者也。《大戴礼》孔子曰所謂庸人者，口不能道苦［善］言，而志不邑邑；不能選賢人善之［士］而託其身，以为己憂。動行不知所務，止立不知所定；日選於物，不知所遺貴；從物而流，不知所歸。若此可謂庸人矣。是也。或爲亯字，在亯部。水溝名庸爲滽字，在水部。大鍾名庸爲鏞字，在金部。城庸爲墉字，在土部。

【甯】奴定切。所欲也。

◎甯，奴定切。所欲也。

◑甯，奴定反。《説文》：所願也。從庸，寧省聲也。野王案：晉邑有甯邑。《國語》：如衛反，過甯。《論語》：甯武子。

【由】弋州切。若也。

◎由，弋州切。若也。

◑由，餘同［周］反。《考工記》：繫擊其所縣而由其虡鳴。鄭玄曰：猶若也。《毛諸詩》：右招我由房。《傳》曰：由，用也。又曰：匪由勿語。《箋》云：由猶從也。又曰：無易由言。《箋》云：由，於也。《韓詩》：藝麻如之何，横由其畝。東西耕曰横，南北耕曰由。《論語》：觀其所由。何晏曰：經由也，言察其所經從也。《爾雅》：由，自也。《方言》：由迪，正也。東齊青徐之間相正謂之由迪，又曰由輔也。燕之北鄙曰由。郭璞曰：由，正，所以爲輔持也。又曰：式也。《廣雅》：由，行也。由，助也。《説文》以從由爲䌛字，在言部。今爲由字。《説文》：以由［甾］東楚謂缶也，音側治反，在由［甾］部。

爻部第二百八十

凡三字

【爻】户交切。《易》卦爻也。《説文》曰：交也。

◎爻，户交切。《易》卦爻也。《説文》：交也。

◑爻，胡交反。《周易》：發揮於堅粲［柔］而主［生］爻。爻也者，效此者也，效天下之動也。《説文》：爻，交也。象《易》六爻交頭也。

【希】許衣切。摩也，散也。

◎希，許衣切。摩也，散也。

◑希，虚衣反。《廣雅》：希，摩也。希，施也。希，止也。希，散也。《字書》：希，疏也。野王案：《説文》以疏罕之希爲稀字，在禾部。希望爲睎字，在目部。以此或爲絺綌之絺字，音丑梨反，在糸部。《尚書》亦或爲絺字。

【棥】扶袁切。蕃也。

◎棥，扶袁切。蕃也，茂，多也。

◑棥，扶園反。《説文》：《詩》云營營青蠅止于棥。野王案：林［棥］，藩也。今爲樊字，在㸚部。

㸚部第二百八十一

凡四字

【㸚】力爾切。二爻也。又力計切。
◎㸚，力爾切。二爻也。又力計切。
◑㸚，力計反。《説文》：二爻也。
【爾】如紙切。汝也。
◎爾，如紙切。汝也。
◑爾，如紙反。《毛詩》：百爾君子。《箋》云：爾，汝也。《説文》：麗爾猶靡麗也。從冂，㸚，其死［孔］麗麗也，尔聲也。与爽同意。詞之必然爲尒字，在八部。
【爽】所兩切。明也，差也。奭，同上。
◎爽，所兩切。明也，差也。奭，同上。
◑爽，所兩反。《尚書》：故有爽上。孔安國曰：爽，明也。《毛詩》：女也不爽。《傳》曰：爽，差也。《爾雅》亦云。郭璞曰：謂用心差錯，不專一者也。《國語》：實有爽德。賈逵曰：爽，貳也。《楚辭》：露雞臛鵩，厲而不爽（些）。王逸曰：厲，烈也。爽，敗也。楚人名羹敗曰爽。《爾雅》：爽，忒也。《方言》：爽，猛也，齊晉曰爽過也。郭璞曰：謂差過也。《説文》：從大、㸚。《廣雅》：爽，傷也。爽，減也。爽，責也。爽，《説文》篆文奭字也。

車部第二百八十二

凡二百四十八字

【車】尺奢、古魚二切。夏時奚仲造車謂車工也。一云黄帝已有車也。䡵，籀文。
◎車，尺奢、古魚二切。夏時奚仲造車謂車工也。一云黄帝已有車也。䡵，籀文。
◑車，齒耶、舉魚二反。《尚書》：車服以庸。《周禮》：服車五乘，孤乘夏篆，卿乘夏縵，大夫（乘墨车，士乘）棧車，庶人役車，凡良車、散車不在等者，其用无常。鄭玄曰：夏篆，五綵畫轂約也；夏縵，亦五綵畫，无篆；墨車，不畫也；棧車，不輓革而桼之也；役車，方葙可載任器，以供役者也；良車，若今輜車，後户之屬也。《山海經》：奚仲生吉光，吉光始以木爲車。《世本》：奚仲作車。宋忠曰：夏禹時人也。黄帝時已有造車駕，此復言作之者，爲車正也。《考工記》：車以行陸，聖人之作也。《説文》：輿輪之緫名，象形也。《周禮》：戎僕掌馭戎車。鄭玄曰：戎車，革車也。又曰：凡戎車之儀。鄭玄曰：凡戎車，衆之兵車也。《書序》曰：武王戎車三百（闕）
【軒】虚言切。大夫車。𨎮，《字書》同上。
◎軒，虚言切。大夫車軒。又軒堂。𨎮，同上。
○軒，布張車上以禦熱也（《法華釋文》上）
【輜】側飢切。輜軿。
◎輜，側飢切。輜軿也。
【軿】步丁、部田二切。以自隱蔽之車也，輜車也，衣車也。
◎軿，步丁切，部田切。以自隱蔽之車，輜車，衣車。
【轀】於昆切。轀輬，車。
◎轀，於昆切。轀輬，車也。
【輬】力羊切。臥車也。
◎輬，力羊切。臥車也。
【軘】徒昆切。兵車也。
◎軘，徒昆切。兵車也。
【軺】余招切。小車也。
◎軺，余招切。小車也。
○軺，《玉篇》云：大夫之車也。（《龍龕手鏡》卷一）
【輕】起盈切。車也，不重也。又去政切。
◎輕，起盈切。不重也。又去政切。
【輶】以帚、以周二切。輕車也。
◎輶，以帚、以周二切。輕車。
【輣】扶萌切。兵車也。
◎輣，扶萌切。兵車。
【幢】昌容切。戰車也。
◎幢，昌容切。戰車。
【轈】仕交切。兵車若巢，以望敵也。𨏓，同上。
◎轈，仕交切。兵車若巢，以望敵。𨏓，同上。
【輹】無願切。車也。

◎輾，無願切。車也。

【輿】與諸切。車乘也。

◎輿，與諸切。車乘也。

◑(輿)，(闕）爲車。鄭玄曰：攻木之工官别名也。《史記》：乃乘輿車。蔡雍曰：律云，敢盜乘輿服御物。天子至尊，不敢媟嬻言之，故託於乘輿也。天下爲家，不以京師爲常處，則當乘車輿以行天下。故群臣託乘輿以言，故或謂之車駕。《左氏傳》：大夫臣士，士臣皂，皂臣輿。野王案：第六品人也。又曰：聽輿人之頌。杜預曰：輿，衆也。《論語》：君在，輿輿如也。馬融曰：威儀中適之皃也。《漢書》（日夜与左吴）乃［等］案輿地圖。蘇林曰：輿猶盡載之意也。《廣雅》：輿，多也。輿，舉也。輿，載也。

○輿，《玉篇》曰：輿謂車之總名也。(《一切經音義》卷二十一)

○輿，《玉篇》：衆也，載也，舉也，多也。(《一切經音義》卷二十七)

○輿，《玉篇》：衆載也。又舉也，一曰車無輪曰輿。(《續一切經音義》卷八)

【軾】尺弋切。車前軟。又兵車也。

◎軾，尺弋切。車前軟。又兵車也。

◑軾，舒翼反。《考工記》：輿人爲車，參分其隧，一在前，二在後，以揉其軾，以其廣之半爲之軾崇。鄭玄曰：兵車或高三尺三寸。《説文》：車前也。《儀禮》：君軾之。鄭玄曰：古者立乘，式謂小俛礼主人也。《曲礼》式視馬尾是也。野王案：乘車遇所恭敬則式。《禮記》君子式，黄髮式，路馬入里必式是也。《廣雅》：軟謂之式也。

●“又兵車也”疑誤訓。

【軬】方遠切。車耳也。

◎軬，方遠切。車耳也。

◑軬，甫遠反。《説文》：車耳反出也。《廣雅》：轓謂之軬也。

【輯】秦入切。和也。

◎輯，秦入切。輯，和也，集也。

◑輯，徐入反。《尚書》：輯寧爾郅［邦］家。孔安國曰：輯，集也。《爾雅》：輯，和也。野王案，謂諧和也。《毛詩》：辭之輯矣，思輯用光是也。《説文》：車藉輯也。或就之輯爲集字，在隹部。

○輯，顧野王云：諧和也。(《一切經音義》卷八十九)

【較】古學切。兵車也。又古孝切。較，同上。

◎較，古學切。兵車。又古孝切。較，同上。

◑較，古學反。《毛詩》：猗重較兮。《傳》曰：重較，卿士之車也。《考工記》：輿人爲車，以其隧之半爲之較崇。鄭玄曰：較，兩輢上出式者也。兵車自較而下，凡五尺五寸。《説文》：車倚［輢］上曲銅也。《爾雅》：較，直也。《尚書大傳》：故先較其志，見其事。鄭玄曰：較猶見也。《太玄經》：君子、小人之道，較然見矣。野王案：《廣雅》較，明也。《漢書》較然易知是也。《漢書》又曰：較若畫一。或音俱項反。較，《字書》亦較字也。

【轛】都憒、追遂二切。車飾也，車横軨也。

◎轛，都隤、追遂二切。車飾也，車横軨也。

◑轛，都憒、中歲二反。《考工記》：參分軹圍，去一以爲轛圍。鄭玄曰：兵車之轛圍二寸八分八十一分寸（之）十四。轛，式之植有衡者也，以其向人爲名也。鄭衆曰：謂車輿軨立者也。立者爲轛，横者爲軹。《説文》：横笭也。或爲樹字，在木部。

【輒】竹葉切。專輒也。

◎輒，竹葉切。專也。

◑輒，竹獵反。　《説文》：車兩輢也。從(車)，耴聲也。《漢書》：上書言便宜，輙白問狀。野王案：輙猶專輙也。又曰每有水旱，輙自素食是也。

○輒，竹獵反。車兩輢之車旁。(《醫心方》寫本)

【輴】丑倫切。下棺車。輴，同上。

◎輴，丑倫切。棺車也。輴，同上。

◑輴，勑倫反。《説文》：車約輴也。《周禮》孤乘夏輴是也。一曰棺車也。野王案：《周禮》或为瑑字，音治轉反，在玉部。輴，《禮記》：天子之殯也，菆塗龍輴而椁幬［幬］，諸侯輴而設焘［幬］。鄭玄曰：龍輴，畫轅以龍也。《字書》亦輴字也者。

〇輴，《玉篇》：輴，丑倫反。（《書傳輯録纂注》卷一）

【輑】牛隕切。車軸也。

◎輑，牛隕切。車軸也。

◑輑，牛隕反。《方言》：輑謂之軸。《説文》：軺車從横也。讀若君。一曰名若褌。

〇輑，《玉篇》云：輑，車軸也。（《方言疏證》卷九）

【軨】力丁切。車闌也。轜，同上。

◎軨，力丁切。車闌也。轜，同上。

◑軨，力庭反。《左氏傳》：載以窓軨。杜預曰：窓軨，輜車也。《楚辭》：倚結軨兮太息。王逸曰：伏車重較而啼也。《禮記》：已駕，僕展軨。鄭玄曰：展軨，俱親［視］也。《尚書大傳》：未命爲士，車不得有飛軨。野王案：薛綜注《東京賦》：以緹油廣八寸，長注地。畫左倉龍右白虎，繫軸。二千石亦然，但无畫耳。《太玄經》：車軨馬駘，以周天下。宋忠曰：銅繫曰軨，尾結曰駘。《説文》：車轞間横木也。《漢書》：太僕以軨獵車奉迎曾孫。文穎曰：如小車前有曲輿不衣也，近世謂之軨獵。孟康曰：今三載獵車，前有曲軨，特高大，獵時立其中格射禽獸，或曰獵車。轜，《説文》司馬相如説軨字如此。

【軫】之忍切。車後横木。俗作軫。

◎軫，之忍切。車後横木。俗作軫。

◑軫，之忍反。《考工記》：車軫四尺。鄭玄曰：軫，輿後横木也。《説文》從㐱聲也。《楚辭》：中結軫而增傷。王逸曰：迂回也。軫，隱也。心中隱軫而病也。又曰：出國門而軫懷。王逸曰：軫，痛也。《孟子》：軫兄之臂。劉熙：軫，戾也。《方言》亦云。郭璞曰：謂相了戾也，江東呼为善。《淮南》：激軫之音。許叔重曰：軫，轉也。《太玄經》：軫轉其道。宋忠曰：軫，展也。

【軸】除六切。杼木作軸也。

◎軸，除六切。杼木作軸，捲軸也。

◑軸，除陸反。《考工記》：輈人为軸，軸有三理，一者为美，二者为久，三者为利。鄭玄曰：为美无節目也，为久堅忍也，为利滑密也。《説文》：持輪也。《儀禮》：柩遷于祖，用軸。鄭玄曰：軸，輁軸也。軸狀如轉轔，刻兩頭为軹；輁狀如長床，穿桯前後著金而關軸焉。《毛詩》：碩人之軸。《傳》曰：軸，進也。《箋》云：軸，病也。《方言》：杼、軸，作也。東齊木作謂之軸。野王案：《毛詩》杼軸其空，此謂織機卷絹之軸。

【𨏔】眉隕切。車伏兔下革。

◎𨏔，眉隕切。車伏兔下革。

◑𨏔，無盡反。《説文》：車伏菟下革也。後［從］𢾏。𢾏，古㨖［婚］字也。

【轐】步篤切。車伏兔。

◎轐，步篤切。車伏兔也。

◑轐，蒲篤反。《考工記》：六尺有六寸之輪，軹崇三尺有三寸，加軫与轐焉，四尺也。鄭衆曰：謂車伏菟也。

【輻】甫鞠切。車輻也。

◎輻，甫鞠切。車輻也。

〇輻，顧野王云：凑，轂張辋者也。（《一切經音義》卷十五）

〇輻凑，顧野王云：輻凑者，轂也。（《一切經音義》卷九十）

【輂】具營切。輪車也。

◎輂，具營切。輪車也。

◑輂，瞿營反。《説文》：車輮規也。一曰一輪車也。

●底本及圓沙本“輪車”前疑脱“一”字。

【輮】如酉切。車輞也。

◎輮，如酉切。車輞也。

◑輮，如酉反。《考工記》：車人为行泥者反輮，行澤者仄輮。鄭衆曰：反輮謂輪輮反其木裏，㮚者在外，澤地多泥柔也。野王案：《説文》即車軔也。所謂牙者是次也。《埤蒼》：輮，轆也。曲直木为煣字，在火部。或为楺字，在木部。

【輪】力均切。車輪也。

◎輪，力均切。車輪也。

◑輪，力均反。《考工記》：視其輪欲其幎尔而下地。鄭玄曰：謂牙也。野王案：牙，車軔也。又曰：兵車之輪，六尺有六寸；田車之輪，六尺有三寸；乘車之輪，六尺有六寸。野王案：即車之脚也，所用轉以進者也。《説文》：有輻曰輪，无輻曰輇。《周禮》：大司徒掌九州之地域，廣輪之數。鄭玄曰：輪，從也。廣，横也。《考工記》：攻木之工，輪人为輪。鄭玄曰：亦攻木之官別名也。《孟子》梓匠輪輿是也。《禮記》：晉獻文之成室。張老曰：美哉輪乎，美哉奂乎。鄭玄曰：輪言輪囷，高大。

〇輪，野王案：輪，車腳，所以轉進也。(《倭名抄》三 74)

〇輪，顧野王云：輪，車輞也。(《一切經音義》卷五十七)

【輥】古混切。車轂齊等皃。

◎輥，古混切。車轂齊等皃。

【轊】于劌切。車軸頭。軎，同上。

◎轊，于劌切。車軸頭也。軎，同上。

【軝】巨支切。轂飾。亦作軧。軙，同上。

◎軝，巨支切。轂飾。亦作軧。軙，同上。

【軹】之尒切。《説文》曰：車軸小穿也。

◎軹，之尒切。《説文》：車軸小穿也。

【軑】徒蓋切，又徒計切。轄也。

◎軑，徒蓋、徒計二切。轄也。

【輨】古緩切。轂端鐵也。

◎輨，古緩切。轂端鐵也。

【轅】禹元切。車轅也。

◎轅，禹元切。車轅也。

【輈】竹留切。轅也。𨏤，籀文。

◎輈，竹留切。轅也。𨏤，籀文。

【轝】几足切。直轅轒縛也。

◎轝，月足切。直轅轒縛也。

●圓沙本“月足切”未詳。

【轒】子丸切。直轅也。

◎轒，子丸切。直轅也。

●《玉篇校釋》謂“直轅”爲誤訓，可從。

【軏】魚厥切。車轅端曲木。軏，同上。

◎軏，魚厥切。車轅端曲木。軏，同上。

【軶】於革切。牛領軶也。亦作軛。

◎軶，於革切。牛領軶也。亦作軛。

【轙】魚倚切。車衡載轡者。

◎轙，魚倚切。車衡轡者。

【軥】渠拘、公侯、公豆三切。《説文》曰：軶下曲者。

◎軥，渠拘、公侯、公豆三切。《説文》：軶下曲也。

◑軥，（闕）繇軥汰輈是也。野王案：牽引也。《周易》鈎深致遠，爲鈎字，在句部。

【軜】奴荅切。驂馬内轡繫軾前者。

◎軜，奴荅切。内轡繫軾前者。

◑軜，奴荅反。《毛詩》：鋈以觼軜。《傳》曰：驂内轡也。《箋》云（闕）

【轑】力道切。車輻也。

◎轑，力道切。車輻也。

〇轑，野王案：轑，車蓋上椽也。(《倭名抄》三 72)

【衛】古縣切。車摇也。

◎衛，古縣切。車摇也。

【輂】音拯。軺車後登也。軯，同上。

◎輂，音拯。軺車後登也。軯，同上。

【轍】午葛切。載高皃。

◎轍，午葛切。載高皃。

【載】子代切。年也，乘也。又才代切。

◎載，子代切。年也，乘也。又才代切。

【範】音犯。害也。又法也。

◎範，音犯。法也，害也，軌也。

【轉】知篆、知戀二切。迴也，轉運也。

◎轉，知篆、知戀二切。迴也，運也。

◑（轉），（闕）於溝壑。賈逵曰：轉尸也。《説文》：轉，運也。野王案：軍轉迴旋也。《毛詩》展轉反側，《楚辭》光風轉蕙是也。《廣雅》：行也。《方言》：吴楚之間或謂簙为婉轉。野王案：六基［兇專］，簙之別名也。

【軔】如振切。礙車輪木。或作杒。

◎軔，如振切。礙車輪也。或作杒。

◑軔，如振反。《楚辭》：朝發軔於蒼梧。王逸曰：枝輪木也。《説文》：擬車也。《聲類》或为杒字，在木部。

【輸】式朱切。委也，更也，盡也，瀉也。

◎輸，式朱切。委也，更也，盡也，瀉也。

◑輸，始珠反。《尚書》：獄成而孚，輸而孚。孔安國曰：断獄而信，當輸汝信於王也。野王案：《左氏傳》輸粟于晉是也。《左氏傳》又曰：輸積聚以貨。杜預曰：輸，盡也。《穀梁傳》：輸者，墮也。野王案：《毛詩》載輸尔載是也。《方言》：摳輸，旋也，燕齊之間凡作物樹藝而早成熟謂之摳輸，秦晉謂之旋。《説文》：委輸也。《廣雅》：輸，寫也。儒輸，愚也。輸，寂也。輸，更也。

【輈】之由切。重載也。

◎輈，之由切。重載也。

◑輈，之由反。《儀禮》：志（矢）一乘軒輈中。鄭玄曰：志猶擬也，習射之矢也。輈，輊也。《説文》：輈，重也。《廣雅》：輈，低也。

【輩】布妹切。類也，比也。

◎輩，布妹切。類也，比也。

◑輩，愽概反。《史記》：遣使十輩。野王案：輩猶部也。《太玄經》：伍各珠輩。宋忠曰：輩，類也。《説文》：軍發車百乘爲一輩。《蒼頡篇》：比也。

○輩，《玉篇》：輩也，部也。《太玄經》輩，類也。（《一切經音義》卷二）

○輩，顧野王云：輩猶部也。（《一切經音義》卷四十三）

【軋】於黠切。輾也。

◎軋，於黠切。輾也。

◑軋，烏黠反。《穀梁傳》：取邾田自漷水，軋辞也。劉兆曰：軋，委曲随漷水爲使邾田多也。《楚辭》：軋洋洋之无從。王逸曰：言己欲軋勿已心，方湯立功，其道无從也。《服鳥賦》：坱軋无垠。應劭曰：其氣坱軋，非有垠齊也。《史記》：匈奴法有罪，小者軋。《漢書音義》曰：刃刻其面也。《方言》：楚或謂吃爲坱軋。郭璞曰：坱軋，不利也。《漢書》：而共軋已。《音義》曰：軋，踐蹂也。《説文》：軋，輾也。

【轢】力的切。車所踐也。

◎轢，力的切。車所踐也。

◑轢，力的反。《蒼頡篇》：轢，輾也。《説文》：車所踐也。野王案：《吕氏春秋》陵轢諸侯，《上林賦》徒車之所轔轢是也。

【軌】居美切。法也，車轍也。

◎軌，居美切。法也，車轍也。

◑軌，詭鮪反。《考工記》：經塗九軌。鄭玄曰：軌謂轍廣也。《説文》：車轍也。從九聲也。《左氏傳》：君將納民於軌物者也，故講事以度軌量，謂之軌；取材以章物采，謂之物。《國語》：（管仲）相齊，作内政以寄制國，五家为軌，軌为長。又曰：度之于軌儀。賈逵曰：軌，法也。《廣雅》：軌，跡也。古文为衏字，在行部。又为边字，在辵部。

【蹤】子龍切。車跡也。軳，同上。

◎蹤，子龍切。車跡也。軳，同上。

◑軳，子龍反。《説文》：車跡也。今为蹤字，在足部。蹤，《字書》亦軳字也。

【輊】竹利切。前頓曰輊，後頓曰軒。輊，同上。

◎輊，竹利切。前頓曰輊，後頓曰軒。輊，同上。

◑輊，竹利反。《考工記》：今大夫車之轅輊，其登必難。既克其登，其覆車也必易。此无故，唯轅直且无橈也。鄭玄曰：輊，輈也。《説文》：輊，低也。野王案：車前低頓曰輊，後曰軒也。

◑輊，竹利反。《毛詩》：如輊如軒。《傳》曰：輊，至也。《箋》云：從後望之如摯也。《禮記》：武坐輊左軒右。鄭玄曰：輊謂膝至地也。野王案：此亦輊字也。

【軭】丘方切。車戾也。

◎軭，丘方切。車戾也。

◑軭，區方反。《説文》：車戾也。

【軧】丁禮、多履二切。大車後也。

◎軧，丁礼、多履二切。大車後也。

◑軧，都禮、都履二反。《毛詩》：尹氏大師，惟周之軧。（鄭玄曰：軧當作桎）鎋［轄］之桎，（毗輔也。）亦言尹氏爲周之軧轄持國政也。《説文》：大車後也。

【輟】知劣切。止也。

◎輟，知劣切。止也。

◑輟，張衛反。《論語》：桀溺耰不輟。鄭玄：輟，止也。《爾雅》：輟，已也。《説文》：車小缺合也。

【轚】古詣切。往也。

◎轚，古詣切。往也。

◑轚，古麗反。《周禮》：野盧氏掌凡道路之舟車轚互者，叙而行之。鄭玄曰：舟車轚互，謂於迫隘處也。車有轅轘、坻閣，舟有砥柱之属，其過之也，使以次叙也。《穀梁傳》：流旁容楃，蟚者不得入。劉兆曰：流旁容楃，謂車兩轊頭，各去門旁容楃。楃，四寸也。蟚，絓中門棖則不得入矣。

【軻】口左切。轗軻也。又苦何切。

◎軻，口左切。轗軻也。又苦何切。

◑軻，口佐反。《楚辭》：然埳軻而流滯。王逸曰：埳軻，不遇也。《説文》：接軸也。《聲類》：小車軸折更治曰軻。

【轗】苦敢切。轗軻。亦作坎。

◎轗，苦敢切。轗軻。亦作坎。

○轗軻，不遇皃。上苦困反，下苦賀反。（《三教指歸注》五9）

○轗，顧野王云：轗軻，不遇也。（《一切經音義》卷三十一）

【蟚】口耕切。車堅也。

◎蟚，口耕切。車堅也。

◑蟚，苦耕反。《説文》：車堅也。

【軵】如勇切。《説文》曰：反推車。今有所付也。

◎軵，如勇切。《説文》：反推車。今有所付。

◑軵，如勇反。《淮南》：軵車奉餉。許叔重曰：軵，推也。野王案：《吕氏春秋》性相近而靡或軵之，《漢書》再三發軵是也。《説文》：推車有所付也，故從車、付。《聲類》或为搑字，在手部。

【輇】市專切。有輻曰輪，無輻曰輇。輲，同上。

◎輇，市專切。無輻曰輇。輲，同上。

◑輇，視專反。《考工記》：凡陶瓬之事，器中輇。鄭玄曰：既柎泥而轉其均，樹輇其側，以擬度端其器也。《禮記》：大夫死於道，載以輇車。鄭玄曰：既有輻曰輪，无輻曰輇。《周禮》又有蜃車，天子以載柩。蜃、輇聲相近，其同制乎。《莊子》：後世輇材諷説之德。司馬彪曰：輇，轉也。《説文》：藩車下卑輪。一曰無輻。輲，《聲類》亦輇字也。

【輗】五兮切。車輗也。輨，同上。

◎輗，五兮切。大車輗也。輨，同上。

◑輗，魚雞反。《論語》：大車无輗，其何以行之哉。苞咸曰：轅耑横木以縛軛者也。《説文》：大車轅耑以持衡者也。野王案：今亦謂礙車輪爲輗車。《晉書》王莽柒頭以輗車，董卓然腹以照市是也。《聲類》或为棿字，在木部。輨，《説文》亦輗字也。

【轃】側詵切。大車簀。

◎轃，側詵切。大車簀也。

◑轃，子由反。《説文》：車簀也。

【軫】苦禮切。礙也。

◎軫，苦礼切。礙也。

◑軫，苦底反。《説文》：軫，礙也。《廣雅》：軫，礙，並至也。

【轒】扶云切。轒轀，兵車。

◎轒，扶云切。轒轀，兵車也。

◑轒，扶云反。楊雄《長楊賦》：砰［碎］轒（輼），破穹盧。《漢書音義》：轒輼，匈奴車也。車可寢處也。《説文》：淮陽名車穹窿爲轒。《聲類》：攻車也。

【轀】於云切。車後𨋀也。

◎轀，於云切。車後𨋀也。

◑轀，於云反。《説文》：大車後壓也。《蒼頡篇》：兵車也。《聲類》：攻車也。

【輂】居玉切。載也。

◎輂，居玉切。載也。

◑輂，居□反。《周禮》：與其輂輦。鄭玄曰：（輂），駕馬；（輦，人挽行。所）以載任器也。或作□字。《方言》：輂，載也。郭璞：輂輿，亦載物也。《説文》：大車駕者［馬］也。

【𨊻】仕佳切。𨊻，連車也。又七移切。𨎫，同上。

◎𨊻，仕佳切。連車也。又七移切。𨎫，同上。

◑𨊻，仕佳反。《説文》：連車也。一曰却車抵堂也。野王案，《東京賦》皇輿□駕𨊻於東廂是也。《廣雅》：𨊻，塞也。野王案，訓塞之（𨊻）或與柴字同，在木部。

【輦】力翦切。輓車也。𨏥，古文。

◎輦，力翦切。輓車。又車輦。𨏥，古文。

◑輦，力前反。《禮》：皇后五路，輦車組輓，有翣、羽蓋。鄭玄曰：后居宫中（闕）

○輦，《玉篇》：天子皇后所乘車曰輦也。（《一切經音義》卷二十七）

○輂，《玉篇》云：天子皇后所乘曰輂。(《續一切經音義》卷八)

【輓】無阮切。引也。

◎輓，無阮切。引而行也。

【軖】懼王切。紡車也。

◎軖，懼軖切。紡車也。

【轘】胡串切。車裂人。又胡關切。

◎轘，胡串切。車裂人也。又胡關切。

【轜】如之切。喪車。輀，同上。

◎轜，如之切。喪車名也。輀，同上。

○轜，《玉篇》作轜，如之切。以輀爲轜之重文。(《釋名疏證》卷八)

【轞】音檻。車行。

◎轞，音檻。車行声也。

【輔】扶禹切。相也。

◎輔，扶禹切。相也，弼也。

【轔】力陳切。衆車。

◎轔，力陳切。衆車也。

【輚】子孔切。輪輚也。

◎輚，子孔切。輪輚也。

【軟】皮祕、扶福二切。軾也。

◎軟，皮祕、扶福二切。軾也。

【輫】步回切。車箱。

◎輫，步回切。車箱也。

○輫，《玉篇》《廣韻》竝云：輫，車箱。(《方言疏證》卷九)

【軖】古紅切。亦釭。

◎軖，古紅切。車軸。亦作釭。

【輰】餘章切。輰轙，車。

◎輰，餘章切。輰轙，車也。

【轙】似醉切。

◎轙，似醉切。車飾也。

【軇】烏古切。頭中骨。

◎軇，烏古切。頭中骨也。

【輾】豬輦切。轉也。

◎輾，豬輦切。轉也。

【輾】女展切。《説文》曰：轢也。

◎輾，女展切。《説文》：轢也。

◑輾，柔兖反。《説文》：輾，轢也。野王案：今亦以爲柔反之反。《漢書》軟弱不勝任爲此字。反，在尸部。或爲耎字，在大部。或爲甃字，在甃部。或爲偄字，在人部。

【輁】巨恭切。軸也。

◎輁，巨恭切。軸也。

【輹】步盲切。車也。

◎輹，步盲切。車也。

【夆】扶遠、步本二切。車夆。

◎夆，扶遠、步本二切。車夆也。

【轒】古皇切。車横木。

◎轒，古皇切。車横木也。

【軻】牛向切。轎軻。

◎軻，牛向切。轎軻也。

【軌】口莽切。軌軻。

◎軌，口莽切。軌軻也。

【輞】亡往切。車輞。亦作棢。

◎輞，亡往切。車輞。亦作棢。

【轆】巨於切。輞也。

◎轆，巨於切。輞也。

【輎】山交切。兵車。

◎輎，山交切。兵車也。

【輴】丑教切。車弓也。

◎輴，丑教切。車弓也。

【轇】古爻切。轇轕，長遠。

◎轇，古爻切。轇轕，長遠也。

【轕】古曷切。轇轕。

◎轕，古曷切。上注。

◑轕，古曷反。《甘泉賦》：齊僔僔其轇轕。野王王：《廣雅》駈馳皃也。《司馬相如賦》轇轕兮方馳是也。

【軸】力久切。載柩車。輛，同上。

◎軸，力久切。載柩車也。輛，同上。

◑軸，力酒反。《埤倉》：軸車，四輪載棺也。今亦为柳字，在木部。

【轈】思流切。轈輊，載喪車。

◎轈，思流切。轈輊，載喪車。

◑轈，思流反。《埤倉》：輊轈也。

【轓】甫袁切。車箱。

◎轓，甫袁切。車箱名也。

◑轓，甫遠、甫袁二反。《考工記》：欒車轓蔽。鄭玄曰：欒車，黑車也。轓今時車也。

《左氏傳》：以轓車載欒盈。杜預曰：轓車之有鄣蔽者也。《漢書》：令長吏二千石，車朱，兩轓。應劭曰：車耳反出，所以为蕃屏翳塵泥也。《廣雅》：轓，箱也。轓謂之軬。

【轣】九縛切。車輞也。
◎轣，九縛切。車輞也。
◑轣，九縛反。《埤倉》：轈轣也。

【輍】弋足切。車枕前也。
◎輍，弋足切。車枕同也。
◑輍，餘属反。《埤倉》：車枕前也。
○輍，《玉篇·車部》有輍字，云：弋足切。車枕前也。（《釋名疏證補》卷七）

【轑】公弔切。車轊也。
◎轑，公弔切。車轊也。
◑轑，公弔反。《廣雅》：轑，車轊也。

【輴】他回切。車盛皃。輴，同上。
◎輴，他回切。車盛皃。輴，同上。
◑輴，他回反。《韓詩》：大車輴輴。輴，盛皃也。輴，《字書》亦輴字也。

【轞】大頬切。車聲。
◎轞，大頬切。車声也。
◑轞，徒篋反。《埤蒼》：車聲也。

【輆】口亥切。輆軩，不平。
◎輆，口亥切。輆軩，不平也。
◑輆，口亥反。《廣雅》：輆軕，不平也。

【軩】徒改切。輆軩。
◎軩，徒改切。上注。
◑軕，徒政［改］反。《埤蒼》：輆軕，不平也。

【輂】居冢切。輞也。
◎輂，居冢切。輞也。
◑輂，渠冢反。《廣雅》：輂，网也。《埤蒼》：轢也。

【軳】亡校切。引也。
◎軳，亡校切。引也。
◑軳，亡校反。《廣雅》：軥謂之軳。又曰：軳，引也。

【軲】古胡切。
◎軲，古胡切。車久也。
◑軲，口胡反。《廣雅》：軲，車也。《廣蒼》：人姓也。在汝南朖陵。《埤蒼》：依軲，山名也。

【轗】口咸切。車聲。
◎轗，口咸切。車声。
◑轗，口咸反。《埤蒼》：車聲也。

【轒】於近切。車聲。
◎轒，於近切。車声。
◑轒，於近反。《埤蒼》：車聲也。或为磤字，在石部。

【軳】步毛切。戾也。
◎軳，步毛切。戾也。
◑軳，蒲勞反。《淮南》：須臾而軳人之頸。許叔重曰：軳，戾也。《廣雅》：轉戾也。《埤蒼》：軫軳也。《字書》：軫軳，不正也。

【轆】力公切。轊也。
◎轆，力公切。轊也。
◑轆，力公反。《方言》：齊謂轊为轆。郭璞曰：車軸頭也。野王案：《史記》田單教宗人为鐵轆是也。《廣雅》：轑也。

【軛】大何切。疾馳也。
◎軛，大何切。車疾馳。
◑軛，徒多反。《埤蒼》：軛軛，驅疾皃也。

【轄】徒郎切。
◎轄，徒郎切。大車也。
◑轄，徒郎反。《埤蒼》：轄輬，軘軨也。

【軤】火乎切。姓也。
◎軤，火乎切。車声。又姓也。
◑軤，火乎反。《埤蒼》：軤，人姓也。

【輚】仕僴切。載柩車。轏，同上。
◎輚，仕潤切。載柩車也。轏，同上。
◑輚，仕僴反。《考工記》：輚車欲弇。鄭玄曰：士乘輚車。《儀禮》：奠幣于輚左服。鄭玄曰：輚，謂柩車也。服，車箱也。古文輚作棧。《埤蒼》：臥車也。《聲類》：簀也，庶人車也。或爲棧字，在木部。轏，《左氏傳》：寢於轏中。杜預曰：轏，主車也。《聲類》亦輚字也。

【轍】除列切。車行迹。
◎轍，除列切。車行迹也。
◑轍，除列反。《左氏傳》：視其轍亂。杜預曰：車迹也。

【輤】此見切。或作倩。

◎輤，此見切。或作倩，同。

◑輤，雌見反。《禮記》：諸侯而死於舘，其輤有裧。鄭玄曰：載柩將殯之車飾也。輤取名於櫬与蒨。櫬，棺也。蒨，柒赤色者也。象宫室，其中小帳，親覆棺者也。又曰：大夫以布为輤，士輤葦席。鄭玄曰：布，白布也。言輤者，達名也。《埤蒼》为箐字，在竹部。或为𧝡字，在衣部。

【轒】力木切。轒轤。𨎌，同上。

◎轒，力木切。轒轤，汲水也。𨎌，同上。𨎌轤也。

◑轒，力木反。《蒼頡篇》：轒，三輔舉水具也。《聲類》：轒，轤也。

【轤】力胡切。轒轤。

◎轤，力胡切。轒轤也。

◑轤，力胡反。《太公六韜》：飛橋，廣一丈五尺，著轉關鹿轤八具，（以）環利通索張之。野王案：汲水桔槔也。

【轁】音坎。轁轗，車行不平。

◎轁，音坎。轁轗，車行不平也。

【轗】力感切。轁轗。

◎轗，力感切。上注。

◑轗，力感反。《楚辭》：炊［坎］壈兮~~兮~~貧士，失職（而志不平）。王逸曰：數遭患禍，身困極也。

【厙】始夜切。人姓。

◎厙，始夜切。人姓也。

【轎】巨召、奇朝二切。小車也。

◎轎，巨召、奇朝二切。小車肩行。

◑轎，奇召、奇朝二反。《漢書》：輿轎而踰嶺。服虔曰：音橋，謂隘道輿車也。如淳曰：韋誕云，轎車也。臣瓚以为今竹輿車也，江表作竹輿以行是也。或曰陵絕山曰轎，音其厝反。嶺，山嶺也。不通舟車，傳運皆擔輿也。《蒼頡篇》：小車駕牛也。《廣雅》：轎，軺也。

【輠】胡罪、胡瓦二切。車脂轂。又音禍。

◎輠，胡罪、胡瓦二切。車脂轂。又音禍。

◑輠，胡罪、胡瓦二反。《禮記》：古者貴賤皆杖，叔孫武仲朝，見輪人以其杖關轂而輠輪者，於是有爵而後杖。野王案：輠謂抵擬支礙之也。《字書》：輠，轉也。劉向《別録》以为車釭盛膏之鍋字，音古禍反，在金部。

【轠】力回切。《漢書》：轠轤不絕。

◎轠，力回切。《漢書》：轠轤不絕。

◑轠，力迴反。楊雄《羽獵賦》：繽紛往來，轠轤不绝。《漢書音義》曰：連属皃也。《漢書》：为甞所轠。野王案：轠猶轢也。

【較】仕連、仕山二切。輞也。

◎較，仕速、仕山二切。車輞。

◑較，上山反。《廣雅》：較䡔，車轢也。《埤倉》：較䡔，車輞也。

【輷】呼萌切。車聲。軥，同上。轟，同上。

◎輷，呼萌切。車声。軥、轟，同上。

◑輷，呼萌反。《史記》：輷輷殷殷，若有三軍之衆。《蒼頡篇》：輷輷，聲也。《聲類》亦轟字也。軥，《字書》亦輷字也。

◑轟，呼萌反。《說文》：群車聲也。

○轟轟，輪轉之皃也。（《三教指歸注》六22）

○轟轟，群車聲也。（《三教指歸注》三29）

【轗】倉紅切。車聲。

◎轗，倉紅切。車声。

【敶】直鄰切。古陳字。

◎敶，直鄰切。古文陳字。

【輷】徒年切。車聲。

◎輷，徒年切。衆車声也。

【䡈】側耕切。車聲。

◎䡈，側耕切。車声。

【輵】古禾切。車盛膏器。亦作椢。

◎輵，古禾切。車盛膏器。亦作椢。

【輖】徒郎切。鐵軸。

◎輖，徒郎切。鐵軸也。

【輎】口莖切。車鞭。

◎輎，口莖切。車鞭也。

【轜】魯丁切。車闌。

◎轜，魯丁切。車闌也。

【䡴】七留切。輻。

◎䡴，七留切。輻也。

【軯】必萌切。車聲。

◎軯，必萌切。車声。

【輘】魯鄧切。軸也。

◎輘，魯鄧切。軸也。
【蹬】都鄧切。車羽也。
◎蹬，都鄧切。車羽也。
【軷】百家切。兵車也。
◎軷，百家切。兵車。
【軕】徒年切。
◎軕，徒年切。衆車声。
【軞】莫袍切。車。
◎軞，莫袍切。車也。
【騂】息營切。車也。
◎騂，息營切。車也。
【軩】余封切。車行也。轁，同上。
◎軩，余封切。車行也。轁，同上。
【軫】之忍切。
◎軫，之忍切。車皃。
◑軫，苦耕反。《說文》：車軫鍃聲。一曰堅也。《廣雅》：軫軫，坚也。或为揁，在手部。或为鏗字，在金部。
【輽】步紅切。車聲。
◎輽，步紅切。車声。
【軒】羽俱切。
◎軒，羽俱切。車也。
【軦】古薨切。軾中。
◎軦，古薨切。軾中謂之軦。
【鞜】户皆切。
◎鞜，户皆切。登車也。
【軙】吐支切。
◎軙，吐支切。車木也。
【轄】口光切。車也。
◎轄，口光切。車也。
【輢】於綺、巨義二切。車輢。
◎輢，於綺、巨義二切。車輢。
◑輢，於蟻反。《論語》：在輿則輢於參也。《説文》：車旁也。
【輗】户罪切。轉也。
◎輗，户罪切。轉也。
【蹏】息移切。車。
◎蹏，息移切。車也。
【輂】章余切。車。
◎輂，音余切。車也。

【輮】似諸切。軨。
◎輮，似諸切。軨也。
【轔】匹庚、薄庚二切。車聲。
◎轔，匹庚、薄庚二切。車声。
【軒】剔鈴切。
◎軒，剔鈴切。車矢也。
【轖】所力切。
◎轖，所力切。車不行也。
◑轖，所力反。《説文》：車藉交革也。或爲鞜字，在革部。
【軧】丁禮切。
◎軧，丁礼切。輪也。
【軓】音范。車軾前。
◎軓，音范。車軾前也。
◑軓，音范。《考工記》：軓前十尺而策之。鄭玄曰：謂軓以前之長也。鄭衆曰：軓謂軾也。《書》或作軷。鄭玄曰：謂軷法也。輿下三面之材，輢式之所樹，車正者也。《説文》：式前也。《周禮》立當前軓是也。
【軵】而勇切。
◎軵，而勇切。多也。
【軝】柅夷切。
◎軝，柅夷切。軾也。
【轁】力九切。
◎轁，力九切。車駐也。
【輭】而兖切。柔也。軟，俗。
◎輭，而兖切。柔也。軟，俗文。
【軞】莫斌切。車伏兔。
◎軞，莫斌切。車伏兔名也。
【輽】步本、布体二切。車也。
◎輽，步本、布本二切。車也。
【輪】符善切。車。
◎輪，符善切。車也。
【軯】户犬切。車弓。輯，同上。
◎軯，户犬切。車弓也。輯，同上。
【輐】虞遠切。
◎輐，虞遠切。車具也。
【轋】陟利切。車重。
◎轋，陟利切。車重也。
【軐】音震。車也。

◎軐，音震。車也。
【軜】余制切。
◎軜，余制切。戎車也。
【軸】羊刃切。車名。
◎軸，羊刃切。車名。
【軳】匹孝切。
◎軳，匹孝切。車棄也。
【乍】側下切。車裂也。
◎乍，側下切。車裂之也。
【輇】居援切。
◎輇，居援切。牽車也。
【軷】蒲蓋反。祭神道。又蒲鉢切，轉皃。
◎軷，蒲蓋切。祭神道。又蒲鉢切，轉皃。
【轥】力刃切。車聲。
◎轥，力刃切。車声。
【輅】洛故切。大車。又盧各、何格二切。
◎輅，洛故切。大車。又盧各、何格二切。
◑輅，何格反。《史記》：婁敬脱輓輅。蘇林曰：一木横庶［遮］車前，人推之也。《説文》：車軨前横林［木］也。械持令不得動之輅爲格字，在木部。
【軴】中戍切。軴車。
◎軴，中戍切。軴車也。
【轄】口外切。車聲。又胡瞎切，車鍵也。
◎轄，口外切。車声也。又胡瞎切，車鍵也。
○轄，顧野王曰：車軸兩端鐵也。（《一切經音義》卷十五）
【軝】章移切。車器也。
◎軝，章移切。車器也。
【輹】房六切。筐也。䡂，同上。
◎輹，房六切。筐也。䡂，同上。
◑輹，甫鞠反。《説文》：車軸縛也。《易》曰車挩輹是也。《廣雅》：輹，束也。
【軼】夷秩切。車相過也。又徒結切。
◎軼，夷秩切。車相過也。又徒結切。
◑軼，餘質、徒結二反。《左氏傳》：懼其侵軼我。杜預曰：軼，突也。《公羊傳》：軼者何，跌者也。何休曰：跌，過也。《説文》：車相出也。《蒼頡篇》：從後出前也。野王案：《莊子》趍軼絶塵，《楚辭》軼迅風於清涼是也。
【轢】盧各切。車轉聲。轣，同上。
◎轢，盧各切。車轉声也。轣，同上。
【輘】力六切。軸也。
◎輘，力六切。軸也。
◑輘，力竹反。《埤倉》：輘轆，三箱也。
【鞏】莫卜切。轅也。
◎鞏，莫卜切。轅也。
【輾】渠逆切。轉。
◎輾，渠逆切。轉也。
【輅】户格切。車。
◎輅，户格切。車也。
【轢】鄰吉切。車。
◎轢，鄰吉切。車也。
【朝】魚厥切。釭。
◎朝，魚厥切。車軒也。
【軲】口盍切。車也。
◎軲，口盍切。車也。
【轉】蒲莫切。車飾。
◎轉，蒲莫切。車飾也。
【録】力谷切。車聲。
◎録，力谷切。車声也。
【殺】上郟切。
◎殺，上郟切。車竿也。
【轞】户圭切。
◎轞，户圭切。車軸也。
【輳】倉豆切。輻輳也。
◎輳，倉豆切。輻輳也。
【轣】音歷。轉也。
◎轣，音歷。轉也。
【軍】居云切。衆也。
◎軍，居云切。兵衆也，旅也。
【簨】山員切。簨，車軸也。
◎簨，山員切。車軸也。
◑簨，所眷、所拳二反。《説文》：治車軸也。
【輯】音渾。《説文》曰：軛軥。
◎輯，音渾。軛軥也。
【轂】音穀。車轂也。
◎轂，音穀。車轂也。
◑轂，公木反。《考工記》：輪人为輪，斬三

材必以其時。轂也者，以（闕）

〇轂，《玉篇》云：輻之所湊曰轂。（《一切經音義》卷八）

〇轂，《玉篇》：車轂。《詩》云：文茵暢轂。《老子》云：三十輻共一轂也。（《續一切經音義》卷九）

【輹】音郎。轆輹，軘軨。

◎輹，音郎。轆輹，軘軨也。

【轆】音唐。轆輹。

◎轆，音唐。上注。

補

◑轃，乃左反。《埤蒼》：轃，轅也。

◑軰，時升反。《聲類》古文乘字也。乘，車也，登也，勝也，治。在桀也部［部也］。

〇乘，舟車自載曰乘。（《法華釋文》上）

〇輯，今秦入反。和也，諸也。《玉篇》音習，訓同。（《龍龕手鏡》卷一）

〇轠，《玉篇》云：車聲也。《考聲》云：車輾也。（《續一切經音義》卷八）

舟部第二百八十三

凡一百十字

【舟】之由切。《説文》曰：船也。古者，共鼓、貨狄，刳木爲舟，剡木爲楫，以濟不通。象形。今或从舟者作月，同。

◎舟，之由切。《説文》：船也。古者，共鼓、貨狄，刳木爲舟，以濟不通。象形。今或从舟者作月，同。

◑舟，之由反。《尚書》：若濟大川，用汝作舟楫。《周易》：黄帝刳木为舟。《毛詩》：就其深矣，方之舟之。《傳》曰：舟，船也。又曰：招招舟子。《傳》曰：舟人，主濟渡者也。《山海經》：番禺，是始为舟。《世本》：共鼓、貨狄作舟。《墨子》：巧倕作舟。《吕氏春秋》：虞拘作舟。《考工記》：舟以行水，聖人之作也。《爾雅》：天子造舟，諸侯維舟，大夫方舟，士特舟。《韓詩》：舟滿水中曰造舟。《方言》：自關而西或謂之舟，或謂之杭。《説文》：象形也。《周禮》：雞彝、鳥彝、斝（彝）、黄彝、虎彝、蜼彝皆有舟。鄭玄曰：舟，尊下臺，若今時承槃也。《毛詩》：何以舟之，惟玉及瑶。《傳》曰：舟，帶也。

【俞】弋朱切。空木爲舟也。又姓。

◎俞，弋朱切。空木爲舟也。又姓。

◑俞，翼朱反。《禮記》：子能言，教男唯女俞。鄭玄曰：俞，然也。野王案：相然譍也。《尚書》帝曰俞，往哉是也。《説文》：空木为舟也。從亼從舟從刂。刂，水也。《廣雅》：俞，益也。又音丑救反。《吴書》：孫阿堅挨子也，出後姑俞氏。《吴志》：孫阿本姓俞，亦吴人。《晉中興書》：俞縱为桓彝將軍，討蘇峻。

【船】市専切。舟船。

◎船，市専切。舟船也。

◑船，時専反。《世本》：共皷、貨狄作舟船。宋忠曰：黄帝二臣名也。《尸子》曰：或謂黄帝曰，吾能濟川而无流。黄帝不信，於是爲舟以濟水。此二臣是也。《方言》：自關而西謂舟为船。《説文》：從鉛省聲也。

〇船，《玉篇》：舟曰船。（《一切經音義》卷二十七，《續一切經音義》卷二）

【肜】余弓切。《爾雅》云：祭也。又丑林切，舟行也。

◎肜，余弓切。《爾雅》：祭也。又丑林切，舟行也。

◑彤，餘終反。《爾雅》：船［彤］，又祭也，商曰彤。郭璞曰：《書》曰高宗彤日是也。《白虎通》：昨日祭之，恐礼有不備，故復祭也。猶言彤彤若從天下也。《説文》：船彤也。從彡聲也。丹朱之彤，言［音］徒冬反，为彤字，在丹部。

【舽】薄江切。吴船也。

◎舽，漢江切。吴船也。

●圓沙本“漢江切”未詳。

【舡】火江切。船也。

◎舡，火江切。船也。

【艒】音冒，又音目。艒䑿，船名。

◎艒，音冒，又音目。艒䑿，船名。

【䑿】思六切。艒䑿。

◎䑿，思六切。上注。

【艖】楚加、咋多二切。小船。
◎艖，楚加、咋多二切。小船。
【艇】音挺。小船。
◎艇，音挺。小船。
【艭】渠恭切。小船也。䑧，同上。
◎艭，渠恭切。小船。䑧，同上。
【艀】蒲故切。艇短而深也。
◎艀，蒲故切。艇短而深也。
【艑】步殄切。船小也。
◎艑，步殄切。船小也。
【舸】古侯切。舸艫，舟名。
◎舸，古侯切。舸艫，舟名。
【艬】仕巖切。大船也。
◎艬，仕巖切。大船。
【舐】丁計切。舐艡，戰船也。
◎舐，丁計切。舐艡，戰船也。
【艡】丁浪切。舐艡。
◎艡，丁浪切。上注。
【舶】補格切。大船也。
◎舶，補格切。大船。
【艫】力木切。舟名。
◎艫，力木切。舟名。
【舭】他刀切。
◎舭，他刀切。舟也。
【艛】力侯切。舟名。
◎艛，力侯切。舟名。
【䒄】布末切。大船也。
◎䒄，布末切。大船。
【舣】音叉。艀也。
◎舣，音叉。艀舣也。
【艓】口計切。舟也。
◎艓，口計切。舟也。
【䑭】渠之切。䑭艃，舟名。
◎䑭，渠之切。䑭艃，舟名。
【艃】力之切。䑭艃。
◎艃，力之切。上注。
【艀】父尤切。小艀也。亦作桴。
◎艀，父尤切。小艀也。亦作桴。
【艅】弋諸切。艅艎，船名。
◎艅，弋諸切。艅艎，船名。
【艎】音皇。吴舟。
◎艎，音皇。吴舟名。
【艨】莫公切。艨艟，戰船。
◎艨，莫公切。艨艟，戰船也。
【艟】尺庸切。艨艟。
◎艟，尺庸切。上注。
【艗】魚狄切。舟頭爲鷁首。
◎艗，魚狄切。舟頭爲鷁首。
【舥】音凡。舷也。
◎舥，音凡。舷也。
【舷】胡田切。船舷。
◎舷，胡田切。船舷。
◑舷，□□反。《埤蒼》：船舷也。
【𦨈】將鄰切。古津字。𦨈，同上。
◎𦨈，將鄰切。古文津字。𦨈，同上。
◑𦨈，子隣反。《説文》古文津字也。津，水度也。在水部。
【䑵】于命切。
◎䑵，丁命切。舟行也。
◑䑵，（闕）中也。《書字［字書］》亦泳字也，在水部。
【颿】扶嚴切。
◎颿，扶嚴切。行舟具也。
【航】何唐切。船也。
◎航，何當切。船也。
◑航，何唐反。《毛詩》：一筆航之。《傳》曰：渡也。野王案：今謂所以濟渡之舟为航。《淮南》公孫龍將渡河，而航在一汜是也。《方言》：自關而東或謂舟为航。《説文》为斻字，在方部也。
〇航，顧野王云：今謂所以濟渡之舟爲航。（《一切經音義》卷九十六）
【𦪙】音濟。舟也。
◎𦪙，音濟。舟也。
◑𦪙，子悌反。《字書》古文濟字也。濟，渡也。在水部。
【艬】音禮。大舟。
◎艬，音禮。大舟也。
◑艬，力氏反。《字書》或欚字也。欚，小艖也。在木部。

【舟周】音彫。
◎舟周，音彫。舟也。
◑舟周，丁聊反。《廣雅》：舟周，舟也。《埤蒼》：吴船也。
【艋】力丁切。舲，同上。小船屋也。
◎艋，力丁切。舟艋也。舲，同上。小船屋也。
◑艋，力庭反。《楚辭》：乘艋船余上征。王逸曰：船有窻牖者也。《字書》：船上有屋也。舲，《淮南》：湯武聖達，不能与越人乘舲舟而浮於江湖。許叔重曰：小船也。《埤蒼》：船也，有屋也。野王案：亦艋字也。
【舴】陟格切。舴艋，小舟。
◎舴，陟格切。舴艋，小舟也。
◑舴，側格反。《廣雅》：舴艋，舟也。
【艋】莫梗切。舴艋。
◎艋，莫梗切。上注。
◑艋，莫鯁反。《廣雅》：舴艋也。
【舸】各可切。船也。
◎舸，各可切。船也。
◑舸，各可反。《方言》：南楚江湖，凡船大者謂之舸。
【舼】巨容切。船也。
◎舼，巨容切。船也。
【艢】疾良切。
◎艢，疾良切。船傍板也。
【般】步干切。大船也。又樂也。又北潘切。
◎般，步干切。大船也。又樂也。又此潘切，運也。
◑般，蒲安反。《尚書》：乃般遊無度。孔安國曰：般，樂也。《周易》：般桓，利居貞。王弼曰：動則難生，可不進，故般桓也。《爾雅》：般旋也。《説文》：般，辟也。象舟之旋，從舟從殳。殳，般旋也。《廣雅》：般，大也。般桓，不進也。舷，《説文》古文般字也。
●“大船也”疑望文生訓。
【艐】祖公切。船著不行也。又音届，至也。
◎艐，祖公切。船著不行也。又音届，至也。
◑艐，子公反。《爾雅》：艐，至也。《説文》：船著沙不行也。《尚書》遂伐三艐，为此字。

【艆】魯堂切。海船也。
◎艆，魯堂切。海船。
【舿】徒紅切。舿船。
◎舿，徒紅切。舿船也。
◑舿，徒東反。《廣雅》：船也。《字書》：艇也。
【艚】昨糟切。小船也。
◎艚，昨糟切。小船。
【艏】思由切。進也。
◎艏，思由切。進也。
【艫】力胡切。在船後。
◎艫，力胡切。在船後者。
◑艫，力都反。《漢書》：舳艫萬里。李斐曰：船前刺櫂處也。《説文》：一曰船頭也。
【艌】音淪。艌船也。
◎艌，音倫。艌船也。
【艟】音遼。船也。
◎艟，音遼。船也。
【艪】音鄒。船也。
◎艪，音鄒。船也。
【艘】蘇刀切。船總名。亦作艘。
◎艘，蘇刀切。船總名。亦作艘。
【艞】以周切。
◎艞，以周切。船帷也。
【艨】音籠。
◎艨，音籠。舟名。
【艭】所江切。艕艭。
◎艭，所江切。艕艭也。
【艈】五姑切。船名。
◎艈，五姑切。船名。
【艎】音獃。船也。
◎艎，音獃。船也。
【艜】甫元切。舟飾也。
◎艜，甫元切。舟飾也。
【艕】徒禮切。船也。
◎艕，徒礼切。船也。
【舠】力鳥切。小船也。
◎舠，力鳥切。小船。
○舠，《玉篇》云：小船也。（《重修廣韻》卷三）

【艁】徂浩切。天子船曰艁。
◎艁，徂浩切。天子船曰艁。
◑艁，七到反。《字書》古文造字也。造，造舟爲梁也，至也。在辵部。古文或爲腊字，在肉部也。
【艤】魚倚切。整舟向岸。
◎艤，魚倚切。整舟向岸也。
【艣】音魯。所以進船。
◎艣，音魯。所以進船者。
【艒】韋貴切。運船也。
◎艒，韋貴切。運船也。
【舵】徒荷切。正船木。
◎舵，徒荷切。正船木也。
【朕】直荏切。天子稱。
◎朕，直荏切。天子自稱。又作朕。
◑朕，馳錦反。《尚書》：帝曰有能庸命，巽朕位。《漢書》：朕未有。又：天子稱朕。《爾雅》：朕，我也。野王案：自稱我也。又曰：朕，身也。朕，予也。《史記》：秦始皇廿六年，天子自稱曰朕。蔡雍《獨断》曰：古者，上下共之，貴賤不嫌，則可以同号。睾陶与舜言朕，屈原朕皇考曰伯庸，秦獨天子以为稱，漢因不改。又音直忍反。《考工記》：凡甲，視其朕，欲其直也。鄭衆曰：謂革剥。《淮南》：行无迹，遊无朕。許叔重曰：朕，兆也。野王案：《莊子》不明其朕，以遊无朕是也。
【舦】音犬。
◎舦，音犬。舟近也。
【艥】七例切。
◎艥，七例切。肉危也。
【舫】府望切。並兩船。
◎舫，府望切。兩船並也。
◑舫，甫望反。《爾雅》：舫，舟也。郭璞曰：併兩舟也。又曰：舫，柎也。郭璞曰：水中簞筏也。《說文》：舫，船师也。《明堂月令》曰舫人，習水者也。野王案：《說文》以方舟之舫爲方字，在方部。
○舫，《玉篇》曰：舟也。（《一切經音義》卷二十七）
○舫，《玉篇》亦舟也。（《續一切經音義》卷二）
【舲】巨禁切。船。䑨，同上。
◎舲，巨禁切。船也。䑨，同上。
【艜】丁大切。艇船。
◎艜，丁大切。艇船也。
◑艜，都賴反。《方言》：南楚江湖，艇薄而長者謂之艜。
【艢】音富。
◎艢，音富。船載多也。
【艛】居念切。舟。
◎艛，居念切。舟也。
【艁】直孝切。艁船。
◎艁，直孝切。艁船也。
【艍】音星。船也。
◎艍，音星。船也。
【䑫】音敗。軠船。
◎䑫，音敗。轉船也。
【艕】七見切。輕船。
◎艕，七見切。輕船。
【艆】房六切。舟。
◎艆，房六切。舟也。
【舵】音仡。船行。
◎舵，音仡。船行也。
【艥】色列切。舟也。
◎艥，色列切。舟也。
【䈢】音習。以竹葉䈢船也。
◎䈢，音習。以竹葉䈢舟也。
【舳】音逐。
◎舳，音逐。舳艫也。
◑舳，除陸反。《方言》：舟後曰舳。舳，制水也。郭璞曰：今江東呼柂为舳。《说文》：《漢律》名船方長舳爲［爲舳］艫也。
【舠】五忽切。船不安。
◎舠，五忽切。船不安也。
◑舠，伍骨反。《説文》：船行不安也。從則聲也。《字書》：一曰船也。《韓詩》《方言》並为仡字，在人部也。
【艴】扶勿切。大船也。
◎艴，扶勿切。大船也。
○艴，《玉篇》：大舟也。（《龍龕手鏡》卷一）

【舑】音活。舟行。
◎舑，音活。舟行。
【艌】五合切。船動皃。
◎艌，五合切。船動皃。
【艓】蘇叶切。舟行。
◎艓，蘇叶切。舟行也。
【舦舣】二同。音伏。
◎舦，音伏。舟大也。舣，同上。
◑舣，扶福反。《尚書》：天命有德，五服五章哉。孔安國曰：天子、諸侯、大夫、卿、士之服也。《周禮》：再命受服。鄭衆曰：受祭衣服也。又曰：司服，掌王之吉凶衣服。王之吉服，祀昊天上帝，大裘而冕。祀五帝亦如之。享先王則袞冕，享先公飨射則鷩冕。祀四望山川，則毳冕。祭社稷、五祀則希冕。群小祀，則玄冕。凡兵事韋弁服，視朝皮弁服，凡田冠弁服。凡凶事服弁服，凡弔事弁絰服，大礼、大荒、大灾素服。公之服自袞冕而下如王之服；侯伯之服、子男之服，自毳冕而下如侯伯之服，自希冕而下如子男之服；卿大夫之服，自玄冕而下如孤之服，其凶服加以大功、小功士之服，自皮弁而下如大夫之服，其凶服亦如之。其齋服有玄端，素端。又供王之燕衣服。鄭玄曰：燕衣服者，巾絮寢衣袍襗之属也。又曰：内司服，掌王后之六服。褘衣，褕翟，闕翟，鞠衣，展(衣)，褖衣。野王案：衣上曰衣，下曰裳，通謂之服也。《禮記》：服術有六，一曰親親，二曰尊尊，三曰名，四曰出入，五曰長幼，六曰從服。野王案：此謂凶服也。以此六術制爲五等，斬衰、齊衰、大功、小功、緦麻也。《山海經》：巴虵，服之无心腹之疾。野王案：飲藥曰服。《禮記》醫三世不服其藥是也。《周禮·職方氏》：辨九服之封國，方千里曰王畿。其外方五百里曰侯服，其外方五百里曰甸服，其外方五百里男服，其外方五百里采服，其外方五百里衛服，其外方五百里蠻服，其外方五百里夷服，其外方五百里鎮服，其外方五百里藩服。鄭玄曰：服者，伏事天子也。野王案：服猶從也。《周禮》万民之不服教者是也。又曰：凡服耜，用季材。鄭玄曰：服与耜（宜用穉材，尚柔忍也)。
○服，野王案：在上曰衣，在下曰裳，總謂之服。(《令抄》960)
【舵】吐盍切。
◎舵，吐盍切。就舟也。
【舤】五忽切。播舟。
◎舤，五忽切。播舟也。
【艒】音榻。大船。
◎艒，音榻。大船也。
【艧】烏縛切。
◎艧，烏縛切。飾舟也。
【艡】音習。子船。
◎艡，音習。子船也。
【舶】音日。舟飾。
◎舶，音日。舟飾也。
【䑳】音岌。船行。
◎䑳，音別。舟行也。
●圓沙本“音别”未詳。
【舠】丁勞切。小船。
◎舠，丁勞切。小船也。
【艏】尺久切。船名。
◎艏，尺久切。船名。
【艦】音檻。版屋舟。
◎艦，音檻。板屋舟也。

方部第二百八十四

凡四字

【方】甫芒切。法術也。《説文》云：併船也。汸，同上。
◎方，甫芒切。法術也，四方也。《説文》：併船也。汸，同上。
◑方，甫芒反。《尚書》：草［申］命和叔，宅朔方。野王案：四方也。《毛詩》東方未明、西方之人兮是也。又曰：方鳩僝功。孔安國：方，(且也。鳩，聚也。僝，見也。言共工鳩）聚，見其功也。野王案：當为之曰方。又曰聚水方割是也。《周易》：后不省方。王弼曰：方，事也。又曰：蓍之德圓而神，卦之德方以智。野王案：《字書》方，榘也。《孟子》不以規矩，不能为方圓是也。《周禮》：王制禄，則以方出之。鄭衆曰：以方版書而出之也。杜子春曰：方直謂今時牘也。《毛詩》：江之永（矣），不可方思。《傳》曰：方，柎也。野王案：柎，編木以渡水也。又曰：惟鵲有巢，惟鳩方之。《傳》曰：方，有也。又曰：民今（方）殆。《箋》云：方，正也。又曰：實方實苞。《傳》曰：方，極良也。《箋》云：方，齊也。又曰：既方既皂。《箋》云：方，房也。謂孚甲始生盡成房也。又曰：万邦之方，下民之王。《傳》曰：方，則也。《箋》云：方，向也。《左氏傳》：官脩其方。杜預曰：方，法術也。又曰：授方任能。杜預曰：百事之宜也。又曰：官不易方。杜預曰：方猶宜也。《考工記》：梓人为侯，廣与崇方。鄭玄曰：方猶等也。《儀禮》：履物不足方。鄭玄曰：方猶併也~~也~~。《論語》：凡［可］謂仁之方也。孔安國曰：方，道也。又曰：遊必有方。鄭玄曰：方，常也。又曰：子路方人。孔安國曰：比方人也。野王案：謂比類辟擬之也。《國語》方之時動是也。《國語》又曰：不可方物。賈逵曰：方，别也。又曰：晉國之方，偏侯也。賈逵曰：方，大也。偏，方也。言晉國之大，一方甸候也。《禮記》：變成方，謂之音。鄭玄曰：方猶文章也。又曰：子生七年，教之數日与方名。鄭玄曰：方名，東西也。《史記》：蒼公回，元里陽公使意盡去其故方，悉以楚方与之。野王案：分處治病之藥方也。《説文》：方，併船也。象兩舟省緫頭也。《廣雅》：方，所也，始也。方，正也。方，義也。方，類也。方，□也。汸，《説文》亦方字也。野王案：此汸謂泭也，併船也。

○方，《玉篇》曰：方，始也。（《一切經音義》卷二十二）

【斻】何唐切。方舟也。

◎斻，何唐切。方舟也。

◑斻，何唐反。《説文》：方舟也。天子造舟，諸侯維舟，大夫方舟，士特舟。《字書》或爲航字，在舟部也。

【万】俗萬字，十千也。

◎万，俗万字，十千謂之万。

◑万，武願反。《聲類》俗萬字。萬，十千也。在厹部。

大廣益會玉篇
卷第十九

凡一部

水部第二百八十五

凡九百五十七字

【水】尸癸切。流津也。《禮記》曰：水曰清滌。《儀禮》所謂玄酒也。

◎水，尸癸切。流津也。《記》：水曰清滌。《儀禮》所謂玄酒也。

〇水，五行：一曰水，北方行。(《類》4)

【汃】彼銀切。西方極遠之國名。《爾雅》云：西至於汃國。

◎汃，彼銀切。西方極遠之國名。《尔雅》：西至於汃國。

【河】户柯切。河出崑崙山。

◎河，户何切。河水出崑崙山。

〇河，户多、賀柯反。河出崑崙。(《類》6)

【涪】扶鳩切。水出徼外，南入漢。又縣名。

◎涪，扶鳩切。水名，出徼外，南入漢。又縣名。

【潼】大紅切。潼水，出廣漢梓橦北界，南入塾江。

◎潼，大紅切。水出廣漢梓橦北界，南入塾江。

【渽】子來切。渽水，出蜀郡。

◎渽，子來切。渽水，出蜀郡。

【江】古雙切。《山海經》云：水出嶓山。

◎江，古雙切。《山海經》：海出嶓山。

〇江，貢也。(《類》6)

【沱】達河切。江別流也。又滂沱。沲，同上，俗。

◎沱，達河切。滂沱。又江別流。沲，俗文。

【池】除知切。渟水。又差池也。

◎池，除知切。停水池溏。又差池。

〇池，蓄水也。(《倭名抄》一48)

【湔】子田切。水名，出玉壘山。又浣也。又子賤切，水湔也。

◎湔，子田切。水出玉壘山。又浣也。又子賤切，水湔也。

【浙】之列切。發源東陽，至錢塘入海。

◎浙，之列切。江也，發源東陽，至錢塘入海。

〇浙，浙江，发源東陽新安之间。(《類》32)

〇浙，顧野王《玉篇》云：浙江，發源東陽新安之間。(《養素堂文集》卷十)

【沫】亡活、莫蓋二切。水名。又水浮沫也。

◎沫，亡活、莫蓋二切。水名。又水流沫也。

〇沫，《玉篇》云：水上浮沫也。(《一切經音義》卷四)

〇沫，顧野王云：沫謂水上浮沫也。(《一切經音義》卷十九)

●圓沙本“流”當作“浮”。

【温】於魂切。水名。又顏色和也，漸熱也，善也。

◎温，於魂切。水名。又顏色和也，善也，漸熱也。

〇温，微熱也。(《類》24)

〇温，顧野王：温謂漸熱也。(《一切經音義》卷四十五)

〇温，《玉篇》：良也。《考聲》云：温，柔也。(《續一切經音義》卷八)

【灊】似林切。水出巴郡宕渠。又昨鹽切。

◎灊，似林切。水。又昨鹽切，出巴郡宕渠。

【滇】丁田切。滇池。又徒年、他見二切。

◎滇，丁田切。滇池。又徒年、他見二切。

【淹】於炎切。水出越巂徼外，東南入若水。又久也，漬也。

◎淹，於炎切。水出越巂徼外，東南入若水。久也，漬也。

〇淹，漬也，留也，敗也。(《類》12)

【沮】七餘切。水名，出房陵。又才與、子預二切。

◎沮，七余切。水名，出房陵。又才與、子預二切。

〇沮，且居反。壞也，止也，悲也，濕也。

（《類》24）

【涂】達胡切。涂水，出益州。又涂涂，露厚皃。

◎涂，達胡切。水出益州。又洋洋，露厚皃。

●圓沙本“洋洋”當作“涂涂”。

【沅】牛袁切。水出蜀郡。

◎沅，牛袁切。水出蜀郡。

【瀏】力周切。深皃也。

◎瀏，力周切。深皃。

【濊】呼活切。水聲。又於衛、於外二切，多水皃。

◎濊，呼活切。水声。又於衛、於外二切，多水皃。

【汪】烏光切。水深廣也。

◎汪，烏光切。水深廣也。

○汪，池也。（《類》28）

○汪濊，顧野王云：汪濊猶滂沱，盛皃也。（《一切經音義》卷九十九）

【漻】胡巧、力彫二切。浩漻，清水。

◎漻，胡巧、力彫二切。浩漻，清水也。

【泚】且禮切。清也。

◎泚，且礼切。水清泚也。

○泚，且禮反。清也，測也，度也。（《類》44）

【況】吁放切。寒水也。

◎況，吁放切。寒水也。

○況，寒水也。（《類》44）

【渢】扶弓切。水聲。汎，同上。《説文》曰：浮皃。今爲汎濫字，孚梵切。

◎渢，扶弓切。水声。汎，同上。《説文》：浮皃。今爲汎濫字，孚梵切。

○汎，野王案：汎謂普博也。（《令集解》三251）

○汎，美哉。（《類》8）

○汎，《玉篇》：濫也。（《續一切經音義》卷八）

【沄】有軍切。轉流也。

◎沄，有軍切。沄沄，轉流也。

【沖】除隆切。沖虚也。

◎沖，除隆切。沖虚也。

○沖，顧野王云：沖猶虚也。（《一切經音義》卷五十一）

【浩】胡道切。浩浩，水盛也，大也。

◎浩，胡道切。浩浩，水盛也，大也。

○浩，流也。（《類》14）

【沆】何黨切。漭沆，廣皃。

◎沆，何黨切。漭沆，廣皃。

○沆，何黨反。莽也，大澤也。（《類》44）

【泬】古穴、呼決二切。泬寥，天氣清。

◎泬，古穴、呼決二切。泬寥，天氣清也。

【濞】普秘切。水暴至聲。

◎濞，普秘切。水暴至声。

【湆】虚及、於夾二切。水疾聲。

◎湆，虚及、於夾二切。水疾声。

【瀺】仕減切。瀺灂，水聲。

◎瀺，仕減切。瀺灂，水声。

○瀺，顧野王云：手足液。（《史記》卷一百五）

【灂】仕角切。瀺灂。

◎灂，仕角切。瀺灂。

【潐】子召切。水盡也。

◎潐，子召切。水盡也。

【滕】大登切。《詩》曰：百川沸滕。水上涌也。

◎滕，大登切。《詩》：百川沸滕。水上涌也。

【瀾】力安切。大波曰瀾。

◎瀾，力安切。大波曰瀾。

【瀾】力旦切。潘也。亦同上。

◎瀾，士旦切。潘也。亦同上。

◑瀾，力旦反。《禮記》：浴瀾用湯。鄭玄曰：瀾猶釋也。《説文》：瀾，潘也。今此爲波瀾之瀾字。

○瀾，潘。亦作瀾，同。力安反。（《三部經音義集》一）

●“士旦切”疑誤。

【澐】禹軍切。《説文》曰：江水大波謂之澐。

◎澐，禹軍切。《説文》：江水大波。

【漣】力纒切。《詩》曰：泣涕漣漣。淚下皃。

◎漣，力纒切。《詩》：泣涕漣漣。淚下皃。

○漣漣，泣血也（《類》18）
○漣，顧野王云：漣漣，淚下之皃也。（《一切經音義》卷九十六）
【淪】力均切。没也。
◎淪，力均切。没也。
○淪，攣也，小波也。小風吹水成文，轉如輪者也。（《類》20）
○淪，《玉篇》曰：淪，没也。（《一切經音義》卷二十一）
【潏】古穴切。水流皃。又潏水，在京兆。又音聿。
◎潏，古穴切。流皃。又潏水，在京兆。又音聿。
○潏，顧野王云：潏，水流皃也。（《一切經音義》卷九十八）
【泓】於紘切。水深也。
◎泓，於昆切。水深也。
○泓，水名，清深也。（《類》45）
○泓，深水也。（《秘寶鈔》下本四 5）
【洸】古皇切。水皃。
◎洸，古皇切。水皃。
【淙】在宗切。《説文》：水聲也。
◎淙，在宗切。《説文》：水聲。
【波】博何切。水起大波爲瀾，小波爲淪。
◎波，博何切。水起大波爲瀾，小波爲淪。
○波，瀾也。（《法華釋文》下）
【漂】芳妙切。流也，浮也。
◎漂，芳妙切。流也，浮也。
○漂，顧野王云：流也。（《一切經音義》卷十）
【浮】扶尤切。水上曰浮。
◎浮，扶尤切。水上曰浮。
○浮，扶尤反。汎水上也，行也，過也，氾也，輕也。（《類》21）
○浮，《玉篇》音扶尤反。（《一切經音義》卷七）
【氾】孚劍切。普博也，氾濫也。亦作泛。又扶嚴切。
◎氾，孚劍切。普博也，氾濫也。亦作泛。又扶嚴切。
○氾，淹也，濫也，潰也，廣也。（《類》9）
【汜】詳子切。水名。
◎汜，詳子切。水名。
【湋】音韋。水名。
◎湋，音韋。水名。
【潿】音韋。濁不流皃。
◎潿，音韋。濁不流皃。
【測】楚力切。測度也。廣深曰測。
◎測，楚力切。度也。廣深也。
○測，清也，深水之别名，深所至也。（《類》46）
○測，《玉篇》：度深曰測。（《方言箋疏》卷一）
●“廣深”當作“度深”。
【洞】達貢、徒董二切。疾流皃。又深遠也。
◎洞，徒貢、流董二切。疾流皃。又深遠也。
○洞，《玉篇》曰：洞，達也。（《一切經音義》卷二十一）
○洞，《玉篇》曰：洞猶通徹也。（《一切經音義》卷二十二）
○洞，顧野王云：洞謂深邃之皃也。（《一切經音義》卷三十）
●圓沙本“流董”疑當作“徒董”。
【激】公的切。感激也。《説文》曰：水礙衺疾波也。
◎激，公的切。感激也。《説文》：水礙。
○激，盛也，水聊疾，清也，遮也。案：遮訓今爲徼字，在彳部。（《類》44）
○激，顧野王云：教清也。（《一切經音義》卷三十六）
○激，顧野王云：激謂清聲也。（《一切經音義》卷六十六）
【瀿】孚袁切。大波也。
◎瀿，孚袁切。大波。
【洶】許拱切。涌也。
◎洶，許拱切。洶湧，水勢盛。
○洶，顧野王云：洶謂波滕之皃也。（《一切經音義》卷九十七）
【涌】俞種切。水滕波。湧，同上。
◎涌，俞種切。水騰波。湧，同上。
○涌，盡力滕也，泉皃也。（《類》46）
○涌，顧野王云：水泉衝上涌騰也。（《一切

經音義》卷一）
〇涌，顧野王曰：水波滕涌也。（《一切經音義》卷十三）
〇涌，《玉篇》：涌，騰也。（《一切經音義》卷二十七）
【洌】力折切。水清也。　《易》曰：井洌寒泉。
◎洌，力折切。水清。《易》：井洌寒泉。
〇洌，力折反。寒皃，潔也。（《類》46）
【湁】丑入切。《上林賦》云：湁潗鼎沸。鼎沸，謂水微轉細涌也。
◎湁，丑入切。《上林賦》：湁潗鼎沸。謂水微細涌。
【涳】口江、口東二切。直流也。又女江切，姓也。
◎涳，口江、口東二切。直流也。又女江切，姓也。
【溶】俞種切。水皃。《楚辭》：須溶溢而滔蕩。又音容。
◎溶，俞種切。水皃。又音容。
【渾】後昆、後衮二切。水濆涌之聲也。
◎渾，後昆、後衮二切。水濆涌声。
〇渾，大也，盛也，墜也。（《類》46）
【淑】時六切。《説文》曰：清湛也。
◎淑，時六切。《説文》：清湛也。
【瀓】直陵切。《説文》曰：清也。澂，同上。澄，同上。
◎瀓，直陵切。清也。澂、澄，並同上。
〇澄，澂，清湛也。（《類》45）
〇澄，清水也。（《秘寶鈔》下本四5）
【清】且盈切。澄也，潔也。
◎清，且盈切。澄也，潔也。
〇清，潔也，急也，朗也，寒也，澄也，厠也，溷厠也。野王案：潔徹無瑕穢也。（《類》11）
〇清，顧野王云：清潔也。（《一切經音義》卷五十一）
【湜】視力切。水清也。《詩》曰：湜湜其沚。湜，同上。
◎湜，視力切。水清。《詩》：湜湜其止。湜，同上。
【潣】莫殞切。《説文》曰：水流浼浼皃。亦音浼。
◎潣，莫殞切。《説文》：流皃。亦音浼。
【滲】色蔭切。滲漉也。
◎滲，色蔭切。滲漉也。
【溷】胡困切。濁也。《楚辭》云：世溷濁而不分兮。溷，亂也。
◎溷，胡困切。濁也。《楚辭》：世溷濁而不分兮。乱也。
〇溷，潰亂也，濁也，辱也。（《類》34）
【淈】古没切。《説文》曰：濁也。一曰滒泥。一曰水出皃。亦汩字。
◎淈，古没切。《説文》：濁也。一曰河泥。一曰水出皃。汩字。
【淵】烏玄切。水停。又深也。囦，古文。
◎淵，烏玄切。水停。又深也。囦，古文。
〇淵，于玄反。深也。（《類》28）
〇淵，於雲［玄］反。深也。（《類》17）
【淀】似沿切。回泉也。
◎淀，似沿切。回泉也。
〇淀，祀椽、似緣反。迴流。（《類》33）
【漼】青罪切。深皃。滜，同上。
◎漼，青罪切。深皃。滜，同上。
【瀰】莫爾、奴禮二切。深也，盛也。
◎瀰，莫爾、奴礼二切。深也，盛也。
〇瀰，莫尒、□啓反。深也，滿也。（《類》47）
【沵】亡爾切。亦瀰字。
◎沵，亡爾切。亦瀰字。
【潯】寺林切。旁深也。
◎潯，寺林切。旁深也。
【澹】達濫、餘贍二切。水動皃。
◎澹，徒濫、餘贍二切。水動皃。
〇澹，動也。（《類》22）
【泙】白明切。谷名。
◎泙，白明切。谷名。
【泏】知律切。水出皃。
◎泏，知律切。水出皃。
【瀳】才寸、在見二切。水至也。洊，同上。又仍也。
◎瀳，才寸、在見二切。水至。洊，同上。又仍也。

【澑】直赤、直謫二切。土得水也。漸，同上，見《説文》。
◎澑，直赤、直謫二切。土得水也。漸，同上，見《説文》。
【滿】莫卵切。實也，盈也，溢也。
◎滿，莫卵切。實也，盈也，溢也。
【滑】户八切。滑利也。又古忽切，滑稽也。
◎滑，户八切。滑利。古忽切，滑稽。
○滑，利也。(《類》48)
○滑，《玉篇》：不澀也。（《一切經音義》卷一)
【濇】所力切。不滑也。
◎濇，所力切。不滑也。
○濇，所力反。不滑也。(《類》39)
○濇，《玉篇》又音甾。(《龍龕手鏡》卷二)
【泆】余質切。《説文》曰：水所蕩泆也。
◎泆，余質切。《説文》：水所蕩泆也。
【澤】直格切。水停曰澤。又光潤也。
◎澤，直格切。水停曰澤。又光潤。
【淫】余箴切。浸淫，潤也。又久雨曰淫。
◎淫，余箴切。浸淫，潤也。又久雨。
【溽】如屬切。溼暑也。
◎溽，如屬切。溼暑也。
【瀸】作廉切。漬也。
◎瀸，作廉切。漬也。
○瀸，濡也，没也。(《類》35)
【潰】胡對切。亂也。
◎潰，胡對切。乱也。
○潰，遂也，亂也。(《類》11)
○潰，《玉篇》：散亂也。（《續一切經音義》卷八)
【淺】七演切。水淺也。又則前切，水流也。
◎淺，七演切。水淺。則前切，水流。
【沴】閭計切。相傷爲之沴。又水不利也。沵，同上，俗。
◎沴，閭計切。相傷也。又水不利。沵，俗文。
【渻】所景切。減也。一曰水門名。
◎渻，所景切。減也。一曰水門名。
【淖】女教切。泥也。又溺也。
◎淖，女教切。泥也，溺也。
○淖，普，大也。和也，泥也，多也，溺也，衆也，濁也。(《類》42)
●佚文“普，大也”爲“普”字義。
【滜】且遂切。下濕也。又遵累切，汁漬也。
◎滜，且遂切。下溼。遵累切，汁漬。
【涅】奴結切。染也。又水中黑土。
◎涅，奴結切。染也。又水中黑土。
【滋】子怡切。水名。又長也，益也，液也。
◎滋，子怡切。水名。又長也，益也，液也。
○滋，液也，旨也，蒔也。(《類》48)
【湑】呼滑切。青黑皃。又大清也。今作淴。淴，同上。
◎湑，呼潰切。青黑皃。又大清也。淴，同上。
●底本字頭原訛，據宋十行本改。
【浥】於立切。濕潤也。《詩》曰：厭浥行露。
◎浥，於立切。濕潤。《詩》：厭浥行露。
【沙】所加切。《説文》曰：水散石也。又素何切。沚，《説文》同上。
◎沙，所加切。《説文》：水散石也。又素何切。沚，《説文》同上。
【瀨】力大切。《説文》曰：水流沙上也。
◎瀨，力大切。《説文》：水流沙上。
【汻】呼古切。水涯也。滸，同上。
◎汻，呼古切。水涯也。滸，同上。
○滸，今汻。水涯也。(《類》49)
【濆】扶文、扶刎二切。湧泉也。
◎濆，扶文、扶刎二切。湧泉。
【涘】事几切。水涯也。
◎涘，事几切。水涯也。
○涘，事几反。水涯也。(《類》43)
【氿】居洧切。仄出曰氿泉。
◎氿，居洧切。側出水曰氿泉。
○氿，《玉篇》：仄出曰氿泉。(《釋名疏證補》卷一)
【潨】在公、在宗二切。水會也。《説文》云：小水入大水也。
◎潨，在宗、在公二切。水會。《説文》：小水入大水。
【沼】支紹切。池沼也。
◎沼，支紹切。池沼也。

【漘】視均切。河涯也。
◎漘，視均切。河涯也。
○漘，視均反。涯也。(《類》58)
【浦】配户切。水源枝注江海邊曰浦。
◎浦，配户切。水源枝注江海邊。
○浦，布也，水濱也。(《類》43)
【沚】之以切。小渚也。亦作洔。洔，上同。《説文》曰：水暫益且止，未減也。
◎沚，之以切。小渚也。亦作洔。洔，同上。水暫益且止，未減也。
【湀】口決、口攜二切。湀間流泉。
◎湀，口決、口攜二切。流泉。
【沸】方味切。泉涌出皃。濆，同上。
◎沸，方味切。泉涌出。又煮水沸。濆，同上。
○沸，池涌也，出也。(《類》49)
○沸，顧野王云：沸謂水波涌若湯之沸也。(《一切經音義》卷二十)
【派】普賣切。别水名。
◎派，普賣切。水分别曰派。
○派，叵部反。分流也。(《類》17)
○派，《玉篇》云：水分流。(《一切經音義》卷九十三)
【濘】奴定切。泥也。
◎濘，奴定切。泥也。
【漥】烏華切。牛蹄跡水也。亦窊字同。洼，同上。又烏佳切，汙也。
◎漥，烏華切。牛蹄跡水。亦窊，同。洼，同上。又烏佳切，汙也。
【滎】胡坰、烏迥二切。絶小水也。瀅，同上。
◎滎，胡坰、烏迥二切。絶小水也。瀅，同上。
【潢】後光切。潢汙也。《説文》曰：積水池也。又胡曠切，染潢也。
◎潢，後光切。汙也。《説文》：積水池。又胡曠切，染潢也。
【湖】户徒切。大陂也。
◎湖，户徒切。大陂也。
【汥】巨知、之移二切。水流。
◎汥，巨知、之移二切。水流。
【湄】莫悲切。《爾雅》云：水草交曰湄。瀂，同上。
◎湄，莫悲切。《爾雅》：水草交曰湄。瀂，同上。
○湄，莫龜反。水溓也。(《類》49)
【洫】呼域切。廣八尺曰洫。
◎洫，呼域切。溝廣八尺曰洫。
○洫，呼域反。所以通水於川也。(《古文舊書考》一79)
【溝】古侯切。廣四尺、深四尺曰溝。
◎溝，古侯切。廣四尺、深四尺曰溝。
【渠】强魚切。溝渠。
◎渠，强魚切。溝渠也。
○渠，亦川瀆也。(《令集解》四95)
【瀆】徒鹿切。《爾雅》云：水注澮曰瀆。又江、河、淮、濟爲四瀆。
◎瀆，徒鹿反。《尔雅》：水注澮。又江、河、淮、濟爲四瀆。
○瀆，江、河、淮、濟謂之瀆也。(《類》11)
【瀶】力金切。寒也。
◎瀶，力金切。寒也。
【洐】胡庚切。溝水也。
◎洐，胡庚切。溝水也。
【澗】古鴈切。澗水，出弘農。又山夾水曰澗。
◎澗，古鴈切。澗水，出弘農。又山夾水曰澗。
○澗，山夾水曰澗也。(《法華釋文》下)
○澗，《玉篇》：水名也。(《一切經音義》卷二十七)
【汕】所諫切。《説文》曰：魚游水皃。
◎汕，所諫切。《説文》：魚游水皃。
【澳】於六切。隈也。又於報切。
◎澳，於六切。隈也。又於報切。
【澩】胡角、呼篤二切。《爾雅》云：夏有水冬無水曰澩。滈，同上。
◎澩，胡角切，呼篤切。《爾雅》：夏有水冬無水。滈，同上。

○㬭，《玉篇》云：大波也。又下巧反，動聲也。(《龍龕手鏡》卷四)

【灘】他丹切。水灘也。又呼旦切。灘，同上。

◎灘，他丹切。瀨也。又呼旦切。灘，同上。

○灘，於旦（反）。水灘而疑［乾］也。灘亦灘字。(《類》15)

○灘，《玉篇》云：河灘也。《爾雅》曰：太歲在申曰涒灘。(《續一切經音義》卷三)

○灘，《玉篇》：河灘也。《方言》云：江東呼水中沙堆爲潬，河北呼灘。(《續一切經音義》卷八)

【決】公穴切。判也。又呼抉切。

◎決，公穴切。判也。又呼挾切。

○決，古穴反。判也，決也壞也，別也，斷也，穿也。(《類》49)

●佚文"決也"之"也"字疑衍文。

【灓】力桓切。沃也，清也。

◎灓，力桓切。沃也，清也。

【滴】都歷切。水滴也。滴，同上。

◎滴，都力切。水滴也。滴，同上。

○滴，顧野王云：滴，瀝也。(《一切經音義》卷二十)

○滴，顧野王云：滴者瀝滴也。(《一切經音義》卷二十九)

【湝】七故切。所以壅水。

◎湝，七故切。所以壅水。

【澨】視裔切。水名。又水邊地也，涯也。

◎澨，視裔切。水名也，水邊地也，涯也。

○澨，顧野王曰：澨，水邊地。(《通鑒釋文辨誤》卷十一)

【注】之裕、徵孺二切。灌也，瀉也。

◎注，之裕、徵孺二切。灌也，瀉也。

○注，猶記也。《博物志》曰：上代去先師近，解釋經文皆曰傳，傳師說也。後代云［去］師遠，或失其傳，故謂之注。注，下己意也。《廣雅》爲註字，義亦同。(《令義解序注》352)

○注，猶記也。又之成反。水注也。(《法華釋文》中)

【沃】於酷切。溉灌也，柔也，潰也。沃，同上。

◎沃，於酷切。溉灌也，柔也，潰也。沃，同上。

【津】子鄰切。潤也，梁也。又水渡也，古作𦨈字。𣶒，同上，出《說文》。

◎津，子鄰切。潤也，梁也。又水渡也，古作𦨈。𣶒，同上，出《說文》。

○津，潤也，川也。(《類》38)

【潢】胡䀀切。方舟謂之潢航也。《說文》曰：小津也。一曰以船渡也。

◎潢，胡䀀切。方舟謂之潢航。《說文》：小津。一曰以船渡也。

○潢，《玉篇》云：方舟謂之潢。潢，航也。(《方言疏證》卷九)

【渡】徒故切。《說文》曰：濟也。《廣雅》：去也，過也。

◎渡，徒故切。《說文》：濟也。《廣雅》：去也，廣也。

○渡，濟也，過也，去也。(《類》51)

【淜】備矜切。徒涉曰淜。今馮字。

◎淜，備矜切。徒涉也。今馮字。

【沿】余穿切。從流而下也。亦作㳂。

◎沿，余穿切。從流而下。亦作㳂。

●底本"㳂"原作"沿"，徑改。

【泝】蘇故切。逆流而上也。或作遡。

◎泝，蘇故切。逆流而上。或作遡。

○泝，蘇故反。水欲下違而上也。(《古文舊書考》一80)

○泝，逆流而上曰泝洄，順流而下曰泝游，水欲下違而上也，向也。遡，古文。(《類》32)

【洄】胡雷切。逆流曰泝洄。

◎洄，胡雷切。逆流曰泝洄。

○洄，遡，上旋流者也。(《類》32)

【泳】爲命切。潛行爲泳。

◎泳，爲命切。游泳，潛行也。

○泳，爲命反。潛行爲（泳）。(《類》51)

【潛】慈廉切。水名。又水中行也，藏也。

◎潛，慈廉切。水名。又水中行也，藏也。

【淦】古南切。《說文》曰：水入船中。又泥也，淺也。古暗切，新淦，縣名。
◎淦，古南切。《說文》：水入船中。又泥也，淺也。又古暗切，新淦，縣名。
◑淦，（闕）在欠部。又音古闇反。（闕）縣。應劭曰：淦水所出，西入湖漢。汵，《說文》或淦字也。《廣雅》：汵，寂也。

【泛】孚劍切。流皃。
◎泛，孚劍切。流皃。
◑泛，孚劍反。《國語》：泛舟于河。賈逵曰：泛，浮也。《毛詩》：泛彼栢舟。《傳》曰：泛泛，流皃也。又曰：泛泛其景。《傳》曰：泛泛，駛疾而不疑也。《說文》從乏聲也。此亦氾字，（與氾）相似而不同。《漢書》或以為覂字。覂，覆也，音方隴反。覂駕之馬是也。在襾部。
〇泛，舟泛皃。（《類》8）

【汓】似流、余周二切。從也，人浮水上也。泅，同上。
◎汓，似流、余周二切。人浮水上也。泅，同上。又從也。
◑汓，似流、餘周二反。《周禮》：掌禁川游者。鄭玄曰：備沈溺也。野王案：謂人栢字浮泛水上而逸也。《左氏傳》榑游涌而逸是也。《爾雅》：從流而下曰泝游。《禮記》：孔子曰大人不倡游言。鄭玄曰：游猶浮也，不可用之言也。《說文》：浮於水上也。古文以為没字。泅，《說文》亦汓字也。
〇汓，汓浮也。從流下浮也。泅或。（《類》32）
〇游、汓，似流反，餘周（反）。沈溺也，人栢浮泛水上而進也。從流而下曰泝。汓，汓猶浮也。益游，旌旗之游也。浮于水上也，游亦字汓。（《類》51）
●《殘卷》“栢字”未詳。佚文“益游”未詳。

【游】以周切。浮也，旌旗之游也。
◎游，以周切。浮也，旌旗之游也。
◑游，《字書》亦斿字也。旌旗之游為斿字，在㫃部。
〇游，顧野王云：游，浮於水上而進也。鄭注《周禮》云：備沉溺也。（《續一切經音義》卷一）

【湊】青豆切。聚也，競進也。
◎湊，青豆切。聚也，競進也。
◑湊，青豆反。《楚辭》：從［順］波湊而下津。王逸曰：湊，聚也。《淮南》：衰世湊學者，不知原心反本。許叔重曰：湊，競進也。野王案：《公羊傳》湊公寢而（弑）之是也。《方言》：湊，威也。《說文》：水上人所會也。《廣雅》：湊，寂也。
〇湊，盛［威］也，最也，聚也。（《類》51）

【砅】理罽切。水深至心曰砅。今作厲。濿，同上。
◎砅，理罽切。水深至心曰砅。濿，同上。
◑砅，理罽反。《毛詩》：深則砅。《傳》曰：以衣涉水為砅。《爾雅》亦云。郭璞曰：衣謂禈也。《爾雅》又曰：帶以上為砅。《韓詩》：至心曰砅。《楚辭》：擢舟杭以横砅。王逸曰：砅，渡也。《說文》：履石渡水也。今為厲字，在厂部。古文《尚書》以此砅為摩厲之礪字，在石部。濿，《說文》亦砅字也。

【淒】且溪切。寒風雨極也。
◎淒，且溪切。寒風雨極也。
◑淒，且溪反。《毛詩》：凄其以風。《傳》曰：凄，寒風也。又曰：風雨凄凄。《傳》曰：風且雨，凄凄然也。《說文》：雨寒起之。
〇淒，且溪反。寒風。（《類》51）

【湛】直斬切。水皃。又没也。又直林切。湛，古文。
◎湛，直斬切。水皃。直林切，没也。湛，古文。
◑湛，直斬反。《周禮》：荊州之浸潁湛。鄭玄曰：未聞所出。《毛詩》：湛湛露斯。《傳》曰：湛湛，露盛皃也。《方言》：湛，安也。郭璞曰：湛然安皃也。《說文》：湛，没也。《蒼頡篇》：水不流也。又音視林反。《左氏傳》：戰于湛阪。杜預曰：襄陽、昆陽縣北有湛水，入汝。湛，《說文》古文湛字也。
〇湛，没也，露盛皃。（《類》51）

【湮】於神切。没也，落也。
◎湮，於神切。没也，落也。
◑湮，於神反。《國語》：湮降隸圉。賈逵曰：

湮，下也。《爾雅》：湮，落也。郭璞曰：謂沈落也。《説文》：湮，沒也。湮塞之湮为堙字，在土部。

【休】奴的切。孔子曰：君子休於日，小人休於水。今作溺。

◎休，奴的切。沉没於水。今作溺。

◑休，奴的反。《礼记》：孔子曰君子休於日，小人休於水。鄭玄曰：休謂覆没不能自理出者也。又曰：死而不弔者三，（畏、厭、）休也。鄭玄曰：不乘槁船者也。《説文》：没水中也。野王案：《家語》子路休［拯］溺是也。《廣雅》：休，漬也。《聲類》此古文溺也。野王案：今皆为溺字。

〇溺，沉也。(《類》26)

【没】莫突切。溺也。

◎没，莫突切。溺也。

◑没，莫突反。《尤氏傳》：何没没也。杜預曰：没没，沈滅之言也。《國語》：不没为後。賈逵曰：没，貪也。《史記》：始为小吏乾没。徐廣曰：随勢沉浮也。服虔曰：射成敗也。如淳曰：得利为乾，失利为没。《淮南》：吴越之善没者取之。《説文》：没，湛也。《聲類》：没，溺也。古文为叟字，在又部。終竟殂没之没为歿字，在歹部。

〇没，利也，貪也，甚［湛］也。(《類》20)

●佚文“利也”當作“失利也”。

【濩】胡郭切。煮也。

◎濩，胡郭切。煮也。

◑濩，胡郭反。《毛詩》：是刈是濩。《傳》曰：濩，煮之也。《爾雅》亦云。郭璞曰：煮葛为絺綌也。《韓詩》：濩，瀹也。《禮記》：孔子曰濡而不隕，濩於貧賤。鄭玄曰：隕濩困迫，失志之皃也。《説文》：雷下皃也。《廣雅》：濩，汙也。

〇濩，《玉篇》：濩，胡郭反。(《書傳輯録纂注》卷二)

【滃】於孔切。滃鬱，川谷吐氣皃。

◎滃，於孔切。川谷吐氣皃。

◑滃，於孔反。《楚辭》：望谿予［兮］滃鬱。王逸曰：川谷吐氣也。《説文》：雲氣起皃也。草木蓊鬱为篛字，在竹部。多、大滃貜为䅲字，在多部。

【渨】於回切。水澳曲也，没也。或作隈。

◎渨，於回切。水澳曲也。亦作隈。

◑渨，於回反。《説文》：隈［渨］，没也。水澳曲名渨为隈字，在阜部。

【泱】於黨、於良二切。水深廣皃。又弘大聲。

◎泱，於黨、於良二切。水深廣皃。又弘大聲。

◑泱，於黨、於楊二反。《毛詩》：惟水泱泱。《傳》曰：深廣之皃也。又曰：泱泱白雲。《傳》曰：白雲之皃也。《左氏傳》：泱泱乎大風。杜預曰：泱泱，弘大之聲也。《説文》：滃也。《廣雅》：泱泱，流也。《聲類》：滃泱，雲起皃也。《廣蒼》以泱泱白雲为霙字，在雨部。

【澍】之樹切。時雨澍生萬物。

◎澍，之樹切。時雨澍生萬物。

◑澍，之樹反。《淮南》：春雨之灌萬物，無地而不澍，無物而不生。《説文》：時雨所以澍生萬物者也。

【溟】莫經切。溟濛，小雨。《莊子》云：溟者，天也。

◎溟，莫經切。溟濛，小雨。《莊子》：溟者，天也。

◑溟，莫經反。《莊子》：北溟有魚，其名曰鯤，海運則將徙於南溟。南溟者，天池也。司馬彪曰：南北極也，去日月遠，故以溟为名也。《説文》：小雨溟溟也。

〇溟，小雨也。(《類》5)

●今本《莊子》作“南溟者，天池也”。此處誤省。

【溹】所革切。細雨落。

◎溹，所革切。細雨落。

◑涑，所革反。《説文》：小雨落也。

【濱】字私、子私二切。涔濱。又雨。又水名。

◎濱，字私、子私二切。雨也。水名。

◑濱，字私反。《説文》：久雨曰涔濱。一曰水名也。《聲類》或为䨏字，在雨部。

【瀑】蒲到切。疾風也，沫也。

◎瀑，蒲到切。疾風也，沫也。

◑瀑，蒲到反。《毛詩》：終風且瀑。《傳》曰：瀑，疾風也。《爾雅》：日出而風曰瀑。《説文》：疾雨也。一曰霣也。一曰沬也。《蒼頡篇》：潰也。今为暴字，在恭部。
〇瀑，風皃，清也，深也，日出而風曰瀑，疾雨也，疾風也，霣也，沬也，潰也。(《類》51)
〇瀑，《玉篇》：疾也。（《續一切經音義》卷四）
●佚文“清也，深也”未詳，疑爲“潰也，沫也”之誤。
【湒】子立切。雨下也，沸也。
◎湒，子立切。雨下也，沸也。
◑湒，子立反。《説文》：雨下皃也。一曰沸也。
【潦】郎道切。雨水盛也。亦作澇。又盧皓切。
◎潦，郎道切。田水盛也。亦作澇。又盧皓切。
◑潦，良道反。《毛詩》：于彼行潦。《傳》曰：行潦，流潦也。《説文》：雨水也。野王案：《禮記》季夏水潦盛昌是也。
【涿】豬角切。涿鹿，縣名。亦作㕸。
◎涿，豬角切。涿鹿縣。亦作㕸。
◑涿，猪角反。《山海經》：成山涿水出焉。《漢書》有涿縣。應劭曰：涿水出成谷涿鹿縣。《説文》：流下滴涿也。㕸，《説文》奇字涿字。~~有涿亨。~~
【瀧】力公切。《方言》：瀧涿謂之沾漬。又音雙。
◎瀧，力公切。《方言》：瀧涿謂之沾漬。又音雙。
◑瀧，力弓、力公二反。《方言》：瀧涿謂之沾漬。郭璞曰：瀧涿猶瀨滯也。《説文》：雨瀧瀧也。《廣雅》：瀧，漬也。
〇瀧，力弓反。雨也，漬也。(《類》52)
〇瀧，顧野王《玉篇》：瀧涷，露貌。一曰沾漬貌。(《吴下方言考》卷一)
〇瀧涿，《玉篇》引《方言》：瀧涿謂之沾漬。(《方言疏證》卷七)
【渿】奴太切。渿沛，水波皃。又水聲。
◎渿，奴大切。渿沛，水波皃。又水声。
◑渿，奴太反。《説文》：渿，沛也。《埤蒼》：沛渿，水波皃也。《聲類》：水聲也。
【漊】力主切。雨漊漊也。又飲酒不醉。
◎漊，力主切。雨皃。又飲酒不醉。
◑漊，力穤反。《説文》：雨漊漊也。一曰汝南謂飲酒習之不醉为漊。
【溦】亡非切。小雨也。又亡悲切。
◎溦，亡非切。小雨。又亡悲切。
◑溦，莫非反。《爾雅》：谷者溦。郭璞曰：水通於谷者也。《説文》：小雨也。《聲類》或湄字也。水草交曰湄。湄，音莫悲反。
【浞】仕角切。浞漬也。
◎浞，仕角切。浞漬也。
◑浞，仕角反。《説文》：水濡皃也。《廣雅》：浞，漬也。野王案：《左氏傳》伯明氏之讒子弟有寒浞，即殺羿者也。
【浽】先悲切。小雨也。又奴罪切。
◎浽，先悲切。小雨也。又奴罪切。
◑浽，思微反。《字指》：浽溦，小雨也。滖，《淮南》：雨霓滖溦則浸潭苽蔣。野王案：此亦浽字也。
【滖】先悲切。同上。
◎滖，先悲切。小雨。
【濛】莫公、莫孔二切。微雨皃。
◎濛，莫公、莫孔二切。微雨。
◑濛，莫公、莫孔二反。《毛詩》：零雨其濛。《傳》曰：濛，雨皃也。《箋》云：雨濛濛然也。《説文》：微雨也。《廣蒼》为靀字，在雨部。《爾雅》：四極至于太濛。郭璞曰：即濛汜也。野王案：濛汜，日所入也。《淮南》：東貫濛澒之光。野王案：《廣雅》濛澒，常氣也。
【沈】直林切。没也，濁也，止也。又式枕切，姓也。沉，同上，俗。
◎沈，直林切。没也。式枕切，姓也。沉，同上。
◑沉，雉林反。《尚書》：沉亂于酒。孔安國曰：沉謂冥醉也。《周禮》：以薶沉祭山川。鄭玄曰：祭川澤曰沉。《爾雅》：祭川曰浮沉。郭璞曰：投祭水中，或浮或沉也。《毛詩》：載沉載浮。野王案：沉，没也。《國語》沉竈生蛙，氣不沉滯是也。《左氏傳》：有沉溺重疫之疾。杜預曰：沉溺，濕疒［疾］也。《方言》：沉，大也。《說文》：陵上滈水也。一曰濁黕也。《廣雅》：沉，止也。《莊子》：是陸沉者也。司馬彪曰：無水而沉也。野王案：陸沉猶淪翳也，言居陸而若沉溺無聞也。《史記》陸沉於世，避世金馬門是也。

〇沉，大也，正也。(《類》21)

〇沉，顧野王曰：沉，没也。(《一切經音義》卷二)

〇沈，顧野王曰：人之居陸而若沈溺無聞是陸沈也。(《一切經音義》卷十一)

〇沉，顧野王云：沉猶淪翳也。(《一切經音義》卷四十九)

〇沈，顧野王：沈猶没也。(《一切經音義》卷五十一)

【淊】胡感切。淊泥也。

◎淊，胡感切。淊泥也。

◑淊，胡感反。《說文》：水泥淊淊也。一曰繅絲湯也。

【洅】子罪切。雷聲震。

◎洅，子雷切。雷声震也。

◑洅，作罪反。《說文》：雷震洅也。

【涵】户男切。水澤多也。或作涵。涵，同上。又下啗切，没也。

◎涵，户男切。水澤多也。或作涵。涵，同上。又下陷切，没也。

◑涵，胡躭反。《說文》：水澤名也。《毛詩》僭始既涵是也。今亦为涵字。《字書》以涵音下埳反，没沉也；以含容之涵为函字，在臼［凵］部。

【澤】如庶切。漸濕也。洳，同上。

◎澤，如庶切。漸溼也。洳，同上。

◑澤，如庶反。《說文》：漸濕也。野王案：《毛詩》汾沮澤是也。洳，亦澤字也。

【潅】口角、公渥二切。霑也，漬也。

◎潅，口角、公渥二切。霑也，漬也。

◑潅，口角、公握二反。《說文》：潅，沾也。《廣雅》：潅，漬也。

【洽】胡夾切。合也，霑也。

◎洽，胡夾切。合也，霑也。

◑洽，胡夾反。《尚書》：道洽政治。孔安國曰：道至普洽也。《毛詩》：洽比其隣。《傳》曰：洽，合也。《說文》：洽，霑也。《蒼頡篇》：徧徹也。《字書》或为霅字，在雨部。

〇洽，濡潤也。(《八十卷音義私記》下)

〇洽，《玉篇》曰：洽，濡也。(《一切經音義》卷二十三)

【瀁】余掌切。瀁瀁，無涯際也。又古文漾。

◎瀁，余掌切。無涯際也。古文漾。

〇漾，出隴西。(《類》27)

【湟】胡光切。水出金城臨羌縣。

◎湟，胡光切。水出金城臨羌縣。

【汾】扶云切。汾水，出太原。

◎汾，扶云切。汾水，出太原。

【漢】呼岸切。《漢書》云：漢水，出漢陽縣東。《傳》曰：天河也。㵄，古文。

◎漢，呼岸切。《漢書》：水出漢陽縣東。又《傳》曰：天河也。㵄，古文。

〇漢，達也，澸也。(《類》29)

【汧】苦田切。汧水，出扶風汧縣，西北入渭。又水不流皃。又水决入澤也。

◎汧，苦田切。水出扶風汧縣。又水不流皃。

【浪】力唐切。滄浪，水也。又力宕切，波浪也。

◎浪，力唐切。滄浪，水名。又力宕切，波浪也。

〇浪，浪也，頗也，華也。大浪爲瀾，小浪爲淪，直浪爲溼。(《類》18)

〇浪，力唐反。赴也，流皃，别流也。又力宕反，戲謔，不散［敬］也。蓋［孟］浪猶謾讕。(《類》18)

【沔】彌善切。水出武都沮縣，東南入江。

◎沔，彌善切。水出武都沮縣，東南入江。

【澇】力高切。水名。　《廣雅》云：澇，洗也。

◎澇，力高切。水名。《廣雅》：洗也。

〇澇，《玉篇》：水澇也。(《續一切經音義》卷七)

【漆】且栗切。《說文》曰：水出右扶風杜陵岐山，東入渭。泆，古文。

◎漆，且栗切。《說文》：水出右扶風杜陵岐山，東入渭。泆，古文。

〇漆，野王案云：漆，木汁可以塗物也。(《倭名抄》五 90)
〇漆，池也，木汁也。(《類》29)
〇漆，黑也。(《三教指歸注》五 2)
【滻】所簡切。水出京兆。又出涕皃。
◎滻，所簡切。水出京兆。又出涕。
【洛】力各切。水出西山，東北注河也。
◎洛，力各切。水出西山，東北注河。
〇洛，澤也。鄭玄曰：洛出懷德縣屬𦕍州。(《類》29)
【潩】夷記切。水出河南至密縣。
◎潩，夷記切。水出河南至密縣。
●“至”字爲衍文。
【汝】如與切。《山海經》：汝水，出天恩山。
◎汝，如雨切。《山海經》：水出天恩山。
〇汝，黏也。女也，謂彼爲汝也，猶自稱爲我也，尒也。(《類》5)
●底本“恩”原作“息”，據宋十行本改。
【潞】力故切。水出上黨。
◎潞，力故切。水出上黨。
【澮】古會切。澮水，出平陽絳縣西。《爾雅》云：水注溝曰澮。
◎澮，古會切。水出平陽絳縣西。《爾雅》：水注溝也。
【溈】牛爲切。《漢書》：溈水，出高城縣。
◎溈，牛爲切。《漢書》：水出高城縣。
【沁】先林、七鴆二切。《漢書》：沁水，出上黨穀遠縣。
◎沁，先林、七鴆二切。《漢書》：水出上黨穀遠縣。
【沾】知廉切。益也。《説文》他兼切。
◎沾，知廉切。益也。《説文》他兼切。
〇沾，益也。知廉反。(《三部經音義集》一)
〇沾，薄也，吴［足］也。(《類》30)
【漳】至裳切。淇水，出南郡臨沮縣。
◎漳，至裳切。水出南郡臨沮縣。
【淇】渠箕切。淇水出林慮山。
◎淇，渠箕切。水出林慮山。
【蕩】達朗切。《漢書》：蕩水，出河内陰縣。又音湯。或作潒。又廣皃。
◎蕩，達郎切。《漢書》：水出河内陽縣。又音湯，廣皃。
〇蕩，徒朗反。蕩滌，摇動皃也。(《三教指歸注》一 31)
〇蕩，達郎反。蕩蕩，水奔突有所滌除也，開闢也，廣平皃。(《類》60)
【沇】惟沔切。水名。亦作渷。
◎沇，惟沔切。水名。亦作流。
●圓沙本“流”當作“渷”。
【泲】子禮切。水名。今作濟。
◎泲，子礼切。水名。今作濟。
【溠】側架、千河二切。水名。又溠浙也。
◎溠，仄架、千河二切。水名。又溠浙也。
〇溠，《玉篇》：溠，仄架、千河二反。(《書傳輯録纂注》卷二)
【洭】墟狂切。含洭縣，洭水所出。
◎洭，墟狂切。含洭縣，洭水所出。
【澓】胡桂切。《説文》曰：澓水，出盧江入淮。
◎澓，胡桂切。《説文》：水出盧江，入淮。
【澝】莫解切。《漢書》：澝水，出豫章。
◎澝，莫解切。《漢書》：水出豫章。
【灌】古换切。灌水，出廬江。
◎灌，古换切。水出廬江。
〇灌，顧野王云：灌沃，澍也。(《一切經音義》卷五十七)
【漸】慈歛切。入也，進也。又子廉切。
◎漸，慈歛切。進也。又子廉切。
〇漸，似歛反。入也，進也，稍也，漬也，濕也。物事之端，先見之辭也。(《類》31)
〇漸，顧野王云：洽也。或作瀸。(《一切經音義》卷八十)
【泠】郎丁切。清也。
◎泠，郎丁切。水清泠也。
〇泠，清涼皃也。(《類》12)
〇泠，顧野王曰：泠然，辭寤之意也。(《一切經音義》卷十八)
【潎】普計、匹賣二切。《説文》曰：水在丹陽。湃，同上。
◎潎，普計、匹賣二切。《説文》：水在丹陽。湃，同上。
〇潎，普計反。(《類》39)

【澼】匹制切。水聲。
◎澼，匹制切。水声。
【溧】理吉切。溧陽縣。又水名。
◎溧，理吉切。溧陽縣。又水名。
【湞】音貞。湞陽縣。又水名。
◎湞，音貞。湞陽縣。又水名。
【溱】側銀切。水出桂陽。
◎溱，仄銀切。水出桂陽。
【湘】思量切。水出零陵。
◎湘，思量切。水出零陵。
〇湘，享也。(《類》25)
【溜】力救切。水出鬱林。
◎溜，力救切。水出鬱林。
【汨】莫歷切。《説文》曰：長沙汨羅淵也。屈平所沉之水。漞，同上。
◎汨，莫歷切。《説文》：長沙汨羅淵也。屈平所沉之水。漞，同上。
〇汨，魚歷反。野王案：汨羅，屈原所沉處。(《類》25)
【深】式針切。水名。又邃也，遠也。又式鴆切。
◎深，式針切。水名。又邃也，遠也。又式鴆切。
〇深，潛也，側也。(《類》34)
【潭】徒耽切。水出武林。
◎潭，徒耽切。水出武陵。
〇潭，淵也，川也。(《類》17)
【油】以周切。水名。又麻子汁也。
◎油，以周切。水名。又麻子汁也。
〇油，麻子迮取汁，用以燃燈者也。又迮荏子汁，以塗帛，用以禦雨者也。(《法華釋文》中)
〇油，悦敬皃。(《類》36)
【瀷】余力、昌力二切。水出河南密縣。
◎瀷，余力、昌力二切。水出河南密縣。
【潕】無斧切。水出南陽。瀩，同上。
◎潕，无斧切。水出南陽。瀩，同上。
〇瀩，顧野王釋云：瀩，水名，出南陽。(《孟子注疏解經》卷二上)
【滶】牛刀切。水出南陽。
◎滶，牛刀切。水出南陽。
【瀙】且進切。水出南陽舞陰。
◎瀙，且進切。水出南陽舞陰。
【滍】直里切。水出魯陽縣。
◎滍，直里切。水出魯陽縣。
【淮】胡乖切。水出桐柏山。
◎淮，胡乖切。水出桐柏山。
【濯】直角切。澣濯。
◎濯，直角切。澣濯也。
〇濯，洗也，所以救熱也，肥也，沐浴余潘汁也。(《類》16)
〇濯，顧野王云：浴也。(《一切經音義》卷五十五)
【灃】孚雄切。水出右扶風。
◎灃，孚雄切。水出右扶風。
【澧】力邸切。水出衡山。
◎澧，力邸切。水出衡山。
【溳】于墳切。水出蔡陽縣。
◎溳，于墳切。水出蔡陽縣。
【澺】於力切。水出汝南。
◎澺，於力切。水出汝南。
【洍】思計切。水出新鄭縣。
◎洍，思計切。水出新鄭縣。
【潁】餘頃切。水出陽城縣。
◎潁，余領切。水出陽城縣。
【潧】側銀切。水出鄭國。亦作溱。
◎潧，側銀切。水出鄭國。亦作溱。
【洧】爲軌切。水出陽城山。
◎洧，爲軌切。水出陽城山。
〇洧，顧野王云：鄭水也。(《一切經音義》卷九十八)
【濦】於謹切。水出少室山。
◎濦，於謹切。水出少室山。
〇濦濦，水流皃。(《三教指歸注》七19)
【渦】古訛切。水出扶溝縣。
◎渦，古訛切。水出扶溝縣。
【泄】弋逝切。水名，在九江。又思列切，漏也。洩，同上。
◎泄，弋逝切。水名，在九江。又思列切，漏也。洩，同上。

〇泄，玄也，减也，歇也，泆也，淪也。(《類》35)
【汴】皮戀切。水名。
◎汴，皮戀切。水出。又州名。
【汳】芳萬切。水出浚儀縣北。《説文》音卞。
◎汳，芳萬切。水出浚林縣北。《説文》音汁。
●圓沙本“音汁”當作“音汴”，“浚林縣”未詳。
【淩】力徵切。水出臨淮。
◎淩，力徵切。水出臨淮。
【濼】力谷、力各二切。水在濟南。又音粕，陂濼也。
◎濼，力谷、力各二切。水在濟南。又音粕，陂濼也。
〇濼，力谷、力各二反。又音粕，陂濼也。(《醫心方》寫本)
〇濼，又力泼反。(《類》42)
〇濼，《玉篇》：力谷、力各二反。水，在濟南。又音粕，波濼也。(《書傳輯録纂注》卷二)
【濮】補禄切。水出東郡。
◎濮，補禄切。水出東郡。
【渮】古河切。河澤，水在山陽湖陵南。
◎渮，古河切。河澤，水在山陽湖陵南。
【漷】枯鑊切。水出合鄉縣。
◎漷，括鑊切。水出合鄉縣。
【淨】仕耕切。魯北城門池也。又求性切。
◎淨，仕耕切。魯北城門池也。又才性切。
〇淨，仕耕反，似勁反。(《類》11)
【漯】通合切。水在東郡東武陽。《説文》亦作濕。
◎漯，通合切。水在東都東武陽。《説文》亦作濕。
【洹】胡端切。水出汲郡隆慮縣。汍，同上。
◎洹，胡端切。水出汲郡隆慮縣。汍，同上。
【泡】普交、薄交二切。水出山陽。又流皃。
◎泡，普交、薄交二切。水出山陽。又流皃。
〇泡，顧野王云：水上浮漚也。(《一切經音義》卷二十八)
【泗】思至切。水名。又涕泗也。
◎泗，思至切。水名，州名。又涕泗。
〇泗，顧野王云：泗即洟也。(《一切經音義》卷八十)
【灉】紆用切。《爾雅》：水自河出爲灉。又音雝。澭、滽，並同上。
◎灉，紆用切。《爾雅》：水自河出。又音雍。澭、滽，並同上。
【澶】視然切。澶淵，在頓丘縣南。
◎澶，視然切。澶淵，在頓丘縣南。
【沭】時聿切。今海州沭陽縣。
◎沭，時聿切。今海州沭陽縣。
【洙】時俱切。洙水，出泰山。
◎洙，時俱切。水出泰山。
〇洙，顧野王《玉篇》：洙水，出泰山。(《施注蘇詩》卷四十二)
【沂】魚衣切。水出泰山琅琊縣。
◎沂，魚衣反。水出泰山琅邪縣。
〇沂，《玉篇》云：水涯也。(《一切經音義》卷三十六)
【洋】以涼切。水出崑崙山北。又音祥。
◎洋，以涼切。水出崑崙山北。又音祥。
〇洋，以涼反。水出崑崙山北。又音羊。(《醫心方》一九2)
〇洋，美也，盛也。(《類》29)
〇洋，出崑崙山北隅而東流。(《類》29)
【濁】直角切。水出齊郡廣縣。又不清也。
◎濁，直角切。水出齊郡廣縣。又不清也。
〇濁，顧野王云：濁者不淨潔之稱也。(《一切經音義》卷五十一)
【溉】柯賚切。水出東海桑瀆覆甑山。又灌注也。
◎溉，柯賚切。水出東海桑瀆覆甑山。又灌注。
〇溉，盡也。(《類》9)
〇溉，顧野王云：溉猶灌注也。(《一切經音義》卷七)
〇溉，顧野王云：溉，注也。(《一切經音義》卷六十八)
〇溉，顧野王云：溉猶灌注也。(《續一切經音義》卷三)
【灅】力追切。水出鴈門。
◎灅，力追切。水出鴈門。

【洂】亦之切。水名。
◎洂，亦之切。水名。
【浯】午都切。浯水，出琅邪縣。
◎浯，牛都切。水出琅邪縣。
【澞】魚俱切。水出襄國縣東。今作虞。
◎澞，魚俱切。水出襄國縣東。今作虞。
【治】除之、除冀二切。水出曲城縣陽曲山。又修治也。
◎治，除之、除既二切。水。又修治也。出曲城縣陽曲山。
○治，顧野王云：治謂修理也。(《一切經音義》卷三十)
○治，顧野王云：修故也。(《一切經音義》卷四十四)
○治，《玉篇》曰：治，濡也。(《一切經音義》卷二十二、卷二十三)
【汶】亡運切。水出朱虛山東。
◎汶，亡運切。水出朱虛山東。
【寖】子賃切。寖水，出武安縣東。又寖漬。浸，同上。
◎寖，子賃切。水出武安縣東。又寖漬。浸，同上。
○浸，漸也，淺也，稍也。(《類》40)
○浸，顧野王云：浸，漸也。(《一切經音義》卷十八)
○濅，顧野王云：濅，沈溺也。亦漬也。(《一切經音義》卷四十二)
○浸，顧野王云：浸猶漸也。又云：浸，沈也。(《一切經音義》卷七十二)
【滮】杻移切。遞水，出襄國縣。
◎滮，杻移切。水出襄國縣。
●宋十行本作“胡移切”，澤存堂本作“相移切”。
【洨】胡交切。水出常山石邑縣井陘山東。
◎洨，胡交切。水出常山石邑縣井陘山東。
【渚】之與切。水出中丘縣逢山。又小洲也。
◎渚，之与切。水出中丘縣逢山。又小洲。
○渚，水中所渟也，都也。(《類》41)
【泜】丈脂切。水中丘。又小渚。俗作沍。
◎泜，丈脂切。水中丘也。俗作沍。
【灅】力水切。水出倰靡縣南。
◎灅，力水切。水出淩靡縣達。
●《説文》作“浚靡縣”，段注改作“俊靡縣”。《玉篇》“倰、淩”未詳。圓沙本“達”疑當作“南”。
【濡】音儒。水出涿郡。又濡潤也。
◎濡，音儒。水出涿郡。又潤也。
○濡，潤漬也。(《類》23)
【濟】子計、子禮二切。水出常山。又渡也。泲，古文。済，同上，俗。
◎濟，子計、子礼二切。水出常山。又渡也。泲，古文。済，俗。
○濟，益也，成也。(《類》9)
●“済”，宋十行本作“済”。
【沽】公奴切。水出漁陽塞外。又音顧。
◎沽，公奴切。水出温陽塞外。又音故。
○沽，公奴反。(《類》30)
○沽，又公扈反。麤也，故也，必也，略也，行也，賣也。(《類》30)
●圓沙本“温陽”疑當作“漁陽”。
【沛】博蓋、普賴二切。水出遼東塞外。又滂沛。
◎沛，傅蓋、普賴二切。水出遼東塞外。又縣名。又滂沛。
○沛，顧野王謂：雨之泩濊洪澍也。(《一切經音義》卷四十)
【涀】乃見切。水名。
◎涀，乃見切。水石也。
●“水石”疑誤。
【浿】普蓋、譜賴二切。水出樂浪。
◎浿，普蓋、譜賴二切。水出樂浪。
【瀤】乎乖切。《山海經》曰：獄法山瀤澤之水出焉。
◎瀤，乎乖切。《山海經》：獄法山瀤澤之水出焉。
【澽】且於切。水出直路縣。
◎澽，且於切。水出直路縣。
【泒】音孤。水出鴈門。
◎泒，音孤。水出鴈門。
【湏】蘇果切。水名。

◎渹，蘇果切。水名。
【漚】枯漏切。水出靈丘縣。
◎漚，枯漏切。水出靈丘縣。
【淶】吕開切。水出代郡東南入河。
◎淶，吕開切。水出代郡東南入河。
【泥】奴雞切。水出郁郅縣。又奴禮切，濃露皃。
◎泥，奴雞切。水出郁郅縣。又奴禮切，濃露皃。
○泥，顧野王云：泥，塗也。(《一切經音義》卷四十五)
○泥，《玉篇》：土得水而爛曰泥。(《一切經音義》卷八)
【湳】乃感切。水出西河。
◎湳，乃感切。水出西河。
【溤】於虔切。水出西河。
◎溤，於虔切。水出西河。
【涶】吐過切。與唾同。又土禾切，水在西河。
◎涶，吐過切。与唾同。又土禾切，水出西河。
【洵】相均切。過水中也。
◎洵，相均切。過水中也。
○洵，相均反。揮也。(《類》34)
【涻】舒夜切。水出北囂山。
◎涻，舒夜切。水出北囂山。
【淔】恥力切。水名。
◎淔，恥力切。水名。
【淁】七葉、子妾二切。水名。
◎淁，七葉、七妾二切。水名。
【淭】京於切。水名。
◎淭，京於切。水名。
【濞】渠致切。水名。
◎濞，渠致切。水名。
【沋】禹牛切。水名。
◎沋，禹牛切。水名。
【涃】苦頓切。水名。
◎涃，苦頓切。水名。
【浝】莫江切。水名。
◎浝，莫江切。水名。
【溓】乃口切。水名。
◎溓，乃口切。水名。
【泈】之戎切。水名。
◎泈，之戎切。水名。
【汧】青田切。水名。
◎汧，青田切。水名。
【洍】詳理切。水名。又汜字。
◎洍，詳理切。水名。又汜字。
【洪】胡工切。大也。《說文》曰：洚也。
◎洪，胡工切。大也。《說文》：洚也。
【洚】胡公、胡江二切。水不遵其道。又洚潰也。
◎洚，胡江、胡公二切。水不遵其道。
【澥】户買切。勃澥，海之别名。又澥谷。
◎澥，户買切。勃澥，海之别名。又澥谷。
【漠】摩各切。寂也。又沙漠。
◎漠，摩各切。寂也，沙漠也。
○漠，凶奴南界定也，治也，静察也。漠漠，舒皃。(《類》42)
○漠，顧野王云：安静也。(《一切經音義》卷七十八)
○漠，顧野王云：漠猶安静也。(《一切經音義》卷九十五)
【海】呼改切。大也，受百川，萬谷流入。㴁，同上。
◎海，呼改切。大也，受百川，萬谷流入。㴁，同上。
○海，百谷王也。九夷八蠻六戎五狄曰四海。(《類》5)
○海，顧野王曰：大水也，受萬川之泄。(《一切經音義》卷三)
【溥】怖古切。大也，徧也，普也。
◎溥，怖古切。大也，徧也，普也。
【淖】直遥切。《說文》曰：水朝宗于海也。潮，同上。
◎淖，直遥切。《說文》：水朝宗于海。潮，同上。海水逆上也。
○淖，達驕反。水朝宗于海。(《類》42)
【濥】餘刃切。洪水濥天。《說文》云：水脉行地中濥濥然。
◎濥，餘刃切。洪水濥天。《說文》：水脉行地中。
【滔】土牢切。《書》曰：洪水滔滔。
◎滔，土牢切。《書》：洪水滔天。
○滔，敕高反。（《類》33）
【涓】古玄切。小流皃。
◎涓，古玄切。小流皃。
○涓，水流。（《三教指歸注》四19）
○涓涓，流滴皃。（《三教指歸注》六39）
○涓，顧野王云：涓，小流也。（《一切經音義》卷八十）
【潒】徒黨切。水潒漾也。今作蕩。
◎潒，徒黨切。水潒漾也。今作蕩。
【混】胡本切。大也。又混濁。
◎混，胡本切。大也。又混濁。
○混，胡本反。濁也。（《類》25）
○混，顧野王云：混亦穢濁。（《一切經音義》卷二十六）
【潚】桑郁切。水深清也。
◎潚，桑郁切。水深清也。
【漦】力之、仕緇二切。水名。又涎沫也。
◎漦，力之、仕緇二切。水名。又涎沫也。
【泌】步必切。狭流也。又音祕。
◎泌，步必切。狭流也。又音祕。
【汭】而税切。《説文》云：水相入皃。
◎汭，而税切。水相入皃。
【演】弋展切。計也，長也，延也，長流也。又水門也。
◎演，弋展切。計也，長也，延也，長流也。又水門也。
○演，長流也，引也，潤也，長也，延也，水門也。（《類》43）
【涣】呼换切。水盛皃。
◎涣，呼换切。水盛皃。
【活】户括、古末二切。《詩》曰：北流活活。湉，《説文》活。濄，同上。
◎活，户括、古末二切。《詩》：北流活活。湉，同上，見《説文》。濄，同上。
○活，水流也。（《類》43）
【湝】户皆、古諧二切。　《詩》曰：風雨湝湝。
◎湝，户皆、古諧二切。《詩》：風雨湝湝。

【泫】胡犬、胡涓二切。泫流也。
◎泫，胡犬、胡絹二切。泫流也。
○泫，又胡堅反。混流也。（《類》38）
【滮】皮留切。水流皃。淲，同上。
◎滮，皮留切。水流皃。淲，同上。
【減】呼逼切。疾流皃。
◎減，呼逼切。疾流皃。
○減，呼逼反。深也，疾流也。（《類》28）
【滂】普方切。滂沱也。
◎滂，普方切。滂沱也。
○滂，沛也，廣也，浦也。（《類》7）
○滂沱，野王案：滂沱，汪濊也。（《類》8）
【瀀】於留切。渥也，寛也，漬也。今作優。
◎瀀，於留切。渥也，清也。今作優。
◑瀀，於劉反。《毛詩》：惟其瀀矣。《傳》曰：瀀，渥也。《箋》云：瀀，寛也。又曰：敷政瀀瀀。《傳》曰：瀀瀀，和也。《爾雅》亦云。郭璞曰：謂和樂也。《國語》：神求優裕於饗者。賈逵曰：優，饒也。又曰：獨恭不優。賈逵曰：優，多也。《説文》：瀀，澤多也。《廣雅》：瀀，清［漬］渥也。瀀、涔，栫也。今並为優字，在人部。《説文》以和樂之憂为憂字，在夊部。
【濃】乃東、女容二切。露多也。亦作震。
◎濃，乃東、女容二切。露多也。亦作震。
◑濃，乃東反。《毛詩》：零露濃濃。《傳》曰：濃濃，厚也。《説文》：露多也。《廣蒼》或为震字，在雨部也。
○濃，乃東反。露多，濃濃，厚。（《類》52）
【涔】字廉切。魚寒入水。又仕林切，涔陽，地名。
◎涔，字廉切。魚寒入水。又仕林切，涔陽，地名。
◑涔，字廉反。《毛詩》：涔有多魚。《傳》曰：涔，槮也。《爾雅》亦云：槮謂之涔。郭璞曰：今作槮，藂柴木於水中，魚得寒入其裏，因以簿捕取之也。《韓詩》：涔，魚池也。《説文》：涔，漬也。涔湯［陽］浦，在郢。野王案：今亦以为潛字。
○涔，字廉反。槮也，魚池也。東［水］漬［潦］也，蹄涔不容尺鯉，牛馬跡也。（《類》52）

●“魚寒入水”疑有脱文。佚文“東［水］漬［潦］也，蹄涔不容尺鯉，牛馬跡也”未詳何出。

【渥】烏角切。厚也，沾濡皃。

◎渥，烏角切。厚也，沾濡也。

◑渥，烏學反。《周易》：覆公餗，其刑渥。王弼曰：渥，沾濡之皃也。《毛詩》：赫如渥赭。《傳》曰：渥，厚也。又曰：顔如渥丹。《箋》云：渥，淳漬也。《説文》：渥，沾也。

【瀌】扶彪切。雨雪也。又音鑣。

◎瀌，扶彪切。雨雪。又音鑣。

◑瀌，扶彪反。《毛詩》：雨雪瀌瀌。《箋》云：雨雪之盛，瀌瀌然也。

【泐】力得切。石散泐。

◎泐，力得切。石散泐也。

◑泐，理得反。《考工記》：石有時以~~物~~泐，水有時以凝，有時以澤。鄭衆曰：謂石有時解散也，夏時盛暑太熱則然。《説文》：水凝合之理也。

【溓】里兼、里忝二切。薄也，大水中絶，小水出也。又含鑒切。濂，同上。

◎溓，里兼、里忝二切。薄也，大水中絶，小水出也。又含鑒切。濂，同上。

◑溓，理兼、理染二反。《説文》：薄水也。或曰中絶小水也。《蒼頡篇》：溓，淹也。《廣雅》：溓，清［漬］也。《太玄經》：溓然能自裁。宋忠曰：溓然，恬静皃也。野王案：王者之政太平，則有河溓海夷之端［瑞］是也。《聲類》：泠水溓物也。音含鑒反。《周禮》为鑑字，在金部。濂，《字書》亦溓字也。

○溓，顧野王云：王者之政太平，則有河溓海夷之瑞也。（《一切經音義》卷八十九）

【滯】直厲切。凝也，淹也。亦作墆。

◎滯，直厲切。凝也，淹也。亦作墆。

◑滯，直厲反。《周禮》：凡珍異之有滯者，斂而入于膳府。鄭衆曰：謂滯貨不售，沉滯於廛中者也。《左氏傳》：續常職，出滯淹。杜預曰：拔賢能也。又曰：舉滯淹。杜預曰：有才德而未叙者也。《國語》：震雷出滯。賈逵曰：滯，蟄虫也。又曰：底著滯淫。賈逵曰：滯，廢也。又曰：氣不沉滯。賈逵曰：滯，止也。又曰：敢告滯積。賈逵曰：滯，久也。《楚辭》：淹洄水而疑滯。王逸曰：滯，留也。《字書》或为墆字，在土部。

○滯，拔賢能也，有才德而未舒［叙］者也。沉也，魴也，黏也，惡也。（《類》50）

●佚文“沉也，魴也，黏也，惡也”未詳所出。

【汦】之是切。著止也。

◎汦，之是切。汦著止也。

◑汦，之是反。《説文》：著止也。

○汦，著（止也）。（《類》36）

【𣿅】古伯切。水裂也。

◎𣿅，古伯切。水裂也。

◑𣿅，瓜宅反。《説文》：水裂去也。

【瀱】居又切。井水也。

◎瀱，居乂切。井水也。

◑瀱，耕厲反。《爾雅》：井一有水一無为瀱汋。郭璞曰：《山海經》天井夏有水冬無水即此類。

●“居又切”疑當作“居乂切”。《篆隸萬象名義》作“井一有水一無水”，此處“井水也”疑有脱文。

【汔】許訖切。水涸也。

◎汔，許訖切。水涸也。

◑汽，許訖反。《周易》：小狐汽濟，未出中也。王弼曰：小狐不能涉川，須汽然後能濟。野王案：《説文》：汽，水涸也。《毛詩》：汽可小康。《傳》曰：汽，危也。《箋》云：汽，幾也。《爾雅》：饑，汽也。郭璞曰：謂相摩近也。《周書》：叔里汽涕拱手。《説文》或曰：汽，泣也。《廣雅》：汽，盡也。

●汽同汔。

【涸】乎各切。水竭也，盡也。㵔，同上。

◎涸，乎各切。水竭也，盡也。㵔，同上。

◑涸，胡雒反。《國語》：天根見而水涸，水涸而成梁。賈逵曰：涸，竭也。《廣雅》：涸，盡也。㵔，《蒼頡篇》：渴也。《聲類》此亦涸字也。

○涸，盡也。（《類》33）

【漮】苦郎切。水虚也。

◎漮，苦郎切。水虚也。

◑漮，枯郎反。《説文》：水虚也。年飢穀虚为歉字，在欠部。屋室空處为㝩字，在宀部。

【消】思遥切。消息也，盡也。

◎消，思遥切。消息也，盡也。

◑消，思姚反。《周易》：君子尚消息盈虛，天行也。野王案：消息猶斟酌也。又郵驛所傳聲問上曰消息。《魏志》遣出國傳消息，为賊所得是也。《説文》：消，盡也。《蒼頡篇》：消，滅也。金鐵消鑠爲銷字，在金部。

〇消，消息也。案：消息猶斟酌。（《類》43）

【渴】口遏切。頻飲也。《説文》曰：盡也。亦作㵣。

◎渴，口遏切。頻飲也。《説文》：盡也。亦作㵣。

◑渴，口遏反。《周禮》：渴澤用鹿。鄭玄曰：渴，故水處也。《毛詩》：匪飢匪渴。野王案：謂須飲也。《禮記》酒清，人渴而不敢飲是也。《蒼頡篇》：渴，涸也。《説文》：渴，盡也。以須飲之渴爲㵣字，在欠部。

〇渴，盡也。（《類》24）

〇渴，謂須飲也。（《法華釋文》中）

〇渴，顧野王云：渴謂須飲也。（《一切經音義》卷六十六）

【汀】他丁切。水際平沙也。

◎汀，他丁切。水際平沙也，洲也。

◑汀，剃丁反。《楚辭》：搴汀洲兮杜若。王逸曰：汀，平也。或爲䒿字，在丁部。

〇汀，勅丁反。平也。（《類》14）

【溼】尸及切。水流就溼也。濕，同上。《説文》他合切。

◎溼，尸及切。不燥也，水流就溼。濕，同上。《説文》他合切。

◑溼，詩立反。《周易》：水流濕，火就燥。野王案：濕猶霑潤也。《考工記》：苟賤，亦必因角幹之濕以爲之柔。鄭玄曰：濕猶生也。《方言》：濕、怛，憂也。自關而西，秦晉之間或曰濕。秦晉之間凡志而不得，欲而不獲，高而有墜亦曰濕。郭璞曰：濕者，生［失］意惛怛之名也。《吕氏春秋》：勝之同即［則］濕爲下。高誘者［曰］：濕猶遲也。《説文》：幽濕也。~~從~~濕，《字書》亦溼字也。

〇溼，詩立又［反］。濕猶霑也，濕猶生也。桓，憂也，生［失］意惛［潛］恒［沮］之名也。濕猶遲也，幽濕也。（《類》26）

〇濕，亦溼字。（《類》26）

〇溼，顧野王云：溼猶霑潤也。（《一切經音義》卷五十五）

〇溼，顧野王云：溼，潤也。（《一切經音義》卷七十二）

【湆】去及切。煮肉汁。

◎湆，去及切。煮肉汁。

◑湆，去及反。《儀禮》：大羹湆在爨。鄭玄曰：湆，煮肉汁也。野王案：《禮記》凡羞有湆者，不以齊也。《説文》：湆，濕也。《字書》：欲乾也。

〇湆，煮肉汁也，濕也。（《類》26）

【洿】於徒切。黄洿行潦也。汙，同上。又一故切。

◎洿，於徒切。潢洿行潦也。汙，同上。又一故切。

◑洿，於徒反。《毛詩》：蒲洿我私。《傳》曰：洿，煩也。《箋》云：煩煩潤之也。《左氏傳》：處不避洿。杜預曰：洿，勞事也。《國語》：塞川源而爲潢洿。賈逵曰：大曰潢，小曰洿。野王案：《説文》濁水不流也，《左氏傳》潢洿行潦之水是也。《儀禮》：皦豆兩，其實葵菹~~菹~~洿。鄭玄曰：皦，白也。齊人或呼葵菹爲洿。《禮記》：道隆則從而隆，道洿則從而洿。鄭玄曰：洿猶衰也，有隆有殺也。《廣雅》：洿，深也。洿，濁也。

◑汙，於故反。《尚書》：舊染汙俗，咸与惟新。野王案：汙猶相染汙也。《漢書》令染汙有處是也。《韓詩》曰：卒汙萊。汙，穢也。野王案：《左氏傳》由質要，治舊洿是也。《左氏傳》又曰：川澤納汙。杜預曰：是受汙濁也。《説文》：一曰小池爲汙，一曰塗也。《廣雅》：汙，濁也。

〇洿，深也，濁也，衰也。（《類》44）

〇污，濁也。（《類》14）

〇污，顧野王云：染污也。（《一切經音義》卷五十七）

〇污，顧野王云：污猶相染污也。（《一切經音義》卷六十三）

●底本“黄”當作“潢”。

【湫】子由切。水名，在周地。又子小切，

湫隘也。又疾久切。
◎湫，子由切。水名，在周地。又子小切，隘也。又疾久切。
◑湫，子小、且周、在酒三反。《左氏傳》：及湫，有疾。杜預曰：南郡都縣東南有湫城。《説文》：湫水在周也，安定朝那有湫淵。《左氏傳》：湫隘囂塵。杜預曰：湫，下也。又曰：勿史［使］有所壅閉湫底。杜預曰：湫，集也。底，滯也。血氣集滯而體羸也。又曰：湫乎攸乎。杜预曰：湫，愁隘也。《禮記》：孔子湫然作色。鄭玄曰：湫然，變動皃也。《楚辭》：雲吸吸以湫戾。王逸曰：湫戾猶卷戾也。《蒼頡篇》：沸聲也。《廣雅》：湫，盡也。
〇湫，隘也，下也，集也，盡也。(《類》52)
【潤】如舜切。水潤下也。又州名。
◎潤，如舜切。水潤下也，滋也。又州名。
◑潤，如舜反。《尚書》：水曰潤下，潤下作鹹。野王案：浸潤也。《論語》：東里子產潤色之。野王案：《廣雅》：潤，飾也。《淮南》：以曲限深潤相與。許叔重曰：潤入之處也。野王案：謂潤利也。《廣雅》：潤，益也。潤，濕也。
〇潤，微濕也，没也。(《類》34)
〇潤，顧野王案：潤，飾也。(《本朝文粹》七314)
〇潤，《玉篇》：飾也。(《一切經音義》卷二)
【準】之尹切。準平也。俗作准。
◎準，之尹切。平也。俗作准。
◑準，之允反。《尚書》：準人綴衣。孔安國曰：準人，平法，謂士官也。《周易》：易与天地准。韓康伯曰：以准天地也。野王案：准猶擬儀之也。《漢書》以類相准是也。《世本》：倕作矩規准繩。宋忠曰：倕，舜臣也。《禮記》：推而放諸南海而准。鄭玄曰：准猶平也。《尚書大傳》：准萬里之平。鄭玄曰：准，度也。《廣雅》：准，均也。《字書》或爲准字，在冫部。
〇準，之允反。擬也，平也，度也。或爲准。(《類》10)
【沑】仁久切。水吏也。又女六、女九切，泥也。
◎沑，仁久切。水吏也。又女六、女九二切，泥也。
◑沑，仁九反。《説文》：水吏也。一曰隰也。《蒼頡篇》：主水者也。
【瀵】甫問切。汾陰有水，口如車輪，濆沸涌出，其深无限，名瀵。灋，《説文》瀵。
◎瀵，甫問切。汾陰有水，口如車輪，濆沸涌出，其深无限。灋，同上，見《説文》。
◑瀵，甫問反。《爾雅》：瀵，大出尾下。郭璞曰：今河東汾陰有水口如車輪許，濆沸涌出，其深無限，名之爲瀵。馮翊洽［郃］湯復有，亦如之，相去數里而夾河，河中渚上又有一瀵，瀵源皆潛相通。在汾陰者，人應［壅］其流以爲陂，種稻，呼其所出處爲瀵魁，此是也。《淮南》：潦水不泄，潢潒極望，旬月不雨，則涸爲（枯）澤，受瀵而無源也。許叔重曰：瀵，湊漏之源也。《説文》：水浸也。
【滜】且罪切。新也。
◎滜，且罪切。新也。
◑滜，且罪反。《説文》：新也。
【瀞】疾姓切。無垢也。
◎瀞，疾姓切。無垢也。
◑瀞，似政反。《韓詩》：會朝瀞明。瀞，清也。《説文》：無垢也。今或爲浄字也。
【瀎】莫結切。滅也。又莫割切。
◎瀎，莫結切。滅也。又莫割切。
◑瀎，莫列反。《説文》：㳚瀎，拭滅也。《埤蒼》爲摵字，在手部。
【㳚】桑結切。㳚瀎也。又呼括、許月二切。
◎㳚，桑結切。㳚瀎也。又呼括、許月二切。
◑㳚，桑結反。《説文》：㳚瀎也。《字書》或爲揳字，在手部。
【洝】於旦切。渜水也。
◎洝，於旦切。渜水也。
◑洝，於旦反。《説文》：渜水也。
【洎】巨記、居器二切。灌釜也，肉汁也。
◎洎，巨計、居器二切。肉汁。
◑洎，居器、渠器二反。《周禮》：士師之職祀五帝，則沃尸及盥洎鑊水。鄭玄曰：增其沃汁也。野王案：《説文》灌釜也。《吕氏春秋》多洎之則液，少洎之則焦是也。《史記》：（彘在鹿）中，水而洎之。徐廣曰：肉汁也，至也。野王案：《左氏傳》去其肉而以其洎饋是也。

〇洎，肉汁也，灌釜也。（《類》25）

【湯】他郎切。熱水也。又始陽切，湯湯，水盛。

◎湯，他郎切。熱水也。又始陽切，湯湯，水盛皃。

◑湯，耻［弛］郎反。《論語》：見不善如探湯。野王案：《説文》：熱水也。《公羊傳》：邴者何，鄭之湯沐邑也。野王案：以所給沐浴也。《廣雅》：湯，爚也。野王案：殷之始王号湯。《尚書》湯既勝夏是也。張晏注《史記》：禹湯皆字也。二王去唐虞之文，從高陽之質，故皆以爲号。《謚法》：除要去殘曰湯。又音託浪反。《毛詩》：子之湯兮。《傳》曰：湯，蕩也。《箋》云：遊蕩無所不爲也。《論語》：羿善射，奡湯舟。孔安國曰：奡多力，能陸地行舟也。野王案：决毁相當力亦曰湯。《魏志》欲决圍湯出是也。今軍書有擊賊出湯。又音始揚反。《尚書》：湯湯洪水。孔安國曰：流皃也。《毛詩》：淇水湯湯。《傳》曰：水盛。又曰：汶水湯湯。《傳》曰：大皃也。

〇湯，他郎反。沸水也，爚也，熱水也。見不善如探湯也。又託浪反，蕩也。又始楊反，湯湯，流皃。（《類》52）

【渜】奴管、奴館二切。湯也。

◎渜，奴管、奴館二切。湯也。

◑渜，奴管、奴館二反。《儀禮》：渜濯棄于坎。鄭玄曰：沐浴餘汁也。《説文》：渜，湯也。

【渻】徒荅切。沸溢也。

◎渻，徒荅切。沸溢也。

◑渻，徒荅反。《説文》：渻，涫溢也。《埤蒼》：釜沸出也。

【洏】音而。不熟而煑。又涕流皃。

◎洏，音而。不熟而煑。又涕流皃。

◑洏，讓之反。《左氏傳》：宰夫洏熊掌不熟。野王案：《説文》：洏，煑也。《禮記》：洏豚苞苦，洏雞醢，洏魚鯤醬，洏鼈醢醬。鄭玄曰：洏謂享之以汁和也。《説文》云：一曰洝也。《聲類》亦胹字也，在肉部。或爲鬴字，在鬲部。

●“不熟而煑”疑有脱漏。

【涚】始鋭切。温水也。

◎涚，始鋭切。温水也。

◑涚，始鋭反。《考工記》：㡛氏湅絲，以涚漚其絲。鄭衆曰：涚水，温水也。鄭玄曰：涚水，以灰所泲水也。《禮記》：明水涚齊，貴新也。鄭玄曰：涚猶清也。《説文》：財温水也。《釋名》：白溢葱燕［薤］曰涚。

〇涚，《玉篇·水部》涚引作：白溢葱燕曰涚。（《釋名疏證補》附一卷）

【涫】古亂、胡亂二切。沸也。

◎涫，古乱、胡乱二切。沸也。

◑涫，古亂、胡亂二反。《史記》：腸如涫湯。徐廣曰：涫，沸也。野王案：《楚辭》氣涫沸其如波是也。《漢書》：酒泉有樂涫縣。

【瀾】剛限切。瀾淅也。

◎瀾，剛限切。淅也。

◑瀾，耕眼反。《説文》：淅也。《廣雅》：瀾，洗也。《聲類》：瀾，汰也。

【汏】徒蓋切。洗也。又敕達切，過也。

◎汏，徒蓋切。洗也。敕達切，過也。

◑汏，達盖反。《楚辭》：齊吴榜以激汏。王逸曰：汏，水波也。《淮南》：深則汏五藏。許叔重曰：汏，達也。《爾雅》：汏，遂也。郭璞曰：水落皃也。《説文》：淅瀾也。《廣雅》：汏，洗也。又音勑達反。《左氏傳》：又射，汏輈。杜預曰：汏，過也。又曰：由輈汏輈。杜預曰：過由也。汏，矢激也。

●圓沙本“汏”重出，下文作“汏，音太。汏，過也”。

【淅】桑激切。洗也。

◎淅，桑激、之舌二切。淅洗。

◑淅，桑激反。《儀禮》祝淅米于堂。鄭玄曰：淅，汏也。《廣雅》：淅，洗也。

〇淅，汏也，洗也。（《類》32）

【涭】踈有切。涭𣻋也。又所留切，小便也。溲，同上。

◎涭，踈有切。涭𣻋也。又所留切，小便也。

溲，同上。
◑溲，所流反。《毛詩》：釋之溲溲。《傳》曰：淅米溲溲聲也。《説文》：漬汰也。野王案：《儀禮》明齊溲酒是也。《國語》：太妊娠文王不變，少溲于豕牢而得文王。賈逵曰：豕牢，廁也。野王案：少溲謂小便尿也，亦謂之前溲。大便屎謂之大溲，亦謂之後溲。《史記》其病難大小溲，飲之湯。即前後溲是也。㵮，《字書》古文溲字也。
〇溲，所流反。漬汰也，小便也。(《類》34)
〇溲，顧野王云：少溲謂小便，尿也。(《一切經音義》卷九十七)
【滰】巨仰切。乾漬米也，盝也。
◎滰，巨仰切。乾漬米也，盝也。
◑滰，渠仰反。《説文》：乾漬米也。《孟子》曰孔子去齊，滰淅而行是也。又曰：滰，浚也。《廣雅》：滰，盝也。
【瀝】力的切。漉也，滴瀝，水下。瀝，同上。
◎瀝，力的切。漉也，滴瀝，水下也。瀝，同上。
◑瀝，理激反。《楚辭》：吴醴白糵和楚瀝。王逸曰：瀝瀝，清酒也。《蒼頡篇》：瀝瀝，盝也。《説文》：瀝，浚也。一曰水下滴瀝也。野王案：《史記》時賜餘瀝是也。瀝，《聲類》今瀝字也。
〇瀝，理檄反。《倉頡篇》：瀝，盪也，水下滴瀝也。野王案：時（賜）餘瀝是也。瀝，流［浚］也。(《帝範注》上11)
〇瀝，清酒也，浚也。(《類》50)
〇瀝，理撽反。《蒼頡篇》：瀝，盪也，水下滴瀝也。野王案：時賜餘瀝是也。瀝，流也。(《帝範》上)
【漉】力木切。竭也，涸也，滲漉也。盝，同上。盝，《説文》與漉同。又音緑，水。
◎漉，力木切。竭也，涸也，滲漉也。盝，同上。淥，同上。又音緑，水也。
◑漉，理屋反。《考工記》：清其灰而漉之。野王案：漉猶瀝也。《爾雅》：漉，竭也。郭璞曰：《月令》無漉陂陂池是也。《方言》：漉，涸也。漉，極也。郭璞曰：漉，滲極盡也。《廣雅》：漉，盡也。淥，《説文》或漉字也。盝，《字書》亦漉字也。或復爲盝字，在皿部。
〇漉，猶瀝也，涸也，極也，盡也。(《類》53)
〇淥，或漉字。(《類》53)
〇漉，顧野王云：漉猶瀝也。(《一切經音義》卷三十)
〇漉，顧野王云：漉，瀝去水也。(《一切經音義》卷三十六)
〇漉，顧野王云：漉猶瀝也。郭璞注《方言》云：漉，滲水極盡也。（《續一切經音義》卷五）
【澱】徒見切。垽也。或作黗。
◎澱，徒見切。垽也。或作黗。
◑澱，達見反。《爾雅》：澱謂之垽。郭璞曰：澱，滓也。江東呼垽或爲黗字，在黑部。
〇澱，澤［滓］也。(《類》38)
【浚】思閏切。深也。濬，同上。濬，古文。
◎浚，思閏切。深也。濬，同上。濬，古文。
◑浚，思潤反。《尚書》：夙夜浚明有家。孔安國曰：浚，須也。言早夜思之，須明行之也。《公羊傳》：冬，浚洙。浚者何？涂［深］之也。《爾雅》亦云。郭璞曰：浚亦所以深之也。野王案：《尚書》封十有二山浚川是也。《左氏傳》：而謂子，浚我以生乎。杜預曰：浚，取也。取我財以自生也。《説文》：浚，抒也。《廣雅》：浚，盝也。濬，《説文》古文睿字也。睿，谷深也。在谷部。《聲類》亦浚字也。濬，《説文》古文濬字也。
【潘】孚袁切。淅米汁。又普寒切。
◎潘，孚袁切。米汁。普寒切，姓也。
◑潘，孚園反。《左氏傳》：遺之潘沐。杜預曰：潘，米汁也，可以沐頭。野王案：《説文》析［淅］米之汁也。《禮記》面垢燂潘請靧是也。《説文》又曰：一云潘水，在河南熒陽。《聲類》或爲瀿字也。《蒼頡篇》：大也，姓也。野王案：人姓。音普寒反。《左氏傳》楚有潘尫。《漢書》臨淮郡有潘旌縣。音波。
〇潘，米汁也。(《類》38)
【泔】古三切。潘也。
◎泔，古三切。米汁謂之泔。

◑泔，古藍反。《説文》：周謂潘曰泔。《廣雅》：泔，瀾也。
○泔，瀾也。（《類》57）
【滓】壯里切。澱也。
◎滓，壯里切。澱也。
◑滓，壯里反。《説文》：澱也。《聲類》：羹菜也。或爲莘字，在草部。
○滓，澱也，羹菜也。（《類》53）
【滫】思酒切。米泔也。
◎滫，思酒切。米泔也。
◑滫，思酒反。《禮記》：菟薨滫瀡以滑之。鄭玄曰：秦人謂溲曰滫，齊人曰滑。《淮南》：申椒土［杜］茝浸之滫中，則不能保其芳。許叔重曰：臭汁也。《史記》：蘭根與白芷浸之滫中，君子不近。徐廣曰：滫，淅米汁也。《説文》：久泔也。《蒼頡篇》：老瀾也。
【淤】於去切。水中泥草。又濁也。
◎淤，於去切。水中泥草。又濁也。
◑淤，於據反。《方言》：水中可居者曰洲，三輔謂之淤。郭璞曰：《上林賦》行乎洲淤之浦是也。《説文》：淤，澱滓也。野王案：今謂水中泥草爲淤。
○淤，顧野王曰：今水中泥草也。（《後漢書》卷八十）
○淤，《玉篇》：水中泥草爲淤。淤，臭泥也。（《一切經音義》卷八）
○淤，顧野王云：今水中泥爲淤。（《一切經音義》卷十六）
○淤，顧野王云：水中草爲淤澱滓也。（《一切經音義》卷四十五）
【淰】奴感切。濁也，水無波也。又式稔切。
◎淰，奴感切。濁也，水無波也。又式稔切。
◑淰，奴感反。《説文》：淰，濁也。《埤蒼》：水無波也。又音式冉、式稔二反。《禮記》：龍以爲畜，故魚鮪不淰。（注：淰）之言閃也。
○淰，奴感反。濁也，無波也。淰，言閃也。（《類》22）
【潐】子小切。醮酒也。
◎潐，子小切。釃酒也。
◑潐，子紹反。《説文》：釃酒也。從水從网從焦聲也。《廣雅》：潐，盪也。

【瀹】弋灼、余召二切。煮也，内菜湯中而出也。
◎瀹，弋灼、余召二切。煮也，内菜湯中而出。
◑瀹，異灼、餘召二反。《孟子》：禹疏九河，瀹濟漯而注諸海。劉熙曰：瀹，通利之言也。《説文》：瀹，漬也。《聲類》此亦鬻字也。野王案：鬻以肉菜内湯中而出之也。《周易》東鄰牛殺［殺牛］，不如西隣之瀹祭是也。在鬲部。
○瀹，漬也，清也。（《類》21）
【漀】口冷切。出酒也。
◎漀，口冷切。出酒也。
◑漀，口泠反。《説文》：側酒出也。
【湑】思吕切。清也，美皃也，溢也。又零露皃。
◎湑，思吕切。清也，美皃也，溢也。又零露皃。
◑湑，思旅反。《儀禮》：旨酒既湑。鄭玄曰：湑，清也。《毛詩》：有酒湑我。《傳》曰：湑，酋［莤］酒也。野王案：莤，醵酒也。又曰：零露湑兮。《傳》曰：湑湑然亦落皃也。又曰：其葉湑兮。《傳》曰：湑，盛皃也。又：其葉湑湑。《傳》曰：支葉扶疏不相比近也。《説文》：一曰浚也。《埤蒼》：羹皃也。《廣雅》：湑，盪也。湑湑，流也。
○湑，思旅反。（莤）酒，請［謂］也，清也，盛也。（《類》22）
【湎】亡兖切。沈湎也。
◎湎，亡兖切。沈湎也。
◑湎，弭兖反。《尚書》：羲和湎淫。孔安國曰：沉湎於酒，過差失度也。野王案：《毛詩》天不湎尔以酒是也。《韓詩》：飲酒閇門不出客曰（湎）。或爲䤄字，在酉部。
【涒】他昆切。歲在申曰涒灘。
◎涒，他昆切。歲在申曰涒灘。
◑涒，湯昆反。《爾雅》：歲在申曰涒灘。《説文》：食已而復吐之也。
【漿】子羊切。飲也。牀，古文。
◎漿，子羊切。飲也。牀，古文。
◑漿，子楊反。《周禮》：四飲，三曰漿。鄭玄曰：今之截漿也。野王案：《毛詩》不以其酒，或以其漿是也。又曰：漿人掌六飲，水漿醴涼醫酏也。牀，《説文》古文漿字也。

【滒】公娥、工雅二切。多汁也。

◎滒，公娥、士雅二切。多汁也。

◑滒，公娥、俎雅二反。《説文》：多汁也。

【淡】徒敢切。薄味也。

◎淡，徒敢切。薄味也。

◑淡，徒敢反。《記礼［禮記］》：君子之道淡而不猒。鄭玄曰：淡，味似薄也。野王案：《説文》淡，薄味也。故《禮記》君子淡以成，小人甘以壞。《老子》道之出言，淡乎其無味也，而用之不可既是也。《史記》：政苦食淡。如淳曰：食無菜茹曰淡。安恬之倓爲倓字，在人部。

〇淡，薄味也。(《類》22)

【涼】力匠切。薄也。又力漿切，薄寒皃。

◎涼，力匠切。薄也。力漿切，寒也。

◑涼，力漿反。《毛詩》：職涼善背。《傳》曰：涼，薄也。野王案：《左氏傳》虢多涼德是也。又音力將反。《韓詩》：~~孔~~北風其涼，雨雪其雱。涼，寒皃也。野王案：今謂薄寒爲涼。《禮記》：孟秋涼風至。《楚辭》秋之爲氣也，薄寒之中人是也。《爾雅》：北風謂之涼風。《説文》爲飆字，在風部。不善悲涼爲⿰歹京字，在旡部，飲漿名涼爲⿰酉京字，在酉部。

〇涼，力醬反。薄也。又力將反，寒也。北風謂之涼風。(《類》12)

【澆】公堯切。薄也，沃也。又五弔切，寒浞子也。㵖，同上。

◎澆，公堯切。薄也，沃也。又吾弔切，寒浞子。㵖，同上。

◑澆，公堯反。《楚辭》：波豊豊而揚澆。王逸曰：洄波爲澆。《淮南》：澆天下之淳。許叔重曰：澆，薄也。《説文》：澆，沃也。野王案：灌沃所以壞散粹者也。《廣雅》：澆，漬也。又音五弔反。寒浞之子名澆。《左氏傳》少康滅澆是也。㵖，《字書》或澆字也。

〇澆，薄也，泼［渫］也，漬也。(《類》53)

【液】余石切。津也。

◎液，余石切。津液也。

◎液，余石切。津液也。

◑液，夷石反。《楚辭》：吸飛泉之微液兮，懷琬琰之華英。《説文》：液，津也。

●圓沙本"液"字條重出。

【灝】公道、公禫二切。煮豆汁。

◎灝，公道、公禫二切。煮豆汁。

◑灝，公道、公禫二反。《説文》：煮豆汁也。

【瀋】充甚切。汁也。

◎瀋，充甚切。汁也。

◑瀋，充甚反。《左氏傳》：猶拾瀋也。杜預曰：瀋，汁也。野王案：　《禮記》爲榆瀋是也。

【溢】弋質切。盈也，器滿也，餘也。

◎溢，尤質切。盈也，餘也。

◑⿰氵皿，餘質反。《毛詩》：假以溢我。野王案：《爾雅》：溢，盈也。《孝經》：滿而不溢，則溢者謂盈而出也。《國語》：是有溢罰。賈逵曰：溢，餘也。《説文》：器滿也。從水從皿。《爾雅》：溢，静也。□□。溢，盛也。溢，出也。《國語》：黄金四溢。賈逵曰：一曰溢，廿四兩也。《喪服傳》：朝一溢米，暮一溢米。鄭玄曰：一溢爲米一升，廿四分升之一也。《埤蒼》以廿四兩爲鎰字，在金部。溢，《聲類》亦⿰氵皿字也。

〇溢，餘也。(《類》47)

〇溢，顧野王云：溢，盈也。(《一切經音義》卷六十三)

〇溢，顧野王云：溢者謚満而出也。(《一切經音義》卷六十四)

【洒】先禮、先殄二切。濯也，深也，滌也。今爲洗。又所賣切。

◎洒，先礼、先殄二切。躍也，深也，濯也。今爲洗。又所賣切。

◎洗，見上注。

◑洒，桑礼、桑顯二反。《周易》：聖人以此洒心。韓康伯曰：洒，濯其心也。劉瓛曰：洒，盡也。《毛詩》：洒爵奠斝。野王案：《説文》：洒，滌也。《禮記》：君子之飲酒也，受一爵而色洒如也。鄭玄曰：洒如，肅敬之皃也。《爾雅》：望崖洒而高岸。郭璞曰：洒謂深也。《廣雅》：洒，齊也。与伴［併］等同爲齊平之齊，今並爲洗字。《説文》古文以此爲洒掃之洒字。《聲類》亦汛字也。汛，灑也。
○洒，滌也，盡也，齊也。今爲洗字。(《類》16)
●圓沙本“躍也”疑誤。
【濈】壯立切。和也，汗出也。
◎濈，壯立切。和也，汗出也。
◑濈，俎立反。《説文》：濈，和也。《埤蒼》：濈，汗出也。《字書》或爲䐑字，在肉部。
【汁】之入切。液也。又時入切。
◎汁，之入切。液也。又時入切。
◑汁，之入反。《禮記》：汁沙涚于醆酒。鄭玄曰：謂泲秬鬯以釀［醆］酒也。泲出香汁，因謂之汁沙。又曰：仲冬行秋令，則天時雨汁。鄭玄曰：雨汁者，水雪雜下也。《説文》：汁，液也。《方言》：斟、協，汁也，關西曰汁。郭璞曰：謂協和也。或曰潘汁，所未詳也。《漢書》梓潼郡有汁方縣。音時入反。
【渳】亡俾切。飲也，去汁也。又水皃。
◎渳，亡俾切。飲也，去汁。又水皃。
◑渳，妄紙反。《周禮》：大喪，大渳以鬯，則築煮。鄭玄曰：築香草煮以爲鬯，以浴尸也。《説文》：渳，飲也。《聲類》：一曰通去汁也。
【濞】息面、須芮二切。飲也，歃也。又吮也。
◎濞，息面、須芮二切。飲也，歃也。又吮也。
◑濞，須湎、滇芮二反。《説文》：飲歃也。一曰吮也。
【泂】乎頃切。遠也。亦與迥字同。
◎泂，乎頂切。遠也。与迥同。
◑泂，胡炯反。《毛詩》：泂酌彼行潦。《傳》曰：泂，遠也。野王案：訓遠与迥字同也，在辵部。《説文》：泂，滄也。《字書》或爲泂字，在仌部。
【滄】七郎切。寒也。又滄海也。滊，古文。
◎滄，七郎切。寒也。又滄海也。滊，古文。
◑滄，且郎反。《漢書》：欲湯之滄，一人吹之，百人揚之。《説文》：滄，寒也。
○滄，塞也，寒也。(《類》5)
●佚文“塞也”未詳，疑爲“寒也”之誤。
【瀞】且定切。寒冷也。
◎瀞，且定切。寒冷也。
◑瀞，且定反。《説文》：瀞，冷寒也。
【淬】七内切。深也，染也，寒也。
◎淬，七内切。深也，染也，寒也。
◑淬，此潰反。《淮南》：身淬霜露。許叔重曰：冒犯霜露也。《子虚賦》：脟割輪淬。郭璞曰：淬，染也。《方言》：淬，寒也。郭璞曰：淬猶瀞也。《説文》：滅火器也。淬堅金刃爲焠字，在火部。
○淬，《玉篇》《廣韻》竝云：淬，寒也。(《方言疏證》卷十三)
【漱】所又、思候二切。盪也。亦作涑。
◎漱，所又、思候二切。盪也。亦作涑。
◑漱，所雷［霤］反。《考工記》：善爲溝者，水漱之。鄭玄曰；漱猶齧也。《禮記》：雞初鳴，咸盥漱。野王案：《説文》：漱，盪口也。《廣雅》：漱，滆也。今亦以爲漱洗之涑字。
○漱，滆也，齧也。今爲漱浣之涑字也。(《類》16)
○漱，《玉篇》云：盪口曰漱。(《一切經音義》卷二十五)
○漱，顧野王云：以水盪口也。(《一切經音義》卷三十六)
○漱，顧野王云：漱，盥盪也。(《一切經音義》卷六十九)
【沐】莫卜切。濯髮也，斬樹枝也。
◎沐，莫卜切。濯髮也，斬樹皮也。
◑沐，莫轂反。《毛詩》：予髮曲局，薄言歸沐。野王案：《説文》：濯髮也。《禮記》：方伯爲朝天子，皆有湯沐之邑於天子之縣内。鄭玄曰：給齊戒自潔淨也，浴用湯，沐用潘。又曰：孔子之故人曰原壤，其母死，夫子助之沐椁。鄭玄曰：沐，治也。《管子》：沐樹之枝，日中無天［尺］（寸之）陰。野王案：斬樹之技［枝］也。《字書》爲朷字，在木部。
○沐，治也。(《類》17)
●圓沙本“樹皮”疑當作“樹枝”。
【頮】火内切。洒面也。沬，同上。又莫貝切，水名。湏，古文。
◎頮，火内切。洗面也。沬，同上。又莫貝

切，水名。湏，古文。
◑頮，呼憒反。《尚書》：王乃洮頮水。野王案：《説文》頮，洒面也。《禮記》面垢燂湯請頮是也。《説文》此亦古文靧字也。靧，在頁部。沬，《説文》此篆文頮字也。沬，洒面也。《廣雅》：沬，洗也。
【洗】先禮切。今以爲洒字。又先典切。
◑洗，桑顯反。《禮記》：足垢覃湯請洗（闕）
〇洗，洗足也。（《類》16）
【澡】子老切。洒手也，治也。
◎澡，子老切。洗手也，治也。
〇澡，顧野王云：澡猶洗潔也。（《一切經音義》卷二十九）
【汲】居及切。引水也。
◎汲，居及切。引水也。
〇汲，取水也。（《法華釋文》中）
【瀈】之純、是倫二切。沃也，清也，瀈淑也。淳，同上。
◎瀈，之純、是倫二切。沃也，清也，淑也。淳，同上。
〇淳，沃也，漬也，清也，瀊也，耦也。（《類》54）
【淋】力金切。水澆也。又雨淋淋下。
◎淋，力金切。水澆也。又雨下皃。
【漚】於候切。漚麻也，久漬也。又音謳。
◎漚，於候切。漚麻也，久漬也。又音謳。
【漬】疾賜切。浸也。
◎漬，疾賜切。浸也。
〇漬，曰［四］足死曰漬。（《類》11）
〇漬，顧野王云：漬猶浸也。（《一切經音義》卷二十二）
【渫】息列切。除去也。又仕洽切。
◎渫，息列切。除去也。又仕洽切。
〇渫，除去也，多也，未渫。（《類》37）
●佚文“多也，未渫”未詳。
【湩】都貢切。江南人呼乳爲湩。
◎湩，都貢切。江南呼乳爲湩。
【澣】乎管切。濯也。浣，同上。瀚，《説文》浣。
◎澣，乎管切。濯也。浣，同上。瀚，亦同上，出《説文》。
〇澣，《玉（篇）》云：胡管反。濯。（《類》456）
【染】如琰切。染色。又如豔切。
◎染，如琰切。染色。又如豔切。
〇染，污也（《法華釋文》中）
〇染，如琰反。色也。（《三部經音義集》一）
〇染，著色也，汁也。（《類》14）
【潎】孚妙切。波浪皃。今作漂。又匹袂、普結二切，漂潎也。
◎潎，孚妙切。波浪皃。今作漂。又匹袂、普結二切，漂潎也。
〇潎，《玉篇》云：潎，瀝水皃也。（《龍龕手鏡》卷二）
【湅】先侯切。濯生練也。又先候切，與漱同。又先卜切。
◎湅，先侯切。濯生練也。又先候切，與漱同。又先卜切。
〇湅，先候反。浣也。（《類》16）
【溞】仕留切。腹中有水氣。
◎溞，仕留切。腹中有水氣。
【汛】思見、所賣二切。洒埽也。
◎汛，思見、所賣二切。洒掃也。
【灑】所買切。汛也，又瑟也。又所綺切。
◎灑，所買切。汛也，大瑟也。又所綺切。
〇灑，汛也。所綺反。掃也，落也。（《法華釋文》中）
〇灑，《玉篇》云：所買反。王逸注《楚辭》云：如水之灑地。《説文》音山綺反，灑汛也，從水麗聲也。（《一切經音義》卷四）
〇灑，《玉篇》：汛也。（《一切經音義》卷二十七）
●底本“又瑟也”疑當作“大瑟也”。
【瀸】余廉切。相汙也。
◎瀸，余廉切。相汙也。
〇瀸，《玉篇》：瀸，余廉切。相污也。（《方言箋疏》卷三）
【濽】子旦切。相汙灑也。
◎濽，子旦切。相汙灑也。
〇濽，水中人也。（《類》13）
【泰】託賴切。侈也，驕也。又滑也。
◎泰，托賴切。侈也，驕也。又滑也。

【濺】子賤切。濺水也。
◎濺，子賤切。濺水皃。
【浼】亡旦切。汙也。又亡罪切，水流皃。
◎浼，亡旦切。汙也。亡罪切，水流。
【洟】弋之、他計二切。鼻液也。古爲鮷。
◎洟，弋之、他計二切。鼻液也。古作鮷。
○洟，《玉篇》《考聲》及《韻英》等數家字書並音以脂反。(《一切經音義》卷十三)
【涕】耻禮切。目汁出曰涕。
◎涕，耻礼切。目汁出。
○涕，他計、耻禮反。自目出。(《類》37)
○涕，《玉篇》云：目淚也。(《一切經音義》卷二十五)
【潸】所班、所板二切。出涕皃。
◎潸，所班、所板二切。出涕。
【淚】力季切。涕淚也。淚，同上，俗。
◎淚，力季切。涕也。淚，同上，俗。
○淚，涕也。(《類》37)
【汗】何旦切。小液也。又古寒切，餘汗，縣名。
◎汗，何旦切。小液也。又古寒切，餘汗，縣名。
○汗，小液也。(《類》14)
【湅】力見切。煮絲絹熟也。
◎湅，力見切。煮絲熟絹也。
●圓沙本“煮絲熟絹”疑當作“煮絲絹熟”。
【瀲】魚列切。議也。與讞同。
◎瀲，魚列切。議也。与讞同。
【漕】才到切。水轉運也。又才刀切。
◎漕，才到切。水轉運也。又才刀切。
○漕，轉運也。(《類》54)
【渝】弋朱切。變也，汗也。又水名。
◎渝，弋朱切。變也，汙也。又水名。
○渝，出(遼)西。變。(《類》23)
●底本“汗也”疑當作“汙也”。
【減】佳斬切。少也，輕也。
◎減，佳斬切。少也，斬也。
○減，少也，倦也，省也，輕也。減淫，不飽皃。(《類》35)
●佚文“減淫”疑當作“減涵”。今本《楚辭》作“顑頷”，王逸注：不飽皃。
【滅】彌絶切。盡也。
◎滅，彌絶切。盡也。
○滅，《玉篇》：没也。(《一切經音義》卷一)
【泮】普旦切。散也，破也。亦泮宫。泮，古文。
◎泮，普旦切。散也，破也。又泮宫。泮，古文。
○泮，普旦反。散也，破也。亦泮宫。(《醫心方》一九2)
○泮，去也，脱也，隱也，水宫也，破也。泮之言半也。(《類》29)
【漏】力豆切。漏泄也。
◎漏，力豆切。漏泄也。
○漏，顧野王云：漏猶泄也，失也。(《一切經音義》卷十八)
【澒】胡動切。水銀謂之澒。
◎澒，胡動切。水銀也。
○澒，溶也，廣大皃。(《類》55)
【漪】於宜切。波動皃。
◎漪，於宜切。波動皃。
○漪，於宜反。(《類》20)
【汩】古没切。汩没。又爲筆切，水流也。
◎汩，古没切。汩没。爲筆切，水流。
【流】吕州切。《説文》曰：水行也。
◎流，吕州切。《説文》：水行也。
○流，水行也，放縦也，求也，移也。(《類》17)
【涉】是葉切。徒行渡水也。
◎涉，是葉切。徒行渡水也。
○涉，入水行也，歷也，入也。(《類》54)
【洲】之由切。水中可居也。
◎洲，之由切。水中可居也。
【濵】補辰切。涯也。
◎濵，補辰切。涯也。
【瀕】蒲民切。《説文》今作頻，水厓也。人所賔附，頻蹙不前而止。亦同上。
◎瀕，蒲民切。《説文》本作頻，水涯也。又所賓附，頻蹙不前而止。亦同也。
【源】語袁切。水本也。
◎源，語袁切。水本也。
○源，顧野王曰：水本爲源也。(《一切經音

義》卷十一)
○源,《玉篇》云:放[水]之本也。《禮記》曰:達於禮樂之源。鄭注云:源,本也。(《一切經音義》卷五)
【滺】余周切。水流皃。
◎滺,余周切。水流皃。
【瀼】而章切。露盛皃。
◎瀼,而章切。露甚皃。
【浪】牛巾切。水名。又涯也。亦作垠。
◎浪,牛巾切。水名,涯也。亦作垠。
○浪,語巾反。水名,涯也。(《類》18)
【浹】子協切。徹也,通也,洽也。
◎浹,子叶切。通也,洽也。
○浹,子協反。從甲至癸爲浹,達也,通也,洽也。(《類》55)
【滂】孚羊切。水出箕山。
◎滂,孚羊切。水出箕山。
【滏】扶甫切。水名。
◎滏,扶甫切。水名。
【洱】亡爾、而志二切。水出罷谷山。
◎洱,亡尔、而至二切。水出罷谷山。
【滽】音容。水出宜蘇山。
◎滽,音容。水出宜蘇山。
【汦】諸是、居爾二切。水名。
◎汦,諸是、居尔二切。水名。
【溾】於回切。溾没也。
◎溾,於回切。溾没也。
【涹】於禾切。山名也,溾涹,濁也。
◎涹,於禾切。山名也,溾涹,濁也。
【溹】所格切。水名。又溹溹,雨下皃。又桑各切。
◎溹,所格切。水名。又溹溹,雨下。又乘谷切。
●圓沙本"乘谷切"疑當作"桑各切"。
【滬】胡古切。水名。
◎滬,胡古切。水名。
【澍】徐夜切。水出瞻渚山。
◎澍,徐夜切。水出瞻渚山。
【潬】大亶切。江南人呼水中沙堆爲潬。
◎潬,大亶切。江南呼水中沙堆。
【涴】於袁切。水出莫靴山。
◎涴,於袁切。水出莫靴山。
【法】甫乏切。法令也。灋,古文。
◎法,甫乏切。法式,法令也。灋,古文。
○法,則也,數也。(《類》4)
○法,野王云:法猶揩式也,軔也。(《一切經音義》卷三)
【潺】仕山、仕連二切。潺湲,流皃。
◎潺,仕山、仕連二切。潺湲,流皃。
○潺,横流涕曰潺湲。(《類》55)
【湲】于元、于頑二切。潺湲。
◎湲,于元、于頑二切。上注。
【潟】齒亦切。或滷字。
◎潟,齒亦切。或滷字。
○潟,鹵也,海~~也~~賓~~也~~廣斥[海賓廣斥]也。(《類》55)
【滹】許乎切。水進也。又音滸。
◎滹,許乎切。水進也。又音滸。
【涯】五佳切。水際也。
◎涯,五佳切。水際也。
【溘】口合切。水也,奄也。
◎溘,口合切。水也,奄也。
○溘,口答反。死也,奄也,依也,困也。(《類》47)
●佚文"死也"未詳,疑當作"至也"。
【漫】莫半切。水漫漫,平遠皃。又散也。
◎漫,莫半切。水平遠皃。又散也。
○漫,虚廣也,敗也,遠皃也。(《類》24)
○漫,顧野王云:漫漫,遠皃也。(《一切經音義》卷五十一)
○漫,顧野王云:不可分别。(《一切經音義》卷九十)
【潩】以世切。葱潩也。
◎潩,以世切。葱潩也。
【浢】音豆。水名。
◎浢,音豆。水名。
【沕】亡弗切。没也,繽紛軋沕不可分子也。
◎沕,亡弗切。没也,繽紛軋沕不可分子也。
●"子"字未詳,疑有誤。
【溉】乎代、乎介二切。沆溉,氣也。

◎瀣，乎代、乎介二切。沆瀣，氣也。
【湢】音逼。湢汄，水驚涌皃。
◎湢，音逼。湢汄，水驚涌皃。
【淄】仄其切。水名。
◎淄，仄其切。水名。
〇淄，水出太［泰］山宋［萊］蕪，州名，水名。(《類》38)
【汄】音仄。流也。
◎汄，音側。汄浱，流也。
【瀦】音豬。水所停也。
◎瀦，音豬。水所停也。
【瀍】直連切。水名。
◎瀍，直連切。水名。
【瀛】與成切。瀛海也。
◎瀛，与成切。海也。
〇瀛，《玉（篇）》云：澤中也，滄也，大海也（《類》55）
【淟】他殄切。淟涊，垢濁也。
◎淟，他殄切。淟涊，垢濁也。
【涊】乃殄切。淟涊，惡醉皃。
◎涊，乃殄切。淟涊，惡醉皃。
【漭】莫朗切。平也，廣也，野也。
◎漭，莫朗切。平也，廣也，野也。
〇漭，顧野王云：廣大皃也。(《一切經音義》卷一百)
【潣】呼狘切。潣汱，遑遽也。
◎潣，呼狘切。潣汱，遑遽也。
【濼】俾義切。水洲也。
◎濼，俾義切。水洲也。
〇濼，《玉篇》云：濼水洲也。(《方言疏證》卷十二)
【沍】胡故切。閉塞也。
◎沍，胡故切。閉塞也。
〇沍，塞閉也。(《類》55)
【澠】市陵切。水名。
◎澠，市陵切。水名。
【湃】普拜切。滂湃，水勢也。
◎湃，普拜切。滂湃，水勢也。
【浫】乎冷切。溟浫，水盛皃。亦作涬。
◎浫，乎冷切。水盛皃。亦作涬。
【澞】遇于切。陵夾水曰澞。
◎澞，遇于切。夾水曰澞。
【浰】力見切。清浰，疾皃。
◎浰，力是切。清浰，疾皃。
【漶】胡館切。漫漶，不可知也。
◎漶，胡館切。漫漶，不可知也。
【滉】於晃切。大水皃。
◎滉，於晃切。大水皃。
【溔】弋沼切。浩溔滉瀁，水無際也。
◎溔，弋沼切。浩溔滉瀁，水無際也。
【渟】達丁切。水止也。
◎渟，達丁切。水止也。
【濤】徒刀切。大波也。
◎濤，徒刀切。大波也。
【泚】將此切。水出長沙。
◎泚，將此切。水出長沙。
【沘】音比。水名。
◎沘，音比。水名。
【浘】音尾。浘浘，水流皃。
◎浘，音尾。水流皃。
【漨】扶龍切。池也，澤也。
◎漨，扶龍切。池也，澤也。
【溮】先篤切。溮溮，雨聲。
◎溮，先篤切。溮溮，雨声。
【濧】大内切。清也，濡也。
◎濧，大内切。清也，濡也。
【沌】徒損切。混沌也。
◎沌，徒損切。混沌也。
〇沌，徒損反。混也，凝也。(《類》25)
【溏】達郎切。池也。
◎溏，達郎切。池也。
〇溏，池也，淖也。(《類》56)
【湓】丕寸切。水聲也，濆也。又音盆。
◎湓，丕寸切。水声。又音盆，濆也。
【泊】步各切。止舟也。
◎泊，步各切。止舟也。
〇泊，止船也，(水)白皃也。(《類》25)
〇泊，顧野王曰：今謂舟止於岸曰泊。(《一切經音義》卷十三)
【浰】力二、力計二切。浰浰，水聲也。

◎浰，力二、力計二切。水声。
【㵟】許韋切。竭也。
◎㵟，許韋切。竭也。
【瀐】子昔、子結、子末三切。水出也。
◎瀐，子昔、子結、子末三切。水出。
○瀐，小水出。(《類》35)
【澽】巨庶切。乾澽也。
◎澽，巨庶切。乾澽也。
【藹】乙例切。清也。
◎藹，乙例切。清也。
【瀲】离冉切。瀲灩，水溢皃。又水波皃。亦作潋。又力驗切。潋，同上。亦清也。
◎瀲，离冉切。瀲灩，水溢皃。又水波皃。亦作儉。又力驗切。潋，同上。亦清也。
●圓沙本“儉”當作“潋”。
【灩】以冉切。瀲灩也。
◎灩，以冉切。瀲灩也。
【滙】乎三切。或也，聲轉也。
◎滙，乎三切。或也，声轉也。
【澓】父于切。水名。
◎澓，父于切。水名。
【潴】之余切。水名。
◎潴，之余切。水名。
【澤】俾逸切。泉水出皃。
◎澤，俾逸切。泉出皃。
【澋】力盎切。水名。
◎澋，力盎切。水名。
【泧】昌戎切。山泉下。
◎泧，昌戎切。山泉下也。
【澴】胡涓、胡絹二切。聚流。
◎澴，胡涓、胡絹二切。聚流。
【沰】他各切。落也，磓也。
◎沰，他各切。落也，磓也。
【湭】才周切。湭液也。
◎湭，才周切。液也。
【淍】之由切。帀也。或作周。
◎淍，之由切。匝也。或作周。
【泂】口冷切。泂涏，小水皃也。漂流也。
◎泂，口冷切。泂涏，小水皃。又漂流。
○泂，《玉篇》又口冷反，泂涏。(《龍龕手鏡》卷二)
【涏】徒冷切。泂涏。又徒見切，涏涏，好皃。
◎涏，徒冷切。泂涏。徒見切，好皃。
【浧】弋井切。泥也，澱也。
◎浧，弋井切。泥也，澱也。
【澺】思累切。滑澺也。
◎澺，思累切。滑也。
◑澺，思累反。《字書》：澺，滑也。
【灕】力支切。水滲入地也。
◎灕，力支切。水滲入地。
○漓，《玉篇》：水滲入地也。(《龍龕手鏡》卷二)
●漓同灕。
【溨】才代切。測也。
◎溨，才代切。測也。
【涻】居況切。往也。
◎涻，居況切。往也。
【濻】弋水切。濻濻，魚行相隨。又水流皃。
◎濻，弋水切。濻濻，魚行相隨。又水流皃。
【潣】亡本切。澸也。又音閔。
◎潣，亡本切。澸也。又音閔。
【潗】七立、子入二切。湁潗，水轉皃。
◎潗，七立、子入二切。湁潗，水轉。
【潲】山教切。臭汁也，潘也。
◎潲，山教切。臭汁也，潘也。
【澻】似類切。所以通水，廣二尺，深二尺也。
◎澻，似類切。所以通水，廣二尺，深二尺也。
【淝】扶非切。水名。本作肥。
◎淝，扶非切。水名。本作肥。
【游】子盈切。水名。
◎游，子盈切。水名。
【濋】音楚。水名。
◎濋，音楚。水名。
【瀱】丘月切。國名。
◎瀱，丘月切。國名。
【洣】莫禮切。水在葵陵縣。
◎洣，莫禮切。水在葵陵縣。

【沟】弋旬、九倫二切。水名。
◎沟，弋旬、九倫二切。水名。
○沟，色匀反，九倫反。水名。（《醫心方》寫本）
○沟，弋旬、九倫二反。水名。（《醫心方》刊本一九31）
●佚文“色匀反”疑當作“邑匀反”。
【潙】音爲。水名也。
◎潙，音爲。水名。
【洺】武盈切。水名，在新陽。
◎洺，武盈切。水名，在新陽。
【涍】呼交、呼效二切。水在南郡。
◎涍，呼交、呼效二切。水在南郡。
【滭】公困切。水名。又大水。
◎滭，公困切。水名。又大水。
【濼】余灼切。水名。
◎濼，余灼切。水名。
【浭】山吏切。水名。
◎浭，山吏切。水名。
【渶】音英。水出青丘山。
◎渶，音英。水出青丘山。
【漉】莫高切。水名。
◎漉，莫高切。水名。
【涀】胡見切。水出馮翊。
◎涀，胡見切。水出馮翊。
【邊】布堅切。水名。
◎邊，布堅切。水名。
【滰】音筆。笮去汁也。滰，同上。
◎滰，音筆。笮去汁也。滰，同上。
【溞】先勞切。溞溞，淅米聲。又思酒切。
◎溞，先勞切。淅米聲。又思酒切。
【潻】力悌切。滴也。
◎潻，力悌切。滴也。
【潠】蘇困切。噴水也。又先絹切。
◎潠，蘇困切。噴水也。又先絹切。
○潠，先絹反。口含水噴物。（《類》56）
○潠，顧野王云：以口含水噴之也。（《一切經音義》卷三十七）
【溗】市陵切。水不流。
◎溗，市陵切。水不流也。
【濞】匹至切。敗皃。
◎濞，匹至切。敗皃。
【淾】烏錦切。古文飲。
◎淾，烏錦切。古又飲字。
【浖】力拙切。山上水。
◎浖，力拙切。山上水也。
○浖，力拙反。有停泉。（《類》56）
【汒】亡谷切。
◎汒，亡谷切。水名。
【溥】伯各切。溥濼也。又徒檀切。
◎溥，傅各切。溥濼也。又徒檀切。
【瀐】余廉切。進也。
◎瀐，余廉切。進也。
【瀨】力兑、力活二切。以酒祭地。或作酹。
◎瀨，力兑、力活二切。以酒祭地。或作酹。
【涎】似連切。口液也。㳄，同上。亦作次。
◎涎，似連切。口液也。㳄，同上。亦作次。
【澿】呼光切。水廣也。
◎澿，呼光切。水廣也。
【泉】古文泉字。
◎泉，古文泉字。
【瀀】古文幽字。
◎瀀，古文幽字。
【泟】恥京切。赤也。亦作經。
◎泟，恥京切。赤也。亦作經。
【洆】丑涉切。洆浢，纔有水。
◎洆，丑涉切。洆浢，纔有水。
【浢】子葉切。洆浢也。
◎浢，子葉切。上注。
【潡】古淡切。潡，薄味也。
◎潡，古淡切。薄味也。
【澋】呼得切。水名。
◎澋，呼得切。水名。
【瀮】力仙切。水出王屋山。
◎瀮，力仙切。水出王屋山。
【浡】蒲忽切。渾也。又海别名也。
◎浡，蒲忽切。渾也。又海别名。
【漧】古乾字，猶燥也。
◎漧，古乾字，猶燥也。
【滄】初兩切。淨也，冷也。

◎溓，初兩切。淨也，冷也。

【瀪】扶元切。水暴溢也，波也。

◎瀪，扶元切。波也，水暴溢也。

○瀪，《玉篇》云：水暴溢也。（《重修廣韻》卷一）

【澎】蒲衡切。水名。又澎湃，滂沛也。

◎澎，蒲行切。水名。又澎湃，滂沛。

【濠】户刀切。水名。

◎濠，户刀切。水名。

○濠，顧野王云：水名也。（《一切經音義》卷八十八）

【湸】力章切。古文梁。

◎湸，力章切。古文梁。

【潫】猗拳切。淵潫，水深皃。

◎潫，倚拳切。淵潫，水深皃。

【漻】吕鳥切。漻澥，小水别名也。

◎漻，吕鳥切。漻澥，小水别名。

【淕】力鞠切。凝雨也。

◎淕，力鞠切。凝雨也。

【泯】彌忍、彌賔二切。滅也。又泯泯，亂也。

◎泯，彌忍、彌賔二切。滅也，乱也。

【瀜】弋終切。沖瀜，水大皃。

◎瀜，弋終切。沖瀜，水大皃。

【沶】力周切。古文流。

◎沶，力周切。古文流字。

【漴】柴融切。水聲也。

◎漴，柴融切。漴漴，水声也。

【淞】似龍切。江名。

◎淞，似龍切。江名。

【涫】居隆切。縣名。

◎涫，居隆切。縣名。

【洢】一移切。水名也。

◎洢，一移切。水名。

【潍】夷隹切。水名。

◎潍，夷維切。水名。

【漁】語居切。捕魚也。

◎漁，語居切。捕魚也。

【泭】芳無切。編木以渡也。又防無切，水上泭漚。

◎泭，方無切。編木以渡。又防無切，水上漚。

【溎】大兮切。研米槌。亦作溎。

◎溎，大兮切。研米槌。亦作溎。

【溪】口兮切。溪澗。

◎溪，口兮切。溪澗也。

【濯】渠愚切。水出汝南吴房。

◎濯，渠愚切。水出汝南吴房。

【瀘】力吴切。水名。

◎瀘，力吴切。水名。

【湓】屋姑切。湓江，項羽渡舡處也。

◎湓，屋姑切。江名，項羽渡船處。

【洓】側加切。洓滓也。又棠木汁。

◎洓，仄加切。滓也。又棠木汁。

【潾】力真、力刃二切。水清皃。

◎潾，力貞、力刃二切。水清皃。

【湮】於鄰切。水名。

◎湮，於鄰切。水名。

【濜】助謹切。濜湏，水勢。又慈忍切。

◎濜，慈忍切。水名。

◎濜，助謹切。水勢。又慈忍切。

【瀊】蒲槾切。洄也。

◎瀊，蒲漫切。洄也。

【沺】徒蓮切。大水也。

◎沺，徒連切。大水也。

【湍】他端切。急瀨也。

◎湍，他端切。急瀨也。

【澟】力甚切。寒也。

◎澟，力甚切。寒也。

【湲】干暄切。水流皃。

◎湲，于暄切。水流皃。

○湲，《玉篇》云：水流貌。（《重修廣韻》卷一）

【瀟】思焦切。水名。

◎瀟，思焦切。水名。

【淆】户交切。渾也。

◎淆，户交切。渾也。

【渦】古禾切。渦水也。

◎渦，古禾切。渦水也。

【涹】烏瓜切。渦也。

◎窊，烏瓜切。渦也。
【涐】吾哥切。水名。
◎涐，吾哥切。水名。
【灑】力多切。汨灑，水名。
◎灑，力多切。汨灑，水名。
【涂】直都切。涂，塗也。
◎涂，直都切。塗也。
【㴞】託藍切。水名。㳻，同上。
◎㴞，託藍切。水名。㳻，同上。
【湯】式章切。水流皃。
◎湯，式章切。水流皃。
【茫】莫郎切。滄茫也。
◎茫，莫郎切。滄茫也。
【濙】音營。水洄。
◎濙，音營。水洄也。
【瀇】呼肱切。水聲也。
◎瀇，呼肱切。水声。
【㶇】蒲冰切。水聲也。
◎㶇，蒲冰切。水声。
【濴】烏營切。水泉皃。濚，同上。
◎濴，烏營切。水泉皃。濚，同上。
【漎】所蓊切。又色講切。
◎漎，所蓊切。又色講切。
【灜】音盈。魯大夫名也。
◎灜，音盈。魯大夫名。
【漻】古爻切。水名。
◎漻，古爻切。水名。
【澌】息咨切。水名。又音賜，水盡。
◎澌，息咨切。水名。又音賜，水盡。
◑澌，相誰反。《説文》：水索也。《蒼頡篇》：澌，盡也。流水之澌為澌字，在仌部。
○澌，《玉篇》云：澌音賜，水盡也。（《方言疏證》卷三）
【泑】伊糾切，又音幽。山名。
◎泑，伊糾切，又音幽。山名。
【添】他兼切。益也。
◎添，他兼切。益也。
【濫】力甘切。水清。又力敢切，葅也。
◎濫，力甘切。水清。力敢切，葅也。
【湉】音聒。水流。
◎湉，音聒。水流皃。
【瀻】虛宜切。水名。
◎瀻，虛宜切。水名。
【汯】音宏。深汯，無舟涉水。
◎汯，音宏。深馮，無舟涉也。
【浤】音宏。浤浤汩汩，海水騰涌皃。
◎浤，音宏。浤浤汩汩，海水騰涌皃。
【湣】防無切。水名，中有神，古人也。
◎湣，防無切。水名，中有神，古人。
【泍】音奔。水急。又匹奔切。
◎泍，音奔。水急。又匹奔切。
○泍，《玉篇》云：水汲也。（《龍龕手鏡》卷二）
【湌】音貪。水也。
◎湌，音貪。水也。
【潯】辭林切。深也。
◎潯，詞林切。深也。
【渢】匹凡切。深也。
◎渢，匹凡切。深也。
【洶】虛航切。水浪洶洶聲。
◎洶，虛航切。水浪声也。
【洴】毗名切。水澼也。
◎洴，毗名切。水澼也。
【沭】虛尤切。水去皃。
◎沭，虛尤切。水去皃。
【灟】甫休切。水聲也。
◎灟，甫依切。水声。
●圓沙本“甫依切”疑當作“甫休切”。
【澴】胡關切。水。
◎澴，胡官切。水也。
【澬】藏詞切。水也。
◎澬，藏詞切。水也。
【澗】力舒切。水名。
◎澗，力舒切。水名。
【潾】七昆切。水名。
◎潾，七昆切。水名。
【浮】虎孤切。水名。
◎浮，虎孤切。水名。
【浓】音衣。水也。
◎浓，音衣。水也。

【澑】力堆切。澑澤也。
◎澑，力堆切。澑澤也。
【溤】音馮。水聲。
◎溤，音馮。水声。
【洪】胡公切。水聲。
◎洪，胡公切。水声。
【藻】音聚。水聲。
◎藻，音聚。水声。
【潼】秃聾切。水聲也。
◎潼，秃聾切。水声。
【滃】先公切。水聲。
◎滃，先公切。水声也。
【沂】音丘。水也。
◎沂，可求切。水名。
【浵】徒冬切。水名。
◎浵，徒冬切。水名。
【滁】直余切。水名。
◎滁，直余切。水名。
【渘】而舟切。水名。
◎渘，而舟切。水名。
【泃】古侯切。水聲也。
◎泃，古侯切。水声。
【泩】音生。水漲。
◎泩，朔耕切。水漲也。
【滕】奴登切。水。
◎滕，奴登切。水也。
【汼】魚休切。水。
◎汼，魚休切。水也。
【洄】音移，又音司。
◎洄，音移，又音司，水名。
【澌】式之切。水。
◎澌，式之切。水名。
【湐】蒲巴切。水名也。
◎湐，蒲巴切。水名。
【溏】徒郎切。溪也。
◎溏，徒郎切。溪也。
【沶】胡戈切。水。
◎沶，胡戈切。水名。
【洸】音羌。水也。
◎洸，音羌。水也。
【溵】於斤切。水。
◎溵，於斤切。水也。
【淐】尺羊切。水。
◎淐，尺羊切。水也。
【澢】都郎切。水。
◎澢，都郎切。水也。
【泇】音加。水也。
◎泇，音伽。水也。又各遐切。
【洀】之游切。水文也。
◎洀，之游切。水文。
【㴓】山佳切。漉米。
◎㴓，山佳切。漉米也。
【𣸣】時邪切。水也。
◎𣸣，時邪切。水也。
【澕】呼瓜切。水。
◎澕，呼瓜切。水也。
【斜】音斜。水名。
◎斜，音斜。水名。
【澋】户猛切。影也。
◎澋，户猛切。影也。
【灘】音鐓。涴也。
◎灘，音鐓。涴也。
【灇】户工切。大波也。
◎灇，户工切。大波也。
【湵】余九切。水也。
◎湵，余九切。水也。
【溛】余瓦切。泥水皃。
◎溛，余瓦切。泥水皃。
【澴】火管切。弄水也。
◎澴，火管切。弄水也。
【泍】方免切。水皃。
◎泍，方免切。水皃。
【渢】火孔切。水風也。
◎渢，火孔切。水風也。
【涹】初瓦切。泥也。
◎涹，初瓦切。泥也。
【沱】弋支切。水文。又徒羅切。
◎沱，弋支切。水文。又徒羅切。
【泶】初委切。北方也。

◎汖，初委切。北方也。
【渼】莫彼切。水波也。
◎渼，莫彼切。水波。
【涭】音受。水皃。
◎涭，音受。水皃。
【潮】音軌。水皃。
◎潮，音軌。水名。
【潣】户感切。流皃。又音閔。㵂，同上。
◎潣，户感切。流皃。又音閔。㵂，同上。
【淶】力感切。梨汁也。
◎淶，力感切。梨汁也。
【濎】的領切。水名。
◎濎，的領切。水名。
【瀌】匹眇切。
◎瀌，匹眇切。水流也。
【漼】七悔切。清也。
◎漼，七悔切。清也。
【淲】平表切。水。
◎淲，平表切。水也。
【瀸】胡減切。又音慊。
◎瀸，胡咸切。又音慊。
【滜】音皁。水也。
◎滜，音皁。水也。
【滮】苦含切。流也。
◎滮，苦含切。流也。
【灦】音顯。水也。
◎灦，音顯。水也。
【漲】陟兩切。大水也。
◎漲，陟兩切。大水也。
【涴】他果切。水名也。
◎涴，他果切。水名。
【瀰】莫比切。水流皃。
◎瀰，莫比切。水流皃。
【港】古項切。水派也。
◎港，古項切。水派也。
【渺】亡小切。水長也。
◎渺，亡少切。水長也。
【汞】户孔切。水銀滓。
◎汞，户孔切。鉛汞，水銀滓。
【灄】而涉切。水也。
◎灄，而涉切。水也。
【澌】許鬼切。流皃。涁，同上。
◎澌，許鬼切。流皃。涁，同上。
【澪】常預切。溝也。
◎澪，常預切。溝也。
【溆】詞與切。浦也。漵，同上。水名，在洞庭。
◎溆，詞与切。浦也。漵，同上。水名，在洞庭。
〇溆，顧野王《玉篇·水部》第二百八十五：溆，浦也。(《箋注駱臨海集》卷五)
【泞】直與切。
◎泞，直與切。水停皃。
【滷】音魯。鹹水。
◎滷，音魯。鹹水也。
【澅】户卦切。水。
◎澅，户卦切。水也。
【漥】居偃切。漥水。
◎漥，居偃切。漥水。
【浤】户式切。露光也。
◎浤，户式切。露光也。
【灛】赤善切。水文。
◎灛，赤善切。水文。
【澞】薄賣切。水。
◎澞，薄買切。水也。
【溋】户了切。流皃。
◎溋，户了切。水流皃。
【瀉】思野切。傾也。又相夜切。
◎瀉，思野切。傾也。又相夜切。
【滉】胡廣切。滉瀁，波也。
◎滉，胡廣切。滉瀁，波也。
〇滉，《玉（篇）》：胡曠反。(神田本《白氏文集》卷三十五旁注)
【灛】烏感、於錦二切。大水至。
◎灛，烏感、於綿二切。大水至。
【渰】音奄。雲雨皃。《詩》云：有渰淒淒。
◎渰，音奄。雲雨皃。《詩》：有渰淒淒。
◑渰，於斂反。《毛詩》：有渰凄凄。《傳》曰：渰，陰雲皃也。《説文》：雲雨皃。《廣蒼》为䨄字，在雨部。

〇湇，雲皃。(《類》12)
【瀠】烏迴切。大水也。
◎瀠，烏迴切。大水也。
【灢】奴朗切。不流皃。
◎灢，奴郎切。不流皃。
【澾】他達切。滑也。
〇澾，顧野王云：澾，滑也。(《一切經音義》卷六十三)
【泬】呼決切。泬寥，空皃。
◎泬，呼決切。泬寥，空皃。
【澥】思翦切。水。
◎澥，思翦切。水也。
【潰】羊水切。流皃。
◎潰，羊水切。水流皃。
【灈】切聳切。
◎灈，切聳切。水流也。
【瀻】力淺切。水。
◎瀻，力淺切。水也。
【瀌】文彼切。流也。
◎瀌，文彼切。流也。
【淏】音昊。清皃。
◎淏，音昊。清皃。
【泖】音柳。水皃。
◎泖，音柳。泖泖，水皃。
【溤】莫把切。水。
◎溤，莫把切。水也。
【潽】偏母切。水。
◎潽，偏母切。水也。
〇潽，《玉篇》云：水也。(《龍龕手鏡》卷二)
【漆】尸煮切。水。
◎漆，尸煮切。水也。
【滊】音款。
◎滊，音款。水流皃。
【瀸】户斬切。泉。
◎瀸，户斬切。泉也。
【瀴】益精切。水。
◎瀴，益精切。水也。
【浲】府孔切。水。
◎浲，府孔切。水也。
【灑】方買切。水。
◎灑，力買切。水也。
●圓沙本“力買切”疑當作“方買切”。
【浫】音罕。水也。
◎浫，音罕。水也。
【潡】徒損切。大水也。
◎潡，徒損切。大水也。
【澒】古洞切。水。
◎澒，古洞切。水也。
【灞】布罵切。水名。
◎灞，布罵切。水名。
【淠】匹備切。水聲也。又匹計切。
◎淠，匹備切。水声。又匹計切。
【沮】子御切。溼也。
◎沮，子御切。濕也。
【汏】音畎。水也。
◎汏，音畎。水名。
【汰】音泰。太過也。
◎汰，音太。汰，過也。
【瀚】音汗。海名。
◎瀚，音汗。海名。
【灤】七旰切。清也。
◎灤，七旰切。清也。
【泿】音渡。過江。
◎泿，音渡。過江也。
【浍】古外切。水名。
◎浍，古外切。水名。
【淛】之世切。水名。
◎淛，之世切。水也。
【潫】節例切。水涯也。
◎潫，節例切。水涯也。
【澉】火界切。水聲。
◎澉，火界切。水声。
【澣】古旦切。乾也。又胡旰切。
◎澣，古旦切。乾也。又胡肝切。
【泮】匹半切。水流也。
◎泮，匹半切。泮泮，水流也。
【淀】徒練切。淺水也。
◎淀，徒練切。淺水也。
〇淀，如淵淺。(《類》44)
【湎】莫見切。湞湎，大水皃。

◎㴐，莫見切。滇㴐，大水皃。
【潄】郎電切。潄鐵。
◎潄，力定切。潄鐵。
【沑】尼九切。水在汝南。
◎沑，尼九切。水名，在汝南。
【溴】尺又切。
◎溴，尺又切。水氣也。
【渆】於見切。水大也。
◎渆，於見切。水大也。
【湔】七肖切。浚波也。
◎湔，七肖切。浚波也。
【淊】户紺切。水和泥。
◎淊，户紺切。水和泥也。
【瀆】音豆。水也。
◎瀆，音豆。水也。
【泔】側亮切。泔米入甑也。
◎泔，仄亮切。泔米入甑也。
【渣】助訝切。水名。
◎渣，助訝切。水名。
【灊】音飲。水也。
◎灊，音飲。水也。
【湴】蒲監切。
◎湴，蒲監切。水泛也。
○湴，《玉篇》又女鑒、奴監二反，泥湴也。（《龍龕手鏡》卷二）
【湁】音鞘。小水。
◎湁，音鞘。小水也。
【泾】古壞切。水。
◎泾，古壞切。水也。
【減】古薤切。水。
◎減，古薤切。水也。
【溍】音晉。水也。
◎溍，音晉。水也。
【潒】羊庶切。水。
◎潒，羊庶切。水也。
【澱】匹芮切。
◎澱，匹芮切。水濆声。
【涁】力凍切。水。
◎涁，力凍切。水也。
【洎】音鼻。涕也。
◎洎，音鼻。涕也。
【濾】力預切。濾水也。
◎濾，力預切。水名。
【潕】式預切。水。
◎潕，式預切。水也。
【灥】所患切。洗馬也。
◎灥，所患切。洗馬也。
【涘】吐旦切。大水也。
◎涘，吐旦切。大水也。
【渲】音選。小水。
◎渲，音選。小水也。
【淃】巨眷切。水。
◎淃，巨眷切。水也。
【辦】皮戀切。水波也。
◎辦，皮戀切。水波也。
【汌】尺戀切。水。
◎汌，尺戀切。水名。
【灠】盧瞰切。湧泉也。
◎灠，盧瞰切。湧泉也。
【灙】多曭切。水名。
◎灙，多曭切。水名。
【潰】胡箇切。水。
◎潰，胡个切。水也。
【淌】音唱。大波。
◎淌，音唱。大波也。
【湪】奴候切。水漚湪。
◎湪，奴候切。水漚湪。
【浛】古卧切。水。
◎浛，古卧切。水名。
【漤】於候切。罧也，冬月以疊草水中。
◎漤，於候切。冬月疊草水中。
【滎】居詠切。清也。
◎滎，居詠切。清也。
【瀾】力刃切。水。
◎瀾，力刃切。水也。
【澬】慈忍切。水名。
◎澬，慈忍切。水名。
【湀】許氣切。水。
◎湀，許氣切。水也。
○湀，許氣反。水也，出《玉篇》。（《龍龕手

鏡》卷二)
【沎】呼卧切。水名。
◎沎，呼卧切。水名。
【潡】音教。水名。
◎潡，音教。水也。
【湒】時及切。影也。
◎湒，時及切。影也。
【灢】奴朗切。
◎灢，奴朗切。
【潩】思力切。水。
◎潩，思力切。水也。
【湇】女立切。水動皃。
◎湇，女立切。水動皃。
【溨】音昨。水也。
◎溨，音昨。水也。
【瀔】胡谷切。水聲也。
◎瀔，胡谷切。水声。
【澓】防斛切。澓流也。
◎澓，防斛切。澓流也。
【浺】池六切。水名。
◎浺，池六切。水名。
【濗】莫歷切。淺水。
◎濗，莫歷切。淺水也。
【泦】居六切。水文也。淗，同上。
◎泦，居六切。水文也。淗，同上。
【滀】初六、思六二切。溼也。
◎滀，初六、思六二切。濕也。
【溯】音朔。水也。
◎溯，音朔。水也。
【瀖】音雹。水激。
◎瀖，音雹。水激也。
【瀥】許角切。水激聲。滈，同上。又音浩。
◎瀥，許角切。水激声。又音浩。滈，同上。
◑滈，胡道反。《説文》：久雨也。《埤蒼》謂澆为滈。又音呼角反。左思《蜀都賦》：龍池瀥瀑濆其隈。
【洷】直失切。水。
◎洷，直失切。水也。
【洁】音吉。水也。
◎洁，音吉。水也。
【滵】莫筆切。流皃。
◎滵，莫筆切。水流皃。
【潏】音述。水在瑯邪，任緒鉤魚處。
◎潏，音述。水名，任緒鉤魚處。
●底本“述”原作“迷”，據宋十行本改。
【濶】烏割切。水名。
◎濶，烏割切。水也。
【瀾】音闕。水也。
◎瀾，音闕。水也。
【潪】下刮切。不淨。
◎潪，下刮切。不淨也。
【澓】丑刮切。潪澓。
◎澓，丑刮切。潪澓也。
【澲】思列切。濊澲，水流也。
◎澲，思列切。濊澲，水流也。
【淈】口没切。水深皃。
◎淈，口没切。水深皃。
【濚】盈歷切。水名。
◎濚，盈歷切。水名。
【滐】桑没切。没也。
◎滐，桑没切。没也。
【潑】蒲末切。水漏也。
◎潑，蒲末切。水漏也。
【溊】音輟。注也。
◎溊，音輟。注也。
【溹】矢甲切。溢也。
◎溹，矢甲切。溢也。
【瀏】火麥切。流。
◎瀏，火麥切。流也。
【淂】都勒切。水。
◎淂，都勒切。水也。
【淯】余熟切。水名也。
◎淯，余熟切。水名。
【浴】余玉切。洗浴也。
◎浴，余玉切。洗浴也。
◑浴，瑜蜀反。《左氏傳》：觀其裸浴，薄而觀之。野王案：《説文》：浴，洒身也。《大戴礼·夏小正》：十(闕)
【溻】他盍切。溼也。
◎溻，他盍切。濕也。

【涾】竹洽切。溼也。
◎涾，竹洽切。濕也。
【滑】虛劫切。水。
◎滑，虛劫切。水也。
【澦】音預。灩澦，水名。
◎澦，音預。灩澦，水名。
【滀】仲六切。滯也。
◎滀，仲六切。滯也。
【沷】府伐切。寒也。又音弗。
◎沷，附伐切。寒也。又音弗。
【氵卩】資悉切，又音節。水出也。
◎氵卩，資悉切，又音節。水出也。
【滐】巨列切。
◎滐，巨列切。大水皃。
【淴】音忽。汲也。
◎淴，音忽。汲也。
○淴，《玉篇》又音忽。(《龍龕手鏡》卷二)
【㳆】初乙切。流皃。
◎㳆，初乙切。㳆㳆，流皃。
【濊】火活切。水聲。
◎濊，火活切。水聲。
【渤】蒲没切。渤海也。
◎渤，蒲没切。渤海也。
○渤，《玉篇》：渤澥也。《字書》云：海水渤渤然也。(《續一切經音義》卷三)
【澀】所立切。不滑也。澁，同上，俗。
◎澀，所立切。不滑也。澁，俗文，同上。
【澈】直列切。水澄也。
◎澈，直列切。水澄也。
【滆】下革切。水名。
◎滆，下革切。水名。
【滌】音迪。洗也。
◎滌，音迪。洗也。
◑滌，達的反。《尚書》：九州滌源。孔安國曰：滌，除也。除原泉，無壅塞也。《周禮》：視滌濯。鄭玄曰：濯溉祭器也。《毛詩》：十月滌塲。《傳》曰：滌，掃之也。《公羊傳》：帝牛在于滌。何休曰：滌，宮名，養帝牲之舍也，取其潔淨也。《禮記》：逖成滌濫之音作。鄭玄曰：逖滌，往来疾皃也。又曰：滌蕩其聲。鄭玄曰：滌蕩猶搖動也。《大戴禮·夏小正》：寒曰滌凍塗。滌也者，變也。變而煖之也。凍塗也者，凍下而澤上多也。《說文》：滌，洒也。《廣雅》：滌，洗也。
○滌，徒歷反。洗也，除也，淨也。(《三教指歸注》一31)
○滌，滌蕩猶搖動也。滌凍塗。滌，(變)也。滌，疾皃。(《類》56)
○滌，《玉篇》：除也。(《續一切經音義》卷三)
○滌，《玉篇》：除也。《考聲》云：洗滌也。(《續一切經音義》卷四)
【汐】辭歷切。水。
◎汐，詞歷切。水也。
【瀉】羊隻切。水流皃。
◎瀉，羊隻切。水流皃。
【漷】火麥切。水聲。
◎漷，火麥切。水声。
【澪】五各切。
◎澪，五各切。水也。
【灘】七雜切。沸皃。
◎灘，七雜切。沸皃。
【汴】補木切。水也。
◎汴，補木切。汴水也。
【泣】去急切。無聲出涕也。
◎泣，去急切。無聲出涕淚。
【溭】士力切。波。
◎溭，七力切。波也。
【滔】莫百切。水流皃。
◎滔，莫百切。水流皃。
【泐】郎得切。泉聲也。
◎泐，郎得切。泐泐，泉聲。
○泐，《玉篇》又泉聲也。(《龍龕手鏡》卷二)
【湨】古壁切。水名。
◎湨，古壁切。水名。
【漏】女狎切。影動。
◎漏，女狎切。影動也。
【濲】古祿切。水名也。
◎濲，古祿切。水名。
【湅】都聾切。露皃。又水名。又都弄切。

◎湅，都聾切。水名。都弄切，露皃。

【漙】徒桓切。《詩》：零露漙兮。

◎漙，徒桓切。《詩》：零露漙兮。

【潃】息鰲切。滑也。

◎潃，息鰲切。骨也。

●圓沙本“骨也”疑當作“滑也”。

【澣】烏活切。取水也。

◎澣，烏活切。取水也。

【澗】音粲。水清皃。

◎澗，音粲。水清皃。

【灨】音感。水也。

◎灨，音感。水也。

【瀵】音桓。波也。

◎瀵，音桓。波也。

補

◎漵，力定切。漵鐵。

○洮，漬汰也。（《類》27）

○湑，謂也。（《類》25）

○浧，治也。（《類》25）

○濫，氾也，漬也，汎也。（《類》46）

○濫，顧野王云：汎濫於天下也。（《一切經音義》卷六十三）

○澿，巨金反。水名也。（《醫心方》寫本）

大廣益會玉篇
卷第二十

凡二十七部

沝部第二百八十六

凡四字

【沝】之水切。二水也。
◎沝，之水切。二水也。
【淼】彌沼切。淼漾，大水。
◎淼，彌沼切。淼漾，大水也。
○淼，彌小反。大水皃也。（《三教指歸注》三 15）
【㴋】力州切。水行也，篆文作流。
◎㴋，力周切。水行也，篆文作流。
【𣵀】市葉切。行渡水也，篆文作涉。
◎𣵀，市葉切。行渡水也，篆文作涉。

巜部第二百八十七

凡一字

【く】公泫切。水小流皃，深尺廣尺曰く。古文作甽，篆文作畎。
◎く，公泫切。水小流皃，深尺廣尺曰く。古文作甽，篆文作畎。

巜部第二百八十八

凡二字

【巜】古會切。水流皃。廣二尋，深二仞。亦作澮。
◎巜，古會切。水流皃。亦作澮。
【粼】力因、力刃二切。獸名。又粼粼，清澈也，水在石間也。
◎粼，力因切，力刃切。獸名。又粼粼，清澈也，水在石間也。

巛部第二百八十九

凡一十三字

【巛】齒緣切。注瀆曰川也，流也，貫穿也，通也。古爲坤字。
◎巛，齒緣切。注瀆曰川，地流也，貫穿也，通也。古作坤字。
【侃】可旦切。和樂皃。古文作偘。又苦旱切。
◎侃，可旦切。和樂皃。古文作偘。又苦旱切。
【巠】古庭、後鼎二切。水脉也。一曰水冥巠也。
◎巠，古庭、後鼎二切。水脉也。一曰水冥巠也。
【㼱】胡國切。水流皃。
◎㼱，胡國切。水流皃。
【巟】呼光切。及也，至也。
◎巟，呼光切。及也，至也。
【巜】禹乙切。水流也。
◎巜，禹乙切。水流皃。
【𡿪】力徹切。𡿪𡿪，水流皃。
◎𡿪，力徹切。𡿪𡿪，水流皃。
【邕】於龍切。四方有水自邕城池者。𨛜，籀文。
◎邕，於龍切。四方有水自邕城池者。𨛜，籀文。

【巛】子來切。天反時爲巛。今作灾、災。
◎巛，子來切。天反時爲巛。今作灾、災。
【州】止由切。九州也，時也，宫也，居也。𠀍，古文。𠇹，同上。
◎州，止由切。九州也，時也，宫也，居也。𠀍，同上。𠇹，同上。

井部第二百九十

凡六字

【井】子郢切。穿地取水也，伯益造之，因井爲市也。法也。
◎井，子郢切。穿地取水，伯益造之，因井爲市也。法也。
〇井，《玉篇》又得林反。（《龍龕手鏡》卷二）
【刱】楚向切。造法刱業。今作創。
◎刱，楚向切。造法刱業。今作創。
【阱】才性切。穿地爲阱以陷獸。亦作穽。汬，古文。
◎阱，才性切。穿地爲阱以陷獸。亦作穽。汬，古文。
〇阱，顧野王云：阱，所以捕猛狩也。（《一切經音義》卷六十二）
【丼】於迥切。澤地也。
◎丼，於迥切。澤地也。
【丼】者線切。古文戰。
◎丼，者線切。古文戰。

泉部第二百九十一

凡三字

【泉】自緣切。山水之原也。
◎泉，自緣切。山水之原也。
◎洤，古文泉字。
【鰲】扶万切。泉水也。
◎鰲，扶万切。泉水也。
【原】魚袁切。泉水也。今作源。
◎原，魚袁切。泉水。今作源。

灥部第二百九十二

凡二字

【灥】似均切。三泉也。
◎灥，似均切。三泉也。
【厵】魚袁切。水原本也。
◎厵，魚袁切。水原本也。

永部第二百九十三

凡三字

【永】于丙切。長也，遠也，引也。
◎永，于丙切。長遠也，引也。
【羕】弋上切。長也。
◎羕，弋上切。長也。
【昶】恥兩切。《廣雅》云：通也。
◎昶，恥兩切。通也。

𠂢部第二百九十四

凡五字

【𠂢】匹賣切。《説文》曰：水之衺流别也。
◎𠂢，匹賣切。《説文》：水之衺流别也。
【覛】亡革切。《説文》莫狄切，邪視也。䚊，籀文。
◎覛，亡革切。《説文》莫狄切，邪視也。䚊，籀文。
【衇】莫革切。血脈也。或作脉。䘑，籀文。
◎衇，莫革切。血衇也。或作脉。䘑，籀文。

谷部第二百九十五

凡二十九字

【谷】古木切。水注谿也。又余玉切。
◎谷，古木切。水注谿也。又余玉切。
〇谷，水注谿曰谷。（《法華釋文》中）
〇谷，《玉篇》：山谷也。《爾雅》曰：水注谿曰谷。（《續一切經音義》卷七）
【豁】呼活切。通谷也，空也，大度量也。

䜤，同上。
◎豁，呼活切。通谷，空也，大度量。䜤，同上。
○豁，顧野王云：豁者，豁達，大度量也。（《一切經音義》卷五十一）
○豁，顧野王云：豁達，大度量也。亦開見也。（《一切經音義》卷九十六）
○豁，《玉篇》：大度量也。（《一切經音義》卷十三）
【䜪】且見、且田二切。望山谷䜪䜪青也。或作阡。
◎䜪，且見、且田二切。望山谷䜪䜪青也。或作阡。
【豂】力幺切。空谷也。
◎豂，力久切。空谷也。
●圓沙本“力久切”疑當作“力幺切”。
【豅】力公切。大長谷。
◎豅，力工切。大長谷。
【谾】呼紅切。深山之谾谾。空也。
◎谾，呼紅切。深山之谾谾。空也。
【谹】胡萌切。谷空也。
◎谹，胡萌切。谷空也。
【䜲】莫丸切。䜲𧮰，亭名。
◎䜲，莫丸切。䜲𧮰，亭名。
【𧮰】巨由切。䜲𧮰亭。
◎𧮰，巨由切。上同。
【容】思閏切。深通川也。古文濬。
◎容，思閏切。深通川也。古文濬。
【㖃】下溝切。谷名。
◎㖃，下溝切。谷名。
【𧯂】徒鹿切。通溝也。與㱩、瀆同。
◎𧯂，徒鹿切。通溝也。与㱩、瀆同。
【䜫】扶云切。䜫谷，在臨汾。
◎䜫，扶云切。䜫谷，在臨汾。
【䜯】渠六切。谷名。
◎䜯，渠六切。谷名。
【䜲】力葉切。䜲餘，聚名。
◎䜲，力葉切。䜲餘，聚名。
【䜶】胡東切。大谷名。
◎䜶，胡東切。大谷名。
【谽】呼含切。谽呀，澗谷也。
◎谽，呼含切。谽谺，澗谷也。
●“呀”疑當作“谺”。
【𧯋】呼勞切。𧯋𧯌，深谷名。
◎𧯋，呼勞切。𧯋𧯌，深谷名。
【𧯌】力刀切。𧯋𧯌。
◎𧯌，力刀切。上同。
【䜥】側侁切。谷名。
◎䜥，側洗切。谷名。
●圓沙本“側洗切”疑當作“側侁切”。
【䜧】於京切。谷名。
◎䜧，於京切。谷名。
【谽】火含切。谽谺，谷空。
◎谽，火含切。谽谺，谷空也。
【谺】火加切。谽谺。
◎谺，火加切。谽谺。
【䜬】士諫切。谷名。
◎䜬，士諫切。谷名。
【叡】呼各切。溝叡也。與壑同。
◎叡，呼各切。溝叡也。与壑同。
【𧯎】呼檻切。谷名。
◎𧯎，呼檻切。谷名。
【谿】詰雞切。與溪同。
◎谿，語雞切。与溪同。
【䜹】直流切。谷名。
◎䜹，側流切。谷名。

冫部第二百九十六

凡五十二字

【冫】鄙凌切。冬寒水結也。仌，同上。
◎冫，鄙凌切。冬寒水結。仌，同上。
○仌，凍結也，冬水凝結也。（《類》55）
【冰】卑膺切。水堅也。今筆凌切。
◎冰，卑膺切。水堅也。今筆凌切。
○冰，《玉篇》：水凝結也。（《一切經音義》卷四十一）
【凜】力甚切。凜凜，寒也。
◎凜，力甚切。凜凜，寒也。
○凜，力甚反。凜凜，寒也。（《類》67）

【凊】七性切。寒也，冷也。
◎凊，七性切。寒也，冷也。
【凘】先兮切。解冰也。又息移切。凘，古文。
◎凘，先兮切。解冰也。又息移切。凘，古文。
【凍】都洞切。孟冬，地始凍。又音東。
◎凍，都洞切。孟冬，地始凍。又音東。
○凍，寒酒爲凍飲也，人苦寒也。(《類》66)
【凌】力承切。冰室也。又力證切。勝，同上。
◎凌，力丞切。冰室也。又力證切。勝，同上。
【泂】古迥切。冷也。
◎泂，古迥切。冷也。
【凇】相龍切。凍落也。
◎凇，相龍切。凍落也。
【凓】力質切。凓冽，寒皃。
◎凓，力質切。凓冽，寒皃。
【冽】力滅切。寒氣也。
◎冽，力滅切。寒氣也。
【浹】胡頰切。冰凍相著也。
◎浹，胡頰切。冰凍相著也。
【渫】徒頰切。浹渫也。
◎渫，徒頰切。浹渫也。
【凗】昨回切。霜雪皃。
◎凗，昨回切。霜雪皃。
【凒】五哀切。
◎凒，五哀切。凒凒，雪白皃。
【涇】巨井切。寒也。
◎涇，巨井切。寒也。
○涇，《玉篇》云：寒也。(《重修廣韻》卷三)
【凝】魚膺切。成也，堅也。
◎凝，魚膺切。成也，堅也。
【汀】他丁切，又盧打切。
◎汀，他丁切，又盧打切。
【滄】楚亮切。寒也。
◎滄，楚亮切。寒也。
【淒】七西切。寒也。
◎淒，七西切。寒也。
【冶】余者切。公冶，復姓。又妖冶。
◎冶，余者切。公冶，復姓。又妖冶。
【鼎】他領切。
◎鼎，他領切。冰皃。
【冷】力頂切。寒也。又力丁切。
◎冷，力頂切。寒。又力丁切。
○冷，寒也。力頂、力丁二反。(《三部經音義集》一)
【淟】他典切。淟涊。
◎淟，他典切。淟涊也。
【涊】奴典切。惡酒也。
◎涊，奴典切。惡酒也。
【冬】都農切。冬，終也。亦作各。
◎冬，都農切。冬，終也。亦作各。
○冬，都農反。野（王）云：冬者，建亥之月至建丑之月也。(《類》68)
【夳】他大切。今作泰。
◎夳，他大切。今作泰。
【冹涪】上彼孕切，下匹孕切。飛聲。
◎冹，彼孕切。飛声也。
◎涪，匹孕切。冹涪，飛声。
【沍】胡故切。寒也。俗作冱。
◎沍，胡故切。寒也。俗作𠗨。
●圓沙本“𠗨”當作“冱”。
【湳】奴含切。
◎湳，奴含切。冰薄也。
【滭】卑吉切。寒也。
◎滭，卑吉切。寒也。
【濆】之日切。寒身動皃。
◎濆，之日切。寒身動皃。
【洛】下各切。洛澤，冰皃。
◎洛，下各切。洛澤，冰皃。
【澤】大洛切。冰也。
◎澤，大洛切。冰也。
【隸】盧帝切。水。
◎隸，盧帝切。冰也。
【淕】力竹切。
◎淕，力竹切。寒皃。
【泼】方勿切。寒冰皃。
◎泼，方勿切。寒冰皃。

【潔】公節切。俗絜字。
◎潔，公節切。俗絜字。
【瀫】音嚴。俗嚴凝字。
◎瀫，音嚴。俗瀫凝字。
●底本“嚴凝”疑當作“瀫凝”。
【凋】丁聊切。力盡皃。
◎凋，丁聊切。力盡也。
【活】胡括切。
◎活，胡括切。冰也。
【澿】渠錦切。寒極也。
◎澿，渠錦切。寒極也。
〇澿，《玉篇》云：寒極也。（《重修廣韻》卷三）
【准】之允切。俗準字。
◎准，之允切。俗準字。
【况】許誑切。俗況字。
◎况，許誑切。俗況字。
【冲】直中切。俗沖字。
◎冲，直中切。俗沖字。
【决】古穴切。俗決字。
◎决，古穴切。俗決字。
【减】古斬切。俗減字。
◎减，古斬切。俗減字。
【凉】力張切。俗涼字。
◎凉，力張切。俗涼也。

雨部第二百九十七

凡一百五十字

【雨】于矩切。雲雨也。㕴，古文。𠕒，亦古文，出《說文》。
◎雨，于矩切。雲雨也。㕴、𠕒，並古文。
【霅】丈洽切，又胡甲切。霅霅，震電皃。一曰衆言也。
◎霅，文洽切，又胡甲切。霅霅，震電皃。一曰衆言。
●圓沙本“文洽切”疑當作“丈洽切”。
【靁】力回切。陰陽薄動，靁雨生物者也。雷，同上。䨻、𩂣，並古文。𩆩，籀文。
◎靁，力回切。陰陽薄動，雷雨生物者也。雷，同上。䨻，古文雷。𩂣，亦古文。𩆩，籀文。
【實】爲閔切。雷起出雨也，齊人謂雷曰實。𩃤，古文。
◎實，爲閔切。雷起出雨也，齊人謂雷爲實。𩃤，籀文。
【霆】大冷、大丁二切。電也，霹靂也。
◎霆，太冷、太丁二切。電也，霹靂。
【電】大見切。陰陽激燿也。𩃟，古文。
◎電，大見切。陰陽激燿也。𩃟，古文。
〇電，雷之光也。（《倭名抄》一 35）
〇電，《玉篇》云：閃電也。《釋名》曰：電，殄也，謂乍現則殄滅也。（《續一切經音義》卷七）
【震】之刃切。動也。𩆝，籀文。
◎震，之刃切。動也。𩆝，籀文。
〇震，《玉篇》云：震亦動也，起也。（《一切經音義》卷二十七）
【䨮】思悦切。凝雨也。雪，同上。
◎䨮，思悦切。凝雨也。雪，同上。
【霄】思姚切。雲氣也。
◎霄，思姚切。雲氣也。
【霰】思見切。暴雪。霓，同上。
◎霰，思見切。暴雪。霓，同上。
【䨏】思移切。小雨皃。亦與霰同。
◎䨏，思移切。小雨。亦霰同。
【雹】步角切。《說文》云：雨冰也。雹，古文。
◎雹，步角切。《說文》：雨冰也。雹，古文。
〇雹，《玉篇》云：陰陽專精凝合爲雹也。（《一切經音義》卷二十五）
【霝】力丁切。落也。零，同上。又徐雨也。
◎霝，力丁切。落也。零，同上。又徐雨也。
【零】力各切。雨零也。或作落。
◎零，力各切。雨零。或作落。
【霢】亡馘切。小雨曰霢霂。
◎霢，亡馘切。小雨曰霢霂。
【霂】音木。霢霂。
◎霂，音木。上同。
【霰】所咸切。微雨也。又漬也。又子廉切。

霾，同上。
◎霎，所咸切。微雨也。又漬也。又子廉切。霾，同上。
【霰】先丸切。小雨也。
◎霰，先丸切。小雨也。
【霃】雉金切。陰也。
◎霃，雉金切。陰也。
【霤】胡耽切。多雨也。霤，同上。
◎霤，胡耽切。多雨也。霤，同上。
【霂】牛皆、牛林二切。霖雨也。
◎霂，牛皆、牛林二切。霖雨。
【霽】子夷切。雨聲。或作濟。又才私切。賨，同上。
◎霽，子夷切。雨声。亦作濟。又才私切。賨，同上。
【霱】尤句切。雨皃。
◎霱，尤句切。雨皃。
【霯】子廉、力豔二切。小雨也。
◎霯，子廉、力豔二切。小雨也。
【霑】知廉切。濡也，漬也。
◎霑，知廉切。濡也，漬也。
〇霑，顧野王云：霑濡。（《一切經音義》卷七）
〇霑，顧野王云：霑猶濡也。（《一切經音義》卷十七）
〇霑，《玉篇》云：濡也。（《一切經音義》卷二十六）
【霙】如琰切。濡也。
◎霙，如琰切。濡也。
【屚】力豆切。屋穿水入也。與漏同。
◎屚，力豆切。屋穿水入。与漏同。
【霤】力救切。雨屋水流下也。
◎霤，力救切。雨屋水流下。
【霏】柯覈、匹各二切。雨也。
◎霏，柯覈、匹各二切。雨也。
【霽】子計切。雨止也。
◎霽，子計切。雨止也。
【霩】呼郭切。雨止雲罷也。
◎霩，呼郭切。雨止雲罷也。
【霋】千兮切。雲行皃。又霽謂之霋。
◎霋，千兮切。雲行皃。又霽。
【露】力固切。天之津液下，所潤萬物也。又露見也。
◎露，力固切。天之津液下，潤萬物者也。又露見。
【霜】所張切。露凝也。
◎霜，所張切。露凝也。
【霚】武公、武賦二切。天氣下地不應也。雺，同上。
◎霚，武公、武賦二切。天氣下地不應也。雺，同上。
【霧】武賦切。地氣發天不應也。霚，同上。
◎霧，武賦切。地氣發天不應也。霚，同上。
【雩】宇俱切。請雨祭也。或作雩。
◎雩，宇俱切。請雨祭也。或作雩。
【霾】眉乖、美拜二切。風而雨止也。
◎霾，眉乖、美拜二切。風而雨止。
【霓】五奚、五結二切。雲色似龍也。
◎霓，五奚、五結二切。雲色似龍。
【霸】右注切。《説文》曰：水音也。
◎霸，古注切。《説文》：水音也。
●圓沙本“古注切”疑當作“右注切”。
【霖】力今切。雨不止。
◎霖，力今切。雨不止。
【霸】丁頰、丁念二切。寒也，早霜也。
◎霸，丁頰、丁念二切。寒也，早霜。
【需】息俱切。須也，不進也。又卦名。
◎需，息俱切。須也，不進。又卦名。
【靁】豬惟切。隱也，雷也。
◎靁，豬惟切。隱也，雷也。
【霏】孚非切。雨雪皃。霏，同上。
◎霏，孚非切。雪皃。霏，同上。
【雱】普唐切。雪盛皃。雱，同上。
◎雱，普唐切。雪盛皃。雱，同上。
【霶】普郎切。霶霈，大雨皃。
◎霶，普郎切。霶霈，大雨皃。
【霎】山立切。霎霎，雨聲。
◎霎，山立切。霎霎，雨声。
【霫】先立切。雺霫，大雨也。
◎霫，先立切。雺霫，大雨也。

【雴】丑立切。雴霫。
◎雴，丑立切。雴霫。
【霅】丑涉切。霅霎，小雨。
◎霅，丑涉切。霅霎，小雨。
【霎】子葉、所洽二切。霅霎。
◎霎，子葉、子洽二切。霅霎。
【霅】胡夾切。與洽同。
◎霅，胡夾切。與洽同。
【靮】徒的切。靮靮，雨皃。
◎靮，徒的切。雨皃。
【霫】上林切。霫霫，雨聲。
◎霫，上林切。霫霫。又音隻。
●圓沙本“又音隻”疑誤。
【雰】孚雲切。霧氣也。
◎雰，孚雲切。霧氣也。
【霻】而章切。露盛皃。亦作瀼。
◎霻，而章切。露成。亦作瀼。
●圓沙本“露成”疑當作“露盛”。
【雺】徒丸切。雺雺，露多。
◎雺，徒丸切。露多也。
【霹】乃東切。霹霹，露濃皃。
◎霹，乃東切。霹霹，露濃皃。
【霞】下加切。東方赤。
◎霞，下加切。東方赤。
【霟】胡溝切。
◎霟，胡溝切。雨也。
【霥】莫公切。霥霥，雨皃。亦作濛。
◎霥，莫公切。雨皃。亦作濛。
【雽】扶尤切。雪皃。
◎雽，扶尤切。雪皃。
【霙】於黨、於良二切。霙霙，白雲皃。
◎霙，於黨、於良二切。雲皃。
【霹】普的切。霹靂也。
◎霹，普的切。霹靂也。
○霹靂，顧野王云：大雷震動也。（《續一切經音義》卷五）
【靂】郎的切。霹靂。
◎靂，郎的切。雷擊声。
○靂，顧野王云：霹靂，大雷震也。（《一切經音義》卷三十八）
○靂，顧野王云：大雷也。（《一切經音義》卷八十五）
【霳】許鬼切。雷震。
◎霳，許鬼切。雷震。
【霠】烏感切。
◎霠，烏感切。雲暗皃。
【霐】職隆切。小雨也。
◎霐，職隆切。小雨也。
【霷】與章切。古文。
◎霷，與章切。古文陽。
【霒】於今切。沈雲皃。
◎霒，於今切。沈雲皃。
【雺】所感切。小雨也。
◎雺，所感切。小雨也。
【霝】魯丁切。古文靈。
◎霝，魯丁切。古文靈。
【霙】於京切。雨雪雜下。
◎霙，於京切。雨雪雜下。
【霳】盧冬切。雨聲。
◎霳，盧冬切。雨声。
○䨓霳，《玉篇》：雨聲。（《龍龕手鏡》卷二）
【雙】所江切。雨皃。
◎雙，所江切。雨皃。
【霍】胡郭切。霰霍，大雨。又音隻。
◎霍，胡郭切。霰霍。又音隻。
【霰】詧隻切。大雨也。
◎霰，詧隻切。大雨也。
【霖】力占切。久雨也。
◎霖，力占切。久雨也。
【霦】碧倫切。玉光色。
◎霦，碧倫切。玉光色。
【霕】徒昆切。大雨也。
◎霕，徒昆切。大雨也。
【霠】七精切。女神。
◎霠，七精切。女神也。
【霓】苦顏、許器二切。《説文》云：見雨而止息曰霓。
◎霓，苦顏、許器二切。見雨止息。
○霓，《玉篇》又許尔、苦顏二反。雨雪皃。（《龍龕手鏡》卷二）

【霌】職由切。
◎霌，職由切。雲雨皃。
【雩】因于切。雨皃。
◎雩，因于切。雨皃。
【霻】孚隆切。
◎霻，孚隆切。雲厚皃。
【靇】力中切。豐隆，雷師。俗從雨。
◎靇，力中切。豐隆，雷師。俗從雨。
【𩂣】都宗切。雨。
◎𩂣，都宗切。雨也。
●《玉篇校釋》引《切韻》作“雨皃”。
【雸】古三切。霜也。
◎雸，古三切。霜也。
【霚】疾夷切。大雨。又七資切。
◎霚，疾夷切。大雨。又七資切。
【䨛】息佳切。小雨皃。
◎䨛，息佳切。小雨皃。
【雫】敕庚切。雨也。
◎雫，敕庚切。雨也。
【霌】北朋切。大雨。
◎霌，比朋切。大雨也。
【霪】余林切。久雨也。
◎霪，余林切。久雨也。
【霽】所板切。
◎霽，所板切。雨濕皃。
【霒】芳酉、芳賦二切。
◎霒，芳酉、芳賦二切。
【霮】徒感切。霮䨴，雲皃。
◎霮，徒感切。霮䨴，雲皃。
【䨴】徒對切。霮䨴。
◎䨴，徒對切。霮䨴。
【靃】息委切。露也。又呼郭切，飛聲。
◎靃，息委切。露也。呼郭切，飛声。
【䨞】巨殞切。雨。
◎䨞，巨殞切。雨也。
【霍】呼郭切。揮霍。
◎霍，呼郭切。揮霍。
○霍，顧野王：倏忽，急疾之皃也。（《一切經音義》卷十七）
【霏】非尾切。雲皃。
◎霏，非尾切。雲皃。
【靄】於蓋、於曷二切。雲狀。
◎靄，於蓋、於曷二切。雲狀。
【霈】匹妹切。大雨。
◎霈，匹昧切。大雨也。
【霔】之戍切。霔霖。
◎霔，之戍切。霔霖也。
【𩆷】阻儀切。水。
◎𩆷，阻儀切。水也。
【䨹】胡卦切。海船也。
◎䨹，胡卦切。海船也。
【霑】七鴆切。雲行。
◎霑，七鴆切。雲行皃。
【霁】補孟切。雷。
◎霁，補孟切。雷也。
【霟】古候切。大雨也。
◎霟，古候切。大雨也。
【霫】胡內切。雨。
◎霫，胡內切。雨也。
【霳】直吝切。雲。
◎霳，直吝切。雲也。
【雹】於罽切。大露也。
◎雹，於罽切。大露也。
【霯】他鄧切。大雨也。
◎霯，他鄧切。大雨也。
【䨓】於刃切。氣也。
◎䨓，於刃切。氣也。
【霮】徒紺切。久雨也。
◎霮，徒紺切。久雨也。
【霨】乙位切。起。
◎霨，乙位切。起也。
【霺】乃監切。泥。
◎霺，乃監切。泥也。
【霡】莫獲切。雨。
◎霡，莫獲切。雨也。
【䨰】力谷切。大雨也。
◎䨰，力谷切。大雨也。
【靇】直卓切。大雨也。
◎靇，直卓切。大雨也。
○靇，《玉篇》：靇，大雨也。音貞卓切。（《方

言箋疏》卷一)
【霻】私盍切。雨下也。
◎霻，私盍切。雨下也。
【霅】士甲切。大雨。
◎霅，士甲切。大雨也。
【霩】匹各切。雨。
◎霩，匹各切。雨也。
【䨏】匹各切。大雨也。
◎䨏，匹各切。大雨也。
【霵】側立切，又七立切。雨下也。䨒，同上。
◎霵，側立切，又士立切。雨下也。䨒，同上。
○霵，《玉篇》与䨒同。戢，《玉篇》同上。(《龍龕手鏡》卷二)
【䨗】呼骨切。雨下。
【霈】色麥切。雨。又山責切。霥，同上。
◎霈，色麥切。雨。又山責切。霥，同上。
【霙】大兮切。霽雲。
◎霙，大兮切。霽雲。

補

○実，霬，《玉篇》他林反，二同。(《龍龕手鏡》卷二)

雲部第二百九十八

凡十一字

【雲】于君切。山川之氣也。古文作云。
◎雲，于君切。山川之氣也。古文作云。
【黔】於林切。今作陰。侌、㒹，並古文。
◎黔，於林切。今作陰。侌，古文。㒹，亦古文。
【靆】徒載切。不明皃。
◎靆，徒載切。不明皃，雲皃。
【靉】於代切。靉靆，雲皃。又於幾切。
◎靉，於代切。靉靆。又於幾切。
○靉，顧野王《玉篇・雲部》：靉靆，雲皃。(《箋注駱臨海集》卷八)
○靉，顧野王云：靉靆謂日月晻默無光也。(《一切經音義》卷三十二)
【䨺】虚豈切。靉䨺，雲皃。
◎䨺，虚豈切。雲皃。
【曇】徒含切。西國呼世尊瞿曇。
◎曇，徒含切。西國呼世尊瞿曇。
【䨴】芳味切。雲皃。
◎䨴，芳味切。雲皃。
【䨸】徒罪切。
◎䨸，徒罪切。雲皃。
【䨽】徒敢、徒紺二切。
◎䨽，徒敢、徒紺二切。

風部第二百九十九

凡九十八字

【風】甫融切。風以動万物也。風者，萌也，以養物成功也，散也，告也，聲也。凬、䬠、凨，並古文。
◎風，甫融切。以動万物也。風者，萌也，告也，聲也。凬、䬠、凨，並古文。
【飆】力章切。北風也。又力讓切。亦作颹。
◎飆，力章切。北風也。又力讓切。亦作颹。
【飄】婢遥切。旋風也。又孚遥切。
◎飄，婢遥切。旋風。又孚遥切。
○飄，俾遥反。旋風也。(《古文舊書考》一80)
【飈】俾遥切。暴風也。飑，同上。
◎飈，俾遥切。暴風也。飑，同上。
○飈，昇風也。(《古文舊書考》一80)
【颯】思合切。颯颯，風。
◎颯，思合切。風声也。
○颯，顧野王：颯謂風吹木葉落之聲。(《一切經音義》卷八十三)
【飂】力周切。高風皃。
◎飂，力周切。高風也。
【飀】力周切。風行聲。
◎飀，力周切。風行声。
【颮】呼没切。疾風皃。颬，同上。䬍，古文，同上。
◎颮，呼没切。疾風也。颬，同上。䬍，古文，同上。
【颹】于貴切。大風也。

◎颶，于貴切。大風也。
【颺】弋章、弋尚二切。風飛。
◎颺，弋章、弋尚二切。風飛。
【颰】于筆切。大風也。
◎颰，子筆切。大風也。
●圓沙本“子筆切”疑當作“于筆切”。
【颲】力吉切。颲颲，暴風。又力志切。
◎颲，力吉切。暴風。又力志切。
【颲】力哲切。惡風也。
◎颲，力哲切。惡風也。
【颮】力計切。急風。
◎颮，力計切。急風也。
【颫】父娱切。風自上下爲之颫颻也。
◎颫，父娱切。風自上下爲颫颻。
【颻】餘招切。飄颻。
◎颻，餘招切。上同。
【飀】思六切。
◎飀，思六切。風皃。
【颭】呼出切。風也。
◎颭，呼出切。風也。
【颼】所流切。颼颼，風聲。颾，同上。
◎颼，所流切。風声皃。
◎颾，蘇遭切。風声。
●圓沙本颼、颾爲二字。
【飂】力幺切。風皃。
◎飂，力幺切。風皃。
【颹】於回切。風低皃。
◎颹，於回切。風低皃。
【颭】尹轉切。小風皃。
◎颭，尹轉切。小風也。
【颵】胡盲切。暴風也。颹，同上。
◎颵，胡盲切。暴風也。颹，同上。
【飆】匹周切。飆飄，風吹皃。
◎飆，匹周切。飆飄，風吹皃。
【飄】匹召切。飆飄。
◎飄，匹召切。飆飄。
【颸】楚飢切。風也。
◎颸，楚飢切。風也。
【飅】丈流切。
◎飅，丈流切。風大聲。

【颬】怖結、布結二切。小風也。
◎颬，怖結、布結二切。小風也。
【䬕】竹庚切。
◎䬕，竹庚切。風起也。
【颮】丑交切。颮颾，吹皃。
◎颮，丑交切。颮颾，吹皃。
【颾】呼交切。颮颾。
◎颾，呼交切。風颾。
【颽】古諧切。疾風也。
◎颽，古諧切。疾風也。
【颫】甫勿切。風也。
◎颫，甫勿切。風也。
【颯】似立切。風也。
◎颯，似立切。風也。
【颰】蒲活切，又甫月切。疾風。
◎颰，蒲活切，甫月切。疾風。
【颬】呼加切。
◎颬，呼加切。風声。
【颿】蒲公切。
◎颿，蒲公切。大風声也。
【飋】所乙切。秋風。
◎飋，所乙切。秋風也。
【飀】於柳切。風聲。
◎飀，於柳切。風声。
【飍】香幽切。驚走皃。
◎飍，香幽切。驚走皃。
【颵】所交切。風聲。
◎颵，所交切。風声。
【飁】奴多切。古文儺。
◎飁，奴多切。古文儺。
【飌】蘇彫切。北風也。
◎飌，酥凋切。北風也。
【飉】似緣切。風轉。
◎飉，似緣切。風轉也。
【飀】力尤切。颼飀，風。
◎飀，力尤切。颼飀，風也。
【颿】扶巖切。古文帆。
◎颿，坎巖切。古文。
●圓沙本“坎巖切”疑當作“扶巖切”。
【颴】巨尤切。小風也。

◎颫，巨尤切。小風也。
【飉】呼肱切。風皃。
◎飉，呼肱切。風皃。
【颵】楚交切。
◎颵，楚交切。風起也。
【颪】户工切。風聲。
◎颪，户工切。風声。
【颾】户冬切。風聲。
◎颾，户冬切。風声。
【颬】香公切，又香幽切。風聲。
◎颬，香公、香幽二切。風声。
【颩】羊脂切。
◎颩，羊脂切。風收也。
【颴】於京切。
◎颴，於京切。風也。
【飌】于歸切，又于委切。
◎飌，于歸、于委二切。
【颫】寺林切。姓也。
◎颫，寺林切。姓也。
【颬】古藍切。風。
◎颬，古藍切。風也。
【颱】步迷切。風。
◎颱，步迷切。風也。
【颽】户萌切。大風也。
◎颽，户萌切。大風也。
【飅】杜回切。風皃。
◎飅，杜回切。風皃。
【飋】息流切。風。
◎飋，息流切。風也。
【颮】呼觥切。風聲。
◎颮，呼觥切。風声。
【颹】魯登切。大風也。
◎颹，魯登切。大風也。
【颺】徒郎切。
◎颺，徒郎切。風起也。
【颻】力丁切。寒風。
◎颻，力丁切。寒風。
【颽】思兖切，又祖緣切。
◎颽，思兖切，又祖緣切。
【颽】苦海切。南風也。亦作凱。颽，同上。
◎颽，苦海切。南風。亦作凱。颽，同上。
【飖】奴罪切。風動。
◎飖，奴罪切。風動也。
【风】呼果切，又徒泰切。
◎风，呼果切，又徒泰切。
【颰】徒會切。
◎颰，徒會切。風入也。
【颸】裴負切。
◎颸，裴負切。風也。
【颩】職救切。風皃。
◎颩，職救切。風皃。
【颬】户紺切。
◎颬，户紺切。風声。
【颹】於貴切，又於歸切。
◎颹，於貴切，又於歸切。
【颽】可降切，又可講切。
◎颽，可降、可講二切。
【飃】力質切。風。
◎飃，力質切。風也。
【飇】余律切。急風。
◎飇，余律切。急風。
【飋】思六切。風吼。
◎飋，思六切。風吼也。
【飉】賔栗切。風吼也。
◎飉，賔栗切。風吼。
【颫】祛律切。風也。颷，同上。又呼聿切。
◎颫，祛律切。風也。颷，同上。又呼律切。
【颰】冰力切。風也。
◎颰，水力切。風也。
【颫】蒲没切。
◎颫，蒲没切。風驟也。
【颫】呼決切。
◎颫，呼決切。風声。
【颬】呼獲切。熱風。
◎颬，呼獲切。熱風也。
【颰】古獲切。颰颬，赤氣，熱風之怪。
◎颰，古獲切。颰颬，赤風，熱氣之怪。
【颫】呼劣切。小風皃。
◎颫，呼劣切。小風皃。
【飀】楚持切。飄風也。

◎颸，楚持切。飆風也。

【颮】許勿切。

◎颮，許勿切。風起皃。

气部第三百

凡八字

【气】去乙切。求也。《説文》去既切，以爲雲氣字。

◎气，去乙切。求也。《説文》去既切，以爲雲氣字。

【氣】去既切。候也，息也，六氣謂陰、陽、風、雨、晦、明也。又年有二十四氣。

◎氣，去既切。候也，息也，六氣謂陰、陽、風、雨、晦、明。又二十四氣。

【氛】孚雲切。氣也，祥也，先見也。或爲雰。又夫云切。氲，俗。

◎氛，孚云切。氣也，祥也，先見。或爲雰。又扶云切。氲，俗，上同。

【氳】於云切。氛氳，祥氣。

◎氳，於云切。氛氳，祥氣也。

【氤】於人切。氤氳，元氣。

◎氤，於人切。氤氳，元氣也。

【氣幾】巨迄切。危也，切磨也。

◎氣幾，巨迄切。危也，切磨也。

【旡】去既切。古氣字。

◎旡，古文與氣字同。

鬼部第三百一

凡六十九字

【鬼】居尾切。天曰神，地曰祇，人曰鬼。鬼之言歸也。又慧也。䰟，古文。

◎鬼，居尾切。天曰神，地曰祇，人曰鬼。鬼之言歸也。慧也。䰟，古文。

【魅】丑利切。魑彪之類也，厲鬼也。亦作殊。

◎魅，丑利切。魑彪之類也，厲鬼也。亦作殊。

【魂】胡昆切。陽游氣也，人始生化曰魂。亦作䰟。

◎魂，胡昆切。陽游氣也，始生曰化。亦作䰟。

【魄】普格切。人之精爽也。《説文》曰：陰神也。又普各切。亦作㿀。

◎魄，普格切。人之精爽。《説文》：陰神。又普各切。

○魄，顧野王云：魄者，謂月之形無光處暗晦者也。(《一切經音義》卷十八)

【魖】許居切。秏鬼也。

◎魖，許居切。秏鬼也。

【魃】步末切。旱神也。

◎魃，步末切。旱神也。

【鬾】渠猗、渠寄二切。小兒鬼。又鬼服。

◎鬾，渠猗、渠寄二切。小兒鬼。

【彪】莫覬切。老精物也。魕、魅，並同上。彔，古文。㣇，籀文。

◎彪，莫覬切。老精物也。魕，同上。魅，亦同上。彔，古文。㣇，籀文。

○魅，老物精也。(《倭名抄》一99)

○魅，《説文》《玉篇》：老物精。(《一切經音義》卷二十七)

【魆】灰乎切。鬼皃。

◎魆，灰乎切。鬼皃。

【鬿】居依切。鬼俗也。吴人鬼，越人鬿。亦作禨。

◎鬿，居依切。鬼俗。亦作禨。

【䰰】汝瑜切。䰰䰰，鬼聲。

◎䰰，汝揄切。䰰䰰，鬼声也。

【傀】呼罵切。鬼變也。

◎傀，呼罵切。鬼變也。

【魋】乃多切。驚敺疫癘之鬼也。又見鬼驚也。

◎魋，乃多切。驚敺疫癘之鬼也。又見鬼驚也。

【魕】牛冀切。懼也。

◎魕，牛翼切。懼也。

【䰡】必人、扶人二切。鬼皃。

◎䰡，必人、扶人二切。鬼皃。
【䰎】杜回切。如小熊也。
◎䰎，杜回切。如小熊也。
【魍】亡兩切。魍魎，水神，如三歲小兒，赤黑色。
◎魍，亡兩切。魍魎，水神，如三歲小兒，赤黑色。
○魍魎，水神爲魍魎。(《弘决外典鈔》三12)
○魍魎，《玉篇》：水神也。(《一切經音義》卷二十七)
【魎】音兩。魍魎。
◎魎，音兩。魍魎。
【䰱】力丁切。神名。
◎䰱，力丁切。神名。
【魊】乎北切。短狐，狀如鼈，含沙噀人。
◎魊，乎北切。短狐，含沙射人影。
【䰫】士交切。剽輕爲害之鬼也，疾也。
◎䰫，士交切。剽輕爲害鬼。
○䰫，《玉篇》：䰫，剽輕爲害之鬼也。(《方言箋疏》卷二)
【魏】魚貴切。象魏闕也，大名也，高也。
◎魏，魚貴切。象魏闕也，大名也，高也。
【醜】視由、齒由二切。惡也。
◎醜，視由、齒由二切。惡也。
【䰪】眉祕切，又無弗切。
◎䰪，眉祕切，又無弗切。
【魁】魚丘切。鬼也。
◎魁，魚丘切。鬼也。
【魑】丑知切。鬼也。
◎魑，丑知切。鬼也。
○魑魅，《玉篇》云：山神爲魑魅，水神爲魍魎。《西京賦》云：山神虎形爲魑，宅神豬頭人形爲魅。《通俗文》云：木石變怪爲魍魎。(《輔行記》第五之六)
【䰬】武稜切。鬼也。
◎䰬，武棱切。鬼也。
【䰰】德洪切。鬼殺人。
◎䰰，德洪切。鬼殺人也。
【䰢】巨希切。星名。
◎䰢，巨希切。星名。
【䰠】始人切。山神也。
◎䰠，始人切。山神也。
【䰣】即委切。鬼名。
◎䰣，即委切。鬼名。
【魔】莫何切。魔鬼也。
◎魔，莫何切。魔鬼也。
【魁】口回切。師也。又北斗名。
◎魁，口回切。師也。又北斗名。
●"師也"當作"帥也"。
【䰭】五姑切。
◎䰭，五姑切。神名。
【魒】匹姚切。星。
◎魒，匹姚切。星也。
【䰳】火郎切。鬼。
◎䰳，火郎切。鬼也。
【䰵】扶方切。星名。
◎䰵，扶方切。星名。
【䰶】于嫣切。
◎䰶，于嫣切。神名。
【䰱】力丁切。
◎䰱，力丁切。鬼名。
【䰷】皮彼切。鬼衣服。
◎䰷，皮彼切。鬼衣服也。
【䰸】匹米切。
◎䰸，匹米切。鬼名。
【䰹】去拱切。地名。
◎䰹，去拱切。地名。
【䰺】古悟切。
◎䰺，古悟切。神名。
【䰻】胡硬切。鬼。
◎䰻，胡硬切。鬼。又斗星名。
【䰼】丑吏切。癘鬼。
◎䰼，五吏切。癘鬼也。
●圓沙本"五吏切"疑當作"丑吏切"。
【䰽】力刃切。鬼名。
◎䰽，力刃切。鬼名。
【䰾】五孝切。醜皃。
◎䰾，五孝切。醜皃。
【䰿】初八切。羅䰿國。
◎䰿，初八切。羅䰿，國名。

【魅】桑目切。鬼。
◎魅，桑目切。鬼也。
【魌】徒歷切。魄。
◎魌，徒歷切。魄也。
【魈】五交切。
◎魈，五交切。鬼名。
【䰩】巨聿切。無頭鬼。
◎䰩，巨聿切。無頭鬼。
【䰨】陟目切。醜頭。
◎䰨，陟目切。醜頭也。
【魊】于目切。皃。
◎魊，于目切。皃也。
【䰪】士甲切。醜。
◎䰪，士甲切。醜也。
【魆】詞惜切，又之石切。
◎魆，器惜切，又之石切。
【魕】羊益切。鬼使也。
◎魕，羊益切。鬼使也。
【䰰】縛尤切。星名。
◎䰰，縛尤切。星名。
【魙】側減切。
◎魙，側減切。鬼名。
【魋】呼官切。星名。
◎魋，呼官切。斗星名。
【魓】音畢。
◎魓，音畢。斗星名。
【䰬】尺者切。醜䰬，惡也。
◎䰬，尺者切。醜䰬，惡也。
【醜】昌九切。可惡也。
◎醜，昌九切。可惡也。
【魽】音甫。星名。
◎魽，音甫。斗星名。

由部第三百二

凡四字

【由】甫勿切。鬼頭也。
◎由，甫勿切。鬼頭也。
【畏】於貴切。驚也，忌也，懼也，難也，惡也。㟪，古文。
◎畏，於貴切。懼也，驚也，忌也，難也，惡也。㟪，古文。
【禺】牛具切。獸似獼猴也，目赤尾長。又母猴屬也。
◎禺，牛具切。獸似獼猴也，目赤尾長。又母猴屬也。

白部第三百三

凡四十三字

【白】步陌切。西方色也，明也，告語也。白屋，茅屋也。皁，古文。
◎白，步陌切。西方色也，明也，告語也。白屋，茅屋。皁，古文。
○白，野王：一說白者，罰爵之名也。（《三教指歸注》三 34）
【皢】火了切。明也，日白也。
◎皢，火了切。明也，日白也。
【皎】公鳥切。月白也。亦皦也。
◎皎，公鳥切。月白也。
【皙】先的切。白色也。
◎皙，先的切。白色也。
【皤】布何、步何二切。素也，老人白也。皤皤，衆良士也。
◎皤，布何、步何二切。老人白也。皤皤，衆良士也。
【皠】乎殼切。皠皠，白也，鳥白也。又乎沃切。
◎皠，乎殼切。白也。又乎沃切。
【皚】牛哀切。霜雪白皚皚也。亦作溰。
◎皚，牛哀切。霜雪白。亦作溰。
【皅】普加切。草華之白也。
◎皅，普加切。草華之白也。
【皃】去逆切。壁際見白也。
◎皃，去逆切。壁際見白也。
【皦】公鳥切。白也。又珠玉白皃。亦與皎同。
◎皦，公了切。白也。又珠玉白皃。亦皎字，同。

○皦，《玉篇》云：白皃。（《續一切經音義》卷十）
【皭】在爵、子笑二切。淨皃也，色皭皭白也。
◎皭，在爵、子笑二切。淨白皃。
【皔】何但切。皔皔，白也。
◎皔，何但切。白皃。
【皏】普幸切。皏皛，白也。又淺薄色也。
◎皏，普幸切。皏皛，白皃。又淺薄色也。
【皛】呼曷切。皏皛也。
◎皛，呼曷切。淺薄色也。
【皪】來的切。玓皪，明珠也。
◎皪，來的切。的皪，明珠也。
●《廣韻》作“的皪”。
【皉】且禮切。色鮮潔也。或作玼。
◎皉，且礼切。色鮮潔。或作玼。
【皠】且罪切。高峻皃。
◎皠，且罪切。高峻皃。
【皁】才老切。色黑也。皂，同上。
◎皁，才老切。色黑也。皂，同上。
【的】丁激切。遠也，明見也，射質也。
◎的，丁激切。明見也，射質也。
【皗】直流切。父没名。
◎皗，直流切。父没名。
【皛】胡了切，又胡灼切。明也，顯也。
◎皛，胡了切，胡灼切。明也，顯也。
【皖】華板切。
◎皖，華板切。白淨也。
【皫】孚沼切。白色。
◎皫，孚沼切。白色也。
○皫，顧野王《玉篇》：皫，白色。（《吴下方言考》卷七）
【皅】傍伯切。白色。又古了切。
◎皅，傍伯切。白色。又古了切。
【皣】爲委切。華也。
◎皣，爲委切。華也。
【皫】毗照切。白色。
◎皫，毗照切。白色。
【皧】烏代切。淨也。
◎皧，烏代切。淨也。
【皜】胡老切。皞，同上。皓，同上。
◎皜，胡老切。皜皜，白色也。皞、皓，並同上。
【皪】丁歷切。白。
◎皪，丁歷切。白也。
【皟】普白切。
◎皟，普白切。白也。
【皫】傍伯切。
◎皫，傍伯切。麻白也。
【皗】直流切。
◎皗，直流切。明也。
【皘】昌尹切。白。
◎皘，昌尹切。白也。
【皨】多肯切。白。
◎皨，多肯切。白也。
【皣】于輒切。
◎皣，于輒切。明也。
【皟】側革切。
◎皟，側革切。深白也。
【皕】扶力切。
◎皕，扶力切。髮白皃。
【皠】力各切。白。
◎皠，力各切。白也。
【皩】他朗切。明也。或作曭。
◎皩，他朗切。明也。或作黨。
●圓沙本“黨”當作“曭”。

日部第三百四

凡二百四十字

【日】如逸切。陽之精也。《廣雅》云：朱明，曜靈，東君，並日名。日，實也，君象也，羲和日御也。
◎日，如逸切。陽之精也。《廣雅》云：朱明，曜靈，東君，並日名。日，實也，君象也，羲和日御也。
◎囗，古文日字。
○日，日出暘谷，入虞淵。（《三教指歸注》六23）
【旻】眉巾切。秋天也。仁覆愍下謂之旻天。
◎旻，眉巾切。秋天也。仁覆愍下謂之旻天。

【時】市之切。春夏秋冬四時也。旹，古文。
◎時，市之切。四時也，是春夏秋冬也。旹，古文。
〇時，須臾之間曰時也。（《法華釋文》上）
【早】子老切。晨也。
◎早，子老切。晨也。
〇早，野王案：《記［説］文》：早，晨也。《禮記》孔子早作是也。（《令集解》一二 2）
【昒】亡屈切。旦明也。
◎昒，亡屈切。旦明也。
〇昒，日旦明也。（《弘决外典鈔》一 2）
【曙】市據切。東方明也。
◎曙，市據切。東方明也。
【昧】莫潰切。冥也。昧爽，旦也。
◎昧，莫潰切。冥也。
【晣】之逝切。明也。晢、㫼，並同上。
◎晣，之逝切。明也。晢、㫼，並同上。
【曉】火了切。《説文》：明也。又曙也，知也，慧也。
◎曉，火了切。《説文》：明也。曙也，知也，慧也。
【昭】之遥切。明也，光也，見也。又市遥切，昭穆也。
◎昭，之遥切。明也，光也。又市遥切，昭穆也。
【晤】五故切。欲明也。
◎晤，五故切。欲明也。
【晃】乎廣切。光也。晄，同上。
◎晃，乎廣切。光也。晄，同上。
【曠】苦浪切。廣遠也，空也。
◎曠，苦浪切。廣遠也。
〇曠，《玉篇》云：空也，疎也，大也，夂也，遠也。（《一切經音義》卷二十七）
【旭】呼玉切。日始出昕旦之时。
◎旭，呼玉切。日始出昕旦之时。
【㬜】子刃切。進也。晉，同上。
◎㬜，子刃切。進也。晉，同上。
【昏】呼昆切。《説文》曰：日冥也。昬，同上。
◎昏，呼昆切。日冥也。昬，同上。

【啓】康禮切。雨而晝晴也。
◎啓，康禮切。雨而晝晴也。
【暘】弋章切。明也，日乾物也。
◎暘，弋章切。明也，日乾也。
【昫】欣句、許宇二切。暖也。亦煦同。
◎昫，欣句、許宇二切。亦煦同。
【晛】奴見切。日氣。又户顯切，明也。䁌，同上。又㬇也。
◎晛，奴見切。日氣。户顯切，明也。䁌，同上。又焕也。
●底本“㬇也”疑當作“焕也”。
【晏】於諫切。晚也，天清也。
◎晏，於諫切。晚，天清也。
【暥】於見切。日出也。
◎暥，於見切。日出也。
【景】箕影切。光也，照也。
◎景，箕影切。光景也。
【晧】户老切。日出也，明也。
◎晧，户老切。日出也，明也。
【暤】何老切。太暤，蒼精之君，伏羲氏也。又明也，旰也。
◎暤，何老切。太暤，蒼精之君，伏羲氏。明也，旰也。
【曄】爲輒切。曄曄，震電皃。曅，《説文》曄。
◎曄，爲輒切。曄曄，震電皃。曅，同上，見《説文》。
【暉】呼韋切。光也。或煇字。
◎暉，呼韋切。光也。亦作煇。
【旰】古旦切。晚也。
◎旰，古旦切。晚也。
【暆】余支切。暆暆，日行也。又縣名。
◎暆，余支切。日行也。又縣名。
【晷】居美切。以表度日也。
◎晷，居美切。以表度日也。
【昃】壯力切。日昳也。昗，同上。
◎昃，壯力切。日昳也。昗，同上。
【晚】莫遠切。後也，暮也。
◎晚，莫遠切。後也，暮也。
【曫】力完切。日昏時。

◎巒，力完切。日昏時也。
【晻】於感切。不明也。
◎晻，於感切。不明也。
【暗】於紺切。不明也，日無光也。
◎暗，於紺切。不明也，日無光也。
【曀】於計切。陰而風。
◎曀，於計切。陰而風也。
【晦】呼潰切。昧也。
◎晦，呼潰切。昧也。
【眥】奴代切。日無光也。
◎眥，奴代切。日無光也。
【旱】何但切。不雨也。
◎旱，何但切。不雨也。
【昆】於了切。望遠也。或作杳、窅。
◎昆，於了切。望遠也。或作杳、邕。
●圓沙本“邕”當作“窅”。
【昴】莫絞切。星名。
◎昴，莫絞切。星名也。
【曏】許兩切。不久也，少時也。
◎曏，許兩切。不久也。
【曩】奴朗切。久也。
◎曩，奴朗切。久也。
【昨】才各切。一宵也。
◎昨，才各切。一宵也。
【昪】皮彦切。喜樂皃。
◎昪，皮彦切。喜樂皃。
【暇】何嫁切。閑暇也。
◎暇，何嫁切。閑暇也。
【昄】步板切。大也，善也。
◎昄，步板切。大也，善也。
【暫】才濫切。不久也。或作蹔。
◎暫，才濫切。不久。或作蹔。
○暫，又作蹔也，在足部。(《法華釋文》中)
【昱】由鞠切。日明也。
◎昱，由鞠切。日明也。
【昌】尺羊切。美言也，當也，盛也，明也。昌，籀文。
◎昌，尺羊切。盛也，美言也。昌，籀文。
【暀】於況切。美也。
◎暀，于況切。美也。

【㬉】女版切。温溼也，赤也。
◎㬉，女版切。温溼也，赤也。
【暑】式與切。熱也。
◎暑，式與切。熱也。
【暍】於歇切。中熱也，温也。
◎暍，於歇切。中熱也。
○暍，顧野王謂：暴傷熱，煩悶欲死也。(《一切經音義》卷七十六)
【㬮】奴旦切，又奴達切。温也，安也。
◎㬮，奴旦切，奴達切。温也。
【㬎】呼殄切。微妙也。今作㬎。
◎㬎，呼殄切。微妙。今作㬎。
【㬥】步卜切。曬也，晞也。又蒲報切。暴，同上。麐，古文。曝，俗。
◎㬥，步卜切。又蒲報切。暴，同上。晞也，曬也。麐，古文暴。曝，俗文暴。
○暴，顧野王：暴作瀑字。(《令集解》三 251)
○暴，顧野王：暴，曬也。(《一切經音義》卷七十六)
○暴，《玉篇》曰：暴，陵犯也。(《一切經音義》卷二十二、卷二十三)
【映】於敬切。明也。又於朗切，映曭，不明也。
◎映，於敬切。明也。又於朗切，映曭，不明也。
○暎，《玉篇》云：暎曭，不明也。(《一切經音義》卷十一)
●暎同映。
【晞】許衣切。明不明之際也，燥也，暴也。或作烯。
◎晞，許衣切。明不明之際。又燥也。或作烯。
【昔】思亦切。往也，久也，昨也。㫺，《説文》昔。
◎昔，思亦切。往也，古也，昨也。㫺，《説文》。
【暬】思列切。侍也。或作媟。
◎暬，息列切。侍也。或作媟。
【暱】女栗切。親近也。昵，同上。
◎暱，女栗切。親近也。昵，同上。
【否】亡乙切。不見也。或作昌。

◎杳，亡乙切。不見也。或作㫚。
【晐】古才切。備也，咸也，兼也。
◎晐，古才切。備也，兼也，成也。
●圓沙本“成也”疑當作“咸也”。
【昆】古魂切。昆者，同也，并也，兄弟也，咸也。
◎昆，古魂切。同也，兄弟也。
【晜】音昆。兄也。與昆同。亦作翼。
◎晜，音昆。兄也。与昆同。亦作翼。
【暖】奴短切。温也。
◎暖，奴卵切。温也。亦㬉，同。
【普】丕古切。包也，徧也。
◎普，丕古切。徧也。
【曈】徒東切。曈曈，日欲明皃。
◎曈，徒東切。曈曈，日欲明皃。
【曨】力東切。曈曨。
◎曨，力東切。曈曨也。
【晫】都角切。明盛皃。
◎晫，都角切。明盛皃。
【睹】丁古切。旦明也。
◎睹，丁古切。旦明也。
【暠】古老切。白也。
◎暠，古老切。白也。
【暟】口亥切。美也，照也。
◎暟，口亥切。美也，照也。
〇暟，《玉篇》云：暟，美也，照也。（《方言疏證》卷十三）
【昈】乎古切。文彩也。
◎昈，乎古切。文彩也。
【昂】五郎切。我也，君之德也。
◎昂，五郎切。舉也，君之德也。
【皦】公了切。明也。皢，同上。
◎皦，公了切。明也。皢，同上。
【曞】力涉切。日欲入也。
◎曞，力涉切。日欲入也。
【暮】謨故切。日入也。
◎暮，謨故切。日入也。
【晲】牛禮切。日跌也。𣅀，同上。
◎晲，牛礼切。日跌也。𣅀，同上。
【曭】他朗切。不明也。
◎曭，他朗切。不明也。
【暲】之羊切。明也。與章同。
◎暲，之羊切。明也。與章同。
【暵】呼但切。熱氣也。
◎暵，呼但切。熱氣也。
【曚】莫朗切。日無光。
◎曚，莫朗切。日無光也。
【曂】呼晃切。旱熱也。
◎曂，呼晃切。旱熱也。
【啐】似盈切。雨止也，精明也，無雲也。晴，同上。
◎啐，似盈切。雨止也，晴明也。晴，同上。
【曤】呼郭切。明也。
◎曤，呼郭切。明也。
【晥】乎綰切。明星也。
◎晥，乎綰切。明星也。
【昝】子感切。人姓也。
◎昝，子感切。姓也。
【昲】孚未切。乾物也。
◎昲，孚未切。乾物也。
〇昲，《玉篇》云：昲，乾物也。（《方言疏證》卷十）
【暅】古鄧切。乾燥也。
◎暅，古鄧切。乾燥也。
〇暅，《玉篇》云：日氣也。（《初學記》卷二）
【嘒】呼惠切。衆星皃。
◎嘒，呼惠切。衆星皃。
【晻】於孔切。晻曚，天氣不明也。
◎晻，於孔切。天氣不明，晻曚也。
【暈】有愠切。日月旁氣也。
◎暈，有愠切。日月旁氣也。
【晊】之日切。大也。
◎晊，之日切。大也。
【曖】於代切。晻曖，暗皃。
◎曖，於代切。晻曖，暗皃。
〇曖，顧野王：曖然，温和皃也。（《一切經音義》卷七十七）
【曜】余照切。照也。亦作燿。
◎曜，余照切。照也。亦作燿。
【嘻】許已切。盛皃也，多熱也。
◎嘻，許已切。盛皃。又多皃。

【暶】似緣切。美皃。
◎暶，似緣切。美皃。
【昋】古惠、古迥二切。見也。亦作炅。
◎昋，古惠、古迥二切。見也。亦作炅。
【旿】去既切。古氣字。
◎旿，去既切。古氣字。
【晢】思遥切。古宵字。
◎晢，思遥切。古文宵。
【星】先丁切。列宿也。古爲曐。
◎星，先丁切。列宿也。古作曐。
【旮】巨基切。古文期。朞，亦古文期。
◎旮，巨基切。古文期字。朞，亦古文期字。
【㫚】丁宗切。古文冬。各，同上。
◎㫚，丁宗切。古文冬字。各，同上。
【曆】力的切。象星辰，分節序四時之逆從也。數也。本作歷。古文作厤。曆，古文。
◎曆，力的切。象星辰，分節序四時之逆從也。又數也。本作歷。古本作厤。曆，古文。
【㬤】丘立切。欲乾也。
◎㬤，丘立切。欲乾也。
【㬪】女涉切。小煗也。
◎㬪，女涉切。小煗也。
【晟】是政切。明也。
◎晟，是政切。明也。
【暾】他昆切。日欲出。旽，同上。
◎暾，他昆切。日欲出。旽，同上。
【晈】公鳥切。明也。
◎晈，公鳥切。明也。
【昧】莫蓋切。明也。又斗柄。
◎昧，莫蓋切。斗柄也。
【昊】胡老切。昊昊，元氣廣大也。
◎昊，胡老切。元氣廣大也。
【昉】甫往切。明也，適也。
◎昉，甫往切。明也。
【春】尺均切。蠢也，萬物蠢動而出也。萅，《説文》春。
◎春，尺均切。四時之首也。萅，《説文》同上。
【曛】許云切。黄昏時。
◎曛，許云切。黄昏時。
【晡】布胡切。申時也。
◎晡，布胡切。申時也。
○晡，顧野王云：日加申時也。(《一切經音義》卷三十四)
○晡，《玉篇》曰：晡，日加甲［申］也。(《一切經音義》卷二十三)
【曃】陀愛切。曖曃，不明皃。
◎曃，陀愛切。曖曃，不明皃。
○曃，曖曃，不明貌，出《玉篇》。(《重修廣韻》卷四)
【暕】古限切。明也。
◎暕，古限切。明也。
【昢】滂佩切。向晴也。
◎昢，滂佩切。向晴也。
●《玉篇校釋》改作"向曙也"。
【昚】市刃切。古文慎。
◎昚，市刃切。古文慎字。
【昺】碑景切。明也。亦作昞。
◎昺，碑景切。明也。亦作昞。
【曇】徒含切。曇曇，黑雲皃。
◎曇，徒含切。黑雲皃。
○曇，西國呼世尊瞿曇。(《釋日本紀・述義十》)
【昇】式陵切。或升字。
◎昇，式陵切。或作升。
【晁】除喬切。晁陽，縣名。
◎晁，除喬切。明也。又姓也。
【眂】都黎切。日。
◎眂，都黎切。日也。
【暃】府微切。日色。
◎暃，府微切。日色。
【晭】織由切。日光也。
◎晭，織由切。日光。
【㬐】七林切。日光也。
◎㬐，七林切。日光。
【朞】居其切。後也。
◎朞，居其切。後也。
【旲】徒來切。日光。又於景切。
◎旲，徒來切，於景切。大也。
【昌】附夫切。
◎昌，附夫切。
【昐】府文切。日光。

◎昐，府文切。日光。
【曦】許宜切。日色也。
◎曦，許宜切。日色。
【暲】直章切。地名。
◎暲，直章切。地名。
【昳】附夫切。日。
◎昳，附夫切。日也。
【晵】色滓切。明。
◎晵，色痒切。明也。
●圓沙本“色痒切”疑當作“色滓切”。
【晅】許遠切，又古鄧切。明也。
◎晅，許遠、古鄧二切。明也。
【昍】徒旦切。
◎昍，徒旦切。旦日也。
【暛】思可切。明朗也。
◎暛，思可切。明朗也。
【晛】孚武切，又思主切。明。
◎晛，孚武、思主二切。明也。
【睴】五果切。明。
◎睴，五果切。明也。
【晍】古杏切。日高也。
◎晍，古杏切。日高。
【㫰】力黨切。明。
◎㫰，力黨切。明也。
【昑】丘錦切。明也。
◎昑，丘錦切。明也。
○昑，《玉篇》：立錦反。明也。(《龍龕手鏡》卷四)
【㬮】來甘切。
◎㬮，來甘切。日不到也。
【曮】魚儉切。日行。
◎曮，魚險切。日行也。
【㬳】久永切。日光也。
◎㬳，久永切。日光。
【㬇】胡管切。明也。
◎㬇，胡管切。明也。
○㬇，《玉篇》云：㬇，明也。又姓，晉有西中郎將㬇清。(《重修廣韻》卷三)
【杲】古老切。日出也。
◎杲，古老切。日出也。
【暐】于鬼切。日光也。暐，同上。
◎暐，于鬼切。日光。暐，同上。
【晼】於阮切。
◎晼，於阮切。明久也。
【曘】奴侯切，又日朱切。日色。
◎曘，奴侯切，日朱切。日色。
【昀】羊倫切。日光也。
◎昀，羊倫切。日光。
【暌】去圭切。達也。
◎暌，去圭切。達也。
【矑】力魚切。
◎矑，力魚切。日色。
【暷】與章切，又子郎切。焦。
◎暷，与章、子郎二切。焦。
【暄】許圓切。春晚也。
◎暄，許圓切。春晚。
【旼】莫貧切。和也。
◎旼，莫貧切。和也。
【曻】必民切。古文也。
◎曻，必民切。古文。
【暋】彌賓切，又眉殞切。强也。
◎暋，彌賓切，眉殞切。强也。
【昖】以專切。日行也。
◎昖，以專切。日行也。
【旫】他調切。
◎旫，他調切。日晦也。
【暚】余招切。日光也。
◎暚，余招切。日光。
【晗】胡南切。欲明也。
◎晗，胡南切。欲明也。
【㬆】於京切。明。
◎㬆，於京切。明也。
【曚】莫紅切。曚曨也。又亡孔切，時也。
◎曚，莫紅切。曚曨。亡孔切，時也。
【暰】七恭切。電光。
◎暰，七恭切。電光也。
【眈】丁含切。
◎眈，丁含切。日晚色。
【㬉】奴卵切。温也。亦作煗。暖，同上。
◎㬉，奴卵切。温也。亦作煗。
○暖，温也。亦作㬉，同。奴卵反。(《三部

經音義集》一）
【暪】莫本切。暗。
◎暪，莫本切。暗也。
【皫】匹表切。
◎皫，匹表切。日暖皃。
【旿】吾古切。明也。
◎旿，吾古切。明也。
【晪】他典切。明也。
○晪，《玉篇》云：明也。（《重修廣韻》卷三）
【昫】香羽切，又香句切。日光也。
◎昫，香羽、香句二切。日光也。
【昶】丑兩切。明久。
◎昶，丑兩切。明久也。
【晿】匹頂切。
◎晿，匹頂切。曉色。
【昪】俱冬切。扶。
◎昪，俱冬切。扶也。
【晲】呼誑切。暘明。
◎晲，呼誑切。陽明也。
【昷】許詠切。日中風。
◎昷，許詠切。日中風。
【晭】職救切。光。
◎晭，職救切。光也。
【曕】以贍切。曬也。
◎曕，以贍切。曬也。
【㬄】許驗切，又許嚴切。妨。
◎㬄，許驗、許嚴二切。妨也。
【㬰】所御切。
◎㬰，所御切。暖也。
【昪】皮變切。明也。
◎昪，皮变切。明也。
【昛】其女切。暗。
◎昛，其女切。暗也。
【晫】防晦切，又蒲没切。
◎晫，防晦切。又蒲没切。
【曦】乞義切。日。
◎曦，乞義切。日也。
【曀】烏蓋切。日色也。
◎曀，烏蓋切。日色也。
【晬】子對切。周年也。
◎晬，子對切。周年也。
【晙】子峻切。早也。
◎晙，子峻切。早也。
【皯】各汗切。半乾也。
◎皯，各汗切。半乾也。
○旰［皯］，《玉篇》云：半乾皃。（《龍龕手鏡》卷四）
【昁】布蓋切。
◎昁，布蓋切。星也。
【喚】胡貫切。古國名。
◎喚，胡貫切。古國名。
【曞】力制切，又力達切。日甚也。
◎曞，力制、力達二切。日甚。
【晋】烏訝切。姓。
◎晋，烏訝切。姓也。
【瞟】匹妙切。置風日中令乾。
◎瞟，匹妙切。置風日中令乾也。
【瞀】莫候切。亂明。
◎瞀，莫候切。乱也。
【昜】才用切。功人也。
◎昜，才用切。功人也。
【旺】王放切。日暈。
◎旺，王放切。日暈也。
【䁝】以證切。
◎䁝，以證切。日暉也。
【暝】亡定切。夜也。
◎暝，亡定切。夜也。
【曔】巨命切。明也。
◎曔，巨命切。明也。
【㝵】五愛切。
◎㝵，五愛切。佛書字。
【㬭】子肖切。
◎㬭，子肖切。小明也。
【昧】莫割切。星名。
◎昧，莫割切。星名。
【昳】徒結切。日昃。
◎昳，徒結切。日昃也。
【昷】於没切。
◎昷，於没切。晦皃。
【昢】奴骨切。

◎昢，奴骨切。日入色。

【睩】力玉切。日暗。

◎睩，力玉切。日暗也。

【曶】呼骨切。明。

◎曶，呼骨切。明也。

【昳】古穴切。

◎昳，古穴切。日食色。

【暠】楚洽切。日照水。

◎暠，楚洽切。日照水也。

【昅】其劫切。乾。

◎昅，其劫切。乾也。

【昕】許斤切。旦明也。

◎昕，許斤切。旦明也。

【㫝】丑減切。日光照也。

◎㫝，丑減切。日光照也。

【曬】所賣切。暴乾物也。亦作𣋽。

◎曬，所賣切。暴乾物也。亦作𣋽。

旦部第三百五

凡二字

【旦】多爛切。早也，朝也，曉也。《詩》曰：信誓旦旦。

◎旦，多爛切。早也，曉也。《詩》：信誓旦旦。

【暨】其器切。與也，至也，武也。《爾雅》曰：暨，不及也。

◎暨，其器切。與也，至也，武也。又暨，不及也。

晨部第三百六

凡七字

【晨】是人切。早也，明也，昧爽也。晨，同上。

◎晨，是人切。早也，明也，昧爽也。晨，同上。

【農】奴冬切。耕夫也，厚也。農，同上。辳、莀、𨐌，並古文。

◎農，奴冬切。耕夫也，厚也。農，同上。辳，古文。莀，古文。𨐌，並古文。

倝部第三百七

凡六字

【倝】公旦切。日光出倝倝也，用也。

◎倝，公旦切。日光出也，用也。

【乾】奇焉切。健也，天也，君也。又居寒切，燥也。

◎乾，奇焉切。健也，天也，君也。又居寒切，燥也。

【𠦝】知驕切。早也，旦也。又除驕切。朝，同上。

◎𠦝，知驕切。早也，旦也。朝，同上。又除驕切。

【幹】柯旦切。體也，强也。

◎幹，柯旦切。體也，强也。

○幹、榦，《玉篇》皆以從干爲樹㡥枝，從木爲築牆板，謂即兩當頭者謂之楨，兩旁者謂之幹也。（《一切經音義》卷二十一）

【䵟】各汗切。

◎䵟，各汗切。

晶部第三百八

凡五字

【晶】子丁切。精光也。

◎晶，子丁切。精光也。

【曐】先丁切。萬物之精也，列宿也。亦作星。

◎曐，先丁切。列宿也。亦作星。

【曑】所今切。或作參。

◎曑，所今切。或作參。

【曡】徒頰切。古理官也。亦作疊。

◎曡，徒頰切。古理官也。亦作疊。

【曟】市人切。宿也。亦作辰。

◎曟，市人切。宿也。亦作辰。

月部第三百九

凡二十五字

【月】魚厥切。太陰之精也。夜見光謂之月。月御謂之望舒。

◎月，魚厥切。太陰之精也。月御謂之望舒。
【朔】所角切。月一日也，北方也。
◎朔，所角切。月一日也。又北方。
【朗】力儻切。明也。亦作眼。䏼，古文。
◎朗，力儻切。明也。亦作朖。䏼，古文朗。
【朏】芳尾、普乃、普骨三切。《説文》云：月未盛之明。
◎朏，芳尾、普乃、普骨三切。《説文》：月未盛明。
【朓】敕了切。疾皃。又晦而月見西方也。
◎朓，敕了切。疾皃。又晦而月見西方也。
【霸】普白切。《尚書》云：哉生霸。今作魄。又布駕切，霸王也。覇，同上，俗。䨣，古文。
◎霸，普帕切。《書》：哉生霸。今作魄。又布駕切，霸王也。覇，同上，俗。䨣，古文霸。
【朒】女六切。縮朒，不寬伸之皃。《説文》曰：月見東方謂之縮朒。
◎朒，女六切。縮朒，不寬舒皃。《説文》曰：月見東方謂之縮朒。
【𣍿】徐兖切。短也。便𣍿，小皃。
◎𣍿，徐兖切。短也。便𣍿，小皃。
【期】巨基切。會也，當也，要也，時也，契約也。𣅀，古文。
◎期，巨基切。會也，當也，要也，時也，契約也。𣅀，古文。
【朦】莫公切。朦朧也。
◎朦，莫公切。朦朧也。
【朧】魯紅切。
◎朧，魯紅切。月色不明。
【朎】魯丁切。朎朧。
◎朎，魯丁切。朎朧也。
【腄】胡求切。縣名，在東萊。又直瑞切。
◎腄，胡求切。縣名。又直瑞切。
【臘】盧盍切。臘蜡。臈，同上，俗。
◎臘，盧盍切。臘蜡也。臈，同上，俗。
【暾】他敦切。月光。
◎暾，他敦切。月光也。
【朠】於京切。月色也。
◎朠，於京切。月色也。
【䑃】寺林切。姓也。

◎䑃，寺林切。姓也。
【脜】古鄧切。月去也。
◎脜，古鄧切。月去也。
【朊】虞遠切。
◎朊，虞遠切。月光微也。
【朓】直遠切。
◎朓，直遠切。月夜有明也。

有部第三百十

凡三字

【有】于久切。不無也，果也，得也，取也，質也，宷也。
◎有，于久切。不無也，得也，果也，取也，質也，宷也。
○有，非無也。（《法華釋文》上）
○有，得也。（《成實論》一一）
【𩰿】於六切。文章也。亦作彧。
◎𩰿，於六切。文章也。亦作彧。
【龓】力公切。馬龓頭。
◎龓，力公切。馬龓頭也。

明部第三百十一

凡三字

【明】靡兵切。察也，清也，審也，發也。朙，古文。
◎明，靡兵切。察也，清也，審也。朙。
○明，察也。靡兵反。（《三部經音義集》三）
【盟】靡京、眉景二切。諸侯莅牲曰盟。又音孟，盟津也。
◎盟，靡京、眉景二切。諸侯莅牲而歃血曰盟。又《傳》云：盟于孟津。

囧部第三百十二

凡三字

【囧】俱永切。大明也，彰也。𡇒，同上。
◎囧，俱永切。大明也，彰也。𡇒，同上。
【盟】靡京切。與盟同。
◎盟，靡京切。與盟同。

大廣益會玉篇
卷第二十一

凡三十部

冥部第三百十三

凡二字

【冥】莫庭、莫定二切。窈也，夜也，草深也。《爾雅》曰：冥，幼也。郭璞曰：幼稚者，冥昧也。
◎冥，莫庭、莫定二切。窈也，夜也。郭璞曰：幼稚者，冥昧。
○冥，窈也，夜也，草深也。(《三部經音義集》二)
【鼆】亡耿切。杜預曰：魯邑。又冥也。又亡庚切。
◎鼆，亡耿切。杜預曰：魯邑。又冥也。又亡庚切。

夕部第三百十四

凡十二字

【夕】辭積切。暮也，邪也。亦作穸。
◎夕，詞積切。暮也，邪也。亦作穸。
【夜】余柘切。《傳》曰：夜暮也。君子有四時：朝以聽政，晝以訪問，夕以修令，夜以安身。然則，夕之夜猶盡也。《說文》曰：夜，舍也，天下休舍也。
◎夜，余柘切。夜暮也。《說文》：夜，舍也，天下休舍也。
【募】亡客切。寂也。
◎募，亡客切。寂也。
【夢】莫忠切。夢夢，亂也，不明也。又莫貢切。今以爲寢想字。
◎夢，莫忠切。乱也，不明也。又莫貢切。今寢想字。
○夢，顧野王云：夢夢，訰訰，煩懣，亂也。(《爾雅正義》卷四)
○夢，顧野王注：煩懣，亂也。(《說文通訓定聲》升部)
【夗】於遠切。《說文》云：轉卧也。
◎夗，於遠切。轉卧也。
【姓】疾盈切。《說文》曰：雨而夜除星見也。又作晴。
◎姓，疾盈切。《說文》：雨而夜除星見。亦作晴。
【夤】弋人切。進也，大也。又惕也。㚩，籀文。
◎夤，弋人切。進也，大也。又惕也。㚩，籀文。
【夙】思六切。早也，旦也，敬也。古作佰、俧。殊，《說文》夙。
◎夙，思六切。早也，旦也，敬也。古作佰、俧。殊，《說文》夙。
【外】午會切。《說文》云：表也，遠也。夘，古文。
◎外，午會切。《說文》：表也，遠也。夘，古文。

多部第三百十五

凡二十六字

【多】旦何切。衆也，重也，大有也。夛，古文。

◎多，旦何切。大有也，衆也。夛，古文。
【夥】胡果切。楚人謂多也。
◎夥，胡果切。楚人謂多也。
【夎】古懷切。大也。
◎夎，古懷切。大也。
【夥】於果切。多也。
◎夥，於果切。多也。
【奓】丑加切。《説文》云：厚脣皃。又緩皃也。
◎奓，丑加切。《説文》：厚脣皃。又緩口也。
●“緩口”疑誤。
【貜】奴孔切。貜貜，盛多皃。
◎貜，奴孔切。貜貜，盛多皃。
【貜】於孔切。大多也。或作勜。
◎貜，於孔切。大多。或作勜。
【夡】苦回切。大也。
◎夡，苦回切。大也。
【夡】口才切。多也，大也。亦作奒。
◎夡，口才切。多也，大也。亦作奒。
【夃】公户切。多債利也。
◎夃，公户切。多積利也。
【夡】丘一切。多也。
◎夡，丘二切。多也。
●“丘二切”疑誤。
【夡】所陳切。姓也。又多也。或作莘、騂、辨、兟、甡。
◎夡，所陳切。姓也，多也。或作騂、胖、兟、甡。
●圓沙本“胖”當作“辨”。
【夡】奴多切。多也。
◎夡，奴多切。多也。
【夠】苦侯切。多也。
◎夠，苦侯切。多也。
○夠，《玉篇》：夠，芳候切。多也。（《方言箋疏》卷一）
●佚文“芳候切”疑當作“苦侯切”。
【夡】丁含切。多也。
◎夡，丁含切。多也。
○夡，《玉篇》云：多也。（《方言疏證》卷一）
○夡，《玉篇》云：多也。又丁含切。（《重修廣韻》卷三）
【夡】扶留切。多也。
◎夡，扶留切。多也。
【夡】章移、之豉二切。多也。
◎夡，章移、之豉二切。多。
【夡】丁幺切。多也，大也。亦作奝。
◎夡，丁幺切。多也，大也。亦作奝。
【夡】余章切。多也。亦作洋。
◎夡，余章切。多也。亦作洋。
【夡】昌占切。
◎夡，昌占切。多及也。
【夡】女鹽切。
◎夡，女鹽切。夡，多皃。
【夠】音匀。茵夠。
◎夠，音均。茵夠也。
【夡】力口切。多也。
◎夡，力口切。多也。
【夡】尺豉切。大有慶也。
◎夡，尺豉切。大有慶也。
【夡】口罪切。多也。
◎夡，口罪切。多也。

小部第三百十六

凡六字

【小】思悄切。物之微也，細也。
◎小，思悄切。物之微也，細也。
○小，野王案：小者，細也。（《法華釋文》補記）
【少】尸沼切。不多也。又始曜切，幼也。
◎少，尸沼切。不多也。又始曜切，幼也。
【尐】子列切。小也，少也。
◎尐，子列切。小也，少也。
【尖】子廉切。鋭也。
◎尖，子廉切。鋭也。
【尐】乃口切。小皃。
◎尐，乃口切。小皃。
【尠】其靳切。對也。或作僅、廑。
◎尠，其靳切。對也。或作僅、廑。

幺部第三百十七

凡七字

【幺】於條切。幼也。郭璞云：後生也。
◎幺，於條切。幼也。郭璞云：後生也。
【幼】伊謬切。稚也，少也。
◎幼，伊謬切。稚，少也。
【麽】亡可切。小麽也。又亡波切。
◎麽，亡可、亡波二切。小也。
【嫢】思此、七紫二切。亦作㒇，小皃。
◎嫢，思此、七紫二切。亦作㑷，小皃。
●“㒇”，澤存堂本作“㑷”。
【盭】力計切。背也。《説文》云：弼戾也。亦作戾。
◎盭，力計切。背也。《説文》：弼戾也。亦作戾。
【𠃞】乙肖切。急戾也。𠃞𨑨，小皃也。
◎𠃞，乙肖切。急戾。又小皃。
【𦁏】乙例切。《説文》云：不成，遂急戾也。
◎𦁏，乙例切。《説文》：不成，遂急戾。

丝部第三百十八

凡四字

【丝】伊虯切。微也。
◎丝，伊虯切。微也。
【幽】伊虯切。不明也，深遠也，微也。古作㴁。
◎幽，伊虯切。不明也，深遠也，微也。古作㴁。
◎㴁，古文幽字。
【幾】居衣切。動之微也，吉凶之先見也，期也，時也，危也，尚也。又居扆切，幾多也。又巨衣切。
◎幾，居衣切。動之微也，吉凶之先見也，期也，危也，尚也。又居扆切，幾多也。又巨衣切。
【㡭】巨乙切。《埤蒼》云：㡭，譏也。譏音饑。
◎㡭，巨乙切。《埤蒼》云：㡭，譏也。譏音饑。

玄部第三百十九

凡五字

【玄】胡淵切。幽遠也，妙也。又黑色。𢆯，古文。
◎玄，胡淵切。幽遠也，妙也。又黑色。𢆯，古文。
【兹】子貍切。濁也，黑也。或作黸、滋。
◎兹，子貍切。濁也，黑也。或作黸、滋。
【玈】來乎切。黑也。或作黸。
◎玈，來乎切。黑也。或作黸。
【玅】彌詔切。今作妙。精也。
◎玅，彌詔切。今作妙。精也。

丏部第三百二十

凡一字

【丏】亡殄切。不見也。賓、麪字從此。
◎丏，亡殄切。不見也。賓、麪字從此。

大部第三百二十一

凡五十七字

【大】達賴切。《易》曰：大哉乾元，萬物資始。《老子》曰：道大，天大，地大，王亦大。
◎大，達賴切。《易》曰：大哉乾元，萬物資始。《老子》曰：道大，天大，地大，王亦大。
【奈】公胡切。大也。
◎奈，公胡切。大也。
【夾】古洽切。近，西廂也。又古協切。
◎夾，古洽切。近，西廟也。又古協切。
●《爾雅·釋宫》：“室有东西廂曰廟。”
【夸】苦華切。奢也。或作姱。
◎夸，苦華切。奢。或作姱字。
【奄】倚檢切。大也，覆也，大有餘也，息也。

◎奄，猗檢切。大也，覆也，大有餘也，息也。
○奄，顧野王云：亦匿也，隱翳也。（《一切經音義》卷九十五）
【查】禹安、禹晚二切。奢查也，大口也。
◎查，禹安、禹晚二切。奢查也，大口也。
【奯】許活切。空也，大目也。
◎奯，許活切。空也，大目也。
【奅】普教切。大也。
◎奅，普教切。大也。
【戴】雉慄切。《説文》云：大也。
◎戴，雉栗切。《説文》：大也。
【会】魚吻切。大也。
◎会，魚吻切。大也。
【奞】火計切。奢盛皃。　《埤蒼》云：肥大也。
◎奞，火計切。奢盛。《埤蒼》云：肥大。
【契】口計切。券也，大約也。又口結切。
◎契，口計切。券也，大約也。又口結切。
○契，顧野王云：凡相約束皆曰契。（《一切經音義》卷九十九）
【衣】丁計、丁奚二切。大也。
◎衣，丁計、力奚二切。大也。
【夰】飢薤切。大也。
◎夰，飢薤切。大也。
【柴】猜紫切。直大也。《説文》火介切，瞋大聲也。
◎柴，猜紫切。直大也。《説文》火介切，瞋大声也。
●“瞋大聲也”未詳，今本《説文》作“瞋大也”。
【奭】分勿切，又扶勿切。大也。൏，同上。
◎奭，分勿切，又扶勿切。大也。൏，同上。
【奄】視均切。《説文》云：大也。
◎奄，視均切。《説文》：大也。
【奎】火幺、口幺二切。長大皃。
◎奎，火幺、四幺二切。長大也。
●宋十行本作“四幺”。
【夷】弋脂切。明也，平也，敬也，滅也，易也，蠻夷也。或层字。
◎夷，弋脂切。平也，敬也，滅也，易也，蠻夷。或层字。
○夷，煞也。（《秘寶鈔》中五 11）
●底本“层”疑誤。圓沙本“层”疑當作“尸”。
【奓】竹加切。下大也。又舒邪切。
◎奓，竹加切。下大。又舒邪切。
【奔】匹萬切。上大也。
◎奔，匹萬切。上大也。
【查】才邪切。查查，大口也。
◎查，才邪切。查查，大口也。
○查，《玉篇》又音邪。（《龍龕手鏡》卷三）
【斐】孚鬼切。大也。
◎斐，孚鬼切。大也。
【奤】方結切。大也。亦𠢕字。
◎奤，方結切。大也。亦𠢕字。
【奒】口才切。大皃。
◎奒，口才切。大皃也。
【奝】丁幺切。大也，多也。
◎奝，丁幺切。大，多也。
【夒】九縛切。健皃。
◎夒，九縛切。健皃。
【奚】故軍字。
◎奚，古文與軍字同。
【奡】口交切。擊也。今作敲。
◎奡，口大切。擊也。今作㪣。
【奭】麾域切。方也，大也。
◎奭，麾域切。方也，大也。
【奓】仕下切。夸奓，自大。
◎奓，仕下切。夸奓，自大也。
【太】他大切。甚也。
◎太，他大切。甚也。
○太，大也。又宅作反，長也。（《法華釋文》下）
【奧】乙獻切。大皃。
◎奧，乙獻切。大皃。
○奧，顧野王曰：大也。（《廣川書跋》卷二）
【奕】弋石切。奕奕，大也。美容也，行也。
◎奕，弋石切。大皃。美容也，行也。

○奕，《玉篇》：大也。（《續一切經音義》卷六）
【奘】昨朗切。大也，盛也。
◎奘，昨朗切。大也，盛也。
【臭】公老切，又昌石切。大白澤也。古文以爲澤字。
◎臭，公老、昌石二切。大白澤也。古文以爲澤也。
【奚】下雞切。大腹也。
◎奚，下雞切。大腹也。
【奰】皮祕切。不醉而怒也，壯也，迫也。
◎奰，皮祕切。不醉而怒也，壯也。
【耎】而兖切。又作仄柔也。
◎耎，而兖切。又作戾柔也。
○耎，顧野王云：耎，柔弱也。（《一切經音義》卷三十二）
【奫】猗筠切。水皃。《吴都賦》曰：泓澄奫潫。潫，於拳切。
◎奫，猗筠切。水皃。《吴都賦》：泓澄奫潫。
【奇】巨宜切。今作竒。
◎奇，巨宜切。今作竒。
○奇，居倚反，見《玉篇》。（《類》125）
【尖】子廉切。小細也。
◎尖，子廉切。小細也。
【奊】音奚。獸跡。
◎奊，音奚。獸跡也。
【奭】舉朱切。邪視皃。
◎奭，舉朱切。邪視皃。
【奩】力鹽切。香奩也。
◎奩，力鹽切。香奩也。
【奨】音兹。不正。
◎奨，音兹。不正也。
【奞】蒲罪切。大也。
◎奞，蒲罪切。大也。
【奆】求阮切。
◎奆，求阮切。甚大也。
【套】他皓切。長也。
◎套，他皓切。長也。
【奪】多又切。
◎奪，多又切。取也。
【嵍】音務。大也。
◎嵍，音務。大也。
【奈】奴太切。正作柰。
◎奈，奴大切。正作柰字。
【奭】子隨切。
◎奭，子隨切。大也。
【奪】徒活切。奪，同上。
◎奪，徒活切。取也。奪，同上。
【奐】古文衡。

補

◎奭，施隻切。自視皃。又邵公名。

奢部第三百二十二

凡二字

【奢】式邪切。侈也，泰也，張也。亦作奓。
◎奢，式邪切。侈也，泰也，張也。亦作奓。
○奢，多也，泰也，張也。亦作奓，同。式邪反。（《三部經音義集》三）
【奲】丁可、充者二切。大寬也。
◎奲，丁可切，充者切。大寬也。

火部第三百二十三

凡二百九十三字

【火】呼果切。焜也，燧人造火於前，黄帝爲食於後也。火者，化也，隨也，陽氣用事，萬物變隨也。
◎火，呼果切。焜也，燧人造火。火者，化也。
【炟】丁達切。爆也。
◎炟，丁達切。爆也。
【焜】麾詭切。火也，烈火也。烠、燬，並同上。
◎焜，麾詭切。火也，烈火也。烠、燬，並同上。
【燹】先踐切。野火也。
◎燹，先踐切。野火也。
【焌】子閏、子寸、倉聿三切。然火也。
◎焌，子閏、子寸、倉聿三切。然火。

【爇】而悦切。燒也。焫，同上。
◎爇，而悦切。燒也。焫，同上。
【燒】尸遥切。爇也，燔也。
◎燒，尸遥切。火焚揔名。
【炪】丑出、許出二切。火光也，欝也。
◎炪，丑出、許出二切。欝也，火光。
【尞】力弔切。祡尞祭天也。
◎尞，力弔切。祡尞祭天。
【烈】力折切。火猛也，熱也，威也，業也，餘也。
◎烈，力折切。火猛也，熱也，威也，業也，餘也。
【然】如旋切。燒也，許也，如是也，膺言也。燃，俗爲燒然字。
◎然，如旋切。燒也，膺言，如是也。燃，辱延切。俗燒燃字。
○然，《玉篇》：不然，不許。然猶必亦如是也。（《一切經音義》卷二十七）
【燔】扶藩切。燒也。
◎燔，扶藩切。燒焚也。
【焊】卑出切。火聲也。焊炥，火皃。
◎焊，卑出切。焊焊，火声也。
【烕】甫勿切。火盛皃。㷭，《説文》烕。
◎烕，甫勿切。火盛皃。㷭，《説文》烕。
【熯】而善切。火盛乾。
◎熯，而善切。火盛乾也。
【烝】之承切。火氣上行也，進也，冬祭也，婬也。又之孕切。
◎烝，之丞切。火氣上也，進也，冬祭也。又之孕切。
○烝烝，孝子之皃也。（《三教指歸注》二35）
○烝，顧野王云：謂氣烝出也。（《一切經音義》卷三十一）
【炥】扶勿切。火皃。
◎炥，扶勿切。火皃。
【熮】力酒切。火皃。又燒也，爛也。
◎熮，力酒切。火皃，燒也，爛也。
【閵】力振切。火皃。
◎閵，力振切。火皃。
【㸕】五旦切。火也。
◎㸕，五旦切。火㸕也。
【熇】許酷切。熾也，燒也。
◎熇，許皓切。熇熇，火熾也。
○熇，許酷反。熾也，燒也。（《醫心方》寫本）
○熇，口老反。熮也，枯也。（《醫心方》九22）
【熲】古迥、苦迥二切。火光也。或作耿。
◎熲，古迥、苦迥二切。火光也。或作耿。
【炯】公迥、户頂二切。炯炯，明察也，光也。
◎炯，公迥、户頂二切。明察也，光也。
【爚】弋灼、式灼二切。光也，電光也。
◎爚，弋灼、式灼二切。光也，電光也。
○爚，顧野王云：爚，光也。（《史記》卷八十四）
【熛】必堯切。火飛也。
◎熛，必堯切。火飛也。
【烄】公巧切。交木然之，以燎祡天也。𤎩、敎，並同上。
◎烄，公巧切。交木然以燎祡天。𤎩、敎，並同上。
【炎】徒甘切。燎也，小熱也。
◎炎，徒甘切。燎也，小熱也。
【炭】他旦切。燒木也，炧也，火也。
◎炭，他旦切。燒木也。
○炭，燒木也。（《類》140）
【羙】租下切，又才和切。束炭也。
◎羙，租下切，才和切。束炭也。
○羙，野王案：羙，炭籠也。（《倭名抄》四103）
【炦】步結切。氣上也。又步葛切。
◎炦，步結切。氣上。又步葛切。
【㸈】子藥、子消二切。炬火也，所以然火也。
◎㸈，子藥、子消二切。炬火也，所以然火也。
【灰】呼回切。死火也。
◎灰，呼回切。死火也。
【炱】大來切。炱煤，煙塵也。

◎炱，大來切。炱煤，煙塵也。
【煤】莫杯切。炱煤。
◎煤，莫杯切。炱煤也。
【煨】烏回切。盆中火爊也。
◎煨，烏回切。盆中火爊也。
【熄】相力切。畜火滅也。
◎熄，相力切。畜火滅熄也。
【炷】口迴、烏圭二切。煁也。
◎炷，口迴、烏圭二切。煁也。
○炷，顧野王：口井、烏攜二反。（《毛詩注疏附釋音》卷十五）
【煁】市林切。竈也。
◎煁，市林切。竈也。
【烘】許公切。燒燎也。
◎烘，許公切。燒燎也。
【燀】尺善切。炊也。
◎燀，尺善切。炊也。
【齌】子奚、才悌二切。炊釜。
◎齌，子奚切，才悌切。炊釜。
【炊】尺垂切。爨也。
◎炊，尺垂切。爨也。
【烰】音浮。烰烰，火氣盛也。
◎烰，音浮。火氣盛皃。
【煎】在陵、子棱二切。置魚筒中炙。熷，同上。
◎煎，在陵、子棱二切。魚筒中炙。熷，同上。
【熹】許疑切。熱也，烝也，炙也，熾也。亦作熙、嘻。熺，同上。
◎熹，許疑切。熱也，烝也。亦作熙、熺。熺，同上。
【熙】火疑切。光也，廣也，燥也。
◎熙，火疑切。光也，廣也，燥也。
【衮】於根切。炮炙也，以微火温肉也。煾，同上。
◎衮，於根切。炮炙，以微火温肉。煾，同上。
【煎】子連切。火乾也，火去汁也。
◎煎，子連切。火乾，火去汁。
【熬】五高切。煎也。
◎熬，五高切。乾煎物也。
【炮】白交切。炙肉也。炰，同上。
◎炮，白交切。炙肉也。炰，同上。
【煏】皮逼切。火乾也。憊，同上。麴，同上。
◎煏，皮逼切。火乾也。憊、麴，並同上。
○麴，籀文煏，出《玉篇》。（《龍龕手鏡》卷二）
【爆】步角、布角二切。爆落也，灼也，熱也。又北教切。
◎爆，步角、布角二切。落也，灼也。又北教切，火声。
○爆，補角、蒲角、頗角三反。灼也，熱也。亦作曝字，憤起也。（《法華釋文》中）
○爆，《玉篇·火部》：補角反，蒲角反，頗角三反。灼也，熱也。（《一切經音義》卷二十七）
【煬】余尚切。炙也，對火也，熱也。
◎煬，余尚切。炙也，對火也。
【熩】胡沃切。灼也。
◎熩，胡沃切。火灼也。
【糜】明皮切。爛熟也。
◎糜，明皮切。爛熟也。燗，同上。
●圓沙本"燗，同上"爲"爤"異體字誤入此處。
【爤】郎旰切。熟也。燗，同上。
【尉】於貴切。申帛也，按也。又紆物切。熨，同上。
◎尉，於貴切。伸帛也。又紆物切。熨，同上。
【灂】子姚切。灼龜不兆也。爝，同上。
◎灂，子姚切。灼龜不兆也。爝，同上。
【灸】居又、居有二切。灼也，爇也。
◎灸，居又、居有二切。灼也。
【灼】之藥切。灼灼，花盛皃。又熱也，明也。
◎灼，之藥切。灼灼，花盛皃。又熱也，明也。
○灼然，花盛皃。又熱也，明也。（《秘寶鈔》中七1）
【煉】力見切。治金也。今亦作鍊。

◎煉，力見切。治金。今亦作鍊。
【熜】青公、子孔二切。然麻烝也，煴也。
◎熜，青公、子孔二切。然麻烝也。
【燭】之欲切。照也。
◎燭，之欲切。照也，灯燭也。
【灺】囚者切。燭𤇾也。
◎灺，囚者切。燭𤇾也。
【𤇾】才進切。火餘木也，灺也，薪也。燼，同上。
◎𤇾，才進切。火餘也。燼，同上。
【焠】青對切。堅刀刃也，火入水也，煐也。
◎焠，青對切。堅刀刃。
【煣】而九切。以火屈木曲。
◎煣，而九切。以火屈木曲。
○煣，《玉篇》曰：而九切。以火屈木曲。（《漢書》卷二十四）
【熑】力兼切。絶也。
◎熑，力兼切。絶也。
【燤】子刀切。焦也，燒也。
◎燤，子刀切。焦也，燒也。
【焚】父云切。燒也。燌，同上。炃，同上。
◎焚，父云切。燒也。燌、炃，並同上。
○焚，顧野王云：焚，燒也。（《一切經音義》卷四十）
【炮】都狄切。望見火。
◎炮，都狄切。望見火也。
【燎】力弔切。火在門外曰燭，於内曰庭燎，國之大事，樹以照衆也。又放火也。
◎燎，力弔切。火在門内曰庭燎。又放火也。
【㶾】匹姚切。火飛也。熛，同上。今亦作票。
◎㶾，匹姚切。火飛也。熛，同上。今亦作票。
【爑】子姚切。火燒黑也。又炙也。焦，同上。
◎爑，子姚切。火燒黑。又炙也。焦，同上。
【灾】子來切。天火也，害也。又作巛。烖，同上。災，籀文。扗，古文。
◎灾，子來切。天灾，害也。又作巛。烖，同上。災，籀文。扗，古文灾。
○災，野王案：凡有害於人皆曰災異。（《令集解》三四 357）
●圓沙本“巛”當作“巛”。
【煙】於賢切。火氣也。烟，同上。又音因。䆳，籀文。
◎煙，於賢切。火氣也。烟，同上。又音因。䆳，籀文。
【焆】於決切。火光也。
◎焆，於決切。火光也。
【燂】似廉、似林二切。灰爛也，火熱也。燖，同上。
◎燂，似廉、似林二切。灰爛。燖，同上。又火熱也。
【煴】於文切。烟煴也，氣也，煐也。
◎煴，於文切。烟煴也，氣也。
【焞】徒門切。焞焞，無光曜也。又他雷切，焞焞，盛皃。又他門切。
◎焞，徒門切。無光曜皃。他雷切，盛皃。又他門切。
【煦】吁句切。烝也，恩也，赤色也，温也，潤也，熱也。亦作昫。
◎煦，吁句切。烝也，赤色也，温潤也，熱也。亦作昫。
【炳】彼皿切。明著也。亦作昺。
◎炳，彼皿切。明著。亦作昺。
【焯】之藥切。明也。
◎焯，之藥切。明也。
【煒】于匪切。明也。亦盛皃。
◎煒，于匪切。明也。亦盛皃。
【照】之曜切。明也。炤，同上。
◎照，之曜切。明照也，燭也。炤，同上。
○炤，顧野王云：炤猶燭也。（《一切經音義》卷四十五）
【烙】充爾切。盛也。
◎烙，充爾切。盛也。
【煜】余六切。火焰也。又盛皃。焴，同上。
◎煜，余六切。火焰。又盛皃。焴，同上。
【熠】以立切。盛光也。
◎熠，以立切。熠熠，盛光也。
【燿】弋照切。光也。與曜同。

◎燿，弋照切。光也。與曜同。

【煇】許歸切。燿光也。

◎煇，許歸切。燿光也。

【炫】胡絢切。燿光也。

◎炫，胡絢切。燿光也。

【爗】爲輒切。盛也。或作曅。

◎爗，爲輒切。火盛。或作曅。

【燁】爲輙切。火光皃。

◎燁，爲輒切。燁燁，火光皃。

【灮】古黄切。灮榮也。今作光。炗，古文。

◎灮，古黄切。今作光。炗，古文。

【爓】與廉切。火焰也。

◎爓，与廉切。火焰也。

【煌】乎光切。光明也。熿，同上。

◎煌，乎光切。光明也。熿，同上。

【焜】胡本切。煌也，光也。

◎焜，胡本切。煌也，光也。

【熱】如折切。温也。

◎熱，如折切。温甚也，暑也。

○熱，燒也。(《成實論天長點》一六)

○熱，爛也。(《成實論》二二)

【煗】乃管切。温也。

◎煗，乃管切。温也。

【煖】火園切。温也。亦同上。

◎煖，乃管切。温也。又火園切。

【熾】尺示切。盛也。戴，古文。

◎熾，尺示切。火盛也。戴，同上。

○熾，顧野王云：猛火也。(《一切經音義》卷三十一)

○熾，顧野王云：熾，必潔也。亦謂熾，猛火也。(《一切經音義》卷五十一)

【炕】口盎切。乾極也，炙也。

◎炕，口盎切。乾極也，炙也。

○炕，顧野王云：炕，張也。(《爾雅正義》卷十五)

【燠】於六切。煖也，熱也。烰，同上。

◎燠，於六切。暖也。烰，同上。

【炔】古惠切。煙出皃。炅，同上。又古迥切。

◎炔，古惠切。煙出皃。炅，同上。又古迥切。

【燥】先道切。乾燥也。

◎燥，先道切。火燥乾也。

○燥，《玉篇》：火乾也。(《續一切經音義》卷七)

【熇】口老切。燥也。

◎熇，口老切。燥也。

【焅】苦告切。旱氣也。

◎焅，苦告切。旱氣也。

【熭】才鋭切。曝乾也。

◎熭，才鋭切。日曝乾也。

【烕】許悦切。滅也。

◎烕，許悦切。滅也。

【燾】徒到切。覆照也。

◎燾，徒到切。覆照也。

【爟】古亂切。舉火也。

◎爟，古乱切。舉火也。

【烜】況遠切。火盛皃。

◎烜，況遠切。火盛皃。

【熢】孚逢切。熢燧，候表，邊有警急則舉之。

◎熢，孚逢切。熢燧，表，邊有急則舉。

【爝】子藥切。炬火也。

◎爝，子藥切。炬火，小光也。

○爝，子藥反。炬火也。(《三教指歸注》六12)

【燧】似醉切。以取火於日。亦作鐆。襚，同上。鐆，同上。

◎燧，似醉切。以取火於日。亦作鐆。襚、鐆，並同上。

【熂】許氣切。燎除旁草也。

◎熂，許氣切。燎除旁草也。

【煤】呼隗切。楚人呼火爲煤也。

◎煤，呼隗切。楚人呼火云。

○煤，《玉篇》云：楚人呼火爲煤也。(《方言疏證》卷十)

【煼】初絞切。火乾也。𤒎、炒，並同上。

◎煼，初絞切。火乾也。𤒎、炒，並同上。

【煓】他丸切。火熾也。

◎煓，他丸切。火熾也。

【熸】子廉切。火滅也。
◎熸，子廉切。火滅熸也。
【焮】許勤、許靳二切。炙也。炘，同上。又熱也。
◎焮，許勤、許靳二切。炙也。炘，同上。又熱也。
【煆】許嫁切。熱也，乾也。
◎煆，許嫁切。熱也，乾也。
【炖】徒昆切。風與火也，赤色也。
◎炖，徒昆切。風与火也。又赤色。
○炖，《玉篇》云：炖，風與火也。(《方言疏證》卷十三)
【爊】於刀切。温也。
◎爊，於刀切。温也。
【爉】力達切。毒也。
◎爉，力達切。毒也。
【熇】丑知切。火焱也。
◎熇，丑知切。火焱也。
【煟】于貴切。光皃。
◎煟，于貴切。光皃。
【煽】尸戰切。熾也。
◎煽，尸戰切。使火熾也。
【焊】扶久切。熾也。
◎焊，扶久切。熾也。
【焲】余石切。火光也。
◎焲，余石切。火光也。
【焫】怖古切。火皃。又把火行也。
◎焫，怖古切。把火行也。
【燣】力感切。黄色也。
◎燣，力感切。黄色也。
【烔】徒東切。熱皃。
◎烔，徒東切。熱皃。
【爤】女涉切。煐也。或作囁。
◎爤，女涉切。煐也。或作囁。
○爤，《玉篇》：音銸，丑輒反。火光也。又音聶，燸也。(《龍龕手鏡》卷二)
【焝】乃困切。熱也。
◎焝，乃困切。熱也。
【炵】他冬切。火焱也。
◎炵，他冬切。火焱也。

【焪】丘仲切。盡也，乾也。
◎焪，丘仲切。盡也，乾也。
【烴】古頂切。温也。
◎烴，古頂切。温也。
【爁】力兼切。爁熪，火不絶。
◎爁，力兼切。爁熪，火不絶。
【熪】以支切。爁熪。
◎熪，以支切。上同。
【燫】力善切。小然也。
◎燫，力善切。火小然也。
【爈】丑伐切。爈爈，燒起也。
◎爈，丑伐切。爈焥，燒起也。
【焥】於活切，又於伐切。爈焥也。
◎焥，於活、於伐二切。上同。
【爌】苦謗切。光明。亦作曠。
◎爌，苦謗切。光明。亦作曠。
【炴】乙井、乙丈二切。火光也。
◎炴，乙井、乙丈二切。火光。
【焦】而甚切。亦飪字。
◎焦，而甚切。亦飪，同。
【煝】亡利切。焃也。
◎煝，亡利切。焃也。
【焃】許赤切。光也。又呼麥切。
◎焃，許赤切。光也。又呼麥切。
○焃，《玉篇》：焃，心不安也。亦作憪，同。(《方言箋疏》卷一)
【炬】其吕切。火炬。亦作苣。
◎炬，其吕切。火炬。亦作苣。
【炁】去既切。古氣字。
◎炁，去既切。古氣字。
【焷】毗支切。炰也。
◎焷，毗支切。無也。
●圓沙本“無也”當作“炰也”。
【爁】力蹔切。火焱行。
◎爁，力蹔切。火焱行也。
【炡】竹亞切。火焱也。
◎炡，竹亞切。火焱也。
【烯】欣衣切。亦晞字。
◎烯，欣衣切。亦晞字。
【爑】子曰切，又子力切。火熟也，炮也。

◎爏，子曰、子力二切。火熟也。
【烼】許勿切。熅也。烼炢，火煨。
◎烼，許勿切。烼炢，火煨也。
【炢】丈出切。烼也。
◎炢，丈出切。上同。
【爩】於勿切。煙出也。
◎爩，於勿切。煙出皃。
【烗】口戒切。熾也。
◎烗，口戒切。熾也。
【燩】口角切。火乾物。
◎燩，口角切。火乾物也。
【燍】思移切。焦氣也。
◎燍，思移切。焦氣也。
【燏】餘律切。光皃。
◎燏，餘律切。光皃。
【焥】烏來切。炫也，熱也。
◎焥，烏來切。炫也，熱也。
【烠】户灰切。光色。
◎烠，户灰切。光色也。
【煮】之與切。亦作鬻。
◎煮，之与切。亦作鬻。
○煮，顧野王云：煮，烹也。（《一切經音義》卷三十五）
●“鬻”字疑誤。
【烄】唯辟切。陶竈囱。
◎烄，唯辟切。陶竈囱也。
【煍】於歇切。中熱也。
◎煍，於歇切。中熱也。
○煍，於歇反。火光也。又中熱也。出《玉篇》。（《龍龕手鏡》卷二）
【烑】弋招切。光也。
◎烑，弋招切。光也。
【煠】弋涉切，又丑涉切。爚也。
◎煠，弋涉、丑涉二切。爚也。
【炋】許交切。乾也，暴也，熱也。
◎炋，許交切。乾也，爆也。
【焇】思遥切。乾也。亦作銷。
◎焇，思遥切。乾也。亦作銷。
【炶】胡甘切。火上行皃。亦作㸐。
◎炶，胡甘切。火上行皃。亦作㸐。
【焄】詡云切。火上出也。亦作熏。
◎焄，詡云切。火上出也。亦作熏。
【焟】思亦切。乾也。亦晴，同。
◎焟，思亦切。乾也。晴同。
【燈】都騰切。燈火也。
◎燈，都騰切。燈火也，燭也。
○燈，野王案：燈燭，蘭膏所燃之火也。（《倭名抄》四98）
【烦】如之切。煮熟也。亦作胹。
◎烦，如之切。煮熟。亦作腝。
【熻】許及切。熱也。
◎熻，許及切。熱也。
【煪】自留切。熮也。煎，同上。
◎煪，自留切。煪熮，火燒也。煎，同上。
【熼】子規切。亦作䐈。熽，同上。
◎熼，子規切。火熾。亦作䐈。熽，同上。
【燉】徒昆切。火盛皃。
◎燉，徒昆切。火盛皃。
【爍】式灼切。灼爍。
◎爍，式灼切。灼爍。又銷爍。
○爍，顧野王云：銷也。（《一切經音義》卷九十六）
【焕】呼换切。明也。亦作奂。
◎焕，呼换切。明盛。亦作奂。
○奂，《玉篇》：光明炳焕。（《一切經音義》卷九十）
【爞】徒冬、直中二切。熏也，熱也。
◎爞，徒冬、直中二切。熏也。
【缹】音缶。火熟也。
◎缹，音缶。火熟也。
【熟】市六切。爛也。
◎熟，市六切。火变物也。
【烋】火虯切。美也，福禄也，慶善也。又火交切。
◎烋，火蚪切。美也，福禄也，慶善也。又火交切。
○烋，美也，福禄也，慶善也，出《玉篇》。又火交切。（《重修廣韻》卷二）
●圓沙本“火蚪切”疑當作“火虯切”。
【烽】户東切。烽火也。

◎烽，户東切。烽火也。
【爖】魯紅切。
◎爖，魯紅切。火皃。
【炡】户公切。火盛。
◎炡，户公切。火盛也。
【煩】父袁切。干煩也。
◎煩，父袁切。干煩也，燒也。
【熈】弋之切。然也。
◎熈，弋之切。然也。
【爐】洛乎切。火爐也。
◎爐，洛乎切。火爐也。
〇爐，火牀，出《玉篇》。（《重修廣韻》卷一）
【爈】力魚切。燒也。
◎爈，力魚切。燒也。
【烊】亦章切。炙也。
◎烊，亦章切。炙也。
【烐】職由切。火行。
◎烐，職由切。火行也。
【熜】子從切。火行。
◎熜，子從切。火行也。
【炬】弋支切。火燒皃。
◎炬，弋支切。火燒也。
【熡】勒侯切。
◎熡，勒侯切。火炎也。
【煘】徒廉切。鉗。
◎煘，徒廉切。鉗也。
【炳】力又切。
◎炳，力又切。火炳也。
【灯】的庭切。火。
◎灯，的庭切。火也。
【炷】之戍切。燈炷也。
◎炷，之戍切。燈炷也。
【爙】如養切。火。
◎爙，如養切。火皃也。
【熩】呼古切。光也。
◎熩，呼古切。火皃。
【煄】之隴切。
◎煄，之隴切。火燒起。
【炠】中吕切。燻。
◎炠，中吕切。熏也。
【烶】徒頂切。
◎烶，徒頂切。火也。
【夙】呼果切。
◎夙，呼果切。火發声。
【爀】蘇弔切。火熾也。
◎爀，蘇弔切。火熾也。
【料】落嘯切。火光皃。
◎料，落嘯切。火光皃。
【颫】非鳳切。
◎颫，非鳳切。焚也。
【燇】子巽切。火。
◎燇，子巽切。火也。
【婺】武遇切。
◎婺，武遇切。主火也。
【燐】力刃切。鬼火也。亦作粦。
◎燐，力刃切。鬼火。亦作粦。
【炑】莫卜切。
◎炑，莫卜切。火熾也。
【熯】慕各切。火。
◎熯，慕各切。火也。
【焖】子悉切。
◎焖，子悉切。
【㷇】火各切。日出赤皃。亦作穀。
◎㷇，火各切。日出赤皃。亦作穀。
【煡】虚計切。
◎煡，虚計切。
【爅】莫北切。火皃。
◎爅，莫北切。火皃也。
【熼】與力切。
◎熼，与力切。火也。
【爀】呼格切。火色也。
◎爀，呼格切。火色也。
【焞】蒲没切。煙起皃。
◎焞，蒲没切。煙起皃。
【荑】莫割切。不明也。
◎荑，莫割切。不明也。
【熆】胡臘切。
◎熆，胡臘切。燒也。
〇熆，《玉篇》：吹火。（《龍龕手鏡》卷二）

【炠】胡甲切。
◎炠，胡甲切。火熟也。
【煯】丑涉切。
◎煯，丑涉切。火燒殘。
【燋】咨略切。
◎燋，咨略切。灼也。
【勲】許云切。功勲也。
◎勲，許云切。功勲也。
【燗】呼回、莫賄二切。燗燗，爛也。
◎燗，呼回、莫賄二切。爛也。
〇燗，顧野王《玉篇》：燗燗，爛也。（《吴下方言考》卷七）
【燆】去堯切。火行也。
◎燆，去堯切。火行也。
【爁】火嚴切。火皃。
◎爁，火嚴切。火皃。
【爔】許其切。火。
◎爔，許其切。火也。
【炣】口我切。
◎炣，口我切。火也。
【烇】去弭切。火皃。
◎烇，去弭切。火皃。
【㷔】丑水切。
◎㷔，丑水切。火久也。
【煛】署與切。
◎煛，署與切。明也。
【熨】署與切。
◎熨，署與切。野火也。
【焳】子了切，又慈糾切。變色也。
◎焳，子了、慈久二切。變色也。
【熰】烏侯切。炮熰也。
◎熰，烏侯切。火炮熰。
【烱】古浪切。刃也。
◎烱，古浪切。刃也。
【熌】孚詘切。火乾也。
◎熌，孚詘切。火乾物。
【炌】口介切。明火也。
◎炌，口介切。明火也。
【爁】口蓋切。火也。
◎爁，口蓋切。火也。
【焝】火困切。火也。
◎焝，火困切。火也。
【烇】七選切。火皃。
◎烇，七選切。火皃。
【焰】以贍切。光也。
◎焰，以贍切。光也。
〇焰，移贍反。或作爓。與廉反。（《法華釋文》中）
【燓】力焰切。火。
◎燓，力焰切。火也。
【炂】主倦切。火種。
◎炂，士倦切。火種也。
【熇】户沃切。灼也。
◎熇，户沃切。猛火灼。
【賢】亡結切。不明。
◎賢，亡結切。不明也。
【焀】火哭切。火皃。
◎焀，火哭切。火皃。
【熚】下革切。燒也。
◎熚，下革切。熚燒也。

補

〇光，古黄反。□也，明也，火也，榮也，氣也，廣也，照也，寵也，日炎也。（《北辰菩薩所説經·書迂》）
〇獘，毗祭反。困也，惡也。《説文》曰：頓仆也。俗作弊。（《醫心方》二六 2）
〇熢，火也。（《法華釋文》中）
〇煞，《玉篇》殺煞二形，所點反。斷命也。（《法華釋文》下）

炎部第三百二十四

凡十字

【炎】于詹切。熱也，焚也。《説文》曰：火光上也。
◎炎，于詹切。熱也，焚也，暑日也。《説文》：火光上也。
【錟】弋贍切。火行皃。
◎錟，弋贍切。火行，火生皃。

【炶】胡甘切。火行皃。
◎炶，胡甘切。火行皃。
【燷】力甚切。火皃。
◎燷，力甚切。火起皃。
【炗】古文光字。
◎炗，古文光字。
【粦】力仁切，又力振切。《説文》曰：鬼火也，兵死及牛馬血爲粦。
◎粦，力仁、力振二切。鬼火也。
【燅】似廉切。温也，湯中瀹肉也。亦作錴。
◎燅，似廉切。温也，湯中瀹肉也。亦作錴。
【焃】許勿切。暴起也。
◎焃，許勿切。暴起也。
【炶】胡甘切，又天念切。火光也。
◎炶，胡甘切，又天念切。火光也。
【龤】以灼切。
◎龤，以灼切。火氣也。

焱部第三百二十五

凡三字

【焱】弋贍、呼昊二切。《説文》曰：火華也。
◎焱，弋贍、呼昊二切。《説文》：火華也。
【熒】胡坰切。燈之光也。熒熒猶灼灼也。亦熒陽縣。
◎熒，胡坰切。燈之光。熒熒猶灼灼也。亦熒陽縣。
【桑】所臻切。炎盛和皃。
◎桑，所臻切。炎盛和皃。

炙部第三百二十六

凡七字

【炙】之亦切。熱也。又之夜切。錬，籀文。
◎炙，之亦切。熱也。之夜切，膾也。錬，籀文。
【燔】父園切。熟肉。或作膰。
◎燔，父園切。熟肉。或作膰。
【繚】力照切。炙也。爒，同上。
◎繚，力照切。炙也。爒，同上。

【錟】似廉切。湯爚肉。
◎錟，似廉切。湯爚肉也。
●圓沙本字頭原訛，據宋十行本改。
【鎌】乎濫切。肉也。亦作胎。
◎鎌，乎濫切。肉也。亦作胎。

爨部第三百二十七

凡四字

【爨】千亂切。竈也，齊谓之炊。䙴，籀文。
◎爨，千乱切。竈也，齊曰炊。䙴，籀文。
【釁】許靳切。以血祭也，瑕隙也，動也，罪也，兆也。或作衅。
◎釁，許靳切。以血祭也，瑕隙也，動也，罪也，兆也。或作衅。
【䰗】巨容切。所以支曰鬲也。又方奉切。
◎䰗，巨容切。所以支曰鬲也。又方奉切。
●《篆隸萬象名義》作“以支臼鬲”，此處“曰”字當作“臼”。

囱部第三百二十八

凡六字

【囱】楚江切。《説文》曰：在牆曰牖，在屋曰囱。又千公切，通孔也，竈突也。窗，同上。囪，古文。
◎囱，楚江切。《説文》：在牆曰牖，在屋曰囱。又千公切，通孔。又竈突。窗，同上。囪，古文。
●圓沙本“囪”當作“囪”。
【悤】千公切。悤悤，多遽也。忩，俗。悤，古文。
◎悤，千公切。悤悤，多遽也。忩，同上，俗。悤，古文。

黑部第三百二十九

凡八十八字

【黑】訶得切。韓康伯云：北方陰色。《説文》云：火所熏之色也。

◎黑，訶得切。韓康伯云：北方陰色。《説文》：火熏色。

【黸】力胡切。齊人谓黑曰黸也。

◎黸，力胡切。齊人呼黑也。

○黸，《玉篇》：齊人謂黑曰黸。(《方言箋疏》卷二)

【黖】多達切。白而黑也。《漢書》五原郡有莫黖縣。

◎黖，多達切。白而黑也。《漢書》五原郡有莫黖縣。

【黬】之林切。《説文》曰：雖皙而黑也。古人名黬，字子皙。又音緘。

◎黬，之林切。《説文》：皙而黑。古子皙名黬。又音緘。

【黲】千敢切。淺青黑色也，今謂物將敗時顔色黲黲也。

◎黲，千敢切。淺青黑色，今謂物將敗時顔色也。

○黲，顧野王云：今謂物將敗無顔色爲黲黲也。(《一切經音義》卷八十一)

【黤】式羊切。赤黑色。

◎黤，式羊切。赤黑色。

【黭】烏敢、烏檻二切。青黑色也。

◎黭，烏敢、烏檻二切。青黑也。

【黗】他孫切。黄濁色。

◎黗，他孫切。黄濁色。

【黝】於糾切。玄也，黑也，微青色也。

◎黝，於糾切。玄黑，微青色。

【黚】巨炎切。淺黄色也。又黑也。又巨今切。

◎黚，巨炎切。淺黄也。又音琴。

【黳】乂刮切。黄黑而白也。一曰短皃。

◎黳，乂刮切。黄黑。又短皃。

【黔】記林切。黄黑如金也。

◎黔，記林切。黄黑如金也。

【黦】於勿、於月二切。黑有文也。黫，同上。

◎黦，於勿、於月二切。黑有文也。黫，同上。

【黚】巨炎切。黑色也。

◎黚，巨炎切。黚色，黑色也。

【黕】于殄切。黑皴也。

◎黕，于殄切。黑皴也。

【黮】丁感、丁甚二切。黮點，垢濁。

◎黮，丁感、丁甚二切。黮點，垢濁。

【黠】閑八切。慧也，堅也，黑也。

◎黠，閑八切。慧也，堅也。

○黠，顧野王云：桀黠，姦惑也。(《一切經音義》卷六十六)

○黠，顧野王：姦黠也，利也。(《一切經音義》卷七十七)

○黠，《玉篇》：黠，慧也。（《方言箋疏》卷一)

【黨】丁朗切。《周禮》曰：五家爲比，五比爲閭，四閭爲族，五族爲黨。黨，五百家也。又朋黨也，助也，接也。

◎黨，丁朗切。朋也。《周礼》：五族爲黨。五百家也。又朋黨也。

【黷】徒卜切。數也，垢也，蒙也，黑也。

◎黷，徒卜切。數也，垢也，黑也。

○黷，顧野王云：黷猶慢也。(《一切經音義》卷八十八)

【黵】丁敢切。大污皃。又黑黶也。

◎黵，丁敢切。大污也。又黑黶。

【黴】明飢切。面垢也。又黴敗也。又莫佩切。

◎黴，明飢切。面垢也。又莫佩切。

【盤】步安切。盤姍，下色皃。

◎盤，步安切。盤姍，下色皃。

【黜】丑律切。退也，貶也，下也，去也，放也，絶也。

◎黜，丑律切。退也，貶也，下也，去也，放也，絶也。

【黱】徒載切。畫眉黑也，深青也。黛，同上。

◎黱，徒載切。畫眉黑也，深青也。黛，同上。

【儵】他狄切，又大的、尸育二切。儵儵，禍毒也。青黑繒也，急疾也。

◎儵，他狄、大的、尸育三切。青黑繒也，急疾也。

【黗】徒見切。亦作澱。垽也。
◎黗，徒見切。亦作澱。垽也。
【黟】郁咨切。黑木也，丹陽有黟縣。
◎黟，郁咨切。黑禾。又縣名。
【黮】敕感、都甚二切。黯黮，不明淨也。
◎黮，敕咸、都甚二切。不明淨也。
【黯】於甘、於敢二切。果實黯黯也，深黑色也。
◎黯，於甘、於敢二切。黯黯也。
〇黯黮，顧野王曰：不明淨也。（《一切經音義》卷七十四）
【黬】爲逼切。羔裘之縫。亦緎字。
◎黬，爲逼切。羔裘縫也。亦緎字。
【黯】許極切。赤黑色也。
◎黯，許極切。赤黑色。
〇黯，《玉篇》云：黯，赤黑色也。（《方言疏證》卷十三）
【黥】巨京切。墨刑也。剠，同上。
◎黥，巨京切。墨刑也。剠，同上。
【黓】余力切。《爾雅》：太歲在壬曰玄黓。又黑也。
◎黓，余力切。太歲在丑曰玄黓。
●“丑”疑誤。
【黲】莫江切。冥暗，故曰陰私也。
◎黲，莫江切。冥暗也。
〇黲，《玉篇》於黲字云：冥暗，故曰陰私也。（《方言疏證》卷十三）
【黰】亡狄切。草木蘘也。亦作覭。䵝，同上。
◎黰，亡狄切。草木蘘。亦作覭。䵝，同上。
【黸】力該切。黸黱，大黑也。
◎黸，力該切。黸黱，大黑也。
【黱】丁來切。黑也。
◎黱，丁來切。上同。
【黰】之忍切。美髮也。
◎黰，之忍切。美髮也。
【黦】於既切。深黑也。
◎黦，於既切。深黑也。
【黛】亡姦切。畫車輪。
◎黛，亡姦切。畫車輪。
【黕】于流切。亦肬字。
◎黕，于流切。黑子。亦作肬。
【黷】如欲切。垢黑也。
◎黷，如欲切。垢黑也。
【黳】子辭切。黑也。
◎黳，子辭切。黑也。
【黧】力兮切。黑也。亦作黎。
◎黧，力兮切。黑也。亦作黎。
〇黧，《玉篇》：老也。（《一切經音義》卷二十七）
【黶】乙角切。刑也。或作剭。
◎黶，乙角切。刑名。或作剭。
【䵢】亡八切。黑也。
◎䵢，亡八切。黑也。
【黭】於敢切。黭然忘也。
◎黭，於敢切。黭然忘也。
【黬】五咸切。釜底黑也。
◎黬，五咸切。釜底黑。
【黫】於顏、於仁二切。黑也。亦作䵤。
◎黫，於顏、於仁二切。黑也。亦作䵤。
【䵴】余證切。面黑也。
◎䵴，余證切。面黑也。
【黐】力頰切。竹裏黑。
◎黐，力頰切。竹裏黑。
【黭】丑合切。《晉書》有黭伯。
◎黭，丑荅切。人姓。晉有黭伯。
【黳】於兮切。小黑子。
◎黳，於兮切。小黑也。
【黺】百昆切。黑黺也。
◎黺，百昆切。黑黺也。
【䴵】博名切，又音屏。
◎䴵，博名切，又音屏。黑飾。
●宋十行本作“得名切”。
【黊】烏圭切。汗黊也。
◎黊，烏圭切。汙黊也。
●底本“汗黊”疑當作“汙黊”。
【黖】呼恢切。
◎黖，呼恢切。淡黑，淺色也。
【䵽】五凶切。黑穴也。
◎䵽，五凶切。黑穴也。

【黅】巨今切。黄色也。
◎黅，巨今切。黄色也。
【黱】大登切。黑皃。
◎黱，大登切。黱黱，黑皃。
【黷】女容切。黑黷也。
◎黷，女容切。黑黷也。
【黕】之刃切。黑也。
◎黕，之刃切。黑也。
【黬】居奄切。黑也。
◎黬，居奄切。黑也。
【皯】各旱切。黑也。
◎皯，各旱切。黑色。
【黈】知柱切。點黈也。
◎黈，知柱切。點黈也。
【點】丁簟切。檢點也。
◎點，丁簟切。檢點。又上同。
【黶】烏忝切。黑子也。
◎黶，烏忝切。黑子也。
【黯】烏減切。深黑也。
◎黯，烏減切。黑也。
【赭】之夜切。黑也。
◎赭，之夜切。黑也。
【野】常與切。黑也。
◎野，常与切。黑也。
【黖】火袞切。黑也。
◎黖，火袞切。黑也。
【黯】於央切。淺黑也。
◎黯，於央切。淺黑色。
【黲】徒對切。黑雲行黲黲也。
◎黲，徒對切。黑雲行皃。
【䵷】普木切。色暗也。黙，同上。
◎䵷，普木切。色暗也。黙，同上。
【黦】紆弗切。黑皃。
◎黦，紆弗切。黑色。
【黵】莫北切。黑也。
◎黵，莫北切。黑也。
【墨】亡北切。以松煙造。
◎墨，亡北切。筆墨，以煙造。
○墨，以松烟造之。（《法華釋文》中）
【黢】七戍切。黑也。
◎黢，七戍切。黑也。
【黧】吕位切。墨色。
◎黧，吕位切。墨色也。
【黬】七活切。黑也。
◎黬，七活切。黑也。
【黰】初八切。黑也。
◎黰，初八切。黑也。
【黟】力活切。黑也。
◎黟，力活切。黑也。
【黓】踈士、於已二切。不明。
◎黓，踈士、於已二切。不明也。

赤部第三百三十

凡十八字

【赤】歯亦切。南方色也，朱色也。烾，《説文》赤。
◎赤，歯亦切。南方色也，朱色也。烾，《説文》赤。
○赤，朱也。（《法華釋文》下）
【赨】徒冬、與弓二切。赤色。絉，同上。
◎赨，徒冬、与弓二切。赤色。絉，同上。
【赩】呼木切。日出赤。
◎赩，呼木切。赤也。
【赧】女版切。面慙赤也。俗作赧。
◎赧，女版切。面慙赤也。亦作赧。
【赮】下加切。東方赤色也。亦霞。
◎赮，下加切。東方赤色也。亦作霞。
【赬】丑貞切。赤色也。䞓、浾，並同上。
◎赬，丑貞切。赤色也。䞓，同上。浾，同上。
【䞘】古旦切。赤色也。
◎䞘，古旦切。赤色。
【赭】之也切。赤土也。
◎赭，之也切。赤土也。
【赩】喜力切。赤白。又怒皃。
◎赩，喜力切。赤白色也。又怒皃。
【赨】羊朱切。色落也。又作渝。
◎赨，羊朱切。色落也。又作渝。
【䞵】呼域切。絳，似雀頭色。
◎䞵，呼域切。絳色，似雀頭色也。

【赫】呼格切。赤皃，盛也，旱也。
◎赫，呼格切。赤皃，盛也。
【赧】無匪切。赤赧也。
◎赧，無匪切。赤赧也。
【赥】許狄切。赤也。
◎赥，許狄切。赤也。

亦部第三百三十一

凡二字

【亦】以石切。臂也，胳也。今作掖，此亦兩臂也。又《書》云：亦行有九德。
◎亦，以石切。臂也，胳也。今作掖。此亦兩臂。又再也。
【夾】胡頰切。《説文》曰：盜竊懷物也。亦持也。又音閃。
◎夾，胡頰切。《説文》：盜竊也，物也。亦持也。又音閃。
○夾，顧野王云：夾在兩邊也。（《一切經音義》卷三十二）
●音閃者爲夾字，訓爲盜竊懷物，與夾不同字。此字頭混同，誤。

夨部第三百三十二

凡八字

【夨】壯力切。傾頭也，今並作側。
◎夨，壯力切。傾頭也。今並作側。
【奊】公節切。《説文》曰：頭傾也。《蒼頡》云：仡仡也。
◎奊，公節切。《説文》：頭傾也。《蒼頡》云：仡仡也。
【奊】胡結切。《説文》曰：頭衺骫奊態也。
◎奊，胡結切。頭衺態也。
【奊】力結切。奊奊也。
◎奊，力結切。奊奊，上同。
【吴】午胡切。《説文》曰：姓也。誤也。亦郡也。又大言也。㚧，古文。
◎吴，午胡切。姓也。亦郡也。㕦，古文。
●圓沙本“㕦”爲“㚧”之訛字。

【奭】具眉切。顧也，古字谓左右視也。
◎奭，具眉切。顧也，左右視。
【奥】俾折切。今作弼，弓戾也。
◎奥，俾折切。今作弼，弓戾也。

夭部第三百三十三

凡四字

【夭】倚苗切。少長也，舒和也。《説文》於矯切，屈也。又折也。
◎夭，倚苗切。少長也，舒和也。於矯切，屈也。又折也。
○夭，《玉篇》云：又折也。於矯切。（《釋名疏證》卷八）
【喬】巨嬌切。高也。又喬木。《爾雅》云：如木楸曰喬。又居喬切。
◎喬，巨嬌切。高也。又喬木。又居喬切。
【幸】户耿切。遇也。吉而免凶曰幸，故死謂之不幸。又天子所至也，御所親愛也。或作婞。今作幸。
◎幸，户耿切。遇也。吉而免凶曰幸。又天子所至也。或作婞。今作幸。
【奔】布昆切。走也，以罪走出他國曰奔。今作奔。
◎奔，布昆切。走也，以罪走出他國曰奔。今作奔。

交部第三百三十四

凡五字

【交】古肴切。共也，更也，合也，道也。或作詨。
◎交，古爻切。合也，互也，更也，道也。或作詨。
【䆀】于非切。《説文》云：衺也。
◎䆀，于非切。《説文》：衺也。
【絞】古卯切。絢絞，繩索也，切也，縊也。又乎交切，殺也。
◎絞，古卯切。絢絞，繩索也。又縊也。又乎交切，殺也。

●“絢絞”疑當作“絢絞”。
【奾】火干切。古肝字。
◎奾，火干切。古肝字。
【䘗】許維切。恣也。或爲睢。
◎䘗，許維切。恣也。或爲睢。

尣部第三百三十五

凡三十三字

【尣】烏光切。跛曲脛也。又僂也，短小也。俗作允。尪，同上。
◎尣，烏光切。跛曲脛也。又僂也，短小也。俗作兀。尪，同上。
○尪，僂也，短小也。烏光反。（《三部經音義集》二）
●“兀”疑誤。
【尳】乎没切。膝疾也。
◎尳，乎没切。膝疾也。
【尬】布左切。蹇也。今作跛。
◎尬，布左切。蹇也。今作跛。
【尮】子賀切。行不正。
◎尮，子賀切。行不正。
【尦】余昭、弋照二切。行不正。
◎尦，余昭、弋照二切。行不正也。
【尲】佳咸、公炎二切。尲尬，行不正。
◎尲，佳咸、公炎二切。行不正也。
【尬】公拜、公鎋二切。尲尬。
◎尬，公拜、公鎋二切。尲尬。
【尥】平交、力弔二切。牛行後脛相交。
◎尥，平交、乃弔二切。牛行後脛相交也。
○尥，行脛相交也（《法華釋文》下）
●圓沙本“乃弔”疑當作“力弔”。
【尵】達奚切。不能行，爲人所引。
◎尵，達奚切。不能行，人所引也。
【尶】户圭切。不能行，爲人所尵尶。
◎尶，户圭切。不能行，人所尵尶也。
【尵】都兮切。尵尶。
◎尵，都兮切。尵尶也。
【尪】於于切。股尪也。
◎尪，於于切。股尪也。
【尷】力臥、力爲二切。膝疾也。
◎尷，力臥、力爲二切。膝疾。
【尰】市腫切。足尰也。亦作瘇。尰，同上。
◎尰，市腫切。足尰。亦作瘇。尰，同上。
【尯】烏潰切。尯尵，病痱。
◎尯，烏潰切。尯尵，病痱也。
【尵】他潰切。尯尵。
◎尵，他潰切。允然坐定皃。
●圓沙本“允然”疑當作“尣然”。
【尯】丘僞切。尬也。
◎尯，丘爲切。尬也。
【尯】飢蟻切。一足曰尯也。今爲踦。
◎尯，飢蟻切。一足也。今爲踦。
【尯】丑孝切。蹇也。或作踔。
◎尯，丑孝切。蹇也。或作踔。
【尯】烏感切。蹇也。
◎尯，烏感切。蹇也。
【尯】呼恢切。尯尵，馬病。
◎尯，呼灰切。尯尵，馬病也。
【尵】徒隈切。馬病也。尵，同上。
◎尵，徒隈切。病坐皃。尵，同上。
【尯】在果切。
◎尯，在果切。尣坐也。
【尯】丘委切。
◎尯，丘委切。尢立皃。
●圓沙本當作“尣立皃”。
【尯】郎臥切。尯，不止。
◎尯，郎臥切。尯，不正也。
●“不止”，澤存堂本作“不正”。
【尯】步臥切。仆也。又步候切。
◎尯，步臥切。仆也。又步候切。
【尯】呼恢切。豬尯也。
◎尯，呼恢切。豬尯地也。
【尯】巨逆切。倦尯。
◎尯，巨逆切。倦尯也。
【尯】於干切。辛苦行不得皃。
◎尯，於千切。辛苦行不得皃。
【尯】丁臥切。尯尣也。
◎尯，丁臥切。尯尣也。

補

○獻𤅝，又《切韻》《玉篇》上牛召反，下立召反。舉頭獻𤅝，不安也。（《龍龕手鏡》卷四）

壹部第三百三十六

凡三字

【壹】伊日切。專壹也，聚也，合也，皆也，誠也。

◎壹，伊日切。專壹也，聚也，合也，皆也，誠也。

【懿】倚秩、於既二切。貪也。

◎懿，倚秩、於既二切。貪也。

【懿】於冀切。美也，大也，專久而美也。

◎懿，於冀切。專久而美也。

叀部第三百三十七

凡六字

【叀】職緣切。自是也，小謹也，擅也，獨也，業也，壹也。今作專。𡴀、𠭖，並古文。

◎叀，職緣切。自是也，小謹也，擅也，獨也，業也，壹也。今作專。𡴀、𠭖，並古文。

【疐】竹利切。跲也，仆也，礙不行也。或作躓。一本作疐。

◎疐，竹利切。跲也，仆也，礙不行也。或作躓。一本作疐。

【惠】玄桂切。愛也，仁也，從也，慈也，恩也，賙之衣食曰惠。又作憓。𢝊，古文。

◎惠，玄桂切。愛也，仁也，賜也，慈也，恩也，賙之衣食曰惠。又作憓。𢝊，古文。

○惠，愛也，仁也，慈也，恩也。又作慧，同。玄桂反。（《三部經音義集》一）

丶部第三百三十八

凡五字

【丶】知柱切。點丶也，有所記而識之。

◎丶，知柱切。點也，有丶記而識之。

【主】之乳切。家長也，典也，領也，君也，守也，天子之女曰公主也。

◎主，之乳切。家長也，典也，領也，君也，守也，天子女曰公主。

○主，《玉篇》：主，親也，典領也。天子嫁女，同姓諸侯主之，故謂公主。又守也。（《一切經音義》卷二十七）

【杏】妨走、他豆二切。相與語，唾而不受也。音，同上。

◎杏，妨走、他豆二切。相与語，唾而不受也。音，同上。

【卞】皮變切。法也。又縣名。

◎卞，皮變切。法也。又地名。

丹部第三百三十九

凡七字

【丹】多安切。朱色。𠂁、彬，並古文。

◎丹，多安切。朱色也。冋、彬，並古文。

【雘】於縛切。《山海經》云：雞山，其下多丹雘。《說文》云：美丹也。

◎雘，於縛切。《山海經》：雞山下多丹雘。《說文》：美丹。

【彤】徒冬切。丹飾也，赤色。蚒，同上。

◎彤，徒東切。丹飾也，赤色。蚒，同上。

【股】補姦切。古班字，賦也。

◎股，補姦切。古班字，賦也。

青部第三百四十

凡四字

【青】千丁切。東方色。四時春爲青陽。岺，古文。

◎青，千丁切。東方色也。四時春爲青陽。岺，古文。

【䨼】呼故切。青屬。又青䨼，山名。

◎䨼，呼故切。青也。又青䨼，山名。

【靜】疾井切。審也，謀也，息也。

◎靜，疾井切。審也，謀也，息也。

○靜，顧野王云：静，安也，治也，息也，

和也，思也。(《一切經音義》卷六十六)
〇静，《玉篇》云：静，思也，息也，安也。(《一切經音義》卷一)

氏部第三百四十一

凡二字

【氏】承紙切。巴蜀謂山岸欲墮曰氏，崩聲也。又姓氏。
◎氏，承紙切。蜀呼山岸欲墮曰氏，崩声。又姓氏。
【㕟】居月切。木本也。今作厥。
◎㕟，居月切。木本也。今作厥。

氐部第三百四十二

凡四字

【氐】丁兮切。至也，本也。又丁禮切。
◎氐，丁兮切。至也。又丁礼切。
【𣎵】於進切，又竹四切。仆也。
◎𣎵，於進切，又竹四切。仆也。
【𢙽】知栗、大結二切。觸也。
◎𢙽，知栗、大結二切。觸也。
【𣪠】乎孝切。《聲類》云：誤也。
◎𣪠，乎孝切。《声類》云：誤也。

大廣益會玉篇
卷第二十二

凡十四部

山部第三百四十三

凡二百九十六字

【山】所姦切。高大有石曰山。山，宣也，產也，散氣以生萬物也。
◎山，所姦切。高大有石曰山。山，宣也，產也，散氣以生萬物也。
◑山，所間反。《周易》：艮爲山。《周禮》：大司徒掌辨其山林。鄭玄曰：積石曰山。《韓詩》：土高大有石曰山。《説文》：山者，宣也。宣氣散，生萬物。有石而高也。《廣雅》：山，產也。
○山，土高大有石曰山。(《類》135)
【嶽】牛角切。五嶽也，王者巡守所至之山。岳，同上。峇，同上。岊，古文，出《説文》。
◎嶽，牛角切。五嶽也，王者巡守所至山。岳，同上。峇，同上。岊，古文，出《説文》。
◑嶽，牛角反。《尚書》：二月東巡狩至于岱宗，五月南巡狩至于南岳，八月西巡狩至于西岳，十有一月北巡狩至于北岳。《爾雅》：泰山爲東嶽，霍山爲南岳，華山爲西岳，恒山爲北岳，嵩高［山］爲中岳。《白虎通》：岳之言捔也，（捔）功德也。《説文》：王者巡狩所至之也。《尚書》：帝曰咨，四岳。野王案：四岳，官名也。岳，《説文》古文嶽字也。
○嶽，岳也，㣭［捔］也。岳，古文。(《類》136)
【岱】徒載切。泰山也。
◎岱，徒載切。泰山。
◑岱，徒戴反。《尚書》：歲二月，東巡狩，至于岱宗。范寧曰：宗，太山也。
【峱】奴刀切。山名。又犬也。嶩，同上。嶩，同上。
◎峱，奴刀切。山名。又大也。嶩，同上。嶩，同上。
◑峱，奴高反。《毛詩》：遭我乎峱之間兮。《傳》曰：峱，山間名也。《説文》：峱，山在齊也。嶩，《字書》亦峱字也。嶩，《聲類》亦峱字也。
●圓沙本“大”當作“犬”。
【島】丁了、多老二切。海中山，可居也。
◎島，丁了、多老二切。海中山，可居。
◑島，都皎、都道二反。《尚書》：島夷皮服。孔安國曰：海曲謂之島，居島之夷還復其服也。《説文》：海中往往有山，可依止曰島。到也，亦言鳥也，（人）物趍謂之鳥下。野王案：《史記》横入海居島中是也。古文爲隝字，阜部也。
【嶧】余石切。山在魯國鄒縣。
◎嶧，余石切。山在魯國鄒縣。
◑嶧，餘石反。《爾雅》：山属者曰嶧。郭璞曰：言若駱嶧相属也。《音義》曰：今魯國鄒縣有嶧山，東海下邳。《夏書》曰嶧陽孤相［桐］是也。
【嵎】牛俱切。山在吴越也。
◎嵎，牛俱切。山在吴越。
◑嵎，遇俱反。《國語》：防風氏，住［汪］苞［芒］氏之君，守封嵎之山者也。賈逵曰：山在吴越之間也。
【嶷】魚其切。九嶷山，舜所葬，在零陵營道縣也。又魚力切。亦作嶷。
◎嶷，魚其、魚力二切。九嶷山，舜所葬，在零陵營道縣。亦作嶷。
◑嶷，魚其反。《楚辭》：道幽路兮九嶷。《説文》：舜所葬，在零陵，葬營道縣。岐嶷爲嶷字，在口部，音魚極反。
【岷】武巾切。山名，江水所出。㟩，同上。

䫱，同上。
◎岷，武巾切。山名，江水露。㟭，同上。䫱，同上。
◑㟩，明巾反。《山海經》：㟭山，江水出焉。郭璞曰：今在汶山郡廣陽縣西，大江所出也。㟭，《字書》亦㟩字也。
【屼】居擬切。女屼山。
◎屼，居擬切。女屼山。
◑屼，居擬反。《山海經》：女屼之山，弱水出焉。
【崋】户瓜切。西嶽。又户化切。
◎崋，户瓜切。西岳。又户化切。
◑崋，胡麻反。《爾雅》：南華山。《說文》：在弘農（華）陰晉［西南］。
【巀】才結切。山，高陵也。又才葛切。
◎巀，才結切。高陵也。又才葛切。
◑巀，時結反。《毛詩》：巀彼南山。《傳》曰：高峻皃也。《說文》：巀嶭［嶭］山，在馮翊池陽縣也。
【嶭】五結切。巀嶭也。
◎嶭，五結切。巀嶭，山高也。
◑嶭，伍結反。《說文》：巀嶭，山名也。《說文》：山名，在左馮翊谷口。
【嵏】子公切。山名。㚇，同上。
◎嵏，子公切。山名。㚇，同上。
○嵏，子公反。九嵏。（《類》143）
【崞】音郭。山在鴈門。
◎崞，音郭。山名。
◑㟝，公霍反。《說文》：崞山，在雁門也。
【崵】余章切。首崵山，在遼西。
◎崵，余章切。首崵山，在遼西。
◑崵，餘章反。《說文》：首崵山，在尞［遼］西。一曰嵎鐵陽谷也。野王案：《論語》餘［餓］死于首崵之山是也。
【岵】胡古切。山多草木。
◎岵，胡古切。山多草木。
◑岵，胡都反。《毛詩》：陟彼岵兮。《傳》曰：山无草木曰岵。《爾雅》：山多草木曰岵。《韓詩》：有木无草曰岵也。
【屺】去几切。山無草木。
◎屺，去几切。山無草木。
◑屺，去紀反。《毛詩》：陟彼屺兮。《傳》曰：山有草木曰（屺）。《韓詩》：有草无木曰屺。《說文》：山无草木曰屺也。
【嶨】苦卓切。山多大盤石也。亦作嶨。又音學。
◎嶨，苦卓切。山多大盤石。亦作礐。又音學。
◑嶨，苦學、胡角二反。《爾雅》：山多大石曰嶨。郭璞曰：山多磐石也。或爲礐字，在石部也。
【嶅】午刀切。山多小石。亦作磝。
◎嶅，午刀切。山多小石。亦作磝。
◑嶅，牛交反。《爾雅》：山多小石曰嶅。郭璞曰：多礓礫也。或爲磝字，在石部也。
【岨】七居切。石山戴土也。
◎岨，七居切。石山戴土也。
◑岨，且居反。《毛詩》：陟彼岨矣。《傳》曰：石山戴土曰岨。《字書》或爲宜字，在穴部。
○岨，且居反。石戴土也。（《類》143）
【岡】古郎切。山脊也。俗作崗。
◎岡，古郎切。山脊。俗作崗。
◑岡，古唐反。《毛詩》：陟彼高岡。《傳》曰：山脊曰岡。《爾雅》亦云。郭璞曰：謂長山背也。《韓詩》：列施曰岡。《廣雅》：岡，阪也。
○崗，山背曰崗。（《類》140）
【岑】士今切。山小而高也。
◎岑，士今切。山小而高。
◑岑，仕金反。《爾雅》：山小而高曰岑。郭璞曰：言岑岑然也。《方（言）》：岑，大也。郭璞曰：岑崟，峻皃也。《漢書》：我頭岑岑，无有毒耶？野王案：岑岑，痒痺之意也。
○岑，仕僉［金］反。大也，山小高也。（《類》136）
【崒】才律切。峰頭巉嵒也。
◎崒，才律切。峰嵒崒嵂也。
◑崒，子恤反。《爾雅》：崒者厜［厜］㕒。郭璞曰：謂山崒頭巉［峰頭巉巖］也。野王案：《毛詩》山冢崒崩是也。
【巒】力丸切。《楚辭》云：登石巒以遠望兮。

◎巒，力丸切。山峰也。《楚辭》：登石巒以遠望兮。
◑巒，力官反。《爾雅》：山如巒山擠［嶞］。郭璞曰：山脊長者，荊州謂之巒。《説文》：小而高也。野王案：《楚辭》登巒山而遠望是也。
○巒，小而高也。(《類》143)
【密】眉筆切。山形如堂。峃，同上。
◎密，眉筆切。山形如堂。峃，同上。
◑密，靡筆反。《爾雅》：山如堂者曰密。郭璞曰：形似堂也。《尸子》曰：松柏之鼠，不知堂之有義［美］樅者是也。竫定之密字爲宻字，在穴部也。
○密，靡筆反。山如堂。(《類》137)
○密，厚也。(《法華釋文》下)
【岫】似又切。山有巖穴。
◎岫，似又切。山有巖穴。
◑岫，祀又反。《爾雅》：山有穴爲岫。郭璞曰：爲巖穴也。籀文爲宙字，在穴部。
○岫，山有穴。(《類》138)
【㠭】士眼切。危高皃。峨，同上。
◎㠭，士眼切。危高皃。峨，同上。
◑㠭，仕板、仕眼二反。《説文》：后［九］高也。
【峻】思俊切。嶮峻也。陖，同上。
◎峻，思俊切。嶮峻也。陖，同上。
◑峻，思駿反。《尚書》：峻寓彫牆。孔安國曰：峻，高大也。《毛詩》：爲下國峻［駿］后［庬］。《箋》云：峻［駿］之言俊也。又曰：不峻其德。《傳》曰：峻，長也。《爾雅》：峻，速也。郭璞曰：峻猶迅速，亦疾也。險峭之峻爲陖字，在阜部也。隮，《説文》亦峻字也。
○峻，長也，高大也，險也，峭也，高也，速也。(《類》138)
【嶞】天果切。小山也。又徒果切。
◎嶞，天果切。小山。又徒果切。
◑嶞，同果反。《毛詩》：嶞山高［喬］岳。《傳》曰：嶞山，隋隋者也。《説文》：山之施施者也。
【崟】宜金切。高也。
◎崟，宜金切。高也。
◑崟，宜金反。《楚辭》：嶔崟崎峨。王逸曰：山阜陬隈者也。《廣雅》：崟，高也。
【崛】魚勿切。山短高皃。又特起也。
◎崛，魚勿切。山短高皃。又特起。
◑崛，魚屈反。《説文》：短高皃也。《埤蒼》：時起也。野王案：《史記》堀然獨立，塊然獨起是也。
【崇】士隆切。重也，尊也，衆也，積也，序立也。㓽，同上。
◎崇，士隆切。重也，尊也，衆也，序立也。㓽，同上。
◑崇，仕隆反。《尚書》：乃崇隆罪疾。孔安國曰：崇，重也。《爾雅》亦云。郭璞曰：增崇所以爲重疊者也。又曰：其敢崇飲。孔安國曰：崇，聚也。《考工記》：戈崇於軫四尺。鄭玄曰：崇，高也。《爾雅》亦云。郭璞曰：《左傳》師叔楚之崇。是［崇］，立也。《箋》云：崇，序也。《儀禮》：再拜，崇酒。鄭玄曰：崇，充也。《爾雅》亦云。郭璞曰：念思前世之崇。賈逵曰：崇，就也。替，廢也。又曰：爲小而崇。賈逵曰：崇猶積也。又曰：容皃之崇。賈逵曰：崇，致也。《禮記》：崇賈事宗廟。鄭玄曰：崇猶尊也。《爾雅》：道也。八達謂之崇。郭璞曰：四道交出者也。《説文》：崇，嵬也。㓽，《説文》崇字，山或在宗下也。
【嶵】才賄切。山皃。
◎嶵，才賄切。嵔嶵，山皃。
◑嶵，徂隗反。《説文》：嶵，山皃也。
【嶨】口沃切。山皃。
◎嶨，口沃切。山皃。
◑嶨，口沔反。《説文》：山皃也。一曰山谷也。
【嶞】他果切。山皃。
◎嶞，它果切。山皃。
◑嶞，他果反。《説文》：山皃也。
【㠣】力制切。巍也。
◎㠣，力制切。巍也。
◑㠣，力制反。《説文》：㠣，巍也。
●㠣同㠣。

【巖】午衫切。積石皃也，峰也。
◎巖，午衫切。積石皃也，峰也。
◑巖，牛芟反。《尚書》：説築傅巖之野。孔安國曰：傅氏之巖在虞虢之界。《毛詩》：惟石巖巖。《傳》曰：巖，峰也。或爲礹字，在石部。《漢書》：游於巖廊之上。文穎曰：巖廊，殿下小屋也。晉灼曰：堂邊廉曰巖，巖謂巖峻之廊也。
○巖，岩，古喦。《玉篇》同。巖，五銜反。峰也，險也，峻也，崿也。（《龍龕手鏡》卷一）
【喦】宜咸切。山巖也。
◎喦，宜咸切。山岩。
◑喦，牛咸反。《説文》：喦，巖也。《左氏傳》：宋鄭之間有隙地曰暢、喦也。
【嵬】力罪切。嵬崋，山形。又力水切。㠑，同上。
◎嵬，力罪切。山形。又力水切。㠑，同上。
◑嵬，力隗反。《説文》：嵬，崋也。《埤蒼》：嵬崋，山名也。
【嵯】才何切。嵯峨，高皃。
◎嵯，才何切。嵯峨，高皃。
◑嵯，慈柯反。《楚辭》：山氣巃（嵸兮）石嵯峨。王逸曰：巀嶭，峻蔽日也。《説文》：山皃也。《廣雅》：嵯峨，高也。
○嵯，慈柯反。（《類》143）
【峨】五何切。嵯峨。
◎峨，五何切。嵯峨。
◑峨，五多反。《楚辭》：冠浮雲之峩峩。王逸曰：高皃也。《説文》：嵳峩也。
○峨峨，高山皃也。（《三教指歸注》六31）
【崢】口耕切。石谷也。
◎崢，口耕切。石谷。
◑崢，楷耕反。《説文》：谷也。
【崝】仕耕切。崝嶸，高峻皃。崢，同上。
◎崝，仕耕切。崝嶸，高峻皃。崢，同上。
◑崝，仕耕反。《淮南》：城埍者必崩，岸崝者必陁。許叔重曰：崝，陗也。《方言》：崝，險高也。郭璞曰：崝嶸，高峻之皃也。《廣雅》：崝嶸，深冥也。崢，《字書》亦崝字也。
【嶸】户萌切。崝嶸。嵤，同上。
◎嶸，户萌切。崝嶸。嵤，同上。
◑嶸，胡萌反。《楚辭》：下崢嶸而無地。王逸曰：沈淪幽冥。嵤，《聲類》亦嶸字也。
【岊】子結、才結二切。高山皃。
◎岊，子結、才結二切。高山皃。
◑岊，子結、似結二反。《説文》：陬禺而高下之節也。
【岪】扶勿切。山皃。
◎岪，扶勿切。山皃。
◑岪，扶弗反。《説文》：小［山］脅道也。
◑岪，扶弗反。《説文》：山脅道。《埤蒼》：岪欝，山皃也。野王案：《子虚賦》檗行岪欝是也。
●《殘卷》字條重出。
【嶅】亡刀切。丘也。或作嶅。
◎嶅，亡刀切。丘也。或作嶅。
◑嶅，亡刀反。《説文》：嶅，丘也。野王案：《爾雅》前高淩下曰嶅丘。《蒼頡篇》爲嶅［嶅］字，在土部。《埤蒼》：嶅隅而高。
【岣】古后切。岣嶁，衡山也。
◎岣，古后切。岣嶁，衡山也。
◑岣，古後反。《黄［廣］雅》：岣嶁謂之衡山也。
【嶁】力后切。山頂。
◎嶁，力后切。山頂。
◑嶁，力部反。《孟子》：一寸之木，可使高於岑婁。劉熙曰：岑婁，小山鋭頂者也。《埤蒼》：山也。《字書》：岣嶁也。
○嶁，《玉篇・山部》引《孟子》：可使高於岑嶁。劉熙注：岑嶁，小山鋭頂者也。（《釋名疏證補》卷一）
【嶃】仕咸切。山石高峻皃。或作礹。
◎嶃，仕咸切。山石峻高。或作漸。
◑嶃，仕咸反。《毛詩》：嶃嶃之石。《傳》曰：石山高峻之皃也。《廣雅》：嶃嶃，高也。《説文》爲礹字，在石部也。
●圓沙本"漸"當作"礹"。
【峑】七全切。山巔。
◎峑，七全切。山巔。
◑峑，且泉反。《韓詩》：習習谷風，惟山峑原。峑原，山巔也。

【嶚】力幺切。嶚巢，山高。
◎嶚，力幺切。嶚巢，山高。
◑嶚，力彫反。《廣雅》：巢，高也。
【巢】士交切。嶚巢。
◎巢，士交切。嶚巢。
◑巢，仕交反。《廣雅》：嶚巢也。
【嶟】子昆切。山皃。
◎嶟，子昆切。山皃。
◑嶟，子昆反。《埤蒼》：嶟，山皃也。
【岬】古狎切。山旁也。亦作砰。
◎岬，古狎切。山旁。亦作砰。
◑岬，古狎反。（《淮南》）：仿佯山崥之旁也。~~左思吳客~~許叔重曰：崥山旁也。左思《吴客賦》：倒岬岫。劉逵曰：岬，兩山間也。《埤蒼》爲砰字，石部。
【崆】口公、口江二切。山皃。
◎崆，口公、口江二切。山皃。
◑崆，口公、口江二反。《字書》：崆峒，山皃也。
【嵊】仕力切。嵊嶷也。
◎嵊，仕力切。嵊嶷也。
◑嵊，仕力反。《字植［指］》：嵊嶷也。
【崣】他罪切。山長也。
◎崣，它罪切。山長。
◑崣，他罪反。《字書》：長皃也。
【嶇】乎古切。山廣皃。
◎嶇，乎古切。山廣皃。
◑嶇，胡皷反。《爾雅》：山庳而大曰嶇。郭璞曰：嶇，廣皃也。《説文》古文扈字，邑部也。
【嶠】巨苗切。峻也，形似橋。
◎嶠，巨苗切。峻也，形似橋。
◑嶠，渠驕反。《爾雅》：山鋭而高嶠。郭璞曰：言殲峻也。《釋名》：言形似橋也。
【嶧】比吉切。南山道。
◎嶧，比吉切。南山道也。
◑嶧，比結［浩］反。《爾雅・釋山》：嶧，堂篖。郭璞曰：今終南山道名嶧，其邊若堂之篖也。
●"南山道" 疑有脱文。
【巇】許奇切。嶮巇，巔危也。
◎巇，許奇切。嶮巇，巔危也。
◑巇，許奇反。《楚辭》：然芜蔑而險巇。王逸曰：險巇猶危也。《埤蒼》：巇，毁也。或爲䧈字，在阜部。或爲壚字，在土部。
○巇，許其反。（《類》143）
【嶭】方賣切。陒嶭，山形。
◎嶭，方賣切。陒嶭，山形。
◑嶭，方賣反。《字書》：陒也。
【嵟】下圭切。姓也。
◎嵟，下圭切。姓也。
◑嵟，下圭反。《埤蒼》：姓也。
【覆】父六切。覆也。
◎覆，父六切。山覆也。
◑覆，浮陸反。《字書》亦覆字也。覆，地室也，在穴［襾］部。或爲墣字，在土部。
【豳】悲貧切。公劉邑。
◎豳，悲貧切。周邑名。
◑豳，鄙珉反。《字書》亦邠字也。邠，公劉邑也，在邑部也。
【峭】七肖切。嶮也。亦作陗。
◎峭，七肖切。嶮也。亦作陗。
◑峭，且醮反。《聲類》亦陗字也。陗，峻也，阜部。
【嶅】巨支切。山名。古郊字。岐，同上。
◎嶅，巨支切。山名。古郊字。岐，同上。
◑嶅，渠宜反。《山海經》：隅陽之山東北二百五十里有嶅山。郭璞曰：今在右扶風美陽縣西。《説文》古文郊字，后稷之邑，在阜部也。岐，《毛詩》：克岐克嶷。《傳》曰：岐，嶷，知意也。《箋》云：岐岐然意有所出也。《爾雅》：道二達謂之岐旁。郭璞曰：嶅，道旁出者也。野王案：道支分也。《大戴禮》：行岐塗者不至，事兩君者不容，楊朱所爲慟哭者也。《説文》亦嶅字也。
【崤】户交切。晉要塞也。
◎崤，户交切。晉地要塞。
◑崤，胡交反。《尚書》：晉襄公師敗請［諸］崤諸。孔安國曰：要塞也。杜預注《氏左傳［左氏傳］》：在弘農黽池縣西。《字書》或爲殽字，在殳部。
【嵔】牛罪切，又牛回切。高皃。亦作嵬、峗。

◎嵔，牛罪切，又牛回切。高皃。亦作嵬、峗。

◑嵔，牛非、五雷二反。《字書》亦陮字也。陮，石戴土也。野王案：崔嵬今亦爲嵔字，在嵬部。陮，在阜部也。

【岋】五虧切。人在山上。今作危。岉，同上。

◎岋，五虧切。在高山上。今作危。岉，同上。

◑岋，五虧反。《聲類》：人在山上也。以爲古文危字。危，在危部。

【岪】才卜切。古族字。

◎岪，才卜切。古族字。

◑岪，叙鹿反。《字書》古文族字也。族，類也，縣也。在（㫃）部也。

【崨】才接切。山皃。

◎崨，才接切。山皃。

◑崨，牛［才］挍［接］反。《字指》：崨業，美山皃也。

【岺】所几切。古使字。

◎岺，所几切。古使字。

◑岺，所几反。《字書》古文使字也。使，從役也，𢓴［令］也。在人部。

【嶆】古刀切。嶆崪，亭。

◎嶆，古刀切。嶆崪，亭也。

◑嶆，古褱反。《埤蒼》：嶆窂。

【崪】力刀切。嶆崪。

◎崪，力刀切。嶆崪。

◑崪，力高反。《埤蒼》：嘷哰，古亭，在上艾。山嶆崪也。

【巋】丘追切。山小而衆。

◎巋，丘追切。山小而衆也。

◑巋，丘追反。《爾雅》：山小而衆曰巋。郭璞曰：小山藂罪［崋］者也。

【崧】思融切。中岳也。嵩，同上。

◎崧，思融切。中岳也。嵩，同上。

◑崧，思隆反。《爾雅》：山大而高崧。郭璞曰：今中岳崧高山，蓋依名也。嵩，《毛詩》：嵩高惟岳。《傳》曰：山大而高曰嵩。《爾雅》：嵩，高也。又曰：嵩高山爲中岳。《字書》亦崧字也。

【崴】烏乖切。崴𡾋猶崔嵬，不平也。

◎崴，烏乖切。崴𡾋，不平也。

◑崴，烏懷反。《楚辭》：軫石崴㟪［嵬］。王逸曰：猶崔嵬也。

【𡾋】户乖切。崴𡾋。

◎𡾋，户乖切。崴𡾋也。

◑𡾋，胡乖反。《埤蒼》：崴𡾋，不平也。

【嶓】布佐、布何二切。山名。

◎嶓，布佐、布何二切。山名。

◑嶓，補佐、補何二反。《尚書》：梁州，岷嶓既藝。孔安國曰：嶓冢，山名也。

【嘽】丁安切。嘽孤山。

◎嘽，丁安切。嘽孤山也。

◑嘽，丁安反。《山海經》有嘽孤之山。

【峡】於兩切。山足也。

◎峡，於兩切。山足。

◑峡，於仰反。《埤蒼》：峡崥，山足也。

【嵐】力含切。大風也。又岢嵐，山名。

◎嵐，力含切。大風。又岢嵐，山名。

【崥】方爾切。峽崥，山足也。又步兮切，崥㠑。

◎崥，方爾切。峽崥，山足也。

◑崥，方尔反。《埤蒼》：峡崥也。

●"峽崥"疑當作"峡崥"。

【峎】力唐切。冬至日所入峻峎之山。

◎峎，力唐切。冬至日所入峻峎之山。

◑峎，力唐反。《淮南》：日冬至入於峻峎之山也。

【岭】力丁切。岭嶒，山深小皃。

◎岭，力丁切。岭嶒，山深小皃。

◑岭，力丁反。《甘泉賦》：岭嵤嶙峋洞無厓。《埤蒼》：岭嵤，深皃也。

【巉】士衫切。巉巖，高危。

◎巉，士衫切。巉巖，高危。

◑巉，仕芟反。《楚辭》：深谷巉巖水增波。王逸曰：崎岖山間爲險阻崛也。《廣雅》：巉巖，高也。

【岌】魚及切。山高皃。

◎岌，魚及切。山高皃。

◑岌，魚及反。《爾雅》：小山岌。郭璞曰：謂過高也。《韓詩》曰：四牡岌岌。盛皃也。《楚辭》：高余冠之岌岌。王逸曰：岌岌，高皃也。《孟子》曰：天下殆哉，岌乎。劉熙曰：語者之聲，岌岌然也。司馬注《莊子》：殆、岌皆危也。《漢書》：岌岌其國。應劭曰：岌岌，欲毀壞意也。《埤蒼》以訓危爲圾字，在及［土］部。

【嶫】魚怯切。岌嶫。

◎嶫，魚怯切。岌嶫。

【崌】音居。山名。

◎崌，音居。山名。

◑崌，舉餘反。《山海經》：邛來山東有崌山，江水出焉。郭璞曰：北江也。

【崐】古魂切。崐崘，山名。

◎崐，古魂切。崐崘，山名。

◑崐，古魂反。《尚書》：火炎崐山，玉石俱焚。孔安國曰：崐山出玉。《山海經》：崐崘之丘，是實惟帝之下都。《爾雅》：北方之美者，有崐崘墟之璆琳琅玕焉。又曰：丘三成爲崐崘丘。郭璞曰：崐崘山三重，故以爲名也。

【崘】力昆切。崐崘。

◎崘，力昆切。崐崘。

◑崘，力昆反。崐崘也。

【巘】魚偃切。《爾雅》曰：重巘隒。謂山形如累兩甑皃。

◎巘，魚偃切。《尔雅》：重巘隒。謂山形如累兩甑皃。

◑巘，魚優反。《毛詩》：陟彼在巘。《傳》曰：小山别於大山者也。《爾雅》：重巘，隒。郭璞曰：山形如累兩甑也。又曰：昆蹄研，(善升）甗。《釋名》：甑一孔曰甗，山孤處以之爲名也。

【崦】衣廉、衣檢二切。《山海經》云：鳥鼠同穴山西南三百六十里曰崦嵫山。崦，同上。

◎崦，衣廉、衣撿二切。《山海經》：崦嵫山。崦，同上。

◑崦，猗廉、猗檢二反。《山海經》：鳥鼠同穴山西南三百六十里曰崦嵫之山。郭璞：日所入也。崦，《楚辭》：望崦嵫而勿迫。王逸曰：山名。下有豪［蒙］水，中虞渕，日所入也。野王案：此三亦崦字也。

【嵫】子思切。崦嵫山。

◎嵫，音茲。崦嵫山，日出處。

◑嵫，子辞反。《埤蒼》：崦嵫山也。

【峘】户官切。大山也。

◎峘，户官切。大也。

◑峘，胡端反。《爾雅》：大山曰峘也。

【嶢】午幺切。高峻皃。

◎嶢，午久切。高峻皃。

◑嶢，□條反。《方言》：嶢，高也。郭璞曰：嶕嶢，高峻皃也。《廣雅》：堯，嶢也。嶢嶢，危。

●圓沙本“午久切”疑當作“午幺切”。

【巃】力孔、力空二切。巃嵸，嵯峨皃。

◎巃，力孔、力空二切。巃嵸，嵯峨皃。

◑巃，力孔、力空二反。《楚辭》：山氣巃嵸，石嵯峨。王逸曰：岑喿［崟］(嵾）嵯，雲滃鬱也。

【嵸】即孔、即空二切。巃嵸。

◎嵸，即孔、即空二切。巃嵸。

◑嵸，即孔、即空二反。《上林賦》：崇山巃嵸崔嵬。《埤蒼》：巃嵸，高皃。

○嵸，即空反。高也。(《類》139)

【嶜】子心切。高大皃。

◎嶜，子心切。山高皃。

◑嶜，子心反。揚雄《羽獵賦》曰：玉石嶜崟。《埤蒼》：嵴山嶙峋，洞无厓。埤皃也。《字指》：高大皃也。

【嶙】力因切。嶙峋，深崖皃。又力忍切。亦作嶙。

◎嶙，力因切。嶙峋，深崖皃。又力忍切。亦作嶙。

◑嶙，力因反。《甘泉賦》：岭嶒嶙峋，洞无厓。《埤蒼》：嶙峋，深无厓也。

【峋】思遵切。嶙峋。

◎峋，思遵切。嶙峋，深崖。

◑峋，思遵反。《埤蒼》：嶙峋也。

【岻】直夷切。山名。

◎岻，直夷切。山名。

◑岻，高［直］夷反。《左氏傳》：觀兵於岻箕之山。

【峛】力爾切。峛崺，山卑長也。或作邐池。

◎峛，力爾切。峛崺。或作邐池。

◑峛，閭是反。韓嬰説《詩》山峛峗者即。《爾雅》：所説山脊也。《甘泉賦》：登降峛峗。《埤蒼》：峛峗，沙丘也。《字指》：卑而長。《爾雅》作邐字也，在方［辵］部也。

【峗】弋爾切。峛峗。

◎峗，弋爾切。峛峗，山卑長。

◑峗，餘是反。《字指》：峛峗也。或作迆字，在辵部。

【峉】士百切。峉峉，山皃。

◎峉，士百切。峉峉，山皃。

◑峉，仕百反。《埤蒼》：峉峉，山不齊也。

○峉，仕百反。山不齊。(《類》139)

【峉】五百切。峉峉。

◎峉，五百切。峉峉。

【崳】弋朱切。山名。

◎崳，弋朱切。山名。

◑崳，餘俱反。《埤蒼》：崳，沙山石也。

【嵁】五男、苦男、五感三切。嵁崿，見《魏都賦》。

◎嵁，五男、苦男、五感三切。嵁崿，見《魏都賦》。

◑嵁，五男、苦南二反。左思《魏都賦》：恒碣嵁崿於青雲［霄］也。

【㟤】子于切。㟤嵎，高崖也，山石相向。

◎㟤，子于切。崥嵎，高崖也，山石相向。

◑㟤，壯于反。《埤蒼》：㟤嵎，高厓也。《字指》：㟤嵎，不［山］石相向也。

【屺】丘利切。高皃。

◎屺，丘利切。高皃。

◑屺，丘止、丘史（二）反。《埤蒼》：高皃也。

【嶔】綺金切。嶔崟，山勢也。

◎嶔，綺金切。嶔崟，山勢。

◑嶔，綺金、苦嚴二反。《公羊傳》：昂［即］死（必）于散［殽］之嶔巖。野王案：山皁之勢也。《楚辭》嶔崟崎峨，《上林賦》嶔岑則傾是也。

【嵰】丘檢切。嵰嶮也。

◎嵰，丘檢切。嵰嶮切。

◑嵰，仕檢反。《埤蒼》：嵰嶮，厂巖也。《字指》：嵰，山不平也。

●圓沙本“嵰嶮切”當作“嵰嶮也”。

【嶮】魚檢切。山嶮也。

◎嶮，魚檢切。山嶮。

◑嶮，魚檢反。《埤蒼》：嵰嶮也。

○嶮，魚檢反。嵰。(《類》140)

【嶼】似與切。海中洲。

◎嶼，似與切。海中洲。

◑嶼，辞旅反。《吴客賦》：島嶼綿邈。劉逵曰：海中洲也。一曰海中山也。魏武云覽島嶼之所所有是也。

【嵇】户雞切。山名。

◎嵇，户雞切。山名。

◑嵇，胡雞反。《埤蒼》：山也。亦姓也。

【嶊】子罪切。山林崇積之皃。

◎嶊，子罪切。山林崇積皃。

◑嶊，子罪反。《甘泉賦》：(雲譎）波詭，嶊（嶉）而成觀。《漢書音義 》曰：山林之崇積之也。

【嵔】於鬼切。嵔嶉，高也，山高下盤曲皃。

◎嵔，於鬼切。嵔嶉，高也，山高下盤曲皃。

◑嵔，於鬼反。《莊子》：嵔嶉。司馬彪曰：山高下盤回之形也。《上林賦》：嵔磈嵬崴也。

【嶉】子誄切。嵔嶉也。

◎嶉，子誄切。嵔嶉。

◑嶉，子誄反。《莊子》《埤蒼》：嵔、嶉、嶊，高皃也。

【巑】在丸切。巑岏，鋭上也，高也。

◎巑，在丸切。巑岏，鋭上也，高也。

◑巑，在丸反。《楚辭》：登巑岏以長企。王逸曰：巑岏，鋭山。

【岏】牛丸切。巑岏。

◎岏，牛丸切。巑岏。

◑岏，牛丸反。《廣雅》：巑岏，高也。

【豺】仕皆切。山在平林也。

◎豺，仕皆切。山在平林。

◑豺，士皆反。《埤蒼》：豺山，在平林也。

【㟧】魚蹇切。殿臺之勢也。

◎㟧，魚蹇切。殿臺之勢。

【屼】五骨切。嵣屼，秃山也。

◎屼，五骨切。⿰山窟屼，秃山。
◑屼，五骨反。《字指》：⿰山窟屼，秃山也。
〇屼，五骨反。山名。(《類》138)
【嵽】徒結切。嵽嵲，小而不安皃。
◎嵽，徒結切。嵽嵲，小而不安皃。
◑嵽，徒結反。《字指》：嵽嵲，小如不安也。野王案：《西京賦》直嵽嵲以高居是也。
〇嵽嵲，顧野王曰：不安也。（《六書故》卷五）
〇嵽嵲，《玉篇》云：嵽嵲，小而不安貌。(《分門集注杜工部詩》卷十二)
●《殘卷》“如”疑當作“而”。
【嵲】午結切。嵽嵲。
◎嵲，牛結切。嵽嵲。
◑嵲，牛結反。《字指》：嵽嵲也。
【⿰山窟】苦忽切。⿰山窟屼。
◎⿰山窟，苦忽切。⿰山窟屼也。
◑⿰山窟，口骨反。《字指》：⿰山窟屼，秃山也。
【嶰】胡買切。山不相連也。
◎嶰，胡買切。山不相連也。
【嶺】力井切。坂也。或作阾。
◎嶺，力井切。坂也。或作阾。
◑嶺，力井（反）。《廣雅》：嶺，陵也。野王案：《漢書》絕梓嶺西城有葱~~有葱~~嶺是也。《字書》爲阾字，在阜部。
〇嶺，陵也。(《類》136)
【崩】布朋切。壞也，毁也，厚也。亦堋字。
◎崩，布朋切。壞也，毁也，厚也。亦堋字。
◑崩，補朋反。《毛詩》：不虧不崩。《箋》云：崩，毁壞也。又曰：尔牧來思，於於[矜矜]兢兢，不騫不崩。《傳》曰：騫，曜[虧]也。崩，群疾也。《論語》：封分崩析離。孔安國曰：民有異心曰分。欲去曰崩。《爾雅》：崩，死也。《穀梁傳》：高曰崩。古文爲堋字，在阜部也。
◑堋，補朋反。《説文》古文崩字也。崩，壞，死也。在山部。
〇崩，補明反。(《類》138)
【崚】口升切。崚嶒，山皃。
◎崚，力升切。崚嶒，山皃。
●“口升切”，澤存堂本作“力升切”。
【嶒】疾陵切。崚嶒。
◎嶒，疾陵切。崚嶒也。
【⿰山兑】五江切。山名。又五東切。
◎⿰山兑，五江、五東二切。山名。
【嵣】徒郎切。山名。
◎嵣，徒郎切。山名。
【嵌】口銜切。坎傍孔也。又山巖。
◎嵌，口銜切。坎傍孔也。又山巖。
【⿰山聊】力幺切，又洛包切。山名。
◎⿰山聊，力幺切，又洛包切。山名。
【嶕】昨焦切。嶕嶢，山高。嶣，同上。
◎嶕，昨焦切。嶕嶢，山高也。嶣，同上。
◑嶣，辝焦反。《廣雅》：嶢嶤，高也。
【嶑】似兩切。山名。
◎嶑，似兩切。山名。
【⿰山午】虚語切。山也。
◎⿰山午，虚語切。山也。
【⿰山住】直主切。山名。
◎⿰山住，直主切。山名。
【⿰山坐】子卧切。山動也。
◎⿰山坐，子卧切。山動。
【⿰岵攴】姑户切，又古胡切。
◎⿰岵攴，姑户切，又古胡切。
【峎】五很切。山名。
◎峎，五很切。山名。
【⿰山鬼】於鬼切。
◎⿰山鬼，於鬼切。山形。
【峴】户顯切。山也。
◎峴，户顯切。山也。
【⿰山蹇】其展切。⿰山蹇嵼，山屈曲。又九輦切。
◎⿰山蹇，其展切。⿰山蹇嵼，山屈曲。又九輦切。
【嵼】所簡切。⿰山蹇嵼。
◎嵼，所簡切。⿰山蹇嵼。
◑嵼，魚産反。《西京賦》：坻崿嶙峋，棧嵼巉嶮。薛宗曰：殿基之形勢。
【峙】直里切。峻峙。
◎峙，直里切。峻峙。
【啓】水愛切。又音啓。

◎㟯，水愛切。又音啓。
【𡹞】與支切。山名。
◎𡹞，与支切。山名。
【𡸿】丁冷切。山名。
◎𡸿，丁冷切。山名。
【峼】河滿切。山在南陽縣。
◎峼，河滿切。山在南陽縣。
【㞺】當口切。山名。
◎㞺，當口切。山名。
【嶝】都鄧切。小坂也。
◎嶝，都鄧切。小坂。
【岠】其吕切。大山也。
◎岠，其吕切。大山。
○岠，《玉篇》曰：岠，推格之也。《方言》云：格止也。（《一切經音義》卷二十一）
【㟜】於元、於阮二切。山名。
◎㟜，於元、於阮二切。山名。
【嶓】必小、彼矯二切。
◎嶓，必小切。又彼矯切。
【峼】乎老切。
◎峼，乎老切。山名。
【㞸】音父。山名。
◎㞸，音父。山名。
【𡾰】音薛。山名。
◎𡾰，音薛。山名。
【嬉】於已切。山。
◎嬉，於已切。山也。
【㞯】無匪切。
◎㞯，無匪切。山皃。
【峡】疎士切。山。
◎峡，疎士切。山也。
【嶻】徒對切。
◎嶻，徒對切。山皃。
【帨】徒外切。山。
◎帨，徒外切。山也。
【㟂】七計切。山名。
◎㟂，七計切。山名。
【峒】達貢切，又徒董切。山。

◎峒，達貢切，又徒董切。山。
【崽】山皆切。
◎崽，山皆切。山名。
【㞱】古文倉字。
◎㞱，古文倉字。
【崍】魯台切。山。
◎崍，魯台切。山也。
【嵦】五來切。山。
◎嵦，五來切。山也。
【嵋】武悲切。峨嵋山。
◎嵋，武悲切。峨嵋，山名。
【嶨】巨角切。山名。
◎嶨，巨角切。山名。
【崎】去奇切。崎嶇，山路不平。
◎崎，去奇切。崎嶇，山路不平。
◑崎，丘宜反。《楚辭》：都［覩］軫丘兮崎傾。王逸曰：山嶔崟，難涉歷也。《埤蒼》：崎嶇，不安也。
【嶇】音區。崎嶇。岴，同上。
◎嶇，音區。崎嶇。岴，同上。
◑嶇，丘隅反。《史記》：崎嶇强國之間。《廣雅》：崎嶇，傾側也。《説文》爲險字，在阜部也。
【嵠】户佳切。溪谷名。亦與溪同。
◎嵠，户佳切。溪名。亦溪，同。
【崠】得紅切。山名。
◎崠，得紅切。山名。
【嶠】巨肖切。山鋭而高。
◎嶠，巨肖切。山鋭而高。
【峮】丘貧切。山名。
◎峮，丘貧切。山名。
【崷】疾由切。崷崒，山皃。
◎崷，疾由切。崷崒，山皃。
【㣛】户經切。山。
◎㣛，户經切。山也。
【峆】火含切。大谷也。
◎峆，火含切。大谷。
【㥛】紀力切。山名。
◎㥛，紀力切。山名。

【峐】古來切。山名。
◎峐，古來切。山名。
◑峐，《爾雅》：山无草木曰峐。《聲類》亦屺字也。
【岯】符悲切。山再成也。
◎岯，符悲切。山再成。
【牂】七良切。
◎牂，七良切。山聳。
【崟】宜今切。兩山向。
◎崟，宜今切。兩山向。
【㟍】户萌切。山。
◎㟍，户萌切。山也。
【嵾】楚岑切。
◎嵾，楚岑切。山勢。
【㞤】仕今切。《説文》云：入山之深也。
◎㞤，仕今切。《説文》：入山之深也。
【岓】巨希切。山傍石。
◎岓，巨希切。山傍石。
【嵐】力魚切。山名。
◎嵐，力魚切。山名。
○嵐，《玉篇》云：山名。（《重修廣韻》卷一）
【嵢】千郎切。
◎嵢，千郎切。山勢。
【峿】五乎切。嶇峿山。
◎峿，五乎切。嶇峿山。
【峸】示征切。山。
◎峸，示征切。山也。
【岨】古含切。山。
◎岨，古含切。山也。
【峝】於緣切。山曲也。
◎峝，於緣切。山曲。
【岧】徒聊切。山。
◎岧，徒聊切。山也。
【峒】徒凋切。山。
◎峒，徒凋切。山名。
【嶗】力刀切。山名。
◎嶗，力刀切。山也。
【岑】宜今、巨今二切。
◎岑，宜今、巨今二切。
【嵻】莫波切。山。
◎嵻，莫波切。山也。
【岈】火加切。崊岈，山深之狀。
◎岈，火加切。嵢岈，山深狀。
●圓沙本“嵢岈”疑當作“崊岈”。
【帿】胡溝切。
◎帿，胡溝切。山名。
【岍】口弦切。山名。
◎岍，口弦切。山名。
【嵅】古暗切。又古南、胡耽二切。嵐嵅，山名。
◎嵅，古暗切。又音緘、音咸。嵐嵅，山名。
【嶂】徒紅切。
◎嶂，徒紅切。山无木皃。
【巔】多田切。山頂也。
◎巔，多田切。山頂。
【嵘】莫紅切。山。
◎嵘，莫紅切。山也。
【峯】府容切。山名。一名龍門山，在封州，大魚上即化爲龍，上不得，點額流血，水爲之丹色也。
◎峯，府容切。山名。一名龍門山，在封州，大魚上即化爲龍，上不得，點額流息。
●圓沙本“流息”當作“流血”。
【豐】孚隆切。山名。
◎豐，孚隆切。山名。
【㟅】與封切。山名。
◎㟅，与封切。山名。
【嵭】布庚切。崩嵭也。
◎嵭，布庚切。崩嵭也。
【嶆】昨遭切。山名。
◎嶆，昨遭切。山名。
【嶮】五咸切。
◎嶮，五咸切。山高。
【嵉】莫郎切。山。
◎嵉，莫郎切。山也。
【蕈】兹錦切，又音審。山名。
◎蕈，兹錦切，又音審。山名。
【塚】知勇切。山。

◎嵸，知勇切。山也。
【崼】成紙切。山。
◎崼，成紙切。山也。
【嶓】莫彼切。山。
◎嶓，莫彼切。山也。
【巇】宜崎切。山名。
◎巇，宜崎切。山名。
【嵄】眉否切。山。
◎嵄，眉否切。山也。
【屽】即李切。山。
◎屽，即李切。山也。
【崓】魚舉切。山。
◎崓，魚舉切。山也。
【嶾】於謹切。嶾嶙，山高。亦作𡾰。
◎嶾，於謹切。嶾嶙，山高。亦作𡾰。
【崣】托卧切，又音朶。
◎崣，托卧切，又音朶。
【巕】力罪切。山。𡾋，同上。
◎巕，力罪切。山也。𡾋，同上。
【峴】詡詆切。山。
◎峴，詡詆切。山也。
【嶙】苦謗切。山。
◎嶙，苦謗切。山也。
【𡹎】巨亮切。山。
◎𡹎，巨亮切。山也。
【巏】古亂切。山。
◎巏，古乱切。山也。
【屽】牛仲切。山。
◎屽，牛仲切。山也。
【嵿】之義切。山名。
◎嵿，之義切。山名。
【崃】無沸切。山名。
◎崃，無沸切。山名。
【嵐】力御切。山名。
◎嵐，力御切。山名。
【嵱】去智切。山。
◎嵱，去智切。山也。
【嵽】大兮切。崥嵽，山皃。
◎嵽，大兮切。崥嵽，山皃。
【嶒】音晉。山名。
◎嶒，音晉。山名。
【岕】音介。山名。
◎岕，音介。山名。
【嵕】子入切。太白山名。
◎嵕，子入切。太白山名。
【嵛】子于切。山。
◎嵛，子于切。山也。
●《玉篇校釋》謂此字爲“㟬”之重文。
【岝】仕革切。山。
◎岝，仕革切。山也。
【崿】五各切。山名。
◎崿，五各切。山名。
【嵿】音直。山名。
◎嵿，音直。山名。
【峪】余蜀切。山。
◎峪，余蜀切。山也。
【嵘】音栗。山名。
◎嵘，音栗。山名。
【嵑】苦葛切。山。𡾊，同上。
◎嵑，苦葛切。山名。𡾊，同上。
【岄】魚厥切。山名。
◎岄，魚厥切。山名。
【峸】許月切。山。
◎峸，許月切。山也。
【岀】口骨切。山。
◎岀，口骨切。山也。
【屹】魚乙切。山皃。
◎屹，魚乙切。山皃。
【岦】力入切。岦岌，山皃。
◎岦，力入切。岦岌，山皃。
【岼】音霆。山名。
◎岼，音霆。山，在鴈門。
【峇】口合切。山窟也。㕁，同上。
◎峇，口合切。山窟。㕁，同上。
【崟】音昳。崟嵲，山皃。
◎崟，音昳。崟嵲，山皃。
【嵲】魚結切。崟嵲。巀、㟎，並同上。
◎嵲，魚結切。崟嵲。巀，同上。㟎，同上。
【岃】古文會字。
◎岃，古文會字。

【𡵂】音泛。山名。
◎𡵂，音泛。山名。
【岦】倉龍切。日欲夜。
◎岦，倉龍切。日欲夜。
【峯】孚容切。高尖山。
◎峯，孚容切。山高尖。
【屳】許延切。人在山上。
◎屳，許延切。人在山上。
【𡾰】户刀切。山户。
◎𡾰，户刀切。山户。
【𡿦】烏頂切。山名。
◎𡿦，烏頂切。山名。
【𡺯】亡頂切。𡿦𡺯，山。
◎𡺯，亡頂切。𡿦𡺯，山。
【崱】仕力切。山名。
◎崱，仕力切。山名。
【𡿁】丑小切。山皃。
◎𡿁，丑小切。山皃。
【崔】才回切。崔嵬，高皃。又音催。
◎崔，才回切。崔嵬，高皃。又音催。
◑崔，子綏反。《毛詩》：南山崔崔。《傳》曰：崔崔，高大也。又意［音］慈規反。《毛詩》：陟彼崔嵬。《傳》曰：石戴土曰崔嵬。《爾雅》亦云。郭璞曰：石山上有土者。又音且迴反。《春秋》齊有崔杼。
【峔】莫郎切。
◎峔，莫郎切。山名。

屾部第三百四十四

凡四字

【屾】所因切。《説文》云：二山也。
◎屾，所因切。《説文》：二山。
◑屾，所因反。《説文》：二山也。
【𡹞】古文躋字。
【𡷾】古文疑字。
【嵞】達胡切。《書》：娶于嵞山。今作塗。
◎嵞，達胡切。今作塗。
◑嵞，達都反。《尚書》：予娶於嵞山，辛壬癸甲。孔安國曰：國名也。杜預《春秋釋例》：在壽春~~春~~東北。《説文》：（九）江當塗民俗以辛士［壬］癸甲日嫁娶。
●底本“嵞山”原作“𨭉山”，徑改。

嵬部第三百四十五

凡三字

【嵬】午回切。崔嵬，高也，不平也。或作峞。又五罪切。
◎嵬，午回切。崔嵬，高也，不平也。或作峞。又五罪切。
◑嵬，牛迴、牛尾二反。《毛詩》：陟彼崔嵬。《傳》曰：崔嵬，石戴土者也。《楚辭》：冠青雲之崔嵬。王逸曰：高皃也。《説文》：高而不平。~~《説文》：高而不平也。~~以戴土爲峞字，在山部。或爲隗字，在阜（部）。《廣雅》：嵬嵬，高也。
○嵬，牛迴、牛尾反。崔嵬，石戴土者也，高皃。（《類》143）
【巍】牛威切。高大也。
◎巍，牛威切。高大也。
◑巍，牛威反。《論語》：巍巍乎，舜禹之有天子。何晏曰：巍，高大也。《説文》以此爲巍國之巍字，音牛畏反，在鬼部。
【傀】公回切。大皃。又美也，威也，偉也。又怪異也。
◎傀，云回切。大皃。又美也，威也，偉也，怪異也。
●圓沙本“云回切”疑當作“公回切”。

屵部第三百四十六

凡八字

【屵】牛桀切，又牛割切。《説文》云：岸高也。
◎屵，牛桀切，又牛割切。《説文》：岸高也。
◑屵，牛築［桀］、牛割二反。《説文》：屵，高也。
【嶩】女交切。崪也。
◎嶩，女交切。悴也。
◑嶩，女交反。《廣雅》：嶩，杵也。《聲類》：

嵬，滅也。

●圓沙本“悴”當作“崒”。《殘卷》“杵也”當作“崒也”。

【廫】力幺切。廫廓，空也，峥嵘也。亦作寥。

◎廫，力幺切。廫廓，空也。亦作寥。

◑廫，力彫反。《楚辭》：上廫廓而无天。野王案：廫廓，空虚也。《史記》焦明已翔於廫廓是也。《埤蒼》：廫，峭嶸也。亦与廖字同，在广部也。

【崖】牛佳切。高邊也。

◎崖，牛佳切。高邊也。

◑崖，牛佳反。《説文》：高邊也。

【岸】午旦切。水涯而高也，魁岸雄桀也，高也。

◎岸，午旦切。水涯而高者。

◑岸，魚韓反。《爾雅》：~~外~~望涯洒而高曰岸。郭璞曰：洒謂深也。視涯浚而水深者爲岸也。又曰：重涯岸。郭璞曰：兩涯羅［累］者爲岸也。《尚書》：乃逸乃岸。孔安國曰：半［叛］岸，不恭也。《毛詩》：先登于岸。《傳》曰：高位也。《漢書》：爲人魁岸，容皃其［甚］壯。張晏曰：魁岸，桀，長大也。《廣雅》：魁岸，桀也。獄岸爲犴字，在犬部。

【厓】午旦切。厚也。

◎厓，午旦切。厚也。

◑厓，五朝［幹］反。《埤蒼》：~~蒼~~厚廇［廣］。

【崔】徒罪切。高也。亦作陮。

◎崔，徒罪切。高也。亦作陮。

◑崔，口罪反。《説文》：崔，高也。野王案：崔崔然高也。《聲類》亦陮字也，在阜部。

【嶏】普昧切。崩聲。又皮鄙切，毁也。或作圮。

◎嶏，普昧切。崩声。又皮鄙切，毁也。或作圮。

◑嶏，妨昧反。《説文》：崩聲也。

●《篆隸萬象名義》作“崩，毁也”，《殘卷》引《説文》“崩，毁也，或爲圮字”。此處脱“崩”字頭，而誤將“崩”字音義併入“嶏”字下。

補

◑崩，皮鄙反。《説文》：崩，毁也。或爲圮字，在土部。或爲酵字，在手部。

◑岂，餘灼反。《説文》：岸上見人也。

广部第三百四十七

凡一百六十七字

【广】宜檢切。《説文》云：因广爲屋也。

◎广，宜檢切。《説文》：因广爲屋。

◑广，魚冉反。《説文》：因广爲屋也。

【廙】余力切。行屋下聲。又謹敬也。亦作翼。

◎廙，余力切。行屋下声。又謹敬也。亦作翼。

◑廙，餘力反。《説文》：行屋下聲也。《蒼頡篇》：謹敬皃也。野王案：今亦爲翼字，在羽部也。

【庭】大丁切。堂堦前也。《周禮》：閽人掌掃門庭。

◎庭，大丁切。堂堦前也。《礼》：閽人掌埽門庭。

◑庭，徒丁反。《尚書》：出綴衣于庭。野王案：《蒼頡篇》廷，堂前也。《毛詩》庭燎晣晣。《爾雅》堂上謂之行，中庭謂之走。《論語》鯉趍而過庭是也。《周禮》：閽人掌掃門庭。鄭玄曰：門庭，門相當之地也。《毛詩》：既庭且碩。《傳》曰：庭，直也，《韓詩》：庭，見也。又曰：陟降庭，継也。言成王叔取父武之道，下継而行也。又曰：俟我於庭乎而。叅分堂塗，一曰庭。又曰：韓不方庭也。使汝主汝不易之厂也。《説文》：向［宫］中也。

【廇】力又切。中庭也，屋廇也。又作霤。

◎廇，力又切。中庭也，屋廇也。又作霤。

◑廇，力投反。《説文》：庭中也。屋檐爲雷［霤］字，在雨部。

【庉】大本切。樓牆也，屯聚之處。

◎庉，大本切。樓牆也，屯聚生處。

◑庉，徒本反。《説文》：庉，樓廧也。《蒼頡篇》：屋下高藏也。《廣雅》：庉，舍也。《釋名》：庉，屯也，屯聚也。

○庉，《玉篇·广部》引作：庉，屯也，屯聚也。(《釋名疏證補》附一卷)

●圓沙本“生”疑當作“之”。

【廬】力於切。寄也，屋舍也。

◎廬，力於切。寄也，屋舍也。

◑廬，力居反。《周禮》：凡道五十有廬，廬有飲食。鄭玄曰：廬，居也。今野候，徒[徙]有序[庌]也。又曰：大喪則校[授]其廬舍。鄭玄曰：廬，倚廬也；舍，亞室也。野王案：《喪服傳》居倚廬寢苫枕凶[塊]是也。《毛詩》：廬，寄也。《左氏傳》：以廬于曹。杜預曰：廬，舍也。《淮南》：皷乎九天之頂，蟠乎黄廬白之下。野王案：黄廬，地也。《漢書》：廢承明之廬。張晏曰：直宿所止曰廬。《白虎通》：《何[河]圖》六[云](皇帝)作爲廬，以避寒暑。《説文》：秋冬(去)之，春夏居之，故爲寄。

【廦】布覓切。屋牆也，垣也。今作壁。

◎廦，布覓切。屋牆也，垣也。今作壁。

◑廦，補的反。《説文》：廦，廧也。野王案：室之屏蔽也。《儀禮》人避于東廦南面是也。《廣雅》：廦，垣也。今或爲辟字，在(辛)部。

【廱】於容切。和也。廱，同上。

◎廱，於容切。和也。廱，同上。

◑廱，於龍反。《尚書》：黎民於變時廱。孔安國曰：廱，和。(《國語》：非德)不當廱。賈逵曰：當，任也。年穀和熟曰廱。又曰：廱不爲幸。賈逵曰：廱，樂也。《爾雅》：廱，聲也。郭璞曰：謂肅廱和鳴也。又曰：廱廱，音聲和也。野王案：《毛詩》廱廱在宮是也。又曰：廱廱，民協服也。郭璞曰：鳳皇應德鳴相和，百姓懷附興頌歌也。《白虎通》：辟廱者何也，象壁員而邕之，以壁壁之，壁之積天下之道德，邕天下之殘賊也。野王案：所以習禮儀之宮也。《禮記》天子曰壁廱，諸侯曰伴宮是也。《説文》：天子饗，諸侯辟廱也。或爲邕字，在巛部。廱餘饔(爲饔)字，在食部。廱鶅鳥爲鶅[雝]字，在隹部也。廱，《字書》亦廱字也。

【府】方禹切。本也，聚也，文書也，取也，藏貨也。

◎府，方禹切。本也，聚也，文書也，取也，藏貨也。

◑府，夫禹反。《尚書》：水火金木土穀惟修，六府三事允治。野王案：《左氏傳》：水火金木土穀謂之六府。又曰：獄貨非琂，惟府辛[事]攻，協[報]以庶尤。孔安國曰：受獄貨非家寶，(惟聚罪之事)，(其)報以衆見罪也。《周禮》：以八法治官府。鄭(衆曰：官屬謂六官，)府六人[十]。鄭玄曰：府，治藏也。《論語》：魯人藏(兵甲曰庫，藏財)貨曰府。《國語》：爲怨三府。賈逵曰：府猶本也。《風俗通》：府者聚也。公卿牧字[守]府，道德之所藏。府，私府，賦賄之所聚也。《白虎通》：人有六府，謂大(小)腹[腸]、旁光、胃、三焦、膽也。《説文》：文書藏也。《廣雅》：府，取也。府，舍也。府，宫也。

【庠】徐章切。《禮記》云：有虞氏養國老於上庠，養庶老於下庠。上庠，右學大學也。下庠，左學小學也。

◎庠，徐章切。《記》：有虞氏養國老於上庠。太學也。

◑庠，徐楊反。《禮記》：有虞氏養國老於上庠，養庶老於下庠。鄭玄曰：上庠，太學；下庠，小學。庠也，在國之中王宮之東也。殷人養國老於虞庠，虞庠在國之西郊。鄭玄曰：亦小學也。小學爲有虞氏之庠制，是以爲名庠。又曰：古之教者，黨有庠。《畱[孟]子》曰：庠者，養也。周曰庠。《白虎通》：庠之言詳也，言所以詳。《禮儀》：儀所也。

【序】似吕切。學也，舒也，東西牆也。又長幼也。

◎序，似吕切。學也，舒也，東西牆也。又長幼也。

◑序，徐舉反。《尚書》：西序東向，東序西向。孔安國曰：東西廂謂之序。《爾雅》：東西廧謂之序。郭璞曰：所以序別内外也。犍爲：舍人曰東西堂，叙尊卑處也。《周禮》：

射于州序。鄭玄曰：序，州黨之學也。《考工說［記］》：鮑人治革之事，欲其厚薄序也。~~訏也謂。~~鄭玄曰：序，舒也，謂其革均也。《禮記》：夏后氏養國老於東序，養庶老於西序。古之學者遂有序。鄭玄曰：万二千五百家爲遂，又曰序，夏后氏之序也。鄭玄曰：序亦學也，次序王事也。《啚［孟］子》：序者，射也。《白虎通》：學教，里有序。序者，序長多也。《廣雅》：反坫謂之序。古文爲防［阼］字，阜部也。

○序，《玉篇》云：東西堂曰序。（《一切經音義》卷二十七）

○序，《玉篇》云：東序西序之學也。《爾雅》云：東西牆謂之序。郭注云：所以序别内外。（《續一切經音義》卷十）

【𢋼】力古切。府也，庵也。

◎𢋼，力古切。府也，庵也。

◑𢋼，力皷反。《說文》：𢋼，廡也。《廣雅》：𢋼，庵也。

【廣】古晃切。府也。又古曠切。

◎廣，古晃切。大也。又古曠切。

◑廣，古晃反。《尚書》：帝德廣運。孔安國曰：廣，大也。野王安［案］：《毛詩》~~西~~四牡備［脩］廣是也。謂從爲長，横爲廣也。《考工記》廣与宗［崇］方。《左氏傳》塹防門而守之廣里是也。《考工記》：伸其桯圍以爲部廣，部廣六~~守~~寸。鄭玄曰：廣猶徑也。《國語》：猶弘也。又曰：~~廣其節以~~廣運百(里)。賈逵曰：東西爲廣。《禮記》：東［車］上不廣郊［欬］。鄭玄曰：廣猶弘也。又曰：廣其節奏。鄭玄曰：謂增習也。《說文》：殿之大屋也。又音古曠反。《周禮》：車僕掌廣車之倅。鄭玄曰：横陣之車也。《左氏傳》：其君之戎分爲二廣，廣有一卒，卒徧之兩。杜預曰：十五家爲一廣。《司馬法》：十五乘爲大徧。今廣十五乘亦用舊徧法也。

【庌】五椵切。廡也，舍也。

◎庌，五椵切。廡也，舍也。

◑庌，牛假反。《周禮》：國人掌夏庌馬。鄭玄曰：庌，廡。廡以庇馬暄也。《廣雅》：庌，舍。

【廡】無禹切。堂下周屋也，幽、冀人曰庌。𢊁，籒文。

◎廡，無禹切。堂下周屋也，出、冀人曰庌。𢊁，籒文。

◑廡，無禹反。《史記》：廬廡之數。《說文》：堂下周屋也。《釋名》：大屋曰廡，幽、冀人謂之庌也。𢊁，《字書》籒文廡字。

○廡，《玉篇》引作：大屋曰廡，幽、冀人謂之庌也。（《釋名疏證補》附一卷）

●圓沙本“出”當作“幽”。

【庖】步交切。廚也。

◎庖，步交切。廚也。

◑庖，薄交反。《周禮》：庖人，中士四人。鄭玄曰：庖之言苞也，裹肉曰苞。《禮記》：三爲充君之庖。鄭玄曰：今之廚也。

【廚】直朱切。庖屋也，主也。

◎廚，直朱切。庖屋也，主也。

◑廚，馳俱反。《禮記》：君子遠庖廚。《說文》：庖屋也。《蒼頡篇》：主食者也。

【廏】居又切。二百六十四馬也。廐，俗。𠆿，古文。

◎廏，居又切。二百六十四馬。廐，俗。鴌，古文。

◑廏，居有反。《周禮》：校人之職，三乘爲皂，(三皂)爲軙［係］，(六係)爲廏，(廏一)僕夫。鄭玄曰：自~~曰~~乘至廐，其數二［三］百十六匹。《易》乾爲馬，此應乾之筴也。《說文》：馬舍~~舍~~也。𠆿，《說文》古文廐字也。

【㢋】昌爾切。廣大也。

◎㢋，昌爾切。廣大。

◑㢋，昌紙反。《國語》：將夫［夾］溝而㢋我。賈逵曰：從旁曰㢋。《說文》：㢋，(廣也)。《廣雅》：㢋，大也。

【庫】苦故切。庫藏也。

◎庫，苦故切。庫藏。

◑庫，口故反。《禮記》：在庫言庫。鄭玄曰：車馬兵革之藏也。蔡雍《月令章句》：審五庫之量，一曰車庫，二曰兵庫，三曰祭器庫，四曰樂庫，五曰宴器庫。《釋名》：齊魯謂庫曰舍。

【廥】古外切。廄庫名。又倉也。

◎廥，古外切。廄庫名。又倉也。

◑廥，古會反。《史記》：邯鄲廥燒。徐廣曰：庫廄之名也。野王案：《廣雅》廥亦倉也，又曰~~小~~虛郡國（倉）廥是也。《説文》：菊［蒭］藁示［之］藏也。野王案：《戰國策》請薪不得，令人燒廥是也。

【庾】俞主切。大曰倉，小曰庾。

◎庾，俞主切。大曰倉，小曰庾。

◑庾，餘乳反。《毛詩》：我庾惟億。《傳》曰：露積曰庾。《國語》：野有庾積。賈逵曰：大曰大倉，小曰庾。庾積者，禾稼之積也。《説文》：水漕倉。一曰倉無屋也。《考共記》：陶人爲庾，實二穀［觳］，厚半寸，脣一寸。鄭衆曰：聲［觳］讀爲斛，斛實二升。《聘禮》有（十斗曰）斛。鄭玄曰：豆實（三）而成穀［觳］，十二升也。《論語》：子華使於齊，冉子爲其母請粟。子曰与之釜。請益。曰与之庾。苞咸曰：十六升爲庾。《廣雅》曰：四豆曰區，十區爲庾。《説文》以十六升庾爲逾字，在辵部。或爲斛字，在斗部也。㢕，《聲類》古文庾字也。《漢書》：取親中群［帬］~~於~~廁，廥［㢕］身自瀚洒。蘇林曰：廥［㢕］音枚［投］。賈逵注《周官》：威，虎子也，廥［㢕］，行清也。孟康曰：東南人謂鑿木空中如槍者謂㢕也。

【廁】測吏切。圊溷也，雜也，次也，側也。

◎廁，側吏切。圊溷也，雜也，次也，側也。

◑廁，側冀反。《左氏傳》：將食，服［脹］，如廁，陷而卒。野王案：《説文》：廁，清也。《墨子》：有罪有過者，令將［抒］廁。野王案：《史記》辱我於廁是也。《釋名》：或謂之溷，或謂之廁也。《楚辭》：無正兮溷廁。王逸曰：耶佞雜乱也。野王案：《蒼頡篇》：廁，次也。廁，雜也。《太玄》陰陽雜廁有男（有）女是也。《史記》：從行至霜［霸］陵，居北臨廁。李奇曰：雩［霸］陵北頭廁近霸水，登其上遠望也。如淳曰：居高臨垂邊曰廁。蘇林曰：廁，（邊）側也。韋照［昭］曰：（高）岸夾水曰廁也。

【庰】卑并切。蔽也，薄也。或作帡、屏。

◎庰，卑并切。蔽也，薄也。或作帡字。

◑庰，伊［俾］井反。《説文》：庰，蔽也。《廣广［雅］》：庰，藏也。或爲屏字，在尸部。或爲帡字，在巾部也。

【廛】直連切。居也，市邸也，百畆也。

◎廛，直連切。居也，市邸也，百畆也。

◑廛，除連反。《周禮》：遂人掌班田里土地，（三）夫一屋。一屋，廛田百畝。鄭衆曰：廛，居也。楊子雲有田一廛，謂百畝之居也。鄭玄曰：謂城邑之居也。《孟子》所謂五畝之宅，樹以桑麻者也。《韓詩》：胡取禾三百廛兮。虞［廛］，箅也。《方言》：東齊海岱之間謂居曰廛。《禮記》：市，廛而不征。鄭玄曰：廛，市物邸舍也。《風俗通》：古者百步爲畝。秦孝公以（二）百卌步爲畝，半爲廛也。

【戊】乎關切。屋牝瓦下也。

◎戊，乎關切。屋牝瓦下也。

◑戊，胡關反。《説文》：屋壯［牝］凡［瓦］下也。一曰淮［維］結［綱］也。

【㢔】子孔、七公二切。屋中會也。

◎㢔，子孔、七公二切。屋中會也。

◑㢔，子孔、且公二反。《説文》：屋陛［階］中會也。《蒼頡篇》：郭，两屋會也。

【廉】力霑切。清也，堂廉也，棱也。又箭有三廉也。

◎廉，力沾切。清也，堂廉也，棱也。又箭有三廉也。

◑廉，力占反。《尚書》：九德，簡而廉。孔安國曰：性簡大而有廉隅也。《儀禮》：設席于堂廉。鄭玄曰：側邊曰廉。《國語》：長廉以驕心。賈逵曰：廉，利也。《禮記》：孟秋，其器廉以深。鄭玄曰：象金傷害物而入藏也。《楚辭》：咲［朕］多［幼］清以廉梁［潔］。王逸曰：不受曰廉。~~曰或爲妖言。~~《史記》：（吾使廉問，或爲妖言。）野王案：廉猶察視詳審之也。《漢書》且廉問，有（不）如詔，以重論是也。《方言》：箭三廉者謂之羊頭。野王案：《廣雅》又曰：廉，清也。《説文》以廉視爲覝字，在（見）部。

○廉，猶察也。（《令集解》一七 523）

【庢】知栗切。礙也，止也。

◎庢，知栗切。礙也，止也。

◑庢，猪［猪］慄反。《説文》：礙止也。

【龐】步公、步江二切。高屋也。又力容切，縣名。

◎龐，步公、步江二切。高屋也。又力容切，縣名。

◑龐，蒲公、蒲江二反。《毛詩》：四牡龐龐。《傳》曰：充實也。《説文》：高屋也。《字書》古文爲蠬字，在馬部。《漢書》九真郡有都龐縣，音龍也。

【廮】於并切。安止也。又縣名。

◎廮，於并切。安止。又縣名。

◑廮，於整反。《説文》：安止也。鉅鹿有廮陶縣也。

【底】丁禮切。止也，滯也，下也。

◎底，丁礼切。止也，滯也，下也。

◑底，都礼反。《左傳》：物乃底伏。杜預曰：底，止也。又曰：勿使有所應［壅］閉湫［湫］底，以雲［露］其體。杜預曰：底，滯也。《説文》：止居底也。一曰下也。野王案：《淮南》上窮至高之末，下測至深之底是也。

【废】步達切。草舍也，下也。今作茇。

◎废，步達切。草舍也，下也。今作茇。

◑废，薄達反。《毛詩》：邵伯所废。《傳》曰：草舍也。今或爲茇字，在草部也。

【庳】音婢。短也，卑下屋也。

◎庳，音婢。短也，卑下屋也。

◑庳，裨弭反。《周禮》：原隰之民豊肉而庳。鄭玄曰：庳猶短也。《左氏傳》：宫室卑庳，无觀臺榭。野王案：庳猶卑也。《禮記》若登高必目［自］庳是也。《國語》：松柏不生庳。賈逵曰：城上俾倪也。《説文》：中休［伏］舍也。一曰屋下也。

○庳，顧野王云：庳猶卑下也。（《一切經音義》卷三十五）

○庳，顧野王云：庳，卑也。（《一切經音義》卷三十七）

○庳，《玉篇》：短也，屋下也。（《續一切經音義》卷六）

○庳，顧野王云：卑下也。（《續一切經音義》卷六）

【庇】卑冀切。覆蔭也。

◎庇，卑冀切。覆蔭也。

◑庇，鄙冀反。《國語》：先諸民而後而庇焉。賈逵曰：庇猶庥［蔭］。《禮（記）》：孔子曰雖有庇人之大德，不敢有君民之小心。鄭玄曰：庇，覆也。《爾雅》：庇，蔭也。《方言》：庇，寄也，齊衛宋魯陳晉（汝）疑［潁］荆洲江淮之間或曰庇。

【庤】丈紀切。儲也，具也。或作畤、峙。

◎庤，丈紀切。儲也，具也。或作畤、峙。

◑庤，直几反。《尚書》：庤乃糗糧。孔安國曰：庤，儲也。《毛詩》：庤乃錢鎛。《傳》曰：庤，具也。《爾雅》亦云。郭璞曰：謂備具也。《説文》：儲買［置］屋下也。或爲侍字，在人部。或爲時字，在貝部。古文爲畤字，在田部也。

【庶】式預切。衆也，幸也，冀也，侈也。庶幾，尚也。又之預切。《周禮》有庶氏，掌除毒蠱。

◎庶，式預切。衆也，幸也，冀也，侈也。庶幾，尚也。又之預切。周官有庶氏。

◑庶，詩豫反。《毛詩》：求我庶士。《傳》曰：庶，衆也。又曰：庶見素冠兮。《傳》曰：庶，幸也。《爾雅》亦云。郭璞曰：庶幾，徼幸也。又曰：爲豆孔庶。《傳》曰：著也，奢侈也。《爾雅》：庶幾，尚也。郭璞曰：《詩》云不尚息焉是也。《國語》：庶可已乎。賈逵曰：庶，冀也。野王案：《左氏傳》庶免於難是也。《周禮》：宫伯掌王宫之士、庶子凡在版者。鄭衆曰：庶子，宿衛之官也。鄭玄曰：謂王宫之士，宫中諸吏適子也。庶子，其支庶民。《（喪）服傳》：庶子不得爲長子三年。鄭玄曰：爲父後者之弟也。士謂之衆子，未能遠别也。大夫即謂之庶子，降之爲大功。《左氏傳》：三后之姓，於今爲庶。杜預曰：三后，虞夏商也。野王案：不与天子同姓爲庶姓。又曰薛庶姓也是也。又音章豫反。《周禮》：庶士掌除毒蠱，以故［攻］説禬之，以嘉草攻之。鄭玄曰：讀如藥翥，駈除毒蠱之言也。攻説，祈名也，祈其神，求去之也。

嘉草，藥物，其狀未聞。攻之，謂熏之也。又曰：翦氏掌凡庶蠱之事。鄭玄曰：庶除蠱蠹之類也。野王案：藥廬翥，《埤蒼》爲蟅字，在由［虫］部也。

〇庶，衆也。商署反。(《三部經音義集》一)

【廔】力侯切。屋麄也。脊也。

◎廔，力侯切。屋麄也。脊也。

◑廔，力侯反。《説文》：屋蟲［麄］廔也。一曰脊也。

【⿸广隹】徒回切。厭也。或作隤。

◎⿸广隹，徒回切。厭也。或作隤。

◑⿸广隹，徒雷反。《説文》：屋從上頓下也。《聲類》：⿸广隹，墜也。今爲隤字，在阜部。

【廢】方吠切。退也，滅也，止也，放置也，大屋頓也。

◎廢，方吠切。退也，滅也，止也，放置也，大屋傾也。

◑廢，甫吠反。《周禮》：八則，三曰廢置，以馭其吏。鄭玄曰：廢猶退也。《毛詩》：廢撤不遲。《傳》曰：廢去。《公羊傳》：廢其无聲者。何休曰：廢，買［置］也者，置，不去，齊人語也。《禮記》：教之所由廢。鄭玄曰：廢，滅也。又曰：君子遵道而行，半陰［塗］而廢，而不能也。鄭玄曰：廢猶罷止也。《爾雅》：廢，舍也。郭璞：舍，放置也。又曰：廢，大也。野王案：《毛詩》廢爲殘賊是也。《説文》：屋頓也。固疾爲廢［癈］字，在疒部。

【庮】余周切。朽木也，臭也，久屋木也。

◎庮，余周切。臭也，久屋木也。

◑庮，餘周反。《周禮》：牛夜鳴即庮。鄭衆曰：朽木易［臭］也。鄭玄注《禮記》曰：惡臭也。《春秋傳》一董［薰］一庮是~~是~~也。《説文》：屋木也。

【廑】奇靳切。少劣之居也，廕也。或作覲。

◎廑，奇靳切。少劣之居也，廕也。或作覲。

◑廑，奇陣反。步［少］劣之居也。《廣雅》：廑，蔭也。野王案：此亦僅字也。僅，才能也，在人部。或爲~~字~~懃字，在少部。

【⿸广曷】烏達切。屋迫也。

◎⿸广曷，烏達切。屋迫也。

◑⿸广曷，烏達反。《説文》：遲［屋］迫也。

【⿸广虒】思移切。地名。

◎⿸广虒，思移切。地名。

◑⿸广虒，思移反。《左氏傳》：晉侯方築⿸广虒祁之宮。杜預曰：~~也~~宮名也，在絳西卅里，臨汾水。《字書》爲磃，在石部。

【㡿】齒亦切。指也，稀也，大也，候也，不用也，踈遠也，充滿也。又充夜切。亦作斥。

◎㡿，齒亦切。捐也，稀也，大也，候也，不用也，陳遠也，充滿也。又充夜切。亦作斥。

◑㡿，齒亦反。《左氏~~氏~~傳》：㡿山澤之險。杜預曰：㡿，候也。又曰：寇盜充而㡿殺。劉兆曰：㡿，指也。《楚辭》：㡿遂［逐］鴻鵠近鴟梟。野王案：㡿猶疏遠之也。《史記》奏［秦］女必貴而夫人㡿矣是也。《淮南》：㡿廓四方八極。許叔重曰：㡿，祏［拓］也。《漢書》：乘轝㡿馬。《音義》曰：㡿，不洞［用］也。《説文》：㡿，却屋也。《蒼頡篇》：㡿，稀，大也。《廣雅》：㡿，准［推］也。

〇㡿，野王案：㡿猶疏遠也。(《令集解》二四9)

〇斥，野王案：斥猶疏遠之也。(《令集解》二四160)

〇㡿，顧野王云：㡿，遠也。(《一切經音義》卷六十二)

〇㡿，顧野王云：㡿猶踈遠也。(《一切經音義》卷八十二)

【廟】靡召切。宗廟也。庿，同上。

◎廟，靡召切。宗廟。庿，同上。

◑廟，靡召反。《尚書》：七世之庿可以觀德。孔安國曰：天子七庿，有德之主則爲宗其庿于不毁。《爾雅》：室有東西廂曰廟。《韓詩》：鬼神所居曰廣［庿］~~神~~。《禮記》：天子七庿，三昭三穆，与大祖之庿而五；大夫三庿，一昭一穆，与大祖之庿而三；士一庿。鄭玄曰：此同［周］制也。殷即六庿之也。《尚書大傳》：庿者皃也，其以皃以皃言之也。《白虎通》曰：先祖之尊皃所在也。庿，《説文》古文廟字也。

〇廟，《玉篇》：廟，皃也，先祖尊所在，故

稱廟。(《一切經音義》卷二十七)

【廞】欣金切。陳也，興也。

◎廞，欣金切。陳也，興也。

◑廞，欣音反。《爾雅》：廞，興也。《周官》：司喪之儀，大喪廞喪。鄭玄曰：興者，若詩之興之之謂，象似而作之者也。又曰：大喪，帥瞽而廞，作雍［柩］，謚。鄭玄曰：興者，言之行也，故《詩》作注。鄭衆曰：注，陳也。《説文》：陳興［輿］服於庭。

【廫】力幺切。空虚也。廖，同上。又姓也。又力救切。

◎廫，力幺切。空虚也。廖，同上。又姓也。又力救切。

◑廫，力彫反。《説文》：空盧也。野王案：亦廫字也，在宀部。廖，午［亦］廫字也。亦人姓也。後漢有廖謀［湛］，蜀有主。音有［力］救反也。

〇廖，《玉篇》云：廖廓，空也。力幺切。(楚辭卷八九)

【庥】許鳩切。庇庥也。

◎庥，許鳩切。庇庥也。

◑庥，盧鳩反。《爾雅》：庥，廕也。郭璞曰：今俗人呼樹陰爲庥。《説文》亦休字也，息也，在木部。

〇庥，《玉篇》：庥。(《龍龕手鏡》卷二)

【廓】苦莫切。大也，空也。

◎廓，苦莫切。大也，空也。

◑廓，口郭反。《爾雅》：廓，大也。~~孔。~~《禮記》：祥而廓然。鄭玄曰：憂悼在心之皃也。《方言》：張小使大，東或謂之郭。《廣雅》：廓謂之郭。又曰：斂削，自關而東或謂之廓。《廣雅》：廓，空也。

〇廓，大也，空也。(《秘寶鈔》中一22)

【廂】思羊切。序也，東西序也。

◎廂，思羊切。序也，東西空也。

◑廂，思楊反。《爾雅》：室有東西廂曰廟，无東西廂曰寢。郭璞曰：夾室前堂也。《埤蒼》：廂，序也。野王案：《楚辭》蒺藜蔓草［乎］東廂是(也)。

【庬】亡江、亡項二切。豐也，有也，厚也。

◎庬，亡江、亡項二切。豐也，有也，厚也。

◑庬，亡江、亡項二反。《毛詩》：爲下囿［國］駿庬。《傳》：庬，厚也。《韓詩》：庬，寵也。《爾雅》：厖，大也。又曰：庬，有也。郭璞曰：大爲有无也。《方言》：凡物之大皃曰豐。庬，深之大也。又曰：豊也，秦晉凡大皃謂之庬。《説文》爲厖字，在厂部。雜乱之庬爲牻字，在牛部。

【席】音夕。安也。《説文》：籍也。

◎席，音夕。安也。《説文》：籍也。

【庩】千漬切。下屋也。

◎庩，千漬切。下屋也。

◑庩，千皷［豉］反。《廣雅》：舍也。《埤蒼》：下屋也。㡜，《字書》亦㡜［庩］也。

【廲】力兮切。廲廔，綺窻。

◎廲，力兮切。廲廔，綺窻。

◑廲，力奚反。《埤蒼》：~~广~~廲廔，綺窻也。

〇廲，《玉篇·广部》廲云：廲廔，綺窗。(《釋名疏證補》附一卷)

【庘】於甲切。屋欲壞也。

◎庘，於甲切。屋欲壞也。

◑庘，於甲反。《埤蒼》：庘㢒，庵庛，欲壞也。

【㢒】仕加切。屋欲壞也。

◎㢒，仕加切。屋欲壞也。

◑㢒，仕加反。《埤蒼》：欲壞也。

【廝】思移切。使也，賤也。或作㒋。

◎廝，思移切。使也，賤也。或作㒋。

◑廝，思移反。《公羊傳》：廝役庖［扈］養。何休曰：刈草爲防者曰廝。《廣雅》：廝，使也。《字書》：廝，役也。野王案：謂賤役也。《史記》門闌［闌］之廝是也。或爲㒋字，在人部也。

〇廝，《玉篇》云：馬屋也，賤人居之故。(《一切經音義》卷二十六)

〇廝，顧野王云：賤役人也，折薪者，養馬者。(《一切經音義》卷七十八)

【廋】所留切。隱匿也，求也，索也，隈也。亦作搜。

◎廋，所留切。隱匿也，求也，索也，隈也。亦作搜。

◑廋，所留反。《左氏傳》：服讒廋匿。杜預曰：庱，隐也。《論語》：人焉庱哉。孔安國曰：庱，匿也。《楚辭》：步從容於山庱。王逸曰：庱，隈也。《方言》：庱，求也。秦晉之間庱，就室求曰庱。野王案：《莊子》庱國中三日是也。《字書》：庱，索也。數問之庱爲搜字，在手部。春獀字，在犬部也。

【㾏】莫嫁切。庵也。

◎㾏，莫嫁切。庵也。

◑㾏，莫嫁反。《廣雅》：㾏，庵也。

【㢓】之讓切。蔽也。亦作障。

◎㢓，之讓切。蔽也。亦作障。

◑㢓，之讓反。《埤蒼》：㢓，蔽也。《字書》亦障字也。障，隔［隔］也，在阜部。

【廟】力曷切。庵也。

◎廟，力曷切。庵也。

◑廟，力袜反。《廣雅》：廟，庵也。

【㢋】思淺切。倉也，廩也。

◎㢋，思淺切。倉也，廩也。

◑㢋，田［思］踐反。《廣雅》：㢋，倉也。《埤蒼》：㢋，廩也。

【廘】力木切。庾也，倉也。

◎廘，力木切。庾也，倉也。

◑廘，力木反。《國語》：市［市］~~也~~无赤米而園［囷］廘空虛。賈逵曰：廘，廘［廘］也。《廣雅》：具也曰廘。《廣蒼》：廘，倉也。

【廕】於禁切。庇廕。亦作蔭。

◎廕，於禁切。庇也。亦作蔭。

◑廕，猗禁反。《埤蒼》：廕，庇也。《字書》蔭字，在草部。或爲䃌字，在示部。

【廢】方安切。峙屋也。

◎廢，方安切。峙屋也。

◑廢，方安反。《埤蒼》：廢，時居也。

【廊】力唐切。廡下也。

◎廊，力無切。廡下也。

◑廊，力唐反。《周書》：凡五宮明堂，咸有重廊。野王案：《漢書》陳廊廡下是也。《國語》：謀之廊廟，失之中原。野王案：《漢書》廊廣［廟］~~廣~~之材，非一木之枝是也。《淮南》：桀爲象廊。許叔重曰：廊，屋也。

【廈】胡假切。今之門廡也。

◎廈，胡假切。今之門廡也。

◑廈，胡椵反。《禮記》：若覆廈屋者。鄭玄曰：廈，今之門廡，其形旁廣而（卑）也。野王案：《淮南》大廈成而鷰雀相賀是也。

【店】丁念切。反爵之處。或作坫。

◎店，丁念切。反爵之處。或作坫。

◑店，都念反。《字書》或坫字也。坫，反爵坫也。在土部。

【庡】仕几切。待也。

◎庡，仕几切。待也。

◑庡，助雉反。《字書》或俟字也。俟，待也。在人部。或爲竢字，在立部。或爲戻字，在户［尸］部。

【廜】大胡切。廜廯，庵也。

◎廜，大胡切。廜廯，庵也。

◑廜，達胡反。《廣雅》：廜廯，庵也。

○廜，《玉篇》：廜廯，庵也。（《九家集注杜詩》卷十一）

【廯】息胡切。廜廯。

◎廯，息胡切。廜廯。

◑廯，息胡反。《廣雅》：㢈［廜］廯也。

【庲】力才切。舍也。

◎庲，力才切。舍也。

◑庲，力臺反。《廣雅》：庲，合也。《埤蒼》：長庲臺，齊景公作也。《説文》古文斄字也。斄，强毛起也。在犛部。或爲二毛［毶］字，在毛部。或爲綀字，在糸部。

【庈】巨今切。人名。

◎庈，巨今切。人名。

◑庈，渠金反。《左氏傳》有費庈父也。

【庛】七漬切。耕具也，長尺一寸。

◎庛，七漬切。耕具也，長尺一寸。

◑庛，雌漬反。《考工記》：車人爲耒，庛長尺有一寸。堅地欲直庛之庛謂耒［耒］下枝［歧］者也。鄭玄曰：讀如棘刺之刺。刺，耒下前之下曲接耜者也。

【庋】居毀切。閣也。庪，同上。亦祭山曰庪縣。

◎庋，居毀切。閣也。庪，同上。亦祭山曰庪縣。

◑庪，居毀反。《爾雅》：祭山曰庪縣。郭璞曰：（或庪）或縣，（置之于山）~~也~~。《山

(海）經》縣以吉玉是也。《音義》曰：《詩推度灾》云，封㾕縣山，小祭也。野王案：猶㾕閣也。鄭玄注《禮記》始死之奠，其餘閣也与。以爲㾕藏食物者也。《淮南》𢻱字，在立部。古文爲掎字，在手部也。
○㾕，《玉篇》又祭山也。（《龍龕手鏡》卷二）

【㢈】于甫切。今作宇。序，籀文。
◎㢈，于甫切。今作宇。序，籀文。
◑㢈，胡甫反。《聲類》古文寓字也。寓，大也，居也，邊。在宀部。

【庵】烏含切。舍也，廟也。
◎庵，烏含切。舍也，廟也。
◑庵，於含反。《禮記》：《書》云高宗諒闇，三年不言。鄭玄曰：涼，古文作梁。闇，讀如鶉鵪之鵪，謂廬也。廬有梁者，所謂柱楣者也。《埤蒼》：廟也。《廣雅》：庵，舍也。
○庵，廬也。（《法華釋文》中）
○庵，《玉篇》亦舍也。（《續一切經音義》卷八）

【庱】恥拯切。亭名，見《吴志》。
◎庱，恥拯切。亭名，見《吴志》。
◑庱，耻陵反。《吴志》：孫權射虎於席［庱］高［亭］。

【庨】許交切。庨豁，宫殿形狀。
◎庨，許交切。庨豁，宫殿形狀。
◑庨，呼交反。《西京賦》：枍詣承光，睽罛庨豁。薛綜曰：皆形皃也。

【㢂】徒紅切。舍響。
◎㢂，徒紅切。舍響也。

【床】仕莊切。俗牀字。
◎床，仕莊切。俗牀字。
○床，身所安也。俗作牀，同。仕良反。（《三部經音義集》二）

【庚】音曳。倉也。
◎庚，音曳。倉也。

【㡿】在奚切。美皃。
◎㡿，在奚切。美皃。

【㡰】安盍切。山旁穴。
◎㡰，安盍切。山旁穴也。
○㡰，《玉篇》云：舍例也。（《龍龕手鏡》卷二）
●佚文“舍例也”未詳。

【庀】扶宜切。鋪也。
◎庀，扶宜切。鋪也。

【㟚】音莫。空也。
◎㟚，音莫。空也。
○㟚，《玉篇》音莫。空也。（《龍龕手鏡》卷二）

【庯】布吾切。屋上平。
◎庯，布吾切。屋上平也。

【廥】秦昔切。縣名，在清河。
◎廥，秦昔切。縣名，在清河。

【㡹】作惟切。姿也。又許惟切。
◎㡹，作惟切。姿也。又許惟切。

【㢗】其俱切。倉也。
◎㢗，其俱切。倉也。

【㡲】古洽切。辟也。
◎㡲，古洽切。辟也。

【㢈】都回切。屋邪也。
◎㢈，都回切。屋邪也。

【㢏】於景切。長廊也。
◎㢏，於景切。長廊也。

【㢜】苦悶切。倉也。
◎㢜，苦悶切。倉也。

【庁】他丁切。平也。
◎庁，它丁切。平也。

【扁】音偏。㢆也。
◎扁，音偏。㢆也。

【廳】他丁切。客廚。
◎廳，他丁切。客廚也。

【廮】音憂。地名。
◎廮，音憂。地名。

【㧨】音求。偏廋。
◎㧨，音求。偏廋也。

【㢋】於今切。地。
◎㢋，於今切。地名。

【㢗】丘召切。高屋。
◎㢗，丘召切。高屋也。
○㢗，《玉篇》云：高屋。（《重修廣韻》卷四）

【庍】音灸。
◎庍，音灸。灸也。
【庞】音覃。陰也。
◎庞，音覃。陰也。
【庄】音任。
◎庄，音壬。下也。
【庝】魯丁切。懸通皃。
◎庝，魯丁切。懸通皃。
【庴】音倚。庪也。
◎庴，音倚。庪也。
【庎】古拜切。
◎庎，古拜切。獨也。
【庩】音荼。庳也。
◎庩，音荼。庳也。
【庒】作郎切。
◎庒，作郎切。壯立皃。
【廲】音離。廈也。
◎廲，音離。廔也。
●"廔也"疑誤。
【廏】於其切。急也。
◎廏，於其切。急也。
【廊】七侯切。崩聲。
◎廊，七侯切。崩声。
【庀】匹婢切。具也。
◎庀，匹婢切。具也。
◑庀，平婢反。《周禮》：庀其委積。鄭衆曰：庀，具也。《左氏傳》：子木使庀賊。杜預曰：庀，治也。《穀梁傳》：上（甲）始庀牲。劉兆曰：庀，簡技［擇］也。《國語》：將左［庀］季氏元［之］政。賈逵曰：庀猶理也。《字書》古文訛字也，在言部也。
【廩】力荏切。倉廩也。
◎廩，力荏切。倉也。
【廠】尺兩切。馬屋也。
◎廠，尺兩切。馬屋。
【廆】王委切。
◎廆，王委切。美也。
【㾓】牀史切。
◎㾓，牀史切。遲也。
【廞】魚錦切。大屋也。
◎廞，魚錦切。大屋。
【庐】离與切。
◎庐，离与切。衆也。
【庠】士雅切。
◎庠，士雅切。屋未成。
【廡】子孔切。衆皃。
◎廡，子孔切。衆也。
【痯】古丸切。玩也。
◎痯，古丸切。玩也。
【痭】方登切。崩也。
◎痭，方登切。崩也。
【庵】魚掩切。
◎庵，魚掩切。卑皃。
【肩】火犬切。穴。
◎肩，火犬切。穴也。
【瘣】胡罪切。廦瘣也。
◎瘣，胡罪切。廦瘣也。
【庫】居吻切。積也。
◎庫，居吻切。積也。
【庝】所近切。
◎庝，所近切。屋斜。
【廬】音亶。偏舍。
◎廬，音亶。偏舍也。
【庡】之氏切。
◎庡，之氏切。居卑也。
【床】布体切。
◎床，布忖切。戎姓。
●《廣韻》作"布忖切"。"布体切"疑當作"布忖切"。
【磨】郎古切。
◎磨，郎古切。直皃。
【庋】力當切。高也。
◎庋，力當切。高也。
【庙】音佃。平也。
◎庙，音佃。平也。
【扆】於豈切。俳佪也。
◎扆，於豈切。俳佪也。
【㢈】色倚切。
◎㢈，色倚切。移也。
【廨】居賣切。公廨也。

◎廨，居賣切。公廨也。

【庛】弋勢切。食廡也。

◎庛，弋勢切。食廡也。

【瘁】綏醉切。

◎瘁，綏醉切。顛也。

【庂】尸位切。

◎庂，尸位切。下屋也。

【庁】所訝切。

◎庁，所訝切。賤也。

【廗】都蓋切。邪廗也。

◎廗，都蓋切。邪廗也。

【庯】音布。

◎庯，音布。列也。

【庴】徒候切。

◎庴，徒候切。器名。

【廞】魚欠切。

◎廞，魚欠切。小皃。

【庘】得案切。小舍也。

◎庘，得案切。小舍也。

【厞】符沸切。隱也。

◎厞，符沸切。小隱也。

【庢】七賜切。

◎庢，七賜切。屋也。

【度】唐故切。法度。又過也。

◎度，唐故切。法度。又過也。

〇度，顧野王云：度，揆也。（《一切經音義》卷六十六）

【庴】口合切。庴帀。

◎庴，口合切。庴帀。

【庌】音弋。屋頭。

◎庌，音弋。屋頭也。

【廜】古或字。

◎廜，音或。區也。

【㡯】音捻。壓也。

◎㡯，音捻。壓也。

【庍】方卦切。到别。

◎庍，方卦切。到别也。

【座】才貨切。

◎座，才貨切。位也。

【廠】先見切。舍也。敞，同上。

◎廠，先見切。舍也。敞，同上。

◑廠，先戰反。《廣雅》：廠，舍也。《字書》：廠，廡也。

補

◎庣，古文逾。又徒楼切，行圊也，木槽也。

◑庴，力三反。《蒼頡篇》：庴，棱也。《説文》古文籃字也。藍，大篭也，在竹部。

◑廎，空井反。《説文》亦高字也。高，小堂也，在高部。

◑厇，直格反。《説文》古文厇［宅］字也。厇［宅］，居也，在門［宀］部。《字書》或古文度字也。度，法制也，揆也。音徒故、直落二反。在又部。野王案：古文《尚書》皆以爲度字也。

◑庣，吐堯反。《字書》或祧字也，遷主所藏之廣［廟］也。在示部。

◑康，苦廊反。《尚書》：五福，三曰康寧。孔安國曰：无疾病也。又曰：庶事康哉。孔安國曰：康樂，安也。《周易》：康侯用錫馬。王弼曰：康姜［美］之名，猶褒大也。《大戴禮》：令民安樂曰康。《爾雅》：静也。郭璞曰：謂安静也。又曰：道五達謂之~~達~~康。郭璞曰：《史記》所謂康庄之衢也。《謚法》：渕源流通曰康，温良好樂曰康，安樂撫民曰（康）。飢虚之康爲歉字，~~在字~~在欠部。水深虚爲漮字，在水部。屋空虚爲㝩字，在宀部。康瓠甗字，在瓦部也。

◑庽，娱句反。《説文》亦寓字也。寓，寄也。在宀部也。

◑庈，方拱反。《字書》或覂字也。覂，覆也。在襾部也。

〇庈，《玉篇》又芳乏、房法二反。（《龍龕手鏡》卷二）

◑㡰，居邑反。《字書》古文給守［字］也。給，相足也。在糸部。

厂部第三百四十八

凡五十六字

【厂】呼旦切。《説文》云：山石之厓巖，人可居。厈，籀文。

◎厂，呼旦切。《説文》：山石之厓岩，人可居。厈，籒文。

◑厂，呼旦反。《説文》：山石之崖巖，人可居者也。厈，《字書》籒（文）厂字也。

【厽】其禁切。石地也。

◎厽，其禁切。石地也。

◑厽，奇禁反。《説文》：石地也。

【厒】胡古切。美石也。

◎厒，胡古切。美石也。

◑厒，胡土反。《説文》：厒，美石也。

〇厒，《玉篇》：古也。（《龍龕手鏡》卷二）

●佚文“古也”疑當作“石也”。

【厓】五佳切。水邊也。或作涯。

◎厓，五佳切。水邊。或作涯。

◑厓，五佳反。《爾雅》：涘爲厓。郭璞曰：謂水邊也。《説文》：上［山］邊也。《廣雅》：厓，方也。或爲涯字，在水部。

【厰】五敢、五今二切。山石下。

◎厰，五敢、五今二切。山石下也。

◑厰，五敢、口敢二反。《説文》：厰，崟也。一曰山石（下）也。

【厜】是規切。厜㕒也，巉也。又姊宜切。

◎厜，是規切。厜㕒也。又姊宜切。

◑厜，視規反。《爾雅》：崒者厜㕒。郭璞曰：謂山峰頭巉嵒者也。

【㕒】才奇切。厜㕒也。

◎㕒，不奇切。厜㕒也。

◑㕒，語奇反。《爾雅》：厜㕒也。

●宋十行本作“牛奇切”。

【厬】居鮪切。水盡也。

◎厬，居鮪切。水盡。

◑厬，有［居］鮪反。《爾雅》：水淮［醮］曰厬。郭璞曰：謂水淮［醮］盡也。《説文》：左［仄］出泉也。或爲氿字，在水部。

【厥】居月切。其也，短也，發石也。或作身、欮。

◎厥，居月切。其也，短也，發石也。或作身、欮。

◑厥，居越反。《尚書》：以殷仲春厥民析拒。孔安國月［曰］：厥，其也。《吕氏春秋》：其所義甚厥，其所聞甚浯［尐］。高誘曰：厥，短也。《説文》：發石也。《聲類》或爲欮字，在欠部。古文爲（㔍）字，在牛部也。

●《殘卷》“其所義甚厥，其所聞甚浯”未詳。

【厎】之視切。致也，至也，均也，平也。又石聲。

◎厎，之視切。致也，至也，均也，平也。又石声。

◑厎，之視反。《尚書》：乃言~~王~~厎可績。王肅曰：厎，致也。《毛詩》：靡所厎止。《傳》曰：厎，至也。又曰：周道如厎。《傳》曰：厎，貢賦均也。《左氏傳》：居卿以厎日。杜預曰：厎，平也。《爾雅》：厎，侍［待］。郭璞曰：至之侍［待］也。《國語》云處［戾］久將厎是也。《説文》：柔石也。《蒼頡篇》：摩厲也。今並以厎厲爲砥字，在石部。

【厱】來甘切。厱玉。或作礛。

◎厱，來甘切。厱玉。或作礛。

◑厱，來甘反。《説文》：厱諸，治玉石也。《字書》或爲殮字，在歺部。

【厤】力的切。理也。亦作秝。

◎厤，力的切。理也。亦作秝。

◑厤，來的反。《説文》：~~靡—~~治也。古文《尚書》以此爲曆象日月星辰之曆字，在日部也。

【厲】力世切。虐也，附也，近也，危也，作也，高也，上也，磨石也。䨣，同上。

◎厲，力世切。虐也，附也，近也，危也，作也，高也，上也，磨石也。䨣，同上。

◑厲，力逝反。《尚書》：予罔厲殺人。孔安國曰：厲，虐也。《周禮》曰：司厲掌盜賊之任器貨賄，辨其物。鄭玄曰：犯政爲惡曰厲。又曰：山虞掌帣山林之政令，物爲之厲。鄭玄曰：每物爲之藩界也。鄭衆曰：厲，遮迾守之也。《毛詩》：以謹醜厲。《傳》曰：厲，危也。又曰：胡然厲矣。《傳》曰：厲，惡也。又曰：垂帶而厲。《傳》曰：帶之垂者也。《箋》云：如鞶必垂厲以爲飾。（厲）字當作裂。《韓詩》：厲弥蕤也。（又）曰：在被［彼］淇厲冰絕石曰厲。又曰：翰飛厲天。厲，附也。《穀梁傳》：始厲樂矣。劉兆曰：厲，咸［減］略。《論語》：聽其之［言］也厲。鄭玄曰：~~（《楚辭》）：厲而不爽曰［些］~~。

~~王逸曰：厲，烈也。其味清烈也。又曰：神浮游以高厲。（鄭）玄曰：~~厲，嚴愸也。《左氏傳》：与其素厲，寧爲无勇。杜預曰：厲，猛也。《楚辭》：厲而不爽。王逸曰：厲，烈也。其味清列［烈］也。又曰：神浮游以高厲。王逸曰：（厲），高曰厲而遠行也。《爾雅》：厲，作也。郭璞曰：《穀梁傳》始厲樂矣是也。《方言》：厲，爲也。吳曰厲。郭璞曰：爲亦作也。又曰：厲，今也厲。《廣雅》：厲，高也，上，近也，合也，短也，方也。《謚法》：愎佷遂過曰厲，暴慢无親曰厲，殺戮不辜曰厲，不恩忘愛曰厲。《説文》：厲，磨石也。野王案：今爲礪字，在石部。涉水之厲爲濿字，在水部。疾病之厲爲厲［癘］字，在疒部。蠆，《説文》亦厲字也。

○厲，虐也。《左傳》曰：厲，惡鬼也。（《三部經音義集》二）

●底本“虐”原作“虚”，據宋十行本改。

【厞】弋里切。石利也。

◎厞，弋里切。石利也。

◑厞，舒里反。《説文》：厞，石利也。

【厗】徒尼切。唐厗石。又古銻字。

◎厗，徒兮切。唐厗石。又古銻字。

◑厗，徒泥反。《説文》：唐厗也。《埤蒼》：厗，石也。《字書》古文舒［銻］字也。鏞銻，火齊也。鏞銻，瓷也。在金部也。

【広】力合切。石聲。亦拉字。

◎広，力合切。石声。亦拉字。

◑広，力荅反。《説文》：石聲也。《字書》亦拉字也。拉，亦摧也。在手部。

【厔】午的切。石地也。

◎厔，午的切。石地也。

◑厔，午的反。《説文》：石地也。

【㕓】芳俱切。石文見也。

◎㕓，芳俱切。石文見也。

◑㕓，妨俱反。《説文》：石間見也。

【厝】千故切。厲石。

◎厝，千故切。厲石也。

◑厝，且洛反。《説文》：厲石也。《詩》云：他山也［之］古［石］，可以爲厝。今並爲錯石，在金部。

○厝，顧野王云：厝即厲石也。（《一切經音義》卷八十）

【厖】莫江切。石大也。

◎厖，莫江切。石大也。

◑厖，（莫江、莫項二）反。《说文》：石大也。野王案：亦庬字也。庬，亦厚也，豊也。在广部也。

【厥】諧夾切。厥辟也。

◎厥，諧夾切。厥辟也。

◑厥，諧來［夾］反。《说文》：厥，辟也。

【厞】浮沸切。隱也，陋也。

◎厞，浮沸切。隱也，陋也。

◑厞，浮畏反。《爾雅》：厞，隱也。郭璞曰：《儀禮》云厞用席是也。《楚辭》：隱思［忠］，君子厞側。王逸曰：厞，陋也。或帯字，在巾部也。

【廦】匹亦切。仄也，陋也。

◎廦，匹亦切。仄也，陋也。

◑廦，孚赤反。《左氏傳》：廦君之執事。杜預曰：廦，陋也。《楚辭》：扈江離与廦芷。王逸曰：廦，幽也。野王案：幽亦隐蔽也。《禮記》曰隱廦而後屨是也。《説文》：廦，仄也。耶廦爲僻字，在人部。

【仄】壯力切。陋也，傾側也。庂，同上。厌，古文。

◎仄，壯力切。陋也，傾側也。庂，同上。厌，古文。

◑仄，荘棘反。《尚書》：虞舜仄微。王肅曰：仄，陋也。又曰：一人執鋭立于仄階。孔安國曰：仄，階上也。《左氏傳》：雀［崔］氏仄荘公于北郭。杜預曰：仄，壂埋之也。《説文》：傾側也。《廣雅》：仄，陋也。旁注之側爲矢字，在夨部。庂，《字書》亦仄字也。厌，《字書》亦仄字也。

【厧】丁田切。止也。亦作顛。

◎厧，丁田切。止也。亦作顛。

◑厧，都田反。《爾雅》：山厧，冢。郭璞曰：謂山顛也。野王案：此亦顛字也。《毛詩》首陽之顛是也，在頁部。木頂槙字，在木部。

【厭】於冉、於葉二切。合也，伏也。又於豔切，飫也。

◎厭，於冉、於葉二切。合也，伏也。又於豔切，飫也。

◑厭，於冉反。《左氏傳》：將以厭衆。杜預曰：以厭衆心也。《國語》曰：堯［克］厭帝心。賈逵曰：厭，合。《蒼頡篇》：伏合人心也。《廣雅》：厭，可也。《説文》曰：笮。野王案：鎮笮亦与壓字同。音於涉、於甲二反。壓，亦服也，損也，降也。在土部。飫飽之厭，音於豔反，在其［甘］部。厭之安静，音於詹反，爲厭［懕］字，在心部。按持之厭爲厭［擪］字，音於篁、烏牒二反，在手部。訓好爲嬮字，音於頰反，在女部。

○厭，顧野王曰：厭，飽足也。（《一切經音義》卷四）

○厭，《玉篇》：厭，猶館［飽］足而不欲復爲也。（《一切經音義》卷二十七）

【产】之嚴切。仰也，屋梠也。又顏監、魚軌二切。

◎产，之嚴切。仰也，屋梠也。又顏監、魚軌二切。

◑产，之嚴反。《説文》：产，仰也。一曰屋梠也。秦謂之桷，齊謂之产。

【压】口合切。山夾有岸。

◎压，口合切。山夾有岸也。

◑压，口荅反。《爾雅》：左（右）有岸，压。郭璞曰：夾山有岸也。

【㕞】於愷切。藏也。

◎㕞，於豈切。藏也。

◑㕞，於□反。《廣雅》：㕞，藏也。

【厗】步項切。周邑也。

◎厗，步項切。周邑也。

◑厗，蒲講反。《字書》：邑也周［周邑也］。野王案：《左氏傳》作王宮于厗是也。

【㕦】徒亂切。古文段。

◎㕦，徒亂切。古文段。

◑㕦，徒换反。《字書》古文段字也。段，椎摟物也。在殳部。

【𠩺】似亦切。古席字。

◎𠩺，似亦切。古席字。

◑𠩺，似亦反。《説文》古文席字也。席，茵也，在巾部。

【厇】竹格切。亦作磔，開厇也。

◎厇，竹格切。亦作磔，開也。

◑厇，竹格反。《字書》亦磔字。磔，辜也，開，~~砮石可以爲矢也，~~張也。在桀部。

【㕯】乃乎切。古砮字。

◎㕯，乃乎切。古砮字。

◑㕯，砮胡反。《字書》古文砮字也。砮石可以爲矢鏃也。在石部。

【厜】都回切。亦堆字。

◎厜，都回切。亦堆字。

◑厜，都迴反。《漢書》：鑿離厜。晉灼曰：堆字也。野王案：堆，沙堆，高也。在土部也。

○厜，《玉篇》：音堆，都回反。（《龍龕手鏡》卷二）

●佚文“音堆”即同字之例。

【厚】胡苟切。不薄也，重也，山陵之厚也。厚，同上。

◎厚，胡苟切。不薄也，重也，山陵之厚也。厚，同上。

◑厚，胡苟反。《毛詩》：謂天盖［盍］高，不敢不跼；謂地盖［盍］厚，不敢不蹐。野王案：厚者，不薄也。《考工記》：弓人爲弓，厚其液。鄭玄曰：厚猶多也。《左氏傳》：厚將得衆。杜預曰：厚，土地廣大也。《禮記》：孔子曰厚別也。鄭玄曰：厚猶遠也。又曰：以厚其別。鄭玄曰：重也。厚，《説文》：山陵之厚也。古文爲垕字，在土部。

【㕕】宜今切。古文吟。

◎㕕，宜今切。古文吟。

【㔻】以周、子由二切。

◎㔻，以周、子由二切。

【㕔】音溪。倒地。

◎㕔，音溪。倒地也。

【㓹】此芮切。地。

◎㓹，此芮切。地名。

【叜】所柳切。老人也。

◎叜，所柳切。老人也。

【㕫】古文猛字。

◎㕫，古文猛字。

【厥】徒到切。古文盗。
◎厥，徒到切。古文。
【厕】居例切。
◎厕，居例切。地名。
【厙】尸夜切。姓。又尺舍切。
◎厙，尸夜切。姓。又尺舍切。
【㢟】司夜切，又音寫。
◎㢟，司夜切，又音寫。
【厚】音礙。張幕也。又石名。
◎厚，音礙。張幕也。又石名。
【㕉】古洽切。
◎㕉，古洽切。大也。
【厔】式質切。室也。
◎厔，式質切。室也。
【㕒】口合切，又苦後切。閉口聲也。
◎㕒，口合切，又苦後切。閉口声。
【厄】於革切。俗戹字。
◎厄，於革切。俗戹字。

高部第三百四十九

凡九字

【高】古刀切。崇也，上也，遠也，長也。
◎高，古刀切。崇也，上也，遠也，長也。
◑高，古豪反。《尚書》：若升高必自下，若陟遐必自迩。野王案：《周禮》矢在侯高則以并夾取之也。《毛詩》高山仰止。《孝經》高而不危是也。《説文》：高，崇也。《廣雅》：曾祖王父之考爲高祖父。郭璞曰：高，之［言］取［最］上也。《漢書》：羣臣曰帝赴［起］細微，撥亂反正之，平定天下，爲漢太祖，功最（高）。《謚法》：照公間民曰高，尊上尊号曰高。《皇帝廣謚法》：照公間民曰高。
【高】空井切。小堂也。
◎高，空井切。小堂也。
◑高，空井反。《説文》：小堂。或爲廎字，在广部。
【亭】大丁切。民所安定之，爲除害也。《漢書》：大華亭里一亭有長，留也。
◎亭，大丁切。民所安定之，爲除害也。漢有里亭長。
◑亭，徒丁反。《墨子》：備城法，百步一亭，亭一尉。《史記》：亭疑法，奏讞疑事。李奇曰：亭，平也。《漢書》：大平［率］十里一亭，亭有長，十亭一鄉。《風俗通》：謹案，《國語》有寓涇，謂今亭也。《漢家［書］》曰：奏［秦］十里一亭。亭，留也，平也。民有公訟，史［吏］留平處，勿失其止［正］也。《方言》：楚東海之間亭父謂之亭公。郭璞曰：亭，民也。《説文》：民所安定也。《蒼頡篇》：亭，定也，爲民除害也。《西京賦》：狀亭亭以苕苕。薛綜曰：亭亭，正形。苕苕，高皃也。
●底本“大華亭里一亭有長”疑有誤，《漢書・百官公卿表》：“大率十里一亭，亭有長。”
【亳】步莫切。殷地名。
◎亳，步莫切。殷地名。
◑亳，蒲各反。《尚書》：將治亳殷。野王案：殷之地名也。《説文》：~~地~~，京兆杜陵亭。
【髝】來到切。髝髞，高皃。
◎髝，來到切。髝髞，高皃。
◑髝，力悼反。《埤蒼》：髝髞，嵩皃也。《字指》：髝髞，牛馬高脚。
【髞】先到切。
◎髞，先到切。高也。
◑髞，蘇悼反。《埤蒼》：髝髞也。
【鶮】仕交切。高足。
◎鶮，仕交切。高足也。
◑鶮，徂高反。《埤蒼》：高也。
【䯪】苦高切。
◎䯪，苦高切。明也。
【髦】莫告切。䩬髦也。
◎髦，莫告切。䩬髦也。

危部第三百五十

凡四字

【危】牛爲切。不安皃。
◎危，牛爲切。不安皃。
◑危，遇爲反。《尚書》：人心惟危。孔安國曰：危即難安也。《周易》：君子安不妄［忘］危，存不忘亡。野王案：危，不安，隉沉［阢］也。《考工記》：凡弓属，因其君之（躬），豊安［肉］而短，若是者謂之危（弓）。危~~不~~弓爲之安矛［矢］，骨直以直立者爲之安弓，安弓爲（之）危矢。鄭玄曰：危猶疾也。謂治邦有道，危言危行。何晏曰：危，厲也。《禮記》：孔子曰言不危行，行不危言。鄭玄曰：危猶高也。又：孔子曰身可危也，志不可奪。鄭玄曰：危謂欲毁壊之也。又：孔子曰升堂履危，正也。~~危，古文爲岔字。~~鄭玄曰：危，棟上也。《説文》：在高而懼也。《廣雅》：危，隤也。危，正也。危，古文爲岔字，在山部也。

○危，《玉篇》云：隤也。（《續一切經音義》卷四）

【攱】丘知切。傾低不正。亦作攲。

◎攱，丘知切。傾低不正。亦作攲。

◑攱，丘知反。《説文》：攱，傴也。野王案：攱，滿即覆，中即正是也。《韓詩》爲攲字，傾低不正也。孫卿子（曰），桓公之廣［廟］有攱器焉，虚即攱，滿即覆，中即正是也。《韓詩》爲攲字，在支部。

○攱，顧野王云：攱，傾側不正也。（《一切經音義》卷二十九）

○攱，顧野王云：攱，傾低不正也。（《一切經音義》卷三十一）

【鵖】午結切。鵖卼，不安也。亦作隉。

◎鵖，午結切。鵖卼，不安。亦作隉。

◑鵖，牛結反。《周易》：困于葛藟，于鵖卼。王弼曰：居不獲安，故曰于鵖卼也。《字書》亦隉字，元［杌］，不安也。在阜部。或爲𣎳字，在出部。

【卼】午忽切。鵖卼也。

◎卼，午忽切。鵖卼也。

◑卼，五忽反。《尚書》：邦之卼隉，曰繇一人。孔安國曰：阢隉，不（安），言危也。

石部第三百五十一

凡二百七十二字

【石】市亦切。山石也。又厚也，斛也。

◎石，市亦切。山石。又厚也，斛也。

◑石，時亦反。《尚書》：關石和鈞［鈞］，王府則有。孔~~子~~安國曰：金鐵曰石，供民器用，通之使和平也。又曰：擊石拊石，百獸率舞。青州貢怪石，圍雍州，其利宜玉石。又曰：以嘉石達疲民，凡民有罪坐諸嘉石，以肺石達窮。凡煢獨老弱欲復於上与末達，立於肺石。鄭玄曰：鍾太厚即如石，叩之无聲也。《左氏傳》：隕石于宋五。隕星也。《史記》：弃仇讎而得石友。野王案：石猶望厚也。《（孔子）家（語）》謂得米一石。野王案：石謂斛也。《漢書》有百畝之收，不過百（石）。粟五千石，穀石七錢是也。《廣雅》：石，祏也。百廿斤之石爲祏，~~處~~在示部也。

○石，野王案：《説文》云：十斗爲石。石猶斛也。（《倭名抄》六 25）

【磺】古猛切。强也，銅鐵璞也。礦，同上。

◎磺，古猛切。强也，銅鐵璞。礦，同上。

◑磺，孤並反。《説文》：銅鐵樸也。《廣雅》：鐵樸謂之磺，鈆磺謂之鍾。又曰：磺，强也。

○磺，孤並反。《説文》：銅鐵樸也。（《香要抄》73）

○磺，强也。（《類》157）

【碭】大浪切。文石也。又縣名。

◎碭，大浪切。文石。又縣名。

◑碭，杜浪反。《説文》：文石也。《蒼頡篇》：梁國若［都］碭縣~~之~~也。

○碭，杜浪反。石也。（《類》151）

【碝】而兖切。石次玉也。亦作瑌。

◎碝，而兖切。石次玉也。亦作瑌。

◑碝，如兖反。《説文》：石之次玉也。或爲瑌字，在玉部。

【砮】乃乎切。石中矢鏃也。

◎砮，乃乎切。石中矢鏃。

◑砮，奴胡反。《尚書》：梁州貢砮砥砮丹。孔安國曰：砮石中矢鏃。古文爲𥗐字，在厂部。

【礜】弋庶切。石出陰山，殺鼠，蠶食則肥。

◎礜，弋庶切。石出陰山。

◑礜，餘庶反。《山海經》：睪［皋］塗山多礜石，可以毒魚。郭璞曰：今礜石殺~~亡~~鼠，蠶食之而肥也。

【磏】力兼切。赤礪石。

◎磏，力兼切。赤礪石。

◑磏，力兼反。《管子》：座［痤］疽［疽］之磏石。野王案：《説文》厲石，赤色也。《吕氏春秋》傳［搏］懼［攫］即強［殪］，中木即碎，此所以知磏是也。

【碣】其列切。特立石也。又碣石，山名。䃊，古文。

◎碣，其列切。特立石也。又碣石，山名。䃊，古文。

◑碣，渠桀反。《尚書》：夾石［右］碣石入于河。孔安國曰：海畔山也。《説文》：特立石也。東海有碣石。䃊，《説文》古文碣字也。

【碫】都亂切。礪石也。

◎碫，都乱切。礪石也。

◑碫，都段反。《毛詩》：取厲取碫。《傳》曰：碫，石也。《箋》云：可以爲鍛質也。《説文》：《春秋》鄭公孫碫，字石。或爲鍛字，在阜部。

【碧】居勇切。水邊石。

◎碧，居勇切。水邊石。

◑碧，居隴反。《説文》：水邊石也。《春秋傳》闕碧之甲是也。

【礫】力的切。小石也。磟，同上。

◎礫，力的切。小石。磟，同上。

◑礫，力的反。《楚辭》：瓦礫進寶（兮），損弃随和。《説文》：小石也。磟，《字書》亦礫字也。

〇礫，《玉篇》：小石也。（《一切經音義》卷二十七）

【磧】千的切。水渚石，水淺石見。

◎磧，千的切。水渚石，水淺石見。

◑磧，且歷反。《説文》：水渚有石也。野王案：《上林賦》下磧（歷）之坻是也。《廣雅》：磧，瀨也，水耗石見也。

〇磧，顧野王云：磧礫之坻也。（《一切經音義》卷九十七）

【磓】徒對切。墮也。

◎磓，徒對切。墮也。

◑磓，徒對反。《漢書》：星礫至即磓也。如淳曰：磓亦墮也。《説文》：磓，墮。

【硃】山指切。石墮聲。

◎硃，山指切。石墮声。

【碑】彼皮切。銘石。又卧石。

◎碑，彼皮切。銘石。又卧石。

◑碑，彼媯反。《禮記》：公室視豊碑。鄭玄曰：豊碑，斲大木爲之，形如今石碑，於椁前後四角樹之，穿中，於間爲鹿盧，下棺，以其綍繞之。天子（六）綍四碑，前後各重鹿也盧［鹿盧也］。《説文》：卧石也。《釋名》：石碑本莽時所設，以下棺，臣子追述君父功，美以書其上，後又因无故建之道陌之頭，銘吉文就謂之碑也。野王案：《三輔舊事》漢惠帝爲四皓作碑在其隐處是（也）。

〇碑，《玉篇》引作：石碑本莽時所設，以下棺。臣子追述君父之功，美以書其上。後人［又］因無故建之道陌之頭，銘吉文就謂之碑也。野王案：《三輔舊事》：漢惠帝爲四皓作碑，在其隱處。（《釋名疏證補》附一卷）

【磒】尤粉切。落也。

◎磒，尤粉切。落也。

◑磒，尤粉反。《爾雅》：磒，落也。郭璞曰：磒猶隕也。方俗異語有輕重耳也。

【硞】苦角切。石聲也。

◎硞，苦角切。石聲。

◑硞，苦學反。《爾雅》：硞，草［鞏］也。郭璞曰：硞然固也。《説文》：石聲也。矻，《字書》亦硞字也。

〇矻，《玉篇》又音乞。（《龍龕手鏡》卷四）

●砳同硞。

【硈】口黠切。堅也。矻，同上。

◎硈，口黠切。堅。矻，同上。

【硠】力唐切。硠礚，石聲。又力蕩切。

◎硠，力唐切。硠礚，石声。又力蕩切。

◑硠，力唐、力蕩二反。《説文》石聲也~~是也~~。《廣雅》：硠硠，堅也。

【礚】苦蓋切。硠礚也。又苦闔切。

◎礚，苦蓋切。硠礚也。又苦闔切。

◑礚，苦闔反。《説文》：石聲也。一曰硠礚。

〇礚，火［石］聲。（《類》151）

【礐】口角切。石聲也，山多大石也。亦作嶨。
◎礐，口角切。石声也，山多大石也。亦作嶨。
◑礐，口學反。《爾雅》：角謂之礐。郭璞曰：（治樸）之名也。《說文》：石聲。《埤蒼》爲鱟字，在魚部。山多大石爲嶨字，在山部。
【磿】力的切。磿磿，石小聲。
◎磿，力的切。磿歷，石小声。
◑磿，力狄反。《周禮》：及窆抱磿，供（丘）籠及蜃車之役。鄭衆曰：抱磿，磿下車也。鄭玄曰：適磿，綍者名也。《（說）文》：磿，石聲也。野王案：磿磿，小聲也。《琴操》許由挂瓢，磿磿有聲亦是也。
【硻】口耕切。堅也。
◎硻，口耕切。堅也。
◑硻，口耕反。《淮南》：唐硻堅力之類。許叔重曰：硻，堅也。《說文》：餘堅也。
【砢】力可切。磊砢，衆小石皃。
◎砢，力可切。磊砢，衆小石皃。
◑砢，力可反。《說文》：磊砢也。野（王案）：累石之皃也。《上林賦》水石［玉］磊砢是也。《字書》：衆石也。
【磊】力罪切。磊砢。磥，同上。
◎磊，力罪切。磊砢也。磥，同上。
◑磊，力罪反。《楚辭》：石磊之［磊］子［兮］，葛蔓蔓。《說文》：衆名也。《蒼頡篇》：磊，砢也。磥，《聲糧［類］》亦磊字也。
○磊，力罪反。（《類》152）
【磛】仕咸切。磛礹，山皃。
◎磛，仕咸切。磛礹，山皃。
◑磛，仕咸反。《說文》：磛礹也。野王案：此亦嶄字也。高峻之皃也，在山部。
【礹】五咸切。磛礹也。亦作巖。
◎礹，五咸切。磛礹。亦作巖。
◑礹，雅芟反。《說文》：山皃也。野王案：此亦巖字，在山部。
【磽】苦交切。堅硬也。
◎磽，苦交切。堅硬也。
◑磽，苦交反。《國語》：務處磽瘠。野王案：磽，堅也。地則瘦瘠，在殷。《畐［孟］子》地有肥磽是也。《說文》：磽，磐也。
○磽，顧野王云：磽，堅也。（《一切經音義》卷六十）
【确】胡角切。磽确。亦作埆。㱿，同上。
◎确，胡角切。磽确。亦作埆。㱿，同上。
◑确，胡角反。《淮南》：争處磽确而以封畔相讓。《說文》：确，磐也。《聲類》：磽确，磐薄也。或埆字，在土部。㱿，《說文》亦确字也。
【礒】宜綺切。嶔崟崎礒，石巖。
◎礒，宜綺切。嶔崟崎礒，石巖也。
◑硪，宜倚反。《楚辭》：嶔崖崎硪。王逸曰：山阜隅隈［崾隅］也。《說文》：石巖也。
●硪同礒。
【碞】牛咸、牛今二切。僭差。
◎碞，牛咸、牛今二切。僭差。
◑碞，牛咸、午金二反。《尚書》：顧畏于民碞。孔安國曰：碞，僭差。
【碎】先潰切。散也，破也。亦䃀字。
◎碎，先潰切。散也，破也。亦作䃀。
◑碎，蘇繢反。《淮南》：事碎難治，法（煩）難行。《說文》：碎，䃺也。《廣雅》：碎，壞也。碎，散也。或爲瓰字，在瓦（部）。
○碎，壞也。（《類》153）
【破】普餓切。解離也，碎也，壞也。
◎破，普餓切。解離也，碎也，壞也。
◑破，普餓反。《毛詩》：矢舍而破。《箋》云：發矢即中，如椎破物也。《禮記》：孔子曰君子語小，天下莫能破焉。《說文》：破，碎也。《廣雅》：破，壞也。
○破，碎也。（《類》156）
【硩】天磿、丑列二切。石中矢也。
◎硩，天磿、切列二切。石中矢也。
◑硩，天歷、刺列二反。《周禮》：硩菲［蔟］氏掌覆妖鳥之巢。《說文》：山［上］擿山巖空（青）。~~字同閡，外閉門也，在門部也。~~
●圓沙本“天磿、切列二切”疑當作“天磿、丑列二切”。
【礙】五代切。止也。亦作閡。

◎礙，五代切。止也。亦作閡。

◑礙，午概反。《説文》：礙，止也。《廣雅》：礙，閡也。礙，距也。礙，至也。《埤蒼》：礙，掞也。或爲檂字，在木部。野王案：亦与（閡）字同。閡，外閉門也。在門部也。

○礙，野王：亦與閡字同。（《類》154）

【礱】力公切。磨礱也，磨穀爲礱。

◎礱，力公切。磨穀爲礱。

◑礱，力公反。《國語》：天子之室斲而礱。磨也穀爲礱［龔］字，石［在］瓦部也。

○礱，力公反。磨也，磨穀也。（《醫心方》刊本二六26）

【硟】思煎切。以石矸繒也。

◎硟，思煎切。以石矸繒也。

◑硟，思煎反。《説文》：以石研增繒。

●“矸”疑當作“衦”。宋十一行本作“衦”，亦誤。

【研】午田切。摩也。亦作研、䃺、揅、盄。硯，亦與研同。

◎研，午田切。摩也。亦作研、䃺、揅、盄。硯，同上。

◑研，午堅反。《説文》：研礦也。《廣雅》：研，郭也。或爲揅字，在手部。或爲䊵字，在米部。或爲盄字，在皿部。或以爲筆硯之硯字也。硯，《字書》亦研字也。

○研，午堅反。礦也，郭也。（《類》149）

【礦】莫卧切。磑也，所以礦麥。磨，同上。

◎礦，莫卧切。磑也，所以磨麥。磨，同上。

◑礦，莫賀反。《説文》：石磑也。《埤蒼》：礦，磚也。野王案：以石相摩，所用以研破穀麦也。

○磨，以石相摩，所以破穀麥也。（《法華釋文》中）

【磑】午對、居衣、公哀三切。堅石也，磨也。

◎磑，午對、居衣、公哀三切。堅石也，磨也。

◑磑，午衣、公衣［哀］二反。《世本》：公輸初作石磑。野王案：《説文》：磑，礦也。《方言》：磑，堅也。郭璞曰：石物，堅也。摩切爲剴字，在刀部也。

【碓】丁潰切。所以舂也。

◎碓，丁潰切。所以舂也。

◑碓，都誨反。《方言》：碓，機也。陳魏宋楚曰碓，自關而東謂之梴。郭璞曰：梴，碓，損［梢］也。《説文》：碓，舂也。野王案：所用以舂也。

○碓，顧野王云：碓亦以用舂也。（《一切經音義》卷五十七）

【硞】徒荅、徒感二切。再舂也。

◎硞，徒荅、徒感二切。再舂。

◑硞，徒合、徒感二反。《説文》：舂已復擣曰硞。《埤蒼》：再舂也。

【磻】補左、補何二切。以石維繳也。碆，同上。

◎磻，補左、補何二切。以石維繳。碆，同上。

◑磻，補佐、補阿二反。《説文》：以石著惟繳也。

◑碆，補何反。《史記》：出寶弓，碆新繳。徐廣曰：以（石）傅弋繳曰碆。野王案：亦磻字也。

【礸】知略切。斫也。

◎礸，知略切。研也。

◑礸，貞略反。《説文》：斫之也。野王案：以刃研物也。鑺［錯］研名礸爲檽字，在木部。或爲錯字，金部也。

●宋十一行本此字頭作“䃎”。

【砭】甫廉切。刺也，以石刺病也。砭，同上。

◎砭，甫廉切。刺也，以石刺病也。砭，同上。

◑砭，甫廉反。《蒼頡篇》：砭，刺也。《説文》：以石刺病也。《廣雅》：砭謂之柴［刺］。砭，甫，《聲頡［類］》亦砭字也。

【硯】午見切。石滑，所以研墨。

◎硯，午見切。石器，以研墨。

◑硯，午見反。《太公金匱》碩［硯］之書曰，石墨相著（而黑），耶心（讒）言，無傅［得］污白。野王案：所以研和墨，用爲書字者也。《漢（書）》口下至財用筆硯是也。《説文》：石滑也。

○硯，午見反。石滑反［也］。野王云：所以研和墨，磨刀刃。（《類》153）

【碅】下革切。石也，堉也。
◎碅，下革切。石也，堉也。
◑碅，下革反。《説文》：石地也。《埤蒼》：碅，确也。
【砠】且居切。土山有石。亦作岨。
◎砠，且居切。土山有石。亦作岨。
◑砠，且居反。《毛詩》：陟彼砠矣。《傳》曰：土載石曰（砠）。《爾雅》亦云。郭璞曰：土山上有石者也。《説文》爲岨字，在山部。
【磋】千河切。治象也。
◎磋，千河切。治象牙。
◑磋，且何反。《毛詩》：如切如磋。《傳》曰：治象曰磋。《爾雅》亦云。郭璞曰：謂治璞之名也。《爾雅》又曰：如切如磋，道學也。郭璞曰：骨象見切磋而爲器，猶人須學問以成德也。《聲類》或爲齹字，在齒部也。
○磋，采何反。不盡力也。（《醫心方》刊本一八 22）
【磷】力鎮切。薄也，雲母之別名。又音鄰。
◎磷，力鎮切。薄也，雲母別名。又音鄰。
◑磷，力鎮反。謂之不曰堅乎，磨而不磷。孔案［安］國曰：磷，薄也。《本草》：雲母一名磷石，色正白，皎然純白明徹者名磷。爲粼字，粼粼，一弊也。在（卂）部也。
【硌】力各切。山上大石。又石次玉。
◎硌，力各切。山上大石。又石次玉。
◑硌，力各反。《山海經》：上申山多硌石。郭璞曰：磊硌，大石皃也。《老子》：琭琭如玉，硌硌如石。王弼曰：玉石碌碌硌硌，體於形，故不欲。
【砥】之視切。磨石也。亦作厎。
◎砥，之視切。磨石。亦作厎。
◑砥，之視反。《尚書》：砅砥砮丹。孔安國曰：砥細於礪，皆石也。《説文》亦厎字也。厎亦平也，直也，均也。（在）厂部也。砥，《字書》：石次玉也。
○砥，石次玉也。（《類》150）
【䃤】思六切。黑砥石。又先鳥切。
◎䃤，思六切。黑砥石。又先鳥切。
◑䃤，思陸、思鳥二反。《山海經》：京山多云［玄］䃤。郭璞曰：思［黑］砥石也。《尸子》曰：加之黄砥，明色非一。
【砌】千計切。危也，階砌也。
◎砌，千計切。危也，階砌也。
◑砌，且計反。《西京賦》：設砌厓隒。薛綜曰：砌，限也。《廣雅》：砌，戺也。
【碊】且對切。磑也。
◎碊，且對切。磑也。
◑碊，且對反。《方言》：磑或謂之䃰［碊］。郭璞曰：即磨也。
○碊，《玉篇》云：碊，磑也。（《方言疏證》卷五）
【礑】丁敢切。石礑，出蜀中。
◎礑，丁敢切。石礑，出蜀中。
◑礑，丁敢反。《埤蒼》：礑，出氐道。
○礑，石礑，藥名，出《玉篇》。（《重修廣韻》卷三）
【磸】先果切。小石也。
◎磸，先果切。小石。
◑磸，且果反。《埤蒼》：（山石也）。
【硫】力尤切。硫黄，藥名。
◎硫，力尤切。硫黄，藥名。
◑硫，力尤反。《埤蒼》：硫黄，藥也。
【砬】力執切。石藥。
◎砬，力執切。石藥。
◑砬，力執反。《埤蒼》：砬，制石藥也。
【礪】力勢切。崦嵫山礪石可磨刃。
◎礪，力勢切。崦嵫，山多礪石，可磨刃。
◑礪，力制反。《山海經》：崦嵫多礪砥。郭璞曰：磨石，精者爲砥，麤者爲礪。野王案：所以磨刀者也。《尚書》若金，用汝則礪是也。《説文》爲厲字，在厂部。
○礪，野王案：所以磨刀刃者也。（《令抄》956）
○礪，顧野王云：崦嵫山多砥礪也。（《續一切經音義》卷十）
【磫】千龍切。磫礭，礪石。
◎磫，千龍切。磫礭，礪石也。
◑磫，子龍反。《廣雅》：磫礭，礪也。
【礭】巨俱切。磫礭。

◎礭，巨俱切。磫礭。
◑礭，渠俱反。《埤~~也~~蒼》：磫礭也。
【礛】力甘切。礛䃴，治玉之石也，青礪也。或作厱。
◎礛，力甘切。治玉之石也，青礪也。或作厱。
◑礛，力甘反。《淮南》：璧（瑗）成器，礛（諸）之功。許叔重曰：治玉之石也。《埤蒼》：青礪也。《説文》爲厱字，在厂部也。
【䃴】之余切。礛䃴，青礪也。
◎䃴，之余切。礛䃴，青礪也。
◑䃴，之餘反。《埤蒼》：礛䃴也。
【砡】牛六切。齊也。
◎砡，牛六切。齊也。
◑砡，牛六反。《廣雅》：砡，齊也。《埤蒼》：砡，齊頭也。
【磅】匹庚切。石聲也。
◎磅，匹庚切。石声。
◑磅，反康反。《廣雅》：磅，聲也。《埤蒼》：石聲。野王案：《上林賦》砰磅訇礚是也。
【矺】竹格切。磓也。
◎矺，竹格切。磓也。
◑矺，都格反。《埤蒼》：矺，磓也。
【磓】丁回切。亦作塠、䜃。
◎磓，丁回切。亦作搥、準。
◑磓，丁迴反。《埤蒼》：磓，𥔾也。或爲搥~~守~~字，在手部。或爲䜃~~是~~字，在言部。《毛詩》爲敦字，在攴部也。
●圓沙本"準"當作"䜃"。
【𥔾】丁狄切。磓也。
◎𥔾，丁狄切。磓也。
◑𥔾，丁狄反。《廣雅》：𥔾，罰也。《埤蒼》：𥔾，磓也。
【矸】乎旦切。磓也。
◎矸，乎旦切。磓也。
◑矸，胡幹反。《甯戚歌》：南山竹白石爛矸［南山矸，白石爛］。《埤蒼》：矸，砟也。
○矸，顧野王：音岸。（《史記》卷八十三）
【碕】巨衣切。曲岸頭。
◎碕，巨衣切。曲岸頭也。
◑碕，渠幾反。《楚辭》：觸石碕而衡逝［遊］。野王案：《埤蒼》曲岸頭也，《上林賦》激堆碕是也。《淮南》：積牒旋石，以純脩碕。許叔重曰：長邊。
【磯】居衣切。水中磧也，摩也。
◎磯，居衣切。水中磧也，摩也。
◑磯，居依反。《廣雅》：磯，磧也。《埤蒼》：水中磧也。《孟子》：是不可磯致。劉熙曰：磯，切也。野王案：謂摩切也。《淮南》磯摩~~易~~勿釋是也。与劉［劖］字義同，在刀部。
【硧】方宇切。硧砠，磑。
◎硧，方宇切。硧砠，磑也。
◑硧，包禹反。《埤蒼》：硧砠，坦悵外也。
【砠】子吕切。硧砠。
◎砠，子吕切。硧砠。
◑硾，除爲反。《埤蒼》：硾，鎮也。野王案：鎮笮之也。《吕氏春秋》倕之以石是也。《字書》或爲倕字，在人部。以繩有所縣爲縋字，在糸部。

【硾】丈僞切。鎮也，笮也。亦作縋。
◎硾，丈僞切。鎮也，笮也。亦作縋。
【礿】赤略切。大脣皃。
◎礿，赤畧切。大脣皃。
◑礿，牛略反。《埤蒼》：大脣皃也。《廣雅》：礿，磑也。
【碌】力木切。碌䃚，多沙石。
◎碌，力木切。碌䃚，多沙石。
◑碌，力木反。《埤蒼》：碌䃚，多沙石也。玉皃，石录录爲琭字，在玉部。
【䃚】千木切。碌䃚也。
◎䃚，千木切。碌䃚。
◑䃚，且木反。《埤蒼》：碌䃚也。
【礬】扶袁切。石也。
◎礬，扶袁切。石也。
◑礬，扶園反。《埤蒼》：礬石也。
○礬，扶園反。《埤蒼》：礬，石藥也。（《八十卷音義私記》）
【磁】疾兹切。石似鐵。
◎磁，疾兹切。石似鐵。
◑磁，才惢反。《埤蒼》：石也。野王案：《吕氏春秋》磁石粘鐵是也。

【磍】苦轄切。螖磍，搖目吐舌也，盛怒也。

◎磍，苦轄切。螖磍，搖目吐舌也，盛怒也。

◑磍，古鎋反。《司馬相（如）賦》：疏［踁］蹍螖磍。《漢書音義》曰：疏［踁］蹍，乍前乍前却也。螖磍，搖目吐舌也。楊雄《長楊賦》：建螖磍之虗。《漢書音義》曰：列［刻］猛戰［獸］爲虗，故其形螖磍而盛怒也。

【碬】下加切。磍碬，高下也。

◎碬，下加切。磍碬，高下也。

◑碬，丁［下］加反。《埤蒼》：磍碬，高下也。

【碨】烏罪切。碨磥，不平。硙，同上。

◎碨，烏罪切。碨磥，不平也。硙，同上。

◑碨，於罪反。《埤蒼》：碨礧，磊隈也。《聲頡［類］》：碨硃［磁］，不平也。或爲鍡字，在金部。

【礧】力罪切。碨礧。亦山名。磥，同上。

◎礧，力罪切。碨礧。亦山名。磥，同上。

◑礧，力罪反。《埤蒼》：堭［碨］礧。《説文》爲鑸字，在金部也。磥，《聲頡［類］》亦礧字也。

【礎】初吕切。柱碣也。

◎礎，初吕切。柱碣也。

◑礎，初舉反。《淮南》：小［山］雲蒸而柱礎潤。許叔重：彫楹玉舄。《廣（雅）》曰：楚人謂柱寫曰［曰舄］也。

【碣】思亦切。柱礩也。

◎碣，思亦切。柱礩也。

◑碣，田［思］尔［亦］反。《西京賦》：彫楹玉舄。《廣雅》：碣，礩也。今亦爲舄字，在舄部。

【礩】之逸切。柱下石。又音致。

◎礩，之逸切。柱下石。又音致。

【磌】之仁切。礩也，音響也。又大堅切。

◎磌，之仁切。礩也，音響也。又大堅切。

◑磌，之仁、徒堅二反。《公羊傳》：聞其磌然。野王案：磌然聲響也。《廣雅》：磌礩。

【碥】方顯切。將登車履石也。亦作扁。

◎碥，方顯切。將登車履石也。亦作扁。

【礸】下研切。難皃。

◎礸，下妍切。難皃。

◑礸，丁［下］研反。《太玄經》：物生之礸。宋忠曰：礸，難也。《聲頡［類］》：堅皃也。

【磼】才合、才盍二切。磼碟，高也。

◎磼，才合、才盍二切。磼碟，高也。

◑磼，才合、才闔二反。《上林賦》：嵳峩磼碟。《埤蒼》：磼，高也。

○磼，子［才］入［合］反。碟，五合反。山動皃也。（《三教指歸注》七7）

【碟】午合、午闔二切。磼碟也。

◎碟，午合、于闔二切。磼碟也。

◑碟，五合、五闔二反。《埤蒼》：磼碟也。

【礹】人丈切。惡雌黄。

◎礹，人丈切。惡雌黄也。

◑礹，人丈反。《埤蒼》：碟［礹］，惠［惡］雄黄也。

【硂】叉瓦切。好雌黄也。

◎硂，叉瓦切。好雌黄也。

【硃】思賢切。石次玉。

◎硃，思賢切。石次玉。

◑硃，思賢反。《埤蒼》：石之次玉者也。

【磃】思移切。磨也。

◎磃，思移切。磨也。

◑磃，思移反。《廣雅》：磃摩。《埤蒼》：所以摩笴者也。

【磚】古候切。罰也，碥也。

◎磚，古候切。罰也，碥也。

◑磚，吉［古］候反。《廣雅》：碟磚，罰也。《埤蒼》：磚，磃也。

【碮】乃結切。礬石也。

◎碮，乃結切。礬石也。

◑碮，乃結反。《埤蒼》：碮，礬石也。

【磤】衣謹切。雷聲。亦作轗。

◎磤，衣謹切。雷聲。亦作轗。

◑磤，於謹反。《毛詩》：殷其雷，在南山之陽。《傳》曰：殷，雷聲也。或爲轗字，在車部。今或爲殷字，在月部。

【礓】居良切。礫石也。

◎礓，居良切。礫石也。

【磐】步安切。大石也。

◎磐，步安切。大石也。

◑磐，薄安反。《周易》：鳿漸于磐。王弼曰：磐，山之安者也。《聲類》：大名［石］也。《漢書》：宗族磐平［互］。野王案：磐平［互］猶根據也。

○磐，顧野王云：磐猶根據也。（《一切經音義》卷三十九）

【磝】午交切。或作嶅。

◎磝，午交切。或作嶅。

◑磝，午交反。《字書》亦嶅字也。嶅，山多小石也。在山部。

【硁】古拜切。石次玉。

◎硁，古拜切。石次玉。

◑硁，古拜反。《埤蒼》：石之次玉者也。

【確】口角切。堅固也。亦作塙。碻，同上。

◎確，口角切。堅固也。亦作塙。碻，同上。

◑確，口角反。《周易》：夫乾，確然，亦［示］人君［易］矣。韓康伯曰：確，堅皃也。《埤蒼》爲塙字，在土部也。碻，《字書》亦確字也。

【磖】力合切。磖磼，破物聲也。

◎磖，力合切。磖磼，破物声。

◑磖，力合反。《廣雅》：磖磼，破物聲也。

【硨】尺遮切。硨磲，石次玉。

◎硨，尺遮切。硨磲，石似玉。

◑硨，齒耶反。《字書》：~~也~~硨磲［磲］，石次玉者。

【磲】鉅於切。硨磲。

◎磲，矩於切。硨磲。

◑磲，鉅於反。《字書》：硨磲也。

【硠】口唐切。硠硠也。

◎硠，口唐切。硠硠也。

◑硠，口康反。《字書》：硠硠也。

【磏】力煎切。亦作鏈，鉛屬。

◎磏，力煎切。亦作鏈，鉛屬。

◑磏，力煎反。《字書》亦鏈字也。鏈，鉛礦也，亦銅属也。在金部也。

【礋】力皎切。礋碥，石垂皃。

◎礋，力皎切。礋鳥垂。

◑礋，力胶反。《字書》：磟［礋］鳥［碥］，（石）重［垂］（皃）。

【硐】大公切。摩也。

◎硐，大公切。摩也。

◑硐，徒公反。《廣雅》：硐，摩。

【磟】力竹切。磟碡，田器。

◎磟，力竹切。磟碡，平田器。

◑磟，力篤反。《埤蒼》：磟碡，車輾也。《字書》：磟碡，輾車也。

【碡】徒篤切，又音逐。

◎碡，徒篤切，又音逐。

◑碡，徒篤反。《埤蒼》：磟碡也。

【礲】力中切。礲硿，石聲。又力冬切。

◎礲，力中、力冬二切。礲硿，石声。

◑礲，力冬反。《字書》：礲硿，石聲也。

【硿】丘中切。礲硿。又户冬切。

◎硿，丘中切。礲硿。又户冬切。

◑硿，口冬反。《字書》：礲硿也。

○硿，《玉篇》又攻、洪二音。（《龍龕手鏡》卷四）

【䃚】子田、似千二切。坂也，移也。

◎䃚，子田、似千二切。坂也，移也。

◑䃚，子田、似田二反。《楚辭》：石瀨兮䃚䃚。王逸曰：疾流皃也。《蒼頡藊［篇］》：䃚，棚也。《廣雅》：䃚，歧也。《字書》：蜀道也。野王案：《漢書》燒絶棧道是也。音士板反也。

○䃚，子田反，出《玉篇》。（《龍龕手鏡》卷四）

【磃】四貲切。宫名。或作虒。

◎磃，四貲切。宫名。或作虒。

◑磃，□此言［訾］反。《字書》亦宫也名［名也］。野王案：磃祁之宫也。或爲虒守［字］，在厂部也。

●《殘卷》"此言"爲"訾"字之誤。

【砫】之縷切。石室。

◎砫，之縷切。石室，同。

◑砫，之庾反。《字書》亦室字也。室，廣石室也。在宀部。

●圓沙本“同”未詳。

【磂】力牛切。亦作鎦。

◎磂，力牛切。亦作鎦。

◑磂，力牛反。《字書》亦鎦字也。鎦，殺也。在金部。或爲劉字，在刀部也。

【硍】諧眼切。石聲也。

◎硍，諧眼切。石声。

◑硍，胡簡反。《字書》：石（聲）也。

【硥】步項切。亦作蚌。

◎硥，步項切。亦作蚌。

◑硥，薄項反。《字書》亦作蚌字也。蚌，蜃蠣也，在虫部也。

【硍】故本切。《周禮》曰：凡聲，高聲硍。

◎硍，故本切。《周禮》：凡聲，高聲硍。

◑硍，古混反。《周禮》：凡聲，高聲硍。鄭玄曰：故書硶或爲硍。杜子春讀爲鏗鎗之鏷［鏗］。高謂鍾形高也。鄭大夫讀爲衮。玄謂（高），鍾形奉上，上大也。高即上藏，衮然如知重［旋如裹］也。

【磾】丁泥切。《漢書》有金日磾。

◎磾，丁泥切。漢有金日磾。

◑磾，都泥反。《漢書》者［有］金曰磾也。

【碼】音馬。碼碯，石次玉也。

◎碼，音馬。碼碯，石似玉。

◑碼，草［莫］椵反。《字書》：碼碯，石之次者也。

【碯】乃老切。碼碯。

◎碯，乃老切。碼碯。

◑碯，奴道反。《字書》：碼碯也。

【磯】子林切，又先念切。磯磹，電光也。

◎磯，子林、先念二切。磯磹，電光。

◑磯，子林反。《字書》亦檝字也。檝，~~檝~~楔也。在木部。又音且□、且紺二反。東方朔《十州記》：猛獸~~又作~~，兩目如~~天~~磯磹之光也。

【磹】徒念切。磯磹。

◎磹，徒念切。磯磹。

◑磹，達黵、達紺二反。《説文》：磯磹，電光也。

【砛】之人切。

◎砛，之人切。石名。

◑砛，之仁反。《字書》：礙也。

【硊】牛委切。磈硊，足曲也。

◎硊，牛委切。磈硊，足曲也。

◑硊，牛委反。《山海經》：皋水中多硊石。郭璞曰：未聞。《楚辭》：硱磳磈硊嶮（岑）崎［碕］礒。王逸曰：崔嵬，崪嵎也。《埤蒼》：碨硊，足曲也。

【硱】口本、口冰二切。硱磳，石皃。

◎硱，口本、口冰二切。硱磳，石皃。

◑硱，口本、口冰二反。《埤蒼》：硱磳，阬隁也。《聲類》：硱磳，石皃也。

【磳】子登、仕冰二切。硱磳。

◎磳，子登、仕冰二切。硱磳。

◑磳，子滕、仕反冰二［仕冰二反］。《埤蒼》：（硱）磳也。

【砎】下瞎切。石皃。

◎砎，下瞎切。石皃。

◑砎，胡瞎反。《埤蒼》：礣砎也。

【硂】七泉切。度也。亦作銓。量也，次也。

◎硂，七泉切。度也。亦作銓。量也，次也。

◑硂，且泉反。《廣雅》：硂，硂，度也。《字書》亦銓字也。銓，量也，次也。在金部。

【碏】七昔、七略二切。敬也。《左氏傳》衞大夫石碏。

◎碏，七昔、七略二切。敬也。《左》衞大夫名碏。

◑碏，七惜、七畝二反。《毛詩》：執爨碏碏。《傳》曰：碏碏，言爨竈有容也。~~朝~~，碏碏，敬也。《左氏傳》：衞大夫石碏也。

【礣】莫轄切。礣砎，堅也。

◎礣，莫轄切。礣砎，堅也。

◑礣，莫鎋反。《埤蒼》：礣砎，堅也。《字指》：礣砎，大雷聲也。

【礵】弋成切。翫習也。

◎礵，弋成切。翫習也。

◑礵，餘成（反）。《方言》：礵，裳［裔］，習也。郭璞曰：謂翫習也。

【砰】古狎切。山側。亦作岬。

◎砰，古狎切。山側。亦作岬。

◑砰，古狎反。《埤蒼》：山側也。或爲岬字，在止［山］部。

【砰】披萌切。大聲。研，同上。

◎砰，披萌切。大声。研，同上。

◑砰，披前［萌］反。《甘泉賦》：聲砰隱以陸（离兮）。《廣雅》：砰，石聲也。《字書》：大聲。研，《字書》亦砰字也。

【硭】無方切。硭硝，藥也。

◎硭，無方切。硭硝，藥名。

◑硭，無時［將］反。《埤蒼》：硭硝，藥石也。

【硝】思焦切。硭硝。

◎硝，思焦切。硭硝。

◑硝，思燋反。《史記》：飲以消石。《埤蒼》：硭硝也。

【砉】呼覓切。砉然，見《莊子》。

◎砉，呼覓切。砉然，見《莊子》。

◑砉，呼獲反。《莊子》：砉然嚮然也。

【硎】苦耕切。臨硎山，見吴郡。

◎硎，苦耕切。吴有臨硎山。

◑硎，苦耕反。古文奇字。秦蜜［密］動［種］爪［瓜］於麗山硎谷中。左思《吴客賦》：左兮臨硎。劉逵曰：吴東門也。

【硜】口耕切。小人皃。又口定切。

◎硜，口耕切。小人皃。又口定切。

◑硜，苦耕反。謂語硜硜然，小人也。鄭玄曰：小人之皃也。《説文》古磬字也。~~磬字也。~~磬，樂石也。又曰音定反。在磬部。

【硛】如充切。石也。

◎硛，如充切。石也。

【硧】於宫切，又音雄。

◎硧，於宫切，又音雄。

【䃜】於兮切。黑石。

◎䃜，於兮切。黑石。

○䃜，於奚反。烏石也，出《玉篇》。（《龍龕手鏡》卷四）

【礊】口革切。堅也。

◎礊，口革切。堅也。

【硿】苦東、户宋二切。石聲。

◎硿，苦東、户宋二切。石声。

○硿，苦東、户宋二反。（《醫心方》寫本）

【碪】知林切。擣石。砧，同上。

◎碪，知林切。擣石。砧，同上。

【硸】音塠。石也。

◎硸，音搥。石也。

【𥐖】音磻。石也。

◎𥐖，音磻。石也。

【磎】音溪。石也。

◎磎，音溪。石也。

【碁】音其。圍碁也。亦作棊。

◎碁，音其。圍碁也。亦作棊。

【硡】音宏。石也。

◎硡，音宏。石也。

【磙】胡乖切。石也。

◎磙，胡乖切。石也。

【础】房脂、扶迷、普兮三切。石也。

◎础，房脂、扶迷、普兮三切。石也。

【硇】女交切。硇沙，藥。

◎硇，女交切。硇沙，藥也。

【碉】音凋。石室。

◎碉，音凋。石室也。

【磴】丁鄧切。巖磴。

◎磴，丁鄧切。巖磴。

【砯】普冰切。水擊石聲。

◎砯，普冰切。水擊石声。

【磞】普耕切。擊石也。

◎磞，普耕切。擊石。

【䃁】烏加切。石名。

◎䃁，烏加切。右名。

【碖】音輪。石也。

◎碖，音輪。石也。

【硼】匹耕切。石名。𥗪，同上。

◎硼，匹耕切。石名。𥗪，同上。

【䃗】巨焉切。磌也。

◎䃗，巨焉切。磌也。

【䃢】去金切。石名。

◎䃢，去金切。石名。

【𥐘】音爻。

◎砓，音爻。石不平也。
【磋】七邪切。石。
◎磋，士邪切。石也。
【碌】音康。石聲。
◎碌，音康。石声。
【硄】口光切。石聲。
◎硄，口光切。石声。
○硄，顧野王《玉篇》：硄，石聲。（《吳下方言考》卷二）
【硡】呼宏切。石聲。
◎硡，呼宏切。石声。
【碢】徒禾切。碾輪石。碋，同上。又飛甎戲也。砣，同上。石也。
◎碢，徒禾切。碾輪石。碋，同上。又飛甎戲也。砣，同上。石也。
【礆】魚兼切。山。
◎礆，魚兼切。山也。
【礯】於京切。石。
◎礯，於京切。石也。
【礚藒】同。呼宏切。石藒藒。
◎礚，呼宏切。石皃。
◎藒，同上。石藒也。
【碐】力登切，又吕升切。
◎碐，力登切，又吕升切。
【碤】音英。水中石也。
◎碤，音英。水中石。
【硐】苦扃切。石聲也。
◎硐，苦扃切。石声。
【砱】魯丁切。石。
◎砱，魯丁切。石也。
【磌】古紅切。擊聲。
◎磌，古紅切。擊声。
【碚】户工切。崩聲。
◎碚，户工切。崩声。
【碊】祖琮切。石。
◎碊，祖琮切。石也。
【矼】古雙切。石橋也。
◎矼，古双切。石橋。
【磤】音班。
◎磤，音班。石鋪皃。
【碘】亦殊切。石。碖，同上。
◎碘，亦殊切。石也。碖，同上。
【砐】音釵。石名。
◎砐，音釵。石名。
【碏】音皆。山名。
◎碏，音皆。山石。
【磹】音真。石山。
◎磹，音真。石山也。
【硢】與魚切。石。
◎硢，与魚切。石也。
【砂】色加切。俗沙字。
◎砂，魚加切。俗沙也。
●圓沙本“魚加切”疑當作“色加切”。
【硷】宜今切。石。
◎硷，宜今切。石也。
【砻】居麻切。石。
◎砻，居麻切。石也。
【磳】子林切。石。
◎磳，子林切。石也。
【䃘】仕耕切。破聲。
◎䃘，仕耕切。破声。
【砰】音浮。破聲。
◎砰，音浮。破声也。
【硑】之由切。石。
◎硑，之由切。石也。
【硧】音涌。摩石。
◎硧，音涌。摩石也。
【硶】多動切。墜石。
◎硶，多動切。墜石。
【磔】居飲切。石名。
◎磔，居飲切。石名。
【矷】音子。石名。
◎砎，音予。石名。
●矷、砎似爲二字，未詳孰是。《篇海》作“砎”。《五音集韻》作“矷”。
【碔】音武。浮石。
◎碔，音武。浮石也。
【磊】洛罪切。不平也。

◎磥，洛罪切。不平也。
【磈】口罪切。磥磈，石。
◎磈，口罪切。磥磈，石也。
【礞】乃了切。硗石也。
◎礞，乃了切。硗石也。
【磑】五罪切。石。
◎磑，五罪切。石也。
【砲】匹卯切。石也。又音雹。
◎砲，匹卯切。石也。又音雹。
【碍】音掉。石名。硗，同上。
◎碍，音掉。石名。硗，同上。
【硄】丘仰切。
◎硄，丘仰切。石也。
【砏】匹忍切。石。
◎砏，匹忍切。石也。
【磢】測兩切。石。
◎磢，測兩切。石也。
【磥砈】上烏火切，下五火切。石皃。
◎磥，烏火切。磥砈，石皃。
◎砈，五火切。石皃。
【磣砯】上張下切，下女下切。
◎磣，張下切。磣砯，石皃。
◎砯，女下切。石皃。
【礈】竹甚切。用石力。
◎礈，竹甚切。用石力也。
【磉】先囊切。柱下石。
◎磉，先囊切。柱下石也。
【硋】所戟切。石落聲。
◎硋，所戟切。石落声。
◑硋，山栢反。《説文》：犻［碎］也，石墮聲也。
【砋】音止。礪石。
◎砋，音止。礪石也。
【磣】初甚切。食有沙。
◎磣，初甚切。食有沙。
【硪】音我。砐硪，山高皃。
◎硪，音我。砐硪，山高皃。
【砐】五合切。砐硪。
◎砐，五合切。砐硪。
【砪】音母。雲砪，藥名。
◎砪，音母。藥名。
【硶】音史。石名。
◎硶，音史。石名。
【碉】古晏切。水碉。
◎碉，古晏切。水碉。
○碉，《玉篇》云：水石碉也。（《龍龕手鏡》卷四）
○碉，顧野王云：石碉也。（《續一切經音義》卷八）
【硬】五更切。堅硬。亦作鞕。
◎硬，五更切。堅硬。亦作鞕。
○硬，五更反。堅硬也。（《醫心方》寫本）
【硋】五蓋切。止石。
◎硋，五蓋切。止石。
【矴】丁定切。矴石。
◎矴，丁定切。矴石。
【砑】於故切。磓砑。
◎砑，於故切。磓砑。
【砟】仕亞切。碑石也。
◎砟，仕亞切。碑石。
○砟，《玉篇》：碑也。（《龍龕手鏡》卷四）
【砎】音附。白石。
◎砎，音附。白石也。
○砎，《玉篇》云：白石也。（《龍龕手鏡》卷四）
【磖】先外切。小石。
◎磖，先外切。小石。
【礮】初磷切。水石也。
◎礮，初磷切。水石。
【磝】口孝切。磽磝也。
◎磝，口孝切。磽磝也。
【碃】千定切。
◎碃，千定切。石類。
【礵】音霸。
◎礵，音霸。石也。
【砑】音訝。光石。
◎砑，音訝。光石也。
【硃】音迭。砲硃。

◎砄，音迭。砲砄也。
○砄，徒結反。蹶也，蹠也。（《醫心方》刊本一八22）
【砞】音抹。碎石。
◎砞，音末。碎石也。
【砩】扶勿切。石名。
◎砩，扶勿切。石名。
【礲】音鬱。山石皃。
◎礲，音鬱。山石皃。
【硉】郎兀切。硉矹，危石。
◎硉，郎兀切。硉矹，危石也。
【矹】五忽切。硉矹。
◎矹，五忽切。硉矹。
【磜】七曷切。麤石也。
◎磜，七曷切。麤石。
【磆】音滑。磆石也。
◎磆，音滑。磆石也。
【碌】音祿。石也。
◎碌，音鹿。石也。
【磀】音獨。
◎磀，音獨。石名。
【礅】都歷切。石。
◎礅，都歷切。石也。
●礅、磩異體，《篆隸萬象名義》訓“磩”爲“罰也，磓也”，此訓石疑有誤。
【砆】音朴。砆硝。
◎砆，音朴。硝石。
【碦】音孰。石名。
◎碦，音孰。石名。
【碱】音戚。碝碱，石次玉也。
◎碱，音戚。碝碱，石次玉也。
【砮】音篤。落石也。
◎砮，音篤。落石也。
○砮，《玉篇》：落石。（《重修廣韻》卷五）
【磒】音莫。沙磒。
◎磒，音莫。沙磒也。
【碱】音摑。擊石。
◎碱，音摑。擊石也。
【砳】力麥切。石聲。
◎砳，力麥切。石声。

【硌】音客。石墜。
◎硌，音客。石堅也。
【硆】五合切。石硆硆。
◎硆，五合切。石硆硆。
【礲】音臘。石隨。
◎礲，音臘。石墮也。
【砝】音劫。硬也。
◎砝，音劫。硬也。
【磧】音瀆。石名。
◎磧，音瀆。石名。
【礉】匹皃切。礉石也。
◎礉，匹皃切。礉石。
【硛】測角切。石。
◎硛，側角切。石也。
【碶】音郁。石似玉也。
◎碶，音郁。玉似石。
【碌】音剥。石也。
◎碌，音剥。石也。
【砄】音決。石也。
◎砄，音决。石也。
【硎】盧盍切。石。
◎硎，盧盍切。石也。
【砮】音略。石。
◎砮，音略。石也。
【硤】侯夾切。硤石，縣名。
◎硤，侯夾切。硤石，縣名。
【礶】勒可切。
◎礶，勒可切。山名。
【硝】乎可切。司馬相如《梓桐山賦》云：礶硝。
◎硝，乎可切。司馬相如《梓桐山賦》云：礶硝。
【礪】音闕。石也。
◎礪，音闕。石也。
【碅】口獲切。石硬聲。
◎碅，口獲切。石硬声。

補

◑砏，普巾反。《楚辭》：臣［鉅］竇遷于［兮］砏殷。王逸曰：（太歲轉移）聲，豊礚

［磕磑］也。《埤蒼》：砏磤，大聲。
◑磕，口賴反。《楚辭》：憚涌湍之磕磕(兮)，聽波聲之匈匈。《字指》：礊磕，火聲也。
○砝，《玉篇》云：石聲也。（《重修廣韻》卷二）
○硎，《玉篇》又石聲。（《龍龕手鏡》卷四）

磬部第三百五十二

凡九字

【磬】口定切。以石爲樂器也。或作罄。殸，籀文。又口耕切。
◎磬，口定切。以石爲樂器。或作罄。殸，籀文。又口耕切。
◑磬，口定反。《考工記》：刮𪎫之聲。野王案：以石爲樂聲也。《尚書》泗濱呼［浮］磬是也。《世本》：毋句作磬。《禮記》：叔之離磬。《毛詩》：抑磬控忌。《傳》曰：騁馬曰聲［磬］。《考工記》：一柯有半謂之磬折。鄭玄曰：帶以下四尺五~~盡之磬~~寸，磬折立，即上絕［俛］也。《禮記》：公族有罪，即磬于甸人。鄭玄曰：縣縊煞之曰磬。空盡之磬爲罄字，在缶部。或爲声字，在穴［土］部也。殸，《說文》籀文磬字也。一曰磬聲也。野王案：此音苦挺、苦耕二反。《禮記》石聲殸殸(以)立志是也。《字書》：殸殸也。
○磬，口定反。以石爲樂器也。（《類》156）
○磬，顧野王云：以石爲樂磬也。（《一切經音義》卷四十三）
【馨】巨嬌切。《爾雅》云：大磬曰馨。
◎馨，巨嬌切。《爾雅》云：大磬。
◑馨，渠驕反。《爾雅》：大磬謂之馨。郭璞曰：形似藜，貫以爲王［玉爲］之也。
【磬】力京切。多聲也。
◎磬，力京切。多声。
【磬】他曾切。鼓聲。
◎磬，他曾切。鼓声。
◑磬，他登反。《字書》：鼕［磬］，聲鼓［鼓聲］也。
【磬】徒到切。年九十曰磬。
◎磬，徒到切。年九十曰磬。
【鼕】力冬切。聲也。鼕，同上。
◎鼕，力冬切。声也。鼕，同上。
◑鼕，力宗反。《字書》：鼕鼕，鼓聲也。
【磬】口丁切。不可近也。
◎磬，口丁切。不可追。
◑磬，口庭反。《字書》：不可近也。

補
◑磬，徒勞反。《字書》籀文或鞀字。鞀，小鼓也，在革部。或爲鼗字，在鼓部也。
◑磬，除隆反。《字書》：磬，鼓聲。

𠂤部第三百五十三

凡二字

【𠂤】多回切。小塊也。
◎𠂤，多回切。小塊也。
◑𠂤，都廻反。《說文》：小阜也。《聲類》：小塊。
○𠂤，《玉篇》云：小塊也。（《龍龕手鏡》卷四）
【㠯】魚結切。高危也。
◎㠯，魚結切。高危也。
◑㠯，魚逝反。《說文》：危高［高危］也。

阜部第三百五十四

凡一百九十三字

【阜】扶九切。大陸也，山無石也，盛也，肥也，厚也，長也。𠂤，同上。
◎阜，扶九切。大陸也，山無石也，盛也，肥也，厚也，長也。𠂤，同上。
◑阜，扶九反。《爾雅》：高平曰陸，大陸曰阜。《蒼頡篇》：山庳［庳］而大也。《廣雅》：丘无石曰阜。阜，幼也。《周禮》：以阜民。鄭玄曰：阜，盛也。《毛詩》：四驖孔阜。《傳》曰：阜，大也。《韓詩》：阜，肥也。《國語》：所阜財用。賈逵曰：阜，(厚)也。又曰：助生阜也。賈逵曰：阜，長也。
○阜，《玉篇》：高平曰陵［陸］，大陵［陸］

曰阜。大，肥也，厚也，長也，山庳而大者也。（《一切經音義》卷二十七）

【㠀】丘善切。小塊也。

◎㠀，丘善切。小塊也。

◑㠀，丘善反。《説文》：遣［𡿡］適［商］，小塊也。

【𨻐】胡本切。大阜也，土山也。

◎𨻐，胡本切。大阜也，土山也。

◑𨻐，胡緒［緄］反。《説文》：大阜也。《蒼頡篇》：土山也。

【阞】來得切。地脉理。

◎阞，來得切。地脉理也。

◑阞，旅德反。《考工記》：凡溝逆地力［阞］，謂之不行。鄭玄曰：阞猶脉理也。《説文》：地（理）也。

【陵】力升切。大阜也，犯也，冢也，慄也，馳也，陵遲也。或作夌、㔹。

◎陵，力升切。大阜也，犯也，冢也，摽也，馳也，陵遲也。或作夌、㔹。

◑陵，力升反。《韓詩》：无失［矢］我陵。四隤曰陵。《爾雅》：大阜曰陵。八陳阬［陵］，南陵息脊，西陵威夷，中陵朱滕，北陵西隃鴈門是也。陵莫大於加陵，梁莫大於具［湨］梁，墳莫大於河墳。丘陵，陵之丘也。《廣雅》：陵，冢也。《周易》：~~禮~~永貞之吉，終莫之陵也。王弼曰：永保其物，莫之陵也。野王案：陵謂侵侮慢易之也。《左氏傳》陵人不祥是也。《左氏（傳）》又曰：齊侯親皷，之［士］陵城。野王案：《廣雅》：陵，乘也。陵，犯也。又曰：而不陵我。杜預曰：陵，侮我也。《禮記》：喪事雖遽不陵莭~~茻~~。鄭玄曰：陵，躐也。《爾雅》：陵，慄也。郭璞曰：陵遽戰慄也。《蒼頡篇》：陵，侵地。《廣雅》：陵，暴也。陵，馳也。《説文》以侵犯陵遲之陵爲夌字，在人［夂］部。《字書》或爲（㔹）字，在力部也。

〇陵，丘也，冢也，垂［乘］也，犯也，暴也，馳也。（《類》211）

〇陵，《玉篇》曰：陵，慢也。（《一切經音義》卷二十三）

【陰】於今切。黙也，影也，水南山北也，闇也。營天功，明萬物謂之陽；幽無形，深難測謂之陰。今作隂。

◎陰，於今切。黙也，影也，水南山北也，闇也。今作隂。

◑陰，於金反。《尚書》：宅憂，亮陰三祀。孔案［安］國曰：陰，默也，信默不言也。《左氏傳》：趙孟視陰。~~靷塗續傳曰陰揜。~~杜預曰：陰，日陰，日影也。又曰：鹿死不擇陰。杜預曰：陰，所休陰處也。《毛詩》：陰靷塗續。《傳》曰：陰，揜軓也。《箋》云：拾［揜］車［軓］在載［軾］前垂輈上。《太玄經》：營［瑩］天功、明萬物之謂陽，幽无形、深不可測之謂陰。《白虎通》：陰者之爲也。《説文》：陰，闇也。水之氣也。南山之北曰陰。以雲蔽日之陰爲黔字，在雲部也。

〇陰，默也，信默不言也，日影也，揜軌［軓］也，闇也，水氣也，南山之北曰陰也。雲蔽日之陰爲黔字。（《類》209）

【陽】余章切。陰陽二氣也，好日也，山南水北也，傷也，清也，雙也。

◎陽，余章切。陰陽二氣也，好日也，山南水北也，傷也，清也，雙也。

◑陽，餘章反。《尚書》：歸馬華山之陽。孔安國曰：山南陽。《毛詩》：春日載（陽）。《箋》云：陽，温也。又：我朱孔明［陽］。《傳》曰：陽，明也。又曰：清陽妙［婉］兮。清陽，眉之間也。又曰：君子陽陽。無所用其心也。《韓詩》：陽陽，君子之皃也。又曰：印若陽兮。眉上曰陽。又曰：有美一人，陽若之何。陽，傷也。《考工記》：弓人爲相餘［幹］，欲赤黑而陽聲。鄭玄曰：陽猶清也。《穀梁傳》：山南曰陽，水北曰陽。劉兆曰：以見日爲陽也。野王案：《毛詩》在南山之陽，《左氏傳》漢陽諸姬是也。《周書》：夏［喜］氣内畜，雖欲陽［隱］之，隱［陽］嘉［喜］必見。野王案：陽猶詳詐也。《大載［戴］礼》陽嘉［喜］必有恕［怒］氣，陽怒必有喜氣是也。《爾雅》：陽，予也。郭璞曰：《詩》云陽如之何也。（今巴）牒［濮］之人白［自］呼爲何［阿］陽。又曰：十日［月］爲陽日［月］。郭璞曰：巛陰用事，嫌於无陽，故~~诶~~以爲（此）日［月］之別名也。又曰：山西曰夕陽。郭璞曰：暮門［乃］見日也。又日也。又曰：山東曰朝陽。郭璞曰：即見日也。又曰：丘後高曰陽丘。《方言》：陽，雙也，燕代朝鮮洌水之間或好日［目］爲陽。郭璞曰：此本論雙偶，因廣其訓，復言目也。

〇陽，温也，清也，予也，雙也。(《類》209)

〇陽，日出陽谷，入虞淵。劉子云曰：日出陽谷，言日出之處水熱如湯也。(《三教指歸注》六23)

【陸】力竹切。厚也，道也，星也，無水路也，陸離猶参差也，雜亂也。𨺻，籀文。古文作𡾰。

◎陸，力竹切。厚也，道也，星也，水無路也，陸離猶荅着也，雜乱也。𨺻，籀文。古文作𡾰。

◑陸，力鞠反。《周易》：鴻漸于陸。王弼曰：陸，高山之頂也。《左氏傳》曰：在北陸。杜預曰：陸，道也。《爾雅》：高平曰陸。北(陸)虚黑［星］也，西陸昂星。《韓詩》：高平无水。《楚辭》：長余佩之陸離。王逸曰：陸離，乱皃也。又曰：陸離，分離也。《廣雅》：陸，厚也。𨺻，《説文》籀文陸字也。

●底本"星也"疑有脱。

【阿】烏何切。倚也，大陵也，比也，曲也，水岸也，邸也，丘也。

◎阿，烏何切。倚也，大陵也，北也，曲也，水岸也，邸也，丘也。

◑阿，於何反。《尚書》：弗惠於阿衡。孔安國曰：阿，倚也。《毛詩》：考槃在阿。《傳》曰：陵曰阿。又曰：濕［隰］桑有阿。《傳》：阿曰［然］兵［美］(皃)。《儀禮》：當阿，~~傳阿曰丘~~東西［面］。鄭玄曰：阿，屋棟也。《考工記》：門阿之制，五雉。殷人重屋，四阿。鄭玄曰：四阿若今四溼［柱］(屋)也。重屋，複笮也。《左氏傳》：阿下執事。杜預曰：阿，比也。《國語》：大臣弗諫而阿。野王案：阿意四［曲］意。又曰：不阿其或。賈逵曰：阿，随也。《楚辭》：皇天无私阿。王逸曰：竊愛曰秋［私］，所(私)曰阿。《穆天子傳》：獦于阿水之阿。郭璞曰：阿，水岸也。《廣雅》：阿，耶也。阿，近也。

〇阿，倚也，比也，随也，耶也，屋棟也。(《類》186)

●圓沙本"北也"疑誤。

【阪】甫晚、步坂二切。陂也，山脅也，險也。

◎阪，甫晚、步坂二切。陂也，山脅也，險也。

◑阪，甫晚、蒲板二反。《毛詩》：(阪有)柒。《傳》曰：陂者(曰阪)。(又曰：)茹藘在阪。阪，陵［陂］險。《説文》：澤鄣也。一曰脅也。《廣雅》：陵［阪］，陵［陂］也。或爲坂字，在土部。

【陂】彼皮切。澤鄣也，池也。又碑僞切，傾也，邪也。又普何切，陂陀，靡迆也。

◎陂，彼皮切。澤漳也，池也。又碑僞切，傾也，邪也。又普何切，彼陀，磨迆也。

◑陂，彼皮反。《毛詩》：~~待~~彼澤之陂。《傳》曰：陂澤，鄣也。《國語》：陂漢，以象帝舜。賈逵曰：陂，垂也。《禮記》：无漉陂池。鄭玄曰：水邊曰陂。穿地通水曰池。《爾雅》：水自洛出爲陂。《説文》：陂，陵［阪］也。一曰池也。《(釋)石［名］》：山廣［旁］曰陂，言陂池［陁］也。《淮南》：陷其名［右］陂。許叔重曰：(右)陂面［西］也。或爲坡字，在土部。又音彼寄反。《周禮》：凡聲，陂聲散。鄭玄曰：陂謂偏侈也。《禮記》：商乱即陂。鄭玄曰：陂，傾也。《周易》无陂是也。《廣雅》：陂，雅也。又音普阿、蒲阿二反。《上林賦》：罷池陂陁，下属江河。野王案：陂池［陁］猶靡迤也。

〇陂，水邊曰陂也，雍也，阪也，池也，面［西］也，傾也。(《類》210)

●佚文"雍也"未詳。

【陬】子侯、側流二切。陬隅也。《爾雅》曰：正月爲陬。

◎陬，子侯、側流二切。隅也。《爾雅》云：正月爲陬。

◑陬，側流、子侯二反。《山海經》：海外西南陬至東南陬。郭璞曰：陬猶隅也。《爾雅》：正月爲陬。郭璞曰：攝提貞于孟陬日之別名也。《廣雅》：陬，隅也。陬，角也。

〇陬，側流、子侯反。隅也。(《類》207)

【隅】牛俱切。廉也，角也，陬也。

◎隅，牛俱切。角也，陬也。
◑隅，牛俱反。《考工記》：王宫隅七雉，城隅九雉。鄭玄曰：隅，角也。旱愚也。《毛詩》：惟德之隅。《傳》曰：廣也。《箋》云：如宫室，内繩直則外有廉隅也。又曰：止于丘隅。《箋》云：丘角也。《説文》：隅，陬也。
【險】羲檢切。高也，邪也，惡也，難也，危也，阻也。
◎險，羲檢切。高也，邪也，惡也，難也，危也，阻也。
◑險，羲儉反。《周易》：卦有小大，辞有險易。野王案：險，難也。又曰：天險不可昇，地險山（川）丘陵，王公設險以守其國。野王案：險猶阻也。《周禮》：凡聲，險（聲斂）。鄭玄曰：險，偏（弇也）。俞［險］則~~也~~聲斂不越也。《考工記》：凡相角，疢疾險中。鄭玄曰：牛有病，即角裏傷也。《左氏傳》：以險徼倖。杜預曰：險猶惡也。《國語》：必内險之。賈逵曰：險，危也。《爾雅》：蜬貝大而險。郭璞曰：險，薄也。《方言》：險，高也。《廣雅》：險，邪也。
○險，難也，應［惡］，危，免也，薄也，高也，邪也。（《類》200）
○險，《玉篇》云：險，難也。杜預注《左傳》云：險，惡也。賈逵注《國語》云：險，危也。《方言》云：險，高也。《爾雅》：險，邪也。（《一切經音義》卷六）
○險，顧野王云：險猶阻也。（《一切經音義》卷二十）
○險，顧野王云：險，難也。又阻也。（《一切經音義》卷三十二）
○險，《玉篇》：阻，難也。（《一切經音義》卷三十五）
●佚文“免也”疑當作“危也”，重出。
【限】諧眼切。國也，界也，度也，阻也，齊也。
◎限，諧眼切。界也，度也，阻也，齊也。
◑限，胡眼反。《周易》：艮其限，裂其夤。王弼曰：隈［限］身之中也。《家語》：三尺之限，空車不能登。野王案：限猶閾也。《東觀漢記》鋸~~鋸~~断城門消［梱］是也。《楚辭》：泿［限］之次［以］大牧［故］。王逸曰：限，度也。《史記》：子［輿］服僭上，无有限度。《説文》：限，阻也。一旦［曰］門櫓［梱］。《廣雅》：限，界也。限，齊也。~~自貽伊。~~
【阻】壯舉切。險也，疑也。
◎阻，壯舉切。險也，疑也。
◑阻，側於反。《尚書》：黎民阻飢。王肅曰：阻，難也。《爾雅》亦云。郭璞曰：謂險難也。《韓詩》：阻阻，憂也。又曰：道阻且險也。《左氏傳》：阻岳［兵］而案［安］忍，阻兵无衆，安忍无親。杜預曰：恃兵即民殘，民殘即衆叛也。又曰：是役也，狂夫猶阻之。杜預曰：阻，疑。《廣雅》：阻，難也。
○阻，側于反。難也。（《類》203）
【陮】徒罪切。陮隗，不平也。
◎陮，徒罪切。陮隗，不平也。
◑陮，徒罪反。《説文》：陮隗，不安也。或爲㕍字，在广部也。
【阭】余剸切。高也，地名也。
◎阭，余剸切。高也，地名也。
◑阭，瑜剸反。《説文》：阭，高也。一曰地名也。
【隗】午罪切。高也。又狄姓。
◎隗，午罪切。高也。又狄姓。
◑隗，牛罪反。《説文》：隗，高也。《國謂［語］》：崔［翟］隗，姓也。《左氏傳》有叔隗季隗也。
【陜】力罪切。磊也。
◎陜，力罪切。磊也。
◑陜，力罪反。《説文》：磊也。
【陖】思俊切。險也，高也。亦作峻。
◎陖，思俊切。險也，高也。亦作峻。
◑陖，思駿反。《説文》：陗，高也。《聲類》或爲埈字，在土部。
【陗】七肖切。險也，隱也。亦作峭。
◎陗，七肖切。險也，隱也。亦作峭。
◑陗，且醮反。《淮南》：陗法刻刑。許叔重曰：陗，陖也。野王案：此謂嚴尅也，山陖險陖亦曰陗。《太玄經》豈城之陗，其邑不遲是（也）。《廣雅》：陗，急。或爲峭字，在山部也。

【隥】丁鄧切。險阪也，仰也。或作蹬。
◎隥，丁鄧切。險阪也，仰也。或作蹬。
◑隥，都鄧反。《穆天子傳》：甲午，天子絶俞之隥。郭璞曰：隥，阪也。《説文》：隥，仰也。《字書》或爲蹬字，在足部。
【陋】力豆切。醜猥也，隱小也，陒陜也。
◎陋，力豆切。醜猥也，隱小也，陒陜也。
◑陋，力豆反。《論語》：君子居之，何陋之有。《爾雅》：陋，隐也。郭璞曰：《書》云明揚仄陋是也。《楚辭》：陵桓［恒］山其無［若］陋。王逸曰：陋，小也。《説文》：陋，阨也。或爲㔷字，在匚部。
○陋，猥也，謂容貌猥惡也。《論語》曰：子曰奢則不遜，儉則固。注云：固，陋也。（《三部經音義集》一）
○陋，顧野王云：醜皃也。（《一切經音義》卷十五）
○陋，顧野王云：陋，猥也。（《一切經音義》卷三十二）
○陋，顧野王：陋，醜也。（《一切經音義》卷三十五）
○陋，《玉篇》曰：陋，猥也。（《一切經音義》卷二十一）
【陜】諧夾切。不廣也。亦作狹。
◎陜，諧夾切。不廣。亦作狹。
◑陜，胡夾反。《尚書》：無自廣以陜人。《説文》：陜，隘也。
◑陿，胡夾反。《禮記》：庶［廣］即容姦，陿即思欲。野王案：陿，迫隘不大也。《手［毛］詩序》魏地陿隘是也。《字書》亦陜字也。
○陿，《玉篇》云：迫隘，不廣大也。（《一切經音義》卷六）
○陿，顧野王曰：陿，迫隘，不廣大也。（《一切經音義》卷十三）
○陿，顧野王云：陿，隘也。又云：不廣大也。（《一切經音義》卷三十七）
○陿，顧野王云：迫陒也。（《續一切經音義》卷一）
【陟】知直切。登也，高也，升也。
◎陟，知直切。登也，高也，升也。
◑陟，徵棘反。《毛詩》：陟彼高山。《箋》：陟，登也。《爾雅》：陟，升也。野王案：升之也。《寺［詩］》陟彼崔嵬是也。通達之升亦曰陟。《尚書》三考黜陟是也。又曰：山三襲陟。郭璞曰：襲，重也。古文爲彳［德］字，在彳部也。
【陷】乎監切。墜入地也，没也，墮也，隤也。或作錎。
◎陷，乎監切。墜入地也，没也，墮也，隤也。或作錎。
◑陷，音。《孝經》：不陷於不義。野王案：陷猶墜入也。《孟子》以陷於死亡，《莊子》陷大［戈］矛是也。《楚辭》：陷滯而不濟。王逸曰：陷，没也。《説文》：高下也。一曰随也。《廣雅》：陷，隤也。或爲錎字，在金部。《説文》以小爲坎爲臽字，在臼部。
○陷，墜入地［也］，没也，随也，隤也。或作錎字，同。乎監反。（《三部經音義集》一）
○陷，野王案：陷猶墜入也。（《令集解》三 247）
○陷，顧野王云：墜入也。（《一切經音義》卷十八）
○陷，《玉篇》：入也。（《續一切經音義》卷七）
【隰】似立切。下濕也。隮，同上。
◎隰，似立切。下濕也。隮，同上。
◑隰，辞立反。《毛詩》：徂隰徂畛。《箋》云：隰（謂新發田也，畛）謂舊田有路徑者。《左氏傳》：遂［逐］翼侯于汾隰。杜預曰：汾水邊也。《爾雅》：高平曰原，下濕（曰隰）。《公羊傳》：下［上］平曰原。《尚書大傳》：隰之言濕也。《廣雅》：隰之墊也，墊之濕意也。隮，《字書》亦隰字也。
【陓】丘俱切。崎陓。或作嶇。
◎陓，丘俱切。崎陓。或作嶇。
◑陓，苦俱反。《漢書》：鼓陓阿［河］洛之間。《説文》：鼓陓也。《聲類》或爲嶇字，（在）山部也。
【隤】徒回切。壞隊下也。或作穨、墤。
◎隤，徒回切。壞隊也。或作穨、墤。
◑隤，徒雷反。《周禮》：《易》失［夫］坤，隤然市［示］人簡矣。韓康伯曰：隤，矛［柔］皃也。《韓詩》：昊天上帝，即不我隤隤也。《禮記》：太山其隤乎。野王案：《説文》

墜下也。《楚辭》歲忽忽其隤盡是也。《廣雅》：隤，壞也。本或爲積［穨］字，（在）禾部。或爲墤字，在土部。《説文》以土墜爲雇字，在广部。

〇隤，作隤，墜下也，駮落也。（《類》200）

【隊】池類切。從高隊也，失也。又徒對切，部也，百人也。

◎隊，池類切。從高隊也，失也。又徒對切，部也。

◑隊，馳愧反。《爾雅》：隊，落也。《説文》：墜［隊］，從高墮也。野王案：《考工記》隐［殷］良［畝］而馳不墜［隊］是（也）。《廣雅》：墜［隊］，夫［失］也。音徒對反。《左氏傳》：分爲二墜［隊］。杜預曰：墜［隊］，部也。又曰：右拔戟，成一墜［隊］。杜預曰：百人爲一墜［隊］。

〇隊，馳愧反。隊，落也，從高墮也。又徒對反，部也，百人爲一隊。（《類》205）

【降】古巷切。落也，下也，歸也。又下江切，降伏也。亦作夅。

◎降，古巷切。落也，下也，歸也。又下江切，降伏也。亦作夅。

◑降，皷巷反。《爾雅》：降，落也。降，下也。野王案：《毛詩》降而生商是也。《國語》：明神降之，霜［觀］。（賈）逵曰：降，歸也。《莊子》：日夜无降。司馬彪曰：降，惟也。《蒼頡篇》以降差之降爲屦字，在尸部。又曰音胡江反。《尚書》：皋陶邁種德，（德）乃降。孔安國曰：降，下也。野王案：謂下而服從也。《毛詩》：我心即（降）~~也~~。攻地獲邑亦曰降。《周禮》候人掌降國邑，《春秋》齊人降鄣是也。《公羊傳》：降之者何？取之也。《禮記》：羽鳥死曰降。鄭玄曰：降，洛［落］也。《説文》：以降服之降爲夅，（在夂）部也。

〇降，又胡江反。（《類》197）

〇降，《玉篇》：歸也。（《續一切經音義》卷八）

【隕】爲愍切。落也，墮墜也。

◎隕，爲愍切。落也，墮也。

◑隕，爲敏反。《尚書》：若將隕于深渕。孔安國曰：無［若］墜深渕也。《毛詩》：其黄而隕。《傳》曰：隕，隋也。《左氏傳》：隕子辱矣。杜預曰：隕，見禽獲也。《爾雅》：隕，落也。《説文》：從高下也。

【隉】午結切。危也，不安也。或作臲。

◎隉，午結切。危也，不安也。或作臲。

◑隉，魚結反。《説文》：隉，危也。季巡説，凶也。賈侍中説，法度也。班固説，不（安）也。《周書》曰：非［邦］之死［阢］隉。字也，或爲（臲）字，在（危）部。或爲𡴬字，在出部。

【陊】徒可切。落也，壞也，小崩也。

◎陊，徒可切。壞也，小崩也。

◑陊，徒所［可］反。《説文》：陊，落也。《蒼頡篇》亦崩也。《廣雅》：陵壞也。

【阤】除爾切。小崩也，毁也，落也。

◎阤，除爾切。小崩也，落也。

◑阤，除蛾反。《國語》：取［聚］不陁崩。賈逵曰：小阤（大）崩也。又曰：欲三［阤］血［孟］文子之宅。賈逵曰：阤，毁也。《淮南》：岸崝者必阤。許叔重曰：阤，落。《方言》：陁，壞也。亦与杝字義同，在示［木］部。

〇阤，毁，落也。（《法華釋文》中）

〇阤，《玉篇》：毁，壞也，落也。（《一切經音義》卷二十七）

【頃】丘營切。危也。亦作傾。

◎頃，丘營切。危也。亦作傾。

◑頃，口營反。《説文》：頃仄。野王案：今亦爲傾字，在人部。

【阬】口盎、口庚二切。虚也，埳也，池也。亦作坑。

◎阬，口盎、口庚二切。虚也，峪也，地也。亦作坑。

◑阬，口盎、口廣二反。《説文》：阬，閬閬。《聲類》：阬，虚也。野王案：此亦阬［坑］字也。壑也。阬［坑］，陷也。阬［坑］，壍也。在土部。

【隮】徒木切。通溝也。亦作瀆、𧮡。

◎隮，徒木切。通溝也。亦作瀆、磧。

◑隮，徒木反。《説文》：通溝也。或爲隮［瀆］，在水部。或爲𧮡字，在谷部也。

●圓沙本“磧”當作“碛”。

【防】扶方切。備也，障也，禁也，隄也。或作坊。

◎防，扶方切。備也，郭也，禁也，隄也。或作坊。

◑防，扶方反。《周禮》：喪祝掌大喪勸（防）之事。鄭玄曰：防謂備頃戲者也。《毛詩》：曰［百］夫之防。《箋》云：猶當百夫也。《左氏傳》：教之防利。杜預曰：防惡興利也。《國謂［語］》：不防~~由~~川。賈逵曰：防，障也。《禮記》：又敢与知防。鄭玄曰：防禁放盗［溢］者也。《楚辭》：上葳蕤而防露。王逸曰：防，蔽也。《爾雅》：容謂之防。郭璞：形如今小屏風，昌［唱］射者所以自防隱者。~~夫防水殺見也。《説文》：防，滈［隄］也。或爲坊字也。~~野王案：《周禮》凡爲防，廣与崇方，其殺三分去一。《左氏傳》弃夫防水殺見是也。《説文》：防滈［隄］也。或爲坊字，在土部。

●圓沙本“郭也”當作“鄣也”。

【隄】丁兮切。塘也，橋也，限也。又徒兮切。院，古文。

◎隄，丁兮切。塘也。又徒兮切。院，古文。

◑隄，都奚、徒奚二反。《左氏傳》：弃諸隄下。野王案：《説文》隄，隨也。《管子》作隄以樹荊棘是也。《爾雅》：隄謂之梁。郭璞曰：即橋也。《漢書》：无隄之輿。蘇林曰：隄，限也。又曰：隄封万井。蘇林曰：陳留人謂舉田爲隄。如淳曰：旁曰隄，題曰封。韋昭曰：積土爲封，限也。臣瓚曰：舊説最凡也，或以爲无慮也。《蒼頡篇》：隄，封也。院，《字書》古文隄字也。

【阯】之市、時止二切。基也。或作址。

◎阯，之市、時止二切。基也。或作址。

◑阯，之視、時止二反。《左氏傳》：略其阯，具餱糧。杜預曰：阯，城足也。《説文》基成［阯］爲址字，在土部。

【阺】直梨、丁兮二切。陵也，阪也，理也，下也。

◎阺，直黎、丁兮二切。阪也，下也。

◑阺，徐禰、丁第二反。《説文》：秦謂陵阪曰阺。《蒼頡篇》：阺，理也。《聲類》：阺，下也。

【陘】下丁切。山絶也，限也。又縣名。

◎陘，下丁切。限也，山絶也。又縣名。

◑陘，胡庭反。《爾雅》：山絶（陘）。郭璞曰：連山中断者。《莊子》：綏夫正陘。司馬彪曰：陘，限。《左氏傳》有陘庭之田。常山有井陘縣也。

【阢】午回切。崔也。亦作峞。

◎阢，午回切。崔也。亦作峞。

◑阢，牛瑰反。《説文》：石戴土也。或爲峞字，在山部。

【隒】魚檢切。重甗也，厓也，方也。又方檢切。

◎隒，魚險切。重甗也，厓也，方也。又方檢切。

◑隒，居斂、旅檢二反。《爾雅》：重巘曰隒。郭璞曰：山形如累兩甑也。《説文》：隒，厓也。《廣雅》：隒，方也。

【阸】於賣切。險也，塞也。隘，上同。又陋也，急也，陜也。

◎阸，於賣切。險也，塞也。隘，上同。又陋也，狹也。

◑阸，於賣反。《左氏傳》：所遇又阸。杜預曰：地險不便車也。《楚辭》：路幽昧以險阸。王逸曰：險阸，似［傾］危。《説文》：阸，塞。隘，《毛詩》：誕置之隘巷。王逸曰：隘猶迫低［側］也。《禮記》：君子以爲隘也。鄭玄曰：隘，陜也。《廣雅》：隘，急也。隘，陋也。野王案：此亦阸字也。《説文》䚅字，在䚅部。

○隘，猶迴［迫］側也，陋也。亦阸字，頎［傾］危也，塞也。（《類》200）

○隘，顧野王云：隘，迫側也。（《一切經音義》卷四十七）

○隘，顧野王云：隘猶迫迮也。（《一切經音義》卷九十七）

【隔】几戹切。塞也。又障也。

◎隔，凡戹切。塞也，障也。

◑隔，《説文》古文隔字~~字~~也。隔，塞也。

【障】之尚、之羊二切。隔也。或作瘴。

◎障，之尚、之羊二切。隔也。或作瘴。

◑障，之讓、之楊二反。《爾雅》：丘上正月

［曰］障丘。郭璞曰：平頂者也。又曰：山上正，障。郭璞曰：山上平也。《説文》：障，隔也。野王案：《禮記》開通道路无有障塞是也。《蒼頡篇》：障，隰也，亦小城也。野王案：《漢書》使居一障間，能乎？女子乘障並是也。或爲瘴字，在厂［广］部。壅防川澤爲墇字，在土部也。

○障，隔也。亦作瘴。之尚、之羊二反。（《三部經音義集》四）

○障，之讓、之楊反。有作墇，之高［尚］反。擁，塞，隔，界。（《類》198）

○障，平項者也，山上正曰障。累［隰］也，小城也，隔也。（《類》198）

○障，《玉篇》：之尚、之揚二反。（《一切經音義》卷二十七）

○障，《玉篇》云：亦作瘴。（《續一切經音義》卷二）

【隩】烏到切。浦隩也，水涯也。又藏也。亦作墺、澳。

◎隩，烏到切。浦隩也，水涯也。又藏也。亦作墺、隩。

◑隩，於報反。《爾雅》：隩，隈也。郭璞曰：今江東呼爲浦隩。《淮南》隩者不争隈是也。又曰：内爲隩。郭璞曰：别厓裏之名也。《蒼頡篇》：澳，藏也。《説文》爲隩［澳］字，在水部。隅隩爲奥字，在穴［宀］部。

○隩，《玉篇》：於報反。（《尚書注疏》卷六，《經典釋文》卷三）

●圓沙本“亦作墺、隩”當作“亦作墺、澳”。

【附】扶付切。依也，近也，著也，益也。《説文》以附益爲坿，从此。附作步口切。附婁，小土山也。今作培。

◎附，扶付切。依也，近也，著也，益也。《説文》以附益爲坿，从此。附作步回切。附婁，小土山也。今作培。

◑附，扶付（反）。《尚書》：天位［休］震動，用附我（大邑周）。孔安國曰：依附我也。《禮記》：凡有獄訟者，其附于刑者，歸于國士。鄭玄曰：附猶麗也。又曰：士師之職，凡以財獄訟者，正之以附，别約廨。鄭玄曰：附，别手書也。廨，各所持芥［券］也。《考工記》：舉重，欲附人。鄭玄：附，近也。《毛詩》：如塗塗附。《傳》曰：附，著也。又曰：尔附于天。《傳》曰：附，至也。《國語》：附以會名。賈逵曰：附，益也。《禮記》：司寇正刑明辟，附從輕，攻從重。鄭玄曰：附謂施刑也。《漢書》：蕭何發關中老弱未附者悉詣軍。孟庚［康］曰：古者廿而（附），三年耕有一年之儲，故廿三而役之。《廣雅》：附，就也。《説文》附益之附爲坿字，在人［土］部，以此音蒲口反。附嘍，小土山也。《春秋》附塿无松栢是也。野王案：今爲培字，在土部也。

○附，著也，就也。（《成實論天長點》二二）

【隱】於謹切。不見也，安也，度也，匿也。

◎隱，於謹切。不見也，安也，度也，匿也。

◑隱，於謹反。《周易》：天地閉，賢人隱。野王案：隱，不見也。《論語》：吾无隐乎尔。~~雅。~~苞咸曰：隱，匿也。又曰侍君有三諐，言及之而不言，謂之隱是也。《國語》：不可以隱於私。賈逵曰：隱猶私也。又曰：（可）以隱~~居~~令。賈逵曰：隱，安［匿］也。《禮記》：大道既隱。鄭玄曰：隐猶~~玄曰隐猶~~去也。又曰：軍旅思（險），隱情以虞。（鄭玄曰：虞），度也。當思念情之所（能），以度彼將之［之將］（然）否也。《爾雅》：隱，微也。郭璞曰：微猶巡［逃］匿也。又曰：隱，占也。郭璞曰：隐，度之也。《孟子》：王如隱其无罪。劉熙曰：隱，度。《漢書》：厚築其外，隱以今［金］雅［椎］。服虔曰：隱，築也。鐵椎築之也。《方言》：隱，度［庾］，定。《説文》：隱，蔽。《謚法》：見若［美］堅長曰隱，隱拂不成曰隱，不顯尸國曰隱，懷情不書［盡］曰隱。《（廣）雅》：隱，翳也。《説文》以隱匿爲（乚）守［字］，在（乚）部。隱據之隱爲㥯字，在（㕙）部。憂痛之隱爲（㥯）字，在心部。聲隱爲石［㾝］字，在石［疒］部也。

○隱，野王案：隱，不見也。（《令集解》二四159）

○隱，安也，匿也。（《三教指歸注》二13）

【隈】烏回切。水曲也。

◎隈，烏回切。水曲也。

◑隈，於回反。《左氏傳》：秦人過析隈。杜預曰：隈，隱蔽之處。《説文》：水曲隈也。

【廨】胡買切。小溪也。亦作澥。

◎廨，胡買切。小溪。亦作澥。

◑廨，胡灑反。《説文》：水衡官，名［谷］也。一曰未［小］谿也。或爲廨［澥］字，在水部。

【隴】力冢切。大坂也。

◎隴，力冢切。大坂。

◑隴，力鞏反。《説文》：天水大阪也。《字書》有隴西君［郡］。丘冢之隴爲壠字，在土部也。

【陝】式冉切。弘農陝縣，古虢國。

◎陝，式冉切。弘農陝縣，在虢口。

◑陝，式冉反。《公羊傳》：自陝以東，周公主之；自陝以西，召公王［主］之。何休曰：今弘儂農陝也。《説文》：農陝，古虢國也。野王案：季之所封也。

【陈】於幾切。坂名。

◎陈，於幾切。坂名

◑陈，於幾反。《説文》：酒泉天陈阪也。

【阿】多庭切。丘名。

◎阿，多庭切。丘名。

【隖】亡俱切。陝東縣。

◎隖，亡俱切。陝東縣。

◑隖，亡徂反。《説文》：弘農除［陝］東聚之［之聚］也。

【隒】其院切。河東安邑縣。

◎隒，其院切。河東安邑縣。

◑隒，居遠反。《説文》：河東安邑聚也。

【陭】於奇切。陭氏縣。

◎陭，於奇切。陭氏縣。

◑陭，於奇反。《説文》：上黨陭氏陵［阪］。野王案：《漢書》上黨有陭氏縣。

【隕】知京切。丘名。

◎隕，知京切。丘名。

◑隕，徵京反。《説文》：丘名也。

【隃】式注、式朱二切。北陵，在鴈門山。

◎隃，式注、式朱二切。北陵，在鴈門山。

◑隃，式注、式于二反。《爾雅》八陵，西隃鴈門是也。郭璞曰：鴈即［即鴈］門山也。

【陪】苦篤切。大阜也。

◎陪，苦篤切。大阜。

◑陪，公篤反。《説文》：大阜也。一曰右扶風郿有陪阜。

【阮】牛遠切。山名。又關名。

◎阮，牛遠切。山名。又關名。

◑阮，牛遠反。《吕氏春秋傳》：乃之阮隃之陰。高誘曰：山名。《説文》：代郡五阮關。

【陚】方句切。丘名。又小阜。

◎陚，方句切。丘也，小阜也。

◑陚，万句反。《説文》：丘名也。《廣雅》：陚，土也。《聲類》：小陂也。

●底本及圓沙本“方句切”疑當作“万句切”。

【隝】爲説、許爲二切。鄭地，坂名。

◎隝，爲詭、許爲二切。鄭地，坂名。

◑隝，爲詭、虛爲二反。《説文》：鄭地阪也。《春秋傳》曰：將會鄭伯于隝也。

【陧】之曜切。界埸也。

◎陧，之曜切。界埸。

◑陧，之曜反。《説文》：耕以臿後［浚］出下壚土也。一曰耕休田也。《蒼頡篇》：陧，界也。《廣雅》：陧，隄也。

【陼】之與切。丘也。《説文》曰：如渚者，陼丘。水中高者也。

◎陼，之与切。丘也。《説文》：如渚者，陼丘。水中高也。

◑陼，之与反。《爾雅》：丘如陼者（陼）丘。《説文》：水中高也。《聲類》或爲陼［渚］字，在水部。

【陳】除珍切。列也，布也。或作敶、塵。阵，古文。

◎陳，除珍切。列也，布也。或作敶、塵。阵，古文。

◑陳，除珍反。(《尚書》)：失于政，陳于慈［茲］。孔安國曰：陳尸也。《周易》：卑高以陳貴賤。(韓)康伯曰：陳，列也。《周禮》：正甚［其］肆，陳其貨賄。鄭玄曰：陳猶處。《毛詩》：胡逝我陳。《傳》曰：陳，堂塗也。《爾雅》亦云。郭璞曰：堂下至門徑也。《韓詩》：塗左右曰陳。又曰：陳堂鍚載周。陳，見也。《左氏傳》：陳魚而觀之。杜預曰：陳，設張也。(設)補魚之備而觀之也。《吕氏春秋》：丈夫女子陳（陳）殷（殷）。高誘曰：陳（陳殷殷），衆（友之盛）也。《説文》：陳，宛丘也。舜徵［後］嬀滿所封也。《廣雅》：陳，布也。陳，故也。《説文》以陳列之陳爲敕字，在攴部。~~反~~或爲塵字，在鹿部。阵，《説文》古文陳字。

【陶】大刀切。丘再成也。鬱陶，哀思也，喜也。陶丘有堯城，以堯居之，故号陶唐氏。又陶甄。亦作匋。又音揺。

◎陶，大刀切。丘再成也。鬱陶，忘思也，喜也。陶丘有堯成，堯居之，故号陶唐氏。又陶甄。亦作匋。又音揺。

◑陶，徒高反。《爾雅》：~~尒近~~丘再成，陶丘。郭璞曰：在濟陰空陶城中有陶丘。又曰：鬱陶，喜也。郭璞曰：《孟子》云鬱陶思君是也。野王案：鬱陶亦哀思也。《尚書》鬱陶乎予心是也。《毛詩》：駟不［介］陶陶。《傳》曰：駈馳皃也。《韓詩》：君子陶陶。君子之皃也。又曰：今我不樂，日月其陶。陶，除也。又曰：上帝具心［憂］陶。陶，變也。又曰：皷鍾伐磬，淮有三州，憂心且陶。陶，暢感其樂聲，陶中其人。《左氏傳》：使爲君復陶。杜預曰：復陶，主衣服官也。《禮記》：子逝［遊］曰人喜即斯陶。鄭玄曰：鬱陶也。《楚辭》：陶喜［嘉］日［月］矛［兮］惣駕。王逸曰：嘉及吉~~將~~時駈乘駟也。《方言》：陶，養也。陳楚鄭衛之間（曰鞠，秦）或曰陶。《説文》：《夏書》東至于陶丘。陶丘有舜［堯］城，堯之所居，号陶唐氏。作瓦之陶爲（㘥）字，在土部也。

○陶，鬱陶，亦哀思也。陶陶，君子之皃。作瓦之陶作㘥。又遥音。（《類》203）

○陶，顧野王：陶，作瓦器也。《孟子》云：舜自耕稼陶漁是也。（《一切經音義》卷九十五）

【陔】古臺切。階也，隴也。亦作垓。

◎陔，古臺切。階也，隴也。亦作垓。

◑陔，古臺反。《史記》：泰一壇三陔。徐廣：階次也。蘇林曰：陔，重。《聲類》：陔，隴也。《毛詩序》：《南陔》孝子相戒以養也。或爲垓字也，（在）土部也。

【阽】余占切。危也。

◎阽，余占切。危也。

◑阽，餘占反。《楚辭》：阽余身以［而］危死。王逸曰：阽，勉也。《説文》：壁危。

○阽，餘占反。（《類》207）

【除】直余切。去也，開也，疾愈也，殿階也。又直御切。

◎除，直余、直御二切。去也，開也，疾愈也，殿階也。

◑除，雉居反。《毛詩》：日月其除。（《傳》曰：除，）去也。又曰：何福不除。《傳》曰：除，開也。《爾雅》：四月爲除月。《方言》：南楚疾愈者謂之除。《漢書》：吏初除之官。如淳曰：凡言除者，除故官就新官也。《説文》：除，殿階也。《廣雅》：除，道也。

○除月，四月爲除月。（《類》203）

【階】古諧切。登堂道也，上也，進也，梯也，級也。

◎階，古諧切。登堂道也，大也，進也，梯也，級也。

◑階，古諧反。《尚書》：舞干戚［羽］于（兩階。孔安國曰：于賓主階）間也。野王案：所以登堂之道也。《記礼［禮記］》：不得階主。鄭玄曰：階，上進（者）也。言賓之辞不得指斥主人也。《孟子》：使舜完廩，損附階。劉（熙）曰：階，梯也。野王案：《禮記》虞人設階。《楚辭》欲釋階而登天盖［兮］是（也）。《漢書》：顧我傷墜，爵復（我舊）。我既斯登，望我舊階，先后慈（度），連連孔德［懷］。野王案：此謂官爵之階級也。《説文》：階，陛也。

○階，顧野王云：登堂之道也。（《一切經音義》卷十二）

○階，《玉篇》曰：階謂登堂之道。（《一切經音義》卷二十一，《續一切經音義》卷二）

【阼】才故切。主階也。阼酢，東階所以荅酢賔客。

◎阼，才故切。主階也。阼酢，東階所以荅酢賔客。

◑阼，辞故反。《儀禮》：立于阼階。鄭玄曰：阼猶酢，車［東］階所以荅酢賔客也。《説文》：主階。

【隊】丈轉切。道邊庳垣也。

◎隊，丈轉切。道邊庳垣。

◑隊，除變反。《説文》：道邊卑垣也。

【陛】蒲禮切。天子階也。

◎陛，蒲禮切。天子階。

◑陛，蒲礼反。《説文》：升高陛也。野王案：天子之階也。《晏子春秋》：梟當階~~也~~有［布］翼。《吕氏春秋》臣請伏於陛下，當兩階之間是也。蔡雍《獨断》曰：陳兵於陛，以戒不虞。群臣与至尊，言不指斥，故呼陛下者告之。野王案：《史記》今陛下興義兵誅殘賤是也。

〇陛，天子之階也。(《類》201)

【隙】丘戟切。閑也，穿穴也，壁際也，裂也。

◎隙，丘戟切。閑也，穿穴也，壁際也，裂也。

◑隟，丘戟反。《左氏傳》：皆於農隟。杜預曰：隟，閑也。野王案：謂閑暇。《國語》：四時之隟是（也）。又曰：墟之隟壞，誹之咎也。野王案：隟猶冢［穿］穴也。《史記》白駒之過隟是也。《國謂［語］》曰：上下无隟。賈逵曰：隟，（瑕）釁也。《史記》：樂毅与燕王有隟。野王案：隟猶間也。間~~也~~隟所以爲有怨憾也。《説文》：隟，壁~~隥~~際。《廣雅》：隟，裂也。

〇隙，顧野王云：隙猶穿穴也。(《一切經音義》卷三十一)

〇隙，顧野王：隙猶穿穴也。隙，壁際也。(《一切經音義》卷三十四)

〇隙，顧野王云：憾也。(《一切經音義》卷六十七)

〇隙，顧野王云：隙猶間隙也。(《一切經音義》卷六十八)

〇隙，顧野王云：隙，因間隙，所爲有怨憾也。(《一切經音義》卷八十一)

〇隙，顧野王云：隙，穿穴也。(《續一切經音義》卷六)

●隟同隙。

【陾】耳升切。築牆聲。

◎陾，耳升切。築牆声。

◑陾，耳升反。《毛詩》：捄之陾陾。《傳》曰：陾陾，衆也。《説文》：築廧聲也。

【陙】時均切。小阜也。

◎陙，時均切。小阜。

◑陙，時均反。《説文》：小阜也。

【際】子例切。接也，壁會也，方也，合也。

◎際，子例切。接也，壁會也，方也，合也。

◑際，子例反。《謂［禮］記》：(孔子曰）唐虞之祭［際］，於斯爲美［盛］。孔安國［鄭玄］曰：際，交會之間也。《左氏傳》：爾未際。杜預曰：際，接。野王案：此謂賓客交接也。《爾雅》：際，捷。郭璞曰：捷謂接續。《説文》：壁會。《廣雅》：際，合也，方也。

〇際，《玉篇》：邊也。(《續一切經音義》卷三)

●《殘卷》“孔安國”當作“鄭玄”。

【陪】步回切。貳也，隨也，加也，助也，益也，家臣也。

◎陪，步回切。貳也，隨也，加也，助也，益也，家臣也。

◑陪，蒲杯反。《周禮》：行即陪驂［乘］。鄭玄曰：陪乘，驂乘，謂車右。《毛詩》：无陪（无）卿。《傳》曰：陪，貳。《左氏傳》：陪臣敢在下風。杜預曰：諸侯之臣曰陪臣。又曰：飡有陪鼎。杜預曰：陪，加也。又曰：亡鄭陪隣。杜預曰：陪，益也。《國語》：五物之官，陪属万方。賈逵曰：陪，助也。《論語》：(陪臣）執國命。馬融曰：陪，(重也。)(《禮記》：陪）其後。野王案：陪猶随。又曰：墳墓不陪，苴蘘不補。鄭玄：陪補猶治也。(又曰：)列國之大夫，自稱曰陪臣其［某］。《爾雅》：陪，朝也。郭璞曰：陪位爲朝也。

〇陪，貳也，諸侯之臣曰陪也。加也，益也，助也。陪猶随也，陪補猶治也，朝也，陪位爲朝也。(《類》202)

【陴】婢支切。城上女牆也。

◎陴，婢支切。城上女牆。

◑陴，避支反。《左氏傳》：守陴者皆哭。杜預曰：城上人［僻］倪也。《説文》：城上女垣也。籒文爲𩫏字，在𩫖部也。

【隍】乎光切。城下坑也，城池也。有水曰池，無水曰隍。
◎隍，乎光切。城下坑，無水曰隍。
◑隍，胡光反。《周易》：城復于隍。《說文》：城池有水曰池，无水曰隍。《爾雅》：隍，虛也。又曰：隍，壑也。郭璞曰：空即爲豁也。《蒼頡篇》：城下坑也。
【阹】去居切。依山谷爲牛馬圈也。亦作𦼶。
◎阹，去居切。依山谷爲牛馬圍。亦作𦼶。
◑阹，斯［欺］於反。《上林賦》：河江爲阹。郭璞曰：因山谷遮禽獸曰阹。《漢書》：合阹於天地神祇。《音義》曰：阹，開也。合，閇也。《說文》：依山谷爲馬牛圈。《字書》或𥫱字，在竹部也。
【隖】於古切。小障也。
◎隖，於古切。小障。
◑隖，於古反。《說文》：小障。一曰庳城也。
【陲】市規切。危也。
◎陲，市規切。危也。
◑陲，時規反。《說文》：陲，危也。
【院】胡官切。堅也，周垣也。亦作寏。又王眷切。
◎院，胡官切。堅也，周垣也。亦作寏。又王眷切。
◑院，禹官反。《淮南》：若院之見風，无須臾之間定矣。詩［許］叔重曰：院，候風羽也，楚人謂之五兩。《說文》：院，堅也。《爾雅》或爲寏字。寏，周垣也，在宀部。候風羽或爲綄字，在糸部。
●底本“寏”字原訛，徑改。
【陯】力均、力昆二切。山阜陷也。亦作淪。
◎陯，力均、力昆二切。山阜陷也。亦作淪。
◑陯，力均、力昆二反。《說文》：山阜陷也。野王案：此亦淪字也。淪，没也，變也。在水部也。
【陪】烏感切。闇也，與晻同。
◎陪，烏感切。闇也，与晻同。
◑陪，烏感反。《爾雅》：陪，闇也。郭璞曰：陪陪然冥皃也。野王案：此亦晻字也，在日部也。

【阠】所陳、所陣切。東陵也。
◎阠，所陳、所陣切。東陵也。
◑阠，所陳、酢陳二反。《爾雅》：八陵，東陵曰阠也。
【阰】婢吏切。山名，在楚。
◎阰，婢吏切。山名，在楚。
【隆】力中切。中央高也，隆盛也。
◎隆，力中切。中央高也，隆盛也。
◑隆，力弓反。《爾雅》：山宛中隆。郭璞曰：中央高也。《禮記》：樂之隆，非極音也。鄭玄曰：隆猶盛也。又曰：班禽隆諸長者。鄭玄曰：隆猶多也。《字書》今墬字也。墬，豊大也。在土部。鼓爲鼞字，在鼓部。
○隆，力弓反。(《類》204)
【陀】大何切。陂陀，險阻也。俗作陁。
◎陀，大何切。陂陀，險阻也。俗作陁。
◑陀，徒何反。《考工記》：輪已原［庳］，即馬終古登陀。(鄭玄曰：陀，)阪也。《楚辭》：文異豹飾，~~食~~侍陂陀。王逸曰：陂陀，長陛也。或曰侍從君遊陂陀之中也。《子虛賦》：罷池陂陀，下属江河。野王案：陂（陀）猶靡迆也。《廣雅》：陂陀，阻險也。《字書》：陂陀，不平也。
○陀，徒何反。長陛也，靡~~也~~迆也。(《類》186)
【陞】式陵切。上也，進也。與升同。
◎陞，式陵切。上也，進也。與升同。
◑陞，始繩反。《蒼頡篇》：陞，上也。《廣雅》：陞，進也。《聲類》今升字，在升部。
【隄】丁戈切。小堆也。亦作隄。
◎隄，丁戈切。小堆。亦作隄。
◑隄，丁戈（反）。《蒼頡篇》：小雅［堆］，崖也，封保［隄］也。《字指》：隄，臺也。
【㲉】丁亂切。人名。或作鍛、碫。
◎㲉，丁乱切。人名。或作鍛、碫。
◑㲉，都館反。《埤蒼》：晉大夫子㲉也。《字書》或碫字也。碫，石可以爲鍛質者。在石部。
【险】力井切。阪也。與嶺同。
◎险，力凡切。與嶺同。阪也。

◑陊，里井反。《字書》：陊，阪反［名］。今或爲嶺字，在山部。

【罅】呼嫁切。裂也。或作罅、墲。

◎罅，呼嫁切。裂也。或作罅、墲。

◑罅，呼家反。《説文》或罅字之也。罅，裂也。在缶部。或爲墲字，在土部。

【阡】青田切。阡陌也，道也。南北曰阡，東西曰陌。或作谸、圱。

◎阡，青田切。阡陌也，道也。亦作谸、圱。

◑阡，且因反。《史記》：秦孝公壞井田，開阡陌。《風俗通》：南北曰阡。《字書》：阡陌也。《蒼頡篇》谸字，在谷部。或爲圱字，在土部也。

【隇】於歸切。隇夷，險阻也。

◎隇，於歸切。隇夷，險阻也。

◑隇，於歸反。《廣雅》：隇夷，阻險也。《字指》：隇夷，深邃。

【隴】弋龍切。城牆也。或作墉。

◎隴，弋龍切。城牆。或作墉。

◑隴，餘鍾反。《字書》或墉字也。墉，城也，庸。在土部。或爲田［㽬］字，在田［巛］部。

【陚】胡逼切。古域字。

◎陚，胡逼切。古域字。

◑陚，胡逼反。《字書》古文域字也。域，封界也，營域也。在土部。或爲畩字，在田部。

【隵】尺焰切。陷也。

◎隵，尺焰切。陷也。

【隟】布木切。今作濮。

◎隟，布木切。今作濮。

◑隟，補木反。《左氏傳》：吴隟有豐。杜預曰：隟在日南，今《書》建平郡（南）有隟夷。野王案：《尚書》微盧彭僕［濮］是也。今爲隟［濮］字，在水部也。

【阹】丈加切。丘也。

◎阹，丈加切。丘也。

◑阹，丈加反。《字書》：阹，丘也。

【隚】徒郎切。今作堂。

◎隚，徒郎切。今作堂。

◑隚，徒郎反。《字書》或堂，殿也，明也，盛也。在土部。

【隝】丁了、丁老二切。今作島。隯，同上。

◎隝，丁了、丁老二切。今作島。隯，同上。

◑隝，都皎、都道二反。《聲類》古文島字也。島，海中可居者。在山部。隯，《聲類》亦古文島字也。

【隟】魚劫切。險也，危也。今作業。

◎隟，魚怯切。險也，危也。今作業。

◑隟，魚却反。《蒼頡篇》：隟，險也，之［亦］危也。野王案：今並爲業字，在（丵）部。

【阡】辭旅切。今作序。

◎阡，詞旅切。今作序。

◑阡，辭旅反。《字書》文［又］序字也。序，東西廂學名。在广部也。

【陪】乎犬切。坑也。

◎陪，乎犬切。坑也。

◑陪，胡犬反。《蒼頡篇》：陪，阬也。

【隭】似林切。小阜。

◎隭，似林切。小阜。

◑隭，似林反。《蒼頡篇》：小阜，在三輔也。

【阽】他玷切。亭名，在京兆。

◎阽，他玷切。亭名，在京兆。

◑阽，他玷反。《蒼頡篇》：亭也，在鄭。《聲類》：阽亭，在京兆。

【阦】普逼切。地裂也。隔，同上。

◎阦，普逼切。地裂。隔，同上。

◑阦，普逼反。《蒼頡篇》：巩［阦］，地裂也。《字書》亦（䶈）字也，在（䶅）部也。

【陠】普胡切。哀也。

◎陠，普胡切。裂也。

◑陠，普胡反。《廣雅》：陠，衺也。

【隚】徒郎切。長沙謂隄曰隚。

◎隚，徒郎切。長沙爲隄曰隚。

◑隚，徒當反。《毛詩》：中唐有甓。《箋》云：唐，堂塗也。《爾雅》：廣［庿］中路謂之隚。《淮南》：發墟毁隚。許叔重：隚，隄也。野王案：《國謂［語］》陂隚許［汚］庫是也。《埤蒼》：長沙謂隄曰隚也。

【陒】巾毀切。山名。亦作垝。毀也。

◎陒，巾毀切。山名。亦作垝。毀也。

◑陒，居毀反。《埤蒼》：陸陒，山名也。《説文》亦垝字。垝，坫。在土部。或爲庪字，在宀部也。

【陓】於于切。陽陓，秦藪也。

◎陓，於于切。陽陓，秦藪名。

◑陓，於于反。《埤蒼》：秦楊陓也。野王案：《爾雅》十藪有陽陓~~國~~，《周禮》冀州之藪楊紆是也。

【陑】呼矩切。鄉名。

◎陑，呼矩切。鄉名。

◑陑，呼矩反。《蒼頡篇》：赦陑鄉，在安~~也~~邑。

【陾】古崩字，壞也。

◎陾，古崩字，壞也。

◑陾，補朋反。《説文》古文崩字也。崩，壞，死也。在山部。

【隑】巨慨切，又五哀切。梯也，企立也，不能行也。

◎隑，巨慨、五哀二切。梯也，企立也，不能行也。

◑隑，渠鎧、牛哀二反。《司馬相如賦》：臨曲江之隑州。《漢書音義》曰：隑，長也。《方言》：隑企，立也。東齊海代燕之郊謂委痿而跪謂之隑企。郭璞曰：脚躄不能行者也。又曰：隑，倚也。郭璞曰：江南人呼梯爲隑，所以倚物而攻者。

○隑，《玉篇》云：隑悌也。(《方言疏證》卷十三)

●佚文“隑悌也”疑當作“隑，梯也”。隑悌字當作愷悌。

【陚】户工切。阬也。

◎陚，户工切。阬也。

◑陚，胡公反。《廣雅》：陚，阬也。

【陴】尺善切。魯邑名。

◎陴，尺善切。魯邑名。

◑陴，充善反。《爾雅》：水自汶出爲陴。《蒼頡篇》：魯危［邑］名也。

【陌】莫百切。阡陌也。

◎陌，莫百切。阡陌。

◑陌，武佰反。《左氏傳》：倫［距］練［躍］三反［百］，由［曲］踊三反［百］。杜預曰：(百音)陌，猶勵也。《風俗通》：南北爲阡，東西爲阪［陌］。《廣雅》：陌，道也。

○陌，《玉篇》：東西爲陌。陌，道也。(《一切經音義》卷二十七)

【隧】似醉切。墓道也，掘地通路也。或作䢔。

◎隧，似醉切。羨道也，掘地通路也。或作䢔。

◑隧，辝醉反。《周禮》：隧人掌邦足［田之］(地)。野王案：五家爲鄰，五鄰爲里，四里爲酇，~~爲~~五酇(爲鄙)，五鄙爲縣，(五縣)爲隧，皆地域也。鄭衆曰：謂王畿百里外也。又曰：冢人掌以度爲丘隧。鄭玄曰：隧，羨道也。又曰：遂王［士］掌回［四］郊。鄭衆曰：謂百里外至三百里也。鄭玄曰：其地雖［距］三［王］城百里外至三百里也。《左氏傳》：伐吴，爲三［二］隧。杜預曰：隧，道也。又曰：請隧，不許，曰王章也。杜預曰：掘地通路爲隧。王之塟礼，諸侯縣棺而下也。又曰：當陳隧者，井堙木刊。杜預曰：隧，徑。《聲類》爲䢔字，在䢅部。通水之隧爲隧［澻］字，在水部。

●“羑道”疑誤。

【陮】許規切。廢也，毀也，捐也。亦作墮。

◎陮，許規切。廢也，毀也，捐也。亦作墮。

【隋】徒果切。落也，懈也。墮，同上。又許規切。

◎隋，徒果切。落也，懈也。墮，同上。又許規切。

◑墮，許規反。《尚書》：股肱墮哉。孔安國曰：墮，癈。《左氏傳》：随［墮］軍實而長寇讎。杜預曰：墮，損也。《穀梁傳》：墮猶損取也。《方言》：墮，壞也。《説文》：阪成阜曰墮也。

○墮，壞也。(《類》197)

【隮】子計、子兮二切。氣也，登也，升也。

◎隮，不計、子兮二切。登也，升也。

◑隮，子詣反。《周禮》：視祲掌十煇之法，九曰隮。鄭玄曰：隮，（陰陽）氣（相侵）也。鄭玄曰：隮謂虹。野王案：《毛詩》云朝濟于西是也。《聲類》亦躋字也，在足部也。

○隮，《玉篇》：子兮反。（《尚書注疏》卷十，《經典釋文》卷四）

【陣】直鎮切。師旅也。本作陳。

◎陣，直鎮切。師旅。本作陳。

◑陣，除鎮反。《周禮》：列陣如戰之陣。野王案：謂陳師旅也。《左氏傳》：爲魚麗之陣，先偏後伍，伍承彌縫。（杜）預曰：此魚麗陣之法也。《謂［論］語》：衛靈公問於陣。孔安國曰：軍陣行列之法也。

○陣，師旅也。或作敶矣。（《法華釋文》下）

●《論語》非孔安國注，蓋注引孔安國。

【㐲】亡化切。益也。

◎㐲，亡化切。益也。

◑㐲，麻嫁反。《方言》：㐲，益也。郭璞曰：謂增益也。

○㐲，《玉篇》竝云：㐲，益也。（《方言疏證》卷十三）

【隵】音羲。險也。

◎隵，音羲。險也。

◑隵，虛奇反。《字書》：隵，危，險。（或爲巇字），在山部。或爲墛字，在土部。

【隁】於建切。以畜水也。

◎隁，於建切。以畜水。

◑隁，於建反。《周禮》：宫人掌爲其井隁，除其不額［蠲］。鄭衆曰：隁，路厠也。鄭玄曰：隁之豬也，謂霤下之地［池］，受畜水而流者也。《左氏傳》：規隁潴。杜預曰：隁，潴下濕之地。野王案：隁，所以畜水也。鄭玄~~曰~~注《周禮》魚梁即隁是也。《廣雅》：隁，渚。《字書》：隁，坑也。

○隁，顧野王云：隁，所以停畜水也。（《一切經音義》卷六十六）

【隊】胡刀切。城下道。

◎隊，胡刀切。城下道。

◑隊，胡勞反。《釋名》：城下道曰豪。豪，翔也，都邑之内，所翱翔也。《摰虞决疑要注》：城下道爲潴豪，高□秤也。《傳》曰：二峼□□□□。或作隊字也。

【陵】力侯切。縣名。

◎陵，力侯切。縣名。

◑陵，力候反。《漢書》：交阯郡有羸陵縣。

【陲】音重。地名。

◎陲，音重。地名。

【隑】房中切。地名。

◎隑，房中切。地名。

【陑】汝之切。地名。

◎陑，汝之切。地名。

【陊】火哀切。

◎陊，火哀切。地名。

【隅】語俱切。地名。

◎隅，語俱切。地名。

【陙】市征切。山地名。

◎陙，市征切。山地名。

【隦】丑申切。地名。

◎隦，丑申切。地名。

【陻】於仁切。塞也。

◎陻，於仁切。塞也。

【隞】直珍切。列也。

◎隞，直殄切。列也。

【墟】許魚切。

◎墟，許魚切。地名。

【陖】音夋。國名。

◎陖，音夋。國名。

【阷】丑貞切。丘。

◎阷，丑真切。丘也。

【阞】如陵切。地名。

◎阞，如陵切。地名。

【陕】以之切。地名。

◎陕，以之切。地名。

【阳】達堅切。地名。

◎阳，達堅切。地名。

【陷】音沿。

◎陷，音沿。地名。

【陃】音凋。山穴。

◎陃，音凋。山穴名。

【陂】音坡。陂陀，不平。
◎陂，音坡。陂陀，不平。
【陫】音裴。山名。
◎陫，音裴。山名。
【陎】力開切。階陎也。
◎陎，力開切。階陎也。
【陚】音周。
◎陚，音周。大阜皃。
【陊】音雖。地名。
◎陊，音雖。地名。
【阤】咨以切。地名。
◎阤，咨以切。地名。
【隚】音楚。阪也。
◎隚，音楚。阪也。
【哯】呼典切。
◎哯，呼典切。地名。
【陡】當口切。地名。
◎陡，當口切。地名。
【堋】步等切。山。
◎堋，步等切。山也。
【陧】音里。亭名。
◎陧，音里。亭名。
【隬】乃禮切。地。
◎隬，乃礼切。地名。
【陖】音兖。高皃。
◎陖，音兖。高皃。
【隣】步浪切。附隣也。本作傍。
◎隣，步浪切。附隣也。本作傍。
【陷】徒罪切。高也。
◎陷，徒罪切。高也。
【隱】池爾切。地名。
◎隱，池爾切。地名。
【陣】市兖切。地名。
◎陣，市兖切。地名。
【阧】當口切。阧峻也。
◎阧，當口切。阧峻也。
【隢】音遶。地名。
◎隢，音遶。地名。

○隢，《玉篇》：音遶，池名。（《龍龕手鏡》卷二）
●佚文“池名”未詳。
【隓】音蚩。地名。
◎隓，音蚩。地名。
【隁】口很切。遲也。
◎隁，口很切。遲也。
【阥】音姑。地名。
◎阥，音姑。地名。
【阸】音巧。地名。
◎阸，音巧。地名。
【隡】音惠。陲名。
◎隡，音惠。陲名。
【陌】他根切。
◎陌，它根切。多合皃。
【陚】音闕。峻也。
◎陚，音闕。峻也。
【隮】士禁切。隵隮也。
◎隮，士禁切。隵也。
【隂】音念。遇在岸。
◎隂，音念。遇在岸也。
【隵】仕銜切。地。
◎隵，仕銜切。地名。
【阣】音蓋。又音屹。
◎阣，音蓋。又音屹。
【陾】符逼切。隵山也。
◎陾，符逼切。隵山也。
【阮】居六切。古岸也。
◎阮，居六切。古岸。

補

◑隨，辞規反。《漢書》：南陽有（隨）縣也。

䮑部第三百五十五

凡四字

【䮑】扶救切。《説文》云：兩阜之間。
◎䮑，扶救切。《説文》：兩阜之間。
◑䮑，扶救反。《説文》：兩阜之間也。

【䶑】似醉切。延道也。今作隧。
◎䶑，似醉切。延道也。今作隧。
◑䶑，似季反。《聲類》：近道也。今爲隧字，在阜部。
【䶒】所冀切。阜突也。
◎䶒，所冀切。阜突也。
◑䶒，所顗反。《説文》：阜突也。
【䶓】於懈切。陋也。今作隘。
◎䶓，於解切。陋也。今作隘。
◑䶓，於賣反。《説文》：陋也。《字書》今爲隘字也，在阜部。

補

◑䶔，似季反。《説文》：塞上亭䢔。篆文爲燧字，在火部。

厽部第三百五十六

凡三字

【厽】力捶切。累壍爲牆壁也。《尚書》以爲參字。七貪切。
◎厽，力睡切。累塹爲牆壁也。《尚書》以參字，七貪切。
◑厽，力捶反。《説文》：累坺土爲廧壁也。野王案：古文《尚書》以此爲參字，音□含反。
【參】千含切。相參也，相謁也，分也，即三也。又所今切，星名。亦作曑。又楚今切，參差也。亦作篸。
◎參，千含切。相謁也，分也，即三也。又所今切，星名。亦作曑。又楚今切，參差也。亦作篸。
◑參，唇躭反。《尚書》：乃罪多，參（在）上。孔安國曰：言汝罪惡衆多，參列在天也。野王案：《禮記》聖人參於天地，並於鬼神。王命王［三］公參聽之，邑、土［地］、居、民，必參相得是也。《周易》：參伍在以變。劉瓛曰：參天兩地而畸數也。變三言參者，諸謂相參也；變五言朋伍也。野王案：《廣雅》：參即三也。《考工記［禮記］》曰：（月）者，三（日）即成魄，三日［月］即成時。是以禮有三讓，建國必三立［立三］卿三賔者政，考［教］（之）子［本］禮之大參。鄭玄曰：言禮者，陰（也），大數取（象）法於月也。《方言》：參，分也。齊曰參。郭璞曰：謂分害［割］也。星名爲曑字，音所今反，在品部。參差不齊爲篸字，音楚今反，在竹部。
【垒】力揆切。累也。亦作壘。
◎垒，力揆切。累也。亦作壘。
◑垒，力揆反。《説文》：垒，塹。《聲類》亦壘字也。壘，軍壁。在土部。

補

◑絫，力捶反。《歸藏》：縈縈之華，絫絫之實。野王案：小實也。《公羊傳》：不以私危［邑］絫公邑。劉兆曰：絫，次積也。《楚辭》：層壹［臺］絫樹［榭］。王逸曰：絫，重也。《漢書》：權輕重者不失（黍）絫。應劭曰：十黍爲一絫，十絫爲一銖。《説文》：絫，增也。絫，十黍之重也。《廣雅》：乘絫，積也。今爲累字，在糸部。

大廣益會玉篇
卷第二十三

凡二十九部

馬部第三百五十七

凡二百七十七字

【馬】莫把切。黄帝臣相乘馬。馬，武獸也，怒也。影，籒文。髟，古文。

◎馬，莫把切。武獸也，怒也。影，籒文。髟，古文。

【騭】之逸切。牡馬也，定也，升也。

◎騭，之逸切。壯馬也，定也，升也。

●“壯馬”疑誤。

【⿰馬八】布戛切。馬八歲。

◎⿰馬八，布戛切。馬八歲。

【⿱馬一】乎關切，又爲萌切。馬一歲也。

◎⿱馬一，乎關切，又爲萌切。馬一歲。

【駒】九于切。馬二歲也。

◎駒，九于切。馬二歲。

【駽】胡見切。青驪馬，今之鐵驄。又火涓、許衒二切。

◎駽，胡見切。青驪馬，今之鐵驄。又火涓、許衒二切。

○駽，《玉篇》又古縣反。亦鐵驄馬也。(《龍龕手鏡》卷二)

【駣】徒高、丈小二切。馬四歲也。

◎駣，徒高、丈小二切。馬四歲。

○駣，顧野王曰：四歲爲駣。(《六書故》卷十七)

【⿰馬間】乎間切。馬一目白。

◎⿰馬間，乎間切。馬一目白也。

【驪】力支切。盜驪，千里馬也。

◎驪，力支切。盜驪，千里馬。

【騩】京媚切。馬淺黑色。又山名。

◎騩，京媚切。馬淺黑色。又山名。

【駵】力由切。赤馬黑鬣。

◎駵，力由切。赤馬黑鬣。

【騢】胡加切。赭白色，似鰕魚也。

◎騢，胡加切。赭白色，似鰕魚。

【騏】巨基切。馬文也。

◎騏，巨基切。馬文。

○騏驥，《玉篇》引《大戴禮》：騏驥一躒，不能千步。(《荀子》卷一)

【騅】之誰切。馬蒼白雜毛色也。

◎騅，之誰切。馬蒼白雜色。

○騅，顧野王云：青白色也。(《史記》卷七)

○騅，顧野王云：騅青白色也。(《爾雅正義》卷二十)

【駱】力各切。白馬黑鬣。⿰馬雒，同上。

◎駱，力各切。白馬黑鬣。⿰馬雒，同上。

【駰】一人、於巾二切。泥驄馬也。

◎駰，一人、於巾二切。泥驄馬也。

【驄】千公切。青白雜毛色。

◎驄，千公切。青白雜毛色。

【驈】余橘切。驪馬白跨。⿰馬聿，同上。

◎驈，余橘切。驪馬白跨。⿰馬聿，同上。

○驈，顧野王：餘橘反。(《毛詩注疏附釋音》卷二十)

【駹】莫江切。馬黑，白面也。

◎駹，莫江切。馬黑，白面。

【驃】毗召、匹妙二切。驍勇也，漢有驃騎將軍。

◎驃，毗召、匹妙二切。驍勇也，漢有驃騎將軍。

【騧】假華切。黄馬黑喙。驕，同上。

◎騧，假華切。黄馬黑喙。驕，同上。

【驖】徒結、他結二切。馬如驖，赤黑色。

◎驖，徒結、他結二切。馬赤黑色。

【駓】普悲、步悲二切。黄白色，今之桃華。又駓駓，馬走皃。駱，同上。

◎駓，普悲、步悲二切。黄白色。又馬走皃。駱，同上。

【騂】五旦切。馬白額至脣。

◎騂，五旦切。馬白額至脣。

【馰】丁狄切。馰顙，白額馬也。或作的。

◎馰，丁狄切。馰顙，白額。或作的。

【䭾】亡云切。馬不純。

◎䭾，亡云切。馬不純。

【驔】徒點切。驪馬黄脊。

◎驔，徒點切。驪馬黄脊。

【騽】似立切。驪馬黄脊。又馬豪骭。

◎騽，似立切。驪馬黄脊。又後左足白。

【馵】之喻切。馬縣足，又後左足白。

◎馵，之喻切。馬縣足。

【驠】於見切。馬白州也。

◎驠，於見切。馬白州。

【騿】乎旦切。馬毛長。又音寒。

◎騿，乎旦切。馬尾長。又音寒。

【騛】不韋切。騛兔，古之駿馬也。

◎騛，不韋切。騛兔，古駿馬。

○騛，《玉篇》云：騛兔，龍馬，日行三千里。(《龍龕手鏡》卷二)

【驁】午刀切。駿馬。以壬申日死，乘馬忌此日。

◎驁，午刀切。駿馬。以壬申日死，乘馬忌此日。

【驥】居致切。千里馬。驩，同上。

◎驥，居致切。千里馬。驩，同上。

【騵】魚袁切。騂馬白腹也。

◎騵，魚袁切。騂馬白腹。

【駿】子徇切。馬之美稱也，速也。

◎駿，子徇切。馬之美稱也，速也。

【騋】力才切。馬高七尺已上爲騋。

◎騋，力才切。馬高七尺以上。

【驍】古幺切。勇急捷也，良馬也。

◎驍，古幺切。勇急捷也，良馬也。

【驕】几妖切。壯皃。又野馬也。亦逸也。

◎驕，几妖切。壯皃。又野馬也，逸也。

○驕，《玉篇》：馬六尺也。(《續一切經音義》卷六)

【騒】子垂、之累二切。馬小皃也，重騎也。騳，籀文。

◎騒，子垂、之累二切。馬小皃。䮩，籀文。

【䭿】布老切。驪白雜毛，今之烏驄也。

◎䭿，布老切。驪白雜毛，今之烏驄。

【騜】胡光切。馬黄白。

◎騜，胡光切。馬黄白。

【騂】思營切。馬赤黄。

◎騂，思營切。馬赤黄。

【驓】才陵切。馬四骹皆白，見《爾雅》。

◎驓，才陵切。馬四骹皆白。

【騚】才田切。馬四蹄白。

◎騚，才田切。馬蹄白。

【騇】尸夜切。騲馬。

◎騇，尸夜切。騲馬。

【騴】於諫切。尾本白。

◎騴，於諫切。尾本白。

【騝】奇連切。騂馬黄脊。

◎騝，奇連切。騂馬黄脊。

【駩】七全、才緣二切。白馬黑脣。

◎駩，七全、才緣二切。白馬黑脣。

【騄】力足切。騄駬，駿馬。

◎騄，力足切。騄駬，八駿馬。

【駬】如始切。騄駬。

◎駬，如始切。騄駬。

【驌】思六切。驌驦，古之良馬。

◎驌，思六切。驌驦，古良馬。

【驦】所良切。驌驦。

◎驦，所良切。驌驦。

【馻】唯鑾切，又余準切。馬毛逆。

◎馻，唯鑾切，又余準切。馬毛逆。

【驎】力振切。馬黑脣。

◎驎，力振切。馬黑脣。
【驩】火丸切。馬名。
◎驩，火丸切。馬名。
【駲】許牛切。馬名也，駿也。
◎駲，許牛切。馬名也，駿也。
【騕】於皎切。騕褭，良馬。䮁，同上。
◎騕，於皎切。騕褭，良馬。䮁，同上。
【褭】奴了切。騕褭。亦作裊。
◎褭，奴小切。騕褭。亦作裊。
【䮞】七爾切。馬名。
◎䮞，七爾切。馬名。
【騅】五角切。馬白額。
◎騅，五角切。馬白額。
【騛】力兮切。桃騛馬。
◎騛，力兮切。駣騛馬。
【驊】下瓜切。驊騮，駿馬。
◎驊，下瓜切。驊騮，駿馬。
【駜】皮筆切。馬肥壯皃。騪，同上。
◎駜，皮筆切。馬肥壯皃。騪，同上。
【駥】而弓切。馬八尺也，雄也。
◎駥，而弓切。馬八尺也，雄也。
【驗】牛窆切。馬名。又徵也，證也。
◎驗，牛窆切。馬名。又徵也，證也。
【駮】布角切。馬色不純。今作駁。
◎駮，布角切。馬色不純。今作駁。
○駮，《玉篇》：雜色也。(《一切經音義》卷十五)
【駫】古熒切。馬肥壯盛皃。駉，同上。又收馬苑也。
◎駫，古熒切。馬肥壯盛皃。駉，同上。又收馬苑。
【騯】百庚、步庚二切。騯騯，馬行皃。今作彭。
◎騯，百庚、步庚二切。騯騯，馬行皃。今作彭。
○騯，《玉篇》又音彭。(《龍龕手鏡》卷二)
【䭺】五唐切。䭺䭺，馬怒皃。又五浪、五朗切，馬摇頭也。
◎䭺，五唐切。馬怒皃。又五浪、五郎切，馬摇頭也。

【驤】思良切。駕也，超也，低印也。
◎驤，思良切。駕也，超也，低印也。
【驀】明白切。上馬也。
◎驀，明白切。上馬也。
【駕】格訝切。乘也，行也，上也，陵也。
◎駕，格訝切。乘也，行也，上也，陵也。
【騑】孚微切。驂馬也。騑騑，行不正也，疾也。
◎騑，孚微切。驂馬也。騑騑，行不正也，疾也。
【騔】乎皆切。馬和也。
◎騔，乎皆切。馬和也。
【駊】布可切。駊騀，馬摇頭。
◎駊，布可切。駊騀，馬摇頭。
【騀】五可切。駊騀。
◎騀，五何切。駊騀。
【騊】他刀切。馬行皃。
◎騊，它刀切。馬行皃。
【騤】巨追切。馬强行。
◎騤，巨追切。馬强行。
【篤】丁毒切。馬行頓遲也。
◎篤，丁毒切。馬行頓遲。
【鸒】弋魚、弋庶二切。馬行徐而疾。
◎鸒，弋魚、弋庶二切。馬行徐疾。
【駸】七林、子心二切。駸駸，驟皃，行疾皃。
◎駸，七林、子心二切。行疾皃。駸駸，驟皃。
【馺】先合切。馬行皃。
◎馺，先合切。馬行皃。
【馮】皮冰切。乘也，相視也，陵也，登也。又扶風切，姓也。
◎馮，皮冰切。乘也，相視也，陵也，登也。又扶風切，姓也。
【馾】女頰切。馬行也，疾也。
◎馾，女頰切。馬行也，疾也。
【駭】午駭切。馬行也。又無知也。
◎駭，午駭切。馬行也。又無知也。
○駭，《玉篇》：無知也。(《一切經音義》卷二十五)

【駒】居遏切。馬疾走。
◎駒，居遏切。馬疾走。
【驟】仕救切。奔也。
◎驟，仕救切。奔也。
【颿】扶泛、扶嚴二切。馬疾步也，風吹船進也。亦作颱。
◎颿，扶泛、扶嚴二切。馬步疾也，風吹船進也。亦作颱。
【驅】丘于切。逐遣也，隨後也，驟也，奔馳也。古作敺。又丘遇切。駈，同上，俗。
◎驅，丘于切。逐遣也，隨後也，驟也，奔馳也。古作敺。又丘遇切。駈，俗。
○驅，野王案：驅，遣逐。音舊右反也。（《令集解》二四8）
○駈，野王案：謂遣逐之也。（《令集解》二四160）
○駈，野王案：駈，遣逐。音舊右反也。（《令集解》二四160）
○驅，顧野王云：驅，遺［遣］逐也。（《一切經音義》卷五十）
【馳】丈知切。走奔也，天子道也。
◎馳，丈知切。走奔也，天子道也。
○馳，顧野王云：馳，走也。（《一切經音義》卷十一）
○馳，《玉篇》云：馳，逐也。《字書》云：馳，鶩也。（《續一切經音義》卷三）
【駝】大何切。駱駝。駞，同上，俗。
◎駝，大何切。駱駝。駞，同上，俗。
○駝，顧野王云：肉鞍能負重，善行致遠。（《一切經音義》卷十七）
○駝，《玉篇》云：背有肉鞍，能負重，善行致遠，北方多饒此畜。（《一切經音義》卷六）
○駝，顧野王云：有肉峯，能負重，善遠行，北方饒之，蓄畜也。（《一切經音義》卷三十一）
【鶩】亡句切。奔也，疾也。
◎鶩，亡句切。奔也，疾也。
○鶩，顧野王云：鶩，疾馳也。（《一切經音義》卷三十一、卷八十一）
【駾】他外切。馬行皃。
◎駾，它外切。馬行皃。
【駠】力世切。次第馳也，奔走也。
◎駠，力世切。次第馳也，奔走也。
【騁】丑領切。直驅也，走也。
◎騁，丑領切。驅也，走也。
【駃】大結、弋吉二切。馬疾走也，徵也。
◎駃，大結、弋吉二切。馬疾走也。
【駻】何但切。馬突也。馯，同上。
◎駻，何旦切。馬突也。馯，同上。
【駧】大貢切。馬疾走。
◎駧，大貢切。馬疾走。
【驚】居英切。懼也，馬駭也，逸也。
◎驚，居英切。懼也，馬駭也，逸也。
【駫】呼光切。馬奔也。
◎駫，呼光切。馬奔也。
【駐】丈具、竹具二切。馬立止也。或作住、尌。
◎駐，丈具、竹具二切。馬立止也。或作住、尌。
【騫】丘焉切。馬腹縶也，虧也。或作騝。
◎騫，丘焉切。馬腹縶也，虧也。或作騝。
【馴】似均切。從也，善也。
◎馴，似均切。從也，善也。
【騺】竹利切。馬很也。
◎騺，竹利切。馬很也。
【駗】章忍、知鄰二切。駗驙，馬載重難行。
◎駗，章忍、知鄰二切。駗驙，馬載重難行。
【驙】知連切。白馬黑脊也。
◎驙，知連切。白馬黑脊。
【驧】巨六切。馬曲脊。騊，同上。
◎驧，巨六切。馬曲脊。騊，同上。
【騬】市陵切。犗馬也。
◎騬，市陵切。犗馬也。
【馻】古拜切。結馬尾。
◎馻，古拜切。結馬尾。
【驝】竹扇切。馬轉卧土中。
◎驝，竹扇切。馬轉卧土中。
【馽】知立切。絆也。今爲縶。
◎馽，知立切。絆也。今作縶。
【騷】先刀切。動也，愁也，摩也。
◎騷，先刀切。動也，愁也。

○騷，顧野王云：騷，動摇之皃也。（《一切經音義》卷七十七）
【駑】乃乎切。最下馬也，駘也。
◎駑，乃乎切。駘，最下馬也。
○駑，野王案：六種最下者駑。音乃胡反。（《令集解》三八 416）
○駑，顧野王云：六種馬最下者也。（《一切經音義》卷八十八）
【駘】大來切。駑也，馬銜脱也。又大宰切，駘蕩，廣大意。
◎駘，大來切。駑也。又大宰切。
○駘，顧野王云：駘，駑也。（《一切經音義》卷四十九）
○駘，顧野王：駘亦駑也。（《一切經音義》卷八十三）
○駘，《玉篇》：駘，駑馬也。（《一切經音義》卷九十一）
【駔】在古切。駔猶麤也。又子朗切，駿馬也，會兩家之買賣，如今之度市也。《吕氏春秋》云：段干木，晉之大駔也。
◎駔，在古切。駔猶麤也。又子朗切，駿馬也，會兩家之買賣，如今之度市。《吕氏春秋》：段干木，晉之大駔。
【驡】音龍。野馬也。
◎驡，音龍。野馬也。
【騶】側留切。騶虞，義獸，至德所感則見，馬之屬。又養馬人名。
◎騶，側留切。騶虞，義獸，馬之屬。又養馬人名。
【驛】余石切。譯也，道也。
◎驛，余石切。譯也，道也。
【馹】而逸切。傳也。馹，同上。
◎馹，而逸切。傳也。馹，同上。
【騰】大登切。上躍也，奔也。
◎騰，大登切。上躍也，奔也。
○騰，《玉篇》云：騰猶跳躍也。（《一切經音義》卷五）
○騰，顧野王云：騰，跳躍也。（《一切經音義》卷六十一）
○騰，《玉篇》云：躍也。（《續一切經音義》卷十）
【駮】甫角切。獸似馬，身白尾黑，一角有爪，哮聲如鼓，食虎豹，出中曲山。亦駁字。
◎駮，甫角切。獸似馬。亦作駁。
○駮，顧野王云：駮謂不調一也。（《一切經音義》卷九十七）
【駪】所巾切。馬衆皃。又作甡、莘。
◎駪，所臻切。馬衆皃。又作甡、莘。
【馭】魚據切。古御字，使馬也。
◎馭，魚據切。古御字，使馬也。
○馭，即古之御字。魚據反。侍也，進也。（《八十卷音義私記》）
○馭，顧野王云：謂指撝，使馬也。（《一切經音義》卷十八）
○馭，《玉篇》曰：馭即古之御字也。（《一切經音義》卷二十二）
【駃】古穴切。駃騠，馬也，生七日超其母。
◎駃，古穴切。馬生七日超其母。
【騠】丁奚切。駃騠。又音啼。
◎騠，丁奚切。駃騠。又音啼。
【羸】力戈切。驢父馬母所生也。驘，同上。
◎羸，力戈切。驢父馬母所生。驘，同上。
【騊】大刀切。騊駼，獸如良馬。又北狄良馬也。
◎騊，大刀切。騊駼，獸如良馬也。
【駼】同都切。騊駼。
◎駼，同都切。騊駼。
【驢】力余切。似馬長耳也。
◎驢，力余切。似馬長耳。
【驒】大何、丁年二切。驒騱，駿馬屬。
◎驒，大何、子年二切。驒騱，駿馬屬。
●圓沙本“子年”疑當作“丁年”。
【騱】下雞切。驒騱也。
◎騱，下雞切。驒騱也。
【駻】步忽切。馬，牛尾，一角。
◎駻，步忽切。馬，牛尾，一角。
【驒】胡昆切。獸名。
◎驒，胡昆切。獸名。
【驝】他各切。驝駝，有肉㲉也，行百里負千斤而知水行。駝，同上。
◎驝，他閣切。驝駝，有肉㲉。駝，同上。

【騺】胡揩切。雷繫鼓也。
◎騺，胡楷切。雷繫鼓也。
【駭】胡騃切。驚起也。
◎駭，胡騃切。驚起也。
【駎】除救切。競馳也。
◎駎，除救切。競馳也。
【騥】而丘切。青驪繁鬣馬，見《爾雅》。
◎騥，而丘切。青驪繁鬣馬。
【駁】盆故切。習馬。今作步。
◎駁，盆故切。習馬。今作步。
【驠】扶元切。驠駤，止也。或作樊。
◎驠，扶元切。驠駤，止也。或作樊。
【駤】竹利切。驠駤。
◎駤，竹利切。驠駤。
【駛】山吏切。疾也。
◎駛，山吏切。疾也。
【騄】亡東切。驢子。
◎騄，士東切。驢子。
●圓沙本“士東切”疑當作“亡東切”。
【騋】魚劫切。壯皃。
◎騋，魚劫切。壯皃。
【驨】胡圭切。騏驨也。
◎驨，胡圭切。騏驨。
【騉】古魂切。騉蹄，馬名，秦有騉蹄苑。
◎騉，古魂切。騉蹄，馬名，秦有騉蹄苑。
【鷽】於角切。馬腹下聲也。
◎鷽，於角切。馬腹下聲也。
【騋】力竹切。健馬也。
◎騋，力竹切。健馬。
【驖】於吠切。驖䮴，馬怒。
◎驖，於吠切。馬怒。
【䮴】莫狄切。馬多惡。
◎䮴，音覓。馬多惡也。
【顛】丁年切。馬白額。
◎顛，丁年切。馬白額。
【騳】丁老切。馬祭。亦作禂。
◎騳，丁老切。馬祭。亦作禂。
【驜】力涉切。馬也。亦作躐。
◎驜，力涉切。馬也。亦作躐。
●《玉篇校釋》改作“馬行也”。
【驙】布昆切。今作奔。
◎驙，布昆切。今作奔。
【䭾】仄亮切。古壯字。
◎䭾，仄亮切。古壯字。
【驡】步公切。驡驡，充實皃。
◎驡，步公切。驡驡，充實皃。
【騣】子公切。金騣，馬冠也。馬鬣也。
◎騣，子公切。金騣，馬冠也。馬鬣也。
○騣，《玉篇》：騣，馬鬣也。（《方言箋疏》卷二）
【駿】力亘切。駿騰，馬病也，馬傷穀也。
◎駿，力亘切。駿騰，馬病也，馬傷穀也。
【騰】徒亘切，又天登切。
◎騰，徒亘切，又大登切。
【騇】士洽切。騇騇，驟也。
◎騇，士洽切。騇騇，驟也。
【駬】魚容切。大皃。亦作顒。
◎駬，魚容切。走皃。亦作顒。
●圓沙本“走皃”未詳。
【騲】千老切。牝馬也。
◎騲，千老切。壯馬。
●圓沙本“壯馬”當作“牝馬”。
【驫】風幽、香幽二切。走皃。
◎驫，風幽、香幽二切。走皃。
【騋】德紅切。馬。
◎騋，德紅切。馬也。
【騙】於魂切。騙驪，駿馬。
◎騙，於魂切。騙驪，駿馬。
【驂】倉含切。驂馬。
◎驂，倉含切。驂馬也。
【驋】音蔡。字。
◎驋，音蔡。馬名。
●“字”未詳。
【矔】音瞿。馬行皃。
◎矔，音瞿。馬行皃。
【駓】平悲切。馬名。
◎駓，平悲切。馬名。
【鼓】巨支切。勁也。又居企切，强馬也。
◎鼓，巨支切。勁也。居企切，强馬。
【驉】力魚切，又音慮。

◎騥，力魚切，又音慮。
【䮫】音鼩。馬後足皆白。亦作驹。
◎䮫，音鼩。馬後足皆白。亦作驹。
【駏】音巨。駏驉，獸似騾。
◎駏，音巨。駏驉，獸似騾。
【驉】音虛。駏驉。
◎驉，音虛。駏驉也。
【騮】音流。紫騮馬。
◎騮，音留。紫騮馬。
【騟】羊朱切。紫色馬。
◎騟，羊朱切。紫色馬。
【驫】所臻切。衆馬行皃。
◎驫，所臻切。衆馬行皃。
【駭】胡涓切。馬一歲。
◎駭，胡涓切。馬一歲。
【馱】徒賀切。馬負皃。
◎馱，徒賀切。馬負皃。
【驁】烏高切。馬行皃。
◎驁，烏高切。馬行皃。
【駹】呼光切。
◎駹，呼光切。馬少皃。
【騒】音咸。縣名。
◎騒，音咸。縣名。
【驚】音磬。黑色馬。
◎驚，音磬。黑色馬。
【駟】户雷切。馬名。
◎駟，户雷切。馬名。
【駒】相倫切，又音旬。
◎駒，相倫切，又音旬。
【驆】百昆切。馬走皃。
◎驆，百昆切。馬走皃。
【驜】户安切。馬多皃。
◎驜，户安切。馬多皃。
【騁】直耕切。馬住皃。
◎騁，直耕切。馬住皃。
○騁，《玉篇》：馬住騁也。（《龍龕手鏡》卷二）
【騆】音周。神馬。
◎騆，音周。神馬。
【騴】音羊。馬名。
◎騴，音羊。馬名。
【騹】音妻。馬類。
◎騹，音妻。馬類。
【䭵】音凡。馬行皃。又音梵。
◎䭵，音凡。馬行皃。又音梵。
【騶】音春。鈍馬。
◎騶，音春。鈍馬也。
【駯】音誅。馬口黑。
◎駯，音誅。馬口黑。
【犓】時俱切。朱色也。
◎犓，時俱切。朱色。
【騿】音腔。馬行皃。
◎騿，音腔。馬行皃。
【駕】音卬。獸似馬。
◎駕，音卬。獸似馬。
【騠】音宜。馬名。
◎騠，音宜。馬名。
【驚】靡京切。汗馬也。
◎驚，靡京切。汗馬。
【駀】音尤。馬名。
◎駀，音尤。馬名。
【駃】音夷。馬名。
◎駃，音夷。馬名。
【驄】息茲切。馬。
◎驄，息茲切。馬行。
【驥】巨希切。馬。
◎驥，巨希切。馬也。
【驪】音离。驢子。
◎驪，音离。驢子。
【騜】尺尹切。馬文也。
◎騜，尺尹切。馬文。
【駊】匹可切。馬行皃。
◎駊，匹可切。馬行皃。
【驡】毗兩切。人姓也。
◎驡，毘兩切。人姓。
【奮】甫賁切。馬走也。
◎奮，甫賁切。馬走。
【駹】五黨切。馬頭高。
◎駹，五黨切。馬頭高。
【騂】作亥切。

◎騂，作亥切。馬名。
【駺】力唐切。馬尾白。
◎駺，力唐切。馬尾白。
【騁】音騁。古文。
◎騁，音騁。古文。
【騕】徒鹿切。馬走也。
◎騕，徒鹿切。馬走。
【騀】音懊。馬名。
◎騀，音懊。馬名。
【駁】音父。牡馬也。
◎駁，音父。牡馬也。
【賭】音者。馬名。
◎賭，音者。馬名。
【馬】音姹。馬行皃。
◎馬，音姹。馬行皃。
【騴】音燕。馬行。
◎騴，音燕。馬行皃。
【騖】五豆切，又合麥反。
◎騖，五豆切，又合麥切。
【騈】博幔切。騈騂，馬行也。
◎騈，博幔切。騈騂，馬行。
【騗】匹扇切。上馬也。
◎騗，匹扇切。上馬也。
【驪】力際切。馬馳。
◎驪，力際切。馬馳。
【騎】巨義切。乘也。又巨宜切。
◎騎，巨義切。乘也。又巨宜切。
【駙】扶遇切。駙馬，官。
◎駙，扶遇切。駙馬，官也。
【駈】音覺。馬重。
◎駈，音覺。馬重也。
【騇】音饁。馬走。
◎騇，音饁。馬走。
【駣】音步。馬名。
◎駣，音步。馬名。
【驗】音陷。馬走。
◎驗，音陷。馬走。
【驣】許力切。馬走。
◎驣，許力切。馬走。
【騣】音輟。白額馬。
◎騣，音輟。白額馬。
【騋】于逼切。馬名。又音洫。
◎騋，于逼切。馬名。又音洫。
【駯】莫割切。馬走皃。
◎駯，莫割切。馬走皃。
【驋】北末切。馬走。又音潑。
◎驋，北末切。馬走。又音潑。
【騟】陟革切。獸。
◎騟，陟革切。獸也。
【騇】徒合切。馺騇，馬行皃。
◎騇，徒合切。馺騇，馬行皃。
【騔】吐盍切。驖騔，馬行不進。
◎騔，吐盍切。驖騔，馬行不進。
【騤】士甲切。馬行也。
◎騤，士甲切。馬行。
【騒】音逐。獸名。
◎騒，音逐。獸名。
【騭】音質。馬名。
◎騭，音質。馬名。
【騨】竹角切。馬行。
◎騨，竹角切。馬行。
【驅】區勿切。産良馬。
◎驅，區勿切。産良馬。
【騃】房六切。馬名。
◎騃，房六切。馬名。
【騧】古忽切。騧駘，獸出北海。
◎騧，古忽切。騧駘，獸出北海。
【駘】都忽切。騧駘。
◎駘，都忽切。騧駘。
【駇】音跋。駇騇，蕃中馬也。
◎駇，音跋。駇騇，蕃中馬也。
【駂】去吉切。馬色也。
◎駂，去吉切。馬名。
【騔驕】二同。音葛。馬行皃。
◎騔，音葛。馬行皃。驕，同上。
【馲】陟格切。馲駋，驢父牛母。
◎馲，陟格切。馲駋，驢父牛母。
【駋】莫百切。馲駋。
◎駋，莫百切。馲駋。
【驀】亡各切。

◎驜，亡各切。馬名。

【騞】火麥切。行不正。

◎騞，火麥切。行不正。

◑騞，乎馘反。《淮南子》：騞然，莫不中音，合於《桑林》之舞。

○騞，呼麦反。行不止也。又騞然，忽也。又与砉同，出《玉篇》。（《龍龕手鏡》卷二）

●"行不止"與"行不正"未詳孰是。

【騗】音逼。駝騗。

◎騗，音逼。駝騗。

【駑】力薛切。馬名。

◎駑，力薛切。馬名。

●《玉篇校釋》謂當作"馬奔"，是。

【驡】徒谷切。馬行皃。騳，同上。

◎驡，徒谷切。馬行皃。騳，同上。

【駟】悉利切。四馬一乘也。

◎駟，悉利切。四馬一乘。

○駟，野王案云：即《周禮》春祭馬祖之星是也。一乘四馬，故曰駟。（《三教指歸注》四41）

○駟，《玉篇》：逐［遂］也，房星四謂之天駟也。（《一切經音義》卷二十七）

【嫺】諧間切。今作閑。

◎嫺，諧間切。今作閑。

【騻】先郎切。馬尾白。

◎騻，先郎切。馬尾白。

補

◎驜，与騂字同。

○駢，顧野王云：駢羅猶羅列也。（《一切經音義》卷四十）

○駢，《玉篇》云：駢猶羅列也。（《一切經音義》卷六十）

○駢，顧野王云：並兩馬而駕曰駢。（《一切經音義》卷八十五）

○駢，顧野王云：駢謂羅列也。（《一切經音義》卷八十九）

牛部第三百五十八

凡一百四十四字

【牛】魚留切。大牲也，黄帝服牛乘馬。

◎牛，魚留切。大牲也，黄帝服牛乘馬。

【牡】莫后切。飛曰雌雄，走曰牝牡。

◎牡，莫后切。飛曰雌雄，走曰牝牡。

○牡，顧野王云：飛鳥亦有牝牡之稱也。（《一切經音義》卷三十一）

【犅】古郎切。特牛，赤色也。

◎犅，古郎切。特牛，赤色也。

【牝】毗忍、脾死二切。牝牡也，畜母也。

◎牝，毗忍、脾死二切。牝牡也，畜母也。

【犢】徒木切。牛子也。

◎犢，徒木切。牛子。

【特】徒得切。牡牛也，又獨也。犆，同上。又池力切，見《禮記》。

◎特，徒得切。牡牛。又獨也。犆，同上。又他力切，見《礼記》。

●圓沙本"他力切"疑當作"池力切"。

【犻】布外切。牛體長。又二歲牛。

◎犻，布外切。牛體長。又二歲牛。

【犙】山含切，又且含切。三歲牛。

◎犙，山含切，又且含切。三歲牛。

【牭】思二切。四歲牛。又牛很也。樲，籀文。

◎牭，思二切。四歲牛。又牛很也。樲，籀文。

○樲，《玉篇》直利反。籀文，同上。牛四歲也。（《龍龕手鏡》卷一）

【犗】加敗切。騬牛也，騰也。

◎犗，加敗切。騬牛也，騰也。

【牻】莫江切。亂也，雜色牛也。

◎牻，莫江切。乱也，雜色牛也。

【椋】力薑切。牻牛也。

◎椋，力薑切。牻牛。

【犡】力勢、力大二切。牛白脊也。

◎犡，力勢、力大二切。牛白脊。

【㻛】達胡切。黄牛虎文也。

◎㻛，達胡切。黄牛虎文。

【犖】力角切。駁牛也。

◎犖，力角切。駁牛。又卓犖。

【㹎】力拙切。牛白脊。

◎㹎，力拙切。牛白脊。

【怦】普耕切。牛駁如星也。

◎怦，普耕切。牛駁如星也。

【犥】普沼、扶表、普稾三切。牛色不美澤。又牛黄白色。

◎犥，普沼、扶表、昔稾三切。牛色不美澤。又牛黄白色。

●圓沙本“昔稾”疑當作“普稾”。

【犉】而純切。黄牛黑脣也。

◎犉，而純切。黄牛黑脣。

【搉】五角切。白牛也。犨，同上。又五沃切。

◎搉，五角切。白牛。犨，同上。又五沃切。

【橿】居良切。白牛也。

◎橿，居良切。白牛。

●《篆隸萬象名義》作“白斑牛也”，疑此有脱文。

【牲】他刀切。牛徐行。

◎牲，他刀切。牛徐行。

【犃】古訝切。犃車也。籀文駕。

◎犃，古訝切。犃車。籀文駕。

【犨】尺由切。牛息聲。又牛名。又出也。犫，同上。

◎犨，尺由切。牛息声。又牛名。出也。犫，同上。

【牟】亡侯切。牛鳴也。又姓也，大也，愛也，取也，奪也，過也，倍也，進也，首也。

◎牟，亡侯切。牛鳴。又姓也，大也，愛也，取也，奪也，退也，倍也，進也，首也。

●圓沙本“退也”未詳。

【犍】史簡切。畜牲犍。

◎犍，史簡切。畜牲犍也。

【牪】史京切。三牲，牛羊豕。

◎牲，史京切。三牲，牛羊豕。

【牷】疾緣切。體完也。

◎牷，疾緣切。體完也。

【牿】古督切。牢也。

◎牿，古督切。牢也。

【牽】口田切。引前也。又挽也，速也，連也。

◎牽，口田切。引也，前也，挽也，速也。

○牽，顧野王云：牽亦引也。(《一切經音義》卷三十一)

○牽，《玉篇》：牽，引也。《廣雅》：挽也。(《一切經音義》卷六十一)

【牢】來刀切。牲備也，廪倉也。又堅也。

◎牢，來刀切。牲備也，廪倉也。又堅也。

○牢，顧野王云：牢亦固也。(《一切經音義》卷十二)

【犓】測俱切。養牛羊也。今作芻。

◎犓，測俱切。養牛羊也。今作芻。

【犕】皮祕切。服也，以鞌裝馬也。又牛八歲也。

◎犕，皮祕切。以鞌裝馬也。又牛六歲。

●圓沙本“牛六歲”疑當作“牛八歲”。

【犕】甫胃切。兩壁耕。

◎犕，甫胃切。兩壁耕也。

【犁】力兮切。耕具也。

◎犁，力兮切。耕具。

○犁，《玉篇》云：牛耕鐵也。《漢書》云：募從貧人假與犁牛種子也。(《一切經音義》卷五十)

【犉】徒刀、充刀二切。牛羊無子。

◎犉，徒刀、充刀二切。牛羊無子。

【牴】丁禮切。觸也，略也。大牴，言大略也。角牴，雜技樂也。或作觗。

◎牴，丁礼切。觸也，略也。角牴，雜技樂也。或作觗。

【犟】丸綴切。牛蹄也。

◎犟，丸綴切。牛蹄。

【掔】五殄、胡結二切。牛很不從。又大皃。

◎掔，五殄、胡結二切。牛很不從。又火皃。

●圓沙本“火皃”疑當作“大皃”。

【牼】胡耕、口耕二切。牛膝下骨。

◎牼，胡耕、口耕二切。牛膝下骨。

【犴】巨禁切。牛舌病也。或作矜。

◎犴，巨禁切。牛舌病也。或作矜。

【犀】先兮切。獸似牛也，堅也，棲遲。或作犀。

◎犀，先兮切。獸似牛，堅也，棲遲。亦作犀。

●底本“犀”原訛，徑改。

【犘】眉隕切。獸似牛，蒼黑，出黄山。
◎犘，眉隕切。獸似牛，蒼黑。
【物】亡屈切。凡生天地之間皆謂物也，事也，類也。
◎物，亡屈切。生天地間謂物也，事也，類也。
【牣】而振切。滿也，益也。
◎牣，而振切。滿也，益也。
【犧】欣宜切。純色牛。
◎犧，欣宜切。純色牛。
【牸】子各切。牛，肉重千斤，出華陰山。
◎牸，子各切。牛，肉重千斤。
【犘】陌瓜切。牛名。
◎犘，陌瓜切。牛名。
【犦】步角切。犎牛也。
◎犦，步角切。封牛也。
【犤】平爲、平媧二切。牛名。又音陂。
◎犤，平爲、平媧二切。牛名。又音陂。
【犑】公覓切。牛名，見《爾雅》。
◎犑，公覓切。牛名，見《尔雅》。
【犩】牛威、牛畏二切。牛名。
◎犩，牛威、牛畏二切。牛名。
【犣】力涉切。牛名。
◎犣，力涉切。牛名。
【犆】徐救切。牛眼黑。
◎犆，徐救切。牛眼黑。
【犚】於貴切。牛名。
◎犚，於貴切。牛名。
【犈】奇員、居辦二切。牛耳黑。
◎犈，奇員、居辦二切。牛耳黑。
【犌】古瑕切。牛有力。
◎犌，古瑕切。牛有力。
【犪】爲乖切。獸似牛，四角，人目。
◎犪，爲乖切。獸似牛，四角，人目。
【犣】余鍾切。牛胅領。
◎犣，余鍾切。牛胅領也。
【犦】力追切。求子牛。
◎犦，力追切。求子牛。
【犫】似訓切。牛行遲。
◎犫，似訓切。牛行遲。
【犸】奴多切。獸似牛。
◎犸，奴多切。獸似牛。
【犎】甫容切。野牛也。
◎犎，甫容切。野牛。
【犻】方韋切。獸似牛，一目。
◎犻，方韋切。獸似牛，一目。
【犍】居言切。犗也，獸似豹，人首，一目。犍，同上。
◎犍，居言切。似豹，人首，一目。犍，同上。
○犍，顧野王《玉篇》云：犍獸，似豹，人首，一目。（《山海經廣注》卷三）
【牤】徒和切。或作舵。
◎牤，徒和切。或作舵。
【犒】徒的切。特牛。
◎犒，徒的切。特牛。
【犃】步后切。雄也，短頭牛。
◎犃，步后切。雄也，短頭牛。
【犊】式夜切。馬名。亦作騇。
◎犊，式夜切。馬名。亦作騇。
【犤】普角切。特牛也。
◎犤，普角切。特牛。
【犎】示勢切。一角仰也。或作觢。
◎犎，示勢切。一角仰。或作觢。
【牸】疾利切。母牛也。
◎牸，疾利切。母牛。
○牸，顧野王：畜母也。《方言》云：牛牝曰牸，牡曰特，其子曰犢也。（《續一切經音義》卷七）
○牸，《玉篇》：母牛也。（《續一切經音義》卷九）
【犐】苦戈切。無角牛。
◎犐，苦戈切。無角牛。
【犺】呼口切。牛鳴也。亦作呴。
◎犺，呼口切。牛鳴。亦作呴。
【犳】如腫切。水中牛。
◎犳，如腫切。水中牛。
【犢】几隱切。善也，柔也。
◎犢，几隱切。善也，柔也。
【犝】徒東切。無角牛。亦作犝、童。
◎犝，徒東切。牛無角。亦作犝。

【㸲】思營切。赤牛。亦作騂。
◎㸲，思營切。赤牛。亦作騂。
【𤛛】魚袁切。獸似牛，三足。
◎𤛛，魚袁切。獸似牛，三足。
【牥】甫防切。良牛名，日行二百里。又云馲駝。
◎牥，甫防切。良牛名。
【犇】補門切。牛驚。
◎犇，補門切。牛驚。
〇犇，顧野王云：謂犀牛走也。(《一切經音義》卷三十二)
【𤘴】書尤切。牛。
◎𤘴，書尤切。牛也。
【𤜆】音敦。牛也。
◎𤜆，音敦。牛名。
【㩘】音秦。牛名。
◎㩘，音秦。牛名。
【犝】徒郎切。牛名。㹌，同上。
◎犝，徒郎切。牛名。㹌，同上。
【㩣】音暉。犎牛頭。
◎㩣，音揮。犎牛頭也。
【𤛓】音繒。牛。
◎𤛓，音繒。牛也。
【犨】赤唯切。牛。
◎犨，赤唯切。牛也。
【犺】古郎切。水牛。
◎犺，古郎切。水牛。
【牄】七岡切。牛名。
◎牄，七岡切。牛名。
【牞】居求切。牛大力。
◎牞，居求切。牛大力。
【犰】音虯。牛角皃。
◎犰，音虯。牛角皃。
【犪】音嬰。牛也。
◎犪，音嬰。牛也。
【𤛑】音尋。牛也。
◎𤛑，音尋。牛也。
【犹】直深切。水牛。
◎犹，直深切。水牛。
【犳】郎丁切。牛名。
◎犳，郎丁切。牛名。
【𤙭𤙯】二同。呼今切。出《神咒》。
◎𤙭，呼今切。出《神咒》。𤙯，同上。
〇𤙭，《玉篇》：于今反。在咒中。(《龍龕手鏡》卷一)
〇𤙭、𤙯，《玉篇》：于吟反。在《神咒》中也。又胡紺反。又隨文有多釋也。(《龍龕手鏡》卷一)
【犪】而小、而照二切。牛柔謹也，從也，安也。又馴也。《尚書》犪而毅字如此。𤛱，同上。
◎犪，而小、而照二切。牛柔謹也，從也，安也，馴也。《書》犪而毅字如此。𤛱，同上。
【㹖】音峰。牛也。
◎㹖，音峰。牛也。
【𤘻】音初。牛角。
◎𤘻，音初。牛角也。
【𤛝】魚小切。獸名。又音鐃。
◎𤛝，魚小切。獸名。又音鐃。
【犐】音臾。黑牛。
◎犐，音臾。黑牛也。
【犚】呼乖切。獸名。
◎犚，乎乖切。獸名。
【犔】符悲切。使牛聲。
◎犔，符悲切。使牛声。
【㸼】音浮。牛黑脣。
◎㸼，音浮。牛黑脣。
【𤛴】七古切。使牛也。
◎𤛴，七古切。使牛。
【𤜕】烏口切。特牛也。又去句切。
◎𤜕，烏口切。特牛也。又去句切。
【㸸】烏后切，又烏遘切。㸴，同上。又音口。
◎㸸，烏后切，又烏遘切。㸴，同上。又音口。
【牳】莫厚切。牛。
◎牳，莫厚切。牛也。
【𤛬】烏猛切。喚牛聲。
◎𤛬，烏猛切。喚牛声。
【𤙵】音俟。牛。
◎𤙵，音俟。牛也。

【犩】於鬼切。牛也。
【牵】音去。
◎牵，音去。牛行皃。
【牯】姑户切。牝牛。
◎牯，姑户切。牡牛。
●圓沙本“牡牛”當作“牝牛”。
【牽】音宂。牛也。牿，同上。牛聲。
◎牽，音宂。牛也。牿，同上。牛声。
【犨】音秩。人姓。
◎犨，音秩。人姓也。
【垗】音兆。人姓。
【犈】苦眷切。牛鼻棬。
◎犈，苦夅切。牛鼻捲也。
●圓沙本“夅”疑誤。
【犒】苦到切。餉軍。與犒同。
◎犒，苦到切。餉食。与犒同。
【牶】牛眷切。牛件也。
◎牶，牛眷切。牛件也。
【犤】音譬。牛具。
◎犤，音譬。牛具也。
【犤】匹計切。牛。
◎犤，匹計切。牛也。
【犃】古侯切。取牛乳。
◎犃，古侯切。取牛乳。
【犥】音飆。牛病。
◎犥，音飆。牛病也。
【犗】音介。牛四歲也。
◎犗，音介。牛四歲也。
【犬】他見切。餧牛草。
◎犬，他見切。餧牛草也。
【犔】音叶。牛健。
◎犔，音叶。牛健也。
【犧】大果切，又音岳。
◎犧，大果切，又音岳。
○犧，犨，《玉篇》同上。(《龍龕手鏡》卷一)
【犆】音特。牛也。
◎犆，音特。牛也。
【犓】音拉。牛牴。
◎犓，音拉。牛牴也。
【犡】音橛。
◎犡，音厥。牛也。
【犦】音骨。牛也。
◎犦，音骨。牛也。
【犥】昌欲切。牴人也。
◎犥，昌欲切。牴人也。
【犫】巨六切。牛。
◎犫，巨六切。牛也。

補

○犪，《玉篇》云：唤牛子聲也。(《龍龕手鏡》卷一)

犛部第三百五十九

凡三字

【犛】莫交切。獸如牛而尾長，名曰犛牛。又力之切，又牛黑色。
◎犛，莫交切。獸如牛而尾長，名曰犛牛。又力之切，又牛黑色。
【氂】莫袍切。犛牛尾。或作旄。
◎氂，莫袍切。犛牛尾。或作旄。
【斄】力之切。强曲毛也。千豪也。古文作庲。或作耗。又力才切。
◎斄，力之切。强曲毛也。古文作庲。或作耗。又力才切。
●“千豪也”未詳。

羊部第三百六十

凡六十七字

【羊】余章切。豕屬也。《禮》云：凡祭宗廟之禮，羊曰柔毛。
◎羊，余章切。豕屬。《礼》云：祭宗廟之礼，羊曰柔毛。
【芈】彌爾切。羊鳴也。又姓，楚之先也。
◎芈，彌尔切。羊鳴也。又姓，楚之先也。
【羔】古刀切。羊子。
◎羔，古刀切。羊子。
【羜】丈與切。未成羊。
◎羜，丈與切。未成羊。

【羳】亡具切。六月生羊。
◎羳，亡具切。六月生羊。
【羭】與朱切。牡羊也。
◎羭，與朱切。牡羊。
【羍】他達切。生也，小羊也。羍，同上。
◎羍，他達切。生也，小羊也。羍，同上。
【羝】丁兮切。牡羊。
◎羝，丁兮切。牡羊。
【羕】雉矯切。夷羊，又羊一歲。
◎羕，雉矯切。夷羊，又羊一歲。
【羒】父云切。牝羊也。
◎羒，父云切。牝羊。
【牂】子唐切。羝羊也。
◎牂，子唐切。羝也。
【羖】公户切。羖䍽，羊。羖，同上，俗。
◎羖，公户切。羖䍽，羊也。羖，俗。
【䍽】音歷。羖䍽。
◎䍽，音歷。羖䍽。
【羚】居謁、巨謁二切。羖羠，羊也。羯，同上。
◎羚，居謁、巨謁二切。羖羠，羊也。羯，同上。
【羠】因以、以脂二切。犍羊也，驐羊也。
◎羠，因以、以脂二切。犍羊也，驐羊也。
●底本“囙”當作“因”。
【羳】扶元切。羊黄腹。
◎羳，扶元切。羊黄腹。
【羺】揩間切。羊也。
◎羺，間楷切。羊也。
●圓沙本“間楷切”疑當作“楷間切”。
【䍧】子𠫤切。羊名。又亭名，在汝南。
◎䍧，子𠫤切。羊名。又亭名，在汝南。
【䍐】於間切。黑羊也，群羊相積也。
◎䍐，於間切。黑羊也，群羊相積。
【羸】力爲反。弱也，病也，瘦也，劣也。
◎羸，力爲切。弱也，病也，廩也，劣也。
【羐】於僞切。羊相羐羵也。或作委。
◎羐，於僞切。羊相羐羵。或作委。
【羵】子漬切。羐羵。
◎羵，子漬切。羐羵也。

【群】巨云切。朋也，輩也。
◎群，巨云切。朋也，衆也。
【羙】七移切。羊名，蹄皮可以割桼。
◎羙，七移切。羊名，蹄皮可割桼。
【美】亡鄙切。甘也，善美。或作媺。
◎美，亡鄙切。甘也，善美。或作媺。
【羷】力冉切。羊名。
◎羷，力冉切。羊名。
【羑】弋九切。導也，進也，善也。今作誘。㕗，同上。
◎羑，弋九切。遵也，進也，善也。今作誘。㕗，同上。
●圓沙本“遵也”疑當作“導也”。
【䍾】丘向切。後陳公子名。
◎䍾，丘向切。後陳公子名。
【羌】去央切。西方國也，楚語辭也，卿也，反也，章也，强也。
◎羌，去央切。西方國也，楚語辭也，卿也，反也，章也，强也。
【羶】式然切。羊脂也，羊氣也。或作羴。
◎羶，式然切。羊氣。或作羴。
【羬】午咸、渠炎二切。羊六尺。又獸名。䵟，同上。
◎羬，午咸、淚炎二切。羊六尺。又獸名。䵟，同上。
○羬，《玉篇》作五咸反。（《初學記》卷二十九）
●“淚炎”疑誤。
【䍶】胡關切，又胡慢切。句山有獸，名之曰䍶，其狀如羊，稟氣自然也，不可殺之。
◎䍶，胡關、胡慢二切。句山獸，狀如羊，稟氣自然也，不可殺之。
【䍺】都弄切。泰山有獸，狀如牛，一角。
◎䍺，都弄切。泰山獸，如牛，一角。
【羹】古衡切。常所食，美也。
◎羹，古衡切。常所食羹也。
○羹，顧野王云：和調五味曰羹。（《一切經音義》卷十五）
●《玉篇校釋》改作“常所食羹也”。
【羱】魚袁、牛丸二切。羱羊，大角，西方

野羊也。
◎羱，魚袁、牛丸二切。西方野羊。
【羬】似余切。野羊。
◎羬，以余切。野羊。
【羫】口弄、口江二切。羊肋。
◎羫，口弄、口江二切。羊肋。
【羵】扶云、扶刎二切。雌雄未成也。
◎羵，扶云、扶刎二切。雌雄未成也。
【抨】普耕切。使也。亦作抨。
◎抨，普耕切。使也。亦作枰。
●圓沙本“枰”疑當作“抨”。
【羛】方味切。人姓也。
◎羛，方味切。人姓。
【羦】胡官切。獸似羊，惡也。
◎羦，胡官切。獸似羊，惡也。
【羬】布莫切。羬羦，獸也，似羊，九尾，四耳，目在背上。或作牔。
◎羬，布莫切。羬羦，獸也，似羊，九尾，四耳，目在背上。或作牔。
【羦】大何切。羬羦也。
◎羦，大何切。羬羦也。
【羻】子含切。羊飽也。
◎羻，子含切。羊飽也。
【羰】九劣切。病也，跳皃也。
◎羰，九劣切。病也，跳皃也。
【羼】士兖切。羊也。
◎羼，九兖切。羊也。
●“九兖切”疑誤。
【羺】女奚切。羺羺，胡羊也。
◎羺，女奚切。羺羺，胡羊。
【羺】奴溝切。羺羺。
◎羺，奴溝切。羺羺也。
【羹】力侯切。似羊，四角也。
◎羹，力侯切。獸似羊，四角。
【觳】公侯切。取羊乳汁也。
◎觳，公侯切。取羊乳汁。
【羛】音希。地名。又音蟻也。
◎羛，音希。地名。又音蟻。
【羚】音争。羊子也。
◎羚，音争。羊子也。
【羶】大紅切。無角羊。
◎羶，大紅切。無角羊。
【羥】口莖切。羊也。
◎羥，口莖切。羊也。
【羚】魯丁切。羊子也。
◎羚，魯丁切。羊子。
【羻】户關切。獸似羊，無口。
◎羻，户關切。獸似羊，無口。
【羢】丑練切。尾長也。
◎羢，丑練切。尾長。
【羣】音預。羊也。
◎羣，音預。羊也。
【羏】音洋。又音翔。
◎羏，音洋。又音翔。
【羜】音獨。羊也。
◎羜，音獨。羊也。
【羬】音厥。羊也。
◎羬，音厥。羊也。
【羲】紀力切。
◎羲，紀力切。羊行走。

羴部第三百六十一

凡二字

【羴】式延切。羊氣臭也。亦作羶。
◎羴，式延切。羊氣臭。亦作羶。
【羼】初莧切。羊相廁也，相出前也。
◎羼，初莧切。羊相廁也，相出前也。

𦍌部第三百六十二

凡四字

【𦍌】乖買、公瓦二切。羊角也。𦍌𦍌，两角皃。
◎𦍌，乖買、公瓦二切。羊角也。𦍌𦍌，两角皃。
【𠦬】古懷切。戾也，睽也，邪也，背也，差也，離也。今作乖。
◎𠦬，古懷切。戾也，睽也，邪也，背也，差也，離也。今作乖。

【芇】亡殄切。相當也。又亡延、亡寒二切。
◎芇，亡殄切。相當也。又亡延、亡衺二切。
●圓沙本"亡衺"疑當作"亡寒"。
【荍】苦蛙切。不正也。
◎荍，苦蛙切。不正也。

萈部第三百六十三

凡一字

【萈】胡官切。山羊細角也。寬字從此。
◎萈，胡官切。山羊細角也。寬字從此。

犬部第三百六十四

凡二百九十三字

【犬】苦泫切。狗之有懸蹄。
◎犬，苦泫切。狗之有懸蹄。
【狗】古后切。家畜，以吠守。
◎狗，古后切。家畜，以吠守。
【獶】女江、乃刀二切。多毛犬也。又女交切。
◎獶，音農。多毛犬也。又乃刀、女交二切。
【獀】所留切。犬名。又秋獵也。亦作蒐。狻，同上。
◎獀，所留切。犬名。又秋獵也。亦作蒐。狻，同上。
【狵】莫江切。犬多毛也。尨，同上。
◎狵，莫江切。犬多毛。尨，同上。
【獢】許謁切。獢獢，犬短喙也。又許曷切，相迫懼也。亦作猲。
◎獢，許謁切。獢獢，犬短喙也。又許曷切，相迫懼也。亦作猲。
【獢】許驕切。獢獢也。
◎獢，許驕切。獢獢也。
【狡】古卯切。獸名，少狗也，猾也，疾也，健也，獪也。
◎狡，古卯切。獸名，少狗也，猾也，疾也，健也，獪也。
○狡，如犬而豹文，角如牛，音如犬吠，鉅口，黑身也。(《三教指歸注》五6)

【獫】力贍切。犬長喙也。又力儉、虛檢二切。
◎獫，力贍切。犬長喙。又力儉、虛儉二切。
【狌】之句切。黃犬黑頭也。
◎狌，之句切。黃犬黑頭。
【猈】步買切。狗短脰。
◎猈，步買切。狗短脰。
【猗】於宜切。歎辭也，犗狗也。又倚氏，縣名。
◎猗，於宜切。歎詞也，犗犬也。又倚氏，縣名。
○猗，《玉篇》顧野王曰：歎美之猗字又作禕。(《一切經音義》卷二十一)
【狊】呼闃切。犬視也。
◎狊，呼闃切。犬視。
【猎】於陷、於咸二切。竇中犬聲也。
◎猎，於陷、於咸二切。竇中犬声。
【猝】且没切。犬從草中暴出也，言倉猝暴疾也，突也。今作卒。
◎猝，且没切。犬從草中暴出也，言倉猝暴疾也，突也。今作卒。
【猍】胡斬切，又胡忝切。犬吠不出也，兩犬争也。
◎猍，胡斬切，又胡忝切。犬吠不出也，兩犬争也。
【猩】所庚切。猩猩，如狗，面似人也。又音星，犬吠聲。狌，同上。
◎猩，所更切。似人，能言。又音星。狌，同上。
【默】亡北切。犬暫逐也。亦爲嘿靜字。
◎默，亡北切。犬暫逐也。亦爲嘿。
○默，顧野王云：默，不言也。(《一切經音義》卷三十九)
【獭】胡鑑切。小犬。又鄉名。
◎獭，胡鑑切。小犬。又鄉名。
●《篆隸萬象名義》作"小犬吠"，疑此有脱文。
【猥】於隗切。犬聲。又犬生三子也。
◎猥，於隗切。犬生三子。又犬声。
●《篆隸萬象名義》"㹠、䝅"二字訓"犬生三子"，疑此有誤。

【獿】呼交、胡狡二切。犬擾駭也，獪也。
◎獿，呼交、呼狡二切。犬擾駭也。
【猱】乃刀切。獸也。夒，同上。又女交切。
◎猱，乃刀切。獸名。夒，同上。又女交切。
【獑】山監切，又山林切。犬容頭進也，賊也。
◎獑，山監、山林二切。賊也，犬容頭進也，賊也。
○獑，《玉篇》：獑，賊也。音山監切。（《方言箋疏》卷一）
●圓沙本“賊也”重出。
【奬】子養切。助也，成也，欲也，譽也，嗾犬厲之也。今作弊。
◎奬，子養切。助也，成也，欲也，譽也，嗾犬厲之也。今作弊。
○奬，《玉篇》云：奬，助也，成也，欲也，譽也，嗾犬厲之也。（《方言疏證》卷六）
【㹽】初板切。齧也，犬食也。
◎㹽，叉板切。齧也，犬食也。
【獮】所姦切。惡健犬。
◎獮，所姦切。惡健犬。
【狠】五間切。犬鬭聲。
◎狠，五閑切。犬鬭声。
○狠，《玉篇》音云午間反。（《一切經音義》卷十四）
【獖】扶元、皮卷二切。犬鬭聲也。
◎獖，扶元、皮卷二切。犬鬭声。
【犼】式略切。驚也。犼犼，犬不附人而驚皃。
◎犼，式略切。驚也。犼犼，犬不附人而驚皃。
【狋】魚肌切。犬怒也，兩犬争也。又狋氏縣。又音權。
◎狋，魚肌切。犬怒，兩犬争也。又狋氏孫。又音權。
●圓沙本“狋氏孫”疑當作“狋氏縣”。
【犷】牛佳、語斤二切。犬聲。狺，同上。
◎犷，牛佳、語斤二切。犬声。狺，同上。
○犷犾，《玉篇》皆語斤反，犬争也。（《龍龕手鏡》卷二）
【獷】鉤猛切。犬不可附也。
◎獷，鉤猛切。犬不可附也。
○獷，顧野王云：犬不可附也。（《續一切經音義》卷八）
【狀】仕亮切。形也。又書狀。
◎狀，仕亮切。形也。又書狀。
【奘】阻良、阻亮二切。强犬。
◎奘，阻良、阻高二切。狂犬。
【獒】午刀切。犬四尺也，如人心可使者。
◎獒，牛刀切。犬四尺，如人心可使者。
【獳】乃候切。犬怒也。
◎獳，乃候切。犬怒也。
【狧】他蠟切。犬食也。亦作𤙡。㹫、狤，並同上。
◎狧，他蠟切。犬食。亦作䑜。㹫，同上。狤，亦同上。
●底本“𤙡”疑當作“䑜”。
【狎】下甲切。易也，近也，習也。狹，同上。今爲闊狹。
◎狎，下甲切。易也，近也，習也。狹，同上。今爲闊狹。
【狃】女久切。狎也，習也，就也，復也，狐狸等獸跡也。
◎狃，女久切。習也，就也，復也。又狐狸等獸跡。
【獪】古邁切。狡獪也。又音澮。
◎獪，古邁切。狡獪。又音澮。
【犯】扶錽切。抵觸也。氾，古文。
◎犯，扶鋑切。抵觸也。氾，古文。
●圓沙本“鋑”爲“錽”訛字。
【猜】千才切。疑也，恨也，懼也。
◎猜，千才切。疑也，恨也，懼也。
【㹀】口盍切。健也，猬也。
◎㹀，口盍切。健也，猬也。
【狜】去業切。多畏也。今作怯。
◎狜，去業切。多畏。今作怯。
【猛】麻獷切。健也，嚴也，惡也，害也。
◎猛，麻獷切。健也，嚴也，惡也，害也。
◎㕟，古文猛字。
【獜】力丁、力仁二切。獜獜，聲也。亦作𨏈。

◎獜，力丁、力仁二切。声也。亦作鏻。
○獜，《玉篇》云：獜獜，犬聲。又力仁切。（《重修廣韻》卷二）
【獧】古縣切。跳也，急也。狷，同上。
◎獧，古縣切。跳也，急也。狷，同上。
【狟】乎官切。狟，武皃也，威也。今作桓。
◎狟，乎官切。武皃也，威也。今作桓。
【犺】牛吉切。犬怒皃。又步内切，犬過。
◎犺，牛吉切。犬怒。步内切，犬過。
【㹮】竹厄切。犬張耳。
◎㹮，竹厄切。犬張耳。
【戾】力計切。來也，至也，待也，勢也，止也，立也，法也，定也，利也，虐也，著也。猌，古文。
◎戾，力計切。來也，至也，待也，勢也，止也，立也，法也，定也，利也，虐也。猌，古文。
○戾，《玉篇》云：曲戾也。（《一切經音義》卷二十六）
【猌】牛僅切。犬張齗，怒皃。
◎猌，牛僅切。犬張齗，怒皃。
【犮】步末切。犬走皃。與跋同。
◎犮，步末切。犬走皃。与跋同。
【狢】古卜、余玉二切。獸名。
◎狢，古卜、余玉二切。獸名。
○狢，獸名，出《山海經》。（《醫心方》寫本）
【獨】大卜切。犬相得而鬬也，故羊爲群，犬爲獨也。又獨狢，獸名，出《山海經》。𤞞、𤝧，二古文。
◎獨，大卜切。犬相得而鬬也。𤞞、𤝧，並古文獨。
○獨，大卜反。犬相得而鬪也。故羊爲群，犬爲獨也。（《醫心方》寫本）
○獨，《玉篇》云：無子曰獨。（《華嚴經疏》卷二十四，《一切經音義》卷二十二）
【獮】思淺切。秋曰獮，殺也。亦作禰。獼，同上。
◎獮，思淺切。秋田。亦作禰。獼，同上。
【獵】力涉切。犬取獸也。
◎獵，力涉切。犬取獸。
【狩】式又切。冬田也。
◎狩，式又切。冬田也。
【獠】力弔切。宵田也。又力道切，夷名。
◎獠，力弔切。宵田。力道切，夷名。
【臭】尺又切。香臭之總稱也。犬逐獸走而知其跡，故字從犬。
◎臭，尺又切。香臭總稱也。犬逐獸走而知其跡，故字從犬。
○臭，顧野王云：臭氣之惣名也。（《一切經音義》卷五十五）
○臭，《玉篇》：臭者，凡物氣之揔名。（《一切經音義》卷八）
【㹱】呼艾切。犬臭也。
◎㹱，呼艾切。犬臭也。
【狣】雉矯切。絶有力。
◎狣，雉矯切。絶有力。
【獲】爲麥切。得也，辱也，婢之賤稱也，旌也。
◎獲，爲麥切。得也，辱也，婢之賤稱也，旌也。
○獲，《廣雅》：獲，辱也。《玉篇》同，云：婢之賤稱也。（《方言箋疏》卷三）
【獻】許建切。奉也，進也，上也，聖也，賢也，奏也。
◎獻，許建切。奉也，進也，上也，聖也，奏也。
【豣】午見、午晏二切。獟犬也，逐虎之犬也。
◎豣，午見、午晏二切。逐虎之犬。
【獟】雅弔切。狾狗也，狂狗也。
◎獟，雅弔切。狾狗，狂狗也。
【狾】居世切。狂犬也。狛，古文。
◎狾，居世切。狂犬。狛，古文。
【玃】居縛切。狙也。亦作玃。玀，同上。
◎玃，居縛切。狙也。玀，同上。
【狂】具王切。癲癡也。
◎狂，具王切。癲癡也。
○狂，野王案：狂而觸人也，常狂惑無止時。（《令集解》九 290）
○狂，愚騃也。又性不調也。（《法華釋文》中）
○狂，顧野王曰：狂者，愚騃警悖也。（《一切經音義》卷二）
○狂，顧野王云：狂，愚騃驚悖，性不倫理

也。（《一切經音義》卷十七）
〇狂，《玉篇》云：狂，愚也。《考聲》云：猖狂，不倫理也。（《一切經音義》卷三）
【猙】疾井、側耕二切。獸名。
◎猙，疾井、側耕二切。獸名。
【獘】婢世切。獸名也，頓仆也。俗作弊。
◎獘，婢出切。獸名也，頓仆也。俗作弊。
●圓沙本“婢出切”疑當作“婢世切”。
【類】律位切。獸名，種類也，法也。
◎類，律位切。獸名，種類也，法也。
【狄】徒的切。北狄也。
◎狄，徒的切。北狄也。
【猴】乎溝切。猕猴也。
◎猴，乎溝切。猕猴。
〇猴，户侯反。猱。（《三教指歸注》二 24）
【狻】先丸切。狻猊，師子，一走五百里。亦作狻。
◎狻，先丸切。狻猊，師子。亦作狻。
【猊】午兮切。狻猊。亦作貎麑。
◎猊，午兮切。狻猊。亦作貎麑。
【猶】以周切。猨屬也，猶豫不定也，尚也，可也，詳也，言也。又以救切。
◎猶，以周切。猨屬也，猶豫，尚也，可也，詐也，言也。又以救切。
〇猶，顧野王云：猶豫不定也。（《一切經音義》卷四十七）
●底本“詳也”疑當作“詐也”。
【猷】余周切。圖也。亦與猶同。
◎猷，余周切。圖也。与猶同。
【狙】且余切。玃屬也，犬暫齧人也，犬不絜也。
◎狙，且余切。玃屬也，犬暫齧人。
〇狙，顧野王云：狙，伺也，謂伺候也。（《一切經音義》卷八十七）
【㲉】呼木切。似犬，惡也，上黄下黑。
◎㲉，呼木切。似犬，上黄下黑。
【獌】莫旦切。大獸也，長百尋。又狼屬。或作貙。
◎獌，莫旦切。大獸，狼屬。或作貙。
【狼】來當切。獸似犬。
◎狼，來當切。獸似犬。
〇狼藉，縱横眾多也。（《法華釋文》中）
【獾】火丸切。牡狼。狑，同上。
◎獾，火丸切。牡狼。狑，同上。
【獥】公弔切。狼子獥。
◎獥，公弔切。狼子獥。
【狛】白駕切。獸如狼。犾，同上。
◎狛，白駕切。獸如狼。犾，同上。
【狢】余支切。獸名。
◎狢，余支切。獸名。
【狐】户吾切。媚獸也。又狐疑猶豫也。
◎狐，户吾切。媚獸。又狐疑猶豫。
〇狐，《玉篇》：妖獸也，鬼所乘。有三德，其色中和，小前大後，死必首丘。（《一切經音義》卷二十七）
【猵】普年、布眠二切。獺屬。
◎猵，普年、布眠二切。獺屬。
【獺】他達切。如猫，居水，食魚也。
◎獺，他達切。如猫，居水，食魚。
【獱】婢賓切。獺屬。
◎獱，婢賓切。獺屬。
【猨】于元切。似彌猴而大，能嘯也。亦作蝯。猿，同上，俗。
◎猨，于元切。似猴，能嘯。亦作蝯。猿，俗。
【猫】眉驕切。夏田也，食鼠也。或作貓。
◎猫，眉嬌切。夏田也，食鼠也。或作貓。
【猢】於結切。獒猢，獸名也。
◎猢，於結切。獒猢，獸名。
【濯】除卓切。似獼猴而黄。又作蠗。
◎濯，除卓切。似獼猴而黄。又作蠗。
【狏】時爾切。獸如狐，白尾。
◎狏，時爾切。獸如狐，白尾。
【猎】秦亦切。獸名。或作猲。
◎猎，秦亦切。獸名。或作猲。
〇猎，《玉篇》：獸名。又才藥反。（《龍龕手鏡》卷二）
【猑】胡昆切。獸如犬，人面，見人即笑。
◎猑，胡昆切。獸似犬，人面。
【犳】之藥切。獸豹文。
◎犳，之藥切。獸豹文。

【獹】來胡切。韓獹，天下駿犬。
◎獹，來胡切。韓獹，天下駿犬。
【猔】且藥切。宋良犬。
◎猔，且藥切。宋良犬也。
【獖】扶粉切。羊名。
◎獖，扶粉切。羊名。
【猰】公八切。雜犬也。又烏八切，猰貐，獸名。
◎猰，公八切。雜犬。烏八切，猰貐。
【獢】巨表切。獪也。
◎獢，巨表切。獪也。
【獵】才癸切。雌狢也。
◎獵，才癸切。雌狢也。
【獐】充山切。噬也。
◎獐，充山切。噬也。
【獢】許苗切。犬黄色也。
◎獢，許苗切。犬黄色。
●《篆隸萬象名義》作“犬黄白”。
【猾】爲八切。亂也，黠也，小兒多詐也。
◎猾，爲八切。黠也，小兒多詐也。
【㺜】胡包切。虎欲齧人聲也。又許交切。
◎㺜，胡包切。虎欲齧人声。又許交切。
【猛】余成切。似狐也。
◎猛，余成切。似狐也。
【獦】古曷切。獦狚，獸名。
◎獦，古曷切。獦狚，獸名。
○獦，獦者獵也。(《三教指歸注》二 13)
【狚】丁旦切。獦狚。
◎狚，丁旦切。獦狚。
【犽】午亞切。獸名，似貛也。
◎犽，午亞切。獸名，似貛。
【獚】胡光切。犬也。
◎獚，胡光切。犬也。
【獜】力延切。獜猭，免走。又直山切。
◎獜，力延切。獜猭，免走。又直山切。
【猭】丑船切。獜猭。
◎猭，丑船切。獜猭。
【猲】古瑕切。玃也。
◎猲，古瑕切。玃也。
○猲，《玉篇》又音哥。(《龍龕手鏡》卷二)

【㺍】之喻切。鄉名。又亭名。
◎㺍，之喻切。鄉名。又亭名。
【獋】胡刀切。犬呼也，鳴也，咆也。或作嗥。
◎獋，胡刀切。犬呼也，鳴也，咆也。或作嗥。
【狤】居一切。狂也。
◎狤，居乙切。狂也。
【獛】弋恭切。猛獸也。或作貗。
◎獛，弋恭切。猛獸。或作貗。
【狒】父沸切。似人形，被髮迅走。
◎狒，父沸切。似人形，被髮迅走。
【猓】古火切。猓然，獸。
◎猓，古火切。猓然，獸也。
【猋】卑遥切。犬走皃。
◎猋，卑遥切。犬走皃。
【猣】子公切。犬生三子也。
◎猣，子公切。犬生三子。
【㹶】大丁切。猱也。
◎㹶，大丁切。猱也。
●《篆隸萬象名義》此字作“㹢”。
【狍】步交切。獸也。
◎狍，步交切。獸也。
【猖】尺章切。狂駭也。
◎猖，尺章切。狂駭也。
○猖，顧野王云：狂駭也。(《一切經音義》卷八十六)
○猖，顧野王曰：猖，婬也。(《遊仙窟》卷二)
【獑】巨衣切。犬生一子。
◎獑，巨衣切。犬生一子。
【玁】喜檢切。玁狁，北狄也。
◎玁，喜檢切。玁狁，北狄也。
○玁，《玉篇》云：北狄也。(《龍龕手鏡》卷二)
【狁】余準切。玁狁。
◎狁，余準切。玁狁。
【獨】音濁。猛犬。
◎獨，音濁。猛犬。
【㺳】音力。犬争皃。

◎犳，音力。犬争皃。
【㺬】如充切。
◎㺬，如充切。猛也。
【狭】音夷。
◎狭，音夷。獸也。
【㹳】五胡切。
◎㹳，五胡切。獸名。
【狴】邊兮切。獸名。
◎狴，邊兮切。獸名。
【獼】武移切。獼猴。猕，同上。
◎獼，武移切。獼猴。猕，同上。
○獼，武移反。獼猴也。（《三教指歸注》二24）
○獼，顧野王云：獼即猴孫也。（《續一切經音義》卷八）
【獼】音窮。似虎。
◎獼，音窮。似虎。
【獙】音翁。豬也。
◎獙，音翁。豬也。
【㺞】音余。歎聲。又豬兒聲。
◎㺞，音余。歎声。又豬兒声。
【狸】音离。似猫。
◎狸，音离。似猫。
【㺦】音纖。獸也。
◎㺦，音纖。獸名。
【㺘】力朱切。豬求子。
◎㺘，力朱切。豬求子。
【猍】力開切。狸也。
◎猍，力開切。狸也。
【㹅】得紅切。
◎㹅，德紅切。犬名。
【豺】音柴。豺狼。
◎豺，音柴。豺狼。
【獑】士咸切。獑猢，獸名，似猨。
◎獑，仕咸切。獑猢，獸名，似猨。
【猢】户吾切。獑猢。
◎猢，户吾切。獑猢。
【猦】府隆切。猦㺟，獸有尾，小打即死，因風更生。
◎猦，府隆切。猦㺟，獸有尾，小打即死，因風更生。
【㺟】音母。猦㺟。
◎㺟，音母。猦㺟。
【㹨】音丸。豕屬。又音元。
◎㹨，音丸。豕屬。又音元。
【㺹】音壘。又音柚。似獼猴。
◎㺹，音壘。又音柚。似獼猴。
【猯】音湍。野豬。
◎猯，音湍。野豬。
【㺂】五間切，又音簡。犬争皃。
◎㺂，五間切，又音簡。犬争皃。
【㹸】丑延切，又音延。獸名。
◎㹸，丑延切，又音延。獸名也。
【狑】郎丁切。犬名。𤢹，同上。
◎狑，郎丁切。犬名。𤢹，同上。
【猧】烏和切。犬名。㹻，同上。
◎猧，烏和切。犬名。㹻，同上。
【㺦】音衰。犬名。
◎㺦，音衰。犬名。
【猽】莫屏切。小豕。
◎猽，莫屏切。小豕。
【㺜】直闔切。獸走皃。
◎㺜，直闔切。獸走皃。
【狰】火交切。犬驚。
◎狰，火交切。犬驚。
【㼽】呼光切。狼。
◎㼽，呼光切。狼也。
【犞】火交切。
◎犞，火交切。犬壯也。
【獅】音師。猛獸也。
◎獅，音師。猛獸。
【㻞】與魚切。獸似兔。
◎㻞，與魚切。獸似兔。
【㺏】音開。獸也。
◎㺏，音開。獸也。
【狆】丑珍切。狂也。
◎狆，丑珍切。狂也。
【㺐】音胥。猨屬。
◎㺐，音胥。猨屬。
【㺔】古禫切。

◎獑，古禫切。犬吠甚。
【狐】音乎。犬吠聲。
◎狐，音乎。犬吠声。
【猻】思昆切。猴猻也。
◎猻，思昆切。猴猻。
【猅】音鞮。犬也。
◎猅，音鞮。犬也。
【猰】音奚。犬戎。
◎猰，音奚。犬戎也。
【獮】音攜。獸名。
◎獮，音攜。獸名。
【猄】九卿切。
◎猄，九鄉切。獸名。
●圓沙本“九鄉切”疑當作“九卿切”。
【獾】烏江切。獾狰，犬不伏牽。
◎獾，烏江切。獾狰，犬不伏牽。
【狰】音降。獾狰。
◎狰，音降。獾狰。
【狋】音抵。
◎狋，音抵。犬狋。
【猙】七何切。
◎猙，七何切。犬狂也。
【猹】音蚩。狩也。
◎猹，音蚩。狩也。
【獵】七銜切。犬聲。
◎獵，七銜切。犬声。
【獇】音當。
◎獇，音當。獸名。
【獓】音彭。
◎獓，音彭。犬壯皃。
【狓猍】上音披，下音庚。
◎狓，音披。皮也。
◎猍，音庚。獸名。
【猘】音邪。猪猘，獸也。
◎猘，音邪。猪猘，獸名。
【猹】他合切。犬食。
◎猹，他合切。犬食。
【狆】於止切。獠姓也。
◎狆，於止切。獠姓。
【豨】直買切，又音稚。俗豸字。
◎豨，直買切，又音稚。俗豸字。
○豨，《玉篇》云：似鹿，一角也。(《龍龕手鏡》卷二)
【犼】音吼。似犬。
◎犼，音孔。似犬也。
●圓沙本“音孔”疑當作“音吼”。
【獵】音檻。虎聲。
◎獵，音檻。虎声。
【狕】於絞切。獸名。
◎狕，於絞切。獸名。
【獢】以觜切。
◎獢，以觜切。獸名。
【猔】音葸。
◎猔，音葸。犬名。
【狴】音婢。似豕。
◎狴，音婢。似豕。
【犱】音几。似兔。
◎犱，音几。似兔。
【猓】力爲、力水二切。
◎猓，力爲、力水二切。
【狶】音喜。楚人呼豬聲。
◎狶，音喜。楚人呼猪声。
●《玉篇校釋》删“聲”字，是。
【獟】音葵，又音悸。
◎獟，音葵，又音悸。
【獬】何買切。獬豸也。
◎獬，何買切。獬豸。
【獠】力弔切。老獠。
◎獠，力弔切。老獠。
【獶】奴巧切。犬驚皃。
◎獶，奴巧切。犬驚皃。
【犾】魚近切。犬怒。
●此字頭重出，上文作“犾，牛僅切。犬張齗怒皃”。
【獾】魯紅切。
◎獾，魯紅切。獸也。
【猵】力爲切，又力水切。
◎猵，力爲切，又力水切。
●底本字頭原訛，據宋十行本改。
【猣猔】二同。子宋切。犬生一子。

◎猣，子宋切。犬生一子。㹶，同上。
【𤝬】皮戀切。犬爭皃。
◎𤝬，皮戀切。犬争皃。
【𤟥】許器切。
◎𤟥，許器切。獸也。
【㹸】生仕切。
◎㹸，生仕切。狗名。
【猬】音胃。毛刺也。
◎猬，音胃。毛刺也。
【猘】音制。
◎猘，音制。犬惡名。
【狖貁】二同。羊就切。黑猿也。
◎狖，羊就切。黑猿。貁，同上。
○狖，顧野王曰：狖，黑猿也。（《杜詩詳注》卷二十一，《六書故》卷十七）
【犺】尤豆、丁角二切。
◎犺，尤豆切，丁角切。
【㺊】音漾。獸也。
◎㺊，音羕。獸也。
【㹪】桑故切。獸也。
◎㹪，桑故切。獸也。
【狾】尺世切。狂犬也。
◎狾，尺世切。狂犬。
【𤢑】音據。
◎𤢑，音據。獸名。
【㹨】音豆。犬吠聲。
◎㹨，音豆。犬吠声。
【狭】音決。
◎狭，音决。狂也。
【𤡷】阻懺切。
◎𤡷，阻纖切。犬小皃。
【猷】音遁。道犬。
◎猷，音遁。道犬也。
【㹲】豬孝切。狩。
◎㹲，豬孝切。狩也。
【獺】音賴。狂也。
◎獺，音賴。狂也。
【獁】音罵。
◎獁，音罵。獸名。
【獍】居命切。獸名。
◎獍，居命切。獸名。
【㹧】音即。犬生三子。
◎㹧，音即。犬生三子。
【𤞺】許月切。獸走皃。
◎𤞺，許月切。獸走皃。
【㹰】音厄。豕也。
◎㹰，音厄。豕也。
【㹢】所甲切。豕母也。
◎㹢，所甲切。豕母。
【獝】許必、巨聿二切。狂也。
◎獝，許必、巨筆二切。狂也。
【𤟹】居六切。獸名。
◎𤟹，居六切。獸名。
【㹱】音揷。犬食。
◎㹱，音揷。犬食皃。
【㹃】音弗。犬皃。
◎㹃，音弗。犬皃。
【㲋】丑略切。犬似兔。亦作龟。
◎㲋，丑略切。犬似兔。亦作龟。
【獯】許云切。獯鬻。
◎獯，許云切。獯鬻。
【狽】布蓋切。狼狽也。
◎狽，布蓋切。狼狽。
【狢】下各切。狐狢。
◎狢，下各切。狐狢。
【㲖】思焦切。狂病。
◎㲖，思焦切。狂病。
【㹦】匪肥切。
◎㹦，匪肥切。獸名。

㹜部第三百六十五

凡三字

【㹜】牛斤切。兩犬相齧也。
◎㹜，牛斤切。兩犬相齧。
○㹜，顧野王云：㹜㹜，犬聲也。（《一切經音義》卷五十五）
【獄】息利、息梨二切。辨獄官也，察也。今作伺、覗。
◎獄，息利、息梨二切。辨獄官也，察也。

今作伺、覗。

【獄】牛欲切。二王始有獄，殷曰羑里，周曰囹圄。又謂之牢，又謂之圜土也。

◎獄，牛欲切。二王始有獄，殷曰羑里，周曰囹圄。又謂之牢，又謂圜土。

○獄，三王始有獄，殷曰羑里，周曰囹圄，又謂之牢，又謂之圜土也。（《三部經音義集》二）

○獄，《玉篇》云：囚繫之所，因名爲獄。（《一切經音義》卷六）

○獄，《玉篇》云：囚繫之所，揔名爲獄。鄭注《周禮》云：争財曰訟，争罪曰獄。（《一切經音義》卷七）

○獄，顧野王曰：相與諍訟也。（《一切經音義》卷十四）

豕部第三百六十六

凡八十字

【豕】式爾切。豬豨之總名。丆，古文。

◎豕，式爾切。豬豨之總名也。丆，古文。

【豬】徵居切。亦作豬。

◎豬，徵居切。亦作豬。

【豵】丑凶切。土豬也。

◎豵，丑凶切。土豬。

【豻】音尤。豕也。

◎豻，音尤。豕也。

【豿】他丁、他定二切。豕皃。

◎豿，他丁、他定二切。豕皃。

【豜】息工切。豕也。

◎豜，息干切。豕也。

●《集韻》作“息干切”。“息工切”疑當作“息干切”。

【豰】許卜切。豯子也。或作穀。

◎豰，許卜切。豯子。或作穀。

【豯】下雞切。豕生三月曰豯。

◎豯，下雞切。豕生三月。

【豵】子公切。豕生三子也。

◎豵，子公切。豕生三子。

【豝】布家切。牡豕也。

◎豝，布家切。牡豕。

【豣】公田切。豕一歲。豜，同上。

◎豣，公田切。豕一歲。豜，同上。

【豶】扶云切。犗也。

◎豶，扶云切。犗也。

【豭】古瑕切。牡豕也。

◎豭，古瑕切。牡豕。

【豨】羊捶切。豕，俗呼爲豶豬也。隊，同上。

◎豨，羊捶切。豕，俗呼豶豬。隊，同上。

【豛】營隻切。齧豕。

◎豛，營隻切。齧豕也。

●《玉篇校釋》删“齧”字，是。

【豤】口殄、口很二切。豕齧地。

◎豤，口殄、口很二切。豕齧地。

【豷】於計切。豕息。

◎豷，於計切。豕息也。

【豧】芳于、芳又二切。豕息。

◎豧，芳于、芳又二切。豕息。

【豢】乎串切。養豕也。

◎豢，乎患切。養豕。

【豠】才余切。豕屬。

◎豠，才余切。豕屬。

【豲】乎官切。豕屬。又縣名。貆，同上。

◎豲，乎官切。豕屬。又縣名。貆，同上。

【豙】牛既切。豕怒毛豎。

◎豙，牛既切。豕怒毛豎。

【豱】於昆切。豕名，見《爾雅》。

◎豱，於昆切。豕名，見《爾雅》。

【豦】竭於切。封豦，豕屬也。又居御切。

◎豦，竭於、居御二切。封豦，豕屬。

【豥】胡來、古來二切。豕四足白也。

◎豥，胡來、古來二切。豕四足白。

【豟】於隔切。豕五尺。豧，同上。

◎豟，於隔切。豕五尺。豧，同上。

【豧】徒公切。似豕，出泰山。

◎豧，徒公切。似豕，出泰山。

【豯】莫丁切。小豚也。

◎豯，莫丁切。小豚。

【豨】力人切。似豕，身黄，出泰山。

◎豨，力人切。似豕，身黄，出泰山。

【貗】力俱切。求子豬。
◎貗，力俱切。求子豬。
【豥】午蓋切。老豬也。
◎豥，午蓋切。老豬。
【豵】山甲切。老母豕。
◎豵，山甲切。老母豕。
【豲】士俱切。小母豬。豱，同上。
◎豲，士俱切。小母豬。豱，同上。
○豱，《玉篇》：士羽反。小母豬也。（《龍龕手鏡》卷二）
【豨】之涉切。良豬。
◎豨，之涉切。良豬。
【豗】呼回切。豕豗地。
◎豗，呼回切。豕豗地。
【豩】九物、衢物二切。豕豩地。
◎豩，九物、衢物二切。豕豩地也。
【豱】亡狄切。白豕黑頭。
◎豱，亡狄切。白豕黑頭。
【豞】呼逅切。豕鳴也。
◎豞，呼逅切。豕鳴。
【豂】力涉切。長毛也。或作鬣。
◎豂，力涉切。長毛。或作鬣。
【豥】莫公切。似豕也。
◎豥，莫公切。似豕也。
【豵】子宋切。牡豕也。豵，同上。
◎豵，子宋切。牡豕也。豵，同上。
【豩】火類切。
◎豩，火類切。兩豕。
【豗】呼恢切。豕。
◎豗，呼恢切。豕也。
【豪】户刀切。豬毛如笄而端黑也。又俊也，帥也。此籀文。小篆作㯫。
◎豪，户刀切。豬毛如笄而端黑。又俊也，帥也。籀文。小篆作㯫。
○豪，亦作毫。長毛也。（《法華釋文》上）
【貒】音湍。豬也。
◎貒，音湍。豬也。
【豽】音雄。豕狩。
◎豽，音雄。豕狩。
【豨】音牽。豕也。
◎豨，音牽。豕也。
【貛】呼丸切。野豬也。
◎貛，呼丸切。野豬。
【豘】徒昆切。豬兒也。
◎豘，徒昆切。豬兒。
【豍】音便。豬也。
◎豍，音便。豬也。
【豮】音倫。獸也。
◎豮，音倫。獸也。
【豬】音先。
◎豬，音先。豕也。
【豱】爲委切。豕豱也。
◎豱，爲委切。豕豱也。
【豰】莫厚切。豕。
◎豰，莫厚切。豕也。
【豨】火豈切。豕也。
◎豨，火豈切。豕也。
【豯】音旱。
◎豯，音旱。豕奔皃。
【豯】古懷切，又丘愧切。犬。
◎豯，古懷切，又丘愧切。犬。
【豤】空旱切。
◎豤，空旱切。豕皃。
【豷】許氣切。
◎豷，許氣切。豕壯大。
【豧】音孝。豕。
◎豧，音孝。豕也。
【豫】音衞。豕。
◎豫，音衞。豕也。
【豱】音桾，又九云切。
◎豱，音招，又九云切。
●圓沙本“音招”疑當作“音捃”。
【豟】音卓。龍車。
◎豟，音卓。龍車也。
【豲】音雹。小豕。
◎豲，音雹。小豕。
【豽】女滑切。豕。
◎豽，女滑切。豕也。
【豱】音閔。豬名。
◎豱，音閔。豬名。

【豰】巳劣切。豕也。
◎豰，巳劣切。豕也。
【豟】章移切。豕高五尺。丁角切，山。
◎豟，章移切。豕高五尺也。又丁角切，山也。
【豛】音役。
◎豛，音役。獸似豕。
【豰】音忽。
◎豰，音忽。豕名。
【豧】徒郎切。
◎豧，徒郎切。急行。

豚部第三百六十七

凡四字

【豚】徒昆切。豕子也。或謂之豯。豚，籀文。
◎豚，徒昆切。豕子。或謂豯。豚，籀文。
〇豚，豬也（《三教指歸注》二 31）
〇豚，豕子也途昆反（《三教指歸注》四 26）
【䝐】爲劂切。豚屬也。䝐，同上。
◎䝐，爲劂切。豚屬。䝐，同上。

希部第三百六十八

凡八字

【希】徒計、余利二切。貍子也，修豪獸也。又豬也。屌，古文。
◎希，徒計、余利二切。貍子也，脩豪獸也。又豬也。屌，古文。
【㣇】呼骨切。豕屬。
◎㣇，呼骨切。豕屬。
【䝔】胡刀切。亦作豪。
◎䝔，胡刀切。亦作豪。
【彙】胡貴切。蟲似豪豬也。或作蝟。又類也，茂皃也。彙，同上。
◎彙，胡貴切。蟲似豪豬。或作蝟。又類也，茂皃也。彙，同上。
【䏲】相利切。豕聲也。俗作肆。䏲，古文。
◎䏲，相利切。豕声。俗作肆。䏲，古文。

彑部第三百六十九

凡三字

【彑】居例切。彙類也。
◎彑，居例切。彙類也。
【彘】除厲切。豬也。
◎彘，除厲切。豬也。
【彖】他亂切。才也，豕走悦也。
◎彖，他乱切。才也，豕走悦也。

嘼部第三百七十

凡二字

【嘼】敕又切。六嘼：牛、馬、羊、犬、雞、豕也。養之曰嘼，用之曰牲。今作畜。又許又、許六二切。
◎嘼，敕又切。六嘼：牛、馬、羊、犬、雞、豕也。養之曰嘼，用之曰牲。今作畜。又許又、許六二切。
〇嘼，《玉篇》：嘼，敕又切。六嘼，牛馬羊犬雞豕，養之曰嘼，用之曰牲。今作畜。又許又、許六二切。（《方言箋疏》卷三）
【獸】式又切。四足，有毛，走者謂之獸。
◎獸，式又切。四足，有毛，走者謂之獸。

廌部第三百七十一

凡五字

【廌】直倚、宅買二切。解廌，獸似牛而一角，古者决訟令觸不直者，見《説文》。或作觟、豸。
◎廌，直倚、宅買二切。解廌，獸似牛，一角，古者决訟令觸不直。或作觟、豸。
【薦】子見切。獸所食草也。又進獻也，陳也。
◎薦，子見切。獸所食草。又進獻也，陳也。
〇薦，芰蒲，以自藉取温也。（《法華釋文》中）
【灋】方業切。則也。今作法。
◎灋，方業切。則也。今作法。

【䴥】交孝、呼教二切。解廌之屬。
◎䴥，交孝、呼教二切。解廌之屬。
【𢊁】仕捉切。速也。
◎𢊁，杜捉切。速也。
●圓沙本“杜捉切”疑當作“仕捉切”。

鹿部第三百七十二

凡五十六字

【鹿】力木切。麞屬。
◎鹿，力木切。麞屬。
【麚】古瑕切。牡鹿。
◎麚，古瑕切。牡鹿。
【麟】力真切。仁獸也，大麚也，麒麟也。麐、麐，並同上。
◎麟，力真切。仁獸也，大麚也，麒麟也。麐、麐，並同上。
○麟，顧野王云：牡曰麒，牝曰麟。（《一切經音義》卷八十八）
○麟，《玉篇》云：馬黑脊。（《戰國策・齊》卷四）
【麒】渠之切。麒麟。
◎麒，渠之切。麒麟。
【䴠】先卜切。麞鹿之跡也。
◎䴠，先卜切。麞鹿之跡。
【麀】於尤切。牝鹿。䴞，古文。
◎麀，於尤切。牝鹿。䴞，古文。
【麇】奴亂切。鹿麛也。
◎麇，奴乱切。鹿麛。
【麛】亡雞切。鹿子也。
◎麛，亡雞切。鹿子。
【麉】古田切。鹿絶有力也。又音罄。麈，同上。
◎麉，古田切。鹿絶有力。又音罄。麈，同上。
【麋】亡悲切。鹿屬。
◎麋，亡悲切。鹿屬。
○麋，莫悲反。《周禮》：獸人夏獻麋。野王案：《説文》：鹿屬也，以夏至解角。《白虎通》：射侯射麋者，示遠迷惑人者也。麋之爲言迷也。《方言》：麋，老也。郭璞曰：麋猶眉也。云云。（《香藥字抄》10，《香字抄》7）
【麔】巨久切。牝麇也。
◎麔，巨久切。牝麇。
【麎】市真、市軫二切。牝鹿也。
◎麎，市真、市軫二切。牝鹿。
【麇】几筠切。麞也。麏，同上。麕，籀文。
◎麇，居筠切。麞也。麏，同上。麕，籀文。
【麞】之羊切。鹿屬。亦作獐。
◎麞，之羊切。鹿屬。亦作獐。
○麞，之羊反。《考工記》：畫繪之事山以麞。鄭玄曰：齊人謂麕曰麞。或爲獐字，在犬部。（《香藥字抄》10，《香字抄》7）
【麃】白交、普表二切。獸似鹿。
◎麃，白交、普表二切。獸似鹿。
【麈】之庾切。獸似鹿。
◎麈，之庾切。獸似鹿。
【麑】五兮切。鹿子。或狻麑，師子也。又作猊、貎。
◎麑，五兮切。鹿子。或狻麑，師子也。又作猊、貎。
【麙】五咸切。山羊也。
◎麙，五咸切。山羊。
【麢】力丁切。麢羊也，角入藥。
◎麢，力丁切。羊也，角入藥。
【麝】市亦、市夜二切。麝香。
◎麝，市亦、市夜二切。香獸。
○麝，視亦反。《山海經》：翠山多麝。郭璞曰：似麞，有香。《爾雅》：麝，麇足。《説文》：如小麇，有香也。（《香藥字抄》10，《香字抄》7）
【麐】居擕切。鹿屬。
◎麐，居擕切。鹿屬。
【麌】似與切。似鹿而大。
◎麌，似与切。似鹿而大。
【麗】力計切。偶也，施也，華綺也，好也，數也。丽、丽，並古文。丽，篆文。
◎麗，力計切。偶也，施也，華綺也，好也，數也。丽、丽，並古文。丽，篆文。
○麗，花綺也。左太沖《吴都賦》曰：玩其麗。注曰：玩其奇異美麗之事是也。（《三部

經音義集》一）
〇麗，顧野王云：麗謂華靡也。（《一切經音義》卷三十四）
〇麗，顧野王云：麗謂華靡瑰璋也。（《一切經音義》卷三十九）
【麌】牛矩切。牝鹿也。
◎麌，牛矩切。牝鹿。
【麜】力一切。牝麚也。
◎麜，力一切。牝麚。
【麘】胡官切。鹿一歲。
◎麘，胡官切。鹿一歲。
【麛】之惟切。鹿二歲。
◎麛，之惟切。鹿二歲。
【麠】所京切。獸似鹿。
◎麠，所京切。鹿二歲。
【麡】於皮切。麡麡也。
◎麡，於皮切。麡麡也。
【麙】語斤切。獸名，似貉而八目，出《山海經》。
◎麙，語斤切。獸名，似貉八目。
●今本《山海經》作“其狀如貉而人目，其名曰麙”。此處“八目”當作“人目”。
【麇】於道切。麇子也。
◎麇，於道切。麇子。
〇麇，《玉篇》又烏兆反。鹿子也。（《龍龕手鏡》卷四）
【麁】千胡切。踈也，本作麤。
◎麁，千胡切。踈也，本作麤。
〇麁，顧野王云：麁，不善也。（《一切經音義》卷八、卷二十）
【麆】仕居切。麚子也。
◎麆，仕居切。麚子。
【麡】才兮切。麡狼，獸似鹿。
◎麡，才兮切。麡狼，獸似鹿。
【麃】音瓢。鹿屬也。
◎麃，音瓢。鹿屬。
【麊】莫兮切。
◎麊，莫兮切。
【麀】房脂切。
◎麀，房脂切。
【麅】步交切。
◎麅，步交切。
【麖】几英切。大麃。麠，同上。
◎麖，几英切。大麃。麠，同上。
【麈】胡官切。
◎麈，胡官切。獸似鹿。
【麍】音流。鹿屬。
◎麍，音流。鹿屬。
【麔】音諸。
◎麔，音諸。鹿類。
【麩】音夫。鹿屬。
◎麩，音夫。鹿屬。
【麎】居履切。《爾雅》云：麎，大麚，旄毛，狗足。麂，同上。
◎麎，居履切。《爾雅》：大麚也，旄毛，狗足。麂，同上。
【麕】烏口切。
◎麕，烏口切。

麤部第三百七十三

凡四字

【麤】七胡切。不精也，大也，踈也。或作麁。䴥，同上。
◎麤，七胡切。不精也，踈也，大也。或作麁。䴥，同上。
【麢】雉珍切。埃麢也。今作塵。𪋻，籀文。
◎麢，雉珍切。埃麢。今作塵。𪋻，籀文。

㲋部第三百七十四

凡七字

【㲋】丑略切。獸似兔而大也。⿱⺈兔，同上。臭，同上。
◎㲋，丑略切。獸似兔而大也。⿱⺈兔，同上。臭，亦同上。
【㲜】士咢切。駿兔也，狡也。
◎㲜，士咢切。駿兔也，狡也。
【㲝】古穴切。獸似貍。
◎㲝，古穴切。獸似貍。

【𤟹】胥野切。獸名。
◎𤟹，胥野切。獸名。
【㲋】生冀切。獸似貍。
◎㲋，生冀切。獸似貍。

兔部第三百七十五

凡九字

【兔】他故切。毛可爲筆。菟，同上。又音圖。地名。
◎兔，他故切。毛可爲筆。菟，同上。又音圖。地名。
○兔，似小犬，長耳缺口，尻有九孔。雌兔舐雄毫而孕也。《論衡》云：兔及其生，子從口而出。（《三教指歸注》五 6）
○兔，顧野王云：兔毛可以爲筆者。（《一切經音義》卷十一）
【逸】以一切。過去也，奔也，縱也，逃也，理也。
◎逸，以一切。過去也，奔也，縱也，逃也，理也。
【冤】於元切。屈也，不理也，枉曲也，煩冤思念也。
◎冤，於元切。屈也，不理也，枉曲也。
【娩】方萬切。兔子。
◎娩，匹万切。兔子。
【𨿇】乃侯切。娩也。
◎𨿇，乃侯切。娩也。
【䨲】子徇、且倫二切。狡兔。
◎䨲，子徇、且倫二切。狡兔。
【𪍿】芳句切。急疾也。今作趕。
◎𪍿，芳句切。急疾。今作趕。
【𠶷】五丸切。兔子。
◎𠶷，五丸切。兔子。

禸部第三百七十六

凡一十二字

【禸】仁九切。《説文》曰：獸足蹂地也。或作狃。又女九切。内，同上。
◎禸，仁九切。《説文》：獸足蹂地。或作狃。又女九切。内，同上。
【离】丑支切。山神也，猛獸也。或作螭。又力支切。
◎离，丑支切。山神也，猛獸也。或作螭。又力支切。
【禽】其林切。二足而羽也。亦鳥獸總名。
◎禽，其林切。二足而羽。亦鳥總名。
【萬】亡願切。十千也。又蟲名。𥜻，古文。
◎萬，亡願切。十千也。又蟲名。𥜻，古文。
【禼】思列切。蟲名。𥝢，古文。
◎禼，思列切。蟲名。𥝢，古文。
【禹】于矩切。蟲也，舒也，夏禹也。𥜼、㝢，並同上。
◎禹，于距切。蟲也，舒也，夏禹也。𥜼、㝢，並同上。
【𥝤】扶沸切。獸名。亦作狒、𥝤。
◎𥝤，扶沸切。獸。亦作狒、𥝤。
○𥝤，《玉篇》音扶沸反。（《初學記》卷二十九）

兕部第三百七十七

凡三字

【兕】徐姊切。兕，似牛，見《爾雅》。𤉡，同上。兕，古文。
◎兕，徐姊切。兕，似牛，見《爾雅》。𤉡，同上。兕，古文。

象部第三百七十八

凡三字

【象】似養切。獸中最大也。象胥，官名也。亦與像同。𤉢，古文。
◎象，似養切。獸中最大也。象胥，官名。亦与像同。𤉢，古文。
【豫】弋庶切。怠也，安也，敘也，佚也，早也，逆備也。或作預。又獸名，象屬。
◎豫，弋庶切。怠也，安也，敘也，佚也，

早也，逆備也。或作預。又獸名，象屬。
○豫，先辦也，備預也。（《法華釋文》中）
○豫，《玉篇》：逸豫也。（《續一切經音義》卷三）

能部第三百七十九

凡二字

【能】奴登切。多技藝也，工也，善也。又奴臺切，三足鼈也。
◎能，奴登切。多技藝也，工也，善也。又奴臺切，三足鼈。
○能，奴登反。（《類》133）
【𦞤】乃何切。獸似鼠，食之明目。
◎𦞤，乃何切。獸似鼠，食之明目。

熊部第三百八十

凡五字

【熊】于弓切。《説文》曰：獸似豕，山居，冬蟄。𦞤，古文。
◎熊，于弓切。《説文》：獸似豕，山居，冬蟄。𦞤，古文。
○熊，《玉篇》云：獸似豕，山居，冬蟄，舐其掌，掌似人掌也。（《一切經音義》卷二十五）
【羆】鄙爲切。似熊，黄白色。𩡓、㲛，並古文。
◎羆，鄙爲切。似熊，黄白色。𩡓、㲛，亦古文。

龍部第三百八十一

凡八字

【龍】力恭切。能幽明大小，登天潛水也。又寵也，和也，君也，萌也。
◎龍，力恭切。能幽明大小，登天潛水也。又寵也，和也，君也，萌也。
【䶬】力丁切。龍也。又作靈，神也，善也。或作䰱。䨩，同上。
◎䶬，力丁也。龍也。又作靈，神也，善也。或作䰱。䨩，同上。
●圓沙本“力丁也”當作“力丁切”。
【龕】苦含切。龍皃也，受也，聲也，盛也。
◎龕，苦含切。龍皃也，受也，声也，盛也。
○龕，《玉篇》云：聲也。（《方言疏證》卷十三）
【䶭】古田、丁篋二切。龍鬐。䶱，同上。
◎䶭，古田、丁篋二切。龍鬐。䶱，同上。
【龖】達荅切。飛龍皃。
◎龖，達荅切。飛龍皃。
【𪚥】音龍。圭爲龍文。
◎𪚥，音龍。圭爲龍文。
【䨻】音沓。龍行䨻䨻也。
◎䨻，音沓。龍行也。

虍部第三百八十二

凡一十五字

【虍】火乎切。虎文也。
◎虍，火乎切。虎也。
【虙】浮福切。虎皃。又虙戲，太皡也。
◎虙，浮福切。虎皃。又虙戲，太皡。
【虞】牛俱切。有也，助也，樂也，望也，度也，專也，備也，誤也，安也。又掌山澤之官名。
◎虞，牛俱切。存也，助也，樂也，望也，度也，專也，備也，誤也，安也。又掌山澤官名。
【虔】奇連切。虎行皃。又殺也，恵也，欺也，端正皃也，固也，敬也，棋也，强取也，少也。
◎虔，奇連切。虎行皃。又殺也，恵也，欺也，端正皃也，固也，敬也，椹也，强取也，少也。
【虐】魚約切。殘也。虐，同上。㡿，古文。
◎虐，魚約切。殘也。虐，同上。𡿪，古文。
【虡】渠吕切。鍾磬之柎，以猛獸爲飾也。亦作鐻。虡，同上。虡，古文。
◎虡，渠吕切。鍾磬之附，以猛獸爲飾也。亦作鐻。虡，同上。虡，古文。

【虖】胡甲切。今作狎。
◎虖，胡甲切。今作狎。
【虖】荒烏切。哮虖也。又池名。
◎虖，荒烏切。哮虖。又地名。
【虘】昨何、才都二切。虎不柔也。
◎虘，昨何、才都二切。虎不柔也。
【彪】補間切。或作玢。
◎彪，補間切。或作玢。
【虙】房七切。愁皃。
◎虙，房七切。愁皃。

虎部第三百八十三

凡三十字

【虎】呼古切。惡獸也。劯，古文。
◎虎，呼古切。惡獸。劯，古文。
○虎，猛摯之獸。(《法華釋文》中)
○虎，顧野王曰：虎，齧人獸也。(《一切經音義》卷七十四)
【虒】思移切。委虒，虎之有角者。
◎虒，思移切。委虒，虎有角者。
【虤】胡甘切。白虎也。
◎虤，胡甘切。白虎。
【虪】式六切。黑虎也。又音育。
◎虪，式六切。黑虎。又音育。
【虣】亡狄切。白虎也。
◎虣，亡狄切。白虎。
【虪】徒登切。黑虎。亦作虪。又音彤。
◎虪，徒登切。黑虎。亦作虪。又音彤。
【琥】虛暫切。虤屬也。又虎怒皃。
◎琥，虛暫切。虤屬。又虎怒。
【虥】士板、昨閑二切。貓也。
◎虥，士板、昨閑二切。貓也。
【彪】悲虯切。虎文。
◎彪，悲虯切。虎文。
【虠】魚廢切。虎皃。
◎虠，魚廢切。虎皃。
【虓】牛乙切。虎皃。
◎虓，牛乙切。虎皃。
【虎斤】牛斤切。虎聲。
◎虎斤，牛斤切。虎声。
【虓】許交切。虎聲。
◎虓，許交切。虎声。
【虢】公厄切。虎聲。
◎虢，公厄切。虎声。
【虩】許隙切。恐懼也。又蠅虎蟲。
◎虩，許隙切。恐懼也。又蠅虎蟲。
【虪】大乎切。烏虪，即虎也。
◎虪，大乎切。烏虪，即虎也。
【鷵】音烏。楚人呼虎爲烏菟。俗從虎。
◎鷵，音烏。楚人呼虎曰烏菟。俗從虎。
【虣】步到切。今作暴。
◎虣，步到切。今作暴。
【虪】音覓。俗虣字。
◎虪，音覓。俗虣字。
【虤】去良切。
◎虤，去良切。虎類。
【虠】音姣。虎聲。
◎虠，音姣。虎声。
【號】音豪。哭聲。又與号同。
◎號，音豪。哭声。又与号同。
【虧】古呼切。息也。
◎虧，古呼切。息也。
【虪】所祿切。虎行入林。
◎虪，所祿切。虎行入林。
【虘】昨古切。生虎也。
◎虘，昨古切。生虎。
【虓】音狎。虎也。
◎虓，音狎。虎也。
【虓】女滑切。虎行皃。
◎虓，女滑切。虎行皃。
【虪】織牛切。虎習皃。
◎虪，織牛切。虎習皃。
【虪】音索。虎皃。
◎虪，音索。虎皃。

虤部第三百八十四

凡三字

【虤】胡犬切，又五間切。虎。

◎虦，胡犬切，又五間切。虎。
【虩】雉栗、牛巾二切。二虎争聲。
◎虩，雉栗、牛巾二切。二虎争也。
【贙】乎犬切。贙，有力，見《爾雅》。
◎贙，乎犬切。有力，見《爾雅》。

豸部第三百八十五

凡六十六字

【豸】直爾切。無足屬。又獸之長豸豸然也。
◎豸，直爾切。無足屬總謂之豸。又獸之長豸然也。
【豹】布孝切。似虎也。
◎豹，布孝切。似虎。
【貙】敕朱切。似貍。又惷也。
◎貙，敕朱切。似貍。又惷也。
【貔】步尸切。猛獸也。豼，同上。
◎貔，步尸切。猛獸。豼，同上。
【貚】大丹切。貙屬也。
◎貚，大丹切。貙屬。
【豺】仕皆切。似狗也。
◎豺，仕皆切。似狗。
〇豺，顧野王云：霜降之日，豺乃祭獸是也。（《一切經音義》卷三十四）
【貜】九縛切。狚，獸名。
◎貜，九縛切。狚，獸名。
【貏】烏黠切。貏貐，類貙，見《爾雅》。
◎貏，烏黠切。貏貐，似貙。
【貐】翼乳切。貏貐。
◎貐，翼乳切。貏貐。
【貘】莫格切。白豹也。
◎貘，莫格切。白豹。
【貗】與恭切。猛獸。或作猵。
◎貗，与恭切。猛獸。亦作猵。
【貈】何各切。似狐也。貉、貛，並同上。
◎貈，何各切。似狐。貉，同上。貛，同上。
【貆】胡官切。貈子貆，見《爾雅》。
◎貆，胡官切。貈子。
【貁】與咒切。猨屬。
◎貁，与咒切。猨屬。
〇貁，《玉篇》：貁，似貍，捕鼠。（《一切經音義》卷二十七）
【貍】力之切。似貓也。
◎貍，力之切。似貓。
〇貍，顧野王云：亦似虎而小，野獸，亦猫之類。俗謂之野猫，好偷人家雞食之。（《一切經音義》卷二十四）
〇貍，顧野王：貍猫之類也。（《一切經音義》卷四十五）
【貛】火丸切。野豚也。
◎貛，火丸切。野豚。
【貒】他丸切。似豕而肥。又他畔切。
◎貒，他丸切。似豕面也。又他畔切。
【貗】力朱切。貒子也。
◎貗，力朱切。貒子。
【豻】午旦、午諫二切。胡狗也。亦作犴。
◎豻，午旦、午諫二切。胡狗。亦作犴。
【貂】丁幺切。鼠如犬。
◎貂，丁幺切。鼠如犬。
【貉】莫格切。蠻貉也。亦與貈同。
◎貉，莫格切。蠻貉。又貈，同。
【貕】他公切。獸名。
◎貕，它公切。獸名。
【貅】況牛切。猛獸。
◎貅，況牛切。猛獸。
【貍】力才切。貍別名。
◎貍，力才切。貍別名。
【豾】倍悲切。貍屬。
◎豾，倍悲切。貍屬。
【豼】乙郎切。《爾雅》注云：今江東呼貉爲豼貏。
◎豼，乙郎切。江東呼貉曰豼貏。
【貏】山吏切。豼貏也。或作𤟤。
◎貏，山吏切。豼貏。或作𤟤。
【貓】眉朝切。俗作猫。
◎貓，眉朝切。俗作猫。
〇貓，顧野王云：似虎而小，人家養畜，令捕鼠。或從犬作猫，俗字也。（《一切經音義》卷十一）
〇貓，顧野王云：似虎而小，人家所畜養獸

也。（《一切經音義》卷三十一）
〇貓，顧野王曰：貓如虎而小，食鼠者也。（《一切經音義》卷四十五）
【狻】息丸切。或作狻。
◎狻，息丸切。或作狻。
【猊】五兮切。狻猊。或作猊。
◎猊，五兮切。狻猊。或作猊。
〇猊，顧野王：即師子也。（《一切經音義》卷八十三）
【貖】於革切。鼠屬。亦作鼬。
◎貖，於格切。鼠屬。亦作鼬。
【獌】亡旦切。大獸。亦作獌。
◎獌，亡旦切。大獸。亦作獌。
【貀】女猾切。似豹，無前足。豽，同上。
◎貀，女猾切。似豹，無前足。豽，同上。
【貄】音丘。獸名。
◎貄，音丘。獸名。
【貔】音豈。似猨。
◎貔，音豈。似猨，八子。
【貗】音渠。獸名。
◎貗，音渠。獸名。
【貎】都宗切。獸似豹，有角。
◎貎，都宗切。獸似豹，有角。
【豿】音苟。熊虎之子。
◎豿，音狗。熊虎之子。
【貗】步紅切。獸。
◎貗，步紅切。獸也。
【豣】魚容切。獸似豕。
◎豣，魚容切。獸似豕。
【貛】音惟。獸名。
◎貛，音惟。獸也。
【貹】作可切。獸。
◎貹，作可切。獸也。
【貗】市照切，又音鄒。獸名。
◎貗，市照切，又音鄒。獸名。
【貚】張絞切。夷別名。與獠同。又盧皓切。
◎貚，張絞切。夷別名。与獠字同。又盧皓切。
【豵】此觜切。獸也。
◎豵，此觜切。獸也。
【貖】平表切。似狐，善睡。
◎貖，平表切。似狐，善睡。
【貈】音帚。猛獸。
◎貈，音帚。猛獸。
【豱】側巧切。豸。
◎豱，側巧切。豸也。
【玁】音嚴。獸名。
◎玁，音嚴。獸名。
【豺】中板切。豸。
◎豺，中板切。豸也。
【蝟】云貴切。毛刺也。
◎蝟，云貴切。毛刺也。
【貆】張皃切。豸。
◎貆，張皃切。豸也。
【貄】余至切。貍子也。
◎貄，余至切。貍子。
【貊】盲百切。蠻貊也。
◎貊，育百切。蠻貊。
●圓沙本“育百切”當作“盲百切”。
【貋】何滿切。猛獸也。
◎貋，河滿切。猛獸。
【貂】音鵲。獸名。
◎貂，音鵲。獸名。
【貅】音禿。獸名。
◎貅，音禿。獸名。
【貓】平表切。似羊，善睡。
◎貓，平表切。似羊，善睡。
【貃】相邀切。見《史記》。
◎貃，相邀切。見《史記》。
【貘】織戎切。獸如豹。
◎貘，織戎切。獸似豹也。
【豰】博末切。豸。
◎豰，博末切。豸也。
【貏】皮寄切。
◎貏，皮寄切。獸名。

大廣益會玉篇
卷第二十四

凡一十三部

烏部第三百八十六

凡四字

【烏】於乎切。孝烏也。又語辭。綷，古文。
◎烏，於乎切。孝烏。又語声。綷，古文。
〇烏，烏、焉或通。(《倭名抄》四 3)
【焉】於連切。鳥名也，安也，疑也。又矣連切，語已之詞也，是也。
◎焉，於連切。鳥名也，安也，疑也。又矣連切，語已之詞也，是也。
【舄】七雀切。雒也。又思亦切。今爲履舄字。
◎舄，七雀切。鵲也。又思亦切。今爲履舄字。
〇舄，胥亦反。《埤蒼》：馬舄，芣苡也。(《香藥字抄》48)

几部第三百八十七

凡四字

【几】是俞切。鳥短羽而飛也。
◎几，是俞切。鳥短羽而飛。
【夙】之忍切。《説文》曰：新生羽而飛也。㐱，同上，今乂。
◎夙，之忍切。新生羽飛也。㐱，同上，今文。
【鳧】父俱切。鳥名。
◎鳧，父俱切。鳥名。
〇鳧，《玉篇》云：水鳥也。(《一切經音義》卷二十五)
〇鳧，顧野王云：即水鴨也。(《一切經音義》卷七十七)
〇鳧，顧野王云：即鴨也。(《一切經音義》卷八十四)

乙部第三百八十八

凡三字

【乙】於秩切。玄鳥也。或作鳦。
◎乙，於秩切。玄鳥也。或作鳦。
【孔】口董切。商姓。又嘉也，甚也，竅也，通也，空也。
◎孔，口董切。商姓。又嘉也，甚也，竅也，通也，空也。
【乳】如庾切。以養子也，生也，字也，鳥之生子曰乳。
◎乳，如庾切。以養子也，生也，字也，鳥之生子曰乳。
〇乳，《玉篇》亦生也。(《一切經音義》卷二十七)

燕部第三百八十九

凡二字

【燕】於見切。乙也。白脰鴉也。又於先切，國名。
◎燕，於見切。乙也。白脰鴉也。又於先切，國名。
【鷰】於見切。俗燕字。
◎鷰，俗燕字。

鳥部第三百九十

凡四百二十字

【鳥】丁了切。飛禽總名也。《説文》曰：長尾禽總名。
◎鳥，丁了切。飛禽總名。《説文》：長尾禽總名。
○烏，飛禽之總名也。（《法華釋文》中）
○烏，《説文》及《玉篇》《切韻》皆云：三點象日中三足烏也。（《龍龕手鏡》卷二）
【鸞】力丸切。鳥似雉，見則天下安寧。
◎鸞，力丸切。似雉，見則天下安。
【鳳】浮諷切。靈鳥也。雄曰鳳，雌曰皇，有五采，栖梧桐，食竹實。
◎鳳，浮諷切。靈鳥。雄曰鳳，雌曰皇，有五采，栖梧桐，食竹實。
○鳳凰，雄曰鳳，雌曰凰，有五彩，棲梧桐，食竹實。（《秘寶鈔》二 8）
【鵬】步崩切。大鵬鳥。
◎鵬，步崩切。大鵬鳥。
【鷗】於巘切。鷗鳳也。
◎鷗，於献切。鷗鳳也。
【鷟】午角切。鷟鷟，鸑鳳之屬。
◎鷟，午角切。鷟鷟，鸑鳳屬。
【鷟】仕角切。鷟鷟。
◎鷟，仕角切。鷟鷟。
【鷺】來故切。白鷺也，頭有長毛。
◎鷺，來故切。白鷺，頭有長毛。
【鷠】亦音鷺。
◎鷠，亦音鷺。
【鷫】思六切。鷫鷞，西方神鳥。鵵，同上。
◎鷫，思六切。鷫鷞，西方神鳥。鵵，同上。
【鷞】所良切。鷫鷞。
◎鷞，所良切。鷫鷞。
【鶤】古魂切。似雞而大也。
◎鶤，古魂切。似雞而大。
○鶤，顧野王曰：鶤似鶴而大。（《一切經音義》卷四）
○鶤，顧野王曰：鶤鷄，似鶴鷄而大也。（《一切經音義》卷十一）
○鶤，顧野王云：狀如鶴而大。（《一切經音義》卷九十六）
【鶴】何各切。水鳥也。
◎鶴，何各切。水鳥。
【鶖】七由切。水鳥也。鵃，同上。
◎鶖，七由切。水鳥。鵃，同上。
○鶖，水鳥也。《詩》曰：鶖在梁。（《三部經音義集》四）
○鵃，顧野王曰：大鳥也。（《一切經音義》卷四）
○鶖，顧野王云：水鳥，其羽鮮白，可以爲毦也。（《一切經音義》卷三十二）
○鶖，顧野王曰：水鳥也。（《六書故》卷十九）
【鴚】古俄切。鴈屬，鴚鵝，鳥也。鵝、駕，並同上。
◎鴚，古俄切。鴈屬，鴚鵝，鳥也。鵝、駕，並同上。
【鵞】午何切。鴚屬。亦作鵝。
◎鵞，牛何切。鴚屬。亦作鵝。
○鵝，顧野王云：鵝，形似鴈，人家所養者也。（《一切經音義》卷七十五）
【鴈】五諫切。大曰鴻，小曰鴈。鳫，同上。
◎鴈，五諫切。大曰鴻，小曰鴈。鳫，同上。
○鴈，《玉篇》：鴻之小者也。《儀禮》曰：出如舒鴈。《爾雅》：舒鴈，鵞也。（《一切經音義》卷二十五）
【鴻】户公切。鴻鴈也。
◎鴻，户工切。鴻鴈。
【鶩】亡附切。鴨屬。又音目。
◎鶩，亡附切。鴨屬。又音目。
○鶩，顧野王云：鶩，疾馳也。（《一切經音義》卷五十一）
【鴨】烏甲切。水鳥。亦作鶛。鴫，同上。鶴，古文。
◎鴨，烏甲切。水鳥。亦作鶛。鴫，同上。鶴，古文。
【鷖】烏兮切。鳬屬。
◎鷖，烏兮切。鳬屬。
【鵠】胡篤切。黄鵠，仙人所乘。《楚辭》曰：黄鵠之一舉知山川之紆曲，再舉知天地之方圓。
◎鵠，胡篤切。黄鵠，仙人所乘。
○鵠，野王案：鵠，大鳥也。（《倭名抄》七 35）
○鵠，《玉篇》：黄鵠，形如鶴，色蒼黄。（《一切經音義》卷四）

○鵠，《玉篇》：似鵞，黄白色。又云：黄鵠，形如鶴，色蒼黄。（《一切經音義》卷二十五）

【鶚】五各切。雕鶚也。

◎鶚，五角切。雕鶚也。

【鸋】以箴切。鷂也。

◎鸋，以箴切。鷂屬。

【鸇】之然切。鷂屬。鸇、鸇，二同上。

◎鸇，之然切。鷂屬。鸇、鸇，並同上。

【鷐】市真切。鷐風，鸇。

◎鷐，市真切。鷐風，鸇。

【鸉】與章切。鸉，白鷢，似鴈。

◎鸉，与章切。白鷢，似鴈。

【鷢】巨月切。似鴈，尾白。

◎鷢，巨月切。似鴈，尾白。

【鵻】思尹切。祝鳩也，急疾之鳥也。或作隼。

◎鵻，思尹切。祝鳩也，急疾之鳥也。或作隼。

【鴿】古合切。似鳩而大也。

◎鴿，古合切。似鳩而大。

○鴿，如鵓鳩而大也。（《法華釋文》中）

【鳩】九牛切。鳥名。或作勼。

◎鳩，九牛切。鳥名。或作勼。

○鳩，野王案：鳩，此鳥種類甚多，鳩其總名也。（《倭名抄》七 13）

【鷗】九勿切。似鵲而小，黑色也。

◎鷗，九勿切。似鵲而小，黑色也。

【鶻】乎忽切。鷹屬。又音骨，班鳩也。

◎鶻，乎忽切。鷹屬。又音骨，班鳩。

【鵃】止遥、丁交切。鶻鵃也。

◎鵃，止遥、丁交切。鶻鵃。

【鴶】古黠切。鴶鵴，即布穀也。

◎鴶，古黠切。鴶鵴，即布穀。

【鵴】居六切。鴶鵴也。鵴，同上。

◎鵴，居六切。鴶鵴。鵴，同上。

【鴠】苦汗、苦曷二切。鴠鴠，似雞，冬無毛，晝夜常鳴，名倒懸。

◎鴠，苦汗、苦曷二切。鴠鴠，似雞，晝夜鳴，名倒懸。

【鴠】音旦。鴠鴠。

◎鴠，音旦。鴠鴠。

【鷚】莫彪、巨幽二切。鷚，天鸙。

◎鷚，莫彪、巨幽二切。鷚，天鸙。

【鶪】公覓切。伯勞。

◎鶪，公覓切。伯勞。

【鵯】音匹。鵯鶋。亦名鵯烏也。又音卑。

◎鵯，音匹。鵯鶋也。亦名鵯烏。又音卑。

【鸒】羊慮切。鸒斯，鵯鶋也。

◎鸒，羊慮切。鸒斯，鵯鶋也。

【鷽】猗角切。山鵲也。

◎鷽，倚角切。山鵲。

【鴂】古穴切。寧鴂，亦名飛桑，亦名巧婦。

◎鴂，古穴切。寧鴂，一名飛桑，一名巧婦。

【鴋】芳往切。鴋，澤虞，常在澤中，見人輒鳴，唤不去，有象主守之官，見《爾雅》。鴋，同上。

◎鴋，芳往切。鴋，澤虞，常在澤中，見人輒鳴，不去，象主守之官，見《爾雅》。鴋，同上。

【鴩】余日切。鋪豉鳥。

◎鴩，余日切。鋪豉鳥。

【鸔】布族切。鵅，烏鸔，水鳥也。鸔，同上。

◎鸔，布族切。鵅，鸔，水鳥也。鸔，同上。

【鴛】於元切。鴛鴦，匹鳥也。

◎鴛，於元切。鴛鴦，匹鳥也。

【鴦】烏郎切。鴛鴦。亦音央。

◎鴦，烏郎切。鴛鴦。亦作央。

【鵽】知刮切。鵽鳩。一名冠雉。

◎鵽，知括切。鵽鳩。一名冠雉。

【鵱】力竹切。鵱鷜，野鵞。

◎鵱，力竹切。鵱鷜，野鵞也。

【鷜】力俱切，又音婁。

◎鷜，力俱切，又音婁。

【鸊】步覓切。鸊鷉，水鳥。

◎鸊，步覓切。鸊鷉，水鳥。

○鸊鷉，其膏可以瑩刀劍。（《倭名抄》七 41）

【鷉】天兮切。鸊鷉。

◎鷉，天兮切。鸊鷉。

【鷜】力乎切。鷜鵞，水鳥。

◎鸕，力乎切。鸕鷀，水鳥。
【鷀】才兹切。鸕鷀。鹚，同上。
◎鷀，才兹切。鸕鷀。鹚，同上。
【鷧】郁祕、於計二切。鸕鹚。
◎鷧，郁祕、於計二切。鸕鹚。
○鷧，《玉篇》又音翳。(《龍龕手鏡》卷二)
【鴇】布老切。鴇性不止樹。鳵，同上。
◎鴇，布老切。鴇性不止樹。鳵，同上。
【鶇】徒兮切。鷩鶇，山雞。
◎鶇，徒兮切。鷩鶇，山雞也。
【鵜】徒兮切。鵜，鴮鸅，好食魚。又名陶河鳥。
◎鵜，徒兮切。鵜，鴮鸅，好食魚，名陶河鳥。
【鶘】户徒切。鵜鶘。
◎鶘，户徒切。鵜鶘。
【鶬】千唐切。麋鴰，今人呼鶬鴰。亦作鶬。
◎鶬，千唐切。鶬鴰。亦作鶬。
【鴰】公活切。鶬鴰。
◎鴰，公活切。鶬鴰。
【鷒】大丸切。鸛鷒也。
●底本此字頭重出，下文作“鷒，徒丸切。鸛鷒”。
【鳶】以專切。鴟類也。鳶，同上。
◎鳶，以專切。鴟類。鳶，同上。
【鴡】且余切。王鴡。亦作雎。
◎鴡，且余切。丁鴡。亦作雎。
●圓沙本“丁鴡”疑當作“王鴡”。
【鴝】具愚切。鴝鵒也。鸜，同上。鴝，古文。
◎鴝，具愚切。鴝鵒。鸜，同上。鴝，古文。
○鴝，顧野王云：鴝鴿［鵒］，鳥似反［百］舌，頭有兩毛角也。(《一切經音義》卷六十六)
○鴝，顧野王曰：鴝鵒，似百舌，鳥頭兩毛角。(《一切經音義》卷七十四)
【鵒】音浴。鴝鵒。
◎鵒，音浴。鴝鵒。
【鸜】巨員切。鸜鵒。亦鴝鵒也。
◎鸜，巨員切。鸜鵒。亦鴝鵒。
【鶡】何葛切。鳥似雉而大，青色有毛角，鬬死而止。
◎鶡，何葛切。鳥似雉而大，青色有毛角，鬬死止。
○鶡，顧野王曰：鶡，似雉而大，青色，有毛角。鬥死乃止，晝夜鳴，似雞，鶡鴠，一名倒縣。(《六書故》卷十九)
○鶡，顧野王曰：鶡旦，似雉而大，青色，有毛角，鬬死乃止，晝夜鳴，似雞。(《通雅》卷四十五)
【鸚】於耕切。鸚鵡鳥。
◎鸚，於耕切。鸚鵡能言，不离飛鳥。
【鵡】亡禹切。《禮記》曰：鸚鵡能言，不離飛鳥。鴞，同上。又亡后切。
◎鵡，亡禹切。鸚鵡鳥。鴞，同上。又亡后切。
【鷮】居苗切。似雉也。
◎鷮，居苗切。似雉。
【鳪】音卜。雉也。
◎鳪，音卜。雉也。
【鴳】於諫切。鶬鴳也。
◎鴳，於諫切。鶬鴳。
【鵧】步丁切。烏臼。
◎鵧，步丁切。烏臼。
【鳭】丁幺切，又作幺切。鳭鷯，剖葦，似雀，青班，居蘆葦。又竹交切。
◎鳭，丁幺、作幺二切。鳭鷯，剖葦，似雀，青班，居葦。又竹交切。
【鷑】子席切。鷑鴒，雝鶏。鶺，同上。
◎鷑，子席切。鷑鴒，雝鶏。鶺，同上。
【鴒】力丁切。鷑鴒。
◎鴒，力丁切。鷑鴒。
【鶏】巨於切。雝鶏。亦作渠。
◎鶏，巨於切。雝鶏。亦作渠。
【鴢】於鳥切。魚鮫也。
◎鴢，於鳥切。魚鮫也。
【鸀】徒角切。山烏也。又音燭。鸀鳿鳥。
◎鸀，徒角切。山烏。又音燭。鸀鳿鳥。
【鳿】牛欲切。鸀鳿。
◎鳿，牛欲切。鸀鳿。

【鷏】大堅切。《爾雅》云：鷏，蟁母。
◎鷏，大堅切。《爾雅》：蟁母也。
【鴷】音列。斲木也。口如錐，長數寸。
◎鴷，音列。斲木也。口如錐。
【鵅】古的切。鳥似烏，一名唐屠。
◎鵅，古的切。似烏，一名唐屠。
【鸍】式之、亡支二切。鳥似鵯而小，背上有文。
◎鸍，式之、亡支二切。似鵯而小。
【鴸】音朱。鳥似雞。
◎鴸，音朱。鳥似雞。
【鴅】五俱切。鳥似梟，人面，四目，有耳，見則大旱。
◎鴅，五俱切。似梟，人面，四目，有耳，見則大旱。
【鴆】徒冬切。鳥如雞，赤足。
◎鴆，徒冬切。鳥如雞，赤足。
【鴖】音珉。鳥名。鶻，同上。
◎鴖，音珉。鳥名。鶻，同上。
【鴗】力及切。天狗也。亦名水狗。
◎鴗，力及切。天狗。亦名水狗。
【鵸】奇、輢二音。鳥名也。
◎鵸，奇、輢二音。鳥名。
【鵧】必昆切。鳥如鵲，白身，赤尾，六足，出太行山。
◎鵧，必昆切。鳥如鵲，白身，赤尾，六足，出太行山。
【鴃】徒賴切。鳥似烏，三目，有耳，音如豕，食之亡熱也。
◎鴃，徒賴切。鳥似烏，三目，音如豕，食之亡熱也。
【鷔】五高切。有此鳥集，即大荒，國亡。
◎鷔，五高切。有此鳥集，即大荒，國亡。
【鷕】於遥切。鳥如山雞，尾長，赤身，其鳴自呼也。
◎鷕，於遥切。鳥如山雞，尾長，赤身，其鳴自呼。
【鵋】居是切。鳥狀如烏，赤足，名鵋鵌。
◎鵋，居是切。鳥如烏，赤足，名鵋鵌。
【鷓】之夜切。鷓鴣鳥，其鳴自呼，常南飛，似雉。
◎鷓，之夜切。鷓鴣，常南飛，似雉。
【鴧】于九切。白鵫也。
◎鴧，于九切。白鵫。
【鵫】竹教切。白鵫。亦名白雉。
◎鵫，竹教切。白鵫，一名白雉。
【鴣】古乎切。鴣鸐鳥。
◎鴣，古乎切。鴣鸐。
【鸐】似立切。鴣鸐。
◎鸐，似立切。鴣鸐。
【鸛】古亂切。鸛鳥，鵠屬。
◎鸛，古乱切。鴻屬。
【鸈】達詣切。布穀也。又達兮切。
◎鸈，達詣切。布穀也。又達兮切。
【鴂】古惠、古穴二切。鸈鴂也。
◎鴂，古惠、古穴二切。鸈鴂。
【鶗】大戾、大兮二切。鶗鴂，應仲春化爲鳩。鵜，同上。
◎鶗，大戾、大兮二切。鶗鴂，應仲春化爲鳩。鵜，同上。
●“應”疑當作“鷹”。
【鳲】音尸。鳲鳩也。
◎鳲，音尸。鳲鳩。
【鴀】甫鳩切。鴀鳩也。
◎鴀，甫鳩切。鴀鳩。
○鴀，音不。鴀鳩，出《玉篇》。（《龍龕手鏡》卷二）
【䳑】音域。戴鵟。
◎䳑，音域。戴鵟也。
【鵻】巨惟切。小鳩也。
◎鵻，巨惟切。小鳩。
【鵟】音浮。鵟鳩也。
◎鵟，音浮。鵟鳩。
【鸁】力戈切。飛桑也。
◎鸁，力戈切。飛桑也。
【鸝】力知切。鸝黄。又楚雀也。鵹，同上。
◎鸝，力知切。鸝黄。又楚雀。鵹，同上。
【鵌】大吾切。鳥鼠同穴。又弋居切。
◎鵌，大吾切。鳥鼠同穴。又音餘。
【鶤】古魂切。雞三尺。或作鵾。

◎鶤，古魂切。雞三尺。或作䳌。

【𪃍】公六切。鳥名。

◎𪃍，公六切。鳥名。

【鷙】之利切。猛鳥也。鵞，同上。

◎鷙，之利切。猛鳥也。鵞，同上。

【鷲鳩】二同。似又切。鳥名。

◎鷲，似又切。鳥名。鳩，同上。

【鷸】思律切。鳥名。

◎鷸，思律切。鳥名。

【鷭】子列切。小鷄也。

◎鷭，子列切。小鷄。

【鶔】次栗切。鳥名。

◎鶔，次栗切。鳥名。

【鴂】烏道切。鳥名。

◎鴂，烏道切。鳥名。

【鶹】力牛切。鶹鷅鳥。又名鶹鷅。

◎鶹，力牛切。鶹鷅鳥。又名鶹鷅。

【鷦】子姚切。巧婦也。又鷦鷯鳥。亦作鳭。

◎鷦，子姚切。巧婦也。又鷦鷯。亦作鳭。

○鳭，赤喙，自呼之鳥也。（《倭名抄》七 38）

【鷍】亡消切。鷦鷯。

◎鷍，亡消切。鷦鷯。

【鷯】力幺切。鷦鷯，小鳥在葦。

◎鷯，力幺切。鷦鷯，小鳥。

【鶨】丑弁、徒頓二切。俗呼癡鳥。又徒困切。

◎鶨，丑弁、徒頓、徒困三切。癡鳥。

【鳩】弋拙切。水鳥也。

◎鳩，弋拙切。水鳥。

【鴭】地口、天口二切。水鳥黑色。

◎鴭，他口、天口二切。水鳥黑也。

【鵖】至几切。鳥觳未生毛也。

◎鵖，至几切。鳥觳未生毛。

【鸏】莫公切。水鳥也。亦曰鸏鳩。

◎鸏，莫公切。水鳥。亦鸏鳩。

【鵅】柯額切。鵋䳢也。又音洛。烏鸔也。

◎鵅，柯額切。鵋䳢。又音洛。烏鸔。

【鴂】古屑切。鴂鸛，梟屬。鴂，同上。

◎鴂，古屑切。鴂鸛，梟屬。鴂，同上。

【鸛】古鍇切。鴂鸛。

◎鸛，古鍇切。鴂鸛。

【鷸】餘律、時律二切。鷸鷸，似燕，紺色，生鬱林，知天將雨鳥也。故知天文者冠鷸。鷸，同上。

◎鷸，餘律、時律二切。鷸鷸，似燕，生鬱林，知天將雨。故知天文者冠鷸。鷸，同上。

【䳼】北及、北涉二切。𪁉䳼，戴鵀，今呼戴勝。

◎䳼，北及、北涉二切。𪁉䳼，戴鵀，今呼戴勝。

【𪁉】皮及切。𪁉䳼。

◎𪁉，皮及切。𪁉䳼。

【鷗】烏侯切。水鳥也。

◎鷗，烏侯切。水鳥。

【鮁】皮達切。大鳥也。

◎鮁，皮達切。大鳥。

【鷛】羊恭切。鷛鶏，似鳧，一名鶇鶏。

◎鷛，羊恭切。鷛鶏，似鳧，一名鶇鶏。

【鳽】五革、五田二切。鳽，䴔鶄，似鳧，脚高，毛冠。

◎鳽，五革、五田二切。䴔鳽，似鳧，脚高，毛冠。

【鶃】午的切。水鳥，善高飛。又五兮切。鷊、鵝、鷁，並同上。

◎鶃，午的切。水鳥，善高飛。又五兮切。鷊、鵝，並同上。鷁，同上。

○鶃，顧野王曰：水鳥也。（《六書故》卷十九）

【䴔】古爻切。白䴔，鳥群飛，尾如雌鷄。又䴔鶄。

◎䴔，古爻切。白䴔，尾如雌鷄。又䴔鶄。

【鶄】子盈切。䴔鶄，似鴨。

◎鶄，子盈切。鶉鶄，似鴨。

●圓沙本"鶉鶄"未詳。

【鱵】止深切。鱵鴜，水鳥，似魚虎而黑色。

◎鱵，止深切。鱵鴜，水鳥，似魚虎黑色。

【鴜】子奇切。鱵鴜鳥。

◎鴜，子奇切。鱵鴜。

【鷳】乎間切。白鷳也。亦作鷴。

◎鷳，乎間切。白鷳。亦作鷴。

【驩】火丸切。驩鷒，鶡鷄。鴅，同上。
◎驩，火丸切。驩鷒，鶡鷄。鴅，同上。
【鷒】徒丸切。驩鷒。
◎鷒，徒丸切。鸛鷒。
【鷂】以招切。五色雉。又以照切，鷹鷂。
◎鷂，以招切。五色雉也。又以照切，鷹鷂。
〇鷂，野王案：鷂似鷹而小也。（《倭名抄》七7）
〇鷂，顧野王云：似鷹而小。（《一切經音義》卷三十一）
【鴥】以出切。飛疾皃。
◎鴥，以出切。飛疾皃。
【鶯】於耕切。鳥有文。
◎鶯，於耕切。鳥有文。
【鷩】必列切。鷩雉，可爲冕。又立冬入水化爲蛤。
◎鷩，必列切。鷩雉，可爲冕。又立冬入水化爲蛤。
【鵔】思俊切。鳥狀如鴟，赤足，直喙，黄文，見則大旱也。
◎鵔，思俊切。鳥狀如鴟，赤足，直喙，黄文，見則旱。
〇鵔，顧野王曰：鵔鸃，鳳屬。（《通雅》卷四十五）
【鸃】牛奇切。鵔鸃，鳳屬。又鷩雉也。秦漢之初，侍中冠之。
◎鸃，牛奇切。鵔鸃，鳳屬。又鷩雉也。秦漢初，侍中冠之。
【鷙】知革切。雉屬，戇鳥。
◎鷙，知革切。雉屬，戇鳥也。
【鷕】以昭切。雉鳴也。
◎鷕，以沼切。雉鳴。
【鶾】何干、何旦二切。雞肥皃。今爲翰。
◎鶾，何干、何旦二切。雞肥皃。今爲翰。
【鴆】除禁切。毒鳥食蛇，其羽畫酒，飲之即死。
◎鴆，除禁切。毒鳥食蛇，其羽畫酒，飲之即死。
【鷇】苦豆切。生哺鷇鳥，子須母食之。
◎鷇，苦豆切。鳥母哺子食。

【鸓】力追切。鼯鼠，又名飛生。又力軌切。鸓，籀文。
◎鸓，力追切。鼯鼠，名飛生。又力軌切。鸓，籀文。
【鳴】莫兵切。聲相命也，嘷也。
◎鳴，莫兵切。嘷也，声相應也。
【鶱】許言切。飛舉也。
◎鶱，許元切。飛舉也。
【鳻】扶云切。鳻雀，似鷃。鳼，同上。又鳥衆皃。又飛皃。
◎鳻，扶云切。鳻雀，似鷃。鳼，同上。又鳥衆皃，飛皃。
●圓沙本“似鷃”未詳。
【鶞】丑倫切。鳻鶞，春扈也。
◎鶞，丑倫切。鳻鶞，春扈也。
【鳸】乎古切。北鳸，鳥名。鶚，同上。
◎鳸，乎古切。北鳸，鳥名。鶚，同上。
【鴽】汝居切。鴽，鴿也。
◎鴽，汝居切。鴿也。
●《玉篇校釋》謂“鴿”爲“鵨”之誤。
【鶢】于元切。鶢鶋，海鳥。
◎鶢，于元切。鶢鶋，海鳥。
【鶋】舉魚切。鶢鶋。
◎鶋，舉魚切。鶢鶋。
【鶅】壯其、壯吏二切。東方雉名。
◎鶅，壯其、壯吏二切。東方雉名。
【鷷】音遵。又音逡。西方雉名。
◎鷷，音遵，音逡。西方雉名。
【鳼】亡云切。鶉子也。
◎鳼，亡云切。鶉子。
【鶛】古諧切。鶬鶊也。
◎鶛，古諧切。鶬鶊。
【鷉】丈留切。南方雉名。鸐，同上。
◎鷉，丈留切。南方雉名。鸐，同上。
【鵗】許衣切。北方雉名。
◎鵗，許衣切。北方雉名。
【鴲】巨支切。雉别名。
◎鴲，巨支切。雉别名。
【鶼】音兼。比翼鳥。
◎鶼，音兼。比翼鳥。

【鴘】九彼切。布穀也。
◎鴘，九彼切。布穀。
○鴘，《玉篇》云：布穀也。（《重修廣韻》卷三）
【鴓】方列切。鴓鴘鳥。
◎鴓，方列切。鴓鴘鳥也。
【鴘】方于切。鴓鴘。
◎鴘，方于切。鴓鴘。
【鸓】大頰切。如鵲，赤黑色，兩首四足。
◎鸓，大頰切。如鵲，赤黑色，兩首四足。
【鶿】子次切。鳥，青黃色，即鵂鶹也。
◎鶿，子次切。鳥，青黃色，即鵂鶹。
【鶬】多敢切。鳥，青黃。
◎鶬，多敢切。鳥，青黃也。
【鵞】步干切。鳥形人面，名鵞鶥，宵飛晝伏。
◎鵞，步干切。鵞鶥，鳥形人面，宵飛晝伏。
【鶥】音冒。鵞鶥。
◎鶥，音冒。鵞鶥。
【鵆】唯辟切。小鳩也。
◎鵆，唯辟切。小鳩。
【鵍】步昆切。鵍鳩鳥。
◎鵍，步昆切。鵍鳩鳥。
【鷶】眉解切。鷶鴿，子嶲也。
◎鷶，眉解切。鷶鴿，子嶲也。
【鵴】巨六切。鵴鳩也。
◎鵴，巨六切。鵴鳩。
【鵖】力唐切。鸈鳩也。
◎鵖，力唐切。鸈鳩。
【鶔】千賴切。鳩也。
◎鶔，千賴切。鳩也。
【鴅】音婦。雀也。
◎鴅，音婦。雀也。
【鴎】才亮切。女鴎，巧婦也。又名鴎雀。
◎鴎，才亮切。女鴎，巧婦也。又名鴎雀。
【鸈】亡結切。鸈雀。亦巧婦。
◎鸈，亡結切。鸈雀。亦巧婦。
○鸈，《玉篇》：鸈，鸈雀也。（《方言箋疏》卷二）
【鴉】亡俱切。雀也。

◎鴉，亡俱切。雀也。
【鶹】力周切。鶹鵃，飛鸓。
◎鶹，力周切。鶹鵃，飛鸓也。
【鵃】除諷切。鶹鵃。
◎鵃，除諷切。鶹鵃。
【鷀】眉筆切。鷀肌，繼鶈。
◎鷀，眉筆切。鷀肌，継鶈也。
【鶈】於京切。鳥名。
◎鶈，於京切。鳥名。
【鵯】古刀切。鵖鵯鳥。
◎鵯，古刀切。鵖鵯鳥。
【鵅】匹部切。鳥名。
◎鵅，匹部切。鳥名。
【鶦】午胡切。鶦鼠。或作鼯。
◎鶦，午胡切。鶦鼠。或作鼯。
【鶝】比吉切。鶝鴋鳥。
◎鶝，比吉切。鶝鴋鳥。
【鴏】五大切。巧婦也。
◎鴏，五大切。巧婦也。
【鵀】女林切。戴勝也。又音壬。
◎鵀，女林切。戴勝。又音壬。
【鶝】方六切。戴勝也。
◎鶝，方六切。戴勝。
【鴲】市亦切。鴲鳥，精列。
◎鴲，市亦切。鴲鳥，精列也。
【鵎】大侯切。鵚頭鴉。
◎鵎，大侯切。鵚頭鴉。
【鶔】女交切。鴉鶔，黃鳥，鴉。音嘲。
◎鶔，女交切。鳴鶔，黃鳥也。音嘲。
●圓沙本“鳴鶔”疑當作“鴉鶔”。
【鵋】其記切。鵋鵙鳥。
◎鵋，其記切。鵋鵙鳥也。
【鵙】去其切。鵋鵙。亦作鶀。
◎鵙，去其切。鵋鵙。亦作鶀。
【鴪】余周切。鶦鼠也。
◎鴪，余周切。鶦鼠。
【鵌】大胡切。
◎鵌，大胡切。鳥名。
【鵩】扶福切。鳥似鵲而大。
◎鵩，扶服切。鳥似鵲而大。

●《玉篇校釋》改爲“鳥似鵲而大”。
【鸗】力恭切。梟也。
◎鸗，力恭切。梟也。
○鸗，野鳥也。(《倭名抄》七 27)
【鴰】莫栝切。鴨也。
◎鴰，莫栝切。鴨也。
【鴄】音匹。鴨也。
◎鴄，音匹。鴨也。
【鷘】丑力切。溪鷘也。鶒，同上。
◎鷘，丑力切。溪鷘。鶒，同上。
○鸂鶒，野王案：鸂鶒，頭上有毛冠，鳥冠也。(《倭名抄》七 43)
【鸙】弋灼切。天鸙也。
◎鸙，弋灼切。天鸙。
【鵺】音夜。鳥名。
◎鵺，音夜。鳥名。
【鵽】胡瓜切。雉别名。
◎鵽，胡瓜切。雉别名。
【鸑】烏光切。雉名。
◎鸑，烏光切。雉名。
【鵽】徒忽切。鵽胡鳥。
◎鵽，徒忽切。鵽胡鳥。
【鸏】亡奔、亡姦二切。即比翼鳥也。
◎鸏，亡奔、亡姦二切。比翼鳥也。
【鶶】徒郎切。鶶鷵鳥。
◎鶶，徒郎切。鶶鷵鳥也。
【鷵】大乎切。鶶鷵。
◎鷵，大乎切。鶶鷵。
【鵓】步忽切。鵓鶔鳥。
◎鵓，步忽切。鵓鶔鳥。
【鶔】先瓦切。鵓鶔。
◎鶔，先兀切。鵓鶔。
【鶜】莫飢切。鶜鴟。
◎鶜，莫飢切。鶜鴟。
【鶈】千兮切。鶈鶋，東夷鳥名。
◎鶈，千兮切。鶈鶋，東夷鳥名。
【鳺】方于切。鳺鳩也。
◎鳺，方于切。鳺鳩。
【鶅】雉容切。鶅鶬鳥。
◎鶅，雉容切。鶅鶬鳥。
【鶬】市羊切。鶅鶬。
◎鶬，市羊切。鶅鶬。
【鵂】許牛切。鵂鶹鳥。
◎鵂，許牛切。鵂鶹。
【鶜】莫交切。鶩鶜，鴟。
◎鶜，莫交切。鴟也。
【鵝】莫項切。鴟也。
◎鵝，莫項切。鴟也。
【鴟】充尸切。鳶屬。鵄，同上。
◎鴟，充尸切。鳶屬。鵄，同上。
○鴟鴞，顧野王云：楚人謂之服鳥。(《一切經音義》卷八十四)
○鴟，《玉篇》：鵂鶹，角鵄之屬。其鳥若鳴，其民有禍。(《一切經音義》卷二十五)
【鸎】於耕切。黄鳥也。
◎鸎，於耕切。黄鳥。
【鵹】弋占切。鵹離鳥，自爲牝牡。
◎鵹，弋占切。鵹鷅，自爲牝牡。
【鷅】力支切。鵹離。
◎鷅，力支切。鵹鷅。
【鵤】詳遵切。鵤鵍，小鳥。
◎鵤，許遵切。鵤鵍，小鳥。
【鵍】許元切。鵤鵍。
◎鵍，許元切。鵤鵍。
【鶊】古行切。鶬鶊鳥。
◎鶊，古行切。鶬鶊鳥。
【鶡】胡達切。鶡鶓，伯勞。
◎鶡，胡達切。鶡鶓，伯勞也。
【鶓】午鎋切。鶡鶓。
◎鶓，午鎋切。鶡鶓。
【鵌】大乎切。鵌鳩也。
◎鵌，大乎切。鵌鳩。
【鵛】古形切。鶭鵛，鵌。
◎鵛，古形切。鶭鵛，鵌也。
【鳩】乎官切。鳩鵌，鳥喙蛇尾也。
◎鳩，乎官切。鳩鵌，鳥喙蛇尾也。
【鷜】魚俱切。鴋，鷜鷜。
◎鷜，魚俱切。鴋，鷜鷜。
【鴮】於乎切。澤鴮也。
◎鴮，於乎切。澤鴮也。

【鴘】匹免切。鷹鷂二年色。
◎鴘，匹免切。鷹鷂二年色。
【鵳】古田切。鵫鵳，鷂屬。
◎鵳，古田切。鵫鵳，鷂屬。
【鷹】於陵切。鷙鳥。
◎鷹，於陵切。鷙鳥。
○鷹，顧野王云：即爽鳩也。(《一切經音義》卷三十一)
【鶆】力才切。鶆鳩也。
◎鶆，力才切。鶆鳩也。
【鵚】天谷切。鵚鶖也。
◎鵚，天谷切。鵚鶖也。
【鵏】布乎切。鵏鶆也。
◎鵏，布乎切。鵏鶆，鳩也。
●《篆隸萬象名義》作“鳺”。疑當作“鵏鳺”。
【鸜】九縛切。鸜，鳥似白鵁。
◎鸜，九縛切。鳥似白鵁。
【鴾】莫侯切。鴾母，即鴽也。郭璞云：青州呼鴾母。
◎鴾，莫侯切。鴾母，即鴽也。郭璞云：青州呼鴾母。
【鷄】古奚切。知時鳥。又作雞。
◎鷄，古奚切。知時鳥。又作雞。
【鶵】仕于切。鳥子初生能啄食。
◎鶵，仕于切。鳥初生能啄食。
【鳭】丁幺切。鷙也。
◎鳭，丁幺切。鷙也。
【鶕】烏含切。鶕鶉也。鵪，同上。
◎鶕，烏含切。鶕鶉。鵪，同上。
【鶉】音淳。鶕也。
◎鶉，音淳。鶕也。
【鷏】匹仁切。飛皃。或作翸。
◎鷏，匹仁切。飛皃。或作翸。
【鸛】乎圭切。鸊鸛。或作巂。
◎鸛，乎圭切。鸊鸛。或作巂。
【鳿】户工切。鳥肥大也。或作鴻。
◎鳿，户工切。鳥肥大。或作鴻。
【鸕】力盍切。鸕䴘，飛起皃。
◎鸕，力盍切。鸕䴘，飛起皃。
【䴘】他臘切。鳥名。
◎䴘，他臘切。鳥名。
【鴞】呼幺切。或作翑、𣭬。
◎鴞，呼幺切。或作翑、𣭬。
【鸅】音擇。旄，鸅鸆。
◎鸅，音擇。旄，鸅鸆也。
【鶱】才三切。雕也。
◎鶱，才三切。雕也。
【鴒】求炎切。鳥啄食。
◎鴒，求炎切。鳥啄食。
●《玉篇校釋》謂當作“句喙鳥”。
【鳩】乎利切。鳥。
◎鳩，乎利切。鳥也。
【鴉】於牙切。鳥也。今作鵶。
◎鴉，於牙切。鳥也。今作鵶。
【鷅】力的切。鳥，似鷹而大。
◎鷅，力的切。鳥，似鷹而大。
【梟】古幺切。惡聲之鳥也，不孝鳥也。
◎梟，古幺切。惡聲鳥，不孝鳥也。
○梟，顧野王《玉篇》曰：梟首，秦刑也。(《事物紀原》卷十)
【鳦】於秩切。燕鳦也。亦作乙。
◎鳦，於秩切。燕鳦也。亦作乙。
【鯸】户溝切。雕也。
◎鯸，户溝切。雕也。
【鵲】七雀切。或作䧿。
◎鵲，七雀切。或作䧿。
【鴊】之盛、之成二切。鵫鵳也。
◎鴊，之成、之盛二切。鵫鵳。
【䳌】古玄切。鸊鴂也。又名杜鵑。
◎䳌，古玄切。鸊鴂。又名杜鵑。
【鵊】古洽切。陰陽家有《鵊治》一篇。
◎鵊，古浹切。陰陽家有《鵊治》篇。
【鷟】力灼切。鳥。
◎鷟，力灼切。鳥也。
【鳷】之移切。鳥名。
◎鳷，之移切。鳥名。
【鵷】於元切。鵷鶵鳥。
◎鵷，於元切。鵷鶵鳥也。
【鴤】大冬切。鳥名。
◎鴤，大冬切。鳥名。

【鴯】烏而切。烏鳴也。
◎鴯，烏而切。烏鳴。
【鵬】靡京切。鳥似鳳。
◎鵬，靡京切。鳥似鳳。
【鶢】音元。鳥。
◎鶢，音原。鳥也。
【鵞】古隨切。鳥。
◎鵞，古隨切。鳥也。
【鸆】語俱切。似禿鶖，見則兵起。
◎鸆，語俱切。似禿鶖，見則兵起。
【鵨】式容切。鳥名。
◎鵨，式容切。鳥名。
【鶲】烏紅切。鳥也。
◎鶲，烏紅切。鳥也。
【鷭】府袁切，又音煩。
◎鷭，府袁切，又音煩。
【鳱】呼丸切。人面鳥喙。
◎鳱，呼丸切。人面鳥喙。
【鳱】古安切。鳱鵲也。亦作雗。
◎鳱，古安切。鳱鵲。亦作雗。
〇鳱，居寒反。鵲也。(《法華釋文》中)
〇鳱，顧野王云：鳱，古安切。鳱鵲也。(《轉注古音略》卷四)
【鷐】時真切。鷐風鳥。
◎鷐，時真切。鷐風鳥。
【鶇】德紅切。鵗名，美形也。鶇，同上。
◎鶇，德紅切。鵗名，美形也。鶇，同上。
【鶓】音苗。鳥名。
◎鶓，音苗。鳥名。
【鸉】與章切。鳥名。
◎鸉，与章切。鳥名。
●底本字頭原訛，徑改。
【鵟】巨王切。鳥有冠。
◎鵟，巨王切。鳥有冠。
【鷾】於記切。鷾鴯，玄鳥。
◎鷾，於記切。鷾鴯，玄鳥也。
【鴯】汝施切。鷾鴯。
◎鴯，汝施切。鷾鴯。
【鵮】知咸、口咸二切。鳥啄食。
◎鵮，知咸、口咸二切。鳥啄食。
【鐖】居希切。鳥。
◎鐖，居希切。鳥也。
【鸙】魯甘切。鸙鷜鳥，今之郭公。
◎鸙，魯甘切。鸙鷜鳥，今之郭公。
【鷜】音縷。鸙鷜鳥。
◎鷜，音縷。鸙鷜鳥。
【鵨】失余切。
◎鵨，失余切。鳥也。
【鵏】音臾。鳥名。
◎鵏，音臾。鳥名。
【鵐】音無。鵐鴽鳥。
◎鵐，音無。鵐鴽鳥也。
【鳷】弋支切。
◎鳷，弋支切。鳥名。
【鷥】在容切。鳥名。
◎鷥，在容切。鳥名。
【鸋】女冬切。
◎鸋，女冬切。鳥也。
【鳷】音支。鳥似鴈，一足也。
◎鳷，音枝。鳥似鴈，一足。
【鴑】音奴。鳥名。
◎鴑，音奴。鳥名。
【鮐】音苔。鳥名。
◎鮐，音苔。鳥名。
【鷕】音然。鳥名。
◎鷕，音然。鳥名。
【鷒】音專，又音湍。
◎鷒，音專，又音湍。
【鷬】鹵旬切。鳥。
◎鷬，鹵旬切。鳥也。
【鸋】音錢。鳥名。
◎鸋，音錢。鳥名。
【鸐】息連切。鳥名。
◎鸐，息連切。鳥名。
【鵑】音員。鳥名。
◎鵑，音員。鳥名。
【鷸】音商。鷸羪鳥，舞則天大雨，出《字統》。
◎鷸，音商。鷸羪，舞則天大雨。
【羪】與章切。鷸羪。

◎鴹，与章切。鷸鴹。
【䴇】郎丁切。鳥名。
◎䴇，郎丁切。鳥名。
【鶶】呼光切。雀。
◎鶶，呼尤切。雀也。
●圓沙本“呼尤切”當作“呼光切”。
【鴩】音生。鳥也。
◎鴩，音生。鳥也。
【鴴】户庚、户孟二切。荒鳥也。
◎鴴，户庚、户孟二切。荒鳥。
【䳆】音消。鳥名。
◎䳆，音消。鳥名。
【鴄】音回。鳥長一尺，五色文。
◎鴄，音回。鳥長一尺，五色文。
【鷞】音相。鳥名。
◎鷞，音相。鳥名。
【鶁】去良切。鳥名。
◎鶁，去良切。鳥名。
【䳸】胥林切。鳥黑色。
◎䳸，胥林切。鳥黑色。
【鷟】之羊切。鳥名。
◎鷟，之羊切。鳥名。
【鳲】音詩。鳥名。
◎鳲，音詩。鳥名。
【鯡】音非。鳥名。
◎鯡，音非。鳥名。
【鰔鹹】上音成，下音咸。
◎鰔，音成。鳥也。
◎鹹，音咸。鳥也。
【鶖】音菘。鷄屬。䳋，同上。
◎鶖，音菘。鷄屬。
◎䳋，音菘。鳥名。
【鷈】息夷切。鸒鷈，雅烏也。
◎鷈，息夷切。鸒鷈，雅烏也。
【鰢】音馬。鳥名。
◎鰢，音馬。鳥名。
【鴞】音巧。鴞婦。本作巧。
◎鴞，音巧。鴞婦。本作巧。
【鸨】布老切。鳥。
◎鸨，布老切。鳥也。
【鸐】音賈。鳥名。

◎鸐，音賈。鳥名。
【鵹】音斧。鳥也。
◎鵹，音斧。鳥也。
【鴦】音婦。鳥名。
◎鴦，音婦。鳥名。
【鳺】音父。鳺鳺，越鳥。
◎鳺，音父。鳺鳺，越鳥。
【鵝】乎馬切。鳥。
◎鵝，乎馬切。鳥也。
【鷅】匹沼切。鳥變。
◎鷅，匹沼切。鳥變也。
【䳼】音舅。鳥䳼，似鳩有冠。
◎䳼，音舅。鳥，䳼似鳩有冠。
【鷮】奴了切。鳥名。
◎鷮，奴了切。鳥名。
【䳡】之餌切。鳥名。
◎䳡，之餌切。鳥名。
【鳮】音已。鳥名。
◎鳮，音已。鳥名。
【䲹】余制切。鳥名。
◎䲹，余制切。鳥名。
【鷙】之刃、之鄰二切。鷺鳥。
◎鷙，之刃、之鄰二切。白鷺也。
【鷧】音懿。水鳥。
◎鷧，音懿。水鳥。
【鴳】音晏。鴳雀。
●此字頭重出，上文作“鴳，於諫切。鴽鴳也”。
【鷚】音粲。鳥名。
◎鷚，音粲。鳥名。
【鸛】亡亘切。鴟鸛也。
◎鸛，亡亘切。鴟鸛。
【鶱】郤據切。鳥。
◎鶱，郤據切。鳥也。
【鵂】思積切。水鳥也。
◎鵂，思積切。水鳥。
【鷞】音賴。
◎鷞，音賴。鳥也。
【鵥】音介。鳥。
◎鵥，音介。鳥也。
【鵮】音沓。

◎䳏，音沓。鳥也。

【鳪】音息。

◎鳪，音息。鳥名。

【鵖】許及切。鳥名。

◎鵖，許及切。鳥名。

【鳨】音力。鳥似鳧而小。鳨，同上。

◎鳨，音力。鳥似鳧而小也。鳨，同上。

【鵦】盧谷切。鳥名。

◎鵦，盧谷切。鳥名。

【鵩】房六切。鳥名。

◎鵩，房六切。鳥名。

【鶺】音積。鳥名。

◎鶺，音積。鳥名。

【鵖】居立切。鳥。

◎鵖，居立切。鳥也。

【鷜鸈】上音僕，下音業。鳥名。

◎鷜，音僕。鳥也。

◎鸈，音業。鳥名。

【雀】子略切。與雀同。

◎雀，子略切。雀字，同。

【鵟】側八切。鳥雜毛色。

◎鵟，側八切。鳥雜毛。

【鵇】女輒切。鳥飛皃。

◎鵇，女輒切。鳥飛皃。

【鷩】美畢切。鳥名。鴓，同上。鳥如鵲。

◎鷩，美畢切。鳥名。鴓，同上。鳥如鵲也。

【鵔】巨業切。

◎鵔，巨業切。鳥名。

【鸛】奴丹切。《説文》：鳥也。與難同。

◎鸛，奴丹切。《説文》：鳥也。与難同。

【鵅】音落。鳥如鵰，黑文赤首。

◎鵅，音落。如鵰，黑文赤首。

補

○鵝，或作鵞，出《玉篇》。（《龍龕手鏡》卷二）

隹部第三百九十一

凡七十五字

【隹】之惟切。鳺鴀也。又鳥短尾之總名。

◎隹，之惟切。鳺鴀也。又鳥短尾之總名。

【雅】午下切。楚烏也，一名鸒，一名鵯烏。又正也，儀也，素也，嫺雅也。

◎雅，午下切。楚烏也，一名鸒，一名鵯烏。又正也，儀也，素也，嫺雅也。

【雀】子略切。依人小鳥也。又鵹黄爲楚雀，即摶黍也。

◎雀，子略切。依人小鳥。又鵹黄爲楚雀，即摶黍。

○雀，顧野王云：依人小鳥也。（《一切經音義》卷五十三）

【雉】直理切。野雞也。又城高一丈三尺爲雉。又陳也，理也。鮷，古文。

◎雉，直理切。野鷄。又城一丈三尺爲雉。又陳也，理也。鮷，古文。

【閵】力進切。含閵，鳥似鸜鴿而黄。藺，古文。

◎閵，力進切。含閵，鳥似鴝鴿而黄。藺，古文。

【雊】古候切。雄雌鳴。

◎雊，古候切。雄雉。

【雛】仕于切。鳥子，生自食。

◎雛，仕于切。鳥子，生自食。

【雡】力又切。雉之晚生子爲雡。

◎雡，力又切。雉之晚生子者。

【雖】尺之切。惡鳴之鳥。亦作鴟。

◎雖，尺之切。惡鳴之鳥。亦作鴟。

【䨿】烏含切。䨿雜。亦作鵪。

◎䨿，烏含切。䨿雜。亦作鵪。

【雜】市均切。亦作鶉。

◎雜，市均切。亦作鶉。

【巂】胡圭切。即布穀。又思弭切。

◎巂，胡圭切。布穀也。又思弭切。

【旌】甫詎切。鳥名。

◎旌，甫詎切。鳥名。

【雅】五佳切。水名。又鳥名也。

◎雅，五佳切。水名。又鳥名。

【雗】何干、何旦二切。白雗雉也。又云鷽也。

◎雗，何干、何旦二切。曰雗雉。又鷽。

●圓沙本“曰雗雉”疑當作“白雗雉”。
【雞】結兮切。司晨鳥。亦作鷄。
◎雞，結兮切。司晨鳥。又作鷄。
【離】力知切。亦作鸝，倉庚也。又散也，去也，明也，麗也，遇也，兩也，判也，陳也，羅也。又力智切。
◎離，力知切。亦作鸝，倉庚也。又散也，去也，明也，麗也，遇也，兩也，判也，陳也，羅也。又力智切。
【雝】於容切。雝渠也。亦作鷛。
◎雝，於容切。雝渠。亦作鷛。
【雁】於陵切。今作鷹。
◎雁，於陵切。今作鷹。
【雕】丁幺切。鷲也，能食草。
◎雕，丁幺切。鷲也，能食草。
【雟】示規、市惴二切。子雟，巂也。
◎雟，示規、市揣二切。子雟，巂也。
【雃】苦田、苦莖二切。雝渠也。
◎雃，苦田、苦莖二切。雝渠也。
○雃，《玉篇》又音牽，太公子名。(《龍龕手鏡》卷一)
【雂】古含、巨林二切。《傳》有公子若雂。又巨炎切。
◎雂，古含、巨林二切。《傳》有公子若雂。又巨炎切。
○雂，《玉篇》又古林反。（《龍龕手鏡》卷一)
●圓沙本“雂”爲“雂”之訛字。
【雞】力奚切。雞黄，楚雀，其色黎黑而黄。亦作鵹。
◎雞，力奚切。雞黄。亦作鵹。
【鴈】五諫切。鳥也。
◎鴈，五諫切。鳥也。
【霍】呼郭切。鳥飛急疾皃也，揮霍也。
◎霍，乎郭切。鳥飛急也，揮霍也。
【翟】汝居切。翟，鴾母，即鵪也。或作鴽。
◎翟，汝居切。翟，鴻母，即鵪也。或作鴽。
●圓沙本“鴻母”疑當作“鴾母”。
【雇】乎古切。亦作鳸。今以爲雇僦字。古護切。
◎雇，乎古切。亦作鳸。今以爲雇噈字。又古護切。
●圓沙本“雇噈”疑當作“雇僦”。
【隆】弋垂切。飛也。
◎隆，弋垂切。飛也。
【雉】志移切。鳥也，度也。武帝造雉鵲觀，在雲陽。
◎雉，志移切。鳥也，度也。武帝造雉鵲觀。
【琟】户工切。傭也，鳥肥大也。
◎琟，户工切。傭也，鳥肥大也。
【帴】先旦切。飛帴不聚也。或作散。又先但切。
◎帴，先旦切。飛帴不聚也。或作散。又先但切。
○散，顧野王云：散謂分流飛走不聚也。(《一切經音義》卷六十九)
【隿】余力切。繳射飛鳥也。今作弋。雀，同上。
◎隿，余力切。繳射飛鳥。今作弋。雀，同上。
【雄】有弓切。鳥父也。
◎雄，有弓切。鳥父。
○雄，有弓反。(《三部經音義集》一)
【雌】七移切。鳥母也。
◎雌，七移切。鳥母。
○雌，鳥母也。(《三部經音義集》一)
【罹】竹教切。覆鳥令不飛走也。或作罩。
◎罹，竹教切。覆鳥者。或作罩。
【雋】徂兖切。肥肉也。長沙有雋縣。
◎雋，徂兖切。肥肉。又長沙縣名。
【雓】子由切。雞雛。
◎雓，子由切。雞雛。
○雓，《玉篇》《廣韻》竝云：雓，雞雛。(《方言疏證》卷九)
【隼】思尹切。祝鳩也。
◎隼，思尹切。祝鳩也。
【雀】亡付切。雀子。
◎雀，亡付切。雀子。
【難】奴丹切。不易之稱也。《説文》又作鷬，鳥也。䕼、䕼、雔，並古文。
◎難，奴丹切。不易之鳥。《説文》亦作䕼，鳥也。鸈、鷬，並古文。䧔，古文。
〇難，不易之稱也。（《法華釋文》上）
●圓沙本“不易之鳥”未詳。
【雎】七余切。王雎也。又次雎，行難也。
◎雎，七余切。王雎也。又次雎，行難。
【雜】徂沓切。糅也。又同也，廁也，猝也，最也。
◎雜，徂沓切。糅也。又同也，廁也，猝也，最也。
【雝】才恭切。雞也。
◎雝，才恭切。雞也。
【䧱】古丹切。䧱雗，鵲。
◎䧱，古丹切。䧱雗，鵲也。
【雊】古篤切。鳥也。
◎雊，古篤切。鳥也。
【雓】與居切。雞子名。
◎雓，与居切。雞子名。
【雂】充罺切。雀也。
◎雂，充罺切。雀也。
【雄】人中切。人姓也。
◎雄，人中切。人姓。
【雞】仁眷切。鶵雞。
◎雞，仁眷切。鶵雞。
【雒】七略切。䧱雒。
◎雒，七略切。䧱雒。
●“䧱雒”疑誤。
【雉】居彌切。子雉，子鳺鳥。
◎雉，居彌切。子雉，子鴣鳥。
●“子鴣”疑誤。
【雔】子心切。雔雞也。
◎雔，子心切。雔雞也。
【雈】古迷切。谷名。
◎雈，古迷切。谷名。
【雖】古覓切。或作鶪。
◎雖，古覓切。或作鶪。
【雓】千郎切。雓庚也。或作鶬。
◎雓，千郎切。雓庚。或作鶬。
【雅】弋屬切。或作䳜。
◎雅，弋屬切。或作䳜。
【雐】弋去切。雐斯鳥。或作鸒。
◎雐，弋去切。雐斯。或作鸒。
【集】秦立切。合也。
◎集，秦立切。合也。
【隻】之石切。奇也，一枚也。
◎隻，之石切。奇也，一枚也。
【雂】余蜀切。
◎雂，余鞠切。鳥名。
【雒】力各切。鵋鶀鳥。
◎雒，力各切。鵋鶀鳥也。
〇雒，顧野王云：此漢改洛字爲雒也。（《一切經音義》卷八十四）
【雗】德紅切。鳥名。
◎雗，德紅切。鳥名。
【雎】昌耳切。
◎雎，昌耳切。鳥類。
【雔】徐立切。鳥。
◎雔，徐立切。鳥名。
【雗】五各切。
◎雗，五各切。禽名。
【雓】音賔。小雀。
◎雓，音賔。小雀也。
【雈】胡廣切。田器也。
◎雈，胡廣切。田器。
【雖】似垂切。又音隹。
◎雖，似垂切。又音隹。

奞部第三百九十二

凡三字

【奞】先進切。鳥張羽自奮奞也。
◎奞，先進切。鳥張羽自奮奞也。
【奮】方愠切。翬也，飛也，動也，朋也，奮奞也，振也，舒也。
◎奮，方愠切。翬也，飛也，動也，朋也，奮奞也，振也，舒也。
〇奮，翬也，振也。（《三部經音義集》一）
【奪】徒活切。取也，不與也，易也，敚也，諍也。
◎奪，徒活切。取也，不與也，易也，敚也，諍也。

萑部第三百九十三

凡六字

【萑】後官切。老兔，似鵂鶹，有角，夜飛，食雞，鳴，人有禍。

◎萑，後官切。老兔，似鵂鶹，有角，夜飛，食雞，鳴則人病。

【雈】公换切。水鳥。今作鸛。

◎雈，公换切。水鳥。今作鸛。

【舊】巨又切。故也。又許流切，舊鶹。今作鵂。

◎舊，巨又切。故也。又許流切，舊鶹。今作鵂。

【雈】呼丸切。化也。

◎雈，呼丸切。化也。

【蒦】紆縛、於白、居莫三切。高視也，遽視皃也，度也。蠖，同上。

◎蒦，紆縛、於白、居莫三切。高視也，遽視皃也，度也。蠖，同上。

○蒦，《玉篇》音穫。蒦落，藥也。(《龍龕手鏡》卷二)

瞿部第三百九十四

凡二字

【瞿】忌俱、居遇二切。鷹隼之視也。瞿儉，驚懼之皃也。

◎瞿，忌俱、居遇二切。鷹隼之視。瞿儉，驚懼之皃。

【矍】九縛切。矍矍，視而無所依之也。鷹隼得逸志也，遽視也。

◎矍，九縛切。視而無所依之也。鷹隼得逸志也。

○矍，顧野王：矍，驚懼之皃也。(《一切經音義》卷四十二)

雔部第三百九十五

凡三字

【雔】市由切。雙鳥也。又除尤切。

◎雔，市由切。雙鳥也。又除尤切。

【靃】呼郭切。飛聲也。又綏彼切，靃靡，草随風皃。亦作霍。

◎靃，呼郭切。飛声。又綏彼切，靃靡，草随風皃。亦作霍。

【雙】所江切。兩也，偶也。又飛鳥二枚也。

◎雙，所江切。兩也，偶也。又飛鳥二枚。

○雙，顧野王曰：雙猶兩也。(《一切經音義》卷六)

○雙，顧野王曰：雙，兩隻也。(《一切經音義》卷七)

雥部第三百九十六

凡三字

【雥】才市切。群鳥也。又走合切。

◎雥，才市切。群鳥也。又走合切。

【雦】於蠲切。群鳥。

◎雦，於蠲切。群鳥。

【雧】秦立切。聚也。今作集。

◎雧，秦立切。聚也。今作集。

魚部第三百九十七

凡三百二十一字

【魚】語居切。水中蟲。

◎魚，語居切。水中蟲。

○魚，水中連行蟲總名。(《三教指歸注》四 26)

【鱎】大果、弋水二切。魚子已生。鰖，籀文。

◎鱎，大果、弋水二切。魚子已生。鰖，籀文。

【鮞】人之切。魚子也。

◎鮞，人之切。魚子。

【鮎】丘於切。魚也。亦作鰈。又他臘切。

◎鮎，丘於切。魚也。亦作鰈。又他臘切。

【鰈】他臘切。比目魚。鰨，同上。

◎鰈，它臘切。比目魚。鰨，同上。

【鰨】奴荅切。魚似鼈，無甲。

◎鮒，奴荅切。魚似鼈，無甲。

●圓沙本“鮒”當作“鰨”。

【魶】奴臘切。鯨也。
◎魶，奴臘切。鯨也。
【鱒】慈損切。赤目魚。
◎鱒，慈損切。赤目魚。
【鰲】力因切。魚名。
◎鰲，力因切。魚名。
【鰫】弋恭切。魚名。
◎鰫，弋恭切。魚名。
【鰖】思於切。魚名。
◎鰖，思於切。魚名。
【鮪】爲鬼切。鮥魚名。
◎鮪，爲鬼切。鮥魚名。
【鮔】公登、公贈二切。鮔鱛，鮪也。
◎鮔，公登、公繒二切。鮔鱛，鮪也。
【鱛】武登、武亘二切。鮔鱛。鯩，《説文》鱛。
◎鱛，武登、武亘二切。鮔鱛。鯩，《説文》鱛。
【鰥】古頑切。魚名。又老而無妻曰鰥。
◎鰥，古頑切。魚名。又老而無妻曰鰥。
〇鰥，顧野王云：老而無妻日鰥。（《一切經音義》卷九十六）
【鯀】古本切。大魚也。
◎鯀，古本切。大魚。
【鯉】力而切。今赤鱓。
◎鯉，力耳切。今作鱓。
【鱣】知連切。鯉也，大魚也，頷下無鱗。鱄，同上。鱣，籀文。
◎鱣，知連切。鯉也，大魚也，頷下無鱗。鱄，同上。鱣，籀文。
【鱄】市臠切。魚名。
◎鱄，市臠切。魚名。
【鮦】直壟切。鱧魚也。又直久切。
◎鮦，直壟切。鱧魚。
〇鮦，野王案：鮦音同，鱶魚也。（《倭名抄》八 6）
【鱶】力啓切。鮦也。鱧，同上。
◎鱶，力啓切。鮦也。鱧，同上。
【鱒】力侯切。大青魚。
◎鱒，力侯切。大青魚。
【鱺】力兮切。魚似蛇，無鱗甲，其氣辟蠹蟲也。
◎鱺，力兮切。魚似蛇，無鱗甲，其氣辟蠹蟲也。
【鰜】公嫌、胡兼二切。鱒也。
◎鰜，公嫌、胡兼二切。鱒也。
【鮔】他口切。魚名。
◎鮔，它口切。魚名。
【鯈】徒堯切。白鯈魚也，似雞，赤尾，六足四目。又直流切。
◎鯈，徒堯切。白鯈魚也，似雞，赤尾，六足四目。又直流切。
【鯾】卑連切。魴魚也。鯿，同上。
◎鯾，卑連切。魴魚。鯿，同上。
【魴】扶方切。赤尾魚。鰟，籀文。
◎魴，扶方切。赤尾魚也。鰟，籀文。
【鱮】似吕切。魚名。魣，同上。
◎鱮，似吕切。魚名。魣，同上。
【鰱】里然切。魚名。
◎鰱，里然切。魚名。
【鮍】匹皮切。鰨魚也。
◎鮍，匹皮切。鰨名。
【鰗】於堯切。鱮魚也。
◎鰗，於堯切。鱮魚。
【鮒】扶句切。鰿魚也。
◎鮒，扶句切。鰿魚。
【鯅】巨成切。魚名。
◎鯅，巨成切。魚名。
【鱏】徐林、弋林二切。鮪也。
◎鱏，徐林、弋林二切。鮪也。
【鱨】市羊切。黄鱨魚。
◎鱨，市羊切。黄鱨魚也。
【鯢】五兮切。大魚似鮎，四足，聲如人。
◎鯢，大兮切。大魚似鮎，四足，声如人。
〇鯢，顧野王云：鯢者，食小魚也。（《一切經音義》卷八十六）
●圓沙本“大兮切”未詳。
【鰼】似立切。泥鰌也。
◎鰼，似立切。泥鰌。
【鰌】七由切。狀如鱧而小。

◎鰌，七由切。如鱧而小。
【鯇】户本切。魚似鱒而大。
◎鯇，户本切。魚似鱒而大。
【魠】他各切。名黄頰。
◎魠，他各切。名黄頰。
【鮆】前啓切。刀魚也，短也。
◎鮆，前啓切。刀魚也，短也。
【鮎】乃兼切。鰋也。
◎鮎，乃兼切。鰋魚。
【鰋】於幰切。魚名。鰻，同上。
◎鰋，於幰切。魚名。鰻，同上。
【鮥】公念切。魚也。又音陷，見《山海經》。
◎鮥，公念切。魚也。又一音陷。
【鮷】大兮切。大鮎也。
◎鮷，大兮切。大鮎。
【鯷】大計切。鮎也。
◎鯷，大計切。鮎也。
【鰰】力大切，又他達切。魚名。
◎鰰，力大切，又他達切。魚名。
【鰼】子林切。魚名。
◎鰼，子林切。魚名。
【鱖】居月切。魚，大口，細鱗，班彩。
◎鱖，居月切。魚，大口，細鱗，班彩。
【鰈】徐垢切。白魚也。
◎鰈，徐垢切。白魚。
【鮔】市演切。魚似蛇。鱓，同上。
◎鮔，市演切。魚似蛇。鱓，同上。
【鮸】眉辯切。魚名。
◎鮸，眉辯切。魚名。
【魵】逢粉切。魚名。
◎魵，逢粉切。魚名。
【艫】力古切。魚名。
◎艫，力古切。魚名。
【鰛】於于切。魚名。
◎鰛，於于切。魚名。
【鯜】七接切。魚名。
◎鯜，七接切。魚名。
【鮬】布賴切。魚名。

◎鮬，布賴切。魚名。
【魦】所加切。鮫魚。
◎魦，所加切。魚名。
【鮮】思連切。生也，善也，好也。又思淺切，少也。
◎鮮，思連切。生也，善也，好也。思淺切，少也。
○鮮，《玉篇》曰：鮮好也，明也。(《一切經音義》卷二十二)
○鮮，《玉篇》曰：鮮明也。(《一切經音義》卷二十三)
○鮮，《玉篇》：鮮亦少也。(《一切經音義》卷二十七)
○鮮，《玉篇》云：鮮，少也，寡也。(《一切經音義》卷二十九)
【鱻】思連切。鳥獸新殺曰鱻。亦作鮮。
◎鱻，思連切。鳥獸新殺。亦作鮮。
【鮈】居六切。魚也。鞠，同上。
◎鮈，居六切。魚也。鞠，同上。
【鱳】力各切。魚也。
◎鱳，力各切。鮯魚。
●圓沙本“鮯魚”未詳。
【鰅】娛容切。魚名。
◎鰅，娛容切。魚名。
【鯽】疾得切。鰞鯽也。鱡，同上。
◎鯽，疾得切。鰞鯽。鱡，同上。
【鰞】音烏。鰞鯽魚。本作烏。
◎鰞，音烏。鰞鯽魚。本作烏。
○鰞鱡魚，野王案：鰞鱡魚，背有一大骨，腹中有墨。(《倭名抄》八54)
【鱅】與恭、市恭二切。魚似鰱。
◎鱅，與恭、市恭二切。魚似鰱。
【鮊】手亞切。海魚也。
◎鮊，手亞切。海魚。
【鮐】他才切。魚也。
◎鮐，它才切。魚也。
【鰒】步角切。海魚也。又音伏。
◎鰒，步角切。海魚。又音伏。
【鮫】古爻切。鯌屬，皮有文。

◎鮫，古爻切。䱜屬，皮有文。

【鯨】巨京切。魚之王。鱷，同上。

◎鯨，渠京切。巨魚。鱷，同上。

【鯁】古杏切。魚骨也。

◎鯁，古杏切。魚骨。

【鱗】力因切。魚龍之鱗也。

◎鱗，力因切。魚龍之鱗。

【鮏】先丁切。魚臭也。鯹，同上。

◎鮏，生丁切。魚臭。鯹，同上。

〇鯹，魚肉臭也。（《倭名抄》八33）

【鱢】先刀切。鮏鱢也。

◎鱢，先刀切。鮏鱢也。

【鮨】巨梨切。魚名。又鮓屬。鰭，同上。䱻，古文。

◎鮨，巨黎切。魚名。又鮓屬。鰭，同上。䱻，古文。

【鮺】仄下切。藏魚也。鮓，同上。䱹，籀文。

◎鮺，仄下切。藏魚也。鮓，同上。䱹，籀文。

【鯵】才枕、才箴二切。大魚爲鮓，小魚爲鯵。魿，同上。

◎鯵，才枕、才箴二切。大爲鮓，小爲鯵。魿，同上。

【鮑】步巧切。漬魚也。今謂裛魚。

◎鮑，步巧切。漬魚。今謂裛魚。

〇鮑，顧野王曰：漬魚也。（《六書故》卷二十）

【鯩】力巾、力丁二切。魚連行也。

◎鯩，力巾、力丁二切。魚連行也。

【鰕】何加切。魵也，長須蟲也。

◎鰕，何加切。魵也，長須蟲。

【鰝】乎老切。大鰕也。

◎鰝，乎老切。大鰕。

【䱐】更白切。海魚也。

◎䱐，更白切。海魚。

【魧】乎郎切。魚名。又音剛。

◎魧，乎郎切。魚名。又音剛。

【鮩】步梗切。蚌也。

◎鮩，步梗切。蚌也。

【鮚】巨栗切。魚也。

◎鮚，巨栗切。魚也。

◑鮚，渠慓反。《説文》：鮚，蚌也。《漢律》：會稽郡獻鮚醬二升。

【鰻】莫安切。魚也。

◎鰻，莫安切。魚也。

◑鰻，莫安反。《説文》：鰻，魚名也。

【鯖】子亦切。鮒也。鰿、鯽，並同上。

◎鯖，了亦切。鮒魚。鰿，同上。鯽，同上。

◑鯖，子赤反。《説文》：鯖，魚名也。野王案：此亦与鰿字同，鰿即鯽魚也。

◑鰿，子益反。《楚辭》：煎鰿炙鶴。王逸曰：鰿，鯽也。鯽，《字書》或鰿字也。《説文》或爲鯽字也。野王案：今以爲鯽魚之鰿字也。

【鱯】乎花切。似鮎而大。

◎鱯，乎花切。似鮎而大。

◑鱯，胡跨反。《説文》：魚也。《字書》：似鮎。野王案：鱯者，鮎之大者也。

【魾】步悲切。大鱯也。又敷悲切。

◎魾，步悲切。大鱯。又敷悲切。

◑魾，備飢反。《爾雅》：魾，大鱯。郭璞曰：鱯似鮎而大。《聲類》：魾，鯬鯠也。又音卑惟反。《爾雅》：魴魾。郭璞曰：江東呼魴魚爲鯿。鯿，別名魾也。

【鰈】乎瓦切。鱧也。

◎鰈，乎瓦切。鱧也。

◑鰈，胡瓦反。《説文》：鰈，鯉也。《聲類》：鰈，鱧也。《廣雅》：大鰈謂之鱯也。

【鮹】于貴切。魚，似蛇，四足。

◎鮹，于貴切。魚，似蛇，四足。

◑鮹，禹貴反。《山海經》：欒遊山，桃水出焉，其中多鮹魚，狀如虵而四足，食魚。

【鱬】而朱切。鳥似魚。

◎鱬，而朱切。鳥似魚。

◑鱬，如珠反。《山海經》：即翼澤多赤鱬，狀如魚人（面，聲如）鴛鴦，食之不疾也。

【鰩】與照切。魚身鳥翼，常從西海飛來東海。

◎鰩，與照切。魚身翼，常從西海飛來東海。

◑鰩，与照反。《山海經》：觀水多鰩魚，狀如鯉魚，身鳥翼，蒼文白首赤啄，常自西海遊於東海，以夜飛，音如鸞雞，味酸甘，見則天下大穰也。

【鰠】先刀切。魚似鱣。

◎鰠，先刀切。魚似鱣。

◑鰠，蘇高反。《山海經》：鳥鼠同穴山多鰠魚，狀如鱣魚，動則其邑大有兵。

【魮】頻葵切。魚也，音如磬聲。

◎魮，父脂切。鳥首魚尾，音如磬。

◑魮，婢葵反。《山海經》：濃［濫］水多如魮之魚，狀覆銚，鳥首而魚尾，音如聲石之聲也。

●此字條各本重出。

【鱳】祖道切。魚名。

◎鱳，祖道切。魚名。

◑鱳，祖道反。《山海經》：滚澤之水多鱳魚，狀如狸而雞足，食之已肬。

【鮯】公帀切。深澤有魚，状如鯉，六足，鳥尾。

◎鮯，公帀切。状如鯉，六足，鳥尾。

◑鮯，公帀反。《山海經》：緑澤有魚，狀如鯉而六足鳥尾，名曰鮯。鮯之魚，鳴自叫也。

【鮡】治矯切。大鱯也。

◎鮡，治矯切。大鱯。

◑鮡，治矯反。《爾雅》：魾大鱯，小者鮡。郭璞曰：鮧之者大曰鱯。

【鱵】之深切。魚名。

◎鱵，之深切。魚名。

◑鱵，之深反。《山海經》：沢水多鱵魚，狀如儵魚，其喙如箴，食者無疫疾。郭璞曰：出東海，今江東水中亦有也。

【鰄】公禫切。黄魚也。

◎鰄，公禫切。黄魚。

◑鰄，古禫反。《山海經》：減水中多鰄魚。郭璞曰：一名黄頰魚也。野王案：即魠魚也。

【鮵】徒括切。小鮦也。

◎鮵，徒括切。小鮦。

◑鮵，徒括反。《爾雅》：鰹大鮦，小者鮵。郭璞曰：兖州亦名小鮦爲鮵也。

【鮂】似由切。魚也。或作鰌。

◎鮂，似由切。魚也。又作鰌。

◑鮂，徐鳩反。《爾雅》：鮂，黑鰦。郭璞曰：鮂，白儵也。江東呼鮂。《音義》曰：荆楚人又名白鯵或作部［鮂］也。

【鮹】胡八切。魚如鳥。

◎鮹，胡八切。魚如鳥。

【鰦】子夷切。黑鰦也。

◎鰦，子夷切。黑鰦也。

【鯩】力均切。魚也。

◎鯩，力均切。魚也。

【騰】大曾切。魚似鯽，蒼文赤尾。

◎騰，大曾切。魚似鯽，蒼文赤尾。

【鰲】之利切。魚名。

◎鰲，之利切。魚名。

【鮤】力結切。鮆魚也。

◎鮤，才結切。鮆魚也。

●圓沙本“才結切”疑當作“力結切”。

【魛】丁高切。蔑魛魚。

◎魛，丁高切。蔑魛魚也。

【鱦】弋證切。小魚也。鮮，同上。

◎鱦，弋證切。小魚。鮮，同上。

【鱀】巨既切。魚名，似鱏也。

◎鱀，巨既切。魚名，似鱏。

【鱁】雉六切。鱁鮧也。

◎鱁，雉六切。鱁鮧也。又魚名。

【鮧】音夷。鱁鮧。又魚名。

◎鮧，音夷。鱁鮧。

【鯤】古門切。大魚。又魚子。

◎鯤，古門切。大魚。又魚子。

【鮇】方娱切。鮇鯕魚也。

◎鮇，方娱切。鮇鯕魚也。

【鯕】巨基切。鮇鯕。

◎鯕，巨基切。鮇鯕。

【鱎】古八切。《爾雅》曰：鱎、鮬、鱖、鯞，小魚，似鮒子而黑。

◎鱎，古八切。《爾雅》：鱎、鮬、鱖、鯞，小魚，似鮒小而黑。

【鮬】蒲故切。鱖鯞也。

◎鮬，蒲故切。鱖鯞。

【鯞】之酉切。鱖鯞也。

◎鯞，之酉切。鱖鯞。

【魟】於八切。魚名。

◎魟，於八切。魚名。

【䲹】達丁切。魚也。
◎䲹，達丁切。魚也。
【鯴】所巿切。魚尾長。
◎鯴，所巿切。魚尾長。
【魟】呼工切。魚名。
◎魟，呼工切。魚名。
【䱢】壯耕切。魚名。
◎䱢，壯耕切。魚名。
【鱍】市活、普活二切。尾長皃。
◎鱍，市活、普活二切。尾長皃。
【鯆】夫禹切。大魚也。
◎鯆，夫禹切。大魚。
【魺】户多切。魚名。
◎魺，户多切。魚名。
【鯪】力承切。鯉也，有四足。
◎鯪，力承切。鯉，有四足。
〇鯪，《玉篇》云：鯪魚，鯉也，有四足，出於南方。(《一切經音義》卷二十六)
【鯼】子公切。石首魚。
◎鯼，子公切。石首魚。
【䲡】尺尸切。鮪䲡也。
◎䲡，尺尸切。鮪䲡也。
◑(䲡，充尸）反。《廣雅》：侯鮔，魺鮔也。
【鮛】尸六切。鮪也。
◎鮛，尸六切。鮪也。
◑鮛，尸鞠反。《埤蒼》：鮛，鮪也。野王案，鮛鮪即鮥也。
【䱟】記冢切。魚也。
◎䱟，記冢切。魚也。
◑䱟，記冢反。《廣雅》：䱟，鯤也。鯤血［魚］子也。
【鱵】口换切。魚撞罩。
◎鱵，口换切。魚撞罩也。
◑鱵，口换反。《埤蒼》：魚撞罩也。野王案，以罩於（闕）
【鮩】步杏切。白魚也。又音並。
◎鮩，步杏切。白魚。又音並。
◑鮩，蒲杏反。《埤蒼》：白魚也。
【鱐】思六切。鮐母也。
◎鱐，思六切。鮐母。

【鮚】居乞切。斷魚也。
◎鮚，居乞切。斷魚。
〇鮚，魚名也。(《倭名抄》八7)
【䲆】子律切。鯈也。
◎䲆，子律切。鯈也。
【鵯】步隹切。黑鯉也。
◎鵯，步唯切。黑鯉也。
【䲖】直留、市由二切。魚名。
◎䲖，直留、市由二切。魚名。
〇䲖，直留反。一切。魚名也。(《醫心方》寫本)
●佚文“一切”疑爲注音字訛舛。
【鰟】方韋切。魚似鮒。
◎鰟，方韋切。魚似鮒。
【鰑】與章切。赤鱺也。
◎鰑，與章切。赤鱸也。
●圓沙本“赤鱸”疑當作“赤鱺”。
【䱙】扶各切。魚似鯉。
◎䱙，扶各切。魚似鯉。
【鱄】普乎切。鱄䱐魚，一名江豚，欲風則踊。
◎鱄，普乎切。鱄䱐，一名江豚。
〇鱄，顧野王云：鱄魚，又名江豚，欲風則湧。(《吴郡志》卷四十八)
【䱐】覆浮切。鱄䱐也。
◎䱐，覆浮切。鱄䱐也。
〇䱐鯆，野王案：一名江豚。(《倭名抄》八4)
【鱲】力涉切。魚名。
◎鱲，力涉切。魚名。
【鰁】與專切。魚名。
◎鰁，与專切。魚名。
【鯧】齒楊切。魚名。
◎鯧，齒楊切。魚名。
【鰲】午刀切。魚名。
◎鰲，午刀切。魚名。
【鰁】力當切。鰁鱧，雄蟹。
◎鰁，力常切。鰁鱧，雄蟹也。
【鱧】胡哀切。鰁鱧。
◎鱧，胡哀切。鰁鱧也。
【鱎】奇兆切。白魚也。

◎鱎，奇兆切。白魚。
【鰹】古田切。大鮦也。
◎鰹，古田切。大鮦。
【鯸】胡溝切。鯸鮐，魺也，食其肝殺人。
◎鯸，胡溝切。鯸鮐，食其肝殺人。
【鮐】亦之切。鯸鮐。
◎鮐，亦之切。鯸鮐。
【鰂】於報切。小鰌也。
◎鰂，於報切。小鰌。
【鸁】力戈切。魚有翼，見則大水。
◎鸁，力戈切。魚有翼，見則大水。
【鯔】壯其切。魚名。
◎鯔，壯其切。魚名。
【鱋】於臘切。鱋鰯魚。
◎鱋，於臘切。鱋鰯魚也。
【鰯】子羊切。鱋鰯。
◎鰯，子羊切。鱋鰯。
【鋋】式延切。魚醬。
◎鋋，式延切。魚醬。
【鰎】巨連切。魚也。
◎鰎，巨連切。魚也。
【鮇】莫括、莫結二切。海中魚，似鮑也。鱴，同上。
◎鮇，莫括、莫結二切。海中魚，似鮑。鱴，同上。
○鮇，小魚名也。(《倭名抄》八 29)
【鱺】力的切。魚名。鰢，同上。
◎鱺，力的切。魚名。鰢，同上。
【鮈】記于切。鯸鮈，魚名。
◎鮈，記于切。鯸鮈，魚名。
【鯸】午胡切。魚名。
◎鯸，午胡切。魚名。
【鰢】火嫣切。大魚也。又音爲。
◎鰢，火嫣切。大魚。又音爲。
【鮹】思幺切。魚名。
◎鮹，思幺切。魚名。
【鯛】丁幺切。魚名。
◎鯛，丁幺切。魚名。
【鱟】胡遘切。《山海經》云：形如車，文青黑色，十二足，長五六尺，似蟹，雌常負雄，漁者取之必得其雙，子如麻子，南人爲醬。
◎鱟，胡遘切。《山海經》：形如車，青黑色，十二足，長五六尺，似蟹，雌常負雄，漁者必得其雙，子如麻子，南人爲醬。
【鮠】午戈、午回二切。魚名。
◎鮠，午戈、午回二切。魚名。
【鮿】竹涉切。膊魚也，鹽漬魚也。
◎鮿，竹涉切。膊魚也，鹽漬魚也。
【魽】呼甘切。似蛤，有文如瓦屋。
◎魽，呼甘切。似蛤，有文如瓦屋。
【鮭】古迷切。魚名。
◎鮭，古迷切。魚名。
【鰧】大當切。魚名。
◎鰧，大當切。魚名。
【鱅】人用切。鮐魚。
◎鱅，人用切。鮐魚。
【鰤】徒合切，又所其切。魚也。
◎鰤，徒合切，又所其切。魚也。
【鰕】胡買切。鮦也。
◎鰕，胡買切。鮦也。
【鰜】魚檢切。鰜鰅，魚也。
◎鰜，魚檢切。鰜鰅，魚也。
【鰅】魚容切。鰜鰅。
◎鰅，魚容切。鰜鰅。
【鮾】奴罪切。魚敗也。
◎鮾，奴罪切。魚敗。
○鮾，野王案：鮾，魚肉爛也。(《倭名抄》八 33)
【鮉】丁叫切。亦作釣。餌取魚。
◎鮉，丁叫切。亦作釣。餌取魚也。
○鮉，《玉篇》：取魚也。(《龍龕手鏡》卷一)
【魪】假邁切。兩魪，即比目魚也。
◎魪，假邁切。兩魪，比目魚。
【鱷】午各切。魚名。鰐，同上。
◎鱷，午各切。魚名。鰐，同上。
【鰶】子裔切。魚名。
◎鰶，子裔切。魚名。
【鯑】大兮切。魚四足，音如嬰兒，食之無疾。
◎鯑，大兮切。魚四足，音如嬰兒，食之無疾。
【䱜】語居切。捕魚也。敍、漁，並同上。

又作瀂。
◎䲐，語居切。捕魚。魰，同上。漁，亦同上。又作瀂。
〇魰，《玉篇》：魰，語去（反）。亦捕魚也。（《一切經音義》卷二十七）
【鱸】洛乎切。魚名。
◎鱸，洛乎切。魚名。
【鰊】洛見切。魚名。
◎鰊，洛見切。魚名。
【鯬】音犂。魚名。
◎鯬，音犂。魚名。
【鮀】大何切。魚名。鮑，同上，俗。
◎鮀，大何切。魚名。鮑，同上，俗。
【魤】五何切。
◎魤，五回切。魚屬。
●“五回切”疑誤。
【鮃】音平。魚名。
◎鮃，音平。魚名。
【鰍】七由切。與鰌同。
◎鰍，七由切。與鰌同。
【鯈】音條。魚名。
◎鯈，音條。魚名。
【鱗】無非切。魚名。
◎鱗，無非切。魚名。
【䲗】户巖切。魚。
◎䲗，户岩切。魚也。
【鰯】烏紅切。魚。
◎鰯，烏紅切。魚也。
【鮮】莫侯切。魚。
◎鮮，莫侯切。魚也。
【魷】音求。魚名。
◎魷，音求。魚名。
【鯚】音葵。魚名。
◎鯚，音癸。魚名。
【鰤】音師。魚名。
◎鰤，音師。魚名。
【鰓】相來切。魚頰也。
◎鰓，相來切。魚頰。
【鱕】甫煩切，又音煩。魚名。
◎鱕，甫煩切，又音煩。魚名。
【鱃】音饈。魚名。
◎鱃，音饈。魚也。
【鱑】户光切。魚名。
◎鱑，户光切。魚。
【鯖】倉經切。魚名。又音征。
◎鯖，倉經切。魚名。又音征。
【鰡】音流。魚名。
◎鰡，音流。魚名。
【鰤】音耶。魚似蛇，長一丈。
◎鰤，音耶。魚似蛇，長一丈。
【魱】于匡切。魚。
◎魱，于匡切。魚也。
【鐺】都郎切，又都浪切。魚。
◎鐺，都郎、都浪二切。魚也。
【魄】於鬼切。魚。鮃，上同。又音牛。
◎魄，於鬼切。魚名。鮃，上同。又音牛。
【鯄】音求。魚名。
◎鯄，音求。魚名。
【魨】音豚。魚名。
◎魨，音豚。魚名。
【鰑】七尋切。魚名。
◎鰑，七尋切。魚名。
【鱃】音羞。魚名。
◎鱃，音羞。魚名。
【魱】音呼。魚。
◎魱，音呼。魚名。
【鰞】音呼，又音無。
◎鰞，音呼，又音無。
【鮶】音君。蟲似魚也。
◎鮶，音君。蟲似魚也。
【鰗】以周切。魚名。
◎鰗，以周切。魚名。
【鰄】於非切。魚。
◎鰄，於非切。魚也。
【鱶】義奇切。
◎鱶，義奇切。魚名。
【魜】而真切。魚。
◎魜，而真切。魚也。
【鮢】諸儒切。魚。

◎鮢，諸儒切。魚也。
【鵌】與魚切。魚。
◎鵌，与魚切。魚也。
【鑱】仕咸切，又音陷。
◎鑱，士咸切，又音陷。
【鵃】音舟。魚名。
◎鵃，音舟。魚名。
【鮍】盰鬼切。魚。
◎鮍，肝鬼切。魚也。
●“肝鬼切”疑誤。
【魮】父脂切。魮魚，狀如覆銚，鳥首魚尾，音如磬石，出《山海經》。
◎魮，父脂切。魮魚，狀如覆銚，鳥首魚尾，音如磬石，出《山海經》。
●底本此字重出，上文作“魮，頻葵切。魚也，音如罄聲”。
【鰰】莫六切。魚名。
◎鰰，莫六切。魚名。
【鱫】居偃切。魚。
◎鱫，居偃切。魚也。
【鰢】莫下切。魚名。
◎鰢，莫下切。魚也。
【鱌】音象。魚名。
◎鱌，音象。魚名。
【鰖】以水切，又音唯。
◎鰖，以水切，又音唯。
【魤】疾里切。魚也。
◎魤，疾里切。魚也。
【鱏】音巽。魚名。
◎鱏，音巽。魚名。
【魦】音小。魚名。
◎魦，音小。魚名。
【魣】音宁。魚名。
◎魣，音宁。魚名。
【鯖】音妥。魚名。
◎鯖，音妥。魚名。
【鰖】音唯。
◎鰖，音唯。魚名。
【鱭】音薺。
◎鱭，音齊。魚屬。
【鱝】防吻切。盤尾毒魚也，口在腹下。
◎鱝，防吻切。盤尾毒魚也，口在腹下。
【鰵】音慜。魚名。
◎鰵，音慜。魚名。
【鮌】音鯀。魚名。
◎鮌，音鯀。魚名。
【魬】音販。魚名。
◎魬，音販。魚名。
【鮵】先顯切。魚。
◎鮵，先顯切。魚也。
【鯶】乎袞切。魚。
◎鯶，乎袞切。魚也。
【鰾】毗眇切。魚鰾，可爲膠。
◎鰾，昆眇切。魚鰾，可爲膠。
【鮅】府吻切。
◎魵，府吻切。魚名。
●圓沙本“魵”已見上文，此當作“鮅”。
【鮚】之利切。魚名。
◎鮚，之利切。魚名。
【鍾】直勇切。魚。
◎鍾，直勇切。魚也。
【鰟】時正切。魚。
◎鰟，時正切。魚也。
【魱】音互。魚名。
〇魱，《玉篇》又音亙。(《龍龕手鏡》卷一)
【鮤】力際切。
◎鮤，力際切。
【鰗】匹亘切。
◎鰗，匹亘切。大魚。
【魤】音化。魚也。
◎魤，音化。魚也。
【鰤】初陷切。魚。
◎鰤，初陷切。魚也。
【鯓】音佛。海魚。
◎鯓，音佛。海魚。
【鬻】音尉。魚名。
◎鬻，音尉。魚名。
【鯡】音沸。魚子也。
◎鯡，音沸。魚子。
【鯩】胡幹切。魚。

◎鰱，胡幹切。魚也。
【𩸞】音闕。魚名。
◎𩸞，音闕。魚名。
【鮨】於陷切。
◎鮨，於陷切。魚也。
【鯠】音柰。魚名。
◎鯠，音柰。魚名。
【𩵖】音步。魚名。
◎𩵖，音步。魚名。
【鋸】居六切。魚。
◎鋸，居六切。魚也。
【𩻓】布蜜切。魚。
◎𩻓，布密切。魚也。
【鮥】音洛。大魚。
◎鮥，音洛。大魚。
【鯥】力竹切。魚，狀如牛，陵居，蛇尾，有翼，出《山海經》。
◎鯥，力竹切。魚，似牛，陵居，蛇尾，有翼，出《山海經》。
【黴】火韋切。黴魚，絶有力。
◎黴，火韋切。黴魚，絶有力。
【鯠】洛該切。魚。
◎鯠，洛該切。魚也。
【鮖】胡鬬切。魚。
◎鮖，胡鬬切。魚也。
○鮖，野王案：鮖，《説文》鰈。(《倭名抄》八21)
○鮖，胡鬪反。野王案：是鯉［鰈］魚也。(《醫心方》三28)
【鯠】親悉切。魚。
◎鯠，親悉切。魚也。
【鯥】力玉切。魚。
◎鯥，力玉切。魚也。
【𩼒】音業。魚盛。
◎𩼒，音業。魚盛也。
【𩸒】魚怯切。與四魚同呼。
◎𩸒，魚怯切。与四魚同呼。
【鮅】卑吉切。魚。
◎鮅，卑吉切。魚也。
【鰒】營隻切。

◎鰒，營隻切。
【鮇】音未。魚名。
◎鮇，音未。魚名。
【䱜】倉合切，又音錯。
◎䱜，倉合切，又音錯。
【鮇】直律切。魚。
◎鮇，直律切。魚也。
【鰏】彼力切。魚名。
◎鰏，彼力切。魚名。
【鰂】音額，又音頡。魚。
◎鰂，音額，又音頡。魚也。
【鱉】并滅切。俗鼈字。
◎鱉，并滅切。俗鼈字。
【鰴】莫浮切。魚。
◎鰴，莫浮切。魚也。
【魡】先了切。魚。
◎魡，先了切。魚也。
【鮣】一刃切。魚如印。
◎鮣，一刃切。魚如印也。
【鮑】於業切。鹽漬魚也。
◎鮑，於業切。鹽漬魚也。
【鰊】德紅切。魚名，似鯉。
◎鰊，德紅切。魚似鯉也。
【鰕】呼蓋切。魚名。
◎鰕，呼蓋切。魚名。

補

○敘，言去、言居二反。(《法華釋文》下)
○䱜，顧野王云：䱜魚，一名江豚，欲風則涌之也。(《史記》卷六十六)

𩺰部第三百九十八

凡二字

【𩺰】語居切。《説文》云：二魚也。
◎𩺰，語居切。《説文》：二魚也。
【瀺】言居切。捕魚也。與漁、𢿱同。
◎瀺，言居切。捕魚也。与漁、𢿱同。

大廣益會玉篇 卷第二十五

凡十部

鼠部第三百九十九

凡五十八字

【鼠】式與切。穴蟲之緫名。
◎鼠，式与切。穴蟲之緫名。
【鱕】父元切。白鼠也，一名瓮底蟲。
◎鱕，父元切。白鼠。又瓮底蟲。
【鼦】胡各切。鼠出胡地，皮可爲裘也。
◎鼦，胡各切。鼠出胡地，皮可爲裘。
【鼢】扶粉切。地中行者。一曰鼹鼠也。
◎鼢，扶粉切。地中行者曰鼹鼠。
【鼮】步丁切。鼮鼢鼠。
◎鼮，步丁切。鼮鼢鼠。
【鼶】思移切。鼠名。
◎鼶，思移切。鼠名。
【鼩】力久切。似鼠而大。
◎鼩，力久切。似鼠大。
【鼧】如勇切。鼮鼠也。
◎鼧，如勇切。鼮鼠。
【鼸】胡簟切。田鼠也。
◎鼸，胡簟切。田鼠。
【鼫】市亦切。形大如鼠，頭似兎，尾有毛，青黄色，見《爾雅》。
◎鼫，市亦切。形大如鼠，頭似兎，尾有毛，青黄色，見《爾雅》。
【鼨】之弓切。豹文鼠。𪕌，籀文。
◎鼨，之弓切。豹文鼠。𪕌，籀文。
【鼬】於革切。鼠名。
◎鼬，於革切。鼠名。
【鼩】巨于切。小鼱鼩鼠也。鸜，同上。
◎鼩，巨于切。小鼱鸜鼠。鸜，同上。
【鼱】子盈切。鼱鼩。
◎鼱，子盈切。鼱鼩。
【鼢】胡貪切，又公含切。蜥蜴也。䶃，同上。
◎鼢，胡貪、公含二切。蜥蜴。䶃，同上。
【鼷】下雞切。小鼠也，螫毒，食人及鳥獸皆不痛，今之甘口鼠也。
◎鼷，下雞切。小鼠也，螫毒，食人及鳥獸皆不痛，今之甘口鼠也。
○鼷，《玉篇》有：螫毒，食人及鳥獸，雖至盡亦不覺痛，今謂甘口鼠也。（《一切經音義》卷二十七）
○鼷，顧野王云：即甘口鼠也。食人及食鳥獸，雖至盡而不痛，亦不知覺。《春秋傳》曰鼷鼠食郊牛角是也。（《一切經音義》卷三十八）
【鼬】弋救切。鼠名。郭璞云：今鼬似鼦，赤黄色，大尾，啖鼠，江東呼爲鼪。
◎鼬，弋救切。鼠名。郭璞云：似鼦，赤黄色，大尾，啖鼠，江東呼爲鼪。
○鼬，《玉篇》作狖，似貍，持鼠。或作狖。（《法華釋文》中）
【鼩】之若切。鼠屬。
◎鼩，之若切。鼠類。
【鼲】胡昆、古魂二切。鼠名，可以爲裘也。
◎鼲，胡昆、古痕二切。鼠名，可以爲裘。
【鼯】户吾切。䶂鼯，鼠也，黑身白腰。
◎鼯，户吾切。䶂鼯鼠，黑身白腰。
【䶂】任緘切。䶂鼯。
◎䶂，任緘切。䶂鼯。
【鼣】扶廢切。郭璞曰：《山海經》説獸云，壯如鼣鼠，然形則未詳。䶈，同上。
◎鼣，扶廢切。鼠名。䶈，同上。
【鼭】人市切。鼠名。
◎鼭，人市切。鼠名。
【鼯】午胡切。鼯鼠飛生。或爲鼯。
◎鼯，午胡切。鼯鼠飛生。或爲鼯。
【鼳】吉役切。鼠身長須，秦人呼爲小驢也。

◎鼰，吉役切。鼠身長須。
【鼲】胡的、胡姪二切。似鼠而白也。
◎鼲，胡的、胡姪二切。似鼠而白。
【鼵】徒忽切。鳥鼠同穴也。
◎鼵，徒忽切。鳥鼠同穴。
【鼮】徒廳切。鼠名。漢武帝時有此鼠，文如豹，終軍識之，賜絹百匹。
◎鼮，徒廳切。鼠名。漢武時有此鼠，文如豹，終軍識之，賜絹百匹。
【鼤】亡云、亡運二切。斑尾鼠。
◎鼤，亡云、亡運二切。斑尾鼠。
【鼭】視之切。鼠名。
◎鼭，視之切。鼠名。
【鼪】之惟切。南陽呼鼠爲鼪。
◎鼪，之惟切。南陽呼鼠云。
○鼪，《玉篇》云：南陽呼鼠爲鼪。（《方言疏證》卷九）
【鼪】所敬切。鼠名。
◎鼪，所敬切。鼠名。
【鼛】公禄切。鼬鼠也。
◎鼛，公禄切。鼬鼠。
【鼶】補木切。鼠名。
◎鼶，補木切。鼠名。
【鼶】徒當切。鱄鼶，鼠名。
◎鼶，徒當切。鼶鱄，鼠名。
【鱄】布各切。鼠也。
◎鱄，布各切。鼠也。
【鼧】大何切。鼠也。
◎鼧，大何切。鼠名。
【鼮】公熒切。班鼠也。
◎鼮，公熒切。班鼠。
【鼢】力丁切。鼮屬。
◎鼢，力丁切。鼮屬。
【鼨】子徇切。鼫鼠也。
◎鼨，子徇切。鼫鼠。
【鼒】子移切。似雞而鼠毛，見即大旱。
◎鼒，子移切。似雞，鼠毛，見即旱。
【鼳】於蓋切。鼶鼳，小鼠相銜而行。
◎鼳，於蓋切。鼶鼳，小鼠相銜而行。
○鼳鼶，小鼠相銜而行也。（《倭名抄》七 68）
【鼶】力知切。小鼠也。
◎鼶，力知切。小鼠。
【鼴】於鼬切。大鼠也。
◎鼴，於鼬切。大鼠。
【鼦】丁幺切。古文貂字。鼠也，毛可爲裘。
◎鼦，丁幺切。古貂也。鼠也，毛可爲裘。
【鼰】音兒。鼠也。
◎鼰，音兒。鼠也。
【鼱】步靈切。鼠也。
◎鼱，步靈切。鼠也。
【鼨】即容切。鼠。
◎鼨，即容切。鼠也。
【鼽】以救切。似鼠。亦作鼬。
◎鼽，以救切。似鼠。亦作鼬。
【鼸】除久切。
◎鼸，除久切。鼠也。
【鼣】普木切。鼠。
◎鼣，普木切。鼠也。
【鼹】音惕。鼠也。
◎鼹，音暘。鼠也。
【鼱】音雀。鼠也。
◎鼱，音雀。鼠也。
【鼩】音刃。
◎鼩，音刃。鼠也。

補

○鼬，似狸，亦噉鼠。天若雨，於樹倒懸，尾有兩岐，以塞兩鼻。（《法華文句記》六下 271）

易部第四百

凡二字

【易】余赤切。象也，異也，轉也，變也。又以豉切，不難也。
◎易，余赤切。象也，異也，轉也，變也。又以豉切，不難也。
○易，顧野王云：易謂交換也。（《一切經音義》卷四十三）
【鶍】於革切。鼠屬。或作貖，又作鼶。
◎鶍，於革切。鼠屬。或作貖，作鼶。

虫部第四百一

凡五百二十五字

【虫】盱鬼切。一名蝮，博三寸，首大如擘，象其臥形也。物之微細。或飛行，或毛甲，皆以象之。此古文虺字。
◎虫，盱鬼切。一名蝮，博三寸，首大如擘，象其臥形。又鳞介揔名。
【蝮】孚六切。毒蛇也。蝮螫手則斷。
◎蝮，孚六切。毒蛇。蝮螫手則斷。
○蝮，毒蟲也。(《法華釋文》中)
○蝮，《玉篇》：虫［虵］也，蝮螫手即斷手。(《一切經音義》卷二十七)
【螣】徒曾、直錦二切。神蛇也。
◎螣，徒曾、直錦二切。神蛇。
【蚺】如鹽切。大蛇也，肉可以食。
◎蚺，如鹽切。大蛇，肉可食。
【螼】丘忍切。螼蟥，仄行，即寒蚓也。
◎螼，丘忍切。螼蟥，寒蚓也。
【蟥】弋忍切。螼蟥也。
◎蟥，弋忍切。螼蟥。蚓，同上。
○蚓，顧野王云：即螳蚓也。(《一切經音義》卷八十一)
【蚯】音丘。蚯蚓。
◎蚯，音丘。蚯蚓。
【蓊】於公切。小蜂也。又蓊蜙，牛馬皮中蟲也。
◎蓊，於公切。小蜂。又蓊蜙，牛馬皮中蟲也。
【蜙】子公切。蓊蜙也。
◎蜙，子公切。蓊蜙。
【蠿】子外、所芮二切。蟲也。
◎蠿，子外、所芮二切。蟲也。
【蠁】許兩切。禹蟲也。《説文》云：知聲蟲也。蚼，同上。
◎蠁，許兩切。禹蟲。《説文》：知声蟲。蚼，同上。
【蛁】丁幺切。螗蛄也，即蛁蟧蟲也。蚒，同上。
◎蛁，丁幺切。螗蛄，即蛁蟧蟲。蚒，同上。
【蜿】胡對切。蠶蛹也。
◎蜿，胡對切。蠶蛹。
【蛕】胡恢切。人腹中長蟲也。蚘、蛔，並同上。
◎蛕，胡恢切。人腹長蛕。蚘、蛔，並同上。
○蚘，《玉篇》云：蚘蛔同字。(《醫心方》刊本一六 46)
【蛹】與種切。老蠶也。蛹，同上，俗。
◎蛹，與種切。者蠶。蛹，同上，俗。
●圓沙本“者蠶”當作“老蠶”。
【蟯】如消、去消二切。腹中蟲也。
◎蟯，如消、去消二切。腹中蟲。
【雖】息葵切。似蜥蜴。又詞兩設也。又推也。
◎雖，息葵切。似蜥蜴。又詞兩設也。又推也。
【虺】呼鬼切。户虺，今以注鳴者。亦爲蝮蟲也。
◎虺，呼鬼切。户虺，今以注鳴者。亦爲蝮蟲。
○虺，顧野王：今亦以爲蝮虺也。(《一切經音義》卷四十二)
○虺，顧野王云：虺，蝮也。(《一切經音義》卷八十六)
【蜥】先的切。蜥蜴，蠑螈也。
◎蜥，先的切。蜥蜴，蠑螈也。
【蜴】羊益切。蜥蜴。
◎蜴，羊益切。蜥蜴。
【蠑】永兵切。蠑螈。
◎蠑，永兵切。蠑螈。
【蚖】魚袁切。蠑螈。螈，同上。
◎蚖，魚袁切。蠑螈。螈，同上。
○蚖，《玉篇》：蛇醫也。(《一切經音義》卷二十七)
【蝘】於甗切。蝘蜓，在壁曰蝘蜓，在草曰蜥蜴。
◎蝘，於甗切。蝘蜓，在壁曰蝘蜓，在草曰蜥蜴。
○蝘蜓，守宫，在壁曰蝘蜓。蝘音宴，蜓音徒典反。(《弘决外典抄》三 13)

【蜓】大典切。蝘蜓。又音廷，螅蛞别名也。
◎蜓，大典切。蝘蜓。又音廷，螅蛞别名也。
【蠸】巨袁切。食瓜蟲。
◎蠸，巨袁切。食瓜蟲。
【螟】亡丁切。食苗心蟲也。
◎螟，亡丁切。食苗心蟲。
【蟘】徒得切。食苗葉蟲也。蚮、蟙，並同上。
◎蟘，徒得切。食苗葉蟲。蚮、蟙，並同上。
【蛖】莫江切。蛖螻，螻蛄類。
◎蛖，莫江切。蛖螻，螻蛄類。
【蝚】如由切。蛖螻也。
◎蝚，如尤切。蛖螻。
【蛣】去吉切。《爾雅》曰：蝎、蛣、蝠，木中蠹蟲。
◎蛣，去吉切。《爾雅》：蝎、蟾、蝠，木中蠹蟲。
●圓沙本“蟾”疑當作“蛣”。
【蝠】丘勿切。蛣蝠。
◎蝠，丘勿切。蛣蝠。
【蠣】力制切。蚌屬也。
◎蠣，力制切。蚌屬。
【蟫】大含、弋針二切。白魚蟲也。
◎蟫，大含、弋針二切。白魚蟲。
【蛵】呼丁切。負勞。又蜻蛉。
◎蛵，呼丁切。負勞。又蜻蛉。
【蜭】胡感切。毛蠹也。
◎蜭，胡感切。毛蠹。
【蛅】如占切。《爾雅》曰：蟔、蛅、蟴，蛓屬也。
◎蛅，如占切。《爾雅》：蟔、蛅、蟴，蛓屬。
【蟴】息移切。蛅蟴。蜇，同上。
◎蟴，息移切。蛅蟴。蜇，同上。
【蛓】七吏切。毛蟲也。蠀、蛔、螅、蚝，並同上。
◎蛓，七吏切。毛蟲。蠀、蛔、螅、蚝，並同上。
【圭】口圭反。蠆也。
◎圭，口圭反。蠆也。
【蚔】巨支切。土蝱也。亦作蝨。
◎蚔，巨支切。土蝱也。亦作蝨。
【蠆】丑介切。螫蟲。或作蠤。
◎蠆，丑介切。螫蟲。或作蠤。
【蝎】胡葛切。桑中蠹蟲也。
◎蝎，胡葛切。桑中蠹蟲。
○蝎，蠆毒人。（《法華釋文》中）
【蝤】疾尤切。蝤、蠐、蝎，木中蟲也。
◎蝤，疾尤切。蝤、蠐、蝎，木中蟲。
【螬】徂刀切。蠐螬。
◎螬，祖刀切。蠐螬。
【蟦】扶非切。蠐螬也。
◎蟦，扶非切。蠐螬。
【蠀】在資切。蠀螬也。
◎蠀，在資切。蠀螬。
【强】巨羊切。米中蠹，小蟲。
◎强，巨羊切。米中蠹，小蟲。
【蚚】巨衣切。强蚚蟲。
◎蚚，巨衣切。强蚚蟲。
【蜀】市燭切。桑蟲也。亦作蠋。
◎蜀，市燭切。桑蟲。亦作蠋。
【蠲】古玄、古迷二切。蟲也，明也，除也。又疾也。
◎蠲，古玄、古迷二切。蟲也，明也，除也。又疾也。
○蠲，顧野王云：蠲謂清潔也。（《一切經音義》卷三十二）
【蛶】吕説切。蟲名。
◎蛶，吕説切。蟲名，螪蚵。
●此字下文重出，作“蛶，力輟切。螪蚵也”。
【蟣】居豈切。蝨蟣也。
◎蟣，居豈切。蝨蟣。
【螕】補兮切。牛蝨也。
◎螕，補兮切。牛虫。
【蠖】於縛切。屈伸蟲。
◎蠖，於縛切。屈伸蟲。
【蝝】惟船切。蝝也。亦蝗子。
◎蝝，惟船切。蝝也。亦蝗子。
○蚳蝝，野王案：蚳蝝，蟻子也。（《倭名抄》八96）
【蜪】它刀切。《爾雅》曰：蝝蜪，蝗子未有翅者。又音陶。

◎蜪，它刀切。《爾雅》：蝝，蝮蜪，蝗子未有翅。又音陶。

【螻】力侯切。螻蛄也。

◎螻，力侯切。螻蛄。

【蛄】古胡切。亦螻蛄也。

◎蛄，古胡切。螻蛄。

【虰】丑經切。蠪虰也。蟶，同上。

◎虰，丑經切。蠪虰也。蟶，同上。

【蠪】力公切。蠪虰蟲。亦獸名。

◎蠪，力公切。蠪虰蟲。亦獸名。

【蟠】父袁切。阜螽也，即蚣蝑。又負蟠，蜚也。

◎蟠，父袁切。阜螽也，即蚣蝑。又免蟠，蜚也。

●圓沙本"免蟠"疑當作"負蟠"。

【蛾】五何切。蠶蛾也。

◎蛾，五何切。蠶蛾。

【蚳】丈飢切。蟻卵也。

◎蚳，丈飢切。蟻卵。

【螘】宜倚切。蚍蜉也。蟻，同上。蝁、䗋，並同上。

◎螘，宜倚切。蚍蜉。蝁、䗋，並同上。蟻，同上。

【蟹】所蜜切。蟋蟹蟲。蟀，同上。

◎蟹，所密切。蟋蟹蟲。蟀，同上。

【蟋】思栗切。蟋蟀。蟋，同上。

◎蟋，思栗切。蟋蟀。蟋，同上。

【蛩】古勇切。蟋蟀也。亦名蜻蛚。又音卭。蛬，同上。

◎蛩，古勇切。蟋蟀。亦名蜻蛚。又音卭。蛬，同上。

【蝒】彌緣切。《爾雅》曰：蝒，馬蜩。蜩中最大者。蚵，同上。

◎蝒，彌緣切。《爾雅》：馬蜩中最大者。蚵，同上。

【蟷】多郎切。蟷蠰，螳蜋之別名。蟷，同上。

◎蟷，多郎切。蟷蠰，螳蜋別名。蟷，同上。

【蠰】乃郎、思亮、詩尚三切。齧桑蟲。

◎蠰，乃郎、思亮二切。齧桑蟲。

○蠰，齧髮蟲也。(《倭名抄》八 67)

【蝸】古卧、古禾二切。蟷蠰也。

◎蝸，古卧、古禾二切。蟷蠰。

【螳】徒郎切。螳蜋，有斧蟲。一名石蜋。

◎螳，徒郎切。螳蠰，螳蜋，有斧蟲。一名石蜋。

【蜋】力當切。螳蜋。又音良。

◎蜋，力當切。螳蜋。又音良。

【螵】毗交切。螵蛸，螳蜋子也。又撫昭切。蜱，同上。

◎螵，毗支切。螵蛸，螳蜋子。又撫昭切。蜱，同上。

●"毗支切"疑誤。

【蛸】思幺切。蜱蛸也。

◎蛸，思幺切。蜱蛸，螳蜋。

【蜣】丘良切。蜣蜋，啖糞蟲也。蜋，同上。又其虐切。

◎蜣，丘良切。蜣蜋，啖糞蟲。蜋，同上。又其虐切。

【蛢】步丁切。甲蟲也。

◎蛢，步丁切。甲蟲。

【蟥】胡光切。蟥蛢也。

◎蟥，胡光切。蛢也。

【蟜】市律切。蟜蟥也。

◎蟜，市律切。蟥也。

【䖘】式移、式豉二切。米中黑甲蟲。

◎䖘，式移、式豉二切。米中黑甲蟲。

【蜆】户千、户典二切。蜆，縊女，小黑蟲。

◎蜆，户千、户典二切。小黑蟲。

【蜰】父非切。蟅蜰，即負盤，臭蟲。

◎蜰，父非切。蟅蜰，即負盤，臭蟲。

【蟅】力胡切。蟅蜰也。

◎蟅，力胡切。蟅蜰。

【蠕】魯丁切。螟蠕，桑蟲也。

◎蠕，魯丁切。螟蠕，桑蟲。

【蜾】古火切。蜾蠃，細䯒蜂，即蠮螉也。蜾，同上。

◎蜾，古火切。蜾蠃，細䯒蜂，即蠮螉。蜾，同上。

【蠃】力果切。蜾蠃也。又力戈切，蜯屬。
◎蠃，力果切。蜾蠃。力戈切，蜯屬。
【蛙】山頰切。蛺蜨也。
◎蜨，山頰切。蛺蜨。
【蛺】古協切。蛺蝶也。
◎蛺，古協切。蛺蝶。
【蚩】尺之切。蟲也。又癡也，笑也，亂也。
◎蚩，尺之切。蟲也。又癡也，笑也，乱也。
○蚩，癡也。《玉篇》訓同此。又曰：亂也。（《釋名疏證》卷三）
【蟠】扶元切。鼠婦蟲。又步安切，大也，紆迴而轉曲也。
◎蟠，扶元切。鼠婦蟲。又步安切，大也，紆迴而轉曲也。
○蟠，野王案：蟠龍，蛇臥皃也。（《倭名抄》八101）
○蟠，顧野王云：蟠紆，廻轉也。（《一切經音義》卷三十一）
○蟠，顧野王云：蟠紆，迴轉相纏。（《一切經音義》卷六十八）
【蝥】布姦切。蝥蝥，毒蟲也。
◎蝥，布姦切。蝥蝥，毒蟲也。
【蝥】莫交切。蝥蝥也。又莫侯切，食禾根蟲。又蚍蛛也。蛑，《説文》云：古文蝥。又音牟，蝤蛑也。
◎蝥，莫交切。蝥蝥。又莫侯切，食禾根蟲。又蚍蛛。蛑，《説文》：古文蝥。又音牟，蝤蛑。
【蟅】之夜切。鼠婦，負蠜也。䗪，同上。
◎蟅，之夜切。鼠婦，負蠜也。䗪，同上。
【蛜】音伊。蛜蝛，委黍也。蚗，同上。
◎蛜，音伊。蛜蝛，委黍也。蚗，同上。
【蝛】於歸切。蛜蝛也。
◎蝛，於歸切。蛜蝛。
【蜙】先恭切。蜙蝑，斯螽。蚣，同上。又古紅切，蜈蚣也。
◎蜙，先恭切。蜙蝑，斯螽。蚣，同上。又古紅切，蜈蚣。
【蝑】思閭、思呂二切。蚣蝑。
◎蝑，思閭、思呂二切。蚣蝑。
【蝗】胡光切。《禮記》：蟲蝗爲灾。
◎蝗，胡光切。《記》：蟲蝗爲灾。
【蛚】力結切。蜻蛚，蟋蟀。
◎蛚，力結切。蜻蛚，蟋蟀。
【蜺】午結、五兮二切。寒蜩。
◎蜺，午結、午兮二切。寒蜩。
【蟬】市然切。蜩也，以旁鳴者。蟬連，系續之言也。
◎蟬，市然切。蜩也，以旁鳴者。蟬連，系統之言也。
○蟬，《玉篇》云：蟬連，系續之言也。（《方言疏證》卷一）
●圓沙本“系統”疑當作“系續”。
【蜩】大幺切。蟬也。蚒，同上。
◎蜩，大幺切。蟬也。蚒，同上。
【蜻】疾性切。蛪也，蟬也。又子盈切。又蜻蛉，六足四翼。
◎蜻，疾性切。蛪也，蟬也。又子盈切，蜻蛉。
【蛉】力丁切。蜻蛉。
◎蛉，力丁切。蜻蛉。
【螇】胡雞切。螇螰，即蟪蛄。一名蛁蟧。亦蜓蚞也。
◎螇，胡雞切。螇螰，即蟪蛄。一名蛁蟧。亦蜓蚞也。
【螰】力木切。螇螰。
◎螰，力木切。螇螰。
【蚗】胡決、古穴二切。蛥蚗。亦蟪蛄也。
◎蚗，胡夬、古穴二切。蛥蚗。亦蟪蛄也。
【蛥】上列切。蛥蚗。
◎蛥，上列切。蛥蚗。
【蠓】亡孔切。小飛蟲。
◎蠓，亡孔切。小飛蟲。
○蠓，顧野王云：蠓，小飛蟲也。（《一切經音義》卷六十六）
【蠛】亡結切。蠛蠓也。
◎蠛，亡結切。蠛蠓。
【蟟】力約切。蜉蝣，渠蟟，朝生夕死也。
◎蟟，力約切。蜉蝣，渠蟟，朝生夕死也。
【蜹】汝鋭切。含毒蛇。又蚊蜹。又音爇。
◎蜹，汝鋭切。含毒蛇。又蚊蜹。又音爇。

〇蚋，野王案：蚋，今有小蟲，善齧人，謂之含毒，即是。(《倭名抄》八 98)
〇蚋，顧野王云：小蟲，好入酒中者也。(《一切經音義》卷十七)
〇蚋，顧野王曰：今有蟲蚋，善嚙人，俗謂之含毒，即此蟲也。(《一切經音義》卷三十一)
【蝡】如兖切。動也。蠕，同上。
◎蝡，如兖切。動也。蠕，同上。
〇蝡，顧野王云：蚑蟲蝡動是也。蝡亦動也。(《一切經音義》卷十六)
【蠨】先幺切。蠨蛸，喜子。
◎蠨，先幺切。蠨蛸，喜子。
【蛸】所交切。蛸蠨。
◎蛸，所交切。蠨蛸。
【蛶】力輟切。螭蚵也。
●此字重出，上文作“蛶，吕説切。蟲名”。
【蛆】子魚切。蝍蛆也。又且絮、且余二切，蠅蛆也。亦作胆。
◎蛆，子魚切。蝍蛆。又且絮、且余二切，蠅蛆。亦作胆。
【蚑】去豉切。蚑行喙息，麕鹿之類行也。又音岐。
◎蚑，去豉切。蚑行喙息，麕鹿之類行也。又音岐。
〇蚑，去豉反。蚑行喙息，麕鹿之類行也。(《三教指歸注》七 39)
〇蚑，顧野王：謂麕鹿之類跂踵行者也。(《一切經音義》卷四十四)
【蛂】步結切。蟦蛢也。
◎蛂，步結切。蟦蛢。
【蜈】呼鈴切。乘飛皃。
◎蜈，呼鈴切。乘飛皃。
【蝙】尸戰切。蠅醜蝙。
◎蝙，尸戰切。蠅醜蝙。
【蚩】丑善切。蟲伸行。
◎蚩，丑善切。蟲伸行。
【螸】弋朱切。蠭醜螸。
◎螸，弋朱切。蠭醜螸。
【蜕】尸鋭、始悦二切。蛇皮也。
◎蜕，尸鋭、始悦二切。蛇皮。
〇蜕，野王案云：蜕，蟬蛇之解皮也。(《倭名抄》八 102)
【蠚】丑略切，又呼各切。螫也，痛也。亦作蓋。
◎蠚，丑略、呼各二切。螫也，痛也。亦作蓋。
●“蓋”原訛，徑改。
【螫】式亦切。蟲行毒。蝥，同上。
◎螫，式亦切。蟲行毒。蝥，同上。
【蚻】於各切。蛈蚻也。
◎蚻，於各切。蛛蚻。
●圓沙本“蛛蚻”疑當作“蛈蚻”。
【蛘】弋掌切。蛘，搔也。又音羊。
◎蛘，弋掌切。蛘蚤。又音羊。
●圓沙本“蚤”疑當作“搔”。
【蠊】胡緘切。小蚌可食。
◎蠊，胡緘切。小蚌可食。
【蝕】時力切。日月蝕也。
◎蝕，時力切。日月蝕。
【蠗】丈卓切。小蜃。或濯字。
◎蠗，丈卓切。小蜃。或濯字。
【蛟】古爻切。蛟龍也。
◎蛟，古爻切。蛟龍。
【虯】奇樛切。無角龍。
◎虯，奇樛切。無角龍。
【螭】丑支切。無角，如龍而黄。
◎螭，丑支切。無角，如龍而黄。
【蜧】力計切。神蛇也。蜦，同上。
◎蜧，力計切。神蛇。蜦，同上。
【蜄】市忍切。大蛤也。亦作蜃。又市刃切。
◎蜄，市忍切。大蛤也。亦作蜃。又市刃切。
【螷】步禮切。蚌長者。
◎螷，步礼切。蚌長者。
【蛤】古合切。雀入水爲蛤。亦作盒。
◎蛤，古合切。雀入水爲蛤。亦作盒。
【螔】弋支切。蚹螺，螔蝓也。
◎螔，弋支切。螔蝓，螺也。
【蝓】餘珠切。螔蝓也。
◎蝓，餘味切。螔蝓。
●圓沙本“餘味切”疑當作“餘朱切”。

【蠯】扶幸、步支二切。蛤也。
◎蠯，扶幸、步支二切。蛤也。
【蝸】古華切。蝸牛，即蠬蝓。
◎蝸，古華切。蝸牛，即蠬蝓。
○蝸，顧野王云：蝸牛也。（《一切經音義》卷三十八）
○蝸，顧野王云：蝸牛，即蠬蝓也。（《一切經音義》卷六十六）
【蛭】之吉、丁結二切。水蟣。
◎蛭，之吉、丁結二切。水蟣。
○蛭，之吉、丁結二反。水蟻也。（《三教指歸注》一17）
【蚌】步項切。蜃也。
◎蚌，步項切。蜃也。
【蜎】於犬、於沿二切。蜀皃。
◎蜎，於犬、於沿二切。蜀皃。
【蟺】市衍切。蚯蚓也。
◎蟺，市衍切。蚯蚓。
【蟉】於蚪切。蟉虯，龍皃。又於糾切。蚴，同上。
◎蟉，於蚪切。蟉虯，龍皃。又于糾切。蚴，同上。
【蟉】力幽、巨糾二切。蚴蟉。
◎蟉，力幽、巨糾二切。蚴蟉。
【蚨】父俱切。青蚨，水蟲也。
◎蚨，父俱切。毒蚨，水蟲。
【蟄】直立切。藏也，和集也。又蟄蟄，多也。又赤粒切。
◎蟄，直立切。藏也，和集也。蟄蟄，多也。又赤粒切。
○蟄，野王案：蟄，蟲至冬隱不出也。（《倭名抄》八102）
○蟄，顧野王：蟄，隱也。（《一切經音義》卷八十三）
【蝌】巨六切。蟾蠩也。
◎蝌，巨六切。蟾蠩。
【蝦】下加切。蝦蟇。
◎蝦，下加切。蝦蟇。
○蝦，顧野王云：蝦，大頭之蟲也。（《一切經音義》卷四十二）
【蟇】莫加切。蝦蟇。亦作蟆。
◎蟇，莫加切。蝦蟇。亦作蟆。
○蟇，《玉篇》：蟇，音圻介反。（《一切經音義》卷四十一）
【鼈】居丙切。蝦蟇也。
◎鼈，居丙切。蝦蟇。
【蠵】弋規切。蛸蠵，似蝳蝐而薄，有文。蠖，同上。
◎蠵，弋規切。蛸蠵，似蝳蝐而薄，有文。蠖，同上。
【蜥】才廉切。蜥蠾也。
◎蜥，才廉切。蜥蠾也。
【蛫】九毀切。獸似龜，白身赤首。《説文》云：蟹也。
◎蛫，九毀切。獸似龜，白身赤首。《説文》：蟹也。
【蟹】諧買切。二螯八足。
◎蟹，諧買切。螯八足。
○蟹，野王案：蟹，八足蟲也。《食療經》云：蜜餅不宜合蟹黄食之。（《倭名抄》八51）
【蜮】胡國切。似鼈，含沙射人爲害，如狐也。
◎蜮，胡國切。似鼈，含沙射人爲害，如狐也。
【蟈】古麥切。螻蟈，蝦蟇。又音國。
◎蟈，古麥切。螻蟈，蝦蟇。又音國。
【蚌】五各切。似蜥蜴。
◎蚌，五各切。似蜥蜴。
【蝄】武兩切。木石之精，如小兒赤目美髮。或作魍。
◎蝄，武兩切。木石之精，如小兒赤目美人髮。或作魍。
【蜽】力掌切。蝄蜽。或作魎。
◎蜽，力掌切。蝄蜽。或作魎。
【蝯】于元切。蝯猴。或作猨。
◎蝯，于元切。蝯猴。或作猨。
【蚼】呼口、巨俱二切。蚍蜉。
◎蚼，呼口、巨俱二切。蚍蜉。
【蜼】余季、余救二切。似猴而鼻仰，尾長五尺，雨則自懸於樹，以尾塞鼻。
◎蜼，余季、余救二切。似猴而鼻仰，尾長，雨則自懸於樹，以尾塞鼻。

【蛩】巨恭切。巨虛也。又蟬蛻也。

◎蛩，巨恭切。巨虛也。又蟬蛻也。

【蟨】居月切。比肩獸。

◎蟨，居月切。比肩獸。

【蝙】布田切。蝙蝠。亦名蟙蠼，又名仙鼠，又名服翼。

◎蝙，布田切。蝙蝠。亦名蟙蠼，又名仙鼠，又名服翼。

【蝠】甫服切。蝙蝠。

◎蝠，甫服切。蝙蝠。

【蝃】丁計切。蝃蝀，虹也。蝃、蝃，並同上。

◎蝃，丁計切。蝃蝀，虹也。蝃、蝃，並同上。

【蝀】丁孔切。蝃蝀。

◎蝀，丁孔切。蝃蝀。

【虹】胡公切。蝃蝀也。又音絳，縣名。蜡，籀文。

◎虹，胡公切。蝃蝀。又音絳，縣名。蜡，籀文。

【蠻】馬姦切。南方也，蟲也，慢也，傷也。

◎蠻，馬姦切。南方也，蟲也，慢也，傷也。

【閩】冒貧切。東南越。

◎閩，冒貧切。東南越。

【蠥】宜列切。歌謠云：草木之怪謂之妖，獸禽蟲蝗之怪謂之蠥。或作孽。

◎蠥，宜列切。獸禽蟲蝗之怪謂之蠥。或作孽。

【蜉】扶牛切。蜉蝣也。

◎蜉，扶牛切。蜉蝣。

【螗】大當切。蜩螗也。

◎螗，大當切。蜩螗。

【蟜】猗然切。蟲名。

◎蟜，倚然切。蟲名。

【蜚】扶貴切。獸如牛，白首，一目，蛇尾，見《山海經》。又蜚蠜也。又音飛。

◎蜚，扶貴切。獸如牛，一目。又蜚蠜也。又音非。

○蜚，顧野王云：負蠜，蜚也。（《一切經音義》卷五十七）

【螜】乎木切。《爾雅》曰：螜，天螻。螻蛄也。《夏小正》曰：螜則鳴。

◎螜，乎木切。螻蛄。

【蛸】余六切。蝮蛸，蟬皮。

◎蛸，余六切。蝮蛸，蟬皮。

【蜏】思又、弋久二切。朝生暮死蟲也，生水上，狀如蠶蛾。一名孳母。

◎蜏，思又、弋久二切。朝生暮死蟲，生水上，狀如蠶蛾。一名尊母。

●圓沙本“尊母”疑當作“孳母”。

【蚅】於革切。蝺蠋也。

◎蚅，於革切。蝺蠋也。

【蝺】於胡切。蝺蠋也。

◎蝺，於胡切。蝺蠋。

【蠋】之欲切。蝺蠋。又音蜀。蠾，同上。

◎蠋，之欲切。蝺蠋。又音蜀。蠾，同上。

【蜷】居袁切。蜷蠣，蛸螗。

◎蜷，居玄切。蜷蠣，蛸螗。

【蚆】普加、布加二切。貝也。《爾雅》曰：蚆博而頯。

◎蚆，普如、布加二切。貝也。

●圓沙本“普如”疑當作“普加”。

【蜬】古含、乎甘二切。小蠃，見水中。

◎蜬，古含、胡甘二切。小蠃，見水中。

【蜠】巨隕、去筠二切。貝也。《爾雅》曰：蜠，大而險。

◎蜠，巨隕、去筠二切。貝也。

【蟾】之廉切。蟾蠩也。

◎蟾，之廉切。蟾蠩。

【蛈】他結、他計二切。螲蟷也。亦蛈蝪。

◎蛈，他結、他計二切。螲蟷也。亦蛈蝪。

【蝪】恥郎切。蛈蝪。

◎蝪，恥郎切。蛈蝪。

【蟒】暮黨切。大蛇也。又莫哽切，蟅蟒也。

◎蟒，暮黨切。大蛇也。又莫哽切，蟅蟒也。

【蚑】巨綺切。蟬也。

◎蚑，巨綺切。蟬也。

【蜿】於阮、於元二切。蜿蜒，龍皃。又蜿蟺。又於丸切。蛩，同上。

◎蜿，於阮、於元二切。蜿蜒，龍皃。又蜿蟺。又於丸切。蛩，同上。
○蛩蟺，顧野王案：蛩蟺，詘曲迴轉美皃也。（《一切經音義》卷九十五）
【蛒】古額切。蟦螬也。
◎蛒，古額切。蟦螬也。
【蟜】居兆切。毒蟲也。
◎蟜，居兆切。毒蟲。
【蟙】之力切。北燕呼蝙蝠爲蟙蠌。蚮，同上。
◎蟙，之力切。北燕呼蝙蝠爲蟙蠌。蚮，同上。
【蠌】亡北切。蟙蠌。
◎蠌，亡北切。蟙蠌。
【蝭】丁兮、大兮二切。蝭蟧，蟬也。
◎蝭，丁兮、大兮二切。蝭蟧，蟬也。
【蟧】力幺切。蝭蟧。蟟，同上。
◎蟧，力幺切。蝭蟧。蟟，同上。
【蝬】仕板切。馬蝬也。
◎蝬，仕板切。馬蝬。
【蚹】父句切。蚹蠃也。
◎蚹，父句切。蜼蠃。
【蝟】胡八切。似蟹而小。
◎蝟，胡八切。似蟹而小。
【蠌】大各切。蝟蠌蟲。
◎蠌，大各切。蝟蠌蟲。
【蛭】知栗切。螻蛄也。
◎蛭，知栗切。螻蛄。
○蛭蟷，亦蛈蝪也。（《醫心方》刊本一六 43）
【蠡】所奇切。螺也。又力支切，蚰蜒也。
◎蠡，所奇切。螺也。力支切，蚍蜒。
【蚟】女六切。蚟蚭，班蝥。
◎蚟，女六切。蚟蚭，班蝥。
【蚭】女尼切。蚭蚟。
◎蚭，女尼切。蚟蚭。
【蜋】雉良切。蚰蜒也。
◎蜋，雉良切。蚰蜒。
【蠟】力闔切。蜜滓。
◎蠟，力闔切。蜜滓。
【螅】胡桂切。螅蛄。
◎螅，胡桂切。螅蛄。
【蝍】才一切。蝍蟍，蝍蛆，能食蛇。亦名蜈蚣。
◎蝍，才一切。蝍蟍，蝍蛆，能食蛇。亦名蜈蚣。
【蟍】力支切。蝍蟍。
◎蟍，力支切。蝍蟍。
【蚝】竹百切。蚝蛨，蟅蟒蟲也。
◎蚝，竹百切。蚝蛨，蟅蟒蟲。
【蛨】亡百切。蛨蚝。
◎蛨，亡百切。蛨蚝。
【蝍】子力切。蝍蛆。
◎蝍，子力切。蝍蛆。
【螃】北朗、方莖二切。似蝦蟇而居陸。
◎螃，北朗、力莖二切。似蝦蟇而大。
●圓沙本“力莖”疑當作“方莖”。
【蟔】步木切。蟔蝀蟲。
◎蟔，步木切。蟔蝀蟲。
【蝀】音速。蟔蝀。
◎蝀，音速。蟔蝀。
【蟳】布莫切。蟳蟭，蜱蛸也。
◎蟳，布莫切。蟳蟭，蜱蛸也。
【蟭】子饒切。蟳蟭蟲。
◎蟭，子饒切。蟳蟭蟲。
【蝹】於筠、於云二切。蝹蜿，龍皃。
◎蝹，於筠、於云二切。蜿蝹，龍皃。
【蠅】於凝切。寒蜩也，似蟬而小。
◎蠅，於凝切。寒蜩，似蟬而小。
【蚼】扶缶切。蚼蛂，蟲大如蜆，有毒。
◎蚼，扶缶切。蚼蛂，大如蜆，有毒。
【蛂】補故切。蚼蛂。
◎蛂，補故切。蚼蛂。
【蟦】子亦切。貝狹小。
◎蟦，子亦切。貝狹小。
【蚵】胡多切。蚵蠪，蜥蜴。
◎蚵，胡多切。蚵蠪，蜥蜴。
【蚡】亡消切。蠶初生。
◎蚡，亡消切。蠶初生。
○蚡，蠶初生也。（《倭名抄》八 82）
【蝠】杳句切。蝠子，幺蠶。

◎蝹，沓句切。蝹子，公蠶。
●圓沙本“公蠶”疑當作“幺蠶”。
【蠥】大丁切。蠶二眠。
◎蠥，大丁切。蠶二眠。
【蚡】扶粉切。亦作鼢，伯勞所化。
◎蚡，扶粉切。亦作鼢，伯勞所作。
【蝪】尸楊切。蝪蚵也。
◎蝪，户錫切。蝪蚵。
【蛙】胡媧切。蝦蟇也。又烏瓜切。
◎蛙，胡媧切。蝦蟇。又烏瓜切。
【蝡】婢沿切。蝡蜁，沙蝨。匽，同上。
◎蝡，婢沿切。蝡蜁，沙蝨。匽，同上。
【蜁】似緣切。蝡蜁。蜁，同上。
◎蜁，似緣切。蝡蜁。蜁，同上。
【蜸】口殄切。蜸蚕也。
◎蜸，口殄切。蜸蚕。
【蚕】天殄切。蜸蚕，蛩蟺也。
◎蚕，天殄切。蜸蚕，蛩蟺也。
【蝢】公盍切。《廣雅》云：羊蝢蝔。
◎蝢，公盍切。《廣雅》云：羊蝢蝔。
【蝔】徒合切。蝢蝔。
◎蝔，徒合切。蝢蝔。
【蛺】先狄切。蝜蛩也。
◎蛺，先狄切。蝜蛩。
【蟓】之戎切。蝗也。亦作螽。
◎蟓，之戎切。蝗也。亦作螽。
【蜘】竹奇切。蜘蛛。亦作鼅。
◎蜘，竹奇切。蜘蛛。亦作鼃。
●圓沙本“鼃”當作“鼅”。
【蛛】竹于切。亦作鼃。
◎蛛，竹于切。亦作鼃。
【蠀】七狄切。螬蠐。
◎蠀，七狄切。螬蠐。
【蚤】子老切。齧人跳蟲也。又作蝨。
◎蚤，子老切。咬人跳蟲。又作蝨。
【蠙】步田切。珠名。
◎蠙，步田切。珠名。
【蝺】於爲切。形似蛇。又音詭。
◎蝺，於爲切。似蛇。又音詭。
【蝂】百限切。蝜蝂也。

◎蝂，自限切。蝜蝂也。
●圓沙本“自限切”疑當作“百限切”。
【蟞】俾滅切。亦作鼈。
◎蟞，俾滅切。亦作鼈。
【蝐】亡代切。蝳蝐。亦作蝳蝐。又莫沃切。
◎蝐，亡代切。蝳蝐。又莫沃切。
【虶】於于切。蚨虶，蚰蜒也。
◎虶，於于切。蚨虶，蝤蜒也。
【蚞】莫卜切。蟔蟅子。
◎蚞，莫卜切。蟔蟅子。
【螔】思移切。螔蝓，似蜥蜴。
◎螔，思移切。螔蝓，佀蜥蜴。
●圓沙本“佀”疑當作“似”。
【蝓】音侯。螔蝓。
◎蝓，音侯。螔蝓。
【蝫】直六切。馬蚿也。
◎蝫，直六切。馬蚿。
【蚰】與周切。蚰蜒。又曰入耳也。蛴，同上。
◎蚰，與周切。蚰蜒。又曰入耳蟲。蛴，同上。
【蜒】以然切。蚰蜒也。
◎蜒，以然切。蚰蜒。
【蚼】扶久切。螽也。
◎蚼，扶久切。螽也。
【蚸】蚩亦、力的二切。蟔蚸也。
◎蚸，蚩亦、力的二切。蟔蚸。
【螌】口悌切。螌螽，蟔蚸，似蚣蜙。
◎螌，口悌切。螌螽，蟔蚸，似蚣蜙。
【蠎】疾鄰切。蠎，蜻蜻。
◎蠎，疾鄰切。蠎，蜻。
【蜈】五呼切。蜈蚣也。
◎蜈，力呼切。蜈蚣。
●圓沙本“力呼切”疑當作“五呼切”。
【蟓】似兩、式亮二切。桑蠶也。
◎蟓，似兩、式亮二切。桑蠶。
【蜟】力由切。蜉蜟也，似蛣蜣。又弋留切。
◎蜟，力由切。蜉蜟。又弋留切。
【蜙】式容切。蜙蝑，蜙蝑。
◎蜙，式容切。蜙蝑，蜙蝑。

【蝳】徒篤切。蝳蜍，肥大蟹蚕。又徒耐切。
◎蝳，徒篤切。蝳蜍，形似蜘蛛。又徒耐切。
【蜍】與諸切。蝳蜍。
◎蜍，与諸切。蝳蜍。
【蚍】子栗切。蜻蚍也。
◎蚍，子栗切。蜻蚍。
【蚱】莊額切。蚱蟬，七月生。
◎蚱，莊額切。蚱蟬，七月生。
【蛢】古奚切，又甘田切。馬笄，螢火也，蛾也。
◎蛢，古奚切，甘田切。螢火，蛾也。
【蝖】許元切。蠐螬也。
◎蝖，許元切。蠐螬。
【蟚】步庚切。似蟹而小。蟛，同上。
◎蟚，步庚切。似蟹而小。蟛，同上。
【蜞】巨宜切。蟚蜞也。
◎蜞，巨宜切。蟚蜞。
【蛝】乎間切。馬蠲也。
◎蛝，乎問切。馬蠲也。
●“乎問切”未詳。
【蚊】亡云切。齧人飛蟲。亦作蟁、螡。
◎蚊，亡云切。咳人飛蟲。作蟁、螡。
○蚊，齧人飛蟲。亦作蟁。(《三教指歸注》六11)
●圓沙本“咳人”當作“咬人”。
【蝵】巨由切。蝵螋。亦作蛷。
◎蝵，巨由切。蝵蟲。亦作蛷。
【蚢】胡唐切。蠶類，食蒿葉。
◎蚢，胡唐切。蟲類，食蒿葉。
◎蚢，胡唐切。蟲類，食蒿葉。
●圓沙本重出。
【蝙】古迴切。蝙蠕，似蛙而小，觸之腹脹，一名胮肛。
◎蝙，古迴切。蝙蠕，似蛙而小，觸之腹脹，害人。
【蠕】乃泠切。蝙蠕。
◎蠕，乃令切。蝙蠕。
【蟏】於昭切。毒蛇名。
◎蟏，於昭切。毒蛇名。
【螟】古姪切。蠸螟。
◎螟，古姪切。蠸螟。
【蟌】千公切。蜻蛉也。
◎蟌，千公切。蜻蛉。
【蚿】胡田切。馬蚿也。
◎蚿，胡田切。馬蚿。
○蚿，馬蚿，北燕謂之蛆渠，其大者謂之馬蚰，赤云万足，見《莊子》。(《法華釋文》中)
【蜢】莫梗切。蟲名。
◎蜢，莫梗切。蟲名。
【蚁】方父切。蟾蠩。
◎蚁，力父切。蟾蠩。
●圓沙本“力父切”疑當作“方父切”。
【蛙】口圭切。蛙魄也。
◎蛙，口圭切。蛙蟬。
●圓沙本“蛙蟬”未詳。
【蠍】許謁切。螫人蟲。
◎蠍，許謁切。螫人蟲。
○蠍，《玉篇》云：蠆也。(《續一切經音義》卷一)
【蝩】丈恭切。蠶晚生者。
◎蝩，丈恭切。蠶晚生也。
【蟺】直連切。盧蟺，守宮也。
◎蟺，直連切。盧蟺，守宮也。
【蝶】徒頰切。胡蝶也。
◎蝶，徒頰切。胡蝶。
【蛹】方武切。蛹蛸蟹。
◎蛹，方武切。蛹蛸蟹。
【蚟】禹方切。蜻蛚也。
◎蚟，禹方切。蜻蛚。
【蝼】於詭切。蝼蟋也。
◎蝼，於詭切。蝼蟋。
【蟋】式與切。蝼蟋。
◎蟋，式與切。蝼蟋。
【蜫】古魂切。蟲衆名也。或作蚰。
◎蜫，古魂切。蟲衆名。或作蚰。
【螒】胡旦切。天雞也，一名莎雞。
◎螒，胡旦切。天雞也，一名莎雞。
【蠊】力占切。飛蠊也。
◎蠊，力占切。飛蠊。
【螿】子羊切。寒蟬屬。

◎蜙，子羊切。寒蟬屬。

【蝒】音范。蜂也。

◎蝒，音范。蜂也。

【蛙】力竹切。魁蛙也。

◎蛙，力竹切。魁蛙。

【蝟】于貴切。蟲也。亦作彙。

◎蝟，于貴切。蟲也。亦作彙。

【蚍】音毗。蚍蜉，大螘。

◎蚍，音毗。蚍蜉，大螘。

【蛪】古頡切。蛪蚼，似蟬而小。

◎蛪，古頡切。蛪蚼，似蟬而小。

【蠿】公戾切。蠿蟦。

◎蠿，公戾切。继蟦。

●圓沙本“继蟦”疑當作“蠿蟦”。

【蛞】胡括切。蛞蠹。

◎蛞，胡括切。蛞蠹。

【蝘】於結切。蝘蝓。蠮，同上。

◎蝘，於結切。蝘蝓。蠮，同上。

【蛩】徂移、子爾二切。蟲也，蹈也。

◎蛩，徂移、子爾二切。蟲也。

【毒】徒酷切。古文毒字。害也，惡也，恚也。

◎毒，徒酷切。古文毒字。害也，惡也，恚也。

【蟞】他敦切。蟞蝺，蟲似蟬而長，味辛美可食。又名青蚨。

◎蟞，他敦切。蟞蝺，蟲似蟬而長，味辛美可食。又名青蚨。

【蝺】牛俱切。蟞蝺。

◎蝺，牛俱切。蟞蝺。

【蚲】皮兵切。蚲蠪也。

◎蚲，皮兵切。蚲蠪。

【蠪】以季切。蛘也，蚲也。

◎蠪，以季切。蛘也，蚲也。

【鯈】大幺切。狀如黄蛇，魚翼，見則大旱，出《山海經》。

◎鯈，大幺切。如黄蛇，魚翼，見則大旱，出《山海經》。

【蜜】彌畢切。蜂所作。

◎蜜，彌畢切。蜂所作。

〇蜜，野王案：蜂採百花醞釀所成也。（《倭名抄》四53）

【蛰】側轄切。蜻蜻也。

◎蛰，側轄切。蜻蜻也。

【蝵】七由切。次蝵，鼅鼄。

◎蝵，七由切。次蝵，鼅鼄。

【蜷】奇員切。蜷局也，連蜷形。

◎蜷，奇員切。蜷局也，連蜷形。

【螯】五刀切。蟹螯。或作贅。

◎螯，五刀切。蟹螯。或作贅。

〇螯，野王案：螯，蟹大脚也。（《倭名抄》八54）

【蠍】子六切。蝍蠍，尺蠖也，步屈也。

◎蠍，子六切。蝍蠍，尺蠖也，步屈也。

【螅】古幺切。水蟲。

◎螅，古幺切。水蟲。

【蟘】余雖切。肥蟘，蛇名，一首兩身，六足四翼，見則天下大旱。湯時見陽山下。

◎蟘，余雖切。肥蟘，蛇一身兩首，六足四翼，見則大旱。湯時見陽山下。

【蛇】除嫁切。形如覆笠，泛泛常浮隨水。亦作膾。

◎蛇，除嫁切。形如覆笠，常浮隨水。亦作膾。

【蜉】扶九切。鼠蜉也。

◎蜉，扶尤切。鼠蜉。

【螢】乎駉切。夜飛，腹下有光，腐草所化。蠑，同上。

◎螢，千駉切。夜飛，腹下有光，腐草所化。蠑，同上。

●圓沙本“千駉切”疑當作“乎駉切”。

【蝒】房中切。蟲窟也。

◎蝒，房中切。蟲窟。

〇蝒，《玉篇》：虫窟也。（《龍龕手鏡》卷二）

【蜡】午乎切。似鼠。亦作鼯。

◎蜡，午乎切。似鼠大。亦作鼯。

●圓沙本“鼯”當作“鼯”。

【蛾】息弓切。蟲名。

◎蛾，息弓切。蟲名。

【蛐】羽弓切。赤蟲名。

◎䖤，羽弓切。赤蟲名。

【蠻】力員切。蟲名。

◎蠻，力員切。蟲名。

【蚷】强魚切。蟲。

◎蚷，强魚切。蟲名。

【蜊】音梨。蛤蜊。

◎蜊，音梨。蛤蜊。

【蠷】音瞿。蠷螋。

◎蠷，音瞿。蠷螋。

【螋】所由切。亦作蝬。

◎螋，所由切。亦作蝬。

【蛦】以脂切。螔蛦，蟲名。又蠍蛦，山雞也。

◎蛦，以脂切。螔蛦，蟲名。又蠍蛦，山雞。

●圓沙本“蠍蛦”未詳。

【蚃】音甫。蟲名。

◎蚃，音甫。蟲名。

【蠲】户涓切。蟲名。

◎蠲，户涓切。蟲名。

【蟓】音泉。貝也。

◎蟓，音泉。貝也。

【䗈】乃多、奴來二切。俗能字。鼈屬。

◎䗈，乃多、奴來二切。俗態。鼈屬。

●圓沙本“俗態”未詳。

【螣】徒登切。蟲食禾葉。

◎螣，徒登切。蟲食禾葉。

【蟮】是演切。曲蟮也。

◎蟮，是演切。曲蟮。

【衕】以淺切。蝢衕。蜒，同上。

◎衕，以淺切。蝢衕。蜒，同上。

【繭】古典切。蠶繭也。蠒，同上，俗。

◎繭，古典切。蠶繭。蠒，俗。

【蛡】音詡。蟲。

◎蛡，音詡。蟲名。

【蠋】丑主切。蟲名。

◎蠋，丑主切。蟲名。

【蛶】方禹切。蟲名。

◎蛶，力禹切。蟲名。

●圓沙本“力禹切”疑當作“方禹切”。

【蠰】色江切。蟲名。

◎蠰，色江切。蟲名。

【蝑】以謝切。蟲名。

◎蝑，以射切。蟲名。

【蚗】户決切。蟲名。

◎蚗，户決切。蟲名。

【螬】音造。蟲名。

◎螬，音造。蟲名。

【蟦】音費。蟲名。

◎蟦，音費。蟲名。

【蝥】音務。蟲名。又音牟。蟊，同上。

◎蝥，音務。蟲名。又音牟。蟊，同上。

【螠】音縊。蟲名。

◎螠，音縊。蟲名。

【蝞】眉祕切。蝞，似蝦。

◎蝞，眉祕切。似蝦。

【蟦】丘貴切。蟲名。

◎蟦，丘貴切。蟲名。

【蛓】且利切。似蜘蛛。

◎蛓，且利切。似蜘蛛。

【蟃】無販切。螟蛉蟲。

◎蟃，無販切。螟蛉蟲。

【蟁】彌民切。蟲名。

◎蟁，彌民切。蟲名。

【蟔】音異，又音弋。蟲。

◎蟔，音異，又音弋。蟲。

【蠡】音麗。

◎蠡，音麗。蟲名。

【蟒】力刃切。螢火也。

◎蟒，力刃切。螢火。

【蝟】於胃切。蟲。蝟，同上。

◎蝟，於胃切。蟲也。蝟，同上。

【蟡】音瀉，又音寫。蟲。

◎蟡，音瀉，又音寫。

【蟩】居月切。井中蟲。

◎蟩，居月切。井中蟲。

【蜡】子亦切。蟲名。又與禇同。祭名也。

◎蜡，子亦切。蟲名。又禇，同。祭名。

【蜣】大西切。蟲名。

◎蛦，大西切。蟲名。
【蟆】莫格切。小蚊蟲。
◎蟆，莫格切。小蚊蟲。
【虮】五忽切。似蟹。
◎虮，五忽切。似蟹。
【虙】毗必切。黑蜂。
◎虙，毘必切。黑蜂。
【蝃】知劣切，又音拙。蛪蝥也。
◎蝃，知劣切，又音拙。蜘蛛。
【蠞】子結切，又音截。似蟹也。
◎蠞，子結切，又音截。似蟹。
【蜇】陟列切。蟲螫也。又作蛆。
◎蜇，陟列切。蟲螫。又作蛆。
○蜇，野王案：蜇，蜂蠆行毒也。(《倭名抄》八102)
【蚇】音尺。蚇蠖蟲。
◎蚇，音尺。蚇蠖蟲。
【蝈】竹洽切。斑身小蝱。
◎蝈，竹洽切。斑身小蝱。
【匿】女力切。蟲食也。
◎匿，女力切。蟲食。
【螠】於力切。小蜂也。
◎螠，於力切。小蜂。
【蛣】音劫。石蛣，似龜腳。
◎蛣，音劫。石蛣，似龜腳。
【蠈】音賊。食禾根蟲。
◎蠈，音賊。食禾根蟲。
【蠠】音覓。蟲名。
◎蠠，音覓。蟲名。
【虳】九勿切，又音的。鼠也。
◎虳，九勿切，又音的。鼠也。
【蠀】音色。蟲名。
◎蠀，音色。蟲名。
【蜕】詧隻切。蜕蜕蟲。
◎蜕，詧隻切。蜕蜕蟲。
【蛆】音曰。蟲名。蠘，同上。
◎蛆，音曰。蟲名。蠘，同上。
【蟓】音禄。蟲，似蜥蜴。
◎蟓，音禄。似蜥蜴。
【蛐】音曲。蛐蟮。
◎蛐，音曲。蛐蟮。
【蝣】索没切。
◎蝣，索没切。蟲名。
【虵】食遮切。毒蟲。正作蛇。
◎虵，食遮切。毒蟲。正作蛇。
【螺】音驟。蜂類。
◎螺，音驟。蜂類。
【蝭】大西切。蟲名。
◎蝭，大西切。蟲名。
【蝌】苦禾切。蝌蚪，蛞蠹子也。
◎蝌，苦禾切。蝌蚪，蛞蠹子。
【蚪】當口切。蝌蚪。
◎蚪，當口切。蝌蚪。
【蛪】古牙切。米中蟲。
◎蛪，古牙切。米中蟲。
【蚶】火甘切。蜂屬。
◎蚶，火甘切。蜂屬。
【蟗】自含切。俗蠶字。
◎蟗，自含切。俗蠶字。
【蠷】記良切。蠷蠶。
◎蠷，記良切。蠷蠶。
【蛭】去王切。大蟲也。
◎蛭，去王切。大蟲。
【螂】魯當切。
◎螂，魯當切。蟲也。
【蠊】音康。蜻蛉也。
◎蠊，音康。蜻蛉也。
【蝱】陌庚切。蟲名。
◎蝱，陌庚切。蟲名。
【蝛】火咸切。似蛤。
◎蝛，火咸切。似蛤。
【蚚】普流切。似蟹，二足。
◎蚚，普流切。似蟹，二足。
【蝚】音柔。蟲名。
◎蝚，音柔。蟲名。
【蛇】苦紅切。蟬脱蛇皮也。
◎蛇，苦紅切。蟬脱蛇皮也。
【靁】音雷。蟲名。
◎靁，音雷。蟲名。
【蠓】音叢。蟲名。

◎蠓，音叢。蟲名。
【蟫】許云切。蟲。
◎蟫，許云切。蟲也。
【蛬】而容切。蟲。
◎蛬，而容切。蟲也。
【䗁】音支。蟲名。
◎䗁，音支。蟲名。
【蝔】古諧切。蟲名。
◎蝔，古諧切。蟲名。
【蝤】胡求切。蜘蛛也。
◎蝤，胡求切。鼅鼄。
【蠥】音難。蟲。
◎蠥，音難。蟲也。
【蟰】音肅，又音脩。蟲名。
◎蟰，音蕭，又音脩。蟲名。
【蝍】音刑。
◎蝍，音刑。蟲也。
【蛯】音袴。蟲名。
◎蛯，音袴。蟲名。
【蝠】步加切。蟲。
◎蝠，步加切。蟲名。
【蟉】音流。蟲名。
◎蟉，音流。蟲名。
【蛑蟱】二同。音舞。
◎蛑、蟱，二同。音舞。
【蝴】步登切。蟲。
◎蝴，步登切。蟲也。
【蠻】音彎。蟲名。
◎蠻，音彎。蟲名。
【蠽】昨仙切。《方言》云：鳴蟬也。
◎蠽，昨仙切。《方言》云：鳴蟬也。
【蝡】以朱切。蟲。
◎蝡，以朱切。蟲也。
【蚼】詳遵切。蟲。
◎蚼，詳遵切。蟲也。
【蚊】音文。蟲名。
◎蚊，音文。蟲名。
【虮】居脂切。
◎虮，居指切。蟲也。
【蜪】音透。水蜪也。
◎蜪，音透。水蜪也。
【蛪】仁余切。蟲名。
◎蛪，仁余切。蟲名。
【蝬】音葼。蛤名。
◎蝬，音葼。蛤名。
【蚜】火牙切。蟲。
◎蚜，火牙切。蟲也。
【蟑】音張。蟲名。
◎蟑，音張。蟲名。
【蚵】音哥。蟲名。
◎蚵，音哥。蟲名。
【蛟】音該。蟲名。
◎蛟，音該。蟲名。
【蚽】薄碑切。蟲名。
◎蚽，薄碑切。蟲名。
【蛤】烏合切。蟲名。
◎蛤，烏合切。蟲名。
【蛵】力之切。蟲。
◎蛵，力之切。蟲名。
【蚾】薄碑切。蟲。
◎蚾，薄碑切。蟲名。
【蠘】子廉切。蟲名。
◎蠘，子廉切。蟲名。
【蠏】息淺切。蛇也。
◎蠏，息淺切。蟲名。
【蚘】音尹。蟲名。
◎蚘，音尹。蟲名。
【蜎】音官，又音綰。
◎蜎，音官，又音綰。
【蜓】他典切。蟲。
◎蜓，它典切。蟲也。
【蠍】呼典切。
◎蠍，呼典切。蟲名。
【蝍】側尤切。蟲名。
◎蝍，側尤切。蟲名。
【蛃】兵永切。
◎蛃，兵永切。蟲。
【蛥】職以切。蟲。
◎蛥，職以切。蟲。
【蛵】古杏切。蟲名。

◎蛃，古杏切。蟲名。

【虸】即李切。蟲名。

◎虸，即李切。蟲名。

【蚷】音巨，又音渠。

◎蚷，音巨，又音渠。

【蝷】呼古切。蟲。

◎蝷，呼古切。蟲也。

【蝏】音養。蟲名。

◎蝏，音養。蟲名。

【蟢】許紀切。蟢子。

◎蟢，許紀切。蟢子。

【蛪】音弩。蟲名。

◎蛪，音弩。蟲名。

【蟜】居表切。又音告。

◎蟜，居表切。又音告。

【螞】莫下切。蟲。

◎螞，莫下切。蟲。

【蜯】步項切。蜯蛤也。蚌，同上。

◎蜯，步項切。蜯蛤也。蚌，同上。

【蟴】音野。蟲也。

◎蟴，音野。蟲也。

【蠓】先各切。蟲。

◎蠓，先各切。蟲。

【蠉】芳伏切。蟲名。

◎蠉，芳伏切。蟲名。

【蟼】音略。蟲名。

◎蟼，音略。蟲名。

【蟳】胡瓜切。大蛇。

◎蟳，胡瓜切。大蛇。

【蛆】奴葛切。痛也，螫也。

◎蛆，奴葛切。痛也，螫也。

○蛆，《玉篇》：蛆，奴葛切。痛也。又云：蜇，陟列切。蟲螫也。又作蛆。（《方言箋疏》卷一）

【蟓】尸尚切。俗蠰字。

◎蟓，尸尚切。俗蠰字。

【蠕】許偃切。寒蠕，即蚯蚓。

◎蠕，許偃切。寒蠕，即蚯蚓。

【蠀】即刃切。海蟲也。蝩，同上。

◎蠀，即刃切。海蟲。蝩，同上。

【蜩】音同。蟲也。

◎蜩，音同。蟲也。

【蟽】音達。蟲名。

◎蟽，音達。蟲名。

【蠐】才兮、在梨二切。蠐螬蟲。亦作蠐。

◎蠐，才兮、在梨二切。蠐螬。亦作蠐。

䖵部第四百二

凡四十二字

【䖵】古魂切。蟲之總名。亦作蜫。

◎䖵，古魂切。蟲之總名。亦作蜫。

【蠶】在含切。吐絲者。

◎蠶，在含切。吐絲者。

【蝨】五何切。蠶蝨也。亦作蛾。

◎蝨，五何切。蠶蝨。亦作蛾。

【蟁】子老切。蟁蝨也。亦作蚤。

◎蟁，子老切。蟁蝨。亦作蚤。

【螽】之戎切。蚣蝑屬也。蠢，古文。

◎螽，之戎切。蚣蝑屬。蠢，古文。

【蝨】知蹇切。蟲名。

◎蝨，知蹇切。蟲名。

【蝨】所乙切。《淮南子》曰：大厦既成，鷰雀相賀，湯沐既具，蟣蝨相弔。

◎蝨，所乙切。《淮南子》曰：陽沐既具，蟣蝨相弔。

○蝨，顧野王云：蝨，嚙人蟲也。（《一切經音義》卷四十五）

【蠽】子列切。蜩似蟬而小，俗謂茅蠽。

◎蠽，手列切。蜩似蟬而小，俗謂茅蠽，小蜩。

●“手列切”，疑誤。

【蝨】亡侯切。蠿蝨也，螣也。燕曰螨蜍，齊曰松公也。或作蟊。

◎蝨，亡侯切。螣也。或作蟊。

【蠿】之悅切。蠿蝨。

◎蠿，之悅切。蠿蝨。

【蠠】乃丁切。蟲也。

◎蠠，乃丁切。蟲也。

【蠤】在刀切。蠐蠤。今作螬。

◎蠤，在刀切。齏蠤。今作螬。

【蠚】户瞎切。螻蛄也。

◎蠚，户瞎切。螻蛄。

●蠚同蠚。

【蠡】郯移切。蠡蛸。亦作螔。

◎蠡，郯移切。蟲蛸。亦作螔。

●圓沙本“蟲蛸”疑當作“蠡蛸”。

【蠭】孚容切。螫人飛蟲也。亦作蜂。逢，古文。

◎蠭，孚容切。螫人飛蟲。今作蜂。逢，古文。

【蝨】巨於切。蝨蟓也。

◎蝨，巨於切。蝨蟓也。

【蠠】亡吉切。勉也。又蠭甘飴也。今作蜜。蠠，同上。

◎蠠，亡吉切。勉也。又蠭目飴也。今作蜜。蠠，同上。

●圓沙本“目飴”當作“甘飴”。

【蟁】亡云切。齧人飛蟲也。今作蚊。蟁，同上。

◎蟁，亡云切。齧人飛蟲。今作蚊。蟁，同上。

【蝱】莫庚切。蟁蝱也。俗作宝。

◎蝱，莫庚切。蟁。俗作宝。

●底本“宝”原訛，徑改。

【蠹】丁護切。木中蟲也。又白魚也。螙，古文。

◎蠹，丁護切。木中蟲。又白魚。螙，古文。

【蠡】力兮、力底二切。蠡蠡，行列皃。薄之而欲破也，瓢也。又力戈切。

◎蠡，力兮、力底二切。蠡蠡，行列皃。薄之扁欲破也，瓢也。又力戈切。

【蠢】巨牛切。亦作蛷、蚉、螋。多足蟲。

◎蠢，巨牛切。多足蟲。亦作蛷。

【蠹】父尤切。亦作蜉。大螘也。

◎蠹，父尤切。亦作蜉。大螘。

【蠤】子兖切。蟲食也。

◎蠤，子兖切。蟲食。

【蜃】時忍切。亦作蜃。大蛤也。

◎蜃，時忍切。亦作蜃。大蛤。

【蠢】尺尹切。動也，作也。或作䎛、偆。

◎蠢，尺尹切。動也，作也。或作䎛、偆。

○蠢，野王案：蠢，蟲動搖皃也。（《倭名抄》八 102）

【蝘】於甗切。蝘蜓也。或作蝘。

◎蝘，於甗切。蝘蜓。或作蝘。

【䖟】乃北、乃代二切。似蝱而小，班色，齧人。

◎䖟，乃北、乃代二切。似蝱而小。

【蠆】丑介切。毒蟲也。或作蠆。

◎蠆，丑介切。毒蟲。或作蠆。

【蟗】於力切。小蠭也。

◎蟗，於力切。小蠭。

【蝛】於貴切。飛螘也。

◎蝛，於貴切。飛螘。

【蠠】女乙切。小蟲也。

◎蠠，女乙切。小蟲。

【蝚】胡監切。瓜蟲也。

◎蝚，胡監切。瓜蟲。

【蠯】步幸切。蚌也，蛤也。或作螷、鲆。

◎蠯，步幸切。蚌蛤也。或作螷、鲆。

【蠠】牛袁切。晚蠶也。

◎蠠，牛袁切。晚蠶。

○蠠，晚蠶也。（《倭名抄》八 82）

【蠹】徒何切。狀如人，羊角虎爪。

◎蠹，徒何切。狀如人，羊角虎爪。

【蝹】音巴。蟲也。

◎蝹，音巴。蟲也。

蟲部第四百三

凡七字

【蟲】除中切。有足曰蟲，無足曰豸。

◎蟲，除中切。有足曰蟲，無足曰豸。

【蠱】公户切。事也，毒也，或也。穀久積變爲飛蠱也。

◎蠱，公户切。事也，毒也。或曰穀久積變爲飛蠱。

○蠱，顧野王云：穀皆積變爲飛蠱也。（《史記》卷五）

〇蟲，顧野王曰：穀久積變爲飛蟲。（《正字通》卷九）

【蝨】莫侯切。與蟊、蝥同。

◎蝨，莫侯切。与蟊、蝥同。

【蠹】扶畏切。大蝗也。或作蜚。

◎蠹，扶畏切。大蝗。或作蜚。

【蠿】婢脂切。蠿蜉，大螘也。或作蚍。蠯，同上。

◎蠿，婢脂切。蠿蜉，大蟻。或作蚍。蠯，同上。

【蠠】力刃切。蝨也。

◎蠠，力刃切。蝨也。

它部第四百四

凡三字

【它】託何切。蛇也，上古草居而畏它，故相問無它乎。又非也，異也。今作佗。蛇，同上。它或從虫。今市遮切。又弋支切。《詩》云：蛇蛇碩言。

◎它，恥何切。蛇也，上古草居，畏它，故相問無它乎。又非也，異也。今作佗。蛇，同上。今市遮切。又弋支切。《詩》云：蛇蛇碩言。

【鉈】恥支切。今作螭。

◎鉈，恥支切。今作螭。

龜部第四百五

凡五字

【龜】居逵切。文也，進也。外骨內肉，天性無雄，以蛇爲雄也。又貨之寶也。𠁴，古文。

◎龜，居逵切。文也，進也。外骨內肉，天性無雄，以蛇爲雄。又貨之寶也。𠁴，古文。

【䶊】而三切。龜甲邊。或作蚺。

◎䶊，而三切。龜甲邊。或作蚺。

【䶎】之戎、徒冬二切。䶎龜。

◎䶎，之戎、徒冬二切。䶎龜。

【䶏】烏郎切。臨海水吐氣，觜似鵝，指爪。

◎䶏，烏郎切。臨海水吐氣，觜似鵝，指爪。

黽部第四百六

凡十八字

【黽】眉耿切。蝦蟇屬，似青蛙而大腹。又名土鼆。䵶，籀文。

◎黽，眉耿切。蝦蟇屬，似青蛙而大腹。又名土鼆。䵶，籀文。

【鼈】卑滅切。龜屬。或作鱉。

◎鼈，卑滅切。龜屬。或作鱉。

【黿】魚袁切。似鼈而大也。

◎黿，魚袁切。似鼈大。

〇黿鼉，大龜也。（《倭名抄》八 34）

〇黿，《玉篇》曰：似鼈而大。（《一切經音義》卷二十五）

【鼃】胡媧切。蝦蟇也。今作蛙。䵷，同上。

◎鼃，胡媧切。蝦蟇。今作蛙。䵷，同上。

〇鼃，顧野王云：鼃即黽也。（《一切經音義》卷六十）

【鼉】徒何切。江水多，似蜥蜴，大者有鱗，采皮可以爲鼓也。

◎鼉，徒何切。江水多，似蜥蜴，大者有鱗，采皮可爲鼓。

【䵹】七由切，又七狄切。鼀䵹，蟾蠩，似蝦蟇也。

◎䵹，七由、七狄二切。蟾蠩，似蝦蟇。

【鼅】音知。鼅鼄也。或作蜘。

◎鼅，音知。鼅鼄也。或作蜘。

【鼄】音株。或作蛛。

◎鼄，音株。或作蛛。

【鼂】中橋切。蝘鼂，蟲名。鼌，古文。

◎鼂，中橋切。蝘鼂，蟲名。鼌，古文。

【鼇】午高切。《傳》曰：有神靈之鼇，背負蓬萊之山在海中。

◎鼇，午高切。《傳》曰：有神靈之鼇，背負蓬萊之山在海中。

【蠅】余陵切。青蠅蟲。

◎蠅，余陵切。青蠅。

〇蠅，《玉篇》：蟲名也。《詩》云：營營青

蠅。(《續一切經音義》卷八)
【鼃】胡雞切。水蟲。
◎鼃，胡雞切。水蟲。
【鼩】其拘切。鼃屬。又音鉤。鼁，同上。
◎鼩，其拘切。鼃屬。又音鉤。鼁，同上。
【鼊】音壁。鼅鼊，似龜而大，文如瑇瑁，可飾物。
◎鼊，音壁。鼅鼊，似龜而大，文如瑇瑁，可飾物。

卵部第四百七

凡五字

【卵】力管切。凡物無乳者卵生。
◎卵，力管切。凡物無乳者卵生。
○卵，《玉篇》：鳥卵也。(《續一切經音義》卷三)
【鰽】徒木切。卵内敗也。
◎鰽，徒木切。卵内敗也。
【毈】口木切。卵空也。
◎毈，口木切。卵空。
【孵】芳于切。卵化也。
◎孵，芳于切。卵化。
○孵，《玉篇》：孵，卵化也。(《方言箋疏》卷三)
【毈】大亂切。不成子曰毈。
◎毈，大乱切。不成子曰毈。
○毈，野王案：毈，卵不孵也，卵化也。(《倭名抄》七43)

貝部第四百八

凡一百四十三字

【貝】布外切。海介蟲也。大貝如車渠，貝中肉如科斗，但有頭尾。又貝，甲也。古貨貝而寶龜。
◎貝，布外切。海介蟲。大貝如車渠，肉如科斗，但有頭尾。又貝，甲也。古貨貝寶龜。
○貝，顧野王《玉篇》云：貝氏，出清河貝丘。(《養素堂文集》卷十二)
○貝，《玉篇》云：古者貨貝而寶龜。(《一切經音義》卷二十五)
【貨】先果切。貝聲。
◎貨，先果切。貝声。
【賜】凡僞切。賭也。亦古貨字。貤，同上。
◎賜，凡僞切。賭也。亦古貨字。貤，同上。
【財】在來切。所以資生者，納財。謂食穀也，貨也，賂也。
◎財，在來切。貨也，賂也。
【賄】呼罪切。贈送財也。賄，同上。
◎賄，呼罪切。贈送財也。賄，同上。
【購】亡怨切，又力制切。貨也。
◎購，亡怨切，又力制切。貨也。
【貨】呼臥切。賣也。金玉曰貨，布帛曰賂。
◎貨，呼臥切。賣。金玉曰貨。
【賑】之忍切。富也。眕，同上。
◎賑，之忍切。富也。眕，同上。
○賑，顧野王：賑救之也。(《一切經音義》卷四十一)
【資】子夷切。取也，用也。
◎資，子夷切。取也，用也。
○資，《玉篇》：助也。《考聲》：取也。(《續一切經音義》卷三)
【賢】下田切。有善行也，多也，益也，能也，持心也。又下見切，義見《考工記》。臤，古文。
◎賢，下田切。有善行也，多也，益也，能也，持心也。又下見切，義見《考工記》。臤，古文。
【賁】彼寄切。飾也，徵也。又布門切，虎賁，勇士。又扶非切，人姓。
◎賁，彼寄切。飾也，徵也。又布門切，虎賁，勇士。又扶非切，人姓。
【賀】何佐切。以禮物相慶加也。
◎賀，何佐切。以礼物相慶賀。
【賂】力故切。遺也。
◎賂，力故切。遺也。
○賂，顧野王云：以財相請謁也。(《一切經音義》卷五十七)
【貢】公送切。通也，獻也，上也，稅也，

賜也。
◎貢，公送切。通也，獻也，税也，賜也。
【賛】子旦切。佐也，遵也，助也，具也。贊，《説文》賛。
◎賛，子旦切。佐也，遵也，助也，興也。贊，《説文》賛。
●“具也”疑當作“見也”。
【賷】才刃切。財貨也。
◎賷，才忍切。財貨。
【賸】弋證切。相贈也，以物加送也。
◎賸，弋證切。以物相贈送。
【齎】子兮切。行道所用也，持也，備也，給与也，付也。又子斯切，歎辭。賫，俗。
◎齎，子兮切。行道所用也，持也，備也，給與也，付也。又子斯切，歎辭。賫，俗。
〇齎，《玉篇》：齎，持也。《廣雅》：送也。（《一切經音義》卷十）
〇賫，顧野王：持也。（《一切經音義》卷十一）
〇賫，顧野王云：賫猶持也。（《一切經音義》卷十二）
〇齎，顧野王曰：齎，持也。（《一切經音義》卷十三）
【貸】他代切。施也，假也，借盈也，以物與人更還主也。
◎貸，他代切。施也，假也，借盈也，以物与人更還主也。
【貣】他得切。從人求。
◎貣，他得切。從人求。
【賥】悲僞切。益也。
◎賥，悲僞切。益也。
【贈】在鄧切。以玩好相送也。又助生送死。
◎贈，在鄧切。以玩好相送。又助生送死。
〇贈，《玉篇》云：贈饡也。（《一切經音義》卷九十三）
【贛】古送切。賜也。又古禫切，縣名。
◎贛，古送切。賜也。古禫切，縣名。
【賞】尸掌切。賞賜有功之人也。
◎賞，尸掌切。賞賜有功也。
【賚】力代切。與也，賜也。勞賚爲勑字。今作賚。
◎賚，力代切。与也，賜也。勞賚爲勑字。今作賴。
【賜】思漬切。惠也，施也，空盡也。
◎賜，思漬切。惠也，施也。
【貤】余豉切。賥也，益也。
◎貤，余豉切。賥也，益也。
【贏】余成切。緩也，利也，溢也，有餘也。
◎贏，余成切。利也，有餘也。
【負】浮九切。擔也，置之於背也，違恩忘德也。或作偩。
◎負，浮九切。擔也，置之於背也，違恩忘德也。或作偩。
〇負，顧野王云：背恩忘德曰負。（《一切經音義》卷八）
【貿】亡候切。市賣。
◎貿，亡候切。市賣。
〇貿，猶交易也。（《法華釋文》下）
〇貿，顧野王云：交易也。（《一切經音義》卷十三）
〇貿，顧野王云：貿猶交也。（《一切經音義》卷五十七）
【貳】而志切。副也，代也，敵也，並也，離也，畔也。
◎貳，而志切。副也，代也，疑也，並也，離也，畔也。
【賔】卑民切。敬也，客也，服也，從也，協也。賓，《説文》賔。賔，古文。
◎賔，卑民切。敬也，客也，服也，從也。賓，《説文》賔。賔，古文。
【賒】始遮切。不交賣也，貰也。
◎賒，始遮切。貰也，不交賣也。
【貰】時夜切。賒也，貸也。
◎貰，侍夜切。賒也，貸也。
〇貰，顧野王云：貰，賒也。（《一切經音義》卷四十四）
【貺】詡誑切。賜也。
◎貺，詡誑切。賜也。
【贅】之鋭切。賣人子與人爲贅子。又以物質錢也，最也，得也，聚也，定也，屬也。
◎贅，之鋭切。賣人子与人爲贅子。又以物質錢也，最也，得也，聚也，定也，屬也。

○贅，顧野王：居婦家之壻爲贅也。(《一切經音義》卷八十)

【質】之逸切。信也，主也，平也，樸也，軀也。又知冀切。

◎質，之逸切。信也，主也，平也，樸也，軀也。又知異切。

○質，顧野王曰：質，醇樸也。(《一切經音義》卷七)

【費】孚味切。損也，用也，惠也，散也，耗也。又扶味切，姓也。

◎費，孚味切。損也，用也，惠也，耗也。又扶味切，姓也。

○費，耗也。孚味反。(《三部經音義集》二)

【責】壯革切。求也。賫，古文。

◎責，壯革切。求也。賫，古文。

【䝈】午亂切。亦作玩，好也。

◎䝈，午乱切。亦作玩，好也。

【賈】公户切。通物曰賫，居賣曰賈也。聚也。又古雅切，姓也。

◎賈，公户切。商賈也，聚也。又古雅切，姓也。

○賈，公扈反。居賣也。柯雅反，人姓也。(《法華釋文》中)

○賈，《玉篇》：加雅反。人姓也。(《一切經音義》卷二十七)

【賫】尸羊切。通四方之珍異謂之賫人也。亦作商。

◎賫，尸羊切。賫賈。亦作商。

○賫，通四方之珍異謂之賫旅。或作賫。(《法華釋文》中)

○賫，《玉篇》通四方之珍異曰賫。(《一切經音義》卷二十七)

○賫，鄭玄及《玉篇》：通物曰賫，坐賣曰賈。(《一切經音義》卷二十七)

【買】亡蟹切。市買也。

◎買，亡蟹切。市買也。

【賤】才箭切。價少也，卑下也，不貴也。

◎賤，才箭切。價少也，卑也，不貴也。

【賦】方務切。税也，布也，量也。賦，斂。擾動也。

◎賦，方務切。税也，布也，量也。

【貧】皮旻切。乏財也。

◎貧，皮旻切。乏財。

○貧，乏財言貧。皮旻反。(《三部經音義集》一)

【貪】他含切。欲也，悇也。

◎貪，他含切。欲也，悇也。

【貶】碑檢切。減也，損也。

◎貶，碑檢切。減損也。

【賃】女禁切。借傭也。

◎賃，女禁切。借傭也。

【賕】巨留切。以財枉法相謝也，質也，請也。

◎賕，巨留切。以財在法相謝也，質也，請也。

●圓沙本“在”疑當作“枉”。

【購】古候切。以財有所求償。

◎購，古候切。以財有所求償。

【賰】使吕切。以賫財卜問也。

◎賰，使吕切。以賫財問卜。

【貲】子离切。小罰以財自贖也，財也，貨也。

◎貲，子离切。小罰以財曰贖也，財也，貨也。

○貲，顧野王曰：家中貲也。(《一切經音義》卷十一)

○貲，顧野王云：謂家中貲産也。(《一切經音義》卷七十八)

○貲，《玉篇》：財也。(《一切經音義》卷六十一)

●圓沙本“曰贖”疑當作“自贖”。

【賨】在宗切。蠻賦也，税也。

◎賨，在宗切。蠻賦也，税也。

【賣】余六切。衒也。或作粥、鬻。賫，古文。

◎賣，莫懈切。衒也。或作粥、鬻。賫，古文。

【贖】市燭切，又市注切。質也，以財拔罪也。

◎贖，市燭切，又市注切。質也，以財贖罪也。

【賙】之由切。給也，贍也，收也。

◎賙，之由切。給也，贍也，收也。
【貴】居謂切。高也，尊也，多價也。賷，《説文》貴。
◎貴，居謂切。高也，尊也，多價也。賷，《説文》貴。
【賻】扶句切。以財助喪也。
◎賻，扶句切。以財助喪也。
【賵】孚鳳切。贈死也。䟳，同上。
◎賵，孚鳳切。凡贈丧曰賵。䟳，同上。
【貽】弋之切。玄貝也。亦作詒。遺也。
◎貽，弋之切。玄貝。亦作詒。遺也。
【睺】乎豆切。龍目，出南海。
◎睺，乎豆切。龍目，出江海。
【贍】市豔切。周也，假助也。
◎贍，市豔切。周也，假助也。
【賭】丁古切。賜也。
◎賭，丁古切。賜也。
【賰】於獻切。物相當。
◎賰，於獻切。物相當。
【貾】除碁切。餘貾貝。
◎貾，除基切。餘貾貝。
【賺】卑遥切。貝居陸，賺也。
◎賺，卑遥切。貝居陸，賺也。
【賻】竹几切。當也。
◎賻，竹几切。當也。
【贇】於倫切。美也。
◎贇，於倫切。美也。
【賍】汝兖切。小有財。
◎賍，汝兖切。小有財。
【賏】烏款切。賏賜，小財皃。
◎賏，烏款切。賏賜，小財皃。
【賜】乎管切。賏賜。
◎賜，乎管切。賏賜。
【賉】胡涓切。今作衒。
◎賉，胡涓切。今作衒。
【賆】步田切。益也。
◎賆，步田切。益也。
【賝】丑林切。寶色。亦作琛。
◎賝，丑林切。寶色。亦作琛。
〇賝，《玉篇》曰：賝，寶也。（《一切經音義》卷二十一）
●《玉篇校釋》謂當作“寶也”。
【賭】思徇切。益也。
◎賭，思徇切。益也。
【賲】布老切。有也。亦作宲。粟藏。
◎賲，布老切。有也。亦作宲。
【賅】乎改、古才二切。奇也，非常也。亦作侅。
◎賅，乎改、古才二切。奇也，非常也。亦作侅。
【貣】都勒切。今作得。
◎貣，都勒切。今作得。
【贅】婢世切。今作幣。
◎贅，婢世切。今作弊。
●圓沙本“弊”通“幣”。
【賥】直几切。或作賥、庤。古文作畤。
◎賥，直几切。或作賥、痔。古作畤。
●圓沙本“痔”當作“庤”。
【貫】古玩切。裝具也，穿也。今作貫。
◎貫，古玩切。穿也。今作貫。
【賢】羊閉切。婏㛐也。或作譪。
◎賢，于閉切。婏㛐。或作譪。
【賂】力振切。貪也，難也。或作遴。
◎賂，力賑切。貪也，難也。或作遴。
【賝】力章切。賝，賦也。
◎賝，力章切。賝，賦也。
【賺】徒陷切。錯也，重賣也。
◎賺，徒陷切。錯也，重賣也。
【賧】力豔切。市先入。
◎賧，力豔切。市先入。
【睟】思醉切。亦作粹。
◎睟，思醉切。亦作粹。
【眗】眉巾切。本作鍲，筭税也。
◎眗，眉巾切。本作鍲，筭税。
【賟】於兩切。無訾。
◎賟，於兩切。無訾。
【賍】山敬切。財。
◎賍，山敬切。財也。
【賰】式尹切。賱賰，富有也。
◎賰，式尹切。賱賰，富有也。

【賱】於尹切。賱賰。
◎賱，於尹切。賱賰。
【賬】姜魚切。賣也。
◎賬，姜魚切。賣也。
【貯】知吕切。盛也，積也，福也，藏也。
◎貯，知吕切。盛也，積也，收也，藏也。
○貯，盛也，積也。又作詝，同。知吕反。（《三部經音義集》一）
○貯，顧野王云：貯，所以盛者。（《一切經音義》卷十七）
○貯，顧野王云：貯，盛也。（《一切經音義》卷二十）
○貯，顧野王云：所謂盛貯也。（《一切經音義》卷六十七）
●《玉篇校釋》改“福也”爲“稸也”。
【贓】作郎切。藏也。
◎贓，作郎切。藏也。
○贓，藏也。（《秘寶鈔》中五 9）
【賳】子才切。
◎賳，子才切。貨也。
【購】古候切。稟給。
◎購，古候切。稟給。
【賯】音綿。賯也。
◎賯，音綿。賯也。
【賙】疾盈切。賜也。
◎賙，疾盈切。賜也。
【賁】皮祕切。壯賁也。
◎賁，皮祕切。壯賁。
【賍】才惡切。
◎賍，才惡切。貨也。
【賟】他典切。富也。
◎賟，他典切。富也。
【贔】平祕切。贔屓，作力也。
◎贔，米祕切。贔屓，有力也。
●圓沙本“米祕切”疑當作“平祕切”。
【屓】虚器切。贔屓。
◎屓，虚器切。贔屓。
【贉】徒感切。預入錢也。
◎贉，徒感切。預入錢。
【販】方万切。賤買貴賣。
◎販，方万切。賤買貴賣。
【贄】脂利切。執玉帛也。亦作摰。
◎贄，脂利切。執玉帛。亦作摰。
【贚】良用切。貧也。又龍皃。
◎贚，良用切。貧也。又龍皃。
【賥】先臥切。骨。
◎賥，先臥切。骨。
【貗】力侯切。貪也。
◎貗，力侯切。貪也。
【賏】於敬、於庚二切。飾也。
◎賏，於敬、於庚二切。飾也。
【賧】吐濫切。蠻夷以財贖罪也。賗，同上。
◎賧，吐濫切。蠻夷以財贖罪。賗，同上。
○賗，《玉篇》又他濫反。（《龍龕手鏡》卷三）
【賧】火監切。有賄賧也。
◎賧，火監切。有賄賧也。
【賏】而晋切。牢也。
◎賏，而晋切。牢也。
【贎】音櫬。贎錢。
◎贎，音儭。贎錢。
【賑】丑政切。賣不得。
◎賑，丑政切。賣不得。
【賶】士浪切。
◎賶，七浪切。積貨。
【賗】音註。財賗。
◎賗，音註。財賗。
【贌】音朴。
◎贌，音朴。取也。
【贆】巨律切。
◎贆，巨律切。
【賌】音協。財也。
◎賌，音協。財也。
【貼】天叶切。以物質錢。
◎貼，天叶切。以物取錢。
○貼，天叶反。以物質錢。（《醫心方》刊本三 8）
【賉】先筆切。分賑。亦卹字。
◎賉，先筆切。分賑。亦卹字。
○賉，野王案：賉，振救。音辛律反。（《令集解》一 338）

○賉，野王案：賉謂振救之。（《令集解》一 338）

【賌】烏邁切。貯賌也。

◎賌，烏邁切。貯賌也。

【賊】昨則切。劫人也。

◎賊，昨則切。劫人。

【賵】方廟切。散匹帛與三軍。或俵字。

◎賵，方廟切。散匹帛与三軍。或裱字。

●“裱”疑誤。

【賽】先再切。報也。

◎賽，先再切。報也。

【賥】市肺切。賦斂。

◎賥，市肺切。賦斂。

【贋】五晏切。不直也。

◎贋，吾安切。不直。

【賯】火營切。貨也。

◎賯，火營切。貨也。

大廣益會玉篇
卷第二十六

凡一十六部

羽部第四百九

凡一百二十三字

【羽】于詡切。鳥毛羽也。北方名羽，音在冬時。又王遇切。

◎羽，于詡切。鳥毛羽。北方羽，音在冬時。又王遇切。

【翨】居豉切。鳥翮也，鳥之强羽猛也。䎩，同上。

◎翨，居豉切。鳥之强羽猛也。䎩，同上。

【翡】扶畏切。鳥似翠而赤。

◎翡，扶畏切。鳥似翠而赤。

【翠】七遂切。青羽雀，出南方。

◎翠，七遂切。青羽雀，出南方。

【翰】胡旦、胡干二切。飛也。又天鷄也。

◎翰，胡旦、胡干二切。飛也，天鷄。

【翟】徒的切。山雉也。又樂吏之賤者。

◎翟，徒的切。山雉。又樂吏賤者。

【翁】於公切。鳥頸下毛。又飛皃。又老稱。或作額。

◎翁，於公切。鳥頸下毛。又飛皃。又老稱。或作額。

【翅】升豉切。翼也。翄，同上。翤，同上。

◎翅，升豉切。翼也。翄，同上。翤，同上。

○翅，《玉篇》：翅羽也。又作翄，古文作翨。（《續一切經音義》卷五）

【翮】古責切。翅也，羽也。

◎翮，古責切。翅也，羽也。

【翭】乎溝切。羽初生皃。

◎翭，乎溝切。羽初生皃。

【翹】祇姚切。尾長羽也，舉也。翹翹，遠羽皃。𦒁，同上。

◎翹，祇姚切。舉也。翹翹，遠羽皃。𦒁，同上。

【翮】諧革切。羽本也，羽莖也。

◎翮，諧革切。羽本也，羽莖也。

○翮，顧野王云：鳥羽翮也。（《續一切經音義》卷二）

○翮，《玉篇》云：鳥羽也。《爾雅》云：羽本謂之翮。郭璞注云：鳥羽也。（《續一切經音義》卷八）

【翎】巨俱切。羽曲也。又馬後足白。又俱禹切。

◎翎，巨俱切。羽曲也。又馬後足白。又俱禹切。

【羿】胡計、牛計二切。羽也。又羿，善射人。羿，《説文》羿。

◎羿，胡計、牛計二切。羽也。羿，善射人。羿，《説文》羿。

【翥】之庶切。飛舉皃。

◎翥，之庶切。飛舉皃。

【翕】許及切。合也，斂也，聚也，炙也。翖，同上。

◎翕，許及切。合也，聚也，炙也。翖，同上。

【翑】他臘切。翑翑，飛皃。

◎翑，它臘切。翑翑，飛皃。

【翬】許韋切。飛舉皃。

◎翬，許韋切。飛舉皃。

【翏】力幼、力要二切。高飛皃。

◎翏，力幼、力要二切。高飛皃。

【翜】山立、山甲二切。捷也，飛疾也。

◎翜，山立、山甲二切。捷也，飛疾也。

【翩】匹然切。聯翩也。

◎翩，匹然切。聯翩。

○翩，顧野王云：翩翩，便旋輕捷之皃。（《一

切經音義》卷三十一）
【翊】余力切。飛皃。亦輔翊。
◎翊，余力切。飛皃。亦輔翊。
○翊，顧野王云：翊，輔也。（《一切經音義》卷六十二）
【翮】他盍切。高飛皃。
◎翮，他盍切。高飛皃。
【翨】尺之切。羽盛皃。
◎翨，尺之切。羽盛皃。
【翶】午刀切。翶翔也。
◎翶，午刀切。翶翔。
【翔】似良切。布翅飛。
◎翔，似良切。布翅飛。
○翔，飛不動羽也。（《三教指歸注》三 1）
【翯】胡角切。翯翯，肥澤皃。
◎翯，胡角切。翯翯，肥澤皃。
【翌】胡光切。羽舞名。
◎翌，胡光切。羽舞名。
【翇】分勿切。舞者所執也。
◎翇，分勿切。舞者所執。
【翌】亡縷切。今作舞。
◎翌，亡縷切。今作舞。
【翢】徒刀、他刀二切。纛也。
◎翢，徒刀、它刀二切。纛也。
【翪】子公切。竦翅飛也。亦作㚇。
◎翪，子公切。竦翅飛也。亦作㚇。
【翴】力仙切。飛皃。
◎翴，力仙切。飛皃。
【翿】徒到切。翿翳也。翳、翢，並同上。
◎翿，徒到切。翿翳也。翳，同上。翢，同上。
【翛】先邀切。羽翼蔽皃。亦作毹。
◎翛，先邀切。羽翼蔽皃。亦作毹。
【翛】尸祝切。疾也。或作倏。又音蕭。
◎翛，尸祝切。疾也。或作倏。又音蕭。
○倏，顧野王云：往來迅速也。（《一切經音義》卷三十六）
【翑】呼縈切。飛皃。
◎翑，呼縈切。飛皃。
【翓】乎結切。飛上也。或作頡。
◎翓，乎結切。飛上。或作頡。
【翸】匹仁切。飛皃。
◎翸，匹仁切。飛皃。
【翃】胡公切。飛聲。翃，同上。
◎翃，胡公切。飛声。翃，同上。
【翍】許出切。飛走皃。
◎翍，許六切。飛走皃。
【翍】許月切。翍翍，飛走皃。
◎翍，許月切。飛走皃。
【翻】許元切。飛也。
◎翻，許元切。飛也。
【翲】匹姚切。飛皃。
◎翲，匹姚切。飛皃。
【翃】胡萌切。蟲飛也。
◎翃，胡萌切。蟲飛。
【翐】余勢切。翐翐，飛也。
◎翐，余勢切。翐，飛皃。
【翁】呼横切。群鳥弄翅也。
◎翁，呼横切。群鳥弄翅也。
【翍】呼麥切。翁翍，飛皃。
◎翍，呼麥切。翁翍，飛皃。
【翹】巨妖切。飛皃。
◎翹，巨妖切。飛皃。
【翖】奴坎切。翮下弱羽也。
◎翖，奴坎切。翮下弱羽。
【翌】禹俱切。飛皃。或作雩。
◎翌，禹俱切。飛皃。或作雩。
【翷】力仁切。飛皃。
◎翷，力仁切。飛皃。
【翻】呼伯切。翍也。
◎翻，呼伯切。翍也。
【翽】胡桂切。六翮之末。翽，同上。
◎翽，胡桂切。六翮之末。翽，同上。
【翻】子登切。飛皃。
◎翻，子登切。飛皃。
【翈】胡甲切。羽翈也。
◎翈，胡甲切。羽翈也。
【翝】所巾切。羽多皃。
◎翝，所巾切。羽多皃。
【翻】孚元切。飛也。

◎翻，孚元切。飛也。
○翻，顧野王云：翩翻，便旋輕捷之皃也。(《一切經音義》卷六十二)
【翃】布交切。五采羽。
◎翃，布交切。五采羽。
【翁】孚云切。翁翁，飛皃。
◎翁，孚云切。翁翁，飛皃。
【翍】普皮切。張也。亦作披。
◎翍，普皮切。張也。亦作披。
【翋】力合切。翋翋，飛皃。
◎翋，力合切。翋翋，飛皃。
【翖】他合切。翋翖。
◎翖，他合切。翋翖。
【翏】力竹切。今作戮。
◎翏，力竹切。今作戮。
【翼】余力切。翅也。又輔也，敬也，助也。
䎀，同上。
◎翼，余力切。翅也，輔也，助也，敬也。
䎀，同上。
●“䎀”同“狨”。
【翣】山甲切。纛也，見《禮記》。
◎翣，山甲切。纛也，見《礼記》。
【翽】呼外切。翽翽，羽聲衆皃。
◎翽，呼外切。翽翽，羽声衆皃。
【翦】子踐切。勤也，羽生也，采羽也，齊斷也。俗作剪。
◎翦，子踐切。羽生也，采羽也，齊斷也。俗作剪。
【翪】莊善切。鳥搫擊勢也。
◎翪，莊善切。鳥搫擊勢也。
【翃】胡郎切。飛高下皃。或作頏。
◎翃，朝郎切。飛高下皃。或作頏。
●圓沙本“朝郎切”疑當作“胡郎切”。
【翳】於計切。鳥名也，鳳屬也，屏蔞也，華蓋也。又障也。
◎翳，於計切。鳥名，鳳屬，又屏蔞也，華蓋也，障也。
○翳，顧野王云：隱也。亦奄也。(《續一切經音義》卷二)
【翑】許堯切。或作鴞。
◎翑，許堯切。或作鴞。
【䎌】思六切。飛皃。又飛聲。
◎䎌，思六切。飛皃。又飛声。
【翎】魯丁切。箭羽也。
◎翎，魯丁切。箭羽。
【䎔】音孚。細毛。
◎䎔，音孚。細毛。
【翾】許延切。飛皃。
◎翾，許延切。飛皃。
【䎐】古文飛字。
◎䎐，古文飛字。
【翄】巨移切。羽也。
◎翄，巨移切。羽也。
【翀】直中切。飛上天。
◎翀，直中切。飛上天。
【䎅】丑俱切。飛皃。
◎䎅，丑俱切。飛皃。
【䎡】音宣切。飛皃。
◎䎡，音宣切。飛皃。
【翗】巨何切。飛皃。
◎翗，巨何切。飛皃。
【䎀】織牛切。急也。
◎䎀，織牛切。急也。
【翓】芳好切。
◎翓，芳好切。飛也。
【䎎】尺勇切。羽。
◎䎎，尺勇切。羽也。
【翲】丑卯切。毛多也。
◎翲，丑卯切。毛多。
【䎃】五板切。飛皃。
◎䎃，五板切。飛皃。
【䎈】五秦切，又音廷。
◎䎈，五秦切，又音廷。
【䎍】魚典切。飛皃。
◎䎍，魚典切。飛皃。
【䎉】火卵切，火亂切。
◎䎉，火卵切，火乱切。
【䎆】初巳切。飛皃。
◎䎆，初巳切。飛皃。
【䎊】音亥。飛皃。

◎翃，音亥。飛皃。
【翸】匹本切。飛皃。
◎翸，匹本切。飛皃。
【翛】音消。
◎翛，音消。羽也。
【翐翍】二同。羊制切。飛皃。
◎翐，羊制切。飛皃。翍，同上。
【翶】苦到切。
◎翶，苦到切。飛也。
【翪】於劍切。
◎翪，於劍切。羽也。
翧，音童，又達貢切，飛皃。
◎翧，音童，又達貢切，飛皃。
【翭】呼爛切。飛皃。
◎翭，呼乱切。飛皃。
【翵】匹各切。飛。
◎翵，匹各切。飛。
【翷】初六切。
◎翷，初六切。羽。
【翽】音臘。飛皃。
◎翽，音獵。飛皃。
【翼】音躐。飛皃。
◎翼，音躐。飛皃。
【翐】音秩。飛皃。
◎翐，音秩。飛皃。
【翻】音聿。飛皃。
◎翻，音聿。飛皃。
【翍】芳滅切。
◎翍，芳滅切。
【翩】芳逼切。飛。
◎翩，芳逼切。飛。
【翸】音插。飛皃。
◎翸，音插。飛皃。
【翝】女法切。
◎翝，女法切。飛皃。
【翗】許劣切。小鳥飛。
◎翗，許劣切。小鳥飛。
【翾】許緣切。小飛皃。
◎翾，許緣切。小飛皃。

飛部第四百十

凡三字

【飛】方違切。鳥翥。
◎飛，方違切。鳥翥。
【䶀】余力切。籀文翼字。
◎䶀，余力切。古文翼。
【飜】孚元切。飛也。亦作翻。
◎飜，孚元切。飛也。亦作翻。
○飜，顧野王云：飜，高去也。（《一切經音義》卷六十九）

習部第四百十一

凡三字

【習】似立切。飛也，串也。又《詩》云：習習谷風。
◎習，似立切。飛也，串也。又《詩》云：習習谷風。
○習，顧野王云：習謂積習成之也。（《一切經音義》卷六十五）
【翫】午亂切。習也，衆也。又貪悦也。
◎翫，午乱切。習也，貪悦也。
【㬊】盧合切。㬊歃，不滿皃。
◎㬊，盧合切。㬊歃，不滿皃。

卂部第四百十二

凡二字

【卂】思進切。疾飛也。亦作迅。
◎卂，思進切。疾飛也。亦作迅。
【煢】具營切。單也，無兄弟也，無所依也，憂思也。或作惸、嬛。
◎煢，具營切。單也，無兄弟也，無依也，憂思也。或作惸。
○煢，《玉篇》云：無兄曰煢。（《華嚴經疏》卷二十四，《一切經音義》卷二十二）

非部第四百十三

凡六字

【非】方違切。不是也，下也，隱也，責也。
◎非，方違切。不是也，下也，隱也，責也。
【靡】眉彼切。無也，好也，罪累也。靡靡，布帛之細好也。又侈靡，奢侈也。
◎靡，眉彼切。無也，侈靡也。
【啙】孚匪、孚利二切。別也。
◎啙，孚匪、孚利二切。別也。
【靠】口告、巨篤二切。靠，理相違也。
◎靠，口告、巨篤二切。靠，理相違也。
●《玉篇校釋》謂當作"靠，理也，相違也"。
【陛】方奚切。陛，牢也，所以拘罪人也。
◎陛，方奚切。陛，牢也，所以拘罪人。
【乖】在臘切。惡也。
◎乖，在臘切。惡也。

不部第四百十四

凡三字

【不】甫負、府牛二切。鳥飛上翔不下來也。又弗也，詞也。⽍，古文。
◎不，甫負、府牛二切。鳥飛上翔不下來也。又弗也，詞也。⽍，古文。
【否】方久切。可否也。又彼僞、符彼二切。
◎否，方久切。可否。又彼僞、符彼二切。
○嫑，《玉篇》去[云]：《嫑》，《易》卦也。(《龍龕手鏡》卷四)

至部第四百十五

凡一十字

【至】之異切。極也，通也，善也，達也，大也，到也。㞢，古文。
◎至，之異切。極也，通也，善也，達也，大也，到也。㞢，古文。
【到】多報切。至也。
◎到，多報切。至也。
【臻】側巾切。至也，及也，聚也，衆也。
◎臻，側巾切。至也，及也，聚也，衆也。
【臺】徒來切。四方高也，閣也。
◎臺，徒來切。四方高也，閣也。
○臺，閣也。(《法華釋文》中)
【臺】烏解切。舍也。
◎臺，烏解切。舍也。
【𦤶】丑利切。忿戾也。
◎𦤶，丑利切。忿戾。
【臶】才遁切。古人名。
◎臶，才遁切。古人名。
【臸】而力、而吉二切。到也。
◎臸，而力、而吉二切。到也。
【𧖴】音窒。
◎𧖴，音窒。

毛部第四百十六

凡七十八字

【毛】莫刀切。眉髮之屬也。
◎毛，莫刀切。眉髮屬。
【毴】而勇、而允二切。衆也，聚也。毻，同上。
◎毴，而勇、而允二切。衆也，聚也。毻，同上。
【䮍】胡旦切。長毛也，獸毫也。
◎䮍，胡旦切。長毛也，獸毫也。
【毨】先殄切。毛更生也。又整理也。
◎毨，先殄切。毛更生也，整理也。
【𣯶】莫昆切。以毳爲罽也，數也。
◎𣯶，莫昆切。以毳爲罽也，數也。
【㲪】徒叶切。毛布也。毾，同上。
◎㲪，徒叶切。毛布也。毾，同上。
【氈】之延切。毛爲席。
◎氈，之延切。以毛爲席。
○氈，野王案：氈毛席，撚毛爲席也。(《倭名抄》六69)
【毲】大幺切。毲毤。或作翢、䳂。
◎毲，大幺切。或作翢、䳂。
【毤】先幺切。毲毤。

◎毢，先幺切。毰毢。
【毻】他臘切。毻毲，席。
◎毻，他臘切。毻毲，席。
【毲】都能切。毻毲也。
◎毲，都能切。毻毲。
【毹】扶殄切。毹毾，毛毿也。
◎毹，扶殄切。毹毾，毛毿也。
【毾】扶木切。毹毾也。
◎毾，扶木切。毹毾也。
【氀】力于切。毛布也。亦作氌。又力主切。
◎氀，力于切。毛布。亦作氌。又力主切。
【氍】巨俱切。氍毹，毛席也。氍，同上。
◎氍，巨俱切。氍毹，毛席也。氍，同上。
【毹】山于切。氍毹。氀，同上。
◎毹，山于切。氍毹。氀，同上。
【氈】大當切。氈毲罽曲文者。
◎氈，大當切。氈毲罽曲文者。
【毦】仁志切。以毛羽爲飾。
◎毦，仁志切。以毛羽爲飾。
○毦，顧野王曰：毦，結毛爲飾也。（《後漢書》卷八十六）
○毦，顧野王云：謂毛羽爲毦飾也。（《一切經音義》卷九十九）
【毴】子凶切。毴氍罽。
◎毴，子凶切。毴氍罽。
【氎】几例切。方文者。亦作罽、𦆉。
◎氎，几例切。方文者。亦作罽。
【氄】女紅切。髮多。亦作鬞。
◎氄，女紅切。髮多。亦作鬞。
【氉】如羊切。被髮。亦作鬤。
◎氉，如羊切。被髮。亦作鬤。
【氂】力才、力咨二切。强毛也。亦作斄、練。
◎氂，力才、力咨二切。强毛。亦作斄、練。
【毫】胡刀切。長毛也。
◎毫，胡刀切。長毛。
○毫，《玉篇》云：毫，毛長也。（《一切經音義》卷二十七）
【氌】力葉切。亦作鬣。
◎氌，力葉切。亦作鬣。
【毰】芳俱切。毰毸也。
◎毰，芳俱切。毰毸也。
【毠】古牙切。毠毟，胡衣也。
◎毠，古牙切。毠毟，胡衣也。
【毟】所加切。毠毟。
◎毟，所加切。毠毟。
【毷】思録切。毷毭罽也。
◎毷，思録切。毷毭罽也。
【毭】人鍾切。毷毭也。
◎毭，人鍾切。毷毭。
【氃】方云切。氃頭罽。
◎氃，万云切。氃頭罽。
●“氃頭”疑當作“氃毭”。圓沙本“万云切”疑當作“方云切”。
【毭】音豆。氃也。
◎毭，音豆。氃也。
【毨】思連切。毨毤罽。
◎毨，思連切。毨毤罽。
【毤】之移切。毨毤也。
◎毤，之移切。毨毤。
【氊】子姚切。兜鍪氊。
◎氊，子姚切。兜鍪氊。
【毰】孚云切。毛落也。
◎毰，孚云切。毛落。
【氎】布莽切。氎氎，方文者。
◎氎，布莽切。氎氎，方文者。
【毿】來丁切。長毛也。
◎毿，來丁切。長毛。
○毿，《玉篇》云：長毛也。（《重修廣韻》卷二）
【毼】胡割切。罽也。
◎毼，胡割切。罽也。
○毼，《玉篇》云：罽，實毛布也。（《一切經音義》卷二十六）
【毲】力外、力拙二切。色斑。
◎毲，力外、力拙二切。色斑。
【毻】他臥切。落毛也。
◎毻，他臥切。落毛也。
【毴】妨非切。紛。
◎毴，妨非切。紛也。
【毵】先含切。毛長皃。

◎毵，先含切。毛長皃。

【毠】女於切。犬多毛。

◎毠，女於切。大多毛。

○毠，《玉篇》：音如。犬多毛也。（《龍龕手鏡》卷一）

●圓沙本“大”當作“犬”。

【毬】巨尤切。毛毬也。

◎毬，巨尤切。毛求也。

●圓沙本“毛求也”疑當作“毛毬也”。

【毽】音搜。氍毽，織毛。又素侯切。毱，同上。

◎毽，音搜。氍毽，織毛。又素侯切。毱，同上。

【毧】音戎。細毛。

◎毧，音戎。細毛。

【翍】音披。毛也。

◎翍，音披。毛也。

【氎】汝占切，又音藍。氎毵。

◎氎，汝占切，又音藍。氎毵。

【毶】女庚切。犬多毛皃。

◎毶，女庚切。犬多毛。

【毰】博回切。毰毸，鳳舞皃。

◎毰，博回切。毰毸，鳳舞皃。

【毸】蘇來切。毰毸。

◎毸，蘇來切。毰毸。

【毥】思巡切。毛。

◎毥，思巡切。毛。

【毙】於景切。

◎毙，於景切。毛。

【毻】湯果切。

◎毻，湯果切。毛。

【毯】他敢切。氈毯也。

◎毯，他敢切。氈毯也。

【毪】中板切。毛初生。

◎毪，士格切。毛初生。

●底本“中板切”疑當作“巾格切”。

【氅】昌兩切。鶖毛。

◎氅，昌兩切。鶖毛。

【毤】奴帶切。毦毤，多毛。

◎毤，奴帶切。毦毤，多毛。

【毦】布蓋切。毦毤。

◎毦，布蓋切。毦毤。

【毮】蘇到切。毛。

◎毮，蘇到切。毛。

【毹】傷遇切。毛毹也。

◎毹，傷遇切。毛毹也。

【毺】居拜切。細毛也。

◎毺，居拜切。細毛。

【氉】音謁。多毛。

◎氉，音謁。多毛。

【毱】巨六切。毛也。

◎毱，巨六切。毛也。

【毲】音闒。毛也。

◎毲，音闒。毛毲。

【氄】音辱。氈氄。

◎氄，音辱。氈氄。

【毮】多則切。毛少也。

◎毮，多則切。毛少。

【毣】亡角、莫卜二切。思皃。一曰毛濕也。毷，同上。

◎毣，亡角、莫卜二切。思皃。一曰毛濕。毷，同上。

【秃】籒文禿字。

◎秃，籒文禿字。

【氂】音毛，又音犛，又音貓。

◎氂，音毛，音犛，音貓。

【氋】七芮切。斷也。亦作斵。

◎氋，七丙切。斷也。亦作斵。

●圓沙本“七丙切”疑當作“七芮切”。

毳部第四百十七

凡二字

【毳】齒芮切。罽衣。又毛之細縟。

◎毳，齒芮切。罽衣。又毛之細縟。

○毳，《玉篇》云：罽衣。（《方言疏證》卷二）

【毳】芳非切。紛也。

◎䨓，芳非切。紛也。

冄部第四百十八

凡一字

【冄】而琰切，又而鹽切。毛冄冄也，行也，進也，侵也。亦作冉。

◎冄，而琰切，又而鹽切。毛冄冄也，行也，進也，侵也。亦作冉。

而部第四百十九

凡二字

【而】人之切。語助也，乃也，能也。又頰之毛曰而。今作髵。

◎而，人之切。語助也，乃也，能也。又頰之毛曰而。今作髵。

【耐】奴代切。能也，任也。《説文》曰：辠不至髡也。

◎耐，奴代切。能也，任也。《説文》：辠不至髡也。

〇耐，顧野王云：耐猶能也。（《一切經音義》卷十七）

〇耐，《玉篇》：耐，能也，忍也，任也。（《一切經音義》卷三十）

角部第四百二十

凡一百六字

【角】古岳切。獸頭上骨出外也。男女未及冠笄爲總角。又角力也。

◎角，古岳切。獸頭上角出外也。男女未冠笄曰總角。又角力也。

〇角，野王案：角獸，頭上出骨也。有枝曰觡，無枝曰角。角上［亦］浪［隅］也。（《倭名抄》七 72）

〇角，顧野王云：角力也，猶競争勝負也。（《一切經音義》卷四十）

〇角，顧野王云：角謂兩競争勝負也。（《一切經音義》卷六十八）

【觶】許元、先芮二切。揮角皃。又亭名。

◎觶，許元、先芮二切。揮角皃。又亭名。

【觻】力的、力木二切。觻得，縣名。

◎觻，力的、力米二切。觻得，縣名。

●圓沙本“力米”疑當作“力木”。

【䚡】先來切。角中骨。

◎䚡，先來切。角中骨。

【觠】居轉切。曲角也。又音權。

◎觠，居轉切。曲角。又音權。

【觢】之勢切。一角仰也。或作挈。觢，同上。

◎觢，之勢切。一角仰也。或作挈。觢，同上。

【觬】午兮切。角不正也。又縣名。

◎觬，午兮切。角不正也。又縣名。

【觭】丘奇、居倚二切。牛角一俯一仰。

◎觭，臼倚、居倚二切。牛角一俯一仰。

【觽】除倚切。角中。

◎觽，除倚切。角中。

【觓】奇幽、居幽二切。角皃。觩，同上。

◎觓，奇幽、居幽二切。角皃。觩，同上。

【䚥】仕角切。《説文》：角長皃。

◎䚥，仕角切。《説文》：角長皃。

【捔】助角切。攙捔也。又古樂切。觕，同上。

◎捔，助角切。攙捔也。又古樂切。觕，同上。

【觪】思營切。角弓調利也，用角便也。

◎觪，思營切。角弓調利也，用角便也。

【觼】居月切。角有所觸發。

◎觼，居月切。角有所觸發。

【觸】昌燭切。牴也，據也。牰，同上。𧣾，古文。

◎觸，昌燭切。抵也，據也。牰，同上。𧣾，古文。

●《玉篇校釋》謂“據也”當作“揬也”。

【觹】職容切。舉角也。

◎觹，職容切。舉角。

【觛】古缸切。舉角也。

◎觛，古釭切。舉角。

【衡】仕庚切。牛角長豎皃。

◎衡，仕庚切。牛角長豎皃。

【衡】乎庚切。横也，平也，斤兩也，持牛令不牴也，衡門横木也。又盱衡，舉眉揚目也。奧，古文。

◎衡，乎庚切。横也，平也，斤兩也，持牛令不牴也，衡門横木也。又旺衡，舉眉揚目也。奧，古文。

●圓沙本“旺衡”當作“盱衡”。

【觽】丁丸切。角觽，獸似豕。

◎觽，丁丸切。角觽，獸似豕。

【觰】竹加切。觰拏，獸也。下大也，角上長也。或作奓。觰，同上。

◎觰，竹加切。觰拏，獸也。下大也，角上長也。或作奓。觰，同上。

●《篆隸萬象名義》作“角上張也”。

【觤】嫣彼切。角不齊也。或作鞔。

◎觤，嫣彼切。角不齊也。或作鞔。

【觡】居額切。麋角有枝曰觡，無枝曰角。

◎觡，居額切。麋鹿有枝曰觡，無枝曰角。

【觜】子移切。觜觿，大龜也。又星名。又子鬼切。

◎觜，子移切。觜觿，大龜。又星名。又子鬼切。

【觿】許規切。形如錐，以象骨爲之，以解結也。

◎觿，許規切。形如錐，以象骨爲之，以解結。

【觵】古横切。兕角爲罰酒爵。觥，同上。

◎觵，古横切。兕角爲罰酒爵。觥，同上。

【觶】之豉切。酒觴也。觗、觚，二同上。

◎觶，之豉切。酒觴。觗、觚，同上。

【觴】式羊切。飲器也，實曰觴，虚曰觶。𩫖，籀文。

◎觴，式羊切。飲器也，實曰觴，虚曰觶。𩫖，籀文。

【觚】古胡切。禮器也。

◎觚，古胡切。礼器。

【解】諧買、居買二切。緩也，釋也，説也，散也。又諧懈切，接巾也。又古隘切，署也。《吴都賦》云：解署棊布。言非一。

◎解，諧買、居買二切。釋也，《説文》：散也。又諧懈切，接巾也。又古隘切，署也。《吴都賦》：解署碁布。言不一。

〇解，顧野王云：皆自解説，遇風不至也。（《史記》卷二十八）

【觛】欣奇、欣元二切。角匕也。

◎觛，欣奇切。又欣元切。角匕。

【觼】乎的切。以角飾策本末也，伏嵩角也。

◎觼，乎的切。以角飾策本末也，伏嵩角也。

●《玉篇校釋》改作“以骨飾策本末也”。

【觼】古穴切。環之有舌者。或作鐍。觼，同上。

◎觼，古穴切。環有舌者。或作鐍。觼，同上。

【觸】女卓切。調弓也，摩弓也。觸，同上。

◎觸，女卓切。調弓也，摩弓也。觸，同上。

【𧣾】方吠、扶沫二切。射收繳具。𧣾，同上。

◎𧣾，方味、扶沫二切。射收繳具。𧣾，同上。

【觳】胡族切。盡也，盛酒巵也，族也。

◎觳，胡族切。盡也，盛酒巵也，族也。

【觱】有勿切。角可以吹。又卑溢切，觱沸濫泉。或作滭。觱，同上。

◎觱，有勿切。角可以吹。又卑溢切，觱沸濫泉。或作滭。觱，同上。

【觺】五其、牛力二切。觺觺猶岳岳也。

◎觺，五其、牛力二切。觺觺猶岳岳也。

【觫】丑列切。角也。

◎觫，且列切。角也。

●圓沙本“且列切”疑當作“丑列切”。

【䚗】楚加切。觫也。

◎䚗，楚加切。觫也。

【觝】徒兮、丁兮二切。國名。又觝簪也，角不正也。

◎觝，徒兮、丁兮二切。國名。又簪也，角不正也。

【觷】口角切。治角也。或作礐。又音學。

◎觷，口角切。治角也。或作礐。又音學。

【觽】居小切。角不正。

◎觽，居小切。角不正。

【觹】力悠切。角不正。
◎觹，力悠切。角不正。
【觖】窺瑞、古穴二切。觖望猶怨望也。
◎觖，窺瑞、古穴二切。觖望猶怨望也。
【觲】女卓切。握也。
◎觲，女卓切。握也。
【觪】在兀切。角初生。
◎觪，在兀切。角初生也。
【觶】方迷切。横角牛。
◎觶，方迷切。横角牛。
【觮】渠語切。雞觮。或作距。鉅，同上。
◎觮，渠語切。雞觮。或作距。鉅，同上。
【觟】胡瓦切。角皃。
◎觟，胡瓦切。角皃。
【觝】丁禮切。觸也。或作牴。
◎觝，丁礼切。觸也。或作扺。
【觨】胡本切。古棞字。
◎觨，胡本切。古棞字。
【觾】莊限切。亦作琖。
◎觾，莊限切。亦作琖。
【觽】徒和切。牛無角。亦作牤。
◎觽，徒和切。牛無角。亦作牤。
【觺】丈爾切。獸名。
◎觺，丈爾切。獸名。
【觿】彼妖切。亦作鑣。馬銜也。
◎觿，彼妖切。亦作鑣。馬銜也。
【觔】所巾切。二十枚也。
◎觔，所巾切。十枚也。
●圓沙本“十枚也”疑當作“二十枚也”。
【觱】阻立切。牛多角。又角堅皃。或作戢。
◎觱，阻立切。牛角多。又角堅皃。或作戢。
【觲】自尤切。惟射收繳具。
◎觲，自尤切。惟財收繳角也。
●圓沙本“財”當作“射”。
【觸】女隔切。角似雞觮。
◎觸，女隔切。角似雞踞。
【觘】叉校切。角匕也。
◎觘，叉校切。角匕也。
【觼】音鰥。角皃。
◎觼，音鰥。角皃。

【觛】似秋切。角。
◎觛，似秋切。角也。
【觛】音喧。揮角。
◎觛，音喧。揮角。
【觰】巨炎切。觜也。
◎觰，巨炎切。觜也。
【觥】音訛。角也。
◎觥，音訛。角也。
【舵】音陀。
◎舵，音陀。角也。
【觭】音談。
◎觭，音談。角也。
【觸】止尤、治尤二切。龍角。
◎觸，正尤、治尤二切。龍角也。
【觷】音杷。角曲。
◎觷，音把。角曲也。
【觻】力兮切。角。
◎觻，力兮切。角也。
【觛】音宜。角。
◎觛，音宜。角也。
【觼】仕咸切。角皃。
◎觼，仕咸切。角皃。
【觓】音喧。角毛。
◎觓，音喧。角毛。
【觥】音覃。角。
◎觥，音覃。角也。
【觫】多改切。角心也。
◎觫，多改切。角心也。
【觼】音獷。角刺。
◎觼，音獷。角刺。
【觛】丁但、丁爛二切。小卮也。
◎觛，丁但、丁爛二切。小卮也。
【觥】音銑。角也。
◎觥，音銑。角也。
【觹】許記切。好角也。
◎觹，許記切。好角也。
【觸】丑戾切。
◎觸，丑戾切。角也。
【觶】多改切。

◎觪，多改切。角也。
【艦】音監。
◎艦，音監。角也。
【䣝】音霸。又音巴。
◎䣝，音霸。又巴。角也。
【觗】音四。角。
◎觗，音四。器名。
【觩】初角切。
◎觩，初角切。
【觰】音梏。治象牙。
◎觰，音浩。治象牙。
【觼】紀劣切。角觸。
◎觼，紀劣切。角觸。
【觿】古獲切。今作樲。
◎觿，古獲切。今作擟。
●“樲”疑當作“擟”。

皮部第四百二十一

凡四十一字

【皮】被奇切。剥得獸革也，强取也。筤，古文。㿺，籀文。
◎皮，被奇切。剥得獸革也，强取也。筤，古文。㿺，籀文。
【皯】古但、古旦二切。面黑氣也。
◎皯，古但、古旦二切。面黑氣也。
〇皯，古但反。面氣也。（《醫心方》刊本二一1）
〇皯，面黑氣也。（《倭名抄》二80）
【皽】之善切。皮也。
◎皽，之善切。皮也。
【皸】居云切。足坼裂也。
◎皸，居云切。足坼裂也。
〇皸，居雲反。手足皸瘃也。（《醫心方》八31）
【皰】步孝切。面皮生氣也。
◎皰，步孝切。面皮生氣也。
〇皰，《玉篇》云：面皮生氣也。（《朱文公校昌黎先生文集》卷六）
【皵】力盍切。皵皵，皮瘦寬皃。
◎皵，力盍切。皵皵，皮瘦寬皃。
【皶】都闔切。寬皮皃。
◎皶，都闔切。寬皮皃。
【皵】思亦切，又七亦切。皴皵也，木皮甲錯也。今作棤。
◎皵，思亦切，又七亦切。皴皵也，木皮甲錯也。今作棤。
【皺】布角切。皺皱，皮起也。又步角切。亦作㬥。肉膹起也。
◎皺，布角切。皺皱，皮起也。又步角切。亦作㬥。肉膹起也。
【皱】扶卓切。皮起也。
◎皱，扶卓切。皺皱，皮起也。
【皦】無阮、無願二切。皮脱也。亦作脕。
◎皦，無阮、無願二切。皮悦也。亦作脕。
●“皮悦”疑誤。
【皻】千胡切。皸皻也。今作麄。
◎皻，千胡切。皸皻。今作麄。
【皼】胡官切。皽皼，箭器也。病也。
◎皼，胡官切。皽皼，箭器也。病也。
【皳】他活切。皮剥也。
◎皳，他活切。皮剥也。
【皴】楚累切。粟體也。
◎皴，禁累切。粟體也。
●圓沙本“禁累切”疑當作“楚累切”。
【皲】亡忍切。皮理細皲皲。
◎皲，忘忍切。皮理細皲皲。
【皻】莊加切。皰也。今作齇。
◎皻，莊加切。皰也。今作齇。
〇皻，野王案：皻，鼻上皰也。（《倭名抄》二81）
●圓沙本“皰也”疑當作“皰也”。
【皾】徒木切。所以貯弓。或作韇。
◎皾，徒木切。貯弓器。或作韇。
【皴】七旬切。皵也。
◎皴，七旬切。皵也。
【皹】於亮、於明二切。青皃。
◎皹，於亮、於明二切。青皃。
【䵓】徒古切。桑白皮也。今作杜。
◎䵓，徒古切。桑白皮。今作杜。
【皯】乎旦切。射皯。或作捍。
◎皯，乎旦切。射皯。或作桿。
●圓沙本“桿”疑當作“捍”。

【皾】扶分切。鼓也。
◎皾，扶分切。鼓也。
【皮皮】音披。器破。
◎皮皮，音披。器破。
○㱟，《玉篇》《廣韻》竝云：器破也。（《方言疏證》卷六）
【皵】口咸切。
◎皵，口咸切。
【赧】奴版切。慙而面赤。今作赧。
◎赧，奴版切。慙而面赤。今作赧。
【皾】吉典切。皮起也。
◎皾，吉典切。皮起也。
【皺】側救切。面皺也。皺，俗。
◎皺，側救切。面皺。皺，俗。
【皾】乎遣切。石蜜膜。
◎皾，乎遣切。石蜜膜。
【𤿎】音荅。皮寬也。
◎𤿎，音荅。皮寬也。
【皴】丑革切。皴皴也。
◎皴，丑革切。皴皴也。
【皵】居質切。黑皵也。
◎皵，居質切。黑皵也。
【皵】苦角切。𧆑皵，皮乾皃。
◎皵，苦角切。𧆑皵，皮乾皃。
【𧆑】乎角切。𧆑皵。
◎𧆑，乎角切。𧆑皵。
【皸】匕吉切。皮也。
◎皸，匕吉切。皮也。
【皵】爭義切。皵皺，皮不伸。
◎皵，争義切。皵皺，不伸。
【皵】七絶切。皮斷也。
◎皵，七絶切。皮斷。
【皸】畢吉切。盡韋曰皸。
◎皸，畢吉切。盡韋曰皸。

甍部第四百二十二

凡四字

【甍】而兖切。柔皮也，韋也。亦作甍、㽙。甍，籀文。
◎甍，而兖切。柔皮也，韋也。亦作甍、㽙。甍，籀文。
【甍】子徇切。羽獵韋袴。
◎甍，子徇切。羽獵韋袴。
【甍】而冢切，又人尹切。亦作𩎌、毴。
◎甍，而冢切，又人尹切。亦作𩎌、毴。

革部第四百二十三

凡二百字

【革】居核切。猶皮也，去毛也，老也，改也。革，古文。
◎革，居核切。猶皮也。又毛也，老也，改也。革，古文。
●圓沙本“又毛也”疑當作“去毛也”。
【鞹】去郭切。皮去毛。
◎鞹，去郭切。皮去毛。
【鞈】力各切。生革縷。
◎鞈，力各切。生革縷也。
【鞄】普角、步教二切。柔革之工也。
◎鞄，普角、步教二切。柔革之工。
【韗】禹愠、沉萬二切。作鼓工也。或作韗。
◎韗，禹愠、況万二切。作鼓工也。或作韗。
●底本“沉萬”疑當作“況萬”。
【鞣】如周切。乾革也。
◎鞣，如周切。乾革也。
【靼】多達、之列二切。柔革也，甍也。韇，同上。
◎靼，多達、之列二切。柔革也，甍也。韇，同上。
【鞼】古回、巨位二切。繡革也。亦作韻。
◎鞼，古回、巨位二切。綉革也。亦作繢。
【鞏】居壟切。固也，以革有所束也，以火乾物也。或作龔。
◎鞏，居壟切。固也，以革有所束也，以火乾物也。或作龔。
【靸】先盍切。履也。或作報。
◎靸，先盍切。履也。或作報。
【鞶】步安切。大帶也。
◎鞶，步安切。大帶。
【鞔】莫安、亡阮二切。履空也。

◎鞔，莫安、亡阮二切。履空也。

【鞮】丁奚切。單履也。

◎鞮，丁奚切。單履。

【鞆】午唐切。絲履也，鞮屬。

◎鞆，午唐切。絲履也，鞮屬。

【鞅】公洽切。鞮屬。

◎鞅，公洽切。鞮屬。

【鞑】所綺、所解二切。鞮屬。鞑，同上。鞬，同上。

◎鞑，所倚、所解二切。鞮屬。鞑，同上。鞬，同上。

【鞵】胡街切。革鞮也，革底麻枲。鞋，同上。

◎鞵，胡街切。鞮也，革底麻枲。鞋，同上。

【靪】丁令切。補履下。

◎靪，丁令切。補履下。

【鞠】居六切。推也，告也，養也。鞫，同上。

◎鞠，居六切。推也，告也，養也。鞫，同上。

【鞀】徒刀切。如鼓而小，有柄，賓主搖之以節樂也。鞉，同上。

◎鞀，徒刀切。如鼓而小，有柄。鞉，同上。

【韈】於元切。量物之韈也，抒井韈也。又於阮切。韈，同上。

◎韈，於元切。量物韈也，抒井也。又於阮切。韈，同上。

【鞞】布頂切。《詩》曰：鞞琫容刀。上曰鞞，下曰琫也。劍削也，刀室也。又毗移切。

◎鞞，在頂切。刀室。《詩》曰：鞞琫容刀。上曰鞞，下曰琫。又劍削。又毘移切。

〇鞞，顧野王曰：上曰鞞，下曰琫。劍削也，刀室也。（《詩經廣詁》）

●圓沙本“在頂切”疑當作“布頂切”。

【鞛】必孔切。刀下飾。亦作琫。

◎鞛，必孔切。亦作琫。

【鞎】乎恩切。輿革前。

◎鞎，乎恩切。輿革前。

【鞃】革薨切。軾中靶也。鞑，同上。鞆，同上。

◎鞃，革薨切。軾中靶也。鞑，同上。鞆，同上。

〇鞃，顧野王曰：軾中靶也。（《六書故》卷十八）

【韊】子完切。車衡三束也。或作轒。韊，同上。

◎韊，子完切。車衡三束也。或作轒。韊，同上。

【鞏】亡斛切。曲轅束也。亦作楘。

◎鞏，亡斛切。曲轅束也。亦作楘。

【鞑】皮畢切。車束也。

◎鞑，皮畢切。車束也。

【鞊】之二切。蓋杠絲也。鞊，同上。

◎鞊，之二切。蓋柱絲也。鞊，同上。

●圓沙本“柱”疑當作“杠”。

【鞥】於合切。轡鞥也，籠頭繞者。

◎鞥，於合切。轡鞥也，籠頭繞者。

【靶】布訝切。轡革也。

◎靶，布誅切。轡革也。

●圓沙本“布誅切”疑當作“布訝切”。

【韅】呼見切。鞥在背。韅，同上。

◎韅，呼見切。鞥在背。韅，同上。

【韂】丑井切，又丑善切。騎具也。

◎韂，丑井切，又丑善切。騎具也。

【鞙】古緩切。車鞁具。

◎鞙，古緩切。車鞁具。

【鞑】徒闕切。車鞁具。

◎鞑，徒闕切。車鞁具。

●底本“鞁”原作“鞍”，徑改。

【靷】余振切。以引軸。轃，籀文。

◎靷，余振切。以引軸。轃，籀文。

【靳】居覲切。固也，當膺也。又戲而相愧曰靳。

◎靳，居覲切。固也，當膺也。又戲而相愧曰靳。

【韟】布各切。車下索也。或作轉。

◎韟，布各切。車下橐。或作轉。

【靬】宇夫切。鞙内環靼也。

◎靬，宇夫切。鞙内環靼也。

【鞥】於合、於刧二切。車上具也。

◎鞥，於合、於刧二切。車上具也。
【輟】知劣切。車具也。
◎輟，知劣切。車具。
【鞌】惡丹切。馬鞌。亦作鞍。
◎鞌，惡丹切。馬鞌。亦作鞍。
【鞾】如用切。毳飾也，革也。或作緝。軞，同上。
◎鞾，如用切。毳飾也，革也。或作緝。軞，同上。
【鞊】佗篋切。鞌鞊也。
◎鞊，他篋切。鞌鞊也。
【鞈】公洽、公帀二切。橐也，以防捍也。
◎鞈，公洽、公匝二切。橐也，以防捍也。
○鞈，《玉篇》云：兵器也。（《龍龕手鏡》卷四）
【勒】理得切。馬鑣銜也，刻也。
◎勒，理得切。馬鑣銜也，刻也。
【鞆】亡善切。勒、鞙、鞆，係也。鞆，同上。
◎鞆，亡善切。勒、鞙、鞆，係也。鞆，同上。
【鞭】卑綿切。笞也，馬策也。
◎鞭，卑綿切。笞也，馬策也。
○鞭，顧野王曰：用革以扑罪人謂之鞭。（《一切經音義》卷一）
○鞭，《玉篇》云：用革以朴罪人也。《考聲》：擊也。（《一切經音義》卷十三）
○鞭，顧野王曰：用革以扑罪人也。（《一切經音義》卷三十二）
○鞭，顧野王云：以杖木鞭支罪人也。（《一切經音義》卷六十一）
○鞭，顧野王：馬策曰鞭。（《一切經音義》卷七十五）
○鞭，顧野王云：用革以扑罪人。《字書》云：撾馬杖也。（《續一切經音義》卷二）
【鞙】胡畎切。大車縛軛鞙也。
◎鞙，胡然切。大車縛軛鞙也。
●"鞙"爲"鞙"訛字。
【鞊】呼結切。繫牛脛。
◎鞊，呼結切。繫牛脛。
【鞅】於兩切。頸鞙也，强也，對心也。
◎鞅，於兩切。頸鞙也，强也，對心也。
○鞅，《玉篇》云：强也。（《續一切經音義》卷一）
【靲】巨今切。靲韄也。
◎靲，巨今切。靲韄也。
【鞬】居言切。以藏矢。韇，同上。
◎鞬，居言切。以藏矢。韇，同上。
【韇】徒木切。以藏矢。或作皾。
◎韇，徒木切。以藏矢。或作皾。
【韄】乎故切。佩刀絲也。又於號切。
◎韄，乎故切。佩刀絲。又於號切。
【韉】思危切。鞌邊帶。
◎韉，思危切。鞍邊帶也。
【鞚】口送切。馬勒也。
◎鞚，口送切。馬勒也。
【鞕】居力切。急也。亦作亟。
◎鞕，居力切。急也。亦作亟。
【鞻】力鉤、力豆二切。鞮鞻氏，掌四夷之樂官也。
◎鞻，力鉤、力豆二切。鞮鞻氏。
【鞢】以勢切。以馬贈亡人。
◎鞢，以勢切。以馬贈亡人。
【鞇】於人切。亦作茵。車中重席。
◎鞇，於人切。車中重席。亦作茵。
【鞜】他帀切。鞮也。
◎鞜，他匝切。鞮也。
【鞻】補目切。絡牛頭。
◎鞻，補目切。絡牛頭也。
【鞣】先各切。鞣䩥，履也。鞣之缺前雍。
◎鞣，先各切。鞣䩥，履也。
【䩥】大各切。鞣䩥，履。
◎䩥，大各切。鞣䩥，履。
【乾】呼突切。急擷。
◎乾，呼突切。急擷。
【軀】於候切。胡矛。
◎軀，於候切。胡矛。
○軀，《玉篇》又胡茅、尺朱二反。（《龍龕手鏡》卷四）
【鞙】右律切。
◎鞙，古律切。皮器。

●圓沙本“古律切”疑當作“右律切”。
【鞑】大阿切。馬鞑也。
◎鞑，大阿切。馬鞑也。
【鞈】古狎切。鞈鞚，履。
◎鞈，古狎切。鞈鞚，履。
【鞚】所加切。
◎鞚，所加切。履也。
【韃】徒東切。鞍具飾。
◎韃，徒東切。鞍具飾。
【靯】他古切。靯韉，鞇。
◎靯，他古切。靯韉，鞇也。
【韉】步谷切。靯韉也。
◎韉，步谷切。靯韉。
【鞨】牛格切。履頭也。
◎鞨，牛格切。履頭。
【靫】楚崖、楚加二切。箭室也。
◎靫，楚崖、楚加二切。箭室。
【鞏】口間切。堅也。
◎鞏，口間切。堅也。
○鞏，《玉篇》云：堅也。（《方言疏證》卷二）
【鞔】乃米切。轡垂皃。
◎鞔，乃米切。轡垂皃。
【鞔】徒外切。補具飾。
◎鞔，徒外切。捕具飾。
●圓沙本“捕具”疑當作“補具”。
【韣】似足切。鞮也。
◎韣，似足切。鞮也。
【鞹】呼角切。急束也。
◎鞹，呼角切。急束也。
【韔】持亮、丑亮二切。弓衣也。亦作韔。
◎韔，持亮、丑亮二切。弓發。亦作韔。
●“弓發”疑當作“弓弢”。
【鞴】皮祕、房福二切。車鞴。亦作絥、鞴、鞴。鞴，同上。
◎鞴，皮祕、房福二切。車鞴。亦作絥、鞴、鞴。鞴，同上。
○鞴，顧野王云：鞴，所以吹冶火令熾之囊也。（《一切經音義》卷七十二）
○鞴，《玉篇》云：亦作絥。（《釋名疏證》卷七，《釋名疏證補》卷七）
【靪】巨支切。轂飾。亦作軝。
◎靪，巨支切。轂飾。亦作軝。
【韂】所力切。車籍支革也。亦作韂。
◎韂，所力切。車籍支革。亦作韂。
【鞽】起蹻切。亦作橇。
◎鞽，起蹻切。亦作橇。
【鞧】七流切。今作緧。
◎鞧，七流切。今作緧。
【韁】居羊切。馬緤。亦作繮。
◎韁，居羊切。馬緤。亦作繮。
○韁，顧野王云：制馭車馬勒也。（《一切經音義》卷四十一）
【靴】盱戈切。鞾也。亦履也。鞾，同上。
◎靴，盱戈切。鞾也。亦履也。鞾，同上。
【鞼】扶分切。鼓也。或作鼖。
◎鞼，扶分切。鼓也。或作鼖。
【鞇】尸仁切。革帶。亦作紳。
◎鞇，尸仁切。革帶。亦作紳。
【韼】於力切。五綵絲絛履下也。或作繶。
◎韼，於力切。五綵絲絛履下也。或作繶。
【鞈】荆猗切。鞻也。亦古文羈字。絡頭也。
◎鞈，荆猗切。鞻也。亦古文羈字。絡頭也。
○鞈，《玉篇》鞈古文羈字。（《釋名疏證》卷七）
【鞼】居委切。角不齊。
◎鞼，居委切。角不齊。
【鞎】胡加切。履跟。亦作鞎。
◎鞎，胡加切。履跟。亦作鞎。
【鞁】姑户切。今作鼓。磬，籀文。
◎鞁，姑户切。今作鼓。磬，籀文。
【鞨】思亦切。履也。亦作舄。
◎鞨，思亦切。履也。亦作舄。
【鞹】爲逼切。羔裘縫。亦作緎、黬。
◎鞹，爲逼切。羔裘縫。亦作緎、黬。
【鞧】與朱切。餘也，孽也。
◎鞧，与朱切。餘也，孽也。
【韏】所銜切。旌旗旒也。亦作縿。鞍，同上。
◎韏，所銜切。旌旗旒也。亦作繆。鞍，

同上。
●圓沙本“繆”當作“縿”。
【鞏】除雷切。今作冑。
◎鞏，除雷切。今作冑。
【靳】之逝切。刀鞞。
◎靳，之逝切。刀鞞。
【鞡】大嬾切。馬帶也。
◎鞡，大嬾切。馬帶。
【靴】於阮切。履也。
◎靴，於阮切。履也。
○靴，《玉篇》：靴，於院切。履也。（《方言箋疏》卷四）
【靮】丁狄切。韁也，所以繫制馬。
◎靮，于狄切。韁也，所以繫制馬。
●圓沙本“于狄切”疑當作“丁狄切”。
【䩨】大幺切。轡也。亦作鋚。
◎䩨，大幺切。轡也。亦作鋚。
【韄】古核切。靶也，勒也。亦作革。鞹，同上。
◎韄，古核切。靶也，勒也。亦作革。鞹，同上。
【韊】力丹切。藏弩矢服也。亦作闌。
◎韊，力丹切。藏弩矢服。亦作闌。
【鞕】牛更切。堅也。亦作硬。
◎鞕，牛更切。堅也。亦作硬。
○鞕，《玉篇》云：牛更反。堅也。亦作硬。（《醫心方》一六 3）
○鞭，野王案：策，馬策也，策馬檛也。檛，所以箠驅遲也。（《倭名抄》五 63）
【鞿】居衣切。韁在口。
◎鞿，居不切。韁在口。
●圓沙本“居不切”疑當作“居衣切”。
【韇】莫佳切。鞋也。
◎韇，莫佳切。鞋也。
【鞓】他丁切。皮帶鞓。鞓，同上。
◎鞓，他丁切。皮帶鞓。鞓，同上。
【鞘】音宵。鞭鞘。
◎鞘，音宵。鞭鞘。
○鞘，顧野王云：所以貯刀劍之刃也。（《一切經音義》卷九十八）
○鞘，《玉篇》：鞘，刀鞘也。（《方言箋疏》卷五）
【鞨】音羊。馬頭上靼。
◎鞨，音羊。馬頭上靼。
【韆】去戰切。胷帶韆。
◎韆，去戰切。胷帶韆。
【鞠】其俱切。兵器也。
◎鞠，其俱切。兵器。
【韉】音牋。鞍韉也。韀，同上。
◎韉，音牋。鞍韉也。韀，同上。
【靬】居言切。乾靬。又去汗切，盛矢器，著弓衣。
◎靬，居言切。乾靬也。又去汗切，乘矢器，著弓衣。
●圓沙本“乘矢器”疑當作“盛矢器”。
【韝】恪侯切。射韝，臂捍也。又古侯切。
◎韝，恪侯、古侯二切。射韝，臂捍。
【鞍】速侯切。軟皮也。鞦，同上。
◎鞍，速侯切。軟皮也。鞦，同上。
【韃】盧紅切。韃頭也。
◎韃，盧紅切。韃頭也。
【鞜】户皆切。履也。
◎鞜，户皆切。履也。
【鞅】音夷。
◎鞅，音夷。
【鞲】而庚切。鞋鞲也。
◎鞲，而便切。鞋鞲也。
●圓沙本“而便切”疑當作“而庚切”。
【鞮】音提。常也。
◎鞮，音提。常也。
【靴】步包切。
◎靴，步包切。
【鞦】七由切。車鞦也。又鞦韆，繩戲也。
◎鞦，七由切。車鞦也。又鞦韆，繩戲。
【韆】音遷。鞦韆。
◎韆，音遷。鞦韆。
【鞤】布剛切。鞤鞋。
◎鞤，布剛切。鞤鞋。
【鞏】布剛切。鞋革皮。
◎鞏，布剛切。鞋革皮。

【韸】符容切。鼓聲。
◎韸，符容切。鼓声。
【鞝】音掌。扇安皮。
◎鞝，音掌。扇安皮。
【鞦】初九切。鞦束也。𩏄，同上。
◎鞦，初九切。鞦束也。𩏄，同上。
【鞛】方奉切。軍器也。
◎鞛，力奉切。軍器。
●圓沙本“力奉切”疑當作“方奉切”。
【韏】奴典切。軍韏也。
◎韏，怒典切。車韏也。
●“軍”當作“車”。
【鞞】布頂切。
◎鞞，布頂切。
【鞖】徒果切。履跟緣也。鞢，同上。
◎鞖，徒果切。履跟緣也。鞢，同上。
【鞸】步禮切。
◎鞸，步礼切。
【鞼】方奉切。軍人皮。
◎鞼，方奉切。軍人皮。
【韟】古孔切。生皮也。
◎韟，古孔切。生皮也。
【鞢】余制切。以韋贈亡人也。
◎鞢，余制切。以韋贈亡人。
【靿】於孝切。靴靿也。
◎靿，於孝切。靴靿。
【靽】音半。與絆同。
◎靽，音半。与絆同。
【鞱】奴到切。
◎鞱，奴到切。
【䩻】音槐。鬼布。
◎䩻，音槐。鬼布。
【韂】士咸、士陷二切。鞍韂。
◎韂，士咸、士蹈二切。鞍也。
●圓沙本“士蹈”疑當作“士陷”。
【鞍】私潤切。
◎鞍，私潤切。
【鞙】許願切。履鞙也。
◎鞙，許願切。履鞙。
【韕】旨羊切。韕泥也。
◎韕，旨羊切。韕泥也。
【鞈】匹革切。静也。
◎鞈，匹革切。静也。
【靺】亡達切。靺鞨，蕃人出北土。
◎靺，亡達切。靺鞨，蕃人出北土。
【鞨】胡葛切。靺鞨。
◎鞨，胡葛切。靺鞨。
【鞥】音養。治皮。
◎鞥，音養。治皮。
【鞁】皮彼切。鞍上被。
◎鞁，皮彼切。鞍上被。
【鞢】除利切。履底。
◎鞢，除利切。履底。
【鞮】都計切。鞮鞋也。
◎鞮，都計切。鞮鞋也。
【鞴】音步。鞁也。
◎鞴，音步。鞁也。
【韢】以隹、以貴二切。
◎韢，以隹、以貴二切。
【鞢】思叶切。鞊鞢，鞍具也。
◎鞢，思叶切。鞊鞢，鞍具。
【鞭】音伏。箭鞭。
◎鞭，音伏。箭鞭。
【鞠】居竹切。問鞠也。
◎鞠，居竹切。問鞠。
【鞕】所責切。堅硬。
◎鞕，所責切。堅硬。
【鞨】音榻。兵器。
◎鞨，音榻。兵器。
【鞊】音詰。
◎鞊，音詰。皮也。
【韄】亡伐切。屩韄。
◎韄，亡伐切。屩韄。
【鞊】火結切。急繫也。
◎鞊，火結切。急繫。
【鞚】音室。刀鞚。
◎鞚，音室。刀鞚。
【鞳】他合切。兵器也。
◎鞳，他合切。兵器。
【鞙】户犬切。車鞙也。

◎鞙，户犬切。車鞙也。

【鞶】音決。

◎鞶，音決。

【韸】扶封切。

◎韸，扶封切。

【韢】素回切。韢鞍皮。

◎韢，素回切。韢鞍皮。

【韅】户犬切。刀韅也。

◎韅，户犬切。刀韅也。

韋部第四百二十四

凡五十八字

【韋】于非切。《説文》曰：相背也。獸皮之韋可以束，枉戾相韋背。又姓。㚈，古文。

◎韋，于非切。《説文》：相背也。獸皮之韋可以束，枉戾相韋背也。又姓。㚈，古文。

【韠】卑密切。所以蔽前也。

◎韠，卑密切。所以蔽前也。

【韎】莫慨、莫拜二切。茅蒐染草也。又東夷樂。䩦，古文。

◎韎，莫慨切，莫拜切。茅蒐染草也。又東夷樂名。䩦，古文。

【韢】詞季、在芮二切。囊紐也。

◎韢，詞季、在芮二切。囊網。

【韜】他刀切。義也，寬也，劍衣也。又韜杠也。

◎韜，它刀切。義也，寬也，劍衣也。又韜杠也。

●《篆隸萬象名義》作"藏也"。疑"義也"有誤。

【韝】古侯切。結也，臂沓也。

◎韝，古侯切。結也，臂沓也。

【韘】尸涉切。決也，指沓也。

◎韘，尸涉切。決也，指沓也。

【韔】丑亮切，又持亮切。弓衣也。

◎韔，它亮、持亮二切。弓衣。

【韣】徒木切。弓衣也，韜也。又尺欲切。

◎韣，徒木切。弓衣也，韜也。又尺欲切。

【韕】胡加切。履根。亦作鞎。

◎韕，胡加切。履根。亦作鞎。

●底本"鞎"，原作"韕"，徑改。宋十一行本作"蝦"。

【韍】大卵切。履後帖。

◎韍，大卵切。履後帖。

【韤】亡發切。足衣。亦作袜。

◎韤，亡發切。足衣也。亦作袜。

【韛】扶豆切，又扶武切。尻衣。又作韛。

◎韛，扶豆、扶武二切。尻衣。又作韛。

○韛，《玉篇》又布各反。（《龍龕手鏡》卷一）

【韏】九萬切。中片也，詘也，曲也。

◎韏，九萬切。中片也，詘也，曲也。

【韝】子由、似由二切。收束也，堅縛也。亦作鞦、揫。䪮，同上。

◎韝，子由、似由二切。收束也，堅縛也。亦作揫、鞦。䪮，同上。

【韍】甫勿切。今作市。

◎韍，甫勿切。今作市。

【韐】蘇納切。屩也。亦作靸。

◎韐，蘇納切。屩也。亦作靸。

【韐】古荅切。韎韐也。亦作帢。又古洽切。

◎韐，古荅切。韎韐也。亦作帢。又古洽切。

【韞】於昆切。赤黄之間色也，裹也。

◎韞，於昆切。裹也，赤黄之間色也。

【韗】吁萬切，又于問切。靴也。

◎韗，吁分、于問二切。靴也。

【韽】呼歛切。胡被也。

◎韽，呼歛切。胡被。

【韇】奴荅切。韇𩋆也。

◎韇，奴荅切。韇𩋆也。

【韌】如吝切。柔也。又作肕。

◎韌，如吝切。柔也。又作肕。

【韇】巨貴切。韇緝也。䫌，同上。

◎韇，巨貴切。韇緝也。䫌，同上。

【韛】布古切。車下韛。韡，同上。轉，同上。

◎韛，布古切。車下韛。韡，同上。轉，同上。

【韛】皮拜切。韋橐也，可以吹火令熾。亦

作橐。
◎韛，皮拜切。韋槖也，可以吹火令熾。亦作橐。
○韛，《玉篇》：韛囊，吹火具也。或從革作鞴。（《一切經音義》卷十六）
○韛，顧野王曰：所謂吹鑄冶火令熾也。（《一切經音義》卷二十四）
○韛，顧野王云：所以冶家用吹火令熾。（《一切經音義》卷五十五）
○韛，顧野王曰：謂吹火鑄冶令熾也。（《續一切經音義》卷二）
【韍】皮祕切，又扶卜切。車軾也。
◎韍，皮祕切，又扶卜切。車軾也。
【韂】尺廉切。韂屏也。
◎韂，尺廉切。韂屏也。
【韄】於白切。韄釋，刀飾。
◎韄，於白切。韄釋，刀飾。
【韀】素回切。
◎韀，素回切。
【韟】直白切。韄韟也。
◎韟，直白切。韄韟。
【韠】芳袁切。群韠也。
◎韠，芳袁切。群韠。
【韍】音爻。囊韍。
◎韍，音爻。囊韍。
【韎】于非切。束也。
◎韎，于非切。束也。
【韍】于非切。戾韍。
◎韍，子非切。戾韍。
●圓沙本“子非切”疑當作“于非切”。
【韏】口恩切。束。
◎韏，口恩切。束也。
【韣】徐醉切。囊組名。
◎韣，徐醉切。囊組名。
【韒】私妙切。刀韒也。
◎韒，私妙切。刀韒。
【鞋】音注。皮袴。
◎鞋，音注。皮袴。
【韍】平祕切。車軾也。
◎韍，平祕切。車軾。
【韗】虛願切。作鼓工。赤韗。
◎韗，虛願切。作鼓工。亦韗。
●“赤韗”疑當作“亦韗”。宋十一行本作“亦韗”。
【韏】居願切。
◎韏，居願切。
【韣】巨竹切。裏也。
◎韣，巨竹切。裏也。
【韖】音坼。
◎韖，音坼。
【韐】音荅。
◎韐，音荅。
【韍】音域。裘也。
◎韍，音域。裘也。
【韓】下瞎切。
◎韓，下瞎切。
【韍】音弗。引棺繩。
◎韍，音弗。引棺繩。
【韋亦】音亦。
◎韋亦，音亦。
【韎】步交切。
◎韎，步交切。
【韍】音祕。弓紲也。
◎韍，音祕。弓紲也。
【韘】都盍切。熱韘韘。
◎韘，都盍切。熱韘韘。

大廣益會玉篇
卷第二十七

凡七部

亡狄**糸部第四百二十五** 下計**系部第四百二十六**
先故**素部第四百二十七** 先資**絲部第四百二十八**
丁雉**黹部第四百二十九** 所律**率部第四百三十**
蘇各**索部第四百三十一**

糸部第四百二十五

凡四百六十二字

【糸】亡狄切。細絲也，微也，幺也。[illegible]，古文。

◎糸，亡狄切。細絲也，微也，幺也。[illegible]，古文。

◑糸，亡狄反。《説文》：細絲也。《廣雅》：糸，微也。糸，連也。絲，《説文》古文糸字也。

【繭】古殄切。蠶繭也。絸，古文。

◎繭，古殄切。蠶所作也。絸，古文。

◑繭，何殄反。《禮記》：世婦卒蠶，奉蠒稱示于君。蠶事既登，分蠒稱絲。野王案：《説文》：蠒，蠶衣也。《釋名》：煮蠒曰幕，或曰牽雒［離］。《禮記》：言容~~睿~~蠒蠒。鄭玄曰：聲氣~~衞~~傚［微］也。纊著祀［袍］爲襺字，在衣部。行而足繭傷之繭，《莊子》《淮南》並爲趼字，在足部。亦或爲此字。絸，《説文》古文繭字也。

【繅】先刀切。繹繭出絲也。又子老切，雜文也。繰，同上。又子老切，帛如紺色也。綠，古文。

◎繅，先刀切。繹繭出絲也。又子老切，雜文也。繰，同上。又子老切，帛如紺色。綠，古文。

◑繅，蘇高反。《禮記》：及良日，夫人繅，三盆手。鄭玄曰：三盆手三淹也。凡繅，每淹大緫而手振，以出絲也。又音子老反。《周禮》：弁師掌王之五冕，皆五采繅。鄭玄曰：繅，雜文之名也，合五采絲爲之，垂之延前後，各十二，所謂前後遂［邃］延者也。鄭衆曰：繅當爲繆。繆，今字也，繅，古字也，同意。又曰：王執大圭，繅藉五采；公執桓珪，侯執信圭，伯執躬圭，皆繅三采。子執穀帛，男執蒲璧，皆繅二采。鄭玄曰：有采文，所以廌［薦］玉也。木爲中幹，用韋衣而畫之。野王案：冕流玉繅。《説文》爲璪字，在玉部。朝覲繅席爲藻字，在草部。今礼家通爲此字，亦爲繆字。綠，《字書》古文繅字。

◑繰，子老反。《説文》：帛如紺色也。或曰深霜［繒］也。《廣雅》：繰，青也。《字書》或爲（璪）字，在（玉）部。五采之繰~~爲繰~~爲繅字。

【繹】以石切。陳也，抽絲也，理也，終也，大也。

◎繹，以石切。陳也，抽絲也，理也，終也，大也。

◑繹，夷石反。《爾雅》：繹，陳也。野王案：《尚書》克猶繹之，《毛詩》會同有繹是也。《韓詩》：四牡繹繹。繹繹，盛皃也。《論語》：繹之爲貴。馬融曰：尋繹行之爲貴也。《方言》：繹，長也。繹，理也。絲曰繹之。郭璞曰：言解釋之也。又曰：眷［羞］繹，言既廣又大也。東甌之間或謂之眷［羞］繹。郭璞曰：東甌，越地，今臨海不［永］寧是也。《説文》：抽絲也。《廣雅》：繹，事也。繹，終也。繹，充也。又祭之繹，《蒼頡篇》爲饆字也，在食部。種生繹繹爲釋字，在耒部。司補睪人爲睪字，在幸部。終猷之繹爲斁字，在攴部。

○繹，《玉篇》：繹，大也。（《方言箋疏》卷一）

【緒】似吕切。絲端也。

◎緒，似吕切。絲端。

◑緒，詞旅反。《毛詩》：纘禹之緒。《傳》曰：緒，業也。《爾雅》：舒、業、叙、從［順］，緒也。郭璞曰：謂端緒也。又曰：緒，事也。《楚辭》：欸秋之緒風。王逸曰：緒，餘也。野王案：謂殘餘也。《莊子》曩者先生有（緒）言是也。《説文》：絲端也。《廣雅》：

緒，末也。

【緬】彌善切。微絲也，思皃也，輕也。緬，同上。又亡結切，細也。

◎緬，彌善切。微絲也，思皃也，輕也。緬，同上。又亡結切，細也。

◑緬，弭善反。《穀梁傳》：改葬之礼緦，舉下緬也。劉兆曰：緬謂輕而薄也。《國語》：緬然引領南望。賈逵曰：緬，思皃也。《説文》：微絲也。緬，《字書》亦緬字也。

◑緬，亡結反。《倉頡篇》：緬，細也。

○緬，微絲也。（《類》293）

【純】市均切。絲也，美也，大也。又之閏、之允二切，緣也。又徒損切。

◎純，市均切。絲也，美也，大也。又之閏、之允二切，緣也。又徒損切。

◑純，時均反。《論語》：麻冕，禮也；今也純，儉。孔安國曰：古者績麻卅升布以爲冕。今絲易成，故儉也。《尚書》：政事惟純。孔安國曰：純，粹也。野王案：純，至美也。《周易》大哉乾乎，堅強中正，純粹精也是也。又曰：嗣尔股肱純。孔安國曰：爲純一之行也。《儀禮》：二筭［筭］爲純。鄭玄曰：純猶令［全］也。《考工記》：諸侯純九，大夫純五。鄭玄曰：純猶皆也。《左氏傳》：潁考叔，純孝也。杜預曰：純，篤也。《國語》：守終純固。賈逵曰：純，專也。《論語》：縱之，純如也。何晏曰：純純，和諧也。《爾雅》：大也。野王案：《尚書》純祐康［秉］德，《毛詩》錫尔純嘏是也。《方言》：純，好也。又曰：純，文也。《廣雅》：純，績也。純，絲也。鄭玄注《禮記》：古文緇，字或作絲旁才，所以書家多誤以緇爲純字。《説文》以專粹皆一之純爲醇字，在酉部。訓大之純爲奄字，在大部。又音之潤、之九二反。《周禮》：凡立市，出其度量純制。杜子春曰：純謂幅唐［廣］也。又曰：司几筵，常設莫［莞］席純。鄭衆曰：純，緣也。《儀禮》：純衣緇帶。鄭玄曰：純，絲衣也。《穆天子傳》：獻錦組百純。郭璞曰：純，端名也。《周禮》純帛不過五兩是也。又音徒損反。《毛詩》：白菀［茅］純束。《傳》曰：純，苞之也。

○純，令［全］也，緣也，文也，皆也，篤也，專也。（《類》293）

○純，清也，甚也。（《類》46）

○純，顧野王云：美也。（《一切經音義》卷十二）

○純，顧野王案：純，至美也。（《一切經音義》卷六十四）

【綃】思焦切。生絲也，素也，緯也。

◎綃，思焦切。生絲也，素也，緯也。

◑綃，思燋反。《禮記》：綃黼［黼］丹朱中衣。鄭玄曰：綃，繒名也。《詩》玄素衣朱綃是也。又曰：綃幕魯也。鄭玄曰：綃，縑也。又曰：君子狐青裘衣［玄］綃衣以裼之。鄭玄曰：綃，綺属也。《説文》：生絲也。《蒼頡篇》：綃，素也。綃，緯也。

○綃，經［繒］名也，縑也，生絲也，素，緯也。（《類》293）

【緒】口皆切。大絲也。

◎緒，口皆切。大絲。

◑緒，口皆反。《説文》：大絲也。

【綂】呼光切。絲曼延也。

◎綂，呼光切。絲曼延。

◑綂，呼光反。《説文》：絲蔓莚也。

【紇】户結、下没二切。絲下也。《左氏傳》有臧孫紇。

◎紇，户結、下没二切。絲下也。《左傳》有臧孫紇。

◑紇，音齕反。《説文》：絲下也。《春秋》有臧孫紇。

【絓】胡卧切。止也，有行礙也，懸也，持也。

◎絓，胡卧切。止也，有行礙也，懸也，持也。

◑絓，胡卦反。《左氏傳》：驂絓於木而止。野王案：絓猶礙也，離遇也。《淮南》飛鳥不動，不絓网羅是也。《楚辭》：心結絓而不解。王逸曰：絓，縣也。《方言》：絓，持也。晋曰絓。《説文》：繭滓絓頭以作纑絮。一曰繫纁也。《廣雅》：絓，止也。絓，獨也。《聲類》：有所凝［礙］也。

○絓，胡卦反。礙也，懸也，枝［持］也，止也，獨也。（《類》297）

○絓，顧野王云：絓者所礙。（《史記》卷二

十五）
○絓，顧野王云：礙。（《一切經音義》卷八十一）
【紙】丁兮切。絲滓也。
◎紙，丁兮切。絲滓也。
◑紙，丁奚反。《説文》：絲滓也。
【纅】余灼切。絲色也。
◎纅，余灼切。絲色。
◑纅，餘均反。《説文》：纅，絲色也。
【繀】先對切。繀車，亦名㲉車。亦名軌車。著絲於筟車。
◎繀，先對切。繀車。又鹿車。
◑繀，蘇對反。《方言》：繀車，趙魏之間謂之歷鹿車，東齊海岱之間謂之道軌。《説文》：著絲於筟車。
○繀，《玉篇》云：繀車，亦名軌車。（《方言疏證》卷五）
【經】古丁切。常也，經緯以成繒帛也，法也，義也。
◎經，古丁切。常也，經緯以成繒帛也，法也，義也。
◑經，雞庭反。《尚書》：弗克經歷。孔安國曰：經久歷遠也。又曰：寧失不經。孔安國曰：經，常也。又曰：厥既得下［卜］，則經營。孔安國曰：則經營軌度之也。《周禮》：體國經野。鄭玄曰：經謂爲之里數也。鄭衆曰：營國方九里，國中九經九緯。又曰：六典，一曰治典，水［以］經邦國。鄭玄曰：經，法也。又曰：司市分地而經市。鄭玄曰：經，界也。又曰：逐［遂］人掌邦之野，經田墅，造縣鄙形體之（法）。鄭玄曰：經、形體，皆謂制分界也。《周易》：顛頤，拂經于丘。王弼曰：經，猶義也。《考工記》：輈欲孤［弧］而无折，經而无絶。鄭玄曰：經亦謂從理也。《毛詩》：經之營之。《傳》曰：經，度也。《公羊傳》：靈王經而死。何休曰：經，自經也。《大戴礼》：凡地東西爲緯，南北爲經。《爾雅》：角謂之經。郭璞曰：五音別名也。其義未祥。《風俗通》：一［十］千曰萬，十萬曰億，十億曰兆，十兆曰經。《説文》：經，織也。《廣雅》：經，徑也。經，絞也。經，梳也。
○經，常也，法也，界也，茂［義］也，度也，織也，經也，示也。經歷，經久歷遠也。從理也。角謂之經，五音別名也。絞也。（《類》287）
○經，《玉篇》云：久也，常也，經營規求也。（《一切經音義》卷二十七）
【織】之力切。作帛布之緫名。又之異切，織文錦綺之屬。紅、綕，並古文。
◎織，之力切。作帛布緫名。之異切，織文錦綺屬。紅、綕，同上。
◑織，之力反。《國語》：親織玄紞。野王案：設經緯以機織繒布也。《禮記》治絲繭，織紝組紃是也。又曰：組織地德。賈逵曰：織，成也。《説文》：作布帛之緫名也。又音之貳反。《尚書》：厥篚織文。孔安國曰：錦綺之属也。又曰：梁州貢織皮。孔安國曰：今之罽也。《毛詩》：織文鳥章。《箋》云：織文，徽幟也。《禮記》：士不衣織。鄭玄曰：染絲織之也。旍旗徽織爲幟字也，在巾部。紅，《説文》樂浪挈令織字也，《字書》古文織字也。綕，《字書》亦古文織字也。
○織，之力反。成也。（《成實論》一一）
【紝】如林切，又女林切。機之縷也。絍，同上。
◎紝，如林、女林二切。機之縷也。絍，同上。
◑紝，如深、女林二反。《左氏傳》：以執斲，執鍼，織紝，皆百人。杜預曰：執鍼，女工也。紝織［織紝］，織繒布者也。《説文》：紝，機上縷也。絍，《説文》亦紝字也。
【綜】子宋切。持絲交。
◎綜，子宋切。持絲交。
◑綜，子宗反。《列女傳》：織可以喻治政，推而往引而來者綜也，綜可以爲開内師。野王案：《説文》：機縷持絲交者也。《太玄經》：乃綜~~也~~于名。宋忠曰：所以紀綜之也。
○綜，野王案：綜，機縷持絲交者也。（《倭名抄》六55）
○綜，顧野王云：機縷持絲交者也。（《一切經音義》卷二十九）
【綹】力九切。緯十絲曰綹。
◎綹，力九切。緯十絲曰綹。

◑綹，力九反。《説文》：維［緯］十絲爲綹。

【繢】丘謂切。紐繢也。

◎繢，丘謂切。紐繢。

◑繢，胡憒反。《禮記》：緇［緇］布冠繢緌，諸侯之齋冠也。《蒼頡篇》：似纂色赤也。《説文》：織餘也。

○繢，緇布冠繢緌，諸侯之齋冠也。似纂，色赤也，織餘也。（《類》296）

【緯】于貴切。横織絲。

◎緯，于貴切。横織絲。

◑緯，禹畏反。《左氏傳》：天地之經緯。野王案：《大戴礼》東西爲緯，南北爲經。又曰：𨤲不恤其緯。杜預曰：織者常苦緯少，寡婦所宜憂也。《國語》：經之以天，緯之以地。賈逵曰：經者，道上也；緯者，所成經也。《大戴礼・夏小正》：畏［農］緯厥表［耒］。鄭玄曰：緯，束也。《説文》：横織絲也。《楚辭》或以此爲幃字。幃，香囊也，音呼違反，在巾部。

【紀】居擬切。十二年也，緒也，絲別名也。天有五紀：歲月日星辰歷數。

◎紀，居擬切。十二年也，緒也。又絲別名。又五紀：歲月日星歷數。

◑紀，居擬反。《尚書》：何［俶］擾天紀。孔安國曰：天紀謂時日也。又曰：五紀，一曰歲，二曰日，三曰月，四曰星辰，五曰歷數。又曰：既歷三紀，世變風移。孔安國曰：十二年曰紀，父子曰世。《毛詩》：維［綱］紀四方。《箋》云：以网罟喻爲政，張之謂維［綱］，理之爲紀。又曰：有紀有堂。《傳》曰：紀，基也。《左氏傳》：黄帝以雲紀，故爲雲師而雲名。杜預曰：以雲紀事也。又曰：不知紀極。野王案：紀極猶終極也。《國語》：紀農協功。賈逵曰：紀猶錄也。協，同也。《禮記》：衆之紀也，散而衆乱。鄭玄曰：絲縷之數有紀者也。又曰：中和之紀。鄭玄曰：紀總要之名也。又曰：日月窮于紀。鄭玄曰：紀猶會也。又曰：喪紀以服之輕重爲敘。鄭玄曰：紀猶事也。野王案：《周禮》委人掌禮俗、喪紀、祭祀之禁令是也。《吕氏春秋》：万事之紀。高誘曰：~~地~~紀猶貫因也。又曰：九沸九變，大［火］爲之紀。高誘曰：紀猶節也。《方言》：紀，緒也。《漢書》：衆庶冕而紀之。野王案：紀猶紀識之也。《白虎通》：紀者，理也。所張理上下，整齊人道。是以維［綱］紀爲化。音。《説文》：絲別也。《廣雅》：紀，識也。天地開闢至魯哀公十四年，積二百七十六萬歲，分爲十紀，曰九頭、五龍、挺旋、合雄、建通、厚命、脩蜚、因提、禪通、流記也。

○紀，緒絲別名也。又十二年曰紀。居擬反。（《三部經音義集》二）

○紀，識也，基也，録也，會（也），事也，節（也），理也。（《類》297）

【緷】古本切。大束也。

◎緷，古本切。大束。

◑緷，古混反。《爾雅》：百羽謂之緷。郭璞曰：別羽數多少之名也。《説文》：緷，緯也。《廣雅》：緷，束也。《埤蒼》：大束也。

【繈】居兩切。錢貫也。

◎繈，居兩切。錢貫。

◑繈，居兩反。《漢書》：出繈千萬。李奇曰：繈，落也。孟康曰：錢貫也。《管子》曰凶歲糴釜千繈是也。《説文》：觕纇也。繈緥之繈爲襁字，在衣部。

○繈，居兩反。落也，錢貫也。（《類》300）

【纇】力對切。絲節不調也。

◎纇，力對切。絲節不調。

◑纇，力對反。《左氏傳》：刑之纇頗。杜預曰：緣事纇以成偏頗也。野王案：纇謂不調純也。《淮南》：明月之珠不能无纇。許叔重曰：纇，朋纇也。《説文》：纇，絲節也。

【紿】徒愷切。疑也，欺也。

◎紿，徒愷切。疑也，欺也。

◑紿，徒愷反。《公羊傳》：故相与往紿乎晉。何休曰：紿，疑也。疑讞於晉，齊人語也。《穀梁》：惡公子之紿。劉兆曰：紿，相負欺也。《説文》：絲勞即紿也。《廣雅》：紿，緩也。

○紿，疑也，欺也。徒愷反。（《三部經音義集》二）

○紿，徒愷反。疑也，緩也。（《類》300）

【納】奴荅切。内也。或作衲、軜。

◎納，奴荅切。内也。或作衲、軜。

◑納，奴荅反。《毛詩》：十月納禾稼。《箋》云：納，内也。《公羊傳》：納者何，納者入辞也。野王案：《尚書》（命）女作納言，《周禮》會其出納其餘是也。《左氏傳》：君其納之。杜預曰：納，藏也。《國語》：殺三郤而納其室。賈逵曰：納，取也。《楚辭》：衣納納而掩露。王逸曰：納納，薄濕皃也。《説文》：絲温［濕］納納也。《廣雅》：紩~~紩~~、著，納也。補納爲衲字，在衣部。柔耎納納爲韖字，在韋部。

○納，藏也。(《類》298)

【紡】孚往切。紡絲也。

◎紡，孚往切。紡絲。

◑紡，孚往反。《左氏傳》：或託於紀鄣紡焉。杜預曰：因紡纑，連所紡以度城也。《國語》：執而紡之。賈逵曰：紡猶懸也。《儀禮》：賄~~有~~用束紡。鄭玄曰：紡，紡絲爲之，今之縛也。《説文》：功［拗］絲也。

○紡，懸也，縛也。(《類》325)

【絶】才悦切。斷也，滅也，最也。𢇍，古文。

◎絶，才悦切。斷也，滅也，最也。𢇍，古文。

◑絶，似悦反。《尚書》：天用勦絶其命。孔安國曰：勦，截也。截絶謂滅之也。又曰：非（天）夭民，（民）中絶命。野王案：《説文》絶，斷也。又曰絶天通，火始燄燄，厥逌焯叙弗其絶是也。又曰：無胥絶遠。孔安國曰：无相与絶遠，棄廢之也。《爾雅》：絶澤謂之銑。郭璞曰：言最有光澤也。《穆天子傳》：戊寅，天（子）北征，乃絶障［漳］小［水］。郭璞曰：絶猶截也。《漢書》：絶梓嶺梁北何。如淳曰：絶，渡也。《廣雅》：絶，滅也。絶，落也。𢇍，《説文》古文絶字也。

○絶，截也，廢也，滅也，落也。(《類》302)

【續】似録切。繼也，連也。又似屨切。

◎續，似録切。繼也，連也。又似屨切。

◑續，似録反。《爾雅》：續，继也。野王案：《尚書》予訝續乃命于天，《國語》礼世不續是也。《禮記》：續衽鉤鉤［邊］。鄭玄曰：續猶属也。《説文》：續，連也。又音辞属反。《毛詩》：陰靷塗［鋈］續。《傳》曰：續，續靷也。

【纘】子卵切。繼也。

◑纘，子□反。《爾雅》：纘，继也。野王案：《尚書》纘禹舊服，《毛詩》載纘武功是也。

○纘，子卵反。繼也。(《類》297)

【緓】徐翦切，又昌善切。偏緩也。

◎緓，徐翦切，昌善切。偏緩也。

◑緓，酋翦、昌善二反。《説文》：偏緩也。

【紹】市沼切。繼也，急糾也。綤，古文。

◎紹，市沼切。繼也。又急糾也。綤，古文。

◑紹，時少反。《毛時［詩］》：匪紹匪遊。《箋》云：紹，緩也。《韓詩》：紹庭上下。紹，取也。《大戴礼》：紹介以爲助。野王案：紹介，相佑助也。《史記》請爲紹介是也。《爾雅》：紹，继也。野王案：《毛詩》弗念厥紹是也。《説文》：一曰緊糾也。《謚法》：疏遠继位曰紹。劉熙曰：无他才德，直以遠世族继功臣之胤，如立蕭何後之類也。綤，《説文》古文紹字也。

○紹，緩也，取也。(《類》301)

【縕】他丁切。緩也。緹，同上。

◎縕，他丁切。緩也。緹，同上。

◑縕，他丁反。《説文》：縕，緩也。緹，《説文》亦縕字也。《埤蒼》：佩終也。

【縱】子容切。縱横也。又子用切，恣也，放也，緩也，置也。

◎縱，子容切。縱横也。又子用切，恣也，放也，緩也，置也。

◑縱，子用反。《尚書》：欲敗度，縱敗礼。孔安國曰：放縱情欲，毁敗礼度也。野王案：縱猶恣也。《禮記》欲不可縱，志不可滿是也。《毛詩》：抑縱送忌。《傳》曰：發矢曰縱。又曰：縱我不往，子寧不來。野王案：《廣雅》：縱，置也。《左氏傳》：而縱尋斧焉。杜預曰：縱，放也。《禮記》：縱言至於礼。鄭玄曰：縱言，記［汎］説事也。《爾雅》：縱，乱也。郭璞曰：縱放乱法也。《説文》：縱，緩也。

◑縱，子凶反。《説文》：緎属也。縱，《字書》亦縱字也。

○縱，恣也，放也，縱也，置也，亂也，緩

也。(《類》303)

【紓】式居切。緩也，解也。或作舒。

◎紓，式居切。緩也，解也。或作舒。

◑紓，始居反。《韓詩》：彼交匪紓。紓，緩也。《左氏傳》：以紓楚國之難。杜預曰：紓，緩也。《方言》：紓，解也。野王案：《左氏傳》而脩礼［祀］紓禍是也。或爲俆字，在人部。

【繎】如延切。絲縈也。

◎繎，如延切。絲縈也。

◑繎，如緣反。《說文》：繎，絲勞也。

【紆】於于切。曲也，詘也。

◎紆，於于切。曲也，詘也。

◑紆，引于反。《左氏傳》：書［盡］而不紆。杜預曰：不紆曲也。《說文》：紆，詘也。一曰縈也。

【綷】胡冷切。直也。綡，同上。

◎綷，胡冷切。直也。綡，同上。

◑綡，胡鼎反。《說文》：綡，直也。訓很爲婞字，在女部。

【緐】扶元切。冤也。

◎緐，扶元切。冤也。

◑緐，扶元反。《說文》：緐，冤也。

【纖】思廉切。細小也。亦作纎。

◎纖，思廉切。細小也。亦作纎。

◑纎，思廉反。《尚書》：厥篚玄纎縞。孔安國曰：纎，緦［細］也。《禮記》：禫而纎。鄭玄曰：黑經白緯曰纎。或作綅字。《方言》：纎，小也。自關而西，秦晉之郊，梁益之間，凡物小或謂之纎，繒帛之細謂之纎。《史記》：周人既纎。《漢書音義》曰：纎，儉嗇也。《廣雅》：纎，微也。或爲孅字，在女部。

【細】思計切。微也，小也。

◎細，思計切。微也，小也。

◑細，思計反。《尚書》：三細弗宥。孔安國曰：細，小也。《說文》：細，微也。㐹［絢］，《說文》古文細字也。

【緢】莫交切。旄絲也。

◎緢，莫交切。旄絲也。

◑緢，亡狡反。《尚書》：維緢有智［稽］。孔安國曰：惟緢察甚［其］皃，有所考合也。《說文》：秏［牦］絲也。

【縒】且各切。參縒也。亦作錯。

◎縒，且各切。參縒也。亦作錯。

◑縒，且各反。《說文》：參縒也。野王案：今爲錯字，在金部。《字書》：一曰鮮也。

〇縒，且各反。參也。(《類》305)

【紊】亡愠切。亂也。

◎紊，亡愠切。乱也。

◑紊，莫愠反。《尚書》：若网在維［綱］，有條而弗紊。孔安國曰：紊乱也。

〇紊，亂也。(《類》321)

【縮】所六切。退也，止也，蹙也，亂也。

◎縮，所六切。退也，蹙也，止也。

◑縮，所陸反。《韓詩》：縮板以載。縮，斂也。《儀禮》：磬，階間縮留，北面~~𦈢~~皷之。鄭玄曰：宿［縮］，樅也，雷［罶］以東西爲樅。古文宿［縮］爲戚［蹙］。野王案：《禮記》古者冠縮縫［縫］，今也横縫是也。《國語》：若於目觀則美，其縮財用則匱。賈逵曰：縮，盡也。又曰：盈縮轉化。賈逵曰：縮，退也。《孟子》：自反而縮。劉熙曰：縮，(直)也。宋忠曰：縮，止也。《爾雅》：繩之謂之縮。郭璞曰：縮者，約束之名也。《詩》云縮板以載是也。又曰：縮，乱也。郭璞曰：掣縮乱法也。又曰：縮，綸也。郭璞曰：綸，繩也，謂牽轉縮絡之也。今俗語亦然。《說文》：一曰蹙也。蹴引之縮爲縮［摍］字，在手部。

〇縮，斂也，盡也，止也，亂也，綸也，蹙也，縱［繩］也，約束之名也。(《類》305)

【級】几立切。階級也。又次第也。

◎級，几立切。階級也。乂次第也。

◑級，畸立反。《國語》：明等級以道之禮。賈逵曰：等級，上下等差也。《左氏傳》云：降一級而辞。杜預曰：下階一級也。野王案：階之等數名曰級也。《禮記》主人就東階，客就西階，涉級聚足，連步以上是也。《禮記》又曰：授車以級。鄭玄曰：級，次也。《史記》：秦始皇賜爵一級。野王案：官仕自卑之高猶階梯而升，所以一命一等，名爲階級也。《左氏傳》加勞賜一級是也。又曰：斬首廿三級。野王案：師旅斬賊首一人，賜爵一級，因名賜首爲級也。《説文》：絲次弟也。

○級，顧野王云：級，階之等數也。（《一切經音義》卷四十二）

○級，顧野王《玉篇》云：級者，如階之等級也。（《一切經音義》卷五十三）

【纍】几足切。纏也，連也。

◎纍，几足切。纏也，連也。

◑纍，九足反。《説文》：纍，絢也。《廣雅》：纍，連也。纍，纆也。

【綢】直留切。綢繆也，纏綿也。又他刀切。

◎綢，直留切。綢繆也，纏綿也。又它刀切。

◑綢，直周反。《毛詩》：綢繆束薪。《傳》曰：綢繆猶纏［纏］綿之也。《禮記》：有虞氏之綏，夏后氏之綢練，殷之崇牙，周之璧翣。鄭玄曰：綏亦旍之綏也。夏綢，其衽以練爲之流。殷人刻繒爲之牙飾，其側亦弥多飾也。《廣雅》：韜也，纏也。《禮記》或音吐刀反。

○綢，韜也，纏也。（《類》298）

【總】子孔切。合也，聚束也，皆也，結也，衆也。

◎總，子孔切。合也，結也，聚束也，皆也，衆也。

◑総，子孔反。《尚書》：百里賦納総。孔安國曰：甸服之内近王城之者也，禾稾曰総，入之供食馬也。野王案：岠手［王］城百里也。又曰：惟汝［汝惟］不怠，総朕師。孔安國曰：摠攝我衆，欲使攝之也。《周禮》：辨其財用而執其総。鄭玄曰：総，薄（書）之種別与大凡（官府之有財物入，若關市之屬）也。又曰：王后五路，総重翟，（錫面）朱総。鄭衆曰：以繒爲之，総著馬勒直兩耳与兩鑣也。鄭玄曰：車軒［衡］轄［輨］亦宜有焉。《左氏傳》：総其罪人。杜預曰：総，將領也。《禮記》：総干而山立。鄭玄曰：総干，持有也。又曰：喪事欲其総総尔。鄭玄曰：総総，趍事皃也。又曰：寒氣総至。鄭玄曰：総猶猥卒也。《楚辭》：紛総総其離合。王逸曰：総総猶噂噂，聚皃也。又曰：建黄昏之総旄。王逸曰：総，合也。《方言》：履鼉也。南楚総謂之鼉。野王案：総猶普也。《説文》：総，聚束也。《廣雅》：総，皆也。総，最也。総，結也。総総，衆也。或爲揔字，在手部。束髮之緫爲鬉字，在髟部。束數之総爲稯字，在禾部。

○總，合也，普也，皆也，最也，結也，聚束也。（《類》306）

【約】於略切。少也，儉也，薄也，束也，纏也。又於妙切。

◎約，於略切。少也，儉也，薄也，束也，纏也。又於妙切。

◑約，於略反。《周易》：納約自牖。野王案：《爾雅》：約，少也。約，儉也。約，薄也。《毛詩》：約之閣閣。《傳》曰：約，束也。《箋》云：約，謂縮板也。《左氏傳》：人尋約。杜預曰：約，繩也。《論語》：不可以久處約。孔安國曰：久困則爲非也。《考工記》：凡任索約，大汲其林［板］，謂之无任。鄭玄曰：約，縮也。筑廧以繩縮其板，大引之，言板橈也，筑之則不堅矣。《禮記》：孔子曰小人貧斯約。鄭玄曰：約猶窮也。《説文》：約，纏也。又音於妙反。《周禮》：司約掌邦國及萬民之約劑。鄭玄曰：約，言語之約束也。野王案：今亦以此音於託反，《周禮》音於妙反。《漢郊歌》雷震震，電耀耀，明德鄉，治本約亦即是也。又音焉教反。《楚辭》：土伯九約。王逸曰：約，屈也。野王案：謂屈節也。《吕氏春秋》旄象之約是也。

【纏】除連切。約也。

◎纏，除連切。約也。

◑纏，除連反。《淮南》：纏以朱絲。《説文》：纏，約也。日月行舍爲躔字，在足部。

○纏，約也。（《類》306）

【繞】而小切。纏繞也。

◎繞，而小切。纏繞。

◑繞，如小反。《淮南》：俠［挾］繞其舩。《説文》：繞，纏也。

【紾】徒展切。紾，轉也。又音軫。

◎紾，徒展切。紾，轉也。又音軫。

◑紾，徒展反。《考工記》：凡相角，老牛之角紾而錯。鄭衆曰：讀爲抮縳之抮，謂牛捔角理也。《説文》：紾，縳也。

◑紾，居忍反。《聲類》亦緊字也。緊，急也，糾也。在緊［糸］部。

【繯】于善切，又于串切。環也。《説文》：落也。

◎繯，于善切，于串切。環也，落也。

◑繯，禹善、胡串二反。《國語》：繯山於有牢。賈逵曰：繯，還也。《方言》：所以懸㭨也。宋魏江淮之間謂之繯，或謂之環。《説文》繯（絡也）是也。野王案：《羽獵賦》虹蜺爲繯是也。《蒼頡篇》：繯，纗也。

【辮】步殄切。交也。

◎辮，步殄切。交也。

◑辮，蒲殄反。《説文》：辮，交也。

【縎】古忽切。結不解。

◎縎，古忽切。結不解。

◑縎，古忽反。《説文》：縎，結也。《廣雅》：縎，結不解也。或爲愲字，在心部。

【結】古姪切。要也。

◎結，古經切。要也。

◑結，吉姪反。《尚書》：結怨于民。孔安國曰：与民結怨也。《毛詩》：心如結兮。《傳》曰：言執義一，則用心固也。《左氏傳》：使陰里結之。杜預曰：結，成也。又曰：衣有襘，帶有結。杜預曰：結，（帶結）也。又曰：成而不結。杜預曰：不結堅固也。又曰：始結陳好。野王案：結猶構也。《楚辭》：結余軫於西山。王逸曰：結，旋也。《淮南》：君子行斯乎其所結。許叔重曰：結，要也。《吕氏春秋》：車不結軌。高誘曰：結，交也。《説文》：結，締也。《廣雅》：結，詘也。

〇結，構也，旋也，要也，交也，締也，詘也。(《類》301)

【締】徒計切。結不解。

◎締，徒計切。結不解。

◑締，徒計反。《楚辭》：氣繚轉而自締。王逸曰：締，結也。《説文》：不解也。

【綳】彼萌切。束也。

◎綳，彼萌切。束也。

◑綳，彼萌反。《墨子》：禹葬會稽，桐棺三寸，葛以綳之。《説文》：綳，束也。

【縛】扶獲切。束縛也。

◎縛，扶獲切。束縛。

◑縛，扶矍反。《左氏傳》：襄公縛秦囚。野王案：《説文》：縛，束也。又曰：許男面縛。杜預曰：縛手於後，見其面也。

【絿】巨周切。急也。

◎絿，巨周切。急也。

◑絿，渠周反。《毛詩》：不競不絿。《傳》曰：絿，急也。《廣雅》：絿，求也。

【絅】古營切。引急也。

◎絅，古营切。引急也。

◑絅，苦營反。《説文》：引急也。

【纑】力臥切。相足也，不紃也，不均也。

◎纑，力臥切。相足也，不細也，不均也。

◑纑，力卧反。《説文》：不紃也。《蒼頡篇》：不勾［匀］也。

【給】居及切。供也，備也，足也。

◎給，居及切。供也，備也，足也。

◑給，居及反。《周禮》：享人掌供鼎鑊，以給水火之齊。野王案：給猶供也。《左氏傳》私欲養求，不給則應是也。《左氏傳》：車服從給。杜預曰：足給事也。《國語》：豫而後給。賈逵曰：給，及也。又曰：聰敏肅給。賈逵曰：給，足也。又曰：内外齊給。賈逵曰：給，偹也。《論語》：御人以給。孔安國曰：佞人口辞捷給也。《禮記》：孔子曰恭而不中礼謂之給。《説文》：相足也。或爲㾑字，在广部。

〇給，供也，及也，足也，偹也。(《類》303)

〇給，顧野王曰：給，供給也。(《六臣注文選》卷四十一)

〇給，顧野王云：給，猶供也。(《一切經音義》卷四十一)

〇給，顧野王云：給，權供也。賈注《國語》云：給，及也，足也，備也。(《續一切經音義》卷一)

【綝】丑林切。善也，止也。

◎綝，丑林切。善也，止也。

◑綝，丑林反。《爾雅》：綝，若也。《説文》：綝，止也。

【縪】布一、布結二切。止也，冠縫也。

◎縪，布一、布結二切。止也，冠縫也。

◑縪，補謐、補蔑二反。《儀禮》：冠六升，外縪，纓條属猒。鄭玄曰：縪謂縫著於武也。

《考工記》：天子圭中縪。鄭玄曰：縪謂以組約其中央，爲執之，備其失墜也。《説文》：縪，止也。《埤蒼》：冠絳也。

【紈】巨周切。引急也。

◎紈，巨周切。引急也。

◑紈，渠周反。《説文》：紈，引也。

【緁】似接、子立二切。蠻夷貨也。

◎緁，似接、子立二切。蠻夷貨也。

◑緁，辞接、子立二反。《説文》：緁，合也。《蒼頡篇》：蠻夷貨名也。《春秋傳》齊侯獻戎緁是也。野王案：左思《吴客賦》緁賄紛紜是也。

【終】之戎切。極也，窮也，死也。㚖，古文。

◎終，之戎切。極也，窮也，死也。㚖，古文。

◑終，之戎反。《尚書》：受終于文祖。王肅曰：受堯之終事也。野王安［案］：《廣雅》終，極也。終，窮也。（又）曰：旮厥終，惟其始。《周易》大明終始是也。又曰：汝終陟元后。孔安國曰：汝終當升爲天子也。《周禮》：死終，則各~~各~~盡［書］其所以。鄭玄曰：小曰死，老曰終。《毛詩》：終朝采菉。《傳》曰：自旦及時食爲終朝。《儀禮》：惟［終］幅長六尺。鄭玄曰：終，充也。《左氏傳》：求終事也。杜預曰：終，竟也。《國語》：高朗令終。賈逵曰：終猶成也。《禮記》：子張曰，君子曰終，小人曰死。鄭玄曰：事卒爲終。又曰：節文終遂焉。鄭玄曰：終遂猶充備也。《説文》：終，綵絲也。《司馬法》：六尺爲步，步百爲畝，畝百爲夫，夫三爲屋，屋三爲井，井十爲通，通十爲城，城十爲終。《埤蒼》以死沒之終爲殍字，在歺部。㚖，《説文》古文終字也。𢇍，亦古文終字也，古文《尚書》如此。

〇終，極也，竟也，成也，充也。（《類》306）

【紈】胡端切。累也，結也。

◎紈，胡端切。累也，結也。

◑紈，胡端反。《淮南》：弱緆羅紈。許叔重曰：紈，素也。

【繒】似陵、似登二切。帛也。

◎繒，似陵、似登二切。帛也。

◑繒，似陵、似登二反。《説文》：帛總名也。綷，《説文》籀文繒字。楊雄以爲《漢律》宗廟祠丹書告曰也。

〇繒，似登反。總也。（《類》294）

【絩】他叫切。綺絲之數也。

◎絩，他叫切。綺絲之數。

◑絩，他叫反。《説文》：綺絲之數也。《漢律》：綺絲數謂之純［絩］，希［布］謂之梭［總］，綬組謂之迸［首］。

【綺】袪技切。有文繒。

◎綺，袪伎切。有文繒。

◑綺，袺［袪］倚反。《范子計然》：綺出齊郡。野王案：《淮南》慎［綃］以綺繡是也。《説文》：有文繒也。

〇綺，有文繒。（《類》307）

【縠】胡木切。細纒也，紗縠也。

◎縠，胡木切。細纒也，紗縠也。

◑縠，胡木反。《戰國策》：憂國愛民，不如愛尺之縠。《説文》：細練也。《釋名》亦謂之紗縠。

〇縠，《玉篇》：縠，胡木反。《説文》：細練也。《釋名》亦謂之紗縠。（《釋名疏證補》附一卷）

〇縠，《玉篇》云：細纏也，紗縠也。（《釋名疏證補》附一卷）

〇縠，《玉篇》云：羅縠也。似羅而輕者也。（《續一切經音義》卷五）

【縑】古廉切。絲繒也。

◎縑，古廉切。絲繒。

◑縑，古嫌反。《説文》：兼絲繒也。《廣雅》：繰謂之縑。

〇縑，繰（謂）之繒。（《類》294）

【縺】直轉切。《爾雅》曰：十羽謂之縛也。縛，上同。

◎縺，直轉切。《爾雅》：十羽謂之縺。縛，上同。

◑縺，宜轉反。《左氏傳》：縛一如瑱。杜預曰：縛，卷也。野王案：謂苞之也。又曰以帷縛其妾，《考工記》卷而縺之是也。《爾雅》：十羽謂之縺。郭璞曰：列羽數多少之名也。《説文》：一曰鮮支也。又音居椽反。《聲類》今作絹字也。

【綈】徒兮切。厚繒也。
◎綈，徒兮切。厚繒。
◑綈，徒奚反。《管子》：民俗爲綈。《説文》：綈，厚繒也。野王案：《史記》取一綈袍以賜之是也。《釋名》：似蟀虫之色，緑而澤也。
【縞】古到、古倒二切。練也，白色也。
◎縞，古倒、古到二切。練也，白色。
◑縞，古到、古倒二反。《毛詩》：縞衣綦巾。《傳》曰：縞，白色也。《説文》：綖，鮮支也。《廣雅》：阿縞練也。
【練】力見切。煮漚也。
◎練，力見切。煮漚也。
◑練，力見反。《周禮》：染人掌春暴練。鄭玄曰：暴練，練其素而暴之也。《説文》：練，繒也。煮漚絲爲湅字，在水部。冶金之練爲鍊字，在金部。簡擇之練爲揀字，在手部。
【紬】除留切。大絲作。
◎紬，除留切。大絲作。
◑紬，除留反。《説文》：大絲繒也。
○紬，大絲經也。(《類》299)
【纏】始移切，又思移切。粗細經緯不同者。纚、絁，並同上。
◎纏，始移切，又思移切。粗細經緯不同者。纚、絁，同上。
◑纏，尸移、思移二反。《説文》：粗紬也。《蒼頡篇》：細曰絟，粗曰紵。纚，緫大者也。《字書》：一曰經緯不同也。緰，《蒼頡篇》：經緯不同也，亦生紬也。《字書》亦纚字也。
【綮】苦禮切。緻繒也，戟衣也。
◎綮，苦礼切。緻繒也，戟衣也。
◑綮，苦體反。《説文》：緻繒也。一曰徽幟信也，有繠。《聲類》：一曰戟衣也。
【綾】力升切。文繒也。
◎綾，力升切。文繒。
◑綾，力升反。《方言》：東齊謂布帛之細者曰綾。《埤蒼》：似綺而細也。
○綾，野王案：綾，似綺而細者也。(《倭名抄》三91)
【繡】思又切。五綵備也。
◎繡，思又切。五綵備也。
◑繡，思又反。《考工記》：書［畫］繪之事，五采備謂之繡。野王案：《尚書》黼黻絺繡是也。
○繡，五采也。(《類》308)
【緭】胡貴切。緭，緒也。
◎緭，胡貴切。緭，緒也。
◑緭，胡貴反。《説文》：緭，緭［繒］也。《埤蒼》：緭，緒也。
【縵】莫旦切。大文也。
◎縵，莫旦切。大文也。
◑縵，莫旦反。《周禮》：服車五乘，卿乘夏縵。鄭玄曰：夏縵亦五乘［采］畫而无篆也。又曰：磬師掌教之縵樂。鄭玄曰：縵樂，雜聲之和樂者也。《禮記》：不學慘［操］縵，不能安弦。鄭玄曰：雜并也。《左氏傳》：降服，乘縵。杜預曰：車无文也。《説文》：繒无文也。《漢律》賜衣者縵表白裏是也。
○縵，樂雜聲之和樂者，雜并也，車无文也，繒无文也。(《類》308)
【繪】胡檜切。五彩畫也。
◎繪，胡檜切。五彩畫也。
◑繪，胡櫝反。《尚書》：山龍華虫作繪。孔安國曰：繪，會五采也。《論語》：繪事後素。鄭玄曰：繪，會也。
【絢】許縣切。遠也。又文皃。約，同上。
◎絢，許縣切。文皃。又遠也。約，同上。
◑絢，許縣反。《毛詩》：于嗟絢兮。《傳》曰：絢，遠也。《儀禮》：玄纁綞繫長尺絢組。鄭玄曰：采文成［成文］曰絢。《論語》：素以爲絢兮。馬融曰：絢，文皃也。約［約］，《聲類》亦絢字也。絃，《廣雅》：絃，索也。《聲類》亦絢字也。
○絢，許縣反。遠也。(《類》309)
○絢，《玉篇》絢字俗作從勻，而《聲類》作絢云云。(《類》309)
【緀】且兮切。文皃。
◎緀，且兮切。文皃。
◑緀，且奚反。《毛詩》：緀兮斐兮，成是貝錦。《传》曰：緀斐，文章相錯也。《韓詩》：文皃也。
【絲】莫禮切。畫文若聚米。
◎絲，莫礼切。畫文若聚米。

◑䋛，莫體反。《尚書》：藻火粉䋛。孔安國曰：繡文若聚米也。

【絹】居掾切。生繒也。

◎絹，居掾切。生繒。

◑絹，居掾反。《説文》：生霜［繒］如陵［麥］稍［稍］也。《廣雅》：縏緫，鮮支，縠，絹也。《聲類》：絹，緗［絚］也。今以爲繐字，《字書》：生繒也。

○絹，居掾反。緗［絚］也，繐也。縠，絹也。（《類》293）

【緑】力足切。帛青黄色也。

◎緑，力足切。帛青黄色。

◑緑，力足反。《楚辭》：緑葉兮素榮。王逸曰：緑，青也。《説文》：帛青皃［黄］色也。古文爲綠字，在帛部。

○緑，青也。（《類》291）

【縹】匹妙切。青白色。

◎縹，匹妙切。青白色。

◑縹，匹繞反。《楚辭》：翠縹兮爲裳。王逸曰：衣服燿青葱也。又曰：顧列字［孛］兮縹（縹）。王逸曰：（邪）視彗（星），光弊弊［瞥瞥］也。《説文》：帛青白色也。末細之縹爲~~爲~~蔈字，在草部。

○縹，帛青白色。（《類》309）

○縹，《玉篇》又匹妙反。（《龍龕手鏡》卷四）

【緭】余祝切。青經白緯也。

◎緭，余祝切。青經白緯。

◑緭，餘祝反。《説文》：帛青經縹緯也。一曰緭陽染也。

【絑】之俞切。純赤也。

◎絑，之俞切。純赤。

◑絑，之瑜反。《尚書大傳》：大瑟絑弦達越，大琴絑［練］弦達越。鄭玄曰：（練弦）朱［絑］（弦），朩［互］文也。《説文》：純赤繒也。《虞書》丹（朱）字~~也~~如此。

【纁】許軍切。淺絳也。

◎纁，許軍切。淺絳。

◑纁，虚軍反。《爾雅》：三染謂之纁。郭璞曰：纁，~~璞~~降也。《考工記》：染三入爲纁。《説文》：淺絳也。

【綴】知衛切。緝也。

◎綴，知衛切。緝也。

○綴，雜采也。拘也。（《類》319）

○綴，且入反。續也，明也，光也。（《類》316）

○綴，《玉篇》云：繼也，連也，合著也。（《一切經音義》卷二十六）

【絀】式出切。絳也，紩也。

◎絀，式出切。絳也，紩也。

◑絀，式出反。《史記》：却冠鉥［鉥］絀。徐廣曰：絀，絳也，紩之別名也。《蒼頡篇》：紩也。

○絀，式出反。絳也。（《類》309）

【絳】古巷切。赤色也。

◎絳，古巷切。赤色。

◑絳，古贛反。《説文》：大赤繒也。《蒼頡篇》：絳縣在河東。野王案：晋所都也。《左氏傳》自雍及絳是也。

○絳，古贛反。赤繒也。（《類》292）

【綰】烏版切。貫也，羂也。

◎綰，烏板切。貫也，羂也。

◑綰，烏腕反。《淮南》：綰枹而皷。許叔重曰：綰，貫也。《説文》：惡色絳也。一曰綃也。

○綰，烏晥反。維綰也，惡色絳也。一曰綃也。（《類》323）

【縉】子燼切。帛赤白。

◎縉，子燼切。帛赤白也。

◑縉，子燼反。《説文》：帛赤色也。《春秋傳》有縉雲氏，《祀［礼］記》有縉緣也。

【緹】他禮切。帛赤色也。又音提。

◎緹，他礼切。帛赤色。又音提。

◑緹，他礼反。《周禮》：赤緹用羊。鄭玄曰：縓色也。《説文》：帛赤黄色也。

○緹，顧野王云：黄赤色也。（《史記》卷一百二十六）

【綪】千見切。染草名。

◎綪，千見切。染草名。

◑綪，且見反。《左氏傳》：綈旃綪旌［綪茷旃旌]。杜預曰：綪䋙［茷］，大赤也，取染草名也。

【縓】七絹切。紅也，赤黄也。

◎縓，七絹切。紅也，赤黄也。

◑縓，睢絹反。《爾雅》：一染謂之縓。郭璞曰：今之紅也。鄭玄注《儀禮》：縓，淺絳也。《説文》：帛赤黄色也。

【紫】子爾切。色也。

◎紫，子爾切。色也。

◑紫，子尔反。《論語》：惡紫之奪朱。《説文》：青赤色也。

○紫，青赤色。(《類》310)

【紅】胡公切。色也。

◎紅，胡公切。色也。

◑紅，胡工反。《論語》：紅紫不以爲褻服。《説文》：帛赤白色也。《廣雅》：縓謂之紅。《漢書》：女紅之物。如淳曰：紅亦左［工］也。陳粟爲粠字，在米部。

○紅，帛赤白。(《類》309)

【繱】千公切。青白色也。

◎繱，千公切。青白色。

◑繱，且公反。《説文》：青白色也。今或爲葱字，在草部。

【紺】古憾切。深青也。

◎紺，古憾切。深青。

◑紺，古感反。《論語》：君子不以紺緅飾。《説文》：白［帛］深青而揚赤色也。

【綨】巨箕切，又巨記切。雜文也。綦，同上。

◎綨，巨箕切，又巨記切。雜文也。綦，同上。

◑綨，渠基、渠記二反。《尚書》：四人綦弁執戈。孔安國曰：綦文鹿子皮弁，亦士也。《毛詩》：縞衣綦巾。《傳》曰：蒼艾色也。《箋》云：綦，綦文也。《穀梁傳》：兩足不能相過，齊謂之踂，衛謂之縶。劉兆曰：天性然者也。綦，連絣也；踂，聚合不解放也；縶，如見絆也。《禮記》：世子綦組綬。鄭玄曰：綦，文雜色也。又曰：偪屨著綦。鄭玄曰：綦，屨繫也。《方言》：車下鐵，陳宋淮楚之間謂之畢，大車謂之綦。郭璞曰：鹿車也。《説文》：女所幣也。一曰不借綦也。《廣雅》：履紟謂之綦~~𥝕~~也。或爲（綥）字，右［在］（糸）部。綦，《字書》亦綨字也。

○綨，渠基反。鹿子皮文［弁］……綦上字。(《類》310)

【緇】側其切。黑色也。紂，同上。

◎緇，仄其切。黑色。紂，同上。

◑緇，側飢反。《毛詩》：緇衣之宜兮。《傳》曰：緇，黑色也。《考工記》：染羽，七入爲緇。紂，《周禮》：入幣純帛。鄭玄曰：實緇字~~字~~也。古作緇，以甾爲聲。

○緇，黑色也。(《秘寶鈔》中三 13)

【緂】他敢切。騅色。今作菼、黲。

◎緂，吐敢切。騅色。今作菼、黲。

◑緂，他敢反。《説文》：帛騅色也。《詩》曰毳衣如緂是也。《韓詩》爲黲字，在帛部。今並爲菼字，在草部。

【纔】初銜、仕緘二切。雀頭色也，微黑色也。又疾來切。

◎纔，初咸、仕緘二切。雀頭色，微黑色。又疾來切。

◑纔，使監、仕緘二反。《説文》：帛雀頭色也。一曰微黑色也，一曰如紺也，一曰淺也。《漢書》：纔數月耳。文穎曰：音（財），聲［暫］。野王案：此亦音似來反，猶僅能才能也。鄭玄注《周官》《禮記》亦爲裁字。《東觀漢記》及諸史、賈逵注《國語》並爲財字也。

○纔，顧野王云：纔猶僅也。(《一切經音義》卷六)

○纔，顧野王云：僅能也，不久也。(《一切經音義》卷十三)

○纔，顧野王云：纔猶近也。(《一切經音義》卷九十九)

【綟】力計切。緑也。或作莀，草名。

◎綟，力計切。綟也。或作莀，山名。

◑綟，力計反。《漢書》：金璽綟綬。如淳曰：緑色也，綬以緑爲質也。晉灼曰：草名也，出琅琊平昌縣，似艾，可染緑也。《説文》：帛莀染也。《聲類》此亦莀字也，在草部。

○綟，草名。(《類》310)

●圓沙本“線也”疑當作“緑也”。

【紑】孚負、孚浮二切。鮮絜皃。

◎紑，孚負、孚浮二切。鮮絜皃。

◑紑，孚不、孚丘二反。《毛詩》：絲衣其紑。《傳》曰：絜鮮皃也。《韓詩》：盛皃也。

【緂】他甘切。衣綵色鮮也。又衣皃。

◎緂，他甘切。衣綵色鮮。又衣皃。

◑緂，充甘反。《淮南》：婦人不得緂麻考縷。《説文》：（白鮮衣）穴［皃］謂之緂，謂衣采色鮮也。《蒼頡篇》：緂如，衣皃也。

○緂，充甘反。衣采鮮。（《類》310）

【繻】汝俱切。細密之羅也，綵也。又思俱切，帛邊也。古者過關以符，書帛裂而分之，若今券也。

◎繻，汝俱切。細密之羅。又思俱切，帛邊也。古者過關以符，書帛裂而分之，若今券也。

◑繻，汝俱反。《周禮》：羅氏掌蜡則作羅繻。鄭衆曰：羅繻，細密之羅也。《説文》：繒采色也。又音思俱反。《漢書》：關吏与終軍繻。張晏曰：苻。書帛裂而分之，若券别也［契］矣。臣瓚以爲漢制出入關用傳，猶今過所也，皆用印封，无裂繒帛之製也。此故用傳耳，而復更有券識其往還，故關吏曰爲復傳，還當合帛苻也，未必是繒帛也。或曰可以爲苻信券名也。蘇林曰：繻，帛邊也。舊關出入皆以傳，傳煩，因裂繻頭，合以爲苻信也。野王案：《左氏傳》杞［紀］子帛，字［名］裂繻。《埤蒼》爲（輸）字，在巾部。

●《殘卷》“别也”二字爲“契”之誤。

【縟】如欲切。飾也。

◎縟，如欲切。飾也。

◑縟，如屬反。《喪服傳》：喪成人者其文縟，喪未成人者其文不縟。鄭玄曰：縟猶數也，文數者謂變除之節也。《説文》：繁采飾也。

【纚】山綺切。冠織也。又颯纚，長袖皃。縰，同上。

◎纚，山綺切。冠織也。又颯纚，長袖皃。縰，同上。

◑纚，山綺反。《儀禮》：纚廣終幅長六尺。鄭玄曰：纚，今之幘涼［梁］也。終，充也。纚一幅六尺，足以致［韜］髮而結之也。《説文》：冠織也。野王案：所以爲冠也。《漢書》江充冠單［禪］纚步摇是也。《釋名》：纚，簁也，麁可以簁物也。《楚辭》：索胡繩之纚纚。王逸曰：索，好皃也。又曰：舒佩兮禁［森］纚。野王案：森纚，好皃也。《西京賦》：奮長袖之颯纚。薛綜曰：長袖皃也。縰，《字書》亦纚字也。

○纚，冠織也。（《類》311）

【紘】爲萌切。冠卷，維也，冠飾也。紭，同上。

◎紘，爲萌切。冠卷，維也，冠飾也。紭，同上。

◑紘，爲萌反。《周禮》：弁師掌王之五冕，皆朱紘。鄭玄曰：朱組爲紘也。紘（一）條，属兩端於武。纓（不言皆，有不皆者）也。鄭玄注《禮記》：冠有笄者有［爲］紘，紘在纓處，兩端上属，下不結也。杜預注《左氏傳》：紘，纓從下而上者也。《説文》：冠卷也。《儀禮》：頌磬西紘。鄭玄曰：紘，編磬繩也。《淮南》：知八紘九野之刑［形］埒。許叔重曰：紘，維也。野王案：楊雄《解難》燭六合燿八紘是也。紭，《説文》亦紘字也。

○紘，爲萌反。冠卷也，維也……紭上字。（《類》311）

○紘，顧野王曰：八紘謂八極也。（《一切經音義》卷二十）

【紻】於兩切。纓也。

◎紻，於兩切。纓也。

◑紻，於兩反。《説文》：紻，纓也。《蒼頡篇》亦題勒也。

【紞】丁敢切。冠垂也。

◎紞，丁敢切。冠垂也。

◑紞，丁敢反。《國語》：親織玄紞。賈逵曰：冠垂者也。《説文》：冕冠垂塞耳也。《儀禮》：緇衾頳裏无紞。鄭玄曰：紞，被之織也。《禮記》：衾五幅无紞。鄭玄曰：紞以組類爲之，綴之領側，若今被識。生時單［禪］被有識，死去也。

【纓】於成切。冠系也。

◎纓，於成切。冠系。

◑纓，於成反。《周禮》：鞶纓十有再就。鄭衆曰：當馬膺前，削革爲之。鄭玄曰：馬鞅也。《禮記》：玄冠朱組纓，天子之齋冠；玄冠丹組纓，諸侯之齋冠；玄冠綦組纓，士之齋冠也。《説文》：纓，冠系也。

○纓，馬鞅也，馬胷鞅也。(《類》311)

【緌】而隹切。繼冠纓也。

◎緌，而隹切。継冠纓也。

◑緌，乳隹反。《周禮》：夏采掌大喪，以乘車建緌復于四郊。鄭玄曰：以旄牛（尾）爲之，綴之於橦上，所謂注旄（于干）首者也。《禮記》：有虞氏之緌。鄭玄曰：緌所云大麾也。《周禮》建大麾以田是也。又曰：武車緌於［旌］。鄭玄曰：盡飾也，緌謂垂舒之也。《儀禮》：始冠，緇布之冠也。太古冠布，齋則緇之其緌也。孔子曰，吾未之前聞也，冠而弊之可矣。鄭玄曰：緌，冠飾。太古質，蓋无飾也。野王案：鄭玄注《禮記》纓之飾也。《禮記》拂髦冠緌纓，緇布冠繢緌，諸侯之冠也，自天子下達，有事然後緌是也。《爾雅》：緌，繼也。又曰：縭，緌也。郭璞曰：緌，繫也。《説（文）》：繼冠纓也。

○緌，乳隹反。(《類》311)

○緌，《玉篇》云：冠纓也。(《續一切經音義》卷七)

【緄】古本切。織成章也，繩也。

◎緄，古本切。織成章也，繩也。

◑緄，古本反。《毛詩》：竹閉緄縢。《傳》曰：緄，繩也。《説文》：織成帶也。

【紳】式真切。大帶也，束也。亦作鞞。

◎紳，式真切。大帶也，束也。亦作鞞。

◑紳，舒仁反。《論語》：子張書諸紳。孔安國曰：紳，大帶也。鄭玄注《禮記》：所以自紳約也。《廣雅》：紳，束也。或爲鞞字，在革部。

○紳，束也，大帶也。(《類》299)

【繸】宜戟切。綬綬也，綬絲也。

◎繸，宜戟切。綬綬也，綬絲也。

◑繸，宜戟反。《續漢書》：黄赤綬，緑青綬。繸皆長三尺二寸爲之，与綬同采而首半之。繸者，古佩襚也，佩襚相迎受，故曰繸。紫綬以上，繸綬之間得施玉環。黑綬、黄綬，(繸）皆長二尺，与綬同采而首半之。凡織綬，先合單紡爲一絲，四絲爲一扶，五扶爲一首，五首成一文，文采淳爲一圭。首多者絲細，少者絲麁，皆廣尺六寸。《説文》：綬繸也。《蒼頡篇》：綬絲也。

【繟】充善切。繟帶也，寬綬也。

◎繟，充善切。帶也，寬綬也。

◑繟，充善反。《毛詩》：檀車繟繟。《傳》曰：繟繟，弊皃也。《禮記》：其樂心感者，其聲繟以緩。鄭玄曰：繟，寬繟之皃也。《説文》：繟，帶緩也。《聲類》亦爲幝字也，在巾部。

【綬】時帚切。組也，綸也，綬也。又音售。

◎綬，時帚切。組也，綸也，綬也。又音售。

◑綬，時帚反。《周禮》：幕人掌帷幕幄綬之事。鄭衆曰：綬組所以繫帷也。《禮記》：天子玄組綬，公侯朱組綬，大夫畫［純］組綬，(世）子綦組綬，士緼組綬也。鄭玄曰：綬者，所以貫佩玉相承受者也。《爾雅》：遂，綬也。郭璞曰：即佩玉之組，所以車逋［連］繫瑞玉，因通謂之遂也。《續漢書》：古者佩玉，尊卑有叙。五霸迭興，義兵不息。佩非戰器，韍非兵旗。於是解去韍佩，單其絲襚，以爲章表。韍佩既廢，秦乃以采組連結於襚，光明章表，傳相結綬，故謂之綬也。《廣雅》：編組綬綬也。

○綬，貫佩玉相承（受者也）。(《類》311)

○綬，時帚反。《周禮》：綬人掌帷幕幄帟綬之事。鄭衆曰：綬組，所以繫帷也。《禮記》：天子玄組綬，公侯朱組綬，大夫純組綬，世子綦組綬，士緼（組）綬也。鄭玄曰：綬者，所以貫佩玉相承受者也。《爾雅》：遂，綬也。郭璞曰：即佩玉之組，所以連繫瑞玉，因通謂之遂也。(《令集解》國史大系本三 71)

●《殘卷》“車逋”二字爲“連”之訛。

【緺】古華、古蛙二切。綬紫青色也。

◎緺，古華、古蛙二切。綬紫青色。

◑緺，古華、公蛙二反。《説文》：綬紫青色也。

【組】子古切。其小者可以爲冠。

◎組，子古切。其小者可以爲冠。

◑組，作古反。《尚書》：厥篚玄纁璣組。孔安國曰：組，綬也。《説文》：綬属也。其小者以爲冠纓。《爾雅·釋草》：似組，東海有之。郭璞曰：海中草生有象組者，因以爲名也。

〇組，綬也。(《類》312)

【纂】子緩切。組類也。䌸，同上。

◎纂，子緩切。組類。䌸，同上。

◑纂，子緩反。《國語》：縷纂以爲奉。賈逵曰：奉，藉也，所以藉玉之縷也。以縷織綦，取其易也。《楚辭》：纂組綺縞。王逸曰：纂組，綬類也。《漢書》：錦（繡）纂組，害女功。應劭曰：今五采属綷也。《說文》：似組而赤黑也。䌸，《字書》亦纂字也。

〇纂，似組，赤黑。(《類》297)

〇纂，《國語》：縷纂以爲奉。賈逵曰：奉，藉也，所以藉玉之縷也。以縷織纂，取其易也。《楚辭》：纂組綺縞。《漢書》：錦繡纂組，宫［害］女功。應劭曰：今五采属綷也。《說文》：似組而赤黑也。(《令集解》國史大系本三71)

【紐】女九切。結也，束也。

◎紐，女九切。結也，束也。

◑紐，女九反。《周禮》：弁師掌王之五冕，皆延紐。鄭玄曰：紐，小鼻在武上笄所貫也。今時冠差［卷］當籍［簪］者，廣衣［袤］以冠縱，其舊象與？《說文》：紐，絲也。一曰結可解也。野王案：《禮記》弟子縞帶并紐是也。《廣雅》：紐，采也。劍鼻之紐爲珇字，在玉部。或爲鈕字，在金部。

〇紐，絲，采。(《類》299)

【綸】力旬切，又公頑切。綬也，緩也。又寬也。

◎綸，力旬、公頃二切。綬也，緩也。

◑綸，力旬、公頑二反。《周易》：弥綸天地之道。劉瓛曰：弥，廣也。綸，經理也。《毛詩》：之子于釣，言綸之繩。《箋》云：綸，釣繳也。《禮記》：公［孔］子曰王言如絲，其出其［如］綸。鄭玄曰：今有秋［秩］，盡［嗇］夫所佩也。《續漢書》：百~~百~~石，青納［紺］綸，一采，婉轉繆織，長（丈）二尺。《說文》：糾青絲綬也。《范子計然》：布卒者，綸絮之末。其无絲之國，出布不可以布卒爲綸末也。野王案：此謂麻絲絮［絮］爲綸也。《爾雅·釋草》：綸（似綸），東海有之。郭璞曰：海（中）有（草）象之，因以爲名也。《太玄經》：（玄）鴻綸天（元）。宋忠曰：綸，絡也。《方言》：或謂車紂爲曲綸。郭璞曰：今江東通呼索爲綸也。

〇綸，力旬、工頑二反。《周易》：弥綸天地之道。劉瓛曰：弥，廣也。綸，經理也。《毛詩》：之子于釣，言綸之繩。《箋》云：釣繳也。《禮記》：孔子曰，王言如絲，其出如綸。鄭玄曰：今有秩，嗇夫所佩也。《續漢書》：百石，青紺綸，一采，婉轉繆織，長丈二尺。《說文》：糾青絲授［綬］也。《范子計然》：右［布］平［卒］者，綸絮之末。其无絲之國，出布不可以布（卒）爲綸未也。野王案，此謂摩絲絮爲綸也。《爾雅·釋草》：綸以［似］綸，東海有之。郭璞曰：海中有草象之，因以爲名也。《太玄經》：（玄）鴻綸天元。宋忠曰：綸，絡也。《方言》：或謂車紂爲曲綸。郭璞曰：~~也~~今江東通呼索爲綸也。(《新撰字鏡》一一37)

●圓沙本"公頃"疑當作"公頑"。佚文"工頑"疑當作"公頑"，"今江東"前疑衍"也"字。

【綎】大丁切。絲綎綬也。綒，同上。

◎綎，大丁切。絲綎綬也。綒，同上。

◑綎，達丁反。《吕氏春秋》：莫敢愉綎。高誘曰：愉，解也；綎，緩也。《說文》：絲綬也。

【緄】胡官切。緄，綬也。

◎緄，胡官切。綬也。

◑緄，胡官反。《說文》：緄，緩也。

〇緄，胡官反。緩［綬］也。(《類》301)

〇緄，《玉篇》音胡官反。緩也。(《一切經音義》卷十三)

●《殘卷》引《說文》"緩也"當作"綬也"。

【纅】布各切。領連也。亦作襮。

◎纅，布各切。領連。亦作襮。

◑纅，補各反。《說文》：領連也。野王案：此亦襮字也。襮，黼領也。在衣部。

【繐】思惠切。細布也。縙，同上。

◎繐，思惠切。細布。縙，同上。

◑繐，思鋭反。《喪服經》：繐衰裳。鄭玄曰：治縷如小功而成布四升半，細其縷者也。凡布細而疏者謂之繐，今南陽有鄧繐布也。《説文》或以爲今有如白越布者也。䌫，《説文》：蜀細布也。《聲類》亦繐字也。䌫，《聲類》亦繐字也。

【紟】巨今、巨禁二切。單被也，結衣也。亦作衿。䋻，籀文。

◎紟，巨今、巨禁二切。單被也，結衣也。亦作衿。䋻，籀文。

◑紟，渠禁、渠金二反。《儀禮》：絞紟衾。鄭玄曰：紟，單~~紟單~~被也。鄭玄注《禮記》：既斂，所用東堅之者也。《禮記》：婦事舅姑，紟纓。鄭玄曰：紟，帶也。《説文》：衣絲也。《聲類》：帶綴也。或爲衿字，在衣部。䋻，《字書》籀文紟字也。

〇紟，《玉篇》：結衣也。亦作衿。（《釋名疏證》卷八）

【緣】余泉切。媚也，因也。又余絹切，邊緣也。

◎緣，余泉切。媚也，因也。又余絹切，邊緣也。

◑緣，餘衆［袁］、餘絹二反。《爾雅》：緣謂之純。郭璞曰：衣緣飾也。《禮記》：緣廣寸半。鄭玄曰：緣，飾邊也。又曰：明王以相緣也。鄭玄曰：緣猶因襲也。《莊子》：有蝨蝱撲緣，而拊之不時，則缺銜毁首。野王案：謂緣附而登上之也。《家語》譬緣木務高而畏滋甚。《淮南》猨狖得茂木不去而跳，貆狢得埵防弗去而緣是也。《史記》：求爲小吏，未有因緣。野王案：《續漢書》常欲去之，未有雅緣是也。《方言》：懸掩［裺］謂之緣。郭璞曰：縫緣也。《廣雅》：緣，循也。

〇緣，又餘絹反。脩［循］也。（《類》289）

〇緣，《玉篇》云：衣緣也。《考聲》云：緣，飾也。《爾雅》云：衣有緣者謂之純。郭注云：衣緣飾也。（《續一切經音義》卷九）

【絝】口故切。脛衣也。又絆絡也。

◎絝，口故切。脛衣也。又絆絡也。

◑絝，口故反。《淮南》：短衣不絝，以便涉游。野王案：《説文》：脛衣也。相如《上林賦》：絝白虎。《漢書音義》曰：絝，絆絡之也。

【緥】布老切。小兒衣。亦作褓。

◎緥，布老切。小兒衣。亦作褓。

◑緥，補道反。《淮南》：成王在繦緥之中。《説文》：小兒衣也。或爲褓字，在衣部。

〇緥，小兒衣。（《類》300）

【繜】子昆切。布衣名。

◎繜，子昆切。布衣名。

◑繜，子昆反。《説文》：薉貉民女子无絝，以帛爲脛空，同［用］補絮［絮補］裱［核］，名曰繜衣，狀如襜褕也。《蒼頡篇》：母繜，布名也。

【纀】布木切。裳削幅也。亦作䙚。

◎纀，布木切。裳削幅也。亦作僕。

◑纀，補木反。《爾雅》：裳削幅謂之纀。郭璞曰：削殺其幅，深衣之裳也。《字書》爲䙚字，在衣部。

●圓沙本“僕”當作“䙚”。

【紴】布何切，又怖靡切。水紴錦文也。

◎紴，布何切，怖靡切。水紴錦紋。

◑紴，補柯、補靡二反。《説文》：扁諸属也。《蒼頡篇》：錦類也。《聲類》：水波錦文也。

【絛】他刀切。纓飾也。

◎絛，它刀切。纓飾。

◑絛，吐刀反。《周禮》：革路襲勒，絲纓五就。鄭玄曰：其樊纓以絲絲飾之也。《説文》：扁諸也。

【緟】除恭切。增也，疊也，益也，複也。或作褈。今作重。

◎緟，除恭切。增也，疊也，益也，複也。或作褈。今作重。

◑緟，除恭反。《説文》：增益也。《蒼頡篇》：緟，疊也。《聲類》：緟，複也。《字書》或爲褈字，在衣部。今並爲重字，在重部。

【纕】思羊切。帶也，後臂也，收衣袖𢾭。

◎纕，思羊切。帶也，後臂也，收衣袖木。

◑纕，先羊反。《國語》：懷挾［挾］纓纕。賈逵曰：馬纕帶也。《楚辭》：既替余以蕙纕。王逸曰：佩帶也。《説文》：紓臂也。《廣雅》：𢾭謂之纕。《聲類》：收衣袖𢾭也。

〇纕，馬纕~~也~~帶也。（《類》294）

●佚文“馬纕也”疑衍“也”字。

【繣】允恚、胡卦二切。維紘中繩也。

◎纗，允恚、胡卦二切。維紘中繩。

◑纗，尤恚、胡卦二反。《説文》：維紘中繩也。

【緷】于貧切。維持繩紐細者。

◎緷，于貧切。維持緷組細者。

◑緷，禹貧反。《考工記》：上維［綱］下維［綱］，(出）舌尋，緷寸焉。鄭衆曰：緷，籠維［綱］也。《説文》：維［緷］，持維［綱］繩紐者也。

●圓沙本“緷組”疑當作“繩紐”。

【絾】于月切。綵繐也。

◎絾，于月切。綵繐也。

◑絾，禹月反。《説文》：絾，采也。一名事［車］馬君［帬］也。《蒼頡篇》：希繐類也。

【紃】囚遵切。條紃也。

◎紃，囚遵切。條紃也。

◑紃，遁［循］遵反。《禮記》：韠，紃以五采。鄭玄曰：紃，施諸縫中，若今之條［絛］也。又曰：織紝組紃。鄭玄曰：紃，絛也。

【綅】思廉切。綫也，縫綫也，黑經白緯也。

◎綅，思廉切。綫也，黑經白緯。

◑綅，思廉反。《毛詩》：貝胄朱綅。《傳》曰：以朱綅綴之也。《韓詩》：綅，綫也。《説文》：縫縓也。《埤蒼》：黑經白緯曰綅。野王案：《禮記》以此作纖字也。

【紻】胡玦切。縷一枚也，褩也。亦作衭。

◎紻，胡决切。縷枚。亦作衭。

◑紻，胡珠［玦］反。《説文》：縷一枚也。《聲類》：紻謂之褩，縷一條也。~~野也~~。野王案：《爾雅》爲衭字，在衣部。

【縷】力主切。貧無衣，醜弊也。

◎縷，力主切。貧無衣，醜弊也。

◑縷，力禹反。《爾雅》：旒，維以縷。郭璞曰：用朱縷連持旌，令不曳地也。野王案：《説文》縷，綫也。《楚辭》秦韝齊縷是也。《公羊傳》：牛馬維縷。何休曰：繫馬曰維，繫牛曰縷。《方言》：襜褕，以布而无緣，弊而紩之謂之襤縷。又曰：襤縷，敗也。南楚凡人貧衣被醜弊謂之襤縷，故《左氏傳》蓽路襤縷以啓山林，殆謂此也。又曰：帵縷，毳也。陳宋鄭衛之間謂之帵縷。郭璞曰：謂物之行弊者也。

○縷，襤也，敗也。(《類》291)

○縷，顧野王云：縷，綫也。(《一切經音義》卷四十)

○縷，《玉篇》云：縷，貧無衣醜敝也。(《方言疏證》卷四)

○縷，《玉篇》：緒也。（《續一切經音義》卷五)

【綫】思箭切。可以縫衣也。線，同上。

◎綫，思箭切。可以縫衣。線，同上。

◑綫，思箭反。《周禮》：縫人掌王宫之縫線之事。鄭衆曰：綫，縷也。線，《説文》古文綫字也。

○線，古文。(《類》291)

【縫】扶恭切。以針紩衣也。又符用切。

◎縫，扶恭切，符用切。以針紩衣。

◑縫，扶封反。《周禮》：縫人掌王宫之縫線之事，以役女御。鄭玄曰：女御，縫裁王及王后衣服者也。《記礼［禮記］》：縫齊倍要。鄭玄曰：縫，紩下齊也。野王案：《説文》以鍼紩衣也。《毛詩》可以縫常，羔羊之縫是也。《左氏傳》：伍承弥縫。杜預曰：承隟而弥縫闕漏也。又曰：弥縫弊［敝］邑。杜預曰：弥縫猶補合也。《廣雅》：縫，會也。

【緁】且立切。縫也。亦作緝。縚，同上。

◎緁，且立切。縫也。亦作緝。縚，同上。

◑緁，且立反。《喪服傳》：齋，緁也。野王案：謂紩常下也。《漢書》：緁以扁緒。晉灼曰：以扁諸縫著衣也。《説文》：緶，縚，緁也。《廣雅》：緁，索也。或爲縚字。縚，《楚辭》：襲美［英］衣兮緹縚。王逸曰：重我縫袍服衣鮮也。《説文》亦緁字也。

○緁，《玉篇》又之葉反。(《龍龕手鏡》卷四)

【紩】持栗切。縫衣也。又納也，索也。古作鉄。

◎紩，持栗切。縫衣也。又納也，索也。古作鉄。

◑紩，治銍反。《爾雅》：黹，紩也。郭璞曰：今人亦呼縫紩衣黹。《方言》：紩衣謂之縷。《説文》：緁衣也。《廣雅》：紩，納也。紩，索也。古文爲鉄字，在金部。

○紩，《玉篇》云：紩，索也。(《方言疏證》

卷九）

【緛】如兖切。衣蹙也，縮也，減維衣也。

◎緛，如兖切。衣蹙也，縮也，減維衣也。

◑緛，女兖反。《説文》：衣戚也。《廣雅》：緛，縮也。《聲類》：減縫衣也。

【繕】市扇切。補也，持也，善也。

◎繕，市扇切。補也，善也，持也。

◑繕，時戰反。《周禮》：繕人掌王之用弓矢。鄭玄曰：繕之言勁也，善也。《左氏傳》：征繕以輔孺子。杜預曰：繕，治也。《説文》：繕，補也。

【絬】思列切。堅也。

◎絬，思列切。堅也。

◑絬，思裂反。《論語》：絬裘長，短右袂。《蒼頡》：絬，堅也。《字書》亦褻字也。褻，私服也，燕衣也。在衣部。

【纍】力隹切。繫也，綸也，得理也，黑索也。又力僞切，延及也。又力捶切，十黍也。亦作絫。累，同上。

◎纍，力隹切。繫也，綸也，得理也，黑索也。又力僞切，延及也。又力捶切，十黍也。亦作絫。累，同上。

◑纍，力飷［隹］反。《左氏傳》：兩釋累囚。杜預曰：累，繫也。《國語》：甲不解累，兵不解翳。賈逵曰：累甲藏也，翳所以弊兵也。《論語》：雖在累紲之中。孔安國曰：累，思索也。　《莊子》：天［夫］揭竿［竿］累(趣)。司馬彪曰：累，綸也。《説文》：綴得理也。一曰大索也。又音力偽反。《尚書》：弗矜細行，終累大德。孔安國曰：輕忽小物而積害毁大也。《左氏傳》：相時而動，无累後人。野王案：爲人所接持經始曰累。《公羊傳》：宋督殺其君與夷，及其大夫孔子［父］。及者何？累也。仇牧、荀息皆累也。何休曰：累，從君死，齊人語也。《穀梁傳》：及慶宣［寅］，慶宣［寅］累也。劉兆曰：累，黨属也。又曰：箕鄭累也。劉兆曰：累，連及也。《禮記》：孔子曰，不累長上。鄭玄曰：累猶縿［係］也。《及［反］(離）騷》：弔楚湘之累。《漢書音義》曰：諸不以罪死曰累，荀息、仇牧是也。野王案：此義亦或音力錐反。重積之累，音力捶反。或爲絫字，在厽部。累，《字書》亦纍字也。

〇纍，力飷反。繫也，索也，綸也……累上字。（《類》299）

【縭】力支切。綏也，介也，帶也。

◎縭，力支切。介也，帶也。

◑縭，力支反。《毛詩》：紼縭［縭］維之。《傳》曰：縭，綏也。《爾雅》亦云。郭璞曰：謂繫之也。《韓詩》：縭，筓也。《毛詩》又曰：親結其縭。《傳》曰：婦人之褘謂之縭。縭，綏也。郭璞曰：即今之香嬰也。褘邪交結［絡］帶繫之於體，因名爲褘。綏，繫也。《音義》曰：此女子既許嫁之所著，亦［示］繫属于人，義見《禮記》。《詩》曰：親結其縭。謂母送女重結其可繫者，以申戒之也。又曰：縭，介也。郭璞曰：縭者，繫也。介猶閡也。《字書》或作纚。《韓詩》：縭也。《説文》以絲介履也。

【緊】於兮切。青黑繒。

◎緊，於兮切。青黑繒也。

◑緊，於奚反。《周禮》：安車緊總。鄭衆曰：緊，青黑色也。《方言》：緊袼謂之裾。郭璞曰：即小兒次［次］衺衣也。《説文》：戟微［衣］也。一曰赤黑色繒也。語發聲爲毉字，在言部。

〇緊，青黑。（《類》313）

〇緊，顧野王云：緊，發語聲爲緊也。（《一切經音義》卷六十七）

【縿】所銜切。旌旗之游也。

◎縿，所銜切。旌旗之斿。

◑縿，所巖反。《爾雅》：纁［纁］帛縿也，素升龍于縿。郭璞曰：衆旒所著也。《説文》：旌旗之遊也。或爲鞶字，在革部。

〇縿，所巖反。於［旌］旗游。（《類》313）

【繁】方結切。編繩也，劍帶也。

◎繁，方結切。綜繩也，劍帶。

【徽】許非切。美也，善也，琴張弦也，大索也。

◎徽，許非切。美也，瑟張弦也，大索也。

◑徽，虚歸反。《周易》：寘于徽纆。野王案：徽纆，所以繫也。《尚書》：沓徽五典。王肅曰：徽，美也。《爾雅》：徽，善也。郭璞曰：《詩》云太姒嗣徽音是也。又曰：婦人之徽謂之縭。郭璞曰：即今香嬰也。徽邪交絡帶繫之於體，因名爲徽也。《楚辭》：破伯牙之號鍾，扶［挾］人箏而張徽。王逸曰：徽，張弦也。《淮南》：鄒忌（一）徽，而威王終又［夕］悲。許叔重曰：鼓琴循弦謂之徽。《説文》：耶幅也。一曰參糾繩也。一曰大索也。《蒼頡篇》：弩伏也。武庫有徽，徽狀如鋌。婦人縭也，《爾雅》或爲褘字，在衣部。旗徽幟爲徽字，在巾部。

【紉】女巾切，又女鎮切。繩縷也。展而續之。

◎紉，女巾切，又女鎮切。繩縷也。展而續之。

◑紉，女巾、女鎮反。《禮記》：衣裳綻裂，紉針請補綴。野王案：紉，繩縷也。《楚辭》：紉秋蘭以爲佩。王逸曰：紉，索也，展而續之也。《方言》：剿，續也，楚謂之紉。郭璞曰：今亦以綫貫針爲紉。《説文》：撣繩也。《廣雅》：紉，襞也。~~紉也~~。柔紉之紉爲韌字，在韋部。

○紉，女巾反。索也，襞也。（《類》299）

○紉，顧野王云：紉，繩縷也。（《一切經音義》卷八十八）

【繩】市升切。索也，直也，度也。繩，同上，俗。

◎繩，市升切。索也，直也，度也。繩，俗。

◑繩，視升反。《尚書》：督糾繩謬［繩督糾謬］，格其非心。孔安國曰：殫正過謬誤，檢其非妄之心也。又曰：木從繩則正。野王案：《説文》：繩，索也。《世本》：倕作規矩准繩。宋忠曰：倕，舜臣也。繩，所以取直也。《毛詩》：其繩則直。《傳》曰：直［言］不失繩直也，垂［乘］~~之~~謂之縮。《箋》云：繩者，營其廣輪方制之正也。既正，則以索縮其築板，上下相承。乘聲之誤也，當爲繩。又曰：繩其祖武。《傳》曰：繩，戒也。《禮記》：以繩德厚。鄭玄曰：繩猶度也。《爾雅》：繩繩，戒昚也。野王案：《毛詩》宜尔子孫繩繩兮是也。《韓詩》：繩繩，敬皃也。《廣雅》：繩，直也。繩譽之繩爲繩［譝］字，在言部。

○繩，度也，直也。（《類》314）

○繩，《玉篇》：索也。《字書》：直也。（《續一切經音義》卷七）

【縈】於營切。旋也，收卷也。

◎縈，於營切。旋也，收卷也。

◑縈，於宫反。《毛詩》：葛藟縈之。《傳》曰：縈，旋也。《説文》：縈，收韏也。

【縋】直僞切。懸索也。

◎縋，直僞切。懸索也。

◑縋，直僞反。《左氏傳》：夜縋而出。杜預曰：縋，懸也。《説文》：以繩有所懸也。《廣雅》：縋，索也。鎮笮之縋爲硾字，在石部。

【絭】袪緩切。攘臂繩。

◎絭，袪緩切。玉臂繩。

◑絭，袪奴［媛］反。《説文》：攘臂繩也。

●“玉臂繩”未詳，宋十一行本作“臂繩”。

【緘】古咸切。束篋也，索也。

◎緘，古咸切。束篋也，索也。

◑緘，古咸反。《莊子》：其厭也如緘。《説文》：束篋也。《廣雅》：緘，索也。

【縢】達曾切。繩也，約也。

◎縢，達曾切。繩也，約也。

◑縢，達曾反。《尚書》：以啟金縢之書。孔安國曰：縢，緘也。《毛詩》：竹閉緄縢。《傳》曰：縢，約也。又曰：朱英綠縢。《傳》曰：縢，繩也。

【編】卑緜切，又必典切。編織也。繩編以次物也，連也。

◎編，卑綿切。繩編以次物也，連也。又必典切，織也。

◑編，卑綿、蒲典二反。《周禮》：追師掌王后之首飾，爲編。鄭玄曰：編，編列髮爲之，其遺象若今之假髻也，服也［之］以垂［桑］。《公羊傳》：《春秋》編年。劉兆曰：編，比連也。《莊子》：或編曲，或鼓琴而歌。野王案：《蒼頡篇》編，織也。《楚辭》糾思心以爲纕，編愁苦以爲膺是也。《淮南》：編户齊民。野王案：編猶列也。《漢書》諸將故与席［帝］爲編户是也。《説文》：次簡也。野王案：《史記》孔子記《易》，韋編三絶是也。《聲類》：以繩編次物也。

○編，比連也，列也。（《類》314）

○編，顧野王：編，列也。（《一切經音義》

卷十五）

〇編，《玉篇》：織也。《聲類》云：以繩次物曰編。（《一切經音義》卷二十六）

〇編，顧野王：編，列次簡也。（《一切經音義》卷六十）

【維】翼隹切。紘也，繫也，隔也。

◎維，翼隹切。繫也，紘也，隔也。

◑維，翼錐反。《周禮》：建牧立監，以維邦國。鄭玄曰：維猶聯結也。又曰：節服氏掌維王之太常。鄭衆曰：維，持之也。《毛詩》：縶之維之。《傳》曰：維，繫也。《國語》：皆在北維。賈逵曰：北維，北方也。《楚辭》：韓［斡］維焉繫。王逸曰：維，紘［綱］也。《管子》：禮儀廉耻，是謂四維，四維不張，國乃滅亡。《淮南》：天有四維，東北爲報德之維，西南爲信［背］陽之維，東（南）爲（常）陽之維，西北號［蹏］道［通］之維。《説文》：車蓋維也。《廣蒼》：維，豈也。維，隅也。

〇維，紘也，繫也。翼隹反。（《三部經音義集》二）

〇維，豈也。（《類》314）

【紱】扶福切。車紱也。亦作鞴、軷。

◎紱，扶福切。車紱也。亦作鞴、軷。

◑紱，皮秋、扶福二反。《説文》：車紱也。《蒼頡篇》：茵紱也。或爲軷字，在車部。或爲鞴字，在韋部。或爲鞴字，在革部。

【紅】之成切。乘輿馬飾也。

◎紅，之成切。乘輿馬飾。

◑紅，之成反。《説文》：紅綊，乘輿馬飾也。

【綊】胡篋切。綖也。

◎綊，胡篋切。綖也。

◑綊，胡篋反。《説文》：紅綊也。

【繁】扶元切。多也，盛也。又音婆，姓也。

◎繁，扶元切。多也，盛也。又音婆，姓也。

◑繁，扶元反。《説文》：馬髪髦飾也。《春秋傳》可以稱鈴［旌］繁乎是也。緐，《説文》亦繁字也。

◑繁，扶潘反。《毛詩》：正月繁霜。《傳》曰：繁，多也。《禮記》：孔子曰，辞讓之節繁。鄭玄曰：繁猶盛也。又音蒲柯反，人姓也。《漢書》有繁延壽。

〇繁，扶元反。馬髪也。又云：扶藩反，多，盛也。（《類》304）

【緐】扶元切。馬髦飾。緐，同上。

◎緐，扶元切。馬髦飾。緐，同上。

【繮】居羊切。馬緤也。

◎繮，居羊切。馬緤也。

◑繮，居羊反。《説文》：馬緤也。或爲韁字，在革部。

【紛】孚云切。亂也，緩也，馬尾韜也。

◎紛，孚云切。乱也，緩也，馬尾韜也。

◑紛，孚云反。《尚書》：敷重筍席，玄紛純。孔安國曰：玄紛，黑綬也。《左氏傳》：獄之放紛。杜預曰：縱，放也［放，縱也］。紛，乱也。~~紛。~~《楚辭》：紛吾既有此内美。王逸曰：紛，盛皃也。《孟子》：紛紛与百工交易。野王案：《廣雅》：紛紛，乱也。《方言》：紛無，言既廣又大也，東甌之間或謂之紛無。《説文》：馬尾韜也。《蒼頡篇》：馬尾飾也。《廣雅》：紛紛，衆也。紛纚，不善也。紛，苦［喜］也。《聲類》：緺［緼］也。繽紛闘争爲鬨字，在鬥部。悐，《字書》古文紛字也。

〇紛，孚云反。玄紛，黑綬也，縱放也，乱也，盛皃，馬尾韜也。紛紛，衆也。苦［喜］也，緺［緼］也。（《類》312）

〇紛，《玉篇》：紛，乱也，盛皃也，衆也。（《一切經音義》卷二十七）

●"緩也"未詳，疑當作"綬也"。

【紂】除柳切。馬緧也。

◎紂，除柳切。馬緧也。

◑紂，除柳反。《方言》：自關而西謂之紂。《説文》：馬緧也。《謚法》：殘義害德曰紂，賊民多殺曰紂。劉熙曰：因殷紂惡如是，就以爲謚也。

【緧】七由切。牛馬緧也。亦作鞧。緅，同上。

◎緧，七由切。牛馬緧也。亦作鞧。緅，同上。

◑緧，且牛反。《考工記》：車下阤［阤］，不授其邸，必緧其牛後。鄭衆曰：緧，紂也。《方言》：紂，自關而東，周洛韓鄭汝潁而東謂之緧也。緅，《字書》亦緧字也。或復爲鞧字，在革部。

【絆】補畔切。羈絆也。

◎絆，補畔切。羈絆也。

◑絆，補漫反。《漢書》：貫仁義之羈絆。《説文》：馬縶也。

【緬】先洒切。絆前兩足也。

◎緬，先洒切。絆前兩足也。

◑緬，先洒反。《莊子》：連之以羈緬。《説文》：絆前兩足也。《漢書》：蠻夷本今有梟緬也。

【紖】直忍切。索也。絼、紲，並同上。

◎紖，直忍切。索也。絼、紲，同上。

◑紖，直忍反。《禮記》：迎牲，君執紖。鄭玄曰：所以牽牲也。《周禮》作紖。又曰：牛則執紖。鄭玄曰：所以繫制之者也。《廣雅》：紖，索也。絼，《周禮》：祭祀，飾牛，置絼。鄭衆曰：著牛鼻繩，所以牽牛者也。今之謂之雉。鄭玄曰：字當以豸爲聲也。《字書》亦紖字也。紲，《字書》亦紖字也。

【縼】夕絹切。以長繩繫牛馬放之。

◎縼，夕絹切。以長繩繫牛馬放之。

◑縼，詞絹反。《説文》：以長繩係牛也。《字書》或爲擬字，在手部。

【絁】余至切。重也。

◎絁，余至切。重也。

◑絁，尸賜反。《聲類》：絁，重也。《説文》以爲亦縻字也。

〇絁，《玉篇》又移、異二音。麻也。（《龍龕手鏡》卷四）

【縻】亡爲切。牛縻也。

◎縻，亡爲切。牛縻也。

◑縻，靡知反。《説文》：牛轡也。《蒼頡篇》：牛繮也。《廣雅》：縻，繫也。野王案：《史記》羈縻勿絶是也。又曰：~~廣~~縻，小也。縻，御也。縻，索也。散失之縻爲靡字，在广［麻］部。

【纆】亡北切。索也。縲，同上。

◎纆，亡北切。索也。縲，同上。

◑縲，文勒反。《周易》：係用徽縲，寘于藂棘。野王案：《説文》縲，索也。《淮南》共擔縲採薪是也。纆，《聲類》亦縲字也。

【絠】弋宰切。彈彄也，弦也。又解繩也。

◎絠，弋宰切。彈彄也，弦也。又解繩也。

◑絠，翼宰反。《説文》：彈彄也。《蒼頡篇》：絠，結［彄］也。

【紲】思列切。馬韁也，凡繫緤牛馬皆曰紲。緤，同上。

◎紲，思列切。馬韁也，繫牛馬皆曰紲。緤，同上。

◑紲，思列反。《左氏傳》：臣負羈紲。杜預曰：紲，馬繮也。野王案：凡所以繫制畜牲者皆曰紲。《禮記》大［犬］則執紲是也。《論語》：雖在累紲之中。孔安國曰：紲，攣也，所以拘罪人也。《考工記》：弓人爲弓，桓［恒］角而達，避［譬］始［如］終紲，非弓之利也。鄭玄曰：紲，弓抶［鞑］也。送矣［矢］不［太］疾，則若見紲於抶［鞑］者爲廢絃，時備預［頓］傷也。《詩》云竹抶［鞑］緒［緄］縢是也。《楚辭》：登浪［閬］風~~雨~~而紲馬。王逸曰：紲，繫也。《方言》：紲，緒也，南楚曰紲。《廣雅》：紲，索也。緤，《説文》亦紲字也。

〇紲，顧野王云：凡所以繫制畜性［牲］者，紲也。（《一切經音義》卷三十一）

【緪】公曾切。急也，駃疾也。或作揯。

◎緪，公曾切。急也，駃疾也。或作恒。

◑緪，公曾反。《楚辭》：緪瑟兮交皷。王逸曰：緪，急張絃也。野王案：《淮南》大絃緪，則小絃絶。《大戴礼》太師緪瑟而稱不習是也。《淮南》又曰：緪履趹步。許叔重曰：緪，敕也；趹，疾也。《説文》：緪，索也。亦与揯字同。揯，急引也。在手部。

●圓沙本“恒”當作“揯”。

【繘】居律切。綆也，用以汲水也，索也。

◎繘，居律切。綆也，用以汲水也，索也。

◑繘，居律反。《周易》：汔至亦未繘井。《方言》：關西謂綆爲繘。郭璞曰：汲水索也。古文爲繙字，在絲部。

【綆】古杏切。汲繩也，繘也。絖，同上。

◎綆，古杏切。繘也，汲繩也。絖，同上。

◑綆，格杏反。《左氏傳》：陳畚拘［挶］目［具］綆缶。杜預曰：綆，汲繩也。《方言》：繘，自關而東，周洛韓魏之間謂之綆。《考工記》：望轂欲其眼也，視其綆欲其爪之正。鄭玄曰：爪謂輻入身［牙］者也。鄭衆曰：綆，讀曰爲（關）東言餅謂輪裏［箄］也。音補□反。鄭玄曰：輪離［雖］裏［箄］，牙爪正也。

〇綆，《玉篇》云：鄭衆音補管反。(《周禮注疏》卷三十九，《經典釋文》卷九)

〇綆，《玉篇》云：汲繩也。(《續一切經音義》卷八)

【繁】之若切。矰矢躾也，生絲縷也，繳也，纏也。繳，同上。

◎繁，之若切。矰矢躾也，生絲縷也，繳也，纏也。繳，同上。

◑繁，之若反。《孟子》：以爲鴻鵠將至，思援弓繳而躾之。野王案：繳即矰矢射也。《説文》：生絲縷也。《廣雅》：縞謂之繳。又曰：繁，纏也。

〇繳，顧野王云：繳即矰矢具也。(《一切經音義》卷九十二)

【緊】北激切。罿也。今作翻車網以捕鳥。或作罼。

◎緊，北激切。罿也。今作翻車網以捕鳥。或作罼。

◑緊，補戟反。《爾雅》：緊謂之罿，罿謂之罬。郭璞曰：今幡車也。有兩轅，中施网以捕鳥也。《字書》或爲罼字，在网部。

【紨】芳主切。治絮也。

◎紨，芳主切。治系也。

◑紨，匹甫反。《説文》：紨，治敝絮也。

【緍】亡巾切。絲緒釣繳也，施也。

◎緍，亡巾切。絲緒釣繳也，施也。

◑緡，亡巾反。《毛詩》：其釣伊［維］何，維絲伊緡。《傳》曰：緡，綸也。又曰：言緡之絲。《傳》曰：緡，被也。《箋》云：言木荏苒然，人則被之弦以爲弓也。《爾雅》：緡，綸也。郭璞曰：江東謂之緡。《史記》：物［初］笄［竿］緡錢。李斐曰：糸也。貫錢，一貫千錢也。如淳曰：胡公云名錢爲緡者，《詩》云抱布貿糸，故謂緡錢。臣瓚曰：商賈居積及伎巧之家，非農桑所生，謂之緡。《茂陵中書》有緡田奴婢是也。《方言》：緡，施也。秦曰緡，吴越之間脱衣相被謂之緡綿。郭璞曰：相覆及之名也。《説文》：釣魚繁也。并［竿］緡錢，《説文》爲鍲字，在金部。

【紙】支氏切。蔡倫所作也。

◎紙，支氏切。蔡倫所作。

◑紙，之是反。《東觀漢記》：蔡倫典作紙，尚方所謂蔡侯紙者也。《説文》：紙，箈也。一曰絮也。或爲帋字，在巾部。

〇紙，箈也，絮也。(《類》315)

【絮】思擄切。敝緜也。又丑慮切，調和食也。

◎絮，思擄切。敝緜。丑慮切，調食。

◑絮，思擄反。《孟子》：麻縷絮輕重同。《説文》：幣帛也。《漢書》：以冒絮提文帝。晉灼曰：巴蜀以頭上巾爲冒絮。《博物志》：蜀人以絮巾爲帽。絮又音勑慮反。《禮記》：无絮羹。客絮羹，主人辞不能享［烹］。鄭玄曰：爲其詳於味也，絮猶調也。

〇絮，思擄反。幣帛也，調也。(《類》315)

【絡】力各切。繞也，縛也，所以轉篗絡車也。

◎絡，力各切。繞也，縛也，所以轉篗絡車也。

◑絡，力各反。《山海經》：九五［丘］之以水絡之。郭璞曰：絡，繞也。《方言》：自關而東，周洛韓魏之間或謂繞爲絡。《楚辭》：秦篝齊縷，鄭綿絡。王逸曰：絡，縛也。《爾雅》：絡，綸也。郭璞曰：綸，繩也，謂牽縛縮絡之也。今俗語亦然。《方言》：絡謂之格。郭璞曰：所以轉篗絡車也。《説文》：絡，絮也。一曰麻未漚也。《蒼頡篇》：未練也，絡布也。或爲貉字，在索部。

〇絡，顧野土云：洛［絡］，縛也。音盧角反。(《遊仙窟抄》二24)

〇絡，繩也，綸也，絮也。(《類》295)

〇絡，顧野王曰：絡，縛也。(《遊仙窟》卷二)

【絮】女於切。緼也，塞也。或作袽。又女下切，緣絮，相著皃。

◎絮，女於切。緼也，塞也。或作袽。又女下切，緣絮，相著皃。

◑絮，女於反。《説文》：絮，緼也。一曰弊絮也。《易》曰濡有衣絮是也。《廣雅》：絮，塞也。或爲衪字，在衣部。

【纊】苦浪切。細緜也，絮也。絖，同上。又八十縷也。

◎纊，苦浪切。細緜也，絮也。絖，同上。又八十縷。

◑纊，音曠。《左氏傳》：皆如挾纊。《禮記》：纊爲繭。鄭玄曰：纊，今之綿也。《説文》：纊，絮也。《廣雅》：紵絮謂之纊。絖，《漢書》：一月之禄十絖，布二匹，或帛匹。《音義》曰：絖，八十縷也。《説文》亦纊字也。

【繫】古詣、口奚二切。約束留滯也，惡絮也。又胡計切。

◎繫，古詣、口奚二切。約束留滯也，惡絮也。又胡計切。

◑繫，古詣反。《周易》：拘繫之，乃維從［從維］之。野王案：繫亦拘束之也，留滯之也。《論語》：吾豈匏瓜也哉？（焉能）繫而不食？何晏曰：不如匏瓜繫滯一處也。《周禮》：以九兩繫邦國之民。鄭玄曰：繫，連綴也。《説文》：繫繚也。一曰惡絮也。音口奚反。《蒼頡篇》：絮也。以繫束爲係字，在人部。

○繫，《玉篇》：拘束也。（《一切經音義》卷三）

○繫，顧野王云：拘束也，留滯也。（《一切經音義》卷十四）

○繫，《玉篇》云：繫，縛也。（《續一切經音義》卷三）

【繚】力奚切。繫繚也。一曰絓繚也。

◎繚，力奚切。繫繚。一曰絓繚。

◑繚，力奚反。《説文》：繫繚也。一曰絓也。

【紋】七利切。績也，所以緝也。

◎紋，七利切。績也，所以緝也。

◑紋，且利反。《説文》：績之所緝也。

【紨】豐扶切。粗紬也。

◎紨，風扶切。粗紬也。

◑紨，豐扶反。《説文》：紨，布也。一曰粗紬也。《漢書》嚴延年女名羅紨。

【緝】七入切。績也，續也。亦緶也。

◎緝，七入切。績也，續也。亦緶也。

◑緝，且入反。《毛詩》：援［授］几有緝御。《傳》曰：緝，遐［御跛］踖之容也。《箋》云：緝，續也。御，侍也。《國語》：緝明也。野王案：《毛詩》施緝熙單厥心，於緝熙敬止是也。《爾雅》：緝，光也。《韓詩》：緝緝繽繽，謀欲譖言。緝緝，往来皃也。《方言》：所以懸櫂謂之緝。郭璞曰：繫，繞頭索也。野王案：櫂楫也。《説文》：緝，績也。齊緝裳下爲繼字。聚會緝緝爲愲字，在㣺部。

○緝，野王案：緝，櫂也。（《令集解》三 67）

【績】子狄切。緝也。

◎績，子狄切。緝也。

◑績，子狄反。《國語》：公父文伯退朝，其母方績。野王案：《説文》：績，緝也。《穀梁傳》：績，功也。功，事也。《爾雅》亦云。郭璞曰：謂功勞也。野王案：《尚書》庶績咸熙是也。《爾雅》又曰：績，繼也。績，事也。績，業也。郭璞曰：謂功業也。又曰：績，成也。郭璞曰：功績有成者也。《聲類》以功績爲勣字，在力部。

○績，功勞也，继也，事也，業也，成也。（《類》296）

○績，顧野王云：謂緝績麻紵以爲布也。（《一切經音義》卷六十四）

【纑】力乎切。布縷也。

◎纑，力乎切。布縷。

◑纑，力胡反。《孟子》：身織縷，妻辟纑。劉熙曰：辟績陳縷，以爲纑繩也。《史記》：山西饒纑。徐廣曰：紵属也，可以爲布。《方言》：纑謂之縝。郭璞曰：謂縷也。《説文》：布縷也。《蒼頡篇》：未練者也~~者也~~。《廣雅》：纑，縝也。《聲類》：纑，綆也。

【綌】去逆切。粗葛也。

◎綌，去逆切。粗葛。

◑綌，袪逆反。《毛詩》：爲絺爲綌。《傳》曰：精曰絺，麁曰綌。《韓詩》：結曰絺，辟曰絺。《説文》：粗葛也。絤，《字書》亦綌字也。

【絺】丑飢切。細葛也。

◎絺，丑飢切。細葛。

◑絺，丑飢反。《尚書》：青州貢鹽絺。孔安國曰：細葛也。絺，《説文》絺或從糸，綌［俗］從束省。

○絺，細葛也。（《類》316）

【縐】仄又切。縐布也，纖也。緅，同上，俗。

◎縐，側又切。縐布也，纖也。緅，俗。

◑縐，側救反。《毛詩》：蒙彼縐絺。《傳》曰：絺之靡者爲~~絺~~縐。《箋》云：絺之蹙者也。《説文》：絺之細也。一曰纖也。緅，《字書》亦縐字也。

【絟】七全切，又千劣切。細布也，葛也。

◎絟，七全切，又千劣切。細布也，葛也。

◑絟，采全、千劣二反。《漢書》：遺建絟葛。《音義》曰：細布也。~~見律。~~服虔曰：絟亦葛也。今或爲荃字，在草部。

【紵】丈吕切。麻屬，所以緝布也。緒，古文。

◎紵，直吕切。麻屬，所以緝布。緒，古文。

◑紵，除旅反。《周禮》：典枲掌布緦縷紵之麻草之物。鄭云曰：緦，十五升布抽半者也，白而細曰紵。《毛詩》：可以漚紵。《説文》：檾属，細也。草名之紵或爲苧字，在草部。緒，《説文》亦紵字也，《字書》籀文紵字也。

【緦】音思。三月服也，布也。

◎緦，音思。三月服也，布也。

◑緦，斯梨反。《喪服傳》：緦者，十五升布抽其半，有事其縷，无事其布曰緦。鄭玄曰：謂之緦者，其縷細絮也，或曰有絲也。《説文》：一曰兩麻（一）絲布也。

【緆】先狄切。治麻布也。亦作裼。

◎緆，先狄切。治麻布也。亦作裼。

◑緆，先狄反。《喪服傳》：緆者，麻之有緆也。十五升布抽其半，有事其縷，无［有］事其布曰賜。鄭玄曰：治其布，使之滑易也。或爲緆字，在麻部。

【緰】大侯切。布也。

◎緰，大侯切。布也。

◑緰，徒侯反。《説文》：緰帊，布也。

【縗】七回切。喪服也。

◎縗，七回切。喪服。

◑縗，且雷反。《周禮》：凡喪，爲大王斬衰，王后齊衰。王爲三公六卿緆衰，爲諸侯緦衰，爲大夫士疑衰。《喪服傳》：縗長六寸，博四寸。鄭玄曰：凡服，上曰衰，下曰裳。廣（袤）當心，前~~後~~布［有］衰，（後有）負（板），左右有辟領，孝子哀戚，无不在心也。

●《殘卷》“前後”應分述。

【絰】徒結切。麻帶也。

◎絰，徒結切。麻帶。

◑絰，（徒）結反。《喪服傳》：首絰大（搹），五分去一以爲布帶。齊衰之絰，斬衰之帶，五分去一以爲帶。大功之絰，齊衰之帶，五分去一以爲帶；小功之絰，大功之帶，五分去一以爲帶；緦麻之絰，小功之帶，五分去一以爲帶。鄭玄曰：麻在首在腰皆曰絰。絰，實也。明有中實，爲制此服焉。首絰象緇布冠之缺須，腰絰象大帶，又有絞帶象革帶也。《禮記》：絰也者，實也。鄭玄曰：所表哀戚也。

【緶】婢連切。交枲縫衣也。

◎緶，婢連切。交枲縫衣也。

◑緶，裨旃反。《説文》：交系［枲］也。一曰縫［緁］衣也。《蒼頡篇》：𧝓衣也。《聲類》：緁縫也。

【㡚】乎瓦切。屝屣也。

◎㡚，乎瓦切。屝屣也。

◑㡚，胡瓦反。《方言》：㡚屨，麄屨也，西南梁益或謂之㡚。《説文》：一曰素絲繩履也。

○㡚，《玉篇》：㡚，屝屣也。乎雅切。（《方言箋疏》卷四）

【絜】公節切。結束也，清也。

◎絜，公節切。結束也，清也。

◑絜，公節、胡結二反。《毛詩》：濟濟鏘鏘，絜尔牛羊。野王案：《左氏傳》絜粢豐盛，享祀豐絜是也。《禮記》：所以自絜也。鄭玄曰：絜猶清也。又曰：君子有絜矩之道。鄭玄曰：絜猶結也。君子有結［挈］法之道也。《莊子》：其大蔽牛，絜（之）百圍。野王案：絜猶束約之也。束約知其圍大小也。《史記》度長絜大，比權量力是也。《説文》：麻一端也。《謚法》：不污非義曰絜。《字書》亦挈字也，在女部。

○絜，清也，結也。（《類》316）

○絜，《莊子》：其大敞［蔽］牛，絜（之）百圍。野王案：絜猶約束（之也），（束）約知其圍大小也。（《法華釋文》中）

【紨】方孔切。枲履也，小兒履也。
◎紨，本孔切。枲履也，小兒履也。
◑紨，方孔反。《説文》：枲履也。《蒼頡篇》：小兒履也。
【緉】力掌切。絞也，履緉頭也。
◎緉，力掌切。絞也，履緉頭也。
◑緉，旅繈反。《方言》：緉，挍［絞］。關之東西或謂之緉。郭璞曰：謂履中絞也。《説文》：履兩頭也。一曰紱［絞］也。
【絣】方莖、方幸二切。無文綺也。
◎絣，方莖切，方幸切。無文綺也。
◑絣，方莖、方幸二反。《記［説］文》：立［氐］人疏婁布也。《字書》：一曰无文綺也。或爲（迸）字，在辵部。
【縕】於忿切。枲也，舊絮也，緜也，亂也。
◎縕，於忿切。枲也，緜也，舊絮也，乱也。
◑縕，於昆反。《論語》：衣弊縕袍。孔安國曰：縕，枲也。《禮記》：纊爲繭，縕爲布。鄭玄曰：縕謂今纊及舊絮也。纊，今綿也。《説文》：縕，紼也。《廣雅》：縕，乱也。
○縕，枲也，紼也，乱也。(《類》308)
【紼】甫勿切。引棺索也，車索也，亂麻也。綍，同上。繂，同上。
◎紼，甫勿切。引棺索也，車索也，乱麻也。綍、繂，同上。
◑紼，甫物反。《周禮》：及葬師而屬人［六］紼。鄭玄曰：舉棺索也。鄭玄注《儀禮》：引棺在軸輴曰紼。《禮記》：助葬，必執紼。鄭玄曰：挽車索也。《爾雅》：紼，繂也。郭璞曰：謂索也。野王案：凡索皆曰紼，不止於舉柩引車也。《毛詩》汎汎楊舟，紼纚維之是也。《韓詩》：君子至止，紼衣繡裳。異色繼袖曰紼。《説文》：乱麻也。《蒼頡篇》：縕枲也。《字書》：一曰拋舩索也。綍，《字書》亦紼字也。繂，《字書》亦紼字也。
○紼，《玉篇》云：引棺索也，車索也，亂麻也。繂，同。(《釋名疏證》卷八)
【緉】所兩切。履中絞。
◎緉，所兩切。履中絞也。
◑緉，所鏹反。《方言》：諫，綏也。關文［之］東西謂之緉。郭璞曰：謂履中絞也。
○緉，《玉篇》云：緉，履中絞。(《方言疏證》卷四)
○緉，《玉篇》緉，絞也。(《方言箋疏》卷四)
【紕】必二、扶規二切。冠緣邊飾也。又匹毗切。纇也。
◑紕，補寐、扶規二反。《毛詩》：素絲紕之。《傳》曰：紕所以織組也，摠紕於此，成文於彼也。《韓詩》：織組器也。《禮記》：縞冠素紕，既祥之冠也。鄭玄曰：紕，緣邊也。又曰：韠紕以爵韋。鄭玄曰：在旁曰紕，在下曰純。《爾雅》：紕，飾也。郭璞曰：謂緣飾也，見《詩》《礼》。《方言》：紕，理也。秦晉之間曰雉，宋鄭曰紕。《説文》：燕人罽也。野王案：《周書》正西以純［紕］爲献是也。《廣雅》：紕，緣也。又音匹毗反。《禮記》：一物紕謬，則民莫得其死。鄭玄曰：紕猶錯也。
○紕，緣邊也，飾也，理也，緣也，錯也。(《類》316)
【罽】几例切。毛布也。或作瀱、罽。
◎罽，几例切。毛布。或作瀱、罽。
◑罽，几厲反。《周書》：正西以白旄紕罽爲献。野王案：《説文》西故［胡］毳布也。《漢書》織罽刺文繡，賈人无得衣罽是也。《爾雅》：氂，罽也。郭璞曰：毛氂所以作罽者也。或爲（瀱）字，在毛部。今或爲罽字，在网部。
【縊】於豉切。自經也。
◎縊，於豉切。自縊也。
◑縊，於豉反。《左氏傳》：莫敖縊于荒谷。杜預曰：自經也。
○縊，于豉反。自經。(《類》325)
【緎】于力切。縫也。或作䩄、黬。
◎緎，于力切。縫也。或作䩄、黬。
◑緎，爲逼反。《毛詩》：素絲五緎。《傳》曰：緎，縫也。《爾雅》：羔裘之縫也。郭璞曰：(縫)飾羔裘之名也。《韓詩詩》：緎，數也。或或爲黬字，在黑部。或爲䩄字，在革部。
○緎，力［爲］遇［逼］反。縫也，數也。(《類》317)

【綏】先唯切。止也，安也。《説文》曰：車中靶也。
◎綏，先唯切。止也，安也。《説文》：車中靶。
◑綏，髓惟反。《尚書》：五百里綏服。孔安國曰：安服，王者政教也。野王案：距王城千一百里至千五百里也。《毛詩》：有狐綏綏。《傳》曰：綏綏，匹行也。又曰：雄狐綏綏。《傳》曰：相隨綏綏然也。《國語》：綏謗言。賈逵曰：綏，止也。《爾雅》：綏，安也。野王案：《毛詩》福履綏之是也。《論語》：升車，必正立執綏。周生烈曰：執綏，所以爲安也。野王案：《説文》：車中柅也。《左氏傳》：出戰交綏。杜預曰：《司馬法》逐奔不遠，從（綏）不及。逐奔不遠則難誘，從綏不及則難誘陷。然則古者名退軍爲綏也，争而兩退，故曰交綏。行遲綏綏爲（夊）字，在（夊）部。
●今本《説文》作“車中把也”，是。
【綷】子内切。周也。
◎綷，子内切。周也。
◑綷，作憒反。《方言》：綷，同也。宋衛之間曰綷也。
○綷，《玉篇》：綷，周也。（《方言疏證》卷三）
○綷，《玉篇》：綷，子内切。周也。（《方言箋疏》卷三）
【繼】公第切。續也，紹繼也。継，同上，俗。
◎繼，公第切。續也，紹也。継，同上，俗。
◑繼，公肆反。《周易》：兩明作離，大人以繼明照于四方。王弼曰：繼謂不絶也。《國語》：文［又］鮮其繼。賈逵曰：繼，餘也。《爾雅》：纘，紹，繼也。《説文》：繼，續也。《喪服傳》：繼母如母。繼母之配父，与母同，故孝子不敢殊服也。夫死，妻穉，子幼。子无大功之親，与之適人，所適者亦无大功之親；所適者以其貨財爲之築宫廣［廟］，歲時使之祀焉。妻不敢与，是則繼父之道也。継，今俗繼字也。
○繼，餘也。（《類》301）
【綯】大刀切。糾絞繩索也。絝，古文。
◎綯，大刀切。糾絞繩索也。絝，古文。
◑綯，徒高反。《毛詩》：宵尔索綯。《傳》曰：綯，絞也。《爾雅》亦云。郭璞曰：糾絞繩索也。《方言》：自關而東，周洛韓鄭汝穎而東，或謂車紂爲曲綯。郭璞曰：亦繩名也。謝承《漢後書》有敗布綯。野王案：綯亦幬也。絝，《字書》古文綯字也。
○綯，徒高反。絞也，幬。（《類》309）
●底本“絝”，原作“綺”，據宋十一行本改。
【繾】去善切。繾綣，不離散也。
◎繾，去善切。繾綣，不離散。
◑繾，祛善反。《毛詩》：以謹繾綣。《傳》曰：繾綣，反覆也。《左氏傳》：繾綣從公。杜預曰：繾綣，不離散也。《字書》亦饍字也，餔也，黏也，進也，在食部。
【綣】口阮切。繾綣也。
◎綣，口阮切。繾綣。
◑綣，吴阮反。《禮記》：綣綣服膺不失之矣。鄭玄曰：綣綣，奉持之皃也。又曰：今夫（山），一綣石之多。鄭玄曰：綣猶區也。又曰：綣豚行不舉足，齊如流。鄭玄曰：綣，轉。豚之言若有所循也。《字書》亦綣［黍卷］字也。黍卷，捸也。在黍部。
○綣，區也，繾綣，反覆也。（《類》317）
【紗】所加切。紗縠也。
◎紗，所加切。紗縠也。
◑紗，所加反。《周禮》：内司服掌王后之六服，褘衣，揄狄，鞠衣，展（衣），褖衣，素紗。鄭衆曰：赤衣也。鄭玄曰：謂今之白絹也。六服者，皆袍制，以白絹爲其裹，使人張顯也。今世有紗縠者，名出於此耳。《廣雅》：紗，少也。紗，微也。
○紗，赤衣也。今之白絹也，少也，微也。（《類》317）
【繶】於力切。絛也。或作韇。
◎繶，於力切。絛也。或作韇。
◑繶，於力反。《周禮》：屨人掌爲赤繶黄（繶）。鄭衆曰：以赤黄之絲爲天下緣也。礼家説繶亦謂以采絲礫其下也。鄭玄曰：謂縫中紃也。《廣雅》：繶，絛也。或爲韇字，在革部。
【綖】余戰切，又余旃切。冕前後垂。
◎綖，余戰切，余旃切。冕前後垂。

◑綖，餘戰、餘旃二反。《周禮》：弁師掌王之五冕，皆玄冕朱裏綖紐。《左氏傳》：衡紞紘綖。杜預曰：綖，冠上覆也。《禮記》：天子玉璪十有二流，前後遂綖。鄭玄曰：綖，冕上覆也。遂綖，言皆出冕前後而垂也。
〇綖，冠上覆也。(《類》291)
〇綖，冠前後而垂也。(《法華釋文》中)
【緻】馳二切。密也，縫補敝衣也。
◎緻，馳二切。密也，縫補敝衣也。
◑緻，馳致反。《禮記》：德產之緻也精微。鄭玄曰：緻，密也。《方言》：紩，秦謂之緻。又曰：襜褕弊謂之緻。郭璞曰：縫納弊故之名也。又曰：縷謂之緻。郭璞曰：襤縷緻紩者也。《廣雅》：緻，補也。緻，練也。緻，至也。
〇緻，縷謂之緻也，補也，至也。（《類》317）
〇緻，《玉篇》：緻，縫補敝衣也。(《方言箋疏》卷四)
【繽】匹仁切。繽紛，盛也。
◎繽，匹仁切。繽紛，盛也。
◑繽，匹仁反。《韓詩》：緝緝繽繽，諆［謀］欲譖言。繽繽，往來皃也。《楚辭》：佩繽紛其繁飾。王逸曰：繽紛，盛皃也。繁，衆也。《尚書大傳》：大［太］廣［廟］之中，繽乎其猶模繡也。鄭玄曰：言文章之可觀也。《廣雅》：繽繽，衆也。繽紛鬪争，《説文》爲鬭字，在鬥部。
〇繽，苦也，亂也。(《類》312)
〇繽，《玉篇》：繽繽，往來皃。(《一切經音義》卷二十七)
〇繽，《玉篇》：繽繽，往來貌。或盛也，又眾也。(《續一切經音義》卷四)
【綵】七改切。五綵備。
◎綵，七改切。五綵備也。
◑綵，且宰反。《尚書》：以五采彰施于五色。野王案：《蒼頡篇》：繒色也。《周禮》：王執大圭，繅藉五采，以朝日。鄭玄曰：有采文也。《考工記》畫繪之事，五采備謂之繡是也。《廣雅》：春草，雞翹，蒸栗，欝金，瑰瑋，麴塵，(緑綟，紫)綟，无卧［緤］，綦綺，笛［留］(黄)，綵也。

【綽】齒灼切。寬也，緩也。或作繛、婥。
◎綽，齒灼切。寬也，緩也。或作繛、婥。
◑綽，齒灼反。《毛詩》：綽綽有裕。《傳》曰：綽，寬也。《韓詩》：寬兮綽兮。綽，寬皃也。《爾雅》：綽綽，緩也。野王案：《毛詩》寬兮綽兮是也。或爲繛字，在素部。綽約婉從之綽或爲婥字，在女部。
【縈】亡侯切。縛也。
◎縈，亡侯切。縛也。
◑縈，亡侯反。《埤蒼》：縈，縛也。益州云。
【綣】九免切。縮也。
◎綣，九免切。縮也。
◑綣，几免反。《廣雅》：綣，縮也。
【紨】七忽切。索也。
◎紨，七忽切。索也。
◑紨，且骨反。《字書》：紨，素也。
【紽】大何切。絲數也。
◎紽，大何切。絲數。
◑紽，達柯反。《毛詩》：羔羊之皮，素絲五紽。《傳》曰：紽，數也。
【縺】力延切。縷不解。
◎縺，力延切。縷不解。
◑縺，力煎反。《字書》：縺縷，不解也。
【縶】竹立切。縷也，相縶也，連也。
◎縶，竹立切。縷也，相縶也，連也。
◑縶，猪及反。《毛詩》：縶之維之。《傳》曰：縶，絆也。《左氏傳》：冠而縶者誰。杜預曰：拘執也。《穀梁傳》：兩足不相過，衛謂之縶。劉兆曰：天性然者也。縶，如見絆也。或爲馽字，在馬部。
〇縶，攣也，弓扶也，緒也。(《類》315)
【緅】仄尤切。青赤色。
◎緅，側尤切。青赤色。
◑緅，側鳩反。《論語》：君子不以紺緅飾。孔安國曰：一入曰緅。三年小祥，以緅飾衣也。《考工記》：染羽，五入爲緅。鄭玄曰：染纁者，三入而成文也。又再入以爲緅。緅，今《禮》俗文作爵，言如爵頭色也。《廣雅》：緅，青也。《聲類》：間色也。《字書》：青赤色也。
〇緅，側鳩反。一入曰緅也，青也，青赤色

也。(《類》318)

【綹】力周切。旗綹也，今爲旒。

◎綹，力周切。旗綹，今爲旒。

◑綹，力周反。《字書》：旌旗之流。今爲旒字，在㫃部。

【縿】力冉切。懸蠶薄横也。

◎縿，力冉切。懸蠶薄横也。

◑縿，力冉反。《方言》：所以懸𣘻，關西謂之縿。野王案：𣘻所以懸蚕薄之横者也。

【縳】思縣切。懸縋索。

◎縳，思縣切。懸縋索。

◑縳，思懸反。《方言》：所以懸𣘻，東齊海岱之間謂之縳。《廣雅》：縳，索也。

【縹】巨於切。綵名也。又履緣也。

◎縹，巨於切。綵名。又履緣。

◑縹，鉅於反。《字書》：縹，履緣也。

【縙】如用切。亦作鞲。

◎縙，如用切。亦作鞲。

◑縙，如用反。《字書》亦鞲字也，鞦鞍毳飾也，在革部。

【緋】甫韋切。絳練也。

◎緋，甫韋切。絳練也。

◑緋，甫違反。《字書》：緋緬［練］也。

○緋，繡也。(《類》318)

【纙】丘員切。幘也。

◎纙，丘員切。幘也。

◑纙，丘權反。《廣雅》：纙，情［幘］也。《聲類》亦罨字也。罨，小兒情［幘］也。在网部。

【縚】敕高切。亦作韜。

◎縚，敕高切。亦作韜。

◑縚，勑高反。《聲類》亦韜字也。韜，劍衣也。在韋部。《字書》亦弢字也。弢，弓衣也。在弓部。

○縚，敕高反。韜也，劍衣也。(《類》318)

【緰】他口切。亦作黈字。

◎緰，他口切。亦作黈字。

◑緰，他口反。《字書》亦黈字也。黈，黄色也。在黄部。

【繷】子堯切。亦作蕉。生枲未漚也。

◎繷，子堯切。亦作焦。生枲未漚。

◑繷，子堯反。《字書》亦蕉字也。蕉，生枲未漚也。在草部。

【緷】口本切。亦作裍。

◎緷，口本切。亦作裍。

◑緷，口緄反。《字字［書］》亦捆字也。捆，緻也，織也，就也，齊等也。在手部。

【緵】子公切。縷也。

◎緵，子公切。縷也。

◑緵，子公反。《爾雅》：緵罟謂之九罭。九罭，魚網也。郭璞曰：今之白［百］囊網也。《字書》亦稯字也。稯，束也，十莒也。在(禾)部。

【緞】乎加切。履跟。亦作韈、鞎。

◎緞，乎加切。履跟。亦作韈、鞎。

◑緞，胡加反。《説文》亦韈字也。韈，根也。在韋部。或爲鞎字，在革部。

【緒】才各切。亦筰字。竹繩。

◎緒，才各切。亦筰字。竹繩。

◑緒，徂各反。《山海經》：姑之水出陽華山，東注于門外［水］。《字書》亦筰字也。筰，竹繩也。在竹部。

【網】無兩切。亦作罔。羅也。

◎網，無兩切。亦作罔。羅也。

◑紅，無仰反。《字書》亦网字也。网，羅也。在网部。

○網，無往反。羅罟總名。(《類》297)

○網，顧野王曰：網者，羅罟之揔名也。(《一切經音義》卷八)

【練】力之、力才二切。强毛也。或作秏。

◎練，力之、力才二切。强毛。或作秏。

◑練，力之、力式二反。《字書》亦氂字。氂，强毛也，在犛部。或爲厤字，在厂部。或爲秏字，在毛部。

【纗】子六切。縮也。

◎纗，子六切。縮也。

◑纗，子陸反。《廣雅》：纗，縮也。

○纗，縮也。(《類》318)

【緦】巨記切。連錘也。

◎緦，巨記切。連錘也。

◑緦，渠記反。《埤蒼》：所以連鍤也。

【緙】口革切。紩也。

◎緙，口革切。紩也。
◑緙，口革反。《埤蒼》：緙繬，緻紩也。
【繬】所力切。縫也。
◎繬，所力切。縫也。
◑繬，所棘反。《廣雅》：繬，縫也。繬，合也。《埤蒼》：緙繬也。
【綡】力羊切。冠纚也。
◎綡，力羊切。冠綡也。
◑綡，力楊反。《埤蒼》：綡，纚也。
【縹】於近切。縹衣也。
◎縹，於近切。縹衣也。
◑縹，於近反。《埤蒼》：縹，緣紩也。《廣雅》：縹，絣［絎］也。
【絎】行孟切。縫紩也。
◎絎，行孟切。縫紩也。
◑絎，行孟反。《廣雅》：絎，緣也。《埤蒼》：絎，紩也。
【紷】力丁切。綼絲繐。
◎紷，力丁切。綼絲繐。
◑紷，力丁反。《埤蒼》：紷綼絲繐，百廿［升］。
【綼】步狄切，又必役切。裳左幅也。
◎綼，步狄、必没切。裳左幅也。
◑綼，蒲狄、補役二反。《儀禮》：縓綼緆。鄭玄曰：一染謂之縓，今江［紅］也。飾裳，左［在］幅曰綼，在下曰緆。《字書》：紷綼也。
【緆】以冉切。續也。
◎緆，以冉切。續也。
◑緆，戈［弋］冉反。《方言》：緆，續也。秦晉續折木謂之緆也。
○緆，《玉篇》云：續也。（《方言疏證》卷一）
【縨】亡狄切。索也。
◎縨，亡狄切。索也。
◑縨，亡狄反。《廣雅》：縨，索也。《埤蒼》：驅索也，荊州云。
【縐】山卓切。緘也。
◎縐，山卓切。緘也。
◑縐，山卓反。《埤蒼》：縐，緘也。
【紙】亡到切。刺也。
◎紙，亡到切。刺也。
◑紙，亡到反。《埤蒼》：紙，刺也。
【綄】乎官、乎管二切。候風五兩也。
◎綄，乎官、乎管二切。候風五兩。
◑綄，胡管反。《莊子》：綄綄然在纆約［繳］之車［中］。《字書》：綄，綀［纏］，緘也。又音胡官反。《淮南》：若綄之見風，无須臾之間定矣。許叔重曰：候風羽也，楚人謂之五兩也。或爲院字，在阜部。
【緝】似林切。續也。今作尋。
◎緝，似林切。續也。今作尋。
◑緝，詞林反。《埤蒼》：緝，續也。今亦爲尋字，在寸部。
【縝】丑仁、之忍二切。絲纑縷也。
◎縝，丑仁、之忍二切。絲纑縷。
◑縝，丑仁反。《上林賦》：縝紛乾［軋］物［芴］。郭璞曰：皆不可分了［之］皃也。《方言》：纑謂之縝。郭璞曰：謂纑縷也。《廣雅》：縝，縷纑也。《埤蒼》：縝，紛也。稠密之縝，音之忍反。亦爲稹字，在禾部。
○縝，《玉篇》縝，縷纑也。（《方言箋疏》卷四）
○縝，《玉篇》云：縝，絲纑縷也。（《方言疏證》卷四）
【緧】自遵切。繞緧也。
◎緧，自遵切。繞緧。
◑緧，詞遵反。《方言》：繞緧謂之襪裺。郭璞曰：衣督脊［脊］也。
○緧，《玉篇》云：繞緧。（《方言疏證》卷四）
○緧，《玉篇》緧，自遵切。繞緧也。（《方言箋疏》卷四）
【綶】力一切。蒸綶，綵色。
◎綶，力一切。蒸綶，綵色。
◑綶，力質反。《廣雅》：蒸綶，綵也。
【紪】普賣切。散絲也。
◎紪，普賣切。散絲。
◑紪，並［普］賣反。《蒼頡篇》：紪，散絲也。
【絽】力與切。絽綮，紩衣也。
◎絽，力与切。絽綮，紩衣也。

◑絽，力舉反。《廣雅》：絽縏，緋也。《埤蒼》：絽縏，紩也。

【縏】力若切。紩衣也。

◎縏，力若切。紩衣。

◑縏，力譃反。《廣雅》：絽縏也。

【緅】居業切。緅緤，續縫。

◎緅，居業切。緅緤，續縫。

◑緅，於輙反。《埤蒼》：緅緤，縫袒也。

【緤】牛輒切。緅緤也。

◎緤，牛輒切。緅緤。

◑緤，牛輙反。《埤蒼》：緅緤也。

【絯】公才切。挂也，中約也。

◎絯，公才切。挂也，中約也。

◑絯，公財反。《淮南》：涸目［日］覆而无所絯。許叔重曰：絯，挂也。《埤蒼》：絯，中約也。野王案：《莊子》國有侍絯而後見是也。

【縩】思曷切。絹縠也。

◎縩，思曷切。絹縠也。

◑縩，忌［思］刺反。《淮南》：所以鍼縷縩之間。許叔重曰：縩，綃縠也。

【緋】必奚切。縷并也。亦倠。

◎緋，必奚切。縷并也。亦陛。

◑緋，補奚反。《廣雅》：緋，并也。《埤蒼》：縷并也。《字書》或爲憷字，憷亦誤也，在心部。或爲諀字，在言部。

【綩】於遠切。紘也。

◎綩，於遠切。紘也。

◑綩，於遠反。《韓詩》：我遘之子，綩衣繡裳。綩衣，緟衣也。《蒼頡篇》：綩，紘也。

○綩，平［衣］，紘也。（《類》292）

○綩綖，《玉篇》：冠前後而垂者。（《一切經音義》卷二十七）

【絅】口迥切。布名。

◎絅，口迥切。布名。

◑絅，口迥反。《蒼頡篇》：布名也。《詩》云：衣錦絅衣。野王案：《毛詩》爲褧字，在衣部。

【縡】子代切。事也，載也。

◎縡，子代切。事也，載也。

◑縡，子代反。《甘泉賦》：上天之縡，香［杳］旭卉（兮）。聖皇穆穆，信厥對（兮）。《埤蒼》：縡，事也。今並爲載字，在車部。

○縡，事也。（《類》318）

【緝】如止切。六轡盛皃。

◎緝，如止切。六轡盛皃。

◑緝，如止反。《毛詩》：六轡緝緝。《傳》曰：緝緝然至盛也。《蒼頡篇》：文［六］轡皃也。

【綐】大外切。紬細也。

◎綐，大外切。紬細也。

◑綐，徒外反。《埤蒼》：綐，紬也。《聲類》：細紬也。

【絧】徒弄切。相通皃。

◎絧，徒弄切。相通皃。

◑絧，徒弄反。《埤蒼》：馬［鴻］絧，相通也。

【緩】乎卵切。遲緩也。

◎緩，乎卵切。遲緩。

◑緩，胡管反。《國語》：如秦謝緩賂。賈逵曰：緩，遲也。《爾雅》：緩，舒也。郭璞曰：謂遲緩也。野王案：緩謂寬也。《考工記》一方緩一方急是也。或爲緩字，在素部。

○緩，遲也，舒也。（《類》318）

○緩，顧野王云：寬也。（《一切經音義》卷十二）

【縜】乎善切。綴也。又口迥切，禪也。

◎縜，乎善切。綴也。口迥切，禪也。

◑縜，呼善反。《埤蒼》：縜，綴也。野王案：《禮記》以爲檾字，草名，枲屬也，音孔穎、孔迥二反，在𣏟部。

【絚】古千、古兩二切。成公四年鄭伯絚卒。

◎絚，古千、古兩二切。《左》：鄭伯絚。

◑絚，古賢、古兩二反。《公羊傳》：成公四年，鄭伯絚卒。

○絚，《玉篇》引《成公四年》：鄭伯絚卒……《玉篇》音古千、古兩二切。（《釋名疏證》卷四）

●絚同絚。

【緵】一尤切。笄之中央髮也。

◎緵，六尤切。笄之中央髮。

◑緵，阿侯反。《儀禮》：會［鬠］笄用桑，長四寸，緵中。鄭玄曰：桑之言喪也，用以爲笄，長四寸，不冠也。縿笄之中央以安髮也。注人［又］曰：今文褸爲縿也，褸謂削約，屈之中央，以安髮也。在衣部。

【絻】亡運切。喪服。或作免。

◎絻，亡運切。喪服。或作免。

◑絻，莫愠反。《儀禮》：主人括（髮）組［袒］，衆主人絻于房。鄭玄曰：齊衰將袒，以免代冠。免之制未聞焉，舊説以爲如冠狀，廣一寸。《喪服小記》曰：斬衰，括髮以麻，免而以布。此用麻布爲之狀，如今之者幓頭矣。自項中而前，交額上，却繞髮。今文皆作絻。《禮記》：冠至尊也，故云絻，以狀之。或爲帨字，在巾部。《説文》或冕字也。冕，冠也，音縻卷反。在冃部。

【縻】丘隕切。束縛也。

◎縻，丘隕切。束縛也。

◑縻，丘損反。《左氏傳》：羅无勇，縻之。杜預曰：縻，束縛也。又曰：求諸侯而縻至。杜預曰：縻，群也。

【緗】思良切。桑初生色。

◎緗，思良切。桑初生色。

◑緗，所梁反。《續漢書》：賈人嫁娶，衣緗縹而已。《廣雅》：緒［绡］謂之緗。《廣雅》：緗，桑初生之色也。

【纜】力暫切。維舟也。

◎纜，力暫切。維舟也。

◑纜，力蹔反。《吴志》：更增舸纜。野王案：纜，維舩也。

○纜，維舩。（《類》289）

【緫】呼骨切。微緫也。

◎緫，呼骨切。微緫也。

◑緫，呼骨反。《廣雅》：緫，衛微也。

【縲】力追切。縲紲也。

◎縲，力追切。縲紲。

◑縲，力追反。《字書》：縲，落也。

○縲，落也。（《類》300）

【絧】才咨切。補也。

◎絧，才咨切。補也。

◑絧，齊咨反。《廣雅》：絧，補也。

【綱】烏何切。細繒也。

◎綱，烏何切。細繒。

◑綱，遏何反。《子虛賦》：被綱緆，揄紵縞。《漢書音儀》曰：綱，細繒也。

【繖】思但切。繖蓋也。

◎繖，思但切。繖蓋也。

◑繖，思蘭反。《東觀漢記》：時大雨，上騎持繖蓋，從百余騎。野王案：繖即蓋也。《諸葛亮集》不得持烏育及幔，但持繖是也。

○繖，顧野王云：繖即蓋也。（《一切經音義》卷十七）

【練】所於切。紡䴥絲。

◎練，所於切。紡䴥絲。

◑練，所閭反。《文士傳》：祢衡著布單衣，練巾。《吴志》：練帳縹被。《釋名》：紡麁絲織曰練。練，料也，料料然疏也。

○練，《玉篇・糸部》：練，所閭反。引作紡粗絲織曰練。練，料也，料料然疏也。（《釋名疏證補》附一卷）

【纙】大到切。緑也。

◎纙，大到切。緑也。

◑纙，徒到反。《蒼頡篇》：不青不黄也。《聲類》：緑色也。

【縸】亡句切。纅淹餘也。

◎縸，亡句切。纅淹餘也。

◑繏，亡句反。《埤蒼》：纅淹餘繏也。

●繏同縸。

【繵】自連切。約繵謂之襌也。

◎繵，具連切。約繵謂之襌。

◑繵，直連反。《方言》：初［約］繵謂之繟［襌］。郭璞曰：今亦呼涼衣也。

●圓沙本“具連切”未詳。

【緆】去月切。緆，狄衣也。亦作闕。

◎緆，去月切。緆，狄衣也。亦作闕。

◑緆，去厥反。《埤蒼》：緆，狄衣也。野王案：王后文服也。今礼家並爲闕字。

○緆，去厥反。狄衣也。（《類》319）

○緆，《玉篇》：緆，去厥反。《埤蒼》：緆，狄衣也。野王案：王后文服也。今禮家并爲闕字。（《釋名疏證補》附一卷）

【紆】公旦切。亦作衦，摩展之也。

◎紆，公旦切。亦作衦，摩展之也。

◑紆，公但反。《字書》亦衦字也。衦，靡展衣也。在衣部。

【綀】所除、所去二切。亦蔬字。

◎綀，所除、所去二切。亦蔬字。

◑綀，所除、所去二反。《蒼頡篇》：綀也。《字書》亦疏字也。疏，書所記也。在土［去］部。或爲疋字，在足［疋］部。

【繂】力出切。井索也。

◎繂，力出切。井索。

◑繂，力出反。《聲類》：舟索也。亦綍也。《字書》亦𦆑字也。𦆑，索也。在索部。~~或爲𦆑，在索部。~~

【絪】於仁切。《易》曰：天地絪緼，萬物化生。絪緼，元氣也。

◎絪，於仁切。絪緼，元氣也。

◑絪，於神反。《周易》：天地絪緼，萬物化醇。《廣雅》：絪絪，元氣也。《漢書》：如［加］畫繡絪。如淳曰：絪亦茵也。

【紱】甫勿切。綬也。紼，同上。

◎紱，甫勿切。綬也。紼，同上。

◑紱，甫物反。《蒼頡篇》：紱，綬也。紼，《字書》亦紱字也。

○紱，綬也。(《類》318)

【𦁔】乃心切。𦁔織也。

◎𦁔，乃心切。𦁔織也。

◑𦁔，乃心反。《字書》：𦁔，織也。

【縯】余忍切。

◎縯，余忍切。

◑縯，餘忍反。《漢書》淮陽憲王欽孫名縯。《後漢》齊武王縯，字伯升。

【絞】乎交切。綠色也，嫁者衣也。

◎絞，乎交切。綠色也，嫁者衣也。

◑絞，胡交反。《儀禮》：麛（裘青豻）裒［褎］，絞衣以裼之。鄭玄曰：倉黄之色也。野王案：又曰大夫不搖絞是也。《大戴礼·夏小正》：八月玄絞。玄者，黑也。絞者，若綠色然，婦人未嫁者衣也。《禮記》又曰：小斂乂布絞，縮者二，横者三；大斂布絞，縮者三，横者五，布紟二衾。絞紟如朝服，（絞）一幅爲三，不辟。鄭玄曰：二衾，或薦（之）也。如朝服者，謂布精麤也。小斂之絞，廣終幅，析其末，~~其末~~以爲堅之强也。大斂之絞，一幅三析用之，以爲堅之急也。絞紟，既斂所用束堅之者也。

●"嫁者"前疑脱"未"字。

【絨】如充切。細布也。

◎絨，如充切。細布。

【綿】亡鞭切。與緜同。

◎綿，亡鞭切。与緜同。

○綿布，野王案：《説文》：枲織也。(《令集解》一三 410)

【緰】相俞切。絆前兩足也。

◎緰，相俞切。絆前兩足。

【緭】烏迴切。五色絲飾。

◎緭，烏迴切。五色絲飾。

【紜】于分切。數亂也。

◎紜，于分切。數乱也。

【緐】扶袁切。亂絲也。

◎緐，法袁切。絲乱。

【紋】音文。綾紋也。

◎紋，音文。綾紋也。

【縴】音牽。惡絮也。

◎縴，音牽。惡絮。

【繗】力仁切。紹也。

◎繗，力仁切。紹也。

◑繗，力仁反。《埤蒼》：絡繹也。

●《篆隷萬象名義》作"絡繹"。

【繑】去喬切。絝紐也。

◎繑，去喬切。絝紐也。

◑繑，近遥反。《説文》：絝紐也。或爲幧字，在巾部。

○繑，《玉篇》：紗也。(《龍龕手鏡》卷四)

【緐】音婆。出《漢書》。

◎緐，音婆。出《漢書》。

【綱】古郎切。大繩也。

◎綱，古郎切。大繩。

○綱，大繩也。古郎反。(《三部經音義集》二)

【綪】側耕切。結縈也。

◎綪，側耕切。結縈也。

◑綪，側耕反。《儀禮》：陳襲衣［事］于房中，西領，南上，不綪。鄭玄曰：綪，屈也。江淮之間謂縈，收繩曰綪。《説文》：紆縈繩也。一曰急殆［弦］之聲也。

【緺】五侯切。又隅也。

◎緺，五侯切。又隅也。

【繆】眉鳩切。綢繆也。又眉救切。亦謬字。

◎繆，眉鳩切。綢繆也。又眉救切。亦謬字。

◑繆，莫侯反。《淮南》：訟繆胸中。許叔重曰：訟，容也。繆，静也。《説文》：枲之十絜也。一曰綢繆也。《廣雅》：綢繆，綿連也。

○繆，《玉篇》：繆，眉鳩切。又眉救切。亦謬字。（《方言箋疏》卷三）

【縯】音頻。擣衣。

◎縯，音頻。擣衣。

【緮】扶又切，又音福。

◎緮，扶又切，又音福。

【緺】口和切。

◎緺，口和切。理絲。

【繿】於侯切。

◎繿，於侯切。

【繡】色莊切。

◎繡，色莊切。

【緟】徒郎切。大繩也。

◎緟，徒郎切。大繩。

【絾】市征切。織絾也。

◎絾，市征切。織絾也。

【絪】丑人切。帶也。

◎絪，丑人切。帶也。

【縺】力支切。文。

◎縺，力支切。文也。

【絉】音舟。綿也。

◎絉，音舟。綿也。

【紖】陟庚切。引也。

◎紖，陟夷切。引也。

●圓沙本“陟夷切”疑當作“陟庚切”。

【絒】音酬。紈也。

◎絒，音酬。紞也。

●圓沙本“紞也”疑當作“紈也”。

【紶】去魚切。紶繼也，束也。

◎紶，去魚切。束也，継也。

【緆】音體。纆也。

◎緆，音体。纆也。

【緁】阻近切。水急也。

◎緁，阻近切。水急。

【緀】音稚。刺緀，針縫也。

◎緀，音稚。刺緀，針縫。

【絞】古卯切。繞也。

◎絞，古卯切。繞也。

【綵】多果切。冕前垂。

◎綵，多果切。冕前垂。

◑綵，丁果反。《蒼頡篇》：綵，冠前垂也。

【縿】竹下切。縿絮，相著皃。

◎縿，竹下切。縿絮。

【糾】飢黝切。告也。

◎糾，飢黝切。告也。

【縌】音擬。帶也。

◎縌，音擬。帶也。

【縖】魚舉切。

◎縖，魚舉切。絲也。

【統】他綜切，又音桶。總也。

◎統，它綜切，又音桶。總也。

【縱】子用切。緩。

◎縱，子用切。緩也。

【繸】徐醉切。凶具。

◎繸，徐醉切。凶具。

【繢】以貴切。織餘繢。

◎繢，以貴切。織餘繢。

【絘】初訝切。

◎絘，初訝切。

【縕】音戾。綬也。又音捩。

◎縕，音戾。綬也。又音捩。

【絬】音髻。絲結。

◎絬，音髻。絲結。

【緆】於計切。急也，一日不成也。

◎緆，於計切。急也，一日不成也。

●“一日”疑當作“一曰”。

【絇】俱遇切。絲絇也。又音衢，履頭飾也。

◎絇，俱遇切。絲絇也。又音衢，履頭飾也。

◑絇，求俱反。《周禮》：履人掌赤繶、青約［絇］。鄭玄曰：絇，救也。著於舄履之頭，以爲行戒也。鄭玄曰注《儀禮》：絇之言拘也，狀如刀衣，鼻在屨頭也。《爾雅》：絇謂之救。郭璞曰：救絲以爲絇也。或曰亦曰［罥］名也。《説文》：纑繩絇也。《字書》爲屩字，在履部。
〇絇，求俱反。救也。(《類》309)
【綧】之閏切。亂也。
◎綧，之閏切。乱也。
【紒】户計切。在心不了也。
◎紒，户計切。在心不了也。
【繬】音歲。錬布也。
◎繬，音歲。練布。
【繛】桑故切。生帛也。
◎繛，桑故切。生帛。
【縔】音紟。絲也。
◎縔，音紟。絲也。
【緓】音要。緓緸。
◎緓，音要。 緓緸。
【綗】於孝切。亦作袎。
◎綗，於孝切。亦作袎。
【紏】之聿切。一也。
◎紏，之聿切。一也。
【繥】音鍣。束物也。
◎繥，音鍣。束物也。
【紻】古邁切。細絲也。
◎紻，古邁切。細絲。
【絏】音泄。繫也。
◎絏，音絀。繫也。
【緈】音聿。長皃。
◎緈，音聿。長皃。
【絉】音術。繩也。
◎絉，音術。繩也。
【繝】之欲切。繝帶也。緺，同上。
◎繝，之欲切。繝帶也。緺，同上。
【絆】音昨。索也。
◎絆，音昨。索也。
【緺】下革切。生絲。
◎緺，下革切。生絲。
【縹】音粟。綢文。
◎縹，音粟。綢文。
【緙】輕革切。紩也，織緯也。
◎緙，輕革切。紩也，織緯也。
【絔】音百。補也。
◎絔，音百。補也。
【綾】子葉切。綾續也。綷，同上。
◎綾，子葉切。綾續也。綷，同上。
【縭】音臘。繒也。
◎縭，音臘。約也。
【繪】音藥。絲也。
◎繪，音藥。絲也。
【纈】胡結切。綵纈也。
◎纈，胡結切。綵纈。
【辮】步革切。織絲爲帶也。
◎辮，步革切。織絲爲帶。
【緅】子括切。結緅也。
◎緅，子括切。結緅也。
【繣】呼麥切。乖戾也。
◎繣，呼麥切。乖戾。
【絈】音粕。紛絈。
◎絈，音粕。紛絈。
【綦】舉禺切。
◎綦，舉禺切。
【纖】亡結切。細纖也。
◎纖，亡結切。細纖。
【紑】方孔切。小兒履也。又布茫。
◎紑，方孔切。小兒履。又布。
●底本“布茫”、圓沙本“布”皆未詳。《玉篇校釋》“布茫”後補“切”字。
【緊】居忍切。縐緊也。
◎緊，居忍切。縐緊。
〇緊，糾也，急也。(《類》322)
【縈】音朔。封也。
◎縈，音朔。封也。
【綮】普蔑切。結。
◎綮，普蔑切。結也。
◑綮，方結反。《説文》：編繩也。一曰弩要鉤帶也~~帶也~~。《蒼頡篇》：躾莫也。
●《殘卷》“躾莫也”未詳。
【緉】於業切。
◎緉，於業切。
【纗】子千切。正作韉。
◎纗，子千切。正作韉。

補

◑繚，力鳥反。《儀禮》：奠爵于薦西，興；右取肺，却左手執本，坐，弗繚，右絶末以祭，尚左手。鄭玄曰：繚猶紾也。大夫以上威儀多紾絶之，高［尚］左手者，明垂（紾）之，及［乃］絻［絶］其末也。《禮記》：士帶繬紕，再繚四寸。鄭玄曰：士以練廣二寸，又再繚之也。野王案：繚猶繞也。《楚辭》：繚之以杜蘅。王逸曰：繚，縛束也。《説文》：繚，纏也。

〇繚，野王云：繚猶繞也。（《一切經音義》卷五十五）

◑綻，除莧［莧］反。《説文》：補縫也。《聲類》：縫解也。或爲袒字，在衣部。

◑緱，胡溝反。《説文》：釰維［緱］也。《蒼頡篇》：力劍首青絲扁纏也。《漢書》河南有緱氏縣。

◑彝，餘之反。《周禮》：尊彝掌六尊六彝之位，春祠夏礿，祼用雞彝鳥彝；秋嘗冬蒸，祼用斝彝黄彝。四時之間祀，祼用虎彝蜼彝。鄭玄曰：彝亦~~彝亓~~尊也。鬱鬯曰彝。彝，法也。言爲尊之正也。《爾雅》：彝，罍器也。又曰：彝，常也。野王案：《尚書》无從匪彝，彝倫攸（斁）是也。或爲彝［彝］字，在（素）部。古文爲觟字，在廾部。

◑纕，山羊反。《埤蒼》：纕，淺黄色也。

〇纜，顧野王云：繫纜者，繫船纜索也。（《一切經音義》卷六十一）

〇纑，《玉篇》：生麻也。（《龍龕手鏡》卷四）

系部第四百二十六

凡五字

【系】下計切。繼也。《説文》：繫也。籀文作𦃇。

◎系，下計切。継也。《説文》：繫也。籀文作𦃇。

◑系，奚計反。《爾雅》：系，继也。《世本·~~布~~帝系篇》謂子孫相继續也。《説文》：系，繫也。《風俗通》：延喜中，婦人始嫁，作染書［畫］屐，五采系爲之。野王案：今以繫屧者也。籀文爲𦃇字，在絲部。

〇系，繫也。（《類》287）

〇系，微連也，細絲也。（《類》287）

【緜】彌然切。新絮也，纏也，緜緜不絶。今作綿。

◎緜，彌然切。新絮也，纏也，緜緜不絶也。今作綿。

◑緜，弭旃反。《毛詩》：綿綿葛藟。《傳》曰：綿綿，長，不絶皃也。又曰：綿蠻黄鳥。《傳》曰：小鳥皃也。又曰：綿綿翼翼。《傳》曰：綿綿，静也。《韓詩》：綿蠻，文皃也。《爾雅》：綿綿，蔗［穮］也。郭璞曰：謂私［耘］精也。《穀梁傳》：綿地千里。劉兆曰：綿猶經歷也。《楚辭》：秦篝齊縷，（鄭）綿絡（些）。王逸曰：綿，纏也。~~准也~~。《淮南》：綿以方城。許叔重曰：綿，絡也。又曰：綿（綿）乎小哉，曠（曠）乎大哉。野王案：綿，微未之言也。《大戴礼》无綿綿之事者，无赫赫之功是也。《方言》：綿，施也。趙曰綿，吴越之間脱衣相被謂之緜綿也。郭璞曰：相覆及之名也。《漢書》：越人綿力簿材。《音義》曰：綿力，簿力也。《説文》：綿聯，衛微也。《釋名》：綿絮者，綿猶緬，緬柔而无文也。《字書》：新絮也。

●今《淮南》作"昭昭乎小哉"。

【繇】與招切。用也，隨也，過也。又以周切。繇，同上。

◎繇，與招切。於也，隨也，過也。又以周切，由字，同。繇，同上。

◑繇，与招、与周二反。《尚書》：弔繇~~鞠汏輈~~（靈）。~~杜預曰：繇，壺也~~。孔安國曰：即［弔］，牟［至］也。（繇，用也。）靈，善也。言至~~也~~用善也。《左氏傳》：繇鞠汏輈。杜預曰：繇，過也。《爾雅》：繇，道也。又曰：繇，喜也。郭璞曰：《禮記》人喜則斯陶，陶斯詠，詠斯猶。即繇字，今古也。《説文》：隨從也。野王案：此亦与傜字同，傜亦使役，邪也。在人部。或以此爲與猶字，同猷，音与周反。在犬部。或以爲卦兆之籀字，音除霤反。在竹部。

〇繇，与招、与周反。~~繇壺也~~。即［弔］，牟［至］也。霊，善也。言至~~也~~用善也。過也，道也，喜也。猶，即繇，今古也。隨從也。

此亦徭字，或爲猶，同。或爲卦兆之籀字，在竹部。(《類》322)

●佚文“繇壺也”爲衍文。

【纛】徒到切。羽葆幢也。亦作翿。又音毒。

◎纛，徒到切。羽葆幢也。亦作翿。又音毒。

◑纛，徒到反。《周禮》：及葬，執纛，以与匠師御匶。鄭衆曰：纛，羽葆幢也。蔡雍［邕］《獨斷》：乘輿典車，黄屋左纛。纛者，以旄牛尾爲之，大如斗，在最右騑馬頭上也。《字書》亦翿字也。翿，舞者所持羽翳也。在羽部。

補

◑孫，蘇昆反。《爾雅》：子之子爲孫，孫之子爲曾孫，曾孫之子爲玄孫，玄孫之子爲来孫，来孫之子爲昆孫，昆孫之子爲仍孫，仍孫之子爲雲孫。謂出之子曰離孫，姪之子曰歸孫，女子之子爲外孫。郭璞曰：玄者，言親属微昧也。来者，言有来往之禮也。昆，後也。汲［仍］，家書不穴［六］出之昆孫也，仍亦重也。雲言漸遠，如雲漢也。《漢書》：内外公孫耳（孫）。孫應劭曰：公孫謂王侯内外孫。耳孫，上去其曾高益遠，但耳聞之也。晉灼曰：玄孫之曾孫也，在《諸侯王表》也。古文爲（孑）字，在子部。

素部第四百二十七

凡九字

【素】先故切。白也，本也，廉也，白緻繒也。縈，同上，出《説文》。綮，同上。

◎素，先故切。白也，本也，廉也，白緻繒也。縈，同上，出《説文》。綮，同上。

◑綮，蘇故反。《毛詩》：素絲五紽。《傳》曰：素，絹也。《考工記》：凡畫繪之事，後工素。鄭玄曰：素，白乎［采］也。《禮記》：韠，純以素。鄭玄曰：素，生帛也。《范子計然》：白素出三輔，匹八百。《説文》：白緻繒也。《周禮》：稾人掌先［矢］人［八］物，葴［箙］亦如之，春獻素，秋獻成。鄭玄曰：春作秋成也。《毛詩》：不素飡兮。《傳》曰：素，空也。野王案：謂空虚也。《左氏傳》：与其素属［厲］，寧爲无勇也。《韓詩》：素，質也。人但有質朴，无治民之才，㞐位食位，多併［得］君之加賜，名曰素飡。《儀禮》：捽獻成素。鄭玄曰：刑［形］法立爲素，飾畢爲成。《左氏傳》：不愆于素。杜預曰：不過素所慮之期也。《國語》：素見成事。賈逵曰：素猶預也。《喪服傳》：既練，反［飯］素食。鄭玄曰：素猶故也，謂復平生時故食也。《禮記》：有哀素之心。鄭玄曰：凡物无飾曰素。又曰：孔子達於礼而不達於素。鄭玄曰：素猶所也。《方言》：素，廣也。又曰：素，本也。郭璞曰：五色之本也。《漢書》：昌邑王居喪不素食，私買雞肫［豚］以食。野王案：素食菜，粗食也。又曰每有水旱，莽輙素食是也。《謚法》：達礼不達樂曰素。素，今俗縈字也。

○素，空也，虚也。(《三教指歸注》五32)

○素，白色也，練也。(《類》307)

○素，素白也。(《秘寶鈔》中三14)

○素，綿也，預也，故也，所也，廣也。(《類》189)

【縈】几足切。素屬。

◎縈，凡足切。素屬。

◑縈，凡足反。《説文》：素属也。

【㪅】弋灼切。縞也。又練也。

◎㪅，弋灼切。縞也。又練也。

◑㪅，餘灼反。《説文》：白㪅，縞也。《廣雅》：㪅，練也。

【䋁】力出切。紼也，索也。或作䋁、繂。

◎䋁，力出切。帛也，索也。或作䋁、繂。

◑䋁，力出反。《左氏傳》：藻䋁鞞鞛。杜預曰：藻䋁，以韋爲之，所以藉玉者，王五采，諸侯三采，子子男二采也。《禮記》：率帶，諸侯、大夫皆五采，士二采。鄭玄曰：此謂襲尸大帶也。率，繂也。（繂）之，不加箴功也。《爾雅》：紼，䋁也。郭璞曰：謂索也。《説文》：素属也。《字書》或爲䋁字，在索部。或爲繂字，在糸部。

【䊷】尺約切。緩也。今作綽。

◎䊷，尺約切。緩也。今作綽。

◑䊷，齒灼反。《説文》：䊷，緩也。或爲綽字，在糸部。

【緩】乎管切。綽也。今作緩。
◎緩，乎管切。綽也。今作緩。
◑緩，胡管反。《説文》：繛也。或爲緩字，在糸部。

【彝】弋之切。尊也。又常也。今作彝。
◎彝，弋之切。尊也。又常也。今作彝。
◑彝，餘之反。《字書》亦彝字也。彝，等也，常也。在糸部。古文爲䋵字，在絲部。

絲部第四百二十八

凡七字

【絲】先資切。蠶所吐。
◎絲，先資切。蠶所吐。
◑絲，蘇姿反。《尚書》：沇州青州貢絲。《周禮》：豫州之利，絲枲。《説文》：蠶所吐也。
○絲，蠶所吐也。（《類》287）

【𦃃】下計切。籀文系。
◎𦃃，下計切。籀文系。
◑𦃃，奚計反。《説文》籀文系字也。系，継也。在糸部。

【轡】碑愧切。馬轡也。
◎轡，碑愧切。馬轡也。
◑轡，碑愧反。《毛詩》：執轡如如［組］。野王案：所以制馭車中馬轡也。《字書》：馬縻也。
○轡，顧野王曰：轡，所以制御車中馬轡也。（《一切經音義》卷八）
○轡，顧野王云：轡，所以制馭馬也。（《一切經音義》卷四十四）

【𢇇】古環切。織絹，以絲貫杼也。
◎𢇇，古環切。織絹，以絲貫杼也。
◑𢇇，古通反。《説文》籀文緪字也。緪，汲綆也。在糸部。𦇧，《説文》亦古文緪字也。
●《殘卷》“古通反。《説文》籀文緪字也。緪，汲綆也。在糸部。𦇧，《説文》亦古文緪字也”爲“𦅴”字音義。

【𦅴】古通切。汲綆也。亦作緪。𦇧，同上。
◎𦅴，古通切。汲綆也。亦作緪。𦇧，同上。
◑𦅴，古環反。《説文》：織絹以絲貫杼也。
●《殘卷》“古環反。《説文》：織絹以絲貫杼也”爲“𢇇”字音義。

【䋵】弋之切。古文彝。
◎䋵，弋之切。古文彝。
◑䋵，餘之反。《説文》古文彝字也。彝，常也。彝，尊也。在糸部。或爲彝字，在素部。

黹部第四百二十九

凡七字

【黹】丁雉切。紩也。或作襧。
◎黹，丁雉切。紩也。或作襧。
◑黹，丁雉反。《周禮》：祭社稷，五祀則黹冕。鄭玄曰：但刺粉米，无畫也。《爾雅》：黹，紩也。郭璞曰：今人呼紩衣爲黹。《説文》：鍼縷所~~黹~~紩文［衣］也。或爲襧字，在衣部。

【䋴】子内切。會五綵。
◎䋴，子内切。會五綵。
◑䋴，子内反。《説文》：會五采繒也。或爲崪字，在巾部。䋴，《字書》亦䋴字也。

【䵛】初吕切。《詩》云：衣裳䵛䵛。今作楚。
◎䵛，初吕切。《詩》：衣裳䵛䵛。今作楚。
◑䵛，初旅反。《毛詩》：蜉蝣之羽，衣裳䵛䵛。《傳》曰：鮮狠［明］也。《説文》：合會五采，鮮色也。今亦爲楚字，在林部。

【黺】方憤切。黺綵也。
◎黺，方憤切。黺綵也。
◑黺，甫憤反。《尚書》：藻火黺米。孔安國曰：若粟米也。《説文》：書［畫］粉也。今亦爲粉字，在米部。

【黼】方宇切。白與黑相次文。
◎黼，方宇切。白黑相次文。
◑黼，弗禹反。《考工記》：畫繪之事，白与黑謂之黼。《爾雅》：黼，章也。斧謂之黼。郭璞曰：黼文畫爲斧形也。野王案：《毛詩》玄衮及黼是也。《禮記》：君黼裘以誓獮。鄭玄曰：以羔以狐白雜爲黼文也。

【黻】方物切。黑與青相次文。
◎黻，方物切。黑与青相次。
◑黻，甫物反。《考工記》：畫繪之事，黑与青謂之黻。野王案：《尚書》黼黻絺是也。杜預注《左氏傳》：兩己［弓］相戾也。《爾雅》：黻，章也。

【黼】方千切。㡀緶也。

◎黼，方千切。㡀緶也。

率部第四百三十

凡一字

【率】山律切。循也，將領也，尊也。《説文》云：捕鳥畢也。象絲罔，上下其竿柄也。又力出切。

◎率，山律切。循也，將領也，尊也。《説文》云：捕鳥畢也。象絲罔，上下其竿柄也。又力出切。

◑率，山律反。《爾雅》：率，循也。率，自也。《論語》：子路率尔如［而］對。何晏曰：率尔先三人而對也。《説文》：捕鳥畢也。以訓循、白［自］爲衛字。衛亦將領也，行也，尊也，因也。在行部。先道之率爲逹字，在辵部。野王案：今亦通爲此字。又音山律、力出二反。《禮記》：古之献繭者，其率用此与。野王案：《史記》有軍功者，各以率受爵。《漢書》以口率計，断獄少於成哀之間十七八是也。《蒼頡篇》：計數也，什率也。《廣雅》：計挍也。又音所劣反。《史記》：黥罰疑其攻百率［黥辟疑赦，其罰百率］。徐廣曰：率即鍰也。野王案：《説文》爲金［鋝］字，在金部。

○率，導也，用也，謂導用教命之處也。（《秘寶鈔》中二 11）

○率，《玉篇》曰：率，遵［導］也，用也。（《一切經音義》卷二十二）

索部第四百三十一

凡三字

【索】先各切。盡也。又糾繩曰索。又法度也，散也。又所格切，求索也。

◎索，先各切。盡也。又糾繩曰索。又法度也。又所格切，求索也。

◑索，蘇各反。《尚書》：牝雞之晨，惟家之索。孔安國曰：索，盡也。野王案：謂竭盡也。《左氏傳》患［悉］索弊賦，《儀禮》取矢不索，並是也。《周易》：震索索，視矍矍。王弼曰：懼而索也。《毛詩》：宵尔索綯。野王：糾繩曰索。《淮南》衣褐帶索，《楚辭》并細絲以爲索，並是也。《左氏傳》：啓以商政，彊［疆］以周索。杜預曰：索，法也。《禮記》：吾離群而索居。鄭玄曰：索猶散也。《太玄經》：小索大索，周行九度。宋忠曰：索，數也。《大戴礼》：十尋曰索。《説文》：草木有莖葉，可爲繩索也。《廣雅》：縢［縢］、朔［㮶］、緘、紲、紘、縨、緋、紩、緪、縻、紖、縋、纆、微［徽］、纆、綢［綯］、笅、累，索也。又曰：索，獨也。求索之索爲索字，音所格反。在穴［宀］部。

○索，法也，散也，數也，獨也。（《類》289）

○索，十尋曰索，糾繩曰索。（《類》325）

○索，顧野王謂：竭盡也。（《一切經音義》卷二十四）

○索，顧野王云：糾繩爲索。（《一切經音義》卷四十）

○索，《玉篇》云：徵索宿欠也。（《一切經音義》卷二十五）

【䌶】力出切。舉船索也。或作繂、䋩。

◎䌶，力出切。舉船索也。或作繂、䋩。

◑䌶，力出反。《字書》：舉棺索也。或爲䋩字，在素部。或爲繂字，在糸部。

【𦃇】力各切。亦作絡，纏絲也。

◎𦃇，力各切。亦作絡，纏絲也。

◑𦃇，力各反。《字書》亦絡字也。絡，纒繞也。在糸部。

大廣益會玉篇
卷第二十八

凡一十二部

巾部第四百三十二

凡一百七十二字

【巾】几銀切。佩巾也，本以拭物，後人著之於頭。
◎巾，几銀切。佩巾也，本以拭物，後人著之於頭。
○巾，羈臨反。《周禮》：巾車掌公車之政令。鄭玄曰：巾猶衣也。《毛詩》：出其東門，有女如雲，縞衣綦巾。《傳》曰：綦巾，女服也。《方言》：魏宋楚之閒謂蔽膝爲大巾。《説文》：佩巾也。野王案，本所已拭物，後人稍著之於頭以當冠也。《漢書》：平［斥］諸病吏，白巾出府門。《東觀漢記》：縫襜褕絺巾。郭林宗折角巾之例是也。(《新撰字鏡》六 33)
【帉】孚云切。拭物巾。帉，同上。
◎帉，孚云切。拭物巾。帉，同上。
○帉，孚云反。《禮記》：老佩帉帨。鄭玄曰：帉，拭物巾也。今齊人有言帉者。《方言》：大巾謂之帉。郭璞曰：今江東通呼巾爲帉也。帉，《廣雅》：帉，幘也。《字書》亦帉字也。(《新撰字鏡》六 33)
○帉，《玉篇》帉同帉。(《方言箋疏》卷四)
【帨】始鋭切。巾也。帥，同上。今爲將帥字，即山律、山類二切。
◎帨，始鋭切。巾也。帥，同上。今爲將帥字，即山律、山類二切。
○帨，如鋭反。《毛詩》：無撼我帨。《傳》曰：佩巾也。《禮記》：老佩帉帨。鄭玄曰：拭物巾也。(《新撰字鏡》六 33)
○帥，亦帨字。如鋭反。今亦以爲將帥之率字。(《類》284)
【帗】布達切。一幅巾。又方勿切。
◎帗，布達切。一幅巾。又方勿切。
【幯】之利切。禮巾也。
◎幯，之利切。礼巾。
【帤】而震切。枕巾也。
◎帤，而震切。枕巾。
【幋】步丸切。覆衣大巾也。
◎幋，步丸切。覆衣大巾也。
【帤】女於切。大巾也。又幣巾也。
◎帤，女於切。大巾。又幣巾。
○帤，《玉篇》：帤，大巾也。(《方言疏證》卷四)
【幣】婢制切。帛也。
◎幣，婢制切。帛也。
【幅】甫六切。布帛廣狹。
◎幅，甫六切。布帛廣狹。
○幅，廣也，偪也。(《類》279)
【幌】火光、莫郎二切。幏也，隔也。
◎幌，火光、莫郎二切。幏也，隔也。
【幘】側革切。覆髻也。
◎幘，側革切。覆髻。
【帶】多大切。紳也。
◎帶，多大切。紳也。
○帶，都大反。《毛詩》：垂帶而厲。《左氏傳》：帶裳幅舄。《禮記》：雜帶，君朱緑，大夫玄華，士緇辟二寸，再繚四寸。凡帶，有率無箴功。鄭玄曰：雜猶飾也。《方言》：厲謂之帶。郭璞曰：《小爾雅》云，帶之垂者爲厲。又曰：帶，行也。郭璞曰：隨人行者也。《説文》：帶也。《考工記》：鳧氏爲鐘帶，鐘帶謂之篆也。(《新撰字鏡》六 32)
【幝】丁兼、丁頰二切。衣領耑也。或作袩。
◎幝，丁兼、丁頰二切。衣領端。或作袩。
【帢】於劫切。幧頭也，槖也。
◎帢，於劫切。幧頭也，槖也。
【帔】披僞切。在肩背也。又普皮切，披也。

◎帔，披僞切。在肩背也。又普皮切，披也。

○帔，鈹議反。《左氏傳》：靈王翠帔以見子革。杜預曰：以翠羽飾帔也。《方言》：陳楚之間謂裠帔。《説文》：弘農謂帬曰帔。《釋名》：帔，被也。彼肩背不及下也。又音濞皮反。《山海經》：狪獸，豪如帔蓑。野王案，帔之於背上也。《楚辭》：惟桀紂之昌帔。王逸曰：昌帔，衣不帶之皃也。又曰：帔明月兮佩寶璐。王逸曰：在背曰帔也。（《新撰字鏡》六 32）

○帔，顧野王曰：帔謂帔之於背上也。（《一切經音義》卷三十三）

【帴】所黠切，又思旦切。帬也，帔也。

◎帴，所黠、思宜二切。帬也，帔也。

●圓沙本“思宜”疑當作“思亶”。

【常】市羊切。恒也，下帬也。今作裳。

◎常，市羊切。恒也，下帬也。今作裳。

○五常，謂仁義禮智信。（《類》277）

【幝】古魂切。幒也。又作褌。

◎幝，古魂切。幒也。又作褌。

【帐】且勇、職茸二切。裩也。幒，同上。

◎帐，且勇、職茸二切。裩也。幒，同上。

【幨】力甘切。無緣衣也。亦作襤。

◎幨，力甘切。无緣衣。亦作襤。

○幨，《説文》：無緣衣也。《玉篇》同。亦作襤，音力甘反。（《方言箋疏》卷二）

【幎】亡狄切。大巾也，幔也，簾也，覆也。冪，同上。

◎幎，亡狄切。大巾也，幔也，簾也，覆也。冪，同上。

○幎，顧野王云：大巾覆也。（《史記》卷四十一，《吴郡志》卷五十）

【幔】亡旦切。帳幔也。

◎幔，亡旦切。帳幔也。

○幔，帳也，覆也，闇也。（《類》280）

【幬】直流切。禪帳也。㡈，同上。

◎幬，直流切。禪帳也。㡈，同上。

【帘】力沾切。帳也，施之户外也。

◎帘，力沾切。帳也，施之户外也。

○帘，帷也，廉也。（《類》281）

【帳】知亮切。帷也，張也，幬也。

◎帳，知亮切。帷張也，幬也。

【帷】于眉切。幕也，帳也。

◎帷，于眉切。幕也，帳也。

○帷，帳也。古違字。（《類》281）

【幕】亡各切。覆上曰幕。亦作幙。

◎幕，亡各切。覆上曰幕。亦作幙。

○幕，顧野王云：覆上曰幕。（《續一切經音義》卷八）

【帍】皮鄙切。幓裂也。

◎帍，皮鄙切。幓裂也。

【幓】先例切。殘帛也。又音雪。

◎幓，先列切。殘帛。又音雪。

【帾】思俱切。正端列。

◎帾，思俱切。正端列。

【帖】他頰切。帛書署。

◎帖，他頰切。帛書署。

○帖，床前帳也。（《類》281）

【帙】除乙切。小槖也，書衣也。或作袠。

◎帙，除乙切。小槖也，書衣也。或作袠。

○帙，除乙反。書衣也。（《類》281）

【幖】俾消切。幟也，幡也。

◎幖，裨消切。幟也，幡也。

○幖，顧野王云：謂揭表以識之也。（《一切經音義》卷六十六）

【幯】子田切。幡幟也。或作㮣、㦰。

◎幯，子田切。幡幟也。或作㮣、㦰。

【帵】於元切。帵幡也。

◎帵，於元切。帵幡也。

【徽】火韋切。幟也，幡也。

◎徽，火韋切。幟也，幡也。

【帥】力末切。拂也。

◎帥，力末切。拂也。

【幟】子廉切。拭也。

◎幟，子廉切。拭也。

【幝】充善切。車敝皃。

◎幝，充善切。車敝皃。

【幏】莫紅切。衣巾也，覆也，蓋衣也。

◎幏，莫紅切。衣巾也，覆也，蓋衣也。

【幭】亡結切。帊幞也，蓋幭也，禪被也。

◎幭，亡結切。帊幞也，蓋幭也，禪被也。

○幭，《玉篇》：幭，帊也。(《方言箋疏》卷四)
【幠】火胡切。大也，有也，覆也，張也。
◎幠，火胡切。大也，有也，覆也，張也。
○幠，《玉篇》：幠，張也。（《方言箋疏》卷一）
【飾】尸食切。著也，章表也。
◎飾，尸食切。著也，章表也。
【幃】呼韋切。香囊也。又音韋。
◎幃，呼韋切。香囊。又音韋。
【帣】居瑗切。囊也。
◎帣，居瑗切。囊也。
【帚】之酉切。掃除糞穢也。
◎帚，之酉切。掃除糞穢。
○帚，顧野王云：帚，所以掃除糞穢也。(《一切經音義》卷五十三)
【席】似赤切。牀席也。
◎席，似赤切。牀席。
【幐】大亘切。囊也，兩頭有物謂之幐擔。又大登切。
◎幐，大亘切。囊也，兩頭有物謂幐擔。又大登切。
【幨】扶忿切。以囊盛穀太滿坼裂也。又弓筋起。
◎幨，扶忿切。以囊盛穀太滿坼裂也。又弓筋起。
【幩】丈旬、豬旬二切。載米齡也。
◎幩，丈旬、豬旬二切。載米齡也。
【幩】扶云切。飾也。
◎幩，扶云切。飾也。
【㡪】奴回、奴昆二切。著也，塗也。
◎㡪，奴回、奴昆二切。著也，塗也。
【帑】乃胡切。金布所藏之府。又他朗切。
◎帑，乃胡切。金布所藏之府。又音儻。
【布】本故切。枲織也。又陳列也。
◎布，本故切。枲織也，陳列也。
○布，帛也，幣也，敷也，製也。(《類》278)
【幏】公亞切。蠻布也。
◎幏，公亞切。蠻布。
【幋】公田切。布也，出東萊。
◎幋，公田切。布也，出東萊。
【帗】亡遇切，又莫乎切。鬃布也，覆車衡衣也。
◎帗，亡遇、莫乎二切。鬃布也，覆車衡衣也。
【幦】莫狄切。鬃布也。
◎幦，莫狄切。鬃布。
【幄】於角切。帳也。
◎幄，於角切。帳也。
○幄，帳也。(《類》280)
【幢】直江切。翳也。或作橦。
◎幢，直江切。翳也。或作旛。
○幢，翳也，舞者所以自蔽翳也。(《類》282)
○幢，帳柱名幢，爲橦字也。寶幢之播者，遂可從巾。又直絳反，后妃車幰也。(《類》282)
【帞】莫格切。絡頭也。
◎帞，莫格切。絡頭也。
【帑】七旦、七見二切。幧頭也，幓也。
◎帑，七旦、七見二切。幧頭也，幓也。
【幧】十消切。幧頭也，斂髪也。帣，同上。
◎幧，七消切。幧頭也，斂髪也。帣，同上。
【帟】余石切。平帳也。又承塵也。
◎帟，余石切。平帳也。又承塵也。
【帢】口洽切。帽也，緝幘也。或作帢。峽、帢，二同上。
◎帢，口洽切。帽也，緝幘。或作帢。峽、帢，並同上。
【幒】乎坎切。瓾耳也。或作裍。
◎幒，乎坎切。瓾耳也。或作裍。
【幝】俾移切。今作裨。
◎幝，俾移切。今作裨。
【幗】古誨切。帨也，覆髪上也。或作簂。又古獲切。
◎幗，古誨切。帨也，覆髪上也。或作簂。又古獲切。
○幗，覆髪上也。(《類》283)
【帨】亡教切。帨幗也。
◎帨，亡教切。帨幗也。
○帨，《玉篇》《廣韻》皆云：帨，簂也。莫教反。(《釋名疏證》卷四)

【㛊】乃可切。㡧也。
◎㛊，乃可切。㡧也。
【㟺】力宇切。古姓也。
◎㟺，力宇切。古姓也。
【幡】口妖切。袴幡也。
◎幡，口妖切。袴幡也。
【㡏】竹與切。楈衣也。亦作褚。幯，同上。
◎㡏，竹与切。楈衣。亦作褚。幯，同上。
【幞】扶足切。巾幞也。
◎幞，扶足切。巾幞也。
○幞，幭也。(《類》283)
【帊】匹嫁切。幞帊也。
◎帊，匹嫁切。幞帊也。
【帪】之仁切。囊也，馬兜也。
◎帪，之仁切。囊也，馬兜也。
【帾】丁古切。幡也。
◎帾，丁古切。幡也。
【㡩】巨炎切。絹㡩也。
◎㡩，巨炎切。絹㡩也。
【㡌】武俱切。欲空也。
◎㡌，武俱切。欲空也。
【帗】芳勿切。韜髮也。
◎帗，芳勿切。韜髮。
【㡤】呼麥切。裂帛聲。
◎㡤，呼麥切。裂帛声。
【㡇】尺占切。車幰也。或作裧。
◎㡇，尺占切。車幰。或作裧。
【㡪】匹仁切。亂皃。
◎㡪，匹仁切。乱皃。
【幰】方迷切。車幰也。又車帷也。
◎幰，方迷切。車幰。又車帷。
○幰，車帷也。(《類》281)
【㡂】力制切。帛餘也。㓶，同上。
◎㡂，力制切。帛餘也。㓶，同上。
○㓶，《玉篇》㓶，音力制反。(《方言箋疏》卷一)
【㪿】尹勢切。㓶也。
◎㪿，尹勢切。裂也。
【㡹】子移切。㡹，布也。
◎㡹，子移切。㡹，布也。
○㡹，布也。(《類》283)
【㡚】紆螢切。覆也。
◎㡚，紆螢切。覆也。
【㡭】口侯切。指沓也。
◎㡭，口侯切。指沓也。
【㡘】似廉切。覆也，巾也。
◎㡘，似廉切。覆也，巾也。
【㡆】呼光切。巾也。
◎㡆，呼光切。巾也。
【帄】丁皎切。帄㡑，繒頭也。
◎帄，丁皎切。帄㡑，繒頭也。
【㡑】思俱切。帄也。亦作繻。
◎㡑，思俱切。帄也。亦作繻。
【幰】許偃切。車幰也。幵，同上。又音幹，布袋。
◎幰，許偃切。車幰。
◎幵，許偃切。又音幹。布袋。
○幰，《玉篇》云：布張車上爲幰。(《一切經音義》卷七)
○幰，《玉篇》：布張車上以禦熱也。(《一切經音義》卷二十七)
○幰，顧野王云：今謂布幔張車上爲幰也。(《一切經音義》卷三十一)
○幰，顧野王云：今謂布張車上爲幰。(《一切經音義》卷八十八)
【㡯】尸力切。亦作拭。
◎㡯，尸力切。亦作拭。
【帗】方于切。衣帗。亦作袜。
◎帗，方于切。衣帗。亦作袜。
【構】古侯切。甲衣。或作褠。
◎構，古侯切。甲衣。或作褠。
●《篆隸萬象名義》作“單”，此當作“單衣”。
【帽】莫到切。頭帽也。
◎帽，莫到切。頭巾。
【幢】徒亶切。衣不束也。亦作袒。
◎幢，徒亶切。衣不束也。亦作袒。
【㶱】子内切。五綵繒。
◎㶱，子内切。五綵繒。
【㡈】亡運切。亦作絻。括髮也。
◎㡈，亡辨切。亦作絻。括髮也。

【帯】父畏切。隱也。亦作庳。
◎帯，父畏切。隱也。亦作庳。
【幟】尺志切。巾也。又始志切。帓，同上。
◎幟，尺志切。巾也。又始志切。帓，同上。
●《篆隸萬象名義》作“幡”。
【帍】於乎、口孤二切。投也。亦作弙。
◎帍，於乎、口孤切。投也。亦作弙。
【幰】於靳切。鞾也。又裹也。
◎幰，於靳切。鞾也。裹也。
【幗】許格切。幗帨，赤紙也。
◎幗，許格切。幗帨，赤紙。
【帨】大兮切。幗帨。又帨帷也。
◎帨，大兮切。幗帨。又帨帷也。
【帺】巨基、巨記二切。巾也。亦作碁。
◎帺，巨基、巨記二切。巾也。亦作碁。
【帋】之爾切。亦作紙。
◎帋，之爾切。亦作紙。
○帋，笞也。紙字。(《類》283)
【帍】乎古切。婦人巾。
◎帍，乎古切。婦人巾。
○帍，《玉篇》：帍，婦人巾。(《方言疏證》卷四)
【幧】公了切。幧脛，行縢也。
◎幧，公了切。幧脛，行縢也。
【幠】早刀切。籍也。
◎幠，早刀切。籍也。
【幧】子小切。拭也。
◎幧，子小切。拭也。
【帿】胡鉤切。射帿也。古作矦。
◎帿，胡鉤切。射帿。古作矦。
【幯】子結切。拭也。
◎幯，子結切。拭也。
【帹】所甲切。帹屣，面衣也。
◎帹，所甲切。帹屣，面衣也。
【幨】尺占切。帷也。亦作襜、裧。
◎幨，尺占切。帷也。亦作襜、裧。
【帴】蘇甘切。衫破皃。
◎帴，蘇甘切。衫破皃。
【帔】房脂切。布帔也。
◎帔，房脂切。布帔也。

【帩】丑朝切。細絲也。
◎帩，丑朝切。細絲。
【帆】扶嚴、扶汎二切。船上帆。與颿同。
◎帆，扶嚴、扶汎二切。船上帆。与颿同。
【帹】徒冬切。巾帹也。
◎帹，徒冬切。巾帹也。
【幪】他紅切。
◎幪，他紅切。
【帬】音群。與裙同。
◎帬，音群。与裙同。
○帬，衢軍反。帔也，衣下裳也。(《類》283)
【幏】粗冬切。帛幏。又布名。
◎幏，粗冬切。帛幏。又布名。
【帎】音沙。細絲。
◎帎，音沙。細絲。
○帎，《玉篇》云：細網也。(《重修廣韻》卷二)
【崆】苦工切。巾也。
◎崆，苦工切。巾也。
【幊】古紅切。
◎幊，古紅切。
【帹】羊脂切。
◎帹，羊脂切。
【幕】音牟。女人衣巾。
◎幕，音牟。女人衣巾。
【怖】音怖。巾也。
◎怖，音怖。巾也。
【幁】思于切。
◎幁，思于切。
【帆】側巧切。
◎帆，側巧切。
【幃】音是。巾也。
◎幃，音是。巾也。
【幞】音撲。
◎幞，音撲。
【幜】居永切。帛。
◎幜，居永切。帛也。
【帹】户犬切。
◎帹，户犬切。
【幍】都了切。絹幍也。

◎幒，都了切。絹幒也。
【㠜】音擬。巾也。
◎㠜，音擬。巾也。
【㡈】音介。幘也。㡈，同上。
◎㡈，音介。幘也。㡈，同上。
○㡈，《玉篇》《廣韻》並云：㡈，音介。幘也。(《方言箋疏》卷四)
【幢】音俸。巾也。
◎幢，音俸。巾也。
【𢅥】音扇。
◎𢅥，音扇。
【幱】虞樹切。
◎幱，虞樹切。
【幌】户廣切。帷幔也。
◎幌，户廣切。帷幔也。
【帵】此芮切。巾。
◎帵，此芮切。巾也。
【㡖】他紅切。
◎㡖，他紅切。
【帒】徒戴切。盛物囊。
◎帒，徒戴切。盛物囊。
【帓】亡撥、莫瞎二切。帓巾也。
◎帓，亡撥、莫瞎二切。帓巾。
【帢】古合切。以席載穀。
◎帢，古合切。以席載穀。
【帟】音昨。帟𢄼。
◎帟，音昨。帟𢄼。
【㡤】火或切。巾被風也。
◎㡤，火或切。巾被風。
【帞】人質切。枕巾也。
◎帞，人質切。枕巾。
【帙】音決。
◎帙，音決。
【㡔】他合切。帳上㡔。
◎㡔，他合切。帳上㡔。
【橐】音託。橐也。
◎橐，音託。橐也。
【幝】五伯切，又音客。紩也。亦作緙。
◎幝，五伯切，又音客。紩也。亦作緙。
【幎】彌兖切。幕。
◎幎，彌兖切。幕也。
○幎，幕，出《玉篇》。(《重修廣韻》卷三)

補
○幡，威儀帛也。(《類》282)

巿部第四百三十三

凡二字

【巿】甫勿切。韠也。亦作韍。
◎巿，甫勿切。韠也。亦作韍。
【帢】古洽、古沓二切。巾也。或作韐。
◎帢，古洽、古沓二切。巾也。或作韐。

帛部第四百三十四

凡六字

【帛】步百切。繒帛也。
◎帛，步百切。繒帛也。
○帛，繒也。(《類》283)
【錦】几飲切。錦綺也。
◎錦，九飲切。錦綺也。
【䌷】下刮切。細紬也。
◎䌷，下刮切。細紬也。
【緂】他敢切。青黑繒。亦作裧。
◎緂，他敢切。青黑繒。亦作裧。
【皃】亡孝切。綵雜文。
◎皃，亡孝切。綵雜文。
【緑】力作切。今作緑。
◎緑，力足切。今作緑。

衣部第四百三十五

凡二百九十四字

【衣】於祈切。上曰衣，下曰裳。衣者，隱也。又依也，所以形軀依也。又於氣切，以衣被人也。
◎衣，於祈切。上曰衣，下曰裳。衣者，隱也。又依也。又於氣切，以衣被人也。
○衣，隱也，依也。(《類》327)

○衣，野王案：在上曰衣，在下曰裳，總謂之服也。(《倭名抄》四 8)

【裁】在來切。制衣也，裂也，節斷也。

◎裁，在來切。制衣也，裂也。

【衮】古本切。衣畫爲龍文。

◎衮，古本切。衣畫爲龍文。

○衮，古本反。《周禮》：享先王，則衮冕。鄭衆曰：卷龍衣。野王案：鄭玄箋《毛詩》云：謂玄衣而畫龍也。《爾雅》：衮，蔽也。郭璞曰：衮衣有蔽文也。《説文》從衣台聲。台，音胡緬反。《左氏傳》：譬如農夫，是穮是蓘。杜預曰：壅苗根爲蓘也。(《香藥字抄》13，《香字抄》10)

【襄】知彦切。丹縠衣也。又王后衣也。襢，同上。又與袒同。

◎襄，知彦切。丹縠衣。又王后衣。襢，同上。又与袒同。

【褕】余招切。畫雞雉於王后之服。又弋朱切，葉褕，短度絹也。又襜褕，直裾也。

◎褕，余招切。畫雞雉於王后之服。又弋朱切，葉褕，短度絹也。又襜褕，直裾也。

○褕，《玉篇》云：葉褕，短度絹也。(《方言疏證》卷二)

【袗】之忍、之刃二切。玄服也，緑也。又單也。袮，同上。

◎袗，之忍、之刃二切。玄服也。袮，同上。

【裏】力耳切。衣内也。

◎裏，力耳切。衣内也。

【表】碑矯切。衣外也，上衣也，書也，威儀也，明也，標也。衺，同上。襮，古文。

◎表，碑矯切。衣外也，上衣也，書也，威儀也，明也，標也。衺，同上。襮，古文。

○表，明也，書也，時也。(《類》329)

○表，所以標識物也。(《法華釋文》中)

○襮，《玉篇》又匹小反。(《龍龕手鏡》卷一)

【襁】居兩切。襁褓，負兒衣也。織縷爲之，廣八寸長二尺，以負兒於背上也。

◎襁，居兩切。襁褓，負兒衣也。

【𧜟】几力切。衣領也，衣衿也。䘳，同上。

◎𧜟，几力切。衣領也，衣衿也。䘳，同上。

○𧜟，《玉篇》：𧜟，几力切。領也。(《方言箋疏》卷四)

【褗】於幰切。衱也，褗褔也，隱被也。

◎褗，於幰切。衱也，褔也，隱被也。

○褗，《玉篇》：褗，衱也。(《方言箋疏》卷四)

【襮】布各切。領也，衣表也。亦作縛。

◎襮，布各切。領也，衣表。亦作縛。

【裺】於劍、於檢二切。緣也，被也。

◎裺，於劍、於檢二切。緣也，被也。

○裺，《玉篇》：裺，緣也。(《方言疏證》卷四)

○裺，《玉篇》：裺，於劒、於檢二切。緣也。(《方言箋疏》卷四)

【袪】方乎切。襲袴也。或作帗。

◎袪，方于切。襲袴。或作帗。

●《玉篇校釋》改作“襲袪也”。

【衽】而甚切。裳際也，衣衿也。

◎衽，而甚切。裳際也，衣衿也。

○衽，音飪。袪也，衿也。(《類》331)

【衿】居吟切。交衿，衣領也。襟，同上。

◎衿，居吟切。交衿，衣領也。襟，同上。

○衿，居吟反。衣領也。(《類》331)

○襟，《玉篇》云：交襟，衣領也。(《方言疏證》卷四)

【褋】且立切。裙緣上也。

◎褋，且立切。裙緣上也。

【褸】力侯切。衣衿、裳際也，衣壞也。

◎褸，力侯切。衣衿、裳際也，衣壞也。

【襺】公殄切。袍也。

◎襺，公殄切。袍也。

【褋】徒頰切。褌衣也。襍，同上。

◎褋，徒頰切。褌衣也。襍，同上。

○褋，《玉篇》：褋，禪衣也。(《方言箋疏》卷四)

【襲】似立切。左衽袍也，入也，重衣也，因也，還也，掩其不備也。古文作戳。襲，籀文。

◎襲，似立切。左衽袍也，入也，重衣也，因也，還也，掩其不備也。古文作戳。襲，籀文。

○襲，因仍掩補之也，不裼也，還也。(《類》336)
○襲，《玉篇》：戳，古襲字。(《釋名疏證補》卷五)
【褘】許韋切。畫翬雉於王后之服也，蔽膝也。
◎褘，許韋切。畫翬雉於王后之服也，蔽膝也。
【褧】苦迥切。衣無裏也。《詩》云：衣錦褧衣。
◎褧，古迥切。衣無裏也。《詩》：衣錦褧衣。
○褧，苦回反。褝也，衣裳無裏。(《類》332)
【袤】莫候、莫侯二切。南北曰袤，東西曰廣也。帶以上也，長也。䙘，籀文。
◎袤，莫候、莫侯二切。南北曰袤。帶以上也，廣也。䙘，籀文。
○䙘，《玉篇》又衣地也，去聲。(《龍龕手鏡》卷一)
【禬】公外切。領會也。
◎禬，公外切。領會也。
【袛】丁兮切。袛裯，襜褕也。
◎袛，丁兮切。袛裯，襜褕也。
【裯】丁勞切。袛裯。又丈流切，褝被也，牀帳也。
◎裯，丁勞切。袛裯。又丈流切，褝被也，牀帳也。
【襤】力三切。衣無緣也。
◎襤，力三切。衣無緣也。
【褚】他臥切，又徒臥切。衣無袂也。䙞，同上。
◎褚，他臥切，徒臥切。衣無袂也。䙞，同上。
○褚，《玉篇》：褚，無袂也。(《方言箋疏》卷四)
【袪】丘於切。袂也，衣裏也，舉也。
◎袪，丘於切。袂也，衣裏也，舉也。
○袪，子去反。袂口也，舉也。(《類》332)
【裻】先鵠切。新衣聲也。又都梏切。
◎裻，先鵠切。新衣声。又都梏切。
【襩】都鵠切。衣背縫也。䙱、褶，二同上。
◎襩，都鵠切。衣背縫也。䙱、褶，並同上。
【褎】似又切。袂也。又余久切。色美皃也，進也。袖，同上。
◎褎，似又切。袂也。又余久切。進也。袖，同上。
【袂】彌鋭切。袖也。
◎袂，彌鋭切。袖也。
【袥】他各切。廣大也，衸也。
◎袥，他各切。廣大也，衸也。
【褢】爲乖切。苞也，胷裣藏物也，抱也。在衣曰褢，在手曰握。褱，同上。䃶，同上。
◎褢，爲乖切。苞也，胷裣藏物也。褱、䃶，並同上。
○褢，滕駿馬也，弱也。(《類》335)
【袍】薄褒切。長襦也。襃，同上。又步報切，衣前裣也。
◎袍，薄褒切。長襦。襃，同上。又步報切，衣前裣。
○袍，蒲勞反。襦也。(《類》331)
○袍，《玉篇》：袍亦作襃，同。步報切。衣前裣也。(《方言箋疏》卷四)
○袍，《玉篇》：袍，長襦也。(《方言箋疏》卷四)
【衸】户界、古拜二切。衣裾也，剌膝也。又衣長皃。
◎衸，户界、古界二切。衣裾也，剌膝也。又衣長皃。
【襜】尺占切。蔽膝也。又襜襜，摇動皃。裧、䄡，並同上。
◎襜，尺占切。蔽膝。又襜襜，摇動皃。裧、䄡，並同上。
○襜，顧野王云：衣前後出垂皃也。(《一切經音義》卷八十六)
○襜，《玉篇》：襜褕，直裾也。(《釋名疏證補》卷五)
○襜，《玉篇》：襜襜，搖動貌。(《釋名疏證補》卷五)
【袌】尤夫切。衣袍也。衦，同上。
◎袌，尤夫切。衣袍。衦，同上。
【襑】似林、他敢二切。衣博大也。
◎襑，似林、他敢二切。衣博大也。
【裾】姜魚切。被也，袿也，衣褎也。

◎裾，姜魚切。被也，袿也，衣裹也。
○裾，被也，衣褑也。(《類》332)
○裾，《玉篇》：裾，袿也。（《方言箋疏》卷四)
【袉】大可切。裾也。又大何切，袉袉，美也。俗作袘。
◎袉，大可切。裾也。又大何切，袉袉，美也。俗作袘。
【褰】起焉切。袴也。又褰衣也。㩟，同上。
◎褰，起焉切。袴也。又褰衣也。㩟，同上。
○褰，顧野王云：齊魯謂袴曰褰。《禮記》云：暑毋褰裳。鄭注云：褰，袪也。(《續一切經音義》卷九)
【襗】余石切，又除革切。袴也。《説文》大各切。
◎襗，余石、除革二切。袴也。《説文》大各切。
【袑】市兆切。袴也，襠也，袴上也。
◎袑，市兆切。襠也，袴上也。
【襡】市欲切。長襦也，連胥衣也。襩，同上。
◎襡，市欲切。長襦也，連腰衣也。襩，同上。
○襡，《玉篇》云：長襦也，連腰衣也。(《重修廣韻》卷五)
【襱】除龍、力公二切。袴襠也，踦袴也。裥，同上。
◎襱，除龍、力公二切。袴襠也，踦袴也。裥，同上。
○襱，《玉篇》襱亦作裥。（《方言箋疏》卷四)
【褍】丁丸、丁火二切。正幅衣也。
◎褍，丁丸、丁火二切。正幅衣也。
【褒】布刀切。揚美也，衣博裾也。
◎褒，布刀切。揚美也，衣博裾也。
○褒，顧野王曰：褒猶揚美之也。(《一切經音義》卷一)
○褒，顧野王云：褒猶美之也。(《一切經音義》卷五十四)
○褒，顧野王云：褒猶揚美。(《一切經音義》卷六十一)
【褺】徒頰切。重衣也。又縣名。
◎褺，徒頰切。重衣。又縣名。
○褺，重衣也。(《類》333)
【複】方復切。重衣也，厚也，衣有著也。又複，除不役税也。
◎複，方復切。重衣也，厚也，衣有著也。又複，除不役税也。
○複，除也。(《類》333)
○複，顧野王：複除謂不役也。(《一切經音義》卷五十)
【襛】女容切。厚衣也。
◎襛，女容切。厚衣也。
【褆】時爾切。衣服端正皃。
◎褆，時爾切。衣服端正皃。
【袳】尺爾切。長衣皃。衺，同上。
◎袳，尺爾切。長衣皃。衺，同上。
○袳，充是反。衣張也。(《類》334)
【裴】步回切。長衣皃。又姓。
◎裴，步回切。長衣皃。又姓。
○裴，衣長皃。(《類》334)
【袁】宇元切。衣長皃。又姓。
◎袁，宇元切。衣長皃。又姓。
○袁，衣長。(《類》330)
【裔】余制切。裾也，表也，蠻夷之緫名也，邊地也。兖，古文。
◎裔，余制切。裾也，表也，蠻夷之緫名也，邊地也。兖，古文。
○裔，末也，出也，表也，水邊也。(《類》334)
【衯】孚云切。長衣也。
◎衯，孚云切。長衣。
【袑】丁了切。短衣也。
◎袑，丁了切。短也。
○袑，《玉篇》音丁了切。（《方言箋疏》卷四)
【裋】大口、上局二切。短衣也。又衣袖。
◎裋，大口、上局二切。短衣也。又衣袖。
【䙱】多木切。衣至地也，補也。
◎䙱，多木切。衣至地也，補也。
【襐】似丈切。首飾也。

◎㴭，似丈切。首飾。

【襦】人朱切。短衣也。䙈，同上，俗。

◎襦，人朱切。短也。䙈，同上，俗。

【褊】卑善切。急也，狹也，衣小也。

◎褊，卑善切。急也，狹也，衣小也。

○褊，顧野王云：褊，陿也。(《一切經音義》卷八十七)

【袷】古洽切。衣無絮也。裌，同上。

◎袷，古洽切。衣無絮。裌，同上。

【襌】多安切。衣不重也。

◎襌，多安切。衣不重也。

【襄】思良切。上也，除也，駕也，成也。𡁠，古文。

◎襄，思良切。上也，除也，駕也，成也。𡁠，古文。

○襄，先羊反。上也，反也，駕也，成也，除也。(《類》331)

○襄，顧野王：襄猶女惡也。(《一切經音義》卷三)

●佚文“女惡”未详。

【被】皮彼切。衾也，幭也。又皮僞切，加也，及也。

◎被，皮彼切。衾也，幭也。又皮僞切，加也，及也。

○被，表也，具也，覆也。(《類》334)

○被，顧野王曰：被即衾也。(《一切經音義》卷十五)

【衵】女秩切。近身衣也，日日所著衣。

◎衵，女秩切。近身衣也，日日所著衣。

○衵，女秩反。近身衣也。(《類》333)

【褻】思列切。私服也。

◎褻，思列切。私服。

○褻，破壞也，余也。(《類》333)

●佚文“破壞也，余也”疑當作“衣破壞之余也”。

【衷】知沖切。善也，正也，當也。

◎衷，知沖切。當也，善也，正也。

【禘】敕細切。褓也。

◎禘，敕細切。褓也。

【袾】尺朱、竹朱二切。佳好也。

◎袾，尺朱、竹朱二切。佳好也。

【袓】似與切。事好也。又子邪切，縣名。

◎袓，似与切。事好。子邪切，縣名。

【褽】於貴切。袩衣也。

◎褽，於貴切。袩衣也。

【襞】卜役切。襞衣也。

◎襞，卜役切。襞衣也。

【裨】補移切。接也，益也。又婢移切，副將也。亦姓。或作幃。

◎裨，補移切。接也，益也。又婢移切，副將也。亦姓。或作幃。

○裨，顧野王云：若今偏將軍也。(《一切經音義》卷九十八)

【裕】瑜句切。物饒也，寬也，道也。衮，同上。

◎裕，瑜句切。物饒也，寬也，道也。衮，同上。

【衦】公但切。摩展衣。或作紆。

◎衦，公但切。摩展衣。或作紆。

【裂】力祭切。殘也，繒餘也。或作㭁。

◎裂，力祭切。殘也，繒餘。或作㭁。

【袈】女加切。敝衣也。

◎袈，女加切。敝衣。

【袒】大亶切。绽衣也，肉袒也。或作襢。又除鴈切，縫解也。

◎袒，大亶切。绽衣也，肉袒也。或作襢。又除鴈切，縫解也。

○袒，免衣也，縫物也。(《類》333)

○袒，脱衣見體也。字又作襢，同。大亶、除鴈二反。(《三部經音義集》一)

【䙅】竹几切。紩衣也。

◎䙅，竹几切。紩衣也。

【褫】直爾、敕爾二切。奪衣也，徹也。

◎褫，直爾、刺爾二切。奪衣也，徹也。

【補】布古切。治故也。

◎補，布古切。治故也。

【嬴】力果切。袒也。亦作倮、躶。裸，同上。

◎嬴，力果切。袒也。亦作倮、躶。裸，同上。

○裸，力果反。袒也。(《類》330)

○裸，顧野王云：脱衣露袒也。(《一切經音義》卷十六)

〇裸，顧野王云：裸者，脱衣露袒也……《玉篇》從人作倮。（《續一切經音義》卷一）
〇裸，顧野王云：裸者，脱衣露體也。（《續一切經音義》卷七）
【裎】除貞切。袒也，衣揚也。又敕領切，襌衣也。
◎裎，除貞切。袒也，衣揚也。又敕領切，襌衣也。
〇裎，《玉篇》：裎，敕領切。襌衣也。（《方言箋疏》卷四）
【裼】先的切。袒也，脱衣見體也。
◎裼，先的切。袒也，脱衣見體也。
〇裼，袒也，脱衣見體也。（《類》333）
【衺】似嗟切。姦思也，圍也。
◎衺，似嗟切。姦思也，圍也。
〇衺，徐買反。肝惡也，圍也。（《類》335）
【襭】下結切。袺也，以衣袺扱物也。或作擷。
◎襭，下結切。袺也，以衣扱物也。或作擷。
【裝】俎良切。束也，裹也。
◎裝，俎良切。束也，裹也。
【袺】公曰、古頡二切。執袵也。
◎袺，公曰、吉頡二切。執袵也。
【褿】七刀、才刀二切。帴也，袵也。
◎褿，七刀、才刀二切。帴也，袵也。
【裹】古火切。苞也。又古卧切。
◎裹，古火切。苞也。又古卧切。
〇裹，《玉篇》：裹，苞也。（《一切經音義》卷二）
〇裹，顧野王云：苞也。（《一切經音義》卷十一）
〇裹，顧野王曰：裹猶苞也。（《一切經音義》卷十四）
〇裹，顧野王云：裹猶包也。（《一切經音義》卷十七）
【裛】於曄切。囊也，纏也，衣帊也。
◎裛，於曄切。囊也，衣帊也。
〇裛，於業反。《説文》：裛纏也。《廣雅》：裛謂之袠。《字書》此橐字也，一曰衣帊也。（《香藥字抄》13，《香字抄》10）
【褔】於侯、於部二切。頭衣也，次衣也。
◎褔，於侯、於部二切。頭衣也，次衣也。
【襀】子梨切。裳下緝也，疾也，緶也。齌，同上。
◎襀，子梨切。裳下緝也，疾也，緶也。齌，同上。
【裓】古得切。衣裓也。
◎裓，古得切。衣裓也。
〇裓，顧野王云：衣襟也。（《一切經音義》卷三十）
〇裓，《玉篇·衣部》：古來反。戒也。（《一切經音義》卷二十七）
【褈】七入切。襟緣也。
◎褈，七入切。襟緣也。
【裋】市主切。裋褕也，豎所衣布長襦。襡，同上。
◎裋，市主切。裋褕也，豎所衣布長襦。襡，同上。
〇襡，《玉篇》裋又作襡，下云：複襦，江湘之間謂之襡。襡與裋同。（《方言箋疏》卷四）
【褐】何葛切。袍也，馬被袓衣也。
◎褐，何葛切。袍也，馬被袓衣也。
〇褐，布也，馬被也，袓衣也。（《類》333）
〇褐，《玉篇》作褐，云：袍也。（《方言箋疏》卷四）
【衰】先和切。雨衣也。今作蓑。又史追切，微也。又初危切，等衰也。
◎衰，先和切。雨衣也。今作蓑。又史追切，微也。又初危切，等衰也。
〇衰，又素和反。草衣也。（《類》331）
【卒】作没切。衆也，隸人給事也，行鞭也。又千忽切，急也。又子律切，終也。今作卒。卒，同上。
◎卒，作没切。衆也，隸人給事也，行鞭也。又千忽切，急也。又子律切，終也。今作卒。卒，同上。
【褚】丑吕切，又張吕切。市官也，卒也，裝衣也。
◎褚，丑吕切，又張吕切。市官也，卒也，裝衣也。
【袚】芳末切。蔽膝也。又蠻衣也。襏，同上。
◎袚，芳末切。蔽膝也。又蠻衣。襏，同上。

【衾】丘林切。大被也。
◎衾，丘林切。大被也。
○衾，大被也。(《類》331)
【褭】烏幺切。褭衣。又蠻夷衣也。
◎褭，烏幺切。褭衣。又蠻夷衣也。
【襚】似醉切。綬也，死人衣也。
◎襚，似醉切。綬也，死人衣。
【裞】式芮切。贈終者衣被。
◎裞，式芮切。贈終者衣被。
【褮】胡坰、於營二切。衣開孔。又鬼衣也。
◎褮，胡坰、於營二切。衣開孔。又鬼衣。
【袕】胡決切。鬼衣也。
◎袕，胡決切。鬼衣。
【裖】式然切。車轀裖。又帑也。
◎裖，式然切。車轀裖，帑也。
●底本“帑”、圓沙本“帑”疑當作“帑”。
【袢】扶元切。衣無色。
◎袢，扶元切。衣無色。
【褌】古魂切。或作幝。
◎褌，古魂切。或作幝。
○褌，幝也。(《類》335)
【褾】方廟切。人領巾。
◎褾，方妙切。人領巾。
○褾，《玉篇》：褾，人領巾。（《方言疏證》卷四）
【褠】毗二切。犢褠，以全三尺布作，形如牛鼻，相如所著也。
◎褠，毗二切。犢鼻褌，三尺布作，形如牛鼻，相如所著也。
【袸】疾見切。褰脬衣。
◎袸，疾見切。褰脬衣。
【襔】古穴切。袖。
◎襔，古穴切。袖也。
【襎】扶元切。褑襎，韉也，幞也。
◎襎，扶元切。褑襎，韉也，褑也。
○襎褑，《玉篇》云：褑襎，韉也，幞也。(《方言疏證》卷四)
○襎，《玉篇》：襎，扶元切。褑襎，韉也，幞也。(《方言箋疏》卷四)
【褑】九遠、於元二切。褑襎。
◎褑，九遠、於元二切。褑襎。
【裺】子憒切。禪衣也。
◎裺，子憒切。禪衣。
○裺，《玉篇》：裺，禪衣也。（《方言疏證》卷四)
○裺，《玉篇》：裺，子憒切。禪衣也。(《方言箋疏》卷四)
【褹】牛勢切。袂也。
◎褹，牛勢切。袂也。
○褹，《玉篇》：褹，牛祭切。複襦也。(《方言箋疏》卷四)
【襘】子孕切。汗襦也。
◎襘，子孕切。汗襦。
○襘，《玉篇》云：襘，汗襦也。（《方言疏證》卷四)
○襘，《玉篇》：襘，汗襦也。（《方言箋疏》卷四)
【袮】尺終切。禪衣也。
◎袮，尺終切。禪衣。
【裾】渠物切。袮裾也。
◎裾，渠物切。袮裾。
○裾，《玉篇》：裾，短衣也。（《方言箋疏》卷四)
【袼】力各切。鑿袼，褔也，即小兒次衣也。又古洛切，腋不縫也。
◎袼，力各切。鑿袼，褔也，即小兒次衣。又古洛切，腋不縫也。
○袼，《玉篇》云：鑿袼，褔也，即小兒次衣也。(《方言疏證》卷四)
●底本“次”，原作“次”，徑改。
【袨】古鳥切。袨衭，小袴也。
◎袨，古鳥切。袨衭，小袴也。
○袨衭，《玉篇》：袨衭，小袴也。（《方言疏證》卷四)
【衭】力鳥切。袨衭。
◎衭，力鳥切。袨衭。
【裢】除莧切。解也。或作袒。
◎裢，除莧切。解也。或作袒。
○裢，除莧反。解也。(《類》336)

【褖】他亂切。褖衣，見《周禮》。
◎褖，他乱切。褖衣，見《周礼》。
【褶】徒頰切。衣有表裏而無絮也。又似力切，袴褶也。
◎褶，徒頰切。衣有表裏而無絮也。又似力切，袴褶也。
〇褶，帛也，有表裹而著者也。(《類》334)
【袡】如廉切。緣也，婦人上服也。
◎袡，如廉切。緣也，婦人上服。
【襈】士眷切。緣襹也，重繒也。
◎襈，仕眷切。重繒也。
【襓】如招切。劍衣也。
◎襓，如招切。劍衣。
【製】之世切。作也。《説文》曰：裁也。
◎製，之世切。作也，裁也。
〇製，喪也，震也，術數也，正也。(《類》336)
【襬】彼皮切。關東人呼裙也。
◎襬，彼皮切。關東人呼裙。
〇襬，《玉篇》云：襬，關東人呼帬也。(《方言疏證》卷四)
【裂】力折切。坼破也。
◎裂，力折切。坼破。
〇裂，坼破也。(《類》336)
〇裂，顧野王：裂猶折破也。(《一切經音義》卷十七)
【袧】口豆切。喪服也。
◎袧，口豆切。喪服。
【襱】市容、尺容二切。襱褣，襜襬也。
◎襱，市容、尺容二切。襱褣，襜襬。
【褣】以恭切。襱褣。
◎褣，以恭切。襱褣。
【䘯】山交切。袑也。
◎䘯，山交切。袑也。
【袊】力井切。衣袊也。宜袊，婦人初嫁所著上衣也。
◎袊，力井切。衣袊也。宜袊，婦人初嫁所著上衣。
〇袊，帬也，襹也。(《類》332)
〇袊，《玉篇》云：宜袊，婦人初嫁所著上衣也。(《方言疏證》卷四)
【袽】女居切。所以塞舟漏也。袾袽，敝衣也。又袽牀也。亦作絮。
◎袽，女居切。所以塞舟漏也。袾袽，敝衣也。又袽牀也。亦作絮。
【褔】叉入切。重緣也。
◎褔，叉入切。重緣也。
【衪】與支切。緣也，衣袖也。
◎衪，与支切。緣也，衣袖也。
【袨】胡絢切。黑衣也。
◎袨，胡絢切。黑衣。
【袀】居純切。戎服也，裳削幅也，純也。
◎袀，居純切。戎服也，純也。
●《玉篇校釋》謂“裳削幅也”爲“䙚”字義。
【䙚】布木切。裳削幅也。
◎䙚，布木切。裳削幅也。
【褯】才夜切。小兒衣。
◎褯，才夜切。小兒衣。
【褠】古侯切。褌衣。
◎褠，古侯切。褌衣。
【攞】力賀切。女人上衣也。
◎攞，力賀切。女人上衣。
【裝】壯寄切。襦緆也。
◎裝，壯寄切。襦緆也。
【䙝】仁全切。褐也。
◎䙝，仁全切。褐也。
【䘻】此見切。衣緆。亦作蒨、綪。
◎䘻，此見切。衣緆。亦作蒨、綪。
【裿】丘蟻切。好也。亦作婍。
◎裿，丘螘切。好也。亦作婍。
【䙛】丁兼、丁頰二切。領耑也。亦作㡇。祜，同上。
◎䙛，丁兼、丁頰二切。領耑也。亦作㡇。祜，同上。
〇䙛，《玉篇》：䙛，丁兼、丁頰二切。云：領耑也。(《方言箋疏》卷四)
【䙯】子六切。好也，鮮明也。
◎䙯，子六切。好也，鮮明也。
【褈】除恭切。複也，增益也。

◎褈，除恭切。複也，增益也。

【褓】布老切。小兒衣。

◎褓，布老切。小兒衣。

【帽】亡報切。小兒頭衣，本作冃。

◎帽，亡報切。小兒頭衣，本作冃。

【褔】口革切。擣也。又裘裏也。或作䘬。

◎褔，口革切。裘裏。或作䘬。

【韤】亡月切。腳衣。

◎韤，亡月切。腳衣。

○韤，《玉篇》云：韤，腳衣。（《釋名疏證》卷五）

【袠】除失切。亦作帙。袟，同上。

◎袠，除失切。亦作帙。袟，同上。

【褣】且勇切。褌也。或作幒。

◎褣，且勇切。褌也。或作幒。

【裳】市羊切。障也，所以自障蔽也。

◎裳，市羊切。障也，所以自障蔽。

【裀】於人切。衣身。䄄，同上。

◎裀，於人切。衣身。䄄，同上

○裀，《玉篇》云：衣身。（《重修廣韻》卷一）

【襠】多郎切。裲襠也，其一當背，其一當胷。又袴襠也。

◎襠，多郎切。裲襠也。又袴襠也。

【襇】公限切。帬衣。又帬襇。

◎襇，公限切。帬衣。又帬襇。

【褱】于歸切。裹也。

◎褱，于歸切。神也。

●圓沙本"神也"未詳。

【褯】且席切。褯膝，裙衸也。

◎褯，且席切。褯膝，裙衸也。

【裒】於可切。裒弱皃。亦作旑。

◎裒，於可切。裒弱皃。亦作旑。

【袲】奴可切。裒袲，衣好皃。

◎袲，奴可切。裒袲，衣好皃。

【衲】奴荅切。補也。或作納。

◎衲，奴荅切。補也。或作納。

【䘿】牛迷、五細二切。衣褫也。

◎䘿，牛迷、五細二切。衣褫。

【襮】步各切。襌衣也，媮也，約也，儉也，磷也，菲也，沾也，大也。今爲薄。

◎襮，步各切。襌衣也，媮也，約也，儉也，磷也，菲也，沾也，大也。今爲薄。

【襘】古紱切。衣上羅。䙡，同上。

◎襘，古紱切。衣上羅。䙡，同上。

【褑】公緩切。袴襱也。

◎褑，公緩切。袴襱也。

【䘸】力狄切。急纏。

◎䘸，力狄切。急纏。

○䘸，顧野王《玉篇》：䘸，急纏也。（《吳下方言考》卷十二）

【襵】之涉切。詘也，幕也。

◎襵，之涉切。詘也，幕也。

【䄆】力牛切。衣縷。

◎䄆，力牛切。衣縷。

【袔】何箇切。裓袖也。襩，同上。

◎袔，何个切。裓袖也。襩，同上。

【裓】之赤切。衣裓下也。袖也。又音亦。

◎裓，之赤切。衣裓下也。袖也。又音亦。

○裓，《玉篇》：裓，衣掖下也。（《方言疏證》卷四）

○裓，《玉篇》：裓，衣掖下也。（《方言箋疏》卷四）

【褬】户佳切。袖也。

◎褬，户佳切。袖也。

【褾】必了切。衣袂也。衭，同上。

◎褾，必了切。衣袂。衭，同上。

○褾，《玉篇》：褾，衣袂也。或作衭。（《方言箋疏》卷四）

【袝】方結切。袂也，敝衣也。

◎袝，方結切。袂也，敝衣也。

【衧】竹與切。敝衣也。

◎衧，竹与切。敝衣。

【樅】子蒙切。襌衣也。

◎樅，子蒙切。襌衣。

【𧘂】匹未切。衣袂也。

◎𧘂，匹未切。衣袂。

【裮】尺羊切。披衣不帶。

◎裮，尺羊切。披衣不帶。

【袏】子賀切。衣包囊。

◎袏，子賀切。衣包囊。

○袏，《玉篇》：袏，子賀切。衣包囊。（《方言箋疏》卷四）

【袿】古攜切。裾也，婦人之上服也，袪也。

◎袿，古兮切。裾也，婦人上服也，袪也。

○袿，《玉篇》：袿，裾也，婦人之上服也，袪也。（《方言箋疏》卷四）

●圓沙本"古兮切"未詳。

【褚】子亦切。襞褚也。

◎褚，子亦切。襞褚也。

【衚】户孤切。衣裓也。

◎衚，户孤切。衣裓也。

【褑】爲眷切。佩袷也，佩絞也。

◎褑，爲眷切。佩袷也，佩絞也。

【衩】差賣切。衣衩。

◎衩，差賣切。衣衩。

【袣】弋勢切。衣長皃。

◎袣，弋勢切。衣長皃。

【襊】且括切。衣領也，冠也，衣游縫也。

◎襊，且括切。衣領也，冠也，衣游縫也。

【衿】巨禁、巨今二切。亦作紟。禪衣也，綴也，結帶也。

◎衿，巨禁、巨今二切。亦作今。禪衣也，綴也，結帶也。

○衿，《玉篇》：衿，結衣也。（《釋名疏證補》卷五）

○衿，《玉篇》：衿，結帶也。亦作紟。（《方言箋疏》卷四）

●底本"巨今"，原作"目今"，據宋十行本改。圓沙本"亦作今"誤。

【衱】居業切。裾也。又衣領。

◎衱，居業切。裾也。又衣領。

【袀】之若切。禪衣。

◎袀，之若切。禪衣。

○袀、纏，《玉篇・衣部》：袀，禪衣。纏下云：約纏謂之禪。（《釋名疏證補》卷五）

○袀、纏，《玉篇》於袀字下云：禪衣。於纏字下云：約纏謂之禪也。（《方言疏證》卷四）

○袀，《玉篇》：袀，禪衣也。又云：約纏謂之禪也。（《方言箋疏》卷四）

○袀，《玉篇》云：禪衣。（《重修廣韻》卷五）

【衴】丁敢切。衱緣也。

◎衴，丁敢切。衱緣也。

【衹】之移切。適也。又音岐。

◎衹，之移切。又音岐。

【衼】章移切。衹衼，胡衣也。

◎衼，章移切。衹衼，胡衣也。

【襳】所銜、所炎二切。圭表飾也，小襦也，禪襦也。又襳襹，毛羽皃。衫，同上。

◎襳，所銜、所炎二切。圭表飾也，小襦也，禪襦也。又襳襹，毛羽皃。衫，同上。

○襳，《玉篇》：襳，小襦也。（《方言箋疏》卷二）

【襸】作旦切。亦作嬻。好也，妍也。

◎襸，作旦切。亦作嬻。好也，妍也。

【裠】巨云切。裳也。亦作裙。

◎裠，巨云切。裳也。亦作裙。

【袴】口護切。脛衣也。亦作絝。

◎袴，口護切。脛衣。亦作絝。

○袴，口護反塞也今冕袴（《類》336）

【襴】音闌。衫也。

◎襴，音闌。衫也。

【褫】音遲，又音知。

◎褫，音遲，又音知。

【裒】扶溝、步九二切。減也，聚也。

◎裒，扶溝切，步九切。減也。

【襹】所宜切。襳襹，毛羽之皃。

◎襹，所宜切。襳襹，毛羽皃。

【袻】況于切。大袑衣。

◎袻，況于切。大袑衣。

【松】音鍾。小褌。衳，同上。又息拱切，小袴也。

◎松，音鍾。小褌。衳，同上。又音悚，小袴也。

○松、褷，《玉篇》：松，小褌也。又作衳。又云：褷，幝也。（《方言箋疏》卷四）

【䙆】子絲切。

◎䙆，子絲切。

【袈】古牙切。袈裟，胡衣也。亦作毠毟。

◎袈，古牙切。袈裟，胡衣。

【裟】所加切。袈裟。

◎裟，所加切。亦袈裟。
【褠】户溝切。褠衫，小衫也。
◎褠，户溝切。褠衫，小衫也。
【衹】音江。衣帶。
◎衹，音江。衣帶。
【褄】烏消切。褄襻也。
◎褄，烏消切。褄襻也。
【袀】音旬。
◎袀，音旬。
【袹】古登切。又音亘。
◎袹，古登切。又音亘。
【横】音横。横褡，小被。
◎横，音横。横褡，小被。
【褡】都盍切。横褡。
◎褡，都盍切。横褡。
【裶】芳非切。衣長皃。
◎裶，芳非切。衣長皃。
【襙】千到切。衣。
◎襙，千到切。衣也。
【濛】莫紅切。衣。
◎濛，莫紅切。衣也。
【褪】音煨。垢衣。
◎褪，音煨。垢衣。
【褵】力支切。衣帶也。
◎褵，力支切。衣帶。
○褵，《玉篇》云：衣帶也。（《重修廣韻》卷一）
【褓】音朵。好也。
◎褓，音朵。好也。
【衻】當口切。衫袖也。
◎衻，當口切。衫袖。
○衻，顧野王《玉篇》：衻，衫袖也。（《吴下方言考》卷七）
【襖】烏老切。袍襖也。
◎襖，烏老切。袍襖也。
【褫】音據。衣也。
◎褫，音據。衣也。
【綬】音受。衣也。
◎綬，音受。衣也。
【衶】直勇切。袴。
◎衶，自勇切。袴也。
【襳】於琰切。
◎襳，於琰切。
【襩】芳未切。服。
◎襩，方未切。服也。
【裍】音故。
◎裍，音故。
【襰】落蓋切。
◎襰，落蓋切。
【褭】金倒切。
◎褭，金倒切。
【襯】初覲切。近身衣。
◎襯，初覲切。近身衣。
【袋】徒戴切。囊屬。亦作帒。
◎袋，徒戴切。囊也。亦作帒。
【褹】女介切。紩布襦。又牛祭切，複襦也。
◎褹，女介切。布襦。牛祭切，複襦。
【褟】丁塔切。衣。
◎褟，丁塔切。衣也。
【裐】居緣切。褊也。
◎裐，居緣切。褊也。
【褩】所拜切。衣衸縫。
◎褩，所拜切。衣衸縫。
【襻】普患切。帥下系。
◎襻，普患切。帥下系。
【褚】與六切。車覆。
◎褚，與六切。車覆。
【褸】烏迸切。褺裯也。
◎褸，烏迸切。褺裯也。
【衪】以力切。衫。
◎衪，以力切。衫也。
【褥】而欲切。氈褥。
◎褥，而欲切。氈褥。
【裿】古莧切。衣。
◎裿，古莧切。衣也。
【裷】於阮切。襪也。
◎裷，於阮切。襪也。
【裺】胡坎切。㮇耳。或作幨。
◎裺，胡坎切。㮇耳。或作幨。

裘部第四百三十六

凡四字

【裘】巨留切。索也，招也，終也，務也。又皮衣也。裘，同上。求，同上。用也，見也，索也。

◎裘，巨留切。索也，招也，終也，務也。又皮衣也。裘，同上。求，同上。用也，見也，索也。

【䩑】口革切。裘也，裏也。或爲褔。

◎䩑，口革切。裘也，裏也。或爲褔。

卩部第四百三十七

凡一十三字

【卩】子結切。瑞信也。今作節。

◎卩，子結切。瑞信也。今作節。

【卯】仕轉切。二卩也。巽字从此。

◎卯，仕轉切。二卩也。巽字从此。

【㔾】子候切。《説文》云：闕。

◎㔾，子候切。《説文》云：闕。

【令】力政切。命也，發號也。

◎令，力政切。命也，發號也。

○令，野王案：《尚書》：惟王嗣有令緒。《毛詩》：我無令人。野王案：謂告語也。《毛詩》：自公令人。(《令集解》一3)

【𠂣】皮筆切。輔信也。今作弼。

◎𠯁，皮筆切。今作弼。

●圓沙本“𠯁”疑當作“𠂣”。

【㔿】充豉、式豉二切。有大度也。

◎㔿，充豉、式豉二切。有大度也。

【卲】市招、市照二切。高也。

◎卲，市招、市照二切。高也。

【卮】牛果、牛戈二切。科卮，木節也。卮果也，無肉骨也。

◎卮，牛果、牛戈二切。科卮，木節也。卮果也，無肉骨也。

【䣝】思栗切。脛頭卩也。或作膝。

◎䣝，思栗切。脛頭卩。或作膝。

【卻】去略切，又居略切。節卻也。俗作却。

◎卻，去略切，又居略切。節卻也。俗作却。

【卷】九免、力媛二切。收也。或作弮。又作捲。又渠圓切，曲也，膝曲也。

◎卷，九免、力媛二切。收也。或作弮。又作捲。又渠圓切，曲也，膝曲也。

○卷，《玉篇》卷字有三音：一音九勉反，收卷也。又音九媛反，書卷也。又音奇圓反，曲縮也。(《一切經音義》卷二十五)

●“捲”，宋十一行本作“惓”。

【卺】羈展切。難也。卺産，詘曲也。又其偃切。

◎卺，羈展切。難也。卺産，屈曲也。又其偃切。

【卸】先夜切。舍車也。又馬解也。

◎卸，先夜切。舍車也。又馬解也。

印部第四百三十八

凡二字

【印】伊刃切。執政所持之也。又信也，印謂之璽也。

◎印，伊刃切。執政所持。又信也，印謂之璽。

【归】於直切。按也。亦作抑。

◎归，於直切。按也。亦作抑。

㔾部第四百三十九

凡二字

【㔾】子兮切。事之制也。《説文》音卿。

◎㔾，子兮切。事之制也。《説文》音卿。

【卿】去京切。漢置正卿九：太常、光禄、太僕、衛尉、廷尉、鴻臚、宗正、司農、少府。

◎卿，去京切。置正卿九。

辟部第四百四十

凡三字

【辟】婢亦切。法也，理也，歷也。又卑益

切，君也。
◎辟，婢亦切。法也，理也，歷也。又卑益切，君也。
〇辟，野王案：辟，防禦之也。（《令集解》八 252）
【嬖】魚吠切。理也。亦作乂。
◎嬖，魚吠切。理也。亦作乂。
【辟】必益切。治也。
◎辟，必益切。治也。

茍部第四百四十一

凡三字

【茍】居力切。急也，自急敕也。亦作亟。𦍒，古文。
◎茍，居力切。急也，自急敕也。亦作亟。𦍒，古文。
〇茍，《玉篇》：茍，居力切。亦作亟。（《方言箋疏》卷一）
【敬】居慶切。恭也，慎也，肅也。
◎敬，居慶切。恭也，慎也，肅也。

勹部第四百四十二

凡三十五字

【勹】布交切。裹也。
◎勹，布交切。裹也。
【匊】巨六、丘六二切。曲脊也。
◎匊，巨六、丘六二切。曲脊也。
【匍】步乎切。匍匐，伏也。手行盡力也，顛蹶也。
◎匍，步乎切。匍匐，伏也。手行盡力也，顛蹶也。
〇匍匐，顧野王云：手據地伏行也。（《一切經音義》卷九十六）
【匐】步北切。伏也，路也。
◎匐，步北切。伏也，路也。
【匊】居六切。兩手也，滿手也，四指也，手中也，物在手也。亦作掬。古文作臼。
◎匊，居六切。兩手也，滿手也，四指也，手中也，物在手也。亦作掬。古作臼。
【勻】弋旬、居旬二切。少也，齊也。
◎勻，弋旬、居旬二切。少也，齊也。
【勼】居流切。聚也，解也。今作鳩。
◎勼，居流切。聚也，解也。今作鳩。
【匀】亡粉切。覆也。
◎匀，亡粉切。覆也。
【匓】力古切。匐也。
◎匓，力古切。匐也。
【旬】似均切。十日也，徧也，均也。㫥，古文。
◎旬，似均切。十日也，徧也，均也。㫥，古文。
【匈】盱容切。膺也。匈奴，獫狁也。匈匈，沸撓聲。或作胷、肙。
◎匈，盱容切。膺也。匈奴，獫狁也。匈匈，沸撓声。或作胷、肙。
【復】扶又、扶福二切。重也。今作復。𠣌，同上。
◎復，扶又、扶福二切。重也。今作復。𠣌，同上。
【匔】之由切。帀徧也。或作周、洀。
◎匔，之由切。市徧也。或作周、洀。
●圓沙本“市徧也”當作“帀徧也”。
【冢】知隴切。大也，神鬼舍也，高墳也，丘也，陵也，山頂也，大社也。
◎冢，知隴切。大也，神鬼舍也，高墳也，丘也，陵也，山頂也，大社也。
〇冢，《玉篇》引《方言》：冢，秦晉之間謂之墳。（《方言疏證》卷十三）
【匌】公合切。帀也。或作佮、合。
◎匌，公合切。帀也。或作洽、合。
●圓沙本“洽”當作“佮”。
【匓】居又切，又乙庶切。飽也，猒也，謀也。𠣛，同上。
◎匓，居又、乙庶二切。飽也，猒也，謀也。𠣛，同上。
【匑】丘六切，又丘弓切。匑匑，謹敬皃。
◎匑，丘六、丘弓二切。匑匑，謹敬皃。
【匔】巨弓切。匑匔。

◎匔，巨弓切。匑匔。

【匃】口怪切。太息也。或作嘳、喟。

◎匃，口怪切。太息也。或作嘳、喟。

【匔】七倫切。伏退也，止也。或作竣、踆。

◎匔，七倫切。伏退也。或作竣、踆。

【匃】古曷、古害二切。乞也，行請也，取也。丐，同上。

◎匃，古曷、古害二切。乞也，行請也，取也。丐，同上。

○匃，顧野王云：匃，乞也。（《一切經音義》卷四十五）

○匃，顧野王云：匃亦乞也。《考聲》云：求也。（《續一切經音義》卷三）

【匔】音州，又音歡。

◎匔，音州，又音歡。

【匌】烏合切。匌緌，婦人頭花髻飾也。

◎匌，烏合切。匌緌，婦人頭花髻飾。

【匋】於交切。深目皃。

◎匋，於交切。深目皃。

【匇】音玄。人名也。

◎匇，音玄。人名。

【匍】且烏切。伏行也。

◎匍，且烏切。伏行。

【匒】都合切。匒匌，重疊皃，見《海賦》。

◎匒，都合切。匒匌，重疊皃。

【匈】伊誘切。古文。

◎匈，伊誘切。古文。

【䜌】古文絶字。

◎䜌，古文絶字。

【㔾㔿】二同。居先切，又音瓊。孤獨也，敬拜也。

◎㔾，居先切，又音瓊。孤獨也，敬拜也。㔿，同上。

包部第四百四十三

凡二字

【包】布交切。裹也。婦人懷妊，元氣起於人，子所生也。今作胞。

◎包，布交切。裹也。婦人懷妊，元氣起於人，子所生也。今作胞。

●“元氣起於人，子所生也”疑當作“元氣起於子，人所生也”。

【匏】步肴切。瓠也，取其團圓可包藏物也。

◎匏，步肴切。瓠也，取其團圓可包藏物也。

大廣益會玉篇
卷第二十九

凡五十二部

長部第四百四十四

凡十六字

【長】直良切。永也，久也，常也。又知兩切，主也。又除亮切，多也。夫、兲，並古文。

◎長，直良切。永也，久也，常也。又知兩切，生也。又除亮切，多也。夫、兲，並古文。

〇長，教誨不倦曰長。(《三部經音義集》二)

【肆】思利切。次也，陳也，緩也，放也，列也，遂也，恣也，踞也，量也。

◎肆，思利切。陳也，緩也，次也，放也，列也，遂也，恣也，踞也，量也。

【镾】亡支切。長久也。今作彌、弥。

◎镾，亡支切。長久也。今作彌、弥。

【镻】大結切。蛪也，蛇毒長也。

◎镻，大結切。蛪也，蛇毒長也。

【镺】於倒、於到二切。镺䠷，長也，猝也。

◎镺，於倒、於到二切。镺䠷，長也，猝也。

【䠷】乃倒、徒到二切。長也。

◎䠷，乃倒、徒到二切。

【镽】力小切。镽䮦，長皃。

◎镽，力小切。镽䮦，長皃。

【䮦】奇小切。镽䮦。

◎䮦，奇小切。镽䮦。

【镦】午刀切。長大皃。

◎镦，午刀切。長大皃。

【镹】子邪切。今作嗟。憂歎也。或作誊。鎈，古文。

◎镹，子邪切。今作嗟。憂歎也。或作誊。鎈，古文。

【镼】於皎切。镼䦵，長不勁。

◎镼，於皎切。镼䦵，長不勁。

【䦵】乃鳥切。镼䦵也。

◎䦵，乃鳥切。镼䦵。

【镸支】巨支切。長镸支，國名。髮長於身。

◎镸支，巨支切。長镸支，國名。髮長於身。

補

◎镕，音容。飾也。

匕部第四百四十五

凡五字

【匕】呼罵切。變也。今作化。

◎匕，呼罵切。變也。今作化。

【眞】之仁切。不虛假也。又仙人變形也。奠，古文。

◎眞，之仁切。不虛假也。又仙人變形。奠，古文。
〇真，之仁反。(《類》135)
【㑓】魚其切。未定也。亦作疑，嫌也，恐擬也。又古文矣。
◎㑓，魚其切。亦作疑。又古文矣。
【化】許罵切。易也，教行也。以變化成作傀。
◎化，許罵切。易也，教化也。亦變化。或作傀。
●底本“成”疑當作“或”。

匕部第四百四十六

凡十字

【匕】必以切。匙也，矢鏃也。
◎匕，必以切。匙也，矢鏃也。
【皁】布道切。相次也。
◎皁，布道切。相次也。
【𠦝】竹角切。的也。𠦝𠦝，高皃也。今作卓。𠧟，古文。
◎𠦝，竹角切。的也。𠦝𠦝，高皃。今作卓。𠧟，古文。
【皀】故恨切。山也，堅也，很也。今作艮。
◎皀，故恨切。止也，堅也，很也。今作艮。
【𠤎】丘婢、丘翅二切。顛皃，又頃也。
◎𠤎，丘婢、丘翅二切。顛皃，又頃也。
【卬】魚兩切。望也，欲有所庶及也，爲也，待也，向也。俯卬，今爲仰。又五郎切，卬卬，君之德也。
◎卬，魚兩切。望也，欲有所庶及也，爲也，侍也，向也，俯仰。今作仰。又五郎切，卬卬，君之德也。
●宋十一行本此字頭作“卬”。圓沙本“侍也”未詳。
【匙】上支切。匕也。或作提。堤，同上。
◎匙，上支切。匕也。或作堤。堤，同上。
●“提”疑當作“堤”。
【𠤎】奴道切。頭也，髓也。或作腦，亦作𦡆。
◎𠤎，奴道切。頭也，髓也。或作腦，或作𦡆。

比部第四百四十七

凡三字

【比】必以切。類也，方也，校也，並也。又脾至切，近也，親也，吉也，阿黨也，備也，代也。又步之、毗吉、必至三切。芘，古文。
◎比，必以切。類也，校也，並也。又毗至切，近也，親也，吉也，阿黨也，備也，代也。又步之、毗吉、必至三切。芘，古文。
〇比，必以反。類也，方也，校也，並也。又脾至反，近也，親也，吉也，阿黨也，備也，代也。又步之、毗吉、必至三反。(《三部經音義集》一)
〇比，《玉篇》芘爲古文比字。(《釋名疏證補》卷五)
【毖】彼冀切。勞也，慎也，踈也。又泉流皃。
◎毖，彼冀切。勞也，慎也，踈也。又泉流皃。

从部第四百四十八

凡五字

【从】疾龍切。相聽也。今作從。㐺，同上，篆文。
◎从，疾龍切。相聽也。今作從。㐺，同上，篆文。
【㣞】疾龍切。本作從，逐也，行也，重也。
◎㣞，疾龍切。本作從，逐也，行也，重也。
【幷】俾盈切。併也，雜也，兼也，合也，相從也，同也，專也。并，同上。
◎幷，俾盈切。併也，雜也，兼也，合也，相從也，同也，專也。并，同上。

㐺部第四百四十九

凡四字

【㐺】牛林切，又丘林切。衆也。

◎乑，牛林切，又丘林切。衆也。

【衆】之仲切。多也。

◎衆，之仲切。多也。

【聚】才縷切。會也，斂也，居也，積也，六也。又才屢切，邑落名。

◎聚，才縷切。會也，斂也，居也，積也。又才屢切，邑落名。

【臮】巨冀切。與也。古文暨字。

◎臮，巨冀切。与也。古文暨字。

共部第四百五十

凡四字

【共】巨用切。同也，皆也，衆也。𠔏，古文。

◎共，巨用切。同也，皆也，衆也。𠔏，古文。

【龔】居龍切。奉也，給也，今亦作供。

◎龔，居龍切。奉也，給也，亦作供。

【巽】居勇切。固也。或作鞏。

◎巽，居勇切。固也。或作鞏。

異部第四百五十一

凡三字

【異】餘志切。殊也，怪也，分也，奇也，尤也。

◎異，餘至切。殊也，分也，怪也，奇也，尤也。

【戴】多代切。奉也，在首也，事也。𢦾，籀文。

◎戴，多代切。奉也，在首也，事也。𢦾，籀文。

〇戴，在首曰戴也。(《法華釋文》中)

〇戴，顧野王云：欣奉其上曰戴。(《一切經音義》卷四十七)

〇戴，《玉篇》曰：戴謂欣奉於上也。(《一切經音義》卷二十一)

史部第四百五十二

凡三字

【史】所几切。掌書之官也，周宣王太史籀作大篆。

◎史，所几切。掌書之官，周宣王太史籀作大篆。

【事】仕厠切。奉也。又職事也，營也。叓，古文。

◎事，仕厠切。奉也，職事也，營也。叓，古文。

支部第四百五十三

凡七字

【支】章移切。持也，舉也，載充也。離支，自異。𢻱、𣁁，二古文。

◎支，章移切。持也，舉也，載充也。離支，自異。𢻱，古文。𣁁，古文。

〇支，野王案：支，充也。音章移反。(《令集解》一九 45)

【攲】九爾、居宜二切。持去也。今作不正之攲。丘奇切。

◎攲，九爾、居宜二切。持去也。今作不正之攲。丘奇切。

【𢻵】丘知切。𢻵嘔，不正。

◎𢻵，丘知切。𢻵嘔，不正。

【翄】巨支切。横首皃。

◎翄，巨支切。横首皃。

【鼓】几羸切。支垂。

◎鼓，几羸切。支垂。

受部第四百五十四

凡一十二字

【受】平表切。物落上下相付也。今作摽、莩。

◎受，平表切。物落上下相付也。今作摽、莩。

【䇂】力拙切。撮也。

◎䇂，力拙切。撮也。

【爰】于元切。爲也，於也，曰也。爰爰行也。治也。
◎爰，于元切。爲也，於也，曰也。爰爰行也。治也。
【受】時酉切。容納也，承也，盛也，相付也，得也。
◎受，時酉切。容納也，承也，盛也，相付也，得也。
〇受，野王案：受猶容納也。（《令集解》三 249）
〇受，《玉篇》：容納也，盛也，得也，繼也。（《一切經音義》卷二十七）
【爭】組耕、組迸二切。諫也，引也，訟也。又作諍。事，古文。
◎爭，組耕、組迸二切。諫也，引也，訟。又作諍。事，古文。
【𤔌】於謹、於靳二切。所依據也。今作隱。
◎𤔌，於謹、於靳二切。所依據也。今作隱。
【寽】力栝切。五指也。亦作捋，取也，摩也。
◎寽，力括切。五指。亦作捋，取也，摩也。
【𠭥】古膽切。進取也。籀文作𣪊。今作敢。敌，古文。
◎𠭥，古膽切。進取也。籀文𣪊。今作敢。敌，古文。
【𤔔】力换切。理也。亦作亂。兵寇也。𠃍，古文。
◎𤔔，力换切。理也。亦作乱。兵寇。𠃍，古文。

㣇部第四百五十五

凡六字

【㣇】女涉切。手之捷抒也。
◎㣇，汝涉切。手之捷抒也。
【肄】余至切。習也，勞也，而復漸生也。𦘔，篆文。𦘕，籀文。
◎肄，余至切。習也，勞也，而復漸生也。𦘔，篆文。𦘕，籀文。
【肅】思六切。敬也，嚴也，疾也。𦘒，古文。
◎肅，思六切。敬也，嚴也，疾也。𦘒，古文。

聿部第四百五十六

凡三字

【聿】以出切。遂也，述也，自也，辭也，循也，所以書也。楚謂之聿，吴謂不律，燕謂之弗，秦謂之筆。
◎聿，以出切。遂也，述也，自也，辭也，循也，所以書也。楚謂之聿，吴謂不律，燕謂之弗，秦謂之筆。
【筆】碑密切。不律也。
◎筆，碑密切。不律也。
【𦘍】子仁切。飾也。
◎𦘍，子仁切。飾也。

書部第四百五十七

凡七字

【書】式余切。世謂蒼頡作書，即黄帝史也。象形、指事、形聲、轉注、會意、假借，此造字之本也。書者，著也，依類象形謂之文，形聲相益謂之字，所以明於萬事，紀往知來也，書之如也。𦘠，《説文》書。
◎書，式余切。世謂蒼頡作書，即黄帝史也。又著也，文也。𦘠，《説文》書。
〇書，野王云：書，敘也，寫言。（《三教指歸注》一 5）
【畫】胡卦切。形也，繪也，雜五色綵也。俗作畫。又乎麥切，分也，計也，策也，界也，止也。𦘦，古文。又作劃。畫，《説文》畫。
◎畫，胡卦切。繪也。俗作畫。又乎麥切，分也，計也，策也，界也，止也。𦘦，古文。又作劃。畫，《説文》畫。
〇畫，《玉篇》云：分界也。（《一切經音義》卷二十五）
【晝】知又切。日正中。𦘨，籀文。
◎晝，知又切。日正中。𦘨，籀文。

隶部第四百五十八

凡四字

【隶】徒戴切，又余二切。及也。亦作逮。

◎隶，徒戴切，余二切。及也。亦逮。

【隸】徒改切。及也。亦作迨。

◎隸，徒改切。及也。亦作迨。

【隸】力計切。附著也。隸，同上。

◎隸，力計切。附著也。隸，同上。

臤部第四百五十九

凡五字

【臤】口間、户千、口耕三切。堅也。

◎臤，口間、户千、口耕三切。堅也。

【緊】居忍切。纏絲急也，糾也。又作紾。

◎緊，居忍切。纏絲急也，糾也。又作紾。

【堅】古田切。固也，强也。

◎堅，古田切。固也，强也。

【豎】殊主切。立也。竪，俗字。

◎豎，殊主切。立也。竪，俗文。

○竪，殊庾反（《類》122）

○豎，顧野王：謙豎。（《一切經音義》卷二十）

○豎，顧野王云：豎，正縱立也。（《一切經音義》卷四十）

○豎，《玉篇》：立也。又童僕之未冠者。（《續一切經音義》卷六）

帀部第四百六十

凡三字

【帀】子合切。周也，徧也。

◎帀，子合切。周也，徧也。

○帀，子荅反。（《類》286）

【師】所飢切。範也，教人以道者之稱也，象他人也。䢑，古文。

◎師，所飢切。範也，教人以道者之稱也，象也，人也。䢑，古文。

○師子，一名狻猊，日行五百里，以虎豹爲糧。（《三教指歸注》二16）

●圓沙本“象也”誤。

出部第四百六十一

凡一十二字

【出】尺述切。去也，見也，進也，遠也。又尺季切。

◎出，尺述切。去也，見也，進也，遠也。又尺季切。

【賣】麥卦切。出物也，粥也。今作賣。

◎賣，麥卦切。出物也，粥也。今作賣。

【糶】他弔切。賣也，出穀米也。

◎糶，他弔切。出穀米。

【敖】午刀切。遊也。今作敖。

◎敖，午刀切。遊也。今作敖。

【𡴃】丘愧切。里名。

◎𡴃，丘愧切。里名。

【𡴀】五結切。不安皃也，斷也。亦作𩞁、隉。

◎𡴀，五結切。不安皃。亦作𩞁、隉。

【𡴁】五骨切。𡴀𡴁也。亦掘斷也。

◎𡴁，五骨切。𡴀𡴁也。亦掘斷也。

【䖓】口骨切。亦作窟，地室也。

◎䖓，口骨切。亦作窟，地室。

【屈】丘勿切。曲也。亦作詘。

◎屈，丘勿切。曲也。亦作詘。

○屈，《玉篇》：屈，短尾也。（《方言箋疏》卷四）

【䖓】之芮切。名山名。

◎䖓，之芮切。名山名。

【𣪊】之芮切。卜問吉凶。

◎𣪊，之芮切。卜問吉凶。

【𡶳】仕角切。遠也。

◎𡶳，仕角切。遠也。

之部第四百六十二

凡三字

【之】止貽切。是也，至也，往也，發聲也，出也。㞢，古文。

◎之，止貽切。是也，至也，往也，發聲也，出也。㞢，古文。

【㞷】古文封字。《説文》云：草木妄生也。从之在土上。户光切。

◎㞷，古文封字。《説文》云：草木妄生也。从之在土上。户光切。

生部第四百六十三

凡八字

【生】所京切。産也，進也，起也，出也。㞢，古文。

◎生，所京切。産也，起也。㞢，古文。

○生，凡生天地之間皆謂物也，事也，類也。（《翻譯名義集·什物篇三》44）

○生，《玉篇》：生産也，進也，造也，因物造變謂之生。（《一切經音義》卷二十七）

【産】所限切。生也。

◎産，所限切。生也。

【隆】力弓切。高也。𨺗，《説文》隆。

◎隆，力弓切。高也。𨺗，《説文》隆。

【甠】孚恭切。豐滿也，草盛也，階梯也。或作丰，草莽也。

◎甠，孚恭切。豐滿也，草盛也，階梯也。或作丰，草莽也。

【甤】如壘切。甤甤，草不實。今作蕤。又儒隹切。

◎甤，如壘切。甤甤，草木實。今作蕤。又儒隹切。

●《篆隸萬象名義》作“草木實甤甤”，此當作“草木實”。

【甡】所巾切。衆也。或作莘。

◎甡，所巾切。衆也。或作莘。

耑部第四百六十四

凡一字

【耑】丁丸切。《説文》云：物初生之題也，上象生形，下象生根也。《廣雅》云：耑，末也，小也。今爲端。

◎耑，丁丸切。《説文》：物初生之題，上象生形，下象生根。《廣雅》云：末也，小也。今爲端。

毌部第四百六十五

凡三字

【毌】公丸切。持穿也。

◎毌，公丸切。特穿也。

【虜】力古切。服也，獲也，戰獲俘虜也。今爲虜。

◎虜，力古切。服也，獲也，戰獲俘虜也。今爲虜。

【貫】古亂切。事也，條也，穿也，行也。古文作䝿。

◎貫，古乱切。事也，條也，穿也，行也。古文作䝿。

○貫，顧野王云：貫猶條也。（《一切經音義》卷四十五）

束部第四百六十六

凡九字

【束】舒欲切。束縛也，从口木。又約束。又錦五匹。又尸注切，五藏之束。

◎束，舒欲切。束縛。又約束。又錦五匹。又尺注切，隱藏之束。

【柬】古眼切。分柬也，从束八。

◎柬，古眼切。分柬，从束八。

【棄】公殄切。小束也。或作秈，禾十把也。

◎棄，公殄切。小束。或作耕，禾十把也。

●圓沙本“耕”誤。

【𣕸】大多切。馬上連囊也。

◎𣕸，大多切。馬上連囊也。

【韖】于非切。束也。

◎韖，于非切。束也。

【䩹】古得切。病也。䩹䵶，草生也。

◎䩹，古得切。病也。䩹䵶，草生也。

【䵶】音得。弱皃。

◎䵶，音得。弱皃。

【𣐿】各皃切。
◎𣐿，各皃切。
【𣓌】仕交切。蒜束。
◎𣓌，仕交切。蒜束。

櫜部第四百六十七

凡一十字

【櫜】公混切。囊也。𣝗，《説文》櫜。
◎櫜，公混切。囊也。𣝗，同上，《説文》。
【櫜】古刀切。弓衣也。
◎櫜，古刀切。弓衣。
【櫜】公閎切。滿也。或作罞。
◎櫜，公閎切。滿也。或作罞。
【櫜】普到切，又普刀切。囊張大也。
◎櫜，普到切，普刀切。囊張大也。
【橐】他各切。小囊也。
◎橐，他各切。小囊。
○橐，顧野王云：橐籥，鑄冶者所以用吹火使炎熾也。(《一切經音義》卷五十一)
【囊】奴郎切。大曰囊，小曰橐。
◎囊，奴郎切。大曰囊，小曰橐。
【壼】苦本切。宫中道。𡇠，《説文》壼。
◎壼，苦本切。宫中道。𡇠，《説文》壼。
【櫜】蒲拜切。吹火囊。
◎櫜，蒲拜切。吹火囊。

囗部第四百六十八

凡六十一字

【囗】于非切。回也，古圍字。
◎囗，于非切。回也，古圍字。
【圜】于拳切。天體也，天圜而地方。
◎圜，于拳切。天體也，天圜地方。
【圓】爲拳切。周也。
◎圓，爲拳切。周也。
【團】徒丸切。團圓也。
◎團，徒丸切。團圓也。
【园】于巾、古元二切。田十二頃也。又回也。
◎园，于巾、古元二切。田十二頃。又回也。
【圁】似沿、於沿二切。規也。
◎圁，似沿、於沿二切。規也。
【圖】市全、時規二切。圜也。或作篅。
◎圖，市全、時規二切。圜也。或作篅。
【回】胡瑰切。回轉也。又邪也。囘，古文。
◎回，胡瑰切。回轉。又邪也。囘，古文。
【圖】大胡切。畫形也。又河圖八卦也。圗，古文。
◎圖，大乎切。畫形也。又河圖八卦也。圗，古文。
○圖，野王案：圖，畫物像也。(《倭名抄》五28)
【圛】余石切。《説文》云：回行也。《商書》曰：圛圛升雲者，半有半無。
◎圛，余石切。《説文》：回行。《商書》：圛圛升雲者，半有半無也。
【國】古或切。小曰邦，大曰國。
◎國，古或切。小曰邦，大曰國。
【囷】丘倫切。囷倉也，廪之圜者。
◎囷，丘倫切。倉也，廪之圜者。
【圈】懼免切。牢也。
◎圈，懼免切。牢也。
【囿】于六、于救二切。苑有垣也。𡈝，籀文。
◎囿，于六、于救二切。苑有垣也。𡈝，籀文。
【囡】女洽、女立二切。手取物也。
◎囡，女洽、女立二切。手取物也。
【園】于元切。園圃也。
◎園，于元切。園圃也。
【圃】布五、補五二切。菜園。
◎圃，布五、補五二切。菜園。
【因】於人切。就也，緣也。
◎因，於人切。就也，緣也。
【囹】力丁切。囹圄，獄也。
◎囹，力丁切。囹圄，獄也。
○囹圄，《玉篇》曰：所以禁人也。又云：囚也。(《一切經音義》卷二十五)
【圄】魚吕切。禁囚也。
◎圄，魚吕切。禁囚。

【囚】辭留切。繫也。
◎囚，辭留切。繫也。
【固】古護切。堅固也。
◎固，古護切。堅固也。
【圁】魚巾切。圁陽縣。
◎圁，魚巾切。圁陽縣。
【圍】于非切。守也，繞也，就也。
◎圍，于非切。守也，繞也，就也。
○圍，《玉篇》云：圍，就也。（《方言疏證》卷十二）
【困】口鈍切。窮也，匱也，極也。
◎困，口鈍切。窮也，匱也，極也。
【圂】胡困切。廁也，豕所居也。
◎圂，胡困切。廁也，豕所居也。
【囮】余周、五戈二切。鳥媒也。䌕，同上。
◎囮，余周、五戈二切。鳥媒也。䌕，同上。
【稛】口本切。束也。
◎稛，口本切。束也。
【囥】他各切。古文橐。
◎囥，他各切。古文橐。
【卣】音酉。中樽器也。又音由。
◎卣，音酉。中樽器。又音由。
【圈】巨萬切。邑名。
◎圈，巨萬切。邑名。
【圊】且盈切。圊，圂也。
◎圊，且盈切。圊，圂也。
【圀】彼力切。姓也，閉也。
◎圀，彼力切。姓也，閉也。
【圔】假狎、乎甲二切。亦作押。
◎圔，假狎、乎甲二切。亦作押。
【园】五丸切。削也。亦作刓。
◎园，五丸切。削也。亦作刓。
【囤】徒本切。小廩也。
◎囤，徒本切。小廩也。
【圝】落官切。團圝也。
◎圝，落官切。團圝也。
【囦】烏緣切。囦水。古文淵。
◎囦，烏緣切。囦水。古文淵。
【圓】須緣切。面圓也。
◎圓，須緣切。面圓也。

【圅】音泓。空也。
◎圅，音泓。空也。
【困】莫兮切。地名。
◎困，莫兮切。地名。
【圉】魚舉切。養馬也。
◎圉，魚舉切。養馬也。
【圀】旨兖切。囚刑固。
◎圀，旨兖切。囚刑。
【困】匹玄切。唾聲也。
◎困，匹玄切。唾声。
【圚】音闠。
◎圚，音闠。
【圁】苦角切。鞭聲。
◎圁，苦角切。鞭声。
【室】陟栗切。下入也。
◎室，陟栗切。下入也。
【圁】陟革切。圁圁，硬皃。
◎圁，陟革切。圁圁，硬皃。
【圅】侯閤切。會也。
◎圅，侯閤切。會也。
【囲】女洽切。手動。
◎囲，女洽切。手動。
【圔】烏合切。窊，聲下。
◎圔，烏合切。去声。
【圂】音莫。見文。
◎圂，音莫。見文。
【圁】音縶。
◎圁，音縶。
【囙】古文日字。
◎囙，古文日字。
【圀圀】古文國字。
◎圀，古文國字。
◎圀，古文國字。
【圄】魚欲切。古文獄字。
◎圄，魚欲切。古文獄字。

員部第四百六十九

凡三字

【員】胡拳切。物數也。一云官數也。又乎

軍切。鼎，籀文。
◎員，胡拳切。物數。一云官數。又乎軍切。鼎，籀文。
【賱】音云。又音運。物數亂也。
◎賱，音云。又音運。物数乱。

齊部第四百七十

凡四字

【齊】在兮切。齊整也。亝，古文。
◎齊，在兮切。齊整也。亝，古文。
【齏】且題切。等也。
◎齏，且題切。等也。
【齌】音齊。病也。
◎齌，音齊。病也。

干部第四百七十一

凡三字

【干】各丹切。犯也，求也，觸也，干戈也。
◎干，各丹切。犯也，求也，觸也，干戈也。
【羊】如甚切。言稍甚也。
◎羊，如甚切。言稍甚。
【屰】宜戟切。《說文》曰：不順也。今作逆。
◎屰，宜戟切。不順。今作逆。

幵部第四百七十二

凡一字

【幵】五堅切。平也。又音肩。
◎幵，五堅切。平也。又音肩。

片部第四百七十三

凡三十九字

【片】普見切。半也，判也，開坼也。
◎片，普見切。半也，判也，開坼也。
【愊】普逼切。判也。
◎愊，普逼切。判也。
【版】布限切。户籍也，判也。
◎版，布眼切。户籍也，判也。
【牘】徒木切。書版也。
◎牘，徒木切。書版也。
○牘，一名札也。野王案云：以材竹爲簡牘，所以寫書記事也。(《三教指歸注》三 23)
【牒】徒頰切。札也，譜也。
◎牒，徒頰切。譜也，札也。
【牑】布然切。牀上版。
◎牑，布然切。牀上版。
【牖】余受切。牕牖也。
◎牖，余受切。牕牖。
○牖，《玉篇》：道也，向也。(《一切經音義》卷二十七)
○牖，《玉篇》：道也，向也。《爾雅》曰牖户之間謂之扆是也。(《續一切經音義》卷二)
●牖同牖。
【牏】之句切。築牆短版。又音頭。
◎牏，之句切。築牆短版。又音頭。
○牏，野王案：牏，築垣短板也。(《倭名抄》三 38)
●和刻本作"又音踰"。
【牉】普半切。半也，分也。
◎牉，普半切。半也，分也。
【牋】先協切。牋牒，小契。
◎牋，先叶切。牋牒，小契。
【牓】譜朗切。牌也。
◎牓，譜朗切。牌也。
【牌】扶佳切。牌牓。
◎牌，扶佳切。牌牓。
【牎】力見切。木解理也。
◎牎，力見切。木解理也。
【牾】是朱切。牾牕，所以遏水也。
◎牾，是朱切。牾牕，以遏水。
【牕】力朱切。牾牕。
◎牕，力朱切。牾牕。
【牊】扶來切。版也。
◎牊，扶來切。版也。
【牒】魚劫切。今作業。
◎牒，魚劫切。今作業。

【膗】且回切。膗膭，屈破狀。
◎膗，且回切。膗膭，屈破狀。
【膭】徒回切。膗膭。
◎膭，徒回切。膗膭。
【牖】恥格切。今作坼。
◎牖，恥格切。今作坼。
【牕】於檢切。屋牕雀。
◎牕，於檢切。屋牕雀。
【牖】步祕切。牖摸也。
◎牖，步祕切。牖摸也。
【牀】胡戈切。棺牀也。
◎牀，胡戈切。棺牀也。
【牉】普麥切。或作劈。
◎牉，普麥切。或作劈。
【牎】楚江切。牎牗也。與窻同。
◎牎，楚江切。牎牗。与窻同。
【牔】除姚切。几。
◎牔，除姚切。几也。
【牋】子田切。表也。亦作箋。
◎牋，子田切。表也。亦作箋。
【牊】直遥切。
◎牊，直遥切。
【牠】余之切。
◎牠，余之切。
【牌】步皆切。
◎牌，步皆切。
【牂】音莊。畫牂。
◎牂，音莊。畫牂。
【牮】音梵。
◎牮，音梵。
【牘】扶忿切。
◎牘，扶忿切。
【牎】力可切。牗别名。
◎牎，力可切。牗别名。
【牗】音受。牗棺。
◎牗，音受。牗棺。
【牕】仕懺切。版也。
◎牕，仕懺切。版也。
【牒】徒協切。
◎牒，徒叶切。
【牐】仕革切。
◎牐，仕革切。
【牓】音坎。板也。
◎牓，音坎。版也。

爿部第四百七十四

凡一字

【爿】仕良切。身所安也。《易》曰：巽于爿下。
◎爿，仕良切。身所安也。《易》曰：巽于爿下。

毋部第四百七十五

凡三字

【毋】武俱切。莫也。今作無。
◎毋，武俱切。莫也。今作无。
【毐】於改切。人無行也。古娭字。秦始皇母與嫪毐婬，坐誅，故世罵婬曰嫪毐。
◎毐，於改切。人無行。古娭字。秦始皇母與嫪毐婬，故世罵婬曰毐。
【毒】户圭切。姓也。
◎毒，户圭切。姓也。

克部第四百七十六

凡四字

【克】口勒切。能也，獲也，勝也。㪟、㐂、亯，並古文。
◎克，口勒切。能也，獲也，勝也。㪟、㐂、亯，並古文。

丿部第四百七十七

凡五字

【丿】普折切。右戾也。
◎丿，普折切。右戾也。
○丿，《玉篇》又普天反。右丿爲陽也。（《龍

龕手鏡》卷四）

【乀】甫勿切。左戾也。

◎乀，甫勿切。左戾也。

【弗】甫勿切。撟也，不正也。《説文》云：撟也。弜，古文。

◎弗，甫勿切。撟也，不正也。弜，古文。

【乂】魚廢切。芟草也。亦作刈。

◎乂，魚廢切。芟草也。亦作刈。

厂部第四百七十八

凡一字

【厂】余制切。拕身皃。虒、身字並从此。

◎厂，余制切。拕身皃。虒、身字並从此。

弋部第四百七十九

凡四字

【弋】夷力切。橛也，所以挂物也。今作杙。又繳射也。亦作䧏。

◎弋，夷力切。橛也，所以挂物也。今作杙。亦作䧏。

【戙】徒棟切。船左右大木。

◎戙，徒棟切。船左右大木。

【牂】子郎切。繫船大弋也。又牂牁郡。亦作牂。

◎牂，子郎切。繫船大弋也。又牂牁郡。亦作牂。

【戨】各何切。牂牁，即牂牁也。

◎戨，各何切。牂牁，即牂牁也。

乁部第四百八十

凡三字

【乁】以支切。流也，万也，移也，徙也。

◎乁，以支切。流也，丂也，移也。

●“丂也”、“万也”皆未詳。

【也】余爾切，又余者切。亂也，斯也，所以窮上成文也。乜，《説文》云：秦時刻石也字如此。

◎也，余爾、余者二切。辭也，所以窮上成文也。乜，《説文》：秦時刻石也字如此。

●“亂也”疑當作“辭也”。

亅部第四百八十一

凡二字

【亅】居月切。鉤逆者謂之亅也。《説文》衢月切。

◎亅，居月切。鉤逆者謂之亅。《説文》衢月切。

【𠄌】知衛切。鉤識也。《説文》居月切。

◎𠄌，知衛切。鉤識也。又居月切。

句部第四百八十二

凡九字

【句】古侯切。曲也，不直也。又九遇切，止也，言語章句也。又古候切。㸃，《説文》句。

◎句，古侯切。曲也，不直也。又九遇切，止也，言語章句也。又古候切。㸃，《説文》句。

【鉤】古侯切。曲也，所以鉤懸物也，引也。

◎鉤，古侯切。曲也，所以鉤懸物也，引也。

【拘】矩娱切。執也，止也，拘檢也。

◎拘，矩娱切。執也，止也，檢也。

【㽛】古迷切。則也。

◎㽛，古迷切。則也。

【笱】古後切。所以捕魚也。

◎笱，古後切。所以捕魚。

【𠣘】丁候切。裂也。亦作剅。

◎𠣘，丁候切。裂也。亦作剅。

【㽛】時召切。倒懸鉤。

◎㽛，時召切。倒懸鉤。

【朐】巨俱切。脯也，亦作朐。

◎朐，巨俱切。脯也，亦作朐。

丩部第四百八十三

凡四字

【丩】居周切。相糾繚也。又瓜丩起。弓，

《説文》丩。
◎丩，居周切。相糾缭也。又瓜丩起。弓，《説文》丩。
【茩】居稠切。草之相缭也。
◎茩，居稠切。草之相缭也。
【糾】居黝切。正也，舉也，督也，絞也，戾也，急也，三合繩也，收也，缭也，絲也。
◎糾，居黝切。正也，舉也，督也，絞也，戾也，急也，三合繩也，收也，缭也，絲也。

㇄部第四百八十四

凡四字

【㇄】於近切。匿也。今作隱。
◎㇄，於近切。匿也。今作隱。
【𥄂】除力切。不曲也，準當也，侍也。直，今文。
◎𥄂，除力切。不曲也，準當也。直，今文。
○直，准當也。(《法華釋文》上)
○直，不曲也。(《法華釋文》下)
【矗】初六切。齊也，草木盛也。《吴都賦》曰：橚矗森萃。
◎矗，初六切。齊也，草木盛也。

亾部第四百八十五

凡六字

【亾】武方切。死也，去也，逃也，無也。作亡，同。
◎亾，武方切。死也，去也，逃也，無也。作亡，同。
【望】無放切。遠視也，覬也，伺也。又無方切。
◎望，無放切。遠視也，覬也，伺也。又無方切。
【乍】士嫁切。暫也，止也。乍，今文。
◎乍，士嫁切。暫也，止也。乍，今文。
【無】武于切。不有也。古文作橆。无，同上。虚无也。
◎無，武于切。不有也。古文作橆。无，同上。虚无也。

匸部第四百八十六

凡九字

【匸】下體切。衺徯，有所挾藏也。
◎匸，下體切。衺徯，有所挾藏也。
【匧】力候切。側匧也。又箕屬。亦作陋。
◎匧，力候切。側匧。又箕屬。亦作陋。
【區】去娱切。域也，藏匿也。又烏侯切，受一斗六升也。
◎區，去娱切。域也，藏匿也。又烏侯切，器名，受一斗六升。
【匿】女直切。陰姦也，亡隱也。
◎匿，女直切。陰姦也，亡隱也。
○匿，《玉篇》云：隱也。(《一切經音義》卷二十五)
【匽】於見切。匿也。
◎匽，於見切。匿也。
【医】於計切。所以蔽矢也，盛弓弩矢器也。或作翳。
◎医，於計切。盛弓弩矢器。或作翳。
【匹】普謐切。配也，四丈爲匹。又一馬也，輩也，二也。
◎匹，普謐切。配也，四丈爲匹。一馬也，輩也，二也。
【匾】他兮切。匾匾，薄也。
◎匾，他兮切。匾匾，薄也。
【匾】補典切。匾匾。
◎匾，補典切。匾匾。

兂部第四百八十七

凡二字

【兂】仄林切。首笄也。今作簪。
◎兂，仄林切。首笄。今作簪。
【兓】子心切。兓兓，鋭意也。
◎兓，子心切。兓兓，鋭意也。

旡部第四百八十八

凡五字

【旡】居毅切。飲食逆氣不得息也。兂，古文。

◎旡，居毅切。飲食逆氣不得息也。兂，古文。

【旤】户果切。《説文》云：逆驚辭也。神不福也。今作禍。㱚，同上。

◎旤，户果切。《説文》：逆驚辭也。神不福也。今作禍。㱚，同上。

●今《説文》作"屰惡驚詞也"。

【琼】力尚、力章二切。事有不善言也。又琼，薄也，悲琼，酸楚也。

◎琼，力尚、力章二切。事有不善言也。又琼，薄也，悲琼，酸楚也。

皃部第四百八十九

凡六字

【皃】茅教切。容儀也。《説文》从白下儿也。貌，籀文。

◎皃，茅教切。容儀也。貌，籀文。

【覍】皮彦切。弁也，攀也，所以攀持髮也，以鹿皮爲之。《説文》曰：冕也。从皃。象形。弁，同上。𡮛，籀文。

◎覍，皮彦切。弁也，攀也，所以攀持髮也。《説文》：冕也。从皃。象形。弁，同上。𡮛，籀文。

【皃】牛遠切。小皃。

◎皃，牛遠切。小皃。

兜部第四百九十

凡二字

【兜】公扈切。壅蔽也。从人，象左右皆蔽也。

◎兜，公扈切。壅蔽也。从人，象左右皆蔽也。

【兜】當侯切。《説文》曰：兜鍪，首鎧也。从兜皃，象人頭也。

◎兜，當侯切。《説文》：兜鍪，首鎧也。从兜皃，象人頭也。

先部第四百九十一

凡三字

【先】思賢切，又思見切。前也，早也。

◎先，思賢、思見切。前也，早也。

〇先，猶前也。(《法華釋文》中)

【兟】丑鄭切。覘也，譯也。亦作偵。

◎兟，丑鄭切。覘也，譯也。亦作偵。

【兟】所巾切。進也。又兟兟，衆多皃。

◎兟，所巾切。進也。又兟兟，衆多皃。

秃部第四百九十二

凡二字

【秃】吐木切。無髮也，从儿，上象禾黍之形。

◎秃，吐木切。無髮也，从儿，上象禾黍之形。

〇秃，野王案：無髮也。(《倭名抄》二 80)

【穨】杜回切。暴風也。亦作頹。

◎穨，杜回切。暴風。亦作頹。

厶部第四百九十三

凡四字

【厶】相咨切。姦邪也，今爲私。又亡后切，厶甲也。

◎厶，相咨切。姦邪也，今爲私。又亡后切，厶甲也。

【羑】以九切。訹誘也。或爲羑、誘。

◎羑，以九切。訹誘也。或作羑、誘。

●底本原作"訹誘"，據宋十行本改。

【篡】初患切。取也，奪也，逆而奪取曰篡。

◎篡，初患切。逆而奪取曰篡。

〇篡，《玉篇》云：奪也。(《一切經音義》卷

二十五）

【厸】力神切。古 鄰 字。近 也，親 也，五家也。

◎厸，力神切。古 鄰 字。近 也，親 也，五家也。

單部第四百九十四

凡二字

【單】時闡切。大也。又丁安切。

◎單，時闡切。大也。又丁安切。

【䩀】丑理、丑忍二切。䩀然，笑皃。

◎䩀，丑理、丑忍二切。䩀然，笑皃。

录部第四百九十五

凡一字

【录】力木切。刻木也。

◎录，力木切。刻木也。

大廣益會玉篇
卷第三十

凡四十七部

四部第四百九十六

凡三字

【四】思利切。數也，次三也。卯，古文。亖，籀文。
◎四，思利切。數也，次三也。卯，古文。亖，籀文。

叕部第四百九十七

凡三字

【叕】知劣切。連也。𣍋，同上。吴人呼短物也。
◎叕，知劣切。連也。𣍋，同上。吴人呼短物也。
【𪇰】側律切。雞兒聲。
◎𪇰，側律切。雞兒声。

亞部第四百九十八

凡六字

【亞】於訝切。次也，就也，配也。
◎亞，於訝切。次也，就也，配也。
【晋】烏訝切。姓也。
◎晋，烏訝切。姓也。
【凹】烏合切，又烏交切。凹凸也。
◎凹，烏合切，又烏交切。凹凸也。
【凸凸】上徒結切，起也。下他骨切，起皃。
◎凸，徒結切，起也。
◎凸，他骨切，起皃。
【穼】古文終字。
◎穼，古文終字。

五部第四百九十九

凡二字

【五】吴古切。數也，次四也。㐅，古文。
◎五，吴古切。數也，次四也。㐅，古文。
○五，數之次四也。（《法華釋文》上）

六部第五百

凡一字

【六】力竹切。數也。
◎六，力竹切。數也。五之次也。

七部第五百一

凡一字

【七】親吉切。數也。
◎七，親吉切。數也。
○七，數之次六也。（《法華釋文》上）

八部第五百二

凡十四字

【八】博拔切。數也。
◎八，博拔切。數也。
【㒸】似醉切。從意也。今作遂也。
◎㒸，似醉切。從意也。今作遂。
【分】甫墳切。隔也，半也，施也，别也，賦也，與也，徧也。又扶問切，限也，意深也。又刈禾分齊也。
◎分，甫墳切。隔也，半也，施也，别也。又扶問切，限也，意深也。又刈禾分齊也。
○分，《玉篇》：分，限界也。(《一切經音義》卷四)
○分，顧野王云：分猶限界也。(《一切經音義》卷二十)
○分，顧野王云：分，析也。(《一切經音義》卷五十七)
【尒】而紙切。語助也，别也，詞之畢也。亦作爾。
◎尒，而紙切。語助也，别也，詞之畢也。亦作爾。
【介】居薤切。甲也，大也，助也，紹也。《説文》云：畫也。
◎介，居薤切。甲也，大也，紹也，助也。《説文》：畫也。
【曾】子登切。則也。又才登切，經也。
◎曾，子登切。則也。才登切，經也。
○曾，猶嘗也。(《法華釋文》上)
【尚】時樣切。上也，庶幾也，且也，曾也，高也，加也。
◎尚，時樣切。上也，庶幾也，且也，曾也，高也，加也。
○尚，《玉篇》：時亮反。庶幾也，且也。(《一切經音義》卷二十七)
【公】古紅切。方平也，正也，通也，居也。
◎公，古紅切。方平也，正也，通也，居也。
【余】弋諸切。身也，我也，語之舒也。叅，同上。
◎余，弋諸切。身也，我也，語之舒也。叅，同上。
【个】柯賀切。枚也。亦作箇。
◎个，柯賀切。枚也。亦作箇。
【必】俾吉切。極也，果也，然也，敕也，專也。
◎必，俾吉切。極也，果也，然也，敕也，專也。
【詹】之鹽切。至也。詹詹，多言皃。
◎詹，之鹽切。至也。詹詹，多言皃。
【穴】補徹切。分也。古文别。
◎穴，補徹切。分也。古作别。

釆部第五百三

凡七字

【釆】蒲莧切。辨别也。象獸指爪分别也。㸔，古文。
◎釆，蒲莧切。辨别也。象獸指爪。㸔，古文。
【番】扶元切。獸足也。或作蹯。又普丹切，番禺，縣名。又步丹切，番和，縣名。
◎番，扶元切。獸足。或作蹯。又普丹切，番禺，縣名。又步丹切，番和，縣名。
【悉】思栗切。盡也，詳也，審也，和也。
◎悉，思栗切。盡也，詳也，審也，和也。
●《玉篇校釋》改“和也”爲“知也”。
【宷】尸甚切。定也，詳也，諦也，信也，悉也。宷知諟也。審，同上。
◎宷，尸甚切。定也，詳也，諦也。審，同上。
【釋】式亦切。廢也，放也，解也，除也。
◎釋，式亦切。廢也，解也，除也。

半部第五百四

凡二字

【半】布旦切。物中分。
◎半，布旦切。物中分。
【叛】步旦切。離也，去也，不與也，背也，别也，背邑曰叛。

◎叛，步旦切。離也，去也，不与也，背也，別也，背邑曰叛。

九部第五百五

凡三字

【九】居有切。數也。

◎九，居有切。數也。

【馗】巨眉切。九達道也。亦作逵。𨜶，古文。

◎馗，巨眉切。九達道也。亦作逵。𨜶，古文。

丸部第五百六

凡四字

【丸】胡官切。圜也，假而轉也。

◎丸，胡官切。圜也，假而轉也。

【㳠】於詭切。鷙鳥食已，吐其毛如丸也。

◎㳠，於詭切。鷙鳥食已，吐其毛如丸也。

【𡯾】胡官切，又如之切。丸屬也。

◎𡯾，胡官切，又如之切。丸屬。

【䊇】芳萬切。《説文》云：其義闕也。

◎䊇，芳万切。《説文》云：其義闕也。

十部第五百七

凡八字

【十】是執切。天九地十，數之具。

◎十，是執切。天九地十，數之具。

【廿】如拾切。二十并也。今直爲二十字。

◎廿，如拾切。二十并也。今直爲二十字。

【千】且田切。十百爲千也。

◎千，且田切。十百爲千。

【肸】許乞切。嚮布也。今爲肹。

◎肸，許乞切。嚮布也。今爲肹。

◑肸，羲袟反。《孟子》：使民肸肸然。劉熙曰：肸肸猶疊疊，動作不安也。《上林賦》：（肸蠁布）寫。野王案：肸亦聲響也。《春秋》：羊肸，字叔響。《説文》爲肸字，在十部。

【卙】慈立切。辭之集。

◎卙，慈立切。辭之集。

【斟】子入、充入二切。斟斟，蠶盛也。又會聚也。

◎斟，子入、充入二切。斟斟，蠶盛。又會聚。

【协】力德切。十人也。

◎协，力德切。十人也。

【博】布各切。廣也，通也。

◎博，布各切。廣通也。

卅部第五百八

凡三字

【卅】先闔切。三十也。

◎卅，先闔切。三十也。

【卌】先入切。四十也。

◎卌，先入切。四十也。

【世】尸制切。父子相繼也。又三十年曰世。

◎世，尸制切。父子相継也，三十年曰世。

古部第五百九

凡二字

【古】公户切。古久之言也。伏羲爲上古，文王爲中古，孔子爲後古。古，始也。

◎古，公户切。古久之言。伏羲上古，文王中古，孔子後古。古，始也。

【嘏】加下切。大也，固也，長也。

◎嘏，加下切。大也，固也，長也。

○嘏，《玉篇》：嘏，音加下切。大也。（《方言箋疏》卷一）

寸部第五百十

凡十字

【寸】千鈍切。十分也。

◎寸，千鈍切。十分也。

【寺】似吏切。司也，嗣也，官也。
◎寺，似吏切。司也，嗣也，官也。
【尋】似林切。繹也，理也，重也，用也，遂也。
◎尋，似林切。繹也，理也，重也，用也，遂也。
【專】之船切。六寸簿也。又紡專。亦爲叀。
◎專，之船切。六寸簿也。又紡專。亦爲叀。
【射】市柘切。矢也。又作䠶，以近窮遠也。又以柘、羊益二切。
◎射，市柘切。矢也。又作䠶，以近窮遠也。又以柘、羊益二切。
【尃】撫俱切。徧也，布也。或作敷。
◎尃，撫俱切。徧也，布也。或作敷。
【導】徒到切。通也，引也，教也。
◎導，徒到切。通也，引也，教也。
〇導，顧野王云：導亦謂教導也。(《一切經音義》卷二十四)
【尉】於貴切。武官之稱也。
◎尉，於貴切。武官稱。
〇尉，武官稱也。(《秘寶鈔》中三 12)
【㝷】須全切。修也。
◎㝷，須全切。修也。
【將】子羊切。行也，欲也，或也，送也，奉也，大也，助也，養也。扶侍爲將。又子匠切，帥也。又七羊切。
◎將，子羊切。行也，欲也，或也，送也，奉也，大也，助也，養也。扶侍爲將。又子匠切，帥也。又七羊切。
〇將，《玉篇》云：將者，進也，臨也。(《一切經音義》卷二十五)

丈部第五百十一

凡三字

【丈】除兩切。十尺也。又丈夫也，長也，扶也，長扶萬物也。
◎丈，除兩切。十尺也。丈夫也，長也。扶父，長扶萬姓也。
〇丈，十尺也。(《法華釋文》上)
●圓沙本“扶父”未詳。底本“扶也”爲“夫”字義。
【𡖋】丁報切。姓也。
◎𡖋，丁報切。姓也。
【𣬞】他禮切。横首杖也。
◎𣬞，他礼切。横首杖。

皕部第五百十二

凡二字

【皕】彼利切。二百也。又音逼。
◎皕，彼利切。二百也。又音逼。
【奭】式亦切。盛也，驚視皃也。
◎奭，式亦切。盛也，驚視皃也。

甲部第五百十三

凡五字

【甲】古狎切。六甲也，太歲在甲曰閼逢。
◎甲，古狎切。六甲也，太歲在甲曰閼逢。
【䛁】如甘切。甲邊。
◎䛁，如甘切。甲邊。
【𤰥】豆戴切。𤰥帽也。亦作瑇、蝳。
◎𤰥，豆戴切。𤰥帽也。亦作瑇、蝳。
【帽】莫代切。亦作瑁、蝐。
◎帽，莫代切。亦作瑁、蝐。
【㽱】下甲切。相著也。
◎㽱，下甲切。相著也。

乙部第五百十四

凡六字

【乙】猗室切。甲乙也，太歲在乙曰旃蒙。
◎乙，猗室切。甲乙也，太歲在乙曰旃蒙。
【亂】力貫切。理也，兵寇也。或作𤔔也。
◎亂，力貫切。理也，寇也。或作𤔔。
〇亂，顧野王《玉篇》云：亂，理也。(《皇氏論語義疏參訂》卷四)
【乿】書以切。今作始。

◎乱，書以切。今作始。

【乩】古奚切。今作稽。

◎乩，古奚切。今作稽。

【乾】巨焉切，又柯丹切。竭也，燥也，燋也。

◎乾，巨焉、柯丹二切。竭也，燥也，燋也。

○乾，顧野王云：乾燥也。（《一切經音義》卷六十四）

【尤】于留切。過也，怪異也，責也，多也，怨也。

◎尤，于留切。過也，怪異也，責也，多也，怨也。

丙部第五百十五

凡一字

【丙】兵皿切。辰名，太歲在丙曰柔兆。又光明也。

◎丙，兵皿切。辰名，太歲在丙曰柔兆。又光明也。

丁部第五百十六

凡二字

【丁】多庭切。强也，壯也，太歲在丁曰强圉。又竹耕切，丁丁，伐木聲也。

◎丁，多庭切。强也，壯也，太歲在丁曰强圉。又竹耕切，丁丁，伐木声也。

【丣】他丁切。亦作汀。

◎丣，他丁切。亦作汀。

戊部第五百十七

凡三字

【戊】亡寇切。戊，茂也，太歲在戊曰著雍。

◎戊，亡寇切。茂也，太歲在戊曰著雍。

【成】市征切。平也，畢也，就也。戚，古文。

◎成，市征切。平也，畢就也。戚，古文。

己部第五百十八

凡四字

【己】居喜切。己身也，太歲在己曰屠維。王，古文。

◎己，居喜切。身也，太歲在己曰屠維。王，古文。

○己，居喜反。己身也。（《三教指歸注》二 16）

○己，野王案云：己身自稱也。（《三教指歸注》二 18）

【巹】居隱切。舒也，敬身有所承也。

◎巹，居隱切。舒也，敬身有所承也。

○巹，以瓢爲酒器，婚禮用之。（《三教指歸注》三 21）

【曩】奇己切。長跪也。或作跽也。

◎曩，奇己切。長跪也。或作跽。

巴部第五百十九

凡二字

【巴】布加切。國名。又巴蛇吞象，三年而後吐其骨，服之無心腹病。又《三巴記》云：閬白水東南遶如巴字。

◎巴，布加切。國名。又巴蛇吞象，三年而後吐其骨，服之無心腹病。

【祀】市招切。擊也。

◎祀，市招切。擊也。

庚部第五百二十

凡一字

【庚】假衡切。庚猶更也，太歲在庚曰上章。

◎庚，假衡切。庚猶更也，太歲在庚曰上章。

辛部第五百二十一

凡八字

【辛】思人切。辛辛也，太歲在辛曰重光。

◎辛，思人切。辠也，太歲在辛曰重光。

【辠】在磊切。犯公法也。今作罪。

◎辠，在磊切。犯公法也。今作罪。

【辜】古胡切。罪也。古作㖵。

◎辜，古胡切。罪也。古作㖵。

【辥】婢亦切。死刑也，罪也。《説文》私列切。

◎辥，婢亦切。死刑也，罪也。《説文》私列切。

【辤】似咨切。不受也，别也，去也。字從辛，辛宜不受之辤也。辝，籀文。辭，亦同上。理獄争訟之辭也。

◎辤，似咨切。不受也，别也，去也。辝，籀文。辭，亦同上。理獄争訟之辭也。

【辢】力達切。辛辢也，痛也。

◎辢，力達切。辛辢也，痛也。

辡部第五百二十二

凡三字

【辡】皮免切。罪辡，相與訟之言。又方免切。

◎辡，皮免切。辡罪，相與訟之言。又方免切。

【辯】皮免切。慧也，正也，理也。

◎辯，皮免切。慧也，正也，理也。

【辦】普面切。《爾雅》云：革中絶謂之辦。車轡勒也。

◎辦，普面切。《爾雅》：革中絶謂之辦。車轡勒也。

辛部第五百二十三

凡四字

【䇂】綺虔切。䇂，辠也。亦作愆，過也，失也。又作僁。

◎䇂，綺虔切。䇂，辠也。亦作愆，過也，失也。又作僁。

【童】徒東切。男有罪爲奴曰童。使也，獨也。又童童，盛皃。今用僮。𥫍，籀文。

◎童，徒東切。男有罪爲奴曰童。使也，獨也。又童童，盛皃。今用僮。𥫍，籀文。

○童，謂幼童迷昏，未冠之稱也。古作僮。今謂僕隸也。(《法華釋文》上)

○童，僮子者，謂幼僮。童，僮古字耳。(《類》122)

○童，《玉篇》：童子者，謂幼童迷昏未冠之稱。(《一切經音義》卷二十七)

【妾】七接切。不娉也，字從䇂。

◎妾，七接切。不娉也，字從䇂。

桀部第五百二十四

凡五字

【桀】奇列切。磔也。或作桀。賊民多累曰桀。

◎桀，奇列切。磔也。或作傑。賊民多累曰桀。

【椉】是升、是證二切。勝也，四馬也，升理也，計也，覆也，守也，一也。死，古文。乘，今文。

◎椉，是升、是證二切。勝也，四馬也，升理也，計也，覆也，守也，一也。死，古文。乘，今文。

【磔】竹格切。張也。《爾雅》：祭風曰磔。

◎磔，竹格切。張也。《爾雅》：祭風曰磔。

壬部第五百二十五

凡一字

【壬】而林切。太歲在壬曰玄黓。

◎壬，而林切。太歲在壬曰玄黓。

癸部第五百二十六

凡三字

【癸】古揆切。太歲在癸曰昭陽。癸，籀文癸。䊛，古文。

◎癸，古揆切。太歲在癸曰昭陽。癸，籀文癸。䊛，古文。

子部第五百二十七

凡四十字

【子】咨似切。兒也，滋也，愛也，男子之通稱也。𢀈，古文。㜽，籀文。

◎子，咨似切。兒也，滋也，愛也，男子之通稱也。𢀈，古文。㜽，籀文。

○子，兒也。(《法華釋文》上)

【孕】弋證切。妊子也，含實也。古文作䙴。

◎孕，弋證切。妊子也，含實也。古文作䙴。

【㝃】靡辯切。生子㝃身也。

◎㝃，靡辯切。生子㝃身也。

【字】疾恣切。愛也，養也，生也，飾也。

◎字，疾恣切。愛也，養也，生也，飾也。

【𤔤】奴豆切，又公豆切。乳也，𣪊也。

◎𤔤，奴豆切，又公豆切。乳也，𣪊也。

【孿】音患切，又力員切。孌也，又雙產也。

◎孿，音患、力員二切。孌也，雙產也。

【孺】如喻切。稚也，少也，乳子也。𡦙，同上，俗。

◎孺，如喻切。稚也，少也，乳子也。𡦙，俗。

【季】居悸切。稚也，少也，小稱也。

◎季，居悸切。稚也，少也，小稱也。

【孟】莫更切。長也，子也，始也。

◎孟，莫更切。長也，子也，始也。

【𠈃】古文保字。

◎𠈃，古文保字。

【孼】魚列切。憂也。孼孼，盛飾皃。

◎孼，魚列切。憂也。孼孼，盛飾皃。

【𡥦】疾利、子思二切。𡥦產也。𢍂，籀文。

◎𡥦，疾利、子思二切。𡥦產也。𢍂，籀文。

【孥】怒乎切。子也。亦作帑。

◎孥，怒乎切。子也。亦作帑。

【孤】古乎切。特也，少無父也，獨也。

◎孤，古乎切。特也，少無親父也，獨也。

○孤，特也，少無父也，獨也。古午反。(《三部經音義集》二)

【𡥈】似利切。今作嗣。

◎𡥈，似利切。今作嗣。

【存】在昆切。恤問也，有也，察也，在也。

◎存，在昆切。恤問也，有也，察也，在也。

【疑】魚其切。嫌也，恐也，不定也。亦作𠤕。

◎疑，魚其切。嫌也，恐也，不定也。亦作𠤕。

【斈】公孝切。效也。《説文》又音交。

◎斈，公孝切。效也。《説文》又音交。

【孝】呼效切。《説文》曰：善事父母者。

◎孝，呼效切。《説文》：善事父母者。

【孡】敕來切。孕也。亦作胎。

◎孡，敕來切。孕也。亦作胎。

【孩】胡來切。幼稚也。

◎孩，胡來切。幼稚也。

○孩，顧野王云：孩，幼稚也。(《一切經音義》卷八十一)

【孷】力辭切。孷孖，雙生也。

◎孷，力辭切。孷孖，雙生也。

○孷，《玉篇》云：孷孖，雙生也，雞鴨成健。又引《文字音義》云：江東呼畜雙產謂之健。(《方言疏證》卷三)

【孖】子辭切。亦作滋，蕃長也。亦作㭒。或辭恣切，孷孖。

◎孖，子詞切。亦作滋，蕃長也。亦作㭒。或詞恣切，孷孖。

【孆】音纓。孩也。

◎孆，音纓。孩也。

【孛】薄背切。星也。又音勃。

◎孛，薄骨切。星也。又音勃。

【孜】音茲。厚也。

◎孜，音茲。厚也。

【㺺】音矩。孤也。

◎㺺，音矩。孤也。

【㚚】古文好字。

◎㚚，古文好字。

【𡦃】之列切。皇也。

◎𡦃，之列切。皇也。

【㜗】音粲。二女也。

◎㜗，音粲。二女也。

【㜾】音體。小皃也。
◎㜾，音體。小皃皃。
○㜾，《玉篇》音躰，保小皃也。（《龍龕手鏡》卷二）
【孙】丑證切。川也。
◎孙，丑證切。川也。
○孙，《玉篇》：丑證反。川也。（《龍龕手鏡》卷二）
【學】爲角切。受教也，覺也，斅也。
◎學，爲角切。受教也，覺也，教也。
○學，顧野王云：受人之教也。（《一切經音義》卷十八）
【孷】音季。古文。
◎孷，音季。古文。
【孢】平巧切。
◎孢，平巧切。
●"平巧切"疑當作"平巧切"。
【孖】音敘。
◎孖，音敘。

了部第五百二十八

凡四字

【了】力鳥切。挂也，訖也，慧也。《說文》曰：尥也。从子無臂，象形。
◎了，力鳥切。訖也，慧也。《說文》：尥也。
【𠄎】丁了切。懸物皃也。
◎𠄎，丁了切。懸物皃也。
【孑】九月、九勿二切。無左臂也，短也。
◎孑，九月、九勿二切。短也，無左臂也。
【孓】居折切。遺也，餘也，後也，短也，無右臂也。
◎孓，居折切。遺也，餘也，後也，短也，無右臂也。

孨部第五百二十九

凡四字

【孨】莊卷、旨兖二切。謹也，孤兒也。
◎孨，莊卷、旨兖二切。謹也，孤兒也。
●《玉篇校釋》改作"孤皃也"。
【孱】士連切。不齊也，愞弱也。又士限切。
◎孱，仕連切。不齊也，愞弱也。又仕限切。
【孴】牛起切。盛皃。又衆多之皃。孴，籀文。又奇字㬪，子刃切。
◎孴，牛起切。盛皃。又衆多之皃。孴，籀文。又奇字㬪，子刃切。

𠫓部第五百三十

凡五字

【𠫓】徒骨切。不順忽出也，此亦作突。《說文》他骨切。㐬，古文。今作突。
◎𠫓，徒骨切。不順忽出，亦作突。《說文》他骨切。㐬，古文。今作突。
【育】余六切。長也，養也，生也，養子使從善也，撫也。毓，上同。
◎育，余六切。長也，養也，生也，養子使从善也，撫也。毓，上同。
【疏】所居切。稀也，闊也，遠也，通也，理也，分也，非親也。又所去切，檢書也。
◎疏，所居切。稀也，闊也，遠也，通也，理也，分也，非親也。又所去切，檢書也。

丑部第五百三十一

凡四字

【丑】敕久切。丑猶紐也。
◎丑，敕久切。丑猶紐也。
【羞】思留切。滋味也，熟食也，進也，辱也，恥也。
◎羞，思留切。進也，熟食也，進也，辱也，恥也。
●圓沙本"進也"重出。
【丣】夫元切。今作番，數也。
◎丣，夫元切。今作番，數也。
【丟】布賀切。今作播，揚也。
◎丟，布賀切。今作播，揚也。

寅部第五百三十二

凡二字

【寅】弋咨、以真二切。演也，瞚也，敬也，强也。鋻，古文。

◎寅，弋咨、以真二切。演也，敬也，强也。鋻，古文。

●“瞚也”未詳。

卯部第五百三十三

凡三字

【卯】亡絞切。茂也，冒也，二月萬物冒地出。丣，篆文。兆，古文。

◎卯，亡絞切。茂也，冒也，二月萬物冒地出。丣，篆文。兆，古文。

辰部第五百三十四

凡三字

【辰】市真切。震也，時也，三辰日月星也，房星也。或作晨。𠨷，古文。

◎辰，市真切。震也，時也，三辰日月星也，房星也。或作晨。𠨷，古文。

【辱】如燭切。恥也，惡也，汙也。

◎辱，如燭切。恥也，惡也，汙也。

巳部第五百三十五

凡三字

【巳】徐里切。嗣也，起也。又弋旨切，退也，止也，此也，弃也，畢也。又訖也。

◎巳，徐里切。嗣也，起也。又弋旨切，退也，止也，此也，弃也，畢也。又訖也。

【㲋】丁角切。日月會于龍㲋也。

◎㲋，竹角切。日月會于龍㲋也。

【㠯】余始切。用也，實也。今作以。

◎㠯，余始切。用也，意也，實也。今作以。

午部第五百三十六

凡三字

【午】吴古切。牾也，分布也，交也。

◎午，吴古切。牾也，分布也，交也。

【啎】五故切。相觸也，逆也。忤，同上。

◎啎，五故切。相觸也，逆也。忤，同上。

〇啎，《玉篇》有啎字，五故反。觸也，逆也。（《戰國策·魏》卷七）

未部第五百三十七

凡一字

【未】亡貴切。未，味也，六月建也，未猶不也，未有不即有也。

◎未，亡貴切。未，味也，六月建也，未猶不也，未有不即有也。

申部第五百三十八

凡九字

【申】式神切。身也，伸也，重也。申申，容舒也。𦥔，籀文。𤰣，古文。

◎申，式神切。身也，伸也，重也。申申，容舒也。𦥔，籀文。𤰣，古文。𡰪，古文申字。

【𨎩】弋振切。小鼓在大鼓上，擊之以引樂也。

◎𨎩，弋振切。小鼓在大鼓上，擊之以引樂也。

【臾】欲朱切。須臾，俄頃也。

◎臾，欲朱切。須臾，俄頃也。

【曳】弋勢切。申也，牽也，引也。

◎曳，弋勢切。申也，牽也，引也。

〇曳，顧野王云：曳猶牽也。（《一切經音義》卷三十一）

【暢】丑亮切。達也，通也。亦作暘。

◎暢，丑亮切。達也，通也。亦作惕。

【畃】音荀。匀也。

◎畇，音荀。勻也。
【躲】敕龍切。躲直也。
◎躲，敕龍切。躲直也。

酉部第五百三十九

凡一百七十一字

【酉】弋帚切。飽也，酋也，就也。丣，古文。
◎酉，弋帚切。包也，酋也，就也。丣，古文。
●圓沙本"包也"疑當作"飽也"。
【醭】莫公切。麴生衣也，細屑也。或作䴬。
◎醭，莫公切。麴生衣也，細屑也。或作䴬。
【酒】咨有切。杜康所作。《禮》云：凡祭宗廟酒曰清酌也。
◎酒，咨有切。杜康所作。《礼》云：祭宗廟酒曰清酌。
【醰】余心、才心二切。熱麴也，幽也。
◎醰，余心、才心二切。熱麴也，幽也。
【釀】女帳切。作酒也。
◎釀，汝帳切。作酒。
【醞】於運切。釀酒也。
◎醞，於運切。釀酒。
【畚】芳萬切。酒熟也，釀一宿也。
◎畚，芳萬切。酒熟也，釀一宿也。
【酴】大乎切。麥酒不去滓飲也。
◎酴，大乎切。麥酒不去滓飲。
【釃】所宜、所綺二切。下酒也，醇也。或作麗。
◎釃，所宜、所綺二切。下酒也，醇也。或作麗。
【醨】郎狄切。䤆也，漉酒也。
◎醨，郎狄切。䤆也，漉酒也。
【䤆】公縣切。以孔下酒也。
◎䤆，公縣切。以孔下酒也。
【醪】力刀切。汁滓酒也。
◎醪，力刀切。汁滓酒也。
○醪，汁滓酒也。(《倭名抄》四 33)
【醴】力弟切。甜酒也，一宿熟也。醴泉，美泉也，狀如醴酒，可以養老也。
◎醴，力弟切。甜酒。醴泉，狀如酒。
○醴，力弟反。甜酒，宿熟也。(《三教指歸注》四 26)
【醹】如庾切。厚酒也。
◎醹，如庾切。厚酒。
【醇】時均切。粹精也，專也，厚也，不澆酒也。
◎醇，時均切。粹也，不澆酒也。
【酎】除又切。醇也，釀也。
◎酎，除又切。醇也，釀也。
【醯】莫公切。濁酒也。
◎醯，莫公切。濁酒。
【醲】女容切。厚酒也。
◎醲，女容切。厚酒。
【酣】汝吏切。重釀也。
◎酣，汝吏切。重釀。
【酤】胡古切。一宿酒也。又古胡切，又古護切，賣酒也。
◎酤，胡古切。一宿酒。又古胡、古護二切，賣酒也。
【醬】豬宜切。酒厚也。
◎醬，豬宜切。酒厚。
【醓】力暫切。泛醓齊行酒。
◎醓，力暫切。泛醓齊行酒。
【醰】古禫、余膽二切。酒味苦也。
◎醰，古禫、余膽二切。酒味苦。
●《玉篇校釋》改爲"酒味淫也"。
【酷】口梏切。熟也，酒味厚也。或作醅。
◎酷，口梏切。酒味厚也。或作酷。
●底本"醅"，原作"酷"，據宋十一行本改。圓沙本亦誤。
【酓】於忝、火含二切。酒苦也。
◎酓，於忝、火含二切。酒苦也。
【醰】徒紺切。酒味不長也。又大含切。
◎醰，徒紺切。酒味不長。又音覃。
【酢】普末切。酒色也。
◎酢，普末切。酒色。
【酨】徒戴、與職二切。酒色也，甘也。
◎酨，徒戴、与職二切。酒色也。

【配】普對切。匹也，媲也，對也，當也，合也。
◎配，普對切。匹也，媲也，合也。
【酌】之若切。盛酒行觴也，挹也，斟也，取也，益也，沽也。
◎酌，之若切。挹也，斟也。
【醮】子肖切。冠娶妻也，禮祭也。或作穛字。
◎醮，子肖切。婚祭。或作穛。
〇醮，顧野王云：婚禮，婦之再醮也。(《一切經音義》卷六十二)
【酳】余振切。少飲也。䤂，同上。
◎酳，余振切。少飲。䤂，同上。
【酬】市周切。勸也，報也，厚也。醻，同上。
◎酬，市周切。勸也，報也，厚也。醻，同上。
【醋】才各切。報也，進酒於客曰獻，客荅主人曰醋。今音酢。
◎醋，才各切。客荅主人。今音熷。
【醓】亡一切。飲酒俱盡也，醟醶也。或作醿。
◎醓，亡一切。飲酒俱盡。亦作醿。
【釂】子曜切。飲酒盡。
◎釂，子曜切。飲酒盡。
【酣】胡甘切。樂酒也，不醉也。或作佄。
◎酣，胡甘切。樂酒也。或作佄。
【酖】都含切。樂酒也。
◎酖，都含切。樂酒也。
【醧】於據切。私也，酒美也。
◎醧，於據切。私也，酒美也。
【醵】其庶、其虐二切。合錢沽酒醵會也。酤，同上。
◎醵，其庶、其虐二切。合錢沽酒。酤，同上。
【酺】步胡、蒲故二切。《説文》曰：王德布，大飲酒也。
◎酺，步胡、蒲故二切。大飲酒也。
【醉】子遂切。卒也，卒度也，度其量不至於亂也。
◎醉，子遂切。卒也，度也，不至乱。
【醺】許軍切。醉也。醺醺，和悦皃也，坐不安也。
◎醺，許軍切。醉也，和悦皃。
【醅】匹才切。醉飽也，未䤈之酒。
◎醅，匹才切。醉飽也，未漉之酒。
【醟】于命切。酗也。
◎醟，于命切。酗也。
【酶】許具切。兇酒曰酶醟。酗，同上。
◎酶，許具切。兇酒曰酶醟。酗，同上。
【酲】陳貞切。病酒也，醉未覺也。
◎酲，陳貞切。病酒也，醉未覺。
【莤】所六切。泲酒去滓也。又榼上塞也。
◎莤，所六切。酒去滓。又榼上塞。
【醶】且冉切。酢也。又初減切。
◎醶，且冉切。酢也。又初減切。
【酸】先丸切。酢也。䤝，古文。
◎酸，先丸切。酢也。䤝，古文。
【截】昨載、祖代二切。酢漿也，釋米汁也。
◎截，昨載、祖代二切。酢漿也。
〇截，酢再反。米汁也。(《醫心方》八 21)
〇截，酢再、徂載二反。米汁也。(《醫心方》十一 15)
【醶】叉檻切。酢漿也。
◎醶，叉檻切。酢漿也。
【酢】且故切。酸也，醶也。今音昨，爲酬酢字也。
◎酢，且故切。酸也。今音昨，酬酢。
〇酢，《玉篇》《字統》皆音酢，倉固反。(《一切經音義》卷十二)
【酏】余支切。米酒也，甜也，清酒也。
◎酏，余支切。米酒也，甜也。
【醬】子匠切。醢也。牆，同上，見《説文》。牆，古文。䊒，籀文。
◎醬，子匠切。醢也。牆，同上，見《説文》。牆，古文。䊒，籀文。
【醢】訶改切。醬也。
◎醢，訶改切。醬也。
【醟】亡侯切。醟醶醬也，醳也。
◎醟，亡侯切。醟醶醬。

【醶】大侯切。酳醶醬。
◎醶，大侯切。酳醶醬。
【醳】蒲桂切。檮榆醬。
◎醳，蒲桂切。檮榆醬。
【醽】巨出切。醢醬也。
◎醽，巨出切。醢醬。
【酹】力昧切。餟祭也，以酒祭地也。
◎酹，力昧切。餟祭也，以酒祭地。
【醁】力醬切。雜味也。
◎醁，力醬切。雜味也。
【醬】昨冉切。醬醬，味薄也。
◎醬，昨冉切。醬醬，味薄也。
【醬】而琰切。醬醬。
◎醬，而琰切。醬醬。
【醶】在計切。酒有五醶之名，見《周禮》。或作齊。又醬也。
◎醶，在計切。五醶。或作齊。又醬。
【醍】他禮切。酒紅色。又音提。醑，同上。
◎醍，他禮切。酒紅色。一音提。醑，同上。
【醷】於力、於里二切。梅漿也。
◎醷，於力切。又於里切。梅漿也。
【酪】力各切。漿也，乳汁作。
◎酪，力各切。漿也，乳汁作。
【醳】夷石、尸石二切。苜酒。
◎醳，夷石、尸石二切。苜酒。
【醆】仄限切。酒濁微清也。一曰爵也。
◎醆，仄限切。酒濁微清也。一曰爵也。
【醒】思廷、思領二切。醉除也。
◎醒，思廷、思領二切。醉除也。
○醒，顧野王云：醉除也。（《一切經音義》卷十七）
【醩】子刀切。籀文糟。醩，上同。亦作蓸。
◎醩，子刀切。籀文糟。醩，同上。亦作蓸。
【醙】使鄒切。白酒也。
◎醙，使鄒切。白酒。
【醃】奴敢切。煮也。亦作腩。
◎醃，奴敢切。煮也。亦作腩。
【醽】彌兖切。飲酒失度也。或作湎。
◎醽，彌兖切。飲酒失度。或作湎。

【醂】力感切。藏梯也。
◎醂，力感切。藏梯也。
【醝】在何切。白酒也。
◎醝，在何切。白酒。
【醠】烏浪切。濁酒也。
◎醠，烏浪切。濁酒。
【醸】許角切。酢也。
◎醸，許角切。酢也。
【醴】亡狄切。醴醨，酪滓。
◎醴，亡狄切。醴醨，酭滓。
●圓沙本“酭滓”疑當作“酪滓”。
【醨】力的切。醴醨。
◎醨，力的切。醴醨。
【醰】下衮切。醨相沃。
◎醰，下衮切。醨相沃。
【醶】所檻切。酢也。
◎醶，所檻切。酢也。
【醭】莫割切。醭醏，醬也。
◎醭，莫割切。醭醏，醬也。
【醏】當孤切。醭醏也。
◎醏，當孤切。醭醏。
【煪】似由切。酒色也。
◎煪，似由切。酒色。
【醂】亡兮、亡安二切。
◎醂，亡兮、亡安二切。
【醛】叉劣切。鹹葅也。
◎醛，叉劣切。鹹葅也。
【酮】徒董切。酢欲壞。
◎酮，徒董切。酢欲壞。
【醋】視利切。亦作嗜。
◎醋，視利切。亦作嗜。
【酭】于救切。報也。或作侑。
◎酭，于救切。報也。或作侑。
【醞】於娱切。能飲者飲，不能飲者止。
◎醞，於娱切。能則飲，不能者止。
【醔】自流切。亦作酋，酒官也。
◎醔，自流切。亦作酉，酒苢。
●圓沙本“酉”當作“酋”，“苢”當作“官”。
【醆】巨氣切。术酒名。

◎醆，巨氣切。米酒色。
●圓沙本“米酒色”未詳。
【醯】呼啼切。酸味也。醓，同上，俗。
◎醯，呼啼切。酸味。醓，俗。
【醊】竹芮切。今作餟。祭酹也。亦作䄌。
◎醊，竹芮切。今作餟。祭酹也。亦作䄌。
○醊，竹芮反。今作餟。祭酹也。亦作䄌。又陟劣反。(《醫心方》二六27)
【醾】似吕切。美皃。亦作萸。
◎醾，似吕切。美皃。亦作萸。
【酘】徒鬭切。酘酒也。
◎酘，徒鬭切。酘酒也。
【酡】徒和切。飲酒朱顔皃。酏，同上，俗。
◎酡，徒和切。飲酒味顔皃。酏，俗。
●圓沙本“味”當作“朱”。
【醨】力支切。薄酒也。
◎醨，力支切。薄酒。
【醎】音咸。俗鹹字。
◎醎，音咸。俗鹹字。
【醅】音嘗。
◎醅，音嘗。
【醐】户吾切。醍醐也。
◎醐，户吾切。醍醐。
【醿】無悲切。酴醿酒。
◎醿，無悲切。酴醿酒。
【醽】魯丁切。淥酒也。
◎醽，魯丁切。淥酒。
【醁】力玉切。
◎醁，力玉切。
【醡】側射切。造酒也。醉，同上。
◎醡，側射切。造酒。醉，同上。
【醇】士倫切。美也。
◎醇，士倫切。美也。
【酘】户茅切。
◎酘，户茅切。
【醅】於今、於南二切。
◎醅，於今、於南二切。
【醚】音彌。醉也。
◎醚，音彌。醉也。
【酧】於林切，又於琰切。酒。
◎酧，於林、於琰二切。酒也。
【醫】音醫。
◎醫，音醫。
【䣛】音征。醋煮魚也。䣛，同上。
◎䣛，音征。醋煮魚。䣛，同上。
【酐】音于。飲也。
◎酐，音于。飲也。
【酥】音蘇。酪也。
◎酥，音蘇。酪也。
【醾】音媒。醋名。
◎醾，音媒。醋名。
【酦酟】上音离，下音秖。乳腐名。
◎酦，音离。酦酟，乳腐名。
◎酟，音秖。酦酟。
【酫】音諳，又音峆。酒色也。
◎酫，音諳，又音含。酒色也。
【醔】音搊。出酒。
◎醔，音搊。出酒。
【醾】音桑。乳酒。
◎醾，音桑。乳名。
【酐】火朗切。苦酒也。
◎酐，火朗切。苦酒。
【醔】與久切。酒名。
◎醔，与久切。酒名。
【酮】口下切。苦酒也。
◎酮，口下切。苦酒。
【醰】音覽。醰醎，醋味也。
◎醰，音覽。醰醎，醋味。
【醆】音揆。醥也。
◎醆，音揆。醳也。
●圓沙本“醳也”未詳。
【醃】於炎切，又於紺切。葅也。
◎醃，於炎、於紺二切。葅也。
【醣】旨善切。苦酒也。
◎醣，旨善切。苦酒。
【醥醥】上音了，下匹眇切。酒清也。
◎醥，音了。醥醥，清酒也。
◎醥，匹眇切。醥醥。

【酩酊】上莫迴切，下多領切。醉甚也。
◎酩，莫迴切。酩酊，醉甚也。
◎酊，多領切。酩酊。
【醜】尺久切。皃惡。
◎醜，尺久切。皃惡。
【醇】皮美切。酒色。
◎醇，皮美切。酒色。
●《説文》爲“圮”字或體，訓“毀也”。
【醑】相吕切。美酒也。
◎醑，相吕切。美酒。
【醓】音毯。酷也，酸也。
◎醓，音毯。酷也，酸也。
【醅】於啗切。
◎醅，於埳切。
【醖】音抽。酒名。
◎醖，音抽。酒名。
【醎】音簡。鹹也。
◎醎，音簡。鹹也。
【醼】於見切。設也。
◎醼，於見切。設也。
【醐】音制。魚子醬也。
◎醐，音制。魚子醬也。
【皰】平孝切。面上瘡。
◎皰，平孝切。面上瘡。
○皰，《玉篇》：平孝反。面上瘡也。（《龍龕手鏡》卷二）
【酵】古孝切。酒酵。
◎酵，古孝切。酒酵。
【醵】步報切。酒名。
◎醵，步報切。酒名。
【醻】音傷。耆酒也。
◎醻，音傷。耆酒也。
【醮】士孝切。醉醮也。
◎醮，壬孝切。醉醮也。
●圓沙本“壬孝切”疑當作“士孝切”。
【醀】位錐切。肉酒。
◎醀，錐位切。肉酒。
●圓沙本“錐位切”未詳。
【酦】蒲撥切。酒氣也。
◎酦，蒲撥切。酒氣。
【醘】口盍切。酒器也。
◎醘，口盍切。酒器。
【醭】匹卜切。醋生白。
◎醭，匹卜切。醋生白。
【酏】音雌。糟也。
◎酏，音雌。糟也。
【醫】音斛。濁酒也。
◎醫，音斛。濁酒也。
【醒】五鼎切。醒也。
◎醒，五鼎切。醒也。

酋部第五百四十

凡四字

【酋】疾流切。長也，酒官也，熟也，醳酒也，液也。或作酱。
◎酋，疾流切。長也，酒官也，熟也，醳酒也，液也。或作酱。
【尊】子昆切。敬也，重也。亦酒器也。或作樽。尊，同上。僔，同上。
◎尊，子昆切。敬也，重也。亦酒器。或作樽。尊，同上。僔，同上。

戌部第五百四十一

凡一字

【戌】思律切。誠也。
◎戌，思律切。誠也。

亥部第五百四十二

凡二字

【亥】何改切。荄也，依也。𢁥，《説文》亥。與豕同意。
◎亥，向改切。荄也，依也。𢁥，《説文》亥。与豕同意。
●圓沙本“向改切”疑當作“何改切”。

新加偏旁正俗不同例

丶，知柱切。
厂，音漢。
厶，音纍。
几，音殊。
巿，音弗。
匕，音化。
从，同從。
匕，音比。
丿，音瞥。
厶，音私。
幺，於條切。

類隔更音和切

它，耻何切。今他何切。
碥，方顯切。今卑顯切。
陨，符逼切。今皮逼切。

玉篇分毫字樣凡二百四十八字

遝　上徒荅反，合也；
還　下胡關反，返也。

袖　上似祐反，衣袖；
柚　下徒救反，果也。

痤　上徂和反，短也；
座　下徂臥反，座席。

揌　上蘇臺反，擡揌；
楒　下相慈反，木也。

寘　上徒賢反，寘塞；
寘　下支豉反，置也。

榣　上楚交反，取也；
掐　下苦洽反，捻也。

緌　上而隹反，冠也；
綏　下息隹反，安也。

冷　上魯朾反，寒冷；
泠　下力丁反，泠水。

晴　上疾盈反，晴明；
睛　下七盈反，目睛。

凍　上都弄反，水凍；
涷　下得紅反，暴雨。

揔　上作孔反，揔集；
楤　下千弄反，楤檐。

狻　上素官反，狻猊；
獀　下子公反，犬子。

橦　上徒東反，花爲布；
撞　下宅江反，打也。

帷　上于眉反，帷幔；
惟　下以隹反，辭也。

時　上市之反，時節；
峙　下時吏反，儲也。

纂　上作管反，纂集；
綦　下巨疑反，履也。

刀　上都勞反，刀斧；
刁　下的聊反，人姓。

誄　上力癸反，祝辭；
誅　下致娛反，誅斬。

窰　上音遥，燒瓦也；
窒　下音逕，空也。

榷　上作迴反，榷節；
摧　下昨迴反，摧折。

謟　上天牢反，疑也；
諂　下丑冉反，媚也。

挼　上奴回反，擊也；
桵　下而隹反，木名。

推　上尺隹反，推讓；
椎　下直追反，鎚也。

打　上都冷反，擊也；
朾　下摘莖反，朾聲。

否　上方久反，臧否；
夽　下符鄙反，屯夽。

竉　上力董反，孔竉；
寵　下勑勇反，寵愛。

楥　上許願反，鞋楥；
援　下韋元反，援引。

種　上之隴反，本也；
穜　下之用反，耕穜。

憧　上尺容反，往來；
幢　下宅江反，幡也。

貽　上與之反，遺也；
眙　下丑吏反，視也。

箕　上居之反，箕山；
萁　下巨疑反，豆萁。

笑　上思妙反，喜笑；
笑　下天計反，讒到。

閍　上布盲反，宮門也；
閦　下側銜反，立侍人。

閟　上比冀反，慎也；
悶　下莫困反，惛也。

台　上湯來反，星也；
台　下羊支反，我也。

熊　上于躬反，獸也；
羆　下彼皮反，獸名。

滔　上天牢反，水也；
淊　下胡感反，深也。

雎　上七余反，關雎；
睢　下息唯反，人姓。

絰　上徒結反，孝絰；
經　下古刑反，經書。

屏　上必郢反，屏障；
屏　下薄名反，屏風。

桶　上他孔反，器也；
桷　下古岳反，椽也。

揀　上古限反，揀擇；
楝　下都弄反，屋楝。

嵕　上子公反，九嵕；
峻　下蘇俊反，山峻。

樅　上七弓反，木名；
摐　下七江反，打鐘也。

梔　上章移反，木也；
扼　下烏革反，車扼。

攘　上汝羊反，攘臂；
欀　下音衰，屋楝也。

笞　上丑之反，笞責；
苔　下堂來反，青苔。

捐　上余專反，棄也；
損　下蘇本反，傷也。

焌　上七律反，火焌；
煖　下奴緩反，温煖。

現　上胡硯反，出也；
垷　下古典反，塗也。

橪　上人善反，束也；
撚　下奴典反，指也。

瑑　上音篆，璧上文；
琢　下涉角反，琢石。

奓　上陟加反，張也；
爹　下徒可反，父也。

灺　上徐者反，火灺；
地　下途利反，天地。

欿　上苦感反，能言；
欺　下去其反，屈也。

駇　上武云反，馬名；
馭　下魚去反，駕也。

髧　上丁感反，髮垂；
髡　下苦昆反，去髮。

禪　上市戰反，禪讓；
襌　下都寒反，襌衣。

甬　上余隴反，花發；
角　下古岳反，牛角。

杫　上思志反，枿杫；
祉　下勅里反，福也。

褚　上丑吕反，人姓；
楮　下知吕反，木名。

柱　上直縷反。梁柱；
拄　下之與反。拄杖。

摞　上洛戈反，理也；
樏　下力癸反，食器。

浽　上息遺反，小雨；
涹　下奴罪反，穢濁。

荀　上息倫反，人姓；
笱　下思尹反，竹萌。

汗　上胡幹反，熱汗；
汧　下七賢反，水名。

潛　上昨廉反，潛藏；
濽　下所姦反，淚下。

綆　上古杏反，井索；
緶　下婢連反，緶縫。

檀　上徒干反，木也；
擅　下市戰反，自專。

梗　上古杏反，桔梗；
楩　下符善反，木名。

治　上直吏反，理也；
冶　下而者反，人姓。

槎　上鋤加（反），水中浮木；
搓　下七阿反，手搓。

檬　上莫紅反，木也；
橡　下詳兩反，木也。

暖　上况袁反，目大；
暖　下奴緩反，熱也。

根　上古痕反，根本；
扨　下户恩反，急扨。

菅　上古顔反，菅茅；
管　下公短反，人姓。

畧　上力著反，簡略；
晷　下居洧反，日出。

杷　上白麻反，木杷；
把　下百馬反，執把。

椿　上卓江反，木椿；
椿　下丑屯反，木也。

枸　上俱羽反，木名；
拘　下舉于反，拘執。

湎　上免音，沉湎也；
灑　下先禮反，洒浣。

毐　上於改反，無行；
毒　下徒木反，惡毒。

言　上去偃反；
言　下語偃反，並唇皮皃。

挺　上他鼎反，挺持；
挻　下拭然反，取也。

筧　上古典反，竹通木；
莧　下侯辨反，莧菜。

塤　上許袁反，樂也；
琄　下胡犬反，玉名。

搌　上知演反，束也；
棍　下女彦反，破也。

鞕　上五幸反，堅鞕；
鞭　下卑連反，打鞭。

舜　上詩閏反，堯舜；
斚　下古雅反，醆斚。

絮　上思據反，綿絮；
絮　下抽據反，調絮。

旼　上武巾反，和也；
敗　下蒲拜反，亂也。

揮　上許歸反，指揮；
褌　下户昆反，祭服。

捾　上烏活反，捾船；
棺　下古凡反，棺椁。

販　上方萬反，販賣；
眅　下普班反，目白。

箄　上博彌反，取魚；
箅　下博計反，甑箅。

暑　上商吕反，熱暑；
署　下時據反，省署。

咀　上兹冶反。罵也；
咀　下慈吕反。咀嚼。

祐　上于救反，助也；
祜　下胡古反，福也。

揩　上客皆反，模也；
楷　下古諧反，木名。

陪　上薄來反，陪從；
倍　下蒲罪反，多也。

敞　上昌兩反，開也；
敝　下必計反，集也。

揣　上初委反，度也；
椯　下市緣反，木名。

挑　上土凋反，挑撥；
桃　下徒刀反，果也。

㕯　上得立反，動也；
囚　下似由反，禁人。

明　上眉兵反，清也；
朋　下薄登反，黨也。

蒲　上薄胡反，草名；
滿　下莫旱反，盈也。

竪　上臣庾反，立也；
堅　下古賢反，固也。

林　上力尋反，人姓；
材　下昨哉反，木挺。

徂　上昨胡反，往也；
阻　下側吕反，隔也。

己　上居里反，身也；
已　下羊已反，止也。

皁　上昨早反，黑色；
早　下作皁反，早晚。

睉　上五鼎反，直視也；
脛　下胡定反，脚脛也。

未　上亡貴反，不也；
末　下莫撥反，木上。

杳　上伊鳥反，冥也；
沓　下徒合反，人姓。

子　上即里反，人姓；
孑　下居列反，單也。

東　上德紅反，東西；
柬　下古限反，擇也。

枝　上章移反，人姓；
技　下渠綺反，藝也。

杲　上公老反，日色；
果　下公禍反，果福。

甲　上古狎反，兵甲；
甲　下女洽反，取物。

天　上他前反，天地；
夭　下於矯反，折也。

恩　上烏痕反，澤也；
思　下息兹反，念也。

且　上七也反，語辭；
旦　下得晏反，早也。

北　上博墨反，南北；
比　下毗至反，黨也。

辨　上平免反，别也；
辦　下蒲莧反，具也。

四聲五音九弄反紐圖並序

沙門　神珙 撰

夫文物之國，假以書、詩；七步之才，五音爲首；聿興文字，反切爲初。一字有訛，餘音皆失。四聲之體，與天地而齊生；宮、商、角、徵、羽之音，與五嶽而同起。且天地生於混沌，不同混沌之初；君子生於嬰兒，豈與嬰兒同類？夫欲反字，先須紐弄爲初，一弄不調，則宮、商靡次。昔有梁朝沈約創立紐字之圖，皆以平，書碎尋難見。唐又有陽甯公、南陽釋處忠，此二公者又撰《元和韻譜》，奥文約義，詞理稍繁。淺劣之徒，尋求難顯。猶如七匕、彡彳之字，寫人會有改張。紐字若不列圖，不肖再傳皆失。今此列圖曉示，義理易彰，爲於韻切之樞機，亦是詩人之鈐鍵也。《譜》曰：平聲者哀而安，上聲者厲而舉，去聲者清而遠，入聲者直而促。傍紐者，皆是雙聲，正在一紐之中，傍出四聲之外。傍正之目，自此而分清濁也。故列五箇圓圖者，即是五聲之圖。每圖皆從五音，字行皆左轉，中有注説之。又列二箇方圖者，即是九弄之圖。圖中取一字爲頭，横列爲圖首目，題傍正之文以別之。

五音聲論

東方喉聲：何我剛㓥諤可康各
西方舌聲：丁的定泥寧亭聽歷
南方齒聲：詩失之食止示勝識
北方唇聲：邦尨剥雹北墨朋邈
中央牙聲：更硬牙格行幸亨客

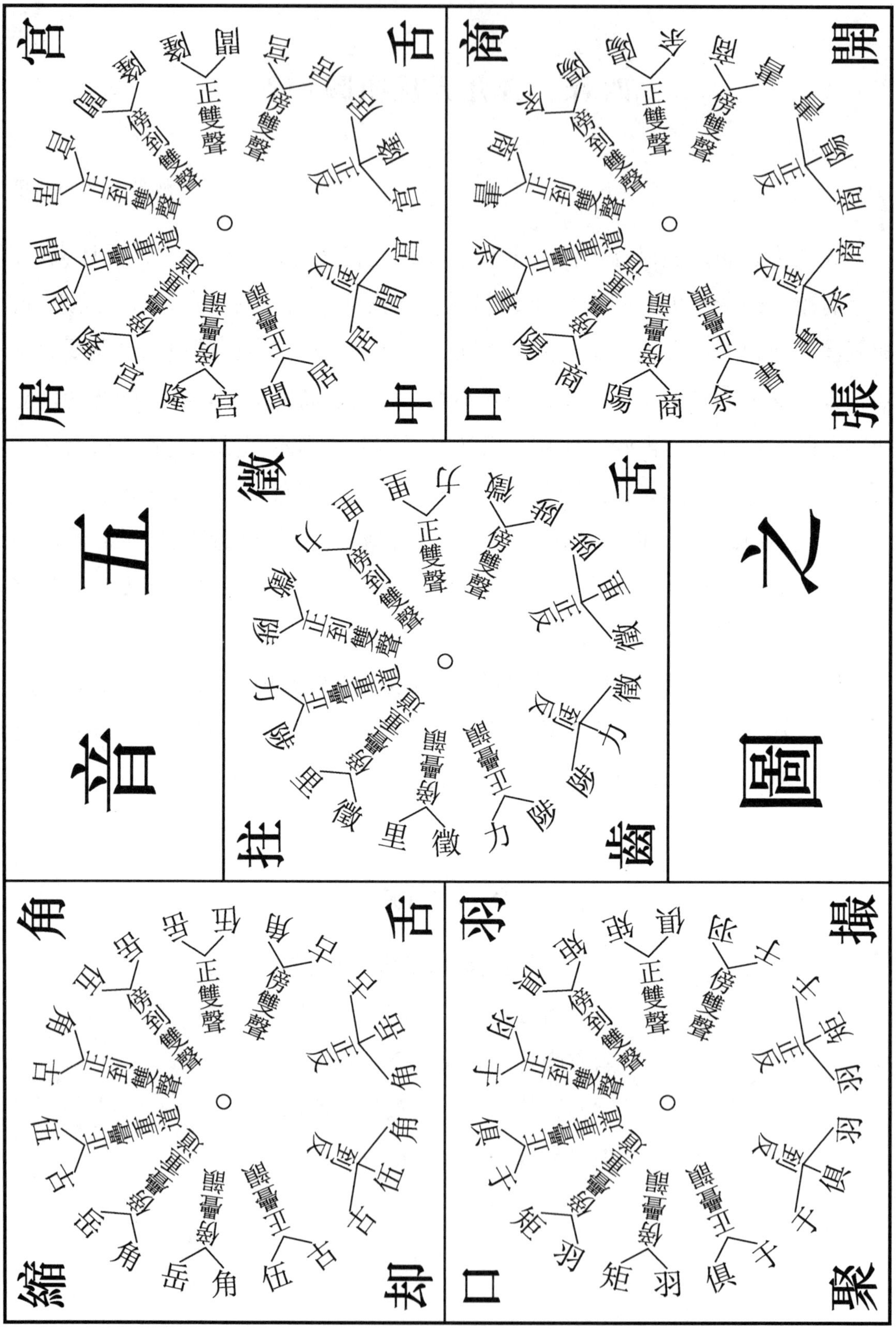
五音之圖
宮 舌居中
商 開口張
角 舌縮卻
徵 舌拄齒
羽 撮口聚

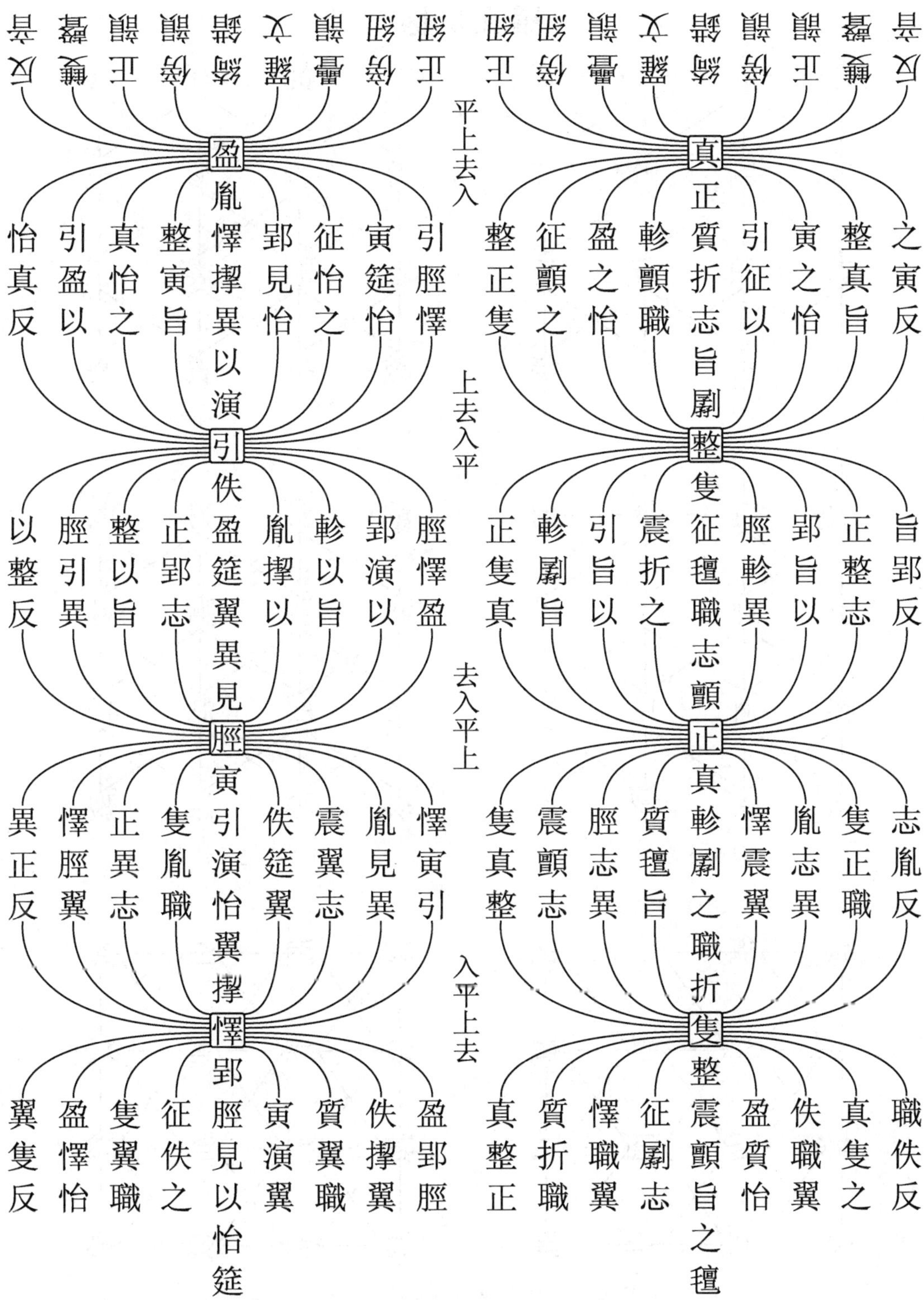
平上去入
上去入平
去入平上
入平上去
真
正質折志旨劘
整
隻征𩛰職志顫
正
真軫劘之職折
隻
整震顫旨之𩛰
之寅反 整真旨 寅之怡 引征以 軫顫職 盈之怡 征顫之 整正隻
旨郢反 正整志 郢旨以 脛軫異 震折之 引旨以 軫劘旨 正隻真
志胤反 隻正職 胤志異 懌震翼 質𩛰旨 脛志異 震顫志 隻真整
職佚反 真隻之 佚職翼 盈質怡 征劘志 懌職翼 質折職 真整正
盈
胤懌撑異以演
引
佚盈筵翼異見
脛
寅引演怡翼撑
懌
郢脛見以怡筵
引脛懌 寅筵怡 征怡之 郢見怡 整寅旨 真怡之 引盈以 怡真反
脛懌盈 郢演以 軫以旨 胤撑以 正郢志 整以旨 脛引異 以整反
懌寅引 胤見異 震翼志 佚筵翼 隻胤職 正異志 懌脛翼 異正反
盈郢脛 佚撑翼 質翼職 寅演翼 征佚之 隻翼職 盈懌怡 翼隻反

羅文反樣

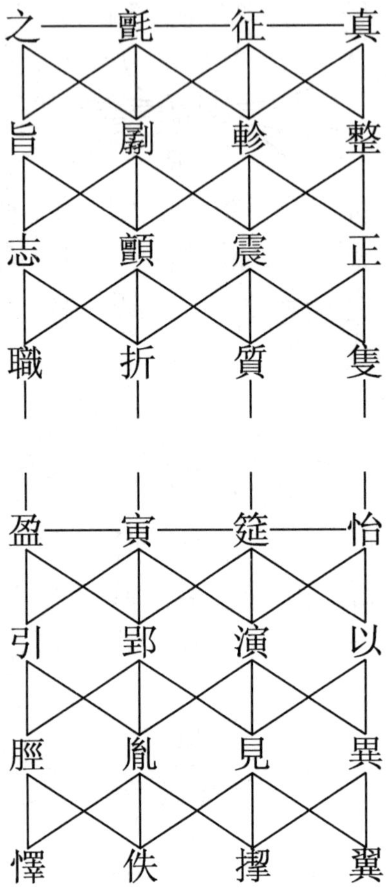

揚州詩局本

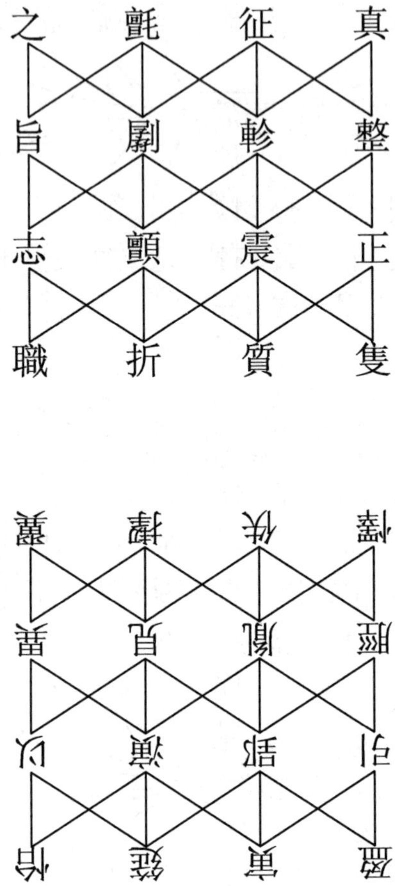

圓沙書院延祐本

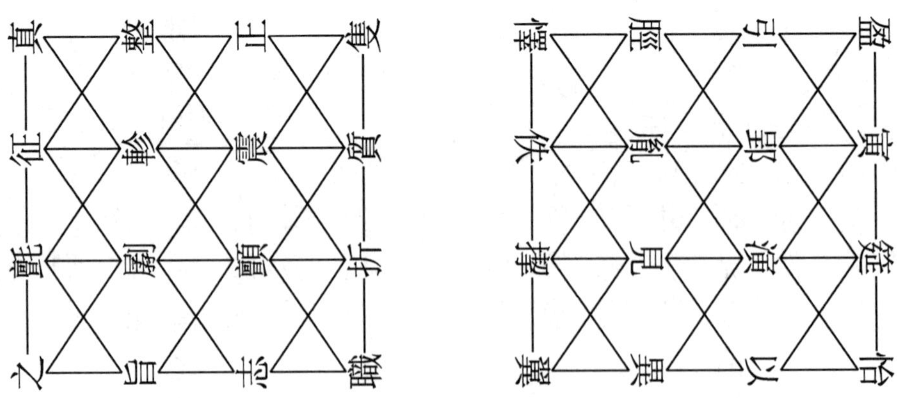

日本宫内廳書陵部藏《宋版玉篇》

附　録

《玉篇》佚文來源文獻

《玉篇》輯佚雖不限於顧野王原本《玉篇》，但也儘量避免宋元明《大廣益會玉篇》，尤其是澤存堂本。因而佚文來源文獻一般取清中期以前的文獻，較晚的文獻引《玉篇》多爲澤存堂《玉篇》系列，不予採録。佚文條目内容有重複時一般選取文獻早、同一文獻内容靠前的材料，不重複採録相同内容的佚文。佚文出处標識使用簡稱。具體文獻如下（前三十二種文獻源自岡井慎吾《玉篇的研究》及馬淵和夫《玉篇佚文補正》，個別地方做了校正）：

《八十卷華嚴經音義私記》（簡稱《八十卷音義私記》，貴重圖書影印本刊行會複製本）
《白氏文集》（古典保存會複製本）
《北辰菩薩所説經》（東寺藏本）
《本朝文粹》（日本文學大系）
《成實論天長點》（東大寺藏本）
《大乘掌珍論》（根津嘉一郎藏本）
《帝範注》（寬文年間刊本）
《翻譯名義集》（大正新修大藏經本）
《弘決外典鈔》（成簣堂所藏寶永對校本）
《吉光韻書》
《淨土三部經音義集》（簡稱《三部經音義集》，大正大學藏寫本）
《類聚名義抄》（簡稱《類》，圖書寮本）
《令抄》（群書類從本）
《令集解》（新訂增補國史大系）
《令義解序註》（新訂增補國史大系）
《妙法蓮花經釋文》（簡稱《法華釋文》，大正新修大藏經本）
《名例律勘物》（新訂增補國史大系）
《三教指歸注》（舊刊本）
《釋日本紀》（國史大系）
《釋氏要覽》（大正新修大藏經本）
《瑣玉集》（續群書類從本）
《倭名類聚抄》（簡稱《倭名抄》，京都大學復制本）
《香要抄》（石山寺藏本）
《香藥抄》（石山寺藏本）
《香藥字抄》（石山寺藏本）
《香字抄》（京都大學藏本）
《新撰字鏡》（天治本）
《藥字抄》（京都大學藏本）
《醫心方》（古典全集本）
《遊仙窟抄》（古抄本）
《古文舊書考》（良友社本）
《秘藏寶鑰抄》（簡稱秘寶抄）
《本草綱目》（清文淵閣四庫全書本）
《重修廣韻》（四部叢刊影宋本）
《初學記》（清光緒孔氏三十三萬卷堂本）
《楚辭章句》（四部叢刊景明翻宋本）
《春秋公羊經傳解詁》（四部叢刊景宋建安余氏刊本）
《帝範》（清文淵閣四庫全書本）
《讀書叢録》（清道光二年富文齋刻本）
《杜工部草堂詩箋》（古逸叢書覆宋麻沙本）
《杜詩詳注》（清文淵閣四庫全書本）
《爾雅正義》（清乾隆刻本）
《法書要録》（清文淵閣四庫全書本）
《方言箋疏》（清光緒刻民國補刻本）
《方言疏證》（清乾隆孔繼涵刻微波榭叢書本）
《分門集注杜工部詩》（四部叢刊景宋刊本）
《輔行記》（清滂喜齋叢書本）
《廣川書跋》（明津逮秘書本）
《漢書》（清乾隆武英殿刻本）

《後漢書》(百衲本景宋紹熙刻本)
《華嚴大疏鈔》(大正新修大藏經本)
《華嚴經疏》(大正新修大藏經本)
《皇氏論語義疏參訂》(抄本)
《箋注駱臨海集》(清咸豐刻本)
《今文尚書經説考》(清刻左海續集本)
《經典釋文》(清抱經堂叢書本)
《九家集注杜詩》(清文淵閣四庫全書本)
《匡謬正俗》(清同治小學彙函本)
《離騷草木疏》(清知不足齋叢書本)
《禮記》(四部叢刊景宋本)
《禮記疏附釋音》(清嘉慶二十年南昌府學重刊宋本十三經注疏本)
《列子注》(清嘉慶八年秦恩復石研齋刻本)
《六朝文絜箋注》(清光緒枕溢書屋刻本)
《六臣注文選》(四部叢刊景宋本)
《六書故》(清文淵閣四庫全書本)
《龍龕手鏡》(高麗大藏本)
《魯詩遺説考》(清刻左海續集本)
《論語注疏孟子注疏解經》(清嘉慶二十年南昌府學重刊宋本十三經注疏本)
《毛詩》(四部叢刊景宋本)
《毛詩集解》(清文淵閣四庫全書本)
《毛詩注疏》(清嘉慶二十年南昌府學重刊宋本十三經注疏本)
《清經世文編》(清光緒十二年思補樓重校本)
《山海經廣注》(清文淵閣四庫全書本)
《尚書注疏》(清嘉慶二十年南昌府學重刊宋本十三經注疏本)
《尸子》(清平津館叢書本)
《施注蘇詩》(清文淵閣四庫全書本)
《詩經廣詁》(清道光十年刻本)
《詩毛氏傳疏》(清道光二十七年陳氏掃葉山莊刻本)
《詩説考略》(清道光王氏信芳閣木活字印本)
《史記》(清乾隆武英殿刻本)
《事物紀原》(明弘治十八年魏氏仁實堂重刻正統本)
《釋名疏證》(清經訓堂叢書本)
《釋名疏證補》(清經訓堂叢書本)
《書傳輯録纂注》(清文淵閣四庫全書本)
《説文通訓定聲》(清道光二十八年刻本)
《四書偶談外編》(清乾隆景文堂刻本)
《通鑒釋文辨誤》(清文淵閣四庫全書本)
《通雅》(清文淵閣四庫全書本)
《文選箋證》(清光緒聚軒叢書第五集本)
《吴郡志》(擇是居叢書景宋刻本)
《吴下方言考》(清乾隆刻本)
《小爾雅訓纂》(清浮谿精舍叢書本)
《續一切經音義》(日本白蓮社延享三年本)
《荀子》(清抱經堂叢書本)
《養素堂文集》(清道光刻本)
《一切經音義》(日本元文三年至延亨三年獅穀蓮社刻本)
《遊仙窟》(清鈔本)
《戰國策校注》(四部叢刊景元至正本)
《正字通》(清康熙二十四年清畏堂刻本)
《周禮疏附釋音》(清嘉慶二十年南昌府學重刊宋本十三經注疏本)
《周易章句證異》(清文淵閣四庫全書本)
《朱文公校韓昌黎先生集》(四部叢刊景元刊本)
《轉注古音略》(清文淵閣四庫全書本)
《莊子》(四部叢刊景明世德堂刊本)

索　　引

一畫

二畫

三畫

四畫

五畫

六畫

七畫

八畫

九畫

十畫

十一畫

十二畫

十三畫

十四畫

十六畫

十七畫

十八畫

十九畫

二十一畫

二十二畫

二十四畫

圖書在版編目(CIP)數據

珍本玉篇音義集成/(南朝梁)顧野王編著;吕浩
校點整理.—上海:上海人民出版社,2019
ISBN 978-7-208-16148-1

Ⅰ.①珍… Ⅱ.①顧… ②吕… Ⅲ.①漢語-字典-
中國-南朝時代 Ⅳ.①H162

中國版本圖書館 CIP 數據核字(2019)第 256261 號

責任編輯 李 遠
封面設計 傅惟本
製　　圖 李 遠

珍本玉篇音義集成
[南朝梁]顧野王 編著
吕浩 校點整理

出　　版 上海人民出版社
(200001 上海福建中路 193 號)
發　　行 上海人民出版社發行中心
印　　刷 江陰金馬印刷有限公司
開　　本 787×1092 1/16
印　　張 58
插　　頁 6
字　　數 1,539,000
版　　次 2020 年 4 月第 1 版
印　　次 2020 年 4 月第 1 次印刷
ISBN 978-7-208-16148-1/H·119
定　　價 480.00 圓